Martin Gilbert

Der Zweite Weltkrieg

Martin Gilbert

Der Zweite Weltkrieg

Eine chronologische Gesamtdarstellung

Aus dem Englischen von Karl Heinz Siber

List
München · Leipzig

Die Originalausgabe erschien unter dem Titel »Second World War«
1989 im Verlag Weidenfeld and Nicolson, London.

Für Hugo

ISBN 3-471-77654-0

Satz: Typodata GmbH, München
Druck und Bindung: Mohndruck, Gütersloh

Inhaltsverzeichnis

1 Der deutsche Überfall auf Polen, September 1939 . . . . *1*
2 Polen besiegt, Oktober 1939 . . . . *15*
3 Finnland im Widerstand, November 1939 . . . . *31*
4 Skandinavien, Winter 1939–1940 . . . . *44*
5 Der deutsche Angriff im Westen, Mai 1940 . . . . *61*
6 Dünkirchen, Mai 1940 . . . . *75*
7 Die Schlacht um Frankreich, Juni 1940 . . . . *85*
8 Frankreichs Agonie, Englands Entschlossenheit, Juni – Juli 1940 . . . . *103*
9 Die Schlacht um England, August – September 1940 . . . . *117*
10 »Der Krieg ist gewonnen!« (Hitler), Oktober 1940 . . . . *126*
11 Die »neue Ordnung der Tyrannei« (Roosevelt), Winter 1940–1941 . . . . *138*
12 Der Krieg greift um sich, Januar – März 1941 . . . . *153*
13 Der deutsche Einmarsch in Jugoslawien und Griechenland, April 1941 . . . . . . *164*
14 Der Verlust Kretas; Krieg in Afrika, April – Mai 1941 . . . . *176*
15 Der deutsche Überfall auf die Sowjetunion, Juni 1941 . . . . *197*
16 Terror im Osten, Juli – August 1941 . . . . *210*
17 Im Visier der Deutschen: Leningrad, Moskau und Kiew, September 1941 . . . . . *220*
18 Rußland in Bedrängnis, September – Oktober 1941 . . . . *235*
19 Die »Entscheidung über das Schicksal Europas« (Hitler), November 1941 246
20 Die Grenzen der deutschen Machtentfaltung, Dezember 1941 . . . . *255*
21 Japan schlägt zu, Dezember 1941 . . . . *267*
22 »Wir sind nicht mehr allein« (Churchill), Anfang 1942 . . . . *282*
23 Krieg weltweit, Frühjahr 1942 . . . . *298*
24 Wachsender Widerstand, zunehmender Terror, Sommer 1942 . . . . *319*
25 Achsen-Triumphe, Juli 1942 . . . . *335*
26 Guadalcanal, Dieppe, El Alamein, August – September 1942 . . . . *349*
27 Stalingrad und »Torch«, September – Oktober 1942 . . . . *364*
28 Die Wende zugunsten der Alliierten, Winter 1942 . . . . *380*
29 Casablanca: Der Sieg wird geplant, Januar 1943 . . . . *389*
30 Die deutschen Armeen in Bedrängnis, Februar 1943 . . . . *401*
31 »Treibt den Feind ins Meer!« (Montgomery), Frühjahr 1943 . . . . *416*
32 »Der erste Riß in der Achse« (Roosevelt), Sommer 1943 . . . . *433*
33 Deutschland und Japan auf dem Rückzug, Herbst 1943 . . . . *457*
34 »... daß wir uns im Osten langsam verbluten« (Goebbels), Winter 1943 . . . . . . *470*
35 Anzio, Cassino, Kwajalein, Januar – Februar 1944 . . . . *484*

36 Bombenkrieg, Deportationen, Massenmord, Februar – März 1944 502
37 Widerstand, Sabotage und Täuschung, Frühjahr 1944 520
38 »D-Day«, Juni 1944 533
39 Deutschland im Klammergriff, Juli 1944 547
40 Die Kämpfe um Polen und Frankreich, Sommer 1944 560
41 Das bittersüße Gefühl der Befreiung, Herbst 1944 571
42 Im Visier: Deutschland und die Philippinen, September 1944 588
43 Kampf um jeden Kilometer, Winter 1944 602
44 Flugbomben, Kamikaze-Piloten, Todesmärsche, Januar 1945 625
45 Berlin, Manila, Dresden, Tokio, Februar – März 1945 636
46 Die Achse in Auflösung; die Alliierten im Streit, März – April 1945 653
47 Der Tod Roosevelts, Mussolinis und Hitlers, April 1945 661
48 Das Kriegsende in Europa, Mai 1945 681
49 Deutschland geschlagen, Japan unbeugsam, Mai – Juli 1945 691
50 Alamogordo, Potsdam, Hiroschima, Juli – August 1945 703
51 Die Kapitulation Japans, August 1945 714
52 Vergeltung und Gedenken, 1945–1952 719
53 »Unerledigte Reste«, 1953 736

ANHANG

Bibliographie 749
Danksagung 765
Regionalkarten 767
Verzeichnis der Karten 789
Register 793

KAPITEL 1

Der deutsche Überfall auf Polen

September 1939

Der Zweite Weltkrieg war einer der verheerendsten Konflikte in der Geschichte der Menschheit; mehr als 46 Millionen Soldaten und Zivilisten gingen in diesem Krieg zugrunde, viele nach einem grausigen, vorsätzlich in die Länge gezogenen Martyrium. Die allermeisten derjenigen, die in den 2174 Tagen zwischen dem deutschen Angriff im September 1939 und der Kapitulation Japans im August 1945 den Tod fanden, sei es auf den Schlachtfeldern oder hinter den Fronten, waren namenlos und wurden nur von den wenigen Verwandten und Freunden betrauert; in vielen Fällen wurden freilich auch diejenigen, die in späterer Zeit die Erinnerung an die Toten hätten wachhalten können, selbst ausgelöscht. So waren es nicht nur 46 Millionen einzelne Menschenleben, die ausradiert wurden, sondern oft auch die ganze pulsierende Lebens- und Arbeitswelt, die sie von ihren Vorfahren geerbt hatten und die sie an ihre Nachfahren hätten weitergeben können: ein Vermächtnis der Arbeit und der Freude, der Kämpfe und der Kreativität, des Lernens, des Hoffens und des Glücks, für das es keine Erben mehr geben würde.

Weil sie die Hauptleidtragenden des Krieges waren, sind die vielen Millionen Opfer zwangsläufig über weite Strecken die Protagonisten dieses Buches. Viele von ihnen sind namentlich bekannt; aber die Tragödie unzähliger namenloser Männer, Frauen und Kinder bildet den bedrückendsten Nachlaß dieses Krieges. Auch von Mut wird auf den folgenden Seiten die Rede sein, vom Mut der Soldaten, Matrosen und Flieger, vom Mut der Partisanen und Widerstandskämpfer, vom Mut derjenigen, die ausgehungert, nackt und wehr- und waffenlos in den Tod geschickt wurden.

Wer war das erste Opfer eines Krieges, der mehr als 40 Millionen Menschenleben fordern sollte? Ein namenloser Häftling in einem von Adolf Hitlers Konzentrationslagern, wahrscheinlich ein gewöhnlicher Krimineller. Ihn benutzten die Deutschen für ihren Versuch, sich als unschuldige Opfer polnischer Übergriffe darzustellen: Am Abend des 31. August 1939 hatte die Gestapo ihn in eine polnische Uniform gesteckt und ihn im Rahmen eines bizarren vorgetäuschten »polnischen Angriffs« auf den Radiosender Gleiwitz unweit der polnischen Grenze erschossen. Als am nächsten Morgen deutsche Einheiten die polnische Grenze überschritten, nannte Hitler als einen der Gründe für den Überfall den »Angriff regulärer polnischer Truppen auf den Sender Gleiwitz«.

Zu Ehren des Reichsführers SS, der an der Planung des Gleiwitzer Täuschungsmanövers mitgewirkt hatte, lief das Unternehmen unter dem Codenamen Operation Himmler. An ebenjenem Abend des 31. August hatte die Sowjetunion, seit nicht ganz einer Woche mit Deutschland im Bunde, ihren Krieg gegen die Japaner entlang der sowjetisch-mongolischen Grenze endlich siegreich beendet: Unter dem Befehl von General Schukow hatten sowjetische Truppen bei Chalchin Gol den letzten Widerstand der japanischen Sechsten Armee gebrochen. Während so im Osten ein Krieg zu Ende ging, begann im Westen ein neuer, der als der Zweite Weltkrieg in die Geschichte eingehen sollte.

Der deutsche Einmarsch in Polen am 1. September 1939 war keine Neuauflage der Angriffsoperationen des Ersten Weltkriegs von 1914 bis 1918. Damals waren Infanterieeinheiten gegeneinander vormarschiert, hatten dort, wo sie aufeinandergeprallt waren, Grabensysteme errichtet und waren dann immer wieder gegen einen ebensogut eingegrabenen Feind zum Angriff angetreten. Hitler setzte gegen diese Methode das Konzept des Blitzkriegs. Durch ohne Vorwarnung geflogene Luftangriffe wurde zunächst ein möglichst großer Teil der feindlichen Luftwaffe noch am Boden zerstört; dann nahmen Bomber die Straßen und Schienenwege, Aufmarschzentren und Munitionsdepots des Gegners ins Visier, und auch Wohnsiedlungen wurden bombardiert, um Verwirrung und Panik zu stiften. In einer dritten Welle machten Sturzkampfbomber Jagd auf marschierende Truppeneinheiten und deckten sie pausenlos mit Bomben ein, während zur gleichen Zeit andere Tiefflieger Maschinengewehrangriffe auf Zivilisten flogen, die auf der Flucht vor den heranrückenden Truppen waren, wodurch das Chaos auf den Straßen vergrößert und die Truppen des angegriffenen Landes in ihrer Beweglichkeit eingeengt wurden.

Der Blitzkrieg kam indes nicht nur aus der Luft, sondern auch übers Land; zuerst in aufeinanderfolgenden Wellen motorisierter Infanterie, die durch leichte Panzer und motorisierte Artillerie verstärkt wurden. Diese Speerspitzen stießen so schnell und so weit wie möglich vor. Ihnen folgten schwere Panzer, die unter Umgehung von Städten und befestigten Stellungen tief ins Landesinnere vordringen sollten. Erst nachdem genügend Zerstörungen angerichtet und genügend Distanzen zurückgelegt waren, schlug die Stunde der Infanterie, des Fußvolks aller Kriege: Mit starker Artillerieunterstützung sollte sie die bereits durchstoßenen Gebiete in Besitz nehmen, jede etwa noch aufflackernde Gegenwehr im Keim ersticken und die Verbindung zu den motorisierten Einheiten wiederherstellen.

Vierundzwanzig Stunden nach dem deutschen Überfall auf Polen verlautete aus einem amtlichen Kommuniqué der polnischen Regierung, daß bei Luftangriffen auf Warschau, Gdingen und mehrere andere Städte 130 Polen, darunter zwölf Soldaten, ums Leben gekommen seien. »Zwei deutsche Bomber wurden abgeschossen und ihre vier durch unwahrscheinliches Glück davongekommenen Insassen verhaftet«, hieß es in dem Kommuniqué, »als am Freitag nachmittag 41 deutsche Flugzeuge im Formationsflug über dem Osten Warschaus auftauchten. Die Menschen wurden Zeugen einer erregenden Luftschlacht über dem Herzen der Stadt. Mehrere Häuser gerieten in Brand, und das Krankenhaus für behinderte jüdische Kinder wurde durch Bomben zerstört.«

Am Morgen des 2. September griffen deutsche Bomber den Bahnhof des Städtchens Koto an. Im Bahnhof stand ein Zug, vollbesetzt mit Zivilisten, die aus den grenznahen Städten Jarotschin und Krotoschin evakuiert worden waren; 111 von ihnen fanden den Tod.

Hitler verfolgte mit dem Überfall auf Polen nicht nur das Ziel, die 1918 verlorengegangenen Gebiete zurückzugewinnen. Er wollte ganz Polen unter deutsche Herrschaft bringen. Zu diesem Zweck hatte er drei Regimenter der SS-Totenkopf-Verbände angewiesen, sich an die Fersen der vormarschierenden Infanterie zu heften und sogenannte »Polizei- und Sicherungsmaßnahmen« hinter den deutschen Linien durchzuführen. Theodor Eicke, der diese drei Totenkopf-Regimenter befehligte, erläuterte seinen untergebenen Kommandeuren, die sich an jenem ersten Tag des Krieges im Konzentrationslager Sachsenhausen, einem ihrer Stützpunkte, versammelt hatten, was unter diesen Maßnahmen zu verstehen war. Um das Dritte Reich zu schützen, müsse die SS, so erklärte er, jeden Feind des Nationalsozialismus »einsperren oder vernichten«, eine Aufgabe, die selbst für die an »absolute und unbeugsame Strenge« gewöhnten Totenkopf-Verbände, die ihr Handwerk in den Konzentrationslagern gelernt hatten, eine Herausforderung darstellen würde.

Diese Worte, die nichts Gutes verhießen, wurden alsbald in die Tat umgesetzt: Eine Woche nach Beginn des deutschen Einmarsches standen drei Totenkopf-Regimenter mit insgesamt

Die deutsche Invasion in Polen, September 1939

knapp 24000 Offizieren und Mannschaften bereit für diesen Einsatz. Auf einen der Eisenbahnwaggons, mit denen deutsche Soldaten gen Osten transportiert wurden, hatte jemand mit weißer Farbe geschrieben: »Wir fahren nach Polen, um Juden zu versohlen.« Aber nicht nur Juden, sondern auch Polen sollten diesem Krieg *hinter* der Front zum Opfer fallen. Zwei Tage nachdem Eicke den Totenkopf-Regimentern ihre Einsatzbefehle erteilt hatte, erhielt SS-Obergruppenführer Udo von Woyrsch von Heinrich Himmler den Befehl, mit seiner Einheit für die »radikale Unterdrückung« des beginnenden polnischen Widerstands in den »neu besetzten Teilen Oberschlesiens« zu sorgen. »Radikal« war dabei als Euphemismus für »ohne Rücksicht auf Verluste« zu verstehen.

Ganze Dörfer wurden eingeäschert. In Truskolasy wurden am 3. September 55 polnische Bauern zusammengetrieben und erschossen; unter den Opfern war ein zweijähriges Kind. In Wieruszów wurden zwanzig Juden angewiesen, sich auf dem Marktplatz zu versammeln, darunter Israel Lewi, ein Mann von 64 Jahren. Als seine Tochter, Liebe Lewi, auf ihren Vater zurannte, stellte ein Deutscher sie wegen dieser »Unverschämtheit« zur Rede und befahl ihr, den Mund zu öffnen. Dann schoß er ihr eine Kugel in den Mund. Liebe Lewi fiel tot zu Boden. Die übrigen zwanzig Juden wurden ebenfalls exekutiert.

In den Wochen danach weiteten sich solche Greuelpraktiken in ungekannter Weise aus und wurden zum fast alltäglichen Normalfall. Während an der Front noch gekämpft wurde, wurden hinter den Linien Tausende von Zivilisten massakriert.

Am Nachmittag des 3. September griffen deutsche Bomber die unverteidigte Stadt Sulejów an, die vor dem Krieg 6500 polnische und polnisch-jüdische Einwohner gezählt hatte, jetzt aber zusätzlich 3000 Flüchtlinge beherbergte. Binnen weniger Minuten stand das Stadtzentrum in Flammen. Tausende von Bewohnern rannten, Deckung suchend, auf den nahe gelegenen Wald zu, verfolgt von Maschinengewehrsalven deutscher Tiefflieger. »Als wir auf den Wald zurannten«, erinnerte sich später Ben Helfgott, der damals noch ein Knabe war, »stürzten manche von uns zu Boden, andere brannten. An diesem Abend war der Himmel über der brennenden Stadt rot gefärbt.«

Am 3. September erklärten Großbritannien und Frankreich dem Deutschen Reich den Krieg. »Das unmittelbare Ziel des deutschen Oberkommandos«, erklärte Hitler seinen Generälen, »bleibt die rasche und siegreiche Beendigung der Operationen gegen Polen.« Doch noch am selben Abend um 21 Uhr schoß das deutsche U-Boot U-30 einen Torpedo auf das britische Passagierschiff *Athenia* ab, da der Kommandant Julius Lemp irrtümlich annahm, es handle sich um ein Kriegsschiff. Die *Athenia* hatte noch vor der britischen Kriegserklärung mit 1103 Passagieren an Bord in Liverpool abgelegt und war auf dem Weg nach Montreal. Unter den 112 Passagieren, die an diesem Abend ihr Leben verloren, waren 28 Bürger der Vereinigten Staaten. Gleichwohl mahnte der amerikanische Präsident Franklin D. Roosevelt die amerikanische Bevölkerung in seiner Radioansprache vom 3. September dringend zur Besonnenheit: »Möge niemand, weder Mann noch Frau, gedankenlos oder fälschlich von der Entsendung amerikanischer Truppen auf die europäischen Schlachtfelder sprechen. In diesem Augenblick wird eine Proklamation der amerikanischen Neutralität vorbereitet.«

In der zuversichtlichen Erwartung eines raschen Sieges bestieg Hitler am 3. September in Berlin seinen Sonderzug mit dem Namen *Amerika,* in dem er für die Dauer der nächsten beiden Wochen zu leben und sich an den Schauplätzen seines ersten militärischen Triumphes feiern zu lassen gedachte. Die britische Regierung hatte unterdessen ihren »Western Air Plan 14« anlaufen lassen, den Abwurf antinazistischer Propagandaflugblätter über Deutschland. In der Nacht zum 4. September flogen zehn Flugzeuge, beladen mit insgesamt dreizehn Tonnen Papier, über die Nordsee und die deutsche Grenze zum Ruhrgebiet; sechs Millionen Flugblätter rieselten vom Himmel, in denen den Deutschen erklärt wurde: »Eure Regierung hat euch zu dem Massenmord, dem Elend und den Entbehrungen eines Krieges verurteilt, den zu gewinnen sie nicht einmal erhoffen kann.«

Der erste britische Bombenangriff auf ein deutsches Ziel fand am 4. September statt. Während deutsche Truppen ihren Vormarsch durch Polen unter dem Schutz einer unangefochtenen Lufthoheit fortsetzten, flogen zehn Blenheim-Bomber einen Angriff auf deutsche Schiffe und Marineeinrichtungen in Wilhelmshaven. Während keines der Schiffe ernsthaft beschädigt wurde, holte die deutsche Flugabwehr fünf der zehn Bomber vom Himmel. Unter den britischen Todesopfern war der Pilot H. B. Lightoller, dessen Vater der ranghöchste Besatzungsoffizier gewesen war, der den Untergang der *Titanic* kurz vor dem Ersten Weltkrieg überlebt hatte.

Die Nachricht von diesem Angriff auf deutsche Kriegsschiffe sorgte in Großbritannien für moralischen Auftrieb. »Wir sahen sogar Wäsche auf der Leine hängen«, erfuhren die britischen Radiohörer aus dem Mund des Geschwaderführers. »Als wir über das Schlachtschiff hinwegflogen«, fügte er hinzu, »sahen wir die Besatzung auf ihre Plätze rennen. Wir warfen unsere Bomben ab. Der zweite Pilot, der hinter mir flog, sah zwei Treffer.« Beide, der Geschwaderführer und der Aufklärungspilot, erhielten das Distinguished Flying Cross.

Die britischen Piloten hatten Anweisung, keine deutschen Zivilisten zu gefährden. In diesem Stadium des Krieges schien ein solcher Befehl nicht nur moralisch geboten, sondern auch praktisch realisierbar zu sein. Die deutschen Generäle freilich hatten solche Anweisungen nicht erteilt. »Brutale Bandenkämpfe sind überall ausgebrochen«, schrieb der deutsche Generalquartiermeister Eduard Wagner am 4. September, »und wir sind dabei, sie gnadenlos zu zertreten. Wir lassen nicht mit uns diskutieren. Wir haben schon Schnellgerichte losgeschickt, die beständig tagen. Je härter wir zuschlagen, desto schneller wird wieder Frieden herrschen.« Zugeschlagen wurde sowohl zu Lande als auch aus der Luft. In Bromberg (poln. Bydgoszcz) wurden am 4. September mehr als tausend Polen ermordet, darunter zwölf- bis sechzehnjährige Pfadfinder. Sie mußten sich auf dem Marktplatz vor einer Wand aufstellen und wurden erschossen. In Piotrków, wo die Deutschen am 5. September einmarschierten, setzten sie Dutzende jüdischer Häuser in Brand und erschossen dann die Juden, die aus den brennenden Gebäuden gelaufen kamen. Aus einem von den Flammen verschont gebliebenen Haus holten deutsche Soldaten sechs Juden heraus und befahlen ihnen, wegzurennen; fünf wurden erschossen, der sechste, Reb Bunem Lebel, starb später an seinen Verwundungen.

Viele polnische Städte brannten in dieser Woche; Tausende von Polen kamen in den Flammen um oder wurden bei der Flucht aus den brennenden Häusern niedergeschossen. Zwei Kriege wüteten gleichzeitig: der eine an der Front, von Soldaten geführt, der andere weit hinter den Linien in Städten und Dörfern. Und auch auf hoher See hatte ein Krieg begonnen, der barbarische Dimensionen annehmen sollte. An jenem 5. September versenkten deutsche U-Boote fünf unbewaffnete Handelsschiffe, vier britische und ein französisches. Die britische Antwort ließ nicht auf sich warten: Die HMS *Ajax* versenkte noch am selben Tag zwei deutsche Handelsschiffe, »in Übereinstimmung mit den Regeln der Kriegführung«, wie der Erste Lord der britischen Admiralität, Winston Churchill, seinen Kollegen vom Kriegskabinett erläuterte. Die beiden Schiffe hatten den Haltebefehl der Briten ignoriert.

Ignoriert und ad absurdum geführt wurden diese Regeln der Kriegführung Tag für Tag von den Deutschen, die tief ins Landesinnere Polens vorgedrungen waren. Am 6. September wurden auf einem Feld unweit der polnischen Ortschaft Mrocza neunzehn polnische Offiziere, die sich ergeben hatten, nachdem sie einer deutschen Panzereinheit entschlossenen Widerstand geleistet hatten, erschossen. Eine andere Gruppe polnischer Kriegsgefangener wurde in ein Bahnwärterhäuschen eingeschlossen, das dann in Brand gesteckt wurde. Die Eingeschlossenen verbrannten bei lebendigem Leibe. Von da an konnte sich kein Kriegsgefangener sicher sein, ob die anerkannten Regeln der Kriegführung, wie sie in mehreren Genfer Konventionen niedergelegt waren, für ihn galten; die Regeln, nach denen die Nazis handelten, stellten eine völlige Abkehr von den Gepflogenheiten dar, die sich im Lauf der vorausgegangenen hundert Jahre herausgebildet hatten.

Für die Juden schien dieser Eroberer alle Extreme des Schreckens bereitzuhalten. Hitler hatte sieben Monate vor Kriegsausbruch öffentlich erklärt, im Fall eines Krieges werde »das Ergebnis nicht die Bolschewisierung der Erde und damit der Sieg des Judentums sein, sondern die Vernichtung der jüdischen Rasse in Europa«. Sechs Tage Krieg hatten bereits demonstriert, daß die Tötung von Juden ein integraler Bestandteil der deutschen Eroberungspläne war. Dr. Chaim Weizmann, der große alte Mann der zionistischen Bewegung, erklärte in einem Schreiben an den britischen Premierminister Neville Chamberlain, die Juden würden an der Seite der Demokratien gegen Nazideutschland kämpfen; sein Brief, eine Geste trotzigen Beharrens, wurde am 6. September in der *Times* veröffentlicht. An diesem Tag machte Hitler von seinem Sonderzug aus mit dem Auto einen Abstecher zum Schlachtfeld von Tuchola, wo ein polnisches Korps eingeschlossen war. Während er dort das Kampfgeschehen beobachtete, erreichte ihn die Nachricht, deutsche Truppen seien in die südpolnische Stadt Krakau eingedrungen.

Noch am selben Tag – der Krieg war nun eine Woche alt – hatten die Deutschen Krakau, eine Stadt mit mehr als 250000 Einwohnern, erobert. Einen Tag später, am 7. September, befahl SS-Sicherheitschef Heydrich den Kommandeuren der von Eicke gedrillten Sondereinsatzgruppen, die im Begriff standen, den vorrückenden Soldaten zu folgen: »Die polnische Oberschicht ist so weit wie möglich unschädlich zu machen. Die verbleibende Unterschicht wird keine höhere Schulbildung bekommen, sondern auf die eine oder andere Art kleingehalten.« Eicke persönlich dirigierte von Hitlers rollendem Hauptquartier aus die Einsätze dieser SS-Einheiten, und Hitler stellte am 7. September gegenüber seinem Oberbefehlshaber des Heeres, General von Brauchitsch, klar, daß die Wehrmacht sich jeder Einmischung in diese SS-Operationen zu enthalten habe. Und die SS ging rücksichtslos vor. Einen Tag nach der Unterredung Hitlers mit Brauchitsch wurden in dem Dorf Ksiazki 33 polnische Zivilisten von einem SS-Kommando hingerichtet. Solche Erschießungen wurden in Polen bald zum alltäglichen Ereignis.

Am 9. September führte Oberst Eduard Wagner mit dem Stabschef des Heeres, General Halder, ein Gespräch über die Zukunft Polens. »Es ist des Führers und Görings Absicht«, notierte Wagner danach in sein Tagebuch, »die polnische Nation zu vernichten und auszulöschen. Mehr als das kann in schriftlicher Form nicht einmal angedeutet werden.«

Großbritannien und Frankreich sahen wenig Spielraum für eine wirksame militärische Unterstützung Polens. Am 7. September überschritten französische Einheiten an drei Stellen die deutsche Grenze: bei Saarlouis, Saarbrücken und Zweibrücken. Es kam aber zu keinem ernsthaften Schlagabtausch mit der Wehrmacht. An der Westfront herrschte Ruhe. In London machte sich ein eigens ins Leben gerufenes Land Forces Committee des Kriegskabinetts Gedanken über den Umfang des künftigen militärischen Engagements. In der ersten Sitzung dieses Ausschusses am 7. September schlug Churchill, der neue Erste Lord der Admiralität, die Aufstellung einer zwanzig Divisionen umfassenden Streitmacht bis März 1940 vor. »Wir müssen unseren Platz an der Front einnehmen«, erklärte er, »wenn wir die Allianz zusammenhalten und den Krieg gewinnen wollen.« In seinem am folgenden Tag fertiggestellten Bericht veranschlagte das Land Forces Committee die voraussichtliche Dauer des Krieges auf »mindestens drei Jahre«. Die ersten zwanzig Divisionen sollten innerhalb von zwölf Monaten einsatzbereit sein, weitere fünfunddreißig dann Ende 1941. Bis dahin müsse der britische Beitrag zur Kriegführung zwangsläufig defensiver Natur sein. Am 7. September waren die ersten beiden von Zerstörern eskortierten Handelsschiffskonvois in See gestochen: Von der Themsemündung und von Liverpool aus fuhren sie in Richtung Atlantik.

Am selben Tag versuchten in der Nähe der westpolnischen Industriestadt Łódź die letzten Verteidiger Polens immer noch, den deutschen Vormarsch zu bremsen. In dem Bericht der SS-Kampfeinheiten, die ihnen gegenüberstanden, heißt es über den an jenem Nachmittag tobenden Kampf um die Ortschaft Pabianice: »Die Polen traten noch einmal zum Gegenangriff an. Sie stürmten über die Leichen ihrer gefallenen Kameraden. Sie kamen nicht mit gesenkten Köpfen daher, wie ein Mensch im heftigen Regen – wie angreifende Infanterie meistens daherkommt –, sondern mit hoch erhobenen Köpfen wie Brustschwimmer bei Wellengang. Sie waren nicht kleinzukriegen.«

Es war nicht mangelnder Kampfesmut, sondern die erdrückende deutsche Artillerieüberlegenheit, die die polnischen Verteidiger bei Einbruch der Dunkelheit zwang, sich zu ergeben. Pabianice war verloren, der Weg nach Łódź für die Deutschen frei.

Diejenigen Deutschen, die schon den Vorkriegsexzessen der Nationalsozialisten ablehnend gegenübergestanden hatten, waren auch über den Überfall auf Polen entsetzt. Die Gefahr, sich in einem Konzentrationslager wiederzufinden, ließ jedoch viele vor einer öffentlichen Kritik zurückschrecken. Tausende von Deutschen hatten schon vor dem Krieg dem tyrannischen Regime den Rücken gekehrt, und auch nach Kriegsausbruch war es noch möglich, wenn auch nicht ungefährlich, aus Deutschland zu fliehen. Am 9. September gelang Gerhard Leibholz, einem der führenden deutschen Rechtsgelehrten, zusammen mit seiner Frau und zwei Töchtern die Flucht über die Schweizer Grenze. Frau Leibholz war die Zwillingsschwester von Dietrich Bonhoeffer, dem Pastor, der sich in seinen Predigten unerschrocken gegen Rassismus und Brutalität ausgesprochen hatte. Da Leibholz' Vater Jude war, hätte er sich einem neu verkündeten Gesetz zufolge den Buchstaben »J« in den Paß stempeln lassen müssen. Dies hatte ihm den letzten Anstoß zu seinem Entschluß geliefert, aus Deutschland zu fliehen.

Leibholz war gut beraten gewesen; denn genau am Tag seiner Flucht wurden 630 tschechische Polithäftlinge mit dem Zug aus Böhmen ins Konzentrationslager Dachau nördlich von München deportiert. Nur wenige sollten die unmenschlichen Arbeitsbedingungen und die brutale Behandlung überleben.

Aus Polen war eine Flucht praktisch unmöglich geworden. Der rasche deutsche Vormarsch ließ für Soldaten wie Zivilisten die Falle zuschnappen. In der Region Posen (Poznan) wurden neunzehn polnische Divisionen – das entsprach ziemlich genau der Truppenstärke, die die Briten bis März 1940 einsatzbereit haben wollten – eingekesselt; in der sich anschließenden Schlacht am Fluß Bzura gerieten 170 000 polnische Soldaten in deutsche Gefangenschaft.

Unterdessen gingen die Greuel hinter der Front weiter. In Bedzin wurden am 8. September mehrere hundert Juden in eine Synagoge getrieben, die die Deutschen dann anzündeten. Zweihundert Menschen verbrannten bei lebendigem Leib. Am Tag danach legten die Deutschen zynischerweise dieses Verbrechen den Polen zur Last; sie nahmen Geiseln und erschossen dreißig von ihnen auf einem der zentralen Plätze der Stadt. Wie General Halder am 10. September seinem Tagebuch anvertraute, hatten an diesem Tag fünfzig Juden auf Anordnung eines SS-Kommandos Reparaturarbeiten an einer Brücke durchgeführt; am Abend waren sie in eine Synagoge getrieben und erschossen worden. »Wir erlassen jetzt scharfe Anordnungen, die ich heute selbst aufgesetzt habe«, schrieb Oberst Wagner am 11. September in sein Tagebuch. »Nichts anderes als die Todesstrafe! Anders geht es in den besetzten Gebieten nicht!«

Einer, der Augenzeuge dieser Mordtaten an Zivilisten wurde, war Admiral Canaris, der Chef der deutschen Spionageabwehr. Er war am 10. September an die Front gereist. Wohin er auch kam, berichteten ihm seine Nachrichtenoffiziere von »Massaker-Orgien«. Polnische Zivilisten seien, so erzählten sie, erst zur Aushebung von Massengräbern gezwungen worden; dann hätten sie sich am Rand der Gräber aufstellen müssen und seien mit Maschinengewehren niedergemäht worden. Am 12. September besuchte Canaris das rollende Hauptquartier Hitlers, das sich inzwischen im oberschlesischen Ilnau befand, um gegen diese Maßnahmen zu protestieren. Er sprach zunächst mit General Wilhelm Keitel, dem Chef des Oberkommandos der Wehrmacht: »Ich habe Informationen«, erklärte Canaris, »daß in Polen Massenerschießungen geplant sind und daß Angehörige des polnischen Adels und die katholischen Bischöfe und Priester zur Vernichtung bestimmt sind.«

Keitel beschwor Canaris, die Sache nicht weiterzuverfolgen. »Wenn ich Sie wäre«, sagte er, »würde ich mich in diese Angelegenheit nicht einmischen. In dieser ›Sache‹ hat der Führer persönlich entschieden.« Wie Keitel weiter erläuterte, werde ab sofort jedem deutschen Wehrmachtkommando in Polen neben dem militärischen ein ziviler Befehlshaber zugeordnet. Dieser werde für die, wie Keitel sich ausdrückte, »rassische Ausrottung« zuständig sein. Anschließend wurde Canaris von Hitler empfangen, äußerte sich aber ihm gegenüber nicht zu den Massakern. Erschüttert von dem, was er erfahren hatte, kehrte er nach Berlin zurück, nicht mehr der loyale Hitler-Anhänger, der er zuvor gewesen war. Carl Goerdeler, Exbürgermeister von Leipzig, der seit 1933 ein Gegner Hitlers war, vertraute einem Gesinnungsgenossen an, Canaris sei »vollkommen niedergeschmettert« über die »brutale Kriegführung« der Deutschen aus Polen zurückgekehrt.

Was Keitel als rassisches Ausrottungsprogramm bezeichnet hatte, lief bei denen, die es durchführten, unter einem anderen Namen. Am 13. September, einen Tag nach Admiral Canaris' Besuch im Führerzug, begann einer der in Polen eingesetzten SS-Totenkopf-Verbände, die Division Brandenburg, mit sogenannten »Säuberungs- und Sicherungsmaßnahmen«. Diese umfaßten nach eigenen Angaben die Verhaftung und Erschießung einer großen Zahl »verdächtiger Elemente, Plünderer, Juden und Polen«, von denen viele angeblich »auf der Flucht« erschossen wurden. Zwei Wochen später hatte die Division Brandenburg in mindestens dreizehn polnischen Städten und Dörfern ihre mörderischen Spuren hinterlassen.

Der Schwerpunkt der Kampfhandlungen verlagerte sich nunmehr nach Warschau, auf das deutsche Bomber schon seit Tagen mit großer Rücksichtslosigkeit ihre tödliche Fracht abwarfen. Einer der Punkte, die Canaris in seiner Unterredung mit Keitel angesprochen hatte, war die »Verheerung« der polnischen Hauptstadt gewesen. Besonders schwer war der Bombenhagel am 14. September. Die 393000 Warschauer Juden, die ein Drittel der Einwohnerschaft der Stadt stellten, feierten an diesem Tag ihr Neujahrsfest. »Gerade als die Synagogen sich gefüllt hatten«, notierte ein polnischer Augenzeuge in sein Tagebuch, »wurde Nalewki, das jüdische Viertel von Warschau, aus der Luft angegriffen. Das Resultat dieses Bombardements war blutig.« Am gleichen Tag drangen deutsche Truppen in die südpolnische Stadt Przemyśl am San ein, wo 17000 Juden lebten, was ebenfalls einem Drittel der Einwohnerschaft entsprach. 43 prominente jüdische Bürger wurden auf der Stelle verhaftet, brutal verprügelt und dann erschossen; unter ihnen war Ascher Gitter, dessen Sohn – wie so viele Söhne polnischer Juden – in die Vereinigten Staaten ausgewandert war und gehofft hatte, eines Tages seinen Vater nachholen zu können. In Sieradz wurden an diesem Tag fünf Juden und zwei Polen erschossen. In Tschenstochau befahl die deutsche Zivilverwaltung die Übergabe sämtlichen jüdischen Firmeneigentums an »Arier«, unabhängig davon, ob die jüdischen Besitzer sich noch in der Stadt befanden oder geflohen waren. In Piotrków kam ein Erlaß heraus, der Juden den

Aufenthalt auf den Straßen nach siebzehn Uhr untersagte; als der siebenundzwanzigjährige Getzel Frenkel fünf Minuten nach siebzehn Uhr zu seiner Wohnung zurückkehrte, wurde er wegen dieses Verstoßes gegen die Bestimmung erschossen.

Der polnischen Armee, die weiterhin zähen Widerstand leistete, blieb nur der Rückzug ins östliche Polen; pausenlose Angriffe deutscher Bomberverbände begleiteten ihren Weg dorthin. Ein polnischer Offizier beschrieb später, was sich am 14. September östlich von Przemyśl abspielte, nachdem seine Infanteriedivision sich über den San zurückgezogen hatte: »[Deutsche Flugzeuge] griffen uns in kurzen Zeitabständen an. Es gab nirgendwo einen Schutz vor ihnen, nichts als die verfluchte Ebene auf allen Seiten. Die Soldaten stürzten von der Straße und suchten Deckung in den Ackerfurchen, aber den Pferden blieb nicht einmal dieser Ausweg. Nach einem der Angriffe zählten wir 35 tote Pferde.« Dieser Rückzug nach Osten war, wie der Offizier schrieb, »nicht wie der Marsch einer Armee; er ähnelte eher dem Marsch eines biblischen Volkes, das durch den Zorn des Himmels vorangetrieben wurde und sich in der Wildnis verlor.« Am Morgen danach beobachtete Hitler höchstpersönlich, wie deutsche Truppen, die Polen verfolgten, bei Jarosław den San überschritten.

Angesichts einer sich auflösenden polnischen Armee schlugen die deutschen Generäle vor, das bereits eingeschlossene Warschau durch Aushungern zur Kapitulation zu zwingen. Aber Hitler wies den Gedanken an eine längere – oder auch kurze – Belagerung zurück. Die polnische Hauptstadt sei eine Festung, erklärte er kategorisch, und solle so lange bombardiert werden, bis sie kapituliere.

Während sich die polnischen Streitkräfte verzweifelt bemühten, vor dem Ansturm und den Luftangriffen der Deutschen zurückzuweichen, hoffte ihre Führung, in den östlichen Landesteilen, namentlich in der Gegend von Lemberg, der Metropole des östlichen Galizien, eine neue Abwehrfront aufbauen zu können. Doch diese Hoffnung zerstob in den frühen Morgenstunden des 17. September. Denn weder die Polen noch selbst die Generäle Hitlers wußten, daß der deutsch-sowjetische Nichtangriffspakt vom 23. August 1939 ein geheimes Zusatzprotokoll enthielt, das eine das polnische Territorium teilende Demarkationslinie beschrieb; über die östlich davon gelegenen Gebiete sollte die Sowjetunion verfügen können. An jenem 17. September erklärte der sowjetische Außenminister Wjatscheslaw Molotow in einem in Moskau herausgegebenen Kommuniqué, die polnische Regierung habe aufgehört zu bestehen. Aus diesem Grunde hätten, so Molotow weiter, sowjetische Truppen Befehl erhalten, das östliche Polen zu besetzen. Damit waren die Polen jeder Aussicht auf wirksame Gegenwehr beraubt.

Zwei sowjetische Heeresgruppen rückten in Richtung auf die Demarkationslinie vor. 150 Kilometer vor ihrem Ziel stießen sie auf deutsche Truppen, die sich unter beträchtlichen Verlusten ins östliche Polen vorgekämpft hatten. Diese Deutschen zogen sich nun zurück und übergaben den Russen die polnischen Soldaten, die sie gefangengenommen hatten. In Lemberg war es ein sowjetischer General, der den polnischen Truppen befahl, die Waffen niederzulegen. Sie taten wie geheißen, woraufhin sie von der Roten Armee entwaffnet und in die Gefangenschaft abgeführt wurden. Auch anderswo fielen den vorrückenden russischen Truppen Tausende von Polen in die Hände; andere Polen ergaben sich lieber den Russen, als daß sie das Risiko eingingen, in die Hände der Deutschen zu fallen. Unterdessen tobte die Schlacht um Warschau unvermindert weiter. Unaufhörlich regneten deutsche Bomben auf die Stadt herab. Für die Briten war der 17. September der Tag, an dem sie im Atlantik ihr erstes Debakel erlebten: den Verlust von 518 Seeleuten beim Untergang des Flugzeugträgers *Courageous*, der vor der irischen Südwestküste von dem deutschen U-Boot U-29, das Leutnant Schuhart befehligte, torpediert wurde. »Ein ruhmreicher Erfolg«, wie der ranghöchste deutsche Marineoffizier, Admiral Dönitz, in sein Tagebuch notierte. Für seinen britischen Gegenspieler Churchill war der Untergang der *Courageous* ein düsteres Menetekel, wußte er doch nur zu gut, wie nahe die Deutschen im Ersten Weltkrieg daran gewesen waren, mit ihrem U-Boot-Krieg die Nabelschnüre zu durchtrennen, über die Großbritannien mit Lebensmitteln und Rohstoffen versorgt wurde.

Das Schicksal Polens erschütterte viele Menschen in Großbritannien, die mitansehen mußten, wie jede ernsthafte Gegeninitiative der beiden Westalliierten ausblieb. »Arme Teufel!« schrieb ein Engländer am 18. September an einen amerikanischen Freund. »Sie sind wunderbare Kämpfer, und ich glaube, wir alle hier haben das unangenehme Gefühl, daß wir, da sie unsere Verbündeten sind, an der Westfront – um welchen Preis auch immer – so schwere Angriffsschläge hätten führen sollen, daß die Deutschen abgelenkt worden wären. Ich kann mir vorstellen, daß wir es deshalb nicht getan haben, weil vorerst weder wir noch Frankreich genügend Maschinen parat haben.«

Die Deutschen waren sich sicher, daß sie mit keinem britischen oder französischen Eingreifen rechnen mußten, das ihren Sieg hätte gefährden können. Am 18. September bekamen die britischen Radiohörer erstmals die nasale Stimme von William Joyce zu hören, der schnell den Spottnamen »Lord Haw-Haw« erhielt, und nun – wenige Wochen, nachdem er seinen britischen Paß hatte erneuern lassen – seinen Landsleuten von Berlin aus mitteilte, der Krieg sei für sie verloren. Am selben Tag protestierte im Konzentrationslager Sachsenhausen nördlich von Berlin Lothar Erdmann, der vor 1933 in Deutschland ein angesehener Journalist und Gewerkschafter gewesen war, mutig gegen die Mißhandlung von Mithäftlingen. Daraufhin wurde er brutal zusammengeschlagen und starb an den dabei erlittenen inneren Verletzungen.

Die Verteidiger Warschaus lehnten es ab, sich die Methoden der Deutschen zu eigen zu machen. Ein polnischer Arzt schloß sich am 18. September einem Kommando an, das auf der Suche nach Arzneimitteln war; sie wurden schließlich im Keller einer Apotheke fündig, die schon unter deutschem Artilleriebeschuß lag. In diesem Keller entdeckten sie auch einen deutschen Spion, einen Mann, der seit zwölf Jahren in Polen lebte. Er hatte ein Miniaturfunkgerät bei sich, mit dem er Botschaften an das Hauptquartier der deutschen Belagerer übermitteln konnte. »Nach kurzen Formalitäten«, hielt der Arzt in seinem Bericht fest, »wurde er ›mit Grüßen an Hindenburg‹ entlassen.«

Der 19. September war der zehnte Tag, an dem Warschau unter dem Bombardement der deutschen Artillerie stand. So viele Tausende von Warschauern waren durch die Luftangriffe und Artillerieeinschläge umgekommen, daß nun schon öffentliche Parks als Friedhöfe herhalten mußten. Doch nach wie vor kämpften polnische Truppen zäh um jeden Meter Warschauer Bodens. Mehrere deutsche Panzer, die sich zu schnell oder zu weit in die Außenbezirke der Stadt hineinwagten, wurden außer Gefecht gesetzt, und auch etliche deutsche Infanterieeinheiten wurden gefangengenommen. Doch der Bombenhagel ging erbarmungslos weiter. »Heute morgen«, schrieb ein Polizeioffizier am 19. September in sein Tagebuch, »warf ein deutsches Flugzeug eine Bombe ab, die in ein Haus unweit meines Hauptquartiers einschlug, das ich zu einem provisorischen Gefängnis für rund neunzig in den Kämpfen der letzten Nacht gefangengenommene Deutsche zweckentfremdet hatte. 27 von ihnen kamen um.«

Während Warschau unter dem deutschen Bombenhagel ausblutete, landete als erste britische Truppeneinheit ein Armeekorps auf französischem Boden. Doch es gab für diese Einheit keinen Einsatzplan. An der Westfront regierte die Defensivtaktik. Unterdessen hielt Hitler triumphalen Einzug in die Freie Stadt Danzig, die nach dem Ersten Weltkrieg auf Verlangen der Siegermächte von Deutschland abgetrennt worden war. Menschenmassen begrüßten in hysterischem Freudentaumel ihren Führer. »So war es überall«, erklärte Hitlers ranghöchster Adjutant des Heeres Rudolf Schmundt einem Neuling im Stab des Führers. »Im Rheinland, in Wien, im Sudetenland und in Memel. Zweifeln Sie noch an der Sendung des Führers?«

In seiner Rede an die Einwohnerschaft Danzigs am 19. September sprach Hitler vom »allmächtigen Gott, der ... jetzt unsere Waffen gesegnet hat«. Er sprach auch den geheimnisvollen – und für britische und französische Ohren unheilverkündenden – Satz aus: »Es könnte sehr schnell der Augenblick kommen, da wir eine Waffe zur Anwendung bringen, mit der wir nicht angegriffen werden können.«

Von Danzig aus reiste Hitler weiter ins Seebad Sopot, wo er in einem Hotel Quartier nahm. Dort setzte er einer Gruppe von Zuhörern, zu der sein Leibarzt Dr. Karl Brandt, der Chef seiner persönlichen Kanzlei, Philipp Bouhler, und der Reichsgesundheitsführer Dr. Leonardo Conti gehörten, seine Pläne für die Tötung »unwerten Lebens« in Deutschland auseinander. Die Reinheit des deutschen Blutes müsse gewahrt werden. Dr. Conti hegte Zweifel an der wissenschaftlichen Belegbarkeit der Annahme, durch Euthanasie ließen sich irgendwelche eugenischen Vorteile erzielen. Der einzige Punkt jedoch, über den ernsthaft debattiert wurde, war die Frage nach der raschesten und schmerzlosesten Tötungsmethode. In einer auf den 1. September vordatierten schriftlichen Weisung betraute Hitler Bouhler und Brandt mit der Aufgabe, »die Befugnisse namentlich zu bestimmender Ärzte so zu erweitern, daß nach menschlichem Ermessen unheilbar Kranken bei kritischer Beurteilung ihres Gesundheitszustands der Gnadentod gewährt werden kann«.

Zum Befehlszentrum für das Euthanasieprogramm wurde eine Vorstadtvilla in Berlin, Tiergartenstraße 4, bestimmt. Aus dieser Anschrift leitete sich der Name ab, unter dem die Gesamtorganisation von da an geführt wurde: T 4. An ihrer Spitze stand der siebenunddreißigjährige Werner Heyde, Professor der Neurologie und Psychiatrie an der Universität Würzburg, der der NSDAP im Augenblick ihres politischen Triumphs im Frühjahr 1933 beigetreten war. Von nun an wurden die deutschen Nervenheilanstalten auf der Suche nach Insassen durchkämmt, denen man den »Gnadentod« geben konnte. Einer der NS-Euthanasieexperten, ein Dr. Pfannmüller, äußerte: »Für mich ist die Vorstellung untragbar, daß beste, blühende Jugend an der Front ihr Leben lassen muß, damit verblödete Asoziale und unverantwortliche Antisoziale in den Anstalten ihr gesichertes Dasein haben.«

Bei der Operation T 4 galt das besondere Augenmerk von Beginn an kleinen Kindern und insbesondere Neugeborenen. In Görden bei Brandenburg wurde innerhalb einer bestehenden Kinderheilanstalt eine Sonderpsychiatrische Jugendabteilung eingerichtet, an die Kinder aus ganz Deutschland überwiesen wurden, um getötet zu werden. Eines der damit verbundenen Ziele war es, wie ein dort beschäftigter Arzt sich später erinnerte, »die Einschläferung der Neugeborenen möglichst bald« vorzunehmen, auch und gerade um die Entwicklung »engere[r] Bindungen der Mütter an ihre Kinder« zu verhindern.

Das Euthanasieprogramm hatte begonnen. In Görden und in sechs ähnlichen Einrichtungen in anderen Teilen Deutschlands wurde »unwertes« deutsches Leben vernichtet. Während der ersten beiden Kriegsjahre wurden Zehntausende von Menschen umgebracht, Opfer einer pervertierten Medizinwissenschaft.

In Polen hatten die Einsatz- und Sonderkommandos der SS unterdessen in immer mehr besetzten Städten ihre Mordaktionen gegen Juden fortgesetzt. Am 20. September hieß es in einem Bericht über die deutsche 14. Armee, in der Truppe breite sich Unruhe über »die weitgehend ungesetzlichen Maßnahmen« aus, die im Operationsgebiet der Armee durch die Einsatz- und Sonderkommandos des SS-Obergruppenführers von Woyrsch durchgeführt würden. Besonders wütend seien die kämpfenden Soldaten darüber, daß diese SS-Einheit, anstatt an der Front zu kämpfen, »ihren Mut gegen wehrlose Zivilisten unter Beweis stellt«. Feldmarschall von Rundstedt gab postwendend Anweisung, das von Woyrsch befehligte Einsatz- und Sonderkommando im militärischen Operationsgebiet nicht mehr zu dulden und die bereits eingeleiteten antijüdischen Maßnahmen im Gebiet Kattowitz zu unterbinden.

Der Zwiespalt, der sich zwischen den kämpfenden Berufssoldaten und den SS-Leuten aufgetan hat, war nicht überbrückbar. Doch in der SS-Führung wurde bereits an weitaus ehrgeizigeren, weiterführenden Plänen gearbeitet. Am 21. September empfing Reinhard Heydrich die Befehlshaber aller in Polen operierenden SS-Einsatz- und Sonderkommandos zu einer Krisensitzung in Berlin. Den an der Teilnahme verhinderten Kommandeuren wurde ein geheimes Protokoll der Diskussion zugestellt. Das »Endziel« der deutschen Judenpolitik müsse, wie Heydrich erklärte, »streng geheim« gehalten werden, zu seiner Verwirklichung werde es »einer längeren Zeitspanne« bedürfen. Vorläufig, und um die Voraussetzungen für jene »Endlösung« zu schaffen, sollten die polnischen Juden in einigen wenigen Großstädten »konzentriert« werden. Die außerhalb dieser Zentren lebenden Juden und namentlich alle Juden Westpolens sollten in diese Städte deportiert werden. Das westliche Polen müsse »vollständig von Juden gesäubert« werden. Sämtliches in jüdischem Besitz befindliche Ackerland solle den Eigentümern weggenommen und »in die Obhut« einheimischer deutscher oder auch polnischer Bauern gegeben werden. Die in die Großstädte deportierten Juden sollten nach und nach in einem eigenen Stadtviertel zusammengepfercht werden und keinen Zutritt zum Rest der Stadt haben. In jeder dieser Städte sollte ein Judenrat eingesetzt werden, der dafür sorgen müsse, daß die die Juden betreffenden Weisungen der deutschen Behörden pünktlich ausgeführt würden. Für den Fall, daß »solche Weisungen sabotiert« würden, sollten diesen jüdischen Räten »strengste Maßnahmen« angedroht werden.

Dieser Plan Heydrichs, im 20. Jahrhundert die mittelalterliche Einrichtung des Gettos wiederzubeleben, war lediglich als ein erster Schritt in Richtung dessen gedacht, was er und seine SS-Mitarbeiter die »Endlösung der jüdischen Frage« nannten.

Am 22. September, einen Tag nach Heydrichs Konferenz, traf die SS-Division Brandenburg in Włocławek ein und leitete sogleich eine »Judenaktion« in die Wege, die vier Tage dauerte. Jüdische Geschäfte wurden geplündert, die vorhandenen Synagogen eingeäschert, Dutzende namhafter Juden zusammengetrieben und erschossen. Noch während diese »Aktion« lief, erteilte Eicke dem Divisionskommandeur Befehl, zwei seiner Bataillone nach Bromberg zu entsenden, wo eine weitere »Aktion«, diesmal gegen polnische Intellektuelle und Kommunalpolitiker, geplant war. Infolge dieses Befehls wurden am 23. und 24. September, keine drei Wochen nach den ersten willkürlichen Massentötungen in derselben Stadt, noch einmal achthundert Polen erschossen.

Der erste Tag dieses neuen Massakers in Bromberg fiel zusammen mit dem heiligsten Tag im jüdischen Jahreskalender, dem Versöhnungstag (Jom Kippur). Die deutschen Besatzungsbehörden in Piotrków nahmen dieses Datum zum Anlaß, ihre Verachtung für Juden wie Polen zu demonstrieren, indem sie mehrere tausend polnische Kriegsgefangene, darunter viele Juden, in die Synagoge sperrten, ihnen den Zugang zur Toilette verwehrten und sie so zwangen, ihre Notdurft in der Synagoge selbst zu verrichten. Dann gab man den Gepeinigten Gebetsschals, die Vorhänge von der Thoralade und den reich bestickten Stoffüberwurf der Thorarollen und befahl ihnen, damit ihre Exkremente aufzuwischen.

Am gleichen Tag erging aus Berlin ein Befehl an alle deutschen Kriegsschiffe, der zu einer Verschärfung des Seekriegs führte. Es handelte sich um eine Weisung der Admiralität, und sie besagte, daß jedes britische oder französische Handelsschiff, das, nachdem es von einem deutschen U-Boot Befehl zum Beidrehen erhalten hatte, noch Funksprüche abzusetzen versuchte, entweder versenkt oder gekapert werden solle.

Deutsche und sowjetische Truppen standen einander nunmehr entlang der von Ribbentrop und Molotow einen Monat zuvor festgelegten innerpolnischen Demarkationslinie gegenüber. Nur in Warschau, in Modlin an der Weichsel und auf der Halbinsel Hel bei Danzig gab es noch kämpfende polnische Verbände, die die Kapitulation verweigerten. »Die gnadenlose Bombardierung geht weiter«, notierte ein polnischer Offizier am 25. September in Warschau in sein Tagebuch. »Deutsche Drohungen haben bis jetzt nichts gefruchtet. Die Menschen von Warschau sind stolz darauf, daß sie sich nicht haben einschüchtern lassen.« Sie standen aber auch kurz vor einer Hungersnot. »Ich beobachtete heute eine charakteristische Straßenszene«, schrieb der Offizier. »Ein Pferd wurde von einer Granate getroffen und brach zusammen. Als ich eine Stunde später zurückkehrte, war nur noch das Skelett übrig. Das Fleisch hatten sich die Anwohner herausgeschnitten.«

Am 25. September begannen die Deutschen mit dem Unternehmen Küste, einer von vierhundert Bombern, Sturzkampfbombern und Tieffliegern vorgetragenen und von dreißig dreimotorigen Transportflugzeugen unterstützten Luftoffensive. Insgesamt wurden 72 Tonnen Brandbomben auf die polnische Hauptstadt abgeworfen, die großflächige Brände verursachten und schwere Zerstörungen und Menschenverluste zur Folge hatten. Die polnische Offiziersgattin Jadwiga Sosnkowska, die sich später in den Westen absetzen konnte, erinnerte sich ein Jahr später an »jene schreckliche Nacht«, in der sie Hilfsdienste in einem Warschauer Krankenhaus versah. »Auf dem Operationstisch, an dem ich assistierte, eine Tragödie nach der anderen. Eine der Unglücklichen war ein sechzehnjähriges Mädchen. Sie hatte einen prachtvollen goldblonden Wuschelkopf, ein Gesicht so zart wie eine Blume, und ihre herrlichen saphirblauen Augen waren voller Tränen. Ihre beiden Beine waren bis herauf zu den Knien eine einzige Masse blutigen Gewebes, in dem es unmöglich war, Knochen von Fleisch zu unterscheiden; beide Beine mußten über dem Knie amputiert werden. Bevor der Chirurg anfing, beugte ich mich über dieses unschuldige Kind und küßte seine blasse Stirn und legte meine hilflose Hand auf den blonden Wuschelkopf. Im Verlauf des Vormittags verschied sie wie eine von erbarmungsloser Hand geknickte Blume.«

Am selben Abend starb, wie Jadwiga Sosnkowska weiter berichtete, »auf demselben groben Holztisch unter dem Messer des Chirurgen eine junge werdende Mutter, neunzehn Jahre alt; eine Bombe hatte ihr den Unterleib zerrissen. Wenige Tage später wäre sie niedergekommen. Wir fanden nie heraus, zu welchem Mann und welcher Familie sie gehörte, und so wurde sie als Unbekannte zusammen mit den gefallenen Soldaten im Massengrab beigesetzt.«

Die Bürger von Warschau waren am Ende ihrer Leidensfähigkeit angelangt. Auch die Kampfentschlossenheit von 140000 Soldaten vermochte ihre Moral nicht länger aufrechtzuerhalten. Wilde Gerüchte – die letzte Zuflucht der Verzweifelten – begannen die Runde zu machen. Es hieß, ein polnischer General marschiere von Osten her an der Spitze sowjetischer Truppen auf Warschau zu. Andere Leute behaupteten, über der Stadt Luftkämpfe zwischen deutschen und mit Hammer und Sichel markierten sowjetischen Kampfflugzeugen beobachtet zu haben. In Wirklichkeit waren sowjetische Flugzeuge nicht mit Hammer und Sichel markiert, sondern mit dem fünfzackigen roten Stern. Doch auf solche Details kam es denen, die an rettende Wunder glauben wollten, nicht an.

Tatsächlich nahte nicht die Rettung, sondern ein neuerlicher Ansturm der Deutschen. Am Morgen des 26. September erhielt die deutsche 8. Armee unter General von Brauchitsch den Angriffsbefehl. Am Abend ersuchte der polnische Garnisonskommandeur um einen Waffenstillstand, doch von Brauchitsch lehnte ab. Er wollte nur eine bedingungslose Kapitulation akzeptieren. Die Stadt setzte ihren Widerstand fort.

Am selben Tag diskutierten in Berlin unter strengster Geheimhaltung deutsche Wissenschaftler über die Möglichkeit, die Energie der atomaren Kernspaltung zu nutzen. Sie waren sich darüber im klaren, daß in der Kernspaltung ein enormes explosives Potential steckte. Ein »Uranbrenner« müsse gebaut werden. Man würde dazu beträchtliche Mengen schweren Wassers benötigen, dessen Gewinnung mit hohen Kosten verbunden war. Das deutsche Kriegsministerium, von der Aussicht auf eine Waffe mit entscheidender Durchschlagskraft elektrisiert, erklärte sich bereit, die erforderlichen komplizierten Experimente zu finanzieren. Was immer die Wissenschaftler brauchen würden, sie sollten es bekommen.

Am 27. September um 14 Uhr kapitulierte Warschau. 140 000 polnische Soldaten, darunter über 36 000 Verwundete, gerieten in deutsche Gefangenschaft. In den folgenden drei Tagen machten die Deutschen keine Anstalten, die Stadt in Besitz zu nehmen. »Sie haben Angst davor«, schrieb ein polnischer Offizier in sein Tagebuch, »ihre Soldaten in eine Stadt einmarschieren zu lassen, in der es weder Licht noch Wasser gibt und die mit Kranken und Verwundeten und Toten angefüllt ist.«

Hunderte verwundeter Soldaten und Zivilisten, die gerettet hätten werden können, wenn ihnen Hilfe zuteil geworden wäre, gingen zugrunde. Doch die Deutschen hatten kein Interesse daran, sie zu retten. Am Tag der Kapitulation Warschaus konnte Heydrich mit hörbarer Genugtuung berichten: »Von der polnischen Oberschicht sind in den besetzten Gebieten nur noch maximal drei Prozent vorhanden.« »Vorhanden« bedeutete »am Leben«. Viele Tausende, wahrscheinlich mehr als 10 000 polnische Lehrer, Ärzte, Priester, Grundeigentümer, Unternehmer und Beamte waren von den Deutschen aufgegriffen und umgebracht worden. Die Namen einiger der Orte, an denen sie gefangengehalten, gefoltert und getötet worden waren, wurden für die Polen zu Synonymen der Qual und des Todes: Stutthof bei Danzig, das Lager Smukala bei Bromberg, das Schmierölwerk von Thorn, die 7. Festung in Posen, das Lager Soldau in Ostpreußen. In einer westpolnischen Diözese waren von 690 Priestern zwei Drittel verhaftet und 214 von ihnen erschossen worden. Polen war das erste Opfer eines neuartigen, barbarischen Krieges im Krieg geworden: eines ungleichen Kampfes zwischen militärischen Siegern und ihren zivilen Geiseln.

KAPITEL 2

Polen besiegt

Oktober 1939

In London und Paris empfand man Bestürzung über die Kapitulation Warschaus, Trauer über das Unglück der Polen, Erstaunen über die Geschwindigkeit des deutschen Vormarsches, Wut über die sowjetische Komplizenschaft bei der Teilung eines Staates, der noch einen Monat zuvor unabhängig gewesen war, eine gewisse Scham darüber, daß man Polen nicht geholfen hatte (oder nicht hatte helfen können), vor allem aber Angst davor, daß die Erfinder des »Blitzkriegs« ihre Waffen und ihre Taktik gegen den Westen einsetzen könnten. Verstärkt wurde diese Furcht in Großbritannien durch den Verdacht, daß in vielen Bereichen der britischen Wirtschaft und Gesellschaft deutsche Agenten saßen, die Informationen über den Stand der britischen Rüstung nach Deutschland lieferten und Sabotageakte gegen die britische Kriegswirtschaft begingen.

Was die britische Öffentlichkeit nicht wußte, war, daß diese deutschen Agenten bei Kriegsausbruch fast ausnahmslos festgenommen worden waren – ein Triumph der britischen Geheimdienste, den diese nicht an die große Glocke hängten. Auch den Deutschen blieb dieser Verlust zunächst verborgen. Und es war dies nicht die einzige Niederlage, die sie im Bereich der Spionage einstecken mußten. Denn am 28. September 1939, einen Tag nach der Kapitulation Warschaus, tappte die deutsche Auslandsspionage in eine raffinierte Falle. An jenem Tag setzte ein Waliser namens Arthur Owens, der sich von den Deutschen als Agent hatte anwerben lassen, von Großbritannien nach Holland über, um mit seinen Auftraggebern Kontakt aufzunehmen. In Wirklichkeit jedoch arbeitete Owens unter dem Decknamen »Snow« für die Briten. Es war ihm gelungen, die Deutschen davon zu überzeugen, daß er in Wales ein beachtliches Netz deutscher Agenten aufgebaut habe. Er bat jetzt um Anweisungen und Geld, erhielt beides und kehrte noch am gleichen Abend nach England zurück. Damit hatte ein Spiel begonnen, das von seinen britischen Dirigenten als »Double Cross« oder, im verschlüsselten Stil des Spionagehandwerks, als »XX« bezeichnet wurde. Zwei Wochen später tauchte Owens erneut in Holland auf, diesmal in Begleitung eines weiteren, von ihm angeblich angeworbenen Zuträgers für die deutsche Spionage. Es war ein Mann namens Gwilym Williams, ein pensionierter Polizeiinspektor aus Swansea und ehemaliger Aktivist in der walisischen Nationalbewegung. Wiederum schluckten die Deutschen arglos den Köder. Sie erteilten Williams, den sie unter der Agentennummer A-3551 führten, nicht nur eine Reihe von Sabotageaufgaben (deren erfolgreiche Durchführung von den Briten später vorgetäuscht werden sollte), sondern gaben ihm auch die Anschrift eines der wenigen deutschen Agenten in Großbritannien, den die britische Spionageabwehr noch nicht aufgespürt hatte. Es handelte sich um den Agenten A-3725, der in Folge unter dem Decknamen »Charlie« selbst in das Double-Cross-System einbezogen wurde. Als das Jahr zu Ende ging, funkte dieser vorgetäuschte Agentenring fast täglich verschlüsselte Botschaften an den deutschen Nachrichtendienst in Hamburg, rekrutierte weitere Pseudoagenten und arbeitete an einem vorgetäuschten Sabotageprojekt, genannt Guy-Fawkes-Plan: der Vergiftung der walisischen Reservoire, aus denen die britischen Flugzeug- und Munitionsfabriken im Industrierevier der Midlands mit Trinkwasser versorgt wurden.

Während Arthur Owens sich auf seiner Double-Cross-Mission in Holland befand, war der deutsche Außenminister, Joachim von Ribbentrop, auf dem Weg nach Moskau. In zweitägigen Verhandlungen erreichte er, daß Deutschland zusätzlich einen breiten Streifen polnischen Territoriums östlich der Weichsel – und damit die am dichtesten besiedelten und am stärksten industrialisierten Teile Polens – erhielt. Als Gegenleistung erkannte Deutschland den sowjetischen Anspruch auf das östliche Polen und – dies war eine unerwartete sowjetische Forderung – auf Litauen an. Der Vertrag, der diese neue Teilung Polens festschrieb, wurde am Morgen des 29. September um 5 Uhr unterzeichnet. Er wurde, ohne daß der polnische und der litauische Staat, die durch ihn von der Landkarte verschwanden, auch nur darin erwähnt worden wären, als deutsch-sowjetischer Grenz- und Freundschaftsvertrag bezeichnet. Stalin höchstpersönlich trug den neuen Grenzverlauf in eine Landkarte ein und setzte seine Unterschrift darunter. Als Gegenleistung dafür, daß Lemberg und die nahe gelegenen Ölvorkommen bei Drogobytsch der sowjetischen Sphäre zugeschlagen wurden, sagte Stalin den Deutschen die Lieferung von jährlich 300 000 Tonnen Erdöl zu.

Zu den pikanteren Folgen dieser Übung im Kartenzeichnen gehörte, daß Stalin sich bereit erklärte, seine Truppen von der Weichsel-Linie zum Bug zurückzuziehen. Das bedeutete, daß die Deutschen, die zuvor schon einmal den Bug erreicht, sich dann aber an die Weichsel zurückgezogen hatten, damit die Rote Armee das Gebiet besetzen konnte, nun wieder bis an den Bug vorrückten. 22 Millionen Polen befanden sich damit in deutscher Hand. Am 29. September, als Ribbentrop nach Berlin zurückkehrte, schloß die Sowjetunion einen »Beistandspakt« mit dem kleinen baltischen Staat Estland, der den Sowjets das Recht sicherte, die estnischen Flottenstützpunkte Narva, Paldiski, Haapsalu und Pärnu zu besetzen. Sechs Tage später kam ein ähnlicher Vertrag mit Lettland zustande, elf Tage später folgte Litauen. Stalin war nicht gewillt, ein Vakuum entstehen zu lassen zwischen der in den Jahren nach dem Ersten Weltkrieg einem damals noch schwachen bolschewistischen Regime aufgezwungenen sowjetischen Westgrenze und dem auftrumpfenden NS-Moloch, der seine Ostgrenze jetzt weit in eine Region vorgeschoben hatte, die einst Bestandteil des russischen Zarenreichs gewesen war. Und natürlich war auch Hitler nicht der Mann, der sich mit einer ungeschützten Ostgrenze für sein Tausendjähriges Reich begnügt hätte. In seiner geheimen Weisung Nr. 5 vom 30. September gab er Order, die »bisherige Demarkationslinie ... als militärische Sicherheitslinie gegenüber dem Osten durch ständigen Ausbau [zu verstärken]. Die dazu erforderlichen Standorte werden auch auf die Dauer über die politische Reichsgrenze hinaus vorzuschieben sein.«

In ebendieser Weisung vom 30. September riet Hitler auch zur Verschärfung der deutschen Kriegsoperationen im Westen. Der »Seekrieg« müsse »gegen Frankreich ... ebenso wie gegen England« geführt werden. Truppentransporter und Handelsschiffe, die »einwandfrei als feindlich erkannt« wurden, sollten künftig ohne Warnung angegriffen werden. Diese Regel sollte auch für alle Schiffe gelten, die sich ohne Positionslichter in britischen Küstengewässern bewegten. Ferner sollten Handelsschiffe, die Funksprüche abzugeben versuchten, nachdem ein deutsches Schiff sie zum Halten gezwungen hatte, beschossen werden. Wie der Generalstab der deutschen Marine an diesem Tag notierte, müsse die Versenkung solcher Handelsschiffe »im Kriegstagebuch damit begründet werden, daß sie eventuell durch Verwechslung mit einem Kriegsschiff oder Hilfskreuzer verursacht worden sei«.

Es häuften sich nun die Fälle, in denen britische Handelsschiffe versenkt wurden. An dem Tag, als Hitlers Weisung erging, versenkte das deutsche Schlachtschiff *Admiral Graf Spee* den britischen Frachter *Clement*; die Alliierten hatten damit in weniger als einem Monat insgesamt 185 000 Tonnen Schiffsraum verloren.

Polen geteilt, Oktober 1939

In Paris rief an diesem 30. September ein polnischer General namens Władysław Sikorski eine polnische Exilregierung aus. Zu diesem Zeitpunkt wartete die Bevölkerung Warschaus noch immer – es waren bereits drei Tage – auf den Einmarsch der deutschen Truppen. »Es lagen noch so viele unbestattete Leichen umher«, erinnerte sich Jadwiga Sosnkowska, »es gab nichts zu essen, und es gab keine medizinische Versorgung. Es waren leidvolle Tage, aber sie werden mir immer in Erinnerung bleiben als Tage höchster Solidarität und brüderlichen Zusammenhalts aller Teile der Gemeinschaft.« »Ein Meer von Herzlichkeit«, fuhr sie fort, »entströmte den Menschenherzen; alle bemühten sich, zu retten, zu helfen, zu trösten. Die Mauern der Stadt waren eingestürzt, aber die Menschen Warschaus blieben aufrecht, hielten das Haupt erhoben.«

Am 1. Oktober trafen die deutschen Truppen Vorkehrungen zur Besetzung Warschaus. Zuvor verlangten sie jedoch zwölf Geiseln – zehn Christen und zwei Juden –, um zu gewährleisten, daß Anschläge auf die einmarschierenden Truppen unterblieben. Die Deutschen brachten Feldküchen mit, die sie unmittelbar nach ihrer Ankunft aufbauten und die an die ausgehungerten Warschauer gratis Suppe und Brot ausgaben. Tausende kamen und stellten sich an, woraufhin sogleich deutsche Filmteams ihre Kameras aufstellten, um zu dokumentieren, welche Wohltaten die Deutschen den hungrigen Polen erwiesen. Kaum waren die Bilder im Kasten, da verschwanden die Feldküchen wieder, zusammen mit den Kameraleuten.

Die letzten noch kämpfenden polnischen Soldaten ergaben sich an diesem Tag auf der Halbinsel Hel. Drei Zerstörer und drei U-Boote der polnischen Marine konnten die deutsche Seeblockade durchbrechen und sich zu britischen Häfen durchschlagen. Der Krieg im Osten war vorbei; 694 000 polnische Soldaten waren in deutsche, 217 000 in russische Gefangenschaft geraten. Über 60 000 polnische Soldaten waren im Kampf gefallen; zusätzlich hatte das dreiwöchige Bombardement aus der Luft und aus Artilleriegeschützen 25 000 polnische Zivilisten das Leben gekostet. Die Deutschen, die trotz ihrer Blitzkriegstaktik auf erheblichen Widerstand gestoßen waren, hatten 14 000 Mann verloren.

Am Abend des 1. Oktober tauchten am Himmel über Berlin britische Bomber auf. Sie warfen jedoch keine Bomben ab, sondern Flugblätter, in denen den Deutschen mitgeteilt wurde, daß, während sie selbst »mit Hungerrationen« in den Krieg geschickt wurden, ihre Führer riesige Geldsummen außer Landes gebracht hätten. Selbst Himmler, der »wie ein Luchs aufpaßt, daß kein Deutscher mehr als 10 Mark über die Grenze nimmt«, habe, so hieß es in dem Flugblatt, zehneinhalb Millionen Reichsmark ins Ausland verschoben. Innerhalb des ersten Kriegsmonats waren 97 000 Millionen Flugblätter gedruckt und 31 000 von ihnen abgeworfen worden. In einem Witz, der damals die Runde machte, erhielt ein britischer Flieger einen Verweis dafür, daß er einen ganzen Packen Flugblätter in verschnürtem Zustand abgeworfen hatte – »Mein Gott, Sie hätten jemanden damit umbringen können!« Die in der Öffentlichkeit verbreiteten Zweifel an der Wirksamkeit der Flugblätter führten dazu, daß viele von ihnen – 39 Millionen insgesamt – eingestampft statt abgeworfen wurden. Es sei lächerlich, erklärten die Kritiker der Flugblattkampagne, anstelle eines richtigen Krieges einen »Konfettikrieg« zu führen. Er wurde gleichwohl fortgesetzt.

Am 4. Oktober unterzeichnete Hitler in Berlin einen geheimen Amnestieerlaß, der die Haftentlassung all jener SS-Männer bezweckte, die zuvor von der deutschen Wehrmacht wegen brutaler Übergriffe gegen die polnische Zivilbevölkerung festgesetzt worden waren. Tags darauf flog er nach Warschau, wo er eine Siegesparade abnahm. Nach der Rückkehr zum Flughafen erklärte er den dort versammelten Auslandskorrespondenten: »Schauen Sie sich Warschau gut an. Dasselbe kann ich mit jeder europäischen Stadt machen.«

Fotos vom zerbombten Warschau wurden von Zeitungen in aller Welt veröffentlicht, so daß die bange Frage laut wurde, ob solche Zerstörungen auch London und Paris bevorstehen könnten. Hitler selbst erklärte am 6. Oktober in Berlin: »Weshalb soll nun der Krieg im Westen stattfinden? Für die Wiederherstellung Polens? Das Polen des Versailler Vertrags wird niemals wiedererstehen.« Und welchen anderen Kriegsgrund als Polen sollte es geben? Konnten nicht alle sonstigen wichtigen Probleme am Konferenztisch bereinigt werden?

Dieses Verhandlungsangebot Hitlers richtete sich an Großbritannien und Frankreich – nicht an Polen. Im Osten war Terror das Gebot der Stunde. Am 8. Oktober, zwei Tage nach Hitlers versöhnlichen Tönen in Berlin, wurde in Świecie eine Gruppe von mehr als zwanzig Polen von einem SS-Kommando auf den jüdischen Friedhof geführt. In der Gruppe befanden sich mehrere Kinder zwischen zwei und acht Jahren. Alle wurden erschossen. Rund 150 deutsche Soldaten sahen zu. Drei von ihnen protestierten bei ihrem Sanitätsoffizier. Dieser schrieb sogleich einen entrüsteten Brief direkt an Hitler. Wenig später erhielt Hitler wegen einer ähnlichen Angelegenheit auch ein Protestschreiben von General Blaskowitz. Als sein Heeresadjutant, Hauptmann Gerhard Engel, ihm den Brief vorlegte, nahm er ihn, wie Engel später berichtete, »zunächst ruhig zur Kenntnis«, begann dann »aber wieder mit schweren Vorwürfen gegen ›kindliche Einstellungen‹ in der Führung des Heeres. Mit Heilsarmeemethoden führe man keinen Krieg.«

Am 8. Oktober unterzeichnete Hitler einen Erlaß, der die Angliederung der polnischen Westgebiete an Schlesien und Ostpreußen besiegelte. Durch ehemals polnisches Territorium abgerundet, entstanden drei vergrößerte »Gaue« des Deutschen Reichs: »Groß-Ostpreußen«, »Danzig/Westpreußen« und »Posen«. Vier Tage später wurde der verbliebene Rest des von Deutschland besetzten Polen – auch Warschau lag in diesem Bereich – zum »Generalgouvernement Polen« mit der Hauptstadt Krakau erklärt. Warschau sollte von der Haupt- zu einer Provinzstadt degradiert werden. Zum Generalgouverneur ernannte Hitler den ranghöchsten juristischen Berater der NSDAP, Hans Frank. Zu den ihm übertragenen Aufgaben gehörte die »Wiederherstellung« der öffentlichen Ordnung. Frank selbst definierte seine Aufgabe weniger diplomatisch: »Polen wird wie eine Kolonie behandelt«, schrieb er. »Die Polen werden die Sklaven des großdeutschen Weltreiches werden.«

Am 9. Oktober empfing Hitler in Berlin einen schwedischen Geschäftsmann namens Birger Dahlerus, der zwischen London, Schweden und Berlin hin und her gependelt war und mit einem ursprünglich von Göring stammenden Vorschlag für einen Verhandlungsfrieden zwischen Großbritannien und Deutschland warb. Am 5. Oktober hatte Dahlerus in London mit dem britischen Außenminister, Lord Halifax, gesprochen; am 9. Oktober teilte er Hitler in Berlin mit, die Briten bestünden auf der Wiederherstellung des polnischen Staates, auf der sofortigen Verschrottung aller Angriffswaffen und auf einer Volksabstimmung in Deutschland über bestimmte Aspekte der Hitlerschen Außenpolitik. Tags darauf, am 10. Oktober, trafen Dahlerus und Hitler noch zweimal zusammen; dann wurde der Schwede mit dem Auftrag entlassen, den Engländern die deutschen Bedingungen zu überbringen. In territorialer Hinsicht beinhalteten diese: das Recht des Deutschen Reichs, seine neue Grenze zu Rußland zu befestigen, und die Rückgabe der ehemals (das heißt bis zum Ersten Weltkrieg) deutschen Kolonien oder »angemessene Ersatzgebiete«. Zwischen seinen beiden Unterredungen mit Dahlerus erteilte Hitler dem Stabschef der deutschen Wehrmacht, General Keitel, und den Befehlshabern von Heer, Marine und Luftwaffe eine neue Weisung. Die Vorbereitungen für Fall »Gelb« sollten anlaufen. Fall »Gelb« war der Deckname für eine Offensive gegen Frankreich und Großbritannien.

Hitlers Weisung vom 9. Oktober enthielt präzise Angaben zur Durchführung einer Offensive, die »so stark und so frühzeitig als möglich geführt« und durch Luxemburg, Belgien und

Holland nach Frankreich hineingetragen werden sollte. Ziel dieses auf einer extrem nördlichen Route geführten Angriffsschlages sollte es sein, »möglichst starke Teile des französischen Operationsheeres zu schlagen und gleichzeitig möglichst viel holländischen, belgischen und nordfranzösischen Raum als Basis für eine aussichtsreiche Luft- und Seekriegführung gegen England« zu gewinnen und damit dem für die deutsche Rüstung »lebenswichtigen Ruhrgebiet« ein »weites Vorfeld« zu sichern.

»Krieg gegen England«: Worte, die zu sehr nach Weltkrieg klangen, um einen nicht frösteln zu machen. Von einer Kälte anderer Art inspiriert waren die Fragebögen, die am gleichen Tag der Chef der Kanzlei des Führers, Philipp Bouhler, an alle Krankenhäuser und Ärzte des Reichs verschicken ließ; er ersuchte sie, angeblich für statistische Zwecke, um Listen all der Patienten, die senil waren, an gemeingefährlichen seelischen Störungen litten oder nichtdeutscher Abstammung waren. Ein dreiköpfiger Geheimausschuß sollte diese Listen prüfen und über Weiterleben oder Tod jedes einzelnen Patienten entscheiden. Hitlers Rechtsexperte Hans Lammers hatte dafür plädiert, das Verfahren per Gesetz festzulegen, doch Hitler hatte dies abgelehnt. In der Folge begann nun auch außerhalb der Euthanasieanstalten in Deutschland die Tötung seelisch kranker Menschen. Im besetzten Polen, in dem unweit von Danzig gelegenen Ort Piasnica, wurden bis zum Jahresende mehrere tausend sogenannte »Krüppel« ums Leben gebracht. Neben Polen und Juden starben in Piasnica auch 1200 Deutsche; sie waren von psychiatrischen Anstalten in Deutschland dorthin überwiesen worden.

Am Vormittag des 10. Oktober empfing Hitler in der Reichskanzlei, demselben Gebäude, aus dem tags zuvor die Fragebögen verschickt worden waren, sieben seiner ranghöchsten Militärs. Er erläuterte ihnen die Gründe für den Krieg im Westen und las ihnen in diesem Zusammenhang aus einer von ihm abgefaßten Denkschrift vor, in der es hieß: »Das deutsche Kriegsziel hat in der endgültigen militärischen Vernichtung des Westens zu bestehen, das heißt in der Vernichtung der Kraft und Fähigkeit der Westmächte, noch einmal der staatlichen Konsolidierung und Weiterentwicklung des deutschen Volkes in Europa entgegentreten zu können.«

Es sei sein Vertrag mit Stalin, so erklärte Hitler, der einen Angriff auf England und Frankreich möglich mache, denn dieser Vertrag biete die Gewähr dafür, daß Deutschland keinen Zweifrontenkrieg werde führen müssen. Die Zeit arbeite allerdings nicht für Deutschland. »Durch keinen Vertrag und durch keine Abmachung«, warnte Hitler, »kann mit Bestimmtheit eine dauernde Neutralität Sowjetrußlands sichergestellt werden.« Die beste Garantie liege »in der raschen Demonstrierung der deutschen Kraft«. So schnell wie möglich müßten jetzt Operationspläne ausgearbeitet werden. Der Angriff könne »nicht früh genug« beginnen: also, wenn irgend möglich, »noch in diesem Herbst«.

Fünfzehn Tage waren vergangen, seit die deutschen Militärbehörden von Wissenschaftlern bei einer Besprechung in Berlin über die Möglichkeit informiert worden waren, auf der Grundlage der Kernspaltung eine Bombe von enormer Zerstörungskraft zu konstruieren. In den Vereinigten Staaten hatte sich um dieselbe Zeit ein amerikanischer Geschäftsmann, ein Bekannter von Albert Einstein, um eine Privataudienz bei Präsident Roosevelt bemüht. Am 11. Oktober kam es zu dieser Unterredung. Der Geschäftsmann, Alexander Sachs, hatte einen Brief von Einstein bei sich, dessen Inhalt er dem Präsidenten erläuterte: Mit Hilfe der Atomenergie könnten Bombenexplosionen von bislang unbekannter und unvorstellbarer Gewalt erzeugt werden.

»Dies zwingt zum Handeln«, bemerkte Roosevelt dazu. Zehn Tage später hielt ein Beratender Ausschuß für Uran in Washington seine erste Sitzung ab. Einstein, der als Jude 1933 aus Deutschland hatte emigrieren müssen, hatte mit seiner berühmten Energieformel den Weg zur Entwicklung jener revolutionären Waffe gewiesen. Aber noch sollten mehr als fünf Jahre ver-

Großdeutschland, November 1939

gehen, ehe die Atombombe zum Einsatz bereitstand. Unterdessen taten die konventionellen Waffen, die bereits im Einsatz waren, weiterhin ihre Wirkung. Am Abend des 13. Oktober gelang es einem deutschen U-Boot, dem von Günther Prien kommandierten U-47, die britischen Sperranlagen vor Scapa Flow zu durchdringen; am frühen Morgen des 14. Oktober versenkte es mit drei Torpedotreffern das dort vor Anker liegende britische Schlachtschiff *Royal Oak.* 833 Seeleute fanden den Tod.

Zwei Tage nach der Versenkung der *Royal Oak* überflogen zwei deutsche Bomber ohne Eskorte die schottische Ostküste. Beide wurden von britischen Jagdflugzeugen abgeschossen. Drei der acht Besatzungsmitglieder ertranken. Es war das erste Mal, daß britische Jagdpiloten über eigenem Boden feindliche Flugzeuge abgeschossen hatten. Einen Monat später schoß ein junger Neuseeländer, Flugoffizier E. J. Kain, über Frankreich einen deutschen Bomber aus der bis dahin im Luftkampf noch nicht erreichten Höhe von 27000 Fuß ab. Aber solche Erfolgserlebnisse waren kein Ausgleich für die *Royal-Oak*-Tragödie.

In Polen verfolgten die Deutschen ihre Ziele ohne Atempause weiter. Am 16. Oktober erging an alle polnischen Einwohner der Hafenstadt Gdingen der Befehl, die Stadt zu verlassen. Ähnliche Massenvertreibungen fanden auch in anderen Städten der vom Deutschen Reich annektierten Gebiete Polens statt. Die Vertriebenen mußten versuchen, anderswo im kriegsgeschüttelten Polen unterzukommen, in Gebieten, in denen ohnehin schon große Lebensmittelknappheit herrschte. Dennoch durften sie nur soviel mitnehmen, wie sie in zwei Koffer oder Bündel packen konnten. Ihre Wohnungen und den größten Teil ihrer Habseligkeiten mußten sie zurücklassen. Auch die Erschießungen gingen weiter, häufig begleitet von körperlichen und seelischen Torturen perversester Art. Am 17. Oktober wurde der siebzigjährige Pater Pawlowski, Gemeindepriester in Chocz, von der Gestapo festgenommen und des illegalen Waffenbesitzes beschuldigt. Bei einer Durchsuchung seines Hauses waren zwei Patronenkästen zum Vorschein gekommen – das einzige Überbleibsel seiner Passion für die Rebhuhnjagd. Der alte Mann wurde so übel zugerichtet, daß sein Gesicht bis zur Unkenntlichkeit anschwoll. Er wurde dann in die nahe gelegene Stadt Kalisz gebracht, in deren Zentrum die Deutschen einen Hinrichtungspfahl aufgestellt hatten. Die Gestapo zwang einheimische Juden, den Priester an den Pfahl zu fesseln, ihn, nachdem er erschossen worden war, wieder loszubinden, ihm die Füße zu küssen und ihn auf dem jüdischen Friedhof zu begraben.

Am selben Tag, dem 17. Oktober, kam ein Erlaß des Ministerrats für Reichsverteidigung heraus, der die im Feld eingesetzten SS-Verbände aus der rechtlichen Zuständigkeit der Wehrmachtsjustiz herausnahm. Das bedeutete, daß von nun an SS-Angehörige nicht mehr vor die Kriegsgerichte der deutschen Wehrmacht gestellt werden konnten, sondern sich nur noch vor ihren SS-Führern verantworten mußten. Ebenfalls an diesem 17. Oktober verlor die Wehrmacht ihre Verwaltungshoheit über Polen. Bei einer Besprechung in der Reichskanzlei, an der sowohl Heinrich Himmler als auch General Keitel teilnahmen, gab Hitler bekannt, wer von jetzt an in Polen die Regierungsgewalt innehaben würde: Hans Frank im Generalgouvernement, Albert Forster in Danzig/Westpreußen und Artur Greiser in Posen. Aufgabe dieser altgedienten Mitglieder der NS-Partei sollte es sein, dafür zu sorgen, daß sich keine polnische Führungselite mehr bilden würde. Polen müsse so arm werden, daß die Polen sich danach drängen würden, in Deutschland zu arbeiten. Innerhalb von zehn Jahren müsse es gelingen, sowohl Danzig/Westpreußen als auch Posen in »reine und germanische« Reichsprovinzen zu verwandeln.

An diesem Abend sprach General Keitel mit einem Oberst des Heeres, der in der Reichskanzlei eingetroffen war, über diese Pläne. »Die Methoden, die zur Anwendung kommen«, meinte Keitel, »werden mit allen unseren hergebrachten Grundsätzen unvereinbar sein.« Diese Grundsätze wurden nun allerorten über Bord geworfen. Am 18. Oktober gab Hitler in seiner Weisung Nr. 7 für die Kriegführung, die Keitel noch am selben Tag zugeleitet wurde, grünes Licht für deutsche U-Boot-Angriffe auf Passagierschiffe, die »sich im Geleit befinden oder abgeblendet fahren«.

Im Osten war inzwischen eine massive Zwangsumsiedlung ganzer Bevölkerungsteile angelaufen. In den von der Sowjetunion besetzten Gebieten Ostpolens sahen sich Deutsche, deren Vorfahren sich zwei Jahrhunderte zuvor dort angesiedelt hatten, zu ihrer Verblüffung mit der Anweisung konfrontiert, ihre Sachen zu packen und sich im westlichen Polen niederzulassen. Juden, deren Urahnen sich vor ebenso langer Zeit in der tschechoslowakischen – jetzt deutschen – Stadt Mährisch-Ostrau niedergelassen hatten, wurden unter SS-Bewachung in Eisenbahnwaggons verfrachtet und ins Generalgouvernement deportiert. Dort wurden sie in ein »Judenreservat« östlich von Lublin gebracht, wo bald darauf weitere Juden eintrafen, Deportierte aus den Hafenstädten des Baltikums, aus Wien und sogar aus Hamburg (wo die SS Juden, die auf ihr Schiff nach Amerika warteten, verhaftet hatte). Zahlreiche polnische Juden, die in Chełm, Pultusk und Ostrów gelebt hatten, flohen aus dem deutsch besetzten Polen ostwärts über den Bug in den sowjetisch besetzten Landesteil. Dort trafen sie zu ihrem

Erstaunen auf andere polnische Juden, die auf dem Weg nach Westen waren, auf der Flucht vor den Schrecken der kommunistischen Herrschaft und in der Hoffnung, unter deutscher Herrschaft werde es sich leichter leben lassen – eine Hoffnung, die sich im Ersten Weltkrieg erfüllt hatte.

Die neue Vorherrschaft der Sowjetunion in den baltischen Staaten ließ den deutschstämmigen Bevölkerungsteil, der hier seit Hunderten von Jahren ansässig war, unverhofft zum unfreiwilligen »Nutznießer« der soeben verabredeten sowjetisch-deutschen Zusammenarbeit werden: Mit fertigen Umsiedlungsplänen konfrontiert, mußten diese Deutschen sich auf den Weg nach Westen machen; die ersten von ihnen trafen, aus Estland kommend, am 20. Oktober in Danzig ein. Zwei Tage später begannen die Deutschen mit der Deportierung polnischer Einwohner aus Posen, der größten Stadt Westpolens mit einer polnischen Einwohnerschaft von mehr als einer Viertelmillion. Das für die Schaffung der »reinen und germanischen« Reichsprovinzen auf ehemals polnischem Boden veranschlagte Jahrzehnt war angebrochen.

Die Welt wartete auf den nächsten Schlag Hitlers, nicht wissend, ob er gewillt war, einen weiteren zu führen. Manche sahen in seiner Friedensofferte vom 6. Oktober ein Zeichen der Hoffnung. Andere waren beunruhigt über einen Satz, den Hitler in diese Erklärung eingeflochten hatte: »Das Schicksal wird entscheiden, wer recht hat. Nur eines ist sicher: Es hat in der Weltgeschichte noch niemals zwei Sieger gegeben, aber oft nur Besiegte.« In einer Geheimrede vor altgedienten NS-Funktionären am 21. Oktober versicherte Hitler seinen Getreuen, sobald er Großbritannien und Frankreich auf die Knie gezwungen habe, werde er sein Augenmerk wieder dem Osten zuwenden und »zeigen, wer dort Herr im Haus« sei. Die russischen Soldaten seien schlecht ausgebildet und ebenso schlecht ausgerüstet. Wenn er dann mit dem Osten fertig sei, werde er darangehen, das Deutsche Reich wieder zu dem zu machen, »was es einmal war«.

Im besetzten Polen waren die Deutschen bereits dabei, ihre neue Ordnung zu errichten. Am 25. Oktober verkündete Hans Frank im ersten amtlichen Rundschreiben des Generalgouvernements, alle männlichen Juden zwischen vierzehn und sechzig Jahren unterlägen künftig einer Arbeitspflicht und würden bei staatlichen Arbeitsprojekten eingesetzt. Ein Teil von ihnen werde am derzeitigen Wohnort bleiben und Arbeitsbrigaden zugeteilt, die täglich zu nahe gelegenen Einsatzorten marschieren würden. Andere würden an weiter entfernten Projekten zum Einsatz kommen und zu diesem Zweck in neue Arbeitslager verlegt werden. Bis Jahresende entstanden in der Region Lublin 28 solcher Arbeitslager, in der Region Kielce 21, in der Umgebung Warschaus 13, bei Krakau 12 und bei Rzeszów 10. Die Insassen dieser Lager mußten unter härtesten Bedingungen leben und arbeiten. Andererseits war der Hungerlohn, der den dort Arbeitenden gezahlt wurde, für viele Juden nach der Vertreibung aus den Städten und Dörfern, in denen sie von Geburt an gelebt und gearbeitet hatten, eine Hilfe zum Überleben.

Ein typisches Zeugnis der neuen Ordnung, die in Polen herrschte, war eine Mitteilung, die der Gestapochef von Thorn am 27. Oktober in der Stadt aushängen ließ. Sie enthielt zehn »Gebote« für die polnischen Einwohner, deren »dreistes Betragen« den neuen Herren ein Dorn im Auge war. Künftig müßten alle Polen, so hieß es, für deutsche Passanten »den Gehsteig frei machen«. »Die Straße gehört den Siegern, nicht den Besiegten.« In Läden und auf Märkten müßten Vertreter der deutschen Behörden und einheimische Volksdeutsche vorrangig bedient werden. »Die Besiegten kommen erst nach ihnen dran.« Polen männlichen Geschlechts müßten vor »wichtigen Persönlichkeiten von Staat, Partei und Streitkräften« den Hut ziehen. Es wurde allen Polen untersagt, den Hitler-Gruß zu verwenden. »Wer deutsche Frauen und Mädchen belästigt oder anspricht, wird exemplarisch bestraft. Polinnen, die Deutsche ansprechen oder belästigen, werden in ein Bordell gesteckt.«

Wie ernst diese Gebote gemeint waren, wurde aus der letzten Bestimmung deutlich: »Polen, die nicht begriffen haben, daß sie die Besiegten und wir die Sieger sind«, hieß es darin, »und die gegen die obigen Bestimmungen verstoßen, müssen mit strengster Bestrafung rechnen.«

Die Polen waren jetzt ein versklavtes Volk. Für die Naziideologie war es jedoch mit Eroberung und Unterwerfung nicht getan; es sollte darüber hinaus eine neue Rasse herangezüchtet werden. Diesem Plan lag die Wahnvorstellung von einer biologischen Überlegenheit der »arischen Rasse« zugrunde. Heinrich Himmler gab am 28. Oktober einen für die SS bestimmten »Zeugungserlaß« heraus. »Über die Grenzen vielleicht sonst notwendiger bürgerlicher Gesetze und Gewohnheiten hinaus«, hieß es darin, »wird es auch außerhalb der Ehe für deutsche Frauen und Mädel guten Blutes eine hohe Aufgabe sein können, nicht aus Leichtsinn, sondern im tiefsten sittlichen Ernst Mütter der Kinder ins Feld ziehender Soldaten zu werden.« Um sicherzustellen, daß die Züchtung einer Rasse von »Übermenschen« auf systematischer Grundlage betrieben würde, leitete Himmler die Errichtung regelrechter menschlicher Zuchtstationen in die Wege; in diesen unter dem Namen »Lebensborn« gegründeten Anstalten wurden junge Mädchen, die wegen ihrer vermeintlich vollkommenen »nordischen« Merkmale ausgewählt worden waren, von SS-Leuten geschwängert. Die so gezeugten Kinder sollten in besonderen Heimen aufgezogen werden.

Die Heranzüchtung einer »Herrenrasse« und die Vernichtung »minderwertiger Rassen« liefen parallel. Für viele deutsche Wehrmachtsoffiziere freilich hatte die Behandlung von Angehörigen der »minderwertigen Rassen« unakzeptable Formen angenommen. General Blaskowitz schilderte in seinem an die Reichskanzlei gerichteten Protestschreiben einen Vorfall, der sich am 30. Oktober in der polnischen Stadt Turek zugetragen hatte. Eine größere Gruppe von Juden sei in die Synagogen gepfercht worden; dann hätten SS-Männer sie unter andauernden Peitschenhieben gezwungen, singend durch die Bankreihen zu kriechen. Schließlich sei ihnen befohlen worden, die Hosen herunterzulassen, so daß sie auf die nackten Hinterbacken geschlagen werden konnten. »Ein Jude, der sich vor Angst in die Hosen gemacht hatte, wurde gezwungen, seine Exkremente anderen Juden ins Gesicht zu schmieren.«

Was das künftige Los dieser Juden sein sollte, wußte niemand. Hitlers Minister für Propaganda, Joseph Goebbels, schrieb nach einem Besuch in Łódź am 2. November über die 200 000 Juden, die in dieser Stadt lebten: »Es ist unbeschreiblich. Das sind keine Menschen mehr, das sind Tiere. Das ist deshalb auch keine humanitäre, sondern eine chirurgische Aufgabe. Man muß hier Schritte tun, und zwar ganz radikale. Sonst geht Europa einmal an der jüdischen Krankheit zugrunde.« Eine in Berlin erscheinende Zeitschrift verkündete am gleichen Tag, hinter allen Feinden der deutschen Größe stünden diejenigen, die »unsere Einkreisung fordern – die ältesten Feinde des deutschen Volkes und aller gesunden, aufstrebenden Völker – die Juden«.

Eine Woche nach dem Erscheinen dieses Artikels und dem Goebbels-Besuch in Łódź begannen die Deutschen mit der Aussiedlung der 40 000 Juden, die noch in den dem deutschen Reich zugeschlagenen Gebieten des ehemaligen polnischen Staates lebten. Die meisten Familien wurden gezwungen, von einem Tag auf den anderen ihr Zuhause zu räumen, ihr Hab und Gut, ihre Werkstatt oder ihren Laden und alle ihre Besitztümer mit Ausnahme dessen, was sie auf einen Karren laden oder in einen Koffer packen konnten, zurückzulassen. Alle diese Menschen wurden ins Generalgouvernement deportiert.

Am 3. November wurden in Rypin 96 polnische Lehrer zur Dienststelle der Gestapo bestellt. Dort eröffnete man ihnen, daß sie verhaftet seien. Anschließend wurden sie alle erschossen, einige in ihrem Schulhaus, andere in den umliegenden Wäldern.

Am 28. Oktober wurde über Schottland, unweit des Dorfes Humbie, ein deutscher Bomber abgeschossen, der sich auf einer Seeaufklärungsmission befand. Es war das erste Mal in diesem Krieg, daß ein deutsches Flugzeug auf britischem Boden zerschellte. Von seinen Besatzungsmitgliedern kamen zwei, Gottlieb Kowalke und Bruno Reinmann, ums Leben, während die beiden anderen, der Kapitän Rolf Niehoff und der Pilot Kurt Lehmkühl, gefangengenommen wurden. Die beiden verbrachten die folgenden sechs Jahre in Kriegsgefangenschaft, zunächst in Großbritannien und später in Kanada.

Im Westen schickte man sich an, Vorkehrungen für die Abwehr eines denkbar gewordenen Angriffs zu treffen. Am 27. Oktober war Brigadier H. D. G. Crerar, ein vielfach ausgezeichneter kanadischer Soldat, in Großbritannien eingetroffen, um den Grundstock für ein kanadisches Militärhauptquartier in London zu legen. Am 3. November strich der Kongreß in Washington auf Drängen Präsident Roosevelts aus dem Neutralitätsgesetz die aus dem Jahre 1937 stammende Bestimmung, die die Lieferung US-amerikanischer Waffen an kriegführende Länder ebenso untersagt hatte wie die Gewährung von Wirtschaftskrediten an kriegführende Länder, die sich um den Kauf von Waffen in den Vereinigten Staaten bemühten. Damit waren die beiden größten Hindernisse, die britischen und französischen Waffenkäufen im Weg gestanden hatten, aus dem Weg geräumt, und sogleich richteten London und Paris in Washington eine gemeinsame Beschaffungskommission ein. An deren Spitze stand der in Großbritannien geborene kanadische Industrielle Arthur Purvis, den die britische Regierung einst beim Ausbruch des Ersten Weltkriegs – Purvis war damals 24 Jahre alt gewesen – mit dem Auftrag nach Amerika geschickt hatte, alle verfügbaren Aceton-Vorräte aufzukaufen, da der Mangel an Aceton die britische Munitionsproduktion erheblich zu beeinträchtigen drohte. Der neuerliche Besuch von Purvis in Amerika markierte einen wichtigen Fortschritt bei der englisch-französischen Suche nach den militärischen Machtmitteln, die erforderlich sein würden, um sich eines militärischen Angriffs der Deutschen zu erwehren.

Am 5. November, zwei Tage nach der Aufhebung des Waffenausfuhrverbots in Washington, setzte Hitler, nachdem er sich zuvor bei General von Brauchitsch heftig über das »defätistische« Denken des deutschen Oberkommandos der Wehrmacht beschwert hatte, den 12. November als Termin für den Angriff auf Frankreich, Belgien und Holland fest. Zwei Tage später entschloß er sich jedoch, den Angriff zu verschieben. Die Bedenken, die Brauchitsch bei der Unterredung in der Reichskanzlei geltend gemacht und über die Hitler sich so geärgert hatte, ließen sich nicht vom Tisch wischen. Die Wehrmacht war nicht bereit. Das nasse Winterwetter würde den Vormarsch der Panzer bremsen, und die kürzeren Wintertage würden nur einen reduzierten Einsatz der deutschen Luftwaffe zulassen. Wichtiger als alles andere: Die Luftwaffe würde fünf aufeinanderfolgende Tage mit gutem Wetter benötigen, um die französische Luftwaffe zu zerstören, eine lebenswichtige Vorbedingung für den Erfolg der Blitzkriegstaktik. Die Wettervorhersage vom 7. November prognostizierte jedoch nicht mit ausreichender Sicherheit eine solche Schönwetterperiode.

Ironischerweise hatten Großbritannien und Frankreich aus zwei verschiedenen Quellen von dem Angriffstermin 12. November Kenntnis erhalten. Die erste Quelle war General Oster, der zweite Mann im Abwehrstab von Admiral Canaris; er übermittelte die Information am 7. November dem niederländischen Militärattaché in Berlin, Oberst Jacobus Sas. Die zweite Quelle war Paul Thümmel, ebenfalls Mitarbeiter des von Canaris geleiteten militärischen Nachrichtendienstes, zugleich aber seit 1936 Zuträger des tschechoslowakischen Geheimdienstes, der ihn unter der Agentennummer A-54 führte. Gegenüber Verbindungsleuten bei der tschechoslowakischen Exilregierung in London, die seine Informationen an die westlichen Nachrichtendienste weiterleiteten, nannte Thümmel denselben Termin wie Oster und dazu einige ergänzende Details. Bei keiner der anderen kriegführenden Mächte saßen mitten im Nervenzentrum des militärischen Apparats so hochkarätige Spione wie in Deutschland.

Es war für Hitler ein leichtes, einen Angriffstermin zu verschieben, und er tat dies in der Folge auch noch mehrmals. Aber was die Errichtung der neuen deutschen Ordnung in Polen betraf, duldete er keinen Aufschub. Am 5. November verhaftete die Gestapo sämtliche 167 polnischen Professoren und Dozenten der Universität Krakau und brachte sie ins Konzentrationslager Sachsenhausen nördlich von Berlin. Siebzehn von ihnen starben dort an den ihnen zugefügten Torturen. Unter diesen Todesopfern waren Professor Ignatius Chrizanowski, der führende polnische Literaturhistoriker, Professor Michael Siedlecki, eine Koryphäe der Zoologie und ehemaliger Rektor der Universität Wilna, und Stanislas Estreicher, Professor für westeuropäische Rechtslehre, den die Deutschen einst als Marionettenpräsidenten eines polnischen Protektorats hatten einsetzen wollen – ein Angebot, das er abgelehnt hatte. Alle drei Männer waren Mitte Siebzig.

Nachdem er die Offensive im Westen verschoben hatte, reiste Hitler am 8. November von Berlin aus nach München, um den 16. Jahrestag seines Bürgerbräukeller-Putsches zu feiern – am 9. November 1923 waren er und seine Gefolgsleute bei dem Versuch, in der bayerischen Hauptstadt die Macht zu übernehmen, von Polizeikugeln gestoppt worden. Die Rede, die er an diesem Jahrestag hielt, war eine einzige Abrechnung mit Großbritannien, dem er »Eifersucht und Haß« auf Deutschland vorwarf. Deutschland habe, so erklärte er, unter der Herrschaft der Nazis in sechs Jahren mehr erreicht als England in Jahrhunderten.

Hitler verließ den Bürgerbräukeller früher als geplant, da er am nächsten Morgen in Berlin zurück sein wollte, um mit seinen Generälen über einen neuen Termin für die Offensive im Westen zu sprechen. Acht Minuten nach seinem Weggang explodierte im Innern der Säule, die seinem Rednerpult am nächsten stand, eine Bombe. Sieben Personen starben, über sechzig wurden verletzt. Hitler saß bereits im Zug nach Berlin, als ihn die Nachricht von der Explosion erreichte. »Jetzt bin ich völlig ruhig. Daß ich den Bürgerbräu früher als sonst verlassen habe, ist mir eine Bestätigung, daß die Vorsehung mich mein Ziel erreichen lassen will«, war sein Kommentar. Der Bombenleger wurde noch am selben Abend beim Versuch, sich über die Grenze in die Schweiz abzusetzen, in Konstanz festgenommen. Es handelte sich um einen Mann namens Johann Georg Elser, einen sechsunddreißigjährigen Kunstschreiner und Uhrmacher, der bereits im Herbst 1938 den Entschluß gefaßt hatte, Hitler zu beseitigen, da nach seiner Überzeugung nur so ein Krieg zu verhindern war. Er wurde als Sonderhäftling Adolf Hitlers ins Lager Sachsenhausen eingewiesen.

In der Münchener Frauenkirche feierte Kardinal Michael von Faulhaber, Erzbischof von München und Freising, die »wunderbare Rettung« des Führers vor dem Bombenanschlag mit einer Messe. Ein prosaischeres Wunder konnte Hitler selbst am 9. November in Berlin feiern: die Entführung zweier britischer Geheimagenten, die durch ein Täuschungsmanöver von SS-Leuten bei Venlo über die holländisch-deutsche Grenze gelockt worden waren. Ausgeheckt hatte den Entführungsplan der achtundzwanzigjährige Alfred Naujocks, der auch der Regisseur des vorgetäuschten »polnischen Anschlags« auf den Sender Gleiwitz am Vorabend des deutschen Polenfeldzugs gewesen war. Der Zweck des Unternehmens von Venlo bestand, abgesehen von dem Interesse, so viel wie möglich über die Pläne und die Arbeitsweise des britischen Geheimdienstes zu erfahren, darin, dem Deutschen Reich einen Vorwand für die Besetzung Hollands zu liefern: Man erklärte, die Holländer hätten, indem sie zwei britische Soldaten auf ihrem Territorium operieren ließen, ihre Neutralität aufgegeben.

Hitler wußte den Wert dieser spektakulären Entführung zu schätzen und verlieh einem der Organisatoren, Helmut Knochen, das Eiserne Kreuz Erster und Zweiter Klasse. Knochen,

Fachmann für die deutsche Exilpresse in Frankreich, Belgien und Holland, war Inhaber einer von der Universität Göttingen verliehenen Doktorwürde im Fach englische Literatur. Die beiden britischen Agenten, Captain Best und Major Stevens, kamen zunächst nach Sachsenhausen und später nach Dachau. Ein holländischer Nachrichtenoffizier, Leutnant Dirk Klop, der die beiden an die Grenze begleitet hatte, wurde angeschossen und ebenfalls gefangengenommen; er erlag noch am gleichen Tag in Düsseldorf seinen Verwundungen.

Im Konzentrationslager Buchenwald wurden an diesem 9. November 21 Juden hingerichtet, die bis dahin im dortigen Steinbruch Zwangsarbeit verrichtet hatten. Der jüngste von ihnen, Walter Abusch, war erst siebzehn, der älteste, Theodor Kriesshaber, 55 Jahre alt.

Der 11. November war der polnische Unabhängigkeitstag. Zwei Tage vorher hatten die Deutschen in Łódź auf der Straße einige Juden aufgegriffen und sie gezwungen, das Standbild des polnischen Freiheitshelden Kościuszko niederzureißen. Aber das Denkmal war ziemlich robust, und auch Gewehrkolbenhiebe führten nicht dazu, daß die Arbeit schneller voranging. Zu guter Letzt sprengten die Deutschen das Standbild mit Dynamit. Den polnischen Unabhängigkeitstag feierten sie dann mit einem Vorbeimarsch an dem Trümmerhaufen. Am selben Tag, der einst für die Polen ein Jubeltag gewesen war, holten die Deutschen 350 Polen aus einem Arbeitslager bei Gdingen und brachten sie zu einem Straflager in dem Städtchen Wejherowo. Dort befahlen sie ihnen, eine Reihe tiefer Gruben auszuheben. Anschließend wurden die Polen gruppenweise an den Rand der Gruben geführt und erschossen, wobei die noch wartenden Gruppen jeweils zuschauen mußten. Jede Gruppe, die sich am Grubenrand aufstellen mußte, rief, bevor die Schüsse fielen: »Lang lebe Polen!«

Solche Greueltaten wurden jetzt im deutsch besetzten Polen fast täglich verübt. Am 8. November war im Kurort Ciechocinek eine Gruppe von fünfzig polnischen Offizieren, ihrem rechtlichen Status nach Kriegsgefangene, mit erhobenen Händen durch die Straßen der Stadt geführt worden. Alle fünfzig wurden anschließend erschossen. In Warschau nahmen die Deutschen am 9. November tausend polnische Intellektuelle – Schriftsteller, Journalisten, Künstler – fest.

Die Aussiedlung von Polen und Juden aus den vom Reich annektierten Gebieten ging in bemerkenswertem Tempo vor sich und war mit großem Leid für die Betroffenen verbunden. Aus der Provinz Posen, nun »Warthegau« genannt, wurden insgesamt 120000 Polen, in der Mehrzahl Bauern, ausgewiesen, aus Danzig/Westpreußen 25000 und aus dem östlichen Oberschlesien 15000. »Ich bin vom Führer zum Treuhänder der deutschen Sache in diesem Land eingesetzt«, erklärte Albert Forster am 27. November in Bromberg, »mit dem ausdrücklichen Auftrag, es wieder deutsch zu machen. Es wird daher meine Aufgabe sein, mein Möglichstes zu tun, innerhalb der nächsten paar Jahre jedes Zeugnis des Polentums, gleich welcher Art, zu beseitigen.«

Eine der Zonen, in denen die aus den annektierten Gebieten vertriebenen Juden konzentriert wurden, war der Bezirk Lublin. Dort avancierte am 9. November Odilo Globocnik zum SS- und Polizeiführer. Dieser Mann, der sich den Ruf eines fanatischen Antisemiten erworben hatte, war in den Vorkriegsjahren als stellvertretender Gauleiter der NSDAP in Österreich einer derjenigen gewesen, die den Anschluß und die Gleichschaltung Österreichs vorbereitet hatten.

Die antijüdischen Maßnahmen, die jetzt im Generalgouvernement ergriffen wurden, übertrafen an Härte und Barbarei die willkürlichen Ausschreitungen und Morde der Jahre zwischen 1933 und 1939. Am 15. November wurde in Łódź die Hauptsynagoge in Brand gesteckt; auf deutschen Befehl mußte die polnische Feuerwehr ausrücken, um ein Übergreifen der Flammen auf die Nachbargebäude zu verhindern. In Warschau kündigte am 16. November ein deutscher Plakataushang kurz und bündig die Erschießung von fünfzehn Polen, darunter einem Juden, für denselben Tag an. In Lublin, wo Odilo Globocnik sein neues Hauptquartier bezogen hatte, wurde der Bücherbestand der jüdischen Religionsakademie auf den Marktplatz gekarrt und verbrannt. Es sei den Beteiligten eine besondere Ehrensache gewesen, berichtete ein deutscher Mittäter später, die Bibliothek dieser Talmudschule, die als die größte und bedeutendste in Polen galt, zu vernichten. Das Feuer loderte 24 Stunden lang. »Die Lubliner Juden«, heißt es in dem Augenzeugenbericht weiter, »versammelten sich und weinten bitterlich.« Ihr Geschrei sei so laut gewesen, daß die Deutschen eine Militärkapelle herbeiholten, deren »freudiges Spiel« dann die Stimmen der Juden übertönt habe.

»Wir sind tatsächlich Vieh in den Augen der Nazis«, notierte der Warschauer Pädagoge Chaim Kaplan am 18. November in sein Tagebuch. »Wenn sie jüdische Arbeiter beaufsichtigen, tun sie es mit der Peitsche in der Hand. Alle werden erbarmungslos geschlagen.« Am 19. November erfuhr Hitler von Himmler persönlich – wie aus den Notizen des Reichsführers SS hervorgeht – von der »Erschießung von 380 Juden in Ostrów«.

Überall im Generalgouvernement liefen nun Maßnahmen an, die dem Ziel dienten, die Juden von den Polen zu isolieren. Zu den ersten, die aus den dem Deutschen Reich einverleibten polnischen Gebieten vertrieben worden waren, hatten die Juden der kleinen Stadt Sierpc gehört. Als sie mit ihren jämmerlichen Bündeln in Warschau eintrafen, wurde sichtbar, daß sie zusätzlich zu dem entwürdigenden Akt der Vertreibung einer zweiten, noch ungewohnten Demütigung unterworfen worden waren: Noch zu Hause in Sierpc hatte sich jeder von ihnen einen gelben Flicken auf das Revers nähen und das Wort »Jude« darauf schreiben müssen. In Warschau trug Chaim Kaplan am 17. November in sein Tagebuch die Beobachtung ein, daß seinen Warschauer Glaubensgenossen, wenn sie dieses gelbe Judenabzeichen sahen, »die Schamröte ins Gesicht stieg«. Er selbst hatte eine Gegenmaßnahme empfohlen: neben dem Wort »Jude« die Worte »mein Stolz« aufzunähen. Als er dies einem der Juden aus Sierpc vorschlug, antwortete dieser »als einer, der Bescheid wußte, die Sieger würden so etwas ›Sabotage‹ nennen und den Betreffenden zum Tode verurteilen«.

Am 23. November gab Hans Frank von Krakau aus bekannt, alle Juden und Jüdinnen über zehn Jahren im gesamten Generalgouvernement müßten künftig eine zehn Zentimeter breite, mit dem Judenstern versehene Armbinde »auf dem rechten Ärmel ihrer Kleidung und Überkleidung« tragen. In Warschau müsse dieser Stern blau sein. Zuwiderhandelnde würden eingesperrt, drohte Frank. Zu diesem Zeitpunkt wurden freilich gegen Warschauer Juden bereits weit schlimmere Strafen ausgesprochen und vollstreckt. Einen Tag vor dem Frankschen Erlaß waren 53 Juden, die Bewohner des Hauses Nalewki-Straße Nr. 9, exekutiert worden; es war eine Vergeltungsmaßnahme für den Tod eines polnischen Polizisten gewesen, den ein unter derselben Anschrift gemeldeter Jude umgebracht hatte. Die Deutschen hatten zunächst angeboten, die 53 Personen gegen Lösegeld freizulassen; als jedoch Vertreter des Warschauer Judenrates das Geld bei der Gestapo vorlegten, sagte man ihnen, die Juden seien bereits erschossen worden. Das Lösegeld behielt die Gestapo trotzdem ein.

Die Exekution der 53 Juden aus der Nalewki-Straße war der erste Massenmord an Juden in Warschau. »Er stürzte die jüdische Einwohnerschaft in panische Angst«, erinnerte sich ein Jude später. Unter den im Rahmen dieser Vergeltungsaktion Ermordeten befand sich der fünfundvierzigjährige Samuel Zamkowy, einer der bekanntesten Gynäkologen Warschaus.

In der deutschen Wehrmacht gab es einzelne, die über solche Vorgänge schockiert waren. Am 23. November, einen Tag nach dem Massaker in der Nalewki-Straße, verfaßte General Petzel, Befehlshaber der Wehrmacht des »Warthegaus«, einen Bericht, den General Blaskowitz an Hitler weiterleitete. In diesem Bericht hieß es, SS und Gestapo führten an fast »allen größeren

Orten öffentliche Erschießungen durch«. Schlimmer noch sei, so Petzel weiter, daß die Auswahl der Opfer vollkommen willkürlich erfolge und die Erschießungen in vielen Fällen auf »abstoßende« Art durchgeführt würden.

Am 25. November unterbreiteten zwei Beamte des Rassepolitischen Amtes in Berlin, Eberhard Wetzel und Gerhard Hecht, den NS-Führern Vorschläge hinsichtlich der Zukunft der Polen. »Die medizinische Versorgung von unserer Seite«, schrieben sie, »muß sich auf die Verhinderung des Übergreifens von Seuchen ins Reichsgebiet beschränken.« Alle Maßnahmen, die dazu beitrügen, die Geburtenrate der polnischen Bevölkerung zu »begrenzen«, müßten »zugelassen oder gefördert« werden. Und was die Juden betraf: »Das hygienische Los der Juden ist uns gleichgültig.« Ihre Fortpflanzung müsse jedenfalls, wie die der Polen, »auf jede erdenkliche Weise eingeschränkt werden«.

Im Rahmen seines Vorhabens, Großbritannien und Frankreich zum Aufgeben zu zwingen, hatte Hitler eine bis dahin unbekannte Waffe in den Seekrieg eingeführt. Es handelte sich um eine magnetische Mine, die durch den Magnetismus eines jeden metallverkleideten Schiffes, das über sie hinwegglitt, zur Zündung gebracht wurde. Am 14. November unterrichtete Churchill das britische Kriegskabinett über diesen neuen Waffentyp, der bereits begonnen hatte, schmerzhafte Löcher in die Handelsflotten von Briten und Franzosen zu reißen. Ein deutsches U-Boot hatte vor kurzem an der Einfahrt in die Themsemündung, einer für den britischen Seeverkehr lebenswichtigen Zone, eine Kette magnetischer Minen ausgelegt. Der britische Minenleger *HMS Adventure* war auf eine dieser Minen gelaufen und schwer beschädigt worden. Zwölf Seeleute waren ums Leben gekommen.

Britische Seekriegsfachleute arbeiteten rund um die Uhr, um ein Gegenmittel gegen die neue Mine zu entwickeln, welche Churchill in der vertraulichen Runde des Kriegskabinetts als »eine schwere Bedrohung« bezeichnete, »die sehr wohl Hitlers ›Geheimwaffe‹ sein könnte«. Am 15. November erörterte Hitler seine Pläne für einen großen Krieg im Westen mit General Rommel, der im Polenfeldzug seine militärische Tüchtigkeit bewiesen hatte. »Der Entschluß des Führers steht absolut fest«, notierte Rommel. »Der Attentatsversuch in München hat ihn nur in seiner Entschlossenheit bestärkt. Es ist ein Wunder, das alles mitzuerleben.«

Fünf Tage nach seinem Gespräch mit Rommel gab Hitler eine neue Weisung an die obersten Befehlshaber von Heer, Marine und Luftwaffe heraus; sie enthielt bereits Einzelheiten der gegen Belgien und die Niederlande zu führenden Angriffsoperationen. »Wo kein Widerstand geleistet wird«, schrieb er mit Bezug auf Holland, »wird der Einmarsch den Charakter einer friedlichen Besetzung annehmen.« Die Marine werde für eine Blockade der holländischen und belgischen Küste sorgen.

Unterdessen hielt die deutsche Marine die Briten vor der Ostküste Englands weiterhin in Atem; sie setzte ihre magnetischen Minen jetzt auch von Flugzeugen aus ab. Diese Minen versenkten alles, was ihnen in die Quere kam; unter fünf am 19. November versenkten Handelsschiffen befanden sich zwei britische, ein französisches, ein schwedisches und ein italienisches. Am 20. November wurde das britische Minenräumschiff *Mastiff* von einer deutschen Magnetmine zerrissen. Am 22. November indes schien sich eine glückliche Wendung zugunsten der maritimen Nabelschnur Englands anzubahnen: Eine aus dem Flugzeug abgeworfene Magnetmine war bei Shoeburyness ins Wattenmeer gefallen und steckte nun im Schlamm. In der Nacht darauf wurde die völlig funktionstüchtige Mine geborgen und auseinandergebaut. Am 23. November begann in der Admiralität die Suche nach einem Abwehrmittel.

Hitler wußte nichts von der Bergung der Magnetmine. Er sprach an diesem 23. November zu seinen Generälen über den bevorstehenden Angriff auf Belgien, Holland und Frankreich.

Man werde England gar nicht erobern müssen: »Die dauernde Minenverseuchung der englischen Küste wird England auf die Knie zwingen.«

Hitlers Rede war erfüllt von dem Glauben an einen bevorstehenden Sieg im Westen, falls die sich bietende Gelegenheit rasch genutzt würde. »Zum ersten Mal in der Geschichte haben wir nur gegen eine Front zu kämpfen, die andere ist z. Zt. frei. Aber niemand kann wissen, wie lange es so bleibt.« Sein eigenes Leben sei, so Hitler weiter, nicht von Bedeutung. »Ich habe das deutsche Volk zu großer Höhe geführt, wenn man uns auch jetzt in der Welt haßt.« Er sei entschlossen, sein Leben so »zu führen, daß ich anständig bestehen kann, wenn ich sterben muß«. »Ich werde in diesem Kampf stehen oder fallen«, schloß er. »Ich werde die Niederlage meines Volkes nicht überleben.«

Dies waren ernste Worte. »Der Führer sprach sehr offen«, schrieb Rommel tags darauf. »Aber das scheint mir auch sehr nötig, denn je mehr ich mit meinen Kameraden spreche, desto weniger finde ich die, die mit Herz und Überzeugung zu dem stehen, was sie tun.«

Was den Seekrieg betraf, so schien Hitlers Zuversicht weiterhin gerechtfertigt. Am 24. November, einen Tag nach seiner Rede vor den Generälen, versenkte der deutsche Schlachtkreuzer *Scharnhorst* nach vierzehnminütiger Kanonade den bewaffneten britischen Handelskreuzer *Rawalpindi.* 270 britische Seeoffiziere und Matrosen gingen in den Tod; nur 38 Mann überlebten, von denen 27 von den Deutschen aufgefischt wurden.

Am 28. November ordnete die britische Regierung als Vergeltung für die Verminung britischer Küstengewässer eine Seeblockade gegen alle über die Nordsee abgewickelten deutschen Exporte an. Einen Tag später erteilte Hitler in seiner Weisung Nr. 9 weitere detaillierte Instruktionen für die Kriegführung. Die Weisung begann mit den Worten: »Im Krieg gegen die Westmächte ist England der Träger des Kampfwillens und die führende Macht der Feinde. England niederzuringen ist die Voraussetzung für den Endsieg.« Das »wirksamste Mittel« zur Herbeiführung dieser Niederlage sei es, »die englische Wirtschaft durch Störung an entscheidenden Punkten lahmzulegen«. Wenn das deutsche Heer erst einmal die verbündeten englisch-französischen Streitkräfte auf dem Feld geschlagen und einen »Teil der England gegenüberliegenden Festlandküste« erobert haben würde, werde es die wichtigste Aufgabe der deutschen Marine und Luftwaffe sein, den Krieg auf die englische Wirtschaft auszudehnen. Dies solle durch eine Seeblockade, eine Verminung der Meere sowie durch Bombenangriffe auf Industriezentren und Häfen geschehen.

Die Verminung der britischen Küsten hatte bereits einen beträchtlichen Umfang angenommen. Jetzt erhöhten die Deutschen die Zahl ihrer Aufklärungsflüge über britischem Territorium. In London erkundigte sich das Kriegskabinett bei der maßgeblichen Instanz für die Deutung deutscher Absichten, dem Joint Intelligence Committee, was alle diese Aktivitäten zu bedeuten hätten. Das Committee antwortete am 30. November, es sei unmöglich, sichere Aussagen über die deutschen Absichten zu machen; man könne lediglich Spekulationen anstellen.

KAPITEL 3

Finnland im Widerstand

November 1939

Am Morgen des 30. November 1939 überschritt die Rote Armee mit massierten Angriffskräften die sowjetisch-finnische Grenze. In jenen westeuropäischen Ländern, die sich nun schon fast drei Monate im Kriegszustand befanden, rechnete man fest damit, daß Finnland schnell besiegt sein würde; 26 sowjetische Divisionen mit insgesamt rund 465 000 Mann marschierten gegen eine finnische Armee auf, die neun Divisionen mit insgesamt 130 000 Mann umfaßte. Zugleich nahmen 1000 sowjetische Flugzeuge den Luftkrieg gegen 150 finnische Maschinen ausnahmslos älterer Bauart auf. So sicher war sich das sowjetische Oberkommando eines schnellen Sieges, daß es viele seiner Einheiten in Sommeruniformen antreten ließ, obwohl der Winter kurz bevorstand.

Wie Hitlers Luftwaffe im September Warschau bombardiert hatte, bombardierte nun Stalins Luftwaffe Helsinki. Schon am ersten Tag töteten sowjetische Bomben in der finnischen Hauptstadt 61 Menschen. Die Krankenhäuser füllten sich mit Verwundeten. »Eine sterbende Frau«, schrieb der aus Neuseeland gebürtige Journalist Geoffrey Cox später, »hielt, als sie eingeliefert wurde, noch einen toten Säugling im Arm. Einem zwölfjährigen Mädchen, Dolores Sundberg, waren beide Beine vollkommen zerfetzt worden; sie starb auf dem Operationstisch.«

Dieser Luftangriff, dessen Auswirkungen der finnischen Bevölkerung noch wochenlang anhand von Fotos vor Augen gehalten wurden, überzeugte die Finnen von der Notwendigkeit, Widerstand zu leisten. »In jeder Fronteinheit, die ich später besuchte«, erinnerte sich Geoffrey Cox, »sprach ein Mann nach dem anderen wutentbrannt von diesem Nachmittag des 30. November. In Bauernhäusern und Arbeiterwohnungen überall im Land sah ich Zeitungen und Fotografien der brennenden Straßenzüge von Helsinki. Die stahlharte Kampfmoral, die die Finnen in diesem Krieg zeigten, hatte nicht zuletzt mit dem Luftangriff auf Helsinki zu tun.«

Am 2. Dezember gab die sowjetische Nachrichtenagentur TASS die Einsetzung einer »Volksregierung« in Finnland bekannt. Zu diesem Zeitpunkt leisteten die Finnen in den Grenzgebieten jedoch noch erbitterten Widerstand. Kleine finnische Kommandoeinheiten, die sich auf Fahrrädern und Skiern abseits der Straßen durch die Wälder bewegten, machten den Sowjets zu schaffen. Die Finnen füllten Benzin in Flaschen, verstopften diese mit Lappen, zündeten sie an und schleuderten diese simplen, aber verheerend wirksamen Brandgranaten, für die sich alsbald die Bezeichnung Molotow-Cocktail einbürgerte, gegen die Geschütztürme und in die Luken sowjetischer Panzer.

Der russische Angriff auf Finnland beherrschte für den Augenblick die Schlagzeilen der Weltpresse. In England, Frankreich, den Vereinigten Staaten und nicht zuletzt auch in Deutschland wuchs die Bewunderung für das kleine Land, das sich eines so massiven Angriffs zu erwehren versuchte. Aber diese momentane Ablenkung der Weltöffentlichkeit durch einen neuen Krieg änderte nichts daran, daß die Barbarenakte des älteren Krieges weitergingen und die Nazis ihre Schreckensherrschaft weiter ausbauten. Bis zur ersten Dezemberwoche wurden sämtliche polnischen Patienten der Stralsunder Nervenklinik ins Lager Stutthof bei Danzig überführt und dort erschossen. Polnische Häftlinge mußten die Leichen eingraben und wurden, kaum daß sie ihre grausige Aufgabe erfüllt hatten, selbst erschossen. In der an der neuen deutsch-sowjetischen Grenze gelegenen, zum Generalgouvernement gehörenden Stadt Chełm wurden Insassen der Städtischen Nervenklinik gleich an Ort und Stelle von SS-Kommandos erschossen; diejenigen Patienten, denen es gelang, wegzurennen, wurden kreuz und quer durch das Klinikgelände gejagt und mit Schüssen niedergestreckt.

Das Kommando führten bei diesen Morden nicht Soldaten, sondern Ärzte. Als eine Beschwerde beim Reichsjustizministerium einging, in der Kritik an Experimenten zur Sterilisierung von Berufsverbrechern geübt wurde, welche die beiden SS-Ärzte Dr. Karl Genzken und Dr. Edwin Jung im Lager Sachsenhausen durchgeführt hatten, nahm Richard Glücks, zu diesem Zeitpunkt Inspekteur der Konzentrationslager, in einem Brief an SS-Gruppenführer Wolff, Adjutant Himmlers, folgendermaßen Stellung: Zum einen seien, so erklärte er, die erfolgreich verlaufenen medizinischen Experimente angesichts der Gemeingefährlichkeit der betroffenen Kriminellen gerechtfertigt, und zum zweiten könne keiner der beiden Ärzte vom Justizministerium einvernommen werden, da beide zur Totenkopf-Division abkommandiert worden seien und im Augenblick »an der Front« dienten. An dieser Front jedoch wurde seit über zwei Monaten nicht mehr gekämpft. Dr. Genzken sollte bald darauf aus Ostpolen nach Deutschland zurückkehren, um eine Aufgabe im Medizinischen Dienst der Waffen-SS zu übernehmen, zu dessen Leiter er später aufrückte.

Die Arbeit der SS in Polen wurde am 5. Dezember in einem Gespräch zwischen Hitler und Goebbels (der gerade aus Polen zurückgekehrt war) in Berlin erörtert. »Ich erzähle ihm von meiner Reise«, schrieb Goebbels in sein Tagebuch. »Er hört sich alles genau an und teilt ganz meine Ansicht in der Juden- und in der Polenfrage. Die Judengefahr muß von uns gebannt werden. Aber sie wird doch in einigen Generationen wieder auftauchen. Ein Allheilmittel dagegen gibt es gar nicht. Die polnische Aristokratie verdient ihren Untergang. Sie ist ganz ohne Verbindung mit dem Volk, das für sie nur eine Ware ist.« Hans Frank, der Goebbels nach Berlin begleitet hatte, nahm an dieser Unterredung teil. »Er hat mächtig viel zu tun«, notierte Goebbels, »und entwickelt eine Reihe neuer Pläne.« Zwei Tage später setzte Hitler seinen sogenannten »Nacht-und-Nebel-Erlaß« in Kraft, der SS und Polizei ermächtigte, »Personen, die die deutsche Sicherheit gefährden«, dingfest zu machen. Die Festgenommenen sollten nicht auf der Stelle erschossen werden, sondern »spurlos – bei Nacht und Nebel – verschwinden«. In den Häftlingslisten der Konzentrationslager bedeuteten hinfort die Buchstaben »NN« hinter dem Namen eines Insassen, daß er zur Tötung vorgemerkt war. Diese neue Politik bedeutete indes nicht das Ende der öffentlichen Erschießungen, die der Abschreckung und der Verbreitung von Angst und Schrecken dienen sollten. Am 8. Dezember wurden in Warschau 31 Polen, darunter sechs Juden, erschossen. Angeblich hatten sie sich der Sabotage schuldig gemacht. »Man hat keine Kraft mehr zum Weinen«, schrieb Chaim Kaplan in sein Tagebuch. »Ständiges und unaufhörliches Weinen mündet schließlich in Stummheit. Das anfängliche Aufheulen geht in ein Wimmern über und zuletzt in ein abgrundtiefes Schluchzen, das nicht einmal mehr ein Echo hinterläßt.«

In Finnland drang die Rote Armee entlang einer 1300 km langen Front vor, die vom Nordmeer bis zum Finnischen Meerbusen reichte. Im fernen Norden wurde die Hafenstadt Petsamo am Polarmeer überrannt; doch bei Nautsi, dem norwegischen Endpunkt der Polarstraße, kamen die sowjetischen Truppen zum Stillstand. Auch weiter südlich, bei Kuhmo und Ilomantsi, geriet ihr Vormarsch ins Stocken. Drei Vorstöße der sowjetischen Marine auf die südfinnischen Hafenstädte Turku, Hangö und Porvoo wurden zurückgeschlagen.

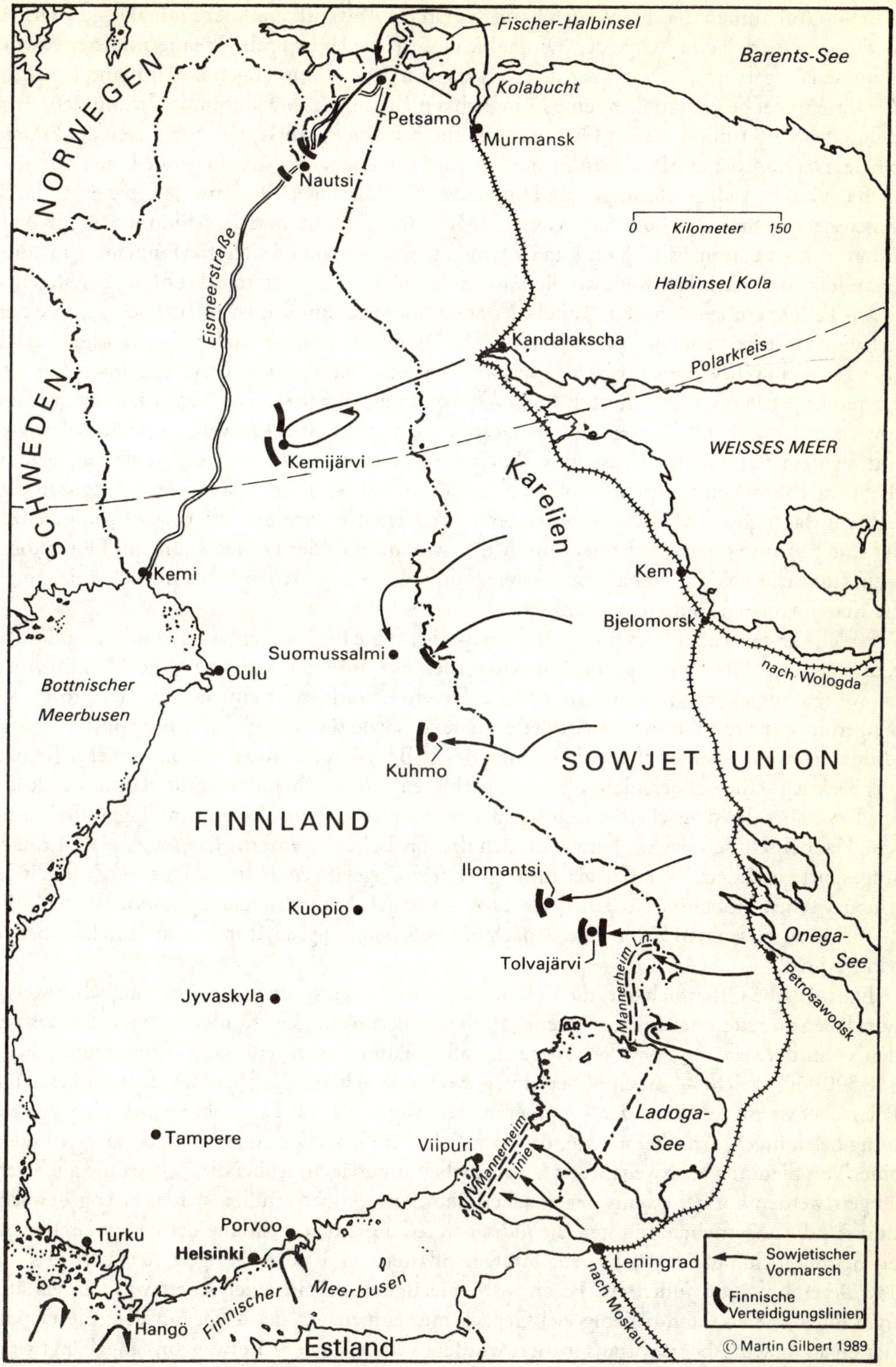

Der Russisch-Finnische Krieg, November 1939

In Großbritannien und Frankreich hatte der tapfere Abwehrkampf der Finnen gegen den sowjetischen Überfall eine Woge der Sympathie ausgelöst. Der britische Premierminister Neville Chamberlain gab am 7. Dezember den Verkauf von 30 Jagdflugzeugen an Finnland bekannt. Vier Tage später begann in Genf eine Dringlichkeitssitzung des Völkerbunds, die mit dem Ausschluß der Sowjetunion aus der Organisation und mit einem Hilfsappell zugunsten der Finnen endete. Der französische Premierminister Edouard Daladier gab später folgende Übersicht über die französischen Hilfslieferungen an Finnland: 145 Flugzeuge, 496 schwere Geschütze, 5000 Maschinengewehre, 200 000 Handgranaten, 400 000 Gewehre und 20 Millionen Schuß Munition. Britische, französische und italienische Freiwillige erboten sich, für Finnland zu kämpfen, und reisten nach Helsinki, wo die Finnen ihnen einen begeisterten Empfang bereiteten.

Am 12. Dezember kämpften östlich der Stadt Suomussalmi finnische Truppen gegen einen vielfach überlegenen sowjetischen Angreifer. Obwohl die Finnen weder über Artillerie noch über Panzerabwehrwaffen verfügten, vermochten sie – bei Temperaturen, die unter den Gefrierpunkt gefallen waren – fünf Tage lang die Stellung zu halten. Die Verstärkungen, die die Sowjets unter General Winogradow heranführten, mußten streckenweise enge, unbefestigte, von dichtem Baumbestand gesäumte Waldwege passieren, und hier wurden sie von den zu allem entschlossenen finnischen Soldaten gestellt und angegriffen, wobei es zu erbitterten Gefechten Mann gegen Mann kam. Aber auch an anderen Frontabschnitten war für die Panzer der Roten Armee gegen die Minen und Molotow-Cocktails der Finnen kaum ein Durchkommen; finnische Soldaten schafften es sogar, fahrenden sowjetischen Panzern mit Holzbohlen die Ketten von den Rädern zu stemmen.

Hitler, der den Verlauf des finnischen Krieges verfolgte und aus seiner Bewunderung für den Kampfgeist der Finnen keinen Hehl machte, trieb die Vorbereitungen für seinen Angriffskrieg im Westen mit allem Einsatz voran. Am 12. Dezember ordnete er eine fast hundertprozentige Steigerung der Produktion von Artilleriemunition sowie die Massenfertigung von Unterwasserminen an. Eine beträchtliche Forcierung des U-Boot-Baues hatte er schon vorher befohlen. Der Seekrieg verlief jedoch nicht ohne Rückschläge für Deutschland; im Südatlantik wurde am 13. Dezember das deutsche Schlachtschiff *Graf Spee,* das zuvor binnen fünf Tagen drei britische Handelsschiffe versenkt hatte, von den drei britischen Kreuzern *Achilles, Ajax* und *Exeter* aufgespürt; nachdem es mehr als fünfzig Treffer eingefangen hatte, suchte es Zuflucht in uruguayischen Hoheitsgewässern. Vier Tage später gab Kapitän Hans Langsdorff Befehl, die *Graf Spee* zu versenken. Zwei Tage danach erschoß sich Langsdorff in einem Hotelzimmer in Montevideo.

Die britische Öffentlichkeit, die sich noch immer fragte, weshalb es nicht möglich gewesen war, Polen zu retten, und deren Zweifel an der Wirksamkeit des »Konfettikrieges« fortbestanden – mittlerweile war bei den Propagandaflugblättern eine gedruckte Gesamtauflage von 118 500 000 erreicht –, jubelte über eine gewonnene Schlacht auf See. Im deutsch besetzten Polen aber wehte der Wind der Tyrannei immer eisiger. Am 11. Dezember wurde eine Verordnung bekanntgegeben, die besagte, daß sämtliche im Generalgouvernement ansässigen Juden einer Verpflichtung zur zweijähriger Zwangsarbeit unterlägen, wobei die Zeitspanne auch verlängert werden könne, »wenn der erzieherische Zweck nicht erfüllt« würde. Streng bewacht und ständig angetrieben, mußten die jüdischen Zwangsarbeiter entlang der neuen Grenze zur Sowjetunion Sümpfe trockenlegen, Straßen pflastern und Befestigungen errichten. Als am 14. Dezember 1500 Juden aus Posen ins Generalgouvernement deportiert wurden, erklärte man ihnen, sie könnten beliebig viel Gepäck mitnehmen. An den Zug, mit dem die Deportierten an diesem Abend abtransportiert wurden, waren eigens Güterwaggons angehängt worden, in die das Reisegepäck verladen wurde. Doch einige Augenblicke bevor der Zug abfuhr, wurden die Güterwaggons abgekoppelt, und die Juden gingen mit nichts anderem als dem, was sie am Leibe trugen, auf die Reise nach Osten.

Welches Schicksal die Juden im Generalgouvernement erwartete, wußte niemand, nicht einmal auf deutscher Seite. »Diese 3,5 Millionen Juden können wir nicht erschießen«, schrieb Hans Frank am 19. Dezember in sein Tagebuch. »Wir können sie nicht vergiften, werden aber doch Eingriffe vornehmen können, die irgendwie zu einem Vernichtungserfolg führen.«

Am 17. Dezember trafen fünf zu Truppentransportern umgerüstete Passagierdampfer, die von einem Schlachtkreuzer, einem Schlachtschiff und einem Flugzeugträger eskortiert wurden, wohlbehalten in Großbritannien ein. An Bord der Schiffe befanden sich 7500 Kanadier, Freiwillige allesamt, die sich für den Krieg gegen Deutschland gemeldet hatten. Zwei Tage nach ihrer Ankunft nahm die deutsche Marine den 7860-Tonnen-Kreuzer *Atlantis,* einen zum Kriegsschiff umgebauten Frachter, in Dienst. Anstatt auszulaufen, sollte die *Atlantis* jedoch erst einmal dreieinhalb Monate lang in ihrem Heimathafen bleiben. In dieser Zeit wurde sie auf eine dramatische Sonderaufgabe vorbereitet: Man stattete sie mit einer Spezialkammer aus, in der 92 Magnetminen deponiert werden konnten. Außerdem erhielt sie eine getarnte Bewaffnung, bestehend aus sechs 155-Millimeter-Kanonen und zwei Flugabwehrgeschützen. Die *Atlantis* sollte mit dem Auftrag in See stechen, englische und französische Handelsschiffe zu versenken oder zu kapern. Um ihre Erfolgschancen zu erhöhen, stattete man sie mit diversen Nationalflaggen aus, die sie zur Täuschung setzen sollte, wenn sie einem feindlichen Handelsschiff begegnete; zu ihrem Fahnenbestand gehörten die britische, die holländische und die norwegische Flagge.

Die *Atlantis* sollte sich als erfolgreicher Hecht im Karpfenteich entpuppen, als eine der tödlichsten Waffen der deutschen Marine. Die Magnetmine allerdings, die deutsche »Geheimwaffe«, begann ihren Schrecken zu verlieren. Die britische Admiralität konnte dem Kriegskabinett am 19. Dezember mitteilen, daß man ein Verfahren entwickelt hatte, mittels dessen der metallische Rumpf eines Schiffes entmagnetisiert werden konnte. Eine um das Schiff gewickelte Spule machte dies möglich. So präpariert, lief ein Schiff deutlich weniger Gefahr, Opfer einer Magnetmine zu werden. Da die Deutschen von diesem Erfolg nichts erfahren sollten, gab Churchill Anweisung, jedesmal, wenn ein Schiff auf eine gewöhnliche Mine lief und unterging, »zu erklären, es sei durch eine Magnetmine versenkt worden – wann immer diese Möglichkeit besteht«. An Präsident Roosevelt telegrafierte Churchill mit verständlicher Erleichterung: »Wir glauben, wir haben sie an der Angel.«

Der 22. Dezember war Stalins sechzigster Geburtstag. Unter den Glückwunschtelegrammen, die er erhielt, war eines von Hitler. Zwei Tage später begab Hitler sich von Berlin nach München. Dort traf er sich mit Else Bruckmann, einer langjährigen Freundin und Weggefährtin. Er eröffnete ihr, wie er Großbritannien im Lauf der folgenden acht Monate in die Knie zwingen werde – mit Hilfe magnetischer Minen. Dann stattete er der Westfront einen Besuch ab und konnte unweit des Dorfes Spicheren französischen Boden betreten: An dieser Stelle hatten die Deutschen die Franzosen im September im Verlauf eines kurzen Gefechts ein Stück weit zurückgedrängt.

Während Hitler seine im Westen stehenden Einheiten besuchte und ihren Weihnachtsfeiern beiwohnte, taten die Vollstrecker seiner Herrschaft im Osten einen weiteren Schritt in die Barbarei. In der polnischen Kleinstadt Wawer, die unweit von Warschau am gegenüberliegenden Weichselufer lag, hatten zwei gewöhnliche polnische Kriminelle zwei deutsche Soldaten getötet, um der Verhaftung zu entgehen. Zwei Stunden später wurden in Wawer und im Nachbardorf Anin 170 Männer und Knaben zusammengetrieben. Eine Frau wurde von den Deutschen gezwungen, zu entscheiden, welcher ihrer männlichen Familienangehörigen würde mitgehen müssen – ihr Vater, ihr Bruder oder ihr Sohn. Alle 170 Aufgegriffenen wurden in einen nahe gelegenen Eisenbahntunnel geführt, wo sie mehrere Stunden lang mit erhobenen Händen stehenbleiben mußten. Dann wurden jeweils zehn von ihnen herausgeholt und erschossen. Die letzten zehn wurden verschont: Sie mußten die Gräber für die Ermordeten ausheben. Unter den Toten waren der zwölfjährige Stephanek Dankowski und zwei US-Bürger, denen ihre amerikanischen Pässe nichts genutzt hatten – ein Mann namens Szczgiel und sein sechzehnjähriger Sohn.

Während Hitlers Polizei- und Gestaposchergen in Polen ihren grausamen Klammergriff festigten, widmeten sich die Armeen Stalins der Niederschlagung eines unterlegenen Gegners, der dennoch nicht in seinem Widerstand erlahmte. Die Finnen versuchten nicht nur, die Stellung zu halten, sondern schickten sich sogar an, die Russen wieder aus Finnland zu vertreiben. Am Tag des Massakers von Wawer bei Warschau begann eine finnische Gegenoffensive bei Suomussalmi; nach viertägigen Kämpfen bei Temperaturen von minus 35 Grad Celsius mußten sich die sowjetische 163. Division und General Winogradows 54. Division über die Grenze auf sowjetisches Territorium zurückziehen. Die Finnen begruben über 1500 russische Soldaten. Doch 25 000 weitere lagen tot unter Schnee und Eis: Sie waren entweder im Kampf getötet worden oder nach erlittener Verwundung in der klirrenden Kälte erfroren. General Winogradow wurde später für seinen Rückzug mit dem Tode bestraft.

Den an anderen Frontabschnitten kämpfenden finnischen Truppen gab der Sieg von Suomussalmi mächtigen moralischen Auftrieb. Oberst Hjalmar Siilasvuo, der die Gegenoffensive geführt hatte, wurde zum General befördert und 100 Kilometer weiter südlich auf eine weitere russische Division angesetzt, die in den Wäldern von Kuhmo festsaß. Nach dem Krieg schrieb er über die Soldaten von Suomussalmi: »Sie zeigten dem Volk den Weg zum Ruhm; es war ein Weg voller Entbehrungen, aber es war der einzige.«

Nach Berlin zurückgekehrt, wurde Hitler mit einem Brief konfrontiert, den Fritz Thyssen, der Industrielle, der ihn zwischen 1932 und 1935 so tat- und finanzkräftig unterstützt hatte, am 28. Dezember aus der Schweiz an ihn geschrieben hatte. Thyssen hatte 1937 gegen die Verfolgung gläubiger Christen in Deutschland und 1938 gegen die Entrechtung der Juden protestiert.

»Jetzt«, schrieb er, »haben Sie einen Pakt mit dem Kommunismus geschlossen. Ihr Propagandaministerium versteigt sich sogar zu der Behauptung, die guten Deutschen, die für Sie, den erklärten Gegner des Kommunismus, gestimmt hätten, seien im Grunde gleichsetzbar mit jenen unmenschlichen Anarchisten, die Rußland ins Unheil gestürzt haben und die Sie selbst einmal ›blutbeschmierte gewöhnliche Verbrecher‹ genannt haben.«

Das Zitat stammte aus Hitlers 1925 erstmals erschienenem Buch *Mein Kampf*. Hitler dachte aber nicht daran, seinen Pakt mit Stalin zu brechen – nicht bevor er Großbritannien in die Knie gezwungen hatte. Ebensowenig dachte er daran, seiner Judenpolitik irgendwelche Zügel anzulegen. »Die jüdisch-kapitalistische Welt«, erklärte er am 30. Dezember in einer Neujahrsbotschaft an das deutsche Volk, »wird das 20. Jahrhundert nicht überleben.« Was die Juden im von Deutschland besetzten Teil Polens betraf, so schien das keine leere Drohung zu sein. In der ersten Januarwoche 1940 starben allein in Warschau Tag für Tag siebzig Juden an Unterernährung. In dem Bemühen, das Ausmaß dieses Sterbens nicht offenkundig werden zu lassen, untersagte die Regierung des Generalgouvernements am 2. Januar den öffentlichen Aushang von Traueranzeigen.

Überall im Generalgouvernement waren streng überwachte Ausgangssperren in Kraft. In Warschau mußten Juden spätestens um 20 Uhr zu Hause sein. Wer sich daran nicht hielt, konnte, auch wenn er einen Passierschein hatte, erschossen werden. Für die Polen begann das neue Jahr mit einer weiteren Tragödie, die dem Massaker von Wawer in nichts nachstand. Auf einem der Warschauer Bahnhöfe traf ein Zug mit versiegelten Viehwaggons ein. In diese Waggons waren dreizehn Tage zuvor in einem Lager in Ostpreußen 2000 polnische Kriegsgefangene zum Rücktransport verladen worden. Als die Waggons geöffnet wurden, waren von den Insassen 211 erfroren. Die Überlebenden waren abgemagert, etliche von ihnen starben noch in den Stunden nach ihrer Ankunft. Andere hatten im Verlauf ihrer dreizehntägigen Schreckensfahrt den Verstand verloren. In derselben Woche, am 7. Januar, wurden auf dem Bahnhof von Plaszow bei Krakau in einem aus dem »Warthegau« eingetroffenen Viehwaggon voller Polen, die aus der dem Deutschen Reich einverleibten Provinz ausgewiesen worden waren, 28 Leichen gefunden. Auf dem Bahnhof des 130 km weiter östlich gelegenen Dębica wurden in einem einzigen Waggon dreißig erfrorene Kinder entdeckt.

Hitlers Krieg stand im Begriff, vom Osten auf den Westen überzugreifen. Die geplante Landung in Großbritannien, Fall »Gelb«, sollte in Gang gesetzt werden, sobald eine mehrtägige Schönwetterperiode sicher schien. Am 2. Januar erhielt der deutsche Marinenachrichtendienst von einer Agentin in den USA, Marie Koedel, einen Bericht über die Verladung amerikanischer Rüstungslieferungen für Großbritannien am Hamilton-Dock in Brooklyn; die Spionin meldete, welche Schiffe beladen wurden und wann sie abfahren sollten. Es gelang Marie Koedel sogar, sich der Dienste eines desertierten britischen Matrosen namens Duncan Scott-Ford zu versichern, der später enttarnt, festgenommen, nach England ausgeliefert, verurteilt und gehängt wurde. Doch die Informationen, die er und Marie Koedel bis dahin geliefert hatten, mehrten zweifellos die deutschen Erkenntnisse über die britischen Nachschubwege. Ein beträchtliches Maß an Informationen verdankten die Deutschen allerdings nicht einzelnen Agenten oder Zuträgern, sondern der sorgfältigen Lektüre der unzensierten amerikanischen Presse.

In der Nordsee nutzten deutsche Handelsschiffe die norwegische Neutralität, um schwedisches Eisenerz, das für die deutsche Rüstungsproduktion unentbehrlich war, vom norwegischen Narvik aus (wo die aus Schweden kommenden Eisenerzzüge endeten) auf küstennahen Routen zu den deutschen Nordseehäfen zu transportieren. Am 6. Januar kündigte der britische Außenminister, Lord Halifax, der norwegischen Regierung die Absicht der Briten an, die norwegischen Hoheitsgewässer zu verminen, um so diese deutschen Schiffe zum Ausweichen auf die hohe See zu zwingen, wo sie angegriffen werden konnten. Doch die Minen wurden nicht gelegt, und die deutschen Eisenerzschiffe nahmen weiterhin unbehelligt ihren Weg. Zwei Tage später dehnte die britische Regierung, die sich nicht sicher sein konnte, wie lange ihre transatlantische Nabelschnur noch intakt bleiben würde, die Lebensmittelrationierung, die bis dahin nur für Fleisch gegolten hatte, auf Butter und Zucker aus. Ungeachtet dessen hatte sich in Großbritannien ein Gefühl der Zuversicht oder zumindest der nachlassenden Bedrohung breit gemacht; an ebendiesem 8. Januar kehrte das vorläufig letzte Kontingent von Kindern, die bei Kriegsausbruch aufs Land evakuiert worden waren, nach London zurück. Damit waren 316 192 Kinder, knapp die Hälfte der seinerzeit aufs Land verschickten, wieder zu Hause.

Zu denen, die einen deutschen Angriff auf Großbritannien fürchteten, gehörte der italienische Diktator Benito Mussolini. Am 8. Januar überreichte der italienische Botschafter in Berlin Hitler ein Schreiben von Mussolini, in dem dieser die Frage stellte, ob es sich wirklich lohne, »alles zu riskieren – einschließlich der eigenen Herrschaft – und die Blüte deutscher Generationen zu opfern, nur um dem Fallen einer Frucht nachzuhelfen, die doch unausweichlich fallen muß und von uns, die wir die neuen Kräfte Europas verkörpern, geerntet werden wird.«. Die »großen Demokratien«, fügte Mussolini hinzu, trügen »den Keim ihres eigenen Zerfalls in sich«.

Hitler beantwortete den Brief nicht, und Mussolini enthielt sich weiterer Mahnungen. Zwei Tage später, am Nachmittag des 10. Januar, setzte Hitler bei einer Unterredung mit seinen Oberbefehlshabern den 17. Januar als Termin für den Angriff im Westen fest. Die flächendeckende Bombardierung der französischen Flughäfen sollte am 14. Januar beginnen. Zwei Millionen deutsche Soldaten standen entlang der Grenze zu Holland, Belgien, Luxemburg und Frankreich Gewehr bei Fuß. Zehn bis zwölf Tage Hochdruckwetter waren vorhergesagt. Fall »Gelb« war ausführungsreif. Einen Tag später erhielt Hitler jedoch Kenntnis von einem Zwischenfall, der seine Pläne möglicherweise gefährden konnte: Ein Kleinflugzeug der deutschen Luftwaffe hatte sich verflogen, war über die belgische Grenze geraten und unweit der belgischen Stadt Mechelen notgelandet. Einer der Passagiere, Major Helmut Reinberger, hatte in seinem Aktenkoffer die Operationspläne für die gesamte Luftoffensive auf Belgien. Belgische Soldaten ergriffen den Major, während er noch dabei war, die Pläne zu verbrennen. »Solche Dinge können uns den Sieg kosten!« kommentierte Hitler schroff, als er die Neuigkeit erfuhr. Dennoch bekräftigte er am selben Nachmittag seinen Entschluß, die Invasion im Westen wie geplant am 17. Januar anlaufen zu lassen.

Eine unmittelbare Folge der Bruchlandung von Major Reinberger war ein Erlaß, den Hitler am 11. Januar an alle höheren militärischen Instanzen übermitteln ließ. »Niemand: keine Dienststelle, kein Offizier«, hieß es darin, »dürfen von einer geheimzuhaltenden Sache erfahren, wenn sie nicht aus dienstlichen Gründen unbedingt davon Kenntnis erhalten müssen.« Es war dann jedoch kein Sicherheitsproblem, sondern eine Nebelwarnung, die Hitler am Nachmittag des 13. Januar dazu bewog, den Angriff um drei Tage, also auf den 20. Januar, zu verschieben. Am Abend desselben Tages gingen in Berlin freilich Informationen ein, die besagten, daß Holländer und Belgier mit der Mobilmachung ihrer an der Grenze stationierten Truppen begonnen hatten. Ebenfalls am Abend dieses 13. Januar teilte Oberst Hans Oster, stellvertretender Chef des deutschen Geheimdienstes, dem niederländischen Militärattaché in Berlin, Major Sas, Einzelheiten über den geplanten Angriff mit. Sas informierte postwendend seinen belgischen Kollegen, Oberst Goethals, der über Funk seine Regierung in Brüssel ins Bild setzte. Da die deutsche Abwehr den belgischen Verschlüsselungscode kannte, dürfte Berlin spätestens am Morgen des 14. Januar gewußt haben, daß der Gegner Lunte gerochen hatte. Gleichwohl scheint es eher das sich verschlechternde Wetter als die Angst vor einem vorgewarnten Gegner gewesen zu sein, die Hitler schließlich am Nachmittag des 16. Januar veranlaßte, die Offensive erneut auszusetzen. »Wenn wir uns nicht auf mindestens acht Tage mit schönem und klarem Wetter verlassen können«, erklärte Hitler seinen Generalstäblern, »dann verschieben wir die Sache eben bis zum Frühjahr.«

Der Krieg im Westen ließ also weiter auf sich warten. Unterdessen setzten die sowjetischen Strategen im Krieg gegen Finnland auf eine neue Strategie: die massive Bombardierung von Straßen und Eisenbahnknotenpunkten, Nachschubdepots und Hafenanlagen. Mit diesen Maßnahmen hofften sie die Voraussetzungen für einen entscheidenden Angriffsschlag im gleichen Monat schaffen zu können. Allein am 14. Januar wurden 35 Städte und Dörfer bombardiert. Die in den ersten Dezembertagen zugesagte Unterstützung aus dem Westen begann jetzt in relevantem Umfang zu fließen, und auch immer mehr Freiwillige trafen in Finnland ein. Gegen den vehementen Protest der sowjetischen Regierung hatte sich Stockholm am 13. Januar auf Ersuchen Londons bereit erklärt, Kriegsfreiwilligen für Finnland die Durchreise durch Schweden zu gestatten, vorausgesetzt sie reisten unbewaffnet und ohne Uniform und gehörten nicht den Streitkräften eines alliierten Landes an.

Die britische Regierung wartete mit Bangen auf Zeichen und Signale, die Rückschlüsse auf den Zeitpunkt des erwarteten deutschen Schlages im Westen zulassen würden. Bis dahin war man auf Hinweise in letzter Sekunde von Männern wie Oberst Oster oder auf glückliche Zufälle wie denUnfall des Major Reinberger angewiesen gewesen. Im Lauf des Januar gelang den Briten jedoch ein bemerkenswerter nachrichtendienstlicher Durchbruch, der einen einschneidenden Wandel in der Art ihrer Informationsbeschaffung wie auch in ihrer militärischen Reaktionsfähigkeit zur Folge hatte. Britischen Kryptographen gelang es in diesem Monat erstmals in nennenswertem Umfang, Botschaften zu entschlüsseln, die deutsche Stellen mittels ihrer neuesten und geheimsten Errungenschaft auf dem Gebiet der Nachrichtenübermittlung codiert hatten: der Enigma-Maschine.

Diese kriegswichtige Entwicklung war nicht allein das Werk der Briten. Auch französische Kryptographen hatten viele Monate lang einen aktiven Beitrag zu diesem Forschungsprojekt geleistet, das ein Wettlauf gegen die Zeit war. Dabei konnten sich sowohl die britischen als auch die französischen Spezialisten auf Pionierarbeiten stützen, die polnische Mathematiker seit über einem Jahrzehnt geleistet hatten. Mehr als jeder andere war es der Pole Marian Rejewski gewesen, der noch vor Kriegsausbruch die entscheidende Vorarbeit geleistet hatte.

Der Durchbruch vom Januar 1940 war verfahrenstechnischer Natur: er kam den alliierten Kriegsplanungen noch nicht unmittelbar zugute. Bei dem Code, der in herkulischer Kleinarbeit geknackt worden war, handelte es sich um einen Enigma-Schlüssel, den das deutsche Heer am 28. Oktober, also vor mehr als zweieinhalb Monaten, benutzt hatte. Es sollte noch einmal nahezu neun Monate dauern, ehe es den Briten gelang, den von der deutschen Luftwaffe benutzten Enigma-Schlüssel regelmäßig (und zuweilen fast zeitgleich mit der Absetzung eines Funkspruchs aus Berlin an die Befehlshaber vor Ort) zu decodieren. Somit war der Mitte Januar erzielte Durchbruch doch ein wichtiger Schritt nach vorne, der die alliierte Kriegführung und damit den Verlauf des Krieges grundlegend beeinflussen sollte.

Der Terror, den die Deutschen im Osten verbreiteten, blieb nicht geheim. Detaillierte Berichte über die meisten ihrer Greueltaten wurden jeweils innerhalb weniger Tage in den Westen geschmuggelt. Die Diplomaten der neutralen Länder in Berlin waren bestens informiert. Überall in Polen kündeten Wandanschläge öffentlich von den Hinrichtungen.

Am 9. Januar teilte der SS- und Polizeichef von Danzig/Westpreußen, Dr. Hildebrandt, seinem Vorgesetzten Himmler mit, zwei zu seiner Verfügung stehende Einsatz- und Sonderkommandos hätten »die Liquidierung von zirka 4000 unheilbaren Patienten aus polnischen Nervenkliniken« sowie von 2000 deutschen Insassen einer Heilanstalt in Pommern durchgeführt.

Öffentlich angekündigte Vergeltungsmaßnahmen waren ein Markenzeichen der neuen Terrorherrschaft. Nachdem die Gestapo den Anführer eines geheimen Warschauer Jugendbundes, Andrzej Kott, verhaftet hatte, einen jungen Mann, dessen Familie schon vor langer Zeit vom Judentum zum Katholizismus übergetreten war, nahm sie dies zum Anlaß, um am 18. Januar 255 willkürlich herausgegriffene Juden abzuführen; sie wurden in die Palmiry-Wälder außerhalb Warschaus gebracht und dort erschossen. Vier Tage später – die Zahl der seit Kriegsausbruch umgekommenen polnischen Zivilisten wurde auf mittlerweile 15000 geschätzt – erklärte der Papst in einer Rundfunkrede aus dem Vatikan: »Die Greuel und unentschuldbaren Exzesse, die an einem hilflosen und heimatlosen Volk begangen werden, sind durch unanzweifelbare Aussagen von Augenzeugen belegt.«

Unter diesen Augenzeugen waren auch deutsche Wehrmachtsoffiziere: Am Tag der päpstlichen Radioansprache erklärte Generalmajor Friedrich Mieth, Stabschef der deutschen 1. Armee, seinen versammelten Offizieren: »Die SS hat Massenerschießungen ohne rechtliches

Verfahren durchgeführt.« Diese Mordaktionen hätten die Ehre der deutschen Wehrmacht »befleckt«. Hitler wurde über die Äußerungen Mieths informiert und enthob ihn seines Kommandos.

Am 25. Januar erging aus dem Krakauer Hauptquartier von Generalgouverneur Hans Frank ein Erlaß über den Umbau der polnischen Wirtschaft »zur unverzüglichen Stärkung der Wirtschaftskraft des Reichs«. Aus Polen müsse Deutschland künftig das Holz, die Rohstoffe, die chemischen Grundstoffe und selbst die Arbeitskräfte, die es benötigte, erhalten. Einer der Punkte auf Franks Liste lautete: »Bereitstellung und Transport ins Reich von mindestens einer Million männlichen und weiblichen Land- und Industriearbeitern, davon rund 750000 Landarbeiter, von denen mindestens 50 Prozent Frauen sein müssen – um die landwirtschaftliche Produktion im Reich zu sichern und den Mangel an Industriearbeitern im Reich zu beheben.«

Das hieß nichts anderes, als daß das System der Zwangsarbeit, dem bereits die Juden unterworfen waren, jetzt auch auf die Polen ausgedehnt wurde – wie zuvor schon auf die Tschechen. »Hunderttausend tschechische Arbeitskräfte«, erklärte Churchill am 27. Januar auf einer öffentlichen Kundgebung in Manchester, seien »in die Sklaverei verschleppt worden, um in Deutschland durch Arbeit vernichtet zu werden.« Noch schrecklicher als das Schicksal der Tschechen jedoch, so fügte Churchill hinzu, seien »die Greuel, die, während ich an diesem Nachmittag hier zu Ihnen spreche, den Polen angetan werden«. Aus der »schändlichen Statistik« der deutschen Massentötungsaktionen in Polen könnten die Engländer entnehmen, »was uns blühen würde, falls wir ihnen in die Klauen fielen. Wir können daraus aber auch die Kraft und den Mut schöpfen, die uns auf unserem Weg vorantreiben und uns nicht innehalten oder ruhen lassen, ehe nicht die Befreiung vollbracht und der Gerechtigkeit Genüge getan ist.«

Drei Tage nach dieser Churchill-Rede, am 30. Januar 1940, rief Reinhard Heydrich in Berlin eine neue Stabsabteilung ins Leben, die die Bezeichnung IV-D-4 erhielt und deren Auftrag darin bestand, die Pläne für die Deportation der Juden aus den vom Reich annektierten ehemals westpolnischen Gebieten fertigzustellen und darüber hinaus alle künftigen Judendeportationen abzuwickeln, ganz gleich von welchem Ort sie ausgingen und was ihr Bestimmungsort war.

Angesichts des anhaltenden militärischen Widerstands der Finnen trat die sowjetische Regierung am 29. Januar in Schweden in geheime Verhandlungen mit Finnland ein, in die sie die Bereitschaft einbrachte, die von ihr eingesetzte kommunistische »Volksregierung von Finnland« fallenzulassen und sich statt dessen mit der von Risto Ryti geführten Regierung auseinanderzusetzen. Von diesem Moment an war klar, daß ein Kompromißfriede im Bereich des Möglichen lag, daß der Krieg, so heftig er an der Front nach wie vor tobte, jetzt nicht mehr ein Krieg um die kommunistische Umgestaltung Finnlands war, sondern »nur noch« ein Krieg um Grenzverläufe und Festungen, ein Versuch der Sowjets, ihre Forderung nach dem Besitz einer längeren Küstenzone am Nordrand des Finnischen Meerbusens zum besseren Schutz Leningrads und nach weitergehenden Kontrollrechten am Eingang zum Meerbusen durchzusetzen sowie sich Gebietszugewinne in Karelien zu sichern.

Damit war der Weg zum Frieden geebnet. Zwei Tage später wurde in Helsinki bekanntgegeben, daß seit Beginn des Krieges vor zwei Monaten bei sowjetischen Luftangriffen insgesamt 377 finnische Zivilisten ums Leben gekommen waren.

Trotz der Geheimverhandlungen ging der russisch-finnische Krieg weiter. Am 1. Februar trat die Rote Armee unter dem Befehl von General Timoschenko zu einer großangelegten Offensive gegen die sogenannte Mannerheim-Linie, die Hauptverteidigungslinie der Finnen, an.

Skandinavien, 1940

Doch obwohl die Russen Panzer, Infanterie und Flugzeuge gemeinsam in die Schlacht warfen, hielten die Finnen stand. Bereits am 3. Februar war klar, daß den Sowjets kein rascher Sieg gelingen würde. Zwei Tage später, am 5. Februar, einigten sich der britische und der französische Premierminister in Paris darauf, durch die Entsendung einer mindestens drei Divisionen umfassenden Expeditionsarmee zugunsten Finnlands in den Konflikt einzugreifen. »Wir dürfen nicht zulassen«, erklärte Neville Chamberlain, »daß Finnland von der Landkarte verschwindet.« Prinzipielle Einigung wurde auch darüber erzielt, daß die Westmächte die schwedischen

Eisenerzgruben bei Gällivare in ihre Gewalt bringen sollten. Falls dies durch eine in Narvik abzusetzende Streitmacht geschehen könne, die anschließend über Schweden nach Finnland weitermarschieren und dort den britischen Beitrag zur Waffenhilfe für die Finnen beisteuern könnte, wären, wie Chamberlain sich ausdrückte, »zwei Fliegen mit einer Klappe« geschlagen. Tatsächlich entschieden sich die Alliierten am Ende, die ersten Hilfskontingente für Finnland durch Landungen in den drei norwegischen Hafenstädten Stavanger, Bergen und Trondheim auf den Weg zu bringen, eine Operation, die durch das Expeditionskorps Stratford durchgeführt werden und am 20. März beginnen sollte. Nur dieser frühe Termin, erklärte Chamberlain am 7. Februar vor dem Kriegskabinett, biete die Gewähr dafür, daß Großbritannien und Frankreich »den Deutschen zuvorkommen« würden.

Ob die so beschlossene Hilfe noch zur rechten Zeit kommen würde, schien drei Tage später außerordentlich fraglich, als sowjetische Kräfte mit so großer Übermacht gegen die Mannerheim-Linie anstürmten, daß sie eine Bresche in die Front zu schlagen vermochten. Doch die Finnen schafften es mit einer Meisterleistung an Tatkraft und militärischem Geschick, sich innerhalb von 48 Stunden geordnet zurückzuziehen und eine zweite Verteidigungslinie aufzubauen, die hielt. Doch am 13. Februar riß ein weiterer sowjetischer Vorstoß eine fast einen Kilometer lange Bresche in diese zweite Frontlinie. Die Einheiten, die die Finnen in diese Bresche warfen – sie gehörten einem ihrer Eliteregimenter an, der Leichten Kavallerie Tavast –, wurden fast vollständig aufgerieben. Eine Welle sowjetischer Angreifer nach der anderen ergoß sich jetzt in die Frontlücke; dies war die vom sowjetischen Verteidigungsminister, Marschall Woroschilow, kreierte Taktik der »Crescendo-Offensive«. In einem am Abend des 13. Februar herausgegebenen Kommuniqué räumte das finnische Oberkommando den Verlust »einiger unserer am weitesten vorgeschobenen Positionen« ein. Geoffrey Cox, der britische Journalist, der seit Anfang Dezember die Kämpfe auf finnischer Seite miterlebt hatte, erinnerte sich später: »Es war das erste in einer Reihe von Bulletins einer herannahenden Niederlage; weitere sollten folgen, stetig, Tag für Tag, bis der Krieg zu Ende war.«

Zahlenmäßige Stärke hatte den Ausschlag gegeben. Am 16. Februar zeigten sich bei den finnischen Truppen Ermattungserscheinungen. Ihre Reserven waren aufgebraucht. Ein ernsthafter Gegenangriff war ihnen nicht mehr möglich. Die Rote Armee dagegen konnte personell noch aus dem vollen schöpfen.

Dieser 16. Februar, in Finnland ein Tag der Niedergeschlagenheit, war für die Briten ein Tag der Genugtuung: Im Jösing-Fjord, knapp südlich von Egersund, hatte die Besatzung des britischen Zerstörers *Cossack* unter Verletzung der norwegischen Neutralität ein deutsches Versorgungsschiff geentert, das sich im Schutz der norwegischen Hoheitsgewässer auf einen Sprint durch das Skagerrak in die Ostsee vorbereitete. Es war der Dampfer *Altmark,* und in seinen Laderäumen befanden sich 299 britische Marine- und Handelsmatrosen, die die Deutschen im Südatlantik gefangengenommen hatten. Es kam zu einem kurzen Gefecht, bei dem vier deutsche Seeleute getötet wurden; dann waren die britischen Kriegsgefangenen befreit.

Zur Belohnung für dieses Husarenstück wurde der Kapitän der *Cossack,* Philip Vian, mit dem Victoria Cross ausgezeichnet. Die deutsche Propaganda geißelte die Verletzung der norwegischen Neutralität durch die Briten. Hitler selbst vertrat bekanntlich die Auffassung, die Geschichte entscheide nur zwischen Siegern und Verlierern; der Sieger werde nie gefragt, ob er rechtens oder unrecht gehandelt habe. Die britische Regierung beantwortete einen förmlichen norwegischen Protest gegen die Verletzung ihrer Hoheitsgewässer mit der Gegenbeschuldigung, Norwegen habe selbst gegen das Völkerrecht verstoßen, indem es zugelassen habe, daß die Deutschen seine neutralen Gewässer zur Überführung britischer Kriegsgefangener nach Deutschland nutzten.

Die eklatantesten Verstöße gegen das Völkerrecht ereigneten sich in diesem Februar jedoch nicht in norwegischen Gewässern. Am 2. Februar hatte General Ulex, Oberbefehlshaber des Frontabschnitts Süd in Polen, an seinen Vorgesetzten, General Blaskowitz, geschrieben: »Die jüngste Zunahme gewalttätiger Übergriffe durch die Polizei zeugt von einem fast unglaublichen Mangel an menschlichen und moralischen Qualitäten; man möchte fast das Wort ›tierisch‹ für gerechtfertigt halten.« Und er setzte hinzu: »Der einzige Ausweg aus diesem unwürdigen, die Ehre des ganzen deutschen Volkes befleckenden Zustand ist, daß die gesamten Polizeiverbände einschließlich ihrer sämtlichen hohen Führer ... welche diesen Gewalttaten seit Monaten zusehen, mit einem Schlage aufgelöst und entlassen werden.«

Blaskowitz stellte daraufhin eine Liste ihm bekanntgewordener SS-Verbrechen zusammen; detailliert referierte er 33 Fälle, in denen Polen oder Juden gefoltert und ermordet und polnische oder jüdische Vermögenswerte geraubt worden waren. Was die Offiziere und Soldaten der ihm unterstellten Wehrmachtseinheiten und ihre Einstellung zur SS und zur Deutschen Polizei betraf, so schwankte sie, wie er am 6. Februar notierte, »zwischen Abscheu und Haß. Jeder Soldat empfindet diese von Angehörigen des Reichs und Repräsentanten unseres Staats in Polen begangenen Verbrechen als ekelhaft und widerwärtig.«

Über diese Vorwürfe verärgert, reiste Hans Frank am 13. Februar nach Berlin, um bei Hitler die Entlassung Blaskowitz' zu erwirken. Letzterer wiederholte seine Anschuldigungen zwei Tage später in einem Brief an General von Brauchitsch. Sein Protest fruchtete nichts; Vorfälle wie die, über die er sich beklagt hatte, ereigneten sich weiterhin Tag für Tag, zum einen in Form willkürlicher Übergriffe gegen einzelne Personen oder Gruppen, zum andern in Gestalt der organisierten Brutalität der Zwangsarbeitslager. »Die Erniedrigungen und Qualen, die den jüdischen Arbeitern zugefügt werden«, berichtete der *Manchester Guardian* am 18. Februar, »die von ihren Naziaufsehern gezwungen werden, bei der Arbeit zu tanzen und zu singen und sich auszuziehen, ja sogar ... einander mit Schlägen zu traktieren, zeigen keinerlei nachlassende Tendenz.«

Nicht nur die polnischen Juden, sondern jeder Pole mußte damit rechnen, auf das brutalste mißhandelt zu werden. Am 21. Februar teilte Richard Glücks, der Inspekteur der deutschen Konzentrationslager, Himmler mit, er habe einen passenden Standort für ein neues »Quarantänelager« gefunden, in dem man Polen, die sich des Aufbegehrens oder des Ungehorsams schuldig machten, gefangenhalten, bestrafen und schuften lassen könne. Gemeint war das Gelände einer ehemaligen österreichisch-ungarischen Kavalleriekaserne, auf dem sich bereits eine Reihe stabiler Backsteingebäude befanden. Die Liegenschaft befand sich am Rande des polnischen Städtchens Oświęcim, für das sich jetzt, nachdem es unter deutsche Verwaltung gekommen war, der eingedeutschte Name Auschwitz einbürgerte.

Es bestand nicht von Anfang an die Absicht, in Auschwitz Juden gefangenzuhalten; vielmehr sollte hier ursprünglich ein Straflager für Polen entstehen. Mit den Arbeiten zur Umwandlung der Kaserne in ein Lager wurde unverzüglich begonnen, ebenso mit der Suche nach geeignetem Personal für die Durchsetzung einer von vornherein auf äußerste Strenge angelegten Lagerordnung. Man fand es in den bereits bestehenden deutschen Konzentrationslagern.

KAPITEL 4

Skandinavien

Winter 1939–1940

Hitlers Absicht war es, Großbritannien zu erobern oder es zumindest in die Knie zu zwingen, bevor er seine Truppen gegen Rußland marschieren ließ. Stalins Anliegen war es, die sowjetische Neutralität so lange wie möglich zu bewahren. Im August 1939 hatte er seinen Pakt mit Hitler geschlossen, der ihn nicht nur der Notwendigkeit enthoben hatte, zugunsten Polens in den deutsch-polnischen Krieg einzugreifen, sondern ihm auch einen beträchtlichen Streifen polnischen Territoriums beschert hatte. Nach dem deutschen Sieg über die Polen hatte Stalin sich noch weiter gegen einen denkbaren deutschen Angriff gewappnet, indem er Litauen, Lettland und Estland unter sowjetische Vorherrschaft brachte, sich der dortigen Militärstützpunkte bemächtigte und auf diese Weise sicherstellte, daß bei einem Angriff auf die Sowjetunion nicht die Ostsee als Sprungbrett benutzt werden konnte – zumindest nicht so leicht, wie es ohne eine sowjetische Intervention in den baltischen Ländern gewesen wäre. Ende November hatte er versucht, in Finnland eine kommunistische Regierung in den Sattel zu heben. Nachdem er damit gescheitert war, bemühte er sich nun, den Finnen wenigstens noch einen schützenden Gebietsstreifen abzunehmen.

Rechnete Stalin mit einem deutschen Überfall auf die Sowjetunion? Am 15. November 1939 hatte er die Entscheidung des obersten Militärrats der Roten Armee gutgeheißen, die Garnisonsstärken in den befestigten Grenzgebieten um über ein Drittel zu reduzieren. Sechs Tage später hatte er persönlich an einer Sitzung des Militärrats teilgenommen, auf der der Beschluß gefaßt wurde, alle sowjetischen Panzerkorps sobald wie möglich aufzulösen, getreu der Auffassung von General Kulik, daß die Kavallerie auch im modernen Krieg noch eine bedeutsame Rolle zu spielen habe. Auf der anderen Seite hatte er versucht, in den Verhandlungen mit Hitler möglichst weitgehende Forderungen durchzusetzen. Ein am 11. Februar 1940 in Moskau unterzeichnetes Handelsabkommen sah vor, daß die Sowjetunion gegen die Lieferung von Erdöl und landwirtschaftlichen Erzeugnissen Industrieprodukte, Rüstungsgüter und die Konstruktionspläne der modernsten Schiffstypen der deutschen Kriegsmarine sowie Prototypen der neuesten Flugzeuge, Flugabwehrgeschütze, Bomben und Panzer erhalten sollte.

Hitler willigte in die Forderungen Stalins ein. Er war entschlossen, alles zu tun, was notwendig schien, um sich die sowjetische Neutralität zu sichern, während er die Westmächte niederrang. Sogar die Baupläne des modernsten deutschen Schlachtschiffs, der *Bismarck,* wurden den Sowjets übergeben. Hitler war sich nach wie vor sicher, die Sowjetunion in absehbarer Zeit erobern zu können, aber ebenso gewiß erschien ihm, daß ein Sieg im Westen nur möglich war, solange es bei einem Krieg an einer Front blieb. Aber auch im Westen drohten Gefahren. Am 12. Februar hatte der britische Minenräumer *HMS Gleaner* das deutsche U-Boot U-33 versenkt. Aus dem U-Boot-Wrack, das in dreißig Faden Tiefe auf Grund ging, wurden drei Enigma-Rotoren geborgen. Dies war ein weiterer Schritt auf dem Wege zur allmählichen Entschlüsselung des streng geheimen deutschen Informationsübermittlungssystems. Es war Englands Pech und Hitlers Glück, daß die drei geborgenen Enigma-Rotoren nicht geknackt werden konnten. Aber sie vermittelten den britischen Krypt-Analytikern in Bletchley Park nördlich von London bedeutsame Einsichten in die deutschen Verschlüsselungsmethoden. Die drei Geräte erhielten die Decknamen »Dolphin«, »Pike« und »Oyster«, und alle Hebel wurden in Bewegung gesetzt, ihrem Geheimnis auf die Spur zu kommen. »Dolphin«, ein von allen deutschen Überwasserschiffen benutzter Ziffernverschlüssler, konnte für kurze Zeit geknackt werden, ein Erfolg, der den Briten einen momentanen Vorteil einbrachte.

Für die Versenkung des U-Boots und die Bergung der wertvollen Enigma-Rotoren erhielt der Kapitän der *Gleaner*, Kapitänleutnant Hugh Price, den Distinguished Service Orden.

Während die britischen Geheimdienstspezialisten weiterhin an der Entschlüsselung des deutschen Funkverkehrs arbeiteten, beobachtete der sowjetische Nachrichtendienst wachsam alle Vorgänge, die die sowjetische Grenze zu Japan betrafen. Bei allen Plänen für eine Intervention im Westen, die Stalin schmieden mochte (oder auch nicht), mußte er die ausgedehnte sowjetische Grenze zu der von den Japanern besetzten Mandschurei im Auge behalten. Japans Stärke und Japans Absichten waren ein bedeutsamer Parameter für die Gleichung der sowjetischen Politik.

Die Sowjets hatten das Glück, daß einer ihrer Agenten in Tokio, der deutsche Journalist Richard Sorge, engen Kontakt zu Mitarbeitern der deutschen Botschaft pflegte. Er wurde von Botschaftsangehörigen bis hinauf zum Botschafter selbst häufig um seine Ansichten und Kommentare zu aktuellen Fragen gebeten; im September 1939 hatte die Botschaft ihn zum verantwortlichen Redakteur ihres täglich herausgegebenen Bulletins berufen. Am 16. Februar konnte Sorge eine detaillierte Auflistung der japanischen Munitions-, Flugzeug- und Lastwagenproduktion nach Moskau übermitteln, dazu einen Bericht über die entsprechenden Produktionsstätten und über die japanische Eisen- und Stahlerzeugung. Die Informationen, die Sorge unter dem Decknamen »Ramsay« lieferte, versetzten Stalin in die Lage, die Gefahren, die ihm an der fernsten, aber deswegen nicht weniger verwundbaren Flanke seines Reiches drohten, realistisch einzuschätzen.

Aus den von der deutschen Abwehr aufgefangenen und entschlüsselten britischen Marinefunksprüchen erfuhr Hitler von einer sich anbahnenden Gefahr unmittelbar vor der deutschen Haustür: dem englisch-französischen Plan einer militärischen Landung in Stavanger, Bergen und Trondheim, den die beiden Regierungen am 5. Februar abgesegnet hatten. Im Hauptquartier des deutschen Heeres in Zossen bei Berlin arbeitete eine von Kapitän Theodor Krancke geleitete Sonderkommission unter Hitlers persönlicher Aufsicht ein Gegenmanöver aus. Der in diesem Kreis entwickelte Plan sah die Landung deutscher Truppen an sieben verschiedenen Stellen vor: nicht nur in Stavanger, Bergen und Trondheim, sondern auch in Narvik, Arendal, Kristiansand und Oslo, der Hauptstadt Norwegens. Am 21. Februar betraute Hitler General Nikolaus von Falkenhorst mit dem Oberbefehl über die Invasionsstreitmacht. In Zusammenarbeit mit Kapitän Kranckes Arbeitsgruppe erarbeitete Falkenhorst zusätzlich einen Plan für die Besetzung Dänemarks; damit sollten die Nachrichten- und Verkehrsverbindungen zwischen Deutschland und Norwegen gesichert werden.

Ein neuer Krieg wartete hinter den Kulissen. Auf britischer wie deutscher Seite übten Marine-, Luftwaffen- und Heereseinheiten den Ernstfall. Britischen Truppen, die sich auf den Einsatz in Frankreich vorbereitet hatten, wurde mitgeteilt, daß sie sich auf ein anderes Land und andere äußere Bedingungen – nicht zuletzt auf Eis und Schnee – einstellen müßten. Entsprechend änderten sich die Vorbereitungsübungen. Am Abend des 24. Februar startete der zwanzigjährige Reginald Whitmarsh vom Flugplatz Croydon in einem Blenheim-Bomber zu seinem ersten Übungsalleinflug bei Nacht. Beim Start sackte die Maschine ab und raste in ein Haus am Rande des Flugfelds. Whitmarsh kam ums Leben, und auch im Haus starben eine Frau, Doris Bridge, und ihre fünfjährige Tochter Jill. Der mit der Untersuchung des Unfalls beauftragte Sachverständige erklärte, Whitmarsh sei »nicht weniger ritterlich und tapfer« gestorben, als wenn er im Luftkampf gefallen wäre.

Britische Piloten stiegen am 25. Februar auf, dem ersten Tag einer intensiven sechstägigen Einsatzserie, die sie nach Berlin, Bremen, Kiel, Lübeck, Köln und Hamburg führte. Es war die größte Flugblattabwurfkampagne des Krieges. Die Flugblätter, im britischen Luftfahrtministerium »weiße Bomben« genannt, sollten auf den verbrecherischen Charakter des Nazismus hinweisen. In Polen bedurfte es eines solchen Hinweises nicht. Am 27. Februar gelangte ein Augenzeugenbericht aus Kattowitz in den Westen, der, von der polnischen Exilregierung in Paris unverzüglich veröffentlicht, »Massenerschießungen« an Polen unweit des Kattowitzer Stadtparks schilderte: »Unter den Opfern waren Priester. Man verband ihnen die Augen mit Taschentüchern. Nachdem die Salve abgefeuert war, wurden dieselben Taschentücher, auch wenn sie blutverschmiert waren, als Augenbinden für die anderen Verurteilten benutzt. Einer der Priester wurde nicht tödlich getroffen und machte Anstalten, aufzustehen. Man erledigte ihn mit Gewehrkolbenschlägen.«

Ende Februar wurde ein Beschluß gefaßt, der auf den Versuch hinauslief, die riesige Zahl von Arbeitskräften, auf die Deutschland jetzt Zugriff hatte, möglichst vollständig und effektiv für die Wirtschaft des Reiches einzusetzen. Man brauchte eine Person, der man die Aufgabe übertragen konnte, von zentraler Stelle aus Arbeitskräfte aus den eroberten Ländern – vor allem Tschechen und Polen – auf Rüstungsfabriken in allen Teilen des Reiches zu verteilen und ihren Einsatz zu überwachen. Der Mann, der mit diesem Auftrag betraut wurde, war Dr. Fritz Todt. Und der Apparat, den er binnen kurzer Zeit aufbaute und der als Organisation Todt (O. T.) bekannt wurde, entwickelte sich rasch zum größten einzelnen Arbeitgeber in Deutschland. Wenn immer sich irgendwo im Reich Personalengpässe auftaten oder für ein Sondervorhaben kurzfristig Arbeitskräfte benötigt wurden, trat die O. T. mit ihren Fremdarbeiterkolonnen auf den Plan. Zugleich sorgte Todt dafür, daß die Rüstungsindustrie wertvolle Rohstoffe und knapp bemessene Metalle möglichst sparsam und nutzbringend einsetzte.

Was die organisatorische Effektivität betraf, waren die Westmächte dem Reich zu diesem Zeitpunkt noch unterlegen. Die von den Briten zugesagte militärische Hilfsexpedition nach Finnland, die am 20. März anlaufen sollte, würde, wie der finnische Botschafter in London am 1. März Lord Halifax mitteilte, »zu spät« kommen, um Finnland noch von Nutzen zu sein. Am selben Tag erklärten die britischen Stabschefs, das Expeditionsunternehmen könne aus militärischer Sicht nicht funktionieren; schon ein »mäßiger« Widerstand der Schweden, wie er sich mittlerweile abzeichne, werde es der französisch-britischen Streitmacht unmöglich machen, rechtzeitig finnischen Boden zu erreichen oder auch nur die Erzlagerstätten von Gällivare zu besetzen, »bevor sich deutsche Truppen dort festsetzen können«. Am 4. März wurde die gesamte Operation »Stratford« abgeblasen. Zumindest ein Angehöriger des britischen Kriegskabinetts war darüber sehr erleichtert: Winston Churchill, nach dessen Überzeugung ein britisches Eingreifen in den russisch-finnischen Krieg »nicht als gewinnbringendes Ablenkungsmanöver betrachtet werden konnte, da keine deutschen Truppen beteiligt waren«. Schon die Abzweigung weiterer Flugzeuge für Einsätze in Finnland würde, so warnte er seine Kollegen im Kriegskabinett, nur zu einer Schwächung Englands gegenüber Deutschland führen.

Die deutschen Pläne für die Besetzung Norwegens und Dänemarks rückten an diesem 1. März ihrer Vollendung einen Schritt näher. In einer ausführlichen Weisung zur Operation »Weserübung« legte Hitler den Zweck und den geplanten Ablauf des Unternehmens dar, durch das, wie er gleich im ersten Absatz schrieb, »englischen Übergriffen nach Skandinavien und der Ostsee vorgebeugt, unsere Erzbasis in Schweden gesichert und für Kriegsmarine und Luftwaffe die Ausgangsstellung gegen England erweitert werden«. Die Deutschen könnten, so fügte

Hitler hinzu, ihre zahlenmäßige Unterlegenheit durch »kühnes Handeln und überraschende Durchführung« wettmachen. Das Landeunternehmen solle »den Charakter einer friedlichen Besetzung« erhalten; jedoch müsse jegliche norwegische oder dänische Gegenwehr »unter Einsatz aller militärischen Mittel« gebrochen werden.

Die Besetzung Norwegens werde, so schloß Hitler seine Weisung, das »tollkühnste und wichtigste Unternehmen in der Geschichte der Kriegführung« sein.

Am 4. März unternahmen sowjetische Kräfte einen großangelegten Vorstoß auf die finnische Stadt Viipuri. Das Eis, das für ihre Operationen bislang zu dünn gewesen war, hatte sich inzwischen so weit verstärkt, daß es mit schweren Fahrzeugen befahrbar war; und die Sowjets konnten nun unter Umgehung der Mannerheim-Linie vom zugefrorenen Meer her angreifen. Eine sowjetische Einheit legte über 50 Kilometer auf Eis zurück und operierte zwischen Helsinki und Viipuri im Rücken der finnischen Verteidigungslinien. Sowjetische Artillerie ging in Reichweite der finnischen Küste in Stellung und nahm vom Eis aus die Bastionen von Viipuri unter Beschuß. Dieses Artilleriefeuer dauerte die ganze Nacht über an und wurde von Bombenangriffen aus der Luft begleitet. Dann, am Morgen des 5. März, verkündete die sowjetische Regierung ihre »erneute« Bereitschaft zu Friedensverhandlungen mit Finnland. Die finnische Regierung, die sich nicht mehr in der Lage sah, der neuen sowjetischen Offensive erfolgversprechenden Widerstand entgegenzusetzen, willigte ein. Am 7. März, kurz nach der Mittagsstunde, traf der finnische Premierminister Risto Ryti im Flugzeug in Moskau ein. Er war gekommen, um einen Frieden auszuhandeln; doch um Viipuri wurde zu diesem Zeitpunkt noch immer gekämpft. Am 9. März – Ryti befand sich noch in Moskau – räumten die Finnen in einem in Helsinki herausgegebenen Kommuniqué ein, daß nunmehr auch ihre zweite Verteidigungslinie überrannt worden war. »In diesen letzten, bitteren Tagen des Ringens«, erinnerte sich Geoffrey Cox, »tobte der Kampf heftiger als in irgendeiner anderen Phase des ganzen Krieges.«

Während in Moskau die russisch-finnischen Friedensgespräche weitergeführt wurden, nahmen in Deutschland die Vorbereitungen für die Besetzung Norwegens ihren Fortgang. Nachdem das englisch-französische Hilfsunternehmen für Finnland abgeblasen worden war, gab es nach dem 4. März keinen konkreten britischen oder französischen Plan mehr für einen Feldzug. »Diejenigen, die die politische und militärische Lage begreifen«, schrieb Chaim Kaplan am 7. März in sein Warschauer Tagebuch, »laufen wie Trauernde umher. Es gibt keinen Anlaß zu der Hoffnung, daß es in diesem Frühjahr zur entscheidenden Tat kommen wird, und das Ausbleiben einer solchen Entscheidung bedeutet, daß unser schreckliches Los für lange Zeit andauern wird.« Am 8. März wurde in Krakau ein polnischer Arbeiter, den ein Gestapomann dabei erwischt hatte, wie er die Melodie der polnischen Nationalhymne »Noch ist Polen nicht verloren« summte, auf der Straße erschossen.

Daß Großbritannien nicht in der Verfassung war, militärische Initiativen zu ergreifen, wurde am 8. März auf bezeichnende Weise deutlich, als die britischen Stabschefs in einem geheimen Bericht einräumen mußten, daß von den 352 für die britische Expeditionsstreitmacht in Frankreich vorgesehenen Flugabwehrgeschützen erst 152 geliefert worden waren. Und von den 48 leichten Flakgeschützen, die die in Frankreich operierende britische Advanced Air Striking Force als Abwehrmittel gegen einen möglichen deutschen Gegenangriff benötigte, stand noch keine einzige zur Verfügung. Die für die Verteidigung Großbritanniens angeforderten Rüstungsgüter waren schlicht und einfach noch nicht lieferbar; von 1860 Flugabwehrgeschützen, die als das Minimum dessen galten, was England für eine sinnvolle Verteidigung gegen deutsche Luftangriffe benötigen würde, waren gerade 108 einsatzbereit. Diese hatte man zwangsläufig erst einmal in der Umgebung von Flottenstützpunkten und Radarstationen in Stellung gebracht, womit Flugzeugwerke »und andere lebenswichtige Einrichtungen« ohne Schutz gegen einen deutschen Luftangriff waren.

Im offensiven Bereich beschränkte sich die britische Luftkriegstätigkeit nach wie vor auf das Abwerfen von Flugblättern. Nach etlichen konzentrierten Abwurfeinsätzen über dem Ruhrgebiet zwischen dem 5. und dem 7. März berichtete einer der beteiligten Piloten: »Das Leuchten der Hochöfen war unschwer auszumachen.« Am 9. März wurden Flugblätter über Prag abgeworfen. Am selben Tag erschien in der Zeitschrift *Time and Tide* der Leserbrief eines zornigen Engländers namens H. Harwood. »Finnland ist *in extremis*«, schrieb er, »und das Todesröcheln der Polen hallt durch Europa. In beiden Fällen war eine unzureichende Luftwaffe der entscheidende Faktor. Es gibt zweifellos viele gute Gründe dafür, daß Hilfe nicht in unserer Macht stand, aber müssen wir deshalb unsere Ohnmacht auch noch mit Spielereien garnieren? Wenn wir Flugbenzin und Piloten nicht leichtfertig verheizen wollen, nicht einmal für hochkarätige Einsatzziele, wie läßt es sich dann rechtfertigen, daß wir Flugzeuge zum Abwurf von Flugblättern 2200 Kilometer tief in Feindesland hineinschicken?«

Zu diesem Zeitpunkt stand das britische Kriegskabinett im Begriff, den Startschuß zur ersten bewaffneten Operation Großbritanniens in diesem Krieg zu geben. Dieser Entschluß fiel in einem Moment, da Sumner Welles, Staatssekretär im US-Außenministerium, als Emissär Präsident Roosevelts eine Rundreise nach Rom, Berlin, Paris und London antrat, um zu sondieren, ob eine Chance bestand, den Krieg zu beenden, ehe er sich noch mehr ausweitete. Am 10. März traf Welles in London ein, nachdem er in Berlin mit Hitler gesprochen hatte. Doch noch bevor er dem britischen Premierminister Chamberlain seine Friedensvorschläge unterbreiten konnte, faßte das Kriegskabinett Chamberlains den Beschluß, eine britische Kommandoeinheit zur norwegischen Hafenstadt Narvik zu entsenden. Sie sollte eineinhalb Millionen Tonnen schwedisches Eisenerz, die dort auf den Abtransport nach Deutschland warteten, beschlagnahmen und darüber hinaus Vorkehrungen für die Besetzung der Erzgruben von Gällivare jenseits der nahe gelegenen schwedischen Grenze treffen. Um für einen deutschen Gegenangriff gewappnet zu sein, sollte das Unternehmen Narvik, das den Decknamen »Wilfred« erhielt, von der Landung britischer Einheiten in drei weiteren norwegischen Hafenstädten – Trondheim, Stavanger und Bergen – flankiert werden.

Später am gleichen Tag erläuterte Sumner Welles seinen Gastgebern Chamberlain und Halifax seinen Friedensplan, der eine fortschreitende Abrüstung auf seiten aller Kriegsbeteiligten vorsah. Die Briten gaben zu bedenken, daß man Hitler »nicht trauen könne«, daß »selbst ein in seiner Rüstung beträchtlich reduziertes Deutschland ein schwaches Land wie zum Beispiel Rumänien leicht überrennen könnte«. Großbritannien könne sich, so erklärten die beiden Staatsmänner, eventuell zu einer »förmlichen Zusage an die Vereinigten Staaten« bereit finden, »Deutschland nicht anzugreifen«; es müsse ihm jedoch freistehen, seine »Beistandsverpflichtungen gegenüber einem Dritten, der vielleicht Opfer eines deutschen Angriffs wird«, zu erfüllen.

Einen Tag nach dieser Willenserklärung erteilte das britische Kriegskabinett dem Plan einer militärischen Landung in Narvik seine formelle Zustimmung. Sobald aus Narvik die Meldung über die erfolgreiche Durchführung der Aktion eintraf, sollte ein zweites Kommando in Trondheim landen. Weitere Einheiten würden für Stavanger und Bergen bereitstehen. Man einigte sich an diesem 12. März auch darauf, die norwegische Regierung erst in dem Augenblick von dem geplanten Landungsunternehmen in Kenntnis zu setzen, da die britischen Schiffe im Hafen von Narvik auftauchen würden.

Auf den britischen Beschluß, diese militärische Aktion durchzuführen und damit die Deutschen am Zugriff auf lebenswichtige Eisenerzvorräte zu hindern, folgte einen Tag später die

Unterzeichnung eines russisch-finnischen Vertrags in Moskau. Ein Krieg in Skandinavien war damit zu Ende; ein anderer würde, so schien es, alsbald folgen. Kaum aber war die Meldung vom russisch-finnischen Vertragsschluß in London eingetroffen, da überprüfte das britische Kriegskabinett seine Entscheidung, und am Vormittag des 14. März beschloß es, den Narvik-Plan ersatzlos fallenzulassen. Churchill protestierte energisch, aber vergeblich. Ein solches Unternehmen wäre nunmehr, so belehrte Lord Halifax seine Kollegen im Kriegskabinett, nur noch geeignet, »die Norweger und die Schweden den Deutschen in die Arme zu treiben«. Die Operation »Wilfred« war gestorben.

Finnland zahlte einen hohen Preis für den Frieden: Es mußte große Landstriche entlang der Ostseeküste und weiter im Norden an die Sowjetunion abtreten und die Halbinsel Hangö für dreißig Jahre an die Russen verpachten. Mehr als 27000 finnische Soldaten waren gefallen. Molotow bezifferte die Zahl der sowjetischen Todesopfer im Krieg gegen Finnland auf 58000.

Dreieinhalb Monate lang waren sowjetische Truppen dem Härtetest eines erbitterten Waffengangs ausgesetzt worden; sie hatten schwere Verluste erlitten, zugleich aber Beweise ihres Geschicks, ihrer Zähigkeit und ihres Kampfesmuts geliefert. Sie hatten den anfänglichen Rückschlägen getrotzt und die harten winterlichen Bedingungen zu ihrem Vorteil genutzt. Vor allem aber hatten sie dank ihrer hohen Bevölkerungszahl auf erhebliche Truppenreserven zurückgreifen können, über die ihr Gegner bei weitem nicht verfügte. Obwohl sie mehrmals zurückgeschlagen worden waren, waren sie immer wieder zum Angriff angetreten. »Wieder einmal hat die Geschichte einen Krieg erlebt«, schrieb Geoffrey Cox, der an diesem 13. März, als die Nachricht vom Ende der Kampfhandlungen über den Äther ging, in einem kleinen finnischen Café saß. »Draußen hob sich die Bahnhofsuhr hell gegen den Himmel ab. Erstmals seit dem 29. November war sie wieder beleuchtet – ein dem 20. Jahrhundert gemäßes Zeichen dafür, daß der Frieden wiederhergestellt war.«

Für das polnische Volk dagegen gab es keinen Frieden. Zur selben Zeit, als im östlichsten Zipfel der Ostsee sowjetische und finnische Kanonen verstummten, wurden im Hafen von Stettin und in der früheren Grenzstadt Schneidemühl nordöstlich von Berlin deutsche Juden in Güterwaggons verladen und in den Bezirk Lublin transportiert. Diese Deportationen waren am 12. März abgeschlossen. Auf einem vierzehnstündigen Fußmarsch von Lublin aus ostwärts durch Schnee und eisigen Wind blieben von den 1200 Deportierten aus Stettin 72 erschöpft liegen und erfroren.

Am Abend des 15. März flogen zwei britische Bomber über Dänemark und die Ostsee nach Warschau und warfen über der Stadt sechs bis sieben Millionen Flugblätter ab. Die beiden Bomber benötigten für die lange Strecke soviel Benzin, daß sie laut Plan über deutsches Territorium zurückfliegen und auf französischen Flugplätzen landen sollten. Eines der Flugzeuge aber landete irrtümlich auf einem deutschen Flugfeld, konnte jedoch unter den Augen erstaunter Bauern wieder starten und traf am Morgen des 16. März wohlbehalten in Frankreich ein. An diesem Tag griffen fünfzehn deutsche Bomber den britischen Flottenankerplatz vor Scapa Flow an; der schwere Kreuzer *Norfolk* bekam dabei einen Bombentreffer ab, drei seiner Offiziere kamen ums Leben. Eine verirrte Bombe tötete einen Zivilisten, der unter der Tür seiner Kate stand und den Angriff beobachtete. Im Land verbreite sich »mehr und mehr der Eindruck«, erklärte Churchill zwei Tage später vor dem Kriegskabinett, »daß wir, während die Deutschen mit Bomben vorgehen, nur Flugblätter abwerfen«.

Schließlich rang man sich zu einem Vergeltungsangriff durch: Am 19. März traten fünfzig britische Bomber den Flug über die Nordsee an, um ihre Bombenlast auf den deutschen Luftstützpunkt Hornum auf Sylt abzuwerfen. Die Besatzungen von 41 der Maschinen erklärten anschließend, ihre Angriffsziele gefunden zu haben, aber aus den von einem britischen Aufklärer aufgenommenen Bildern ging hervor, daß die Behauptung der Deutschen, es sei kein Schaden entstanden, der Wahrheit entsprach. Ein britischer Navigator, bei dem die Kriegsbegeisterung stärker ausgeprägt war als das fachliche Können, dirigierte seinen Piloten zur falschen Insel, die auch noch im falschen Meer lag und zum falschen Land gehörte: Die Bomben fielen auf die dänische Insel Bornholm in der Ostsee. Zum Glück für die englisch-dänischen Beziehungen richteten sie keinen Schaden an.

In Deutschland hatte eine kleine Gruppe von Diplomaten, Kirchenmännern und Militärs eine Diskussion wiederbelebt, die 1938 schon einmal entbrannt war, als Hitler mit einem Angriff auf die Tschechoslowakei gedroht hatte. Es ging um die Frage, wie Deutschland vor einem regelrechten Krieg gegen Großbritannien bewahrt werden könne. Am 16. März sprach einer der eingeweihten Diplomaten, Ulrich von Hassell, nach Absprache mit Carl Goerdeler, dem ehemaligen Bürgermeister von Leipzig, mit zwei ranghohen Angehörigen der deutschen Wehrmacht über mögliche Schritte zur Wiederherstellung und Sicherung des Friedens. Einer seiner Gesprächspartner war General Ludwig Beck, der andere war Oberst Oster. Papst Pius XII. hatte sein Interesse an Verhandlungen angedeutet, in denen es um die »Dezentralisierung« Deutschlands und um die Durchführung eines »Plebiszits« in Österreich gehen könne; Voraussetzung sei, daß diejenigen, die solche Verhandlungen vorbereiteten, auch bereit seien, für »einen Wechsel des Regimes und ein Bekenntnis zur christlichen Moral« einzutreten.

Diese Gespräche führten zu keinem Ergebnis: Die Bedenken und Skrupel der ehrlichen, aber kleinen Oppositionsgruppe standen in grellem Kontrast zu den unaufhaltsam vorangetriebenen Kriegsvorbereitungen und der Festigung der NS-Herrschaft im gesamten großdeutschen Herrschaftsbereich. Am 17. März, dem Tag nach Ulrich von Hassells geheimen Gesprächen, wurde Dr. Fritz Todt offiziell zum Reichsminister für Bewaffnung und Munition ernannt. Dies war der Auftakt zu einer neuen Phase rüstungswirtschaftlicher Effizienz und verschärften Einsatzes von Zwangsarbeitern.

Am 18. März trafen sich Hitler und Mussolini am Brenner, an der Grenze zwischen Großdeutschland und Italien. Der italienische Diktator setzte alles daran, eine drei- bis viermonatige Verschiebung der deutschen Offensive im Westen zu erreichen. Hitler jedoch weigerte sich, seine Pläne zu ändern. Er meinte, wenn Frankreich erst einmal am Boden läge, werde Großbritannien den Kampf aufgeben.

In Frankreich griff jetzt eine Stimmung trotziger Abwehrbereitschaft um sich. Zwei Tage nach Hitlers Zusammenkunft mit Mussolini stürzte die Regierung Daladier, und Paul Reynaud wurde französischer Ministerpräsident. Er setzte sich sogleich für die Wiederbelebung des englisch-französischen Plans ein, Truppen in Norwegen landen zu lassen; die nach einer solchen Aktion zu erwartenden deutschen Vergeltungsmaßnahmen würden, so argumentierte er in einem geheimen Memorandum für das britische Kriegskabinett, Großbritannien und Frankreich Gelegenheit geben, die schwedischen Eisenerzgruben zu besetzen. Reynaud ging sogar noch weiter: Er schlug vor, daß England und Frankreich durch Bombenangriffe auf die sowjetischen Ölfelder im Kaukasus den deutschen Treibstoffnachschub unterbinden sollten.

Reynauds Anregung, den Plan für die Besetzung Narviks und Gällivares wieder aus der Schublade zu holen, wurde von den britischen Stabschefs begrüßt; sie erklärten am 26. März vor dem Kriegskabinett, sie seien dabei, die Frage nach geeigneten Marineoperationen zur »Unterbrechung der Eisenerzlieferungen aus Gällivare« zu prüfen. Solche Operationen würden allerdings zwangsläufig die Verletzung »sowohl norwegischer als auch schwedischer Hoheitsgewässer« mit sich bringen. Eine ungeahnte Dringlichkeit erhielten diese Überlegungen, als am

Nachmittag des folgenden Tages beim Direktor der nachrichtendienstlichen Abteilung des Londoner Luftfahrtministeriums ein Bericht einging, der, gestützt auf schwedische Geheimdienstquellen, behauptete, die Deutschen zögen »Flugzeuge und Schiffe für einen Einsatz zusammen, der nach Ansicht des schwedischen Geheimdienstes die Besetzung norwegischer Flugplätze und Häfen zum Ziel haben könnte«.

Alle Weichen waren für eine Wiederbelebung des englisch-französischen Aktionsplans gegen Narvik gestellt. Am 28. März flog Paul Reynaud nach London, um an einer Sitzung des Obersten Kriegsrats teilzunehmen.

Neville Chamberlain, der früher stets Bedenken gegen diese Pläne gehegt hatte, war in kriegerischer Stimmung. Er vertrat die Überzeugung, die Westmächte müßten, um »den Mut und die Entschlossenheit ihrer Völker am Leben zu erhalten und auch um die Neutralen zu beeindrucken ... aktive Schritte unternehmen«. Als erstes schlug er vor, den Rhein »unverzüglich« mit Treibminen zu bestücken. Sein zweiter Vorschlag lautete, »alle nur möglichen Maßnahmen« zu ergreifen, um die schwedischen Eisenerzlieferungen an Deutschland zu unterbinden. Er bezeichnete es als eine »vergleichsweise einfache Seekriegsoperation, die Route zu jedem gewünschten Zeitraum durch ein Minenfeld zu blockieren. Dies würde die Erzfrachter zwingen, auf die offene See auszuweichen, wo ein britisches Marinegeschwader sie aufhalten könnte.« Chamberlain sprach sich ferner wie Reynaud für einen Angriff auf die sowjetischen Ölfelder bei Baku am Kaspischen Meer aus; man könne den Deutschen dadurch Erdölreserven entziehen, »die sie sehr nötig brauchen«.

Alle drei Vorschläge wurden am Ende angenommen. Auch ein Zeitplan für die geplanten Aktionen wurde beschlossen. Am 30. März wollte man mit Aufklärungsflügen über Baku beginnen. Am 4. April sollten erstmals Minen per Fallschirm in den Rhein abgesetzt werden (dieser Beschluß wurde später wieder verworfen). Mit der Verminung norwegischer Hoheitsgewässer sollte am 5. April begonnen werden. Für den Fall, daß Deutschland in Belgien einmarschieren sollte, wurde beschlossen, daß britische und französische Truppen sofort durch Belgien zur deutschen Grenze vorrücken würden, »ohne eine förmliche Aufforderung abzuwarten«.

Diese Beschlüsse unterlagen natürlich der Geheimhaltung. Jedoch hieß es in einem an diesem Tag veröffentlichten Kommuniqué, die britische und die französische Regierung seien übereingekommen, »weder in Verhandlungen einzutreten noch einen Waffenstillstands- oder Friedensvertrag zu schließen, es sei denn in beiderseitigem Einvernehmen«.

Im Krieg zur See hatte die alliierte Handelsschiffahrt seit September 1939 kontinuierlich ernste Verluste hinnehmen müssen. Am 31. März meldete sich der deutsche Zerstörer *Atlantis* fertig zum Auslaufen; er hatten eine Reise vor sich, in deren Verlauf er 22 Handelsschiffe mit insgesamt 145697 Tonnen Ladekapazität versenken sollte. Bis zu dem Zeitpunkt, als die *Atlantis* in See stach, hatten die Alliierten in den Gewässern um Großbritannien durch deutsche U-Boot-Angriffe bereits 753803 Tonnen Schiffsraum eingebüßt, dazu weitere 281154 Tonnen durch Minen und 36189 Tonnen durch Luftangriffe. Bei diesen Aktionen hatten die Deutschen lediglich achtzehn U-Boote eingebüßt. In Berlin richteten sich die Hoffnungen des oppositionellen Kreises, dem Ulrich von Hassell angehörte, jetzt auf ein ranghohes Mitglied des deutschen Generalstabs: General Halder. Hassell sprach am 2. April mit Carl Goerdeler, der Kontakt mit Halder aufgenommen hatte. Das Ergebnis war jedoch ganz und gar nicht ermutigend gewesen; Goerdeler berichtete, daß Halder es abgelehnt habe »zur Zeit« oppositionelle Schritte in Erwägung zu ziehen. Er habe gesagt, England und Frankreich »hätten uns den Krieg erklärt, der nun durchgefochten werden müsse«.

Die Hoffnungen der deutschen Opposition richteten sich auf den Widerwillen vieler Generäle gegen einen Krieg mit England – einen Krieg, den Deutschland nach Überzeugung vieler nicht gewinnen konnte. Aber die diktatorische Herrschaft, die das Wesen des Nationalsozialismus ausmachte, hatte den Widerstandswillen bereits untergraben. Dazu kam, daß Hitler der Opposition weiterhin verheerende Schläge beibrachte. Am 2. April, dem Tag, an dem von Hassell über die abweisende Reaktion General Halders informiert wurde, lag im Konzentrationslager Buchenwald Ernst Heilmann, ein namhafter deutscher Sozialdemokrat, im Sterben. Heilmann, der aus einer jüdischen Familie stammte, hatte von 1928 bis 1933 dem Deutschen Reichstag angehört. Seit seiner Verhaftung 1933 war er in mehreren Konzentrationslagern, darunter auch in Dachau, gefangengehalten worden. Er war ständig der brutalsten Behandlung unterworfen gewesen und einmal von Bluthunden angefallen worden, die ihm Arme und Hände zerfleischt hatten. Am 3. April starb er in Buchenwald. Der Lagerarzt trug in seinen Totenschein – Bestandteil der pedantischen Buchführung des totalitären NS-Systems – unter der Rubrik Todesursache ein: »Klarer Fall von Altersschwäche.« Heilmann war 59 Jahre alt.

Am 2. April erteilte Hitler Weisung, in fünf Tagen mit der Besetzung Norwegens zu beginnen. Wie schon im vorausgegangenen November war auch diesmal Oberst Oster einer der ersten, die den geplanten Angriffstermin an die Westmächte verrieten: Am Nachmittag des 3. April informierte er Oberst Jacobus Sas, den niederländischen Militärattaché, den den dänischen und den norwegischen Marineattaché von den deutschen Plänen in Kenntnis setzte. Der Däne informierte sogleich seine Regierung, während der norwegische Attaché, der mit der deutschen Sache sympathisierte, sein Wissen nicht an Oslo weitergab.

In den frühen Morgenstunden des 3. April nahmen die ersten drei deutschen Versorgungsschiffe, als Kohlefrachter getarnt, von der deutschen Ostseeküste aus Kurs auf das 1600 Kilometer weiter nördlich gelegene Narvik. Die Kohle, die sie geladen hatten, war echt; darunter verborgen waren jedoch große Mengen von Kanonen und Munition. 2000 Marinesoldaten waren bereits an Bord von zehn Zerstörern gegangen und bereit, gen Norden auszulaufen, sobald der Befehl dazu erging. Weitere Truppen standen bereit, um auf Befehl Trondheim und Stavanger, Kristiansand, Bergen und Oslo zu besetzen.

Die Briten standen unterdessen im Begriff, am 5. April mit der Durchführung ihres eigenen Plans zu beginnen, der sich mittlerweile auf eine Verminungsoperation vor der norwegischen Küste beschränkte. Noch wußten sie nicht, daß eine weitaus umfangreichere deutsche Operation bevorstand und daß diese nur vier Tage nach ihrer eigenen anlaufen sollte. Berichte, die dem britischen Nachrichtendienst aus Norwegen und Schweden zugingen, ließen freilich bereits am Morgen des 3. April darauf schließen, daß sich in den Häfen von Stettin und Swinemünde eine »beträchtliche Zahl« deutscher Seeleute an Bord ihrer Schiffe begeben hatte und daß auch in Rostock »starke Kräfte« zum Auslaufen bereit waren.

Trotz dieser Warnsignale erklärte Neville Chamberlain am 5. April in einer öffentlichen Ansprache, Hitler habe »den Bus verpaßt«. An diesem Tag verließ ein britisches Flottengeschwader Scapa Flow, um in norwegischen Gewässern Minen zu legen. Es teilte sich in zwei Verbände; einer sollte vor der nord-, der andere vor der südnorwegischen Küste Minenfelder legen. Fehlende Präzision bei der Festlegung der Termine durch den Obersten Kriegsrat der Alliierten hatte dazu geführt, daß die britische Admiralität den 5. April nicht als Stichtag für den Beginn der Minenverlegung in den norwegischen Gewässern verstand, sondern an diesem Tag erst die Schiffe auslaufen ließ. Den ganzen 6. April hindurch kreuzten die beiden britischen Schiffsverbände in der Nordsee; drei Fahrttage waren bis zu ihrem Eintreffen am Einsatzort veranschlagt. Am Abend dieses 6. April, als die britischen Schiffe noch 48 Stunden von den norwegischen Küstengewässern entfernt waren, meldete ein Aufklärungsflugzeug des British Bomber Command vom deutschen Marinehafen Eckernförde bei Kiel »intensive Verladeaktivitäten und hell erleuchtete Piers«. Kurze Zeit später, 25 Minuten vor Mitternacht, sichtete ein anderes britisches Aufklärungsflugzeug 20 Meilen nördlich von Helgoland ein großes deutsches Kriegsschiff, »möglicherweise einen Schlachtkreuzer«.

Fern von der Nordsee und in einer Dunkelheit, die selbst für die Augen der Geheimdienste undurchdringlich war, bahnte sich eine Tragödie an, die ihren Teil zur Dämonologie dieses Krieges beitragen sollte. Am 5. April wurden polnische Offiziere, die sich im September 1939 der Roten Armee ergeben hatten und seither in Kriegsgefangenenlagern auf russischem Boden verwahrt worden waren, von Einheiten der sowjetischen Geheimpolizei in kleinen Gruppen aus ihrem Lager im Dorf Kozelsk geholt und in Richtung der nahe gelegenen Stadt Smolensk weggeführt. Innerhalb der folgenden sechs Wochen wurden auf diese Weise – in Gruppen von 60 bis 300 Mann – 5000 Polen in Marsch gesetzt. Nicht einer von ihnen sollte in Smolensk ankommen. Statt dessen wurden sie, die immer noch ihre Offiziersuniformen trugen, mit auf dem Rücken zusammengebundenen Händen in ein kleines Waldgebiet unweit des Dorfes Katyn geführt und durch Genickschüsse getötet. Drei Jahre später wurden ihre Leichen entdeckt. Die Leichen von weiteren 10000 polnischen Offizieren, die ebenfalls im September 1939 in sowjetische Gefangenschaft geraten waren, sind nie gefunden worden.

Am Sonntag, dem 7. April, während die beiden britischen Minenlegerverbände sich auf ihrer letzten Tagesetappe durch die Nordsee befanden und sich auf die Durchführung ihres Auftrags vorbereiteten, liefen deutsche Kriegsschiffe aus ihren Ostseehäfen aus und fuhren Richtung Norden; auf ihren Unterdecks transportierten sie eine voll ausgerüstete Armee für die vorgesehene Landeoperation in Norwegen. Als die ersten Meldungen über das Auslaufen dieser Flotte bei der Admiralität in London eingingen, stießen sie auf Unglauben. Ein Bericht des dänischen Geheimdienstes, der höchstwahrscheinlich auf die von Oberst Oster an Oberst Sas weitergegebenen Informationen zurückging, besagte, Hitler habe »den unauffälligen Transport einer Division in zehn Schiffen zur Landung in Narvik« bei gleichzeitiger Besetzung Dänemarks angeordnet. Als Termin für die geplante Ankunft in Narvik wurde der 8. April genannt. »Alle diese Berichte«, kommentierte die nachrichtendienstliche Abteilung der britischen Admiralität, »sind von zweifelhaftem Wert und könnten ohne weiteres nur ein neues Manöver im Nervenkrieg sein.«

Als in London wenige Stunden später Nachrichten über die tatsächlichen deutschen Schiffsbewegungen eingingen, wurde dem britischen Schiffsverband, der vor Südnorwegen ein Minenfeld hätte legen sollen, Befehl zur Umkehr erteilt. Wäre dies nicht geschehen, so wären diese Minenleger direkt den deutschen Kriegsschiffen in die Arme gelaufen. Der nördliche Verband setzte seinen Weg fort.

Am 8. April begann dieser Verband, nachdem er norwegische Hoheitsgewässer erreicht hatte, seine Minen zu verlegen. Die deutsche Invasionsflotte setzte unterdessen ihren Weg unbehelligt fort. In den frühen Morgenstunden des 9. April lagen deutsche Kriegsschiffe vor Trondheim, Bergen und Stavanger; im Morgengrauen liefen vier weitere deutsche Kriegsschiffe in den Oslo-Fjord ein. In Narvik setzten zehn deutsche Zerstörer 2000 Mann Landungstruppen ab, wie der nicht ernstgenommene dänische Geheimdienstbericht zutreffend vorhergesagt hatte. Der Ortskommandant von Narvik war ein Anhänger Vidkun Quislings, des ehemaligen norwegischen Außenministers und hochkarätigen Nazisympathisanten. Er erteilte seinen

Garnisonstruppen Befehl, den Deutschen keinen Widerstand zu leisten. Diese Nachricht löste in London besondere Bestürzung aus: Denn nach dem ursprünglichen britischen Plan, der später fallengelassen worden war, wären britische Truppen am 20. März in Narvik gelandet, fast drei Wochen früher als jetzt die Deutschen.

Wie in Narvik gingen auch in Bergen, Kristiansand und Trondheim in den frühen Morgenstunden des 9. April deutsche Truppen an Land. Auch Kopenhagen wurde besetzt. Der dänische König Christian X. wußte, daß seine Streitkräfte zu einer wirksamen Gegenwehr nicht in der Lage waren, und ordnete daher eine sofortige Einstellung des Feuers an. Der Oberkommandierende der dänischen Streitkräfte, General Pryor, weigerte sich jedoch, den Befehl weiterzugeben; er hoffte auf eine Fortdauer des bewaffneten Widerstands. Doch noch am gleichen Morgen um 6.45 Uhr leitete der Adjutant des Königs den Befehl weiter. Nach Polen wurde nun Dänemark zum zweiten militärischen Beutestück Hitlers.

Am selben Vormittag übergab der deutsche Botschafter in Oslo der norwegischen Regierung eine Note, in der die Unterstellung Norwegens unter eine deutsche Verwaltung gefordert wurde. Andernfalls »müßte und würde ... jeder Widerstand von den eingesetzten deutschen Streitkräften mit allen Mitteln gebrochen werden«. Die Norweger wiesen die deutsche Forderung zurück. Als zwei Stunden später deutsche Fallschirmjäger landeten, verlegte die norwegische Regierung ihren Sitz in das 110 Kilometer nördlich von Oslo gelegene Hamar.

An diesem Nachmittag flog Reynaud mit seinem Außenminister Edouard Daladier zu einer Sitzung des Obersten Kriegsrats nach London. Es wurde beschlossen, »starke Kräfte« nach Norwegen zu entsenden. Als ihre Zielorte wurden »Häfen an der norwegischen Meeresküste« genannt. Man kam ferner überein, die belgische Regierung zu bitten, britische und französische Truppen in ihr Land zu rufen. Die Belgier lehnten dies jedoch ab; sie beabsichtigten, wie sie erklärten, ihre »Politik der absoluten Neutralität« beizubehalten.

Am Nachmittag kehrten Reynaud und Daladier nach Paris zurück. Aus Oslo telegrafierte General von Falkenhorst an Hitler: »Norwegen und Dänemark weisungsgemäß besetzt.« Hitler meinte triumphierend zu Alfred Rosenberg: »Jetzt kann Quisling in Oslo seine Regierung errichten.« Und so wurde Quisling Ministerpräsident des Landes, das er nach faschistischem Muster zu regieren beabsichtigte. Freilich ging für das neue Norwegen und für die Invasoren nicht alles nach Wunsch. Am 10. April tauchten im Hafen von Narvik fünf britische Zerstörer auf und versenkten zu Hitlers großem Ärger zwei der zehn deutschen Zerstörer. Allerdings wurde auch einer der britischen Zerstörer versenkt; ein anderer strandete, wobei der den Angriff befehligende Offizier, Kapitän Warburton-Lee, ums Leben kam.

Die norwegischen Streitkräfte, die dem König ergeben waren und die den Nazis willfährige Quisling-Regierung nicht anerkannten, formierten sich neu. Tausende junger Norweger meldeten sich zu den Einheiten, die die Stellungen entlang der engen, gewundenen Bergstraßen des noch weitgehend schneebedeckten Landes bezogen. Einer dieser Freiwilligen war Eiliv Hauge, von Beruf Büroangestellter; er erlebte seine Feuertaufe am 11. April, als ein deutscher Omnibuskonvoi, der Soldaten transportierte, sich auf dem Weg ins Landesinnere auf die Stellung seiner Einheit zubewegte. Die Norweger hatten eine Straßensperre aus Baumstämmen errichtet. Als die Deutschen aus ihren Bussen stiegen, eröffneten die Norweger das Feuer. Nach wenigen Minuten standen, wie Hauge sich später erinnerte, vier Busse in Flammen. Tote und verwundete Deutsche lagen auf der Straße. Weiße Fahnen wurden geschwenkt – vergeblich. »In einer beschämenden Feuerprobe«, schrieb später ein Historiker, »feuerten Hauge und seine Kameraden auch auf diese [Männer], bis zweihundert Deutsche reglos im Schnee lagen.«

Es bestand ein seltsamer Kontrast zwischen dieser kämpfenden norwegischen Einheit und den in Frankreich stationierten britischen Verbänden. »Nichts tut sich an der Westfront«, schrieb Ronald Cartland, Offizier und Unterhausabgeordneter, am 12. April nach Hause. »Uns ist wieder einmal ein vergleichsweise friedliches Kriegsdasein zuteil geworden. Die ›Saison‹ ist uns günstig. Ich gebe ›glänzende‹ Lunchpartys und gehe zweimal wöchentlich mit anderen Batteriekommandeuren zum Dinner aus!«

In London faßte das Kriegskabinett an diesem 12. April den Beschluß, eine Truppeneinheit in Narvik anzulanden, die Deutschen zu vertreiben, sich mit den in der Umgebung liegenden norwegischen Kampftruppen kurzzuschließen und schließlich – falls dafür die Zustimmung des Kriegskabinetts erteilt wurde – auf schwedischen Boden vorzudringen und die Erzförderanlagen in Gällivare zu zerstören, was das Ziel des früheren, fallengelassenen britischen Plans gewesen war. Einen Tag später tauchten in Narvik ein zweites Mal britische Kriegsschiffe auf und versenkten die restlichen acht deutschen Zerstörer. Am gleichen Tag landeten in zwei norwegischen Hafenstädten britische Truppen: in Åndalsnes südlich von Trondheim und im weiter nördlich gelegenen Namsos. Hitler, der über diese Gegenschläge äußerst verstört war, ordnete die Räumung Narviks an.

Das norwegische Wetter erwies sich für die Briten als ebenso hinderlich wie für die Deutschen. Die britische Kommandoeinheit in Namsos meldete am 15. April, die Stadt liege unter einer 1,20 Meter hohen Schneedecke und verfüge über keinerlei Schutz gegen mögliche Luftangriffe. Eine 600 Mann starke britische Einheit, die die Nordsee überqueren und in Ålesund landen sollte, saß wegen schwerer Stürme seit dem 15. April vor der schottischen Küste fest. In der Umgebung von Narvik, wo britische Truppen inzwischen Harstad, Salangen und Bogen eingenommen hatten, beschworen metertiefer Schnee und Nachttemperaturen um minus 15 Grad Celsius die Gefahr von Erfrierungen und Notamputationen herauf. Im Hafen von Namsos konnte der britische Befehlshaber, General Carton de Wiart, wegen deutschen Geschützfeuers das Flugboot, das ihn aus Großbritannien gebracht hatte, nicht verlassen. Vor Narvik hatte der Zerstörer *Kimberley* durch deutsches Maschinengewehrfeuer aus Küstenstellungen Beschädigungen erlitten. Am 16. April sah London sich gezwungen, einen vom Kriegskabinett bereits gutgeheißenen Plan, der die Besetzung der Festungen um Trondheim mit Hilfe von 1000 kanadischen Soldaten vorsah, um mindestens sechs Tage zu verschieben, nachdem die Stabschefs mitgeteilt hatten, daß die Durchführung des Angriffs zu diesem Zeitpunkt eine »kostspielige« Angelegenheit werden würde. Wie einer der Privatsekretäre von Neville Chamberlain an diesem Abend seinem Tagebuch anvertraute, mehrten sich die Anzeichen dafür, daß die Norweger »den Mut verlieren werden, wenn sie nicht rasch wesentliche Unterstützung zugesichert bekommen«.

Auf der ganzen Länge der norwegischen Küste kam es nun zu bewaffneten Zusammenstößen. Am 17. April, acht Tage nach der auf den ersten Blick so erfolgreichen Landung deutscher Truppen, gab Hitler den Befehl aus: »So lange wie möglich die Stellung halten.« Nördlich von Narvik sowie nördlich und südlich von Trondheim standen jetzt über 13000 britische Soldaten auf norwegischem Boden. Reguläre französische Truppen, Einheiten der französischen Fremdenlegion und Einheiten der polnischen Flotte waren in allen Operationsgebieten mit von der Partie. Gegen diese Verbände setzte die deutsche Luftwaffe jetzt ihre Sturzkampfbomber ein, die im Blitzkrieg gegen Polen mit so verheerender Wirkung gegen die Truppen des überfallenen Landes vorgegangen waren. Das deutsche Oberkommando verfügte im Norwegenfeldzug über einen unschätzbaren Vorteil: Es war in der Lage, mehr als 30 Prozent des Funkverkehrs der britischen Flotte in der Nordsee und im Kampfgebiet aufzufangen und zu dechiffrieren. Dies hatte zur Folge, daß zahlreiche Schiffe geortet und angegriffen werden konnten, die ansonsten vielleicht unbehelligt ihren Weg hätten fortsetzen können.

Aber auch der britische Nachrichtendienst verstand es, sich Einblicke in die Operationspläne der deutschen Militärs zu beschaffen. Am 15. April hatten die Spezialisten der staatlichen Cypher and Signals School in Bletchley Park einen ersten Erfolg bei der Decodierung des deutschen Enigma-Schlüssels erzielt, der bei der Luftwaffe und beim Heer eigens für die Operation »Weserübung« eingeführt worden war. Die Zahl der mit dem Enigma-Schlüssel codierten und daher von den Briten in Bletchley dechiffrierbaren deutschen Funksprüche war enorm. Bei den meisten dauerte die Entschlüsselung nur noch wenige Stunden, manche waren schon weniger als eine Stunde nach ihrer Absendung dechiffriert. Nicht nur Vorgänge aus dem Bereich der Luftwaffe und des Heeres, sondern auch all jene Marinefunksprüche, die für die beiden anderen Waffengattungen von Interesse waren, wurden vom 15. April an in tagtäglicher Kleinarbeit entschlüsselt. Eine Menge von Informationen über die aktuelle Organisations- und Versorgungslage der Deutschen sowie ihre weiteren Absichten wurde in Bletchley Park zusammengetragen.

Allerdings war der Nachrichtendienst als ganzer überhaupt nicht dafür gerüstet, diese »goldenen Eier«, wie Churchill sie später nannte, nutzbringend auszubrüten. Weder in Bletchley Park selbst noch in den zuständigen Ministerien in London verfügte man, so die Einsicht der Historiker des britischen Nachrichtendienstes, über das Instrumentarium, »um die entschlüsselten Botschaften effektiv nutzen zu können«. So hatte man noch kein sicheres Verfahren für die Übermittlung der kostbaren Informationen an die kämpfende Truppe entwickelt und verstand es nicht, die Offiziere vor Ort von diesen unschätzbaren Einsichten in die Pläne und Vorgehensweisen des Gegners in Kenntnis zu setzen.

Die Entschlüsselung des Enigma-Codes für die »Weserübung«, ein Triumph der Kryptographie, hatte somit keinen Einfluß auf den militärischen Verlauf des Krieges in Norwegen. Nach Abschluß des Feldzuges stellten die Deutschen die Verwendung dieses Schlüssels ein. Und dann sollte es fast einen Monat dauern, bis die englischen Kryptographen wieder in der Lage waren, deutsche Funkbotschaften so schnell und vollständig dechiffrieren zu können. Im Krieg der Geheimdienste hatten in Norwegen nicht die Briten, sondern die Deutschen die Oberhand behalten.

Auch im Landkrieg sah es für Großbritannien nicht gut aus. Gegen den vom Kriegskabinett beschlossenen Plan, in Narvik ein Landeunternehmen durchzuführen, erhob seit dem 17. April der britische Militärkommandant in Harstad, General Mackesy, mehrere Tage lang entschiedenen Einspruch. »Unter den von mir befehligten Offizieren und Soldaten«, telegrafierte Mackesy am 21. April nach London, »gibt es keinen einzigen, der sich nicht für sich und sein Land schämen würde, wenn Tausende norwegischer Männer, Frauen und Kinder in Narvik von den geplanten Bombardierungen in Mitleidenschaft gezogen würden.« Mackesy setzte sich mit seiner ablehnenden Haltung durch. Der Plan, Narvik zu besetzen, wurde fallengelassen. Mit ihm zusammen wanderte auch der früher schon einmal verschobene Plan in den Papierkorb, im Anschluß an Narvik auch Trondheim zu nehmen. Hitler, der noch am 12. April so niedergeschlagen war, war jetzt, kaum eine Woche später, wieder obenauf. Am 20. April, seinem 51. Geburtstag, befahl er die Aufstellung eines neuen SS-Regiments namens Nordland, in dem neben Deutschen auch Norweger und Dänen dienen sollten. »Wer weiß«, schrieb General Rommel am 21. April in einem Privatbrief, »ob es irgendeinen anderen Deutschen mit so großem militärischen Führungsgenie und zugleich auch so meisterlichem politischem Führungsgeschick gibt.«

Am 24. April ernannte Hitler einen deutschen NS-Funktionär namens Josef Terboven zu seinem De-facto-Statthalter in Norwegen und entmachtete auf diese Weise Vidkun Quisling. Nach nur fünfzehn Tagen mußte der Mann, dessen Name zum Synonym für Verrat und Kollaboration werden sollte, sein kurzes Gastspiel an den Schalthebeln der Macht beenden.

In Polen dauerte unterdes das mörderische Schreckensregiment der Nazis unvermindert an. Am 14. April waren aus mehreren Dörfern und Weilern bei Serokomla 220 Polen, darunter zahlreiche Frauen und Kinder, zusammengeholt und erschossen worden. In Stutthof mußten am Abend des 23. April, gerade als für die Juden das Passahfest begann, das die Erinnerung an ihre Befreiung aus der ägyptischen Knechtschaft wachhält, sämtliche jüdischen Lagerinsassen heraustreten; sie erhielten Befehl, loszurennen, sich zu Boden zu werfen, wieder aufzustehen und weiterzulaufen und so weiter. Jeder, der nicht mehr mitkam oder die Befehle zu schleppend befolgte, wurde vom Aufseher mit dem Gewehrkolben erschlagen. Einer der polnischen Stutthof-Häftlinge, der diese sadistische »Übung« am Passahfest der Nachwelt überlieferte, berichtete auch, daß die SS einen jüdischen Bildhauer vor einen mit Sand gefüllten Karren spannte. Er erhielt dann Befehl, loszulaufen, und wurde mit Peitschenhieben angetrieben. Als er vor Schmerz und Erschöpfung zusammenbrach, kippten sie den Karren auf ihn aus, so daß er unter dem Sand begraben wurde. Als es ihm gelang, sich herauszugraben, tauchten sie ihn unter viel Gelächter ins Wasser, um ihn schließlich zu erhängen. Doch das Seil war zu dünn und riß. Daraufhin holten sie eine junge, schwangere Jüdin, und unter höhnischem Gejohle wurden beide zusammen an einem Strick aufgehängt.

Das Töten von Juden war zu einem Akt sadistischen Lustgewinns geworden; aber auch Polen hatten schrecklich zu leiden. Am 29. April trafen in dem neu errichteten Lager bei Auschwitz ein neununddreißigjähriger SS-Mann namens Rudolf Höß und fünf weitere SS-Leute ein. Nachdem sie die künftige Größe des Lagers abgeschätzt und die Art der gegen die zukünftigen polnischen Insassen zu verhängenden Strafen und Zwangsarbeitsmaßnahmen in Betracht gezogen hatten, bestellten sie aus dem Konzentrationslager Sachsenhausen dreißig verurteilte deutsche Schwerkriminelle, um sie in dem neuen Lager als Kapos einzusetzen.

Am 1. Mai ordnete die deutsche Verwaltung in Polen die Errichtung eines »geschlossenen« Gettos in der Industriestadt Łódź an. In dieser Stadt lebten über 160 000 Juden; sie sollten sich von jetzt an nur noch innerhalb eines völlig übervölkerten Stadtviertels aufhalten dürfen. Von den 31 721 Wohnungen, die es in dem ihnen zugewiesenen Gettobereich gab, bestanden die meisten nur aus einem Zimmer, und nur 721 hatten fließendes Wasser. Die deutsche Polizei erhielt am 1. Mai Befehl, auf jeden Juden, der sich dem um das Getto gezogenen Stacheldrahtzaun näherte, ohne Warnung zu schießen.

Es gab ein paar Deutsche, denen diese und ähnliche Entwicklungen so sehr zu schaffen machten, daß sie bei ihren Vorgesetzten protestierten. Der Polizeipräsident von Berlin, Graf Wolf Heinrich von Helldorf, der einst zu den überzeugtesten und prominentesten Gefolgsleuten Hitlers gehört hatte, erfuhr Ende April von seinem Stellvertreter Canstein Einzelheiten über die Lage in Krakau, wo dieser sich vor kurzem aufgehalten hatte. Am 1. Mai suchte Graf Helldorf Oberst Oster auf und schilderte ihm die Eindrücke Cansteins. Dieser hatte den obersten SS-Führer von Krakau in einem »an Hysterie grenzenden« Zustand angetroffen, der daher rührte, daß weder er noch seine Leute sich in der Lage fühlten, ihre Befehle auszuführen, ohne sich vorher zu betrinken. Niemand, der solche Aufträge ausführte, wie sie es taten, könne je in ein normales Leben zurückkehren, meinte Helldorf gegenüber Oster.

Oster erkundigte sich bei Helldorf nach der Stimmung in Berlin. Der Polizeipräsident erwiderte, in der Hauptstadt seien nur 35 bis 40 Prozent der Bewohner für den Krieg.

In den letzten drei Apriltagen des Jahres 1940 bereiteten sich die britischen und französischen Landungstruppen in Norwegen auf den Rückzug aus ihren gefährdeten Stellungen vor. Am 29. April erklärte der norwegische Militärkommandant General Ruge, der mit seinen Truppen den Deutschen im Süden des Landes eine Reihe von Rückzugsgefechten geliefert hatte, gegenüber dem britischen General, der sich auf seinen Abzug aus Åndalsnes vorbereitete, er werde, falls Norwegen keine Aussicht auf »weiteres alliiertes Eingreifen« mehr sehe, seiner Regierung empfehlen, in Friedensverhandlungen einzutreten. Der britische General erwiderte gemäß seinen Anweisungen vom Kriegskabinett in London, zwar würden die alliierten Truppen im mittleren Norwegen abgezogen, doch dafür werde man die nördlich von Namsos operierenden Einheiten »als Vorstufe zu einer südwärts gerichteten Gegenoffensive« verstärken. Just an dem Tag, an dem diese Antwort an die Norweger übermittelt wurde, meldeten deutsche Truppen, die sich am 10. April von Oslo und von Trondheim aus in Marsch gesetzt hatten, sie hätten Kontakt zueinander hergestellt. »Das ist mehr als eine Schlacht gewonnen«, kommentierte Hitler, »es ist ein ganzer Feldzug.«

Hitler machte sich jetzt keine Sorgen mehr wegen eventueller unerwarteter Maßnahmen der Alliierten im nördlichen Norwegen. Am 30. April befahl er der deutschen Wehrmacht, sie müsse vom 5. Mai an bereit sein, jederzeit innerhalb von 24 Stunden Plan »Gelb«, den Angriff gegen die Westmächte, einzuleiten.

Die Briten, die nicht genau wußten, wo Hitler den nächsten Schlag führen würde, zogen am 2. Mai nahezu eine ganze Division aus Frankreich zurück. Sie fürchteten, Hitlers Feldzugspläne könnten unter anderem eine deutsche Landung auf britischem Boden vorsehen. Enigma-verschlüsselte Funkbotschaften aus Berlin an die höheren Wehrmachtsbefehlshaber, die vielleicht alles an den Tag gebracht hätten, vermochten die Briten nicht zu dechiffrieren. Die triumphale Decodierung des Enigma-Schlüssels für die »Weserübung«, die so unerwartet gekommen war, daß die erbeutete Informationsmenge mangels geeigneter Verfahren gar nicht hatte verarbeitet werden können, sollte sich im Fall des Frankreichfeldzugs nicht wiederholen – jedenfalls nicht rechtzeitig genug, um sich auf den britischen Rückzug an die Kanalküste auszuwirken.

Während die deutsche Wehrmacht sich auf die Eröffnung der Kampfhandlungen an der Westfront vorbereitete, ging im Norden der letzte Akt des skandinavischen Dramas seinem Ende entgegen. Am 4. Mai wurde vor Narvik der polnische Zerstörer *Grom* von deutschen Bomben getroffen und brach in zwei Teile auseinander; 56 polnische Seeleute kamen ums Leben. Während britische Kriegsschiffe zur Rettung der Überlebenden herbeieilten, eröffneten von der Küste aus deutsche Maschinengewehrschützen das Feuer auf die im Wasser treibenden Verwundeten. Es war das altgediente britische Schlachtschiff *Resolution,* das die Männer aus dem Wasser fischte. Kaum waren sie an Bord, als die Schiffskapelle die polnische Nationalhymne »Noch ist Polen nicht verloren« anstimmte. Einer der an diesem Tag geretteten Polen erinnerte sich später: »Wir hatten feuchte Augen, aber in unseren Herzen hämmerte ein neues Gefühl der Kraft, die Aussicht auf Leben.«

Als Schiffe der Royal Navy vor Namsos anlegten, um die britischen Landungstruppen an Bord zu nehmen, stand die Stadt in Flammen. Das erste Schiff, das am Kai anlegte, war der Zerstörer *Kelly,* der unter dem Kommando von Lord Louis Mountbatten, einem Urenkel von Königin Victoria, stand. Die *Kelly* nahm 229 französische Soldaten an Bord, brachte sie zu einem weiter draußen ankernden Transporter und kehrte in den Hafen zurück, um die nächste Ladung zu holen. Die Deutschen, die, da sie alle zwischen den britischen Schiffen ausgetauschten Funksprüche abhören und dechiffrieren konnten, bestens über die Aktionen und Vorhaben ihres Gegners informiert waren, flogen die ganze Zeit über Luftangriffe auf das alliierte Evakuierungsgeschwader. Der französische Zerstörer *Bison* erhielt einen Treffer und explodierte. Der britische Zerstörer *Afridi,* der den Überlebenden der *Bison* zu Hilfe eilte, wurde selbst getroffen und kenterte später. Die *Kelly* hatte mehr Glück und konnte zumindest einen der deutschen Sturzkampfbomber abschießen. »Was für ein Fest«, kommentierte Lord Mountbatten, »aber auch was für ein Glück, daß es nicht schlimmer kam.«

Ähnlich wie im November des Vorjahres, erzwang auch jetzt wieder schlechtes Wetter mehrmals eine kurzfristige Verschiebung der Operation »Gelb«, allerdings nur bis zum 8. Mai. Eine weitere Parallele zum November bestand darin, daß auch diesmal Oberst Oster Informationen über die Angriffspläne sowie jede Verschiebung des Unternehmens an den niederländischen Militärattaché in Berlin, Oberst Sas, weitergab. Zu denen, die sich gegen eine Offensive an der Westfront aussprachen, gehörte General Beck; von Oberst Oster in seinen Skrupeln bestärkt, überredete er Dr. Joseph Müller, einen katholischen Anwalt, zu einer Reise nach Rom (die als geheimdienstliche Mission getarnt war). Müller sollte den Vatikan und durch den Vatikan die Aliierten über die Absichten Hitlers ins Bild setzen.

Mit Einverständnis des Papstes wurden die von Dr. Müller mitgebrachten Informationen in Form verschlüsselter Funksprüche an die päpstlichen Nuntiaturen in Brüssel und Den Haag übermittelt. Deutsche Abhörstellen fingen beide Botschaften auf und entschlüsselten sie. Canaris erhielt sogleich den Auftrag, nach der undichten Stelle zu fahnden, die er selbst natürlich am besten kannte. In einem Manöver, dessen Genialität nur noch von seiner Dreistigkeit übertroffen wurde, wies Canaris den gerade aus Rom zurückgekehrten Dr. Müller an, postwendend dorthin zurückzufahren und zu untersuchen, wie der Angriffstermin hatte durchsickern können. Hitler ahnte nicht, daß sein eigener Geheimdienstchef ihn hinterging. Trotz der Panne hielt er an seinem Zeitplan fest. Selbst wenn die Alliierten vorgewarnt waren, würde sie das nicht in die Lage versetzen, dem mit überwältigender Überlegenheit geführten Schlag, den er gegen sie plante, etwas entgegenzusetzen. Am 7. Mai wurden Hitler zwei entschlüsselte Telegramme vorgelegt, die der belgische Botschafter beim Vatikan kurze Zeit zuvor nach Brüssel geschickt hatte. Doch Hitler ließ sich nicht mehr von seinem Kurs abbringen. Er hatte dazu auch keinen Anlaß. Wie ein zusammenfassender Bericht des britischen Geheimdienstes vom 8. Mai feststellte, lagen zu diesem Zeitpunkt »noch keine Anzeichen« dafür vor, daß ein deutscher Einmarsch in Belgien oder Frankreich bevorstand, wenngleich man »in naher Zukunft« mit einer derartigen Operation rechnete. Der Bericht bescheinigte der deutschen Wehrmacht, daß sie in der Lage sei, gegen die Niederlande »jeden Augenblick mit minimaler Vorlaufzeit« loszuschlagen.

Vor der holländischen Küste legten deutsche Minenleger die Minen, die die Briten von jedem Versuch abschrecken sollten, den Niederländern übers Meer zu Hilfe zu kommen. Der Zerstörer *Kelly*, der von Norwegen abgezogen worden war, gehörte zu einer Gruppe britischer Kriegsschiffe, die am 9. Mai nach den deutschen Minenlegern suchten. Ein deutsches U-Boot beschoß die *Kelly* und beschädigte sie schwer, aber sie sank nicht. 27 Mann ihrer Besatzung kamen ums Leben. Ihr Kapitän, Lord Louis Mountbatten, konnte sie über die Nordsee nach Hause zurückführen, so daß sie später wieder zu weiteren Einsätzen auslaufen konnte.

Am frühen Morgen des 9. Mai setzte Hitler angesichts einer günstigen Wettervorhersage den Beginn seiner Westoffensive auf den 10. Mai fest. Alle Gesichtspunkte sprachen für einen Erfolg dieses neuen Feldzugs. In London hatte zwei Tage zuvor das Luftfahrtministerium dem Kriegskabinett dargelegt, daß die britischen Erdöl- und Flugbenzinvorräte angesichts des geschätzten Umfangs der aktiven Luftoperationen über Frankreich »nur rund zehn bis elf Wochen ausreichen würden«. Den ganzen 9. Mai über werteten die deutschen Oberkommandierenden die wertvollen Unterlagen aus, die teilweise aus in Norwegen erbeuteten Aktenbeständen des britischen Heeres stammten und detaillierte Angaben über die britische Schlachtordnung in Frankreich enthielten. Weitere Einzelheiten lieferten die verschlüsselten Funksprüche, die zwischen dem französischen Kriegsministerium in Paris und den entlang der Grenze stationierten französischen Armeen hin und her gingen. Aus diesen von den Deutschen aufgefangenen und unverzüglich dechiffrierten Funksprüchen erhielt das deutsche Oberkommando zahlreiche Informationen über die alliierten Verbände, denen man in Bälde gegenüberstehen würde: über die zahlenmäßige Stärke jeder einzelnen Einheit sowie über ihren Plan, zum Fluß Dyle vorzustoßen, sobald der befürchtete deutsche Angriff kam. Außerdem erfuhren die Deutschen, daß es bei den Franzosen keine Pläne für einen wirksamen Gegenangriff in die Flanke des zentralen deutschen Stoßkeils hinein gab.

Am Nachmittag des 9. Mai reiste Hitler aus Berlin ab. Aus Sicherheitsgründen wurde selbst sein persönlicher Stab in dem Glauben gelassen, er befände sich auf dem Weg nach Oslo. Am Abend, als sein Sonderzug in Hannover einlief, ging das verabredete Codewort »Danzig« an die Kommandeure im Feld hinaus: Der Angriff auf Holland, Belgien und Frankreich würde nun stattfinden. Hitlers Zug fuhr weiter Richtung Westen. Am 10. Mai, kurz vor Morgengrauen, überquerte er den Rhein und erreichte Euskirchen, eine deutsche Kleinstadt, von der es nur mehr 45 Kilometer bis zur belgischen Grenze waren. Eine Stunde später fiel der Startschuß zu einer ehrgeizigen, riskanten und waghalsigen Offensive.

KAPITEL 5

Der deutsche Angriff im Westen

Mai 1940

In der Morgendämmerung des 10. Mai 1940 stießen deutsche Truppen auf belgisches und niederländisches Territorium vor: 136 deutsche Divisionen, denen auf alliierter Seite etwa die halbe Truppenzahl gegenüberstand. Da Belgien bislang streng auf seine Neutralität geachtet hatte, mußten die britischen und französischen Verteidiger dieser Neutralität erst einmal von ihren französischen Stellungen aus die Grenze nach Belgien überschreiten und bis zur Dyle-Linie vorrücken. Während sie dies taten, griffen 2500 deutsche Flugzeuge Militärflugplätze in Belgien, Holland, Frankreich und Luxemburg an und zerstörten zahlreiche am Boden befindliche Flugzeuge. 16000 deutsche Fallschirmjäger, die Speerspitzen des deutschen Angriffs auf Holland, sprangen unter dem Kommando von General Kurt Student über Rotterdam, Leiden und Den Haag ab. Schon im Morgengrauen war ein hundertköpfiges deutsches Fallschirmjäger-Sonderkommando lautlos am belgischen Albert-Kanal gelandet und hatte die ihn überspannenden Brücken besetzt.

Von ausschlaggebender militärischer Bedeutung für die Kontrolle des Albert-Kanals war die belgische Festung Eben-Emael. Eine deutsche Fallschirmjäger-Eliteeinheit hatte sechs Monate die Eroberung dieses Forts geübt. 55 Mann dieser Truppe landeten genau zu der Stunde, da die deutsche Offensive anlief, vor der Festung. Doch die belgischen Verteidiger konnten sich, da sie über schwere und gut geschützte Kanonen verfügten, den ganzen 10. Mai hindurch halten, obgleich sie reichlich mit Granaten und Gewehrsalven eingedeckt wurden.

In London gingen um 7 Uhr an diesem Morgen Hilferufe sowohl der holländischen als auch der belgischen Regierung ein. Sogleich erteilte die britische Regierung Befehl, Minen in den Rhein abzuwerfen, ein Vorhaben, das über einen Monat zuvor beschlossen worden, aber wegen der norwegischen Krise nie zur Ausführung gelangt war. Eine Stunde später wurde in London bekannt, daß deutsche Flugzeuge Minen in die Schelde abgeworfen hatten. Ferner waren deutsche Truppen nach Luxemburg eingedrungen; und schließlich war die französische Stadt Nancy bombardiert worden, wobei es sechzehn Todesopfer, durchweg Zivilisten, gegeben hatte.

Noch am gleichen Vormittag gab die britische Regierung grünes Licht für Operation XD, die für den Fall eines deutschen Vorstoßes in das belgische Landesinnere die Zerstörung der niederländischen und belgischen Hafeneinrichtungen in der Scheldemündung vorsah. Kurz nach 16 Uhr erhielt Hitler die Meldung, daß die deutsche 4. Panzerdivision die Maas überschritten hatte. Eine halbe Stunde später verkündete in London Neville Chamberlain vor dem Kriegskabinett, es sei eine neue Notsituation entstanden, in der die Bildung einer Koalitionsregierung erforderlich sei, um die Labour Party und die Liberalen, die bisherige Opposition, in den Entscheidungsprozeß einzubinden. Doch die Führer der Labour Party lehnten es ab, sich seiner Führung zu unterstellen; ihrer Meinung nach war er der Hauptverantwortliche dafür, daß Großbritannien nicht kriegsbereit war – obgleich sie im April 1939 selbst gegen die Einführung der Wehrpflicht gestimmt hatten.

Angesichts der Tatsache, daß ihm die Labour Party die kalte Schulter zeigte, blieb Chamberlain kaum eine andere Wahl, als zurückzutreten. Sein Nachfolger wurde Winston Churchill, der schärfste Kritiker seiner Vorkriegspolitik und ein Mann, dem die Führer der Labour Party die Willenskraft und Fähigkeit zutrauten, den Krieg mit Energie und Zielstrebigkeit zu führen. Eine neue Regierung wurde gebildet, in der Mitglieder aller politischen Parteien vertreten waren. Churchill bekleidete neben dem Amt des Premierministers auch noch das des Verteidigungsministers; darüber hinaus war er Vorsitzender eines eigens eingerichteten Verteidigungsausschusses, dem er selbst und die Stabschefs angehörten und dessen Aufgabe es war, Tag für Tag oder, falls es notwendig war, Stunde für Stunde die notwendigen strategischen Entscheidungen zu treffen.

Ronald Cartland, einer von mehreren konservativen Unterhausabgeordneten, die in dieser Phase an der Westfront dienten, war hocherfreut über die Nachricht aus London. »Winston – unsere Hoffnung – er könnte die Zivilisation doch noch retten«, schrieb er in einem Brief nach Hause. Seine Einheit war an diesem Tag nach Belgien verlegt worden. »Massen von Evakuierten«, berichtete er. »Es tut mir leid um die Belgier – zum zweitenmal in fünfundzwanzig Jahren. Aber sie sind sehr tapfer und entschlossen.«

Doch die waffenmäßige Überlegenheit der Deutschen war überwältigend. Am 11. Mai, kurz vor der Mittagsstunde, streckten die belgischen Verteidiger des Forts Eben-Emael die Waffen. 23 von den 700 Mann der Festungsgarnison hatten den Tod gefunden. Von den 55 deutschen Angreifern waren sechs gefallen. Hitler dekorierte persönlich sämtliche überlebenden Eroberer mit dem Eisernen Kreuz. Das erste Eiserne Kreuz dieses Feldzugs war jedoch an einen SS-Offizier gegangen: Hauptmann Krass vom Regiment Leibstandarte hatte am Morgen des 11. Mai an der Spitze eines kleinen Kommandotrupps den Ijssel-Fluß in Holland überquert, war 65 Kilometer tief auf niederländisches Gebiet vorgedrungen und hatte auf dieser Expedition 100 holländische Soldaten gefangengenommen und über die Grenze zurückgebracht.

In der holländischen Stadt Apeldoorn lebte seit 1919 der deutsche Exkaiser Wilhelm II.; die Niederlande hatten ihm seinerzeit Exil gewährt und es abgelehnt, ihn an die Briten auszuliefern, die ihn als Kriegsverbrecher hatten anklagen wollen. Nun war es eine der ersten Amtshandlungen der Regierung Churchill, den Exkaiser zu fragen, ob er nach England kommen wolle, um nicht in die Gewalt der Nazis zu geraten. Er schlug die Einladung aus, und wenige Stunden später war Apeldoorn in deutscher Hand.

Am Vormittag des 11. Mai traf in London die Nachricht ein, daß deutsche Flugzeuge schwere Bombenangriffe auf den alliierten Stützpunkt Harstad nördlich von Narvik flogen; zugleich hieß es, deutsche Truppen würden per Bahn von Leningrad nach Murmansk transportiert, was möglicherweise das Vorspiel zu einem Zangenangriff auf das nördliche Norwegen sei. Churchill plädierte dafür, die noch in Harstad liegenden Truppen südwärts nach Mosjøen zu verlegen, wo eine kleine britische Garnison ihre Stellung behauptete. Doch die Stabschefs vertraten die Auffassung, angesichts des »Kampfes auf Leben und Tod an der Westfront« könne Großbritannien nicht genügend Soldaten erübrigen, um Mosjøen oder Bodø – das, wie Narvik, nördlich des Polarkreises gelegen war und dem Churchill auch Verstärkungen zukommen lassen wollte – zu halten. Was die ganzen restlichen Kriegsjahre über gelten sollte, galt auch jetzt: Wenn Churchill mit seinen Vorschlägen auf den entschiedenen Widerstand seiner Stabschefs stieß, ließ er seine Pläne fallen. Im Unterschied zu Hitler hatte der britische Premierminister nicht die Macht, seine wichtigsten strategischen Berater zu ignorieren. Er verfügte allerdings über Mittel und Wege, ihre Empfehlungen mit beträchtlichem Nachdruck in den Entscheidungsprozeß einzubringen und auf ihre rasche Umsetzung zu drängen. An seinem ersten Amtstag als Premierminister besetzten britische Truppen das unter dänischer Hoheit stehende Island, das wegen seiner Lage von erheblicher strategischer Bedeutung war und das den Deutschen, nachdem sie schon Dänemark unterworfen hatten, nicht auch noch in die Hände

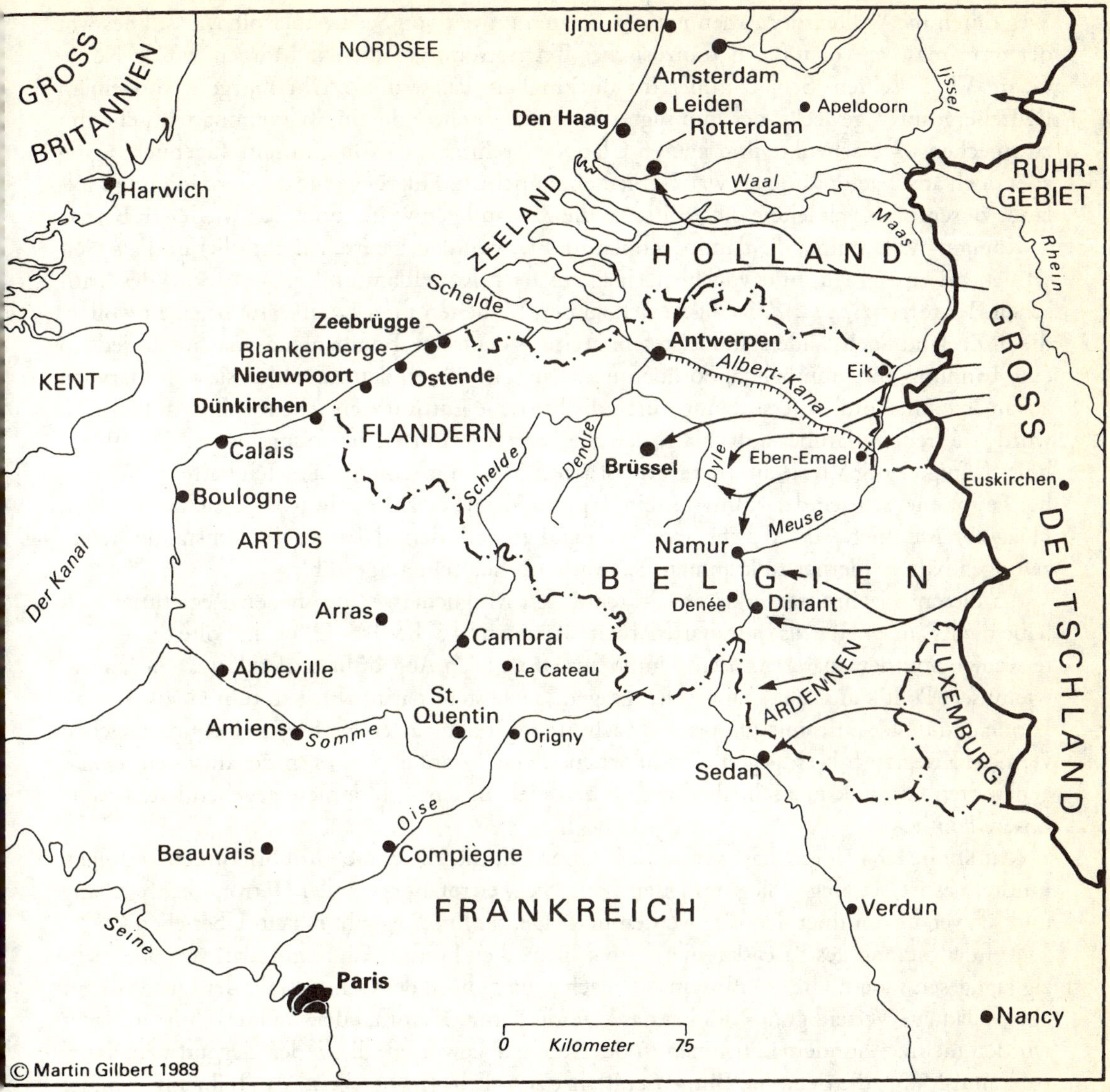

Die deutsche Invasion in Westeuropa, Mai 1940

fallen durfte. Jetzt galt es, die isländischen Flotten- und Luftstützpunkte so effektiv wie möglich zu nutzen.

An der Westfront wetteiferten die deutschen Befehlshaber am 11. Mai darum, wer am weitesten vorstoßen würde. »Alles soweit wunderbar«, schrieb General Rommel, der die 7. Panzerdivision befehligte, an diesem Tag an seine Frau und fügte hinzu: »Bin meinen Nachbarn weit voraus.« In Holland schloß am 12. Mai die deutsche 18. Armee nach einem 160-Kilometer-Marsch zu den zwei Tage zuvor abgesetzten Fallschirmjägertruppen auf. Das britische Kriegskabinett erfuhr an diesem Abend, daß in den bisherigen zwei Kriegstagen 76 britische Flugzeuge verlorengegangen waren.

Am 13. Mai überschritten die durch Belgien vorrückenden Truppen Rommels bei Dinant

Weg durch die Wälder der Ardennen und setzten unweit von Sedan über die Maas. Dies war der erste massive Vorstoß auf französisches Territorium. An diesem Morgen wurde König Georg VI. in seinem Schlafzimmer im Buckingham-Palast um 5 Uhr morgens von einem Polizeisergeanten geweckt, der ihm sagte, die holländische Königin Wilhelmina wünsche ihn zu sprechen. »Ich schenkte ihm keinen Glauben«, schrieb der König in sein Tagebuch, »ging aber doch ans Telefon, und sie war es. Sie flehte mich an, Flugzeuge für die Verteidigung Hollands zu schicken. Ich leitete diese Bitte an die Zuständigen weiter und ging wieder zu Bett.«

Königin Wilhelmina, die damit rechnen mußte, von den Deutschen entführt und als Geisel benutzt zu werden, fuhr von Den Haag aus nach Rotterdam und ging an Bord des britischen Zerstörers *Hereward.* Sie hatte sich zu den Einheiten ihrer Streitkräfte begeben wollen, die in Zeeland noch Widerstand leisteten. Heftiges deutsches Bombenfeuer machte ihr jedoch eine Landung dort unmöglich. So überquerte sie statt dessen den Kanal, da sie von Harwich aus noch einmal um Unterstützung durch die britische Luftwaffe ersuchen wollte. In Harwich wurde sie freilich darüber aufgeklärt, daß die Lage für Holland hoffnungslos sei. Am Abend holte König Georg VI. sie an der Liverpool Street Station in London ab. »Ich hatte sie nie vorher getroffen«, schrieb der König in sein Tagebuch. »Sie erzählte mir, daß sie, als sie aus Den Haag abreiste, nicht die Absicht hatte, Holland zu verlassen, daß aber die Umstände sie gezwungen hätten, hierher zu kommen. Sie war natürlich sehr aufgewühlt.«

An diesem Nachmittag erklärte Churchill den Mitgliedern seiner neuen Regierung: »Ich habe nichts anzubieten als Blut, harte Arbeit, Tränen und Schweiß.« Er wiederholte diese Worte wenige Stunden später vor dem Unterhaus, wo er den Abgeordneten erklärte: »Sie fragen, wie unsere Politik aussieht? Ich werde es sagen. Sie besteht darin, Krieg zu führen, zur See, zu Lande und in der Luft, mit all unserer Macht und mit der ganzen Kraft, die Gott uns zu geben vermag; Krieg zu führen gegen eine ungeheuerliche Tyrannei, wie es in der düsteren, beklagenswerten Chronik menschlicher Verbrechen niemals eine schlimmere gegeben hat. Das ist unsere Politik.«

Mit ähnlicher Leidenschaft verkündete Churchill die Ziele, die Großbritannien verfolgen mußte: »Es ist der Sieg – Sieg um jeden Preis, Sieg, ertrotzt gegen allen Terror, Sieg, wie lang und schwer auch immer der Weg werden mag. Denn ohne Sieg gibt es kein Überleben.«

Auf der Sitzung des Kriegskabinetts am selben Abend erfuhr Churchill, daß von den sechzig Jagdgeschwadern, die Großbritannien nach Schätzungen des Generalstabs der Luftwaffe für eine »ädaquate Verteidigung« des Landes benötigte, nur 39 vorhanden waren. In dieser Nacht wurden mehrere hundert Luftminen in den Rhein abgeworfen, die in der Gegend von Karlsruhe und Mainz die deutsche Binnenschiffahrt zum Erliegen brachten. An Teilnehmer dieser Aktion wurde zweimal das Distinguished Service Cross und siebzehnmal die Distinguished Service Medal verliehen. In Norwegen landete eine von General Béthouart befehligte französische Einheit bei dem 45 Kilometer von Narvik entfernten Fischerdorf Bjerkvik. »Ich hoffe, Sie werden in Narvik sobald wie möglich klare Verhältnisse schaffen«, telegrafierte Churchill am 14. Mai an den britischen Kommandeur Lord Cork, »und sich dann mit zunehmender Kraft nach Süden vorarbeiten.« Es war ein aussichtsloses Unternehmen, bei dem Churchill freilich die Hoffnung nicht aufgeben wollte, zumal es der französischen Fremdenlegion am 15. Mai gelang, Bjerkvik zu erobern und siebzig Gefangene zu machen.

Am Vormittag des 14. Mai fügte Hitler, der von der Heftigkeit der holländischen Gegenwehr überrascht war, in seinen Tagesbefehl nachträglich die Aufforderung ein, »diesen Widerstand in Kürze zu brechen«. Deutsche Flugzeugstaffeln sollten sofort von der belgischen Front abgezogen werden, »um die rasche Bezwingung der Festung Holland zu erleichtern«. Ihre Zielobjekte waren die Rheinbrücken in Rotterdam. Zahlreiche Bomben verfehlten ihr Ziel und fielen auf das nahe gelegene Stadtzentrum; 814 holländische Zivilisten kamen ums Leben. Die Gerüchteküche und die alliierte Propaganda ließen die Zahl der Toten alsbald auf 25 000 oder gar 30 000 anschwellen, obwohl die Realität auch ohne Übertreibung schon schlimm genug war. Die Gerüchte jagten jenen Bürgern in Belgien und Nordfrankreich, deren Städte noch nicht bombardiert worden waren, Angst und Schrecken ein.

Um die Mittagszeit gingen bei den alliierten Befehlsstäben besorgniserregende Nachrichten ein. Bei Sedan hatten die Deutschen den tags zuvor von Guderian erkämpften Brückenkopf stark ausgebaut. Plötzlich zeichnete sich die Möglichkeit ab, daß die Deutschen diesen Brükkenkopf als Sprungbrett für einen großangelegten bogenförmigen Vorstoß durch die Ardennen zu den belgischen Kanalhäfen nutzen und damit den massierten britischen und französischen Kräften, die im Zentrum Belgiens standen, in den Rücken fallen würden. Tatsächlich war dies Hitlers Plan. »Der bisherige Verlauf der Offensive«, führte er in seiner Weisung Nr. 11 vom 14. Mai aus, »ergibt, daß der Feind den Grundgedanken unserer Operation nicht rechtzeitig erkannt hat.«

In höchster Besorgnis ersuchte das französische Oberkommando die Briten um größtmögliche Luftunterstützung im Raum Sedan. Sie wurde prompt gewährt. Insgesamt 71 britische Bomber wurden zum südlichen Frontsektor abkommandiert. Als sie in aufeinanderfolgenden Wellen die deutschen Pontonbrücken und Marschkolonnen angriffen, wurden sie von heftigen Attacken und Salven deutscher Abfangjäger und Flakstellungen aufgerieben. Nur 31 der 71 britischen Flugzeuge kehrten bei Einbruch der Dunkelheit unversehrt zurück. Einer der abgeschossenen Piloten, Leutnant Parkinson, konnte sich auf die französische Seite der Front durchschlagen, wurde dabei jedoch durch feindliche Schüsse schwer verwundet. Später, nachdem er sich aus dem deutsch besetzten Frankreich abgesetzt hatte, flog er weitere Einsätze. Beim Abwurf von Versorgungsgütern für die französische Résistance wurde er erneut abgeschossen. Dieses Mal kam er ums Leben.

Dem Unvermögen der britischen Bomber, den deutschen Vormarsch bei Sedan zu stoppen, entsprach das Unvermögen der französischen Bodentruppen, die Stellung zu halten. Hitlers Umfassungsmanöver in den Rücken der alliierten Linien hatte begonnen; im Verlauf des folgenden Monats konnten die Deutschen so die britische Expeditionsstreitmacht einschließen und von den Hauptschauplätzen des weiteren Kriegsgeschehens abschneiden. Hinzu kam, daß der Weg für einen raschen Vorstoß nach Paris frei schien. Briten und Franzosen hatten am 14. Mai noch die Aufgabe vor sich, ihre Truppen aus Norwegen abzuziehen. Die britische Stellung in Harstad wurde an diesem Tag mit Brandbomben attackiert, zwei alliierte Schiffe gingen in Flammen auf. Ein drittes, das polnische Linienschiff *Chrobry*, nahm ein Bataillon der Irish Guards, 400 Soldaten insgesamt, an Bord und nahm Kurs auf das weiter im Süden gelegene Bodø. Auf dem Weg dorthin wurde die *Chrobry* angegriffen; unter den zwanzig Soldaten, die dabei ums Leben kamen, waren der Befehlshaber und sämtliche ranghohen Offiziere des Bataillons.

Aber auch einen kleinen Hoffnungsschimmer brachte dieser 14. Mai für die Alliierten: Wie Arthur Purvis, der Vorsitzende der englisch-französischen Beschaffungskommission in Washington berichtete, waren die Vereinigten Staaten bereit, von hundert gerade im Bau befindlichen Jagdflugzeugen 81 an die Briten zu verkaufen; von weiteren 524 bestellten Maschinen sollten den Alliierten »innerhalb von zwei oder drei Monaten« 324 zur Verfügung stehen.

Die Lieferung so vieler Flugzeuge an die Briten bedeutete für die US-Streitkräfte, wie Purvis betonte, ein »wirkliches Opfer ... da viele Geschwader infolge davon auf ihr Kontingent an modernen Flugzeugen werden verzichten müssen«. Purvis schrieb das Verdienst an dieser für Großbritannien zumindest langfristig lebenswichtigen Entscheidung dem »guten Willen« sowohl Roosevelts als auch seines Finanzministers Henry Morgenthau zu, der der alliierten Delegation sogar die »nachdrückliche Zusicherung« gegeben hatte, daß neue Bestellungen, die die US-Luftwaffe im Zuge ihres eigenen Aufrüstungsprogrammes vornehmen würde, auf keinen Fall die Abwicklung der britischen Bestellungen beeinträchtigen würden.

Die aktuellen Brennpunkte alliierter Sorgen und Ängste waren Holland und die Ardennen. In Rotterdam waren die Fallschirmjäger des Generals Student ins Zentrum vorgedrungen, und es wurden bereits Verhandlungen über die Übergabe der Stadt geführt. Student selbst überwachte den Beginn der Entwaffnung einer großen Gruppe holländischer Soldaten durch seine Männer. Doch da trafen SS-Einheiten am Ort des Geschehens ein, und als sie so viele bewaffnete holländische Soldaten erblickten, eröffneten sie das Feuer. Student selbst wurde von einem Kopfschuß getroffen. Ohne das Können eines holländischen Chirurgen, der ihn noch am gleichen Abend operierte, hätte er wohl kaum überlebt.

Die Franzosen gerieten nun in Panik. Am Morgen des 15. Mai, kurz nach 7 Uhr, rief Paul Reynaud Churchill an und teilte ihm mit, ein französischer Gegenangriff auf die bei Sedan durchgebrochenen deutschen Kräfte sei fehlgeschlagen; der »Weg nach Paris« sei jetzt »offen«, die »Schlacht ... verloren«. Er sprach sogar davon, daß es das beste wäre, »den Kampf aufzugeben«. Churchill tat sein Bestes, um den französischen Ministerpräsidenten zu beruhigen, und meinte, er solle sich nicht durch »Schreckensbotschaften« ins Bockshorn jagen lassen. Aber auch Churchill machte sich über den Ernst der Lage keine Illusionen. »Die kleinen Länder«, telegrafierte er am 15. Mai an Roosevelt, »werden einfach niedergewalzt, eines nach dem andern, wie Schilfgras.« Auf England bezogen, fügte Churchill hinzu: »Wir rechnen hier selbst damit, in nächster Zukunft angegriffen zu werden, sowohl aus der Luft als auch durch Fallschirmjäger und Luftlandetruppen, und wir bereiten uns darauf vor.«

Die gleiche Zuversicht, die Churchill ausstrahlte, zeigte sich auch in der Stimmung der in Frankreich operierenden Truppen. Ronald Cartland schrieb am 15. Mai, kurz bevor seine Einheit von der Schelde-Front zurückgezogen wurde, einen Brief an seine Mutter; darin zeigte er sich in kämpferischer, wenn auch melancholischer Stimmung: »Wir werden am Ende die Sieger sein, aber davor wird für uns alle eine Zeit des Schreckens und der Prüfungen liegen. Wir können ihnen nicht ausweichen.« Weiter im Süden, wo Rommel die Maas überschritten hatte, unternahmen französische Panzereinheiten in der Nähe des Dorfes Denée einen verzweifelten Versuch, den deutschen Vormarsch aufzuhalten. Doch die deutsche Artillerie deckte die Franzosen mit einem gnadenlosen Trommelfeuer ein, und ein französischer Panzer nach dem anderen wurde außer Gefecht gesetzt. Der Kommandeur einer Kompanie, Hauptmann Gilbert, starb zusammen mit den meisten seiner Besatzungsmitglieder im Kugelhagel deutscher MGs, als sie aus ihrem brennenden Panzer kletterten. Als die Nacht hereinbrach, hatten die Franzosen 65 Panzer eingebüßt und 24 Gefallene zu beklagen. Sie hatten ihr Leben allerdings teuer verkauft und ihrerseits mindestens dreißig von Rommels Panzern zerstört. Einer der Kommandeure der französischen Kompanie, Hauptmann Jacques Lehoux, der den Tod fand, als sein Panzer explodierte, wurde posthum zum Ritter der Ehrenlegion ernannt. Major Friedrich Filzinger, sein Gegenspieler in dieser Schlacht, erhielt drei Wochen später das Ritterkreuz.

Noch am Abend des 15. Mai landeten in der niederländischen Hafenstadt Ijmuiden britische Truppen. Gerade als sie an Land gingen, trafen im Hafen sechs aus Amsterdam kommende Omnibusse ein. Ihre Passagiere waren 200 Juden, in der Mehrheit Kinder; ihre »Reiseleiterin« war eine Holländerin namens Geertruida Wejsmuller. Viele ihrer Schützlinge waren Kinder deutscher Juden, die in den Vorkriegsjahren nach Holland gebracht worden waren. Jetzt mußten sie wieder auf die Reise gehen. »Um 7 Uhr legten wir ab«, erinnerte sich später

Harry Jacobi, einer der jungen Passagiere. »Aus sicherer Entfernung von der Küste schauten wir zurück und erblickten eine riesige schwarze Rauchsäule von den Öllagertanks, die in Brand gesteckt worden waren, damit sie nicht in die Hände der Deutschen fielen. Um 9 Uhr abends sprach sich eine Nachricht herum, die der Bordfunker aufgefangen hatte. Die Holländer hatten kapituliert.« Die Kinder fanden in Großbritannien eine sichere Zuflucht.

Hitler war jetzt Herr über ein weiteres europäisches Land. Für die Großeltern Harry Jacobis war in den überfüllten Bussen kein Platz mehr gewesen; sie mußten in Holland zurückbleiben und teilten später das Schicksal von Zehntausenden weiterer holländischer Juden, die Hitlers Rassenhaß zum Opfer fielen. In dieser Nacht flogen erstmals seit Beginn der deutschen Westoffensive britische Bomber Angriffe gegen industrielle Ziele im Ruhrgebiet. Insgesamt wurden 78 Bomber auf den Weg geschickt. Alle kehrten wohlbehalten zurück, doch hatten sechzehn ihre Zielobjekte nicht gefunden. 24 hatten ihre Bomben auf Erdölanlagen abgeworfen, und in einigen Fällen sahen die Besatzungen, als sie Richtung Heimat abdrehten, die Zielobjekte in Flammen stehen.

Der neutrale Status der Vereinigten Staaten schloß die Lieferung unverpackter und flugbereiter Flugzeuge nach Großbritannien aus. Roosevelt, der dies wußte, schlug am Abend des 15. Mai ein Verfahren vor, wie diese noch gültige Bestimmung des Neutralitätsgesetzes umgangen werden könne: Man solle die Maschinen bis unmittelbar an die kanadische Grenze fliegen, sie am Boden über die Grenze »schieben«, dann nach Neufundland fliegen und dort auf Schiffe verladen. »Wir wissen bereits«, meldete Purvis nach London, »daß dieses Verfahren legal und praktikabel ist.«

Den ganzen 16. Mai über ging der deutsche Vormarsch weiter; Rommel drang 80 Kilometer weit auf französisches Gebiet vor und näherte sich Cambrai, Guderian stand am Abend fast 100 Kilometer westlich von Sedan. An diesem Tag erteilte General Gamelin den französischen Truppen Befehl, sich aus Belgien zurückzuziehen. Churchill, der sich auf dem Weg nach Paris befand, gab von unterwegs den Befehl zur sofortigen Durchführung der Operation XD. In Antwerpen ließen zwei britische Offiziere, Leutnant Cadzow und Leutnant Wells, gemäß diesem Plan 150000 Tonnen Benzin in die Schelde fließen.

Am Nachmittag drängte Churchill in Paris auf den Aufbau einer alliierten Abwehrfront entlang der Linie Antwerpen-Namur. »Namur haben wir verloren«, lautete Reynauds Kommentar. General Gamelin als Wortführer der Franzosen drängte auf die Entsendung von weiteren sechs britischen Jagdgeschwadern nach Frankreich, zusätzlich zu den vier bereits dort befindlichen und den vier weiteren, deren Abkommandierung das Kriegskabinett an diesem Morgen in London beschlossen hatte. Churchill wies jedoch darauf hin, daß schon jetzt die britische Luftverteidigung gefährliche Lücken aufwies; nur noch 39 Geschwader stünden zur Verteidigung der Britischen Inseln zur Verfügung, von denen vier nach dem morgendlichen Beschluß nach Frankreich verlegt würden. Aber angesichts des großen Nachdrucks, mit dem die Franzosen ihr Ersuchen vorbrachten, leitete Churchill es telegrafisch an sein Kriegskabinett weiter. »Es wäre in historischer Sicht keine gute Sache«, gab er zu bedenken, »wenn ihre Bitte abgeschlagen würde und ihr Zusammenbruch die Folge wäre.« Abgesehen davon dürfe man die »wachsenden Schwierigkeiten« nicht unterschätzen, in die der deutsche Vormarsch »im Falle heftiger Gegenwehr« geraten würde.

An diesem Abend faßte das Kriegskabinett den Beschluß, drei weitere britische Luftgeschwader sollten von britischen Stützpunkten aus »von frühmorgens bis mittags in Frankreich tätig sein« und dann »für den Nachmittag« von drei anderen Geschwadern abgelöst werden. Auf diese Weise würden die Flugzeuge wenigstens nicht Gefahr laufen, auf französischen Flugfeldern am Boden angegriffen und zerstört zu werden.

In Paris führte die Angst vor einem unmittelbar bevorstehenden deutschen Durchbruch zu Panikreaktionen. Im französischen Außenministerium wurden Staatsakten bündelweise aus den Fenstern geworfen und auf dem Rasen des Innenhofs verbrannt. Aber es war nicht Paris, das Guderians Panzer im Visier hatten. Sie wandten sich in nordwestliche Richtung und erreichten am Mittag des 17. Mai bei Origny die Oise; damit standen sie knapp 15 Kilometer östlich von St. Quentin. Einheiten der 4. Panzerdivision der Franzosen unter dem Befehl von Oberst de Gaulle – der zu den Pionieren der Panzerkriegführung gehörte – griffen die Deutschen an, vermochten ihren Vormarsch jedoch nicht zu stoppen. De Gaulle wurde in Anerkennung der Tapferkeit, die er an diesem Tag gezeigt hatte, zum General befördert.

An allen Abschnitten der Front feierten die Deutschen über Erwarten große und leichte Erfolge. Am 17. Mai marschierten Einheiten der 6. Armee des Generals von Reichenau in Brüssel ein; es war innerhalb von neun Monaten die fünfte Besetzung einer europäischen Hauptstadt durch deutsche Truppen. Von Brüssel aus in Richtung der Kanalküste zurückgedrängt, bezog die britische 3. Division, die von General Bernard Montgomery befehligt wurde, auf einer durch den Fluß Dendre markierten Linie Stellung. Nur im Hauptquartier Hitlers schien man einen Augenblick lang von Zweifeln befallen. »Ein recht unerfreulicher Tag«, notierte General Halder in sein Tagebuch. »Der Führer ist ungeheuer nervös. Er hat Angst vor dem eigenen Erfolg, möchte nichts riskieren und uns daher am liebsten anhalten.«

Hitlers Nervosität war grundlos. Am 18. Mai stießen seine Panzerverbände im gleichen hohen Tempo wie bisher vor. Rommel erreichte Cambrai, Guderian besetzte St. Quentin. Einer der ranghöchsten französischen Befehlshaber, General Giraud, fiel in deutsche Hände, als er mit den Überresten der französischen 9. Armee in Le Cateau einzog – er hatte nicht erfahren, daß deutsche Truppen die Stadt wenige Stunden zuvor eingenommen hatten. Im Laufe dieses Tages geriet Antwerpen, die bedeutendste Hafenstadt Belgiens, unter deutsche Herrschaft. »Ich brauche Ihnen nichts über die schwerwiegende Bedeutung dessen, was geschehen ist, zu sagen«, telegrafierte Churchill an Roosevelt. »Wir sind entschlossen, bis zum bitteren Ende durchzuhalten, gleichgültig wie die große Schlacht, die augenblicklich in Frankreich tobt, ausgehen mag. Wir müssen ohnehin darauf gefaßt sein, in absehbarer Zeit in ähnlicher Form wie die Holländer angegriffen zu werden, und hoffen, uns dann gut aus der Affäre zu ziehen.«

»In ähnlicher Form wie die Holländer« bedeutete: durch Einsatz von Fallschirmjägertruppen zur Besetzung strategisch wichtiger Punkte. Um die Abwehrbereitschaft Großbritanniens gegen eine »große Zahl« deutscher Soldaten zu erhöhen, die von fliegenden Truppentransportern im Anschluß an Fallschirmjägertruppen auf britischem Boden abgesetzt werden könnten, zogen Churchill und die Stabschefs am 18. Mai die Möglichkeit in Betracht, britische Truppen per Schiffskonvoi aus so weit entfernten Ländern wie Palästina oder gar Indien heranzuführen.

In Paris lief am 18. Mai auf Anordnung des neuen Innenministers, Georges Mandel, eine großangelegte Polizeiaktion gegen Personen an, die subversiver Aktivitäten verdächtigt wurden. »Zahlreiche Festnahmen sind auf der Straße erfolgt«, erinnerte sich ein kanadischer Geschäftsmann am Monatsende. »Der Verkehr wird streng kontrolliert. Polizisten mit aufgepflanztem Bajonett halten Passanten an und fordern sie auf, sich auszuweisen.«

Während die Schlacht um Frankreich ihren Fortgang nahm, profitierte in Großbritannien die öffentliche Stimmung von dem Glauben, die am 15. Mai begonnenen und in den nachfolgenden drei Nächten fortgeführten Bombenangriffe auf das Ruhrgebiet seien erfolgreich verlaufen. Der amerikanische Journalist William Shirer jedoch konnte, als er am 19. Mai durch das Ruhrgebiet fuhr, nur »sehr wenige Schäden« ausmachen. Und was die Bevölkerung betraf, auf deren Moral die Bombenangriffe, wie die BBC behauptete, »eine tödliche Wirkung« gehabt hätten, so stellte Shirer fest, daß »besonders die Frauen auf den über die Hauptstraßen führenden Brücken standen und den nach Belgien und Frankreich abrückenden Truppen zujubelten«. Die einzigen Spuren des britischen Luftangriffs entdeckte Shirer an diesem Tag in der Nähe von Hannover: Auf »einem hundert Meter von der Autobahn entfernten Acker« erblickte er das zerschellte Wrack eines großen britischen Bombers.

An diesem Tag griff die SS-Totenkopf-Division zum erstenmal in die Kämpfe auf französischem Boden ein, da sie Befehl erhielt, der 7. Panzerdivision Rommels bei Cambrai zu Hilfe zu kommen. Auf französischer Seite kämpften hier marokkanische Einheiten, die mit großer Zähigkeit mehrere kleine Dörfer verteidigten. Die SS-Soldaten kämpften mit ebenso wütender Entschlossenheit und töteten 200 Marokkaner, während sie selbst nur sechzehn Mann verloren. An diesem Abend hielt Churchill seine erste Rundfunkrede an das britische Volk seit seiner Ernennung zum Premierminister. »Dies«, erklärte er, »ist eine der atemberaubendsten Epochen in der langen Geschichte Frankreichs und Großbritanniens.« Seite an Seite seien das britische und das französische Volk angetreten, »um nicht nur Europa, sondern die Menschheit vor der verdorbensten seelenvergiftenden Tyrannei zu retten, die jemals das Buch der Geschichte befleckt hat«. Hinter den Heeren und Flotten Großbritanniens und Frankreichs schare sich »eine Gruppe zerschmetterter Staaten und niedergeprügelter Völker zusammen: die Tschechen, die Polen, die Norweger, die Dänen, die Holländer, die Belgier – auf sie alle wird sich die lange Nacht der Barbarei herabsenken, in welcher nicht einmal ein Hoffnungsschimmer aufscheinen wird, wenn wir nicht siegreich bleiben, wie wir es müssen und wie wir es werden.«

Wie jedoch die Engländer und Franzosen dies bewerkstelligen sollten, war vorläufig noch höchst unklar. Denn sie, und nicht die Deutschen, schienen kurz vor der endgültigen Niederlage zu stehen. Während an der Somme ein weiterer deutscher Vorstoß einen Keil zwischen die nördlich und südlich des Flusses stehenden britischen und französischen Kräfte zu treiben drohte, wies Churchill an diesem Morgen die britische Admiralität an, »eine große Zahl von Schiffen« zusammenzuziehen und sie auf die Überfahrt »zu Häfen und Buchten an der französischen Küste« vorzubereiten. Es sei, erläuterte er den Admiralen, deutlich geworden, daß nun schnellstens Pläne für den Fall entworfen werden müßten, daß sich »das britische Expeditionsheer aus Frankreich zurückziehen« müsse. Am selben Tag wurden auch Pläne für den Einsatz »mobiler Kolonnen« zur Verstärkung der Wachmannschaften auf den Flugplätzen in Auftrag gegeben, da man deutsche Fallschirmjägerangriffe erwartete. Selbst in London fühlte man sich vor einer Landung feindlicher Fallschirmjägertruppen nicht mehr sicher. Am 20. Mai billigte Churchill einen Plan, der die Errichtung von MG-Stellungen und Stacheldrahtstraßensperren als vorsorgliche Schutzmaßnahmen für die Regierungsgebäude von Whitehall sowie für Downing Street Nr. 10 selbst vorsah.

An diesem Abend erreichten deutsche Panzerkolonnen Amiens und stießen sogleich weiter in Richtung Abbeville vor, womit sie das britische Expeditionsheer vom Gros der französischen Streitmacht sowie von ihren eigenen Stützpunkten abschnitten. Hunderttausende britischer, französischer und belgischer Soldaten saßen jetzt in der Falle – vor ihnen waren die Deutschen, und hinter ihnen war das Meer. General Jodl, der im Hauptquartier des Führers weilte, registrierte, daß Hitler »mit größter Anerkennung von dem deutschen Heer und seiner Führung« sprach. Gleichzeitig machte er sich Gedanken über den »Friedensvertrag, der die Rückgabe des seit 400 Jahren dem deutschen Volke geraubten Gebietes und sonstiger Werte beinhalten soll«. Hitler wollte den Franzosen die Friedensbedingungen, die sie 1918 den Deutschen aufgezwungen hatten, »heimzahlen«; er würde sie zwingen, sich zu den Friedensverhandlungen mit ihm an demselben Ort wie damals einzufinden: im Wald von Compiègne. Und was die Briten betraf: »Sie können ihren Frieden haben, sobald sie uns unsere Kolonien zurückgeben.«

Hitler dachte also im Hochgefühl des Sieges bereits über die Friedensbedingungen nach. Aber westlich von Compiègne war das blutige Geschäft des Krieges noch in vollem Gang: An diesem Abend wurden unweit von Beauvais, in einem Gebiet, in dem tagsüber französische und belgische Flüchtlinge auf dem Weg nach Süden von tieffliegenden deutschen Flugzeugen beschossen worden waren, zwei deutsche Flieger mit ihrer Maschine abgeschossen. Als die beiden unverletzt gebliebenen und unbewaffneten Soldaten in einer Traube von Zivilisten am Wegesrand standen, näherte sich ihnen ein uniformierter Franzose, zog seine Pistole und tötete einen der Deutschen, den dreiundzwanzigjährigen Feldwebel Wilhelm Ross, durch einen Kopfschuß.

Als einer von 1597 innerhalb einer Woche an der Westfront »im Kampf gefallenen« Deutschen wurde er am Straßenrand begraben. Ein anderer deutscher Soldat, der an diesem 20. Mai seinen Verletzungen erlag, war Prinz Wilhelm von Hohenzollern, Enkel des deutschen Exkaisers und nomineller Erbe des deutschen Kaiserthrons. Der Exkaiser selbst blieb in Apeldoorn, das von den Söhnen jener Soldaten, die er selbst 1914 gegen Frankreich und Belgien ins Feld geschickt hatte, zunächst überrannt worden war. Später wurde seine Residenz unter strenge Bewachung gestellt.

Am 21. Mai erreichten deutsche Truppen Le Crotoy, einen kleinen Badeort an der französischen Kanalküste. Damit waren die auf dem französischen Kriegsschauplatz operierenden alliierten Streitkräfte endgültig in zwei Teile zerspalten. Die Truppen Hitlers hatten jetzt freie Bahn, die britischen Truppen an die Nordseeküste zurückzudrängen und sie aufzureiben. Die Briten erkannten diese Gefahr und begannen daher an diesem Tag bei Arras mit 58 Panzern unter dem Kommando von General Martel eine Gegenoffensive, die bei Rommels 7. Panzerdivision beinahe eine Panik ausgelöst hätte. Rommel verlor an diesem Tag 89 Mann, viermal so viele, wie der ganze Frankreichfeldzug ihn bis dahin gekostet hatte. Die SS-Totenkopf-Division, die Rommel erneut zu Hilfe eilte, setzte 22 britische Panzer außer Gefecht, verlor dabei aber selbst 39 Mann. Nur das Eingreifen deutscher Sturzkampfbomber verhinderte weitere deutsche Verluste.

Zum erstenmal in dem seit elf Tagen andauernden Feldzug war eine deutsche Einheit zurückgedrängt worden. Hitler, der eine weitere Dezimierung der für seinen Krieg lebenswichtigen Panzerwaffe vermeiden wollte und die Befürchtung hegte, die Briten würden bis zum letzten Mann kämpfen, befahl allen deutschen Verbänden, im Vormarsch auf die Kanalhäfen innezuhalten.

Im Osten trat der Krieg gegen die psychisch Kranken am 21. Mai in eine neue Phase, als eine sogenannte »Sondereinheit« ins ostpreußische Soldau geschickt wurde. Sie hatte den Auftrag, mehr als 1500 Patienten, die aus Heilanstalten in ganz Ostpreußen dorthin überstellt worden waren, zu liquidieren. Die Tötungsaktion dauerte achtzehn Tage; als sie abgeschlossen war, übermittelte die Sondereinheit die Meldung nach Berlin, man habe die Geisteskranken »mit Erfolg umgesiedelt«.

An der Westfront planten Briten und Franzosen jetzt eine Gegenoffensive. Die deutsche Speerspitze sollte durchstoßen werden, die beiden durch sie getrennten Teile der alliierten Streitmacht wieder Verbindung zueinander herstellen. Die von Süden her angreifenden Truppen wurden von General Weygand, dem Schöpfer des Plans, befehligt. In dieser Nacht wurde in Großbritannien der Führer der British Union of Fascists, Sir Oswald Mosley, zusammen mit 35 weiteren führenden Mitgliedern seiner Partei verhaftet; innerhalb einer Woche folgten ihnen weitere 346 Anhänger in die Gefängnisse.

Am 22. Mai erzielten die Briten einen wichtigen Fortschritt bei ihren Bemühungen, die geheimsten deutschen Funkbotschaften zu dechiffrieren: Es gelang den Kryptologen in Bletchley

Dünkirchen, Mai 1940

Park, den von der deutschen Luftwaffe am häufigsten verwendeten Enigma-Schlüssel zu knacken. Der britische Nachrichtendienst war von jetzt an in der Lage, Tag für Tag sämtliche Funksprüche, die vom Hauptquartier der deutschen Luftwaffe an die Befehlshaber im Feld oder von diesen ans Hauptquartier gingen, zu entschlüsseln. Zu den wichtigsten dieser Botschaften gehörten die Funksprüche der Luftwaffen-Verbindungsoffiziere bei den deutschen Heeresstellen; aus diesen Botschaften ließen sich zahlreiche Hinweise auf Positionen und Absichten der deutschen Bodentruppen im Verlauf ihres Vormarsches zur Küste entnehmen.

Die »Flut operativen Nachrichtenmaterials«, die von nun an zur Verfügung stand, wurde, um aus der amtlichen Geschichtsschreibung des britischen Nachrichtendienstes zu zitieren, in einer Größenordnung von tausend Funksprüchen pro Tag »entschlüsselt, übersetzt, redigiert und ausgewertet«. Die Ergebnisse der Auswertungen wurden dann per Telex oder Kurier an Whitehall übermittelt. Am 24. Mai begannen die Briten auch damit, die wichtigsten Informationen von Bletchley Park aus unmittelbar an die Hauptquartiere der britischen Expeditionsstreitmacht und der britischen Luftwaffe weiterzugeben. Um auszuschließen, daß die Deutschen herausfanden, daß ihr geheimster Nachrichtenschlüssel decodiert worden war, arbeiteten die Briten bei der Übermittlung der entschlüsselten Informationen mit einem besonderen Zifferncode, der auf einem speziellen funktechnischen Weg an eine mobile nachrichtendienstliche Einheit übermittelt wurde, die den Oberbefehlshabern im Feld zugeordnet war und ihnen bei der Auswertung des Materials und bei der operativen Umsetzung der daraus gewonnenen Erkenntnisse half.

Dieser Durchbruch bei der Enigma-Entschlüsselung verschaffte den britischen Kommandeuren im Augenblick größter Bedrängnis einen wertvollen Zugang zu Informationen über geplante Aktivitäten der deutschen Luftwaffe und teilweise auch des deutschen Heeres. Die Männer in Bletchley Park brauchten jedoch noch einige Zeit, um mit den vielen Problemen fertig zu werden. »Abgesehen von der schieren Masse des Materials«, weiß der Chronist des Enigma-Dramas zu berichten, »wimmelte es in den Texten von Unverständlichem – Abkürzungen für Einheiten und Gerätetypen, Bezügen auf Karten und Koordinatennetze, Decknamen für Personen und Orte, Formalien, Ausdrücken aus dem Militärjargon und anderen unbekannten Details«, nicht zu reden von den immer wieder auftretenden Problemen durch technische Empfangsstörungen oder durch Textentstellungen, wie sie bei in der Hitze des Gefechts abgesetzten Funksprüchen zuweilen vorkamen. Eine besondere Schwierigkeit resultierte in den ersten Tagen und Wochen nach dem Durchbruch der Kryptographen daraus, daß sich die Weisungen aus dem Hauptquartier der deutschen Luftwaffe wie auch die Antworten der Befehlshaber an der Front häufig auf Koordinatenangaben in einer vom britischen Generalstab herausgegebenen Kartenreihe (1:50 000) bezogen, die im britischen Heer vor längerer Zeit aus dem Verkehr gezogen worden war. Da es den Kryptographen in Bletchley Park nicht gelang, eine Ausgabe dieses Kartenwerks aufzutreiben, mußten sie für jede deutsche Ortsangabe in einem mühsamen Verfahren den realen geographischen »Gegenwert« errechnen. Trotz dieser Schwierigkeiten lieferte Bletchley Park Informationen, die von unschätzbarem Wert hätten sein können, wenn sich die britische Armee nicht auf einem überstürzten Rückzug befunden hätte.

Die an die Meeresküste zurückflutenden britischen Einheiten wurden zunächst nicht von den deutschen Truppen verfolgt. Denn nachdem die Deutschen ihren Keil zwischen die alliierten Armeen getrieben hatten, richteten sie ihr Hauptaugenmerk nicht auf die in Flandern eingeschlossenen Truppen, sondern auf die französischen Einheiten, die sich in Richtung Paris zurückzogen. Außerdem waren die Deutschen nicht im Bilde darüber, wie viele Soldaten sie in der Zange hatten. In ihren Schätzungen vom 23. Mai gingen sie von nur 100 000 Mann aus, während es in Wirklichkeit viermal so viele waren. Und schließlich war General Ewald von Kleist, der den bevorstehenden Angriff führen sollte, die von Hitler verordnete Atempause sehr recht, da seine Einheiten in den verflossenen zwei Kriegswochen durch Ausfälle fast 15 Prozent ihrer Kampfkraft eingebüßt hatten. Die Deutschen hielten es auch nicht für möglich, daß die Briten ihre Truppen übers Meer evakuieren könnten. Göring hatte Hitler zugesichert, die deutsche Luftwaffe werde dies zu verhindern wissen. Es schien also nicht unbedingt ein Gebot der Stunde, diese britischen Truppen massiert anzugreifen, welche am 21. Mai demonstriert hatten, daß sie durchaus zu wirkungsvollen Gegenangriffen in der Lage waren. Aus diesen Gründen gab daher General von Rundstedt am 23. Mai um 18 Uhr der deutschen 4. Armee den Befehl, sie solle »morgen anhalten«.

Die Briten, die nichts von diesem Befehl wußten, warteten noch immer auf die versprochene französische Gegenoffensive von Süden her. Um 22 Uhr suchte Churchill den König im Buckingham-Palast auf. »Er sagte mir«, notierte der König in sein Tagebuch, »daß ihm, wenn aus dem von Weygand entworfenen Plan nichts würde, nichts anderes übrig bliebe, als die britische Expeditionsarmee nach England zurückzubeordern. Diese Operation würde den Verlust aller Geschütze, Panzer, Munitionsbestände und sämtlicher Vorräte in Frankreich bedeuten.« »Nach zehn Tagen«, schrieb Ronald Cartland am 23. Mai an seine Mutter, »stehen wir jetzt wieder an derselben Stelle, von der wir ausgegangen sind. Ein seltsamer Krieg!«

»Natürlich [sind wir] den ganzen Tag auf Achse«, schrieb General Rommel am 24. Mai an seine Frau. »Aber nach meiner Schätzung wird der Krieg in vierzehn Tagen gewonnen sein.« Hitler prophezeite, als er an diesem Tag das Hauptquartier Rundstedts besuchte, der Krieg werde in sechs Wochen zu Ende sein. Dann sei der Weg frei zu einem Abkommen mit Großbritannien. Hitler und Rundstedt erörterten sodann, was mit den an der Kanalküste in der Falle sitzenden feindlichen Truppen geschehen solle. Beide waren sich einig, daß Luftangriffe auf das umzingelte Gebiet in Erwägung zu ziehen waren. Rundstedt regte an, seine Panzereinheiten innehalten zu lassen, sobald sie unterhalb von Dünkirchen die Kanalküste erreicht haben würden – er wollte sie für Angriffsoperationen gegen die Franzosen schonen. Hitler stimmte zu. Kurz nach der Mittagsstunde wurde an die 4. Armee ein zweiter »Haltebefehl« übermittelt, diesmal im Namen Hitlers. Vorläufig sollten sämtliche Angriffsoperationen im Raum Dünkirchen »ruhen«.

Eine der Folgen dieses zweiten Haltebefehls war, daß die SS-Totenkopf-Division, um bei Béthune die Front zu verstärken, eine unbedeutende Rückzugsbewegung über den Canal d'Aire ausführen mußte. Als die Briten dieses deutsche Manöver bemerkten, reagierten sie mit heftigem Artilleriesperrfeuer, das 42 SS-Leute das Leben kostete.

Als General Halder später am gleichen Abend Rundstedt die Genehmigung zum Angriff auf Dünkirchen übermittelte, erhob Rundstedt Widerspruch. »Die motorisierten Gruppen müssen erst einmal Gelegenheit erhalten, sich zusammenzuziehen«, teilte er Halder mit. »Überraschung«, notierte einige Tage später Hitlers Heeresadjutant, »daß F[ührer] weitgehend Entscheidung R[undstedt] überläßt.« Die Entscheidung sah freilich nur eine kurze Atempause vor, in der die Truppe neue Kraft schöpfen und auf Verstärkungen warten sollte. An dem deutschen Ziel, einen militärischen Sieg zu erringen, hatte sich nichts geändert. »Nächstes Ziel der Operationen«, erklärte Hitler in seiner Weisung Nr. 13 vom 24. Mai, »ist die Vernichtung der im Artois und in Flandern eingeschlossenen franz.-engl.-belg. Kräfte durch konzentrischen Angriff unseres Nordflügels sowie die rasche Besitznahme und Sicherung der dortigen Kanalküste.«

Während die Deutschen ihre Pause einlegten, begannen die Briten mit der Evakuierung ihrer Soldaten. Am 24. Mai wurden in Boulogne tausend Mann eingeschifft. Zweihundert jedoch konnten nicht mehr rechtzeitig abgeholt werden, bevor deutsche Truppen am folgenden Morgen den Hafen besetzten. Weiter nördlich, vor Dünkirchen, hatte unterdessen die von Hitler abgesegnete Luftoffensive begonnen. Am 24. Mai wurde ein französisches Schiff, die *Chacal,* versenkt. Vor Calais, wo die britische Garnison inzwischen von ihren bei Dünkirchen eingeschlossenen Landsleuten abgeschnitten war, wurde der Zerstörer *Wessex* ebenfalls versenkt und der polnische Zerstörer *Bzura,* der gerade deutsche Stellungen an der Küste bombardierte, schwer beschädigt.

Die britische Regierung traf jetzt Vorkehrungen für die Evakuierung der britischen Verbände aus Dünkirchen. Im Osten der Dünkirchener Halbinsel war es den Deutschen freilich gelungen, einen Keil zwischen die Briten und die belgischen Einheiten zu treiben, die zwischen Menin und Ypern die Frontlinie hielten. »Soldaten!« feuerte König Leopold von Belgien am 25. Mai seine Truppen an. »Die große Schlacht, die wir erwartet haben, hat begonnen. Sie wird schwer werden. Wir werden sie mit allen unseren Mitteln und mit letzter Kraft führen.« Die Schlacht würde, so fügte der König hinzu, »auf demselben Boden geschlagen, auf dem wir 1914 siegreich dem Angreifer entgegentraten.«

Die belgischen Soldaten leisteten weiterhin Widerstand; aber die tapferen Gegenangriffe, die sie unternahmen, um die entstandene Lücke wieder zu schließen, wurden zurückgeschlagen. Zum Glück für die Briten fand sich in einem am 25. Mai gekaperten deutschen Stabsfahrzeug ein Dokument, das in allen Einzelheiten beschrieb, wie die Deutschen diese Lücke strategisch nutzen wollten. Dank dieser Information, die genau zur rechten Zeit gekommen war, konnte der britische Oberkommandierende, Lord Gort, zwei Divisionen, die sich gerade an anderer Stelle auf einen Angriff vorbereiteten, in die Lücke werfen. Es handelte sich genau um jene Divisionen, die ursprünglich versuchen sollten, nach Süden durch den deutschen Belagerungsring durchzubrechen – dies wäre der britische Beitrag zum Gelingen des Weygand-Plans gewesen. Nur durch die Abkehr von der zweifelhaft gewordenen Option auf einen Durchbruch nach Süden konnte die Zone, aus der eine Evakuierung auf dem Seeweg immerhin möglich schien, gehalten und gesichert werden. Wie Hitler und General von Rundstedt vereinbart hatten, bot die deutsche Luftwaffe an diesem Tag alle ihre verfügbaren Maschinen für Angriffe auf die Hafeneinrichtungen in Zeebrügge, Blankenberge, Ostende, Nieuwpoort und Dünkirchen auf. Da die Deutschen nicht wußten, daß die Briten Dünkirchen zum Zentrum der Evakuierungsmaßnahmen bestimmt hatten, richteten die Deutschen ihre schwersten Bombenangriffe gegen Oostende.

Ungeachtet des von Hitler ausgegebenen Haltebefehls überschritt am 25. Mai eine kleine Kommandoeinheit der SS-Totenkopf-Division, geführt von Hauptmann Harrer, bei Béthune den Canal d'Aire, über den sie sich am Tag zuvor zurückgezogen hatte. Als ein britischer Kradfahrer auftauchte, der in Richtung der SS-Soldaten fuhr, eröffnete einer von ihnen das Feuer und schoß ihn von seiner Maschine. Die SS-Leute gingen zu der Stelle, wo der junge Engländer mit einer Schußverletzung an der Schulter im Straßengraben lag. Sie stellten ihn auf die Füße und versuchten vergebens, ein Gespräch mit ihm zu führen. Hauptmann Harrer fragte ihn schließlich in stockendem Englisch, ob er französisch spreche. Als der britische Soldat nicht antwortete, zog Harrer seine Pistole und schoß ihm aus kürzester Entfernung eine Kugel in den Kopf.

KAPITEL 6

Dünkirchen

Mai 1940

Am 26. Mai 1940 erkannte Hitler, daß sein Haltebefehl vom 24. Mai ein kapitaler Fehler gewesen war. Er hatte zunächst nicht realisiert, daß die britische Expeditionsarmee sich auf die Einschiffung vorbereitete. Am Morgen dieses 26. Mai hatten jedoch deutsche Aufklärungsflieger gemeldet, im Hafen von Dünkirchen lägen dreizehn Kriegsschiffe und neun Truppentransporter. »Es ist wahrscheinlich«, folgerte der deutsche Heeresnachrichtendienst, »daß die Einschiffung der britischen Expeditionsstreitmacht begonnen hat.« Am Nachmittag um 1.30 Uhr bestellte Hitler den Oberbefehlshaber seines Heeres zu sich und genehmigte »nunmehr«, wie General Jodl notierte, »daß Panzergruppen und Inf.Div. von Westen her in Richtung Tournai, Cassel und Dünkirchen vorstoßen«. Der Befehl ging um 3.30 Uhr nachmittags telefonisch aus dem Hauptquartier Hitlers ab. Dreieinhalb Stunden später, um 19 Uhr, empfing der britische Vizeadmiral, Bertram Ramsay, in Dover ein verabredetes Funksignal von der Admiralität in London, das bedeutete: »Operation Dynamo soll anlaufen.«

»Dynamo« war die Codebezeichnung für die Evakuierung so vieler Soldaten wie nur möglich aus Dünkirchen. Am 26. Mai errechnete man, daß in den zwei Tagen, die als die maximal zur Verfügung stehende Zeitspanne galten, 45 000 Mann abtransportiert werden könnten. Wie von Hitler und Rundstedt besprochen, schlug die deutsche Luftwaffe mit aller Kraft zu, um die Evakuierung zu unterbinden. Aber die Piloten des alliierten Fighter Command, unter denen sich auch Bretonen, Kanadier und Polen befanden, waren gleichermaßen entschlossen, den Luftraum über den Stränden frei zu halten, um möglichst vielen ihrer Kameraden die Heimreise zu ermöglichen. In den neun Tagen, die die Einschiffungsoperation in Anspruch nahm, wurden über der Küste von Dünkirchen 176 deutsche Maschinen abgeschossen, während die Briten 106 Flugzeuge verloren. Diese Schlacht in der Luft trug dazu bei, eine Katastrophe abzuwenden.

Einen Beitrag zum Erfolg der Evakuierungsaktion leisteten auch die belagerte Division in Calais und die britischen Truppen, die im gesamten Umkreis von Dünkirchen Rückzugsgefechte lieferten. Diese Soldaten lieferten unter dem Kommando von Brigadier Nicholson ihren deutschen Gegnern einen erbitterten Kampf. Im Hafen von Calais waren Schiffe eingelaufen, um sie zu evakuieren. Doch am 26. Mai erhielt kurz vor Mitternacht Nicholson ein Telegramm aus dem Kriegsministerium in London: »Evakuierung wird nicht (wiederhole nicht) stattfinden, und für genannten Zweck gedachte Fahrzeuge sollen nach Dover zurückkehren.« Jede weitere Stunde, die die britische Garnison in Calais standhalte, sei, so die Botschaft in London, von »größtem Nutzen« für die britische Expeditionsarmee.

Am Abend des 26. Mai richtete Präsident Roosevelt zugunsten des Amerikanischen Roten Kreuzes einen Rundfunkappell an das amerikanische Volk. »Heute abend«, erklärte er, »strömen über die einst friedlichen Straßen Belgiens und Frankreichs Millionen von Menschen, die ihr Zuhause im Stich gelassen haben, um Bomben und Granaten und Maschinengewehren zu entfliehen; sie sind ohne Dach über dem Kopf und haben fast keine Nahrungsmittel mehr. Sie schleppen sich weiter, ohne zu wissen, wohin ihr Weg sie führen wird.« Wenige Stunden nach dieser Ansprache Roosevelts warfen die belgischen Streitkräfte ihre letzten Reserven, die aus drei Regimentern bestanden, in die Schlacht. Aber auch ihr aufopferungsvoller Kampf vermochte die Lücke zwischen den britischen und den belgischen Kräften nicht zu schließen oder auch nur zu verkleinern: Zwischen Roulers und Tielt spannte sich ein 8 Kilometer langer unverteidigter Frontabschnitt; weiter nördlich lag in einer Lücke zwischen Maldegem und Ursel die Straße nach Brügge frei. »Um uns herum schließt sich der Feuerring«, schrieb General Michiels am 27. Mai in sein Diensttagebuch. »Tausende von Flüchtlingen, darunter auch Einheimische, fliehen über einen schmalen Gebietsstreifen, in dem es keinen Schutz vor Granateinschlägen und Luftangriffen gibt. Unser letztes Aufgebot des Widerstands ist unter dem Druck der überwältigenden Überlegenheit des Gegners zusammengebrochen; wir können nicht mehr mit Unterstützung oder mit irgendeinem anderen Ausgang als der totalen Vernichtung rechnen.«

Am südlichen Rand der Dünkirchener Zone, 80 Kilometer von der Stadt selbst entfernt, kam es am 27. Mai zu erbitterten Kämpfen zwischen Einheiten der SS-Totenkopf-Division und britischen Truppen. In einem Bauernhaus unweit des Dorfes Paradis bremsten 99 Mann vom Royal Norfolk Regiment den Vormarsch einer SS-Kompanie, bis ihnen die Munition ausging. Ihr Kommandeur, Major Lisle Ryder, forderte schließlich noch einmal dringend Artillerieunterstützung an, erhielt aber zur Antwort, es stehe keine zur Verfügung. In dem Kuhstall, in den die Briten sich zurückgezogen hatten, wurde durch eine Abstimmung der Beschluß herbeigeführt, sich zu ergeben. Ein weißes Handtuch wurde an ein Gewehr geknotet, und die Männer traten hinaus, wo sie von einer knatternden MG-Salve begrüßt wurden. Fünf Minuten später machten sie einen weiteren Versuch, sich zu ergeben. Dieses Mal reagierten die Deutschen anders: Sie sprangen auf, stimmten ein Triumphgeheul an und schwenkten ihre Gewehre. Ein des Englischen mächtiger Offizier befahl den Engländern, über einen Feldweg auf den nächstliegenden Acker zu marschieren und sich dort hinzuknien. Dann wurden jeweils fünf von ihnen angewiesen, aufzustehen, um sich durchsuchen zu lassen; ihre Gasmasken, Stahlhelme und Zigaretten wanderten auf einen Haufen. Wer sich dieser Prozedur verweigerte, erhielt Gewehrkolbenschläge.

Die Gefangenen wurden dann zur Straße geführt, wo sie eine Weile warten mußten, während deutsche Soldaten in westlicher Richtung vorbeifuhren. Dann ließ man sie auf einen Acker marschieren, der an einer Seite von der Ziegelwand einer langen Scheune begrenzt wurde, vor der eine flache Grube ausgehoben worden war. In einiger Entfernung von der Ziegelwand waren zwei Maschinengewehre aufgestellt. Als die an der Spitze der Gefangenenkolonne marschierenden Männer das entfernte Ende der Scheune und die davor ausgehobenen Grube erreicht hatten, erscholl der Befehl: »Feuer!«

Als die Maschinengewehre verstummt waren, erhielten die deutschen Soldaten Befehl, ihre Bajonette aufzupflanzen und vorzurücken. Sie taten wie geheißen und gaben denjenigen Engländern, die nur verwundet waren, mit dem Bajonett den Rest; andere wurden mit Pistolenschüssen getötet. Schließlich ertönte ein Pfiff aus einer Trillerpfeife, und die deutschen Soldaten stiegen aus der Grube. 97 britische Soldaten waren tot. Zwei hatten unfaßlicherweise überlebt: die Gefreiten Albert Pooley und William O'Callaghan. Sie lagen zwischen ihren toten Kameraden.

Als in der Nacht starker Regen einsetzte, konnten Pooley und O'Callaghan davonkriechen. Einige Tage verbargen sie sich im Haus einer französischen Bäuerin. Madame Duquenne-Créton tat ihr Bestes, ihre Wunden zu versorgen. Schließlich lieferten die beiden sich freiwillig den Deutschen aus und wurden ein zweites Mal zu Kriegsgefangenen. Pooley hatte so schwere Verwundungen am Bein davongetragen, daß er im April 1943 im Rahmen eines Schwerverwundetenaustauschs über den Sudan nach England ausreisen durfte. Die Geschichte, die er erzählte, stieß auf beträchtliche Skepsis. Erst als nach Kriegsende auch O'Callaghan nach England zurückkehrte, wurde die Episode in ihrer ganzen barbarischen Brutalität aktenkundig. Die gemeinsame Zeugenaussage der beiden Soldaten trug wesentlich mit dazu bei, daß SS-Hauptsturmführer Fritz Knochlein, der den Befehl zur Erschießung der Briten erteilt hatte, in Hamburg vor einem britischen Militärtribunal angeklagt, zum Tode verurteilt und gehängt wurde.

Am 27. Mai war Operation »Dynamo« in vollem Gang; auf den Stränden von Dünkirchen drängten sich die auf ihre Einschiffung wartenden Soldaten. Im Luftraum über Dünkirchen wurden an diesem Tag fünfzig deutsche Flugzeuge abgeschossen, während die Briten vierzehn Maschinen verloren. Gleichwohl waren die deutschen Luftangriffe so massiv, daß viele der Soldaten die Royal Air Force verfluchten, weil sie nicht mehr zu ihrem Schutz unternahm. Unter den Hunderten von Schiffen, die aus allen Häfen und Badeorten Südenglands einliefen, war ein ehemaliger Vergnügungsdampfer namens *Mona's Isle,* den die Kriegsmarine schon früher als bewaffnetes Quartierschiff in ihren Dienst gestellt hatte. Als die *Mona's Isle* beim Erreichen der offenen See von deutschen Flugzeugen bombardiert wurde, fanden vierzig ihrer evakuierten Passagiere den Tod.

An diesem Tag erging aus London der Befehl, die Ackerflächen im englischen Osten umzupflügen und auf anderen für Flugzeuglandungen geeigneten Flächen zweckdienliche Hindernisse aufzustellen. Auf diese Weise wollte man einer deutschen Luftlandeoperation in Großbritannien Steine in den Weg legen. Zugleich wurde die britische Bomberflotte von neuem aktiv: Ein Geschwader machte sich auf den Weg ins Ruhrgebiet, um eine Erdölraffinerie in Gelsenkirchen zu bombardieren. An diesem Abend um 23 Uhr, während die Bomber sich noch über der Nordsee befanden, traf bei der britischen Expeditionsarmee die Nachricht ein, die belgische Front sei unter dem unaufhörlichen deutschen Sperrfeuer aus der Luft und aus schweren Artilleriegeschützen zusammengebrochen, und der belgische König werde um einen Waffenstillstand nachsuchen. In der Tat hatte er schon am Nachmittag um 17 Uhr einen Emissär zu den Deutschen geschickt. Dieser war nach fünf Stunden zurückgekehrt und meldete, die Deutschen forderten die bedingungslose Kapitulation. Nach Rücksprache mit seinem Generalstab willigte der König ein. Am Morgen des 28. Mai um 4 Uhr trat der Waffenstillstand in Kraft. Belgien hatte achtzehn Tage lang tapferen Widerstand geleistet.

Die belgische Regierung, die zu dieser Zeit schon im Exil in Paris weilte, verurteilte von dort aus die Handlungsweise des Königs. Allein, eine belgische Armee existierte nicht mehr; sie war auf dem Schlachtfeld zermalmt worden. Im britischen Unterhaus erklärte Churchill, jetzt sei nicht der Augenblick, um sich ein Urteil über das Verhalten von König Leopold anzumaßen. »Was immer wir auch von den Tatsachen, soweit sie uns bekannt sind, halten mögen«, meinte er, »so müssen wir doch daran denken, daß das Zusammengehörigkeitsgefühl zwischen den vielen Völkern, die unter die Herrschaft des Aggressors gefallen sind, und denen, die ihm noch die Stirn bieten, sich noch in besseren Tagen, als wir sie augenblicklich erleben, bewähren wird.«

Churchill kam dann auf die Lage der britischen Truppen zu sprechen, die auf ihre Evakuierung aus Dünkirchen warteten. Sie sei, so gab er zu bedenken, »äußerst ernst«. Durch die Kapitulation der belgischen Streitkräfte vergrößere sich noch die Gefahr für sie. Ungeachtet dessen kämpften die Truppen »mit einem Höchstmaß an Disziplin und Ausdauer«. Das britische Parlament müsse sich aber dennoch auf »harte und schwere Zeiten« gefaßt machen. Nichts, was sich in Dünkirchen möglicherweise zutragen werde, könne die Alliierten aus ihrer Pflicht entlassen, »uns für das weltweit bedeutsame Anliegen zu schlagen, dem wir uns verschrieben haben; und wir sollten uns auch durch nichts in unserer Zuversicht beirren lassen, daß wir in der Lage sind, unseren Weg zu gehen, wie wir es schon in früheren Augenblicken unserer Geschichte getan haben: durch Unheil und Leid hindurch bis zum schließlichen Sieg über unsere Feinde«.

Im Lauf der 24 Stunden vor dieser Rede waren 14000 Mann wohlbehalten aus Dünkirchen nach Dover gebracht worden. Während hier die Evakuierung ihren Fortgang nahm, befanden sich im nördlichen Norwegen alliierte Einheiten noch auf dem Vormarsch. In den frühen Morgenstunden des 28. Mai fand die lang erwartete, jetzt aber kaum noch beachtete Besetzung Narviks statt. Beim abschließenden Kampf um die Hafenstadt fanden 150 britische, französische, norwegische und polnische Soldaten den Tod. Was die Eroberer von Narvik nicht wußten, war, daß das britische Kriegskabinett unterdessen bereits die Operation »Alphabet« gebilligt hatte: die Räumung Narviks gleich im Anschluß an seine Eroberung. Dieser Beschluß war vier Tage zuvor, am 24. Mai, gefaßt worden. Der Abzug sollte nicht später als am 8. Juni erfolgen. Gleichzeitig hatte das Kriegskabinett die Räumung Bodøs bis spätestens zum 31. Mai angeordnet. Das einzige, was dann von dem norwegischen Unternehmen noch übrig sein würde, war eine letzte Operation der britischen Marine, die Churchill am 24. Mai angeregt und die den Decknamen »Paul« erhalten hatte: In den Zufahrtsrouten zum schwedischen Hafen Luleå sollten Minenfelder gelegt werden, um die deutschen Eisenerzfrachter nicht in den Genuß einer ungehinderten Fahrt über die jetzt wieder eisfreie Ostsee kommen zu lassen. »Diese Operation ›Paul‹ ist unerläßlich«, erklärte Churchill zehn Tage später seinem wichtigsten militärischen Ratgeber, General Ismay, und fügte hinzu: »Sorgen Sie dafür, daß wir uns nicht durch irgendein Neutralitätsargument blockiert sehen.«

Im Laufe des 28. Mai konnten weitere 25000 britische Soldaten aus Dünkirchen in Sicherheit gebracht werden. Unter den Evakuierungsschiffen war der Ausflugsdampfer *Brighton Belle,* der wie drei weitere Schiffe nach einer Kollision mit einem Wrack sank. In ihrem hinhaltenden Widerstand gegen den sich zusammenziehenden deutschen Belagerungsring um Dünkirchen gelang es einer britischen Einheit, den SS-Kommandeur Sepp Dietrich eine Zeitlang von seinen Männern abzuschneiden; er sah sich gezwungen, einen großen Teil dieses Tages in der Deckung eines Grabens zu verbringen. In dem Dorf Wormhoudt, das nur 27 Kilometer von Dünkirchen entfernt lag, leisteten 45 Mann des Royal Warwickshire Regiment dem vorrückenden SS-Regiment Leibstandarte hartnäckigen Widerstand. Als den Engländern schließlich die Munition ausging, hißten sie, wie tags zuvor ihre Kameraden in Paradis, die weiße Fahne. Einer von ihnen, der Gefreite Alfred Toombs, schilderte später, wie der bei den Kämpfen verwundete Gefreite Gould, nachdem sie sich ergeben hatten, von einem der SS-Männer erschossen wurde, »während er auf dem Boden lag«. Noch ein weiterer Verwundeter sei »auf der Straße liegend erschossen« worden. Die übrigen Kriegsgefangenen wurden entwaffnet und auf ein Feld geführt, wo weitere vierzig an diesem Tag in Gefangenschaft geratene Engländer zu ihnen stießen; bis auf einen waren alle verwundet. Die SS brachte sie in einer großen Scheune unter und stellte Wachen auf.

»Ich sah«, erinnerte sich Gefreiter Toombs, »daß sie am Kragen Abzeichen hatten, die wie ein gegabelter Blitz aussahen.«

Einer der Bewacher beorderte vier Männer aus der Scheune heraus und erschoß sie. Der ranghöchste unter den englischen Gefangenen, Hauptmann Allen, ging daraufhin hinaus, um zu protestieren. Auch er wurde erschossen. Die Gefangenen erhielten Befehl, sich an der Rückwand der Scheune aufzustellen. Anschließend warfen zwei der deutschen Bewacher Handgranaten in die Scheune, während die anderen von vorne, von den Seiten und von hinten mit ihren Maschinengewehren zu schießen begannen. Der Gefreite Toombs rannte los, und es gelang ihm und anderen, aus der Scheune zu entkommen. 45 von den Fliehenden wurden niedergeschossen. Toombs und vier weitere Männer kamen mit dem Leben davon.

Später am gleichen Tag wurden, ebenfalls in Wormhoudt, noch einmal 35 britische Kriegsgefangene nach ihrer Entwaffnung getötet. Der für die Morde von Wormhoudt verantwortliche SS-Offizier war Hauptsturmführer Wilhelm Mohnke. Gefragt, was mit den Gefangenen geschehen solle, hatte er nach Aussage des SS-Rottenführers Carl Kummert erklärt, »sie sollten erschossen werden«.

Von den SS-Männern, die an den Massakern in Paradis und Wormhoudt beteiligt waren, waren viele schon im September des Vorjahres in Polen an der Front gewesen. Sie wußten, welche »Aktionen« sich ohne großes Entdeckungsrisiko durchführen ließen und daß man sich damit das Wohlwollen seiner Vorgesetzten erwerben konnte. Am 28. Mai, dem Tag der Wormhoudt-Morde, hatte Himmler letzte Hand an einen von Hitler bereits früher abgesegneten Erlaß gelegt, der als Grundlage für eine massive Entvölkerungspolitik in den besetzten Ostgebieten diente. Es war ein Szenario für den künftigen Umgang mit der Bevölkerung des Landes, das bis vor kurzem Polen geheißen hatte. Wie Himmler ausführte, müsse Deutschland »nicht nur das größte Interesse haben, die Bevölkerung des Ostens nicht zu einen, sondern im Gegenteil [sic] in möglichst viele Teile und Splitter zu zergliedern«. Die »rassisch Wertvollen« müsse man »aus diesem Brei herausfischen«, der verbleibende Rest werde sich dann »zwangsläufig aus einer minderwertigen Bevölkerung« zusammensetzen. Bei konsequenter Verwirklichung dieser Grundsätze werde es gelingen, im Osten ein »führerloses Arbeitervolk« heranzuzüchten, das dem Deutschen Reich Jahr für Jahr die Hilfsarbeiter, die es benötigte, liefern würde. Kinder, die sich als »rassisch tadellos« einstufen ließen, könnten nach Deutschland gebracht und »eingedeutscht« werden; den übrigen werde man bewußt nur das Allernötigste zum Leben lassen und auch den Schulunterricht auf das Minimum dessen reduzieren, was nötig sei: »Einfaches Rechnen bis höchstens 500, Schreiben des Namens, eine Lehre, daß es ein göttliches Gebot ist, den Deutschen gehorsam zu sein und ehrlich, fleißig und brav zu sein.«

Laut einem von Himmler am 28. Mai angefertigten Vermerk hatte Hitler persönlich angeordnet, daß von diesem Schriftstück nur eine »begrenzte Zahl« von Exemplaren verbreitet werden dürfte und daß es »als streng geheim behandelt werden« müsse. Den höheren SS-Führern, die damit vertraut gemacht werden sollten, solle es persönlich zugestellt werden. Der Offizier, der es ihnen überbrachte, solle warten, bis der Adressat es durchgelesen hatte, sich die Kenntnisnahme schriftlich bestätigen lassen und es dann wieder in Empfang nehmen.

In Dünkirchen ging die britische Evakuierungsaktion den ganzen 29. Mai über weiter. Am frühen Morgen dieses Tages wurde der Zerstörer *Grafton,* als er gerade Überlebende von einem anderen versenkten Schiff an Bord nahm, von zwei deutschen Torpedobooten angegriffen; 35 Offiziere kamen ums Leben. Später am Tag wurde die *HMS Waverley,* ein schon früher zum Minensucher umgerüsteter Schaufelraddampfer, auf dem Weg nach England von zwölf deutschen Sturzkampfbombern angegriffen. Ein ungleicher Kampf entbrannte. An Bord gab es nur ein einziges Flugabwehrgeschütz, zu dessen Feuer sich die Kugeln aus den Gewehren der 600 an Bord befindlichen Soldaten gesellten. Doch nach einer halben Stunde unaufhörlicher Bombardierung sank die *Waverley.* Mehr als 300 ihrer Passagiere ertranken. »In diesen dunklen Tagen«, schrieb Churchill am 29. Mai an alle Minister und hohen Regierungsbeamten, »wäre der Premierminister dankbar, wenn alle seine Kollegen im Kabinett und auch die hohen Beamten in ihrem Wirkungskreis eine starke Moral an den Tag legen würden. Ohne den Ernst dessen, was uns widerfährt, herunterzuspielen, sollten wir Zutrauen in unsere Fähigkeit und unbeugsame Entschlossenheit demonstrieren, den Krieg fortzusetzen, bis wir den Willen des Feindes, ganz Europa unter seine Herrschaft zu bringen, gebrochen haben.«

An diesem 29. Mai wurden insgesamt 47310 Mann aus Dünkirchen evakuiert. Als Hitler an diesem Tag in Cambrai mit den Kommandeuren seiner Heeresgruppen konferierte, informierte er sie über seinen Entschluß, »die Panzerkräfte sofort für eine südwärts gerichtete Offensive bereitzustellen, um Frankreich den Rest zu geben«. »Vielleicht gibt Frankreich seinen jetzt aussichtslos gewordenen Kampf auf«, schrieb General Rommel an seine Frau. »Wenn nicht, werden wir es zerschmettern.«

Für die Briten näherte sich das Abenteuer Dünkirchen seinem Ende. Die Evakuierung lief seit vier Tagen, die deutschen Truppen rückten immer näher, die deutschen Luftangriffe wurden immer heftiger. In den frühen Morgenstunden des 30. Mai lag die Zahl der insgesamt Evakuierten bei 80000, doch die Lage an den Stränden war, wie Churchill an diesem Morgen dem Kriegskabinett eröffnete, »schwierig« geworden. Um 14 Uhr übermittelte Churchill an Lord Gort den Befehl, er solle, sobald die Zahl seiner noch kämpfenden Einheiten im Raum Dünkirchen auf eine Stärke von drei Divisionen geschrumpft war, das Kommando abgeben und nach England zurückkehren. Sein Nachfolger werde dann die Pflicht haben, die Dünkirchener Enklave weiter zu verteidigen. Falls jedoch, fügte Churchill hinzu, »seinem Urteil nach keine organisierte Gegenwehr mehr möglich ist und dem Feind kein nennenswerter Schaden mehr zugefügt werden kann, ist er ermächtigt, in Absprache mit dem ranghöchsten französischen Befehlshaber formell zu kapitulieren, um ein sinnloses Gemetzel zu vermeiden«.

Keine drei Wochen waren vergangen, seit Gorts Armee durch Belgien vorgerückt war, um dem deutschen Vorstoß über die belgische Grenze einen Riegel vorzuschieben. Jetzt hatten, wie später ein Historiker schrieb, die Deutschen die vermeintlich verriegelte Tür mit solcher Wucht eingetreten, daß sie »gegen Frankreich zurückschleuderte und in Stücke ging«. Unter den Verteidigern der Enklave Dünkirchen, die am 30. Mai fielen, war der Unterhausabgeordnete Ronald Cartland. »Die Lebensauffassung, für die er kämpfte«, schrieb Winston Churchill sechs Monate später, »wird sicherlich die Oberhand behalten und fortbestehen, gerade weil Männer wie er sich für sie einsetzen und opfern.«

Vor Dünkirchen unterstützten französische Schiffe die Briten bei der Evakuierung. Am 30. Mai lief der französische Zerstörer *Bourrasque* auf dem Rückweg nach Dover auf eine Mine und sank. Rund 150 der Männer, die die *Bourrasque* kurz zuvor in Dünkirchen abgeholt hatte, ertranken. Wenig später wurde der britische Zerstörer *Wakefield* von deutschen Sturzkampfbombern attackiert und sank ebenfalls. Trotz der deutschen Luftangriffe gelang es an diesem Vormittag, binnen einer einzigen Stunde 4000 Mann zu bergen. Auf ausdrückliche Anordnung Churchills hin wurden französische und britische Einheiten zu gleichen Teilen evakuiert. Der 31. Mai brachte einen neuen Evakuierungsrekord: Insgesamt 68104 britische und französische Soldaten konnten an diesem Tag abtransportiert werden.

Auch wenn Belgien bereits kapituliert hatte, wurde die Armada kleiner Schiffe, die sich an der Evakuierung beteiligten, von vielen belgischen Fischerbooten verstärkt. Am 31. Mai legte die *Lydie Suzanne* mit 105 Mann an Bord in Dover an; die *Zwaluw* brachte 58, die *Cor Jésu* 274, die *Jonge Jan* 270, die *A5* 234.

Am 31. Mai konferierte in Paris der Oberste Kriegsrat. Paul Reynaud bat Churchill inständig, weitere Truppen nach Frankreich zu entsenden, wo die Franzosen, um die Front entlang der Somme zu halten, dringend Verstärkung brauchten. Churchill entgegnete, es seien »keine

Kräfte übrig, die sofort entsandt werden könnten«. Man müsse auch Truppen im Vereinigten Königreich belassen, »um mit einer möglichen Invasion zur See oder aus der Luft fertig zu werden«. Infolge des Krieges in Frankreich sei jetzt sogar die britische Verteidigungsfähigkeit gegen eine Invasion in Gefahr. Von den 39 Fluggeschwadern, die man ursprünglich als das für die britische Luftverteidigung unerläßliche Minimum erachtet habe, seien schon zehn nach Frankreich abgezogen worden; »inzwischen sei von diesen zehn Geschwadern nur noch sehr wenig übrig«. Auf britischem Boden stünden mittlerweile nur noch drei Divisionen des Landheers, und die seien nicht einmal voll ausgerüstet. Die gerade in Ausbildung begriffenen vierzehn zusätzlichen Divisionen seien lediglich mit Gewehren ausgestattet »und daher für eine moderne Kriegführung ganz und gar nicht gerüstet«. Andererseits befänden sich zwei britische Divisionen bereits im westlichen Frankreich, die sich an der Verteidigung von Paris beteiligen könnten, und ein 14000 Mann starker australischer Verband werde am 12. Juni in Großbritannien erwartet. Es seien Soldaten »von höchster Qualität«, wenngleich sich ihre Ausbildung und Ausrüstung noch nicht ganz auf dem letzten Stand befände.

Churchill war fest entschlossen, die Franzosen zum Durchhalten zu bewegen. Er gab seiner Überzeugung Ausdruck, Großbritannien und Frankreich müßten, um den Krieg zu gewinnen, »nur den Kampf weiterführen«. Und auch wenn einer von ihnen zu Boden gerungen würde, dürfe deswegen der andere nicht den Kampf aufgeben. »Die britische Regierung sei bereit, den Krieg von der Neuen Welt aus zu führen, falls durch eine katastrophale Entwicklung England selbst in Trümmer ginge.« Man müsse sich, betonte Churchill, klarmachen, daß Deutschland, falls es einen der Alliierten oder gar beide besiegen würde, »keinen Pardon geben würde«: Die beiden Länder würden dann »für immer zu Vasallen oder Sklaven erniedrigt werden«.

In den Unterredungen mit den französischen Führern am 31. Mai hob Churchill die Bereitschaft der Vereinigten Staaten hervor, »uns machtvolle Unterstützung zu geben«. Selbst wenn sie nicht in den Krieg eintreten würden, hätten die jüngsten Entwicklungen sie doch »alarmiert«. Die Franzosen sollten daher Stahl und anderes wesentliches Material »in großen Mengen« in Amerika bestellen. Auch wenn Großbritannien und Frankreich nicht bezahlen könnten, werde »Amerika ... weiterliefern«. Arthur Purvis hatte einen Tag zuvor in Washington ein umfangreiches Arsenal geordert: 500 Mörser, 500 Feldgeschütze, »einige Tausend« Flugabwehrgeschütze, 10000 Maschinengewehre, 25000 automatische Gewehre, 500000 Lee-Enfield-Gewehre und 100 Millionen Schuß Maschinengewehr- und Gewehrmunition. Am 31. Mai, kurz nachdem Churchill nach London zurückgekehrt war, konnte Purvis eine weitere Erfolgsmeldung kabeln. General Marshall, Stabschef der U.S. Army, sei dazu bewogen worden, eine Bestimmung in den amerikanischen Neutralitätsgesetzen zu »strapazieren«: Er werde beträchtliche Mengen amerikanischer Munitionsbestände für »überschüssig« erklären, um sie so den Briten zur Verfügung stellen zu können. Ferner hatte Purvis den Briten eine Art »Vorkaufsrecht« für den Erwerb von 15000 Tonnen des neuentwickelten Sprengstoffs TNT (Trinitrotoluol) gesichert.

Einer der Männer, mit denen Churchill in Paris konferiert hatte, war Marschall Pétain gewesen, im Ersten Weltkrieg als »Held von Verdun« gefeiert und damals ein Sinnbild der französischen Entschlossenheit, den Deutschen um jeden Preis die Stirn zu bieten. Als aber der Franzose Roland de Margerie erklärte, daß man, falls Frankreich niedergerungen würde, von Französisch-Nordafrika aus weiterkämpfen müsse, fiel Churchill, wie er sich später erinnerte, die »abwesende und düstere« Miene Pétains auf, »die mir den Eindruck vermittelte, er würde sich mit einem Separatfrieden abfinden«.

An diesem Abend verließ General Gort Dünkirchen und kehrte nach England zurück. Den Oberbefehl über die letzte Phase der Evakuierung hatte er zuvor General Alexander übertragen.

Nur noch 20000 Briten und 60000 Franzosen warteten an den Stränden auf ihren Abtransport. Im Laufe des 1. Juni kamen jedoch mehrere deutsche Verbände nahe genug an Dünkirchen heran, um mit ihrer Artillerie die Strände bestreichen zu können. Und auch die Luftangriffe der deutschen Sturzkampfbomber verschärften sich; binnen weniger Stunden wurden drei britische und ein französischer Zerstörer versenkt, dazu zwei Truppentransporter, ein Minensuchboot und ein Kanonenboot. Trotz des Sperrfeuers vom Land und aus der Luft gelang es jedoch, an diesem Tag insgesamt 64229 Mann zu evakuieren.

Eines der Schiffe, die an diesem 1. Juni Soldaten aus Dünkirchen nach England zurückbrachten, war die Jacht *Sundowner*, deren Eigentümer und Kapitän der pensionierte Marineoffizier C. H. Lightoller war, seinerzeit der ranghöchste überlebende Offizier der *Titanic* und Vater eines der ersten britischen Piloten, die nach Kriegsbeginn im September 1939 gefallen waren. Lightoller erinnerte sich später daran, wie sein Sohn ihm vor dem Krieg »bei mehreren Gelegenheiten eine ganze Menge nützlicher Informationen über Angriffs-, Verteidigungs- und Ausweichtaktiken gegeben hatte (wovon er offensichtlich besonders viel verstand), und ich schreibe die Tatsache, daß wir ohne Verluste durchkamen, zu einem beträchtlichen Teil seiner unwissentlichen Hilfe zu«. Kapitän Lightoller hatte zusammen mit seinem älteren Sohn und einem Lotsen 130 Mann nach England gebracht.

Während die Evakuierung der Truppen aus Dünkirchen zu Ende ging, stellte sich für Großbritannien die drängende Frage, ob die Deutschen mit einem Landungsversuch auf den Britischen Inseln nachsetzen würden. Das britische Heer war an einem Tiefpunkt seiner Schlagkraft angelangt; seine beiden besten Divisionen schickten sich gerade an, von ihren Stützpunkten in Westfrankreich aus ins Geschehen einzugreifen. Die Royal Air Force verfügte nicht einmal mehr über die Anzahl von Geschwadern, die als das für die Abwehr eines Invasionsversuchs erforderliche Minimum galten. Freilich, während die britische Öffentlichkeit sich in banger Ungewißheit fragte, ob Hitler nicht bereits zum Sprung über den Ärmelkanal ansetze, teilten die rund zwanzig Männer, die die Politik Großbritanniens leiteten, diese Ängste nicht.

Seit dem 22. Mai hatte der Militärische Nachrichtendienst der Briten dank der Bemühungen Hunderter von Dechiffrierungsspezialisten, die in Bletchley die Enigma-Schlüssel der deutschen Luftwaffe knackten, gelernt, die geheimsten Weisungen der deutschen Luftwaffenführung an ihre leitenden Befehlshaber in Frankreich innerhalb weniger Tage, manchmal sogar einiger Stunden, nachdem sie ergangen waren, zu decodieren. Dies förderte nicht nur operative Details von lokaler Bedeutung zutage, sondern machte auch deutlich, daß, wie der Militärische Nachrichtendienst am 1. Juni meldete, das vorrangige Ziel der Deutschen die Niederwerfung Frankreichs war. Ehe Frankreich nicht kapituliert hatte, war eine deutsche Landung in Großbritannien unwahrscheinlich, denn es gab keine entsprechenden Planungen oder Vorkehrungen. Hätten sie existiert, so hätten sich in dem entschlüsselten Enigma-Material Hinweise darauf finden müssen. Doch in keiner einzigen der abgefangenen Botschaften war von einer Verlegung oder Konzentration von Flugzeugen die Rede, wie Hitler sie hätte anordnen müssen, wenn er nach den Ereignissen von Dünkirchen den Sprung über den Kanal hätte wagen wollen.

In welcher Stimmung Churchill an jenem 1. Juni war, geht aus einem Schreiben hervor, das er an diesem Tag an den Direktor der National Gallery schickte, der die Auslagerung der wertvollsten Gemälde nach Kanada vorgeschlagen hatte. »Nein«, schrieb Churchill. »Verstaut sie in Kellern und Höhlen. Keines soll fort. Wir werden sie schlagen.« In Brüssel erläuterte an diesem Tag Hitler seinen höchsten Generälen, weshalb er seine gepanzerten Divisionen vor Dünkirchen hatte haltmachen lassen. »Ich hatte Angst« sagte er, »daß der Feind von der Somme her zur Offensive ansetzen und die geschwächte Panzerwaffe des Heeres überrollen würde, vielleicht bis nach Dünkirchen.«

Genau wie die britische Aufklärung vorausgesagt hatte, konzentrierte Hitler die gesamten militärischen Kräfte Deutschlands jetzt auf den Vorstoß Richtung Süden, nach Paris. Um den Franzosen bei der Verteidigung ihrer Hauptstadt beizustehen, hatte Churchill Reynaud zugesagt, daß von den 16000 britischen, französischen und polnischen Soldaten, die gerade in Narvik ihre Stellungen räumten und in Schottland neu gesammelt werden sollten, möglichst viele direkt anschließend an die Somme-Aisne-Front verlegt würden. Um diesen Vorgang zu beschleunigen, hatte Churchill sich bereit erklärt, die Evakuierung Narviks um sechs Tage auf den 2. Juni vorzuziehen. Einen Tag später erklärten sich die britischen Stabschefs unter Berufung auf das dechiffrierte Enigma-Material, das keine kurzfristigen Invasionspläne der Deutschen offenbarte, mit der Entsendung von Verstärkungen nach Frankreich einverstanden, betonten aber nochmals, daß Großbritannien sich damit dem Risiko »eines entscheidenden Luftangriffs und/oder einer Invasion« aussetze.

Am 2. Juni um Mitternacht waren die letzten 3000 britischen und französischen Soldaten aus Dünkirchen evakuiert worden. Damit war es gelungen, insgesamt 338326 Mann in sieben Tagen nach England abzutransportieren: also fast dreimal so viele Männer, wie die Briten Ende 1915 von der Gallipoli-Halbinsel evakuiert hatten. Insgesamt waren 222 Schiffe der Kriegsmarine und 665 zivile Fahrzeuge zwischen Dünkirchen und der britischen Küste unterwegs gewesen. Sechs Zerstörer und 24 kleinere Schiffe waren verlorengegangen. 38 britische Zerstörer, die keineswegs für den Transport größerer Menschenmengen gebaut waren, hatten 91624 Mann evakuiert. Auf Minensuchbooten waren 30942 Mann in Sicherheit gebracht worden, auf dreißig holländischen Motorschiffen 20284. Französische Zerstörer hatten 7623 Mann nach Hause gebracht. Weitere Zehntausende waren auf Hunderten von Handelsschiffen, Truppentransportern und Fähren übergesetzt worden. Die in vieler Hinsicht bemerkenswertesten Transportleistungen wurden jedoch von kleinen Schiffen erbracht: Trawlern, Lotsenbooten, Schleppern, Rettungsbooten, Fischkuttern, Ausflugsschiffen, Schaufelraddampfern und über 600 kleinen Freizeitbooten, die, in Gruppen zwischen mehreren hundert und einem halben Dutzend, insgesamt 80000 Mann nach England brachten.

Was diese Schiffe vollbrachten, war militärisch nicht weniger wert als eine siegreiche Seeschlacht. Dazu kam, daß die Royal Air Force am Himmel über Dünkirchen den ersten nennenswerten Luftsieg für die Alliierten in diesem Krieg errang. An einigen dieser elf Tage zwischen dem 25. Mai und dem 5. Juni hatten die Briten dreimal so viele deutsche Flugzeuge abgeschossen, als sie selbst verloren hatten – ein gutes Omen für die kommenden Luftschlachten. Auf der anderen Seite jedoch waren in diesen elf Tagen 34000 britische Soldaten in und um Dünkirchen in deutsche Gefangenschaft geraten.

Nachdem Bergungsschiffe die letzten 3000 alliierten Soldaten und dazu 71 schwere Geschütze und 595 Fahrzeuge an Bord genommen hatten, stiegen General Alexander und der ranghöchste britische Marineoffizier in Dünkirchen, Kapitän Tennant, in ein schnelles Motorboot und fuhren das Hafengebiet ab, um sich zu vergewissern, daß kein einziger ihrer Soldaten in Dünkirchen zurückgeblieben war. Als dies getan war, kehrten sie zum Kai zurück und schifften sich nach England ein. Hitler erzählte an diesem Tag in Charleville seinen Generälen von seiner Bewunderung für die britische Herrschaft in Indien. »Er weist darauf hin«, notierte einer der Zuhörer in sein Tagebuch, »daß wir ohne eine Marine, die der britischen ebenbürtig wäre, ihre Kolonien nicht über längere Zeit hinweg halten könnten. Daher ließe sich für ein Friedensabkommen mit England leicht eine Basis finden. Frankreich dagegen müsse niedergeworfen werden; es müsse die Zeche zahlen.«

Hitlers Gedanken richteten sich nach Osten. »Jetzt, da England vermutlich friedensbereit sein wird«, sagte er in Charleville zu General von Rundstedt, »werde ich die Endabrechnung mit dem Bolschewismus in die Wege leiten.«

KAPITEL 7

Die Schlacht um Frankreich

Juni 1940

Als sich abzeichnete, daß die bis dahin im Raum Dünkirchen gebundenen deutschen Kräfte bald frei sein würden, um in den Vormarsch Richtung Süden einzugreifen, nahm Hitler sein bis dahin ehrgeizigstes Kriegsziel ins Visier. Ein Ziel, das zu erreichen dem deutschen Kaiser in den vier gnadenlosen Kriegsjahren zwischen 1914 und 1918 nicht gelungen war: die Eroberung von Paris. »Heute zum Führer bestellt«, schrieb General Rommel am 2. Juni 1940 an seine Frau. »Wir sind alle in prächtiger Form.«

Am 3. Juni flog die deutsche Luftwaffe einen Bombenangriff auf Paris. Ihm fielen insgesamt 254 Menschen zum Opfer, 195 Zivilisten und 59 Soldaten. Unter den getöteten Zivilisten waren viele Schulkinder, die in einem Lastwagen Zuflucht gesucht hatten, der einen direkten Treffer abbekam. Der französische Innenminister Georges Mandel konnte nur durch die Androhung schwerer Strafen eine Massenflucht staatlicher Beamten aus der Hauptstadt verhindern. In Berlin gab Admiral Fricke, Chef der Operationsabteilung der Seekriegsleitung, eine Denkschrift über die Strategie in der Nachkriegszeit in Umlauf. In ihr sprach er sich dafür aus, alle Völker in den von Deutschland besetzten westeuropäischen Ländern – Norwegen, Dänemark, Holland, Belgien und Frankreich – »politisch, wirtschaftlich und militärisch völlig von Deutschland abhängig« zu machen. Frankreich müsse militärisch und wirtschaftlich so zurückgesetzt und seine Bevölkerung so stark reduziert werden, daß es sich nie wieder erheben und zum anspornenden Beispiel für die kleineren Staaten werden könne.

Die Zuversicht der Deutschen war verständlich. Auf der anderen Seite erhielt das britische Kriegskabinett am 3. Juni die Mitteilung, der norwegische König Haakon sei, obwohl er gerade Anstalten mache, nach England ins Exil zu gehen, »überzeugt, daß die Alliierten letzten Endes siegen würden«.

Am 4. Juni machten die Briten eine Bestandsaufnahme ihrer militärischen Mittel zur Abwehr einer Invasion, die für den Fall der Kapitulation Frankreichs befürchtet wurde. Auf britischem Boden befanden sich zu diesem Zeitpunkt nur 500 schwere Geschütze, darunter einige museumsreife Stücke. Wie das Kriegskabinett am 4. Juni zur Kenntnis nahm, waren zwischen dem 19. Mai und dem 1. Juni 453 Flugzeuge der verschiedensten Typen produziert worden; im selben Zeitraum waren 436 verlorengegangen. Bei den Spitfires standen 39 fertiggestellte Maschinen 75 verlorenen gegenüber. Die Zahl der einsatzbereiten Flugzeuge lag am 2. Juni bei 504. Der Befehlshaber des Fighter Command, Sir Hugh Dowding, hatte am 2. Juni vor dem Kriegskabinett erklärt, er könne im Falle einer deutschen Luftoffensive »nicht länger als für 48 Stunden« eine britische Luftüberlegenheit garantieren. Dowding gehörte übrigens zu diesem Zeitpunkt nicht zu den Eingeweihten, die dank der durch die Decodierung des Enigma-Schlüssels gewonnenen Informationen davon ausgingen, daß die Deutschen vor der endgültigen Niederwerfung Frankreichs keine Invasion planten.

Bei der Evakuierung ihrer Soldaten hatten die Briten im Raum Dünkirchen ein enormes Waffenarsenal zurücklassen müssen: 475 Panzer, 38000 Fahrzeuge und 12000 Motorräder, 8000 Feldtelefone und 1855 drahtlose Feldfunksprechgeräte; 400 Panzerabwehrkanonen,

1000 schwere Geschütze, 8000 leichtere Geschütze und 90000 Gewehre, dazu nicht weniger als 7000 Tonnen Munition. In Großbritannien gab es jetzt nur noch 600000 Gewehre und 12000 leichte Feldgeschütze. Es würde zwischen drei und sechs Monaten dauern, diese Verluste wettzumachen.

Am Nachmittag des 4. Juni erklärte Churchill vor den Abgeordneten des Unterhauses, die große Freude über die Ereignisse von Dünkirchen empfanden, sich aber verständlicherweise auch Sorgen über die Zukunft machten: »Auch wenn große Gebiete Europas und viele alte und berühmte Staaten in die Hand der Gestapo und des ganzen unappetitlichen Apparats der NS-Herrschaft gefallen sind oder noch fallen mögen, werden wir nicht zagen oder versagen. Wir werden bis ans Ende gehen. Wir werden in Frankreich kämpfen, wir werden auf den Meeren und Ozeanen kämpfen, wir werden mit wachsendem Selbstvertrauen und wachsender Stärke in den Lüften kämpfen, wir werden unsere Insel verteidigen, so hoch der Preis auch sein mag.«

Dann wandte er sich an die Millionen seiner Landsleute, die nicht daran glaubten, daß Großbritannien sich einer deutschen Invasion würde erwehren können: »Wir werden auf den Stränden kämpfen, wir werden in den Landezonen kämpfen, wir werden auf den Feldern und in den Straßen kämpfen, wir werden in den Bergen kämpfen; wir werden niemals kapitulieren, und selbst wenn, woran ich keine Sekunde glaube, diese Insel oder ein großer Teil von ihr unterworfen und ausgehungert würde, würde doch unser Empire in Übersee, bewaffnet und bewacht durch die britische Flotte, den Kampf weiterführen, bis zu dem gottgewollten Zeitpunkt, da die Neue Welt mit all ihrer Kraft und Macht zur Rettung und Befreiung der Alten aus der Deckung treten wird.«

Diese Worte Churchills flößten seinen Landsleuten Mut ein. In der Stunde größter Zweifel und Ängste hatte er ihnen versichert: »Wir werden niemals kapitulieren.« Diejenigen, die ihn sprechen hörten, fühlten sich gestärkt, fühlten sich in der Lage, der Zukunft mit einem neuen Gefühl nationaler Einheit und nationalen Stolzes entgegenzusehen. »Wir werden in Frankreich kämpfen...«, diese fünf Worte waren kein vages Versprechen, sondern beschrieben eine unmittelbare Realität: Auch wenn 224318 britische Soldaten aus Dünkirchen evakuiert worden waren, standen doch noch immer 136000 ihrer Kameraden im westlichen Frankreich. Andere waren, aus Norwegen kommend, auf dem Weg zum französischen Kriegsschauplatz; am Abend des 3. Juni hatte der alliierte Abzug aus Narvik mit der Einschiffung der ersten 4500 Soldaten begonnen. In Frankreich standen außerdem noch 200000 polnische Soldaten, Überreste der polnischen Streitkräfte, die neun Monate zuvor gegen die deutschen Invasoren gekämpft und sich später über Rumänien in den Westen durchgeschlagen hatten.

Am Abend des 4. Juni erteilte Hitler, der sein Hauptquartier in das belgische Dorf Brûly-de-Pesche unweit der Grenze zu Frankreich verlegt hatte, 143 deutschen Divisionen, die entlang einer 230 Kilometer langen Front aufgereiht standen, den Befehl zum Vorrücken. Ihnen gegenüber standen 65 französische Divisionen. Am 5. Juni begann um 4 Uhr morgens die Schlacht um Paris. Als die deutschen Streitkräfte ihre nach Süden gerichtete Offensive mit einem heftigen Luft- und Artilleriebombardement entlang der Somme-Aisne-Linie begannen, richtete General Weygand einen Appell an die französischen Einheiten, die den Schlag abfangen sollten. »Möge der Gedanke an die Leiden unseres Landes euch in dem festen Entschluß zum Widerstand bestärken«, ermahnte er sie. »Das Schicksal der Nation und die Zukunft unserer Kinder hängen von eurer Entschlossenheit ab.« Paul Reynaud, der bestrebt war, sich die fähigsten Soldaten Frankreichs als Ratgeber für die Lenkung der Schlacht an seine Seite zu holen, ernannte an diesem Tag General de Gaulle zum Staatssekretär im Kriegsministerium.

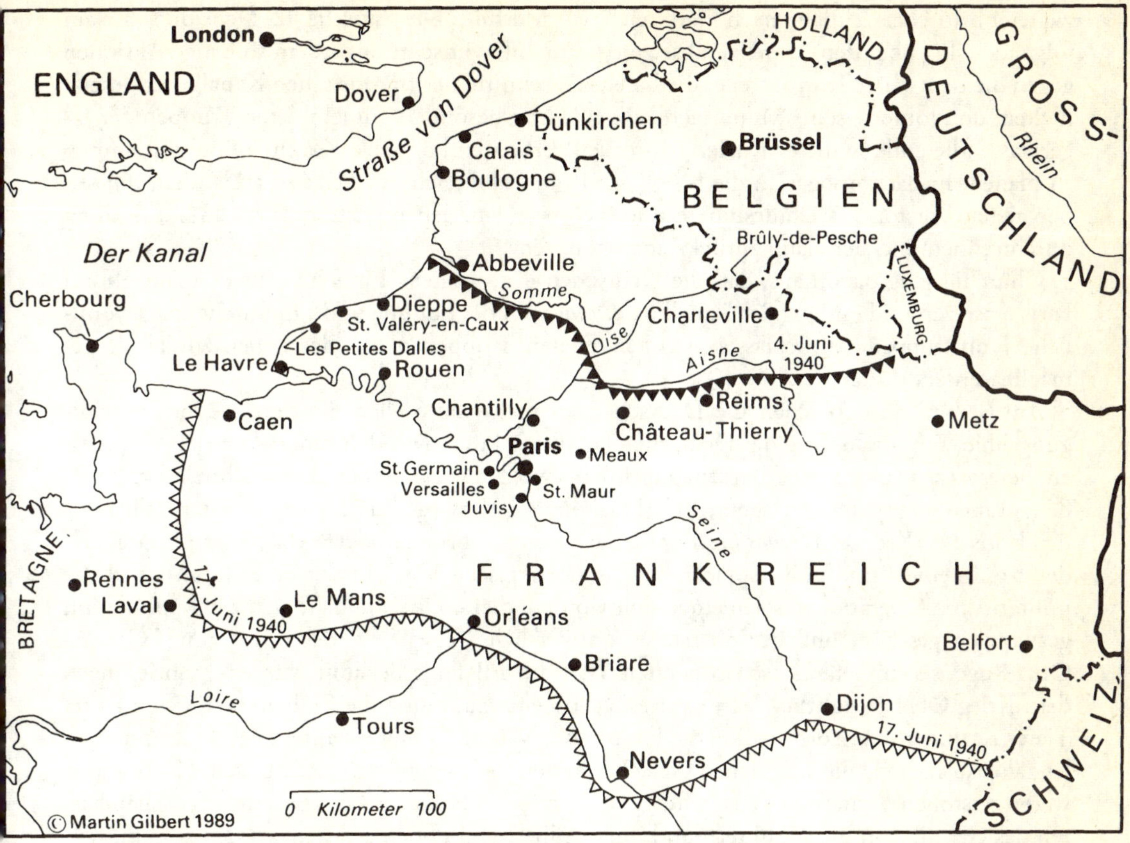

Die Schlacht um Frankreich, Juni 1940

Britische Truppen traten an diesem 5. Juni auch in Aktion. Sie hielten an der westlichen Flanke der Front, zwischen Abbeville und dem Meer, die Stellung. Obwohl diese Einheiten »mit verbissener Ausdauer kämpften«, wie es in der amtlichen britischen Kriegsgeschichtsschreibung heißt, wurden sie zurückgedrängt und schließlich hauptsächlich aufgrund wachsender Verluste, mangelnder Munition und »der zahlenmäßigen Überlegenheit des Feindes« niedergewalzt. Und dieses Schicksal teilte trotz zahlloser heroischer Einzelaktionen die gesamte alliierte Front.

Hoch über der nördlich von Chantilly verlaufenden Front mußte an diesem Tag einer der erfolgreichsten deutschen Jagdpiloten, Werner Mölders, den Schleudersitz seiner brennenden Messerschmitt betätigen. Am Fallschirm zur Erde schwebend, stellte er fest, daß er auf der deutschen Seite der Front gelandet war. Er stürzte sich sogleich wieder in den Kampf und erhöhte sein »Abschußkonto« bis Jahresende auf 68 französische und britische Maschinen. Dafür erhielt er als erster deutscher Pilot in diesem Krieg das begehrte Ritterkreuz mit allen drei möglichen Ausschmückungen: mit Eichenlaub, Schwertern und den sehr selten verliehenen Brillanten.

Da man nun in London die Möglichkeit einer bevorstehenden Invasion ausschließen konnte, entschied sich Churchill, Reynaud für die Schlacht um Frankreich zwei Jagdflieger- und vier Bombergeschwader zur Verfügung zu stellen. Auch die Bitte Reynauds um die Entsendung weiterer britischer Truppen nach Frankreich wurde erfüllt: Die britische 52. Division sollte am folgenden Tag über den Ärmelkanal setzen. Churchill wünschte außerdem sofortige Aktionen gegen die deutschen Truppenteile, die bereits Abschnitte der französischen Kanalküste besetzt hielten, und forderte seine Militärfachleute auf, »mit besonders ausgebildeten Truppen der Jägerklasse, die entlang dieser Küsten Schrecken verbreiten können«, Kommandounternehmen zu planen. Er dachte sogar an die Möglichkeit, in Frankreich mit Panzern zu landen, die »einen tiefen Vorstoß ins Landesinnere unternehmen, eine lebenswichtige Verkehrsverbindung durchtrennen und sich dann zurückziehen könnten«.

Churchill ging davon aus, daß die Deutschen ihre »besten« Einheiten für den Angriff auf Paris einsetzen und entlang der Kanalküste, zwischen der Somme und Dünkirchen, »gewöhnliche Fronttruppen« zurücklassen würden. Diesen Truppen müsse das Leben zur Hölle gemacht werden, forderte er.

Am 6. Juni durchbrachen die Deutschen an mehreren Stellen die französische Verteidigungslinie. Ein totaler Sieg der Deutschen lag in der Luft. »Mit den Juden«, schrieb Goebbels an diesem Tag triumphierend in sein Tagebuch, »werden wir nach dem Krieg schnell fertig werden.« Einen Tag später bestiegen König Haakon von Norwegen und seine Minister in Tromsø den britischen Kreuzer *Devonshire,* der sie nach London bringen sollte. Vor seiner Abreise hielt der König eine Rundfunkansprache an das norwegische Volk, in der er erklärte, sämtliche militärischen Operationen seien eingestellt worden; die 6. Division habe sich zur Kapitulation gezwungen gesehen, und der oberste Verantwortliche für die Landesverteidigung, General Otto Ruge, sei in Gefangenschaft geraten. »Als diese Befehle bekannt wurden«, schrieb nach dem Krieg Oberst Munthe-Kaas, »war es, als ob eine Lähmung die Einheiten ergriffen hätte. Tiefer Kummer und Zorn erfüllte die Herzen der Männer. Einige weinten. Alles Kämpfen, alles zähe Ausharren, alle siegreichen Gefechte hatten nichts genützt.« »Alle unsere Hoffnungen waren zerstoben«, erinnerte sich ein junger norwegischer Soldat später, »und die Menschen hatten das Gefühl, von ihren Führern und ihren Alliierten im Stich gelassen worden zu sein.«

Diese Alliierten kämpften aber auch an anderen Fronten, und soeben war eine weitere neu eröffnet worden, an der sie ebenfalls unterlegen waren. Die Deutschen hatten am 5. und nochmals am 6. Juni in dem Bemühen, die britische Luftunterstützung für Frankreich zu torpedieren, rund hundert Bomber nach Großbritannien geschickt. Dennoch erhöhte die britische Regierung am 6. und ebenso am 7. Juni ihre Luftunterstützung für Frankreich beträchtlich. Am 6. Juni beteiligten sich insgesamt 144 britische Jäger an der Luftschlacht über Frankreich, was der Stärke von zwölf Geschwadern entsprach. Sie flogen an diesem Tag über hundert Bombereinsätze auf Ziele, die ihnen vom französischen Oberkommando genannt wurden. Zwei weitere Jagdgeschwader wurden am 8. Juni nach Frankreich entsandt, dazu 24 komplette »Bausätze« für Ballonsperren, die bei der Verteidigung von Paris eingesetzt werden sollten.

Aufgrund ihres zügigen Vormarsches wuchs die Euphorie der Deutschen. »Als wir auf der Hauptverbindungsstraße zwischen Dieppe und Paris fuhren«, hielt Rommel am 7. Juni fest, »begegneten wir einem deutschen Panzergrenadier, der mit einem französischen Traktor einen Panzer abschleppte. Der junge Soldat strahlte übers ganze Gesicht, voller Freude über seinen Erfolg.« Aber auch Rommel selbst war in Hochstimmung: »An diesem Tag ungeheure und stündlich wachsende Gefangenenzahlen und Beute«, schrieb er. »Unsere eigenen Verluste waren unbedeutend.« Am 8. Juni jedoch brachte Hitler, durch den »äußerst starken Widerstand« der Franzosen nördlich von Paris beunruhigt, mit seiner Weisung Nr. 14 den Vormarsch im Dreieck Château-Thierry–Metz–Belfort praktisch zum Stillstand und ließ die Truppen, die er zur Besetzung des östlichen Frankreich hatte benutzen wollen, zur Verstärkung der Pariser Front nach Westen schwenken.

In Norwegen wurde an diesem 8. Juni die Räumung Narviks durch die Briten abgeschlossen. Im Verlauf der letzten Manöver, die die britische Marine dabei unternahm, wurden der Flugzeuträger *Glorious* und die beiden Zerstörer *Ardent* und *Acasta* versenkt; die See verschlang 1515 Offiziere und Seeleute. Nur 43 Mann überlebten, vierzig von der *Glorious*, zwei von der *Ardent* und ein Matrose namens Carter von der *Acasta*. Die erfolgreiche Evakuierung der letzten von den einst 25 000 auf norwegischem Boden stationierten alliierten Soldaten bewirkte jedoch, daß sich in die Trauer um den Verlust eine gewisse Erleichterung mischte.

Mit der *Glorious* versanken die Flugzeuge zweier vollständiger Geschwader und alle Piloten bis auf zwei, die mit dem Leben davonkamen. Ebenfalls am 8. Juni wurde Churchill ein weiteres Mal von Paul Reynaud gebeten, zwei oder gar drei weitere britische Luftwaffengeschwader für Frankreich abzustellen, zusätzlich zu den fünf bereits dort eingesetzten Geschwadern. Auf der Sitzung des Kriegskabinetts an diesem Nachmittag wurde jedoch bekannt, daß zwei dieser fünf Geschwader bei ihren Einsätzen an diesem Tag zehn ihrer achtzehn Flugzeuge eingebüßt hatten. Churchill versuchte, das Für und Wider von Reynauds Ersuchen abzuwägen. »Wir könnten die im Gang befindliche Schlacht als entscheidend für Frankreich und unser Land ansehen«, sagte er, »und unsere sämtlichen Jagdfliegerreserven in den Kampf werfen, um so das Ruder herumzureißen und den Sieg herbeizuführen. Sollten wir jedoch dabei scheitern, müßten wir anschließend kapitulieren.« Die Alternative zu dieser Einschätzung erläuterte Churchill seinen Kabinettskollegen wie folgt: »Wir sollten uns klarmachen, daß die im Gang befindliche Landschlacht zwar von großer Bedeutung ist, aber ihr Ausgang, ob so oder so, für Großbritannien nicht entscheidend wäre. Ginge sie verloren und müßte Frankreich kapitulieren, könnten wir den Kampf mit guten Aussichten auf einen Endsieg fortsetzen, vorausgesetzt wir hätten unsere Jagdfliegerkapazität im eigenen Land nicht reduziert; wenn wir uns jedoch unserer Verteidigung beraubten, wäre der Krieg verloren, selbst wenn die Front in Frankreich sich stabilisieren würde, da es dann im Belieben der Deutschen stünde, ihre Luftwaffe gegen dieses Land einzusetzen, und wir ihnen auf Gedeih und Verderb ausgeliefert wären.«

Es ging also nicht mehr nur um die Abwägung zwischen einem Kräftebedarf zu Hause und auf dem französischen Kriegsschauplatz, sondern um eine Überlebensfrage. Eines sei gewiß, schärfte Churchill seinen Kollegen vom Kriegskabinett ein: »Daß, falls dieses Land besiegt würde, der Krieg für Frankreich ebenso verloren wäre wie für uns, während umgekehrt wir, wenn wir selbst stark blieben, den Krieg gewinnen und dabei Frankreich befreien könnten.«

Das Kriegskabinett machte sich die Argumentation Churchills einstimmig zu eigen. Man würde keine Jagdflieger mehr nach Frankreich entsenden. Einen Tag später, am 9. Juni, während deutsche Kräfte sich Rouen näherten, erhielten britische und französische Einheiten, die zusammen mehr als 11 000 Mann zählten, den Befehl, sich im Hafen von Le Havre an der Kanalküste einzufinden, von wo aus sie nach England evakuiert wurden. Andere französische Einheiten ließen sich, nachdem die Deutschen sie vollständig von der Hauptmacht der französischen Streitkräfte abgeschnitten hatten, nach St. Valéry-en-Caux zurückfallen. Dort lieferte am 10. Juni die britische 51. Division unter General Fortune den zahlenmäßig hoch überlegenen Deutschen einen verzweifelten Abwehrkampf. Der französische Befehlshaber, General Ihler, drängte Fortune, sich mit ihm gemeinsam zu ergeben, was Fortune jedoch ablehnte. Als später an diesem Tag britische Soldaten von den Gordon Highlanders gerade das Feuer auf vorrückende deutsche Panzer eröffnen wollten, kamen ihnen Franzosen in die Quere, die, weiße Fahnen schwenkend, den Highlanders direkt in die Schußlinie marschierten, so daß sie nicht feuern konnten.

Den ganzen 10. Juni hindurch gingen von Le Havre, von Cherbourg und von St. Valéry-en-Caux aus Evakuierungstransporte ab. Weiter östlich waren die Franzosen über die Seine zurückgedrängt worden und befanden sich auf einem ziemlich ungeordneten Rückzug Richtung Loire. Reynaud machte an diesem Tag den Vorschlag, es auf eine Entscheidungsschlacht in der Bretagne ankommen zu lassen. De Gaulle bestärkte ihn in diesem Gedanken. Aber Weygand war zu der Überzeugung gelangt, daß die Niederlage unausweichlich sei, und trat daher für eine Kapitulation ein.

An diesem Nachmittag erklärte Mussolini nicht nur Frankreich, sondern auch Großbritannien den Krieg. Hitlers Kommentar dazu: »Zuerst sind sie zu feige, um mitzumachen, und jetzt haben sie es eilig, um noch an der Kriegsbeute beteiligt zu sein.«

In London wurden umgehend alle Italiener im Alter zwischen sechzehn und siebzig Jahren, die seit weniger als zwanzig Jahren in England ansässig waren, ausfindig gemacht und interniert. Insgesamt handelte es sich um 4100 Personen, darunter viele Geschäftsführer, Köche und Kellner der bedeutendsten Londoner Hotels und Restaurants. In Washington verkündete Roosevelt den Amerikanern über das Radio: »An diesem zehnten Tag des Juni 1940 hat die Faust, die den Dolch hielt, ihn ihrem Nachbarn in den Rücken gestoßen.« An die Adresse Frankreichs und Englands gerichtet, versprach der Präsident, die USA würden »den Gegnern der Gewalt die materiellen Ressourcen dieser Nation zugänglich machen. Wir werden nicht bremsen oder Umwege suchen. Anzeichen und Signale fordern ein rasches Handeln: Volle Kraft voraus.«

Aus britischer und französischer Sicht waren es freilich die Deutschen, die als einzige auf volle Kraft voraus geschaltet hatten. »Der Anblick des Meeres mit den Klippen zu beiden Seiten«, schrieb Rommel am 10. Juni, dem Tag seiner Ankunft in dem Städtchen Les Petites Dalles an der Kanalküste, »erregte und bewegte jeden unserer Männer; auch der Gedanke, daß wir die Küste Frankreichs erreicht hatten. Wir kletterten aus unseren Fahrzeugen und gingen über den Kiesstrand zur Wasserlinie hinunter, bis das Wasser unsere Stiefel überspülte.«

Die Aktivitäten der britischen Flotte konzentrierten sich wieder einmal weitgehend auf Evakuierungsmaßnahmen. Am 10. Juni lief der Zerstörer *HMS Broke* unter Kapitän Peter Scott, einem Sohn des Polarforschers Robert Falcon Scott (der 1912 bei seiner Südpolarexpedition den Tod gefunden hatte), in den Hafen von St. Valéry-en-Caux ein, um von den Soldaten der 51. Division so viele wie möglich an Bord zu nehmen. Scott, dem zwischen seiner Ankunft und dem Zeitpunkt, da er wieder Anker lichten mußte, nur eine Dreiviertelstunde blieb, konnte in dieser Zeit 120 Soldaten, darunter 95 Verwundete, an Bord nehmen und in Sicherheit bringen.

Durch die italienische Kriegserklärung dehnte sich der Krieg noch weiter aus. Im östlichen Afrika war Italien als Kolonialmacht in Eritrea und als Besatzungsmacht in Äthiopien präsent. In unmittelbarer Nachbarschaft lagen Großbritanniens Kolonien Britisch-Somaliland und Britisch-Ostafrika. Im Norden Afrikas befand sich eine weitere italienische Kolonie: Libyen. Von der libysch-ägyptischen Grenze waren es nur rund 700 Kilometer bis zum Suezkanal, der maritimen Nabelschnur des britischen Imperiums. Am 11. Juni bombardierte die italienische Luftwaffe, als wolle sie die Ernsthaftigkeit der italienischen Kriegserklärung an Großbritannien unter Beweis stellen, Port Sudan und Aden. Am gleichen Tag flogen italienische Maschinen acht aufeinanderfolgende Bombenangriffe auf die britische Insel Malta im Mittelmeer.

Die Regierungen in London und Paris waren von ihren Nachrichtendiensten mehr als eine Woche vorher auf die Wahrscheinlichkeit einer baldigen italienischen Kriegserklärung aufmerksam gemacht worden und hatten daher bereits am 3. Juni Pläne für die Bombardierung militärischer Ziele in Italien ausarbeiten lassen. So starteten am Abend des 11. Juni britische Bomber von ihren Stützpunkten in England, überflogen Frankreich und bombardierten Ziele in Genua und Turin. Von Britisch-Ostafrika aus wurde ein bescheidener Luftangriff auf eine italienische Militäreinrichtung in Eritrea geflogen. Der Krieg hatte in Afrika Einzug gehalten –

und sogar im Pazifischen Ozean. Keine 48 Stunden nachdem Italien nicht nur Großbritannien und Frankreich, sondern auch deren Kolonialreichen den Krieg erklärt hatte, sichtete der bewaffnete australische Handelskreuzer *Manoora* unweit der Insel Nauru die *Romolo,* ein italienisches Handelsschiff, und nahm die Verfolgung auf. Die *Romolo* war wehrlos, aber ihre Besatzung war auch nicht bereit, sich zu ergeben. Daher versenkte sie sich selbst.

Nicht in Afrika jedoch und auch nicht im Pazifik, sondern in Frankreich vollzogen sich an diesem 11. Juni folgenschwere Kriegsereignisse: Deutsche Truppen besetzten Reims, und die französische Regierung packte in Paris ihre Koffer und begab sich nach Süden in Richtung Loire. An diesem Nachmittag flog Churchill über den Kanal, um persönlich herauszufinden, was die Franzosen vorhatten; er fand die Regierung in Briare an der Loire. Dort setzte General Georges ihn über die enormen französischen Verluste seit der Wiedereröffnung der deutschen Offensive am 5. Juni ins Bild. Von den 103 alliierten Divisionen, die damals die Front gebildet hatten, waren 35 restlos aufgerieben. Andere waren auf »zwei Bataillone und ein paar Geschütze« geschrumpft. Die jetzt noch vorhandene Front wurde nur noch »von einem dünnen Schleier schwacher und ausgelaugter Divisionen gehalten, hinter denen keine Reserven mehr« standen.

Churchill drängte die Franzosen, Paris zur Festung zu erklären, um jede Straße zu kämpfen. Eine hartnäckig verteidigte Großstadt, so erklärte er ihnen, könne »riesige Armeen absorbieren«. Ein britischer Gesprächsteilnehmer bemerkte, daß die Mienen der Franzosen bei diesen Worten »sichtbar einfroren«. Marschall Pétain erwiderte, für die militärische Entscheidung sei es unerheblich, ob man Paris zu »einer Ruinenstadt« mache. Und Reynaud gab zu bedenken, die französischen Truppen seien »durch Mangel an Schlaf erschöpft und durch die Wirkung der feindlichen Bomber angeschlagen. An keiner Stelle bestehe die Hoffnung auf eine Wende zum Besseren.«

Ein weiteres Mal ersuchte Reynaud die Briten um zusätzliche Luftunterstützung. Abermals ließ Churchill ihn wissen, daß er sie nicht gewähren könne. Falls er noch mehr Jagdgeschwader nach Frankreich entsenden würde, wo bereits jetzt Tag für Tag sechs bis acht britische Geschwader in die Schlacht über Frankreich eingriffen, würde dies womöglich, erklärte Churchill, »die letzte Chance der Alliierten, doch noch einmal das Rückgrat der deutschen Macht zu brechen, zunichte machen«. Auch wenn der Zusammenbruch Frankreichs eine »äußerst bedrückende Perspektive« eröffne, hege er, Churchill, »die Gewißheit, daß auch dann noch Deutschland letzten Endes in die Knie gezwungen werden könnte«.

Die Versammelten erörterten noch kurz einen Plan, den Widerstand auf die Bretagne zu konzentrieren, und eine Reihe französischer Generäle, unter ihnen de Gaulle, äußerten sich interessiert. Doch wurde deutlich, daß die Kräfte und Reserven, derer es für eine erfolgreiche militärische Gegenwehr bedurft hätte, fast völlig aufgebraucht waren. Churchill sprach schon offen über die Zeit, da Frankreich unter deutscher Besatzung stehen würde; er erklärte Reynaud und seinen Kollegen: »Es ist denkbar, daß die Nazis Europa beherrschen werden, aber es wird ein aufständisches Europa sein, und am Ende steht die Gewißheit, daß ein Regime, das seine Siege hauptsächlich seinen Maschinen verdankt, eines Tages zusammenbrechen wird. Maschinen werden Maschinen besiegen.«

Dieser Ausblick auf die Zukunft vermochte die Franzosen nicht zu trösten. In dieser Nacht, die Churchill in Briare verbrachte, gab Marschall Pétain seinem Ministerpräsidenten Reynaud zu verstehen, »daß man nicht um ein Waffenstillstandsersuchen herumkommen« werde.

»Maschinen werden Maschinen besiegen« – diese Worte Churchills waren kein bloßes Wunschdenken. Just in dieser Nacht, die er auf französischem Boden verbrachte, wurden an den Docks der U.S. Army in Raritan (New Jersey) die ersten amerikanischen Rüstungsgüter für Großbritannien und Frankreich auf Schiffe verladen. 600 Güterwaggons hatten die wertvolle Ladung herantransportiert; es handelte sich um die Versorgungsgüter, für deren Lieferung Roosevelt zehn Tage zuvor grünes Licht gegeben hatte. Zu der Ladung gehörten 900 Feldgeschütze und 80000 Maschinengewehre, eine halbe Million Gewehre der Baujahre 1917 und 1918, die seither in Öl gelegen hatten, und 250 Schuß Munition pro Gewehr. In London hatte Churchill vor seiner Abreise nach Frankreich ein Beschaffungsprogramm gebilligt, das den Bau von fünf- bis sechshundert schweren Panzern vorsah, die Ende März 1941 einsatzbereit sein sollten.

Der Vormittag des 12. Juni brachte noch einen weiteren Rückschlag für die Alliierten: Bei St. Valéry-en-Caux an der Kanalküste ergaben sich 46000 unter dem Kommando von General Ihler stehende Soldaten (darunter 8000 Briten unter General Fortune) ihrem Belagerer Rommel. Die deutsche Artillerie hatte die Strände unter Beschuß genommen und damit verhindert, daß mehr als nur 3321 Briten und Franzosen an Bord von Evakuierungsschiffen gelangen konnten; sie wollten ein zweites Dünkirchen verhindern. »Nicht weniger als zwölf Generäle wurden gefangengenommen«, schrieb Rommel später, »darunter vier Divisionskommandeure.« Ein Leutnant der deutschen Luftwaffe, der noch eine Stunde zuvor Kriegsgefangener gewesen war, erhielt den Auftrag, die gefangengenommenen Generäle und ihre Adjutanten zu bewachen. »Er war von dem Rollentausch sichtlich entzückt«, schrieb Rommel.

An diesem Abend rief General Weygand den französischen Militärgouverneur von Paris, General Hering, an, und befahl ihm, Paris zur offenen Stadt zu erklären. Die französische Hauptstadt würde nicht, wie Churchill es sich gewünscht hatte, zur umkämpften Bastion werden. Keine Panzer, keine Barrikaden, keine Heckenschützen würden die deutschen Truppen bei ihrem Einmarsch aufhalten. Die Deutschen erklärten sich mit dieser Regelung nur unter der Bedingung einverstanden, daß die Franzosen innerhalb einer breiten Ringzone um Paris jegliche militärische Aktivität einstellen würden. General Hering nahm an. So kam es, daß die Deutschen durch St. Germain, durch Versailles, durch Juvisy, durch St. Maur und durch Meaux marschierten, ohne Widerstand befürchten zu müssen.

Siebzig Jahre waren vergangen seit der ersten Belagerung der französischen Hauptstadt durch deutsche Truppen im Krieg von 1870/71, als die Pariser mittels Heißluftballonen mit dem Dringendsten versorgt worden waren. Mehr als 25 Jahre war es her, daß Truppen des deutschen Kaisers vor Meaux aufgetaucht waren, ohne daß es ihnen in den anschließenden vier Kriegsjahren gelungen wäre, Paris zu erreichen. Jetzt sah Paris sich zum drittenmal innerhalb von siebzig Jahren militärisch bedroht.

Die Engländer hatten nicht die Absicht, Frankreich seinem Schicksal zu überlassen. Getreu der Zusage, die Churchill Reynaud schon früher gemacht hatte, waren zusätzliche britische Truppen nach Frankreich in Marsch gesetzt worden, darunter aus Narvik evakuierte Einheiten und auf englischem Boden stationierte kanadische Truppen. Am 12. Juni traf der designierte Befehlshaber dieser Kräfte, General Brooke, in Frankreich ein. Churchill selbst, der sich noch immer in Briare aufhielt, konnte Reynaud am 12. Juni mitteilen, daß die Aufstellung dieser Verstärkungen in der Umgebung von Le Mans bereits im Gang sei. Zur gleichen Stunde flogen hundert britische Bomber von ihren Stützpunkten in England aus Angriffe auf die deutschen Versorgungslinien, wobei sie vor allem von den Franzosen bezeichnete Ziele bombardierten. Weitere fünfzig Jagdflugzeuge und siebzig Bomber der britischen Luftwaffe operierten nach wie vor von französischen Stützpunkten aus gegen die vorrückenden deutschen Armeen.

An diesem Nachmittag flog Churchill nach England zurück. Unterwegs erblickte er aus 8000 Fuß Höhe den Hafen von Le Havre, der in Flammen stand. Auch er lag unter deutschem

Beschuß. In dieser Nacht wurde Le Havre zum Schauplatz einer weiteren Evakuierungsaktion: Bis zum Morgengrauen des 13. Juni gelang es britischen Schiffen, insgesamt 2222 britische Soldaten wohlbehalten nach England zu bringen. Weitere 8837 waren nur ein Stück weit die französische Küste entlangtransportiert und in Cherbourg abgesetzt worden, von wo aus sie sich anschickten, Seite an Seite mit den an der Loire stehenden französischen Truppen wieder in das Kriegsgeschehen einzugreifen. Aber wie lange würden die Franzosen noch kämpfen? Churchill teilte nach seiner Rückkehr in die britische Hauptstadt dem Kriegskabinett mit, die Franzosen hätten sich in Briare »ausnehmend höflich und würdig« verhalten, doch sei deutlich geworden, »daß Frankreich nicht mehr weit vom Zusammenbruch des organisierten Widerstands entfernt« sei.

Am 13. Juni brach Churchill noch einmal nach Frankreich auf, um einen letzten Versuch zu unternehmen, den französischen Widerstandsgeist zu stärken. Die französische Regierung hatte sich unterdessen in Tours einquartiert. Für den Aufbau einer Widerstandsbastion in der Bretagne sei es, wie Reynaud erklärte, »jetzt zu spät«. Er sehe keine Aussicht auf »einen baldigen Sieg«. Frankreich habe »sein Bestes« gegeben, »seine Jugend, sein Blut; es kann nichts mehr tun«. Daher habe sein Land das Recht, sich um einen Separatfrieden mit Deutschland zu bemühen.

Churchill drängte Reynaud, in einem direkten, »in deutlichsten Worten« formulierten Appell an Präsident Roosevelt um ein amerikanisches Eingreifen zu ersuchen. »Eine feste Zusage der Amerikaner«, meinte Churchill, werde für Frankreich »ein unschätzbarer neuer Faktor« in der Gleichung sein. Reynaud erklärte sich bereit, einen Versuch zu unternehmen, und forderte in einem Telegramm an Roosevelt die Vereinigten Staaten auf, »das Gewicht der amerikanischen Macht in die Waagschale zu werfen, um Frankreich, den Vorposten der Demokratie«, zu retten. Reynaud bat den US-Präsidenten, »den Krieg zu erklären, wenn es Ihnen möglich ist, uns aber in jedem Fall Unterstützung in jeder Form zu gewähren, wenn die Entsendung einer Expeditionsstreitmacht nicht möglich ist«. Falls diese Bitte erfüllt würde, könnten Großbritannien und Frankreich »zum Sieg marschieren«.

Hitler gewährte am gleichen Tag dem Korrespondenten des Pressehauses Hearst, Karl von Wiegand, ein Exklusivinterview, in dem er unterstrich, daß Deutschland keinerlei territoriale Ziele in Nord- oder Südamerika verfolge.

Während Reynaud entschlossen war, den Kampf fortzusetzen, falls die Antwort Roosevelts positiv ausfiel, teilten seine Kabinettskollegen diese Einstellung nicht. Nachdem Churchill nach London zurückgeflogen war, erneuerte Weygand seine Forderung nach einem Waffenstillstand. Eine Gruppe von Ministern, deren Wortführer Mandel war, trat dafür ein, den Sitz der Regierung nach Französisch-Nordafrika zu verlegen und den Kampf von dort aus weiterzuführen. Aber zunächst einmal übersiedelten die Minister noch am gleichen Tag, während deutsche Truppen der Hauptstadt immer näher rückten, nach Bordeaux. Dort erhielten sie Roosevelts Antwort. Der Präsident schrieb, die amerikanische Regierung unternähme »alles in ihrer Macht Stehende, um den alliierten Staaten die von ihnen so dringend benötigten Materialien zugänglich zu machen, und wir sind dabei, unsere Bemühungen um noch mehr Hilfe zu verdoppeln«.

Diese Botschaft verhieß eindeutig keine Kriegserklärung an Deutschland; aber vielleicht konnte ihre Veröffentlichung den Franzosen neuen Mut für die Fortsetzung des Krieges einflößen. Roosevelt hatte keine Einwände gegen eine Veröffentlichung, aber sein Außenminister Cordell Hull sprach sich dagegen aus. Die britische Regierung bemühte sich nach Kräften, Hull umzustimmen. »Uns schien es so«, telegrafierte Lord Halifax am Morgen des 14. Juni an den ebenfalls nach Bordeaux umgezogenen britischen Botschafter in Frankreich, »als ob der

Präsident eine solche Botschaft nicht hätte schicken können, wenn er nicht mit der Möglichkeit ihrer Veröffentlichung gerechnet hätte, und sie schien dem endgültigen Schritt einer Kriegserklärung nahe zu kommen.«

Churchill hegte noch immer die Hoffnung, die amerikanische Antwort werde die Franzosen zum Weiterkämpfen bewegen. Wenn Frankreich weiterhin Widerstand leiste, erklärte er Reynaud in einem Telegramm am Abend des 13. Juni, müsse eine amerikanische Kriegserklärung »unausweichlich folgen«, und mit ihr eine »kostbare Chance, die weltweite ozeanische und ökonomische Koalition zustande zu bringen, die für die Herrschaft der Nazis tödlich sein muß«.

Vorläufig war von einer solchen Koalition nichts zu sehen. Am 14. Juni waren es andere Mächte, die ihre Muskeln spielen ließen. An diesem Tag richtete die Sowjetunion an die Regierung Litauens die ultimative Forderung, sowjetischen Truppen den Einmarsch in ihr Land zu gestatten. Litauen beugte sich. Zwei Tage später erging es den Republiken Lettland und Estland ebenso. Unterdessen hatte Roosevelt mitgeteilt, sein Telegramm an Reynaud dürfe nicht veröffentlicht werden. Die Botschaft des Präsidenten traf am frühen Morgen des 14. Juni in London ein. Einer von Churchills Privatsekretären vermerkte dazu, Militär und Industrie der USA seien in einem »Schlummer gestört« worden. »Sie können in einem Jahr wirklich nützlich für uns sein, wir aber leben hier von Stunde zu Stunde.«

Genau in diesem Augenblick, als Roosevelts ernüchternde Absage in London eintraf, marschierten deutsche Truppen in Paris ein. Um 6.30 Uhr am Morgen des 14. Juni tauchten deutsche Militärfahrzeuge an der Place de la Concorde auf, und im Hotel Crillon wurde ein deutscher Kommandoposten eingerichtet. Zwei Millionen Pariser waren schon aus ihrer Stadt geflohen. Die 700000, die geblieben waren, wurden von deutschen Lautsprecherwagen geweckt, die ihnen verkündeten, daß an diesem Abend ab 20 Uhr Ausgangssperre herrschen werde. Einige Zeit später wurde im Innern des Arc de Triomphe eine riesige Hakenkreuzfahne gehißt, und um 9.45 Uhr marschierten, angeführt von einer Blaskapelle, deutsche Soldaten der 4. Armee des Generals von Kluge die Champs-Élysées hinauf – in Analogie zu der französischen Siegesparade vom November 1918.

Eineinviertel Stunden später, um 11 Uhr, wurde der Pariser Polizeipräfekt Roger Langeron zum deutschen Stadtkommandanten beordert und aufgefordert, die Polizeiakten über alle politisch aktiven Bürger herauszugeben. Zum Ärger des Kommandanten erklärte Langeron, diese Akten seien aus Paris weggeschafft worden.

Deutsche Siegesfeiern ließen nicht lange auf sich warten. Gleichzeitig wurde nun auch in Paris das übliche Gestaposystem mit seinen Agenten und Spitzeln, seinen Verhaftungen und Terrormaßnahmen errichtet. Die ersten zwanzig Gestapofunktionäre trafen noch am Vormittag des 14. Juni in Paris ein, an ihrer Spitze der dreißigjährige SS-Standartenführer Helmut Knochen, der sich seine ersten Lorbeeren bei der Entführung von Major Stevens und Captain Best im November des Vorjahres an der deutsch-holländischen Grenze verdient hatte.

Während die Deutschen ihren Triumph feierten, waren in Frankreich drei Briten mit einem Sonderauftrag der britischen Regierung unterwegs: der Earl of Suffolk, ein Offizier, sowie seine Sekretärin Miß Morden und sein Chauffeur Fred Hards. Sie sollten einen Vorrat französischer Industriediamanten im Wert von 2,5 Millionen britischer Pfund, wie sie für die Herstellung von Werkzeugmaschinen erforderlich waren, sowie einige spezielle, für die Rüstungsproduktion unerläßliche Werkzeugmaschinen ausfindig machen und nach Großbritannien bringen. Außerdem hatten sie die Aufgabe, eine von Kernforschern in Frankreich hergestellte Ladung schweren Wassers nach Großbritannien zu schaffen und den Wissenschaftlern selbst dort eine sichere Zukunft anzubieten. Dem Earl of Suffolk gelang es, seinen Auftrag auszuführen. Am

Die Niederlage Frankreichs, Juni 1940

14. Juni fanden sich zwei Forscher, Hans von Halban und Lew Kowarski, die zu einem früheren Zeitpunkt von Clermont-Ferrand aus nach Süden ausgewichen waren, mit 26 Kanistern voll schweren Wassers in Bordeaux ein. Es war weltweit der einzige Vorrat dieser kostbaren Substanz, die bei der Grundlagenforschung für den Bau einer Atombombe eine so wesentliche Rolle spielte. In Bordeaux wurden der Earl, sein Chauffeur, seine Sekretärin, die beiden Wissenschaftler, das schwere Wasser, die Industriediamanten und die Werkzeugmaschinen von dem bereits wartenden Kohlefrachter *Broompark* an Bord genommen. Auf der Fahrt nach England lief vor ihren Augen ein anderes Schiff auf eine Magnetmine. Vier Tage später erreichten sie den sicheren Hafen von Falmouth.

Anderen gelang es nicht, zu entkommen. An diesem 14. Juni, als die Deutschen in Paris einmarschierten, nahm sich der sechsundfünfzigjährige Österreicher Ernst Weiß in seiner Pariser Wohnung das Leben. Der Romanschriftsteller hatte im Ersten Weltkrieg als Sanitätsoffizier im österreichisch-ungarischen Heer gedient, war ein Schüler Freuds und ein Freund Kafkas gewesen – und war Jude. Als Hitler im März 1938 Österreich dem Deutschen Reich einverleibt hatte, war Weiß aus Wien nach Prag geflohen. Im März 1939, als deutsche Truppen die Tschechoslowakei besetzten, hatte er sich von Prag nach Paris abgesetzt. Jetzt sah er keinen Ausweg mehr. 1500 Kilometer weiter östlich hatten die Deutschen gerade mit der Deportation von 728 in einem Gefängnis in Tarnow inhaftierten Polen in das neue Konzentrationslager bei Auschwitz begonnen. Einige waren verhaftet worden, weil sie aus dem »Generalgouvernement« in die südlich davon gelegene Slowakei zu fliehen versucht hatten; andere hatten an ihrem Wohnort eine führende gesellschaftliche Rolle gespielt – etwa als Priester oder Lehrer. Unter diesen Deportierten befanden sich drei Juden, die alle in Auschwitz umkommen sollten: zwei Anwälte und der Rektor einer hebräischen Schule. Von den Polen sollten nur 134 die Schrecken des Lebens in diesem Lager überleben. Als der Zug, in dem sie nach Auschwitz gebracht wurden, durch den Bahnhof vom Krakau fuhr, hörten die Deportierten, wie eine deutsche Stimme über die Lautsprecheranlage stolz die Besetzung von Paris verkündete.

Zur gleichen Zeit erblickten die Bürger von Rennes im westlichen Frankreich zu ihrer Überraschung kanadische Soldaten, die durch ihre Stadt marschierten. Sie waren an diesem Morgen in Brest an Land gegangen und brannten darauf, so rasch wie möglich zur Front zu kommen. »Überall jubeln die Menschen uns zu« notierte einer ihrer Offiziere. »Unsere Jungs sind geladen wie eine Packung Dynamit.« Ihre Reise im Zug fortsetzend, trafen sie in der Abenddämmerung in Laval ein. Als sie sich im Gelände zum Schlafen niederlegten, sahen sie eine lange Schlange von Automobilen und Karren, die, mit Bettzeug beladen, neben der Straße abgestellt waren oder sich westwärts Richtung Küste bewegten.

Am 15. Juni besetzten die Deutschen Verdun, jene Festung, die 1916 allen deutschen Anstürmen widerstanden und für deren Verteidigung Marschal Pétain so großen Ruhm geerntet hatte. In Westfrankreich trafen die kanadischen Einheiten, die am 14. Juni bis Laval gekommen waren, Vorbereitungen zum Eingreifen in den Krieg gegen die Deutschen, die weniger als 35 Kilometer von ihnen entfernt waren. Am Morgen des 15. Juni erhielten sie jedoch Befehl, den Zug nach St. Malo an der Atlantikküste zu nehmen. Dort gingen sie um 5 Uhr nachmittags an Bord des britischen Dampfers *Biarritz,* der mit Ziel Southampton ablegte. Ihre einzigen Verluste: sechs Mann, die auf der Fahrt nach Laval und zurück verschwunden waren.

Am 15. Juni erklärte Reynaud in Bordeaux dem britischen Botschafter, falls die USA sich nicht »in kürzester Zeit« entschlössen, in den Krieg einzutreten, würde Frankreich nicht mehr in der Lage sein, weiterzukämpfen – nicht einmal mehr von Französisch-Nordafrika aus. Kaum hatte Churchill diese Botschaft Reynauds erhalten, da schickte er ein Telegramm an Roosevelt, in dem er Reynauds Bitte um eine amerikanische Kriegserklärung an Deutschland nachdrücklich unterstützte. »Wenn ich davon spreche, daß die Vereinigten Staaten in den Krieg eintreten«, erläuterte Churchill, »denke ich natürlich nicht an so etwas wie die Entsendung einer Expeditionsarmee, die, wie ich sehr wohl weiß, nicht in Frage kommt. Worum es mir geht, ist die ungeheure moralische Wirkung, die von einer solchen Entscheidung der USA ausgehen könnte, nicht nur in Frankreich, sondern in allen demokratischen Ländern der Welt, wie auch, im umgekehrten Sinn, bei der Bevölkerung Deutschlands und Italiens.«

Dieses Telegramm ging am Abend des 15. Juni um 22.45 Uhr aus London ab. Wie das vorausgegangene hatte es nicht den gewünschten Erfolg. Roosevelt dachte nicht daran, in den Krieg einzutreten, wie auch immer ein entsprechendes Ersuchen formuliert sein mochte. Andererseits gab der reale Kriegsverlauf keinen Anlaß zu der Vermutung, Frankreich könne den Krieg noch für eine nennenswerte Zeit weiterführen. Paris war gefallen, Verdun war gefallen. Bis zum 15. Juni waren von 261 in den zehn Tagen davor nach Frankreich abkommandierten britischen Jagdflugzeugen 75 abgeschossen oder von deutschen Bombern am Boden zerstört worden. Weitere 120 waren nicht einsatzbereit oder verfügten nicht über genügend Treibstoff für den Rückflug nach Großbritannien; sie wurden am 15. Juni auf ihren französischen Flugplätzen in Brand gesetzt, damit sie nicht in die Hände der Deutschen fielen. 66 wurden nach Großbritannien zurückgeflogen. Innerhalb von zehn Tagen hatte die Royal Air Force ein Viertel ihres Jagdfliegerbestandes eingebüßt. Am 16. Juni besetzten die Deutschen Dijon. Während in Bordeaux das französische Kabinett zusammentrat, um die neue Krisensituation zu erörtern, überschritt in der Nähe von Colmar eine bis dahin passiv gebliebene deutsche Heeresgruppe den Rhein. Auf der Kabinettssitzung forderte Pétain als stellvertretender Ministerpräsident einen sofortigen Waffenstillstand und drohte für den Fall, daß seine Kollegen ablehnten, mit seinem Rücktritt. Ein verzweifelter Reynaud ersuchte die britische Regierung, Frankreich aus seiner Zusage, keinen Separatfrieden zu schließen, zu entlassen. London blieb keine andere Wahl, als einzuwilligen. Man tat dies unter der Bedingung, daß die französische Flotte »unverzüglich Kurs auf britische Häfen nimmt«. Doch die Franzosen zeigten sich nicht bereit, ein solches Versprechen abzugeben. Als letzten Ausweg bot die britische Regierung den Franzosen die Bildung einer »englisch-französischen Union« an, die den Krieg weiterführen würde, selbst wenn Frankreich kapitulieren müßte. Zu einem Staat zusammengeschlossen, könnten die beiden Länder so lange nicht besiegt werden, wie Großbritannien noch nicht erobert war. Reynaud sprach sich für diesen Plan aus, doch seine Kollegen waren davon nicht sonderlich angetan. Daraufhin erklärte der Ministerpräsident seinen Rücktritt.

Noch am gleichen Abend bildete Marschall Pétain eine neue Regierung. Deren erste Amtshandlung, die um 11 Uhr nachts vollzogen wurde, bestand darin, Deutschland um einen Waffenstillstand zu ersuchen. Hitler wurde dieses Angebot am späten Vormittag des 18. Juni in seinem Hauptquartier in Brûly-de-Pesche vorgelegt. Er war darüber so entzückt, daß er eine Art Freudensprung vollführte, wobei er sich auf das hochgezogene Knie klatschte; eine ekstatische Bewegung, die sein Kamaramann Walter Frentz im Bild festhielt. John Grirson, ein damals in der kanadischen Armee dienender Dokumentarfilmproduzent, schnitt daraus später durch Vervielfältigung der Einzelbilder eine Sequenz zusammen, die den Eindruck vermittelte, Hitler habe einen Freudentanz aufgeführt.

Die Waffenstillstandsverhandlungen begannen fast ohne Verzögerung. Dennoch hielt Hitler es für besser, ein weiteres Vorrücken seiner Truppen im Westen anzuordnen. So wurden Cherbourg, Brest und das weit östlich gelegene Straßburg genommen – jene Stadt, die Deutschland 1871 den Franzosen weggenommen und 1918 wieder an sie verloren hatte.

Bei den Waffenstillstandsverhandlungen, die den ganzen 17. Juni hindurch andauerten, war es die Hauptsorge Hitlers, daß die Franzosen immer noch von den Briten oder auch von der Härte der deutschen Friedensbedingungen dazu bewogen werden könnten, den Krieg auf nordafrikanischem Boden fortzuführen. Um diese Gefahr abzuwenden, war er bereit, den Fortbestand Frankreichs als souveräne Macht in Erwägung zu ziehen. In diesem Fall würde, so glaubte er, die legitime Regierung Frankreichs von den französischen Überseekolonien weiterhin anerkannt werden, während diese sich andernfalls womöglich zu einer auf nordafrikanischem Boden ausgerufenen Exilregierung bekennen oder von Großbritannien vereinnahmt würden. Um sicherzustellen, daß eine souveräne französische Regierung wenigstens den Anschein realer Selbständigkeit erweckte, würde er ihr einen Teil des bisherigen französischen Staatsgebiets belassen müssen, der dann nominell von einem französischen Ministerpräsidenten und seinem Kabinett regiert würde. Paris allerdings würde auf jeden Fall der von den Deutschen besetzten Zone angehören.

Am Mittag des 17. Juni sprach Pétain über den Rundfunk zum französischen Volk und teilte ihm mit, daß Verhandlungen über einen Waffenstillstand im Gang seien. »Gott sei Dank, jetzt sind wir auf uns allein gestellt«, lautete der Kommentar von Tubby Mermagen, der ein britisches Jagdfliegergeschwader kommandierte. »Er brachte die Gefühle von uns allen zum Ausdruck«, erinnerte sich später Douglas Bader, einer von Mermagens Flugkapitänen. Am gleichen Nachmittag erklärte Churchill der britischen Bevölkerung in einer Rundfunkansprache: »Was immer in Frankreich geschehen ist, wird nichts an unserem Verhalten und unseren Absichten ändern. Wir werden unser Bestes tun, um uns dieser großen Ehre würdig zu erweisen. Wir werden unsere Inselheimat verteidigen, und mit dem britischen Empire zusammen werden wir unbesiegbar weiterkämpfen, bis das Schandmal Hitler aus dem Antlitz der Menschheit entfernt ist. Wir sind sicher, daß am Ende alles gut werden wird.«

In dieser Nacht bombardierten britische Flugzeuge die deutschen Treibstoffwerke in Leuna südlich von Leipzig.

Den ganzen 17. Juni hindurch wurden britische Soldaten aus Frankreich evakuiert. Operation »Ariel«, wie diese jüngste Evakuierungsaktion genannt wurde, erreichte fast den Umfang der Dünkirchener Operation »Dynamo«, lief allerdings nicht unter dem Damoklesschwert eines jederzeit möglichen gegnerischen Angriffs vom Land her ab. Aus Cherbourg wurden 30630 Mann abtransportiert, aus St. Malo 21474 Kanadier, aus Brest 32584 Soldaten des Heeres und der Luftwaffe, aus St. Nazaire und Nantes 57235 Mann, aus La Pallice 2303 Bretonen und Polen sowie aus einem Dutzend weiterer Häfen entlang dem südlichen Teil der französischen Atlantikküste 19000 Kriegsteilnehmer, in der Mehrzahl Polen. In den acht Tagen zwischen dem 16. und dem 24. Juni wurden insgesamt 163225 Soldaten geborgen und wohlbehalten nach England gebracht. Das Quentchen Glück, das dazu nötig war, hatten freilich nicht alle. Am 17. Juni legte der Passagierdampfer *Lancasteria* mit 5000 evakuierten Soldaten und Zivilisten an Bord in St. Nazaire ab. Beim Auslaufen aus dem Hafen wurde das Schiff auf der Fahrt nach England von einem deutschen Bomber angegriffen und versenkt. Fast 3000 seiner Passagiere kamen ums Leben.

Als Churchill die Nachricht von dieser Katastrophe erhielt, untersagte er zunächst ihre Veröffentlichung; er fürchtete negative Auswirkungen auf die Stimmung im Lande. »Ich hatte mir vorgenommen, die Nachricht ein paar Tage später freizugeben«, erinnerte er sich nach dem Krieg, »aber dann brandeten die Ereignisse so unheilschwanger und rasch über uns hinweg, daß ich vergaß, das Verbot aufzuheben, und so dauerte es einige Zeit, bis die Öffentlichkeit Kenntnis von dieser schrecklichen Geschichte erhielt.« Erst sechs Wochen später, nachdem der Sachverhalt in den Vereinigten Staaten publiziert worden war, rückte die britische Regierung mit der Wahrheit heraus.

Die britischen, polnischen, kanadischen und französischen Einheiten, die im Rahmen der Operation »Ariel« aus Frankreich abgezogen wurden, hatten allen Anlaß zu der Sorge, ein deutscher Landungsversuch auf den für die Deutschen jetzt zum Greifen nahen Britischen Inseln werde nicht lange auf sich warten lassen. Aber Hitler hatte noch keine derartigen Pläne. »Was die Landung in England betrifft«, erfuhr das Hauptquartier der deutschen Marine am 17. Juni vom Oberkommando der Wehrmacht, »so hat der Führer in Kenntnis der Schwierigkeiten eines solchen Unternehmens noch keinerlei Absichten in diese Richtung geäußert. Das OKW hat aus diesem Grunde bis jetzt auch noch keine vorbereitenden Maßnahmen durchgeführt.«

An diesem Abend starteten britische Bomber, um, wie in den voraufgegangenen Nächten auch, Ziele in Deutschland zu bombardieren. Diesmal hatten sie den Auftrag, »Flugzeugfabriken, Aluminiumhütten, Ölraffinerien und Verkehrswege« im gesamten Ruhrgebiet anzugreifen. Doch die Zuversicht und der Kampfeswille, die aus solchen Angriffsoperationen sprachen, konnten nicht über den Ernst der Lage in Frankreich hinwegtäuschen, wo in den fünf Wochen seit dem 10. Mai insgesamt 959 Flugzeuge sowie 1192 Piloten und Besatzungsmitglieder verlorengegangen waren.

Am Mittag des 18. Juni empfing Hitler Mussolini in München. Zur Überraschung des Duce meldete Hitler, wie der italienische Außenminister Graf Ciano in seinem Tagebuch vermerkte, »große Vorbehalte« gegen eine »Zerstörung des britischen Imperiums« an, »das er noch heute für einen bedeutenden Faktor des Gleichgewichts in der Welt hält«. Der deutsche Diktator verteidigte die von Ribbentrop vorgeschlagenen (aber de facto von Hitler selbst entwickelten) nachsichtigen Friedensbedingungen für Frankreich gegen die Einwände Mussolinis. Ciano verglich Hitler mit einem »Spieler, der die Bank gesprengt hat. Er will vom Spieltisch aufstehen und nichts mehr riskieren.«

Hitler war davon überzeugt, daß der französische Widerstandswille gebrochen sei. In Bordeaux hatten der französische Außenminister Paul Baudouin und sein Kabinettskollege, Marineminister Admiral Darlan, gemeinsam dem britischen Botschafter versichert, man werde die französische Flotte entweder in Sicherheit bringen oder versenken, jedenfalls aber nicht zulassen, daß sie in die Hand des Feindes fiel. Doch diese hehren Worte waren Schall und Rauch, denn es fehlte an Mitteln, für ihre Verwirklichung zu sorgen. Ähnlich schien es sich mit den Worten zu verhalten, die General de Gaulle an diesem Abend um 18 Uhr aus London an die Franzosen richtete. Die französische Regierung sei, erklärte er, »mit der Niederlage unserer Armeen rechnend«, in Verhandlungen mit den Deutschen eingetreten, um eine Einstellung der Kampfhandlungen zu erreichen. »Aber ist damit das letzte Wort gesprochen? Müssen wir alle Hoffnung fahren lassen? Ist unsere Niederlage endgültig? – Nein!«

De Gaulle versicherte seinen Zuhörern, die »Sache Frankreichs« sei »nicht verloren. Dieselben Faktoren, die unsere Niederlage herbeigeführt haben, können uns eines Tages zum Sieg verhelfen. Denn Frankreich ist nicht allein! Es ist nicht allein! Hinter ihm steht ein großes Reich, und es kann gemeinsame Sache machen mit diesem britischen Reich, das die Meere beherrscht und das den Kampf weiterführt.« Wie Großbritannien könne auch Frankreich »unbeschränkt aus den immensen industriellen Ressourcen der Vereinigten Staaten schöpfen«. Die Schlacht um Frankreich habe, so versicherte de Gaulle, noch nicht den Krieg entschieden. »Wir befinden uns in einem Weltkrieg.« Es seien Fehler gemacht worden, doch ändere dies nichts an der Tatsache, »daß auf der Welt noch alles vorhanden ist, was wir brauchen, um unsere Feinde eines Tages zerschmettern zu können. Heute liegen wir am Boden, zermalmt von der schieren Wucht der gegen uns aufgebotenen mechanischen Waffen, aber noch können wir in eine Zukunft blicken, in der ein noch größeres Aufgebot an mechanischen Waffen uns den Sieg zurückbringen wird. Darin liegt die Zukunft der Welt.«

Mit dieser leidenschaftlichen Beschwörung, die die Worte Churchills vom 11. Juni in Briare in Erinnerung rief – »Maschinen werden Maschinen besiegen« –, wandte de Gaulle sich an alle französischen Offiziere, »die sich gegenwärtig auf britischem Boden befinden oder vielleicht noch den Weg hierher finden werden, mit ihren Waffen oder ohne sie«. Ebenso wie alle französischen Ingenieure und Facharbeiter forderte er sie auf, »sich mit mir in Verbindung zu setzen. Was immer auch geschieht, die Flamme des französischen Widerstands darf und wird nicht erlöschen.«

Ein neunundvierzigjähriger Brigadegeneral im Exil maßte sich an, einem Marschall von Frankreich die Verantwortung für die Zukunft seines Landes aus der Hand zu nehmen. Viele lauschten seinen Worten mit respektvoller Ungläubigkeit. Heute zieren diese Worte eine Plakette an der Außenwand des Gebäudes, in dem sie gesprochen wurden.

Am 18. Juni rückten die deutschen Truppen an allen französischen Fronten weiter vor. Offenbar sollte eine möglichst große deutsche Besatzungszone nicht erst am Verhandlungstisch, sondern auf dem Schlachtfeld erzwungen werden. Am Abend wurde Cherbourg genommen. »In einigen Momenten sah es schlecht für uns aus«, schrieb Rommel an seine Frau »und der Feind hatte zunächst eine zwanzig- bis vierzigfache Überlegenheit... Doch durch entschlossenes Vorgehen konnten wir den Sonderauftrag des Führers, Cherbourg zu nehmen, rasch erfüllen.« Andere deutsche Armeekommandeure konnten ähnliche Erfolge melden: An diesem 18. Juni besetzten die Deutschen auch Vannes, Rennes, Briare, Le Mans, Nevers und Colmar.

Aber am gleichen Tag flogen auch britische Bomber, wie um ein trotziges Fanal zu setzen, Angriffe auf militärische Ziele in Hamburg und Bremen.

Am 19. Juni begannen die Briten mit der Räumung der Kanalinseln, die dem französischen Festland so nahe lagen, daß sie zwangsläufig in deutsche Hände fallen würden, sobald Frankreich kapitulierte. 22656 britische Staatsbürger wurden binnen fünf Tagen evakuiert. Während deutsche Truppen in Nantes und Brest einmarschierten und sich St. Nazaire näherten, gelang es ebenfalls noch am 19. Juni, einem französischen Marineoffizier, Kapitän Ronarch, das Schlachtschiff *Jean Bart* aus dem Trockendock in St. Nazaire, wo es gerade überholt wurde, herauszubugsieren und nach Casablanca in Französisch-Marokko zu »entführen«. Auf den Schlachtfeldern des Landkrieges waren es an diesem Tag dreißig Soldaten aus Französisch-Marokko, die der Barbarei einer zwischen Dijon und Lyon operierenden SS-Einheit zum Opfer fielen. Die SS-Soldaten lehnten es ab, Gefangene zu machen, zumal Marokkaner in ihren Augen rassisch minderwertig waren; sie töteten selbst diejenigen, die bereit waren, sich zu ergeben.

Am 20. Juni begab sich eine französische Delegation, die aus einem Diplomaten, jeweils einem General des Heeres und der Luftwaffe sowie einem Admiral bestand, nach Rethondes im Wald von Compiègne, wo die deutsche Seite sie zu Waffenstillstandsverhandlungen erwartete. Zu Admiral Raeder sagte Hitler an diesem Tag, einer der Vorteile des Sieges über Frankreich werde es sein, daß Deutschland alle seine Juden – und die polnischen Juden dazu – auf die französische Insel Madagaskar im Indischen Ozean abschieben könne.

Während die Unterhändler in Rethondes den Vormittag des 21. Juni über ihre Gespräche fortsetzten, schlossen die letzten deutschen Truppen zum neuen Frontverlauf auf. Aus Rennes schrieb Rommel an seine Frau: »Der Krieg wird jetzt langsam zu einer Blitzreise durch Frankreich. In ein paar Tagen wird es endgültig vorbei sein. Die Leute hier sind erleichtert, daß alles so ruhig vor sich geht.« Nicht so ruhig ging es in dem Dorf Villefranche südlich von Nevers zu, wo eine Einheit der SS-Totenkopf-Division, die gegen eine gemischte französisch-marokkanische Truppe kämpfte, 25 Gefangene machte, unter denen sich jedoch kein einziger Marokkaner befand. Im Tagesbericht der Division las sich die Bilanz wie folgt: »25 französische Gefangene und 44 tote Neger.«

Weitab vom Kampfgeschehen, auf einer sonnendurchfluteten Lichtung im Wald von Compiègne, erlebte die französische Regierung an diesem Tag ihre abschließende Demütigung. Hitler hatte sich in den Kopf gesetzt, ihren Vertretern die deutschen Waffenstillstandsbedingungen in demselben Eisenbahnwaggon zu präsentieren, in dem Deutschland am Ende des Ersten Weltkriegs seine Kapitulationsurkunde unterzeichnet hatte und den die Franzosen seither stolz als Symbol ihres Sieges über Deutschland hüteten. Bis zu ihrem Eintreffen in Compiègne hatten die aus Bordeaux angereisten französischen Verhandlungsführer keine Ahnung gehabt, wo die Verhandlungen stattfinden würden. Jetzt, um 15.30 Uhr am Nachmittag des 21. Juni, sahen sie sich im Innern des berühmten Eisenbahnwaggons mit einem triumphierenden Hitler konfrontiert, der schweigend verharrte, während General Keitel den Franzosen die Präambel zu den deutschen Friedensbedingungen vorlas. Nach zehn Minuten verließ Hitler den Ort des Geschehens. Keitel eröffnete sodann den vier Franzosen, es werde keine Diskussionen geben, nur Annahme oder Ablehnung. Drei Fünftel des Staatsgebiets des französischen Mutterlandes würden unter deutscher Besatzung verbleiben. In der unbesetzten Zone werde eine französische Regierung installiert, die für die Verwaltung des französischen Kolonialreichs verantwortlich sein werde. Die französische Flotte dürfe nicht unter fremden Befehl gestellt werden. Alle 1 538 000 französischen Kriegsgefangenen würden in deutschem Gewahrsam bleiben.

Nachdem Hitler den Schauplatz des französischen Triumphs von 1918 und der jetzigen Demütigung Frankreichs verlassen hatte, machten die französischen Unterhändler Einwände geltend. Zu diesem Zeitpunkt befanden sich mehrere Angehörige der zurückgetretenen Regierung Reynaud, die ja gehofft hatte, von Nordafrika aus den Krieg weiterführen zu können, auf einem Schiff nach Casablanca; einer von ihnen war Georges Mandel. Am selben Tag trafen der Präsident und die Minister der nach der Niederlage Polens in Paris errichteten polnischen Exilregierung auf einem Schiff aus Frankreich in Southampton ein. König Georg VI. fuhr zur Paddington Station in London, um die Ankömmlinge an ihrem neuen Exilort willkommen zu heißen.

Die Waffenstillstandsverhandlungen bei Compiègne gingen den ganzen 22. Juni über weiter. Währenddessen besetzten italienische Truppen, die an der Riviera vordrangen, Menton. Um 6 Uhr abends machte General Keitel, offenbar irritiert darüber, daß die französischen Unterhändler, um Zeit zu gewinnen, weiterhin Forderungen stellten, der Diskussion ein Ende, indem er erklärte: »Wenn wir nicht bis in einer Stunde Einigkeit erzielen, werden die Verhandlungen abgebrochen, und die Delegation wird zu den französischen Linien zurückgeleitet.« Daraufhin riefen die Franzosen bei ihrer Regierung in Bordeaux an und baten um Instruktionen. Sie erhielten die Anweisung, zu unterschreiben. Um 18.50 Uhr war der Waffenstillstand besiegelt. Frankreich war der sechste Staat innerhalb von neun Monaten, der sich Deutschland ergeben hatte.

Die französischen Exminister, die auf den Fortbestand einer souveränen französischen Regierung mit Sitz in Nordafrika gehofft hatten, erhielten die Nachricht von der Unterzeichnung des Waffenstillstands, während sie sich noch an Bord ihres Schiffes mit Kurs auf Casablanca befanden. Von der Nordseeküste aus stach an diesem 22. Juni das deutsche Prisenschiff *Pinguin* in See und nahm Kurs auf »Sibirien« – die Codebezeichnung für einen Punkt im Indischen Ozean zwischen Mauritius und Australien, wo die *Pinguin* und drei weitere Prisenschiffe, welche Jagd auf britische Handelsfrachter machten, ihre Versorgungsschiffe erreichen und Lebensmittel, Munition und Treibstoff bunkern sollten.

Hitler, Herr über Polen, Norwegen, Dänemark, Holland, Belgien und neuerdings auch Frankreich, hatte nicht vergessen, daß er sich vorgenommen hatte, Großbritannien in die Knie zu zwingen. Aber er hatte in Churchill einen ebenso entschlossenen Gegenspieler gefunden. »Die Regierung Seiner Majestät ist der Überzeugung«, erklärte Churchill an diesem Abend, »daß sie, was immer auch geschieht, in der Lage sein wird, den Krieg, unabhängig davon, in welche Richtung er sich entwickeln mag, zur See, in der Luft und am Boden zu einem siegreichen Ende zu führen.«

Die Briten versuchten, alle Zweifel an ihrer Entschlossenheit zum Weiterkämpfen zu verscheuchen. Die Zeitung, die am 23. Juni mit der Schlagzeile »Franzosen unterzeichnen Waffenstillstand« herauskam, brachte in derselben Ausgabe auf der letzten Seite eine Meldung mit der Titelzeile: R.A.F. BOMBARDIERT BERLIN, VERSENKT SCHIFFE UND SETZT ÖLTANK IN BRAND. Der Abend dieses 23. Juni erlebte auch den Einsatz einer neuen britischen

Freiwilligentruppe: die »Striking Companies« führten nach Partisanenart Überfälle im französischen Küstengebiet zwischen Calais und Boulogne durch. Bei ihrer »Premiere« in dieser Nacht stießen sie auf keinerlei Gegenwehr und kehrten wohlbehalten nach England zurück.

Am Morgen des 23. Juni brach Hitler um 3.30 Uhr von seinem Hauptquartier in Brûly-de-Pesche auf und ließ sich zum Flughafen von Le Bourget unweit von Paris fliegen. Er stattete der französischen Hauptstadt seinen ersten und einzigen Besuch ab. Gleich nach seiner Ankunft um 5.45 Uhr startete er zu einer Schnellrundfahrt zu den bekanntesten Sehenswürdigkeiten, darunter zur Oper, die er schon als Student aus der Ferne als architektonisches Meisterwerk verehrt hatte, und zum Grab Napoleons. »Das war«, sagte er nach dem Besuch des Grabes zu seinen Begleitern, »der größte und schönste Augenblick in meinem Leben.« Er gab Befehl, die sterblichen Überreste des Duc de Reichstadt, des in Wien begrabenen Sohnes von Napoleon, nach Paris zu überführen und neben dem Grab Napoleons zu bestatten. »Ich bin der Vorsehung dafür dankbar«, vertraute Hitler einem seiner Gefährten an, »diese Stadt gesehen zu haben, deren Ausstrahlung mich seit jeher gefesselt hat.«

Im Verlauf seiner Rundfahrt durch Paris ordnete Hitler den Abriß zweier an den Ersten Weltkrieg erinnernder Denkmäler an: des Standbilds von General Mangin, eines der siegreichen Feldherrn von 1918, und des Ehrendenkmals für Edith Cavell, die britische Krankenschwester, die 1915 in Brüssel von einem deutschen Erschießungskommando hingerichtet worden war. Beide Befehle wurden ausgeführt. Um 8.30 Uhr ließ er sich wieder zum Flughafen chauffieren, befahl seinem Piloten, mehrmals über der Stadt zu kreisen, und kehrte dann in sein Hauptquartier zurück. »Es war der Traum meines Lebens, Paris sehen zu dürfen«, bekannte er gegenüber seinem Architekten und Freund Albert Speer. »Ich kann nicht sagen, wie glücklich ich bin, daß er sich heute erfüllt hat.«

Sechzehn Monate später erzählte Hitler in Erinnerung an diesen Paris-Besuch dem General von Kluge: »Der erste Zeitungsverkäufer, der mich erblickte, blieb stehen und gaffte.« Der Mann hatte die Zeitung *Le Matin* feilgeboten. Als er Autos vorfahren sah, war er den potentiellen Käufern entgegengeeilt und hatte ihnen, während er pausenlos »Le Matin! Le Matin!« rief, die Zeitung in die Hand zu drücken versucht. Als er plötzlich erkannte, wer in dem Wagen saß, war er blitzartig zurückgewichen.

Zurück in Brûly-de-Pesche, beauftragte Hitler Albert Speer mit der Ausarbeitung eines Erlasses, der die Voraussetzungen für die »volle Wiederaufnahme der Bauten« schaffen sollte, die Speer unter Hitlers Anleitung für das Berlin der Nachkriegszeit entworfen hatte. Die Bauarbeiten waren bei Kriegsausbruch im September 1939 allesamt eingestellt worden. Jetzt sollten sie weitergeführt werden. »War Paris nicht schön?« schwärmte Hitler im Gespräch mit Speer. »Aber Berlin muß viel schöner werden! Ich habe mir früher oft überlegt, ob man Paris nicht zerstören müsse, aber wenn wir in Berlin fertig sind, wird Paris nur noch ein Schatten sein. Warum sollen wir es zerstören?«

Im Jahr 1950 sollte das neue Berlin fertig sein. Diese Aufbauleistung werde, so versicherte Hitler seinem Baumeister, der bedeutsamste Beitrag zur »Bewahrung unserer Geschichte« sein.

KAPITEL 8
Frankreichs Agonie, Englands Entschlossenheit
Juni–Juli 1940

Am 24. Juni 1940 verließ das erste Schiff mit Internierten deutscher und italienischer Abstammung Großbritannien in Richtung Kanada. Churchill und seine Regierung waren entschlossen, keine potentielle Fünfte Kolonne im Lande zu belassen. Viele von denen, die über den Atlantik geschickt wurden, waren Juden, die vor den Nazis geflohen waren und in England Zuflucht gefunden hatten. Aber in dieser Stunde der Gefahr war keine Zeit, die Unschuldigen von den eventuell Gefährlichen zu sondern. Weiter südlich auf demselben Ozean erreichten am 24. Juni die französischen Exminister Casablanca, nur um festzustellen, daß der Generalgouverneur von Marokko, General Noguès, der eine Woche zuvor noch zur Fortsetzung des Krieges aufgerufen hatte, den Waffenstillstand bereits akzeptiert hatte. In London rief General de Gaulle zur Gründung eines Französischen Nationalkomitees auf, das alle Franzosen, die den Kampf fortsetzen wollten, vereinen sollte – ein Rufer in der Wüste, wie es schien.

Großbritanniens Zukunft sah zu diesem Zeitpunkt düster aus – sogar in Churchills Augen. »Ich selbst werde niemals in Friedensverhandlungen mit Hitler eintreten«, sagte er am 24. Juni zu dem kanadischen Premierminister Mackenzie King, »aber ich kann eine künftige Regierung natürlich zu nichts verpflichten. Eine solche könnte, falls wir von den Vereinigten Staaten im Stich gelassen und hier besiegt würden, leicht zu einer Quisling-ähnlichen Angelegenheit werden und bereit sein, deutsche Oberherrschaft und Protektion zu akzeptieren.«

In Holland beurlaubte der deutsche Generalgouverneur Seyß-Inquart am 24. Juni das Parlament. Elf Tage später erklärte er das Abhören britischer Rundfunkprogramme zu einem schweren Vergehen.

Als in den frühen Morgenstunden des 25. Juni der deutsch-französische Waffenstillstand in Kraft trat, wurde der Preis des verlorenen Krieges in grausamer Weise deutlich: 92000 französische ebenso wie 7500 belgische und 2900 niederländische Soldaten waren gefallen. Die Briten, die nun eine Invasion fürchten mußten, hatten 3500 Mann verloren. Die Deutschen, die Europa jetzt vom Nordkap bis zu den Pyrenäen und vom Atlantik bis zum Bug beherrschten, hatten in ihrem dritten siegreichen Feldzug in weniger als zehn Monaten 45000 Mann eingebüßt. »Endlich ist der Waffenstillstand in Kraft«, schrieb Rommel seiner Frau am 25. Juni. »Wir stehen jetzt 300 Kilometer vor der spanischen Grenze und werden hoffentlich geradewegs dorthin marschieren, so daß wir die gesamte Atlantikküste in die Hände bekommen. Wie wunderbar das alles gewesen ist!«

Während sich der Untergang Frankreichs vollzog, hatten die Vereinigten Staaten strikte Neutralität gewahrt. Am 26. Juni erklärte die Regierung der Türkei, ängstlich darauf bedacht, nicht in irgendeinen sich ausweitenden Konflikt hineingezogen zu werden, ihr Land für neutral. Die Sowjetunion, ihrer Gebietsverluste nach dem Ersten Weltkrieg stets eingedenk und inzwischen auch über Hitlers Blitzkriegspotential im Bilde, forderte von Rumänien die Abtretung der Provinz Bessarabien und der nördlichen Bukowina. Hitler, der darauf bedacht war, alles zu vermeiden, was seinen sowjetischen Bündnispartner in Argwohn versetzen konnte, drängte die rumänische Regierung, den sowjetischen Forderungen zuzustimmen. Am darauffolgenden Tag gaben die Rumänen nach.

Hitler war den ganzen 25. Juni über in seinem Hauptquartier in Brûly-de-Pesche geblieben. Wiederum machte er sich Gedanken über die architektonische Zukunft des Reiches. »Berlin muß in kürzester Zeit durch seine bauliche Neugestaltung den ihm durch die Größe unseres Sieges zukommenden Ausdruck als Hauptstadt eines starken neuen Reiches erhalten«, schrieb er an diesem Tag. Dasselbe gelte auch, notierte er weiter, für die Neugestaltung von München, Linz und Hamburg sowie der Parteitagsbauten in Nürnberg. Alle Beamten des Reiches, der lokalen Behörden und alle NS-Parteifunktionäre sollten den Generalbauinspekteur für Berlin »bei der Durchführung seiner Aufgaben« unterstützen.

Nachdem Hitler am 26. Juni Brûly-de-Pesche verlassen hatte, besichtigte er einen Abschnitt der Westfront, in dem er im Ersten Weltkrieg selbst gedient hatte, in Begleitung zweier damaliger Waffengefährten. Gemeinsam fanden sie das Haus wieder, in dem sie hinter den Linien einquartiert gewesen waren. Einmal im Verlauf der Besichtigungstour stieg Hitler einen überwachsenen Hang hinauf, auf der Suche nach einer Betonstufe, hinter der er seiner Erinnerung nach in jenen vergangenen Tagen Schutz gesucht hatte. Sie war noch da. Aber als er durch Lille fuhr, kam es zu einem unangenehmen Zwischenfall, auf den er sechzehn Monate später in einer Unterredung mit General von Kluge zu sprechen kommen sollte. »Ich habe immer noch das Bild jener Frau in Lille vor mir«, sagte Hitler »die mich von ihrem Fenster aus sah und ausrief: Der Teufel!«

Das Werk dieses »Teufels« war längst noch nicht getan. Am 26. Juni, während Hitler zu den Schauplätzen seiner Vergangenheit pilgerte, erschossen seine Schergen von Polizei und Gestapo an der Richtstätte im Palmiry-Wald polnische Schriftsteller, Politiker und andere Personen des öffentlichen Lebens. Einer von denen, die an diesem Tag getötet wurden, war Mieczyslaw Niedzialkowski, der Führer der polnischen Sozialisten, Herausgeber der sozialistischen Zeitung *Robotnik* und Abgeordneter des polnischen Parlaments.

Im von Deutschland besetzten Frankreich richteten die Deutschen am 27. Juni zwei Radiosender ein, einen in Brest und einen in Cherbourg. Sie waren dazu bestimmt, die Funkleitstrahlen auszusenden, die die deutschen Bomber zu ihren Zielen in Großbritannien dirigieren würden. Die Deutschen benutzten ihr Chiffriersystem Enigma, um die Anweisungen für Bau und Ausstattung der beiden Sender zu übermitteln. Dies hatte zur Folge, daß die Briten vom ersten Tag an über das Vorhaben orientiert waren. In Großbritannien herrschte im übrigen ein Gefühl der Erleichterung darüber, daß man nun auf sich allein gestellt war. »Für meine Person«, schrieb König Georg VI. am 27. Juni an seine Mutter, Königin Mary, »fühle ich mich jetzt wohler, da wir keine Verbündeten mehr haben, zu denen wir höflich sein und die wir verhätscheln müssen.«

Am folgenden Tag kam aus Italien die Nachricht, daß Marschall Italo Balbo, Gouverneur von Libyen und ein berühmter Flieger, in der Luft über Tobruk den Tod gefunden hatte. Er war auf dem Rückweg von einem Aufklärungsflug im Grenzgebiet zu Ägypten gewesen, als sein Flugzeug aus Versehen von der italienischen Flugabwehr abgeschossen wurde.

Am 28. Juni wurde der britische Geheimdienst durch Enigma-Funksprüche auf die Tatsache aufmerksam, daß bei den meisten deutschen Langstreckenbombern, die ihre Aufgabe über Frankreich nun erfüllt hatten, die Wartungsarbeiten bis zum 8. Juli abgeschlossen sein würden. Die Möglichkeit einer Bomberoffensive gegen Großbritannien schien unmittelbar gegeben. Am 30. Juni landeten deutsche Truppen auf britischem Boden: den Kanalinseln Jersey und Guernsey vor der französischen Küste. Sie stießen auf keinen Widerstand. Am selben Tag landeten im fernen Bessarabien sowjetische Luftlandetruppen nahe dem Hafen Ismail. Sie trafen ebenfalls auf keinerlei Gegenwehr.

Die Deutschen, die nun Herren über ein riesiges Territorium geworden waren, beeilten sich, dessen Ausbeutung zu planen. Am 30. Juni erteilte Hitler den deutschen Besatzungsbehörden in Paris die Weisung, »alle Kunstwerke in Verwahrung zu nehmen, gleichgültig, ob sie sich in staatlichem oder in jüdischem Privatbesitz befinden«. Es handle sich dabei, wie er erklärte, nicht um Enteignungsmaßnahmen, sondern um »die Übertragung von Faustpfändern als Sicherheit für spätere Friedensverhandlungen«. Nicht nur die Museen wurden geplündert, sondern auch die bedeutendsten jüdischen Privatsammlungen und die Bestände der wichtigsten jüdischen Kunsthändler.

Am selben Tag legte Himmler Hitler einen weiteren Plan vor, wonach die von Deutschland annektierten Gebiete Polens durch ein »kraftvolles Deutschtum« besiedelt werden sollten. Himmler schlug vor, ein Achtel der polnischen Bevölkerung dieser Gebiete als »rassisch brauchbaren« Bestandteil nach Deutschland umzusiedeln, wohingegen die übrigen sieben Achtel ins Generalgouvernement ausgewiesen werden sollten. Deutsche Soldaten und SS-Leute sollten nach Ableistung von zwei beziehungsweise drei Jahren Dienstzeit in die annektierten Gebiete geschickt werden, um das Land acht Jahre lang zu bebauen, danach zu heiraten und einen Hof oder Grundbesitz zu übernehmen. Polen aus dem Generalgouvernement würden die Arbeitskräfte stellen. Polen, die sexuelle Beziehungen zu ihren Herren unterhielten, sollten mit dem Tod bestraft oder zu langen Zuchthausstrafen verurteilt werden. »Der Führer gibt mir in jedem Punkt recht«, notierte Himmler.

Am Tag nach dieser Unterredung gab in Berlin das Innenministerium bekannt, in der Psychiatrischen Anstalt Görden würden »unter Leitung von Spezialisten alle therapeutischen Möglichkeiten entsprechend den neuesten Erkenntnissen angewandt«. Hinter dieser trockenen Formulierung verbarg sich die gemäß dem T4-Euthanasieprogramm ohne jegliche Skrupel in Angriff genommene Tötung von Kindern, die man als geistig behindert eingestuft hatte. Für gewöhnlich war ein Kind, das in Görden eingeliefert wurde, 24 Stunden später nicht mehr am Leben. Laut Anweisung von Dr. Viktor Brack, dem Chef der Euthanasieabteilung in der Reichskanzlei, mußte der Tötungsakt von einem Arzt vorgenommen werden.

Ein Teil der Opfer wurde durch Injektionen getötet, wobei jeweils vier bis sechs Patienten zugleich an die Reihe kamen. In wachsendem Maß kam dann jedoch Gas zum Einsatz. Die Patienten wurden in Gruppen zu achtzehn oder zwanzig in vermeintliche Duschräume geführt, wo sie auf Bänken saßen, während das Gas durch die Wasserleitungsrohre eingeleitet wurde. Dr. Irmfried Eberl, Leiter der Euthanasieabteilung in Brandenburg, hatte die Technik des Vergasens vervollkommnet. Sowohl Dr. Brack als auch Hitlers Leibarzt Dr. Brandt äußerten sich zufrieden über das Verfahren. Vergast werden durften nur Patienten bestimmter Kategorien: Schwachsinnige, Schizophrene, Langzeitkranke oder völlig Arbeitsunfähige. Deutsche Juden, die als Patienten in Nervenheilanstalten waren, mußten diese Kriterien allerdings nicht erfüllen. Noch vor der Ankündigung des Innenministeriums hatten in Brandenburg die ersten Judenvergasungen stattgefunden: Die Opfer waren 200 Männer, Frauen und Kinder gewesen, die in sechs Bussen aus einem Berliner Nervenkrankenhaus nach Görden transportiert worden waren.

Während Hitler und Himmler über Rassereinheit debattierten und ihre Untergebenen die nach ihrer Ansicht geeigneten Maßnahmen zu deren Sicherstellung trafen, bereitete sich die britische Regierung weiterhin auf die deutsche Luftoffensive vor, mit deren Beginn sie eher früher als später rechnete. Am 30. Juni verließ das Handelsschiff *Cameronia* New York in Richtung Glasgow. An Bord befanden sich sechzehn für Großbritannien bestimmte amerikanische Flugzeuge. Zum Zeichen, daß die Briten entschlossen waren, den Krieg gegen Hitler auf das europäische Festland zurückzutragen, berieten tags darauf Kabinettsmitglieder und Regierungsbeamte den Vorschlag, eine Organisation zu gründen, die die gesamte Sabotage- und Subversionstätigkeit sowie die Zersetzungspropaganda in den feindlichen, vom Feind besetzten oder auch neutralen Ländern koordinieren und dirigieren sollte. Auf diese Weise entstand die Special Operations Executive, nach ihren Initialen SOE genannt. Churchill gab ihr ein Motto und ein Ziel, als er ihrem ersten politischen Leiter, dem Labour-Abgeordneten Hugh Dalton, sagte: »Steckt Europa in Brand!«

Am 2. Juli verlegte Marschall Pétain den Sitz seiner Regierung von Bordeaux, wohin sie in der letzten Phase des französischen Rückzugs übersiedelt war, nach Vichy, das fortan als Hauptstadt der »unbesetzten Zone« fungierte. Einer von Pétains Ministern war Admiral Darlan, der als Oberbefehlshaber der Kriegsmarine unter Reynaud entschlossen dafür eingetreten war, die französische Flotte nicht in deutsche Hände fallen zu lassen. Jetzt aber, als Minister der Regierung, die den Waffenstillstand unterzeichnet hatte, schien er gleichermaßen entschlossen, die Waffenstillstandsbedingungen nicht dadurch zu brechen, daß er die Flotte in neutrale oder britische Gewässer auslaufen ließ. In der Befürchtung, die Deutschen könnten die französische Flotte einkassieren und in eine deutsche Invasionsarmada integrieren, startete die britische Regierung die Operation »Catapult«: Eine britische Seestreitmacht wurde von Gibraltar zur französischen Marinebasis Mers-el-Kebir bei Oran entsandt, um den dortigen französischen Flottenkommandanten zu überreden, seine Schiffe aus der Reichweite der Deutschen herauszuführen oder sie zu versenken.

Noch ehe es zu einem Zusammenstoß auf See vor Oran kommen konnte, erfüllte sich auf dem Atlantik das Schicksal eines Teils der internierten Zivilpersonen, die die britische Regierung auf dem Seeweg nach Kanada evakuieren wollte: Ihr Schiff, die *Arandora Star,* einst ein Luxusdampfer der Reederei Blue Star, wurde vor der Küste Irlands torpediert. 714 Personen fanden den Tod. Die meisten Menschen, die ertranken, waren italienischer und deutscher Herkunft. Unter den Deutschen befanden sich einige jüdische Flüchtlinge, die offiziell immer noch als feindliche Personen galten, und über hundert deutsche Handelsmatrosen, die schon früher auf See gefangengenommen worden waren. 37 Wachleute und vier Besatzungsmitglieder kamen um, ebenso wie ein ehemaliger deutscher Spion, die Nr. 3528 auf der Liste des deutschen Nachrichtendienstes. Sein Bruder mit dem Decknamen »Charlie«, ehemals Spion Nr. 3725, hatte sich vor einiger Zeit bereit erklärt, für die Briten zu arbeiten. Nachdem sich Nr. 3528 weniger kooperativ gezeigt hatte als sein Bruder, war er als Ausländer der Kategorie A eingestuft, interniert und dann über den Atlantik geschickt worden. Ein kanadischer Zerstörer rettete die übrigen 868 Passagiere der *Arandora Star.*

Der Kommandant des U-Bootes, dessen Torpedos die *Arandora Star* versenkt hatten, war Günther Prien, der zuvor auch schon die *Royal Oak* versenkt hatte. Trotz Priens Volltreffer fuhren weiterhin Schiffe mit Internierten über den Atlantik. Am 2. Juli beispielsweise lief der Dampfer *Ettrick* Richtung Kanada aus. Er kam sicher an. An Bord befand sich ein 29 Jahre alter deutscher Flüchtling, der Physiker Klaus Fuchs, der sechs Monate später nach Großbritannien zurückkehren sollte, um seine Forschungsarbeit im Bereich der Atomphysik weiterzuführen. Später sollte er diese Geheimnisse an die Sowjetunion verraten, deren Gewährsmann er auch schon an Bord der *Ettrick* war.

Am 2. Juli befahl Hitler seinem Heer, seiner Marine und seiner Luftwaffe, detaillierte Pläne für die Invasion Englands auszuarbeiten. Einen Zeitpunkt setzte er nicht fest, erklärte aber, eine Landung sei »unter bestimmten Voraussetzungen« möglich; die wichtigste sei, »die Luftüberlegenheit zu erringen«. Die Luftherrschaft könne aber noch nicht als gesichert gelten; daher müsse »der Zeitpunkt« einer Landungsoperation »vorläufig offen« bleiben. Woche für Woche wuchs der Strom von Rüstungsgütern, die aus den Vereinigten Staaten nach Großbritannien transportiert wurden. Am 3. Juli lief in New York die *Brittanic* aus, in deren Frachträumen sich mehr als zehn Millionen Schuß Gewehrmunition, 50 000 Gewehren und hundert Feldhaubitzen befanden. Sechs Tage später folgte ihr die *Western Prince.* Beider Überfahrt nach England verlief unbehelligt. Am 3. Juli stellten die britischen Stabschefs nach Konsultierung des Nachrichtendienstes übereinstimmend fest, daß einem Invasionsversuch wahrscheinlich eine größere Luftschlacht vorangehen werde.

Am 3. Juli ließ Großbritannien die Operation »Catapult« steigen, den Plan, sich aller französischen Kriegsschiffe, wo sie auch waren, zu bemächtigen oder sie zumindest zu neutralisieren und zu verhindern, daß die deutsche Marine sie übernahm. Die größte Gruppe dieser Kriegsschiffe befand sich in Mers-el-Kebir. Einige waren aus Häfen in Kontinentalfrankreich dorthin geflüchtet, um der Beschlagnahme durch die Deutschen zu entgehen. Die Engländer stellten die Kapitäne der in Mers-el-Kebir liegenden Schiffe vor vier Alternativen: in britische Häfen zu fahren und »mit uns zu kämpfen«; in einen britischen Hafen zu fahren und die Schiffe an britische Besatzungen zu übergeben; sie abzurüsten oder sie so gründlich auf Grund zu setzen, daß die Deutschen keinen Gebrauch mehr von ihnen machen könnten. Die Franzosen lehnten ab. Großbritannien stellte daraufhin eine fünfte Möglichkeit zur Wahl, nämlich die Schiffe nach Französisch-Westindien zu überführen, wo sie entweder entwaffnet oder den Vereinigten Staaten bis zum Kriegsende übergeben werden sollten. Wiederum lehnten die Franzosen ab, woraufhin die britischen Seestreitkräfte, die Mers-el-Kebir eingeschlossen hatten, das Feuer eröffneten. Die Kanonade dauerte fünf Minuten. Als sie vorbei war, hatten mehr als 1250 französische Seeleute, keine zwei Wochen zuvor noch Verbündete der Briten, den Tod gefunden.

Während der fünfminütigen Kanonade verloren die Franzosen den modernen Schlachtkreuzer *Dunkerque* und die alten Schlachtschiffe *Provence* und *Bretagne.* Aber ein zweiter Schlachtkreuzer, die *Strasbourg,* der Flugzeugträger *Commandant Teste* und fünf Zerstörer konnten Dampf aufmachen, die sie einkesselnde Streitmacht passieren und das Mittelmeer Richtung Toulon überqueren. Ebenfalls am 3. Juli wurden sämtliche in britischen Häfen liegenden französischen Schiffe geentert und besetzt, ohne daß ein Schuß fiel – lediglich an Bord des U-Bootes *Surcouf* wurde aufgrund eines Mißverständnisses ein französischer Seemann erschossen.

Die »Schlacht« von Mers-el-Kebir löste in Frankreich beträchtliche Erbitterung aus. Churchill enthielt sich vor dem Unterhaus am 4. Juli einer Wertung des britischen Vorgehens: »Ich überlasse diese vertrauensvoll dem Parlament. Ich überlasse sie auch der Nation und den Vereinigten Staaten. Ich überlasse sie der ganzen Welt und der Geschichte.« Von einem amerikanischen Gesandten erfuhr Churchill sechs Monate später, daß es diese Unternehmung Englands war, die Roosevelt davon überzeugte, daß die Briten entschlossen waren, den Kampf auch allein fortzusetzen.

Am 5. Juli, zwei Tage nach den Ereignissen von Mers-el-Kebir, brach Marschall Pétains Regierung in Vichy die diplomatischen Beziehungen zu Großbritannien ab. In Südosteuropa erklärte Rumänien, nachdem es die östliche Provinz Bessarabien an die Sowjetunion hatte abtreten müssen, seine Bereitschaft zu einem Bündnis mit den Achsenmächten. Im Fernen Osten hatte Japan Pétains Regierung um militärische See- und Luftstützpunkte in Französisch-Indochina gebeten. Während die Verhandlungen noch andauerten, besetzte Japan strategische Punkte entlang der Küste. Daraufhin verabschiedete der Kongreß der Vereinigten Staaten am 5. Juli das Exportkontrollgesetz, das die Ausfuhr von Flugzeugteilen, Mineralien und Chemikalien nach Japan ohne ausdrückliche Genehmigung verbot. Drei Wochen später folgte die

Einrichtung eines Genehmigungsverfahrens für den Export von Flugzeugbenzin, Schmiermitteln, Eisen und Stahlschrott nach Japan. Die bloße Existenz Vichy-eigener Territorien im Fernen Osten schien das Gespenst eines pazifischen Krieges heraufzubeschwören. In dieser Region besaßen zwei europäische Staaten, Frankreich und Holland, die beide von Deutschland überrannt worden waren, beträchtliche und nun praktisch schutzlose Kolonialgebiete, welche von Japan begehrt wurden. Außerdem hatten deutsche Handelskriegsschiffe hier mit dem systematischen Versenken britischer Handelsschiffe begonnen.

Die britische Regierung, deren Verpflichtungen für das Empire sich auch auf Burma, Malaya und Hongkong erstreckten, mußte sich nun mit der Forderung Japans befassen, die Hauptnachschubsroute zu Lande für Waffenlieferungen nach China, die Burmastraße, zu schließen. Am 6. Juli wurde der britische Botschafter in Japan instruiert, die Forderung abzulehnen, da sie eine Diskriminierung Chinas darstelle. Er gab jedoch zu bedenken, daß die unmittelbare Gefahr eines japanischen Angriffs drohe, falls die Straße nicht gesperrt würde. Sie wurde daraufhin geschlossen, aber nur drei Monate später aufgrund britischer Hartnäckigkeit wieder geöffnet. Trotzdem zeigte dieser Akt von Nachgiebigkeit, daß Großbritannien sich nicht zutraute, es mit einem dritten Gegner aufzunehmen.

Ermutigende Nachrichten erreichten den inneren Kreis der Entscheidungsträger britischer Politik am 6. Juli, als sich nach der Auswertung von Enigma-Funksprüchen der deutschen Luftwaffe herausstellte, daß die Kapazität der ersten Welle deutscher Bomber nicht so groß war, wie man geglaubt hatte. Der Nachrichtendienst der Air Force hatte vorher geschätzt, daß die Deutschen 2500 Bomber mit einer Bombenabwurfkapazität von täglich 4800 Tonnen gegen England schicken könnten. Wie die Enigma-Botschaften enthüllten, beliefen sich die realistischen Zahlen auf nur 1250 Bomber und eine tägliche Abwurfkapazität von 1800 Tonnen Bomben.

Zwei Tage nachdem Churchill erfahren hatte, daß die Stärke der deutschen Bomber übertrieben hoch eingeschätzt worden war, äußerte er seine Gedanken über die weitere Entwicklung des Krieges. Sollte Hitler »hier zurückgeschlagen werden oder keine Invasion versuchen, wird er sich wieder nach Osten wenden, und wir haben nichts, um ihn aufzuhalten. Es gibt aber etwas, das ihn hierher zurückzwingen und ihn bezwingen wird, nämlich ein absolut zerstörerischer, vernichtender Angriff, vorgetragen mit sehr schweren Bombern von diesem Land aus gegen das Heimatland der Nazis.«

Ebendieses Land befand sich in Hochstimmung. Am 6. Juli kehrte Hitler zum erstenmal seit der Eröffnung des Feldzuges im Westen fast zwei Monate zuvor nach Berlin zurück. Eine Million Hakenkreuzfahnen waren gratis an die Massen verteilt worden, die kamen, um ihm zuzujubeln. Alle Staaten, gegen die seine Armeen am 10. Mai marschiert waren, hatten kapituliert. Einzig England blieb unbesetzt, schien aber ohnmächtig. Zur selben Zeit, da Hitler seine Triumphfahrt durch Berlin begann, eröffneten deutsche Bomber ihre Tageslichtangriffe auf Großbritannien. Am 6. Juli töteten Sprengbomben, die auf Aldershot abgeworfen wurden, drei Soldaten des Royal Canadian Ordonance Corps.

Die Erkenntnis, daß friedfertige Bürger oder auch Soldaten an weit von den Schlachtfeldern entfernten Orten Opfer dieses Krieges werden konnten, löste in England einen Schock aus. Es gab namentlich ein weitab von Großbritannien gelegenes Schlachtfeld, das sich immer mehr ins Bewußtsein der britischen Öffentlichkeit drängte. Am 6. Juli griffen britische Maschinen von Flugzeugträgern aus Einrichtungen und Schiffe der italienischen Marine im libyschen Hafen Tobruk an; sie orientierten sich dabei an im Rahmen einer erfolgreichen Luftaufklärung entstandenen Aufnahmen. Am darauffolgenden Tag erklärte sich der ranghöchste Kommandierende der französischen Kriegsschiffe, die sich zu diesem Zeitpunkt im ägyptischen Hafen Alexandria befanden, bereit, seine Schiffe entsprechend der britischen Aufforderung zu neutralisieren. Es sollte zu keinem zweiten Mers-el-Kebir im Mittelmeer kommen. In den Atlantikhäfen von Casablanca und Dakar hingegen blieben die Befehlshaber der französischen Marine Vichy treu. Infolgedessen griffen britische Torpedoboote und Torpedoflugzeuge die Schlachtschiffe *Richelieu* und *Jean Bart* an und setzten sie für mehrere Monate außer Gefecht.

Der Seekrieg hatte den Landkrieg fast völlig abgelöst. Am 9. Juli stießen britische und italienische Seestreitkräfte vor der Stiefelspitze Italiens zusammen. Die britischen Flugzeuge, die vom Flugzeugträger *Eagle* aus aufstiegen, beherrschten den Luftraum über dem Schlachtfeld. Das Ende des Waffengangs kam, als das italienische Flaggschiff, das Schlachtschiff *Giulio Cesare,* von der *Warspite,* dem britischen Flaggschiff, schwer beschädigt wurde und im Hafen von Messina Zuflucht suchen mußte. Ebenfalls am 9. Juli fuhr das deutsche Kaperschiff *Komet* von Deutschland aus nordwärts und durchquerte mit Hilfe sowjetischer Eisbrecher die lange und schwierige Nordostpassage, um durch die Beringstraße in den Nordpazifik zu gelangen. Es sollte sechs alliierte Handelsschiffe versenken, ehe es nach Deutschland zurückkehrte.

Für kurze Zeit wandte Hitler sich unkriegerischen Dingen zu. Am 9. Juli zeichnete er in seinem Berghof auf dem Obersalzberg nahe Berchtesgaden eine Reihe von Entwürfen für ein neues Opernhaus in Linz. Dieses Projekt gehörte zu seinem Plan, dieser Provinzstadt, in der er als junger Mann gelebt hatte, ein großstädtisches Gepräge zu geben. An diesem Tag schickte ihm ein deutscher protestantischer Pastor, Paul-Gerhard Braune, Leiter einer Heilanstalt in Berlin, einen Brief mit einem geharnischten Protest gegen das Euthanasieprogramm. Dieses Vorhaben, schrieb Braune, komme einem »großangelegten Plan zur Vernichtung Tausender von Menschen« gleich; solche Tötungen »untergraben die moralischen Grundfesten des ganzen Volkes«; sie seien einer Einrichtung, welche sich der Heilung von Kranken verpflichtet habe, »einfach unwürdig«. Die Tötungen, fuhr Braune fort, seien bereits auf Menschen ausgedehnt worden, deren Geist man noch als »klar« bezeichnen könne. Sie gefährdeten »die Ethik des Volkes als Ganzem«. Und er schloß die Frage an: »Wen, wenn nicht die Hilflosen, soll das Recht schützen?«

Braune erhielt vom Chef der Reichskanzlei, Hans Lammers, die Mitteilung, das Euthanasieprogramm könne nicht eingestellt werden. Einen Monat später wurde er verhaftet. Der Haftbefehl, unterzeichnet von Heydrich, beschuldigte ihn, »in unverantwortlicher Weise Maßnahmen des Staates sabotiert« zu haben.

Nachdem man ihn zehn Wochen lang in einem Gestapogefängnis in Berlin festgehalten hatte, wurde Braune unter der Bedingung freigelassen, daß er künftig nichts mehr gegen Vorhaben von Partei oder Regierung unternehmen werde.

Am 10. Juli griff eine Formation von 120 deutschen Bombern und Jägern im Ärmelkanal einen britischen Schiffskonvoi an. Gleichzeitig bombardierten siebzig weitere deutsche Flugzeuge Hafenanlagen in Südwales. Die Briten hatten nur 600 funktionsfähige Jagdflugzeuge, die sie diesen Angreifern entgegensetzen konnten. Es bedurfte dringender Maßnahmen, um diese Zahl auf das Niveau anzuheben, das man für das Sicherheitsminimum hielt: wenigstens tausend. Sogar die Öffentlichkeit wurde aufgerufen, die nun vorrangig geförderte Flugzeugproduktion zu unterstützen: Jegliches Aluminium, das aufzutreiben war, sollte an das Ministerium für Flugzeugherstellung eingesandt werden, das am 10. Juli erklärte: »Wir werden aus Ihren Töpfen und Pfannen Spitfires und Hurricanes, Blenheims und Wellingtons machen. Jeder, der Töpfe und Pfannen, Kessel, Staubsauger, Hut- und Mantelhaken, Schuhständer, Badezimmereinrichtungen und Haushaltsgegenstände, Zigarettendosen oder irgendwelche anderen Artikel besitzt, die zum Teil oder ganz aus Aluminium gemacht sind, sollte sie sofort abliefern.«

Um die Moral der Briten zu stärken und den Deutschen Unannehmlichkeiten zu bereiten, starteten britische Kommandoeinheiten am 14. Juli auf der Kanalinsel Guernsey, wo 469 Deutsche stationiert waren, eine Angriffs- und Störaktion. Die Operation, die unter dem Codenamen »Ambassador« lief, verursachte einige Zerstörungen, aber einer der Kommandeure ertrank, und zwei gerieten in deutsche Kriegsgefangenschaft. »Ein so dummer Fehlschlag, wie er auf Guernsey passiert ist, darf nicht noch einmal vorkommen«, lautete Churchills Kommentar.

Dieser 14. Juli, Jahrestag des Sturms auf die Bastille in Frankreich, war für die Franzosen in diesem Jahr ein Tag der nationalen Trauer und der ernsten Besinnung. In London legten General de Gaulle und andere Führer seiner neuen Bewegung Freies Frankreich am Cenotaph Kränze nieder und schworen, weiterzukämpfen, bis Frankreich befreit sei. »Vor einem Jahr sah ich in Paris die prächtige Parade der französischen Armee und des französischen Reiches auf den Champs-Élysées«, ließ Churchill über Rundfunk in Großbritannien und Frankreich verbreiten. »Wer kann vorhersagen, was die kommenden Jahre bringen werden?«

Es gebe, erklärte Churchill, »sehr viele, die in diesem Krieg treue Dienste leisten werden, aber deren Namen niemals bekannt und deren Taten niemals aufgezeichnet werden. Dies ist der Krieg des Unbekannten Soldaten, aber wenn ein jeder sein Bestes gibt, ohne in seiner Zuversicht oder seinem Pflichtgefühl nachzulassen, wird Hitlers finsterer Fluch von unserer Zeit genommen werden.«

Zwei Tage nach Churchills Rede erließ Hitler die Weisung Nr. 16 über die Vorbereitungen einer Landungsoperation in England mit dem Codenamen »Seelöwe«. Am 5. August sollte eine Luftoffensive beginnen. Ihr Hauptziel sollte es sein, die Royal Air Force »moralisch und tatsächlich so weit [niederzukämpfen], daß sie keine nennenswerte Angriffskraft dem deutschen Übergang gegenüber mehr zeigt«. Für die Landung selbst nannte Hitler keinen Termin, erklärte jedoch, die »Vorbereitungen« dazu müßten bis Mitte August abgeschlossen sein.

Nächtliche Bombenangriffe gehörten nun zum Alltag der Briten. In den ersten Julitagen wurden 194 britische Zivilisten getötet. Am 19. Juli, drei Tage nach seiner Weisung zum Unternehmen »Seelöwe«, hielt Hitler in Berlin eine Rede, in der er auf sein »Friedensangebot« an Großbritannien hinwies. »Ich bin mir darüber im klaren«, verkündete er, »daß die Fortführung dieses Kampfes nur mit der vollständigen Zertrümmerung des einen der beiden Kämpfenden enden wird. Mister Churchill mag glauben, daß dies Deutschland ist. Ich weiß, es wird England sein.« Wenn Deutschland nun ein Friedensangebot mache, tue es dies nicht »als Besiegter«, der »um etwas bitte[t]«, sondern »als Sieger«, der »nur für die Vernunft spreche. Ich sehe keinen Grund, der zur Fortführung dieses Kampfes zwingen könnte. Ich bedaure die Opfer, die er fordern wird.« Möglicherweise, fügte Hitler hinzu, werde »Herr Churchill ... diese meine Erklärung wieder abtun mit dem Geschrei, daß dies nur die Ausgeburt meiner Angst sei und meines Zweifels am Endsieg. Ich habe dann eben jedenfalls mein Gewissen erleichtert gegenüber den kommenden Dingen.«

Nicht nur Churchill, sondern auch Roosevelt lehnte Hitlers Angebot ab. Es gebe nur einen Weg, erklärte Roosevelt etwas später am selben Tag, mit einem totalitären Staat umzugehen: »Widerstand, nicht Nachgiebigkeit.« Ebenfalls am 19. Juli unterzeichnete Roosevelt den Two-Ocean Navy Expansion Act, der eine bedeutende Erhöhung der amerikanischen Flottenstärke sowohl im Pazifik als auch im Atlantik vorsah. 358 Kriegsschiffe waren bereits fertiggestellt und 130 befanden sich im Bau, und nun wurden durch das Gesetz die Weichen für den Bau von zusätzlich sieben Schlachtschiffen, 18 Flugzeugträgern, 27 Kreuzern, 42 Unterseebooten und 115 Zerstörern gestellt.

Obwohl sich gegenwärtig nur England im Krieg mit Deutschland befand, machte sich in den Ländern der westlichen Welt das Gefühl breit, mitten in einem weltweiten Konflikt zu stecken: Die Schließung der Burmastraße und das Two-Ocean-Gesetz waren ebenso deutliche Anzeichen dafür wie der formelle Anschluß der drei baltischen Staaten Estland, Lettland und Litauen an die Sowjetunion am 21. Juli. An demselben Tag beorderte Hitler seine Generäle auf den Obersalzberg und informierte sie über seine Absicht, die Sowjetunion anzugreifen.

Hitlers Worte waren nicht nur Tagträume. Am folgenden Tag instruierte er General Halder, mit der detaillierten Planung zu beginnen, und ein eigener Stab mit General Erich Marcks an der Spitze wurde gebildet, der einen Arbeitsplan aufstellen und Hitler zwei Wochen später Bericht erstatten sollte. Bei der Besprechung auf dem Obersalzberg ging Hitler auch auf die geplante Landung in England ein, allerdings bemerkenswerterweise ohne sonderliche Begeisterung. Er erklärte, ohne Luftüberlegenheit könne keine Invasion durchgeführt werden; falls jedoch die erste Landungswelle nicht bis Mitte September abgeschlossen sei, würden schlechte Wetterverhältnisse es der deutschen Luftwaffe unmöglich machen, für angemessene Luftunterstützung zu sorgen. »Falls die Vorbereitungen nicht mit Sicherheit bis Anfang September abgeschlossen werden können«, erklärte Hitler, »wird es nötig sein, andere Pläne in Betracht zu ziehen.«

Hitler war sicher, daß England nicht vorhatte, den Kampf aufzugeben. »Wir wollten den Krieg zu keinem Zeitpunkt«, erklärte der britische Außenminister, Lord Halifax, am 22. Juli in einer Antwort auf Hitlers drei Tage vorher unterbreitetes »Friedensangebot«. »Sicherlich will hierzulande niemand, daß der Krieg einen Tag länger dauert als notwendig. Aber wir werden nicht aufhören zu kämpfen, bis die Freiheit für uns und andere gesichert ist.« An diesem Tag kam in Tokio eine neue Regierung unter Prinz Fumimaro Konoye an die Macht. Diese neue Führung übte sogleich verstärkten Druck auf Vichy-Frankreich aus, Japan die Militärstützpunkte in Indochina zur Verfügung zu stellen: Sie kündigte an, sie schließe die Anwendung von Gewalt nicht aus, um ihr Ziel zu erreichen. »Dieses Ziel«, erklärte sie neun Tage später, sei die »Errichtung einer Neuen Ordnung für den Großraum Ostasien«.

Als weltanschauliche Grundlage von Prinz Konoyes Neuer Ordnung diente, ähnlich wie für Hitlers Tausendjähriges Reich, die Idee einer »Herrenrasse«, für die der Zweck stets die Mittel heiligte. Der Zweck war, Überlegenheit, Disziplin und Einmütigkeit durchzusetzen; die Mittel waren so brutal, wie die Umstände es erforderten.

Am 24. Juli sichtete ein deutsches Torpedoboot den unbewaffneten französischen Handelsdampfer *Meknès*, der bei Einbruch der Nacht mit 1179 nach Hause geschickten französischen Seeleuten an Bord aus Southampton abgelegt hatte, und griff das Schiff an, obwohl die *Meknès* unter eigens angestrahlter französischer Flagge, mit allen Positionslichtern und hell erleuchteten Bullaugen fuhr. Als der Kapitän der *Meknès* seine Motoren stoppte, wozu er durch Sirenenzeichen aufgefordert worden war, und Namen und Nationalität seines Schiffes durch Morseblinkzeichen übermittelte, kam als einzige Antwort ein Torpedo zurück. Die *Meknès* sank; 383 französische Seeleute ertranken.

In Großbritannien hielt nicht nur de Gaulle die Flamme des Widerstands gegen Hitler wach. Am 23. Juli war in London eine provisorische tschechoslowakische Exilregierung gebildet worden. Zwei Tage später gab Churchill die Erlaubnis, daß die auf britischem Boden befindlichen 14000 Mann starken polnischen Truppenteile mit amerikanischen Gewehren ausgerüstet werden sollten, sobald diese aus den Vereinigten Staaten eintreffen würden. Auch Soldaten anderer Nationalität standen zu dieser Zeit in Großbritannien Gewehr bei Fuß oder befanden sich in Ausbildung, darunter 4000 Tschechen, 3000 nazifeindliche Deutsche, 2000 Franzosen, 1000 Holländer, 1000 Norweger und 500 Belgier. Aber weiterhin galt die vorrangige Sorge der britischen Militärs den Flugzeugen. Am 25. Juli erfuhr Churchill, daß tags zuvor in Washington ein Übereinkommen unterzeichnet worden war, das für Flugzeuge aus amerikanischer Produktion einen bedarfsabhängigen Verteilungsschlüssel zwischen britischen und amerikanischen Fliegerverbänden vorsah. Konkret sollten von den 33500 Flugzeugen, die in den Vereinigten Staaten hergestellt wurden, 19092 für die amerikanische Luftwaffe zurückbehalten werden und 14375 an Großbritannien gehen. Ähnliche Quoten wurden für sämtliche Gewehre, Panzer, Feldgeschütze und Panzerabwehrkanonen aus US-Produktion sowie die dazugehörige Munition festgelegt. Dieses Übereinkommen sollte den Bedarf der britischen Streitkräfte decken, wie er für die Zeit bis Ende 1941 vorausberechnet worden war.

Für die Völker im deutsch besetzten Polen nahm die Tyrannei kein Ende. 2000 Juden, die von Radom aus an die deutsch-sowjetische Grenze geschickt worden waren, um Panzergräben auszuheben, kamen innerhalb weniger Monate aufgrund der brutalen Behandlung um, die ihnen zuteil wurde. Am 26. Juli starb in den Steinbrüchen des Konzentrationslagers Mauthausen bei Linz Dr. Edmund Bursche, ehemals Dekan der Fakultät für Protestantische Theologie an der Universität Warschau, an den Folgen der Zwangsarbeit und der Schläge. Er war 79 Jahre alt.

Über die zu Tode geschundenen Juden von Radom oder den Tod von Professor Bursche ließen die Deutschen offiziell nichts verlauten. Andere Aspekte der deutschen Neuordnung wurden hingegen weithin publik gemacht. So pries Ernst Rudin, Professor für Psychiatrie an der Münchener Universität und ein Pionier der nazistischen »Rassenlehre«, in einem veröffentlichten Kommentar zum deutschen Sterilisierungsgesetz seinen Führer Adolf Hitler dafür, daß der den Mut aufgebracht habe, durch »rassehygienische Maßnahmen« den »Terror der minderwertigen Menschentypen« zu brechen.

Am 29. Juli teilte die deutsche Seekriegsleitung Hitler mit, eine Landung an der britischen Küste werde vor der zweiten Septemberhälfte nicht möglich sein, und auch dann werde die deutsche Marine nicht in der Lage sein, sie gegen eine anhaltende britische Gegenoffensive von See her zu unterstützen. »Die Durchführung noch in diesem Jahr«, schrieb Admiral Schniewind, Stabschef der Marine, »ist nicht zu verantworten.«

Nicht nur vor einer Offensive im Westen schreckten die deutschen Berufsmilitärs zurück. Gleichfalls am 29. Juli unterrichtete General Jodl den Chef der Abteilung Landesverteidigung im OKW, Generaloberst Walter Warlimont, über Hitlers Plan, Rußland »so bald als möglich« anzugreifen. Jodl nannte den Mai 1941 als wahrscheinlichsten Termin. Warlimont und andere Mitglieder des OKW wandten ein, dies sei genau der Zweifrontenkrieg, der zur deutschen Niederlage von 1918 geführt habe. Aber Jodl gab ihnen eine Antwort, die keine Widerrede zuließ. »Meine Herren«, erklärte er, »es handelt sich hier nicht um eine zur Diskussion stehende Frage, sondern um eine Entscheidung des Führers.«

Am 21. Juli legten insgesamt fünfzehn Schiffe von amerikanischen Häfen ab, die mit Waffen und Ausrüstungsgegenständen für England beladen waren. Während sie sich auf ihren langen Weg Richtung Europa machten, rief Hitler die oberste Wehrmachtführung einschließlich der Oberbefehlshaber von Marine und Luftwaffe auf den Obersalzberg, um die Landung in England zu besprechen. Admiral Raeder, Oberbefehlshaber der Marine, der von Berlin aus eingeflogen war, schlug zunächst eine Verschiebung des Unternehmens »Seelöwe« vom 13. September auf den 19. September frühestens vor. In der Folge ließ er jedoch erkennen, daß ein noch wesentlich späterer Zeitpunkt ihm lieber wäre: der Mai 1941. Bis dahin werde Deutsch-

Europa von Norwegen bis Ägypten, Sommer 1940

land, so führte Raeder aus, zusätzlich zu seinen beiden vorhandenen Schlachtschiffen zwei neue besitzen, die *Tirpitz* und die *Bismarck.* Außerdem werde man zu diesem Zeitpunkt auch über viele zusätzliche kleinere Kriegsschiffe verfügen.

Hitler konnte Raeders Argumente nicht ohne weiteres entkräften. Trotzdem stellte er Entschlossenheit zur Schau. Die Invasion könne und solle am 15. September stattfinden, meinte er, allerdings nur unter der Voraussetzung, daß es der deutschen Luftwaffe zuvor gelinge, der Royal Navy, der Royal Air Force und wichtigen englischen Häfen in einem einwöchigen Bombardement nachhaltige Schäden zuzufügen. »Andernfalls«, schloß er, »wird sie [die Invasion] bis 1941 verschoben.«

Admiral Raeder flog nach Berlin zurück. General von Brauchitsch und General Halder, die vom Hauptquartier des Generalstabs des Heeres in Fontainebleau eingeflogen waren, blieben bei ihrem Führer. Ihnen erzählte Hitler von seiner Absicht, Rußland zu überfallen. Wenn Rußland erst einmal »zerschlagen« sei, erklärte Hitler seinen beiden Generälen, »dann ist Englands letzte Hoffnung getilgt. Der Herr Europas und des Balkans ist dann Deutschland.«

Wie Halder und Brauchitsch von ihrem Führer weiter erfuhren, hatte er als Termin für den Überfall auf Rußland das Frühjahr 1941 ins Auge gefaßt. »Je schneller wir Rußland zerschlagen, um so besser«, erklärte Hitler und fügte hinzu: »Operation hat nur Sinn, wenn wir Staat in einem Zug schwer zerschlagen. Gewisser Raumgewinn allein genügt nicht.« Von den insgesamt 180 Divisionen, die bis dahin einsatzbereit wären, sollten 120 in drei Heeresgruppen zum Angriff antreten, die erste gegen Kiew, die zweite durch das Baltikum nach Moskau; und wenn diese beiden sich vereinigt hätten, würde eine dritte Heeresgruppe zu den Ölfeldern von Baku vorstoßen.

Am 31. Juli, als Hitler seine hohen Offiziere über seine Pläne für den Überfall auf Rußland unterrichtete, unternahmen die Briten einen kleinen, aber wichtigen Schritt, um ihre Nabelschnur durchs Mittelmeer zu sichern. Sie starteten die Operation »Hurry«, in deren Verlauf vom Flugzeugträger *Argus,* der von Gibraltar bis vor Sizilien gefahren war, zwölf Jagdflugzeuge aufstiegen und sich auf den 300 Kilometer weiten Weg nach Malta machten, der englischen Insel, die zu dieser Zeit bereits unter permanenten italienischen Luftangriffen zu leiden hatte. Die Operation wurde fast ein voller Erfolg und nur dadurch beeinträchtigt, daß einer der zwölf Jagdflieger, Leutnant Keeble, fiel, als er in einem Luftkampf über dem Großhafen von Malta abgeschossen wurde. Sein italienischer Kontrahent kam ebenfalls ums Leben. Im Luftkampf über Deutschland, über England, über Frankreich (bis zum Waffenstillstand) und über dem Mittelmeer starben im Juni und Juli 1940 526 britische Piloten.

Hitler erließ nun seine Weisung Nr. 17 für »die Führung des Luft- und Seekrieges gegen England«. An seine Ausführungen gegenüber Admiral Raeder anknüpfend, erklärte er, eine erfolgreiche Luftoffensive sei die Voraussetzung für ein Landungsunternehmen von See her. Die Weisung vom 1. August forderte eine »Verschärfung des Luftkrieges« vom 5. August an. Dies sollte der »Adlertag« werden. Der britische Geheimdienst kannte den Decknamen, wußte aber nicht, wofür er stand. Die Angriffe sollten sich vorrangig gegen »die fliegenden Einheiten, ihre Bodenorganisation und Nachschubeinrichtungen, ferner gegen die Luftrüstungsindustrie einschließlich der Industrie zur Herstellung von Flakgerät« richten. Als an diesem Tag ein deutscher Pilot Göring berichtete, die britischen Spitfires, denen er über England begegnet sei, seien genauso gut wie die deutschen Jagdflugzeuge, meinte dieser: »Wenn das so ist, werde ich meinen Generalluftzeugmeister an die Wand stellen lassen müssen.« Der Angesprochene, Ernst Udet, legendäres deutsches Fliegeras des Ersten Weltkriegs, war zugegen und reagierte mit einem höflichen Lächeln. Aber es war ihm unmöglich, diese Beleidigung zu vergessen.

Eine weniger wirksame Beleidigung wurde am 2. August über den Rundfunk von William Joyce ausgesprochen, den die britischen Radiohörer wegen seiner abgehackten Sprechweise mit dem Spottnamen »Lord Haw Haw« bedacht hatten. »Die ruhmreiche Royal Air Force«, verbreitete Joyce an diesem Abend über Radio Bremen, »war zu sehr damit beschäftigt, Bomben auf Felder und Friedhöfe in Deutschland abzuwerfen, als daß sie Zeit für die Schlacht um Frankreich gehabt hätte.«

Die Briten waren nicht in der Stimmung, sich verhöhnen zu lassen, und auch für deutsche Annäherungsversuche zeigten sie sich unzugänglich. Als am 2. August König Gustav von Schweden im geheimen sowohl Hitler als auch König Georg VI. anbot, Kontakte zu knüpfen, die zu Friedensverhandlungen führen könnten, schrieb König Georg in sein Tagebuch: »Solange Deutschland nicht bereit ist, friedlich mit seinen Nachbarn in Europa zusammenzuleben, stellt es stets eine Bedrohung dar. Wir müssen seine aggressive Einstellung loswerden, seine Kriegsmaschinen und die Menschen, denen man beigebracht hat, sie zu bedienen.«

Am 3. August traf ein großes kanadisches Truppenkontingent in England ein. Darunter befanden sich auch einige US-amerikanische Staatsbürger, die sich freiwillig für den Einsatz gemeldet hatten. Einen Tag später kam ein weiteres Kontingent australischer Truppen an, zwei Tage darauf eine Anzahl von Piloten und Flugzeugbesatzungen aus Südrhodesien. All dies verhieß nichts Gutes für Hitlers Invasionspläne, falls er denn tatsächlich immer noch glaubte, seine Luftwaffe könne die notwendigen Bedingungen für eine Landung schaffen. Am 5. August wurde die deutsche Bomberoffensive gegen britische Luftwaffenziele wegen schlechter Wetterlage verschoben. An diesem Tag wurde Hitler ein Plan vorgelegt, der seinem Instinkt und seinem Ehrgeiz viel eher zusagte: der Plan für den Überfall auf Rußland, den General Erich Marcks auf Hitlers Wunsch ausgearbeitet hatte.

Dieser Plan sah einen deutschen Vormarsch bis zur Linie Archangelsk-Gorki-Rostow vor. Insgesamt würden 147 Divisonen angreifen; Leningrad, Moskau und Kiew-Rostow würden die ersten Ziele sein. 44 Divisionen sollten in Reserve gehalten werden. Überraschung und Schnelligkeit sollten die Schlüssel zum Sieg sein, den General Marcks neun bis siebzehn Wochen nach Beginn des Angriffs für möglich, ja sicher hielt.

Am 8. August, drei Tage nachdem Hitler Marcks' Plan erhalten hatte, erteilte er Generaloberst Warlimont den Auftrag, in Ostpreußen und dem deutsch besetzten Polen die Bereitstellungsräume für die kommende Offensive vorzubereiten. Vor allen Dingen durfte nichts unternommen werden, was bei Stalin hätte Verdacht erregen können. Er sollte glauben, man würde diese Truppen nach Osten verlegen, um sie aus der Reichweite der britischen Bomber zu bringen.

Auch schon vor Beginn der in Hitlers Weisung vom 1. August anvisierten deutschen Luftoffensive kam es tagtäglich zu heftigen Luftkämpfen über England, und ebenso flogen britische Bomber fast täglich Angriffe auf deutsche Industrieziele, besonders im Ruhrgebiet. Am 8. August wurde unter anderen ein polnischer Flieger auf einem Feindflug abgeschossen. »Armer Kerl«, schrieb ein anderer polnischer Pilot, »er wird Polen nie wiedersehen. Er wird seiner Staffel fehlen, wenn sie eines Tages durch die Gnade Gottes wieder auf dem Flugplatz Deblin landen wird. Nun, er war nicht der erste und wird auch nicht der letzte sein.«

Am 9. August tauchten 300 deutsche Flugzeuge über Südostengland auf und flogen die englische Kanalküste entlang. Ihr Ziel waren die Radarstationen von Portland Bill und Weymouth. Im Gefecht mit den nach ihnen ausgeschickten britischen Abfangjägern wurden achtzehn deutsche Maschinen abgeschossen. Am 11. und erneut am 12. August folgten weitere Angriffe auf Radarziele. Dies waren die letzten Vorbereitungen für den vorgesehenen Hauptangriff. Am 13. August – die britischen Radarverteidigungseinrichtungen waren im wesentlichen noch intakt – begann die deutsche Luftwaffe den »Adlertag«, einen Tag, an dem insgesamt 1485 deutsche Maschinen in ununterbrochenen Wellen in den britischen Luftraum eindrangen. Ihre Ziele waren Flugplätze und Flugzeugfabriken, die jetzt möglichst schnell zerstört werden mußten, wenn die im Anschluß daran geplante Invasion gelingen sollte.

KAPITEL 9

Die Schlacht um England

August–September 1940

Am »Adlertag«, dem 13. August 1940, startete Deutschland seinen vierten Feldzug in weniger als einem Jahr. Aber im Gegensatz zu den drei vorangegangenen Überfällen auf Polen, Skandinavien und Frankreich/Belgien/Holland handelte es sich diesmal um eine Luftoffensive ohne jede Aktivität zu Lande. Von Beginn an waren die Deutschen überrascht von dem Geschick und der Kampfkraft der britischen Piloten. Von 1485 deutschen Maschinen, die an diesem Tag den Ärmelkanal überquerten, wurden 45 abgeschossen, während die Briten nur dreizehn Jagdflugzeuge verloren. Fast alle abgeschossenen deutschen Flieger kamen ums Leben oder wurden nach ihrem Fallschirmabsprung oder ihrer Bruchlandung gefangengenommen. Die Briten verloren dagegen nur sieben Mann, während die übrigen sich nach Fallschirmabsprung oder Bruchlandung auf sicherem britischen Boden befanden. Am zweiten Tag erzwang schlechtes Wetter eine Reduzierung der Zahl der angreifenden Flugzeuge auf 500. Trotzdem wurden 75 abgeschossen, noch mehr als am vorhergehenden Tag; allerdings verloren auch die Briten an diesem Tag 34 Flugzeuge. Ähnlich sah es am dritten Tag aus, an dem siebzig deutsche und 27 britische Maschinen abgeschossen wurden. In den ersten drei Tagen der Luftschlacht büßten die Deutschen also 190 Maschinen ein. Zu berücksichtigen ist freilich auch, daß in den ersten zehn Tagen der deutschen Offensive hundert britische Flugzeuge am Boden zerstört wurden.

Während am südenglischen Himmel die Luftschlacht um England ausgetragen wurde, konnten sich die führenden britischen Politiker ein ziemlich genaues Bild davon machen, worum es ihrem Gegner bei dieser Kraftprobe ging. Am 14. August gab nämlich der Vereinigte Nachrichtendienstausschuß aller Teilstreitkräfte (Inter-Service Combined Intelligence Committee) nach sorgfältiger Auswertung des Enigma-Funkverkehrs der deutschen Luftwaffe seine Lageeinschätzung ab, wonach die deutschen Kommandostellen noch keine endgültige Entscheidung getroffen hatten und auch keine treffen würden, »solange der Ausgang des gegenwärtigen Kampfes um die Vorherrschaft in der Luft offen ist«.

Auch von jenseits des Atlantiks trafen auf den umkämpften Britischen Inseln gute Nachrichten ein. Roosevelt willigte ein, den Briten im Austausch für die Benutzung britischer Stützpunkte in der Karibik und im Westatlantik durch die amerikanische Flotte fünfzig amerikanische Zerstörer zur Verfügung zu stellen. Welche Ironie, daß am selben Tag, dem 14. August, General Halder in sein Tagebuch schrieb, die Wehrmacht suche einen Ort in Ostpreußen, der Hitler als Hauptquartier für den Fall eines Einmarsches in Rußland dienen könne.

War der 14. August für Großbritannien ein Tag der Erleichterung, so erwies sich der 15. August als der Tag, an dem die deutsche Luftwaffe die Stärke und Effizienz ihrer Kampftaktik testen wollte. Gelang die für diesen Tag geplante Angriffsoperation, so würde für die Wehrmacht gerade noch die Chance bestehen, vor Einsetzen der Herbststürme eine Invasion zu wagen. Insgesamt überflogen an diesem 15. August zwischen 11.30 und 18.30 Uhr 520 Bomber und 1270 Jäger den Kanal.

75 deutsche Maschinen wurden an diesem Tag abgeschossen, während die Briten 34 Flugzeuge verloren. Eine solche Verlustrate konnte die deutsche Luftwaffe nicht lange durchhalten.

Am 16. August wurde ein ähnlich schwerer Angriff mit ähnlichem Erfolg abgewehrt. Allerdings gelang es den Deutschen, in Brize Norton 47 britische Flugzeuge am Boden zu zerstören und auf anderen Flugplätzen in Südengland weitere dreizehn. General Ismay, der den Verlauf der Schlacht anhand der in der Einsatzzentrale der 11. Jagdkommandogruppe eingehenden Meldungen verfolgte, erinnerte sich später: »Den ganzen Nachmittag dauerten die schweren Kämpfe an; zu einem bestimmten Zeitpunkt war jede einzelne Staffel der ganzen Gruppe im Einsatz; es gab keine Reserven mehr, und der Kartentisch zeigte neue Wellen von Angreifern, die die Küste überflogen. Mir wurde übel vor Angst.«

Am 16. August bekräftigte der Vereinigte Nachrichtendienstausschuß aller Teilstreitkräfte seine aus dem entschlüsselten Enigma-Funkverkehr der deutschen Luftwaffe gewonnene Einschätzung, die Deutschen würden keine Invasion in Großbritannien wagen, ehe sie nicht die unangefochtene Luftherrschaft errungen haben würden. Der deutsche Rundfunk hatte diese Luftherrschaft allerdings schon verkündet. Am 16. August schrieb ein kanadischer Offizier in sein Tagebuch: »Von Lord Haw-Haw erfahren wir, daß Südostengland in Trümmern liegt und die Stimmung unserer Leute völlig auf dem Tiefpunkt ist. Gut, es gibt viele große Löcher auf den Feldern, und einige Gebäude sind zerstört worden. Aber deutsche Bomber und Jäger liegen überall von Maidstone bis Guildford in der Landschaft verstreut. Und was unsere Stimmung anbelangt, die steigt – und steigt – und steigt.«

An diesem Tag wurde ein Stück weiter westlich, über Southampton, der Pilot eines Jagdflugzeugs, Leutnant Eric James Nicolson, von vier deutschen Jägern angegriffen, als er in seiner Hurricane über Southampton patrouillierte. Seine Maschine wurde getroffen und Nicolson selbst durch ein Projektil verwundet. Als die Flammen schon das Cockpit ergriffen, erspähte Nicolson einen deutschen Messerschmidt-Jäger. Er griff ihn an und schoß ihn ab, ungeachtet der Tatsache, daß er deswegen vier Minuten länger in seinem brennenden Flugzeug ausharrte und schwere Verbrennungen an Gesicht, Nacken, Händen und Beinen erlitt. Für diese Tat wurde Nicolson mit dem Victoria Cross belohnt – kein anderer Jagdpilot erhielt diese höchste Tapferkeitsauszeichnung, weder in der Schlacht um England noch im weiteren Verlauf des Zweiten Weltkriegs. Heute kennzeichnet eine Plakette die Stelle, an der der halb verbrannte Nicolson am Fallschirm niederging.

Am 17. August sahen sich die Deutschen gezwungen, ihre Offensive zurückzuschrauben; einige ihrer Kampfflugzeuge, vor allem die Stukas, hatten sich als zu verwundbar herausgestellt und wurden zurückgezogen. In dieser Nacht flogen britische Bomber über den Kanal und die Nordsee, um wiederum deutsche Ölraffinerien und Munitionsfabriken zu bombardieren. Der 17. August war auch der Tag, an dem in Großbritannien eine geheime Bestandsaufnahme aller britischen Verluste vom ersten Kriegstag an angefertigt wurde. 8266 Seeleute und 4400 Soldaten waren gefallen, 729 Zivilisten durch deutsche Luftangriffe getötet worden. Die Zahl der gefallenen oder vermißten Piloten und Flugzeugbesatzungen betrug 3851.

Den überlebenden Piloten fiel am 18. August die Aufgabe zu, einen weiteren deutschen Versuch abzuwehren, die britische Luftverteidigung auszuschalten. Aber wiederum waren die deutschen Verluste beträchtlich: 71 abgeschossenen Maschinen standen auf britischer Seite 27 Totalverluste gegenüber. Eines der britischen Fliegerasse, Douglas Bader, schrieb später über diesen Abend: »Göring zog seine Piloten zurück, um sie ausruhen zu lassen, seine Wunden zu lecken und die Verluste zu zählen; sie beliefen sich auf 367 zerstörte Flugzeuge.«

Am 19. August erfolgte kein deutscher Luftangriff auf Großbritannien. »Sie machen einen großen Fehler«, sagte Churchill in dieser Nacht zu einem Mitarbeiter seines Sekretariats, »indem sie uns eine Verschnaufpause gönnen.« Am folgenden Tag sprach Churchill im Unterhaus davon, wie sich die Dankbarkeit »eines jeden Heims auf unserer Insel, in unserem Reich und

Die Schlacht um England und der ‹Blitz›, August – September 1940

auch in der ganzen Welt mit Ausnahme der Stätten der Schuldigen jenen britischen Fliegern zuwendet, die, die ständige Bedrohung und Todesgefahr mißachtend, das Kriegsgeschick durch ihre Tapferkeit und ihre Aufopferung wenden«. Weiter sagte Churchill über diese Flieger: »Niemals in der Geschichte der bewaffneten Konflikte zwischen Menschen hatten so viele so wenigen so viel zu verdanken.«

In fünf Tagen heftiger Luftangriffe zwischen dem 13. und dem 18. August war es Hitler nicht gelungen, die eine Grundvoraussetzung für eine Landung zu schaffen: die Zerschlagung der britischen Luftstreitmacht. Churchill sprach nun warnend davon, britische Bomben würden auf deutsche Rüstungsbetriebe und Transporteinrichtungen fallen, ebenso wie auf jene deutschen Luftstützpunkte und Vorratslager, die den Angriffen auf Großbritannien dienten; die britischen Bomber würden »in stets zunehmendem Maß zuschlagen bis zum Ende des Krieges, und [ihre Angriffe] könnten im kommenden Jahr ein Ausmaß erreichen, von dem sich bisher niemand eine Vorstellung gemacht hat«. Die Bombardierung Deutschlands sei der »sicherste« und vielleicht auch der kürzeste »aller Wege, die zum Sieg führen«.

Was Churchill nicht ahnte, war, daß Hitler zu dieser Zeit schon den »Grundriß« für einen Angriff auf die Sowjetunion ausgearbeitet hatte. Allerdings hielt er einen solchen Überfall für wahrscheinlich und wollte Hitler wissen lassen, daß Großbritannien nicht unbeteiligt zusehen würde. »Selbst wenn die Nazilegionen siegreich am Schwarzen Meer stünden«, sagte er in seiner Rede vom 20. August, »oder sogar am Kaspischen Meer, sogar wenn Hitler vor den Toren Indiens stünde, es würde ihm nichts nützen, wenn zur gleichen Zeit zu Hause die wirtschaftlichen und wissenschaftlichen Einrichtungen der deutschen Kriegsmacht in Schutt und Asche lägen.«

Die Italiener nützten den Umstand, daß England sich auf die deutsche Luftoffensive konzentrierte, und besetzten am 19. August mit ihren Truppen Berbera, die Hauptstadt von Britisch-Somaliland. Am 20. August suchten italienische Bomber Gibraltar heim. Dies waren aber nur Nadelstiche, deren Bedeutung in dieser dritten Augustwoche völlig verblaßte, da eine amerikanische Delegation von drei hohen Stabsoffizieren nach London kam, um die britisch-amerikanische Politik auf höchster Ebene abzustimmen. Diese drei Offiziere, Admiral Ghormley, Brigadegeneral Strong und General Emmons, konnten dem Eindruck entgegenwirken, den der amerikanische Botschafter in London, Joseph P. Kennedy erweckt hatte, als er in einem Bericht an Roosevelt von der »verheerenden Wirkung der deutschen Luftangriffe auf die Häfen, die Felder und die Rüstungsindustrie Englands« geschrieben hatte.

Unter dem Deckmantel eines relativ unscheinbaren Auftrags – offiziell verhandelte man über die Standardisierung bestimmter Waffen – fungierten die drei Amerikaner als die ersten Gesprächspartner auf Stabsebene zwischen England und den Vereinigten Staaten. Nicht nur in den militärischen Belangen und in der See- und Luftfahrt traten zunehmend mehr Berührungsflächen zwischen britischen und amerikanischen Interessen zutage, sondern auch im nachrichtendienstlichen Bereich entwickelte sich ein wachsendes Bedürfnis, Informationen auszutauschen. Wie um Churchills Bemerkung vom 20. August über die »siegreich am Schwarzen Meer« stehenden Nazis zu bestätigen, berichtete am 22. August der deutsche Nachrichtendienstoffizier Paul Thümmel, der britische Agent A-54, er habe von einem Offizier im deutschen Generalstab erfahren, daß die für Rußland zuständige Abteilung im deutschen Nachrichtendienst seit Juni vergrößert worden sei, daß die deutschen Spionageabwehrmaßnahmen gegen Rußland ausgeweitet werden sollten und daß die deutsche Nachrichtendienstorganisation in Rumänien durch Spezialisten für die Südukraine, die Krim und den Kaukasus verstärkt worden sei.

Am 23. August flog die deutsche Luftwaffe ihren vierten massiven Bombenangriff seit dem »Adlertag«, wobei sie britische Flugzeugfabriken und Treibstoffdepots attackierte. Eine Gruppe von insgesamt zwölf Bombern, die vom Kurs abgekommen war, warf ihre Bomben auf London ab. Neun Zivilisten kamen ums Leben. Am nächsten Tag veranstalteten die Briten ein Experiment mit einer Abwehrwaffe, die eine angreifende Invasionsstreitmacht aufhalten sollte, bevor sie britischen Boden erreichen würde: Benzin wurde mit einer Durchflußkapazität von stündlich zwölf Tonnen durch ein Rohrsystem geleitet und angezündet, so daß vor der Küste und am Strand eine Feuerwand loderte, die ein Angreifer unmöglich durchdringen konnte. Um die Moral der Briten zu heben, ließ die Regierung dem Experiment die denkbar größte

Publizität zuteil werden. Diejenigen, die es durchführten, waren sich freilich darüber im klaren, daß, sobald der Wind sich drehte, Schwaden dicken, schwarzen Rauchs auf die Küste zutreiben und den potentiellen Verteidigern die Sicht und die Luft nehmen würden.

Am Abend des 25. August griffen britische Bomber deutsche Rüstungsfabriken im Norden Berlins an. Einige der Flugzeuge waren, irritiert durch die niedrige Wolkendecke, vom Kurs abgekommen (wie zwei Nächte vorher die deutschen Bomber über London) und warfen ihre Bomben über der Innenstadt ab. »Die Konzentration des Flugabwehrfeuers«, schrieb William Shirer in sein Tagebuch, »war die höchste, die ich jemals erlebt habe. Es war ein großartiger, ein schrecklicher Anblick. Und es war seltsamerweise wirkungslos. Kein einziges Flugzeug wurde abgeschossen, es wurde nicht einmal eines von den Suchscheinwerfern erfaßt, die die ganze Nacht über wild den Himmel in alle Richtungen abschwenkten.«

In dieser Nacht kamen keine deutschen Zivilisten ums Leben. Aber Flugblätter, die von den Bombern abgeworfen wurden, warnten die wenigen Berliner, die sie fanden, daß »der Krieg, den Hitler angefangen hat, weitergehen und erst mit Hitler zu Ende sein wird«.

Am 26. August fand ein weiterer deutscher Luftangriff gegen britische Flugplätze in Südengland statt. Zum erstenmal jedoch wurden mit einer Ausnahme alle Staffeln durch die erfolgreiche Abfangtätigkeit der britischen Jäger zurückgeschlagen. Am folgenden Tag konnten die Spezialisten des britischen Nachrichtendienstes, die den Enigma-verschlüsselten Funkverkehr der deutschen Luftwaffe mitlasen, mit Bestimmtheit die Folgerung ziehen: »Vom Erfolg dieses Unternehmens hängt die Entscheidung über eine Invasion ab.« Nicht mehr der Zeitpunkt der Invasion stand jetzt in Frage, sondern es ging in erster Linie darum, ob die Deutschen überhaupt kommen würden.

In der Nacht zum 29. August wurden bei einem weiteren britischen Luftangriff auf Berlin, der ebenfalls wieder nur militärischen Zielen gelten sollte, zehn deutsche Zivilisten getötet. Wie William Shirer in seinem Tagebuch festhielt, schlugen auf der Zufahrtsstraße zum Flughafen Tempelhof »zwei 50-Kilo-Bomben [ein], rissen einem Luftschutzwart, der vor seinem Hauseingang stand, ein Bein ab und töteten vier Männer und zwei Frauen, die unvorsichtigerweise das Feuerwerk aus einem Hauseingang betrachteten«.

Die deutsche Luftwaffe war entschlossen, ihre Versuche zur Zerschlagung der britischen Luftstreitmacht nicht aufzugeben. Am 30. August erfolgte ein erneuter Angriff mit 800 deutschen Flugzeugen gegen die neun britischen Flugleitstellen in Südengland. Über Biggin Hill, einem der wichtigsten Flugplätze, denen der Angriff galt, gingen siebzehn deutsche Flugzeuge verloren, während nur eine britische Maschine abgeschossen wurde, deren Pilot mit dem Fallschirm absprang, überlebte und in die Schlacht zurückkehrte. In dieser Nacht warfen deutsche Flugzeuge Brandbomben auf London, als wollten sie demonstrieren, daß sie den Druck nicht mindern würden. Die Kanalküste in der Gegenrichtung überfliegend, griffen britische Bomber wieder militärische Ziele im Raum Berlin an.

»Die Briten haben uns gestern eine schöne Abreibung verpaßt«, schrieb William Shirer in sein Tagebuch, »und sogar die deutschen Stellen gaben zu, daß der Schaden größer als je zuvor war. Ein deutscher Freund, der mich besuchte, sagte mir, die großen Siemens-Werke seien getroffen worden.«

Ende August war die Schlacht um England zweieinhalb Wochen alt; seit ihrem Beginn hatte sie im Mittelpunkt ernster Befürchtungen der britischen Öffentlichkeit sowie enthusiastischer Hoffnungen in Deutschland gestanden. Das britische Kriegskabinett machte sich jedoch auch beständig seine Gedanken über eine weitere Gefahr: die Verwundbarkeit der britischen Streitkräfte in Ägypten. Seit mehr als einem Monat stand ihnen in Libyen eine feindliche Armee gegenüber, die jeden Augenblick zur Offensive übergehen konnte. Um die Kampfkraft der britischen Truppen in Ägypten zu stärken, begann die britische Marine am 30. August, wenngleich dies ein gewisses Risiko für die Landesverteidigung in England bedeutete, mit der Operation »Hats«, wobei sie das Schlachtschiff *Valiant,* den Flugzeugträger *Illustrious* und verschiedene andere Kriegsschiffe von Gibraltar aus mit Flugzeugen, Kanonen und Munition an Bord durch das ganze Mittelmeer nach Alexandria schickte. Auf ihrer sechstägigen Reise wurde die Flottille weder von der Luftwaffe noch von den Seestreitkräften Italiens behelligt.

Am 31. August nahm die deutsche Luftwaffe ihre Offensive gegen die Flugleitzentren der britischen Jagdflieger wieder auf. Bei Angriffen auf drei britische Flugplätze wurden 39 deutsche Flugzeuge abgeschossen. In den nächsten zwei Tagen folgten weitere Angriffe auf Biggin Hill. Am 2. September fand auch ein weiterer nächtlicher Bombenangriff auf London statt. Er fiel mit der Nachricht zusammen, daß im August während der Bombenangriffe auf Großbritannien 1075 Zivilisten den Tod gefunden hatten. Die bessere Nachricht dieses Tages war die Unterzeichnung des britisch-amerikanischen Abkommens über Zerstörer und Stützpunkte. Vier Tage später wurden den Briten in Halifax (Neuschottland) die ersten sechs amerikanischen Zerstörer übergeben.

Am 3. September, dem ersten Jahrestag der britischen Kriegserklärung an Deutschland, wurden vier deutsche Spione, ein Deutscher und drei Holländer, von einem Boot an der britischen Südküste abgesetzt. Ihr Auftrag lautete, über Küstenverteidigungseinrichtungen sowie über Truppen- und Bewaffnungsstärke und Bewegungen von Heer und Luftwaffe zu berichten. Alle vier wurden binnen Stunden nach ihrer Landung aufgegriffen. Im November wurden sie vor Gericht gestellt, und drei von ihnen wurden im Dezember gehenkt. Der vierte, einer der Holländer, blieb für die Dauer des Krieges im Gefängnis. Nach dem Krieg wurde er in Holland inhaftiert.

Am 4. September erklärte Hitler in Berlin in einer Rede, deren Zuhörerschaft in der Mehrzahl aus deutschen Krankenschwestern und Pflegepersonal bestand: »Wenn sie erklären, sie werden unsere Städte in großem Ausmaß angreifen – wir werden ihre Städte ausradieren!« Er fügte hinzu: »Es wird die Stunde kommen, da einer von uns beiden bricht, und das wird nicht das nationalsozialistische Deutschland sein!« William Shirer, der Hitlers Rede hörte, schrieb in sein Tagebuch: »Obwohl er finster wirkte und fast den ganzen Abend vor Haß triefte, hatte Hitler doch seine humorvollen und spritzigen Momente.« Seine Zuhörer fanden es sehr lustig, als Hitler ihnen sagte: »Und wenn man in England heute sehr neugierig ist und fragt: ›Ja, warum kommt er denn nicht?‹ Beruhigt euch, er kommt.«

Im Verhör bestätigten die vier am 3. September in England abgesetzten Spione ihren Status als Vorboten der deutschen Invasion, mit der jeden Moment zu rechnen sei. Am 5. September ortete die britische Aufklärung im Hafen von Ostende eine ungewöhnlich hohe Zahl von Landungsbooten. Am 6. September führten deutsche Bombenangriffe auf Hafeneinrichtungen entlang der südenglischen Küste zur Auslösung der Alarmstufe »Gelb«, und es wurde die Parole ausgegeben, mit der deutschen Landung sei »wahrscheinlich ... innerhalb von drei Tagen« zu rechnen. Die Briten wußten nicht, daß alle diese Anzeichen bedeutungslos oder bewußte Täuschungen waren. Tatsächlich war der 6. September der Tag, an dem die Verlegung zusätzlicher deutscher Divisionen in den deutsch besetzten Teil Polens und an die russische Grenze begann, wo nun 35 Divisionen, darunter sechs Panzerdivisionen, bereitgestellt waren. Ebenfalls unbekannt war den Briten, daß am 9. September Admiral Raeder Hitler über den Zeitablauf der Landung befragt hatte. »Der Führer ist noch keineswegs entschlossen, in England zu landen«, teilte Raeder hinterher seinen ranghöchsten Offizieren mit. »Denn er ist fest überzeugt, daß England auch ohne Landung geschlagen werden wird.« Hitler werde eine Landung »nicht durchführen«, fügte Raeder erläuternd hinzu, »wenn das Risiko der Operation zu hoch ist«.

Um die »Unterwerfung Englands« auch ohne Invasion zu beschleunigen, befahl Hitler jetzt, nachdem seine Bomber über drei Wochen lang Schläge gegen die englischen Jagdfliegerstützpunkte und ihre Kommandozentralen geführt hatten, deutsche Bombenangriffe auf London. Göring reiste in der zuversichtlichen Hoffnung auf ein Husarenstück aus der Luft in seinem Salonwagen *Asien* nach Calais, um das Unternehmen persönlich zu befehligen.

Kurz vor vier Uhr am frühen Morgen des 17. September erreichten 300 deutsche Bomber, eskortiert von 600 Jägern, in zwei Wellen ihr Ziel, die Londoner Docks. Am selben Nachmittag versuchte der britische Nachrichtendienst herauszufinden, was das alles zu bedeuten hatte: die anscheinend großangelegte Verlegung von Booten in vorgeschobene Positionen im Kanal, die für den kommenden Tag angeordnete Ausgangssperre für die Soldaten der deutschen Wehrmacht und die Verhörprotokolle der vier Spione, die man vier Tage zuvor geschnappt hatte und deren Auftrag offenbar darin bestanden hatte, über die Bewegungen aller britischen Reserveeinheiten im Viereck Oxford-Ipswich-London-Reading zu berichten. Es sah plötzlich so aus, als stehe die lang erwartete deutsche Landung unmittelbar bevor. Diese Schlußfolgerung wurde den Stabschefs um 5.30 Uhr morgens übermittelt.

Während die Stabschefs die bedrohliche Situation erörterten, setzten deutsche Bomber ihre massiven Angriffe fort, denen die Royal Air Force alle noch verfügbaren Jagdfliegerreserven entgegenwarf. »Den ganzen Nachmittag hoch über uns Luftkämpfe«, notierte ein kanadischer Offizier, Tony Foster, in sein Tagebuch. »Einmal zählte ich 27 niedergehende Fallschirme.«

Am Nachmittag und Abend dieses Tages wurden insgesamt 337 Tonnen Bomben auf London abgeworfen. Die Docks waren das Hauptziel, aber viele Bomben fielen auch in die Wohngebiete rund um sie herum. 448 Londoner wurden getötet. Die Bomber warfen auf der Suche nach den Docks ihre Bomben in einige der ärmsten und überfülltesten Straßenzüge Londons, deren Slum-Häuser und Mietskasernen für die Druckwellen der Bomben und die folgenden Brände besonders anfällig waren. Ein britisches Jagdflugzeug, das abgeschossen wurde, als es seinerseits gerade einen deutschen Bomber abschoß, stürzte, nachdem der Pilot ausgestiegen war, auf den Luftschutzbunker einer Familie. Alle drei Personen in dem Bunker waren sofort tot.

Genau um 20.07 Uhr, als das Bombardement seinen Höhepunkt erreicht hatte, wurde an Militäreinheiten in ganz Großbritannien die Parole »Cromwell« ausgegeben. Das Schlüsselwort hatte eine eindeutige Botschaft: Die Deutschen standen im Begriff, in England zu landen.

Überall im Land läuteten die Kirchenglocken, ein weiteres vorbereitetes Alarmsignal für den Invasionsfall. Alle Heimatverteidigungsstreitkräfte wurden in den Zustand »sofortiger Einsatzbereitschaft« versetzt. »Alles muß in den Kasernen bleiben«, schrieb Tony Foster an diesem Abend in sein Tagebuch. »Für morgen erwartet man die Invasion. Wir können innerhalb von Stunden verlegt werden.«

Am Morgen des 8. September rechneten die Briten stündlich mit der deutschen Landung. Aber es war gar keine Invasion vorgesehen oder geplant. Die deutsche Führung hatte alles vom Ausgang der neuen Luftschlacht, der direkten Bombardierung der Hauptstadt, abhängig gemacht. Doch die deutsche Luftwaffe, der es in den drei Wochen nach dem »Adlertag« nicht gelungen war, die britische Jagdflotte auszuschalten, hatte nun beträchtlich darunter zu leiden, daß die britischen Jäger nach wie vor in der Lage waren, sich jeder Welle eindringender Bomber und ihrem Jäger-Geleitschutz entgegenzuwerfen. Am 8. September, als 200 deutsche Bomber Elektrizitätswerke und Eisenbahnanlagen in London angriffen, wurden 88 deutsche Flugzeuge abgeschossen, während die Briten 21 Maschinen verloren. An diesem Nachmittag wurde Churchill zu einem Luftschutzbunker im Londoner East End gebracht, in dem in der Nacht davor vierzig Menschen umgekommen waren. »Schön, daß Sie gekommen sind, Winnie«, riefen ihm die Überlebenden zu, während sie sich um ihn scharten. »Wir hatten gehofft, daß Sie kommen. Wir halten das aus. Zahlt es ihnen heim.«

Polnische, tschechische und kanadische Piloten brannten genauso darauf, den Gegner vom Himmel zu fegen wie ihre britischen Kameraden. Als am 8. September 400 deutsche Flugzeuge die englische Küste überflogen, trafen sie auf 200 britische Jäger. 28 deutsche Maschinen wurden abgeschossen, die Briten verloren neunzehn Jagdflugzeuge. Aber bei den Londonern, deren Häuser bombardiert wurden, wuchs die Furcht vor dem, was noch kommen mochte. »In den Gebieten um die Docks«, hieß es in einem Bericht des Inlandsnachrichtendienstes vom 9. September, »zeigt die Bevölkerung deutliche Zeichen nervlicher Anspannung aufgrund der dauernden Zerreißproben.« An diesem Tag erfuhr König Georg VI. von der Unruhe im East End. Er brach sofort auf, um die Schauplätze der Zerstörung zu besichtigen, und versicherte den ausgebombten Opfern zweier Schreckensnächte, all ihre Landsleute seien ihnen in Mitgefühl verbunden.

Der »Blitz«, wie man den deutschen Bombenkrieg gegen London später nannte, fand am 10. September seine Fortsetzung. »Überall erhöhte Spannung«, hielt ein weiterer Bericht des Inlandsnachrichtendienstes fest. »Wenn die Sirene ertönt, rennen die Leute mit bleichen Gesichtern wie die Wilden in Deckung.« Gegen Mittag wurde dem Kriegskabinett mitgeteilt, die Bombardierungen der vergangenen beiden Nächte seien »ziemlich rücksichtslos« gewesen. Postwendend beschlossen die Briten, den über Deutschland eingesetzten britischen Bombern Anweisung zu erteilen, sie sollten »nicht mit ihren Bomben nach Hause zurückkehren, falls sie ihre vorherbestimmten Angriffsziele nicht ausmachen konnten«. Die Bomben sollten einfach irgendwo abgeworfen werden. In dieser Nacht griffen britische Bomber massiv Berlin an. Eine Bombe landete im Garten von Joseph Goebbels.

Am 11. September beschloß Hitler, da er seine Kriegsanstrengungen vom Westen in Richtung Osten zu verlagern gedachte, deutsche Heeres- und Luftwaffeneinheiten nach Rumänien zu schicken. Sie hatten die Aufgabe, rumänische Ölquellen und Öleinrichtungen in Ploesti zu schützen und die rumänischen Streitkräfte für zukünftige Operationen gegen Rußland aufzurüsten. Fünf Tage zuvor hatte König Karol in Bukarest zugunsten seines Sohnes abgedankt und die Macht Marschall Antonescu übergeben, dessen deutschfreundliche Einstellung bekannt war und dessen Wunsch, die Provinz Bessarabien im Nordosten Rumäniens wiederzugewinnen, nur in einer Allianz mit den Deutschen in Erfüllung gehen konnte.

Nicht nur die Londoner Docks, sondern auch die in Liverpool, Swansea und Bristol wurden in der Nacht zum 13. September von den deutschen Fliegern bombardiert. Ein Bomber stürzte auf dem Rückflug auf ein Haus in Newport. Als das Haus in Flammen aufging, wurde ein vierzehnjähriges jüdisches Mädchen, Myrthe Phillips, von den Flammen eingeschlossen. Ihr siebzehn Jahre alter Bruder Malcolm rannte zurück ins Feuer, um sie herauszuholen. Beide kamen um. Ihr Vater, ein überzeugter Pazifist, besuchte den deutschen Piloten, der als einziger der vierköpfigen Besatzung den Absturz überlebt hatte, im örtlichen Krankenhaus und versicherte ihm, der tragische Tod seiner Kinder sei nicht seine Schuld, sondern ein Teil der vielen schrecklichen Ungerechtigkeiten des Krieges.

Am 13. September überschritten die Italiener die libysche Grenze nach Ägypten und besetzten Sollum. England war nun an zwei Fronten bedroht. Aber am 14. September erklärte Hitler seinen Befehlshabern, die Vorbedingungen für eine Landung in England seien »trotz aller Erfolge ... noch nicht gegeben«. Dennoch werde die Bombardierung Londons fortgesetzt. »Wenn acht Millionen Einwohner verrückt werden«, bemerkte Hitler, »kann das zu einer Katastrophe führen. Wenn wir gutes Wetter bekommen und die feindliche Luftwaffe neutralisieren können, kann sogar eine Landung kleiner Größenordnung Wunder wirken.«

Es war jedoch nicht die britische Luftwaffe, die ausgeschaltet werden sollte, sondern die deutsche. Am 12. September hatte Churchill erklärt: »Zweifellos ist Herr Hitler dabei, seine Jägerstreitkräfte aufzureiben, und wenn er noch mehrere Wochen so weitermacht, wird er das Kernstück der Luftwaffe verschleißen und ruinieren.« Drei Tage später, am 15. September, flog die deutsche Luftwaffe mit 230 Bombern und 700 Jägern einen massiven Angriff auf London, Southampton, Bristol, Cardiff, Liverpool und Manchester. 56 der angreifenden Flugzeuge wurden abgeschossen, während die Briten nur 23 Maschinen einbüßten.

Eines der deutschen Flugzeuge stürzte auf den Vorplatz der Victoria Station in London. Sein Pilot, Robert Zehbe, stieg über Kennington aus. Aufgebrachte Zivilisten fielen über ihn her, aber Ordnungskräfte brachten ihn in Sicherheit. Später erlag er seinen Verletzungen.

Auch wenn im Verlauf der zweiten Septemberwoche 1419 britische Zivilisten ums Leben gekommen waren – davon 1286 in London –, wurde der Abnutzungskrieg in der Luft, vor dem Churchill gewarnt hatte, zu einem Alptraum für Hitlers Luftwaffe. Am 16. September griffen im Rahmen eines britischen Plans, so viele Landungsschiffe wie nur möglich zu zerstören, polnische Piloten die Docks von Boulogne an. »Unsere Jungs stürzten sich wie wild hinunter«, schrieb ein polnischer Flieger in sein Tagebuch, »und bombten das Hafenbecken Nr. 6 kurz und klein, zusammen mit Dutzenden von Booten, die für die Invasion vorgesehen waren.«

Am 17. September verschob Hitler die Invasion Englands »bis auf weiteres«; wie er seinem Marine-Adjutanten, Karl von Puttkammer, erklärte: »Wir haben Frankreich um den Preis von 30 000 Gefallenen erobert. Bei einer Kanalüberquerung könnten wir in einer Nacht die vielfache Zahl verlieren – bei dennoch unsicherem Erfolg.« Die Luftangriffe würden weitergehen. Aber Hitlers Schlacht um England war in jeder Beziehung gescheitert. Die Briten würden weiter zu leiden haben, aber sie würden nicht nachgeben. Das Kreischen der deutschen Panzer, das Heulen der deutschen Sturzkampfbomber, der Marschtritt der deutschen Soldaten, all das, was in Polen, Dänemark, Norwegen, Holland, Belgien, Luxemburg und Frankreich die Schrecken der Eroberung und den Fluch der Besatzung ausgemacht hatte, würde Großbritannien erspart bleiben, jedenfalls vorläufig.

KAPITEL 10
»Der Krieg ist gewonnen!« (Hitler)
Oktober 1940

Auch wenn es Hitler nicht gelang, England so stark zu schwächen, daß eine Invasion möglich gewesen wäre – den Konflikt zwischen England und Deutschland milderte dies ebensowenig ab wie seine Grausamkeit. Am 17. September 1940, dem Tag, der Hitlers Niederlage im Luftkrieg besiegelte, ertranken 77 englische Kinder und 217 Erwachsene, als die *City of Benares* auf dem Weg nach Kanada mitten im Atlantik torpediert wurde. Eines der Kinder an Bord, der elfjährige Colin Ryder-Richardson, versuchte sein Kindermädchen vor dem Ertrinken zu retten. »Ich konnte sie einfach nicht loslassen, als sie tot war,« erinnerte er sich später. »Andere mußten mir helfen und mich aus ihren Armen befreien.« Der Junge erhielt später die königliche Tapferkeitsmedaille – er war somit bis dahin der Jüngste, der diese Auszeichnung erhielt. Der Mut einiger Besatzungsmitglieder und ziviler Begleiter fand ebenfalls Anerkennung; ausgezeichnet wurden unter anderen der Hilfssteward George Purvis, der vier Kinder vor dem Ertrinken rettete, und eine der Begleiterinnen der Kinder, Mary Cornish, die zusammen mit 46 Erwachsenen und sechs Kindern eine Woche lang in einem offenen Boot auf See verbrachte, bevor sie gerettet wurden.

Im Agentenkrieg schnitten die Deutschen weiterhin schlecht ab. Am 19. September begann ihr walisischer Agent Arthur Owens, der in Wirklichkeit seit Kriegsausbruch vor einem Jahr für die Engländer arbeitete, eine Reihe von Berichten zu übermitteln, in denen Ziele für deutsche Bomber vorgeschlagen wurden. Diese Informationen stammten vom britischen Ministerium für Luftabwehr. Am selben Tag ließen die Deutschen einen weiteren Agenten, Wulf Schmidt, abspringen. Die britische Abwehr verhaftete ihn, vernahm ihn und überredete ihn, seinen Auftraggeber zu wechseln. Unter dem Codenamen »Tate« schickte er zwei Wochen später die erste Nachricht in seiner Doppelagentenkarriere zurück. Die Deutschen stuften Schmidts Spionagetätigkeit und seine Arbeit als »Zahlmeister« für andere Agenten – die auch alle umgepolt worden waren – als so erfolgreich ein, daß er schließlich das Eiserne Kreuz Erster Klasse erhielt.

Es gab mehrere Möglichkeiten, zu Ehren zu kommen: Am 21. September entfernte ein kanadischer Offizier, Leutnant J. M. S. Patton, der keinerlei Übung im Entschärfen von Bomben hatte, eine nicht explodierte Bombe, die auf eine Fabrik in Surrey gefallen war. Er erhielt das George Cross. Seinem Landsmann D. W. Cunnington, der ihm geholfen hatte, die Bombe auf einen LKW zu laden und wegzufahren, wurde die George-Medaille verliehen. In den vierzig Tagen seit dem »Adlertag« waren 15000 Bomben auf Großbritannien gefallen.

England und Frankreich standen kurz vor ihrer ersten Offensive. Am 23. September vereinigten sich britische und französische Streitkräfte, um die Operation »Menace« durchzuführen. Sie wollten die Hafenstadt Dakar in Senegal, die von Vichy kontrolliert wurde, ohne Kampf einnehmen. Diese Aktion sollte der Ausgangspunkt für einen Siegeszug des Freien Frankreich in Französisch-Westafrika werden. Zur Überraschung der angreifenden Truppen weigerten sich die Vichy-Behörden nicht nur, de Gaulle die Befehlsgewalt zu übertragen, sondern eröffneten sogar das Feuer auf die britischen Schiffe. Der Garnison in Dakar stand eine wirksame Waffe zur Verfügung, das Schlachtschiff *Richelieu,* das das Feuer mit 15-Zoll-Kanonen eröffnete, die noch nie in einer Schlacht zum Einsatz gekommen waren. Nachdem zwei britische Kriegsschiffe, der Kreuzer *Cumberland* und das betagte Schlachtschiff *Resolution* getroffen worden waren, wurde die Aktion abgeblasen. Mit einer Fortsetzung des Landungsversuchs hätten die Briten sich, wie Churchill Roosevelt erläuterte, »eine unangemessene Verpflichtung aufgeladen, wenn man bedenkt, was jetzt schon auf unseren Schultern lastet«.

In der mit dem 26. September zu Ende gehenden Woche, in der der »Blitz« trotz schwerer Verluste der deutschen Luftwaffe fortgeführt wurde, fanden mehr als 1500 britische Zivilisten den Tod, 1300 davon in London. Ende September war die Zahl der seit Beginn des Monats getöteten Zivilisten auf 6954 angestiegen.

Im besetzten Europa hatten die Leiden und Nöte der Bevölkerung nicht nachgelassen; das Leben war durch fast tägliche Terroraktionen gekennzeichnet. Am 19. September wurden in Warschau einige hundert Polen festgenommen und in Konzentrationslager – und somit in den fast sicheren Tod – geschickt: einige in die Steinbrüche von Mauthausen, andere in die Strafblöcke von Auschwitz. Am 20. September nahm der SS-Führer Philipp Schmitt in einem neuen Konzentrationslager, dem Fort Breendonk, das in einem der südlichen Vororte von Antwerpen lag, seine ersten fünfzehn belgischen Gefangenen in Empfang. Am 22. September teilte Gauleiter Artur Greiser in Posen, der Hauptstadt des von den Deutschen annektierten westlichen Teils von Polen, allen ihm unterstellten deutschen Beamten mit: »Es ist erforderlich, daß die Beziehungen zu den Polen rücksichtslos auf die durch dienstliche und wirtschaftliche Belange bedingten Notwendigkeiten beschränkt werden.« Jeder Deutsche, der Beziehungen zu einem Polen beziehungsweise einer Polin unterhalte, die über die Anforderungen des Arbeitseinsatzes hinausgehen, müsse »in Schutzhaft genommen« werden. Polnische Frauen, die mit einem Angehörigen der deutschen Volksgemeinschaft Geschlechtsverkehr pflegten, »können in ein Bordell eingewiesen werden«. »Wir wissen«, schrieb William Shirer an diesem Tag in Berlin in sein Tagebuch, »daß Hitler mindestens einen Polen ohne Gerichtsverhandlung hängen ließ, der intime Beziehungen mit einer deutschen Frau hatte.«

Die Erzeugnisse polnischer Bauernhöfe standen in erster Linie den Deutschen zur Verfügung. Weigerten sich polnische Bauern, ihr Kontingent abzugeben, hatten sie harte Strafen zu gewärtigen. Am 30. September informierte ein Plakat in Sosnowitz die Ortsbewohner: »Der Müller Niedzinski hat gegen die Bestimmungen des Generalgouvernements zur Sicherstellung der Nahrungsmittelversorgung verstoßen; daher wurde seine Mühle in Kuklowka bei Radziejowice niedergebrannt.«

Die Aussonderung der Juden wurde nicht nur in Polen verstärkt vorangetrieben, sondern auch im übrigen Europa. Antisemitische Maßnahmen traten am 10. August in Rumänien in Kraft. Am 27. August hatte die Regierung des Marschalls Pétain eine französische Gesetzesbestimmung aus der Vorkriegszeit abgeschafft, die die Anstiftung zum Rassenhaß untersagte. Am 5. September hatten die Besatzungsbehörden in Luxemburg die Nürnberger Gesetze von 1935 für gültig erklärt, die die Juden zu Staatsbürgern zweiter Klasse machten, und hatten alle 355 in jüdischem Besitz befindliche Geschäfte im Herzogtum übernommen. In Deutschland fand am Abend des 24. September die Uraufführung des Films *Jud Süß* statt, an dessen Produktion Goebbels großen Anteil genommen hatte. Indem der Film gezielt und plump ein historisches Ereignis verzerrte, stellte er die Juden als doppelt gefährlich dar: Zunächst gab es die als körperlich abstoßend dargestellten »Gettojuden«, die mit ihrem fremdartigen jiddischen Akzent leicht als Juden zu erkennen waren; dann waren da noch die weitaus gefährlicheren, gebildeten »Hofjuden«, zu denen Jud Süß gehörte und denen, wenn es ihrem Streben nach Geld und Macht nützte, keine Niedertracht zu gemein war.

Diese haßdurchtränkte Naziversion einer historischen Episode wurde in Kinos in ganz Deutschland und im besetzten Europa gezeigt, ebenso bei Sondervorstellungen für die Hitlerjugend. Am 30. September ordnete Himmler persönlich an, die gesamte SS und Polizei solle sich den Film im Laufe des Winters ansehen. Selbst die Welt des Films und der Unterhaltung wurde jetzt für die Anheizung des Rassenhasses mißbraucht.

Ein Aspekt der nationalsozialistischen Terror- und Mordpolitik war der ökonomische: Die Häuser, Geschäfte, das Eigentum, sogar die persönliche Habe der Opfer konnten zu Geld gemacht werden. Am 23. September unterzeichnete Himmler als Chef der SS einen Erlaß, der anordnete, »daß den Lagerhäftlingen alle goldenen Zähne, Füllungen und Brücken herauszunehmen sind«. Für den Vollzug der Order, auch Unternehmen »Zahn« genannt, war SS-Obersturmführer Hermann Pook verantwortlich. In der Folge wurden Häftlinge bei ihrer Ankunft in den Konzentrationslagern systematisch auf Zahngold untersucht. Wurde man fündig, bekamen die Betreffenden auf dem linken Oberarm eine kleine Tätowierung verpaßt, damit sie im Fall des Falles schnell und leicht ausfindig gemacht werden konnten. Gleichzeitig wurde ein Formular ausgefüllt, das die Lage des Zahnes und seinen geschätzten Goldwert angab. Einige Millionen solcher Formulare wurden nach dem Krieg von den Alliierten sichergestellt.

Das Gold, das bei dem Unternehmen »Zahn« zusammenkam, wurde der Reichsbank übergeben und vom Wirtschafts- und Verwaltungshauptamt der SS verbucht, das im gesamten von Deutschland besetzten Europa Zwangsarbeiter in Stein- und Erdbrüchen, in Sägemühlen und Textilfabriken beschäftigte.

Die Briten bombardierten Berlin nun fast jede Nacht. Am 24. September notierte William Shirer, der Angriff in der Nacht zuvor habe »einige wichtige Fabriken im Norden der Stadt [und] ein großes Gaswerk« sowie zwei große Rangierbahnhöfe getroffen. Dr. Goebbels, der mit dem spanischen Außenminister und einer Reihe weiterer hochrangiger Gäste im Hotel Adlon dinierte, mußte das Abendessen im Luftschutzbunker des Hotels beenden. Der Angriff vom 25. September war noch massiver und länger als sonst, fünf Stunden lang fielen die Bomben. »Die Briten sollten dies jede Nacht tun«, schrieb Shirer, »ganz gleich ob viel zerstört wird. Der Schaden, der letzte Nacht angerichtet wurde, war nicht groß. Aber die psychologische Wirkung war enorm.«

Während ihre eigene Hauptstadt bombardiert wurde, übten die Deutschen verstärkt Druck auf ihre Beuteländer aus. Am 25. September schickte der deutsche Statthalter in Norwegen, Josef Terboven, die Norweger, mit denen er wegen der Einsetzung eines Staatsrates verhandelt hatte, in die Wüste, setzte den Verwaltungsrat ab und bildete eine neue Regierung, die zur Gänze aus NS Sympathisanten bestand. Fast im selben Augenblick formierte sich eine »Norwegische Front«, die als breite Basis und Schwerpunkt des Widerstands dienen sollte. »Das erste Gefühl von Groll, Trauer und Bitterkeit über die demütigenden Verhandlungen«, schrieb ein Norweger, »wich schließlich einer befreienden Erleichterung. Wir atmeten reinere Luft, da die Lage geklärt war: Widerstand war der einzige Weg, wie lang und schwierig er auch sein möge.«

Im Fernen Osten vergrößerte sich die Kluft zwischen den einander gegenüberstehenden Mächten in der letzten Septemberwoche weiter. Am 25. September verkündeten die USA, sie würden China einen weiteren Kredit gewähren, um General Tschiang Kai-schek in seinem Kampf gegen Japan weiter zu unterstützen. Am folgenden Tag dehnten die Amerikaner ihre Ausfuhrbeschränkungen für Japan auf Eisen und Stahlschrott aller Sorten und Qualitäten aus. Am

27. September schlossen Deutschland, Italien und Japan einen Dreimächtepakt, der die Achse Rom–Berlin um einen Partner in Fernost erweiterte und die Errichtung einer neuen Ordnung in Europa und Asien verhieß. Die Bündnispartner gelobten, einander im Falle eines Angriffs durch eine nicht in den Krieg in Europa verwickelte Macht Beistand zu leisten – gemeint waren natürlich die Vereinigten Staaten. Am 8. Oktober öffnete Großbritannien die Burmastraße wieder für Lieferungen an China.

Am 27. September erhielten die Juden im besetzten Frankreich Anweisung, besonders gekennzeichnete Personalausweise mit sich zu führen. Wenn sie Geschäftsinhaber waren, mußten sie ein gelb-schwarzes Plakat mit der Aufschrift »Jüdische Firma« in ihrem Schaufenster aufhängen. Einen Tag später wurden die Werke von 842 Autoren aus französischen Buchhandlungen verbannt; betroffen waren vor allem jüdische Schriftsteller, Emigranten und französische Patrioten. Ende des Monats kam der siebenundzwanzigjährige Theodor Dannecker nach Paris. Seine Aufgabe bestand darin, das Pariser »Judenreferat« des Berliner Reichssicherheitshauptamts aufzubauen; sein direkter Vorgesetzter in Berlin war Adolf Eichmann. Die Juden mußten sich jetzt in alphabetischer Reihenfolge bei französischen Polizeistationen melden, wo sie genaue Angaben über Wohnort, Nationalität und Beruf machen mußten. Henri Bergson, der wenige Monate später an Altersschwäche starb, füllte das Fomular folgendermaßen aus: »Mitglied der Akademie, Philosoph, Nobelpreisträger, Jude.«

Am 30. September legten drei deutsche Agenten, zwei Männer und eine Frau, mit einem Boot in der Nähe des winzigen Fischerdorfs Buckie an der schottischen Küste an. Alle drei wurden binnen 48 Stunden gefaßt und vor Gericht gestellt. Die beiden Männer, Karl Drugge und Robert Petter, wurden gehenkt. Aber in manch anderer Beziehung waren der Herbst und der Winter 1940 für die Deutschen eine recht erfolgreiche Zeit. Im Oktober versenkten zwölf deutsche U-Boote, die in »Wolfsrudeln« von der besetzten Zone aus entlang der französischen Atlantikküste operierten und nicht mehr das Spießrutenlaufen wie in der Nordsee oder im Ärmelkanal auf sich nehmen mußten, 32 alliierte Handelsschiffe. Später sollten sie diesen Zeitraum das »fette Jahr« nennen.

Am 1. Oktober nahm die deutsche Wehrmacht das Unternehmen »Otto« in Angriff, ein umfassendes Programm zum Ausbau und zur Reparatur aller zur sowjetischen Grenze führenden Straßen und Eisenbahnen. Am Westufer des Bug wurde mit Hilfe polnischer und jüdischer Zwangsarbeiter eine »Otto«-Linie errichtet. Die Juden, die an der Linie arbeiteten, wurden nicht nur aus verschiedenen polnischen Städten wie Warschau, Radom und Tschenstochau herangekarrt, sondern auch aus Städten in der ganzen Slowakei. Eines der Lager, die als Stützpunkte für die Arbeit an der »Otto«-Linie errichtet wurden, war Belzec, ein polnisches Dorf unweit der Ostgrenze Großdeutschlands.

Im Oktober 1940 rief Alfred Rosenberg in den besetzen Ländern Europas Sonderkommissionen ins Leben, die wertvolle Kulturgüter nach Deutschland bringen sollten. Mehr als 5000 Gemälde, darunter Werke von Rembrandt, Rubens, Goya, Gainsborough und Fragonard, wurden aus Museen und Privathäusern abgeholt, dazu Tausende von Porzellangegenständen, Bronzestatuen, alten Münzen, Ikonen und Möbeln des 17. und 18. Jahrhunderts. In Frankfurt gründete Rosenberg das Institut zur Erforschung der Judenfrage. In seiner Eröffnungsrede erklärte er, Deutschland werde die Judenfrage erst dann als gelöst ansehen, wenn der letzte Jude den großdeutschen Lebensraum verlassen habe. Unterdessen raubten NS-Aktivisten willkürlich und straflos »herrenloses jüdisches Eigentum« aus Hunderten jüdischer Häuser und Geschäfte in Frankreich, Belgien und Holland.

Am 3. Oktober erhielten die 150000 Warschauer Juden, die über die ganze Hauptstadt verstreut lebten, Befehl, in das jüdische Wohnviertel der Stadt umzuziehen, um das alsdann eine Mauer gezogen werden sollte. Diese Maßnahme führte dazu, daß bald darauf mehr als 400000 Juden sich den Lebensraum teilen mußten, auf dem zuvor 250000 schon höchst beengt gelebt hatten. Die Juden, die jetzt ins Getto ziehen mußten, durften nur mitnehmen, was sie tragen oder auf einen Handwagen laden konnten. Ihr übriger Besitz – schwere Möbel, Einrichtungsgegenstände, Herde, Öfen, Ladeneinrichtungen, Lagerbestände – mußte zurückgelassen werden. Mehr als 100000 Polen, die noch in dem als Getto ausgewiesenen Gebiet wohnten, mußten ebenfalls umziehen und all ihre Habe außer dem, was sie mit sich tragen konnten, zurücklassen.

»Schwarze Melancholie regierte in unserem Hinterhof«, schrieb der Historiker Emmanuel Ringelblum, der im jüdischen Viertel von Warschau lebte, in sein Tagebuch, als Einzelheiten über den Massenumzug ins Getto bekannt wurden. »Die Hauswirtin« – eine katholische Polin – »lebte seit ungefähr 37 Jahren da und [mußte] jetzt ihre Möbel zurücklassen. Tausende von christlichen Geschäften stehen vor dem Ruin.« Am folgenden Tag wurden die jüdischen Bewohner der Vorstadt Praga am gegenüberliegenden Weichselufer aus ihren Häusern vertrieben und gezwungen, ebenfalls in das neue Getto zu ziehen. »Heute war ein furchtbarer Tag«, schrieb Ringelblum. »Der Anblick der Juden, die ihre alten Lumpen und ihr Bettzeug umherschleppen, war schrecklich. Trotz des Verbots, Möbel mitzunehmen, taten einige Juden es doch.«

»Der Krieg ist gewonnen!« – das waren die Worte, mit denen Hitler Mussolini am 4. Oktober am Brenner begrüßte. Der Rest werde »nur mehr eine Frage der Zeit« sein. Das britische Volk stehe unter »unmenschlichem Druck«; einzig die Hoffnung auf amerikanische und russische Hilfe halte noch seine Bereitschaft aufrecht, den Krieg fortzusetzen. Diese Prahlerei hinderte Hitler nicht daran, am folgenden Tag den Befehl zur Einstellung der Tageslichtbombenangriffe auf Großbritannien zu geben. Seit dem »Adlertag« am 13. August hatte die deutsche Luftwaffe 433 Maschinen verloren, und Hitler konnte und wollte weitere Verluste in dieser Größenordnung nicht in Kauf nehmen. Am 5. Oktober begann eine Phase, in der die Deutschen nur noch Nachtangriffe auf britische Ziele flogen.

In London waren Hunderttausende dazu übergegangen, aus Sicherheitsgründen in den unterirdischen Bahnhöfen und U-Bahn-Röhren zu übernachten; der mehr als eineinhalb Kilometer lange Tunnel zwischen den U-Bahn-Stationen Bethnal Green und Liverpool Street bot 4000 Menschen Schutz. Hunderttausende von Kindern verließen London und zogen aufs Land. Bis Mitte Oktober wurden 489000 Kinder evakuiert.

Am 7. Oktober nahmen deutsche Truppen in Rumänien Quartier. Dies war ein weiterer Schritt Hitlers, um eine durchgehende Ostfront gegen Rußland in Stellung zu bringen. Fünf Tage später befahl er, das Unternehmen »Seelöwe« ganz abzubrechen; es sollte von nun an nur noch als Täuschungsmanöver fortgeführt werden, um die Aufmerksamkeit der Russen von den Vorbereitungen für den Ostfeldzug abzulenken.

Die britischen Kriegsgefangenen in Frankreich begannen sich nun nach Fluchtwegen umzusehen. Am 10. Oktober entfloh ein junger Unteroffizier namens Jimmy Langley aus einem Krankenhaus in Lille; er war in Dünkirchen mit schweren Arm- und Kopfverletzungen gefangengenommen worden, und sein linker Arm war amputiert worden. Eine französische Familie, die nur einen Kilometer vom Krankenhaus entfernt wohnte, gewährte ihm Unterschlupf und kleidete ihn neu ein. Einige Wochen später war er in Marseille auf dem Territorium Vichy-Frankreichs und alsbald auf dem Heimweg nach England.

Langley sollte bald eine führende Rolle bei dem gefährlichen Unterfangen spielen, von London aus für Hunderte von Kriegsgefangenen und abgeschossenen Fliegern Fluchtmöglichkeiten und Schleichwege für die Rückkehr nach England zu organisieren. Seine Arbeit ging über bloße Befreiungsaktionen hinaus, denn jeder heimkehrende Soldat, Matrose oder Flieger brachte potentiell wertvolle Informationen und Nachrichten über deutsche Heeresteile, Marine- und Luftwaffeneinheiten und auch über den zivilen Alltag in Deutschland und in den besetzten Gebieten mit.

Für diejenigen Flieger, die im Luftkrieg über Großbritannien abgeschossen worden waren und dabei oder im Luftkampf schwere Verbrennungen erlitten hatten, wurde in East Grinstead unter der Leitung des Gesichtschirurgen Archibald McIndoe, eines Neuseeländers, eine Spezialeinheit zur Behandlung dieser Verwundungen aufgebaut. Viele Schwerverletzte wurden hier während eines langwierigen und schmerzhaften Heilungsprozesses betreut, der ohne die aufopfernde Pflege und das Können von McIndoe und seinen Leuten nicht möglich gewesen wäre. In fünfeinhalb Jahren wurden in East Grinstead 4500 Flieger behandelt, darunter 200, deren Gesicht und Hände zur Gänze wiederhergestellt werden mußten.

Am 12. Oktober sprach Präsident Roosevelt in Dalton, Ohio. »Unsere Marschrichtung ist klar«, sagte er, »unser Entschluß steht fest. Wir werden unsere Verteidigung und Bewaffnung weiter verstärken. Wir werden weiterhin die unterstützten, die den Angreifern Widerstand leisten und die die Angreifer von unseren Küsten fernhalten.« In Lashio (Burma) wurde die Burmastraße wiedergeöffnet, damit China mit Nachschub versorgt werden konnte; am Tag zuvor hatten 5000 chinesische Arbeiter klopffestes Benzin, Tragflächen für Flugzeuge, Geschützrohre und Rohbaumwolle im Wert von zwanzig Millionen Dollar auf 2000 Lastwagen amerikanischer Herkunft verladen. Obwohl Roosevelt nichts davon erwähnte, war doch klar, daß man China nicht im Stich lassen würde.

Über den »Blitz«, den deutschen Luftkrieg gegen England, sagte er seinen Zuhörern: »Die Männer und Frauen in Großbritannien haben gezeigt, wie freie Menschen das verteidigen, was sie für richtig halten. Ihr heldenhafter Widerstand wird für alle Zeit in unserer Erinnerung bleiben. Dies wird ein beständiger Beweis dafür sein, daß die Demokratie bei einer Zerreißprobe zeigt, aus welchem Stoff sie gemacht ist.« Hitler war anderer Meinung. Die Engländer könnten »melden, was sie wollten«, äußerte er am 14. Oktober gegenüber einem auf Besuch in Deutschland weilenden italienischen Minister, »die Zustände dort [müssen] schauerlich sein«. Eine Theatertruppe, die am Tag zuvor debütiert hatte und deren Garderoberäume in der Nacht bombardiert worden waren, legte tags darauf ihre Kostüme für die zweite Vorstellung auf der Bühne an. Ihr Repertoire bestand aus einer einstündigen Auswahl von Shakespeare-Szenen. »Shakespeare schlägt Hitler«, lautete am nächsten Morgen die Schlagzeile des *Daily Express.*

Hitler ließ sich von dieser stolzen britischen Trotzhaltung nicht beeindrucken. In seiner Unterredung mit dem italienischen Besucher am 14. Oktober erklärte er, man brauche nur noch »zwei bis drei Monate [zu] warten, wie dann London aussähe«. Wenn er »bis dahin nicht landen« könne, werde er ihnen »auf jeden Fall ihre ganze Industrie« zerstören. In der darauffolgenden Nacht versetzte der bis dahin stärkste Bombenangriff des Krieges die Einwohner Londons in Angst und Schrecken. Neunhundertmal wurde angegriffen. In Dutzende von Luftschutzkellern schlugen Treffer ein. Eine Bombe, die in die U-Bahn-Station Balham einschlug, bohrte sich nach unten bis zu dem unterirdischen Bahnsteig durch. Von den 600 Menschen im Bahnhof wurden 64 getötet – lebendig begraben unter Bergen von Schutt und Schlamm, die auf den Bahnsteig stürzten. Von 8 Uhr abends bis 5 Uhr morgens prasselten die Bomben herunter. Am Morgen zählte man in London 400 Tote.

In der darauffolgenden Nacht, am 16. Oktober, griffen englische Bomber den deutschen Marinestützpunkt Kiel an. Am gleichen Tag hatte das britische Kabinett beschlossen, Bomben künftig auf große Städte wie Berlin abwerfen zu lassen, falls schlechte Sicht die Bomberflotten daran hinderte, Punktziele zu bombardieren. Man einigte sich darauf, die Öffentlichkeit nicht über diese neue Politik zu informieren, da man fürchtete, die Bevölkerung würde sich darüber ereifern, daß Englands einzige Angriffswaffe, das Präzisionsbombardement aus der Luft, sich als weitaus weniger wirksam erwies, als man es sich vorgestellt hatte.

In den USA war der 16. Oktober der erste Tag, an dem der Einzug der Wehrpflichtigen gemäß dem Selective Training Act vollzogen wurde. »Wir mobilisieren unsere Bürger«, erklärte Roosevelt in einer Radioansprache, »denn wir rufen Mäner und Frauen und Besitz und Geld auf, mitzuhelfen, daß unsere Verteidigung funktioniert.«

Eine unerwartete Demonstration der Effektivität ihrer Spionageabwehr lieferten die Amerikaner am Tag von Roosevelts Rede, als in Boston George Armstrong verhaftet wurde. Der britische Handelsmatrose war in Boston von seinem Schiff desertiert und nach New York gefahren, hatte dort mit dem deutschen Generalkonsulat Kontakt aufgenommen und war dann nach Boston zurückgekehrt, um Informationen über Atlantikkonvois zu sammeln. Bevor er Schaden anrichten konnte, wurde er gefaßt und einige Zeit später nach England deportiert, wo er, als erster Brite in diesem Krieg, wegen Spionage angeklagt wurde. Er wurde verurteilt und gehenkt.

Die im Keim erstickten Aktivitäten Armstrongs warfen ein Schlaglicht auf die Gefahren, die Handelsschiffen bei Atlantiküberquerungen drohen konnten. Am Tag nach seiner Verhaftung griffen sechs deutsche Unterseeboote, die im »Wolfsrudel« jagten, einen Konvoi von 35 Schiffen an, der Nachschub von Kanada nach England brachte. Unter der Codebezeichnung SC 7 – für Slow Convoy – war er vom neuschottischen Sydney aus aufgebrochen. Zwanzig der 35 Schiffe wurden versenkt. Einen Tag danach griffen die sechs U-Boote einen zweiten Konvoi, HX 79 aus Halifax, an und versenkten zwölf von 39 Schiffen. In zwei Tagen waren Schiffe mit einer Gesamttonnage von 152000 Tonnen zerstört worden. Zu den U-Boot-Kommandanten, deren Torpedos dieses Zerstörungswerk vollbracht hatten, gehörten Günther Prien, der die *Royal Oak* auf den Meeresgrund geschickt hatte, und Heinrich Bleichrode, dessen Torpedos fast genau einen Monat zuvor die *City of Benares* versenkt hatten. Während die siegreichen deutschen U-Boote zu ihrer Basis in Lorient an der französischen Atlantikküste zurückkehrten, flogen deutsche Bomber den 200. Luftangriff auf die englische Hafenstadt Liverpool, eine der Pforten zum Atlantik.

Von Liverpool aus stach in der dritten Septemberwoche der Passagierdampfer *Empress of Britain* mit Ziel Kanada in See. Bei einem Luftangriff 240 Kilometer westlich der irischen Küste wurden fünfzig Besatzungsmitglieder und Passagiere getötet. Die übrigen wurden sicher von Bord geholt. Das Linienschiff wurde nach England zurückgeschleppt, auf dieser Fahrt jedoch von einem deutschen U-Boot torpediert und versenkt.

Nicht jedes deutsche U-Boot konnte seine Angriffe unbehelligt durchführen. Vier Tage nach den Attacken auf SC 7 und HX 79 wurde ein deutsches U-Boot, die U-32, durch britische Wasserbomben zum Auftauchen gezwungen. Sein Kommandant, Hans Jenisch, war das erste As der deutschen U-Bootwaffe, das gefangengenommen wurde. Er und seine Mannschaft wurden verhört. »Die Gefangenen waren allesamt fanatische Nazis«, schrieb ihr britischer Vernehmer in seinem Bericht, »und haßten die Engländer sehr, was in vorhergehenden Fällen nicht so deutlich zum Ausdruck kam. Sie sind Fürsprecher des totalen Krieges und gewillt, agressive Gewalt, Grausamkeiten, Vertragsbrüche und andere Verbrechen zuzulassen, da sie für den Aufstieg der deutschen Rasse zur Herrschaft über Europa notwendig seien.«

Die deutschen Erfolge von 1940, so fügte der Befrager hinzu, »schienen Hitler in ihren Köpfen nicht nur als irgendeinen Gott verankert zu haben, sondern als ihren einzigen Gott«.

Am 20. Oktober erzählte Artur Greiser seinen Mitarbeitern im ostdeutschen »Warthegau«: »Der Pole kann nur ein dienendes Element sein.« Er wiederholte seinen Aufruf zur »Festigkeit: Seid hart und nochmals hart«. Zwei Tage später wurden mehr als 500 deutsche Juden aus den Ländern Baden, Saarland und Pfalz im Zug auf die Reise durch Frankreich geschickt; sie sollten in den Lagern in den französischen Pyrenäen interniert werden. Der ganze Besitz der deportierten Juden, ihre Häuser, ihre Geschäfte und ihre persönliche Habe, wurden von den deutschen Bewohnern der Städte und Dörfer beschlagnahmt, aus denen sie vertrieben worden waren und in denen ihre Vorfahren viele Jahrhunderte lang gelebt hatten. Das größte der Lager, in die sie geschickt wurden, war Gurs. »Über dieses Lagers Gurs hatten wir«, erinnerte sich Heinrich Grüber, ein deutscher Pfarrer, später, »in Berlin sehr schlimme Dinge gehört, schlimmere noch als aus Polen. Sie hatten dort keine Medikamente und keinerlei sanitäre Einrichtungen.«

Gegen diese alarmierenden Zustände protestierte Pastor Grüber. Für diese mutige Tat wurde er verhaftet und in das Konzentrationslager Sachsenhausen eingewiesen.

Je mehr Nachrichten von den Deportationen, den Lagern und den Verfolgungen Großbritannien erreichten, desto mehr wuchs dort die Entschlossenheit, sich von dem Terror der unaufhörlichen Luftangriffe der Deutschen nicht einschüchtern zu lassen, die in der Woche zum 16. Oktober 1567 Todesopfer gefordert hatten – 1388 davon in London. Am 21. Oktober erklärte Churchill in einer Rundfunkansprache an die Franzosen: »Wir wollen jegliches Leben aus Hitler und dem Hitlertum herausprügeln... Bis zum Ende. Wir wollen von den anderen Nationen nichts außer ihrem Respekt.« Churchill beendete die Sendung mit folgenden Worten, die ein Franzose, der sie hörte, mit Blutstropfen bei einer Transfusion verglich: »Gute Nacht: Laßt uns schlafen, um Kraft für den Morgen zu schöpfen. Denn der Morgen wird kommen. Strahlend wird die Sonne auf die Tapferen und Wahrhaften scheinen, wohlwollend auf alle, die für die Sache Opfer bringen, ruhmkündend auf die Gräber der Helden. So wird denn ein neuer Tag heraufziehen.«

In der dritten Oktoberwoche verließ Hitler Deutschland und fuhr mit seinem Sonderzug *Amerika* nach Frankreich. Am 22. Oktober traf er im deutsch besetzten Montoire Pierre Laval, den stellvertretenden Präsidenten des Ministerrats der Vichy-Regierung. Hitler wünschte sich von Laval eine aktivere Politik Vichys gegenüber England, dessen Niederlage unvermeidlich sei. Laval versicherte, er wünsche die Niederlage des Landes, das in Mers-el-Kebir und Dakar die Ehre Frankreichs beschmutzt habe. Am folgenden Tag fuhr Hitler mit dem Zug weiter nach Süden, nach Hendaye an der französisch-spanischen Grenze, wo er mit dem spanischen Diktator, General Franco, zusammentraf. Aber trotz Hitlers Drängen weigerte sich Franco, ein Bündnis mit Deutschland einzugehen oder deutsche Truppen durch Spanien ziehen zu lassen, die dann in Gibraltar England angreifen sollten. Dieser Angriff, so meinte Hitler gegenüber Franco, könne am 10. Januar stattfinden. Danach werde er Gibraltar Spanien überlassen. Aber Franco ließ sich nicht umstimmen: Nach neunstündiger Diskussion weigerte er sich immer noch, mit Deutschland gemeinsame Sache zu machen. »Ich würde mir lieber drei oder vier Zähne ausziehen lassen, als das noch einmal mitmachen«, sagte Hitler später zu Mussolini.

Franco kehrte nach Madrid zurück, und Hitler reiste wieder nach Montoire, wütend darüber, daß Franco sich nicht mit den Achsenmächten verbünden wollte und ihm die Mittel verweigert hatte, Gibraltar anzugreifen. In Montoire traf Hitler jetzt auf Marschall Pétain, dem er ebenfalls eindringlich einschärfte, Deutschland und Vichy-Frankreich müßten enger und auf eine »für den künftigen Kampf gegen England möglichst wirksame Weise« zusammenarbeiten.

Pétain suchte, wie schon Franco, sein Heil in Ausflüchten. Verglichen mit Franco, empfand Hitler ihn als die würdevollere Persönlichkeit und lobte ihn als einen Mann, der »nur das Beste für sein eigenes Land will«. Aber obwohl dies nicht zuletzt die Rückkehr von mehr als eineinhalb Millionen Kriegsgefangenen bedeutet hätte, weigerte sich Pétain, einem Eintritt Frankreichs in den Krieg gegen England zuzustimmen, und reagierte ausweichend auf Hitlers Forderung, Vichy solle Schritte unternehmen, de Gaulle und die Streitkräfte des Freien Frankreichs von ihren Stützpunkten in Französisch-Äquatorialafrika zu vertreiben.

Von Französisch-Äquatorialafrika aus verkündete de Gaulle als Sprecher des Freien Frankreich am 27. Oktober die Errichtung eines Verteidigungsrates für das französische Empire. Alle französischen Besitzungen, die Vichy gegenüber noch loyal waren, wurden aufgefordert, sich anzuschließen. In einem eindringlichen Appell an die Franzosen in der ganzen Welt erklärte de Gaulle: »Ich rufe alle Männer und Frauen der französischen Territorien, die sich auf meine Seite geschlagen haben, zum Krieg auf, das heißt zu Kampf oder Opfer.« In enger Verbindung mit Frankreichs Verbündeten sollte der Teil des »nationalen Erbes« verteidigt werden, der in den Händen der freien Franzosen sei, während es anderswo darum gehe, »den Feind anzugreifen, wo immer es möglich ist, alle unsere militärischen, ökonomischen und moralischen Ressourcen zu mobilisieren, um die öffentliche Ordnung aufrechtzuerhalten und Gerechtigkeit walten zu lassen«.

Churchill war von diesem in Brazzaville verkündeten Aufruf, wie bald darauf deutlich wurde, sehr beeindruckt. Es müsse davon, schrieb er einige Tage später an seinen Außenminister Anthony Eden, «eine große Wirkung auf die Gemüter der Franzosen ausgehen, sowohl aufgrund der Tiefe als auch wegen der Logik« in den Worten de Gaulles. Daran zeige sich, daß dieser Mann »alles andere als ein gewöhnlicher Soldat« sei. Sollte Vichy, so versicherte Churchill de Gaulle zwei Wochen später, Gibraltar bombardieren oder eine andere aggressive Maßnahme ergreifen, »werden wir Vichy bombardieren und die Vichy-Regierung verfolgen, wo immer sie sich auch hinbegibt«.

Am 28. Oktober 1940 fielen italienische Streitkräfte von dem eineinhalb Jahre zuvor eroberten Albanien aus in Griechenland ein. In weniger als vierzehn Monaten waren neun Staaten ohne Vorwarnung angegriffen worden: Polen, Finnland, Dänemark, Norwegen, Holland, Belgien, Luxemburg, Frankreich und jetzt Griechenland. Auch hier fielen Bomben unterschiedslos auf Soldaten und Zivilisten.

Hitler erhielt die Meldung vom Einfall Italiens in Griechenland in seinem Zug *Amerika,* mit dem er von München nach Florenz fuhr. Dort begrüßte Mussolini ihn auf deutsch mit den Worten: »Führer, wir sind in Marsch.« Hitler aber tobte: Er betrachtete den Überfall auf Griechenland als einen schweren strategischen Fehler. Er hätte es für sinnvoller gehalten, in Ägypten weiter vorzurücken, den britischen Marinestützpunkt in Alexandria zu erobern oder Kreta einzunehmen. Aber jetzt hatte Italien sich in einem gebirgigen Land mit einem hartnäckigen Feind angelegt und bot dadurch an seiner Libyen-Front den Briten eine gute Gelegenheit für einen Gegenangriff.

Die USA waren offensichtlich weiterhin entschlossen, sich nicht auf direkte militärische Aktionen in Europa einzulassen. Am 30. Oktober, zwei Tage nach dem italienischen Einfall in Griechenland, sagte Roosevelt auf einer Wahlkampfreise seinen Zuhörern in Boston: »Ich habe dies schon zuvor gesagt, aber ich werde es immer wieder sagen: Eure Söhne werden nicht in ausländische Kriege geschickt.«

Es gab schon zwei dieser »ausländischen Kriege«; ein dritter stand zu befürchten. In Griechenland waren Mussolinis Streitkräfte am dritten Tag nach ihrer Invasion nicht so weit vorgerückt, wie es geplant gewesen war, und sie waren aufgrund des schlechten Wetters auch ge-

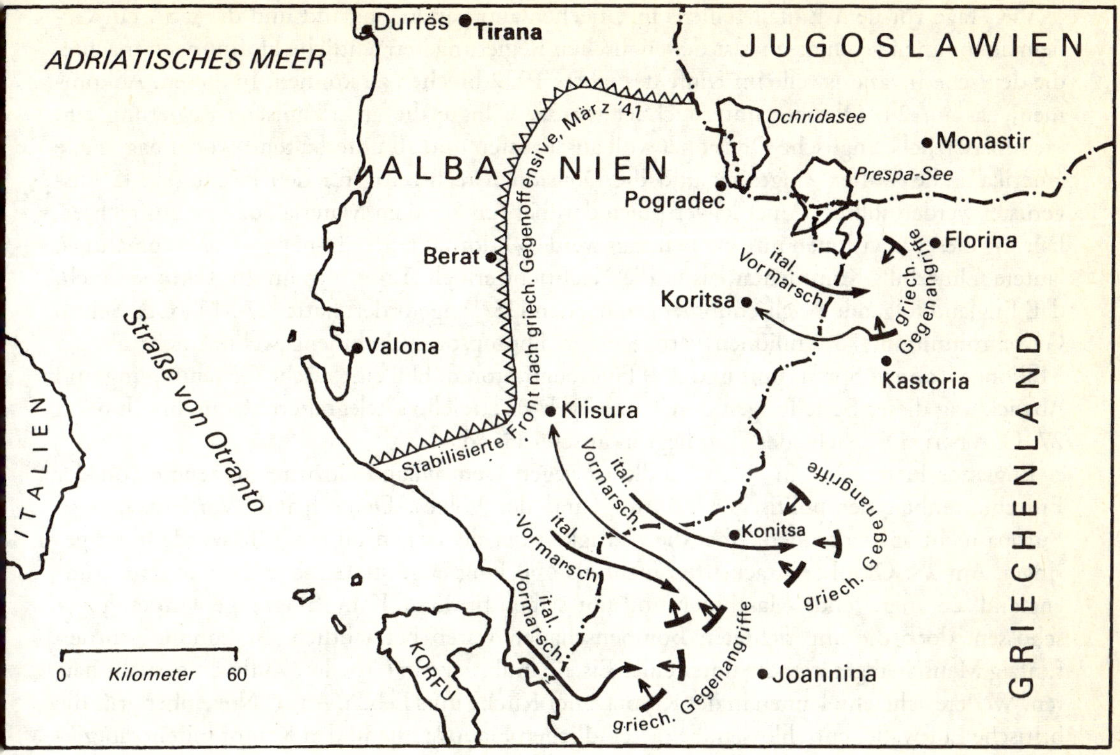

Die italienische Invasion in Griechenland, Oktober 1940

zwungen, den Plan einer Landung auf Korfu aufzugeben. In England gab es im Oktober 1940 6334 zivile Todesopfer, darunter 642 Kinder unter sechzehn Jahren. In Osteuropa würden die Deutschen, so prophezeite Churchill am 31. Oktober seinen ranghöchsten Befehlshabern, »ihr Augenmerk unweigerlich auf das Kaspische Meer und die Eroberung der Ölfelder in Baku richten«.

Churchills Prognose war keineswegs unrealistisch: Am gleichen Tag dinierte der deutsche Gauleiter im »Warthegau«, Artur Greiser, in der Reichskanzlei in Berlin mit Hitler und Martin Bormann. Greiser stellte aufgebracht fest, das deutsche Volk richte seine Blicke jetzt nach Westen statt nach Osten. Der Raum aber, den Deutschland für seine Expansion brauche, könne nur im Osten gefunden werden. »Der Führer bestätigte die Richtigkeit dieser Auffassung«, notierte Bormann.

Der englische Geheimdienst bestätigte auf der Grundlage entschlüsselter deutscher Enigma-Funksprüche, was Churchill vorhergesagt und Greiser herbeigesehnt hatte. Am 31. Oktober berichtete der britische Nachrichtendienst, in der deutschen Armee sei ein breit angelegtes Motorisierungsprogramm angelaufen, die deutschen Divisionen bewegten sich beständig von Westeuropa weiter in Richtung Polen, und in Ost- und Südosteuropa stünden jetzt siebzig deutsche Divisionen. Die Anzahl der Panzergrenadierdivisionen nehme ebenfalls zu; ihre Ausbildung für den Einsatz werde im nächsten Frühjahr abgeschlossen sein. Der Nachrichtendienst wußte allerdings nicht, ob diese Truppen für den Einsatz in Rußland oder im Mittleren Osten bestimmt waren.

Vier Tage vor dem Einfall Italiens in Griechenland hatten England und die USA ein Geheimabkommen geschlossen, das der englischen Regierung beträchtliche Hoffnungen machte, die deutsche Invasionswelle im Laufe des Jahres 1942 brechen zu können. In diesem Abkommen, das am 24. Oktober unterzeichnet wurde, willigte die amerikanische Regierung ein, »zehn zusätzliche englische Divisionen voll auszurüsten und zu unterhalten«, wobei nagelneue amerikanische Waffen eingesetzt und die Divisionen rechtzeitig für den Feldzug 1942 ausgerüstet werden sollten. Amerika versprach darüber hinaus, dem Material, das zur Aufrechterhaltung dieser Divisionen im Feld benötigt werde, »Priorität einzuräumen«. »Das ist prächtig«, lautete Churchills Kommentar, als er die Nachricht erhielt. Er erfuhr am 26. Oktober auch, daß England folgende Nachschubmengen bei den USA angefordert hatte: 27 Millionen Schuß Gewehrmunition, 78 Millionen Patronen für Thompson-Maschinengewehre, mehr als 2,5 Millionen Tonnen Sprengstoff und 250 Flugzeugmotoren. Um eine rasche Genehmigung und Abwicklung dieser Bestellungen durch Roosevelt zu erreichen, telegrafierte Churchill ihm am 27. Oktober: »Die Sache der Welt liegt in unserer Hand.«

Englands Plan, 1942 in einen Landkrieg gegen Deutschland einzutreten, zeugte von der Entschlossenheit der politischen Führung und des Volkes, Deutschlands Vorherrschaft in Europa nicht anzuerkennen. Aber die Heftigkeit der deutschen Luftangriffe wurde nicht geringer. Am 28. Oktober attackierten mehr als 450 Flugzeuge strategische Ziele in ganz Südengland. 28 angreifende Maschinen und nur sieben britische Kampfflugzeuge wurden abgeschossen, doch die angerichteten Bombenschäden waren beträchtlich. In London wurden fünfzig Menschen getötet, die unter einer Eisenbahnbrücke in Croydon Zuflucht gesucht hatten. Weitere achtzehn kamen in der Krypta einer Kirche ums Leben. Am 1. November griff die britische Luftwaffe, entschlossen, beide feindlichen Hauptstädte in den Kampf miteinzubeziehen, militärische Ziele in Berlin und Rom an. Aber Churchill war mit dem Ergebnis nicht zufrieden und schrieb an den Chef des Luftwaffenstabs: »Der Bombenabwurf auf Deutschland war erbärmlich gering.«

England sandte nun jede mögliche Unterstützung nach Griechenland. Dazu gehörte auch ein Geschwader von fünfzehn Flugzeugen, das in Ägypten stationiert gewesen war, um Alexandria und den Suezkanal vor möglichen Angriffen der Italiener zu schützen, welche inzwischen 100 Kilometer tief nach Ägypten eingedrungen waren und sich in Sidi Barrani verschanzt hatten. »Wenn Griechenland besiegt würde«, warnte Churchill am 4. November sein Kriegskabinett, »würde man sagen, wir hätten zugelassen, daß ein kleinerer Verbündeter trotz unserer Garantien niedergeworfen wird.«

England hatte Griechenland im April 1939 seine Hilfe versprochen. Man verfügte jedoch über keinerlei Kriegsgerät, das man hätte entbehren können. Einige wenige britische Einheiten, Flakgeschütze und ein Artilleriebataillon zur Verteidigung der Küste waren auf dem Weg.

Den Griechen gelang es jedoch aus eigener Kraft, der italienischen Invasion Einhalt zu bieten. Am 4. November, eine Woche nach dem italienischen Angriff, trieben die griechischen Streitkräfte die Invasoren durch eine Gegenoffensive zu ihrem Ausgangspunkt zurück.

Die Nacht zum 4. November war die erste seit dem 7. September, in der keine deutschen Bomben auf London fielen. In den vorausgegangenen drei Monaten waren 2433 deutsche Flugzeuge über England abgeschossen worden, und mehr als 6000 deutsche Flieger hatten den Tod gefunden. Diese Verluste wogen im Hinblick auf Hitlers Entscheidung, gegen Rußland loszuschlagen, besonders schwer.

»Alles«, ermahnte Hitler am 4. November General Halder, »muß getan werden, um bereit zu sein zur großen Abrechnung.« Einige Generäle im deutschen Oberkommando der Wehrmacht wollten die Dardanellen und den Bosporus – die Meerengen – besetzen, um damit den Weg über die Türkei nach Syrien freizumachen, das unter der Kontrolle Vichys stand. »An die Meerengen können wir erst gehen, wenn Rußland geschlagen ist«, belehrte Hitler seinen Generalstabschef Halder.

KAPITEL 11

Die »neue Ordnung der Tyrannei« (Roosevelt)

Winter 1940–1941

Am 5. November wurde Franklin D. Roosevelt als Präsident der Vereinigten Staaten wiedergewählt. »Es war eine schallende Ohrfeige für Hitler und Ribbentrop und das ganze Naziregime«, schrieb William Shirer in sein Berliner Tagebuch. Das Regime war dennoch fest entschlossen, England von seinem Rettungsanker jenseits des Atlantiks abzuschneiden, solange die USA neutral und ihre Kriegsschiffe passiv blieben. Am Tag von Roosevelts Wiederwahl wurde ein Konvoi von 37 HX-84-Schiffen, der von Halifax nach England in See stach, mitten auf dem Atlantik von dem deutschen Schlachtschiff *Admiral von Scheer* angegriffen.

Eskortiert wurde der Konvoi von der *Jervis Bay,* einem zum bewaffneten Handelskreuzer umgebauten australischen Passagierschiff. Sein Kapitän, Edward Stephen Fogarty Fegen, befahl dem Konvoi, sich zu zerstreuen, und nahm den ungleichen Kampf auf, entschlossen, den deutschen Angriff auf den Konvoi wenigstens zu verzögern. Fegen, ein Ire aus Tipperary, der im Ersten Weltkrieg in der Royal Navy gedient hatte, gab das Kommando auch dann noch nicht ab, als ein großes Granatenbruchstück ihm fast den ganzen Arm weggerissen hatte. Später erlag er seinen Verwundungen. Nach 25 Minuten sank die *Jervis Bay;* 189 Offiziere und Matrosen ertranken. Der Kommandant der *Admiral von Scheer,* Kapitän Krancke, machte keinen Versuch, die 65 Überlebenden, die sich am Wrack festklammerten, zu retten. In der Nacht kehrte Sven Olander, der Kapitän des schwedischen Handelsschiffs *Stureholm,* noch einmal an den Kampfplatz zurück, um die Schiffbrüchigen aufzunehmen, wobei er auch sein Schiff in große Gefahr brachte. Dank Kapitän Fegens Order, der Konvoi solle sich zerstreuen, konnte Krancke nur fünf der Handelsschiffe stellen und versenken. Kapitän Fegen erhielt posthum das Victoria Cross »für die Tapferkeit, mit der er auch eine ausweglose Herausforderung annahm, und dafür, daß er sein Leben gab, um die vielen seinem Schutz anvertrauten Schiffe zu retten«.

Den Menschen in England erschien jede Konvoikatastrophe wie die Vorbotin einer bevorstehenden deutschen Invasion in England selbst. In Wirklichkeit wurde jedoch gerade zu dieser Zeit Hitlers Weisung ausgeführt, alle Invasionsvorbereitungen einzustellen. Am 6. November sandte das Hauptquartier der deutschen 16. Armee einen Enigma-verschlüsselten Funkspruch aus. Er enthielt die Anweisung, einen Teil der Ausrüstung, die für die Landungsboote in Belgien und Nordfrankreich bestimmt gewesen war, »in die Lager zurückzubringen«; nur das für »Übungszwecke« unerläßliche Minimum an Ausrüstung sollte an Ort und Stelle bleiben.

Diese Nachricht erreichte sowohl die deutschen Empfänger als auch die britische Funküberwachung. Die Übersetzung des abgefangenen Funkspruchs wurde am frühen Abend des 6. November 31 Eingeweihten zugänglich gemacht. Sie konnten nun gewiß sein, daß Hitler bei seinen militärischen Planungen auf absehbare Zeit keine Invasion Englands ins Auge faßte.

Gute Neuigkeiten gab es für die führenden Politiker Großbritanniens auch am folgenden Tag, dem 7. November. Nur 48 Stunden nach Roosevelts Wiederwahl diskutierte der Chef der British Purchasing Mission in Washington, Arthur Purvis, mit keinem Geringeren als Roosevelt über die Bewaffnung, die England benötigen werde, falls es Mitte 1942 über eine Armee von 55 Divisionen verfügen sollte. Eine Streitmacht dieser Größenordnung würde ohne beträchtliche amerikanische Hilfe nicht aufzustellen sein. Der durch seine Wiederwahl gestärkte Roosevelt erklärte Purvis, es sei seine »Faustregel«, dem Vereinigten Königreich Waffen und Munition auf einer »Fifty-Fifty-Basis« zur Verfügung zu stellen. Er werde Großbritannien dabei unterstützen, die durch den deutschen U-Boot-Krieg angerichteten Verwüstungen wiedergutzumachen. Zu diesem Zweck sollten für Großbritannien siebzig »Kriegsboote«, die seit Ende des Ersten Weltkriegs eingemottet waren, überholt und 300 neue Handelsschiffe gebaut werden. Damit England sich diese Anschaffungen auch leisten könne, würden die Vereinigten Staaten, so Roosevelt, die Kosten für den Bau der Schiffe übernehmen. Dann würden sie an England »vermietet« – ein System, so meinte er, »das auch auf den Erwerb anderer Waffen ausgedehnt werden könnte«.

Bauen und vermieten: Dieses Konzept, das Roosevelt Purvis am 7. November vorschlug, versetzte England in die Lage, von Amerika auch dann noch Waffen zu erhalten, als sein Kredit und seine Goldreserven erschöpft waren. Das Lend-Lease-System war geboren. In dem Wissen, daß Roosevelt persönlich für die Nöte Englands nicht nur ein offenes Ohr hatte, sondern auch eigene Ideen zu deren Linderung einbrachte, konnte die britische Regierung den Krieg mit weitaus größerer Zuversicht fortführen, als wenn sie wirklich »allein« auf sich gestellt gewesen wäre.

Am 7. November griffen englische Bomber in Essen die Rüstungsfabriken von Krupp an. Am selben Tag verließen im Zuge des Unternehmens »Coat« fünf britische Kriegsschiffe unter Führung des Schlachtschiffs *Barham* Gibraltar und durchquerten das ganze Mittelmeer bis nach Ägypten, um die dortigen Marinetruppen zu verstärken. Sie blieben auf der ganzen Fahrt unbehelligt. In München mußte Hitler am 8. November seine Rede zum Jahrestag des Putschversuchs im Bürgerbräukeller um eine Stunde vorverlegen, damit sie nicht von englischen Bombern gestört wurde. Am darauffolgenden Abend sagte einer der englischen Piloten, die über München geflogen waren, in der BBC: »Es war so hell, daß wir Häuser und Straßen ziemlich deutlich sehen konnten. Die Nacht war der Wunschtraum eines jeden Bombenschützen. Wir flogen insgesamt etwa 20 Minuten umher, um unsere Ziele ausfindig zu machen.« Das Ziel war ein Güterbahnhof. »Die ganze Zeit über«, berichtete der Pilot weiter, »sah ich diese schwarzen Lokschuppen auf uns zukommen. Und der Bugschütze schoß Leuchtpatronen ab, was ich für eine ziemlich gute Leistung hielt ...«

An der griechisch-italienischen Front hatte der italienische Kommandeur der Division Julia eine BBC-Sendung abgehört, in der verkündet wurde, daß die italienische Gebirgsjägerdivision – die den unmittelbar benachbarten Frontabschnitt hielt –, »von den griechischen Divisionen zermalmt« würde. Er befahl seine eigene Division sofort zurück an die italienische Grenze. Zwei Tage später, am 11. November, führten 24 englische Torpedobomber vom Flugzeugträger *Illustrious* aus, der 170 Meilen von der italienischen Küste entfernt im Ionischen Meer lag, die Operation »Judgement« durch. Sie griffen mit ihren Lufttorpedos die nahe dem Hafen von Tarent ankernde italienische Flotte an. Das italienische Schlachtschiff *Duilio* wurde versenkt, zwei weitere Schlachtschiffe und zwei Kreuzer wurden schwer beschädigt.

In dieser Nacht wurden in der Straße von Otranto vier italienische Handelsschiffe von englischen Kriegsschiffen versenkt. Über England wurden an diesem Tag 25 Flugzeuge abgeschossen, darunter dreizehn italienische Bomber. »Die Italiener fielen schnell vom Himmel herab«, schrieb König Georg VI. in sein Tagebuch. »Ich will nicht rachsüchtig scheinen, aber die Nachricht gefiel mir.«

Der König wußte nicht, daß der 11. November auch für die Engländer ein schlechter Tag gewesen war. Der Dampfer *Automedon* wurde im Indischen Ozean von dem deutschen Hilfskreuzer *Atlantis* angegriffen. 28 Granaten wurden auf die Brücke gefeuert. Bei diesem Schlagabtausch kamen nicht nur der Kapitän der *Automedon,* viele seiner Offiziere und Mannschaftsmitglieder ums Leben; die Deutschen fanden, als sie an Bord kamen, auch eine völlig unversehrte Tasche vor, die sorgfältig versiegelt und beschwert war, weil sie laut Vorschrift bei Gefahr sofort über Bord geworfen werden mußte. Darin befanden sich eine Reihe von Geheimdokumenten, einschließlich eines Exemplars des Codebuchs der britischen Handelsmarine, gültig vom 1. Januar an, sowie die Beurteilung des britischen Stabschefs, daß Hongkong, Malakka oder Singapur im Fall eines Krieges mit Japan unmöglich gehalten werden könnten. Diese Stellungnahme wurde eiligst an die deutsche Botschaft in Japan übermittelt, dann wieder verschlüsselt und nach Berlin gefunkt; dort wurde sie dem japanischen Marineattaché übergeben. Der Fund der *Automedon*-Tasche war ein wichtiger Erfolg der deutschen Spionageabwehr und für Japan ein Zeichen dafür, daß die Briten in Südostasien verwundbar waren.

Nicht nur die Geheiminformation von Bord der *Automedon,* sondern auch der englische Seesieg in Tarent ermutigte Japan. In Tokio war der erfolgreiche Einsatz von Lufttorpedos aufmerksam registriert worden. Admiral Isoroku Yamamoto, der Oberkommandierende der japanischen Flotte, sah hierin ein Mittel zur Vernichtung der amerikanischen Seestreitmacht – durch einen Angriff auf »eine ankernde Flotte«, wie die Briten ihn vorexerziert hatten. Operation »Z«, der Überfall auf Pearl Harbor, war jetzt beschlossene Sache. Einen Tag nach der Seeschlacht vor Tarent wurde der Planung dieser Operation Vorrang vor allen anderen Marineprojekten eingeräumt. Auch ein Amerikaner hatte die bedeutende Rolle der Lufttorpedos bei dem Sieg von Tarent erkannt: »Der Erfolg des englischen Luftangriffs auf Schiffe, die auf Reede liegen«, schrieb US-Marineminister Frank Knox, »legt den Gedanken nahe, sofort Vorsichtsmaßnahmen zum Schutze Pearl Harbors zu ergreifen, um für den Fall, daß ein Krieg zwischen den USA und Japan ausbräche, einem Überraschungsangriff vorzubeugen. Die größte Gefahr«, fügte Knox hinzu, »wird von Lufttorpedos ausgehen.«

Im nördlich von München gelegenen Konzentrationslager Dachau fand am 11. November die erste offizielle Massenhinrichtung statt. Die Opfer waren 55 polnische Intellektuelle, die zuvor aus Krakau nach Deutschland deportiert worden waren. Am Morgen desselben Tages legten in Paris Franzosen Kränze am Grab des Unbekannten Soldaten nieder, und eine Gruppe Pariser Bürger versammelte sich auf den Straßen, um der Toten beider Kriege zu gedenken. Bis zum Nachmittag hatten die Deutschen die Demonstranten auseinandergetrieben, 123 Menschen wurden verhaftet, darunter neunzig Schulkinder. Bei den Unruhen wurden vier Menschen verletzt. »Jetzt«, hatte Churchill drei Wochen zuvor in einer Rundfunkansprache dem französischen Volk erklärt, »sind Sie in der Lage, den Arm, der für Sie kämpft, zu stützen, und das sollten Sie auch tun.« Diese Zeit war freilich noch nicht gekommen. Immerhin aber marschierten zwei Tage später Truppen des Freien Frankreich im zentralafrikanischen Libertyville ein. Innerhalb von 48 Stunden hatte de Gaulle der Vichy-Regierung ganz Gabun entrissen.

Hitler hatte schon entschieden, daß eine Invasion Englands praktisch unmöglich war. Am 12. November stellte er in der Weisung Nr. 18 an seine Kommandeure das Unternehmen »Felix« zur Diskussion – einen Plan, Spanien an der Seite Deutschlands in den Krieg hineinzuziehen. »Felix« sah als erstes und in der Hauptsache die Besetzung Gibraltars vor, im weiteren Verlauf dann die Nutzung der spanischen Kanaren, der portugiesischen Insel Madeira und von Teilen Spanisch-Marokkos als Basis für die Vertreibung Englands »aus dem westlichen Mittelmeer«. In bezug auf Rußland sah die neue Weisung vor, »alle schon mündlich befohlenen Vorbereitungen für den Osten fortzuführen«. Weitere Weisungen »darüber« würden folgen, »sobald die Grundzüge des Operationsplans des Heeres mir vorgetragen und von mir gebilligt sind«.

All dies signalisierte deutlich, daß die Eroberung Rußlands weiterhin Hitlers eigentliches Ziel war. Just zu dieser Zeit besuchte der sowjetische Außenminister Wjatscheslaw Molotow Berlin. In dem Gespräch, das er am 12. November mit Hitler führte, stellte er die Frage, welche Rolle Rußland innerhalb der neuen Ordnung, die Deutschland, Italien und Japan mittels des Dreimächtepakts schaffen wollten, spielen werde und wie sich die Dinge hinsichtlich russischer Interessen auf dem Balkan und in Rumänien entwickeln würden. Hitler wußte keine Antwort und erklärte Molotow, sie müßten die Diskussion darüber »mit Rücksicht auf eventuellen Fliegeralarm« beenden.

Am 13. November führte Molotow ein weiteres Gespräch, diesmal mit Ribbentrop, der vorschlug, die Sowjetunion solle dem Dreimächtepakt beitreten. Molotow hatte seine Zweifel, ob die Sowjetunion in dem Bündnis der Achsenmächte gut aufgehoben sein würde, und brachte die italienischen Niederlagen in Griechenland und vor Tarent zur Sprache. Er sagte Ribbentrop, er habe den Eindruck, »die Deutschen hielten den Krieg gegen England schon für gewonnen«. Ribbentrops Verlegenheit wuchs, als in diesem Augenblick wieder einmal britische Bomber Berlin überflogen. Das Galadiner in der sowjetischen Botschaft mußte abgebrochen werden, die Unterredungen wurden in Ribbentrops privatem Luftschutzbunker fortgeführt. Molotow streute Salz in die Wunde, indem er sagte, er »bedaure den Fliegeralarm nicht«, da er Gelegenheit zu einer »erschöpfenden« Diskussion gebe. Als Ribbentrop darauf beharrte, England sei geschlagen und das Empire sei daher reif für eine Aufteilung unter den Achsenmächten, denen Rußland beitreten solle, bemerkte Molotow scharf: »Wenn dem so ist, warum sitzen wir dann jetzt in diesem Luftschutzbunker? Und wessen Bomben sind das, die in so geringer Entfernung von hier einschlagen, daß man die Detonationen sogar hier hört?«

Eine andere Bemerkung Molotows zu Ribbentrop in diesem Bunker überzeugte Hitler davon, daß sowjetische Ambitionen ihn in immer größere Schwierigkeiten bringen würden, falls der Molotow-Ribbentrop-Pakt vom August 1939 das Fundament der deutschen Politik bleiben sollte. Bei der Unterredung unter der Erde ging Molotow so weit, gegenüber Ribbentrop zu äußern, Rußland werde sein Interesse an den westlichen Zugängen zur Ostsee nie ganz aufgeben. Damit meinte er das Kattegat, den Skagerrak sowie die Meerengen zwischen Dänemark, Norwegen und Schweden, die einst dänisches Gebiet gewesen waren, aber seit Mai unter deutscher Kontrolle standen.

Währenddessen wurde weiter an Hitlers Plänen für einen Aufmarsch gegen Rußland gearbeitet. Am 13. November gab Göring zu bedenken, die deutsche Luftwaffe sei nicht in der Lage, Rußlands Wirtschaftskraft zu vernichten. Hitler erwiderte, die langfristigen Erfordernisse des Krieges gegen England machten eine deutsche Kontrolle der kaukasischen Ölfelder unabdingbar. Der Krieg gegen Rußland könne in wenigen Monaten gewonnen werden. Göring solle seine Luftstreitkräfte auf einen Feldzugsbeginn am 1. Mai einstellen.

Der britische Nachrichtendienst kannte diese Plandaten. Am 13. November wußte er, daß die Deutschen vorhatten, ein Drittel ihrer Divisionen zu motorisieren. Eine Gesamtzahl von siebzig motorisierten und gepanzerten Divisionen war vorgegeben, und auch die Anzahl der Luftlandedivisionen sollte vergrößert werden. Den Briten war auch bekannt, daß es Pläne gab, die Anzahl der deutschen Divisionen in Rumänien auf achtzehn zu erhöhen. Dies waren weit mehr, als man benötigt hätte, um die rumänische Armee auszubilden oder die rumänischen Ölfelder bei Ploesti zu schützen.

Der britische Nachrichtendienst war nicht der einzige, der über Hitlers Vorbereitungen zu einem Feldzug gegen Rußland Bescheid wußte. Am 18. November übermittelte Richard Sorge, Stalins deutscher Spion in Tokio mit engen Kontakten zur dortigen deutschen Botschaft, seine ersten Meldungen über die Vorbereitungen der Wehrmacht zu einem Krieg im Osten nach Moskau.

Es hatte Hitler geärgert, daß die Engländer bei ihrem Bombenangriff auf München am Vorabend des feierlich begangenen Jahrestags des Putsches am 9. November »ziemlich gute Arbeit« geleistet hatten. Am 14. November, als 500 deutsche Bomber über die Nordsee nach Großbritannien aufbrachen, wurde ihnen gesagt, weder Hitler noch Göring seien »willens, einen Angriff auf die ›Hauptstadt der Bewegung‹ ungesühnt zu lassen«.

Das Ziel der deutschen Bomber war Coventry. Ihr Angriff war ein voller Erfolg: 21 wichtige Fabriken wurden getroffen, und die Produktion kam monatelang zum Erliegen. Aber während der Bombardierung entzündete sich auch ein Feuersturm, der einen großen Teil der Stadt in Brand setzte. Insgesamt wurden 60000 von 75000 Gebäuden zerstört oder schwer beschädigt, 568 Männer, Frauen und Kinder kamen ums Leben. Mehr als 400 Tote waren so verkohlt, daß man sie nicht mehr identifizieren konnte. Sie wurden in einem Massengrab beerdigt.

Auf einer Fläche von rund drei Quadratkilometern lag das Stadtzentrum von Coventry in Schutt und Asche. Die deutsche Sprache wurde um ein neues Verb bereichert: »koventrieren«, was gleichbedeutend war mit vernichten oder dem Erdboden gleichmachen. Der nachmalige Chef des britischen Bomberkommandos, Arthur Harris, der damals als Generalleutnant der Luftwaffe im Luftfahrtministerium in London tätig war, berichtete später, der deutsche Angriff auf Coventry habe die Engländer das »Prinzip« gelehrt, »so viele Brände zur gleichen Zeit« auszulösen, daß sie durch keine Brandbekämpfungsmaßnahmen unter Kontrolle zu bringen seien. In der Zwischenzeit setzten die Deutschen ihre allnächtlichen Luftangriffe fort. In der folgenden Woche kamen bei Luftangriffen à la Coventry in London 484 und in Birmingham 228 Zivilisten ums Leben. Die Gesamtzahl der englischen Zivilisten, die in diesem November getötet wurden, betrug 4588. Vier Tage nach dem Luftangriff auf Coventry wurden in Theydon Bois nördlich von London 31 Soldaten Opfer einer Fallschirmmine, einer Waffe, die mit dem Wind zu Boden schwebte und demzufolge nicht auf ein bestimmtes Ziel gerichtet werden konnte.

Die Antwort der Engländer auf diese Angriffe ließ nicht lange auf sich warten. Am 16. November, zwei Tage später, wurden Bomben auf Hamburg geworfen, obwohl Wolken und Eis einen gezielten Angriff auf militärische Ziele unmöglich machten. 233 deutsche Zivilisten fanden den Tod.

Für die Italiener hatte sich der Griechenlandfeldzug als Fiasko erwiesen. Am 15. November durchbrachen griechische Streitkräfte die italienischen Linien und machten zahlreiche Gefangene. In Menton, einer französischen Stadt direkt an der italienischen Grenze, wurden Plakate aufgehängt mit der Aufschrift: »Dies ist französisches Territorium. Griechen, marschiert nicht weiter!« Um den Griechen zu helfen, waren britische Verstärkungen für Luftwaffe und Artillerie auf dem Weg, darunter zwanzig Kampfflugzeuge und 24 Feldkanonen. Am 18. November machte Hitler auf dem Obersalzberg Graf Ciano den wütenden Vorwurf, der italienische Griechenlandfeldzug sei fehlgeschlagen. Wenn die Engländer aufgrund des italienisch-griechischen Krieges einen Luftstützpunkt in Athen bekämen, könnten sie, warnte Hitler, die rumänischen Ölquellen und -einrichtungen bei Ploesti bombardieren. Um dies zu vermeiden, müsse Deutschland eingreifen, aber dies könne nicht vor Mitte März geschehen.

Den Italienern war es nur gelungen, Griechenland zum Kriegsteilnehmer zu machen, ein Land, das zu allem Überfluß auch noch mit England verbündet war. In seiner Unterredung mit Ciano und einer weiteren, die er am gleichen Tag mit dem spanischen Außenminister Serano Suner führte, betonte Hitler, es sei dringend nötig, das Mittelmeer dicht zu machen, die Engländer in Ägypten und Malta zu isolieren und sie daran zu hindern, das Mittelmeer als Basis für einen Angriff auf Italien zu benutzen. Dazu müsse Spanien Gibraltar angreifen und die Straße von Gibraltar sperren.

Am 19. November teilte Suner Hitler mit, Spanien brauche 400000 Tonnen Getreide, bevor es England den Krieg erklären könne. Hitler begriff, daß diese Forderung nur Taktik war, um jegliche Festlegung hinauszuzögern und letztendlich zu vermeiden. Inzwischen hatten die Engländer in regelmäßigen Abständen Bombenangriffe durchgeführt; sie bombardierten industrielle Ziele wie Hamburg am 15. November und vier Tage später die Škoda-Rüstungswerke im tschechischen Pilsen. Am 21. November griffen sie von Ägypten aus italienische Stützpunkte in Libyen an, vor allem Bengasi. Am nächsten Tag drangen die immer noch vorrückenden griechischen Truppen nach Albanien ein und erreichten das etwa 20 km jenseits der Grenze gelegene Koritsa, nahmen 2000 italienische Soldaten gefangen und erbeuteten 135 Artilleriegeschütze und 600 Maschinengewehre. Sie versorgten sich so mit weitaus mehr Waffen, als England ihnen hätte zur Verfügung stellen können.

Der griechische Diktator, General Metaxas, der sich nach dem Überschreiten der albanischen Grenze in Hochstimmung befand, erklärte gegenüber seinem Volk: »Wir kämpfen nicht nur um unsere eigene Existenz, sondern auch für die anderen Völker auf dem Balkan und für die Befreiung Albaniens.« Mussolini hatte durch seinen so schmählich gescheiterten Invasionsversuch in Griechenland den Achsenmächten ihren ersten Fehlschlag beschert. Aber andernorts standen die Zeichen für die Achsenmächte immer noch günstig. Am 23. November trat Rumänien dem Dreimächtepakt bei. In dieser Nacht flogen deutsche Bomber einen großangelegten Angriff auf die englische Hafenstadt Southampton.

Am 24. November trat die Slowakei der Dreierallianz bei. In der Nacht flogen deutsche Bomber einen Angriff auf Bristol, während italienische Bomber von Libyen aus den britischen Marinestützpunkt in Alexandria bombardierten. Am 25. November liefen im Zuge der Operation »Collar« drei schnelle englische Handelsschiffe von Gibraltar aus, gelangten, obwohl eine große italienische Flotte auftauchte, ohne Feindberührung nach Malta und versorgten die Insel und anschließend Alexandria mit dringend benötigtem Nachschub. Zum erstenmal war es englischen Handelsschiffen gelungen, den »italienischen See« zu durchqueren, wie Mussolini das Mittelmeer prahlerisch genannt hatte. Zwei Tage später beschädigten britische Kriegsschiffe vor Sardinien einen italienischen Kreuzer und zwei Zerstörer.

Im deutsch besetzten Teil Europas arbeiteten die NS-Behörden indessen erbarmungslos an der Verwirklichung ihrer Ziele. Im Warschauer Getto schrieb Emanuel Ringelblum in sein Tagebuch: »Heute, am 19. November, ist ein Christ, der einen Sack voll Brot über die Mauer geworfen hatte, erschossen worden.«

Nachdem in Holland Professoren und Studenten der Universität Delft gegen neue antijüdische Verordnungen protestiert hatten, schlossen die Deutschen am 27. November die Universität und untersagten den Studenten, sich anderswo einzuschreiben. Am 28. November übermittelte das Propagandaministerium von Berlin aus eine Bekanntmachung an Otto Abetz, den deutschen Botschafter in Paris: »Das Resultat unseres siegreichen Kampfes muß die Brechung der Vorherrschaft der französischen Kulturpropaganda in Europa und in der Welt sein.« Jegliche Unterstützung französischer Kultur sei ein »Verbrechen« gegen die deutsche Nation. An diesem Tag hatte in Berlin ein weiterer antisemitischer Film mit dem Titel *Der Ewige Jude* Premiere. Das Anliegen des Films war es, die angeblich so destruktive Rolle der Juden in der Weltgeschichte darzulegen. Diesem Zweck dienten unter anderem Szenen, die Juden und Ratten zusammen zeigten: Wie die Ratten seien auch die Juden Krankheitsüberträger, »geldgierige Dreckstücke ohne jeden höheren Wert – Weltverderber«.

Dies war die Ideologie der Nazis. Am Tag der Filmpremiere suchte sich der NS-Chefideologe Alfred Rosenberg als Hauptquartier für sein Einsatzkommando zum Raub französischer Kunstschätze das Haus eines Juden aus, dem die Flucht ins Ausland geglückt war, und übernahm vier große Lagerhäuser (einschließlich eines aus vormals jüdischem Besitz), um die geraubten Waren unterbringen zu können.

Das geknechtete polnische Volk übte täglich am Himmel über England Rache: Polnische Piloten dienten in den Abfanggeschwadern der Royal Air Force, die Jagd auf die beständig angreifenden deutschen Bomber machten. Am 28. November stürzte einer dieser Piloten, Feldwebel Zigmund Klein, in den Ärmelkanal. »Allem Anschein nach haben wir einen sehr tapferen Piloten und Kampfgefährten verloren«, vermerkte der britische Einsatzbericht.

Im Atlantik versenkte ein »Wolfsrudel« von vier deutschen Unterseebooten am 1. Dezember elf alliierte Handelsschiffe und einen bewaffneten Handelskreuzer. Ebenfalls im Dezember versenkten zwei deutsche Handelszerstörer im Pazifik fünf australische Handelsschiffe und bombardierten das Phosphatwerk auf der Insel Nauru. Aber Hitler war auf Rußland fixiert. In einer vierstündigen Konferenz mit seinen Kommandeuren am 5. Dezember legte er seinen Operationsplan und die Stoßrichtung des Angriffs detailliert dar. Er betonte, wie wichtig es sei, Leningrad und Stalingrad, die »bolschewistischen Brutstätten«, früher einzunehmen als Moskau, das General von Brauchitsch als den zentralen Knotenpunkt des sowjetischen Verkehrswesens und als Hochburg der Munitionsproduktion bezeichnete. Hitler beharrte jedoch darauf, daß Moskau »nicht so wichtig« sei. Erst nach der Einnahme Leningrads sollten seine Truppen zur sowjetischen Hauptstadt weitermarschieren. »Über die Vorherrschaft über Europa«, fügte Hitler hinzu »wird der Kampf gegen Rußland entscheiden.« Die Niederlage der Sowjetunion werde auch die Briten in die Knie zwingen.

In einem jedoch waren sich alle Teilnehmer der Konferenz einig: Die Russen würden leicht zu schlagen sein. »Die Armee ist führerlos«, erklärte General Halder. Der russische Soldat sei »minderwertig«. Was die Waffen betreffe, so sei die Rote Armee der Wehrmacht ebenso unterlegen wie die Franzosen. Der Mangel an modernen Feldgeschützen auf seiten der Russen werde den deutschen Panzern freies Feld gewähren. Durch die Kampftaktik der Wehrmacht würden die russischen Streitkräfte zuerst in einzelne Teile »zerlegt« und dann »in Paketen abgewürgt«.

»Führerlos«, »minderwertig«, »abwürgen« – diese zuversichtlichen Worte fielen am 5. Dezember. Die Russen wurden als hilfloser Gegner abqualifiziert, als ein Volk, dessen Unzulänglichkeiten sich in seinen Streitkräften widerspiegelten. Am Tag nach der Konferenz beauftragte General Jodl seinen Stellvertreter, General Warlimont, mit der Ausarbeitung eines detaillierten Operationsplans für den Überfall auf Rußland. Hitler taufte die ursprüngliche Tarnbezeichnung, Unternehmen »Fritz«, bald in Fall »Barbarossa« um.

Der Kaiser des Heiligen Römischen Reichs, Friedrich Barbarossa – Rotbart – war im Jahre 1190 an der Spitze eines Kreuzritterheeres gen Osten gezogen, um das Heilige Land von den Ungläubigen zu befreien. Seine Nachkommen griffen bereits jetzt auf Methoden zurück, die mindestens so verwerflich waren wie die schlimmsten Dinge, die Friedrich 750 Jahre zuvor begangen hatte, bevor der Lack christlicher Zivilisation die niedrigeren Instinkte der Menschheit überdeckt oder doch zeitweilig unterdrückt hatte. »Es gab Fälle«, schrieb Chaim Kaplan am 6. Dezember in sein Warschauer Tagebuch, »wo unerschrockene Juden vor den Augen ihrer ganzen Familie erschossen und die Mörder nicht zur Rechenschaft gezogen wurden; ihre Rechtfertigung lautete, ein ›dreckiger Jude‹ habe den Führer beschimpft, und es sei ihre Pflicht gewesen, seine Ehre zu verteidigen.« Vier Tage später schilderte Emanuel Ringelblum in seinem Tagebuch, wie ein deutscher Soldat in Warschau am 9. Dezember »aus einem vorbeifahrenden Automobil sprang und einem Jungen eine Eisenstange über den Schädel schlug. Der Junge starb.«

Seit dem 13. September befanden sich italienische Truppen auf ägyptischem Boden, hielten einen Wüstenküstenstreifen von Sollum bis Sidi Barrani besetzt und stellten somit eine potentielle Bedrohung für Alexandria und den Suezkanal dar.

Die Kryptographen der britischen Armee, die in Kairo arbeiteten, hatten den Codeschlüssel geknackt, der von allen italienischen Militärverbänden bis hinunter zur Brigade sowohl für die taktische Kommunikation als auch für nachrichtendienstliche Mitteilungen benutzt wurde. In der ersten Dezemberwoche wußten die britischen Kommandeure genau, wo die italienischen Streitkräfte stark und wo sie schwach waren. Auf der Basis dieser Informationen planten sie, die italienischen Stellungen am 9. Dezember anzugreifen. In der Nacht zum 8. Dezember lieferte eine Sonderpatrouille, die aus einer Einheit Panzerspähwagen bestand, die Bestätigung dafür, daß sich in einem bestimmten italienischen Minenfeld eine Lücke befand.

Am 9. Dezember begann die britische Offensive. Zwei Divisionen von insgesamt 36000 Mann – zur Hälfte waren es indische Truppen – griffen sieben italienische Divisionen an. Die 75000 Italiener wurden überwältigt, die Briten verloren weniger als hundert Mann. Die italienische Armee war nach ihrer ersten größeren Kampfhandlung in der westlichen Wüste auf dem Rückzug.

Dieser schweren Niederlage der Italiener im östlichen Mittelmeerraum folgte binnen Stunden weiter westlich ein bitterer Rückschlag für Deutschland. Am 10. Dezember verweigerte sich General Franco zum zweitenmal dem Drängen Hitlers, deutsche Truppen durch spanisches Gebiet ziehen zu lassen, um Gibraltar einzunehmen. Daraufhin mußte Hitler Weisung erteilen, das Unternehmen »Felix« abzublasen. Die Deutschen waren besonders darüber verärgert, daß der spanische Staatschef hinzugefügt hatte, er sei bereit, sofort in den Krieg gegen England einzutreten, wenn »England vor dem Zusammenbruch steht«. Hitler entwarf nun Pläne, um einen weiteren Rückschlag zu vermeiden; er stellte in seiner Weisung Nr. 19 vom 10. Dezember unter dem Codenamen Unternehmen »Attila« eine spätere Besetzung Vichy-Frankreichs in Aussicht, da Deutschland dann den französischen Marinestützpunkt Toulon und die französischen Flugplätze am Mittelmeer kontrollieren könne. Der Krieg, der noch ein halbes Jahr zuvor auf Nordeuropa beschränkt schien, hatte sich aufgrund der erfolglosen Vorstöße Italiens auf den Mittelmeerraum ausgedehnt.

In diesem Dezember erreichte der Bombenkrieg eine neue Stufe der Intensität; fast jede Nacht flogen britische Bomber nach Osten und deutsche nach Westen, um das Rüstungspotential des Gegners zu zerstören und seine Kampfmoral zu schwächen. Am 7. Dezember griffen britische Bomber die Industriestadt Düsseldorf an. Am 12. Dezember bombardierten die Deutschen die englische Stahlstadt Sheffield. Am gleichen Tag stimmte das englische Kriegskabinett dem Vorschlag zu, »in einer ausgewählten Stadt ein Maximum an Zerstörung« anzurichten. Dies war eine Reaktion auf die Zerstörung Coventrys, über die auch in der Bevölkerung noch große Empörung herrschte, und auf die noch geheim gehaltenen Informationen über die von den Deutschen eingesetzten Fallschirmminen. Die Wahl fiel auf Mannheim. Vier Tage später wurde die Stadt bombardiert, wobei das Ausmaß der Zerstörung aber weitaus geringer war als in Coventry und nur 23 Zivilisten den Tod fanden. Am selben Tag empfahl die britische Regierung dem Bomberkommando in einer geheimen Denkschrift, in Zukunft bevorzugt deutsche Ölraffinerien anzuvisieren. Eine entsprechende Weisung sollte am 13. Januar 1941 erteilt werden.

Die Grausamkeit des Bombenkrieges wurde auf beiden Seiten der Nordsee vom Mut derjenigen aufgewogen, deren Aufgabe es war, den Opfern zu helfen. Am 13. Dezember kamen zwei Bombenentschärfungsexperten, Hauptmann M. F. Blaney und Leutnant James, ums Leben, als sie versuchten, in Manor Park eine nicht explodierte Bombe unschädlich zu machen. Die Explosion war so stark, daß auch ein Oberfeldwebel, ein Gefreiter, fünf Sappeure und ein Polizeiinspektor, die den Versuch, die Bombe zu entschärfen, von der anderen Seite aus beobachteten, ums Leben kamen. Für seine Tapferkeit erhielt Hauptmann Blaney posthum das George Cross.

Am 13. Dezember ordnete Hitler in seiner Weisung Nr. 20 eine weitere Verstärkung der Truppen in Rumänien an, um Nordgriechenland besetzen zu können. Bei diesem Unternehmen »Marita« sollten, wie Hitler am genannten Tag darlegte, auch die britischen Stützpunkte auf den griechischen Inseln besetzt werden. Nach Abschluß der Aktion beabsichtigte Hitler, »die Masse der hierfür eingesetzten Verbände zu neuer Verwendung herauszuziehen«, wie er seinen Generälen mitteilte. Diese »neue Verwendung« war das Unternehmen »Barbarossa«, die Invasion in Rußland.

Am 16. September gab der sowjetische Marschall Woroschilow Order, Vorkehrungen für die Verteidigung des Marinestützpunkts Sewastopol von Land her zu treffen. Hitlers Vorbereitungen hingegen waren weitaus umfassender. Am 18. Dezember instruierte er in der Weisung Nr. 21 seine Generalität, sich dafür zu rüsten, »Sowjetrußland in einem schnellen Feldzug niederzuwerfen«. Die Vorbereitungen dafür sollten sofort beginnen und am 15. Mai 1941 abgeschlossen sein. Man könne davon ausgehen, daß sowohl Finnland als auch Rumänien an der Seite Deutschlands kämpfen würden. »Entscheidender Wert ist jedoch darauf zu legen«, mahnte Hitler, »daß die Absicht eines Angriffes nicht erkennbar wird.«

In seiner Weisung vom 18. Dezember umriß Hitler auf elf Seiten in detaillierten Beschreibungen die jeweilige Rolle, die dem Heer, der Luftwaffe und der Marine zufallen sollte, skizzierte die Frontverläufe und die zeitliche Abfolge der Operationsziele: zuerst sollte Leningrad, dann Kiew und schließlich Moskau genommen werden. Das »Endziel der Operation« sei, wie er erklärte, die Errichtung einer Barriere »gegen das asiatische Rußland« auf der geographischen Linie »Wolga-Archangelsk«.

Für Hitler und die Nazis war das Wort »asiatisch« ein Synonym für »barbarisch«. Doch innerhalb Deutschlands gab es viele Menschen, darunter Ärzte und Geistliche, die Deutschlands eigenes Euthanasieprogramm als barbarisch empfanden. Etliche schriftliche Proteste dagegen hatten Hitler erreicht, andere zirkulierten im verborgenen. Erbost erklärte Heinrich Himmler am 19. Dezember gegenüber Dr. Brack und Dr. Bouhler: »Wäre die Operation T4 der SS anvertraut worden, wäre die Sache anders gelaufen. Wenn der Führer uns einen Auftrag anvertraut, wissen wir, wie man ihn richtig anpackt, ohne in der Bevölkerung sinnloses Aufsehen zu erregen.«

Dieses »sinnlose Aufsehen« sollte Hitler bald dazu zwingen, das Euthanasieprogramm abzubrechen, jedoch erst nachdem 50000 »Kranke«, einschließlich mehrerer tausend Kinder, umgebracht worden waren. Himmler und seine SS-Leute sollten jedoch schon vor Ablauf eines halben Jahres neue Aufgaben bekommen.

In Nordafrika erreichten englische Truppen am 17. Dezember die libysche Grenze. »Ihr oberstes Operationsziel«, so telegrafierte Churchill an ihren Oberbefehlshaber, »muß es sein, die italienische Armee aufzureiben und sie so weit wie möglich von der afrikanischen Küste abzudrängen.« Am 21. Dezember traten in Norwegen alle Mitglieder des Obersten Gerichtshofs einschließlich des Gerichtspräsidenten zurück, um nicht weiterhin unter deutschem Diktat Recht sprechen zu müssen. Am 23. Dezember richteten die Deutschen in Paris den Tiefbauingenieur Jacques Bonsergent hin, der aus Versehen in die Demonstration vom 11. November geraten, von deutschen Soldaten angerempelt und dann verhaftet worden war. Er war zur Hochzeit eines Freundes nach Paris gekommen.

Am Tag der Hinrichtung Bonsergents weilte Hitler in Frankreich und besuchte militärische Einheiten an der Kanalküste. Sein Zug *Amerika* stand an diesem Tag in Boulogne; er mußte in einem Tunnel abgestellt werden, als englische Bomber nahe gelegene deutsche Militäreinrichtungen bombardierten. Zwei Nächte zuvor hatten britische Flieger einen Luftangriff auf Berlin geflogen, bei dem 45 Zivilisten ums Leben gekommen waren. »Also doch beträchtliche Verluste«, kommentierte Goebbels am 24. Dezember in einem Tagebucheintrag.

In Warschau waren in der Woche vor Weihnachten mehrere hundert Telegramme angekommen, welche den Tod von Ehemännern, Vätern und Söhnen meldeten, die zuvor in Konzentrationslager gebracht worden waren. Die meisten Toten gab es in Auschwitz.

Die alliierten Geheimdienste erhielten in der letzten Dezemberwoche Kenntnis von einigen Nachrichten, die ihren Empfängern nicht sehr angenehm waren. Am 28. Dezember erfuhr das englische Bomberkommando, daß die wiederholten Angriffe auf die Ölraffinerien von Gelsenkirchen nicht die geringste Wirkung erzielt hatten, und dies bei nicht weniger als 28 Luftangriffen binnen sieben Monaten. Am gleichen Tag berichtete aus Tokio der sowjetische Spion Richard Sorge nach Moskau, in Leipzig werde eine neue vierzig Divisionen starke deutsche Reservearmee aufgestellt. Am 30. Dezember berechnete der englische Nachrichtendienst, größtenteils auf der Grundlage entschlüsselter Enigma-Funksprüche der deutschen Luftwaffe, den genauen Umfang der deutschen Kräfte, die in Rumänien und Bulgarien für einen Einmarsch in Griechenland zusammengezogen wurden. Eine andere Quelle, ein Informant, der sich »in der Vergangenheit als zuverlässig erwiesen« hatte, nannte Anfang März als das vorgesehene Datum des deutschen Angriffs.

Am 29. September erklärte Präsident Roosevelt in einer Rundfunkansprache an das amerikanische Volk: »Die Menschen in Europa, die sich selbst verteidigen, bitten uns nicht, an ihrer Statt zu kämpfen. Sie bitten uns um das Kriegsgerät, Flugzeuge, die Panzer, die Kanonen, die Frachter, die sie in die Lage versetzen, für ihre Freiheit und ihre Sicherheit zu kämpfen.« Roosevelt fügte hinzu: »Wir müssen das große Arsenal der Demokratie sein.« In dieser Nacht warfen die Deutschen über London Brandbomben von beispielloser Zerstörungskraft ab, die auf beiden Themseufern rauchende Trümmer hinterließen. Viele berühmte Gebäude, unter anderem die Guildhall und acht Wren-Kirchen, wurden zerstört oder schwer beschädigt. Wachsame Feuerwehrleute bewahrten die St.-Pauls-Kathedrale davor, ein Opfer der Flammen zu werden, aber der extrem niedrige Wasserstand der Themse erschwerte die Brandbekämpfung zusätzlich. Bei diesem Angriff erhöhte sich die Gesamtzahl der im Dezember 1940 umgekommenen englischen Zivilisten auf 3793.

Das neue Jahr 1941 läuteten die britischen Truppen mit einem größeren Angriff auf den italienischen Stützpunkt Bardia an der libyschen Küste ein. Britische und australische Soldaten begannen ihren Vormarsch am 1. Januar, gedeckt durch eine mittelschwerer Kanonade von See her. Unter den Schiffen, die die Küste beschossen, war das Schlachtschiff *Valiant,* auf dem sich der neunzehnjährige Leutnant Prinz Phillip von Griechenland befand, ein Sohn des Prinzen Andreas von Griechenland und Neffe von Lord Louis Mountbatten. »Die ganze Operation war eine sehr spektakuläre Angelegenheit«, schrieb er in sein Logbuch. Am 5. Januar fiel die Festung Bardia, und 35 949 Italiener gingen in britische Kriegsgefangenschaft. Dem italienischen Kommandanten, General Bergonzoli, gelang es, nach Westen auszuweichen und sich mit einigen tausend Mann nach Tobruk zurückzuziehen.

Während sich die Briten anschickten, die Italiener noch weiter Richtung Westen zu treiben, versäumten sie es nicht, weitere Verstärkungen nach Griechenland zu entsenden. Die *Valiant* mit Prinz Phillip von Griechenland an Bord gehörte zu den Schiffen, die englische Truppen zur Insel Kreta geleiteten. Ermutigt vom Sieg der Briten und von deren Unterstützung, wagte die griechische Armee am 4. Januar einen Vorstoß nach Albanien hinein; ihre dreizehn Divisionen trafen hier auf sechzehn italienische und trieben diese über die Grenze bis Klisura. Zwei Tage später starteten die Engländer die Operation »Excess«: Drei Handelsschiffe, beladen mit militärischem Nachschub, machten sich, eskortiert von fünf Kriegsschiffen, auf den Weg von Gibraltar nach Athen. Die Handelsschiffe kamen ohne Feindberührung in Griechenland an.

Zur selben Zeit, als die britischen Schiffe am 6. Januar mit ihrer kostbaren Kriegsfracht zur Fahrt durch das Mittelmeer aufbrachen, sprach Präsident Roosevelt in Washington von den »vier Grundfreiheiten des Menschen«, auf denen die Welt der Zukunft basieren solle: Meinungs- und Redefreiheit, Religionsfreiheit, Freiheit von Not und Freiheit von Furcht. In »weltliche Begriffe übertragen«, erläuterte er, bedeute dies »eine weltweite Beschränkung der Rüstung bis zu einem solchen Grad und in einer so durchgreifenden Weise, daß keine Nation in der Lage sein wird, einen Akt physischer Aggression gegen einen ihrer Nachbarn irgendwo in der Welt durchzuführen«.

Eine solche Welt, fügte Roosevelt hinzu, sei »geradezu die Antithese zu der sogenannten neuen Ordnung der Tyrannei, die die Diktatoren mit der Gewalt von Bomben durchsetzen wollen«. In dieser Woche schlug in London eine Bombe in die U-Bahn-Station Bank ein und tötete 111 Menschen, die in den vermeintlich sicheren tiefen Tunnels Zuflucht gesucht hatten. Im Mittelmeer griffen deutsche Bomber am 10. Januar von der Basis Sizilien aus einen Konvoi an, der von Gibraltar nach Malta unterwegs war. Der Kreuzer *Southampton* wurde so stark beschädigt, daß seine Besatzung sich gezwungen sah, ihn zu versenken. Das deutsche Bombardement hatte achtzig Besatzungsmitglieder getötet. Es war dies Deutschlands erster Luftangriff im Mittelmeer, und er verhieß nichts Gutes für die Briten in einem Moment, da die Italiener gerade eine schwere Niederlage erlitten hatten.

Am 7. Januar hatten die britischen und australischen Truppen, die sich jetzt auf libyschen Boden befanden, ihren Marsch landeinwärts Richtung Tobruk begonnen. Am folgenden Tag fand ein griechischer Angriff auf die italienische Garnison in Klisura statt, die dann am 10. Januar eingenommen wurde – dem gleichen Tag, an dem im US-Kongreß das Gesetz über den Lend-Lease-Vertrag zwischen den USA und ihren europäischen Verbündeten verabschiedet wurde.

Die Erfolge der Briten und Griechen veranlaßten Hitler zur Herausgabe seiner Weisung Nr. 22 vom 11. Januar, in der er endlich einräumte, daß er Mussolini unterstützen müsse, wenn er nicht ernste Probleme im Süden bekommen wollte. »Tripolitanien muß behauptet, die Gefahr eines Zusammenbruchs der albanischen Front beseitigt werden«, schrieb er. Daher würden deutsche Streitkräfte nach Tripolis geschickt, während »das X. Fliegerkorps Sizilien als Operationsbasis bei[behalten]« müsse. Ferner sollten weitere deutsche Truppen in Bereitschaft gestellt werden, um anschließend nach Albanien entsandt zu werden und »der ital. Heeresgruppe den späteren Übergang zum Angriff zu erleichtern«.

Diese Weisung Hitlers führte einen direkten Konflikt zwischen England und Deutschland im Mittelmeer herbei. Hatten die Deutschen einen Tag zuvor einen Luftangriff auf die *Illustrious* geflogen, so fand einen Tag danach ein von Malta aus gestarteter englischer Luftangriff auf die deutschen Luftstützpunkte auf Sizilien statt. In dem Bemühen, seine Position in den bis dahin von den Italienern beherrschten Teilen der Balkanregion zu stärken, lud Hitler am 15. Januar König Boris von Bulgarien nach Berlin ein und forderte kategorisch, Bulgarien müsse der Achse beitreten, den deutschen Truppen für ihren geplanten Angriff auf Griechenland seine Grenzen öffnen und aktiv an den Militäroperationen der Deutschen teilnehmen. Allein, wie zuvor General Franco, weigerte sich auch König Boris.

Am gleichen Tag, dem 13. Januar, sprach Stalin in Moskau auf einer Konferenz mit seinen Generälen über die Möglichkeit eines Zweifrontenkrieges gegen Japan im Osten und Deutschland im Westen. Darauf, erklärte er, müsse die Sowjetunion sich vorbereiten. Der zukünftige Krieg werde schnelle Manöver erfordern. Dafür sollten Infanterieeinheiten in ihrem Umfang verringert, aber in ihrer Mobilität verstärkt werden. Der kommende Krieg werde ein Massenkrieg werden; um einen Durchbruch schaffen zu können, müsse man einem potentiellen Feind insgesamt im Verhältnis 2:1 überlegen sein. Es müßten baldmöglichst schnelle, mit automatischen Waffen ausgerüstete mobile Einheiten aufgestellt werden. Solche Einheiten bedürften eines außerordentlich gut organisierten Nachschubs und großer Materialreserven, die »von allen Teilen unseres Landes an die Front fließen müssen«. Auch beträchtliche Vorräte zur Versorgung der Soldaten sollten angelegt werden. Er erwähnte in diesem Zusammenhang die Lagerung von Zwieback durch die einstige zaristische Regierung und erklärte, dies sei »ein weiser Entschluß« gewesen. »Ein Schluck Tee und ein Zwieback«, erklärte er seinen Generälen, »und man hat eine warme Mahlzeit.«

An dem Tag, an dem Stalin diese Unterredung mit seinen Kommandeuren hatte, um ihnen ihre Aufgaben im Kriegsfall zu skizzieren, richtete einer der erfolgreichsten sowjetischen Spione, Leopold Trepper, in Paris sein Büro ein, das als Textilimportgeschäft getarnt war. Trepper, ein Jude, der in einer polnischen Provinz des Zarenreiches geboren worden war, hatte um sich eine kleine Gruppe meist jüdischer Kommunisten geschart, darunter den ebenfalls in Polen geborenen Hillel Katz, der zuvor von den Engländern wegen kommunistischer Umtriebe aus Palästina ausgewiesen worden war. Im Zuge seiner Import-Export-Geschäfte schloß Trepper Freundschaft mit Ludwig Kainz, einem Ingenieur, der bei der Organisation Todt beschäftigt war. Von Kainz erfuhr Trepper Details über den deutschen Aufmarsch entlang der deutsch-sowjetischen Grenze und sorgte dafür, daß diese Informationen postwendend per Funk nach Moskau übermittelt wurden.

Der amerikanische Botschafter in England, Joseph Kennedy, hatte in den letzten Monaten des Jahres 1940 Berichte nach Washington geschickt, in denen er die Möglichkeit einer englischen Niederlage ausmalte und die verheerenden Schäden hervorhob, die die deutschen Bombenangriffe anrichteten. Um festzustellen, ob Großbritannien den Krieg weiterführen könne und nicht etwa die amerikanischen Waffen nur erhielt, um sie wenig später den Deutschen zu präsentieren, schickte Roosevelt einen persönlichen Emissär, Harry Hopkins, nach England. »Die Menschen hier sind erstaunlich«, schrieb Hopkins am 14. Januar an Roosevelt, »und wenn Mut allein siegen kann, steht der Ausgang fest. Aber sie brauchen unbedingt unsere Hilfe, und ich bin sicher, Sie werden nicht zulassen, daß sie blockiert wird.«

In seinem Brief referierte Hopkins auch die Erkenntnis Churchills, daß die deutschen Bomber im Mittelmeer »den Einsatz der Flotte erschweren«. Zwei Tage später brachen mehr als siebzig deutsche Sturzkampfbomber von ihrer Basis in Sizilien auf und griffen den Haupthafen von Malta, Valetta, an. Ihr Ziel war es, den Flugzeugträger *Illustrious* zu versenken, der bereits so schwer beschädigt war, daß er von den Männern der Royal Navy *»HMS Pepperpot«* genannt wurde. Bei diesem Angriff wurde der Hafen schwer beschädigt. Darüber hinaus wurden 200 private und öffentliche Gebäude zerstört und mehr als fünfzig Zivilisten getötet. Im Verlauf dieses Angriffs, den die Malteser »Illustrious Blitz« nannten, wurden zehn der angreifenden deutschen Maschinen abgeschossen. Aber damit war die deutsche Attacke nicht vorbei; zwei Tage später, als 85 Tiefflieger überraschend den Flugplatz von Luqa angriffen, wurden sechs englische Bomber am Boden zerstört und der Flugplatz selbst unbenutzbar gemacht. Bei all diesen Aktionen erlitt die *Illustrious* jedoch nur wenig zusätzlichen Schaden und konnte noch vor Monatsende die Gefahrenzone Malta verlassen und Ägypten ansteuern.

Die Schlacht um England war seit noch nicht einmal zwei Monaten im Gang; die Schlacht um Malta sollte mehr als zwei Jahre dauern. Wegen der ständigen Luftangriffe, denen sie ausgesetzt waren, nannten die Malteser diese schwere Zeit die »zweite Belagerung« – die erste hatte 1565, fast 400 Jahre vorher, stattgefunden.

Am 17. Januar, als die Nachricht vom Angriff auf Malta England erreichte, war Harry Hopkins Ehrengast bei einem Bankett in Glasgow. »Ich nehme an, Sie möchten wissen«, sagte er an diesem Abend zu Churchill, »was ich Präsident Roosevelt bei meiner Rückkehr sagen werde.« Churchill wollte es in der Tat wissen. Die Antwort war ein Zitat aus dem Buch Ruth: »Wo du hingehst, da will ich auch hingehen, wo du bleibst, da bleibe ich auch. Dein Volk ist mein Volk, und dein Gott ist mein Gott.« Dann fügte Hopkins ganz ruhig hinzu: »Und sei es bis ans Ende.«

In diesem Winter verstärkte Deutschland den Würgegriff um den Hals Europas. Am 10. Januar mußten sich alle holländischen Juden registrieren lassen – ein einfacher, ordnungsgemäßer bürokratischer Vorgang, der dennoch nichts Gutes verhieß. Am 13. Januar berichteten in der deutschen Stadt Brandenburg die Zeitungen über Freiheitsstrafen zwischen fünfzehn und achtzehn Monaten für drei deutsche Frauen, die polnischen Kriegsgefangenen Essen und Zigaretten zugesteckt hatten.

Am 20. Januar stellte der deutsche Sicherheitsdienst Berichte über Zuschauerreaktionen auf den Film *Der Ewige Jude* zusammen. Laut einem Bericht aus München hatten die Zuschauer während des Films »geradezu befreit und begeistert ... applaudiert ... als der Führer bei einer seiner Reden gezeigt wurde, mit der er voraussagte, daß ein neuer Krieg nur das Ende und die Vernichtung des Judentums zur Folge haben könne«. Immer wieder seien allerdings, so stellte der Sicherheitsdienst fest, »die Widerlichkeit des Dargestellten an sich und vor allem die Schlachtszenen ... als Hauptgrund gegen den Besuch des Films gesprächsweise zum Ausdruck gekommen«. Gewährsleute in Westdeutschland und Breslau hatten beobachtet, wie Menschen mitten in der Vorstellung »die Lichtspielhäuser angewidert verlassen, mit den Kommentaren wie ›wir haben *Jud Süß* gesehen und haben genug von dem jüdischen Dreck!‹«

Am 21. Januar verhaftete die Gestapo in Paris Roger Langeron, den früheren Polizeipräfekten, den die Deutschen in den ersten Tagen der Besetzung, sieben Monate zuvor, zum Polizeichef gemacht hatten. Jetzt hatten sie für ihn keine Verwendung mehr; sein Patriotismus war stärker als deutsche Schmeicheleien und Drohungen. Am gleichen Tag führte in der rumänischen Hauptstadt Bukarest der Judenhaß der Legionäre der Eisernen Garde zu einer Jagd auf Juden in den Straßen. Tausende von Juden wurden eingefangen und schwer verprügelt; 120 wurden getötet. Viele der Todesopfer wurden in Schlachthäuser gebracht und dort, wie es in einem Bericht hieß, »gemäß den eigenen Ritualpraktiken der Juden beim Schlachten von Tieren« umgebracht. Ebendiese angeblichen Praktiken wurden in *Der Ewige Jude* gezeigt und angeprangert.

In Norwegen hatten die Deutschen mit Hilfe norwegischer Spitzel Mitglieder einer Widerstandsgruppe festgenommen, deren Operationsbasis die Stadt Haugesund war. Im Februar wurden zehn der jungen Männer »lebenslänglich« eingekerkert. Der Todesstrafe waren sie nur entgangen, weil vier von ihnen nicht detonierte Bomben entschärft hatten. Am 11. Februar starb in einem Pariser Gefängnis Rudolf Hilferding, der zwischen den Kriegen ein führender Mann der deutschen Sozialdemokratie und zweimal Finanzminister der Weimarer Republik gewesen war, er erlag den Verletzungen, die die Gestapo ihm zugefügt hatte. Er war als Sozialdemokrat und Jude 1933 aus Deutschland nach Dänemark geflohen, hatte sich später in der Schweiz und schließlich 1938 in Südfrankreich niedergelassen. Er hatte ständig, so beispielsweise auch im 1934 formulierten Prager Programm seiner exilierten Partei, vor den Gefahren, die von den neuen Herren Deutschlands für die ganze Welt ausgingen, gewarnt. Nun war er selbst eines ihrer Opfer geworden. Die Polizei Vichy-Frankreichs hatte ihm zunächst Immunität zugesichert und ihn dann an die Grenze zur besetzten Zone gebracht, um ihn der Gestapo auszuliefern.

In den abgeriegelten und bewachten Gettos in ganz Polen hatten die Deutschen die Nahrungsmittelrationen so stark gekürzt, daß Monat für Monat Hunderte von Juden verhungerten. Im Januar 1941 erreichte die Zahl der Hungertoten in Warschau 2000. Im Februar starben ebenso viele. »Fast täglich«, schrieb Emanuel Ringelblum am 28. Februar in sein Tagebuch, »fallen mitten auf der Straße Leute tot um oder in Ohnmacht. Es löst gar keine richtige Betroffenheit mehr aus.«

Keine Macht der Welt konnte die deutschen Besatzungsbehörden daran hindern, ihre Opfer durch Hunger, Furcht und Terror zu tyrannisieren. Ringelblum erwähnte in seinem Tagebuch auch die Deportation einer Gruppe von Juden nach Warschau. Bei einem Aufenthalt warf ein deutscher Wachmann ein dreijähriges Kind in den Schnee. »Die Mutter sprang vom Waggon und versuchte ihr Kind zu bergen. Der Wachmann bedrohte sie mit einem Revolver. Die Mutter erklärte ihm, daß ihr Leben ihr ohne ihr Kind nichts mehr bedeuten würde. Daraufhin drohten die Deutschen, alle Juden in dem Waggon zu erschießen. Die Frau kam bis Warschau mit, und hier drehte sie dann durch.«

Nach 500 Tagen Krieg bezeugte das Schicksal dieser wahnsinnig gewordenen Mutter nicht nur den Siegeszug von Armeen, sondern den Triumph des Bösen.

KAPITEL 12

Der Krieg greift um sich

Januar–März 1941

Am 19. Januar entstand eine neue Front, als die Briten die Italiener in Eritrea, Somalia und Äthiopien angriffen. Die Wahl war auf diesen Termin gefallen, weil der britische Geheimdienst einen Geheimbefehl der Italiener abgefangen und dechiffriert hatte, demzufolge die Truppen sich in der darauffolgenden Woche aus Kassala zurückziehen sollten, einer Stadt im britisch-ägyptischen Sudan, die seit dem Sommer 1940 von italienischen Truppen besetzt war.

Fünf Monate lang rückten die britischen Streitkräfte, insgesamt 30000 Mann, in drei konvergierenden Kreisen auf die äthiopische Hauptstadt Addis Abeba vor. Vom ersten Tag an und während des gesamten Feldzugs wurde jede der streng geheimen militärischen Weisungen der Italiener von britischen Lauschern abgehört. Alle die Einsatzbefehle, die im Büro des italienischen Vizekönigs ein- oder von ihm ausgingen und die von den täglichen Bewegungen oder Problemen der italienischen Armee berichteten, wurden im Moment ihrer Aussendung abgefangen. Die so gewonnenen Erkenntnisse gaben den Briten die Möglichkeit, jeglichen italienischen Plan zu durchkreuzen oder jede offenbar werdende Schwäche auszunutzen.

Am ersten Tag der britischen Offensive in Ostafrika traf ein kleinlauter Mussolini als Gast Hitlers auf dem Obersalzberg ein. Am zweiten Tag von Mussolinis dortigem Aufenthalt marschierten englische Streitkräfte in Kassala ein. Am gleichen Tag griffen australische Truppen Tobruk an, das die britische 7. Panzerdivision bereits von seinem Hinterland abgeschnitten hatte. Hitler erteilte, wie schon in seiner Weisung an seine Generäle angekündigt, sogleich seine Zustimmung zur Entsendung einer deutschen Streitmacht nach Tobruk. Er wählte dafür die 15. Panzerdivision Rommels aus. Es war keinen Augenblick zu früh, denn am 22. Januar griffen die britischen und australischen Truppen, die Tobruk umzingelt hatten, die Hafenstadt an und nahmen 25000 Italiener gefangen.

Es waren ermutigende Tage für England. Am 23. Januar brachen im Rahmen der Operation »Rubble« fünf norwegische Handelsschiffe vom schwedischen Hafen Göteborg auf, passierten den Skagerrak, schlossen sich einer britischen Marineeinheit an und erreichten trotz einiger schwerer Luftangriffe der Deutschen ohne Verluste Scapa Flow. Aber die Deutschen verfügten für den Seekrieg jetzt über zwei starke Waffen, die Schlachtschiffe *Gneisenau* und *Scharnhorst.* Am 23. Januar durchquerten auch sie die Nordsee und verfehlten nur knapp den britischen Verband, der die von der Operation »Rubble« zurückkehrenden Schiffe eskortierte. Im Atlantik angekommen, starteten sie eine Reihe erfolgreicher Attacken, bei denen sie 22 Handelsschiffe versenkten.

Die Verwundbarkeit von Schiffen und Hafeneinrichtungen wurde am 24. Januar deutlich – und zwar im Pazifik. An diesem Tag schrieb der Marineminister der Vereinigten Staaten, Frank Knox, an seinen Amtskollegen vom Kriegsministerium: »Im Falle eines Krieges mit Japan wäre es leicht möglich, daß die Feinseligkeiten durch einen Überraschungsangriff auf die Flotte oder den Marinestützpunkt in Pearl Harbor eingeleitet werden.« Hier schlummere, so warnte Knox, ein verheerendes Katastrophenpotential.

Am 24. Januar hatten die Deutschen Anlaß zum Frohlocken: Einer der ihren, der Jagdflieger Franz von Werra, der im Juni 1940 in Südengland abgestürzt und gefangengenommen worden war, tauchte an diesem Tag in New York auf und entfachte einen lautstarken Medienrummel. Zwei Wochen zuvor war er mit einem für Kanada bestimmten Kriegsgefangenentransport in England eingeschifft worden. Acht Männern gelang die Flucht aus dem Zug, der die Kriegsgefangenen quer durch Kanada beförderte; Werra kam als einziger durch. Noch während er sich in New York aufhielt, verlieh Hitler ihm das Ritterkreuz des Eisernen Kreuzes – für eine frühere, aber bis heute unbestätigte fliegerische Glanzleistung. Drei Monate lang ersuchte Kanada die USA um die Auslieferung Werras. Während das rechtliche Tauziehen noch andauerte, wurde bekannt, daß er über Mexiko, Panama, Brasilien und Spanien nach Deutschland zurückgekehrt war.

Am 27. Januar, als Werras Flucht in New York noch Stadtgespräch war, fand in Washington eine geheime Versammlung hoher englischer und amerikanischer Offiziere statt, die im Auftrag von Churchill und Roosevelt darüber beratschlagen sollten, mit welchen Mitteln »die Truppen der USA und des britischen Commonwealth mit ihren derzeitigen Alliierten Deutschland und die mit ihm verbündeten Mächte besiegen könnten, falls die USA gezwungen würden, auf kriegerische Mittel zurückzugreifen«. Diese amerikanisch-britischen Gespräche, die unter dem Decknamen ABC (für »American-British Conversations«) liefen, sahen sogar eine eventuelle »Einheit des Feldkommandos im Falle gemeinsamer strategischer oder taktischer Operationen« vor.

Ein Betätigungsfeld für gemeinsame Operationen fand sich schon vor dem Kriegseintritt der USA. Während die Gespräche in Washington noch andauerten, überquerten sechs Amerikaner, darunter Major Abraham Sinkov und Captain Leo Rosten von der US-Funkaufklärung, mit kostbarer Fracht im Gepäck den Atlantik: einer »Purple-Code«-Maschine, dem japanischen Gegenstück der deutschen Enigma. Mit diesem Apparat konnten die Amerikaner und nun auch die Engländer eine Reihe streng geheimer japanischer Funksprüche aus dem diplomatischen Bereich und aus dem Nachrichtenverkehr der Kriegs- oder Handelsmarine dechiffrieren. Auch die Purple-Funkbotschaften wurden in Bletchley entschlüsselt. Dort brachte dieser Winter zwei weitere Erfolge bei der Durchdringung des Enigma-Systems, als die britischen Spezialisten zunächst den Code des deutschen Auslandsnachrichtendienstes – der Abwehr – knackten und danach den Enigma-Schlüssel, den die Deutsche Reichsbahn für ihren geheimsten militärischen Funkverkehr benutzte.

Die Deutschen hatten den Triumphen der Briten und Amerikaner bei der Entschlüsselung der Enigma- und Purple-Systeme nichts vergleichbares entgegenzusetzen. Sie stützten sich bei ihrer nachrichtendienstlichen Informationsbeschaffung vorwiegend auf punktuelle Quellen wie abgehörte Funkbotschaften oder einzelne Agenten. Am 28. Januar übermittelte der in Deutschland geborene Waldemar Othmer, der seit seinem zehnten Lebensjahr in den USA lebte, der deutschen Abwehr Einzelheiten über amerikanische Schiffslieferungen an die Briten. Als Agent A.2018 berichtete Othmer regelmäßig und detailliert über die Aktivitäten der US-Marine an der Ostküste der USA.

England wurde auch im Januar weiter bombardiert. 1500 Zivilisten kamen ums Leben, doch die Briten verzweifelten nicht. Am 30. Januar speiste Roosevelts Emissär Harry Hopkins im Buckingham-Palast mit König Georg VI. und Königin Elisabeth zu Mittag. Zu Beginn des Essens waren Fliegeralarmsirenen ertönt, aber danach konnte die Tischgesellschaft ungestört weiteressen. Als man jedoch bei Kaffee und Portwein angelangt war, ertönte eine Glocke, woraufhin der König erklärte: »Das bedeutet, wir müssen in den Luftschutzbunker.« Dort unterhielt man sich weiter, und die Königin erzählte Hopkins, das einzige, worauf es ankomme, sei »die Moral und Entschlossenheit der großen Masse des englischen Volkes«.

»Es herrscht eindeutig eine viel fröhlichere Stimmung als vor einem Jahr, findest du nicht auch?« hatte Churchills erster Privatsekretär Eric Seal am 25. Januar an seine Frau geschrieben. »Wir spüren wirklich, daß wir mit diesem Krieg vorankommen und daß wir uns gar nicht schlecht geschlagen haben, seit Frankreich ausgefallen ist.«

Am 27. Januar marschierte die indische 4. Division in die eritreische Stadt Agordat ein. Zwei Tage später räumten die Italiener Derna in der westlichen Wüste. »Das Jahr 1941«, erklärte Hitler in Berlin in seiner traditionellen Ansprache zum 30. Januar, »wird, dessen bin ich überzeugt, das geschichtliche Jahr einer großen Neuordnung Europas sein.« Für die deutsche Abwehr freilich brachte der folgende Tag erst einmal einen weiteren, wenn auch nicht allzu schwerwiegenden Rückschlag, als ein deutscher Spion namens Josef Jakobs, der mit einem Funkgerät im Tornister über England absprang und sich bei der Landung ein Bein brach, einen Pistolenschuß abfeuern mußte, um Aufmerksamkeit zu erregen. Er wurde sofort festgenommen. Wegen seines gebrochenen Beins mußte Jakob ein halbes Jahr später bei seiner Exekutierung durch ein Erschießungskommando auf einem Stuhl sitzen.

Hitlers Generäle waren zuversichtlich, was den Erfolg ihrer Rußlandpläne betraf. Am 2. Februar erörterte das deutsche Oberkommando einen Bericht von General Halder, nach dessen Einschätzung den 190 Divisionen, die die Achsenmächte aufbieten konnten, etwa 211 sowjetische Divisionen und Verbände gegenüberstehen würden. Dies, so Halder, bedeute zwar eine beträchtliche zahlenmäßige Überlegenheit für die Sowjetunion, doch technisch und strategisch werde sie nicht stark genug sein, um eine Niederlage abzuwenden. Bei den Diskussionen über diese Faktoren mußten sowohl Halder als auch Brauchitsch feststellen, daß Hitler ihre Annahmen im Hinblick auf die sowjetische Truppenstärke in Zweifel zog. Das bolschewistische Regime sei, so argumentierte Hitler, bei der Bevölkerung und besonders bei den jüngeren Russen so verhaßt, daß die Sowjetunion unter dem Druck der ersten siegreichen deutschen Attacke zusammenbrechen werde.

Hitler tat auch General Halders Einwand ab, die Sowjets verfügten über eine zahlenmäßige Panzerüberlegenheit, und »Überraschungen« ließen sich trotz der veralteten Bauart vieler russischen Panzer »nicht ausschließen«. Hitler war überzeugt, daß die sowjetischen Panzer ungenügend bewaffnet waren, um eine ernsthafte Bedrohung darzustellen. Auch weigerte er sich, General Halders Besorgnis wegen des riesigen Menschenreservoirs und des Munitionspotentials in Rußland ernst zu nehmen.

Zuversicht war Hitlers Devise, eine Zuversicht, die aus seiner Geringschätzung für die vermeintlich minderwertigen Slawen resultierte. Bis Mitte März sollten weitere deutsche Truppen vom Westen an die Ostgrenze verlagert werden.

In Nordafrika sahen sich Mussolinis Streitkräfte weiter in Richtung Westen zurückgedrängt. Nachdem sie am 5. Februar bei einer Attacke der Engländer im Raum Bajda Fumm schwere Verluste erlitten hatten, gab Hitler in einem Brief an Mussolini seiner Unzufriedenheit über den Verlauf des Afrikafeldzuges Ausdruck. Er bot an, noch mehr Truppen zu schicken, vorausgesetzt der Rest der italienischen Streitmacht werde sich besser als bisher zur Wehr setzen und sich nicht nach Tripolis zurückziehen. Aber der Rückzug ging weiter, da die englischen und alliierten Streitkräfte den Italienern keine Atempause gönnten. Am 6. Februar fielen australische Truppen in Bengasi ein, zerstörten achtzig Panzer und nahmen sieben Generäle gefangen, darunter General Bergonzoli.

Hitler sah in dem italienischen Rückzug in Nordafrika wie auch im Scheitern des Griechenlandfeldzuges die ersten Anzeichen für die Gefahr eines Einbruchs der Achse an ihrer Südflanke. Am Tag, als Bengasi fiel, ließ er Rommel bei einem Treffen in Berlin wissen, er gedenke, alle motorisierten Einheiten in Libyen unter sein Kommando zu stellen. Seine Aufgabe sei es, Tripolitanien zu halten und so die Engländer an einem Durchbruch nach Tunesien zu hindern. »Mir schwirrt der Kopf beim Gedanken daran, was alles schiefgehen kann«, notierte sich Rommel an diesem Abend. »Es wird Monate dauern, bis die Dinge Gestalt annehmen.«

Ebenfalls am 6. Februar gab Hitler seine Weisung Nr. 23 heraus, in der er eine Verschärfung des Wirtschaftskrieges gegen England verlangte. Das Versenken einer noch größeren Anzahl britischer Handelsschiffe könne, schrieb er, »in absehbarer Zeit zum Zusammenbruch der englischen Widerstandskraft führen«. Gleichzeitig müßten die Luftangriffe auf Rüstungsfabriken fortgesetzt werden; dann sei »infolge der Zerstörung zahlreicher Werke ... sicher mit einem erheblichen Rückgang der Produktion zu rechnen«. Kritisch fügte Hitler hinzu, die deutsche Kriegführung gegen England habe bisher auf die »Moral und die Widerstandskraft des englischen Volkes« keine nennenswerte Wirkung gehabt, soweit man es von außen beurteilen könne.

Hitler verfügte nunmehr, den Seekrieg gegen England konzentrierter und intensiver zu führen. »Die Versenkung von Handelsschiffen ist wichtiger als die Bekämpfung feindlicher Kriegsschiffe«, schrieb er. Wenn es gelinge, die den Briten verfügbare Tonnage zu verringern, werde »nicht nur die kriegsentscheidende Blockade verschärft, sondern auch gleichzeitig jede Operation des Gegners in Europa oder in Afrika erschwert«.

Diese Operationen zu behindern, war zweifellos kein leicht zu verwirklichender Vorsatz: Am 7. Februar ergaben sich in Bajda Fumm die italienischen Truppen den Briten. Insgesamt wurden 20000 italienische Soldaten gefangengenommen und 2000 Artilleriegeschütze und 120 Panzer erbeutet. Die Briten hatten nur den Verlust von neun Soldaten zu beklagen. Am folgenden Tag verabschiedete in Washington das Repräsentantenhaus das Lend-Lease-Gesetz mit 260 zu 169 Stimmen. Es mußte nun noch den Senat passieren und vom Präsidenten gebilligt werden, aber eine der größten Hürden war genommen. »Es scheint sicher«, erklärte Churchill am 9. Februar in einer Radioansprache, »daß die Regierung und das Volk der Vereinigten Staaten uns mit dem versorgen wollen, was für einen Sieg notwendig ist.« England brauche jetzt nicht die zwei Millionen Mann, die Amerika im letzten Krieg über den Ozean geschickt habe, sondern Waffen und Munition. »Gebt uns die Werkzeuge«, erklärte Churchill, »und wir werden die Arbeit beenden.«

Das Lend-Lease-Gesetz war noch nicht in Kraft, aber Hitlers Weisung zur verstärkten Offensive gegen englische Handelsschiffe wurde bereits in die Tat umgesetzt. Die Folgen waren höchst besorgniserregend. »Herr Hitler wird sein Äußerstes tun«, hatte Churchill in seiner Rede am 9. Februar gewarnt, »um unsere Schiffe zu erbeuten und den Umfang amerikanischer Nachschublieferungen, die zu diesen Inseln kommen, zu reduzieren. Nachdem er Frankreich und Norwegen erobert hat, streckt er seine Hand in die Meere beiderseits unserer Küsten aus.« An diesem Tag – sogar im selben Augenblick, als Churchill sprach – verlor der englische Konvoi HG 35 auf dem Weg von Gibraltar nach England zwei seiner Schiffe durch den Angriff eines einzelnen deutschen U-Bootes und sechs deutscher Flugzeuge, die der U-Boot-Kommandant, Kapitän Örhn, zu dieser ungleichen Schlacht herbeigerufen hatte. Am folgenden Tag versenkte Kapitän Örhn ein weiteres Handelsschiff. Später im gleichen Monat wurden bei weiteren Angriffen auf britische Geleitzüge, bei denen deutsche U-Boot-Rudel mit Geschwadern der Luftwaffe kooperierten, einmal neun und einmal zwölf Handelsschiffe versenkt.

Am 10. Februar führten die Engländer die Operation »Colossus«, den ersten Luftlandeangriff in der britischen Kriegsgeschichte durch. Die Fallschirmjäger sollten einen Eisenbahnviadukt bei Trignano in der Nähe der süditalienischen Stadt Potenza zerstören. Die Fallschirmjäger erreichten den Viadukt zwar, aber der Schaden, den sie vor ihrer kurze Zeit später erfolgenden Gefangennahme anrichten konnten, war bald behoben. Dies war jedoch ein vergleichsweise unbedeutender Rückschlag in Relation zu der unheilvollen Nachricht, die der Direktor des militärischen Nachrichtendienstes am 11. Februar dem Verteidigungsausschuß in London zuleitete: Angesichts der Anzahl der deutschen Truppen in Rumänien – 23 Divisionen plus zwölf, die demnächst hinzukommen sollten – sei fast sicher damit zu rechnen, daß Deutschland die griechische Kapitulation nicht auf diplomatischem, sondern auf militärischem Weg herbeiführen wolle. Mit dieser Aussicht konfrontiert, instruierte der Verteidigungsausschuß den englischen Oberbefehlshaber im Nahen Osten, den Vorbereitungen für eine britische Waffenhilfe für Griechenland Vorrang vor einer Fortsetzung des Marsches auf Tripolis einzuräumen. Die Verteidigung eines Verbündeten sei eine dringlichere Pflicht als der Sieg über einen Feind. Freilich ging es dabei auch um einen Verbündeten, dessen Niederlage die deutsche Armee und Luftwaffe bedrohlich nahe an Palästina, Ägypten und den Suezkanal heranbringen würde.

Am 12. Februar traf Rommel in Tripolis ein, um die Widerstandskraft der Italiener zu stärken. Seit Beginn des britischen Angriffs drei Monate zuvor waren 20 000 Italiener gefallen oder verwundet und 130 000 gefangengenommen worden. Sie hatten 850 Geschütze und 400 Panzer verloren. Die alliierten Verluste waren vergleichsweise gering: 500 Tote und 1400 Verwundete. Nun trat eine Atempause ein. Bei Rommels Ankunft in Nordafrika stand den Engländern aufgrund der Verlagerung britischer Truppen nach Griechenland nur eine einzige Jäger-Staffel in der Cyrenaika zur Verfügung.

Seit mehr als einem Monat war die Lage in der westlichen Wüste unverändert. Der Kampf in Griechenland sollte Deutschlands Zukunft im Mittelmeerraum entscheiden. Am 14. Februar versuchte Hitler jedoch vergeblich, den jugoslawischen Ministerpräsidenten Dragisa Cvetkovic zu einem Beitritt zu den Achsenmächten zu bewegen. Zwei Tage zuvor war Mussolini ebenso abgeblitzt, als er General Franco überreden wollte, seine Neutralität zu überdenken.

Daß es den Deutschen nicht gelang, sich jugoslawische Waffenhilfe gegen Griechenland zu sichern, hatte schwerwiegende Folgen: Am 14. Februar, dem Tag der erfolglosen Zusammenkunft zwischen Hitler und dem jugoslawischen Ministerpräsidenten, übermittelte Roosevelt persönliche Botschaften an den türkischen Staatspräsidenten Ismet Inönü und den Prinzregenten von Jugoslawien, Prinz Paul. Der US-Präsident hatte sich hierzu entschlossen, nachdem ein amerikanischer Offizier, Oberst Donovan, nach einer Reise durch den Balkan und den Nahen Osten Washington seine Einschätzung unterbreitet hatte, wonach England auf dem griechischen Kriegsschauplatz die deutsche Wehrmacht schlagen könne, aber nur wenn die Türkei und Jugoslawien und möglichst auch Bulgarien mit den britisch-griechischen Truppen kooperieren würden.

Am 16. Februar feierten die Nazis den 50. Geburtstag von Hans Günther, dem Chefideologen der nationalsozialistischen Rassenpolitik. An diesem Tag wurde ihm die Goethe-Medaille verliehen, und Alfred Rosenberg lobte seine Arbeit als eine Leistung von »äußerster Wichtigkeit« für die Bewahrung und Entwicklung der NS-Philosophie.

Einen Tag nach Günthers Geburtstag demonstrierten im belgischen Fort Breendonk deutsche NS-Schergen die praktischen Folgen seiner Lehren, wenn auch nur vor den Augen weniger Zeugen. Ein älterer Jude, der an Asthma litt, konnte an seinem zweiten Tag im Lager seine Schubkarre nicht mehr weiterschieben und hielt verbotenerweise inne, um sich auszuruhen. Es wurde vom deutschen Lagerkommandanten festgenommen und eingesperrt, und bei Einbruch der Dunkelheit war er tot. Als sechs Tage später in Holland Arbeiter streikten, um gegen die Gefangennahme von 398 Juden zu protestieren, befahl der ranghöchste SS-Führer in Holland, Hans Albin Rauter, seinen Leuten und der deutschen Polizei, das Feuer auf die Streikenden zu eröffnen. Elf Personen kamen ums Leben. Die 398 Juden wurden nach Buchenwald deportiert. Dort wurden 25 von ihnen erschossen oder starben aufgrund unmenschlicher Behandlung. Die übrigen wurden zwei Monate später in die Steinbrüche des Lagers Mauthausen verlegt; im Herbst war keiner von ihnen mehr am Leben.

Am 22. Februar wurde in Graudenz das Todesurteil gegen die Polin Pelagia Bernatowicz bekanntgegeben: Sie hatte eine polnischsprachige Rundfunksendung aus London abgehört.

In der Sowjetunion drängten die hohen Generäle auf eine raschere Aufrüstung. Am 18. Februar forderte General D. G. Pawlow, der Kommandant des westlichen Militärbezirks, in einer Depesche an Stalin, Molotow und Marschall Timoschenko weitere Mittel für den Straßenbau. »Ich glaube«, warnte Pawlow, »daß der westliche Kriegsschauplatz auf alle Fälle bis 1941 organisiert sein muß. Daher ist es absolut ungünstig, wenn die Bauprojekte auf eine Dauer von mehreren Jahren angelegt werden.« Stalin erklärte in seinem Antwortschreiben, das vorgebrachte Anliegen sei zwar »legitim«, aber »wir sehen uns nicht in der Lage, ihm stattzugeben«. Eine Woche später, am 25. Februar, gab der neue Stabschef der russischen Streitkräfte, General Schukow, eine geheime Weisung aus, die Deutschland als möglichen Feind nannte und die Grenztruppen anwies, »entsprechende Vorkehrungen« zu treffen. Am folgenden Tag erhielt die sowjetische Ostseeflotte Instruktionen zu ihren Aufgaben im Fall eines Krieges gegen Deutschland. Die Anlage von Minenfeldern spielte in den sowjetischen Verteidigungsplänen eine wichtige Rolle. Einer raschen Verwirklichung dieser Planungen stand freilich die Tatsache entgegen, daß Minen bei den Sowjets Mangelware waren und daß auch nicht genügend Minensucher zur Verfügung standen, um deutschen Gegenmaßnahmen zu begegnen.

Die Unterredungen im sowjetischen Generalstab am 25. und 26. November in Moskau gaben Aufschluß über das Ausmaß der notwendigen Verteidigungsmaßnahmen, aber auch über die Schwierigkeiten, die ihrer Durchführung im Weg standen. Auf Schukows Drängen entschloß man sich, zwanzig neue motorisierte Armeekorps aufzustellen und zahlreiche neue Luftwaffenverbände einschließlich neuer Flugzeuge und der notwendigen Infrastruktur für Wartung und Versorgung aus dem Boden zu stampfen. Freilich galt das, was Pawlow in bezug auf den Straßenbau hatte erfahren müssen, auch für den Ausbau von Heer, Luftwaffe und Marine: Überall war die in allen Bereichen herrschende Materialknappheit das große Problem. Die sowjetische Luftwaffe verfügte noch nicht über angemessene Einrichtungen am Boden. Von über tausend Flugplätzen waren nur 200 funktionstüchtig.

In Moskau war man sich über die Gefahr völlig im klaren. Deutsche Aufklärungsflüge über dem Baltikum waren ein fast alltägliches Ereignis. Hitler erklärte den Sowjets, dies sei ein Täuschungsmanöver, um die Engländer in dem Glauben zu wiegen, sie seien nicht die ersten auf der Liste der deutschen Invasionsziele. Aber der sowjetische Geheimdienst war schon im Besitz von Informationen – die möglicherweise von Sorge oder Trepper stammten –, welche besagten, daß der deutsche Angriff auf England auf unbestimmte Zeit verschoben worden war – bis nach der militärischen Niederwerfung Rußlands. Da auf dem Wüstenkriegsschauplatz im Westen Ruhe herrschte und die Vorbereitungen für den Krieg gegen Rußland unter größter Geheimhaltung vonstatten gingen, spielte sich das Kriegsgeschehen in dieser Zeit hauptsächlich auf dem Atlantik ab. Am 22. Februar bekam Vize-Admiral Lütjens, Oberbefehlshaber der deutschen Flotte, an Bord der *Gneisenau* (die von der *Scharnhorst* eskortiert wurde), 1040 Kilometer vor Neufundland eine Gruppe alliierter Handelsschiffe ins Visier, die aufgrund eines akuten Mangels an Geleitschiffen ohne Eskorte unterwegs waren. Fünf von ihnen wurden versenkt. Admiral Lütjens machte anschließend kehrt, um die Kapverdischen Inseln und die afrikanische Küste anzulaufen.

Die Erfolge der deutschen Angriffe auf alliierte Konvois waren zum Teil der Tätigkeit deutscher Spione in den Häfen und Werften an der amerikanischen Atlantikküste zu verdanken. Die Informationen, die diese Agenten zusammentrugen, wurden vom deutschen Marineattaché in Washington nach Deutschland weitergeleitet – dem Mitarbeiter einer Botschaft, deren Existenz in der amerikanischen Hauptstadt eine ständige Mahnung daran war, daß Deutschland und die USA noch immer diplomatische Beziehungen unterhielten – und dies mehr als fünfzehn Monate nach Hitlers Überfall auf Polen.

Aus einer der Botschaften des Marineattachés erfuhr Berlin von einem bevorstehenden »Konvoi-Rendezvous am 25. Februar, 200 Seemeilen östlich von Kap Sable; dreizehn Frachtschiffe, vier Tanker, 100000 Tonnen Flugzeuge, Maschinenteile, Lastwagen, Munition, Chemikalien; wahrscheinlich ist die Nummer des Konvois HX 114«.

Ironie des Schicksals: Diese Nachricht, als verschlüsselte Funkbotschaft über den Atlantik geschickt, wurde nicht nur an ihrem eigentlichen Bestimmungsort Berlin empfangen und decodiert, sondern auch in Bletchley. So konnte die englische Admiralität erfolgreiche Ausweichmanöver starten. Klassische Spionagemethoden waren von der Funkaufklärung ausgehebelt worden: Der Agent unterlag dem Techniker.

Einer Empfehlung folgend, die der britische Außenminister Anthony Eden in einem Bericht aus Griechenland ausgesprochen hatte, plädierten die britischen Stabschefs dafür, ein britisches Expeditionskorps von 100000 Mann nach Griechenland zu entsenden. Ihr Ziel war es, Griechenland, Jugoslawien und Rumänien zu einer »Balkanfront« zusammenzufassen, die, so hoffte man, ein deutsches Vordringen nach Süden verhindern und die englischen Jagdflieger in die Lage versetzen sollte, die wichtigsten Quellen der deutschen Treibstoffversorgung effektiver anzugreifen: die rumänischen Ölförderanlagen und -raffinerien in Ploesti. Am 28. Februar taten die Deutschen einen entscheidenden Schritt in Richtung einer Invasion Griechenlands von Osten her: Pionierbataillone der Wehrmacht schlugen drei Brücken über die Donau – vom rumänischen an das bulgarische Ufer. Am folgenden Tag, dem 1. März, zogen die ersten deutschen Einheiten in Bulgarien ein. Am gleichen Tag sah Hitler in Wien zu, wie König Boris von Bulgarien mit seiner Unterschrift seine Zugehörigkeit zum Achsenbündnis besiegelte.

Während König Boris in Wien seinen Segen zur Präsenz deutscher Soldaten auf bulgarischem Boden und zur mutmaßlichen Teilnahme seiner Truppen an einem deutschen Angriff auf Griechenland gab, bat der amerikanische Botschafter in Moskau um eine Unterredung mit Molotow und übermittelte ihm »mündlich und vertraulich« folgende Botschaft: »Die Regierung der Vereinigten Staaten ist bei ihrem Bemühen, die Entwicklung der Lage in der Welt einzuschätzen, in den Besitz von Informationen gelangt, die sie als authentisch ansieht und die eindeutig darauf hinweisen, daß Deutschland die Absicht hat, die Sowjetunion anzugreifen.«

Noch bevor der Botschafter dazu kam, die Note zu übergeben, hatte in Washington der Staatssekretär für Auswärtiges, Sumner Welles, die brisante Information dem sowjetischen Botschafter Umanskij anvertraut. Was weder Amerikaner noch Russen ahnten, war, daß Hitler am 3. März mit General Jodl darüber sprach, wie die zu erobernden sowjetischen Gebiete künftig unter deutscher Herrschaft regiert werden sollten. Die »jüdisch-bolschewistische Intelligenz« müsse »ausgeschaltet werden«, bemerkte Jodl.

Es sollte noch über dreieinhalb Monate dauern, bis dieser geplante Massenmord in die Tat umgesetzt werden konnte. Aber der Geist, der solche Pläne ausbrütete, war schon seit eineinhalb Jahren am Werk und betätigte sich unermüdlich. Am 3. März, dem Tag der Unterredung zwischen Hitler und Jodl, wurde ein deutscher Jude namens Ernst Cahn, der zuvor in Holland Zuflucht gesucht hatte, in Amsterdam von einem deutschen Erschießungskommando hingerichtet. In seinem Café war versehentlich eine Gruppe deutscher Soldaten von einer kleinen Schutzgassprühanlage eingenebelt worden, die Cahn installiert hatte. Niemand war verletzt worden, aber Cahn mußte bestraft werden. Es war die erste öffentliche Hinrichtung eines Zivilisten seit der Besetzung Hollands im Sommer 1940. Zwei Tage später wurde ein holländischer Kommunist namens Leen Schijvenschuurer beim Verteilen von Flugblättern verhaftet, in denen er zu einem Streik aufgerufen hatte. 24 Stunden später war auch er tot – erschossen.

In dieser Woche wurde an alle höheren deutschen Militärbefehlshaber ein von Hitler unterzeichneter Sondererlaß ausgegeben. Das als »Kommissarbefehl« bekanntgewordene Dokument sprach eine deutliche Sprache: »Ein Krieg wie der in Rußland [kann] nicht ritterlich geführt werden. Es [handelt] sich um einen Kampf der Weltanschauungen und rassischen Gegensätze, und er [ist] daher mit nie dagewesener, erbarmungsloser Härte zu führen.«

Weiter hieß es in diesem neuen Führerbefehl: »Die Kommissare [sind] Träger einer dem Nationalsozialismus strikt entgegengesetzten Weltanschauung. Daher [sind] die Kommissare zu liquidieren. Deutsche Soldaten, die Verstöße gegen das Völkerrecht [begehen, sind] entschuldbar. Rußland [gehört] nicht der Haager Konvention an und [kann] sich daher nicht auf sie berufen.«

Dieser »Kommissarbefehl« bildete die »Rechtsgrundlage« für die brutale Ermordung Hunderttausender unschuldiger Menschen, ohne Einspruchsrecht für die Opfer und ohne Reue auf seiten der Täter.

Am 4. März starteten die Briten die Operation »Claymore«, einen Angriff zur See gegen die Lofoten, eine vor der norwegischen Küste und innerhalb des Nördlichen Polarkreises gelegene Inselgruppe. Der britischen Öffentlichkeit stellte sich diese Operation als ein waghalsiges Unternehmen dar, dessen Gelingen die gemeinsame Kampfmoral hob. Ein bewaffneter deutscher Trawler, die *Krebs,* wurde beschädigt; vierzehn deutsche Seeleute fielen, 25 gerieten in Gefangenschaft. Die auf den Lofoten gelagerten deutschen Treibstoffvorräte wurden vernichtet. Das eigentliche Operationsziel war jedoch nicht die Versenkung von Schiffen gewesen, sondern die Erbeutung einer Enigma-Verschlüsselungsmaschine der deutschen Marine, deren Codes bis dahin praktisch allen Dechiffrierversuchen widerstanden hatten.

Eine solche Enigma-Maschine befand sich an Bord der *Krebs.* Zwar gelang es ihrem Kapitän, Leutnant Hans Küpfinger, die Maschine über Bord zu werfen, bevor er getötet wurde, doch es blieb ihm keine Zeit mehr, andere Elemente des Enigma-Verschlüsselungsverfahrens zu zerstören, etwa die Chiffrierdokumente. So konnte der britische Geheimdienst, nachdem die Spezialisten in Bletchley drei Wochen getüftelt hatten, von der letzten Aprilwoche an und fast den ganzen Mai über den gesamten deutschen Marinefunkverkehr in den Gewässern um Großbritannien auswerten, wobei zwischen dem Abfangen eines Funkspruchs und seiner Entschlüsselung die relativ kurze Zeitspanne von drei bis sieben Tagen lag.

Die Norweger mußten für den Angriff auf die Lofotinseln büßen. Wie Goebbels fünf Tage später in seinem Tagebuch vermerkte, veranstaltete Josef Terboven sofort ein »Strafgericht härtester Art«. Die Bauernhöfe der »Saboteure« wurden niedergebrannt und Geiseln genommen. »Dieser Terboven ist richtig«, fügte Goebbels hinzu. »Bei dem braucht man nicht zu treten, der weiß selbst, was er zu tun hat.«

Am 5. März starteten die Briten ihre zweite Kommandoaktion binnen zwei Tagen. Es handelte sich um die Operation »Lustre«, den Transport britischer Truppen nach Griechenland trotz italienischer Luftangriffe von den Luftstützpunkten auf Rhodos und den Dodekanesinseln aus. Jeden dritten Tag stach von Ägypten aus ein Konvoi in See. 25 Schiffe wurden versenkt, alle bis auf sieben in Piraeus und Volos, nachdem die Truppen bereits an Land gegangen waren. Insgesamt 60364 Mann wurden so über das östliche Mittelmeer transportiert. Alles in allem waren das vier Divisionen, zwei davon Panzerdivisionen. Als diese Truppen eintrafen, waren Hitlers Pläne für die Besetzung Griechenlands weitgehend fertig. Er war sicher, daß alle Truppen, die Großbritannien zur Verstärkung geschickt hatte, überwältigt werden konnten, und konzentrierte sich auf den Rußlandfeldzug. Aber die strenge Geheimhaltung, zu der er seine ranghöchsten Offiziere verdonnert hatte, ließ sich nicht aufrechterhalten. Richard Sorge übersandte seinen Auftraggebern in Moskau am 5. März aus Tokio die Mikrofilmkopie einer Depesche, die Ribbentrop an den deutschen Botschafter in Japan geschickt hatte und die den voraussichtlichen Zeitpunkt eines deutschen Angriffs auf die Sowjetunion mit Mitte Juni angab.

Auch wenn sich das von Sorge übermittelte Datum später als zutreffend erwies, war es zu diesem Zeitpunkt nichts anderes als eine gute Schätzung Ribbentrops. Der endgültige Angriffstermin wurde erst mehr als zwei Wochen später festgelegt.

In den Niederlanden verurteilten die Deutschen am 6. März achtzehn Mitglieder des holländischen Widerstands zum Tod; sie wurden eine Woche später hingerichtet. Auf dem Weg zur Hinrichtungsstätte in den Dünen sangen sie abwechselnd Psalmen und die holländische Nationalhymne. Um den Holländern zu zeigen, daß man sie nicht vergessen hatte, warf die britische Luftwaffe mehr als 4000 Tonnen holländischen Tees aus Batavia in 50-Gramm-Beuteln ab. Jeder Beutel trug die Aufschrift: »Grüße von den indischen Inseln der freien Niederlande. Verliert nicht den Mut. Holland wird wieder auferstehen.«

Nachdem polnische Patrioten am 7. März den Warschauer Schauspieler Igo Sym ermordet hatten, welcher erklärt hatte, er sei Volksdeutscher, nahmen die Deutschen 160 polnische Geiseln. Als sich die Mörder Syms nicht stellten, wurden siebzehn Geiseln erschossen, darunter zwei ehemalige Dozenten der Universität Warschau, Professor Kopec, ein Biologe, der mit seinem Sohn exekutiert wurde, und Professor Zakrzewski, ein herausragender Historiker.

In Polen – beziehungsweise in dem Gebiet, das bis zum September 1939 Polen gewesen war – stand jetzt sogar auf das Absingen der polnischen Nationalhymne die Todesstrafe. Am 14. März meldete eine Lokalzeitung in Posen, daß zwei Polen für dieses »Verbrechen« zum Tode verurteilt worden waren: Edward Lembicz, ein sechsunddreißigjähriger Sattler, und Jan Micolajczk, ein fünfundzwanzigjähriger Fuhrmann.

Im gesamten deutsch besetzten Europa waren die staatlich sanktionierten Plünderungen weitergegangen. Im Februar und März 1941 reiste Hermann Göring viermal nach Paris. Bei diesen Besuchen nahm er insgesamt 53 Kunstwerke aus jüdischen Privatsammlungen mit, darunter jeweils ein Gemälde von Goya, Rembrandt, Teniers, Rubens, Boucher und Frans Hals. Als ein deutscher Beamter ihn vor Ort auf die Ungesetzlichkeit seines Handelns hinwies, entgegnete Göring: »Der höchste Jurist im Staate bin ich.«

Auf See sank am 7. März das deutsche U-Boot U-47. Die ganze Mannschaft kam dabei ums Leben, einschließlich ihres Kommandanten Günther Prien, der die *Royal Oak* versenkt hatte. Priens Tod wurde in der darauffolgenden Nacht für England von einem anderen wichtigen Ereignis verdrängt: Das Lend-Lease-Gesetz wurde vom Senat der USA mit 60 gegen 31 Stimmen gebilligt. Diese Abstimmung ebnete den Weg für sofortige militärische Hilfslieferungen an

England und Griechenland. Es war, wie Roosevelt sechs Tage später sagte, »das Ende eines Kompromisses mit der Tyrannei«.

In Griechenland selbst wurden am 9. März eiligst Truppenverstärkungen an die albanische Grenze geschickt, da die Italiener eine Gegenoffensive gestartet hatten, um die Griechen aus Albanien zu vertreiben. Nach fünf Tagen kam der italienische Vorstoß zum Stehen.

Schwerer als die Griechen hatten es die Engländer. Die deutsche Luftwaffe flog in dieser Woche erneut schwere Luftangriffe auf London und einige andere Städte; und wieder kamen Tausende von Zivilisten ums Leben. Der Seekrieg forderte ebenfalls seinen Tribut. Am 15. März liefen die Kriegsschiffe von Admiral Lütjens, die *Scharnhorst* und die *Gneisenau,* zu einer zweitägigen Jagd auf alliierte Handelsschiffe aus und versenkten sechzehn.

Die Verluste im Atlantik stellten die Überlebensfähigkeit Großbritanniens ernsthaft in Frage. Aber der britische Widerstand erlahmte zu keiner Zeit. Die Engländer versenkten in diesem Monat außer Günther Priens U-47 drei weitere deutsche U-Boote. Zwei der führenden deutschen U-Boot-Kommandanten, »Asse« beim Versenken gegnerischer Handelsschiffe, fielen in diesem März einer wachsamen britischen Seeverteidigung zum Opfer: Kapitän Joachim Schepke ertrank, Kapitän Otto Kretschmer wurde gefangengenommen.

Eine weitere Initiative, die eher unscheinbar anmutete, sich aber als sehr bedeutsam für die Zukunft erweisen sollte, ergriffen die Engländer in diesem März. Am Abend des 15. März flog die Special Operations Executive (SOE) fünf französische Soldaten von England nach Frankreich und setzte sie um Mitternacht in der Nähe von Vannes ab. Ihre Ausrüstung bestand aus zwei Behältern voller Kleinwaffen und einer eigens für ihre Mission konstruierten Straßensperre. Ziel dieser Mission – Operation »Savannah« – war es, einen Bus in die Luft zu sprengen, in dem nach Wissen der Briten deutsche Militärpiloten regelmäßig zum Flughafen von Vannes gefahren wurden. Die deutschen Piloten fuhren jedoch inzwischen nicht mehr im Bus, sondern zu zweit oder dritt im PKW; daher konnte das Kommando seine Mission nicht erfüllen. Diejenigen, die nach England zurückkehren wollten, wurden drei Wochen später von einem U-Boot aufgenommen.

Auch wenn die Operation »Savannah« ihr Ziel nicht erreicht hatte, war sie in einer Hinsicht ein wichtiger Erfolg gewesen: Sie hatte, wie der offizielle Historiker der SOE-Einsätze in Frankreich schrieb, bewiesen, »daß subversive Agenten ziemlich unauffällig im besetzten Frankreich abspringen, sich in vernünftigen Grenzen frei bewegen konnten, von einer anständig gesinnten französischen Bevölkerung freundlich aufgenommen wurden und – mit Zeit, Tapferkeit, Mühe und Glück – wieder herausgebracht werden konnten«.

Der Leiter der Operation »Savannah«, Georges Bergé, brachte viele wichtige Informationen über die Lebensumstände im besetzten Frankreich nach England mit, unter anderem Details über Ausgangsregelungen, Rationskarten und Ausweispapiere. Diese Informationen sollten für die Agenten, die in die Fußstapfen dieser Männer traten, von großem Nutzen sein.

Am 17. März verlegte Hitler im Zuge seiner Vorbereitungen auf den Einmarsch in die Sowjetunion die Panzereinheiten der Heeresgruppe Süd nach Krakau. Die Briten wußten von dieser Verlegung aus entschlüsselten Enigma-Botschaften. Am gleichen Tag erteilte der Kommandant der Marine des sowjetischen Ostseehafens Libau, Admiral Kusnezow, Befehl, auf deutsche Flugzeuge zu schießen, die über der Stadt aufgetaucht waren. Aber Stalin persönlich wies Kusnezow an, den Befehl zu widerrufen. Als ein deutsches Aufklärungsflugzeug vor dem Hafen Libau zur Notlandung auf dem Wasser gezwungen wurde, ließen die Sowjets seinen Piloten frei: Sie verköstigten ihn, nahmen sein Flugzeug ins Schlepptau, tankten es auf und schickten ihn damit nach Deutschland zurück. Stalin wollte keine Provokation. Die Kommandeure der

Grenzgebiete wurden nachdrücklich angewiesen, nicht auf deutsche Flugzeuge schießen zu lassen, die die Grenze überflogen. Stalin hatte allen Grund, auf der Hut zu sein. Am 20. März, drei Tage nach der erzwungenen Landung des deutschen Flugzeugs vor Libau, informierte Sumner Welles in Washington den Sowjetbotschafter Umanski über die eindeutige Absicht Deutschlands, die Sowjetunion anzugreifen. Die einschlägigen Informationen stammten aus den schwedischen Botschaften in Berlin, Bukarest und Helsinki und waren von der griechischen Regierung nach Washington weitergereicht worden.

Das einzige, was Stalin nicht kannte, war das genaue Datum der deutschen Invasion. Aber dann legte General Golikow, der Chef des Nachrichtendienstes des sowjetischen Generalstabs, am 20. März einen Bericht vor, der detaillierte Informationen über einen deutschen Aufmarschplan enthielt, einschließlich der Namen der Befehlshaber der drei Heeresgruppen, die die Speerspitzen des deutschen Vormarsches bilden sollten. Golikow kommentierte seinen eigenen Bericht abschließend wie folgt: »Das vorläufig festgelegte Datum für den Beginn des Angriffs auf die UdSSR ist der 20. Mai.« In seiner Schlußbewertung relativierte er die gewonnenen Erkenntnisse jedoch durch die Feststellung: »Gerüchte und Dokumente, die besagen, der Krieg gegen die UdSSR sei in diesem Frühjahr unvermeidlich, sollte man als Desinformationen von seiten der Engländer oder vielleicht gar der deutschen Abwehr ansehen.«

Golikows Interpretation war falsch. Größere deutsche Truppenteile wurden in diesen Wochen aus Mitteldeutschland ins südliche Polen verlegt. Hitler war auch keineswegs der einzige, der eine Ausweitung seines Krieges plante. Am 22. März erhielt ein auf Hawaii stationierter japanischer Agent namens Nagai Kita aus Tokio die Anweisung, Informationen über amerikanische Flottenbewegungen um Pearl Harbor zu liefern. Er solle, so lautete seine Anweisung, diese Informationen »auch durch Bestechung von Informanten« beschaffen. Die an Kita übermittelten Instruktionen wurden von der amerikanischen Funkaufklärung abgefangen und ausgewertet. Aber es wurde kein Alarm ausgelöst.

KAPITEL 13

Der deutsche Einmarsch in Jugoslawien und Griechenland

April 1941

Als die durch Bulgarien vorrückenden deutschen Streitkräfte die östliche Nordgrenze Griechenlands erreichten und König Boris von Bulgarien sich schließlich den Achsenmächten anschloß, war für Griechenland unmittelbare Gefahr im Verzug. Am 18. März 1941 gelangte der britische Geheimdienst zu der Überzeugung, Prinzregent Paul von Jugoslawien habe sich wie Boris auf die Seite der Deutschen gestellt und ihnen damit den Weg für einen Einmarsch nach Griechenland von Norden her frei gemacht. Die britischen Diplomaten in Jugoslawien wurden daraufhin ermächtigt, größtmögliche Anstrengungen zum Sturz der prodeutschen Regierung zu unternehmen – bis hin zur Unterstützung subversiver Maßnahmen.

Am 20. März fragte Prinz Paul seine Minister, ob sie gemäß der Aufforderung Hitlers einem Beitritt Jugoslawiens zu den Achsenmächten und einem Durchmarsch deutscher Truppen über jugoslawisches Gebiet nach Griechenland zustimmen würden. Vier Minister sahen sich nicht in der Lage, dem deutschen Verlangen nachzukommen, und traten zurück. Ungeachtet dessen unterzeichnete der jugoslawische Ministerpräsident Cvetkovic am 25. März in Wien den Beitritt Jugoslawiens zum Dreimächtepakt. Hitler und der japanische Botschafter in Berlin, General Oshima, waren zugegen, als Jugoslawien zum Mitglied der sich verzweigenden Achse erklärt wurde.

Die Nachricht von diesem »Anschluß« Jugoslawiens an Deutschland fiel mit zwei weiteren Rückschlägen für die Sache der Alliierten zusammen. Am 25. März fuhren sechs italienische Torpedomotorboote unter dem Kommando von Leutnant Luigi Faggioni in die Suda-Bucht vor Kreta ein, wohin ein britischer Marinekonvoi Truppenverstärkungen und Waffen gebracht hatte. Sie beschädigten den britischen Kreuzer *York* so schwer, daß er auf den Strand gezogen werden mußte. Rommel, der in einem Überraschungsangriff das Fort El Agheila in der westlichen Wüste zurückgewonnen hatte, entschloß sich zur gleichen Zeit, entgegen seinen Anweisungen und trotz italienischer Proteste, eine umfassende Offensive vorzutragen. Den britischen Streitkräften, die ihm gegenüberstanden, mangelte es an Soldaten, Munition und Flugzeugen, da die Unterstützung Griechenlands Priorität hatte. »Ich muß die Truppe zurückhalten, damit sie nicht vorwärtsstürmt«, schrieb Rommel am 26. März an seine Frau. »Sie haben wieder eine neue Stellung genommen, über dreißig Kilometer weiter östlich. Das wird bei unseren italienischen Freunden einige sorgenvolle Gesichter geben.«

Die »italienischen Freunde« hatten noch weitere Gründe zur Besorgnis. Am 27. März wurden in Eritrea ihre Truppen nach zwölf Tagen erbitterter Kämpfe aus Keren vertrieben. Zur gleichen Zeit kreuzte die Hauptmacht ihrer Marinestreitkräfte vor Kap Matapan, dem südlichsten Punkt Griechenlands. Sie ahnten nicht, daß die Briten, die regelmäßig den geheimen Funkverkehr der Italiener auswerteten, eine starke Seestreitmacht auf sie angesetzt hatten. In der folgenden Schlacht, die zunächst vor Matapan und dann vor der südlich von Kreta gelegenen Insel Gawdos ausgetragen wurde, verloren die Italiener fünf ihrer acht Kreuzer und drei ihrer dreizehn Zerstörer. Etwa 2400 italienische Matrosen ertranken. England verlor lediglich zwei Marineflugzeuge. Zu den britischen Teilnehmern an dieser Schlacht gehörte

Prinz Phillip, Leutnant der Königlichen Marine und Sohn des Fürsten Andreas von Griechenland. Sein persönlicher Beitrag, die Bedienung der Suchscheinwerfer der *Valiant* bei der Bekämpfung zweier italienischer Kreuzer, fand in den britischen Schlachtdepeschen Erwähnung.

Die Schlacht von Kap Matapan eliminierte die italienische Marine als Machtfaktor in dem beginnenden Kampf um Adria, Ionisches und Ägäisches Meer. Am 26. März fanden in vielen Städten Jugoslawiens Massendemonstrationen gegen den Beitritt zum Dreimächtepakt statt – Gewerkschaften, Bauernschaft, Kirche und die Armee machten gemeinsame Sache. In den frühen Morgenstunden des folgenden Tages, am 27. März, wurde die Regierung Cvetkovic gestürzt und der Prinzregent vom designierten Thronfolger, dem siebzehnjährigen König Peter, abgelöst. Die neue Regierung, die von dem jugoslawischen Luftwaffenkommandeur General Dusan Simovic geführt wurde, widerrief den Beitritt zum Dreimächtepackt. 48 Stunden, nachdem Hitler sich den nördlichen Einfallsweg nach Griechenland gesichert hatte, war er ihm wieder abhanden gekommen. Wütend erklärte er daraufhin seinen Militärs, er sei entschlossen, Jugoslawien »militärisch und als Staatsgebilde zu zerschlagen«. Der Angriff müsse sobald als möglich erfolgen. »Politisch ist besonders wichtig, daß der Schlag gegen Jugoslawien mit unerbittlicher Härte geführt wird und die militärische Zerschlagung in einem Blitzunternehmen durchgeführt wird.«

Wieder einmal sollte ein Blitzkrieg einen Feind vernichten und einem anderen Angst einjagen. Vielleicht konnte die Türkei durch ein solches Exempel zur Beibehaltung ihrer Neutralität veranlaßt werden. Später an diesem Morgen bot Hitler in einer viertelstündigen Unterredung dem ungarischen Ministerpräsidenten die jugoslawische Provinz Wojwodina im Ausgleich für ungarische Unterstützung an. »Daß ich nicht flunkere, werden Sie mir glauben«, sagte er, »denn ich sage nicht mehr, als ich verantworten kann.« In einer fünfminütigen Unterredung bot er dem bulgarischen Ministerpräsidenten die jugoslawische Provinz Mazedonien und den griechischen Teil Mazedoniens an, mit dem ursprünglich Jugoslawien für seinen Beitritt zu den Achsenmächten hatte belohnt werden sollen. »Das Ungewitter«, erklärte Hitler dem bulgarischen Ministerpräsidenten, werde »über Jugoslawien hereinbrechen mit einer Schnelligkeit, daß den Herren dort Hören und Sehen vergeht«.

Am 27. März wurden von deutschen Flugplätzen entlang des ganzen Ärmelkanals sowie von Sizilien und Libyen aus 600 deutsche Flugzeuge zu Flugplätzen in Rumänien und Bulgarien verlegt. Damit verfügten die deutschen Luftstreitkräfte, die für die Besetzung Jugoslawiens oder Griechenlands bereitstanden, über insgesamt tausend Maschinen. Die jugoslawische Hauptstadt Belgrad schien besonders verwundbar. An diesem Abend unterzeichnete Hitler seine Weisung Nr. 25: Jugoslawien und Griechenland sollten gleichzeitig besetzt werden. Der Überfall auf Rußland mußte von Mai auf Juni verlegt werden.

Jugoslawien sollte nun die geballte Wucht von Hitlers Wut zu spüren bekommen. Auch wenn dieses Land »zunächst Loyalitätserklärungen« abgeben sollte, schrieb Hitler in seiner Weisung, werde es »als Feind betrachtet und daher so rasch als möglich zerschlagen werden«. Vorläufig müsse man innerjugoslawische Spannungen dadurch verstärken, daß man den Kroaten Zusicherungen gebe. Sobald aber genügend Flugzeuge an Ort und Stelle seien und das Wetter es zulasse, sei »die jug. Fliegerbodenorganisation und Belgrad durch fortgesetzte Tag- und Nachtangriffe durch die Luftwaffe zu zerstören«.

Was eine solche Bombardierung für Belgrad und seine Einwohner bedeuten würde, lag auf der Hand. Am 28. Mai wurde in London bekanntgegeben, daß in den vorangegangenen sieben Monaten 28 859 britische Zivilisten deutschen Luftangriffen zum Opfer gefallen waren, darunter 598 Kinder unter sechzehn Jahren. 40 166 Engländer waren verletzt worden. Auf dem

Meer hatten deutsche U-Boote unterdes weitere Schiffe versenkt. »Der Druck, unter dem unsere Seestreitkräfte stehen«, telegrafierte Churchill am 28. März an Harry Hopkins, »ist so groß, daß wir nicht in der Lage sind, in ausreichendem Maß Verfolgergruppen einzusetzen, und dies führt zu weiteren schweren, katastrophalen Verlusten für unseren immensen Versorgungsverkehr und die Konvois. Wir haben einfach nicht genügend Geleitschiffe, um dies alles abdecken und gleichzeitig auch noch kämpfen zu können.«

Daß die deutschen U-Boote Handelsschiffe versenkten, war für das englische Volk und die Regierung Anlaß zu täglicher Sorge, aber in den USA wurden in der letzten Märzwoche zwei geheime Weichenstellungen vorgenommen, die im Hinblick auf den langfristigen Kriegsverlauf für die westlichen Alliierten von großer Bedeutung sein sollten. Am 27. März begann als Resultat der amerikanisch-britischen Stabsgespräche in Washington die Ausarbeitung des Joint Basic War Plan Number One zwischen England und den USA, eines Planes, der einen gemeinsamen »Krieg gegen die Achsenmächte« durchspielte. Der umfassend angelegte Kriegsplan legte detailliert dar, wie die Land-, See- und Luftstreitkräfte Englands und der USA eingesetzt werden könnten, falls Amerika in den Krieg eintreten sollte. Diese auch als Verteidigungsplan Nr. 1 bekanntgewordene Studie sah zunächst die Niederringung Deutschlands in Europa und danach die Bezwingung Japans in Asien vor, falls Japan in den Krieg eintreten würde.

Von ebenso schwerwiegender Bedeutung für die spätere Niederlage Japans sollte eine weitere Entwicklung sein, die sich in derselben Woche im geheimen vollzog. Am 28. März entdeckte eine Gruppe westlicher Wissenschaftler in Kalifornien bei Forschungen mit einem erst vor kurzem entdeckten Element, daß dieses Element sich, ähnlich wie Uran 235, durch langsame Neutronen spalten ließ und daß ihm daher möglicherweise eine wichtige Rolle bei der Entwicklung einer Atombombe zukommen würde. 1789 war ein neuentdecktes Element nach dem Planeten Uranus Uran genannt worden. Das neue Element von 1941 wurde nach dem Planeten Pluto benannt, der seinerseits erst elf Jahre zuvor entdeckt worden war: Plutonium.

Am 30. März sprach Hitler vor 200 seiner ranghöchsten Generäle und ihren Stabsoffizieren. Der Angriff auf Rußland werde, so erklärte er, am 22. Juni stattfinden. »Wir haben die Chance, Rußland zu zerschlagen, während wir selbst den Rücken frei haben. Diese Chance wird so bald nicht wiederkommen. Ich würde Verrat an der Zukunft des deutschen Volkes üben, wenn ich sie jetzt nicht ergreifen würde!« Hitler erläuterte seinen Kommandeuren anschließend die Bedeutung des »Kommissarbefehls«. Im Osten werde »Härte mild für die Zukunft« sein. Alle sowjetischen Kommissare – zu erkennen an ihrem Abzeichen am Ärmel, dem von Hammer und Sichel in Gold eingerahmten roten Stern – seien Kriminelle und müßten liquidiert werden. »Wir führen nicht Krieg, um den Feind zu konservieren.«

Da Hitler spürte, wie entsetzt viele der anwesenden Offiziere hierauf reagierten, sagte er zu ihnen: »Ich weiß, daß die Notwendigkeit, den Krieg auf diese Art zu führen, Ihnen als Generälen nicht einleuchtet, aber ich kann und werde meine Befehle nicht ändern und bestehe darauf, daß sie in fraglosem und bedingungslosem Gehorsam befolgt werden.«

Bei den NS-Schergen in den Konzentrationslagern bedurfte es keiner mühsamen Überzeugungsarbeit; sie befolgten ihre Befehle auch so ohne Murren. Ende März erfuhr der Westen durch die polnische Exilregierung, daß in den zehn letzten Monaten an einem Ort namens Auschwitz mehr als 3000 Polen ermordet worden oder an Kälte und Hunger gestorben waren.

Am 30. März rückte Rommel in der westlichen Wüste durch die Cyrenaika vor, aus der die Briten erst unlängst die Italiener vertrieben hatten. Weiter im Osten, im Irak, hatte am 2. April ein antibritischer General namens Raschid Ali die Macht ergriffen und die Pipelines zum Mittelmeer gekappt. Hitler, ermutigt durch diesen Schlag gegen die britische Stellung im Nahen Osten, erteilte Befehl, Vichy-Truppen von Syrien nach Bagdad zu schicken und zur Unterstützung Raschid Alis deutsche Militärexperten einzufliegen.

Nur im Krieg in Ostafrika, wo England den geheimen Funkverkehr der Italiener vollkommen im Griff hatte, machten die Briten weiterhin uneingeschränkt Fortschritte. Am 2. April, dem Tag von Raschid Alis Machtergreifung in Bagdad, wurden fünf italienische Zerstörer auf dem Weg von Massaua nach Port Sudan von einem britischen Jagdfliegergeschwader torpediert. Vier Schiffe sanken.

In der Sowjetunion hatte der Sondermilitärbezirk West am 26. März den Befehl Nr. 008130 erhalten, der die Anweisung enthielt, einen »Bereitschaftszustand« herzustellen und bis zum 15. Juni aufrechtzuerhalten. Auch die Kommandeure der Militärbezirke Ostsee, West und Kiew erhielten den dringenden Befehl, ihre Grenzbefestigungen zu verstärken. In einem energischen Versuch, frühere Versäumnisse wettzumachen, wurden im Bezirk Ostsee 58000 Mann für Bau- und Instandsetzungsarbeiten an Festungsanlagen eingesetzt; im Bezirk West waren es 35000 und im Bezirk Kiew 43000. Die Arbeiten kamen jedoch, da es an Beton, Holz und Kabelmaterial fehlte, nicht wie geplant voran. Was eigentlich eine durchgehende Verteidigungslinie werden sollte, wies noch etliche Lücken von 5 bis 80 Kilometern Länge auf. Eine besonders kritische Lücke tat sich im »Festungsbezirk« um Grodno auf. Es gab Pläne, dieser Lücke möglichst rasch durch den Bau zweier »Stützpunkte« ihre Gefährlichkeit zu nehmen, aber die Bauarbeiten waren in der dritten Juniwoche noch im Gang.

Ende März gab Stalin auf das nachhaltige Drängen Timoschenkos und Schukows hin seine Zustimmung zur Einberufung von 500000 Wehrpflichtigen in die militärischen Grenzbezirke, um die dortigen Infanteriedivisionen zu verstärken. Einige Tage später stimmte er der Entsendung von weiteren 300000 Mann in die Festungsbezirke zu, darunter Spezialisten für Artillerie, Ingenieurwesen, Funkaufklärung, Luftverteidigung und Luftwaffenlogistik. Ihre Ausbildung und ihre Einweisung in die Verteidigungsstrategie sollten im März beginnen und im Oktober beendet sein. Doch die Zeit wurde knapp: In der ersten Aprilwoche schickte Richard Sorge einen Funkspruch nach Moskau, in dem er sich auf seinen ranghöchsten deutschen Gewährsmann in Tokio berief: »Nach Aussage des deutschen Botschafters hat der deutsche Generalstab sämtliche Kriegsvorbereitungen abgeschlossen. In Himmlers Kreisen und denen des Generalstabs besteht starke Neigung, einen Krieg gegen die Sowjetunion zu beginnen.« Dieses Mal gab Sorge kein Datum an.

Tatsächlich bereitete Himmler seine SS-Truppen mit einer Intensität auf den Kampf vor, wie sie selbst die militärischen SS-Formationen noch nicht erlebt hatten. Zwischen Januar und April waren im Kampftraining zehn SS-Leute getötet und sechzehn verwundet worden. Sie sollten zunächst bei der Operation »Attila«, der geplanten Besetzung Vichy-Frankreichs eingesetzt werden, aber Hitler hatte dieses Unternehmen verschoben. Am 3. April berief Himmler die SS-Kommandeure nach Berlin und wies sie an, sich auf einen Einsatz in Griechenland vorzubereiten. Am Tag nach Himmlers Besprechung mit den SS-Kommandeuren, die in Griechenland an der Seite der Wehrmacht kämpfen sollten, erklärte sich die Führung der letzteren bereit, den Einsatzgruppen hinter den Linien praktisch unbegrenzte Handlungsfreiheit zu lassen und sie im besonderen zu »Vollzugsmaßnahmen in bezug auf die

Zivilbevölkerung« zu ermächtigen. Diese »Vollzugsmaßnahmen« waren nichts anderes als Massenmorde.

Am 3. April zwang Rommels deutsch-italienische Armee die Engländer zum Abzug aus Bengasi. »Unser erstes Ziel haben wir schon erreicht«, schrieb Rommel an seine Frau, »womit wir eigentlich nicht vor Ende Mai gerechnet hatten. Die Engländer fallen übereinander, um fortzukommen.« An diesem Tag beging der ungarische Ministerpräsident, Graf Pal Teleki, Selbstmord, da er die Entscheidung des ungarischen Reichsverwesers Admiral Horthy, Deutschland bei der Invasion Griechenlands zu unterstützen, als einen Ausverkauf der Ehre seines Landes ansah. In seiner Weisung Nr. 26 für die Kriegführung bestätigte Hitler ebenfalls am 3. April, daß Ungarn nicht nur zur Mithilfe bei der Besetzung der jugoslawischen Provinz Banat bereit war, sondern auch zur Mitwirkung »an der Vernichtung des Feindes«. Bulgarien würde Makedonien »zurückbekommen«; Rumänien werde »seine Aufgabe ... auf die Sicherung der Grenze gegen Jugoslawien und gegen Rußland zu beschränken haben«. Die Italiener würden auch gegen Jugoslawien vorrücken, aber all dies nur für den Fall, daß die deutsche Offensive »sich auszuwirken beginnt«.

Am 4. April, als die deutschen Streitkräfte die letzten Vorbereitungen für ihre Balkanoffensive trafen, besetzten die Truppen Rommels Bengasi, aus dem die Engländer sich schon zurückgezogen hatten. Am gleichen Tag versenkte die *Thor*, ein als normales Handelsschiff getarnter deutscher Handelszerstörer, den englischen Handelskreuzer *Voltaire*. Im ersten Halbjahr 1941 sollten diese Schiffsfallen 38 alliierten Handelsschiffen zum Verhängnis werden; weitere 37 wurden von deutschen Kriegsschiffen wie der *Pinguin* versenkt.

Im Konzentrationslager Sachsenhausen führten deutsche Ärzte ihre Experimente in Sachen Euthanasie und Tötung durch Vergasen weiter, wobei sie Insassen des Konzentrationslagers als Versuchskaninchen benutzten. »Unsere Arbeit hier«, schrieb einer der Ärzte, Dr. Fritz Mennecke, an seine Frau, »ist sehr, sehr interessant, ich sammle hier massenhaft neue Erfahrungen.«

In Nordafrika gab Rommel am 5. April entgegen den Bedenken der zögernden Italiener seiner Expeditionsstreitmacht Befehl, weiter Richtung Osten vorzumarschieren. »Abmarsch um vier Uhr heute morgen«, schrieb er an diesem Tag an seine Frau und fügte hinzu: »Es tut sich etwas in Afrika. Hoffen wir, daß der große Streich, zu dem wir jetzt ausgeholt haben, Erfolg haben wird.« In Italienisch-Ostafrika brachte dieser Tag das demütigende Ende der italienischen Besatzung, als der italienische Vizekönig von Äthiopien, der Herzog von Aosta, den Abzug aus der Hauptstadt Addis Abeba anordnete. Am 5. April verbrachte Stalin einen großen Teil des Abends mit dem jugoslawischen Gesandten in Moskau, Gavrilovic, und versprach, im Falle eines Angriffs auf Jugoslawien werde die Sowjetunion den Jugoslawen »auf der Basis freundschaftlicher Beziehungen« den Rücken stärken. »Und wenn sich der Unmut der Deutschen gegen Sie richtet?« fragte Gavrilovic. »Sollen sie kommen!« antwortete Stalin voller Zuversicht.

Zur selben Zeit, als Stalin diese Worte sprach, lief auf dem Balkan das Unternehmen »Castigo« an, die Bombardierung Belgrads durch die deutsche Luftwaffe. Die ersten Bomben fielen am 6. April um 5 Uhr morgens. Die Schlacht um Jugoslawien hatte begonnen.

Schnell und mit hemmungsloser Brutalität wurde Jugoslawien geschlagen und überrannt. Bei der Bombardierung Belgrads, deren Hauptziel es war, durch Terror Verwirrung hervorzurufen, wurden 17000 Zivilisten getötet: Es war die seit Kriegsbeginn vor zwanzig Monaten größte Zahl ziviler Todesopfer bei einem einzelnen Bombenangriff. Wie im September 1939 in Warschau und im Mai 1940 in Rotterdam, wurde auch jetzt in Belgrad, wo sich zu diesem Zeitpunkt viele Menschen aufhielten, welche aus Dörfern und Städten zur Palmsonntagsfeier in die Hauptstadt gekommen waren, eine praktisch wehrlose, auf einen Angriff nicht vorbereitete Zivilbevölkerung einen Tag lang zur Zielscheibe eines Massakers aus der Luft. Gleichzeitig wurden alle jugoslawischen Flugplätze bombardiert und die meisten der 600 Flugzeuge am Boden zerstört.

Mehrere deutsche Armeen befanden sich an diesem 6. April in Bewegung: Eine rückte von Österreich und Ungarn Richtung Belgrad vor, eine andere von Bulgarien Richtung Niš, Skopje und Monastir, eine dritte marschierte, ebenfalls von Bulgarien aus, nach Griechenland ein und griff die Hafenstadt Saloniki an. Am gleichen Tag bombardierte die deutsche Luftwaffe den griechischen Hafen Piraeus. Sechs alliierte Schiffe mit Militärgütern wurden versenkt, bevor der Hafen selbst verwüstet wurde, als das englische Handelsschiff *Clan Fraser,* von deutschen Bomben getroffen, mit 200 Tonnen Sprengstoff an Bord explodierte. Die gewaltige Explosion führte zum Untergang von zehn weiteren Schiffen.

Die Italiener, bestrebt, ihre Blamage bei der fehlgeschlagenen Invasion Griechenlands auszubügeln, rüsteten sich erneut zu einem Angriff von Albanien her. Sie warteten auch auf den Befehl, vom italienischen Istrien sowie von der italienischen Enklave Zadar aus die dalmatinische Küste entlang vorzurücken. Und auch die Ungarn standen bereit, um loszuschlagen. 28 jugoslawische Divisionen sahen sich über fünfzig gegnerischen Divisionen aus dem Lager der Achsenmächte gegenüber. Die Divisionen der Achse verfügten über weitaus mehr Panzerstreitkräfte und eine überwältigende Luftüberlegenheit. In dieser Nacht bombardierten sechs britische Jagdflieger, die von griechischen Stützpunkten aus operierten, die Güter- und Rangierbahnhöfe von Sofia. Auf diese Weise hofften sie, den deutschen Bahnverkehr von Bulgarien zur Front lahmlegen zu können. Aber jeglicher Gewinn, der aus diesem Angriff resultieren mochte, wurde dadurch zunichte gemacht, daß am selben Tag im östlichen Mittelmeer die *Northern Prince* versenkt wurde, ein englisches Handelsschiff, das der griechischen Armee bestimmte für die Sprengstoffherstellung dringend benötigte Rohstoffe bringen sollte.

Während Jugoslawien vor der Niederlage und vor der Zerstückelung stand, wobei auch Italien Teile des erbeuteten Territoriums bekommen würde, kam für die italienische Streitmacht in Eritrea das endgültige Aus: Sie kapitulierte in Massaua. Von den 13000 Mann, die die Stellung verteidigt hatten, waren mehr als 3000 gefallen. In Nordafrika eroberten die deutschen und italienischen Truppen unter Rommels Kommando die Cyrenaika zurück. »Nach einem langen Wüstenmarsch«, schrieb Rommel seiner Frau am 10. April, »habe ich vorgestern abend das Meer erreicht. Es ist wunderbar, das gegen die Engländer durchgezogen zu haben.« Nicht einmal ein Jahr war vergangen, seit ein siegreicher Rommel das Meer erreicht hatte – in Les Petites Dalles an der Kanalküste.

Angesichts des Einmarsches der deutschen Wehrmacht in der südjugoslawischen Stadt Niš und ihres Vorrückens auf Belgrad segnete Stalin am 8. April eine Weisung des sowjetischen Generalstabs an die Sondermilitärbezirke West und Kiew ab, die die Instandsetzung und den Weiterbau der Grenzbefestigungsanlagen anordnete. Die Arbeiten sollten am 1. Mai beginnen.

In der Nacht zum 9. April griffen deutsche Bomber wieder englische Flugzeugfabriken in Coventry an. Die Fabriken wurden stark beschädigt. In derselben Nacht besetzten deutsche Truppen in Griechenland Saloniki, und am folgenden Tag erhielt der griechische Militärbefehlshaber dieser Region, General Bakopoulos, vom griechischen Oberkommando den Befehl, mit seinen 70 000 Soldaten zu kapitulieren. In Hitlers Kanzlei in Berlin herrschte, wie der deutsche Diplomat Walter Hewel notierte, »hervorragende Stimmung«.

Jugoslawien und Griechenland, April 1941

Der 9. April war der erste Jahrestag der deutschen Invasion in Norwegen. In Oslo fanden auf den Straßen, in Schulen und Firmen Schweigedemonstrationen statt. Als Vergeltung für die Bombardierung Belgrads ließen britische Bomber über Berlin Spreng- und Brandbomben auf das Stadtzentrum fallen, die mehrere öffentliche Gebäude zerstörten. Hitler mußte einen Teil der Nacht in seinem Luftschutzbunker verbringen.

In Großbritannien löste der Schock der gleichzeitigen Besetzung Jugoslawiens und Griechenlands durch die Deutschen eine Trotzreaktion aus. Am 9. April erklärte Churchill vor dem Unterhaus, wenn die Schlacht im Atlantik erst einmal gewonnen sei und England in den Genuß der »beständig fließenden Nachschublieferungen der Amerikaner, die für uns vorbereitet werden«, komme, dann könne Hitler, ganz gleich, wie weit er noch gehen würde »oder wieviel weitere Millionen oder Milliarden er ins Unglück stürzen mag ... sicher sein, daß wir ihm, bewaffnet mit dem Schwert der rächenden Gerechtigkeit, auf den Fersen sein werden«.

Am 9. April überschritt eine britische Armeepatrouille im Norden Griechenlands, in der Nähe von Monastir, die Grenze zu Jugoslawien. Dort traf sie auf Gruppen jugoslawischer Soldaten, die sich über die Grenze nach Griechenland absetzten. Die Patrouille berichtete bei ihrer Rückkehr, in Südjugoslawien sei jeglicher Widerstand zusammengebrochen. Schneefall in den Bergen und Regen in den Tälern mache effektive Aufklärungsflüge unmöglich.

Am 10. April begann die britische Expeditionsstreitmacht in Griechenland ihren Rückzug von der Saloniki-Front. In Nordjugoslawien fiel Zagreb an die deutsche Wehrmacht, und der Führer der nationalistischen Kroaten, Ante Pavelic, nutzte diese Gelegenheit, um einen selbständigen kroatischen Staat auszurufen. In Nordafrika sahen sich die australischen Truppen in Tobruk und ihr britisches Artilleriehilfskorps, 24 000 Mann insgesamt, von ihren sich zurückziehenden Kampfgenossen abgeschnitten und von den Deutschen belagert. Goebbels stellte an diesem Tag fest, daß Hitler »vor Freude strahlte«. Aber zwei Ereignisse dieses Tages, die in Berlin kaum registriert wurden, hätten sich als Vorzeichen für die Dinge, die da kommen sollten, deuten lassen. Das eine war die erste feindselige Handlung von amerikanischer Seite gegen Deutschland seit Kriegsbeginn: Der amerikanische Zerstörer *Niblack* schickte einem deutschen U-Boot, das zuvor einen holländischen Frachter versenkt hatte, Wasserbomben nach. Das zweite war ein Erlaß der sowjetischen Militärführung, mit dem der Aufbau eines eigenständigen logistischen Dienstes für die Luftwaffe der Roten Armee verfügt wurde, dazu die Errichtung zusätzlicher Luftstützpunkte und Bodenwartungsbataillone. Außerdem wurde beschlossen, besondere Abfangjägerkorps zur Stärkung der Luftverteidigung Moskaus und Leningrads ins Leben zu rufen. Etwas verspätet und eher schleppend begriff die Sowjetunion, welche Gefahr ihr drohte.

Sobald der Sieg über Jugoslawien sicher schien, begab sich Hitler von Berlin aus in das Dorf Mönichkirchen in Südösterreich, um seinen Truppen möglichst nah und doch noch auf »großdeutschem« Boden zu sein. Zwei Wochen verbrachte er in seinem Zug *Amerika* und verfolgte den Verlauf des Balkanfeldzugs. In dieser Zeit machte ihm Franz von Werra seine Aufwartung, der im Januar 1941 aus kanadischer Kriegsgefangenschaft entflohen und nun nach Deutschland zurückgekehrt war.

Italien und Ungarn rückten am 11. April auf das bedrängte Jugoslawien vor, um sich ihren Teil der Beute zu sichern. Die Italiener zogen in der slowenischen Hauptstadt Ljubljana ein, während die Ungarn auf die Hauptstadt der Bačka, Novi Sad, vorrückten. Ebenfalls am 11. April näherten sich die Italiener in Griechenland der albanischen Grenze und besetzten die Gebiete, aus denen sie vor einiger Zeit schmachvoll vertrieben worden waren. Während andere italienische Truppenteile ihren Vormarsch entlang der dalmatinischen Küste begannen und die Insel Ugljan besetzten, erreichten tags darauf motorisierte deutsche Einheiten die Vororte von Belgrad.

Wieder einmal fiel ein Augenblick deutschen Triumphes mit einem Ereignis an einem anderen Ort zusammen, das nur wenig Beachtung fand, aber von entscheidender Bedeutung für den weiteren Verlauf des Krieges wurde: Amerikanische Streitkräfte besetzten die dänische Kolonie Grönland. Dies war ein weiterer Schritt der Amerikaner, um die Voraussetzungen für eine wirksame Unterstützung Englands durch gemeinsame Stützpunkte im Atlantik und durch die Erweiterung des Aktionsradius von Geleit- und Patrouillenschiffen zu schaffen. An diesem Tag ließ Roosevelt Churchill wissen, die USA würden ihre Sicherheitszone und ihre Patrouillengebiete im Atlantik bis zum 25. Längengrad ausdehnen.

Dennoch war die Lage im Atlantik für Großbritannien ernst. In den drei Tagen vom 8. bis 10. April waren alliierte Handelsschiffe mit einer Gesamtladung von 31 000 Tonnen versenkt worden. Außerdem hatten die Deutschen wieder einmal den Bombenkrieg verschärft. Am 12. April hielt sich Churchill in Bristol auf, wo er zusammen mit dem neuen amerikanischen Botschafter Gilbert Winant das Stadtzentrum besichtigte, das durch die Angriffe in der Nacht zuvor verwüstet worden war. Doch der Kampfgeist der Briten war ungebrochen. »Es wurden immer noch verschüttete Menschen geborgen«, erinnerte sich General Ismay später in einem Brief an Churchill, »aber nirgends gab es ein Anzeichen von Verzagen. Nur Tüchtigkeit und Entschlossenheit. In einer der Notunterkünfte, die Sie besuchten, weinte sich eine arme Frau, die ihre ganze Habe verloren hatte, die Augen aus. Aber als Sie hereinkamen, nahm sie ihr Taschentuch von den Augen, winkte wie verrückt damit und rief: ›Hurra, hurra!‹«

An diesem 12. April waren es auch australische Truppen, die in Griechenland vor der überlegenen Kampfkraft der auf die Aliakmon-Linie vorrückenden Deutschen kapitulierten. Am 13. April wurde Belgrad besetzt. Es war die achte europäische Hauptstadt innerhalb achtzehn Monaten, die an die deutschen Eroberer fiel. Einem Bericht zufolge war der erste jugoslawische Zivilist, der an diesem Tag in der Hauptstadt kaltblütig erschossen wurde, ein jüdischer Schneider, der die vorübermarschierenden deutschen Truppen anspuckte und rief: »Ihr werdet alle draufgehen!«

In Moskau unterzeichnete Stalin am Tag der Besetzung Belgrads einen sowjetisch-japanischen Nichtangriffspakt mit fünfjähriger Laufzeit. Dies war ein Versuch, sicherzustellen, daß die Sowjetunion den Rücken frei haben würde. Das Abkommen bot beiden Seiten Vorteile. Stalin konnte sich nun darauf konzentrieren, der deutschen Bedrohung im Westen zu begegnen, und Japan konnte seine Aufmerksamkeit auf Südostasien und den Pazifik lenken. Auf dem Kasaner Bahnhof in Moskau verabschiedete Stalin, der nur selten in der Öffentlichkeit auftrat, den japanischen Außenminister Yosuhe Matsuoka mit den Worten: »Wir sind beide Asiaten.« Aber er entdeckte auf dem Bahnsteig auch den deutschen Botschafter und sagte zu ihm: »Wir müssen Freunde bleiben, und Sie müssen jetzt alles für dieses Ziel tun.« Dann wandte er sich an den deutschen Militärattaché, Oberst Krebs, den er niemals zuvor gesehen hatte, und nachdem er sich vergewissert hatte, daß Krebs wirklich ein Deutscher war, rief Stalin so laut, daß es alle hören konnten: »Wir werden eure Freunde bleiben – komme, was da wolle.«

Am 14. April, einen Tag nach dieser Begebenheit, billigte Stalin eine vom sowjetischen Generalstab ausgearbeitete Weisung, die den sofortigen kriegsmäßigen Ausbau aller Artilleriegeschützstände in den Gebieten des Festungsgürtels anordnete und die betroffenen Militärbezirke in Kampfbereitschaft versetzte. Auch wenn die notwendige Ausstattung für die Geschützstände nicht vollständig verfügbar sei, sei es »unbedingt notwendig«, Panzertüren einzubauen und die bereits vorhandenen Waffen »angemessen zu pflegen und zu warten«. Insgesamt forderte der Erlaß den Ausbau von 2300 größeren Artilleriegeschützständen, aber der Materialmangel war so groß, daß bis zur dritten Juniwoche weniger als tausend fertig gebaut und bestückt waren.

In den von Ungarn besetzten Gebieten Nordjugoslawiens war der 14. April der erste Tag, an dem die Zivilbevölkerung des eroberten Gebiets verschärften Terror zu spüren bekam. Denn an diesem Tag nahmen ungarische bewaffnete Verbände 500 Juden und Serben gefangen und erschossen oder erstachen sie mit dem Bajonett.

Während die deutschen Truppen immer mehr Stützpunkte entlang der Aliakmon-Linie durchbrachen und manche griechischen Soldaten, die von dem drohenden Desaster demoralisiert waren, auf ihre eigenen Offiziere schossen, liefen Hitlers Planungen und Vorbereitungen für den Ostfeldzug unaufhaltsam weiter. Am 15. April wurde in der Nähe von Rowno, fast 100 Kilometer innerhalb sowjetischen Territoriums, ein deutsches Flugzeug zur Landung gezwungen. Die Russen fand darin eine Kamera, belichteten Film und eine detaillierte Landkarte des sowjetischen Grenzgebiets.

Ganz Europa war jetzt auf die eine oder andere Weise in den Krieg verwickelt. Am 16. April, während der griechische Oberbefehlshaber, Marschall Papagos, die Kapitulation in Erwägung zog und die Engländer dazu drängte, ihre Truppen ganz aus Griechenland abzuziehen, um das Land »vor der Verwüstung zu bewahren«, erlebte London einen der schwersten und willkürlichsten Bombenangriffe dieses Krieges, die Vergeltung für die gezielte Bombardierung des Berliner Stadtzentrums eine Woche zuvor. Insgesamt 2300 Menschen kamen um. Darunter waren über vierzig kanadische Soldaten, Seeleute und Flieger, die ihren Fronturlaub in der Hauptstadt verbrachten. Bei dem Versuch britischer Jagdflieger, im Luftgefecht über Südengland deutsche Flieger abzuschießen, verloren zwei polnische Piloten ihr Leben: Fliegerleutnant Mieczyslaw Waskiewicz und Fliegerleutnant Boguslaw Mierzwa.

Am 17. April unterzeichnete die jugoslawische Regierung in Belgrad die Kapitulation. Insgesamt 6000 jugoslawische Offiziere und 335 000 Mann waren in Gefangenschaft geraten. Wieder einmal hatte militärische Überlegenheit an Zahl, Feuerkraft und Unterstützung aus der Luft gegenüber der Kampfkraft selbst der entschlossensten Vaterlandsverteidiger die Oberhand behalten. Einen Tag später durchbrachen die Deutschen die letzten Verteidigungsstellungen an der Aliakmon-Linie, die von neuseeländischen Truppen gehalten worden waren. Verzweifelt über das Vorrücken der Deutschen und die wachsenden Anzeichen von Defätismus, ja sogar Verrat in Regierungskreisen, küßte der griechische Ministerpräsident Alexander Koryzis dem König die Hand, nachdem dieser sich geweigert hatte, sein Rücktrittsgesuch anzunehmen. Dann ging er nach Hause und erschoß sich.

An diesem Tag machten sich zwei Männer, deren Armeen bislang noch nicht gegeneinander gekämpft hatten, unterschiedliche Gedanken über den schnellen Zusammenbruch der Griechen. In Moskau stimmte Stalin einer weiteren Weisung des sowjetischen Generalstabs zu, durch die die Anzahl der zur Verteidigung der sowjetischen Grenze aufgebotenen Truppen beträchtlich erhöht wurde. In Mönichkirchen erörterte Hitler mit seinem Architekten Albert Speer den Zeitplan für die Fertigstellung der geplanten neuen Regierungsgebäude im Zentrum Berlins.

Ebenfalls am 18. April landete eine britische Brigade in Basra am Persischen Golf, um die prodeutsche Regierung zu provozieren, die General Raschid Ali in Bagdad etabliert hatte. Zwei Wochen später griffen 9000 Iraker die 2250 Mann starke britische Truppe an. Die Briten schlugen den Angriff zurück.

In Griechenland erreichten die zurückweichenden britischen Truppen am 19. April die Hafenstädte in Südgriechenland, von denen aus sie nach Kreta übersetzen sollten. Die Möglichkeit eines geordneten Rückzugs verdankten sie der hartnäckigen Verteidigung der Thermopylen durch britische, australische und neuseeländische Einheiten. In Nordafrika wurde eine starke britische Kommandoeinheit, die an diesem Tag in Bardia gelandet war, um ihren belagerten Kameraden in Tobruk zu helfen, zurückgeschlagen. Churchill und sein Stabschef erfuhren aus entschlüsselten deutschen Enigma-Botschaften, daß Rommel zur Verstärkung eine Panzerdivision erhalten sollte, und beschlossen am 21. April, von England aus Panzer nach Ägypten zu entsenden. Aus diesem Gedanken entstand die Operation »Tiger«, ein

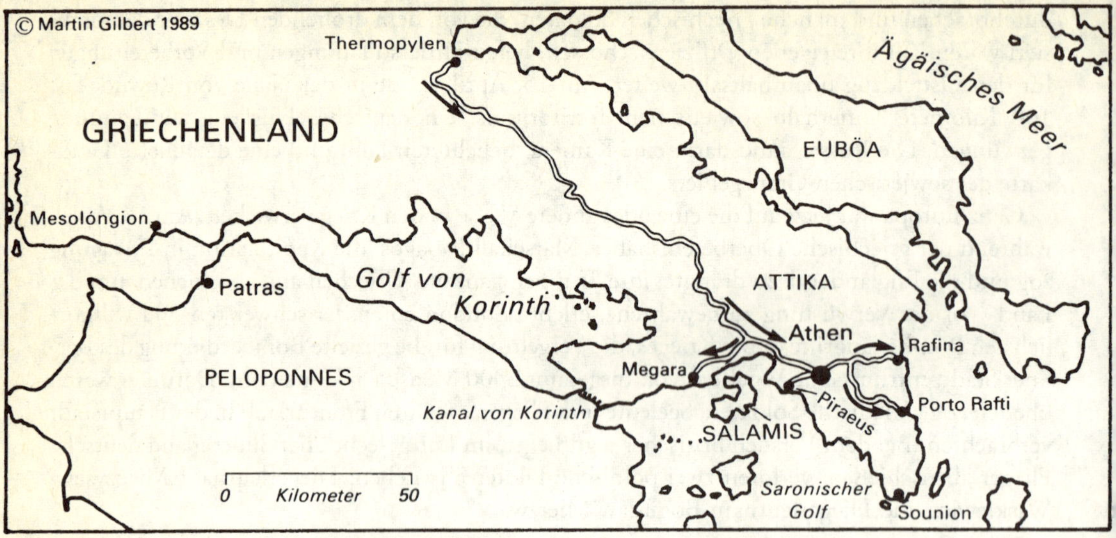

Die Evakuierung von Attika, April 1941

kühnes und riskantes Unternehmen, da die Gefahr einer deutschen Landung in England noch keineswegs gebannt war.

Am 20. April 1941, Hitlers 52. Geburtstag, wurde der deutsche Gefreite Rohland in einem Pariser Metro-Bahnhof angeschossen und tödlich verwundet. Zur Vergeltung befahl der deutsche Gouverneur von Paris, Otto von Stülpnagel – ein Offizier, der schon vor 1933 Anhänger Hitlers gewesen war – die Hinrichtung von 22 inhaftierten Zivilisten. Ihr Tod wurde auf roten Plakaten angekündigt, die überall in der Hauptstadt angeschlagen wurden.

Am 23. April ergab sich die griechische Armee den deutschen und italienischen Eindringlingen. 7000 griechische und mehr als 900 englische, australische und neuseeländische Soldaten waren gefallen. Ein griechischer Artilleriemajor, der wie zahlreiche seiner Offizierskollegen im ganzen Land an diesem Tag den Befehl erhielt, seine Geschützbatterie zu übergeben, konnte offenbar nicht verwinden, was seinem Land widerfahren war. Im amtlichen Bericht der griechischen Armee heißt es: »Als Artilleriemajor Versis von den Deutschen Befehl erhielt, seine Batterie zu übergeben, ließ er die Geschütze zusammenstellen, salutierte vor ihnen und erschoß sich dann, während seine Schützen die Nationalhymne sangen.«

Die Evakuierung britischer, australischer, neuseeländischer und polnischer Truppen aus Griechenland (Operation »Demon«) begann am 24. April und dauerte sechs Tage. Insgesamt wurden in acht kleinen Hafenstädten 50 732 Mann eingeschifft. Das Gros dieser Truppen wurde unter starkem Geleitschutz nach Kreta gebracht. Die Zeit reichte jedoch nicht, um auch schwere Waffen, Lastwagen und Flugzeuge fortzuschaffen. Schon in der Anfangsphase der Operation »Demon« landeten deutsche Fallschirmjäger auf den Inseln Lemnos, Thasos und Samothrake; und Bulgarien, das es eilig hatte, sich die thrakische Küste einzuverleiben, fiel von Norden her in das geschlagene Griechenland ein.

Auch nach der Kapitulation Jugoslawiens und Griechenlands blieb Hitler mit seinem Zug in Mönichkirchen. Dort machte ihm am 24. April der ungarische Reichsverweser, Admiral

Horthy, seine Aufwartung und wies ihn auf die Gefahren hin, die eine Landung in England seiner Überzeugung nach in sich bergen würde. Wenn allerdings »erst einmal Rußlands unerschöpfliche Reichtümer in deutscher Hand« seien, werde Deutschland den Briten »bis in alle Ewigkeit« die Stirn bieten können. Horthy wußte nicht, daß an diesem 24. April eine Einheit der deutschen Luftwaffe vom Ärmelkanal nach Polen verlegt wurde. Die Briten waren darüber im Bilde, da sie die Enigma-Funksprüche der deutschen Luftwaffe abfingen.

Die britischen, australischen und neuseeländischen Streitkräfte, die die Thermopylen verteidigt hatten, um die Evakuierung ihrer Kameraden zu ermöglichen, wurden am 25. April in die Hafenstädte Megara (westlich von Athen), Rafina und Porto Rafti (östlich der Hauptstadt) zurückgedrängt, wo auch sie sich einschifften. Jetzt, da Griechenland am Boden lag, erließ Hitler seine Weisung Nr. 28, die das Unternehmen »Merkur« einleitete: die Besetzung Kretas.

KAPITEL 14

Der Verlust Kretas; Krieg in Afrika

April–Mai 1941

In Moskau setzte Stalin im April 1941 alle Hebel in Bewegung, um die sowjetischen Kriegsvorbereitungen zu beschleunigen. In der dritten Aprilwoche reiste der britische Militärattaché in Budapest mit dem Zug nach Moskau und begegnete zwischen Lemberg und Kiew nicht weniger als sieben militärischen Transportzügen, »von denen vier Panzer und Panzergrenadierausrüstung transportierten und drei Truppen«. Dieser Bericht, den der Militärattaché von Moskau aus durchgab, wurde von den Deutschen abgefangen und Hitler am 25. April vorgelegt. An diesem Tag telefonierte Stalin mit dem russisch-jüdischen Schriftsteller Ilja Ehrenburg, um ihm mitzuteilen, daß sein Roman über den Fall von Paris im Juni 1940 – ein Ereignis, das Ehrenburg miterlebt hatte – nun veröffentlicht werden könne. Er selbst, Stalin, werde dafür sorgen, daß die Zensur, die den Roman in der Blütezeit des Hitler-Stalin-Pakts als antideutsch gebrandmarkt hatte, ihn jetzt zur Veröffentlichung freigeben werde. »Wir werden in dieser Sache an einem Strang ziehen«, meinte Stalin. Ehrenburg begriff sogleich, daß Stalins Anruf nur eines bedeuten konnte: Rußland rüstete sich zum Krieg gegen Deutschland. Am folgenden Tag erteilte der sowjetische Oberbefehlshaber, General Schukow, Anweisung, bis zum 1. Juni fünf mobile Panzerabwehrbrigaden der Artillerie und ein Luftlandekorps aufzustellen. Ein sowjetisches Schützenkorps sollte bis 25. Mai aus dem äußersten Osten der Sowjetunion nach Westen verlegt werden.

In Nordafrika traf Rommel am 25. April Vorkehrungen für einen weiteren Vormarsch. »Die Schlacht um Ägypten und den Kanal ist jetzt ernsthaft im Gang«, schrieb er an diesem Tag an seine Frau, »und unser Gegner wehrt sich mit allem, was er hat.« Ebenfalls am 25. April setzte ein bewaffnetes britisches Handelsschiff, die *Fidelity*, an einer Lagune an der französischen Mittelmeerküste, dem Etang du Canet, einen Polen namens Czeslaw Bitner und einen Malteser Bauingenieur namens Edward Rizzo – Deckname »Aromatic« – an Land, die im deutsch besetzten Frankreich Aufträge ausführen sollten. Ein belgischer Arzt, Albert-Marie Guérisse, betrat ebenfalls in dieser Nacht französischen Boden. Unter dem Decknamen Korvettenkapitän Patrick O'Leary baute er in der Folgezeit eine Fluchthilfeorganisation für alliierte Kriegsgefangene auf, die von denen, welche sie sich zunutze machten, auch die »Pat-Route« genannt wurde. Auf dieser Route sollten mehr als 600 Männer aus Frankreich ausgeschleust werden, nicht nur alliierte Flieger und Soldaten, sondern auch viele Franzosen und Belgier, die das besetzte Europa verlassen wollten, um bei den Exilstreitkräften ihres Landes auf der anderen Seite des Ozeans zu kämpfen.

Am 26. April verließ Hitler Mönichkirchen, um die soeben annektierten Gebiete Nordjugoslawiens und deren Hauptstadt Maribor (Marburg) zu besuchen. Am Abend kehrte er ins österreichische Graz zurück. »Führer sehr glücklich. Fanatischer Empfang«, schrieb Walter Hewel in sein Tagebuch. In dieser Nacht wurden vor der Küste Griechenlands die 700 Überlebenden eines britischen Truppentransports, der zuvor von deutschen Stukas bombardiert worden war, auf den beiden Zerstörern, auf denen sie Zuflucht gefunden hatten, erneut Opfer eines Sturzkampfbomberangriffs; 650 von ihnen fanden den Tod. Während am folgenden Tag deutsche Truppen in Athen einzogen, wurde das Ausmaß der Verluste bei der Schlacht um Griechenland bekannt. Die Griechen hatten 15700 Mann verloren, die Italiener 13755, das englische Eypeditionskorps 3712 und die Deutschen 2232 Mann; insgesamt waren mehr als 35000 Soldaten gefallen. Später am Abend traf in Berlin die Nachricht ein, Rommels Truppen hätten die Grenze nach Ägypten überquert und Sollum eingenommen. Im Atlantik waren derweil wieder britische Handelsschiffe und auch ein Kreuzer versenkt worden. »London hat keine guten Tage«, schrieb Goebbels in sein Tagebuch. »Nur weiter so! Wir werden John Bull schon kleinkriegen.«

Ein weiterer Feind John Bulls schlug am 28. April zu: Raschid Ali, der Offizier, der am 2. April in Bagdad die Macht übernommen hatte. Er schnitt den britischen Luftstützpunkt Habbanijja ab und hatte damit 2200 Soldaten und 9000 Zivilisten in der Falle. Die Truppen in Habbanijja verfügten über keine Artillerie, und ihr Fluggerät bestand aus 28 veralteten Jagd- und Übungsflugzeugen. »Lage ernst«, meldete der Kommandeur des Stützpunkts am nächsten Tag. »Botschafter hat den Eindruck, Verhalten der Iraker kein Bluff und kann definitive Achsenunterstützung bedeuten.« In Berlin hatte Ribbentrop Hitler gedrängt, Flugzeuge und Truppen in den Irak zu schicken. Aber Hitler war auf die Vernichtung der englischen Streitkräfte in Griechenland aus und wollte sich beim Einsatz seiner militärischen Ressourcen nicht verzetteln. In einer Rede vor 9000 Offiziersanwärtern erklärte er am 29. April: »Wenn Sie mich fragen: ›Führer, wie lange wird der Krieg dauern?‹, so kann ich Ihnen nur etwas sagen: So lange, bis wir gesiegt haben! Unter allen Umständen!« Das Wort »Kapitulation«, fügte Hitler hinzu, habe er als Nationalsozialist im Kampf um die Macht nie gekannt. Wenn es ein Wort gebe, das er auch als Führer des deutschen Volkes und als Oberbefehlshaber nie kennen werde, dann sei es das Wort »Kapitulation«.

Nicht nur die militärische Überlegenheit war auf der Seite der Achsenmächte, sondern auch das Glück. Am 29. April telegrafierte der deutsche Gesandte in Washington, Hans Thomsen, nach Berlin, er habe aus »absolut zuverlässiger Quelle« erfahren, daß die Amerikaner das geheimste Nachrichtenverschlüsselungsverfahren der Japaner geknackt hatten, die »Magic«-Funksprüche, die die japanischen Botschafter in aller Welt und natürlich auch in Berlin benutzten. Doch weder die Deutschen noch die über das »angebliche Leck« informierten Japaner konnten glauben, daß ein so kompliziertes und wohlgehütetes Chiffriersystem tatsächlich zu knacken war.

Die deutschen U-Boote konnten im Atlantik beträchtliche und beständige Erfolge verbuchen. Im April erreichte die Tonnage der versenkten alliierten Handelsschiffe mit 394107 einen neuen Höchststand. Weitere 187054 Tonnen wurden während des Abzugs in griechischen Hafenstädten versenkt. Am 30. April wurde im Atlantik die *Nerissa,* ein Truppentransporter, torpediert; 73 kanadische Soldaten ertranken. Es waren die ersten und einzigen kanadischen Soldaten, die zwischen Kanada und England auf See ums Leben kamen. Durch einen deutschen Luftangriff auf Plymouth in dieser Nacht wuchs die Zahl der zivilen Bombenopfer seit Anfang April auf 6065. »Harte Zeiten«, schrieb Churchill nach der Rückkehr aus dem zerstörten Plymouth an einen Kollegen, »aber am Ende wird abgerechnet!«

Während Stalin auf der einen Seite fieberhafte Vorkehrungen treffen ließ, um einem deutschen Angriff begegnen zu können, tat er auf der anderen sein Möglichstes, um die Deutschen nicht zu provozieren. Im April erreichten die sowjetischen Rohstofflieferungen an Deutschland ihren Höchststand seit Unterzeichnung des deutsch-sowjetischen Nichtangriffspakts im August 1939: 208000 Tonnen Getreide, 90000 Tonnen Treibstoff, 8300 Tonnen Baumwolle, 6340 Tonnen Kupfer, Zinn, Nickel und andere Metalle und 4000 Tonnen Kautschuk. Die

Sowjets hatten den Kautschuk in Übersee gekauft, über ihre Häfen in Fernost eingeführt und dann mit der transsibirischen Eisenbahn im Expreßtempo nach Deutschland transportiert. Am 1. Mai, dem Tag der Maiparade in Moskau, wies Stalin dem neu ernannten sowjetischen Botschafter in Berlin, Wladimir Dekanosow, einen Ehrenplatz neben dem seinen auf der Plattform über dem Lenin-Mausoleum zu. Am selben Tag schrieb der sowjetische Generalstab in seinem Informationsrundschreiben an die Kommandeure der Sondermilitärbezirke entlang der Grenze: »Im Laufe des ganzen März und April hat das deutsche Oberkommando ... aus den zentralen Regionen Deutschlands beschleunigt Truppen an die Grenzen der Sowjetunion verlegt.« Eine besonders auffällige Truppenkonzentration konstatierten die Sowjets im Gebiet um Memel, südlich von Libau, dem westlichsten Marinestützpunkt der Sowjetunion. Die Entfernung zwischen den beiden Häfen betrug nur knapp 100 Kilometer.

Aus Tokio kam eine weitere Warnung vor der drohenden Gefahr: Richard Sorge teilte seinen sowjetischen Auftraggebern am 2. Mai mit, Hitler sei »entschlossen, den Krieg zu beginnen und die UdSSR zu zerstören, um den europäischen Teil der Sowjetunion als Rohstoff- und Getreidereservoir zu benutzen«. Sorge wußte des weiteren zu berichten, Hitler werde »die Entscheidung über den Kriegsbeginn ... im Mai fällen«.

In einer Rede, die Hitler am 4. Mai in Berlin hielt, ließ er seiner Siegesgewißheit wieder einmal freien Lauf. »Im Zeitalter des jüdisch-kapitalistischen Gold-, Standes- und Klassenwahns steht der nationalsozialistische Volksstaat wie ein ehernes Denkmal sozialer Gerechtigkeit und klarer Vernunft«, erklärte er. »Er wird nicht nur diesen Krieg überdauern, sondern das kommende Jahrtausend!« An diesem Tag verhungerten im Warschauer Getto mehr als siebzig Juden – wie jeden Tag in diesem Frühjahr. Im kleineren Getto von Łódź gingen an diesem Tag dreißig Juden zugrunde. Zwischen Januar und Juni 1941 verzeichneten beide Gettos zusammen mehr als 18000 Todesopfer.

Am 5. Mai ließ der rumänische Diktator, Marschall Antonescu, die Deutschen zwei Dinge wissen: erstens, daß die Russen Truppen von Sibirien aus nach Westen verlegten und sie in den Regionen Kiew und Odessa konzentrierten; und zweitens, daß die Fabriken um Moskau »den Befehl erhalten« hätten, »ihre Ausrüstung ins Landesinnere zu verlagern«.

Die deutsche Aufrüstung für den Überfall auf Rußland und die sowjetischen Gegenmaßnahmen gingen nicht mehr im verborgenen vonstatten. Die deutschen Truppenbewegungen entlang des Bug im Raum Lemberg waren so offensichtlich, daß der Kommandeur der sowjetischen Grenzposten in der ersten Maiwoche in Moskau um die Erlaubnis bat, die Familien seiner Leute evakuieren zu dürfen. Die Erlaubnis wurde verweigert, und der Kommandeur wurde wegen seiner »Panik« getadelt. Stalin selbst war entschlossen, kein Anzeichen von Panik erkennen zu lassen. In einer Ansprache an die Absolventen der sowjetischen Militärakademien am 5. Mai äußerte er die Gewißheit, daß die Rote Armee, einschließlich Marine und Luftwaffe, gut genug organisiert und ausgerüstet sei, um erfolgreich auch gegen »die modernste Armee« zu kämpfen. Gleichzeitig warnte Stalin (wie in einer Version der Rede, die neun Tage später von der englischen Luftaufklärung in Umlauf gebracht wurde nachzulesen ist), Deutschland sei dabei, ganz Europa einzunehmen, und Rußland müsse für jeden Ernstfall gerüstet sein.

»Mit Kriegsbeginn ist nach Ende der Aussaat im Frühjahr zu rechnen«, erfuhr Stalin am selben Tag, dem 5. Mai, von einem Mitarbeiter seines Nachrichtendienstes. Nur ein deutscher Angriff auf Kreta könne Rußland noch eine Atempause verschaffen. Ebenfalls am 5. Mai brachten in England entschlüsselte Enigma-Funksprüche die Bestätigung dafür, daß Kreta Hitlers unmittelbares Ziel war.

Die britischen Truppen auf Kreta, denen ein beträchtliches Kontingent an Neuseeländern angehörte und die von dem neuseeländischen Kommandeur, General Freyberg, befehligt wurden, trafen so rasch wie möglich Maßnahmen, um die Insel gegen die Deutschen zu verteidigen. Andere Nachrichten dieses Tages ließen die Briten ein wenig aufatmen. Am 5. Mai zog der Kaiser von Abessinien, Haile Selassie, in seiner Hauptstadt Addis Abeba ein, auf den Tag genau fünf Jahre nach deren Eroberung durch die Italiener. Am selben Tag erreichte Major P. A. Cohen, einer von mehreren hundert britischen Soldaten, die nach der deutschen Invasion in Griechenland festgesessen hatten, an Bord eines Segelbootes Kreta; er brachte 120 australische Kameraden mit, denen es nach der Kapitulation Griechenlands gelungen war, nicht in deutsche Hände zu fallen.

Während die einen aus dem deutsch besetzten Europa entkamen, schlichen andere sich ein. Ebenfalls am 5. März sprang Georges Begué, ein Franzose, der für die britische SOE tätig war, 25 Kilometer nördlich von Châteauroux in Vichy-Frankreich ab, wo er eine geheime Funkstation einrichten sollte. Vier Tage später wurde in derselben Gegend Pierre de Vomécourt am Fallschirm abgesetzt, der erste Gruppenführer für die SOE in Frankreich: Seine beiden Brüder, die in Frankreich lebten, wurden die ersten Mitglieder seiner Gruppe. Georges Bégue, bekannt als George Noble und später als »George One«, sorgte für den Funkkontakt der Gruppe nach London.

Während Malta weiterhin von Deutschen und Italienern bombardiert wurde, lief im Mittelmeer eine zweite Operation »Tiger« an: Ein Konvoi von dreizehn schnellen britischen Handelsschiffen lief bei Gibraltar ins Mittelmeer ein. Sieben dieser Handelsschiffe hatten Nachschub und Treibstoff für Malta geladen und kamen dort auch ohne Feindberührung an. Im Laderaum der anderen fünf Schiffe befanden sich 295 Panzer und fünfzig Jagdflugzeuge, die dringend zur Verstärkung der britischen Truppen in Ägypten benötigt wurden. Eines der Handelsschiffe wurde auf der Fahrt versenkt. Die übrigen vier kamen mit 238 Panzern und 43 Jägern sicher in Ägypten an.

Die Engländer konnten am 8. Mai einen weiteren Erfolg verbuchen, als der deutsche Zerstörer *Pinguin*, der in zehn Monaten 28 Handelsschiffe versenkt hatte, selbst im Pazifik von dem englischen Kreuzer *Cornwall* versenkt wurde. Am selben Tag wurde das deutsche U-Boot U-110 im Atlantik aufgebracht. Sein Kommandant war Julius Lemp, der in den ersten Kriegstagen das Passagierschiff *Athenia* versenkt hatte. An Bord seines U-Bootes fanden die Briten wichtiges Chiffriermaterial, das den britischen Bemühungen, den Enigma-Funkverkehr der deutschen Marine zu entschlüsseln, sehr zugute kam. U-110 sank auf dem Weg nach Island im Schlepptau seiner britischen Jäger; seine Besatzung einschließlich Lemp ertrank. In der vorausgegangenen Woche hatten sie neun alliierte Handelsschiffe versenkt.

Am 6. Mai übernahm Stalin selbst von Molotow das Amt des sowjetischen Premierministers. Der deutsche Botschafter in Moskau, von Schulenburg, betonte in einer Nachricht an Berlin die »außerordentliche Bedeutung« dieses Schrittes, der seine Ursache, wie er meinte, in der »Größe und Schnelligkeit der deutschen Kriegserfolge in Jugoslawien und Griechenland sowie in der Erkenntnis hat, daß dies eine Abkehr von der früheren Diplomatie der Sowjetunion erfordert, die zu einer Entfremdung gegenüber Deutschland geführt hatte«. Stalin war jedoch nicht so sehr bestrebt, Brücken nach Deutschland zu bauen, als mehr und effektivere Barrieren gegen einen deutschen Angriff zu errichten; so veranlaßte er die Verlegung einer Reihe von Reserveeinheiten aus dem Ural und von der Wolga an den Dnjepr, an die westliche Düna und in die Grenzgebiete.

Am 9. Mai erfuhr der britische Geheimdienst aus Enigma-Botschaften der deutschen Luftwaffe, daß entlang der sowjetischen Grenze deutsche Truppen zusammengezogen wurden, die bis zum 20. Mai ihre Stellungen eingenommen haben würden. Am 10. Mai schloß die deutsche Wehrmacht termingerecht das Unternehmen »Otto« ab, das am 1. Oktober 1940 angelaufen war und den Ausbau der durch Mittel- und Osteuropa an die sowjetische Grenze führenden Straßen und Eisenbahnlinien betraf.

Hitler wollte Stalin glauben machen, England und nicht Rußland sei das Ziel seiner Invasionspläne, und die Verlagerung deutscher Truppen nach Osten diene nur dem Zweck, britischen Vergeltungsbombardements auszuweichen. Aus diesem Grund ließ er eine erneute Bomberoffensive gegen England anlaufen. In den ersten zwei Maiwochen wurden jede Nacht britische Städte und Häfen angegriffen. In der Nacht zum 9. Mai gelang es den Briten, durch funktechnische Gegenmaßnahmen die Funksignale zu manipulieren, die die deutschen Bomber zu ihren Zielen lenkten. 235 Sprengbomben, die für eine Flugzeugfabrik in Derby bestimmt waren, schlugen mehr als 30 Kilometer entfernt in Felder ein. Bei einem Bombenangriff auf Clydeside kamen jedoch 57 Zivilisten ums Leben, und in den Docks von Liverpool wurden in vier Nächten dreizehn Handelsschiffe versenkt. »Ich habe das Gefühl, wir kämpfen um unser Leben und überleben von Tag zu Tag und von Stunde zu Stunde«, erklärte Churchill am 7. Mai vor dem Unterhaus, »aber glauben Sie mir, Herr Hitler hat auch seine Probleme.«

In dieser Nacht wurden bei einem deutschen Bombenangriff über Humberside 23 deutsche Flugzeuge von englischen Jägern und Flakgeschützen abgeschossen. Aber abgeschossene Flugzeuge waren in dieser Woche nicht das größte Problem, mit dem Adolf Hitler sich auseinanderzusetzen hatte. Am 10. Mai mußte er sich mit dem Absprung eines seiner getreuesten Gefolgsleute abfinden: Der stellvertretende Führer der NS-Partei, Rudolf Heß, der fast zwanzig Jahre Hitlers Mitarbeiter und Freund gewesen war, nahm in einem dramatischen und riskanten Alleinflug Kurs über die Nordsee und sprang in der Nähe des Dorfes Eaglesham in Schottland mit dem Fallschirm ab.

Heß behauptete, er sei gekommen, um einen Friedensschluß zwischen England und Deutschland herbeizuführen. Er ließ nichts über Hitlers Plan eines Überfalls auf Rußland verlauten. Im Verhör beharrte er darauf, »die jetzt verbreiteten Gerüchte, daß Hitler einen baldigen Angriff auf Rußland plane«, entbehrten »jeder Grundlage«. Die deutsche Regierung erklärte in einer offiziellen Stellungnahme, Heß sei geisteskrank. Zu dieser Ansicht kamen auch die Personen, die ihn in England vernahmen. In dieser Nacht zum 11. Mai war London Ziel eines weiteren deutschen Luftangriffs. Die Parlamentsgebäude wurden schwer beschädigt, der Plenarsaal des Unterhauses völlig zerstört. Am folgenden Morgen war ein Drittel der Straßen im Zentrum Londons unpassierbar. 1436 Zivilisten hatten den Tod gefunden, so viele wie noch nie zuvor bei einem einzelnen Angriff auf England.

Der Luftangriff vom 10./11. Mai war der letzte des deutschen Frühjahrsbombardements von 1941. Die Londoner waren an diesem Morgen so verzagt wie seit dem Dezember des Vorjahres nicht mehr. Sie konnten nicht wissen, daß Hitler für seine Bombergeschwader von jetzt an andere Aufgaben hatte. Die Zeit der Täuschungen war vorüber; der Augenblick des Handelns war fast gekommen.

Seit dem 17. April existierte Jugoslawien als selbständiger Staat nicht mehr; Serbien stand unter deutscher, Dalmatien unter italienischer Besatzung; Makedonien war von Bulgarien annektiert, die Bačka von Ungarn; Kroatien hatten sich als unabhängiger Staat konstituiert. Und überall wurden nun die Fesseln der Tyrannei und der Verfolgung spürbar. Serben und Juden waren die bevorzugten Opfer, ebenso Demokraten und Liberale. Für sie alle gehörten Zwangsarbeit in den Konzentrationslagern und willkürliche Morde zu den täglichen Gefahren eines Lebens in besetztem Territorium. Am 7. Mai errichtete ein neunundvierzigjähriger Kommunist, ein Veteran des spanischen Bürgerkrieges, der sich aus der kroatischen Hauptstadt Zagreb nach Süden absetzte, in Belgrad die Kernzelle einer kommunistischen Widerstandsgruppe. Sein richtiger Name war Josip Broz, Stalin kannte ihn als »Valter«, im besetzten und geteilten Jogoslawien gab er sich den Kampfnamen »Tito«.

Vier Tage, nachdem Tito von Zagreb nach Belgrad aufgebrochen war, etablierte sich ein ehemaliger Offizier der jugoslawischen Armee, Oberst Draza Mihailovic, auf dem Hochplateau von Ravna Gora im westlichen Serbien als Anführer einer Rebellenbewegung. Viele seiner Anhänger waren Cetniks, Männer, die früher vom jugoslawischen König Alexander zur Einschüchterung politischer Gegner eingesetzt worden waren.

Wie auch die Partisanen Titos sollten Mihailovic und seine Gefolgsleute die Deutschen bekämpfen und schließlich einen großen Teil Serbiens und Bosniens unregierbar machen. Aber Mihailovic war ein so erbitterter Gegner der serbischen Nationalbestrebungen, daß die Briten sich nach zwei Jahren genötigt sahen, den Cetniks ihre Waffenhilfe zu entziehen und sie statt dessen den Kommunisten zukommen zu lassen.

In der zweiten Maiwoche schickte Hitler zwei Bomber in den Irak, die Raschid Ali helfen sollten, sein Rebellenregime weiterhin gegen die Briten zu behaupten. Am 12. Mai traf ein Offizier der deutschen Luftwaffe, Major Axel von Blomberg, in Bagdad ein; er hatte den Auftrag, als Verbindungsmann zu Raschid Ali zu fungieren. Blomberg platzte mitten in ein Scharmützel zwischen britischen und irakischen Soldaten und wurde von einer verirrten britischen Kugel getötet.

Am 12. Mai übermittelte der japanische Botschafter in Bagdad einen Bericht nach Tokio, in dem es hieß, Raschid Ali werde seinen Widerstand nur noch drei bis acht Tage lang aufrechterhalten können. Falls jedoch britische Truppen von Palästina und Basra aus vorrücken sollten, so würde die irakische Armee nach Einschätzung des Botschafters schon früher zusammenbrechen und aus Bagdad abziehen. Der englische Geheimdienst fing diese Nachricht ab und dechiffrierte sie im Handumdrehen, und Churchill schickte sie seinem Oberbefehlshaber im Nahen Osten. Am 13. Mai überquerte eine Spezialtruppe, gebildet aus Einheiten der arabischen Legion und der transjordanischen Grenztruppe, die transjordanische Grenze in Richtung Irak. »Wird die arabische Legion kämpfen?« fragte der britische Befehlshaber in Palästina, General Wilson, den Kommandeur der Legion, Major Glubb. »Die arabische Legion wird gegen jeden kämpfen«, erwiderte Glubb. Fünf Tage später erreichte eine Vorhut von Glubbs Streitmacht nach der Durchquerung von 500 Kilometern Wüste die Stadt Habbanijja. Aber ein Regiment der transjordanischen Grenztruppe meuterte unterwegs mit der Begründung, man habe »keinen Streit mit den Irakern«, und die Briten ließen »andere für sich kämpfen«.

Seit vielen Monaten leisteten besonders ausgebildete Teams, sogenannte Unexploded Bomb Disposal Squads, durch die aufopferungsvolle und gefährliche Arbeit des Entschärfens deutscher Blindgänger einen Beitrag zur Vermeidung zusätzlicher Todesopfer des deutschen Bombenkrieges gegen England. Das Risiko dieser Unerschrockenen war hoch. Eines dieser Teams bestand aus dem Earl of Suffolk – der im Juni 1940 das schwere Wasser und die Kernforscher aus Frankreich herausgeschleust hatte –, seiner Sekretärin Miß Morden und seinem Chauffeur Fred Hards; sie wurden in den Kreisen der Bombenentschärfer die »heilige Dreieinigkeit« ge-

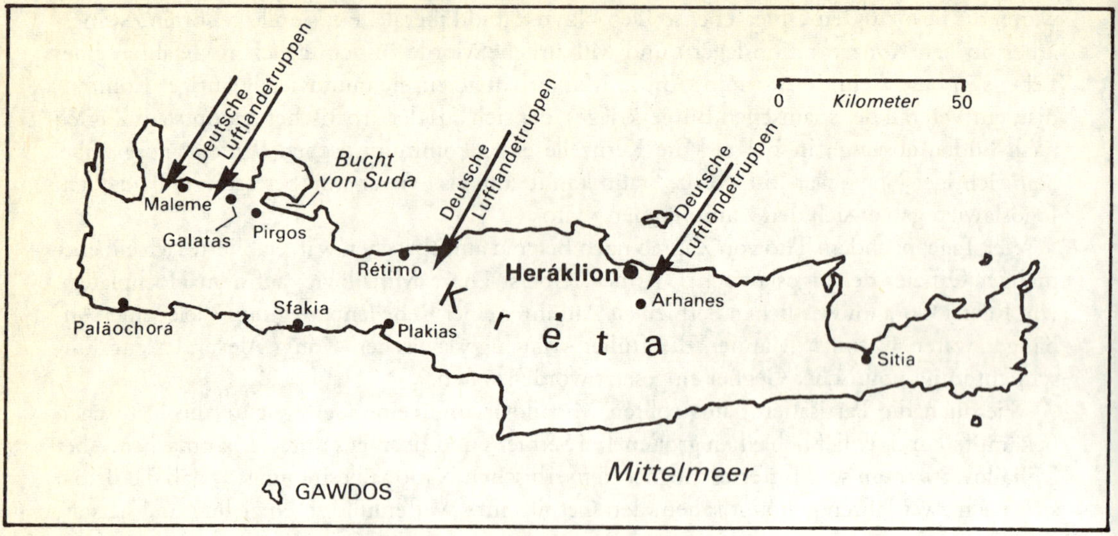

Kreta, Mai 1941

nannt. Am 12. Mai versuchten sie in Erith in Kent, ihre 35. Bombe zu entschärfen. Die Bombe explodierte und riß sie in Stücke.

In Europa gelangten die Deutschen mit ihren Plänen für die Behandlung russischer Kommunisten und anderer Zivilisten am 12. Mai an einen entscheidenden Punkt: Eine Schulungsrichtlinie für die Truppenführer der deutschen Wehrmacht enthielt die Anweisung, hohe politische Funktionäre und Führungspersonen müßten »eliminiert werden«. General Jodl notierte an den Rand seines Exemplars: »Wir können mit künftigen Repressalien gegen deutsche Piloten rechnen. Daher tun wir am besten daran, die ganze Aktion so zu organisieren, als sei sie ein Akt der Vergeltung.«

In Posen verkündete der lokale Radiosender am 14. Mai, drei Polen, Stanislaw Weckas, Leon Pawloski und Stanislaw Wencel, seien als Anstifter einer antideutschen Verschwörung zum Tode verurteilt worden. »Jeder, der an Widerstand denkt«, hieß es in der Bekanntmachung, »wird vernichtet.«

Am 14. Mai begannen die Deutschen mit massiven Bombenangriffen auf Malta. Nicht wissend, daß die Briten ihren Enigma-Funkverkehr auswerteten und ihr wahres Invasionsziel – Kreta – kannten, versuchten die Deutschen den Eindruck zu erwecken, daß Malta angegriffen werden sollte. Zwar wurden 62 deutsche und fünfzehn italienische Flugzeuge abgeschossen, aber die Briten verloren dabei sechzig Jäger, die Hälfte davon schon am Boden. Diese Verluste waren nicht so leicht wettzumachen.

Am 15. Mai, neun Tage nachdem die Briten abgehörten deutschen Enigma-Funksprüchen entnommen hatten, daß Rommels Truppen an der ägyptischen Grenze der Erschöpfung nahe waren und Zeit zur Erholung und Reorganisation brauchten, starteten sie die Operation »Brevity« gegen die vorgeschobenen deutschen Stellungen und zwangen Rommel zum Rückzug vom Halfaja-Paß. In einem außergewöhnlichen Kraftakt unternahm Rommel zwei Wochen später einen Gegenangriff. Die Briten, dank Enigma über den genauen Umfang und die Richtung von Rommels Vormarsch informiert, zogen sich zurück, um ein unnötiges Gefecht zu vermeiden.

Am 15. Mai begann auf Befehl Hitlers eine Luftoffensive gegen Kreta. Sie diente der Vorbereitung der Invasion, die fünf Tage später stattfinden sollte. An diesem Tag schickte Richard Sorge in Tokio seinen sowjetischen Auftraggebern in Moskau einen Funkspruch, in dem er als Termin für den deutschen Überfall auf Rußland den Zeitraum zwischen dem 20. und dem 22. Juni angab. In derselben Woche schafften die Sowjets Verstärkungen vom Nordkaukasus und aus dem fernen Osten der Sowjetunion herbei und quartierten sie in Stellungen zwischen Kràslava und Krementschug ein. Mit der Verlegung dieser Truppen hatte die Armeeführung es so eilig, daß sie ohne Waffen und Ausrüstung in Marsch gesetzt wurden.

Am 15. Mai bat Dr. Sigmund Rascher, ein Stabschirurg der deutschen Luftwaffe, in einem Brief an Himmler um die Erlaubnis, die Lagerinsassen von Dachau für bestimmte Versuche verwenden zu dürfen. Diese Versuche waren nach Ansicht von Dr. Rascher notwendig, um den Mindestsauerstoffbedarf der deutschen Piloten bei großen Flughöhen und den von ihnen maximal noch zu verkraftenden Luftdruck zu ermitteln. Rascher bemerkte mit »großem Bedauern ... daß leider noch keinerlei Versuche mit Menschenmaterial bei uns angestellt werden konnten, da die Versuche sehr gefährlich sind und sich freiwillig keiner dazu hergibt«. Zwei oder drei »Berufsverbrecher« aus Dachau, so schrieb er, würden genügen. Himmler erfüllte ihm seinen Wunsch.

Nachdem die Deutschen 29 der 35 auf Kreta stationierten englischen Jagdflugzeuge ausgeschaltet hatten, entschlossen sich die Briten am 19. Mai, die sechs verbleibenden Maschinen nach Ägypten zu überführen. In Anbetracht der überwältigenden deutschen Luftüberlegenheit erschien es sinnlos, auch noch diese Maschinen zu opfern. Am 20. Mai flogen die Deutschen um 5.30 Uhr morgens heftige Attacken gegen die wichtigsten kretischen Flughäfen Maleme und Heráklion. Eineinhalb Stunden später wurden die beide Flughäfen bei einem zweiten Luftangriff völlig unbenutzbar gemacht. Während dann die zweite Bomberwelle nach Griechenland zurückkehrte, wurde eine erste Welle deutscher Luftlandetruppen unter dem Befehl von General Kurt Student in 493 Transportflugzeugen zur Insel gebracht. Nur sieben Flugzeuge stürzten nach Flaktreffern ab.

Am ersten Tag der Schlacht gelang es den Streitkräften, die Kreta verteidigten – 32000 britischen, australischen und neuseeländischen Soldaten und 10000 Griechen –, trotz der Landung einer zweiten Fallschirmjägereinheit die Flugplätze Maleme und Heráklion bis zum Abend zu halten. Zwei Schiffskonvois, die deutsche Soldaten aus Piraeus und Saloniki heranführten – zum größeren Teil in Fischerbooten –, wurden von englischen Marinestreitkräften stark beschädigt; der zweite Konvoi sah sich sogar zur Rückkehr gezwungen. Bei Anbruch der Nacht sah es so aus, als sei die deutsche Invasion fehlgeschlagen. Von den drei deutschen Regimentskommandeuren der Luftlandetruppen wurde Generalleutnant Süssmann getötet, als sein Segler abstürzte, und Generalmajor Meindl wurde schwer verwundet.

In der Nacht gelang es den Deutschen jedoch, den Flughafen Maleme einzunehmen. Somit waren sie in der Lage, am Nachmittag des 21. Mai Soldaten und Waffen zur Verstärkung einzufliegen. Für einen letzten erfolglosen Versuch, den Flugplatz zurückzuerobern, erhielt Leutnant Charles Upham das Victoria Cross. Außerdem wurden auf Kreta noch zwei weitere Viktoriakreuze vergeben. Eines ging an den neuseeländischen Feldwebel Clive Hulme, der auf die Nachricht hin, daß sein Bruder in der Schlacht gefallen war, eigenhändig 33 Deutsche tötete. Das andere Victoria Cross erhielt ein britischer Seemann, Stabsgefreiter Alfred Sephton. Er wurde durch Maschinengewehrsalven schwer verwundet, als sein Schiff, die *Coventry*, dem Lazarettschiff *Aba* während eines wütenden deutschen Stuka-Angriffs zu Hilfe zu kommen versuchte; dennoch dirigierte er weiterhin das Flakfeuer, bis die angreifenden Flugzeuge in die Flucht geschlagen waren. Leutnant Upham sollte später in der libyschen Wüste sein zweites Victoria Cross bekommen. Er war somit der einzige Soldat Englands und des Commonwealth im Zweiten Weltkrieg, dem diese Auszeichnung zweimal verliehen wurde.

Weder die Tapferkeit einzelner Soldaten noch der hartnäckige Widerstandswille der Truppe als ganzer konnte der überwältigenden Luft- und schließlich auch Bodenüberlegenheit der Wehrmacht standhalten. Am 22. Mai versenkten deutsche Stukas die Kreuzer *Fiji* und *Gloucester* sowie vier Zerstörer. Einige der Überlebenden der *Gloucester* wurden aus der Luft mit Maschinengewehren beschossen, während sie sich ans Wrack klammerten. Der Kapitän des Schiffes, Henry Aubrey Rowley, war unter den 725 Todesopfern. Vier Wochen später wurde sein Leichnam in der Nähe von Marsa Matruh an Land gespült. Admiral Cunningham meinte dazu: »Das war eine lange Heimreise.«

Eines der britischen Kriegsschiffe, die am 22. Mai beschädigt, aber nicht versenkt wurden, war das Schlachtschiff *Valiant* mit Prinz Phillip von Griechenland an Bord. Einmal, so notierte er in seinem Logbuch, waren sie von vierzehn Stukas angegriffen worden. »Alle ihre Bomben fielen sehr nahe«, war sein lakonischer Kommentar. Prinz Philips Onkel, Kapitän Lord Louis Mountbatten, hatte weniger Glück: Am 23. Mai wurde sein Zerstörer *Kelly* von 24 Sturzkampfbombern angegriffen und versenkt. 130 Besatzungsmitglieder kamen um. Obwohl Mountbatten sich noch auf der Brücke befand, als das Schiff kenterte, konnte er sich retten und dann die Bergungsaktionen leiten.

Am 23. Mai, während die Schlacht um Kreta sowohl zu Land als auch zu Wasser noch im Gang war, gelang es den Deutschen, zur Verstärkung ihrer Truppen auf Kreta Gebirgsjägereinheiten abzusetzen. Besonders in Berlin machte sich der Eindruck breit, wenn Hitler nur konsequent genug die Früchte seiner jüngst erzielten Erfolge ernte, werde England ausgespielt haben, nicht nur auf Kreta, sondern im ganzen östlichen Mittelmeerraum. Noch während der Kämpfe auf Kreta erließ Hitler am 23. Mai seine Weisung Nr. 30, in der er betonte, die Frage, ob Deutschland versuchen werde, die »englische Stellung« zwischen Mittelmeer und Persischem Golf (oder Suezkanal) »zu Fall zu bringen«, stehe »erst nach Barbarossa zur Entscheidung«.

Genau zu dem Zeitpunkt, als die Schlacht um Kreta in ihre letzten 48 Stunden trat, erlebten die Briten im fernen Atlantik ein Desaster. Am 18. Mai waren das Schlachtschiff *Bismarck* unter dem Kommando von Admiral Lütjens und der schwere Kreuzer *Prinz Eugen* in den Nordatlantik ausgelaufen. Sechs Tage später, am 24. Mai, versenkte die *Bismarck* das englische Kriegsschiff *Hood,* von dessen 2500 Mann starker Besatzung nur drei überlebten. Am selben Tag versenkte ein britisches U-Boot dank abgehörter Funksprüche der Italiener das italienische Linienschiff *Conte Rosso,* das 1500 italienische Soldaten an Bord hatte. Es befand sich auf dem Weg nach Libyen, um den dortigen italienischen Truppen Verstärkung zu bringen.

Auf Kreta widerstanden die englischen Verteidiger den ganzen 25. Mai über den angreifenden Deutschen und unternahmen bei Galatas nicht weniger als 25 Gegenvorstöße mit aufgepflanztem Bajonett. König Georg von Griechenland, der sich zuvor von Athen nach Kreta zurückgezogen hatte, brachte sich an diesem Tag mit seinen Ministern nach Ägypten in Sicherheit. Bei Pirgos gelang es am 27. Mai australischen und neuseeländischen Truppen, die Deutschen vorübergehend zurückzutreiben. Aber es konnte kein Zweifel daran bestehen, daß die Schlacht um Kreta verloren war. Mehreren Einheiten war bereits die Munition ausgegangen. General Freyberg arbeitete im Laufe des Tages Pläne zur Räumung der Insel aus, die am selben Abend begann.

Zur gleichen Zeit, als die schlechten Nachrichten aus Kreta England erreichten, traf vom Atlantik eine Erfolgsmeldung ein, dank der sich die Stimmung ein wenig hob. Am 27. Mai wurde das deutsche Schlachtschiff *Bismarck* von einer Meute britischer Kriegsschiffe umzingelt und angegriffen. Von schweren Treffern beschädigt und in Brand gesetzt, war die *Bismarck* nicht mehr in der Lage, weiterzukämpfen oder zu entkommen, und so erteilte Admiral Lütjens Befehl, den Stolz der deutschen Marine zu versenken. Zwei englische Kriegsschiffe, die *Dorsetshire* und die *Maori*, nahmen etwa hundert Mann an Bord, doch aufgrund eines deutschen U-Boot-Angriffs mußten beide Kapitäne ihre Rettungsaktion abbrechen und ihre Schiffe mit voller Kraft voraus in Sicherheit bringen. Hunderte von deutschen Seeleuten, die sich verzweifelt zu retten versuchten, indem sie sich am Schiffswrack festhielten, wurden durch die rotierenden Schrauben in Stücke gerissen.

Insgesamt ertranken 2300 deutsche Seeleute. Lütjens ging mit seinem Schiff unter. »Sie hat in ganz aussichtsloser Lage einen äußerst tapferen Kampf geliefert«, schrieb der britische Kommandant Admiral Tovey in seinem amtlichen Bericht über die Schlacht, »würdig der alten Tradition der kaiserlichen deutschen Marine. Es ist bedauerlich, daß diese Tatsache ›aus politischen Gründen‹ nicht publik gemacht werden darf.« In Berlin nahm man die Nachricht vom Verlust der *Bismarck* ungläubig auf. »Stimmung sehr niedergeschlagen«, schrieb Walter Hewel in sein Tagebuch, »Führer unsagbar melancholisch.«

Am 27. Mai hatte Hitler einen weiteren Grund zur Melancholie, als Roosevelt in einer seiner im Radio übertragenen »Kaminplaudereien« verkündete, die Seehäfen der Vereinigten Staaten würden »jetzt mithelfen, die Lieferung benötigten Nachschubmaterials an England sicherzustellen«, und man werde »alle zusätzlichen Maßnahmen« ergreifen, welche für die Sicherstellung dieser Lieferungen notwendig seien. »Es ist unumgänglich, daß wir England mit dem Notwendigen versorgen«, erklärte Roosevelt. »Es ist möglich. Es ist nötig. Es wird getan werden.« Und dann fügte er noch einen Satz hinzu, der allen alliierten Soldaten und den unterworfenen Völkern Mut einflößen sollte: »Das einzige, das wir fürchten müssen, ist die Furcht selbst.«

König Georg VI. brachte in einem Telegramm an Roosevelt seinen Dank für die Erklärung des US-Präsidenten zum Ausdruck, die »uns sehr ermutigt hat und uns, wie ich weiß, zu noch größeren Anstrengungen anspornen wird, bis der Kampf um die Freiheit endlich gewonnen ist«.

Auf Kreta begann die Einschiffung britischer Truppen in der darauffolgenden Nacht zum 29. Mai; sie sollte bis zu der Nacht zum 2. Juli dauern. Während die Briten sich in den kleineren Häfen im Südosten der Insel, Sfakia, Paläochora und Plakias, einschifften, setzten die Italiener in Sitia, im äußersten Osten der Insel, 2700 Mann an Land.

Während des britischen Truppenabzugs versenkten deutsche Sturzkampfbomber den Flugabwehrkreuzer *Calcutta* und beschädigten weitere Kriegsschiffe. Als das Flaggschiff *Orion* am 19. Mai im Sturzflug mit Bomben angegriffen wurde, kamen von den 1090 Mann Besatzung 262 ums Leben.

In fünf Nächten wurden 17000 Mann aus Kreta evakuiert. Die meisten von ihnen gingen in den wenigen Stunden der Dunkelheit von ungeschützten Stränden aus an Bord der rettenden Schiffe. 5000 Mann, die, von ihren Einheiten abgeschnitten, auf der Insel verstreut waren, mußten zurückgelassen werden. Die Verluste der Deutschen beliefen sich auf 1990 Mann, die der Briten und des Commonwealth auf 1742. Dazu kamen auf der Seite Englands und des Commonwealth 2265 gefallene oder ertrunkene Seeleute.

Am 27. Mai, als die britischen Truppen auf Kreta sich auf ihren Abzug vorbereiteten, nahm Rommel den Halfaja-Paß ein. Seine Truppen machten 3000 Gefangene, erbeuteten 123 Geschütze und standen jetzt an einem Punkt, an dem auch die Italiener schon einmal gestanden hatten – an der Schwelle zu Ägypten. Am selben Tag bliesen die Italiener in Bir Hackheim in der libyschen Wüste nach mehr als einwöchiger Belagerung zum Angriff auf eine Einheit der französischen Fremdenlegion, die sich dort zusammen mit Soldaten des Freien Frankreich aus der Bretagne, aus Tahiti, Algerien, Marokko, dem Libanon, Kambodscha, Mauritius, Madagaskar und dem Tschad verschanzt hatte. Die Angreifer wurden vertrieben. »Uns wurde gesagt, wir würden 15 Minuten brauchen, um euch zu vernichten«, sagte der italienische Befehlshaber Oberst Prestissimo, nach seiner Gefangennahme. Verständlicherweise waren die Franzosen in Hochstimmung, um so mehr, als ein junger Hauptmann aus ihren Reihen, Pierre Messmer, mit seiner Einheit einige Tage später in der Wüste um Bir Hackheim fünfzehn deutsche Panzer zum Stehen brachte, die gehofft hatten, das nachholen zu können, was die Italiener versäumt hatten. Messmer sollte nach dem Krieg zum Ministerpräsidenten von Frankreich aufsteigen.

Nach fünfzehntägiger Belagerung unternahmen die eingeschlossenen Franzosen einen Ausbruch zurück zu den britischen Linien. Auf diese Weise fiel ein weiterer Außenposten in der Wüste in Rommels Hand. Bei dem Ausbruch fielen 27 französische Soldaten, aber 2500 kamen lebend durch.

Die Briten sahen sich nun wieder nach Ägypten zurückgedrängt; ihre Gebietsgewinne waren zerronnen, und der Schutz des Suezkanals stand plötzlich wieder auf der Tagesordnung. Zur Erleichterung der Briten fiel der Rückzug aus Libyen mit der Kapitulation Raschid Alis im Irak zusammen. Weder Deutschland noch Italien hatten sich in der Lage gesehen, ihm weitere Flugzeuge zu schicken. Am 28. Mai hatten die Briten aus entschlüsselten italienischen Funksprüchen erfahren, daß die Italiener wegen Treibstoffmangels keine weiteren Hilfsflüge nach Bagdad starten würden. Zwei Tage später, am 30. Mai, ersuchten der Bürgermeister von Bagdad und die Raschid Ali ergebenen Offiziere, die in der Hauptstadt noch die Stellung hielten, um einen Waffenstillstand. Doch ein Schatten fiel auf den britischen Triumph, als drei Tage später Anhänger Raschid Alis das jüdische Viertel in Bagdad verwüsteten, Geschäfte und Häuser plünderten und deren Bewohner töteten. Mehr als 150 Juden kamen bei diesem Pogrom ums Leben.

In den letzten Maitagen zeigte sich das Kaleidoskop des Krieges in seiner ganzen Komplexität: für England eine Niederlage auf Kreta, für Deutschland ein Desaster auf dem Meer; ein Sieg für Deutschland in der westlichen Wüste, im Irak der Zusammenbruch der achsenfreundlichen Revolte und ein Massenmord an Juden. Im deutschen Herrschaftsgebiet in Europa manifestierte sich in diesen Tagen auch die entsetzlichste Seite des Nationalsozialismus. Vom 20. Mai an hatte sowohl im besetzten Frankreich als auch in Belgien die deutsche Besatzungsmacht Maßnahmen ergriffen, um die Auswanderung der Juden ins neutrale Portugal und von dort aus in die USA zu unterbinden. Zwar war es schwierig, diesen Weg in die Emigration zu gehen, aber einigen tausend Juden war es im verflossenen Jahr gelungen. Jetzt aber teilte Walter Schellenberg im Auftrag Heydrichs per Rundschreiben allen Abteilungen der deutschen Sicherheitspolizei und allen deutschen Konsulaten mit, daß es Juden »angesichts der zweifellos bevorstehenden Endlösung der Judenfrage« ab sofort nicht mehr gestattet sei, zu emigrieren. Wie diese »Endlösung« aussehen sollte, erklärte Schellenberg nicht. Aber jeder wußte, daß darunter nicht die Ausreise der Juden in sichere oder neutrale Gebiete zu verstehen war.

Ein ungeschminkteres Bild der »Endlösung« hatte Ende Mai Himmler bei einer Besprechung mit 120 Kommandeuren der Einsatz- und Sonderkommandos in der Grenzpolizeischule von Pretzsch an der Elbe gezeichnet. Diese Offiziere waren auserwählt, 3000 schwerbewaffnete Männer zu befehligen, die der deutschen Armee auf ihrem Vormarsch durch Rußland folgen sollten. Vor ihnen liege die Aufgabe, erläuterte Himmler, sich »für den Vernichtungsfeldzug gegen den Rassefeind« zu rüsten. Am 1. Juni sagte Heydrich anläßlich einer weiteren Besprechung derselben Gruppe von Kommandeuren, die »Ostjuden« seien »das geistige Reservoir des Bolschewismus« und müßten »nach Ansicht des Führers« liquidiert werden.

Aus jedem Winkel des besetzten Europa wurden nun Truppen in den Osten verlegt. Die SS-Totenkopf-Division, die am 3. Juni aus Bordeaux abmarschierte, traf nach viertägiger Fahrt durch Frankreich und Deutschland im ostpreußischen Marienwerder ein. Insgesamt hatten zwischen Januar und Juni 1941 17000 Züge deutsche Soldaten ins Grenzgebiet zur Sowjetunion gebracht; im Durchschnitt waren das hundert Züge pro Tag gewesen.

Während Hitler sich für seinen Überfall auf die Sowjetunion rüstete, starb im holländischen Exil ein anderer Deutscher, der sich auf einen Krieg mit Rußland eingelassen hatte: der frühere Kaiser Wilhelm II. Im Mai 1940 hatte er Hitlers Angebot abgelehnt, als Privatmann nach Deutschland zurückzukehren, um dort auf seinen ehemaligen Gütern zu leben. Zuvor hatte er schon Churchill, der ihm Asyl in England angeboten hatte, eine Absage erteilt. Der Krieg Wilhelms II. gegen seinen Cousin, den russischen Zaren, hatte zum Untergang beider Kaiserreiche geführt. Hitler, dessen Krieg gegen Rußland in zwei Wochen beginnen sollte, glaubte zuversichtlich, daß am Ende des jetzt bevorstehenden Waffengangs zwischen deutschen und sowjetischen Streitkräften der Untergang Rußlands stehen würde.

Am 6. Juni, zwei Tage nach dem Tod des Kaisers, wies Hitler General von Brauchitsch an, den Kommissarbefehl an alle Kommandeure auszugeben. Zwei Tage später landeten die ersten Einheiten der deutschen Infanterie in Finnland, dessen politischer Führer, General Mannerheim, sich zu einer Teilnahme an dem neuen Waffengang bereit erklärt hatte. Am 11. Juni sagte Hitler bei einer Unterredung mit dem rumänischen Diktator, Marschall Antonescu, er wolle nicht um rumänische Unterstützung bitten, erwarte aber »von Rumänien, daß es in seinem eigenen Interesse alles tue, um die Durchführung dieser Auseinandersetzung zu erleichtern«. Antonescu, der im Gegensatz zu den Ungarn, Italienern und Bulgaren an den Gebietsaufteilungen nach dem deutschen Sieg auf dem Balkan nicht partizipiert hatte, akzeptierte diese Einladung, die verlorene Provinz Bessarabien zurückzuerlangen und neues Territorium im Osten zu gewinnen, nur allzu gerne.

Am 8. Juni um 2 Uhr morgens hielten britische Truppen und Einheiten des Freien Frankreich Einzug in Syrien und im Libanon. Dies geschah im Rahmen der Operation »Exporter«, die vorsah, diejenigen französischen Garnisonen, die noch Vichy ergeben waren, zu überwältigen und über Beirut und Damaskus die Flagge des Freien Frankreich zu hissen. Die 45000 Verteidiger der Garnisonen unter dem Kommando von General Deutz leisteten starken Widerstand, der mehr als fünf Wochen anhalten sollte. Unter denen, die in den ersten Tagen verwundet wurden, war ein Jude aus Palästina: der sechsundzwanzigjährige Mosche Dayan, der sich freiwillig gemeldet hatte. Er verlor ein Auge. Während der ersten drei Wochen der Schlacht waren an der Offensive auf alliierter Seite 18000 australische, 9000 britische, 5000 französische und 2000 indische Soldaten beteiligt, dazu noch einige hundert Juden aus Palästina. Am 9. Juli zogen die britischen Truppen in die libanesische Hafenstadt Tyrus (Sur) ein.

Bis zum deutschen Einmarsch in Rußland waren es noch knapp zwei Wochen. Am 9. Juni besuchte General Halder die 4. Armee, um mit ihren Kommandeuren taktische Details durchzusprechen, die im Interesse eines »Überraschungsangriffs« erforderlich sein würden – Rauch-

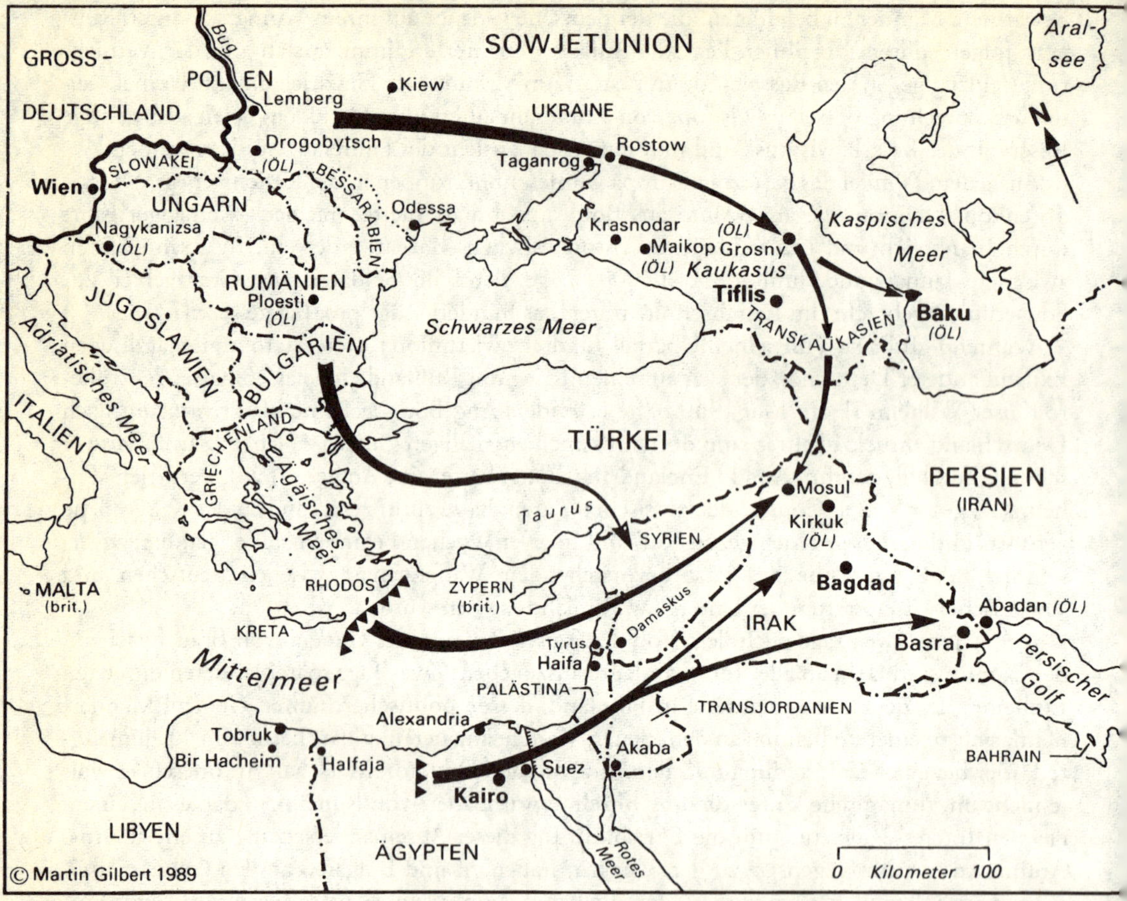

Deutschland und der Mittlere Osten, der Deutsche Plan vom 11. Juni 1941

schutzschleier, schnelle Vorstöße, die Evakuierung polnischer Zivilisten aus dem Kampfgebiet. Am 10. Juni – auf den Tag genau 751 Jahre nach dem Tod Kaiser Barbarossas im Juni 1190 und somit an dem Tag, an dem der Sage nach der schlafende Friedrich Jahr für Jahr im Kyffhäuser darauf wartete, von seinen Landsleuten gerufen zu werden, auf daß er sie wieder in eine ruhmreiche Zukunft führe –, startete die deutsche Wehrmacht das Unternehmen »Warzburg«: Zehn Tage lang wurden in der Ostsee Minen gelegt, die die sowjetische Ostseeflotte daran hindern sollten, durch das Kattegat in die Nordsee zu entkommen. Einen Tag später, am 11. Juni, umriß Hitler in seiner Weisung Nr. 32 seine Pläne für Heer, Marine und Luftwaffe »nach der Zerschlagung der sowjetrussischen Wehrmacht«.

Hitlers Pläne waren weitreichend. Das Unternehmen »Isabella« sollte die spanische und die portugiesische Atlantikküste sichern. Die Briten sollten, mit oder ohne spanische Hilfe, aus Gibraltar vertrieben werden. Starker Druck sollte auf die Türkei und den Iran ausgeübt werden, um sie direkt oder indirekt »für den Kampf gegen England nutzbar zu machen«. Die Briten sollten »durch konzentrischen Angriff«, der von Libyen aus durch Ägypten und von Bulgarien aus durch die Türkei vorgetragen werden sollte, aus Palästina und vom Suezkanal vertrieben werden. In Nordafrika komme es »darauf an, daß Tobruk erledigt ... wird«; der Angriff auf die belagerte Festung war für November geplant. Sobald der »Zusammenbruch der Sowjetunion die Voraussetzungen dafür geschafften hat«, müßten auch Vorkehrungen für die Entsendung einer von Transkaukasien aus operierenden deutschen Expeditionstruppe in den Irak getroffen werden. Mit Hilfe der Araber werde Deutschland, so fügte Hitler hinzu, die Stellung »der Engländer im Mittleren Orient« untergraben. Die Briten würden sich »bei größeren deutschen Operationen« um so schwerer tun, »je mehr Kräfte durch Unruheherde oder Aufstandsbewegungen zeitgerecht gebunden werden«.

Abgesehen von diesen Unternehmungen in Nahost und im Mittelmeerraum dürfe man, wie Hitler weiter ausführte, ein anderes Operationsziel nicht aus den Augen verlieren: Die »Belagerung Englands« müsse »nach Abschluß des Ostfeldzuges durch Kriegsmarine und Luftwaffe wieder in vollem Maße aufgenommen werden«.

Diese Weisung machte deutlich, wie viel von einem Sieg Deutschlands über Rußland abhing. In dieser Nacht flogen die Briten, als ob sie sich über Hitlers Träume lustig machen wollten, Bombenangriffe auf industrielle Ziele an Rhein und Ruhr sowie auf mehrere Nordseehäfen. Dies wiederholte sich in den folgenden zwanzig Nächten. In Frankreich bauten Agenten der britischen SOE weiter Fluchtrouten für Kriegsgefangene auf und suchten die konspirative Zusammenarbeit mit Franzosen, die sich nicht der deutschen Besatzungsmacht unterwerfen wollten. »Wir werden das Volk in jedem besetzten Land unterstützen und es zu Widerstand und Revolte ermutigen«, erklärte Churchill dem britischen Volk in einer Rundfunkansprache am 11. Juni. »Wir werden jegliche Anstrengung stören und zunichte machen, die Hitler unternimmt, um seine Herrschaft zu konsolidieren. Er wird keinen Frieden finden, keine Ruhe, keinen Ruhepunkt, keine weißen Fahnen.«

Am 14. Juni, als Hitler und seine Kommandeure ihre endgültigen Pläne für den Einmarsch nach Rußland aufstellten, der eine Woche später beginnen sollte, unternahm Roosevelt einen weiteren Schritt, um England entscheidende Hilfe zu leisten: Er ließ alle deutschen und italienischen Wirtschaftsguthaben in den USA einfrieren. Außerdem erfüllte er Churchills Bitte, die USA sollten die Verteidigung Islands übernehmen, das England seit der Niederlage Dänemarks im April 1940 besetzt hielt. Auf 74 Handelsschiffen, von denen dreißig die amerikanische Flagge gehißt hatten, wurde eine erhebliche Menge amerikanischen Rüstungsmaterials zu den britischen Streitkräften in Ägypten transportiert. Sie hatten unter anderem 200 amerikanische Panzer aus der ursprünglich für die US-Streitkräfte bestimmten Produktion geladen.

Am 13. Juni, zwei Tage nach Churchills Radioansprache, fiel in Frankreich einer der Helden des Sommers 1940, der Spitfire-Pilot John Mungo Park. Es waren nicht nur Frankreich und die anderen bereits unter deutscher Besatzung stehenden Staaten, denen England Waffenhilfe zu leisten bereit war. Am 13. Juni machte Churchill einen ernsthaften Versuch, der Sowjetunion zu zeigen, daß auch sie im Kampf gegen Hitler nicht alleingelassen würde: Er bot Stalin an, ihm im Falle eines deutschen Angriffs eine Expeditionsstreitmacht zu schicken. Stalin schien dies jedoch als Provokation aufzufassen, als Teil eines englischen Plans, ihn in einen Krieg mit Deutschland zu verwickeln. Er reagierte ähnlich mißtrauisch, als Churchill ihm detaillierte Informationen über den massierten Aufmarsch deutscher Divisionen an der sowjetischen Grenze übermitteln ließ. Diese Details hatten die Briten wieder einmal aus den geheimsten Enigma-Funksprüchen der Deutschen geschöpft. Ebenfalls am 13. Juni besuchte Admiral Kusnezow, der Generalstabschef der sowjetischen Marine, Stalin im Kreml. Auch ihm gelang es nicht, bei Stalin Befürchtungen wegen der jüngsten Bewegungen der deutschen Flotte zu wecken oder ihn dazu zu bringen, die sowjetische Flotte auf den Kriegsfall vorzubereiten.

Zu den geheimsten Funkbotschaften, die der britische Geheimdienst in Bletchley am 14. Juni entzifferte, gehörten deutsche Weisungen in Zusammenhang mit der Ankunft eines »Chef-Kriegsberichterstatters« im nordnorwegischen Kirkenes, nahe der russischen Grenze. Im Kreml trafen Timoschenko und Schukow an diesem Tag einen Stalin an, der nur wenig Besorgnis über die deutschen Truppenverlegungen zeigte. Als sie ihn darauf hinwiesen, daß nach Berichten des sowjetischen Geheimdienstes die deutschen Divisionen an der Grenze mittlerweile »in voller Kriegsstärke aufmarschiert und bewaffnet« seien, lautete Stalins Kommentar: »Man darf nicht alles glauben, was der Geheimdienst sagt.« Während dieses Treffens wurde die Diskussion durch den Anruf eines leitenden Funktionärs der Kommunistischen Partei der Ukraine, Nikita Chruschtschow, unterbrochen. »Stalin nahm den Telefonhörer ab«, erinnerte sich Schukow später. »Aus seinen Antworten konnten wir entnehmen, daß es bei dem Telefonat um die Landwirtschaft ging. ›Gut‹, sagte Stalin und lächelte. Offensichtlich hatte Chruschtschow in glühenden Farben die bevorstehende Rekordernte geschildert.«

»Wir verließen den Kreml«, fügte Schukow hinzu, »mit schwerem Herzen.« Für die führenden Köpfe des deutschen Geheimdienstes verhießen jedoch die anhaltenden Truppenbewegungen der Sowjets nichts Gutes. Durch die im Laufe des vergangenen Monats durchgeführte Verlegung weiterer Einheiten in den europäischen Teil der Sowjetunion war die Truppenstärke der Roten Armee in diesem Gebiet auf 150 Schützendivisionen, sieben Panzerdivisionen und 38 Panzerbrigaden angewachsen.

In Ostpreußen informierte an diesem 14. Juni der Befehlshaber der SS-Totenkopf-Division, General Eicke, seine Kommandeure über den Inhalt des Kommissarbefehls. Der Krieg gegen Rußland, erklärte er, müsse als ideologischer Krieg geführt werden, als Kampf auf Leben und Tod zwischen dem Nationalsozialismus und dem »jüdischen Bolschewismus«. Die den einzelnen Einheiten der Roten Armee zugeordneten politischen Kommissare sollten »nach ihrer Gefangennahme oder Kapitulation unter allen Umständen sofort getötet werden«. Die Division müsse »fanatisch und gnadenlos« kämpfen. Da Rußland die Genfer Konvention nicht unterzeichnet habe, könne man von ihm eine »zivilisierte« Kriegführung nicht erwarten. Deutschland müsse sich daher darauf verlassen können, daß die Männer der SS-Totenkopf-Division »ohne Gnade oder Mitleid« kämpften. Der Krieg im Osten sei ein Kampf, »von dem das Schicksal des deutschen Volkes abhängt«.

Hitlers Fanatismus hatte sich nun auf die Männer übertragen, die ihn in die Praxis umsetzen mußten. Am gleichen Tag schärfte Hitler seinen höchsten Truppenführern in einer Einsatzbesprechung ein, die russischen Streitkräfte seien den deutschen lediglich zahlenmäßig überlegen; in punkto Führung, Ausrüstung und Erfahrung sei die Wehrmacht der Roten Armee überlegen. Zugleich warnte er jedoch davor, die Rote Armee zu unterschätzen. Er wiederholte, was er schon in seiner Weisung drei Tage zuvor zum Ausdruck gebracht hatte: Der Hauptfeind sei nach wie vor England. »England wird gegen uns kämpfen, solange der Kampf irgendeinen Sinn hat ...«

Am 15. Juni starteten die britischen Streitkräfte in Ägypten die Operation »Battleaxe«, einen Versuch, Rommel nach Libyen zurückzutreiben und möglicherweise auch Tobruk zu befreien. »Ich messe diesem Unternehmen größte Bedeutung bei«, telegrafierte Churchill am Abend vor dem Angriff an Roosevelt. Doch die Operation litt stark unter der unzulänglichen Ausrüstung der britischen Truppen und wurde nach anfänglichen Geländegewinnen von den Panzern und Panzerspähtrupps Rommels zurückgeschlagen. Der britische Nachrichtendienst hatte den Zeitpunkt und die Stärke von Rommels Gegenschlag richtig eingeschätzt: Die britischen Streitkräfte hatten einfach nicht die Kraft, ihm standhalten zu können. In den vier Tagen der Schlacht fielen 122 alliierte Soldaten, und hundert britische Panzer gingen verloren.

Am gleichen Tag, als in Ägypten die Operation »Battleaxe« anlief, schlossen sämtliche deutschen Kommandeure im Osten, wie am Tag zuvor angeordnet, ihre Vorbereitungen für den Fall »Barbarossa« ab. Sie warteten jetzt nur noch auf eines von zwei Codewörtern: »Altona« für Aufschub beziehungsweise Abbruch oder »Dortmund« für Angriff. An diesem Tag schickte der sowjetische Kommandeur von Kiew, General Kirponos, der überzeugt war, daß der Krieg unmittelbar bevorstand, Stalin per Boten ein persönliches Schreiben mit der Bitte, 300000 sowjetische Zivilisten aus dem Grenzgebiet entlang des Bug evakuieren und Panzersperren errichten zu dürfen. Stalin gab dieselbe Antwort, die er auf ähnliche Gesuche in den Tagen zuvor gegeben hatte: »Das wäre eine provokative Handlung. Haltet still.«

Am 15. Juni wurde in der Heeresgruppe Mitte eine Liste der Bombenziele ausgegeben, die in den ersten Stunden der Offensive zerstört werden sollten. Darunter waren die Nachrichtenübermittlungsposten und Fernmeldezentren, die die Rote Armee in den ehemals polnischen Landesteilen errichtet hatte: in Kobryn, Wolkowysk, Lida und Baranowitschi. Weitere Einrichtungen, die bombardiert werden sollten, lagen östlich der früheren russisch-polnischen Grenze: in Sluzk, Minsk, Mogilew, Orscha und Smolensk.

In Berlin waren am 15. Juni, wie der Diplomat Ulrich von Hassell in seinem Tagebuch festhielt, phantastische Gerüchte im Umlauf, etwa daß eine »Verständigung mit Rußland« bevorstehe, daß »Stalin [her]komme« und ähnliches. Churchill freilich, dem täglich die Auswertung des deutschen Enigma-Funkverkehrs vorgelegt wurde, war völlig sicher, daß der deutsche Einmarsch in Rußland nur noch eine Frage von Tagen sein konnte. »Jede der mir zur Verfügung stehenden Quellen, darunter äußerst zuverlässige«, telegrafierte er am 15. Juni an Roosevelt, »deutet darauf hin, daß eine großangelegte deutsche Invasion in Rußland bevorsteht. Die Deutschen haben nicht nur ihre Hauptarmeen von Finnland nach Rumänien verlegt, sondern sind auch dabei, die letzten Luftwaffen- und Panzerstreitkräfte in Stellung zu bringen.« Falls dieser neue Krieg ausbrechen sollte, fügte Churchill hinzu, »werden wir den Russen jegliche Ermutigung und Hilfe, die wir erübrigen können, zuteil werden lassen, gemäß dem Grundsatz, daß Hitler der Feind ist, den es zu bekämpfen gilt«.

In einem Appell an das amerikanische Volk, der am folgenden Abend, dem 16. Juni, ausgestrahlt wurde, versuchte Churchill, einen Eindruck von der Dramatik der Lage und von seinen unheilvollen Vorahnungen zu vermitteln. »Mit jedem Monat, der vergeht«, warnte er, »wird die Reise, die wir hinter uns bringen müssen, länger und gefährlicher. Gemeinsam werden wir bestehen, einzeln werden wir untergehen. Einzeln werden wir nicht verhindern können, daß das finstere Mittelalter zurückkehrt. Gemeinsam können wir die Welt retten und führen.«

Zwei Tage nach dieser Radioansprache Churchills empfing US-Präsident Roosevelt den Oberst William J. Donavan und ernannte ihn zum Informationskoordinator mit der Aufgabe, alle für die nationale Sicherheit relevanten Informationen zu sammeln und zu analysieren, »diese Informationen und Daten zueinander in Bezug zu setzen« und die Ergebnisse dem Präsidenten zugänglich zu machen. Donavan wurde ferner mit der Durchführung von Sonderaufgaben und subversiver Propagandamaßnahmen beauftragt.

Am Tag von Churchills Radioansprache war das letzte deutsche Kriegsschiff aus dem Schwarzen Meer verschwunden. Von den zwanzig deutschen Ingenieuren, die im Mai noch in Leningrad gearbeitet hatten, war der letzte am 15. Juni aus Rußland ausgereist. Sowjetische Marinebeobachter registrierten diese Anzeichen für einen deutschen Angriff und erstatteten dem Kommandeur der sowjetischen Ostseeflotte, Admiral Tribuz, Bericht. Am 17. Juni erhielten alle deutschen Heeres-, Marine- und Luftwaffenkommandeure den verschlüsselten Funkspruch »Warzburg«: Der Einmarsch in die Sowjetunion sollte am Sonntag, den 22. Juni,

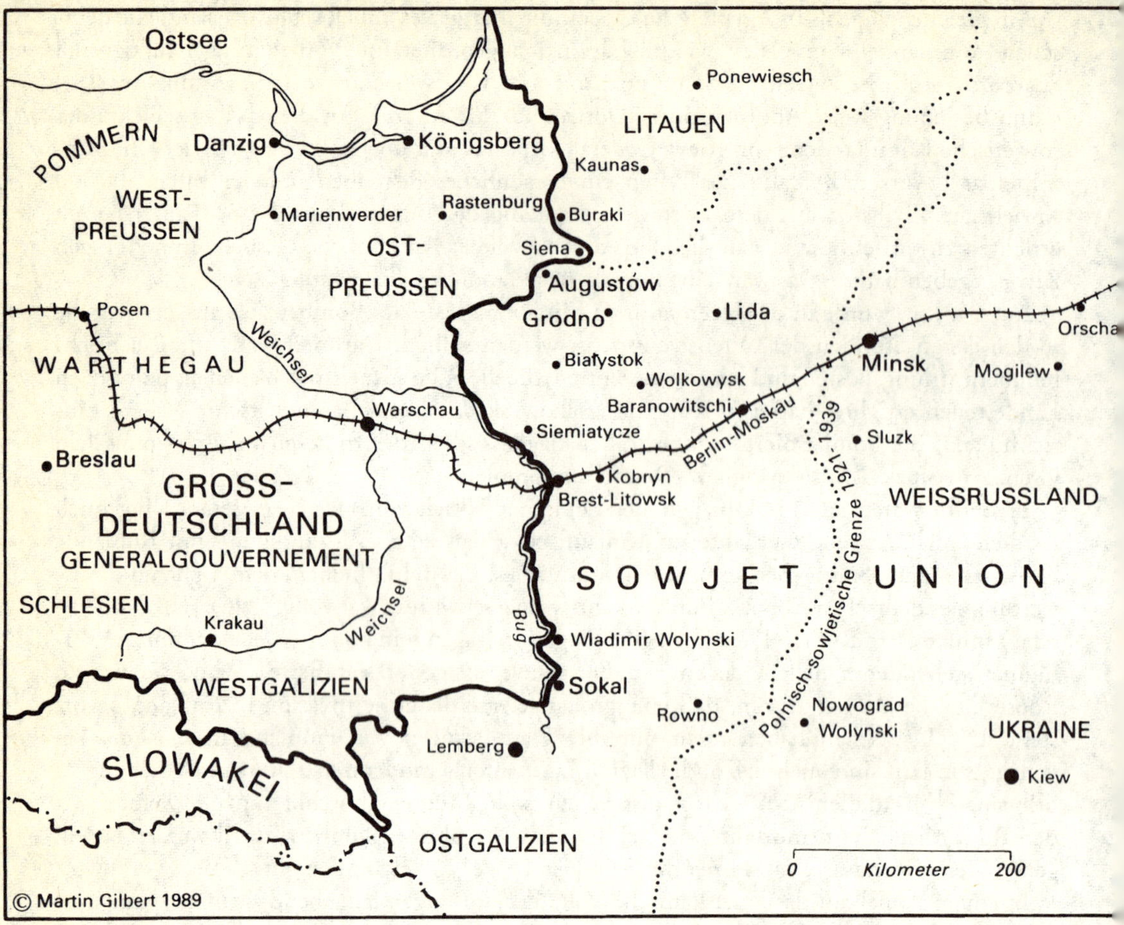

Deutschland und Sowjetunion unmittelbar vor Kriegsbeginn

um 3.00 Uhr morgens beginnen. Am nächsten Tag wurden um die Mittagszeit die sowjetischen Grenztruppen in Białystok in Alarmbereitschaft versetzt.

Die deutschen Führer und Ideologen waren siegessicher. Am 18. Juni stellte Alfred Rosenberg seine Pläne für die Aufteilung der sowjetischen Kaukasusregion in fünf getrennte »Generalkommissariate« unter deutscher Kontrolle fertig: Georgien, Aserbeidschan, Nordkaukasus, Krasnodar und Ordschonikidse, dazu zwei »Generalkommissariate« für Armenien und das Gebiet der Kalmücken. Auf diese Weise glaubte Rosenberg eine deutschlandfreundliche Achse Berlin–Tiflis schaffen zu können, die zugleich eine dauerhafte Barriere gegen jede zukünftige Wiederauferstehung der russischen Macht darstellen würde.

Zu den Vorbereitungen auf den bevorstehenden Kampf gehörte auch, daß die SS-Führung am 19. Juni die Weichen für die Schaffung eines Versorgungswerks für die Waisen und Witwen gefallener SS-Männer stellte. Aber war sich die Rote Armee darüber im klaren, daß ein Angriff bevorstand? Am 19. Juni ordnete der sowjetische Verteidigungsminister, Marschall Timoschenko, die Tarnung aller vorgeschobenen Flugplätze, Truppenteile und militärischen Einrichtungen an, die bislang noch vom Boden und aus der Luft gut sichtbar waren. Am gleichen Abend telefonierte Admiral Tribuz von Leningrad aus mit Moskau und berichtete, das letzte deutsche Kriegsschiff habe am 16. Juni sowjetische Gewässer verlassen. Daraufhin erhielt er von Admiral Kusnezow, dem Marineminister, die Erlaubnis, die Ostseeflotte in den »Bereitschaftszustand Nr. 2« zu versetzen; das bedeutete das Auftanken aller sowjetischen Kriegsschiffe und die Alarmierung ihrer Besatzungen. Am 19. Juni reiste der Sekretär des Leningrader Parteikomitees, Andrej Schdanow, höchster Parteifunktionär in der Stadt und Mitglied in Stalins Kriegsrat, ab, um in dem Ferienort Sotschi am Schwarzen Meer seine Sommerferien zu verbringen. Während Schdanow Leningrad verließ, versetzte Admiral Kusnezow die sowjetische Schwarzmeerflotte in den »Bereitschaftszustand Nr. 2«.

Im Nahen Osten kapitulierten in den frühen Morgenstunden des 21. Juni die Vichy-Einheiten in Damaskus vor den vereinten Truppen der Briten und der Kämpfer des Freien Frankreich. Nun hatte Hitler keine Chance mehr, ohne Schwierigkeiten bis nach Palästina und zum Suezkanal vorzustoßen. In derselben Nacht unternahm in der Nähe von Buraki an der ostpreußisch-litauischen Grenze ein Trupp deutscher Soldaten, der mit einer Aufklärungsmission betraut war, einen Versuch, die sowjetischen Linien zu durchbrechen. Drei wurden getötet und zwei gefangengenommen. Um 2.40 Uhr an diesem Morgen teilte der Stabschef des sowjetischen Sondermilitärbezirks West, General Klimowskich, von seinem Hauptquartier in Poneswiesch aus der Moskauer Militärführung über Funk mit, deutsche Flugzeuge mit Bomben hätten am Tag zuvor westlich von Kaunas die Grenze verletzt. Noch unheimlicher erschien ihm, daß nach Beobachtungen eines seiner Offiziere die Drahtverhaue entlang der Grenze an den Straßen nach Augustów und Siena, die tagsüber noch an Ort und Stelle gewesen seien, »gegen Abend entfernt« worden seien. General Klimowskich berichtete ferner über »Motorengeräusche aus dem Wald«.

Um 4 Uhr morgens meldete ein U-Boot-Kommandant der Roten Armee, Kapitän Marinenko, er habe am Eingang zum Finnischen Meerbusen einen Konvoi von 32 deutschen Truppentransportern gesichtet. Admiral Tribuz wurde pflichtgemäß informiert und alarmiert. Zehn Stunden später, um 14 Uhr, rief Stalin selbst vom Kreml aus den Kommandeur des Moskauer Militärbezirks, General Tjulenew, an, erklärte ihm: »Die Lage ist angespannt« und wies ihn an, »die Moskauer Luftverteidigungstruppen auf 75 Prozent ihrer Gefechtsbereitschaft zu bringen«. Kurz danach erhielt Nikita Chruschtschow in Kiew telefonisch ähnliche Anweisungen. Auch diesmal war Stalin selbst der Anrufer.

Am Nachmittag des 21. Juni schrieb Hitler an Mussolini, er habe den »härtesten Entschluß« seines Lebens gefaßt.

Kurz nach 21 Uhr rief der Stabschef des Militärbezirks Kiew, General Purgajew, Marschall Schukow in Moskau an und meldete, ein deutscher Hauptfeldwebel sei »zu unseren Grenzposten gekommen« und habe »gesagt, deutsche Truppen rückten in Aufmarschpositionen vor, und der Angriff werde am Morgen des 22. Juni beginnen«. Es handelte sich um den Deserteur Alfred Liskof, der in der ukrainischen Grenzstadt Wladimir-Wolynski übergelaufen war.

Schukow rief sofort Stalin an, der ihn und Timoschenko in den Kreml bestellte. »Die deutschen Generäle haben diesen Überläufer vielleicht geschickt, um einen Konflikt zu provozieren«, meinte Stalin. »Nein«, erwiderte Timoschenko, »wir glauben, er sagt die Wahrheit.« »Was sollen wir tun?« fragte Stalin, worauf Timoschenko antwortete: »Es muß sofort die Weisung ergehen, daß die Truppen in allen Grenzbezirken in Alarmbereitschaft versetzt werden.«

Stalin zögerte noch. »Es ist noch zu früh, eine solche Weisung auszugeben«, entgegnete er, »vielleicht kann man die Frage friedlich klären.« Er stimmte jedoch einer Weisung an alle Militärräte in den Grenzbezirken zu, daß mit der Möglichkeit eines »plötzlichen deutschen Angriffs« gerechnet werden müsse. Dem fügte Stalin allerdings die Mahnung hinzu, die sowjetischen Truppen dürften sich nicht »durch irgendwelche provokativen Aktionen« der

Die ‹Wolga-Archangelsk-Linie› und die ‹Berlin-Tiflis-Achse›

Deutschen »reizen« lassen. Die Weisung, wie sie an diesem Abend von Timoschenko und Schukow unterzeichnet wurde, enthielt den Befehl, die Feuerstellungen in den Grenzfestungen in den frühen Morgenstunden des 22. Juni »heimlich zu bemannen« und alle Flugzeuge noch vor Morgengrauen des 22. Juni auf den Rollbahnen zu verteilen und »sorgfältig zu tarnen«. Sämtliche Einheiten sollten in Alarmbereitschaft versetzt und Vorkehrungen getroffen werden, um »Städte und andere Ziele zu verdunkeln«.

Um 0.30 Uhr, in der ersten Stunde des 22. Juni, meldete Schukow an Stalin, diese Weisung sei an alle grenznahen Militärbezirke übermittelt worden. Während diese Übermittlung noch im Gang war, sprach Hitler nach einem Abendessen mit Albert Speer und Admiral Raeder über seine Pläne zur Schaffung eines deutschen Marinestützpunktes an der norwegischen Küste, in der Nähe von Trondheim. Dort sollte Deutschlands größte Dockanlage entstehen. Daneben sollte eine Stadt für eine Viertelmillion Deutsche gebaut und dem großdeutschen Reich eingegliedert werden. Hitler legte dann eine Schallplatte auf und spielte seinen beiden Gästen einige Takte aus Liszts »Les Préludes« vor. »Das werden Sie in der nächsten Zeit oft zu hören bekommen«, sagte er, »denn es wird unsere Siegesfanfare für den russischen Feldzug sein.« Seine Pläne für die Errichtung monumentaler Bauwerke in Berlin, Linz und anderswo würden jetzt durch einen neuen Krieg »mit Blut« besiegelt. Aus Rußland werde das Deutsche Reich auch in architektonischer Hinsicht Kapital schlagen. »Granit und Marmor werden wir uns dort holen, soviel wir wollen«, erklärte er.

Kurz nach Mitternacht, während die alarmierende Weisung aus Moskau sich auf dem Weg zu den Grenztruppen befand, ratterte der Berlin-Moskau-Express über die den Bug überspannende Eisenbahnbrücke und fuhr in die sowjetische Grenzstadt Brest-Litowsk ein. Etwas später überquerten zwei Züge, die von Kobryn kamen, den Bug in umgekehrter Richtung. Der eine war der reguläre Moskau-Berlin-Express. Der andere, der unmittelbar dahinter folgte, war ein Güterzug, der sowjetisches Getreide für deutsche Lagerhäuser geladen hatte.

Alles ging seinen gewohnten Gang. Der Kommandeur eines deutschen Korps, das weiter südlich in Grenznähe stand, meldete in dieser Nacht seinem Vorgesetzten, in der sowjetischen Stadt auf der anderen Seite der Grenze herrsche offensichtlich Ruhe. »Sokal ist nicht verdunkelt«, berichtete er. »Die Russen bemannen ihre voll beleuchteten Posten. Anscheinend haben sie keinen Verdacht geschöpft.« In Nowgorod-Wolynski war General Konstantin Rokossowski Ehrengast bei einem in seinem Hauptquartier stattfindenden Konzert. Als er die Weisung aus Moskau erhielt, befahl er seinen Kommandeuren, sich erst »nach dem Konzert« zu ihren Einheiten zu begeben. Im Offiziersklub in Kiew sah sich General Pawlow, Kommandeur des Militärbezirks West, eine ukrainische Komödie an. Als man ihm sagte, an der Grenze habe sich eine »alarmierende« Lage entwickelt, zog er es vor, der Aufführung bis zum Ende beizuwohnen.

Kein Konzert und kein Theaterstück, aber ein Ball war an diesem Samstagabend in der sowjetischen Grenzstadt Siemiatytsche in vollem Gang, ein Ball, auf dem sich, wie schon seit einigen Wochen üblich, auch Soldaten des deutschen Grenzschutzes und viele Juden eingefunden hatten. Um 4 Uhr morgens war der Ball noch nicht zu Ende. Minute um Minute verstrich mit rauhen Liedern und schwungvollen Tänzen. »Plötzlich«, heißt es in der Darstellung des Lokalhistorikers von Siemiatytsche, »fielen Bomben. Der Strom im Saal fiel aus und, übereinander stolpernd, rannten alle nach Hause.«

Als die deutschen Truppen in den frühen Morgenstunden des 22. Juni abmarschbereit an der sowjetischen Grenze standen, kamen auf die 2500000 sowjetischen Soldaten in den westlichen Verteidigungsbezirken etwa 3200000 deutsche. Weitere 2200000 sowjetischen Soldaten standen in Reserve für die Verteidigung Moskaus, Leningrads und der Industriegebiete im Donezbecken und im Uralgebiet. Diese Zahlen täuschten jedoch. Nur 30 Prozent der sowjetischen Soldaten verfügten über automatische Waffen. Nur 20 Prozent der sowjetischen Flugzeuge und 9 Prozent ihrer Panzer waren Exemplare neuester Bauart.

Der Herr über acht europäische Hauptstädte – Warschau, Kopenhagen, Oslo, Den Haag, Brüssel, Paris, Belgrad und Athen –, der Herrscher über Europa von der arktischen Kälte des Nordkaps bis zu den warmen Inselstränden Kretas, der Oberbefehlshaber einer unbesiegten Streitmacht, die selbst noch weit im Süden, an der Grenze Ägyptens, stand, streckte seine Hand nun nach Moskau aus. Aber auch wenn der Tag kommen sollte, an dem seine Frontkommandeure durch ihre Ferngläser die Turmspitzen des Kreml erkennen konnten, so sollte Moskau ihm doch nie gehören. Der Marsch nach Moskau, der 1812 Napoleon zum Verhängnis geworden war, sollte, durch einen Alptraum von Leid und Zerstörung hindurch, zum Scheitern aller Pläne Hitlers und vier Jahre später zum Untergang seines Reiches führen.

KAPITEL 15

Der deutsche Überfall auf die Sowjetunion

Juni 1941

4.15 Uhr am Morgen des 22. Juni 1941: Der deutsche Einmarsch in die Sowjetunion lief an. In den ersten Stunden griffen deutsche Bomber 64 Flugplätze an und zerstörten zahlreiche Flugzeuge am Boden. Gleichzeitig wurden fünf ausgewählte Städte aus der Luft bombardiert: Kaunas, Minsk, Rowno, Odessa und Sewastopol. Weitere Bomberverbände flogen Angriffe auf Libau, einen der wichtigsten Stützpunkte der sowjetischen Ostseeflotte. Während die Bürger der Sowjetunion vom Bombenlärm aus dem Schlaf gerissen wurden, begann die Wehrmacht entlang einer 580 km langen Front ihren Vormarsch.

Die Nacht zum 22. Juni war die kürzeste des Jahres. Seit der französischen Kapitulation in Compiègne war auf den Tag genau ein Jahr vergangen. Am gleichen Datum hatte 129 Jahre zuvor Napoleon den Neman in Richtung Moskau überquert. Um 7 Uhr morgens verlas Goebbels über den Hörfunk eine Proklamation Hitlers. »Von schweren Sorgen bedrückt«, erklärte der Führer, »zu monatelangem Schweigen verurteilt, ist nun die Stunde gekommen, in der ich endlich offen sprechen kann. – Deutsches Volk! In diesem Augenblick vollzieht sich ein Aufmarsch, der in Ausdehnung und Umfang der größte ist, den die Welt bisher gesehen hat. Ich habe mich heute entschlossen, das Schicksal und die Zukunft des Deutschen Reiches und unseres Volkes wieder in die Hand unserer Soldaten zu legen. Möge uns der Herrgott gerade in diesem Kampfe helfen!«

Eine Viertelstunde nachdem Radio Berlin diesen Aufruf Hitlers ausgestrahlt hatte, gab Schukow in Absprache mit Stalin eine Weisung heraus, die die sowjetischen Streitkräfte autorisierte, »den Feind anzugreifen und zu vernichten«, wo immer er die Grenze überquere. Sowjetische Truppen sollten jedoch, so wurde ausdrücklich angeordnet, nirgendwo die deutsche Grenze überschreiten. Luftangriffe auf deutsche Ziele, darunter Königsberg und Memel, sollten geflogen werden, doch dürften sie dabei nur 150 Kilometer in den deutschen Luftraum eindringen. Für 12 Uhr mittags wurde eine Radioansprache von Außenminister Molotow angekündet.

Hoffte Stalin, doch noch eine Einigung oder einen Waffenstillstand herbeiführen zu können? Die Sowjets hätten, notierte General Halder in sein Tagebuch, »Japan um Vermittlung bei den politischen und wirtschaftlichen Beziehungen zwischen Rußland und Deutschland gebeten und stehen in lebhaftem Funkverkehr mit dem deutschen Auswärtigen Amt«. »Erst als deutlich wurde, daß es unmöglich war, die feindliche Offensive durch diplomatisches Handeln zu stoppen«, schrieb der sowjetische Historiker Karasew, »gab die Regierung um 12 Uhr mittags den deutschen Überfall und den Eintritt des Kriegsfalles für die Sowjetunion bekannt.«

Die Russen konnten den Vormarsch der Wehrmacht nicht aufhalten. An diesem Tag nahmen die Deutschen in Alytus südlich von Kaunas eine strategisch wichtige Brücke, und die Neman-Linie fiel kampflos in deutsche Hände. »Die Überraschung des Feindes«, schrieb Halder an diesem Tag in sein Tagebuch, »ergibt sich aus der Tatsache, daß Truppen im Quartier überrascht werden, Flugzeuge zugedeckt auf den Plätzen standen, vorne überrumpelte

Feindteile hinten anfragten,was sie machen sollten.« Um 21.15 Uhr gab Timoschenko die dritte Weisung binnen weniger als 24 Stunden heraus, welche alle sowjetischen Grenztruppen aufforderte, in die Offensive zu gehen und dabei maximal 80 bis 120 Kilometer weit auf deutsches Gebiet vorzudringen.

Doch mit Weisungen ließ sich die Sturmflut der deutschen Offensive nicht mehr eindämmen. Schon am ersten Kriegstag schlugen die Deutschen nördlich von Grodno, zwischen der von Woroschilow kommandierten Nordwestfront und der Westfront unter Timoschenko, eine Lücke in die sowjetische Verteidigungslinie. Freilich nahmen nicht alle Zeitgenossen den deutschen Einmarsch tragisch. Als die Nachricht vom Überfall auf Rußland um 16 Uhr in Warschau aus deutschen Lautsprechern dröhnte, versuchten die Juden im Getto, wie sich einer von ihnen, Alexander Donat, später erinnerte, »vergeblich«, ein Lächeln zu unterdrücken. »Mit Rußland auf unserer Seite«, so waren sie überzeugt, »war der Sieg sicher und das Ende Hitlers nahe.«

Seltsamerweise fand die Zuversicht der Warschauer Juden eine eigenartige Entsprechung in Berlin. »Wir müssen es bald schaffen«, schrieb Goebbels am 23. Juni in sein Tagebuch. »Im Volk ist eine leicht deprimierte Stimmung. Das Volk will den Frieden, zwar nicht den verlorenen, aber jeder neu aufgemachte Kriegsschauplatz macht ihm Sorgen und Kummer.«

Hitler, der an diesem Tag von Berlin aus zu seinem neuen Hauptquartier »Wolfschanze« in der Nähe von Rastenburg in Ostpreußen aufbrach, erklärte General Jodl: »Wir brauchen nur die Tür einzutreten, und der ganze morsche Bau bricht zusammen.« Aber selbst Hitlers Zuversicht war nicht grenzenlos. »Am Anfang eines jeden Feldzugs«, sagte er später an diesem Tag zu einem Mitarbeiter seines Stabs, »stößt man die Tür zu einem dunklen, unbekannten Zimmer auf. Man weiß nie, was sich dahinter verbirgt.«

Um 12 Uhr mittags hatte die deutsche Luftwaffe mehr als tausend sowjetische Flugzeuge am Boden und im Luftkampf zerstört – ein Viertel der gesamten Roten Luftwaffe. An diesem Tag erklärten auch Italien und Rumänien Rußland den Krieg.

Als die Abenddämmerung des 22. Juni hereinbrach, hatten die Deutschen die Festungsstädte Kobryn und Pruschany überrannt. Am folgenden Tag wurde in Moskau ein dreiköpfiger Evakuierungsrat berufen. Eines der Mitglieder war Alexander Kossygin, der die Verlagerung von mehr als 1500 Rüstungs- und sonstigen Betrieben aus Westrußland und der Ukraine in den sicheren Osten planen sollte. Jenseits des Ural, in entlegenen sibirischen und kasachischen Städten wie Swerdlowsk, Kurgan oder Tscheljabinsk, legte die Sowjetunion in dieser Stunde des Schreckens und der Schwäche den Grundstein für den Aufbau eines massiven Rüstungspotentials.

Schon in den ersten Tagen des deutschen Angriffs wurde deutlich, daß dies mehr war als ein Kampf zwischen den Streitkräften zweier Länder. Als eine Wehrmachtseinheit beim Grenzdorf Slotschi endlich die sowjetischen Verteidiger in ihren Unterständen niedergekämpft hatte, brannte sie das Dorf nieder und brachte alle hundert Einwohner um. Am 25. Juni tadelte General Lemelsen, der das III. Panzerkorps kommandierte, seine untergebenen Offiziere wegen des, wie er es nannte, »sinnlosen Erschießens von Kriegsgefangenen und Zivilisten« in den Tagen davor. Seine Vorwürfe wurden ignoriert.

Lemelsen wiederholte seinen Protest fünf Tage später. In einem weiteren Tagesbefehl erklärte er, entgegen seinen Weisungen seien »erneut Erschießungen von Kriegsgefangenen und Deserteuren beobachtet worden, die auf unverantwortbare, sinnlose und verbrecherische Weise durchgeführt wurden. Das ist Mord! Die deutsche Wehrmacht führt Krieg gegen den Bolschewismus, nicht gegen die sowjetischen Völker.« Doch Lemelsen bekräftigte auch Hitlers Befehl, daß all diejenigen, die als politische Kommissare und Partisanen identi-

Die Ausweitung des Krieges, Juni 1941

fiziert würden, »weggeführt und erschossen« werden sollten. Nur auf diese Weise, so erklärte er, könne das russische Volk »von der jüdischen Verbrecher- und Unterdrückerbande« befreit werden.

In der letzten Juniwoche mußten die Sowjets auf dem Schlachtfeld einen Rückschlag nach dem anderen hinnehmen. Am 25. Juni fielen zwei Generäle, Chazkilewitsch und Nikitin. Einige strategisch wichtige Städte gingen an diesem Tag verloren, einschließlich der Eisenbahnknotenpunkte Baranowitschi und Lida im Norden und Dubno im Zentrum. Goebbels übte sich dennoch in Zurückhaltung. »Großkarten von Rußland halte ich noch zurück«, notierte er an diesem Tag in sein Tagebuch. »Die weiten Räume können unser Volk nur erschrecken.«

Wieder wurden die Juden, wie nicht anders zu erwarten war, zu den bevorzugten Opfern der systematischen Zerstörungswut der Deutschen. Als die Wehrmacht am 25. Juni in Luzk einzog und in dem dortigen Krankenhaus einen jüdischen Arzt namens Benjamin From antraf, der gerade eine Christin operierte, wurde er aufgefordert, die Operation sofort abzubrechen. Als er sich weigerte, zerrten ihn die Deutschen von seiner Patientin weg, schleppten ihn nach Hause und brachten ihn samt seiner ganzen Familie um.

Am Morgen des 26. Juni erreichten deutsche Truppen Dünaburg und nahmen die Straßen- und Eisenbahnbrücken über die Düna ein. Dies war ein bemerkenswerter Erfolg, welcher mit der Eroberung der belgischen Festung Eben-Emael etwas mehr als ein Jahr zuvor vergleichbar war. Die Wehrmacht war jetzt schon 300 Kilometer weit auf sowjetisches Territorium vorgedrungen. Später an diesem Tag erklärte Finnland der Sowjetunion den Krieg, während Mussolini in Verona die Parade einer italienischen Division abnahm, die in Rußland an der Seite der Deutschen kämpfen sollte. Schukow flog am selben Tag vom Hauptquartier der Südwestarmee in Tarnopol nach Moskau zurück und erhielt von Stalin am Abend die Weisung, entlang der Linie Drissa – Polozk – Witebsk – Orscha – Mogilew – Mosyr sowie entlang der weiter östlich gelegenen Linie Selischarowo – Smolensk – Roslawl – Gomel ein Verteidigungssystem aufzubauen. Wie ein Blick auf die Karte zeigt, erkannten Schukow und Stalin schon zu diesem Zeitpunkt, wie weit ihre Truppen in der nächsten Zeit möglicherweise zurückgedrängt würden. »Wo der Feind aufgehalten werden konnte«, erinnerte sich Schukow später, »welches die geeigneten Linien für einen Gegenangriff waren und welche Kräfte uns noch zu Gebote stehen würden, wußten wir nicht.« An diesem Tag befahl in Moskau Lawrenti Berija, Leiter des Volkskommissariats für Interne Angelegenheiten – des NKWD – allen regionalen NKWD-Gliederungen in Westrußland, besondere Einheiten zur Verteidigung der Heimat, auch Zerstörungsbataillone genannt, aufzustellen, um wichtige Einrichtungen hinter den Linien zu bewachen, Sabotage zu verhindern und Landungsversuche deutscher Fallschirmjäger abzuwehren. Diese Bataillone, welche jeweils 100 bis 200 Mann stark waren, bestanden meist aus Männern, die zu alt, zu jung oder körperlich nicht tauglich waren, um als reguläre Soldaten in der Roten Armee zu dienen.

In Leningrad wurde am 27. Juni ein Baustopp für alle zivilen Bauvorhaben verhängt. 30 000 Bauarbeiter samt Arbeitsgerät und Material wurden aus der Stadt gebracht, um im Gebiet zwischen Leningrad und Luga Panzerabwehrgräben auszuheben und verstärkte Geschützstände aus Betonblöcken zu bauen. An diesem Tag appellierte Marschall Mannerheim an das finnische Volk, eine würdige Rolle im »heiligen Krieg« gegen Rußland einzunehmen. Dieser Krieg war, wie sich alsbald erwies, alles andere als ein Spaziergang, auch nicht für die SS-Totenkopf-Division, die am 27. Juni von einer Reihe sowjetischer Gegenangriffe überrascht wurde. Die Russen gingen zunächst mit Panzern und dann, als die Panzer außer Gefecht gesetzt waren, zu Fuß gegen die Deutschen vor. Die SS-Leute mußten auch vor den vielen versprengten Gruppen von Sowjetsoldaten auf der Hut sein, die weit hinter der Front auf eigene Faust operierten und lieber bis zum letzten Atemzug kämpften, als sich zu ergeben. Es erging der Befehl, mit solchen Versprengten unbarmherzig aufzuräumen. In der Regel wurden sie auf der Stelle erschossen, auch wenn sie noch gar keinen Widerstand geleistet hatten.

Nicht nur versprengte sowjetische Soldaten, sondern auch organisierte Partisanen tauchten bald hinter den deutschen Linien auf. Am 27. Juni gab Nikita Chruschtschow in Kamenez Podolsk die Weisung, kleine Partisanenkommandos zu organisieren, welche zehn bis zwanzig Mann stark sein sollten. Mehr als 140 solcher Gruppen wurden auch in Lemberg, Tarnopol,

Die deutsche Invasion in Rußland, 22. Juni 1941

Stanislawow, Tschernowitz und Rowno auf Initiative der örtlichen KP-Gliederungen aufgestellt. Alles in allem handelte es sich um etwa 2000 Mann, die durch die deutschen Linien in die vom Feind besetzten sowjetischen Gebiete eingeschleust wurden.

Am 27. Juni erklärte Ungarn der Sowjetunion den Krieg, einen Tag später folgte Albanien dem ungarischen Beispiel. Rußland lag nun mit fünf Staaten im Krieg – Deutschland, Finnland, Rumänien, Ungarn und Albanien. Am 27. Juni knackten britische Kryptographen in Bletchley den von der Wehrmacht an der Ostfront benutzten Enigma-Code. Unter dem Deckwort »Geier« lieferten die Auswerter von nun an täglich die deutschen Wehrmachtsbefehle im Klartext. Am Tag danach erteilte Churchill die Anweisung, diese Erkenntnisse an Stalin zu übermitteln, vorausgesetzt, ihre Quelle könne ein Geheimnis bleiben. Ein Offizier des britischen Militärischen Nachrichtendienstes, Cecil Barclay, der die Arbeit in Bletchley kannte und damals in der britischen Botschaft in Moskau tätig war, wurde beauftragt, dem Chef der sowjetischen Abwehr Warnungen vor geplanten deutschen Truppenbewegungen und Informationen über die Absichten der Invasoren zukommen zu lassen.

Auch wenn Stalin und seine Kommandeure somit bestens über die jeweils bevorstehenden deutschen Schritte informiert waren, verfügten sie doch nicht über die Ressourcen, um diesen etwas entgegensetzen oder ihre Soldaten und die Bevölkerung vor der Brutalität des deutschen Vorgehens schützen zu können. Am 27. Juni griffen zwei deutsche Panzergruppen, nachdem sie sich östlich von Minsk vereinigt hatten, die 300 000 in der Stadt und ihrer Umgebung eingeschlossenen Sowjetsoldaten an. In dieser Schlacht fielen Zehntausende. Fast alle überlebenden Rotarmisten wurden gefangengenommen. Auf sie wartete ein schreckliches Los: geprügelt, ausgehungert, ohne jede ärztliche Betreuung, ohne angemessene Unterkunft, mit der Aussicht, erschossen zu werden, wenn sie auf den endlosen Gewaltmärschen nur einmal ins Stolpern kamen, lebten ein Jahr später nur noch wenige von ihnen.

Am 27. Juni beobachtete in dem Dorf Nieschwitsch der junge Jude Shalom Cholawski voller Entsetzen, wie ein deutscher Soldat auf einen sowjetischen Gefangenen einschlug. »Der Gefangene«, erinnerte Cholawski sich später, »ein kleiner Mann mit dunklen, mongolischen Zügen, wußte nicht, warum der Deutsche es auf ihn abgesehen hatte oder warum er so tobte. Er stand da, ohne sich gegen die Schläge zu wehren. Plötzlich aber hob er den Arm, holte gewaltig aus und versetzte seinem Peiniger mit aller Kraft einen klatschenden Schlag mitten auf die Wange. Blut tropfte von dem Gesicht des Deutschen. Einen Moment lang starrten sie einander an, der eine kochend vor Wut, der andere ganz ruhig. Dann schleppten einige Deutsche ihn unsanft hinter den Zaun. Eine Gewehrsalve hallte durch die Luft.«

Um den negativen Auswirkungen des raschen deutschen Vormarsches auf die sowjetische Kampfmoral entgegenzuwirken, hängten die Behörden am 28. Juni in Leningrad Plakate aus, auf denen ein Foto des deutschen Deserteurs Alfred Liskof mit der Unterschrift »Niedergeschlagenheit bei den deutschen Soldaten« zu sehen war. Doch die deutschen Armeen und ihre Bundesgenossen marschierten unaufhaltsam weiter. Am 28. Juni griffen deutsche Truppen, von Norwegen aus vorrückend, und finnische Einheiten von finnischem Territorium aus die russischen Truppen in Karelien an. An diesem Tag hatten die deutschen Spitzen an der Minsker Front schon ein Drittel des Weges von der deutschen Grenze nach Moskau zurückgelegt – sechs Tage nach Kriegsbeginn.

Die Rote Armee war jedoch noch nicht am Ende ihres Kampfesmuts und ihrer Gewitztheit angelangt. Am 29. Juni wurde die SS-Totenkopf-Division von sowjetischen Jägern überrascht, die die SS-Stellungen im Tiefflug angriffen und zehn Mann töteten. General Halder, der die Berichte aus dem gesamten Kriegsgebiet studierte, schrieb in sein Tagebuch: »Nachrichten von der Front bestätigen überall, daß der Russe bis zum letzten Mann kämpft.« Von General Ott erfuhr Halder, daß die Russen im Gebiet von Grodno noch »zähen Widerstand« leisteten. Im Raum Lemberg verlege »der Feind die Front schrittweise nach Osten zurück«. In diesem Gebiet, fügte Halder hinzu, »häufen sich zum erstenmal Brückenzerstörungen«.

Am 29. Juni erging aus Moskau folgende Weisung an alle sowjetischen Truppenteile: Bevor die Rote Armee eine Stadt räume, solle sie sämtliche Fahrzeuge und andere Güter, vor allem auch Lebensmittel, in Sicherheit bringen: »Dem Feind keine einzige Lokomotive, keinen Lastwagen, keinen Laib Brot, keinen Liter Treibstoff hinterlassen.« Vieh müsse ins Hinterland gebracht werden. Was an Lebensmitteln oder Treibstoff nicht abtransportiert werden könne, müsse »ohne Ausnahme vernichtet werden«. Die Aufgabe der Partisanen wurde in der Weisung wie folgt umrissen: »Sprengen der Brücken und Eisenbahnlinien, Zerstören der feindlichen Telefon- und Telegrafenverbindungen, Sprengen der feindlichen Munitionslager.« Am gleichen Tag begannen die Leningrader Behörden mit der eine Woche dauernden Evakuierung von 212209 Kindern; fast alle wurden nach Jaroslawl an der Wolga gebracht.

Am 29. Juni, während deutsche Truppen durch die Gebiete vorrückten, die einst die östlichen Provinzen Polens gewesen waren, starb in den USA im Alter von achtzig Jahren der erste Präsident des unabhängigen Polen, Ignaz Jan Paderewski. Präsident Roosevelt bot sofort den Friedhof von Arlington als letzte Ruhestätte für seinen Sarg an, »bis Polen befreit ist«. Der Sarg Paderewskis, der für den Transport nach Polen in einem bleibeschichteten Metallbehälter mit Rädern deponiert wurde, befindet sich heute, 46 Jahre nach Kriegsende, immer noch in Arlington.

In der Nacht zum 30. Juni fiel Lemberg, die Hauptstadt Ostgaliziens, in einem »Alptraum von Blutbad und Chaos«, der mit einem vom NKWD organisierten Massaker an 3000 ukrainischen politischen Häftlingen begann, in die Hände der Deutschen. Kaum hatten sich die russischen Truppen zurückgezogen – wobei einige regelrecht aus der eingekesselten Stadt ausbrechen mußten –, als ukrainische Nationalisten auf offener Straße Juden abzuschlachten begannen. Weiter im Süden, in der rumänischen Stadt Jassy, brachten rumänische Soldaten mindestens 250 Juden um. Weitere 1194 Juden starben im Verlauf einer einwöchigen Tortur in den versiegelten Waggons eines Zuges, in die man sie eingesperrt und Richtung Süden transportiert hatte.

Drei Tage zuvor, keine 48 Stunden nach dem Einzug der deutschen Wehrmacht in Kaunas, waren einheimische Litauer gegen die etwa 35000 Juden der Stadt vorgegangen und hatten mehr als tausend von ihnen getötet.

Am 30. Juni gelang es dem sechsunddreißigjährigen sowjetischen General Jakow Kreiser, einem Juden, der eine motorisierte Infanteriedivision befehligte, die Panzerkolonnen Guderians in der Region um Borisow am Ostufer der Berezina zwei Tage lang aufzuhalten. Unterdessen zogen die Sowjets in aller Eile Verstärkungen entlang der Linie Drissa – Mozyr zusammen. Kreiser erhielt später in Anerkennung seiner Verdienste den begehrten Orden »Held der Sowjetunion«. Südlich von Borisow schlugen die Deutschen nach der Einnahme von Bobruisk einen Brückenkopf über die Berezina.

Jede russische Groß- oder Kleinstadt, jedes Dorf sollte später ehrend seiner Helden und Opfer aus den ersten Kriegswochen gedenken. In Leningrad zum Beispiel erinnert man sich bis zum heutigen Tag an den ersten Schriftsteller der Stadt, der in diesem Krieg sein Leben ließ: Lew Kantorowitsch fiel am 30. Juni als Soldat des Grenzkommandos. Neben den Russen, die im Kampf starben, wurden täglich Hunderte aufgrund des Kommissarbefehls kaltblütig umgebracht. Am 30. Juni erhielt der einundzwanzigjährige Offiziersanwärter Peter Neumann von seinem Leutnant den Befehl, zwei Kommissare zu erschießen, die seine Einheit in einem kleinen Dorf bei Lemberg aufgegriffen hatte. Als Neumann sich unwillig zeigte, wurde die Aufgabe dem SS-Gefreiten Libesis übergeben, »einem fröhlichen Tiroler Bauern«, wie Neumann sich später erinnerte, »der sich im Kampf schon zweimal das Eiserne Kreuz verdient hatte«. Libesis »ging ruhig, beiläufig, als hätte er alle Zeit der Welt, auf die Kommissare zu. ›Seid ihr Volkskommissare?‹ fragte er in einfachem Russisch. ›Ja, warum?‹ antworteten sie.« Libesis zog daraufhin seine Pistole, »zielte nacheinander auf jeden kahlgeschorenen Schädel und erschoß beide Männer«.

In Norwegen befahl Josef Terboven, alle Juden in Tromsø und den nördlichen Provinzen zusammenzutreiben. Sie wurden nach Deutschland deportiert. In Trondheim wurden Juden festgenommen und erschossen. In Holland wurden am 30. Juni 300 junge Juden zusammengetrieben und in die Steinbrüche von Mauthausen deportiert. »Sie gingen alle den gleichen steinigen Weg«, erinnerte sich später ein Holländer, der Augenzeuge der Deportation war. »Keiner überlebte.«

Am 30. Juni verlor Australien erstmals ein Schlachtschiff durch eine feindliche Kriegshandlung: Die *Waterhen,* die sich mit Nachschubgütern auf dem Weg ins besetzte Tobruk befand, wurde vor Sidi Barrani von deutschen Stukas angegriffen. Die Besatzung konnte von einem englischen Zerstörer gerettet werden. Kurz darauf versenkte die *Sydney,* ein Kreuzer der Royal Australian Navy, den italienischen Kreuzer *Bartolomeo Colleoni.*

Während die Wehrmacht am 30. Juni ihren unaufhaltsamen Vormarsch im Westen Rußlands fortsetzte, befahl General Kirponos den Rückzug seiner Truppen vom Lemberger Frontbogen auf die neue Verteidigungslinie Korosten – Nowgorod – Schepetowka – Starokonstantinow – Proskurow. Entlang diese Linie formierten sich die Sowjets am 9. Juli, während sie hinter der Front Verstärkungen heranführten.

Trotz schwerer Verluste hatte sich die sowjetische Front nicht aufgelöst. Weit im Norden starteten die Deutschen am 1. Juli zwei weitere militärische Operationen: das Unternehmen »Silberfuchs« gegen den wichtigen sowjetischen Nordmeerhafen Murmansk, und das Unternehmen »Lachsfalle« gegen die Eisenbahnlinie zwischen Kandalakscha und Bjelomorsk. Zur selben Zeit rückte die finnische Armee von Mittelfinnland aus ostwärts vor. Die Russen beorderten eiligst Verstärkungen nach Norden und konnten ihre Nabelschnur nach Murmansk verteidigen, denn die deutschen Soldaten waren für einen Krieg in waldreichem Gelände nicht ausgebildet und, wie in Westrußland, von der Hartnäckigkeit des sowjetischen Widerstands überrascht.

In Westrußland durchbrachen die Sowjets am 1. Juli mit einer Gegenoffensive östlich von Slonim den deutschen Einkreisungsring um zwei russische Panzerbrigaden, so daß die Reste der stark dezimierten Einheiten entkommen konnten.

Am Abend des 1. Juli verließ ein aus 22 Güter- und zwei Personenwagen bestehender Zug Leningrad in Richtung Osten. An Bord befanden sich, behütet von dem Kunstgelehrten Wladimir Levinson-Lessing, einige der kostbarsten Schätze der Eremitage: Rembrandts *Heilige Familie* und *Die Rückkehr des Verlorenen Sohnes,* je zwei Madonnenbilder von Leonardo da Vinci und Raffael sowie Gemälde von Tizian, Giorgione, Rubens, Murillo, van Dyck, Velazquez und El Greco. Hinzu kamen noch eine von Peter dem Großen erworbene Marmorvenus, Rastrellis Büste des Zaren Peter, die *Pallas Athene* der Eremitage und die wunderbare Sammlung von Diamanten, Edelsteinen, Kronjuwelen und antikem Goldschmuck.

In Mogilew wurden am 1. Juli diejenigen, die im weiteren Verlauf des deutschen Vormarsches zurückbleiben und als Partisanen operieren sollten, von den sowjetischen Marschällen

Woroschilow und Schaposchnikow instruiert. »Jagt [feindliche] Brigaden in die Luft«, wurde ihnen eingeschärft, »zerstört einzeln fahrende Lastwagen mit feindlichen Offizieren und Soldaten. Nutzt jede Gelegenheit, die Heranführung feindlicher Reserven an die Front zu behindern. Sprengt feindliche Züge mit Truppen, Ausrüstung oder Waffen. Sprengt ihre Stützpunkte und Depots.«

Am 1. Juli zogen die Deutschen in Riga ein. In Berlin drängte Ribbentrop die Japaner dazu, sofort in den Krieg einzutreten und die Sowjetunion von ihrer fernöstlichen Flanke her anzugreifen. Daß die Japaner dies ablehnten und sich statt dessen entschlossen, ihre Hand nach Französisch-Indochina auszustrecken, erfuhr Moskau am 6. Juli von Richard Sorge aus Tokio. Aufgrund dieser Information konnten die sowjetischen Truppen aus dem Fernen Osten zur Verstärkung der im Westen kämpfenden Armeen herangezogen werden. Verstärkung tat auch dringend not. Nachdem die rumänische Armee dem deutschen Vormarsch elf Tage lang tatenlos zugesehen hatte, ging sie am 2. Juli im Süden in die Offensive. Ihr Ziel war die ukrainische Stadt Winniza.

Dieser zusätzliche Angriffsdruck machte eine Evakuierung wichtiger Betriebe aus Südrußland nur um so dringlicher. Am 2. Juli beschloß die Sowjetführung, die Panzerplattenfabrik in Mariupol nach Magnitogorsk im Ural zu verlegen. Am folgenden Tag gab das Staatsverteidigungskomitee in Moskau Anweisung, 26 weitere Rüstungsbetriebe aus Westrußland – einschließlich Moskau, Leningrad und Tula – nach Osten zu verlegen. Auch aus Kiew und Charkow wurden einzelne Fabriken und wichtige Maschinen in den Osten abtransportiert.

Am 3. Juli hielt Stalin erstmals seit dem Beginn der Invasion zwölf Tage zuvor eine Radioansprache an das sowjetische Volk. »Eine schwere Bedrohung hat sich über unser Land gelegt«, verkündete er und fuhr fort: »Kriegsgerichte werden im Schnellverfahren all diejenigen verurteilen, die bei der Verteidigung versagen, sei es durch Panik oder durch Verrat, ungeachtet ihrer Stellung und ihres Ranges.«

Stalins Rede war ein flammender Appell nicht etwa an die kommunistische, sondern an die patriotische Gesinnung seiner Landsleute. Er sprach seine Zuhörer in seinen einleitenden Sätzen nicht nur als »Genossen« und »Bürger« an, sondern auch als »Brüder und Schwestern« und als »meine Freunde«. An einer Stelle rief er zur Bildung von Partisanenverbänden hinter der Front auf, »um überall den Guerillakrieg zu schüren, Brücken und Straßen in die Luft zu sprengen, Telefon- und Telegrafenverbindungen zu beschädigen, Wälder, Lager und Transporte in Brand zu stecken«. Der Feind »und all seine Komplizen« müßten »auf Schritt und Tritt gejagt und vernichtet« werden.

Die Deutschen konnten und wollten nicht voraussehen, welchen Sturm dieser Aufruf gegen sie entfachen würde. »Es ist also wohl nicht zuviel gesagt«, schrieb General Halder am 3. Juli in sein Tagebuch, »wenn ich behaupte, daß der Feldzug gegen Rußland innerhalb von vierzehn Tagen gewonnen wurde.« Mit unbeschreiblicher Brutalität gingen die Eroberer hinter der Front gegen die Bevölkerung vor. Am 4. Juli verzeichnete eines der Sonder- und Einsatzkommandos Himmlers die Ermordung von 463 Juden in Kaunas. Zwei Tage später wurden weitere 2514 Juden umgebracht. In Tarnopol wurden in den ersten 48 Stunden nach dem Einmarsch der Deutschen 600 Juden getötet, in Zborow weitere 600. In Wilna wurden am 4. Juli 54 Juden und am folgenden Tag weitere 93 erschossen.

Am 5. Juli kam in Hitlers Hauptquartier in Ostpreußen ein deutscher Heeresoffizier auf die Rolle der Litauer bei diesen Massakern zu sprechen. Laut einem Bericht des betreffenden Sonder- und Einsatzkommandos waren in Kaunas 2500 Juden von Litauern ermordet worden, bevor die Deutschen die Stadt besetzt hatten. Oberst Schmundt, Hitlers Adjutant, meinte, deutsche Soldaten sollten sich nicht um solche »politischen Fragen« kümmern. Was mit den Juden geschehe, sei Teil einer »notwendigen Aufräumaktion«. Hitler selbst war siegessicher. An diesemTag bemerkte er gegenüber seinen engsten Mitarbeitern, er werde »die Schönheit der Krim« per Autobahn von Deutschland aus zugänglich machen: Dort werde dann »der deutsche Süden« liegen. Auch Kroatien werde deutsches »Reiseland« werden. In Rußland werde es »zunächst« genügen, das Uralgebirge zur neuen Ostgrenze des Reichs zu machen. Wichtiger sei es, erklärte Hitler, daß »der Bolschewismus ... ausgerottet« werde. Moskau müsse »als Sitz dieser Lehre ... vom Erdboden verschwinden, sobald die wertvollen Güter weggebracht sind«.

Diejenigen, die entschlossen waren, Hitlers Sieg zu verhindern, verdoppelten im Juli ihre Anstrengungen. In London plante man, der UdSSR beträchtliche militärische und medizinische Hilfe zukommen zu lassen. Man war sogar bereit, amerikanische Hilfsgüter, die gerade auf dem Weg nach England waren, von britischen zu sowjetischen Häfen umzuleiten. Trotz einer stark verbesserten deutschen Luftverteidigung wurden die Bombenangriffe auf Ziele im Reich fortgesetzt. Bei einem Luftangriff auf Bremen am 4. Juli wurden von zwölf angreifenden Flugzeugen fünf abgeschossen. Der australische Pilot Hughie Edwards, der den Angriff geleitet hatte, erhielt für seine Tapferkeit das Victoria Cross. Mehr als 1500 Kilometer weiter südlich richtete der jugoslawische kommunistische Partisanenführer Tito am 5. Juli folgenden Appell an seine Landsleute: »Jetzt ist der Zeitpunkt da. Die Stunde hat geschlagen, da wir uns wie ein Mann zur Schlacht gegen die Invasoren und Söldlinge erheben müssen.« Am folgenden Tag entsandte Tito einen Studenten namens Milovan Djilas in dessen Heimatprovinz Montenegro, um dort den Widerstand gegen die deutsche Besatzungsmacht zu organisieren. Tito schärfte Djilas ein: »Erschieß jeden, der schwankt oder Mangel an Mut oder Disziplin zeigt.«

Am 7. Juli kam es in dem serbischen Dorf Bela Crkva zum ersten bewaffneten Zusammenstoß zwischen einem kleinen kommunistischen Kommando und der deutschen Polizei. Zwei Polizisten wurden getötet.

Nach und nach entwickelten sich in vielen Ländern Ansätze zu einem organisierten Widerstand gegen die deutschen Eroberer und Besatzer, doch erfüllte der rasche deutsche Vormarsch in Rußland die Völker der besetzten Länder mit Schrecken. Am 6. Juli erreichte die deutsche Heeresgruppe Nord an der Leningrader Front den Ort Tartu, von dem aus es nur noch 300 Kilometer bis zur früheren Zarenhauptstadt waren. Dennoch, im Oberkommando der Wehrmacht (OKW) löste die Tatsache, daß die Russen sich immer wieder zu Gegenattacken aufzuraffen vermochten, große Bedenken aus. »Jedermann« im Hauptquartier, notierte Halder in sein Tagebuch, reiße sich »um die Ehre, die haarsträubendsten Geschichten über die Stärke der russischen Streitkräfte zu erzählen«. Am 6. Juli waren zwei deutsche Divisionen aus Schlobin vertrieben worden. Ein Versuch, Stalins erste Verteidigungslinie bei Rogatschow mit Panzern zu durchstoßen, war gescheitert. Es gab Anzeichen dafür, daß die Sowjets massive Verstärkungen nach Orel und Brjansk warfen.

Anfang Juli erfuhr der britische Geheimdienst aus entschlüsselten Enigma-Botschaften der Wehrmacht, daß die Deutschen Teile des verschlüsselten Funkverkehrs der russischen Luftwaffe in der Region Leningrad lasen und auch Funksprüche der russischen Ostseeflotte dechiffrierten. Diese Information wurde am 7. Juli der britischen Militärmission in Moskau mit der Bitte übermittelt, die Russen über diese Sicherheitslücke zu informieren. An diesem Tag starteten die USA im Atlantik die Operation »Indigo«, die Landung einer Marinebrigade auf Island. Vor dem amerikanischen Volk rechtfertigte Roosevelt diese Operation mit dem Argument, die westliche Hemisphäre müsse verteidigt werden. Für England war die Besetzung

Islands ein wichtiger Beitrag zu einer verbesserten Logistik des für den britischen Nachschub so lebensnotwendigen transatlantischen Schiffsverkehrs. Roosevelt persönlich markierte vier Tage später auf einer Karte, die er aus der Zeitschrift *National Geographical Magazine* herausgetrennt hatte, den jetzt weiter nach Osten reichenden Aktionsradius amerikanischer Patrouillen im Atlantik. Diese Patrouillen deckten nunmehr eine Zone ab, die bis auf 650 Kilometer an die Nordküste Schottlands heranreichte.

Dank der amerikanischen Unterstützung, die England zuteil wurde, konnten die Briten ihrerseits ihre Waffenhilfe für Rußland ausbauen. Am 7. Juli, dem Tag, an dem die amerikanische Marine Island in Besitz nahm, teilte Churchill Stalin in einem Brief mit, England werde »alles [tun], was die Zeit, die Lage und unsere wachsenden Ressourcen zulassen«. Die britischen Bombenangriffe auf Deutschland, die in letzter Zeit intensiviert worden seien, würden weiter fortgesetzt: »Wir hoffen ... daß wir Hitler so zwingen können, einen Teil seiner Luftwaffe in den Westen abzuziehen und allmählich Druck von Ihnen wegzunehmen.« Am selben Tag, an dem dieses Telegramm an Stalin abging, instruierte Churchill den Stabschef der britischen Royal Air Force, Englands Luftressourcen für die »Verwüstung deutscher Städte« einzusetzen, um so die Deutschen vielleicht zum Abzug von Luftstreitkräften von der russischen Front zu veranlassen.

Am 8. Juli erreichte die deutsche Wehrmacht das knapp 300 Kilometer von Leningrad entfernte Pleskau. Am gleichen Tag enthob Stalin, getreu dem harten Kurs, den er fünf Tage zuvor proklamiert hatte, General Korbokow seines Kommandos. Unter der Anklage, »die Vernichtung seiner Armee durch die Deutschen zugelassen« zu haben, wurde Korbokow erschossen. Am Tag der Einnahme von Pleskau schrieb General Halder in Hitlers Hauptquartier im ostpreußischen Rastenburg in sein Tagebuch: »Feststehender Entschluß des Führers ist es, Moskau und Leningrad dem Erdboden gleichzumachen, um zu verhindern, daß Menschen darin bleiben, die wir dann im Winter ernähren müßten.«

Hitler schien für seine optimistische Einschätzung des Kriegsverlaufs gute Gründe zu haben. Am 9. Juli erfuhr er, daß in dem Frontbogen westlich von Minsk 287704 Sowjetsoldaten in deutsche Gefangenschaft geraten und 2585 sowjetische Panzer zerstört worden waren; die »Säuberung« dieses Gebiets von »Feindresten« war an diesem Tag abgeschlossen worden. Aber in allen Gebieten, in die deutsche Truppen einmarschiert waren, entstanden Partisanenverbände. Manche, wie das von Oberst Nitschiporowitsch aufgebaute Kommando, bestanden aus Resten geschlagener oder weitgehend aufgeriebener Truppenteile. Weiter nördlich, wo sich die Rote Armee entlang der Straße Pleskau–Luga zurückzog, begab sich ein Partisanenführer namens Dudin, der sich von zurückweichenden sowjetischen Truppenteilen binnen zehn Tagen insgesamt 123 Gewehre und zwei leichte Maschinengewehre besorgt hatte, »zum Standort eines Partisanenkommandos, das mit der Bevölkerung in den Wäldern Zuflucht gesucht hatte«. Am 9. Juli führte Dudin seine erste Aktion hinter der Front durch. Innerhalb von zwei Monaten zerstörte er mehr als zwanzig Wehrmachtslastwagen und tötete 120 Deutsche, nicht gezählt die, um die sich »die Rote Armee aufgrund unserer Hinweise kümmerte«.

Information war der Schlüssel zum Überleben. Am 9. Juli knackte eine Gruppe britischer Kryptologen den Enigma-Schlüssel, den die deutsche Wehrmacht zur Steuerung ihrer Boden-Luft-Operationen an der Ostfront verwendete. Aber auch die besten Informationen vermochten kaum je einen erheblichen Mangel an Waffen wettzumachen. Als am 10. Juli eine erste Kriegsfreiwilligendivision von Leningrad aus zu den zurückweichenden Fronttruppen aufbrach, gab es nicht genug Gewehre für alle. Zwar hatte jeder Handgranaten und Molotow-

Cocktails bekommen, aber wer kein Gewehr hatte, mußte sich statt dessen mit Spitzhacke, Schaufel, Axt oder sogar einem Jagdmesser begnügen. An ebendiesem 10. Juli wurde in Korosten ein massiver sowjetischer Entlastungsangriff, der der Verteidigung Kiews dienen sollte, zurückgeschlagen. »Er ist unendlich siegessicher«, so schilderte Walter Hewel den Eindruck, den er bei einem Besuch in der »Wolfsschanze« am 10. Juli gewonnen hatte. »Die heute vor ihm liegenden Aufgaben seien, sagt er, nichts im Vergleich mit denen in der Kampfzeit, besonders da unsere Wehrmacht die größte und beste der Welt sei.«

Hitler sprach mit Hewel an diesem 10. Juli auch über die Juden. »Ich war es«, sagte er, »der entdeckt hat, daß die Juden der Bazillus und das Ferment sind, das alle Fäulnis in der Gesellschaft verursacht. Und was ich bewiesen habe, ist, daß die Völker auch ohne Juden existieren können – und sogar besser. Das ist der schwerste Schlag, den ich den Juden versetzt habe.«

Tatsächlich wurden den Juden Tag für Tag grausame Schläge versetzt, zumal die Wehrmacht nunmehr Gebiete besetzt hielt, in denen insgesamt mehr als eine Million Juden lebten. Wie elf Tage später aus Berlin gemeldet wurde, waren am 7. Juli in Dünaburg 1150 Juden erschossen und »in vorher ausgehobenen Gräbern bestattet« worden. In Lemberg hatte dasselbe Einsatzkommando 7000 Juden »zusammengetrieben und erschossen«. In Dobromil waren 132 Juden abgeschlachtet worden. In Luzk waren am 30. Juni 300 Juden und am 2. Juli weitere 1160 erschossen worden. In Tarnopol waren 180 ermordet worden, und in Solotschew »dürfte die Zahl der liquidierten Juden bei 300 bis 500« gelegen haben.

Solche Berichte, mit dem Vermerk »Streng geheim« versehen, wurden alle paar Tage angefertigt. In voller Länge abgedruckt, würden sie ein ganzes Buch vom Umfang des vorliegenden ergeben. Nicht nur Juden, sondern auch zahlreiche Sowjetfunktionäre und örtliche Amtsträger wurden in jeder Stadt und in jedem Dorf, in das die Deutschen einfielen, exekutiert. Und auch sowjetische Kriegsgefangene waren vom Augenblick ihrer Gefangennahme an Opfer gezielter Barbarei. Am 10. Juli gelangten Informationen über die unmenschlichen Lebensbedingungen in dem neuerrichteten Kriegsgefangenenlager in Maly Trostenez bei Minsk nach Berlin, in dem jeden Tag Hunderte internierter Rotarmisten Krankheiten, Hunger und der Grausamkeit ihrer Bewacher zum Opfer fielen.

Die Rote Armee war entschlossen, um jeden Kilometer der nach Moskau führenden Straßen zu kämpfen. »Feind gut geführt«, schrieb General Halder am 11. Juli in sein Tagebuch. »Er kämpft fanatisch und verbissen.« Am nächsten Tag unterzeichneten England und die Sowjetunion einen Vertrag, in dem sie sich »gegenseitige Unterstützung« im Kampf gegen Deutschland zusicherten. Keiner der Partner werde einen Separatfrieden schließen. Gleichzeitig setzten die britischen Bombenangriffe auf Deutschland, die Churchill in seiner Botschaft an Stalin eine Woche zuvor erwähnt hatte, am 14. Juli mit verstärkter Intensität ein; an diesem Tag wurde Hannover bombardiert. An den folgenden neun Tagen gab es zwei weitere Angriffe auf Hannover, zwei auf Hamburg, je einen auf Frankfurt und Mannheim sowie einen auf die Reichshauptstadt Berlin. »Allein in den letzten Wochen«, erklärte Churchill in einer Radiosendung am 14. Juli, »haben wir auf Deutschland mehr als die Hälfte der Bombentonnage abgeworfen, die die Deutschen im gesamten bisherigen Verlauf des Krieges abgeworfen haben. Das ist aber erst der Anfang ...«

Am Tag dieser Churchill-Rede übermittelte der britische militärische Nachrichtendienst der britischen Militärmission in Moskau eine streng geheime Botschaft, die sofort an die Russen weitergegeben werden sollte. Es handelte sich um detaillierte, aus ausgewerteten deutschen Enigma-Botschaften stammende Informationen über die Truppenaufstellung und die

Schlachtordnung der Wehrmacht. Zwei Tage später wurden der Militärmission in Moskau auf besonderen Wunsch Churchills Informationen über die Absichten der Deutschen im Raum Smolensk–Gomel übermittelt. Außerdem hatten die Briten durch die Auswertung des geheimsten Funkverkehrs der Deutschen erfahren, daß die deutsche Luftwaffe Anweisung hatte, den russischen Rückzug durch Angriffe auf die in das rückwärtige Frontgebiet führenden Eisenbahnlinien zu stören. Auch davon wurden die Sowjets über die britische Militärmission in Kenntnis gesetzt.

Die Tatsache, daß es den Russen gelang, ihre Truppen geordnet zurückzuziehen, erfüllte das deutsche OKW mit großem Unbehagen, hatte es doch gehofft, diese Truppen in der Schlacht vernichten zu können. Aber Hitlers Zuversicht blieb unerschütterlich. Am 14. Juli legte er in einem Nachtrag zu seiner früher ergangenen Weisung Nr. 32 Pläne für eine Verringerung der Truppenstärke bei Heer, Marine und Luftwaffe vor. Hitler leitete seine Vorschläge mit den Worten ein: »Die militärische Beherrschung des europäischen Raumes nach der Niederwerfung Rußlands erlaubt es ...«

An diesem Tag setzte der sowjetische Artillerieoffizier Hauptmann Flerow, in Orscha zum erstenmal einen neuen Mehrfachraketenwerfer ein, die Katjuscha, die in 25 Sekunden 320 Raketen abfeuern konnte. In den folgenden Monaten sollte diese Waffe in den Reihen der Wehrmacht beträchtliche Verwüstungen anrichten. Aber vorläufig feierte immer noch die Tyrannei der Nazis Triumphe. Am 14. Juli starb in Buchenwald Martin Gauger, ein deutscher Zivilbeamter, der sich 1933 geweigert hatte, den Treueid auf Hitler zu leisten. 1940 hatte er den Rhein durchschwommen und sich so über die niederländische Grenze abgesetzt. Doch nur wenige Stunden später waren die deutschen Truppen in Holland einmarschiert.

Am selben Tag schilderte SS-Scharführer Felix Landau, der 1934 einer der Initiatoren des Mordes am österreichischen Kanzler Dr. Dollfuß gewesen war, in einem Tagebucheintrag die Minuten unmittelbar vor einem Judenmassaker in einem Wald unweit der galizischen Stadt Drogobytsch: »Wir befehlen den Häftlingen, ihre Gräber auszuschaufeln. Nur zwei von ihnen weinen, die anderen zeigen Tapferkeit. Was mag wohl in ihnen allen vorgehen? Jeder hat, glaube ich, noch die Hoffnung, nicht erschossen zu werden. Ich empfinde nicht die geringste Regung von Mitleid. Es ist eben so und muß so sein.«

KAPITEL 16
Terror im Osten
Juli – August 1941

Am 15. Juli 1941 gab in England ein Agent des deutschen Nachrichtendienstes namens Juan Pujol Garcia seinen ersten Brief an seine deutschen Auftraggeber auf. Garcia war Chef eines Netzes von Agenten, die er selbst angeworben hatte. Dazu gehörten ein holländischer Flugzeugsteward, ein Zensor im britischen Informationsministerium, eine Kabinettssekretärin, ein in London stationierter amerikanischer Soldat und ein walisischer Faschist. Keine dieser Personen existierte wirklich, wie auch Garcia nicht wirklich existierte. Hinter dem Agenten Garcia, den die Deutschen unter dem Decknamen Arabel führten, verbarg sich der britische Doppelagent »Garbo«. Die Berichte, die er nach Deutschland schickte, waren erfunden – ebenso wie sein Agentennetz.

»Garbo« gelang es mit beachtlichem Erfolg, die Deutschen mit falschen Informationen über die militärischen Vorbereitungen und Absichten der Briten zu täuschen. Am selben Tag, an dem er seinen ersten Brief nach Deutschland schickte, kam ein britischer Regierungsausschuß in einem höchst geheimen Bericht zu dem Schluß, der Bau »einer Uranbombe« sei »durchführbar« und könne »im Krieg zu entscheidenden Resultaten führen«. Der Ausschuß empfahl, die Arbeit an der Bombe weiterzuführen, und zwar »mit höchster Priorität und mit dem gesteigerten Aufwand, der erforderlich ist, um die Waffe in möglichst kurzer Zeit zu bekommen«.

Die Eile, mit der Briten und Amerikaner jetzt die Forschungen zur Entwicklung der Atombombe betrieben, wurzelte in ihrer Überzeugung, auch die Deutschen arbeiteten an einem ähnlichen Projekt und könnten irgendwann in der Lage sein, britische Städte auszuradieren.

Mitte Juli 1941 schien jedoch die Sowjetunion in Gefahr, als Staat von der politischen Landkarte wegradiert zu werden. Am 16. Juli, dem Tag nach dem britischen Ausschußbericht zur Uranbombe, begannen deutsche Streitkräfte die sowjetische Stadt Smolensk einzukreisen, die auf halbem Weg zwischen Minsk und Moskau und damit im Zentrum der zweiten, erst drei Wochen zuvor errichteten Verteidigungslinie lag. »Grundsätzlich«, erklärte Hitler seinen engsten Vertrauten, darunter Rosenberg und General Keitel, »stehen wir jetzt vor der Aufgabe, unseren Kuchen gemäß unseren Erfordernissen aufzuschneiden, um in der Lage zu sein: erstens ihn zu beherrschen, zweitens ihn zu verwalten, drittens ihn auszubeuten.« Niemals wieder dürfe es »irgendeine militärische Macht westlich des Urals geben, und selbst wenn wir einen hundertjährigen Krieg führen müßten, um dies zu verhindern«. Was die Kritik betraf, die an den Massakern hinter den deutschen Linien laut wurde, so vertrat Hitler hierzu eine ebenso unbeirrbare Meinung. »Die Russen«, sagte er, »haben den Befehl zum Partisanenkrieg hinter unserer Front ausgegeben. Diese Bandentätigkeit hat für uns einen Vorteil; sie gibt uns die Möglichkeit, jeden zu liquidieren, der sich uns entgegenstellt.« Ein Tagesbefehl, der an diesem Tag vom Hauptquartier des Heeres ausgegeben wurde, zeigte eine neue Dimension von Unmenschlichkeit auch in den Reihen der regulären Streitkräfte. »Die notwendige schnelle Befriedung des Landes«, hieß es da, »kann nur erreicht werden, wenn mit jeder von der feindlichen Zivilbevölkerung ausgehenden Gefahr rücksichtslos aufgeräumt wird. Mitleid und Nachsicht sind in jedem Fall Anzeichen von Schwäche und bilden eine Gefahr.« Alles müsse getan werden, um »jenes Maß an Schrecken zu verbreiten, das allein geeignet ist, der Bevölkerung den Widerstandswillen auszutreiben«.

Am 17. Juli erteilte Hitler Himmler die Vollmacht für die »polizeiliche Sicherung der neu besetzten Gebiete«. Das Töten von Juden war inzwischen ein alltägliches Ereignis, über das die Sonder- und Einsatzkommandos routinemäßig Bericht erstatteten, während sie systematisch Stadt um Stadt und Dorf um Dorf durchkämmten. »Ereignismeldungen UdSSR« wurden die bilanzierenden Rechenschaftsberichte dieser Mordkommandos genannt, die in Berlin regelmäßig zusammengestellt und an bis zu sechzig deutsche Regierungsstellen und Funktionäre verschickt wurden. Die Ereignismeldung Nr. 26 vom 18. Juli gab die Gesamtzahl der Juden, die ein in Tilsit stationiertes Einsatzkommando auf dem Gebiet des ehemaligen litauischen Staates »liquidiert« hatte, mit 3302 an. In Pleskau waren achzig Juden ermordet worden. Am 17. Juli hatte ein Kommando 700 Juden aus Wilna in den nahe gelegenen Ferienort Ponar geschafft und sie dort erschossen. Am 18. Juli waren in Mariampolé 53 Juden erschossen worden.

Die Mordkommandos gingen nicht nur gegen Juden vor, sondern auch gegen Russen. Am 21. Juli, drei Tag nach den Hinrichtungen in Mariampolé, wurde eine Gruppe von 45 Juden gezwungen, eine Grube auszuheben. Dann wurden die 45 aneinandergefesselt und lebend in die Grube geworfen. Dreißig Weißrussen sollten anschließend die noch lebenden Juden begraben. Als sie sich weigerten, eröffneten die SS-Leute aus ihren Maschinengewehren das Feuer auf Juden und Weißrussen: Alle 75 wurden getötet.

Hinter der Front ermordeten Sonder- und Einsatzkommandos immer wieder unbewaffnete und verängstigte Zivilisten; an der Front hingegen sah sich die Wehrmacht mit weitaus hartnäckigerem Widerstand konfrontiert, als sie erwartet hatte. Der britische Nachrichtendienst erfuhr aus entschlüsselten Enigma-Botschaften der Wehrmacht, daß die Deutschen über das Ausmaß der eigenen Verluste beunruhigt waren, daß sie planten, den Vormarsch zu verlangsamen, und daß sie den Panzerverbänden an der Front und den strategischen Stellungen im Hinterland keinen ausreichenden Schutz aus der Luft mehr gewähren konnten. Am 17. Juli bat Churchill ausdrücklich darum, diese Informationen an Stalin weiterzugeben.

Aus dem geheimen Funkverkehr der deutschen Polizei, die zur Codierung ebenfalls Enigma-Maschinen verwendete, erfuhren die Briten auch von den Massenmorden. Die ersten Informationen darüber erhielten sie durch einen am 18. Juli abgefangenen Bericht, in dem von »Juden«, »jüdischen Plünderern«, »jüdischen Bolschewisten« und »russischen Soldaten« die Rede war.

Hitler bereitete die ungebrochene Fähigkeit der Russen, sich zurückzuziehen und neu zu gruppieren, mittlerweile ebenso große Sorgen wie seinen Kommandeuren. »Ziel der nächsten Operationen«, schrieb er in seiner Weisung Nr. 33 vom 19. Juli, »muß es sein, weitere starke Teile des Feindes am Ausweichen in die Weite des russischen Raumes zu hindern und sie zu vernichten.« Admiral Canaris soll nach Bekunden eines Angehörigen seines Stabs am 20. Juli nach der Rückkehr von einem Besuch im Hauptquartier Hitlers gesagt haben, die Stimmung in Rastenburg sei »sehr nervös, da es immer offensichtlicher wird, daß der Rußlandfeldzug nicht planmäßig läuft«. Laut Canaris häuften sich die Anzeichen dafür, »daß dieser Krieg weniger den erwarteten inneren Zusammenbruch des Bolschewismus als vielmehr sein Wiedererstarken herbeiführen wird«. An ebendiesem 20. Juli gab Stalin den Befehl aus, alle Einheiten der Roten Armee »von unzuverlässigen Elementen zu säubern«.

Im russischen Volk bedurfte es keiner Säuberungsaktionen, um den Willen zum Kämpfen und zum Überleben aufrechtzuerhalten. Am 20. Juli, einen Tag bevor Hitler das Hauptquartier der Heeresgruppe Nord besuchte und verlangte, Leningrad müsse »rasch erledigt werden«, wurden weitere Schätze der Eremitage in Sicherheit gebracht: In einem Zug wurden sie in die ukrainische Stadt Swerdlowsk transportiert. An diesem Tag operierte im Raum Polozk – Witebsk, wo vor kaum einem Monat noch die erste russische Verteidigungslinie verlaufen war, eine deutsche Infanteriedivision, die den Auftrag hatte, das Dreieck Polozk – Witebsk – Newel zu durchkämmen. Die Division beschrieb diese Region als »Partisanengebiet« und berichtete, die Straßen würden jeden Tag vermint.

Am 20. Juli durchquerte erstmals ein britisches Kriegsschiff – ein Minenleger mit militärischem Nachschub an Bord – die Nordsee auf dem Weg zum sowjetischen Nordmeerhafen Archangelsk. Drei Tage später verließ eine ansehnliche britische Flottenstreitmacht, bestehend aus zwei Flugzeugträgern, zwei Kreuzern und sechs Zerstörern, Scapa Flow, um auf Bitten Stalins deutsche Schiffe anzugreifen, die zwischen der norwegischen Hafenstadt Kirkenes und Petsamo, einem von Finnland kontrollierten Stützpunkt für Operationen in der Region Murmansk, Kriegsnachschub hin- und hertransportierten. Diese britischen Kriegsschiffe waren die ersten von vielen, die zur Unterstützung der UdSSR ausgesandt wurden und dabei die arktischen Gewässer bis jenseits des Nordkaps befuhren – »eine nordische Saga von Heldenmut, Tapferkeit und Ausdauer«, wie Iwan Maiski, der sowjetische Botschafter in London, später schreiben sollte.

Am 21. Juli starteten die Deutschen ihren ersten Luftangriff auf Moskau. Der westliche Journalist Alexander Werth, der mit eigenen Augen die Luftverteidigung der Stadt in Aktion sah, beschrieb sie als »ein phantastisches Feuerwerk – Leuchtspurpatronen und Markierungsfackeln, flammende Zwiebeln und alle möglichen Raketen, weiße und grüne und rote; und der Lärm war unerhört; hatte in London nie derartiges erlebt«. In der Nacht darauf fand ein weiterer Angriff statt.

An der sowjetisch-deutschen Grenze hatte die Garnison von Brest-Litowsk, die Hunderte von Kilometern hinter der Front abgeschnitten und eingekesselt worden war, dreißig Tage lang den Bombern und der Artillerie der Deutschen standgehalten. Nach heftigem Beschuß mit dem neuen deutschen Mörser »Karl«, der Granaten von mehr als zwei Tonnen Gewicht abfeuerte, ergab sich die Garnison am 23. Juli. Die Tapferkeit der Verteidiger von Brest-Litowsk erfüllte jene Russen mit Stolz, die sich weiter im Osten nach Kräften bemühten, die Stellung zu halten oder den Kampf hinter der Front fortzuführen. Tatsächlich war es der Partisanenkrieg, der die Deutschen überraschte. Am 23. Juli betonte Hitler in einem Nachtrag zu seiner Weisung Nr. 33, die Kommandeure aller rückwärtigen Gebiete seien »mit den ihnen zur Verfügung stehenden Truppen verantwortlich zu machen für die Ruhe in ihren Gebieten. Nicht in der Anforderung weiterer Sicherheitskräfte, sondern in der Anwendung entsprechender drakonischer Maßnahmen müssen die Befehlshaber das Mittel finden, um ihre Sicherungsräume in Ordnung zu halten.«

Wie »drakonisch« diese Methoden sein konnten, wurde in den SS-Berichten deutlich. So wurden bei Erschießungen in der litauischen Stadt Kédainiai am 23. Juli »83 Juden, 12 Jüdinnen, 14 russische Kommunisten, 15 litauische Kommunisten, ein russischer Kommissar« getötet.

Am 23. Juli wurde der Presse ein neuer britischer Film vorgestellt. Er trug den Titel *Target for Tonight* (Zielobjekt für heute nacht) und handelte von einem Bombenangriff auf Deutschland. Der Film, der von Harry Watt produziert und unter der Leitung eines »echten« Piloten,

Die Ostfront, August 1941

des Geschwaderführers Pickard, gedreht worden war, erwies sich als Balsam für die britische Kampfmoral. Der Ausdruck »Target for Tonight« wurde im ganzen Land zu einem geflügelten Wort.

Am 24. Juli startete das britische Bomberkommando die Operation »Sunrise«, deren »Targets« die deutschen Schlachtkreuzer *Scharnhorst* und *Gneisenau* und der schwere Kreuzer *Prinz Eugen* waren, die damals in Brest und La Pallice vor Anker lagen. Der Angriff schlug fehl. Siebzehn Flugzeuge gingen verloren, während die Schiffe nur geringfügig beschädigt wurden. In Tokio hatte man im Juli den Entschluß gefaßt, nicht gegen Rußland ins Feld zu ziehen, sondern nach Südostasien zu expandieren. Am 24. Juli wurden 125 000 Soldaten nach Indochina in Marsch gesetzt. Fünf Tage später war der Marinestützpunkt Cam Ranh an der vietnamesischen Küste in japanischer Hand; von hier aus waren es nur noch 1300 Kilometer bis zur philippinischen Hauptstadt Manila und bis zum britischen Marinestützpunkt Singapur. Die Vichy-Behörden hatten erklärt, sie würden 40 000 japanische Soldaten auf dem Boden Französisch-Indochinas dulden. Sie verfügten jedoch über keinerlei Mittel, um die Einhaltung dieser Zahl zu erzwingen. Zwei Tage später, am 26. Juli, ließ Roosevelt alle japanischen Vermögenswerte in den USA einfrieren – eine Geste der Mißbilligung und der Vergeltung. Dem schlossen sich die Länder des britischen Empire und Holländisch-Ostindiens mit ähnlichen Maßnahmen an. Daraufhin sah Japan sich mit einem Schlag von drei Vierteln seines Überseehandels und von 90 Prozent seiner Ölimporte abgeschnitten. Japans eigene Ölvorräte würden im Höchstfall für drei Jahre reichen. Gleichzeitig wurde der Panamakanal für japanische Schiffe gesperrt, und in Manila übernahm General Douglas MacArthur das Kommando über die amerikanischen Streitkräfte in Fernost und über die philippinische Armee. Somit standen sich, getrennt durch das südchinesische Meer, die Japaner in Französisch-Indochina und die Amerikaner auf den Philippinen gegenüber. Wenig später zogen – wieder mit widerwilliger Zustimmung des Vichy-Regimes – japanische Einheiten in Saigon ein.

Im Mittelmeer setzten am 26. Juli italienische Torpedoboote spezielle bemannte Torpedos – von den Italienern selbst »Schweine«, von den Briten »Streitwagen« genannt – vor dem Großhafen von Malta aus. Bevor freilich die Piloten dieser »Schweine« ihre Ziele ausmachen konnten, wurden sie gesichtet und angegriffen. Fünfzehn Mann wurden getötet, die übrigen gefangengenommen. Nicht alle Toten dieses Tages fielen auf dem Schlachtfeld. An der russischen Front griffen NKWD-Truppen tausend Deserteure aus einem einzigen Regiment auf; 45 wurden erschossen, sieben davon vor ihren versammelten Regimentskameraden. Am selben Tag begann in Lemberg eine dreitägige Blutorgie ukrainischer Elemente gegen die Juden der Stadt. Mindestens 2000 Juden wurden innerhalb dieser drei Tage ermordet.

In den anderen eroberten Gebieten der Sowjetunion hatten die Deutschen ihre Pläne im Hinblick auf die Juden geändert. Anstatt des anfänglich praktizierten Abschlachtens von Tausenden wurden nun Gettos errichtet, in die man die Überlebenden der Massaker einpferchte. Am 27. Juli erhielt Hinrich Lohse, der neue »Reichskommissar Ostland« – darunter waren die eroberten baltischen Länder und Weißrußland zu verstehen –, die Anweisung, den Gettobewohnern seines Machtbereichs nur »die Nahrungsmenge, die die übrige Bevölkerung nicht benötigt«, zur Verfügung zu stellen, keinesfalls aber mehr als das Überlebensnotwendige. Bei diesen minimalen Nahrungsrationen solle es bleiben, bis »die ›Endlösung‹ in die Tat umgesetzt werden kann«.

In Wilna wurde weitergemordet, auch nachdem die SS in dem nahe gelegenen Ferienort Ponar ein Getto errichtet hatte. Der Ortsname allein war zu einem jener gefürchteten – und immer zahlreicher werdenden – Signalwörter geworden, die man mit Grausamkeit und Mord in Verbindung brachte, wie zum Beispiel Sachsenhausen, Buchenwald, Mauthausen und viele andere. Der polnische Journalist W. Sakowicz, der in Ponar lebte und der später während der letzten Tage der deutschen Herrschaft in Wilna den Tod finden sollte, schrieb am 27. Juli in sein Tagebuch: »Die Erschießungen gehen fast jeden Tag weiter. Nehmen sie kein Ende? Die Scharfrichter haben begonnen, die Kleider der Ermordeten zu verkaufen. Andere Kleidungsstücke werden in Säcke gestopft, in einem Schuppen nahe der Straße verstaut und dann in die Stadt gebracht.« Zwei- bis dreihundert Menschen, hielt Sakowicz weiter fest, »werden fast jeden Tag hier heraufgeschafft. Und keiner kehrt je zurück ...«

In Belgrad reagierten die Deutschen nach vier Bombenangriffen auf deutsche Militärfahrzeuge schnell und brutal, um die Menschen von weiterem Widerstand abzuschrecken. Bei den vier Anschlägen war niemand ums Leben gekommen. Dennoch trieben die Deutschen am 27. Juli 1200 Juden zusammen, transportierten sie in ein Lager vor der Stadt, teilten sie in Berufsgruppen ein und erklärten dann jede zehnte Person zur »Geisel«. Die 120 Geiseln wurden fortgebracht und erschossen.

Erst am 27. Juli machten die Deutschen die Einkesselung von Smolensk perfekt, indem sie die russischen Verbindungswege nach Wjasma abschnitten; mehr als 100 000 Russen fielen ihnen in die Hände. An diesem Tag wurde ein gegen neun ranghohe sowjetische Offiziere ergangenes Todesurteil vor Offizieren und Mannschaften aller sowjetischen Truppenteile verlesen. Zu den Verurteilten gehörten die Generäle Pawlow, Klimowskich und Korobkow. Zum Tode verurteilt und erschossen – allerdings heimlich – wurde auch General Pjadyschew, der die Luga-Verteidigungslinie vor Leningrad organisiert hatte.

Die Nacht zum 28. Juli war die fünfte Nacht in Folge, in der deutsche Bomber Moskau bombardierten. »Der Kreml ist ein rauchender Trümmerhaufen«, erklärte Goebbels. In Wirklichkeit war nur eine einzige Bombe in der Nähe des Kreml eingeschlagen und hatte einen tiefen Krater gerissen. Am 28. Juli sah die Rote Armee sich gezwungen, das 45 Kilometer vor Leningrad gelegene Kingissepp aufzugeben. Um Abwehrbollwerke zu errichten, wurden 30 000 Leningrader unter der Parole »Nach Kingissepp – zu den Schützengräben« mit Spaten, Spitzhacken und Schaufeln ausgerüstet und zum Arbeitseinsatz geschafft. Fast 100 000 weitere Russen wurden zu ähnlichen Arbeiten in der Gegend um Gatschina eingesetzt, das seit der Revolution Krasnogwardeisk hieß. Zur selben Zeit wurden Pläne geschmiedet, der deutschen Besatzungsmacht mit Methoden des Partisanenkrieges zu Leibe zu rücken. Am 28. Juli veröffentlichten die sowjetischen Behörden in Wjasma den »Aufruf Nr. 1« zur Aufstellung einer Partisaneneinheit von 350 Mann, die in dem von der Roten Armee geräumten Kampfgebiet verbleiben sollte. Ihre Aufgabe würde darin bestehen, deutsche Proviant-, Treibstoff- und Nachschublager zu zerstören, die Eisenbahnlinien Smolensk–Wjasma und Wjasma–Brjansk unbrauchbar zu machen und Züge entgleisen zu lassen, mit Anschlägen auf Flugzeuge und Treibstoffdepots die Nutzung des Flughafens von Wjasma durch die Deutschen zu verhindern, »ranghohe und niedere Funktionäre des deutschen Militärapparats« zu töten, »hohe deutsche Offiziere« gefangenzunehmen, der Roten Armee alle Dokumente zu übergeben, die »wertvolle Informationen über den Feind« enthielten, und zwei oder drei Sabotageteams »für Sonderaufgaben« aufzustellen.

Am 28. Juli, dem Tag, als die Wjasma-Planungen erläutert wurden und die angehenden Partisanen ihre Instruktionen erhielten, erteilte Himmler einen Befehl, durch den die Einheiten der Waffen-SS, die Seite an Seite mit regulären deutschen Wehrmachtseinheiten kämpften, ermächtigt wurden, gegen Dorfbewohner, die »aus rassisch mindertwertigem Material« bestünden oder die der Unterstützung von Partisanen verdächtig seien, »Säuberungsaktionen« zu unternehmen. Überall wo Partisanen unterstützt würden, solle jeder

Verdächtige auf der Stelle hingerichtet und das Dorf dann »in Schutt und Asche gelegt« werden.

In Drogobytsch schrieb SS-Scharführer Felix Landau zwei Wochen nach den ersten Massakern an Juden in sein Tagebuch: »In einer Seitenstraße bemerken wir ein paar mit Sand bedeckte Judenleiber. Wir blicken uns überrascht an. Ein lebender Jude erhebt sich aus der Mitte der Leichen. Wir erledigen ihn mit wenigen Schüssen. 800 Juden sind zusammengetrieben worden. Sie sollen morgen erschossen werden.«

Das ungeheure Ausmaß der Verbrechen und vor allem die Weite des von Deutschland besetzten Raumes riefen bei einer kleinen Gruppe hoher deutscher Offiziere ein mulmiges Gefühl hervor. Sie fürchteten, die grandiosen Siegeshoffnungen würden verfliegen und für Deutschland könnte letztendlich nur ein Patt oder sogar eine Niederlage herauskommen. »Niemand hat es je fertiggebracht, Rußland zu besiegen und zu erobern«, bemerkte Admiral Canaris im Beisein von Leutnant Fabian von Schlabrendorff, einem Offizier im Stab von General von Tresckow. Tresckow versuchte Ende Juli, als er bei der Heeresgruppe Mitte Dienst tat, Feldmarschall von Kluge für ein Komplott zu gewinnen, das vorsah, Hitler gefangenzunehmen und abzusetzen. Doch obwohl Hitler Kluge 1938 vorübergehend sein Kommando entzogen hatte, wollte der Feldmarschall nicht mitmachen.

Am 29. Juli errichteten die Sowjets zum Schutz Moskaus zwischen Rschew und Wjasma eine neue Verteidigungslinie. An diesem Tag sprach Harry Hopkins in Moskau mit Stalin über die amerikanische Unterstützung, die bereits unterwegs war: Es handelte sich um einen Frachtschiffkonvoi, der mit 200 amerikanischen Jagdflugzeugen an Bord nach Archangelsk fuhr. Leutnant Alison, ein »herausragender Experte für die Inbetriebnahme dieser Flugzeuge«, wie Hopkins erklärte, hielt sich bereits in Moskau auf.

Die Amerikaner konnten das Risiko, diese Flugzeuge per Schiff nach Rußland zu schicken, nur eingehen, weil die britischen Kryptographen in Bletchley seit Ende Juli den Funkverkehr sämtlicher deutscher U-Boote »ständig und mit wenig oder gar keiner Verzögerung« dechiffrieren und auswerten konnten. In diesem Monat sank die Zahl der versenkten alliierten Handelsschiffe, die im Mai noch bei mehr als neunzig gelegen hatte, unter dreißig, da es nun möglich war, die Atlantikkonvois um deutsche U-Boot-Konzentrationen herumzudirigieren. Einen Monat zuvor hatte der britische Nachrichtendienst ein weiteres Nachrichtenübermittlungssystem entzaubert, das auf der italienischen C 38m, einer der deutschen Enigma ähnlichen Chiffriermaschine, beruhte und mit dem die italienische Marine ihre geheimsten Funkbotschaften verschlüsselte. Somit wußten die britischen Kriegsplaner stets genauestens über die Routen der italienischen Schiffe Bescheid, die Truppen und Nachschub von Italien nach Nordafrika brachten.

Durch die Rückschläge der Italiener sahen die Deutschen sich mit der Zeit immer tiefer in das Kriegsgeschehen in der nordafrikanischen Wüste hineingezogen. Aber Ende Juli war der deutsche Siegeszug im Osten in aller Munde. Bis zum 30. Juli hatten die Deutschen, wie der hohe deutsche Stabsoffizier General von Waldau notierte, in Rußland 799910 Gefangene gemacht und 12025 Panzer zerstört oder erbeutet. Zur gleichen Zeit war der Kommissarbefehl weiterhin getreulich befolgt worden, und auch der Massenmord an den Juden war weitergegangen. Die Mörder drangen hinter der Wehrmacht immer tiefer in die Ukraine vor. Am 30. Juli stellten Himmlers Sonder- und Einsatzkommandos ihre 40. Ereignismeldung UdSSR zusammen. In Schitomir waren ihr zufolge 180 »Kommunisten und Juden« erschossen worden, in Proskurow 146 Juden, in Winniza 146, in Berditschew 148, in Schepetowka siebzehn, in Tschorostkow dreißig. »Im letztgenannten Ort«, hieß es in dem Bericht, »wurden 110

Juden von Einheimischen erschlagen.« In Ponar bei Wilna schrieb der polnische Journalist Sakowicz an diesem Tag in sein Tagebuch: »Ungefähr 150 Menschen erschossen. Die meisten waren ältere Leute. Die Scharfrichter beklagten sich, sie seien von ihrer ›Arbeit‹ sehr erschöpft, die Schultern schmerzten vom Schießen. Deswegen töteten sie die Verwundeten nicht, sie wurden halb lebendig begraben.«

In seiner Weisung Nr. 34, die am 30. Juli von Rastenburg aus erging, befahl Hitler, die nordwestlich von Kiew kämpfenden sowjetischen Truppen müßten »westlich des Dnjepr zum Kampf gestellt und vernichtet werden«. In derselben Weisung mahnte er jedoch auch zu Vorsicht und Zurückhaltung andernorts: ein Indiz für die Absicht, die eigenen Kräfte wirksamer zu konzentrieren. Die Heeresgruppe Mitte solle »zur Verteidigung über[gehen]«. Die Panzerverbände seien »beschleunigt aufzufrischen«. An der finnischen Front sollten nur so viele Truppen zurückgelassen werden, »als zur Verteidigung und zum Vortäuschen weiterer Angriffsvorbereitungen notwendig sind«.

Am 31. Juli kam es in der bessarabischen Stadt Kischinew zum ersten »fünfstelligen« Massaker an Zivilisten in diesem Krieg. Nach zwei Wochen ununterbrochenen Mordens hatten die Deutschen 10000 Juden getötet. An ebendiesem 31. Juli schickte Feldmarschall Göring von Berlin aus »im Auftrag des Führers« einen Brief an Reinhard Heydrich und wies ihn an, »alle erforderlichen Vorbereitungen in organisatorischer, sachlicher und materieller Hinsicht zu treffen für eine Gesamtlösung der Judenfrage im deutschen Einflußgebiet in Europa«.

Hinter diesem wortreichen und geschraubten Satz verbarg sich eine Regieanweisung für den Massenmord.

»Hitlers größte Schwäche«, sagte Stalin zu Harry Hopkins, als die beiden am 31. Juli zum zweitenmal im Kreml zusammentrafen, sei »die große Anzahl unterdrückter Völker, die Hitler und die moralische Verkommenheit seines Regimes« haßten. Diese Völker, fügte Stalin hinzu, »und zahllose weitere Millionen Menschen in noch nicht unterworfenen Ländern« könnten »die Ermutigung und moralische Stärke, die sie brauchten, nur aus einer Quelle erhalten, und das seien die USA«.

Im Konzentrationslager Auschwitz entfloh Ende Juli ein Pole aus einem Arbeitskommando. Zur Strafe wählten die Deutschen aus einer Gruppe von 600 willkürlich zehn Männer aus, die in eine Zelle gesperrt wurden und dort verhungern sollten. Als die Auswahl getroffen war, trat der polnische katholische Priester Maximilian Kolbe, der ebenfalls Häftling war, auf den Lagerkommandanten zu und bat ihn, den Platz eines der Auserkorenen übernehmen zu dürfen. »Ich bin allein auf der Welt«, sagte Kolbe. »Dieser Mann, Gajowniczek, hat eine Familie, für die er leben muß.« »Einverstanden«, sagte der Kommandant und ging weg. Pater Kolbe starb als letzter der zehn. Dreißig Jahre später nahm Francis Gajowniczek, der Mann, dessen Platz er eingenommen hatte, zusammen mit seiner Frau an der Seligsprechungszeremonie für Kolbe teil.

In derselben Woche, in der Pater Kolbe mit dieser Tat sein Leben opferte, wurde der deutsche Wehrmachtsoffizier Major Rosler in seiner Kaserne in Schitomir von einem »wilden Feuerwerk« von Gewehrschüssen aufgeschreckt. Um die Ursache zu ergründen, kletterte er über eine Böschung. Auf der anderen Seite bot sich ihm ein Anblick »von so barbarischer Scheußlichkeit, daß er bei jedem, der unvorbereitet damit konfrontiert wurde, Erschütterung und Ekel hervorrufen mußte«. Was Major Rosler sah, war eine Grube voller toter und sterbender Juden. Am Rande dieser Grube standen deutsche Soldaten, einige trugen wegen der Hitze Badehosen.

Einheimische Zivilisten schauten interessiert zu. Manche hatten ihre Frauen und Kinder mitgebracht, damit sie das Spektakel mitansehen konnten. In der Grube, erinnerte sich Rosler »lag unter anderen ein alter Mann mit weißem Bart, der mit der Linken einen weißen Stock umklammert hielt. Da dieser Mann ... noch Anzeichen von Leben zeigte, befahl ich einem der Polizisten, ihn zu erschießen. Er entgegnete grinsend: ›Ich habe ihm schon siebenmal in den Bauch geschossen. Er kann jetzt von allein sterben.‹«

Fünf Monate nachdem Rosler Zeuge dieses Vorfalls geworden war, legte er bei seinen Vorgesetzten Protest ein. »Ich kann mir nicht annähernd vorstellen«, schrieb er, »welche rechtlichen Entscheidungen die Grundlage für diese Exekutionen bilden. Alles, was sich hier abspielt, scheint mir in völligem Gegensatz zu unseren erzieherischen und moralischen Überzeugungen zu stehen.«

Am 1. August wohnte Himmler selbst in Minsk einer Massenerschießung bei. Wie sein Verbindungsoffizier zu Hitler, SS-General Karl Wolff, sich später erinnerte, hatte er das »Pech«, daß ein »mit Blut gemischtes Hirnteil«, das von einem der durch Kopfschüsse getöteten Opfer stammte, bis zu der Stelle flog, wo Himmler stand, und an seinem Mantel kleben blieb oder ihn gar ins Gesicht traf.

Nach dieser Erfahrung schärfte Himmler den Männern, die die Erschießungen vornahmen, ein, sie müßten »Härte und Festigkeit« zeigen. Aber er bat auch den Chef der deutschen Kriminalpolizei, Arthur Nebe, der den Rang eines SS-Gruppenführers innehatte und seit dem 22. Juni die in Weißrußland operierende Einsatzgruppe B befehligte, ein neues Verfahren für die Massentötung zu finden. Nach dem Krieg wurde in Nebes früherer Wohnung in Berlin ein Amateurfilm gefunden, der eine Gaskammer zeigte, die mit den Abgasen eines Lastwagens betrieben wurde.

Die geforderte neue Methode zur Durchführung von Massentötungen befand sich bereits in der Entwicklung. In Auschwitz führte im August der stellvertretende Lagerkommandant, SS-Hauptsturmführer Karl Fritsch, Tötungsexperimente mit Giftgas durch, wobei er ein handelsübliches blausäurehaltiges Schädlingsbekämpfungsmittel mit dem Handelsnamen »Zyklon B« benutzte. Die Opfer, an denen Fritsch die Wirkung ausprobierte, waren russische Kriegsgefangene.

In seiner weitverbreiteten handelsüblichen Form war dem Zyklon B ein besonderes, übelriechendes Reizmittel zugesetzt, das die Personen, die es zur Insektenbekämpfung einsetzten, zu vorsichtigem Umgang mit dem Mittel veranlassen sollte. Für den neuen Einsatzzweck wurde das Reizmittel weggelassen, damit unter den Opfern keine Angst oder Panik ausbrach. Ein Aufkleber auf jeder Dose machte die Betreiber der Gaskammer darauf aufmerksam, daß es sich um Zyklon B »ohne Reizmittelzusatz« handelte.

Am 2. August begann die Rote Armee, die zuvor fünfzig Tage lang fast nur auf dem Rückzug gewesen war, eine achtundzwanzigtägige Panzerschlacht, um die Deutschen aus einer vorspringenden Frontzunge bei Jelnja zu vertreiben. Auch wenn die um Jelnja kämpfenden Sowjettruppen im Oktober eingeschlossen und vernichtet wurden, stärkten die im Laufe des August erzielten Durchbrüche und Teilerfolge – die ersten in diesem Krieg überhaupt – die Kampfmoral der Roten Armee enorm. Als Hitler am 4. August das Hauptquartier der Heeresgruppe Mitte in Borisow besuchte, erklärte er zweien seiner ranghöchsten Kommandeure, Feldmarschall von Bock und General Guderian: »Hätte ich gewußt, daß sie so viele Panzer haben, hätte ich es mir noch einmal überlegt.«

Am 6. August flog Hitler von Borisow nach Berditschew zum Hauptquartier der Heeresgruppe Süd. Mit ihm reiste Walter Hewel, der in sein Tagebuch schrieb: »Klosterkirche in

Trümmern. Aufgebrochene Särge, Hinrichtung, gespenstische Stadt. Viele Juden, uralte Hütten, fruchtbarer Boden. Sehr heiß.« Hitler flog danach in sein Hauptquartier nach Rastenburg zurück. Am folgenden Tag meldete der höchste deutsche Polizeiführer im mittleren Frontabschnitt, Erich von dem Bach-Zelewski, dem SS-Hauptquartier in Berlin, seine Einheiten hätten seit ihrer Ankunft in Rußland 30000 Exekutionen durchgeführt. Auch die SS-Kavalleriebrigade schickte an diesem Tag einen Bericht nach Berlin, in dem sie meldete, daß sie bis zu diesem Zeitpunkt im Raum Minsk 7819 »Exekutionen« durchgeführt hatte. Um maximale Geheimhaltung zu garantieren, wurden beide Berichte mit Hilfe der Enigma, des sichersten zur Verfügung stehenden Chiffriersystems, verschlüsselt. So konnte der britische Geheimdienst mitlesen. Auch Hitler muß diese Berichte gelesen haben. Fünf Tage zuvor hatte Gestapochef Heinrich Müller von Berlin aus die Kommandeure von vier Einsatzgruppen, einschließlich SS-Gruppenführer Nebe von der Einsatzgruppe B, angewiesen: »Der Führer ist von hier aus beständig über die Arbeit der Sondereinsatzkräfte im Osten auf dem laufenden zu halten.«

Diese Einsatzgruppen arbeiteten kontinuierlich und gründlich. In ihrer Ereignismeldung Nr. 43, die am 5. August in Berlin kompiliert wurde, war die Rede von »Maßnahmen« in 29 Städten und »kleineren Orten«, mit denen die Kommandos Personen der folgenden Kategorien »unschädlich gemacht« hatten: »Bolschewistische Parteifunktionäre, NKWD-Agenten, aktive jüdische Intelligenzler, Verbrecher, Plünderer, Partisanen usw.« Die Partisanen ließen sich jedoch nicht so einfach ausrotten. Aus Witebsk meldeten am 8. August die deutschen Stellen vor Ort, die sowjetischen Partisanen in der Region operierten in so kleinen Gruppen oder sogar als Einzelkämpfer, daß sie sich durch reguläre militärische oder Polizeieinsätze »nicht ausschalten« ließen.

KAPITEL 17

Im Visier der Deutschen: Leningrad, Moskau und Kiew

September 1941

Am 8. August 1941 erreichte die aus Odessa am Schwarzen Meer flüchtenden russischen Truppen und Zivilisten aus Moskau der Befehl: »Ungeachtet der Lage an der Landfront darf Odessa sich nicht ergeben.« Drei Tage später, während an Bord eines in der Placentia Bay vor Neufundland ankernden Schiffes die erste offizielle Zusammenkunft von Churchill und Roosevelt stattfand, griff die sowjetische Luftwaffe erstmals Berlin an. Hitler verschob nun den Angriff auf Moskau und konzentrierte sich auf die Eroberung Leningrads.

Am 12. August legte Hitler in einem Nachtrag zu seiner Weisung Nr. 34 als unmittelbare Operationsziele die Besetzung der Krim, die Industrieregion um Charkow und des Donezbeckens mit seinen Kohlegruben fest. Wenn erst einmal die Krim besetzt sei, könne man einen Vorstoß durch die Meerenge von Kertsch in Richtung Batum in Erwägung ziehen. »Vordringlich« sei dabei »die Zerstörung der feindlichen Flugplätze, von denen offenbar die Angriffe gegen Berlin geflogen werden«.

Nachdem Hopkins Churchill und Roosevelt Bericht über seine Gespräche mit Stalin erstattet hatte, kamen die beiden Staatsmänner überein, der Sowjetunion »sofort in gigantischem Ausmaß« Hilfe zukommen zu lassen. Churchill setzte außerdem eine Erklärung auf, die Roosevelt unter seinem eigenen Namen herauszugeben sich bereit erklärte; darin hieß es, jedes »weitere feindselige Vordringen« Japans im Südpazifik werde »eine Situation heraufbeschwören, in der die Regierung der USA sich gezwungen sähe, Gegenmaßnahmen zu ergreifen, auch wenn diese zum Krieg zwischen den USA und Japan führen würden«.

Im Verlauf ihrer Unterredungen vereinbarten Churchill und Roosevelt die Abfassung und Veröffentlichung eines Dokuments, das sie Atlantik-Charta nannten und in dem Großbritannien und die USA feierlich die gemeinsame Verpflichtung eingingen, sich für eine Nachkriegswelt einzusetzen, in der es »keinen aus dem Krieg resultierenden territorialen oder sonstigen Zuwachs« für einzelne Länder und keinerlei territoriale Veränderungen geben würde, »die nicht mit dem frei geäußerten Willen des betroffenen Volkes übereinstimmen«. In einem Abschnitt, der sich an die Völker unter deutscher, italienischer und japanischer Besatzung wandte, versicherten England und die USA, sie wünschten, »daß souveräne Rechte und Selbstverwaltung dort wiederhergestellt werden, wo sie mit Gewalt beseitigt worden sind«.

Diese ermutigenden Sätze wurden am 12. August veröffentlicht. Am folgenden Tag kam es in Paris zu Kämpfen zwischen Demonstranten und der französischen und deutschen Polizei. Eine Woche später wurden zwei der Demonstranten, Henry Gaultherot und der Jude Szmul Tyszelman, hingerichtet. Beide waren Kommunisten.

Als einen ersten Akt der Unterstützung für Rußland hatten Churchill und Roosevelt an Bord des Schiffes in der Placentia Bay vereinbart, sofort eine angloamerikanische Militärmission nach Moskau zu entsenden, um zu erkunden, welche amerikanischen Rüstungsgüter die UdSSR benötigte. Arthur Purvis, der in den USA ein Jahr zuvor so viel getan hatte, um den Rüstungsnachschub für England anzukurbeln, sollte federführend in dieser Kommission mitarbeiten. Er starb jedoch, als das Flugzeug, das ihn aus England zur Placentia Bay bringen sollte, bei der Landung abstürzte.

Die Militärmission wurde mit Männern von hohem Rang und Ansehen besetzt – ihre Vorsitzenden waren Lord Beaverbrook für England und Averell Harriman für die Vereinigten Staaten. Beide waren Experten für die Produktion und Lieferung von Rüstungsgütern. Lord Beaverbrook hatte im Sommer 1940 als britischer Minister für Flugzeugbau dafür gesorgt, daß in möglichst kurzer Zeit die größtmögliche Zahl von Jagdflugzeugen produziert wurde. Solange die russische Front noch bestehe, erklärte Churchill dem Kriegskabinett in London nach seiner Rückkehr, »müssen wir vielleicht gewisse Opfer bringen«, was die amerikanischen Rüstungslieferungen an England angehe. Er habe »es für richtig gehalten«, Roosevelt deutlich zu machen, daß er keine Verantwortung »für die Konsequenzen« übernehme, falls Rußland gezwungen sei, um Frieden nachzusuchen und daraufhin in England beispielsweise im Frühjahr nächsten Jahres die Hoffnung auf einen Kriegseintritt der USA schwinden würde«.

Am 12. August, während Churchill und Roosevelt noch vor Neufundland konferierten, verließen zwei britische Jagdgeschwader, insgesamt vierzig Flugzeuge, unter dem Kommando ihres neuseeländischen Geschwaderführers Ramsbottom-Isherwood auf der *HMS Argus* die Britischen Inseln; sie sollten nach Murmansk und Archangelsk gebracht werden. Noch bevor die *Argus* Murmansk erreichte, liefen zwei britische U-Boote, die *Tigris* und die *Trident,* den sowjetischen Marinestützpunkt Poljarny bei Murmansk an. Von dort aus begannen sie umgehend, gegen die Truppentransporte und die Küstenschiffahrt der Deutschen vor der Nordküste Norwegens und Finnlands zu operieren.

In den besetzten Gebieten Rußlands wurde die Bevölkerung weiter terrorisiert. Wie der jüdische Arzt Dr. Moses Brauns aus Kaunas später berichtete, kauften am 13. August in Kaunas drei hungrige Juden einem litauischen Bauern auf der Straße vor dem Getto verbotenerweise ein paar Pfund Kartoffeln ab. Die Deutschen bestraften diese Verzweiflungstat, indem sie willkürlich 28 Juden zusammentrieben und erschossen. Am folgenden Tag, dem 15. August, begann in Rokiškis in der Nähe der litauisch-lettischen Grenze eine zweitägige Blutorgie, bei der, wie das hier operierende Einsatzkommando berichtete, 3200 Juden sowie »fünf litauische Kommunisten, ein Pole, ein Partisan« getötet wurden. In dem nahe der ehemaligen deutsch-sowjetischen Grenze gelegenen Ort Stawiski wurden an diesem Tag 600 Juden erschossen. Am selben Tag gab Hinrich Lohse in Minsk einen für das gesamte von Deutschland besetzte sowjetische Gebiet gültigen Erlaß heraus, der alle Juden verpflichtete, zwei gelbe Abzeichen (eines auf der Brust, das andere auf dem Rücken) zu tragen, und es ihnen untersagte, auf dem Bürgersteig zu gehen, öffentliche Verkehrsmittel zu benutzen und Parks, Spielplätze, Theater, Kinos, Büchereien oder Museen aufzusuchen. Außerdem sollten die Gettobewohner künftig nur überschüssige Nahrungsmittel erhalten, die die örtliche Bevölkerung nicht benötigte. Alle noch arbeitsfähigen Juden mußten sich zu Arbeitskommandos melden, die beim Straßen- und Brückenbau oder bei der Beseitigung von Bombenschäden eingesetzt wurden.

Am Tag von Lohses Erlaß, der das Leben der Juden in den deutsch besetzten sowjetischen Gebieten mit einem Netz von Restriktionen und Vorschriften überzog, meldete Richard Sorge in einem aus Tokio nach Moskau übermittelten Funkspruch, die japanische Regierung habe bekundet, daß sie nicht in den Krieg gegen Rußland eintreten werde. Denn in der japanischen Hauptstadt sei man der Auffassung, ein Krieg gegen Rußland »vor dem Winter« würde »eine außerordentliche Belastung der japanischen Wirtschaft mit sich bringen«. Das war eine gute

Nachricht. An diesem Tag bombardierten mehr als hundert deutsche Flugzeuge den Bahnhof von Tschudowo an der Eisenbahnlinie Leningrad – Moskau.

Am 18. August evakuierten die Russen die Hafenstadt Nikolajew am Schwarzen Meer. In Hitlers Hauptquartier schlug Brauchitsch vor, den Vorstoß auf Moskau fortzusetzen. Er wurde überstimmt. Hitler erklärte, der Hauptstoß des deutschen Angriffes müsse sich gegen die Krim, die südrussischen Industriegebiete und den Kaukasus richten. Im Norden müsse der Druck auf Leningrad verschärft werden. Moskau könne warten. Gleichwohl hoffte Hitler, wie er an diesem Tag zu Goebbels sagte, bei Anbruch des Winters »jenseits« von Moskau zu sein.

Goebbels war aus zwei besonderen Gründen nach Rastenburg gekommen. Der erste war der wachsende Protest in Deutschland gegen das Euthanasieprogramm. Am 3. August hatte in Münster Erzbischof Graf Clemens von Galen das Euthanasieprogramm von der Kanzel aus angeprangert. Dem wachsenden Unbehagen in der Bevölkerung Rechnung tragend, befahl Hitler, das Euthanasieprogramm zu beenden: Am 24. August erging die entsprechende Anweisung an Dr. Brack.

Der zweite Punkt, den Goebbels am 18. August ansprach, beinhaltete eine »Aufgabe« für Himmler: Wenn der deutsche Soldat nach dem Krieg in die Heimat zurückkehre, dürften dort »keine Juden mehr auf ihn warten«. Es gebe in Berlin noch 76000 Juden. Wie Goebbels in sein Tagebuch notierte, stimmte Hitler dem Vorschlag zu, »die Berliner Juden, sobald die ersten Transportmöglichkeiten gegeben sind, aus Berlin in den Osten abzuschieben. Dort wird für sie ein etwas rauherer Wind wehen.«

Hitler erinnerte in diesem Zusammenhang an seine »Prophezeiung« vom Januar 1939: Wenn es »dem internationalen Finanzjudentum« gelingen sollte, »die Völker noch einmal in einen Weltkrieg zu stürzen«, werde dies zum Untergang der Juden führen. Laut Goebbels' Tagebuchnotizen war Hitler fest davon überzeugt, daß seine Prophezeiung »sich erfüllen wird«. Goebbels fügte hinzu: »Sie erfüllt sich in diesen Wochen und Monaten mit schrecklicher und fast unheimlicher Gewißheit. Im Osten werden die Juden die Zeche bezahlen müssen.«

In der keine 200 Kilometer von Rastenburg entfernten Stadt Kaunas hatte ein Litauer, der für die örtlichen deutschen Besatzungsbehörden arbeitete, am selben Tag 534 jüdische Schriftsteller, Intellektuelle, Professoren, Lehrer und Studenten zum Gettoeingang beordert; angeblich sollten sie zur »Arbeit im Stadtarchiv« herangezogen werden. Viele meldeten sich freiwillig für diese, wie es schien, nicht allzu beschwerliche Arbeit. Einer dieser Freiwilligen war Robert Stenda, der vor dem Krieg Orchesterleiter an der Oper von Kaunas gewesen war. »Sie hofften auf Geld und etwas besseres Essen«, erinnerte sich Stendas Freund Joseph Kagan später, »und vielleicht auf bessere Lebensbedingungen für ihre Familien.« Die Juden brachen auf. »Die Verwandten warteten abends auf ihre Rückkehr«, schrieb Kagan. »Sie warteten den ganzen nächsten Tag hindurch und noch einen weiteren Tag. Die Elite der jungen Männer des Gettos kam nicht zurück.« Man hatte sie gleich am Tag ihres Abmarsches in eine der alten Festungen im Umkreis der Stadt gebracht und erschossen.

Östlich von Kaunas wurde weiter gekämpft. Am 18. August erhielt Leutnant Kurt Waldheim, ein junger Wehrmachtsoffizier, der fast zwei Wochen an der Front gekämpft hatte, in Anerkennung seiner Tapferkeit das Kavallerie-Sturmabzeichen. »Wenn man dem deutschen Volke etwas Gutes wünschen will«, philosophierte Hitler am 19. August in Rastenburg vor seinen Gästen, »dann wäre es, alle fünfzehn bis zwanzig Jahre einen Krieg zu haben. Eine Wehrmacht, deren einziges Ziel es ist, den Frieden zu erhalten, führt zu einem Soldat-Spielen – man betrachte nur Schweden oder die Schweiz.«

Hitler instruierte seinen Architekten Albert Speer, im monumentalen Stadtzentrum des neuen Berlin zwischen dem neugestalteten Südbahnhof und dem noch zu errichtenden Triumphbogen, dreißig erbeutete schwere Artilleriegeschütze der Roten Armee aufzustellen. Alle großen sowjetischen Panzer, die erbeutet würden, sollten aufbewahrt und später als Schaustücke vor den wichtigsten öffentlichen Gebäuden aufgestellt werden. Geschütze und Panzer sollten auf Granitpodeste gestellt werden.

In dieser Nacht erreichten die ersten deutschen Panzerverbände das nur noch 40 Kilometer vor Leningrad gelegene Gatschina. Am folgenden Tag nahmen sie Tschudowo ein und schnitten so die Eisenbahnverbindung zwischen Leningrad und Moskau ab. Während im Norden die Belagerung Leningrads begann, räumten die australischen Truppen, die Tobruk vier Monate lang gegen seine deutschen und italienischen Belagerer verteidigt und dabei 832 Mann verloren hatten, die Stellung und schifften sich nach Ägypten ein. An ihre Stelle traten britische Truppen. Nach den schweren Kämpfen, die die australischen Soldaten in Griechenland und auf Kreta durchgemacht hatten, bestanden ihre militärischen und politischen Vorgesetzten auf der anderen Seite des Erdballs darauf, sie abzuziehen. 7000 von ihnen waren in der Schlacht um Tobruk in Gefangenschaft geraten.

Am 20. August besetzten italienische Truppen an der dalmatinischen Küste Jugoslawiens die Stadt Gospić und die Insel Pag. An beiden Orten fanden sie Anzeichen für Massenmorde an Serben und Juden vor, die von örtlichen Ustascha-Faschisten begangen worden waren. Auf Pag wurden 791 Leichen exhumiert, darunter 293 Frauen und 91 Kinder. Im Lager Jadowno, 20 Kilometer von Gospić entfernt, waren seit Mitte Juli mindestens 3500 Juden und Serben umgekommen – teilweise infolge von Mißhandlungen bei der Zwangsarbeit, teilweise durch Erschießung.

In den frühen Morgenstunden des 21. August wurden in der ehemals jugoslawischen Stadt Šabac als Vergeltungsmaßnahme für einen Angriff auf eine deutsche Patrouille Juden und Serben auf der Straße massakriert. Andere Juden wurden zusammengetrieben und mußten die Leichen an Laternenpfählen aufhängen. »Wie kann man einen Toten hängen?« fragte Mara Jovanovic, als sie später von diesem schrecklichen Morgen berichtete, »und wer wird das über sich bringen? Eine Schlinge wurde um den Kopf des Toten gelegt, während der Rest des Stricks in dessen Blut lag. Die Leute hasteten gesenkten Kopfes vorbei ...« Am nächsten Tag mußten die Juden die Leichen abschneiden und sie in Müllwagen wegbringen. »Es gab niemanden, der nicht getrauert hätte«, erinnerte sich Mara Jovanovic, »nicht nur um die Toten in den Wagen, sondern auch um die Lebenden hinter den Wagen.«

Ebenfalls am 21. August erschoß in Paris ein zweiundzwanzigjähriger Kommunist namens Pierre Georges, der später den Decknamen »Fabien« annehmen sollte, in einer Metro-Station einen jungen deutschen Offiziersanwärter. Dies war die erste Gewalttat gegen einen Deutschen in Paris seit der Besetzung der Stadt vor mehr als einem Jahr. Zur Vergeltung wurden über 150 Franzosen zusammengetrieben und erschossen.

In diesem August konnte die britische Funkaufklärung einige Erfolge verbuchen. Auf diese Weise erhielt sie Einblick in die deutsche Terrorherrschaft im Osten. Außerdem gelang es ihr, einen Funkspruch des japanischen Botschafters in Berlin abzufangen, der berichtete, Hitler habe ihm bei einer Unterredung versichert, »daß im Falle eines Zusammenstoßes zwischen Japan und den Vereinigten Staaten Deutschland sofort die Feindseligkeiten gegen die Vereinigten Staaten eröffnen würde«. Die dechiffrierte Nachricht wurde umgehend an Roosevelt weitergeleitet. In der Woche zwischen dem 23. und dem 30. August fing der britische Nachrichtendienst in siebzehn voneinander unabhängigen Fällen Enigma-verschlüsselte Funksprüche der deutschen Polizei aus dem besetzten Osten ab, die detaillierte Angaben über die

Erschießung von Juden in Gruppen von 61 bis 4200 Personen enthielten. »Ganze Bezirke sind ausgerottet worden«, enthüllte Churchill dem britischen Volk am 25. August über den Rundfunk. »Zehntausende, ohne Übertreibung Zehntausende russischer Patrioten, die nur ihre Heimaterde verteidigen, werden von deutschen Polizeitruppen kaltblütig erschossen. Seit den Mongoleneinfällen in Europa im 16. Jahrhundert hat die Welt kein systematischeres, gnadenloseres Gemetzel dieses Ausmaßes erlebt.«

Churchill konnte nicht ausdrücklich die Juden als Opfer nennen. Hätte er das getan, so hätte er den Deutschen damit einen Hinweis gegeben, daß die britischen Abhörspezialisten den geheimsten deutschen Funkverkehr belauschten. Aber er machte deutlich, daß die Deutschen, wie er es nannte, »schrecklichste Grausamkeiten« begingen, und erklärte gegenüber seinen Zuhörern: »Wir werden Zeugen eines namenlosen Verbrechens.«

Am 25. August starteten britische und indische Streitkräfte die Operation »Countenance«, die Besetzung der Ölfelder im Süden des Iran, während zugleich sowjetische Truppen von Norden her in den Iran einfielen. Am selben Tag stellten die Botschafter Großbritanniens und der Sowjetunion in Teheran der iranischen Regierung ein Ultimatum: Sie verlangten, Iran solle den »Schutz« der beiden Verbündeten akzeptieren. Nach einem Protest gegen die britisch-sowjetische »Aggression« dankte Schah Reza Pahlewi drei Tage später zugunsten seines Sohnes ab. Im Rahmen der britisch-sowjetischen Operation »Gauntlet« landeten am 25. August britische, kanadische und norwegische Kommandoeinheiten auf der norwegischen Inselgruppe Spitzbergen im nördlichen Polarmeer. Sie zerstörten dort Kohlenlager, Bergbaumaschinen und Ölreserven, um deren Nutzung durch die Deutschen zu verhindern, und evakuierten 2000 russische Zivilisten, um sie an Bord der *Empress of Canada* nach Archangelsk zu bringen. Auch fünfzig französische Offiziere wurden von Spitzbergen evakuiert. Sie waren im Mai 1940 in Frankreich in deutsche Gefangenschaft geraten und in ein Kriegsgefangenenlager in Ostpreußen gebracht worden. Später waren sie nach Rußland geflohen, weil sie hofften, sich von dort aus den Streitkräften des Freien Frankreich anschließen zu können. Statt dessen aber hatten die Russen sie auf Spitzbergen interniert. Jetzt aber waren sie frei und konnten wieder kämpfen.

Am 26. August eroberten deutsche Truppen die Industriestadt Dnjepropetrowsk in der Ukraine. Ein Großteil der Industrie war freilich schon in den Ural verlagert worden, so daß den Eroberern nur leere Gebäude in die Hände fielen. Am selben Tag hatte Hitler Mussolini zu Gast; er zeigte ihm das Schlachtfeld von Brest-Litowsk, dessen Zitadelle der deutsche Mörser »Fritz« in einen Trümmerhaufen verwandelt hatte. Die Sowjets starteten an diesem Tag in der Nähe von Welikije Luki eine Gegenoffensive, die jedoch innerhalb von 24 Stunden ins Stocken geriet.

Am 27. August veröffentlichte die Sowjetregierung in Moskau die Zahl der Opfer bei den 24 deutschen Luftangriffen auf die Hauptstadt seit Beginn der Bombardierungen am 27. Juli. Insgesamt waren 750 Moskowiter gefallen. In dieser Nacht erinnerte in Leningrad die Dichterin Vera Inber in einer Rundfunksendung an die Worte Alexander Herzens, des russischen Schriftstellers aus dem 19. Jahrhundert: »Geschichten über das brennende Moskau, über die Schlacht von Borodino, über die Schlacht an der Berezina, über den Fall von Paris waren die Märchen meiner Kindheit, meine Ilias und Odyssee.« Jetzt, in diesen Monaten und Jahren, erschaffe Rußland neue Odysseen und Iliaden für die zukünftigen Generationen, erklärte Vera Inber ihren Zuhörern. In dieser Nacht begannen die Sowjets Soldaten und Zivilisten – insgesamt 23000 – vom Ostseehafen Reval aus übers Meer zu evakuieren. In diesem »Dünkirchen der Ostsee« kommandierte Admiral Tribuz eine Evakuierungsflotte von 190 Schiffen, die zwischen zwei von den Deutschen besetzten Küsten 240 Kilometer Wasser zu durchqueren hatten. Von seinen 29 großen Truppentransportern wurden 25 versenkt, und mehr als 5000 Soldaten und Zivilisten ertranken. Der Heroismus der Matrosen wurde zur Legende. Von den 35 Besatzungsmitgliedern eines Truppentransporters, der *Kasachstan,* überlebten nur sieben. Jeder von ihnen erhielt den Rote-Fahne-Orden. Der kommandierende Offizier jedoch, Kapitän Wjatscheslaw Kalitejew, der das Schiff angeblich im entscheidenden Moment ohne zwingenden Grund verlassen hatte, wurde wegen Fahnenflucht und Feigheit im Kampf unter Anklage gestellt. Er wurde für schuldig befunden und von einem Exekutionskommando hingerichtet.

Während die Evakuierungsaktion von Reval den ganzen 28. August über weiterging, zerstörten die Russen den Saporoschje-Staudamm am Dnjepr, um zu verhindern, daß die Deutschen das Wasserkraftwerk zur Stromgewinnung nutzen konnten. An diesem Tag überflogen Hitler und Mussolini auf dem Weg zum Hauptquartier von Feldmarschall von Rundstedt in Uman den bereits besetzten Teil der Ukraine. 320 Kilometer westlich von Uman, in Kamenez Podolsk, wurden in diesen Tagen 23000 Juden ermordet. Sie waren auf Geheiß der ungarischen Regierung aus Ungarn deportiert worden. Die deutschen Zivilbehörden in der Region hatten die ungarische Regierung gebeten, diese Juden zurückzunehmen, da man mit ihnen »nicht fertig« werde. Budapest hatte sich geweigert. Der SS- und Polizeiführer Franz Jeckeln hatte der deutschen Zivilverwaltung zugesichert, er werde »die Liquidierung dieser Juden bis zum 1. September abschließen«. Die Juden wurden zu einem mit Bombenkratern übersäten Gelände außerhalb der Stadt getrieben und erhielten Befehl, sich auszuziehen; dann wurden sie mit Maschinengewehren niedergemäht. Viele Schwerverwundete starben unter dem Gewicht der Körper, die auf sie fielen, oder wurden durch den »Fangschuß« getötet. Am 29. August, zwei Tage vor dem von Jeckeln zugesicherten Datum, lebte keiner von ihnen mehr. Laut Ereignismeldung Nr. 80 betrug die Zahl derer, die in diesen drei Tagen erschossen wurden, 23600.

Eine Namensliste der Getöteten wird wohl nie jemand erstellen können. Doch mit ihren peinlich genauen Aufzeichnungen stellten die Deutschen sicher, daß die Zahl der bei diesen »Einsätzen« getöteten Menschen in die Akten der Berliner Behörden Eingang fand. Im litauischen Kédainiai gab das dort operierende Einsatzkommando in seinem Rechenschaftsbericht über den 28. August »710 jüdische Männer, 767 jüdische Frauen, 599 jüdische Kinder« an, 2076 weitere Opfer eines Krieges gegen Wehrlose, der weit hinter der Front tobte. Der Abbruch des Euthanasieprogramms hatte nicht das Ende der Vergasungen mit sich gebracht. Am 28. August besuchte Dr. Horst Schumann, der Direktor des Euthanasiezentrums in Grafeneck, das Lager Auschwitz und beteiligte sich an der Auswahl von 575 Gefangenen, meist sowjetischen Kriegsgefangenen, die zu medizinischen Experimenten nach Sonnenstein in der Nähe von Dresden überstellt wurden. Keiner überlebte.

Am gleichen Tag schrieb Pastor Bernard Lichtenburg, der Propst der römisch-katholischen St. Hedwigs-Kathedrale in Berlin, der nicht wußte, daß an ebendiesem Tag das offiziell sanktionierte Euthanasieprogramm abgebrochen wurde, einen Protestbrief an den Reichsgesundheitsführer Dr. Leonardo Conti. »Als Mensch und als Christ, als Pastor und als Deutscher«, schrieb Lichtenburg, »verlange ich von Ihnen, dem Reichsgesundheitsführer, daß Sie sich für die Verbrechen verantworten, die auf Ihr Geheiß und mit Ihrer Zustimung begangen worden sind und die die Strafe des Herrn über das deutsche Volk kommen lassen werden.« Lichtenburg wurde verhaftet und zu zwei Jahren Haft verurteilt. Er starb auf dem Transport ins Konzentrationslager Dachau. Im Verlauf der Euthanasieaktion, die unter dem Decknamen T4 lief, waren zwischen September 1939 und August 1941 mehr als 80000 geistig Behinderte und

10000 Insassen der Konzentrationslager getötet worden. Das waren im Durchschnitt fast 4000 pro Monat oder über hundert am Tag.

Am 29. August eroberten finnische Truppen, die von Norden her auf Leningrad vorrückten, Terioki zurück, das Finnland Anfang 1940 an die Sowjetunion verloren hatte. Weiter als bis Terioki rückten sie jedoch nicht vor. Unbeirrt vom Drängen der Deutschen, hatte die finnische Regierung sich entschlossen, ihre Truppen in der Region Leningrad nicht über die Vorkriegsgrenze hinaus vorrücken zu lassen. Östlich von Leningrad stießen finnische Einheiten jedoch in Richtung auf den Onega-See vor und drohten die russischen Verbindungen zwischen der Ostsee und dem Weißen Meer abzuschneiden. Am folgenden Tag, dem 30. August, besetzten deutsche Truppen das Dorf Mga und schnitten die letzte und am weitesten im Osten gelegene Eisenbahnverbindung zwischen Leningrad und dem übrigen Rußland ab. Am folgenden Tag wurden sie jedoch wieder aus Mga vertrieben.

Auf der verzweifelten Suche nach Waffen aller Art hatten die Verteidiger Leningrads am 30. August die Schiffsgeschütze der Newa-Flotte zur Artillerie gegen die deutschen Stellungen bei Gatschina umfunktioniert. Am Tag darauf feuerten diese Geschütze mehr als 340 Granaten ab. Viele Schiffskanonen wurden an Land geholt und dort aufgestellt. Selbst die Geschützbatterien des vierzig Jahre alten Kreuzers *Aurora*, der im November 1917 den Signalschuß zum Sturm auf den zaristischen Winterpalast gegeben hatte, wurden abmontiert und auf den Pulkowohöhen in Stellung gebracht.

Im deutsch besetzten Wilna fand am 31. August eine »Aktion« gegen die Juden der Stadt statt. Eine Augenzeugin, Aba Kowner, sah, wie zwei Soldaten eine Frau an den Haaren fortschleppten und wie ihr dabei ein Bündel aus den Armen fiel. Es war ihr Baby, ein Junge. Einer der Soldaten bückte sich, »ergriff das Kind, hob es in die Luft, packte es an einem Bein. Die Frau umklammerte seinen Stiefel und bat um Gnade. Aber der Soldat nahm den Jungen und schlug seinen Kopf gegen die Wand, einmal, zweimal, zerschmetterte ihn an der Wand.«

Laut Zahlenangaben aus amtlichen deutschen Berichten wurden bei dieser Aktion 2019 jüdische Frauen, 864 Männer und 817 Kinder auf Lastwagen aus der Stadt zu den Gruben von Ponar gebracht und erschossen. Die Ereignismeldung, die in Berlin angefertigt wurde, bezeichnete diesen Vorgang als »Sonderbehandlung«.

Am 1. September nahmen die Deutschen Mga wieder ein. Leningrad war nun vom Rest Rußlands völlig abgeschnitten. Den ganzen vorhergehenden Monat hatten die Sowjets unter Hochdruck industrielle Produktionsanlagen aus der Stadt gebracht. Die Ausstattung von 92 Fabriken war auf insgesamt 282 Zügen weggeschafft worden. Die beiden größten Anlagen zur Fertigung schwerer Panzer waren fast 2000 Kilometer ostwärts, nach Tscheljabinsk und Swerdlowsk, verlagert worden. Am 3. September, zwei Tage nach der Wiedereinnahme Mgas, versicherte Feldmarschall Keitel dem Kommandeur der vor Leningrad eingesetzten Truppen, Feldmarschall von Leeb, Hitler habe keine Bedenken gegen einen Beschuß oder eine Bombardierung der Stadt.

Zwei Jahre waren seit dem deutschen Einmarsch in Polen 1939 vergangen, siebzig Tage seit dem deutschen Überfall auf Rußland. Die siegreiche deutsche Kriegsmaschinerie vernichtete polnische Intellektuelle, sowjetische Kriegsgefangene, jugoslawische Partisanen, französische Widerstandskämpfer. Und besonders die Juden, die in vielen Ländern als Minderheit siedelten, wurden zur Zielscheibe von Qualen, Mord und Mißhandlung. In Deutschland erging am 1. September für alle noch im Land verbliebenen Juden (darunter 76000 in Berlin) die Anordnung, auf der Kleidung gut sichtbar einen gelben Davidstern zu tragen. Zwei Tage

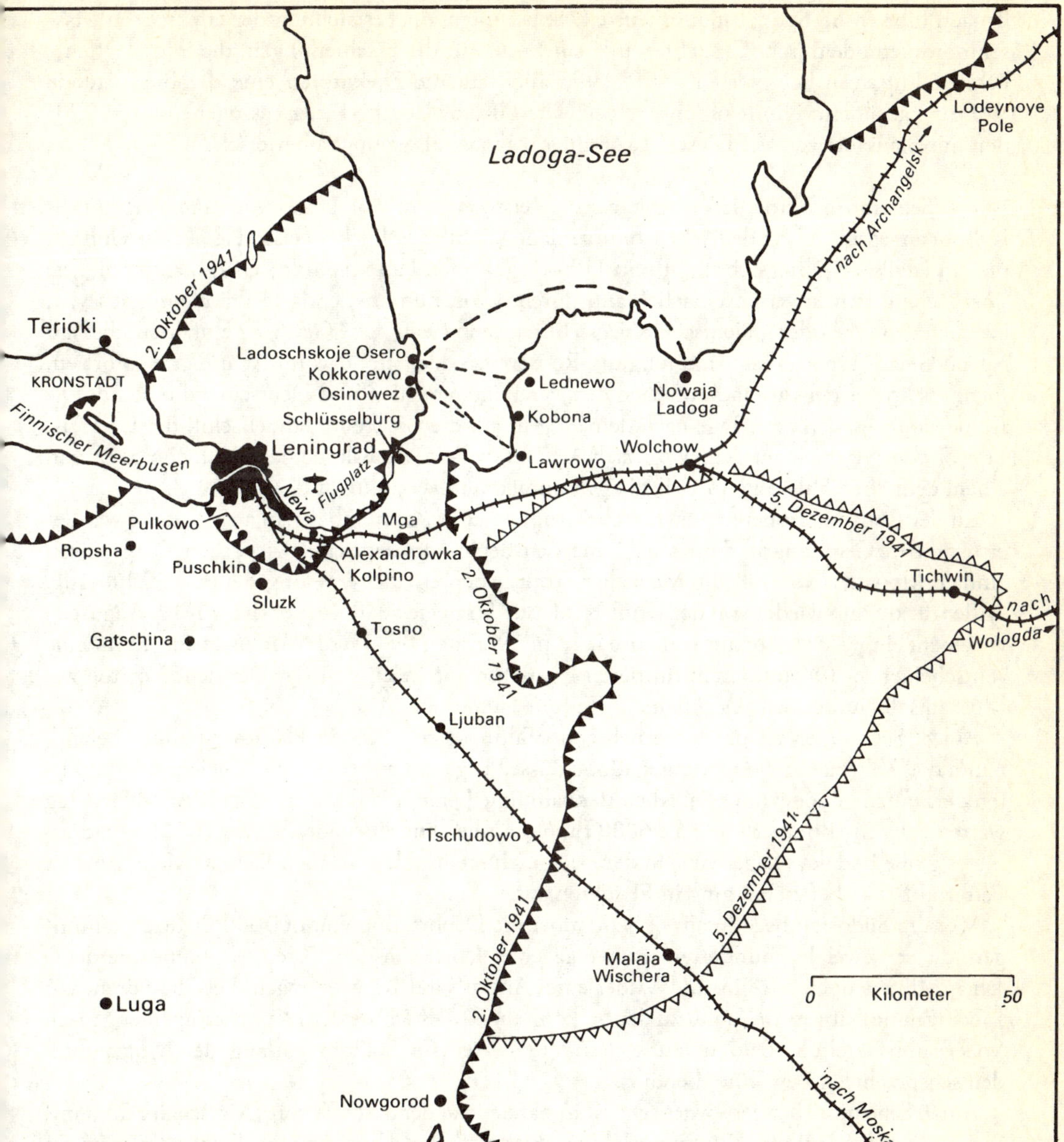

Die Belagerung Leningrads; Oktober 1941 – Januar 1944

danach führten SS-Spezialisten erneut ein Experiment zur Feststellung der effektivsten Massenmordmethode durch. Gesucht wurde ein Ersatz für die Erschießungen, die in der Öffentlichkeit Entsetzen hervorriefen und häufig auch auf die Exekutoren eine demoralisierende Wirkung ausübten. Nun wurden in Auschwitz 600 sowjetische Kriegsgefangene und 300 Juden mit Blausäure vergast. Dieses »Experiment« wurde als gelungen bewertet.

Am 4. September wurde der amerikanische Zerstörer *Greer* vor Island von einem deutschen U-Boot angegriffen. Der deutsche Kommandant glaubte fälschlicherweise, daß Wasserbomben, die ein englisches Kriegsschiff auf sein U-Boot geworfen hatte, von der *Greer* stammten. Die *Greer* schlug sich unversehrt nach Island durch. »Von nun an«, erklärte Präsident Roosevelt, »werden deutsche oder italienische Kriegsschiffe, wenn sie in diese Gewässer einfahren, dies auf eigene Gefahr tun.« Diese Ankündigung Roosevelts bedeutete, daß im Atlantik ab sofort ein nicht erklärter Kriegszustand zwischen den Vereinigten Staaten und Deutschland bestand. Die Ironie wollte es, daß zwei Tage nach dem Angriff auf die *Greer* ein Handelsschiff der USA, die *Steel Seafarer*, das sich auf dem Weg nach Ägypten befand, 35 Kilometer südlich von Suez, von einem deutschen Flugzeug unter Feuer genommen und versenkt wurde.

An der Ostfront eroberten sowjetische Truppen am 6. September Jelnja zurück. Es war der erste größere Gegenangriff der Roten Armee seit Beginn des deutsch-sowjetischen Krieges zweieinhalb Monate zuvor. Für die Moskauer Front bedeutete dies eine ungeheure Erleichterung. Hitler rückte nun wieder von der Krim-Kaukasus-Strategie ab, für die er sich am 12. August so vehement eingesetzt hatte, und erklärte in seiner Weisung Nr. 35, die Voraussetzungen für eine »entscheidende« Operation am mittleren Frontabschnitt seien günstig. Der neue Vorstoß auf Moskau sollte unter dem Decknamen »Taifun« laufen.

Am 8. September, als das Unternehmen »Taifun« sich noch im Planungsstadium befand, nahm die Wehrmacht die Festungsstadt Schlüsselburg am Ladoga-See ein. Gleichzeitig schnitten die Finnen in Lodeynoye Pole die Eisenbahnlinie Leningrad – Murmansk ab. Am selben Tag warfen deutsche Bomber mehr als 6000 Brandbomben auf die Stadt ab. Das 16000 Quadratmeter große Bodajew-Lagerhaus, in dem sich mehrere hundert Tonnen Fleisch, Mehl, Zucker, Fett und Butter befanden, ging in Flammen auf.

Weit im Südosten begann am 8. September die Deportation von 600000 Deutschstämmigen, die seit zwei Jahrhunderten im Wolgagebiet lebten, in den Osten. Während die deutschen Militärs noch das Für und Wider eines Angriffs auf Kiew erwogen, ließ die Furcht vor Sabotage und Subversion Stalin zu der drakonischen Maßnahme der Deportation einer ganzen Volksgruppe greifen. Bald darauf waren Hunderte von Städten entlang der Wolga ihrer deutschsprachigen Bewohner beraubt.

Am 9. September bat der sowjetische Kommandeur an der Südwestfront, Marschall Budjonny, Stalin um die Erlaubnis, Kiew aufgeben zu dürfen. Stalin lehnte ab. An diesem Tag griff ein deutsches »Wolfsrudel« von sechzehn U-Booten einen Konvoi von 65 Handelsschiffen an, die, eskortiert von kanadischen Korvetten, von Sydney am Kap Breton aus nach England fuhren. In der nun folgenden Schlacht wurden fünfzehn Handelsschiffe versenkt. Zuvor aber hatten zwei andere kanadische Korvetten, die *Chambly* und die *Moosejaw*, die auf einer Schulfahrt waren, die U-501, eines der angreifenden deutschen U-Boote, mit Wasserbomben zum Auftauchen gezwungen. Kurz nach diesem Erfolg wurde die *Chambly* von einem deutschen Flugzeug bombardiert und sank.

Am 9. September entschlüsselten die englischen Kryptologen in Bletchley die deutschen Truppenbefehle für das Unternehmen »Taifun«, den Vorstoß auf Moskau. Am gleichen Tag starte-

Die Ostfront, September und Oktober 1941

te Feldmarschall von Leeb seinen Angriff auf Leningrad. Als sich die Deutschen den Vororten der Stadt näherten, ließen die Schiffsgeschütze des Kreuzers *Maxim Gorki* und der Schlachtschiffe *Oktoberrevolution* und *Marat* ein massives Granatensperrfeuer auf die vordersten Stellungen der Deutschen niederregnen. Eine SS-Division, die im Mai an der Fallschirmlandung auf Kreta teilgenommen hatte, erhielt den Befehl, nordwestlich von Mga die Newa zu überqueren und Leningrad von Norden her zu attackieren. Da jedoch nicht genügend Pontons vorhanden waren, mißlang dieses Vorhaben.

Während die Verbände der Heeresgruppe Nord am 30. September Leningrad angriffen und die Heeresgruppe Süd Pläne entwarf, um Moskau in einer Zangenbewegung anzugreifen, verfügte Hitler wiederum eine Änderung der Prioritäten: Noch vor der Offensive gegen Moskau sollten seine Kommandeure die Einkesselung der russischen Truppen vollenden, die in der Zentralukraine hartnäckig die Stellung hielten. Dieser neue, am 10. September ergangene Befehl war nicht leicht auszuführen. Russische Truppen hatten zwei Wochen lang verbissen gekämpft, um zu verhindern, daß sie östlich von Kiew, zwischen Njeschin und Lubny, eingekesselt wurden. Am 16. September war dies jedoch geschehen, und 600 000 Sowjetsoldaten waren in Gefangenschaft geraten. Die Deutschen wandten sich nun wieder dem Vormarsch nach Moskau zu. Die zwei verlorenen Wochen hatten jedoch zur Folge, daß man der Gefahr, über die man im deutschen Hauptquartier jetzt offen sprach – dem herannahenden Winter – um vierzehn Tage nähergerückt war. »Ein Winterfeldzug steht uns bevor. Die wirkliche Prüfung dieses Krieges hat begonnen«, hatte General von Waldau am 9. September, einen Tag bevor der Plan geändert wurde, in sein Tagebuch geschrieben. Er hatte hinzugefügt: »Mein Glaube an den Endsieg bleibt bestehen.«

Am 10. September, demTag, an dem der Befehl zur Verschiebung des Unternehmens »Taifun« erging, zeigte Hitler dem ungarischen Reichsverweser, Admiral Horthy, die ostpreußische Stadt Marienburg. »Wir haben Ihr Judenproblem nicht«, sagte Hitler dem ungarischen Diktator. Das besondere Schicksal der Juden unter deutscher Herrschaft erwähnte er freilich mit keiner Silbe. Für den folgenden Tag vermerkte die Ereignismeldung Nr. 80, in der Stadt Korosten seien 238 Juden, die »von der ukrainischen Miliz zusammengetrieben und in ein Gebäude gesperrt« worden waren, »erschossen worden«. Im nahen Fastow habe man »sämtliche jüdischen Einwohner« zwischen zwölf und sechzig Jahren erschossen, »insgesamt 262«, womit das betreffende Einsatzkommando sein Erschießungspensum für den Monat August auf »7152 Personen« erhöht hatte.

An diesem 10. September ließ Josef Terboven in Oslo den Ausnahmezustand ausrufen. Sogleich setzte eine Verhaftungswelle ein; zahlreiche Gewerkschaftsführer wurden eingesperrt, Zeitungsherausgeber und Journalisten erhielten Berufsverbot. Am Abend verkündete Radio Oslo, der Justitiar der norwegischen Gewerkschaften, Viggo Hansteen, und Rolf Wickström, der Betriebsratsvorsitzende einer Fabrik für Eisenbahnwaggons, seien von einem Kriegsgericht zum Tode verurteilt und hingerichtet worden. Am gleichen Tag gab die slowakische Regierung in Preßburg einen unter deutscher Anleitung ausgearbeiteten Codex Judaicum heraus, der die 135 000 slowakischen Juden praktisch zur Rechtlosigkeit verdammte.

Ebenfalls am 10. September flogen deutsche Bomber einen Angriff auf Leningrad. Die städtische Molkerei wurde getroffen; Tonnen von Butter gingen verloren. Die größte Werft der Stadt wurde schwer beschädigt, und achtzig Brände brachen aus. Am Morgen zählte man mehr als 200 Tote. Außer gewöhnlichen Bomben waren auch solche mit Verzögerungszünder, die an Fallschirmen zu Boden geschwebt waren, eingesetzt worden.

Am 11. September erneuerte Marschall Budjonny sein Ersuchen an Stalin, einen »allgemeinen Rückzug« aus Kiew einleiten zu dürfen. Sein Appell trug auch die Unterschrift des höchsten Parteifunktionärs der Stadt, Nikita Chruschtschow. Wenige Stunden später war Budjonny entlassen. Bei einem Telefonat mit General Kirponos in Kiew sagte Stalin seinen Kommandeuren: »Hört endlich auf, neue Rückzugslinien zu suchen; sucht vielmehr nach Mitteln und Wegen der Gegenwehr, und nur der Gegenwehr.«

Stalin und seine Militärs bemühten sich verzweifelt, Mittel und Wege zu finden, wie die knappen zwei Drittel des europäischen Rußland, die sich noch nicht in deutschen Händen befanden, verteidigt werden konnten. Am 11. September mutmaßte Major Albert C. Wedemayer, der als amerikanischer Gaststudent von 1936 bis 1938 die Stabsakademie in Berlin besucht hatte, Deutschland werde bis zum 1. Juli 1942 das gesamte russische Staatsgebiet westlich der »Linie Weißes Meer, Moskau, Wolga (alles eingeschlossen)« erobert haben, und Rußland werde danach »im wesentlichen militärisch erledigt sein«.

Am 12. September fiel an der russischen Front der erste Schnee, aber er blieb nicht liegen. Am selben Tag befahl Hitler, den Vormarsch auf Leningrad vorerst einzustellen – das Unternehmen »Taifun«, der Vorstoß auf Moskau, erforderte eine weitere Verstärkung der deutschen Truppen vor der sowjetischen Hauptstadt. Leningrad sollte nicht erobert, sondern bis zur Kapitulation ausgehungert werden. Fünf deutsche Panzerdivisionen, zwei motorisierte Divisionen und ein Großteil der Luftstreitkräfte aus der Heeresgruppe Leebs sollten binnen einer Woche von der Leningrader Front abgezogen werden. Leeb protestierte und erklärte, die dreißig sowjetischen Divisionen, die in der Stadt eingeschlossen seien, stünden kurz vor der Vernichtung. Die Besatzungen der deutschen Panzereinheiten, die der Stadt am nächsten waren, konnten schon die goldenen Turmspitzen des Admiralitätspalastes erkennen.

Hitler lehnte es ab, seine Entscheidung zu revidieren. Östlich von Kiew hatten seine Truppen unter Kleist und Guderian fünfzig russische Divisionen eingekesselt. Hitler wollte zuerst Kiew und dann Moskau nehmen. Über diese Prioritätenliste wurde Stalin von seinen Pariser Agenten aus dem Kreis der von Leopold Trepper geleiteten »Roten Kapelle« informiert. Das sowjetische Oberkommando konnte daher seine Verteidigungsplanungen auf die Schwerpunkte des bevorstehenden deutschen Angriffs konzentrieren.

An dem Tag, an dem Hitler die Verlegung von Panzerstreitkräften aus dem Raum Leningrad an die Moskauer Front anordnete, fand im Führerhauptquartier »Wolfsschanze« in Rastenburg eine Lagebesprechung statt, die Hitler mit der Anweisung eröffnete: »Hochrangige politische Funktionäre und Führer sind zu eliminieren.« Der »Kampf gegen den Bolschewismus«, erläuterte Feldmarschall Keitel an diesem Tag den Kommandeuren, erfordere »ein rücksichtsloses und energisches Durchgreifen vor allem auch gegen die Juden, die Hauptträger des Bolschewismus«. Am gleichen Tag, dem 12. September, dechiffrierten die britischen Abhörspezialisten in Bletchley die Mitteilung eines deutschen Polizeiregiments, das in der Nähe von Owrutsch 1255 Juden »gemäß dem Kriegsrecht erledigt« hatte.

Am 12. September flog der britische Royal Air Force Wing seinen ersten Einsatz in Nordrußland. Die britischen Jäger, die von dem 17 Meilen nordöstlich von Murmansk gelegenen Wianga aus operierten, schossen drei deutsche Flugzeuge ab, während sie selbst nur eine Maschine verloren. Für ihre Rußlandeinsätze in dieser verzweifelten Zeit erhielten Kapitän H.H.G. Ramsbottom-Isherwood und drei seiner Flieger den Lenin-Orden. Sie waren die einzigen Soldaten der Westmächte, denen diese Ehrung zuteil wurde.

Für die Verteidigung Leningrads war nun Marschall Schukow verantwortlich, der am 14. September einen Gegenangriff auf die deutschen Stellungen in Schlüsselburg befohlen hatte. Als der Befehlshaber vor Ort, General Scharbakow, erwiderte, dies sei »nicht möglich«, wurde er zusammen mit seinem Politkommissar Tschukow seines Kommandos enthoben. Als Stalin über Fälle von Fahnenflucht entlang der Verteidigungslinie in der Region Sluzk-Kolpino erfuhr, ordnete er persönlich die »gnadenlose Vernichtung« derer an, die den Deutschen »als Helfer« dienten. Befehl Nr. 0098 informierte die Verteidiger Leningrads über die Hinrichtungen, die auf Stalins Befehl hin durchgeführt worden waren. Am 16. September fielen zwei weitere Außenposten Leningrads, die Stadt Puschkin und Alexandrowka, die Endstation der städtischen Straßenbahn; doch der Verteidigungsring hielt. Keine deutschen Soldaten sollten je die Boulevards der Stadt betreten.

Da der deutsche Vormarsch auf Leningrad zum Stillstand kam, blieb der nördlich der Newa gelegene Flughafen der Stadt, auf dem Schukow am 11. September gelandet war, unter sowjetischer Kontrolle. Vom 13. September an wurden innerhalb von zweieinhalb Monaten insgesamt 6000 Tonnen Fracht höchster Dringlichkeitsstufe eingeflogen: 1660 Tonnen Waffen und Munition und 4325 Tonnen Lebensmittel. Hitlers Gewißheit, daß der Wehrmacht schließlich der Sieg über Rußland gelingen werde, blieb jedoch unerschüttert. Am 15. September beschrieb ein deutscher Diplomat, Baron Ernst von Weizsäcker, in seinem Tagebuch die Stimmung des Führers so: »Man plant eine Autobahn zur Krimhalbinsel. Man fragt sich nach der wahrscheinlichsten Art des Abgangs von Stalin. Zieht er sich nach Asien zurück, so könnte man ihm sogar vielleicht einen Frieden zubilligen.« Albert Speer erinnerte sich später, daß Hitler Mitte September »beträchtliche Steigerungen« beim Einkauf von Granit aus Schweden, Norwegen und Finnland für die monumentalen Neubauten in Berlin und Nürnberg gefordert habe.

In Paris, der westlichsten aller von Hitler besetzten europäischen Hauptstädte, wurden am 16. September zehn Geiseln, meist Juden, hingerichtet. Dies war eine Vergeltungsmaßnahme für Anschläge auf deutsche Lieferwagen und Gebäude durch Angehörige der Résistance. Am selben Tag gewährte Hitler dem deutschen Botschafter in Paris, Otto Abetz, der zu Besuch in Rastenburg weilte, Einblick in seine Pläne im Osten. Leningrad würde dem Erdboden gleichgemacht werden. Es sei die »Eiterbeule«, aus der so lange asiatisches Gift »herausgespritzt« sei. Asiaten und Bolschewisten müßten aus Europa verjagt und »zweihundertfünfzig Jahre asiatischer Pest« ein für allemal beseitigt werden. Der Ural solle die neue Grenze sein. Die westlich davon gelegenen Teile Rußlands würden Deutschlands »Indien« werden. Allein die Eisenerzgruben von Kriwoi Rog könnten Deutschland mit einer Million Tonnen pro Monat versorgen. Frankreich würde an dieser wirtschaftlich autarken neuen Ordnung teilhaben, müsse jedoch erst noch seine Teilnahme am Kampf gegen England zusagen.

Einer der Vertreter dieser neuen Ordnung war der junge Wehrmachtsoffizier Leutnant Erwin Bingel, der sich am 16. September in Uman aufhielt. Wie er später berichtete, ermordeten dort SS-Trupps und ukrainische Milizsoldaten mehrere hundert Juden. Die Opfer wurden zu einem Gelände außerhalb der Stadt gebracht, in Reihen aufgestellt, gezwungen, sich auszuziehen, und mit Maschinengewehren niedergemäht. »Auch Frauen mit zwei oder drei Wochen alten Säuglingen, die sie an ihrem Busen säugten, wurden von diesem furchtbaren Morden nicht ausgenommen. Man ersparte es den Frauen nicht einmal, mitansehen zu müssen, wie ihre Kinder an den Beinchen gepackt und mit einem Hieb mit dem Pistolengriff oder dem Knüppel getötet und danach auf den Leichenhaufen in der Grube geworfen wurden.«

Zwei von Leutnant Bingels Leuten erlitten beim Anblick dieses Massakers »einen totalen Nervenzusammenbruch«. Zwei andere wurden zu einem Jahr Militärhaft verurteilt, weil sie bei der Aktion fotografiert hatten. Die beiden Ereignismeldungen Nr. 86 (17. September) und Nr. 88 (19. September) – Nr. 87 ist nie aufgetaucht – kleideten dieses unaufhörliche

Gemetzel in statistische Zahlen: Danach waren in Chmelnizki 229 Juden, in Winniza 600, in Kriwoi Rog 105 Juden und außerdem 39 kommunistische Funktionäre ermordet worden; in Pilwa und Staraja Sinjawa waren es 511 Juden gewesen, in Tartu 50 Juden und 455 »Kommunisten«, in Radomyschl 1107 jüdische Erwachsene und 561 »Jugendliche«, die von der ukrainischen Miliz ermordet worden waren. In Berditschew hatten 627 jüdische Männer und 875 »Jüdinnen über 12« sterben müssen, ferner 544 »geisteskranke Personen« aus der Irrenanstalt von Dünaburg, an deren Tötung eine »lettische Selbstschutzeinheit« mitgewirkt hatte. Zehn Insassen der Anstalt wurden als »teilweise geheilt« eingestuft und nach vorheriger Sterilisierung entlassen. »Nach Abschluß dieser Aktion«, schloß der Bericht, »existiert die Anstalt nicht mehr.«

Am 16. September stach in Halifax (Neuschottland) der transatlantische Konvoi HX 150 in See. Es war der erste Konvoi, der von amerikanischen Kriegsschiffen eskortiert wurde. Am 17. September flog der britische Royal Air Force Wing seinen zweiten Einsatz in Nordrußland. Am selben Tag schlug der letzte Versuch Leebs fehl, die Verteidigungslinien von Leningrad zu durchstoßen. Spätestens an diesem Tag mußte er mit der geforderten Verlegung von Panzerstreitkräften an die Moskauer Front beginnen. »In Anbetracht des Kräfteverbrauchs vor Leningrad«, schrieb General Halder am 18. September besorgt in sein Tagebuch, »wo materiell und personell starke Feindkräfte zusammengepreßt sind, wird die Lage bis auf weiteres gespannt bleiben, bis der Hunger als Bundesgenosse wirksam wird.«

Hitler war an diesem 17. September noch immer optimistisch und sprach mit seinen Gästen in Rastenburg über den bevorstehenden Niedergang Rußlands. Die Krim würde Deutschland mit Zitrusfrüchten, Baumwolle und Kautschuk versorgen: »Wir werden ein Getreide-Exportland sein für alle in Europa, die auf Getreide angewiesen sind.« Für die Russen sollte es keine höhere Schulbildung geben: »Wir werden bei ihnen das für den Ackerbau unabdingbare Menschenmaterial finden.« Die deutschen Siedler und neuen Herren in Rußland würden »eine geschlossene Gesellschaft« bilden müssen. »Der geringste unter unseren Stallburschen muß über allen Einheimischen stehen.«

Die Wehrmacht stand nun in den Vororten von Kiew, der drittgrößten Stadt der Sowjetunion nach Moskau und Leningrad. Nachdem General Kirponos Stalin vier Tage lang nachdrücklich darauf hingewiesen hatte, daß es bald zu spät sei, seine Truppen aus der Stadt und ihrer Umgebung zurückzuziehen, ermächtigte Marschall Timoschenko ihn am 16. September zum Rückzug aus Kiew. Erst 48 Stunden später bestätigte Stalin die Order. Am 18. September, als der verspätete Rückzug begann, wurde die tausend Mann starke Kommandomarschkolonne von General Kirponos aus dem Hinterhalt angegriffen und eingekreist. Kirponos wurde von Minensplittern in Kopf und Brust getroffen und starb binnen weniger als zwei Minuten. Seine Armee kämpfte tapfer, um aus der Falle zu entkommen. Zwar gelang es 15000 auszubrechen, aber eine halbe Million wurde gefangengenommen. Für die Rote Armee war dies ein massiver Verlust. Aber auch die Deutschen hatten Grund zur Sorge. In dieser Woche wurde aus Berlin gemeldet, daß in den drei Monaten seit Beginn des Rußlandfeldzugs 86000 deutsche Soldaten gefallen waren.

Weiteren Anlaß zur Besorgnis im Kreis der deutschen Militärs gab in diesem September die Tatsache, daß Titos Partisanentruppe im besetzten Jugoslawien beständig wuchs. In den frühen Morgenstunden des 17. September setzte ein britisches U-Boot, das von Malta aus operierte, an der dalmatinischen Küste in der Nähe von Petrovac den britischen Agenten Oberst D. T. Hudson an Land. Er nahm sofort mit Tito und dem Cetnik-Führer Mihailovic Verbindung auf.

Eine Woche später nahm Titos 70 000 Mann starke Partisanentruppe, die aber nur über wenig Waffen und Munition verfügte, Uzice ein, eine Stadt, in der es eine Gewehrfabrik gab, die jeden Tag 400 Gewehre herstellen konnte. Die Partisanen sollten Uzice zwei Monate lang halten. Der Widerstand gegen die deutschen Besatzer begann in Jugoslawien, genau wie in Rußland, eine nicht zu unterschätzende Zahl von Wehrmachtssoldaten zu binden und in Gefahr zu bringen.

KAPITEL 18

Rußland in Bedrängnis

September – Oktober 1941

Am 19. September drangen deutsche Wehrmachtseinheiten in Kiew ein. Leningrad erlebte an diesem Tag das schwerste Luft- und Artilleriebombardement dieses Krieges, da 276 deutsche Bomber die Luftverteidigung der Stadt durchbrachen. Mehr als tausend Menschen kamen ums Leben, darunter viele, die schon vorher verwundet gewesen waren; denn auch mehrere Krankenhäuser wurden getroffen. Zwei Tage später, am 21. September, griffen 180 deutsche Bomber die Insel Kronstadt, Leningrads wichtigste Verteidigungsbastion, an und beschädigten die Marinewerft schwer.

Aus London übermittelte der britische Nachrichtendienst mit Billigung Churchills Stalin zwischen dem 20. und dem 25. September eine Reihe von Warnungen, die auf abgefangenen und ausgewerteten Teilen des geheimen deutschen »Geier«-Funkverkehrs zwischen dem Oberkommando und den an der Ostfront operierenden Truppen basierten. Durch diese dechiffrierten Funksprüche hatten die Briten Einzelheiten über die deutschen Absichten und Bewegungen an der Moskauer Front erfahren, so etwa über Standorte und Kampfstärke der deutschen Luft- und Bodentruppen im Raum Smolensk.

In Großbritannien traf eine schlechte Nachricht ein: Am 20. September verlor ein Konvoi von Handelsschiffen auf dem Weg nach Gibraltar bei einem Angriff deutscher U-Boote fünf seiner 27 Schiffe. Vorübergehenden Trost brachte die Tatsache, daß ein deutsches Flugzeug, das über dem Konvoi aufkreuzte und den U-Boot-Kommandanten die Position der Handelsschiffe durchgab, von einem der Geleitschiffe abgeschossen wurde. Eines der Handelsschiffe jedoch, die *Walmer Castle,* die aus dem Konvoi ausscherte, um die Überlebenden zweier torpedierter Schiffe aufzunehmen, wurde aus der Luft bombardiert und versenkt. Am 21. September waren die deutschen U-Boote verschwunden. Sie hatten ein anderes Ziel ausgemacht: einen Geleitzug auf dem Weg von Sierra Leone nach England. In drei Nächten wurden neun der 27 Schiffe dieses Konvois versenkt.

An der Ostfront kämpften SS-Einheiten zusammen mit regulären Verbänden der Wehrmacht. Am 23. September trieben sie, um den Tod dreier SS-Wachposten zu rächen, sämtliche Einwohner eines Dorfes in der Nähe von Krasnaja Gora zusammen, ließen sie in Reihen Aufstellung nehmen und mähten sie mit Maschinengewehren nieder. Manchmal zeigten sich SS-Männer auch als furchtlose Einzelkämpfer: so etwa am 24. September in Luschno, als ein SS-Rottenführer namens Fritz Christen nach dem Tod aller seiner Kameraden an seiner Kanone ausharrte und dreizehn sowjetische Panzer zur Strecke brachte. Als erster Soldat der SS-Totenkopf-Division, der mit dem begehrten Ritterkreuz zum Eisernen Kreuz Erster Klasse ausgezeichnet wurde, durfte Christen später nach Rastenburg fliegen und sich die Auszeichnung von Hitler persönlich überreichen lassen.

Im Fernen Osten schmiedeten die Japaner Pläne für einen kühnen Überraschungsangriff auf den amerikanischen Marinestützpunkt Pearl Harbor. Am 24. September erhielt Nagai Kita, der japanische Konsul auf Hawaii, Anweisung, Pearl Harbor in fünf Zonen einzuteilen und

Japan über die genaue Anzahl der in jeder Zone ankernden US-Kriegsschiffe Bericht zu erstatten. Die amerikanische Funkaufklärung auf Hawaii fing diese Nachricht ab, aber da sie keine Dechiffriergeräte besaß, mußte der verschlüsselte Text erst einmal mit einem Pan-Am-Clipper nach Washington geschickt werden. Normalerweise ging jede Woche eine Maschine, doch der nächste fällige Flug am 26. September wurde wegen schlechten Wetters abgesagt. Die Nachricht wurde daher auf dem Seeweg nach Washington gesandt, so daß sie erst am 6. Oktober dort einging. Ein Mangel an Dechiffrierexperten und die Tatsache, daß die Nachricht nicht im Code der höchsten Geheimhaltungsstufe verschlüsselt war, führte zu einer weiteren Verzögerung von drei Tagen. Aber auch als die Nachricht schließlich und endlich dechiffriert war, wurde sie nur als routinemäßiger Spionageauftrag bewertet: als einer von vielen an Dutzende japanischer Agenten in Hawaii, Manila, Panama oder Seattle erteilten und von der US-Abwehr dechiffrierten Befehlen.

Unterdessen übermittelten die Engländer Stalin laufend ihre Erkenntnisse aus entschlüsselten Enigma-Funksprüchen, in denen die Deutschen ihre geheimsten militärischen Lagebeschreibungen und Pläne offenbarten. Der russische Generalstabschef General Schaposchnikow, war neben Stalin der einzige Sowjetbürger, der diese Informationen ebenfalls erhielt. Wann immer die Sowjets sich nach der Quelle dieser Erkenntnisse erkundigten, mußte der Verbindungsoffizier an der britischen Militärmission in Moskau, Cecil Barclay, ihnen weisungsgemäß erklären, die Informationen stammten von einem Beamten des deutschen Kriegsministeriums.

Am 25. September startete die Wehrmacht einen neuen Vorstoß an der Südfront. Hitlers Absicht war es, diese Offensive noch rasch vor dem geplanten Angriff auf Moskau durchzuziehen, auf den sich die von der Leningrader Front zur Mitte hin verlegten deutschen Panzerverbände gerade vorbereiteten. Aber der Doppelvorstoß nach Charkow und auf die Krim, bei dem Hitler mit einem raschen Erfolg rechnete, sollte auf unerwartet starke sowjetische Gegenwehr stoßen und steckenbleiben. Ein neuer leistungsfähiger russischer Panzer, der T-34, machte auf dem Schlachtfeld von sich reden. Am 26. September sah die SS-Totenkopf-Division sich gezwungen, erstmals spezielle »Panzervernichtungskommandos« gegen den T-34 einzusetzen, gegen den die bisher so erfolgreichen Panzerabwehrkanonen wenig ausrichten konnten. Diese Kommandos bestanden aus zwei Offizieren und zehn Mann, die sich – mit Sprengstoff, Minen, Granaten und Bomben im Tornister – zu Fuß an jeden einzelnen russischen Panzer heranpirschten, der die deutschen Verteidigungslinien durchbrochen hatte, und versuchen mußten, ihn so schnell wie irgend möglich »von Hand« zu sprengen oder lahmzulegen.

Am 26. September führte ein SS-Hauptsturmführer namens Max Seela vor, wie wirkungsvoll diese Kampfweise sein konnte: Ganz allein robbte er auf den ersten von sieben Panzern zu, die die deutschen Stellungen durchbrochen hatten, brachte am Geschützturm zwei Beutel Sprengstoff an und zündete sie mittels einer Granate. Anschließend zerstörte die von ihm geführte Gruppe auf dieselbe Weise auch die sechs anderen durchgebrochenen Panzer. Als deren Besatzung aus den brennenden Wracks floh, wurden sie von den Deutschen erschossen.

Am selben Tag wurden im Getto von Kaunas, nachdem ein patrouillierender litauischer Polizist dort einen Schuß gehört zu haben glaubte, die 1800 jüdischen Bewohner der betreffenden Straße – Männer, Frauen und Kinder – zusammengetrieben, auf Lastwagen verladen, zu einer der Festungen vor der Stadt transportiert und getötet. Einen Tag später wurden in der litauischen Stadt Aišiškes 3446 Juden, darunter mehr als 800 Kinder, ohne jeglichen Anlaß zu eigens ausgehobenen Gruben auf dem jüdischen Friedhof gebracht und mit Maschinengewehren niedergemäht.

Die Mordbilanz, die die Einsatzkommandos in diesem Monat zogen, übertraf alle bisherigen Berichte: Laut der Ereignismeldung Nr. 101 vom 2. Oktober wurden Ende September in einem zweitägigen Massaker an der Schlucht von Babi Jar bei Kiew 33771 Juden ermordet und weitere 35782 »Juden und Kommunisten« in den beiden Küstenstädten Nikolajew und Cherson am Schwarzen Meer massakriert. Die Deutschen fanden im übrigen hin und wieder auch Anlaß zu Klagen über »Behinderungen« beim Massenmord. So hatte am 28. September in Krementschug der russische Bürgermeister Werschowski die Taufe von einigen hundert Juden angeordnet, um sie vor einem Massaker zu bewahren. Er wurde daraufhin verhaftet und erschossen.

Am 27. September nahm die Wehrmacht Perekop ein und schnitt die Krim vom übrigen Südrußland ab. Am selben Tag lief in der Marinewerft von Baltimore die *Patrick Henry*, ein amerikanisches Handelsschiff von 10000 Tonnen, vom Stapel. Sie war das erste von vielen Tausenden sogenannten Liberty Ships, deren große Stückzahl und kurze Bauzeit die britischen Verluste durch den deutschen U-Boot-Krieg ausgleichen sollten. Aus zahllosen Fertigteilen montiert, konnte ein solches Schiff in kürzester Zeit zusammengebaut werden – bei der *Robert E. Peary* schafften es die Werftarbeiter in der außerordentlichen Rekordzeit von vier Tagen.

Am 28. September verließ der erste britische Geleitzug mit für die Sowjetunion bestimmtem Rüstungsnachschub, Konvoi PQ 1, Island in Richtung Archangelsk. Zwei Tage später verkündete Churchill im Unterhaus, die gesamte britische Panzerproduktion der letzten Woche solle nach Rußland gehen. Große Mengen Aluminium, Kautschuk und Kupfer, die Stalin zu einem früheren Zeitpunkt angefordert hatte, waren bereits geliefert worden. Am 2. Oktober las Churchill, während die deutschen Truppen an der Moskau-Front sich für »Taifun« rüsteten, ausgewertete Auszüge aus dem geheimen deutschen Funkverkehr, die detaillierte Angaben über die geplanten Angriffsoperationen enthielten. Dann forderte er den Chef seines Nachrichtendienstes auf, die Sowjets zu warnen.

In Moskau ließ sich unterdessen die angloamerikanische Kommission unter Leitung von Lord Beaverbrook und Averell Harriman über den Ausrüstungsbedarf der Roten Armee informieren. Sie waren willens, ihr Möglichstes zu tun, um Stalins Forderungen gerecht zu werden. So erfüllten die Amerikaner seine Bitte um die Lieferung von 400 Tonnen Stacheldraht im Monat. Am 30. September erklärte Lord Beaverbrook sich bereit, die bevorstehenden Nachschublieferungen der USA an Großbritannien restlos an die Sowjetunion weiterzuleiten: 1800 Jäger, 2250 Panzer, 500 Panzerabwehrkanonen, 23000 Maschinengewehre, 25000 Tonnen Kupfer, 27000 Tonnen Kautschuk und 250000 Soldatenmäntel.

Das Ausmaß der materiellen britischen Unterstützung für die Sowjets war gewaltig und umfaßte alle Teilbereiche und Aspekte des Krieges zu Land, zur See und in der Luft. Die Rote Luftwaffe sollte in neun jeweils monatlich erfolgenden Lieferungen insgesamt 1800 britische Hurricanes und Spitfires sowie 900 Jäger und 900 Bomber aus US-Produktion erhalten, die Sowjetmarine »vor Ende 1941« 150 komplette Asdic-Anlagen zur U-Boot-Ortung, 1500 Schiffsgeschütze, 3000 Flak-MGs und acht Zerstörer. Die Liste der Dinge, die die Rote Armee dringend benötigte, riß in grundlegenden Bereichen der britischen und amerikanischen Rüstung schmerzliche Lücken. Sie enthielt folgende Posten: pro Monat jeweils tausend Panzer »einschließlich Zubehör und Ersatzteilen«, 300 Flugabwehrgeschütze, 300 Panzerabwehrkanonen und 2000 Panzerspähwagen mit zugehörigen Panzerabwehrkanonen.

Darüber hinaus »bestellten« die Sowjets für jeden Monat folgendes Material: 4000 Tonnen Aluminium, beträchtliche Mengen Kupfer, Zinn, Blei, Messing, Nickel und Kobalt, 13000 Tonnen Stahlrohr für Granaten, ferner Industriediamanten, Werkzeugmaschinen, Kautschuk,

Wolle, Jute und Blei. Für die Soldaten der Roten Armee sollte Großbritannien drei Millionen Paar Armeestiefel sofort und in Zukunft 400000 Paar pro Monat liefern; die Amerikaner verpflichteten sich zusätzlich zur Lieferung von monatlich 200000 Paar Armeeschuhen. Schließlich sollten pro Monat über eine Million Meter Uniformstoff geliefert werden.

Andere angloamerikanische Beraterkommissionen hatten zugesagt, monatlich 20000 Tonnen Erdölprodukte zu liefern (beispielsweise Schmieröl für Flugzeugmotoren). Hinzu kamen Schiffe, um den Transport von monatlich 500000 Tonnen Lebensmitteln, Öl und Rüstungsgütern zu ermöglichen; und medizinische Versorgungsgüter in großem Ausmaß, beispielsweise mehr als zehn Millionen Chirurgennadeln und 500000 Paar Operationshandschuhe.

Der medizinischen Versorgung Rußlands diente des weiteren die Lieferung von 20000 Amputationsmessern, 15000 Amputationssägen, hundert tragbaren Röntgenapparaten, 4000 Kilogramm örtlichen Betäubungsmitteln, mehr als eine Million Ampullen von erst kürzlich entwickelten Antibiotika – darunter auch das bekannte M&B 693 –, Beruhigungsmittel, Herz- und Gehirnstimulantien, 800000 Pinzetten und Zangen (auch für Knochenoperationen), Instrumente für Hirn- und Augenoperationen sowie eine Million Meter Wachstuch für die Wundabdeckung.

Nicht nur Churchill, auch seine Frau Clementine setzte sich dafür ein, daß die Sowjets die Rüstungs- und die medizinischen Versorgungsgüter erhielten, welche sie benötigten, um der neuerlichen deutschen Offensive standzuhalten. In diesem September veröffentlichte Clementine Churchill einen Unterstützungsaufruf für Rußland, der auf enorme Resonanz besonders bei der britischen Fabrikarbeiterschaft stieß und der, wie ein Staatsbeamter sich später erinnerte, »ein allgemeines Mitgefühl für die Russen in ihrem tapferen Widerstand« weckte. Innerhalb eines Monats wurde dank des Aufrufs von Frau Churchill so viel Geld gesammelt, daß dafür 53 Notoperationsausrüstungen, dreißig Bluttransfusionsapparaturen, 70000 Chirurgennadeln, eine halbe Tonne des Schmerzmittels Phenacetin und sieben Tonnen saugfähige Verbandwatte angeschafft und unverzüglich in die Sowjetunion geschickt werden konnten.

Während diese Hilfsgüter auf den Weg nach Rußland gebracht wurden, hatten die Sowjets die Verlagerung ihrer industriellen Ressourcen nach Osten weitgehend abgeschlossen. Ende September umfaßte die Liste der Betriebe, die bis dahin aus Westrußland in den Ural, nach Westsibirien, an die Wolga, nach Kasachstan und Zentralasien verlegt worden waren, allein 1360 Unternehmen der Schwerindustrie. In den schätzungsweise eineinhalb Millionen Waggons, die die kriegswichtigen Maschinen nach Osten transportierten, wurden im Gegenzug zweieinhalb Millionen Soldaten nach Westen an die Front gebracht. Dies war eine außerordentliche Leistung. Am 29. September ordnete die sowjetische Regierung die Verlegung der größten Schwermaschinenfabrik des Landes aus Kramatorsk südöstlich von Charkow in das Gebiet östlich des Uralgebirges an. Trotz ständiger deutscher Bombenangriffe konnte die Verlegung fünf Tage später beginnen.

Ebenfalls am 29. September legte die Leningrader Militärführung neue Prioritäten für die Partisanentätigkeit in der Umgebung der Stadt fest: Verstärkt sollten künftig Sabotageakte gegen die Artillerie der Belagerer sowie nächtliche Angriffe auf deutsche Kasernen und Behelfsflugplätze stattfinden. Schon einen Tag später wurde jedoch die Hoffnung Stalins auf eine baldige Entlastung getrübt, als finnische Truppen die sowjetischen Stellungen bei Petrosawodsk am Onega-See durchbrachen.

Inzwischen arbeiteten britische und amerikanische Wissenschaftler fieberhaft an der Entwicklung der Atombombe. Währenddessen begann einer von ihnen namens Klaus Fuchs – ein überzeugter Kommunist, der 1933 aus Deutschland nach England geflohen war – die Geheimnisse der »Tube-Alloys«-Forschung (so lautete der britisch-amerikanische Deckname für das Projekt) Simon Davidowitsch Kremer, seinem Kontaktmann an der sowjetischen Botschaft in London, zuzuspielen. Gegen Ende des Jahres wurde Fuchs einer neuen Kontaktperson zugewiesen: Es war eine deutsche, nach Großbritannien emigrierte Jüdin namens Ruth Kuczynski, deren Deckname »Sonja« war und deren Ehemann in der Royal Air Force diente.

Am 3. Oktober wurden die Arbeitsergebnisse der britischen Atomforscher offiziell an Professor Conant in den Vereinigten Staaten übermittelt, der seinerseits sechs Tage später Roosevelt informierte – und zweifellos erfuhren auch die Sowjets durch Fuchs alles Wesentliche. Die zentrale Erkenntnis besagte, daß der explosive Kern einer Uranbombe mit einem Gewicht von lediglich 25 Pfund aller Wahrscheinlichkeit nach eine Sprengkraft von 1800 Tonnen TNT entfalten könne. Die Herstellung einer solchen Bombe würde freilich eine Menge Geld kosten.

Während Fuchs die Sowjets über die Fortschritte bei der Entwicklung der Atombombe im Westen ins Bild setzte, ließen die Deutschen die Operation »Taifun« anlaufen. »Heute«, erklärte Hitler in einer amtlichen Verlautbarung, die am 2. Oktober im Rundfunk verlesen wurde, »ist nun der Beginn der letzten großen Entscheidungsschlacht dieses Jahres.« In Kürze würden »die drei ausschlaggebendsten Industriebezirke restlos in [deutscher] Hand sein!« Damit sei »nun aber endlich die Voraussetzung geschaffen worden zu dem letzten gewaltigen Hieb, der noch vor dem Einbruch des Winters diesen Gegner zerschmettern soll«.

Fast 2000 Panzer rückten an diesem Tag gegen die russische Front vor. Im weit hinter den deutschen Linien gelegenen Žagare wurden an diesem 2. Oktober »633 Männer, 1017 Frauen, 496 Kinder« – durchweg Juden – mit Maschinengewehrsalven getötet; 150 wurden erschossen, als sie sich dem gewaltsamen Transport aus der Stadt widersetzten. Weitere 976 Juden wurden in Butrimonys ermordet, wo das federführende Einsatzkommando das Massaker als Massenschauspiel inszenierte, indem es an der Hinrichtungsstätte Bänke aufstellen ließ, von denen aus Bürger der litauischen Stadt das Geschehen beobachten konnten.

Zehn Tage lang rückte die Wehrmacht zügig Richtung Moskau vor. Während sich die Deutschen der sowjetischen Hauptstadt näherten, verbrannten russische Bauern die eingebrachte Ernte, trieben ihr Vieh weg und jagten die wichtigsten Gebäude ihrer Dörfer in die Luft. Dank dieser von langer Hand vorbereiteten Politik der verbrannten Erde sollten die Deutschen nichts anderes als verkohltes Gelände vorfinden.

In Paris befahl am 2. Oktober der oberste SS-Offizier der Stadt, Helmut Knochen, die Zerstörung von sieben Synagogen. Sechs davon wurden noch in derselben Nacht in die Luft gesprengt. Die siebte, bei der die Zündung versagt hatte, wurde am nächsten Tag angeblich aus »Sicherheitsgründen« in die Luft gejagt. An der Ostfront schienen die Deutschen ihren Gegner endgültig besiegt zu haben. Am 3. Oktober wurde Orel so schnell eingenommen, daß den Russen keine Zeit blieb, die noch vorhandenen Fabriken zu zerstören. Hitler, der mit dem Zug für einen einzigen Nachmittag nach Berlin kam, erklärte vor einer riesigen Menge im Sportpalast: »Dieses Mal wurde mir das Herkommen ... sehr schwer, weil sich in diesen Stunden an unserer Ostfront eine neu eingeleitete Operation wieder als gewaltiges Ereignis vollzieht. Seit 48 Stunden ist sie in gigantischem Ausmaß im Gange. Sie wird mithelfen, den Gegner zu zerschmettern.«

Am 4. Oktober war Hitler wieder in der »Wolfsschanze«. An diesem Tag wurden in Kaunas, keine 200 Kilometer von Rastenburg entfernt, alle Patienten, Ärzte und Krankenschwestern im Krankenhaus des Gettos und ebenso alle Waisen des angrenzenden jüdischen Waisenhauses in dem Gebäude eingesperrt, worauf dieses angezündet wurde, Jeder, dem es gelang, ins Freie zu entkommen, wurde erschossen. Drei Tage später begann in Rowno ein Massaker an mehr als 17000 Juden.

Als es den deutschen Angreifern verhältnismäßig rasch gelang, die gegnerischen Truppen in Zentralrußland nach Wjasma und Brjansk zurückzudrängen und sie im Süden aus Dnjepropetrowsk zu vertreiben, waren die deutschen Generäle in Hochstimmung. »Zur Zeit rollt die Operation auf Moskau«, schrieb der Quartiermeister des Heeres, General Eduard Wagner, am 5. Oktober in sein persönliches Notizbuch. »Wir haben den Eindruck, daß der letzte große Zusammenbruch unmittelbar bevorsteht« und daß im Kreml bereits die Koffer gepackt würden. Auf Hitlers militärisches Urteilsvermögen eingehend, fügte Wagner hinzu: »Er greift diesmal, man kann schon sagen entscheidend, in den Verlauf der Operationen ein, und bisher hat er immer recht behalten.«

Am 6. Oktober eroberte die Wehrmacht im Süden Berdjansk und machte über 100000 Gefangene. An diesem Tag schneite es im Norden zum zweitenmal in diesem Winter. Am 7. Oktober fiel auch in Rastenburg der erste Schnee.

Am 4. und am 6. Oktober hatte Churchill Stalin direkt über den Zeitplan der Geleitzüge informiert, die nach Archangelsk unterwegs waren oder dorthin auf den Weg gebracht werden sollten. Am 12. Oktober sollten zwanzig schwere Panzer und 193 Jagdflugzeuge in Archangelsk eintreffen. Diesen sollten am 19. Oktober weitere hundert Jäger, 140 schwere Panzer, 200 leichte Maschinengewehre, 200 Panzerabwehrkanonen und fünfzig schwere Gewehre folgen. Am 22. Oktober sollte ein dritter Konvoi mit 200 Jagdmaschinen und 200 schweren Panzern eintreffen. Jeder Konvoi würde für seine Reise um das Nordkap siebzehn Tage brauchen und dabei möglicherweise arktischen Stürmen und deutschen Luftangriffen trotzen müssen.

Am 8. Oktober fiel Mariupol in Südrußland in deutsche Hand. Hitlers Truppen hatten das Asowsche Meer erreicht. Sein Pressesprecher Otto Dietrich erklärte am Tag darauf in Berlin vor ausländischen Journalisten: »Sowjetrußland ist besiegt.« Aber weder war der Widerstand der sowjetischen Soldaten gebrochen, noch waren die T-34-Panzer besiegt. Und über Radio BBC konnten die Menschen im Reich regelmäßig eine Stimme hören, die in deutscher Sprache folgende Worte sagte: »Alle sieben Sekunden stirbt in Rußland ein Deutscher. Ist es Dein Mann? Ist es Dein Sohn? Ist es Dein Bruder?«

Am 10. Oktober berief Stalin General Schukow aus Leningrad ab, wo es mittlerweile die ersten Hungertoten gab. Schukow sollte die Truppen der neuorganisierten Westfront befehligen und den deutschen Vormarsch auf Moskau aufhalten. Sein politischer Berater bei dieser neuen Aufgabe war Nikolai Bulganin. An diesem Nachmittag äußerte Hitler in seinem Rastenburger Hauptquartier: »Das Gesetz des Daseins fordert ununterbrochenes Töten, damit das Bessere lebt.« Am gleichen Tag gab Marschall Walter von Reichenau, Befehlshaber der 6. Armee, eine Weisung aus, in der er erklärte: »Das wesentlichste Ziel des Feldzuges gegen das jüdisch-bolschewistische System ist die völlige Zerschlagung der Machtmittel und die Ausrottung des asiatischen Einflusses im europäischen Kulturkreis.« Hieraus ergäben sich, wie Reichenau weiter ausführte, »für die Truppe Aufgaben, die über das hergebrachte einseitige Soldatentum hinausgehen«. Der deutsche Soldat an der Ostfront müsse »für die Notwendigkeit der harten, aber gerechten Sühne am jüdischen Untermenschentum volles Verständnis haben«.

Der Geist, der aus dieser Weisung Reichenaus sprach, war auf deutscher Seite weit verbreitet. Am 12. Oktober wurden in der jugoslawischen Stadt Zasavica mehrere hundert Juden und Zigeuner ermordet. Die Zigeuner galten wie die Juden als »Untermenschen«. In der Ereignismeldung Nr. 120 vom 12. Oktober meldete die in Serbien tätige Einsatzgruppe die – ausdrücklich nur als ein »Beispiel« angeführte – Erschießung von 2200 Serben und Juden als Vergeltungsmaßnahme für einen Anschlag auf einen Zug in der Nähe von Topola, bei dem 22 deutsche Soldaten ums Leben gekommen waren. Außerdem seien in Karaljewo 1738 Einwohner »und neunzehn kommunistische Frauen« liquidiert worden. In Griechenland wurden in der Nähe der Strumenmündung zwei Dörfer niedergebrannt, die »erwiesenermaßen« griechische Partisanen unterstützt hatten, und »alle männlichen Bewohner (202) erschossen«.

Ebenfalls eine Bilanz der ersten Oktoberhälfte zog die Ereignismeldung UdSSR Nr. 124, die am 25. Oktober in Berlin fertiggestellt wurde. Sie führte unter anderem folgende Opferzahlen auf: 627 »liquidierte« Juden in Schklow, 812 »rassisch und geistig minderwertige Elemente« und 3000 Juden, die im Getto von Witebsk ermordet worden waren.

Sowjetische Soldaten erwartete in deutscher Gefangenschaft ein schreckliches Schicksal. Zwischen Mitte August und Mitte Oktober 1941 waren allein im Konzentrationslager Sachsenhausen 18000 russische Kriegsgefangene umgebracht worden, durchschnittlich 300 pro Tag. Einer der Organisatoren dieses Massenmordes war SS-Gruppenführer Eicke, der an der Ostfront verwundet worden war.

Am 12. Oktober mußten die russischen Truppen Brjansk und Wjasma aufgeben. Acht russische Armeen waren eingekesselt und aufgerieben worden, 648196 Mann gerieten in deutsche Gefangenschaft. An diesem Tag besetzten die Deutschen das 160 Kilometer südwestlich von Moskau gelegene Kaluga. »Wundervolle Nachrichten aus Rußland«, schrieb General Rommel aus seiner Wüstenstellung am 12. Oktober an seine Frau. »Nach Abschluß der großen Schlachten«, prophezeite er, »können wir damit rechnen, daß der Vormarsch nach Osten rasch vorangeht und dem Feind damit jede Möglichkeit genommen wird, neue Truppen in nennenswerter Zahl aufzustellen.« Zwei Tage später fiel die 150 Kilometer nordwestlich von Moskau gelegene Stadt Kalinin in deutsche Hand. An diesem Tag lief die Operation »Karlsbad« an, die erste deutsche »Säuberungsaktion« gegen sowjetische Partisanen, die im Gebiet zwischen Minsk und Smolensk operierten und eine der wichtigsten deutschen Nachschubrouten an die Front zu kappen drohten.

An diesem 14. Oktober fiel in Leningrad Schnee, und im ganzen mittleren Frontbereich sanken die Temperaturen unter null Grad Celsius. »Die Wettervorhersage ist keine Wissenschaft, die sich mechanisch lehren und lernen läßt«, erklärte Hitler seinen Getreuen in Rastenburg an diesem Abend. Einen Tag später, am 15. Oktober, verzeichnete ein Regiment der SS-Totenkopf-Division in seinem Diensttagebuch die ersten ergiebigeren Schneefälle: 25 Zentimeter Neuschnee.

Entlang der gesamten Ostfront produzierte eine Mischung aus Schneematsch und nachfolgenden starken Regenfällen jetzt einen dicken, klebrigen Schlamm, der die deutschen Panzer nur noch langsam vorankommen ließ und sie teilweise sogar völlig zum Stehen brachte. Die sowjetischen T-34-Panzer mit ihren breiteren Laufflächen kamen in diesem Schlamm vergleichsweise besser voran.

In Odessa am Schwarzen Meer begann am 15. Oktober auf Anordnung der örtlichen Militärbehörden die Evakuierung der letzten noch verbliebenen Truppen. Schon vorher waren 86000 Mann eingeschifft worden. Jetzt verließen in einer Nacht dreißig Transporter mit 35000 Mann an Bord den Hafen von Odessa und nahmen Kurs auf Sewastopol. Über tausend LKWs, 400 Gewehre und 20000 Tonnen Munition waren bereits früher in insgesamt 192 »Fuhren« weggeschafft worden. Es war ein unblutiges Reval, ein drittes Dünkirchen.

Am 15. Oktober erhielten alle sowjetischen Regierungsbehörden und sämtliche diplomatischen Vertretungen in Moskau Anweisung, sich auf eine Evakuierung einzurichten. Sie sollten nach Kuibyschew an der Wolga verlegt werden. Auf den westlichen Zugangswegen nach Moskau wurden 65 Brücken vorsorglich vermint, so daß sie jederzeit gesprengt werden konnten, wenn die Deutschen sich näherten. Auch in Moskau selbst wurden sechzehn Brücken vermint, die »beim ersten Anblick des Feindes« in die Luft gejagt werden sollten.

Zur gleichen Zeit, als Hitler seine Hand nach Moskau ausstreckte, ordneten seine Vollzugsbeamten im Reich die Deportation von 20000 Juden und 5000 Zigeunern aus deutschen Städten in das Getto von Łódź an, das schon seit einiger Zeit Schauplatz entsetzlichen Hungers und unsagbarer Entbehrungen war. Im vorangegangenen Monat waren dort hundert Menschen verhungert. Im Warschauer Getto lag die Zahl der täglichen Toten doppelt so hoch wie in Łódź. Am 15. Oktober verkündeten die Deutschen, daß jedem Juden, der das Getto ohne Genehmigung verließ, die Todesstrafe drohe. Dasselbe galt für alle Personen polnischer oder anderer Nationalität, die »solchen Juden absichtlich Unterschlupf« gewährten – eine Warnung an die Adresse aller Hilfsbereiten.

Die Deutschen forderten ihre militärischen Gegner immer dreister und unvorsichtiger heraus. Als ein transatlantischer Geleitzug aus Sydney am Kap Breton am 16. Oktober von deutschen U-Booten angegriffen wurde und fünf amerikanische Zerstörer von ihrem isländischen Stützpunkt aus zu Hilfe eilten, feuerte eines der U-Boote seine Torpedos auf einen dieser Zerstörer, die *Kearney*, ab. Das Schiff wurde schwer beschädigt; elf amerikanische Seeleute kamen ums Leben.

»Hitlers Torpedo war auf alle Amerikaner gerichtet«, erklärte Roosevelt dem amerikanischen Volk elf Tage später in seiner Ansprache zum Tag der Marine. Aber noch war es nicht soweit, daß er Deutschland den Krieg erklären konnte. Am 16. Oktober, dem Tag, an dem die *Kearney* torpediert wurde, sah sich in Tokio die Regierung des Prinzen Konoye zum Rücktritt gezwungen; an ihre Stelle trat eine neue Führungsmannschaft unter General Hideki Tojo, der unter Konoye Kriegsminister gewesen war. Für diejenigen Japaner, die die USA auf dem Schlachtfeld herausfordern wollten, war Tojo der ideale Ministerpräsident. Und für Stalin war die latente japanische Bedrohung nun endgültig vom Tisch. In der ersten Oktoberwoche hatte er von Richard Sorge in Tokio erfahren, die japanische Regierung habe endgültig beschlossen, es werde vor dem Frühjahr 1942 keine weiteren japanischen Angriffe auf die sowjetischen Grenzregionen geben. Daraufhin befahl Stalin sogleich, weitere Einheiten – die Hälfte jeder Division des Kommandobereichs Fernost – nach Westen in Marsch zu setzen, wo sie bei der Verteidigung Moskaus gebraucht wurden. Insgesamt wurden so mehr als acht Divisionen, tausend Panzer und tausend Flugzeuge nach Westen verlegt. Eine der ersten dieser Divisionen, die gerade in höchster Eile über Moskau an die Westfront gelangt war, mußte im Kampfgebiet vor Moshaisk – in Borodino – ins Geschehen eingreifen, obwohl erst die Hälfte ihrer Regimenter an Ort und Stelle war.

Nachdem Stalin am 15. Oktober Weisung gegeben hatte, die Verwaltung und die kriegswichtigen Betriebe Moskaus zu evakuieren, verließen in den beiden darauffolgenden Wochen 200 Züge und 80000 LKWs, mit der Ausrüstung von fast 500 Betrieben die Hauptstadt in Richtung Wolga und Ural. Eine Fabrik, die Infanteriewaffen herstellte, benötigte allein zwölf Züge.

An diesem 16. Oktober setzten sich auch in einigen deutschen Städten Züge Richtung Osten in Bewegung. Sie transportierten Juden ins Getto von Łódź. Einer dieser Züge kam mit 512 jüdischen Passagieren aus Luxemburg. Fünf Züge mit insgesamt 5000 Juden kamen aus Wien, fünf mit annähernd genau so vielen Deportierten aus Prag, vier Züge mit 4187 Juden aus Berlin. Vier weitere Züge fuhren aus Köln, Frankfurt, Hamburg und Düsseldorf ab. Die Deportierten sollten von nun an das Los der Juden von Łódź teilen.

An der russischen Front war das Wetter zum Hauptproblem der Deutschen geworden. Am 16. Oktober berichtete ein deutscher Pilot nach seiner Landung in Rastenburg, das ganze Land sei von einer 15 Zentimeter dicken Schneeschicht bedeckt. »Unsere kühnsten Träume sind in Regen und Schnee versunken«, schrieb General Hoffmann von Waldau, der stellvertretende Stabschef der deutschen Luftwaffe, in sein Tagebuch. »Alles ist in einem bodenlosen Morast steckengeblieben. Die Temperatur fällt auf minus 10 Grad, 30 Zentimeter Neuschnee, und dann regnet es auf die Schneedecke.«

Am Abend des 17. Oktober schien Hitler über das Wetter nicht allzu beunruhigt. Rschew, Belgorod, Stalino und Taganrog – Orte, die weniger als 500 Kilometer von der Wolga entfernt waren – waren in den vorangegangenen 48 Stunden von seinen Armeen genommen worden. Im Süden war General von Manstein auf die Krim vorgerückt. An diesem Abend erzählte Hitler in Rastenburg seinen Gästen, unter denen sich auch Dr. Todt befand, von seinen Plänen für den Bau von Autobahnen zur Krim und in den Kaukasus. »An diese Verkehrsadern reihen sich«, sagte er, »wie an einer Perlenschnur die deutschen Städte, und um diese herum liegt die deutsche Siedlung.« Aber nicht nur Deutsche sah er als künftige Siedler in Rußland, sondern auch Skandinavier, ja sogar Menschen aus »den Westländern und Amerika«. Was die einheimische Bevölkerung betraf, die »Eingeborenen«, wie er sie nannte, so werde man »dazu übergehen, sie zu sieben. Den destruktiven Juden setzen wir ganz hinaus.«

Während Hitler im Kreis seiner Vertrauten in der »Wolfsschanze« ins Schwärmen geriet, wurde in Berlin die Ereignismeldung UdSSR Nr. 117 zusammengestellt, die genaue Zahlenangaben darüber enthielt, wie die von Einsatzkommandos durchkämmten Bezirke im Raum Nikolajew »von Juden gesäubert worden« waren: 4091 Juden und 46 Kommunisten waren dort in den ersten beiden Oktoberwochen liquidiert worden, »womit eine Gesamtzahl von 40699 erreicht« war. Den Juden im deutschen Herrschaftsbereich in Westeuropa war es mittlerweile auch verboten, den bislang legalen Ausreiseweg über Portugal zu benutzen. Am 18. Oktober rief Himmler Reinhard Heydrich an, der kurz zuvor zum Stellvertretenden Reichsprotektor für Böhmen und Mähren ernannt worden war, und erklärte ihm: »Keine jüdische Auswanderung nach Übersee mehr.«

Die Einsatzkommandos wurden nicht mehr ausschließlich gegen Juden, sondern inzwischen fast täglich auch gegen Partisanen aktiv. Die Ereignismeldung UdSSR Nr. 116, die am 17. Oktober von Berlin aus verteilt wurde, enthielt Informationen über die sowjetische Partisanentätigkeit im Gebiet um Gatschina bei Leningrad und die deutschen Gegenmaßnahmen. Wegen Sabotageakten »mußten in Sluzk zehn Personen erschossen werden«. Am 18. Oktober wurde die einzige brauchbare Ost-West-Autobahnverbindung Richtung Moskau zwischen Smolensk und Wjasma von Partisanen mittels hochexplosiver Granaten in eine Sprengfalle verwandelt. Per Fernzündung zur Explosion gebracht, rissen die Sprengsätze 10 Meter breite und 2,5 Meter tiefe Krater in die Fahrbahn.

Mittlerweile stand Moshaisk in Flammen, während Malojaroslawez und Tarussa von der Wehrmacht erobert waren, so daß der Hauptstadt nun eine neue Bedrohung aus dem Süden erwuchs.

In Moskau selbst wurden Arbeitskommandos gebildet, die um die Hauptstadt Panzersperrgräben aushoben. »Wir wurden einige Kilometer aus dem Moskauer Stadtgebiet hinausgebracht«, schrieb später eine der rekrutierten Arbeiterinnen, Olga Saposchnikowa. »Wir waren sehr viele, und man sagte uns, wir sollten Gräben ausheben. Wir waren alle sehr ruhig, aber benommen, und konnten es nicht begreifen. Am ersten Tag wurden wir von einem ›Fritz‹, der direkt im Sturzflug auf uns zukam, mit dem Maschinengewehr beschossen. Elf Mädchen wurden getötet und vier verwundet.«

Die von Olga Saposchnikowa und ihren Leidensgenossen ausgehobenen Panzerabwehrgräben erstreckten sich von Moskau bis Kunzewo. Ein weiteres Grabensystem von 6,5 Kilometern Länge befand sich bei Naro-Forminsk.

Am 18. Oktober nahmen die japanischen Behörden in Tokio Richard Sorge fest. Auf diese Weise ging ein ebenso bemerkenswertes wie erfolgreiches Kapitel sowjetischer Spionage aus dem Nervenzentrum der deutschen Diplomatie in Tokio zu Ende – drei Tage nachdem Sorge Stalin hinsichtlich der Gefahr eines japanischen Angriffs in Fernost beruhigt hatte. 35 Mitglieder des Rings, den Sorge aufgebaut hatte, wurden mit ihm verhaftet, darunter vier seiner wichtigsten Vertrauten, zu denen auch zwei Japaner gehörten.

Am 19. Oktober proklamierte Stalin für Moskau den Belagerungszustand und gab den Tagesbefehl aus: »Wir werden Moskau bis zum letzten Atemzug verteidigen.« In Leningrad erwirkte Professor Jossif Orbeli, der Direktor der Eremitage, für ein halbes Dutzend der führenden Orientalisten der Stadt ein paar Stunden Fronturlaub, damit sie gemeinsam den 800. Geburtstag Nizamis, des aserbaidschanischen Nationaldichters, feiern konnten – eine Geste des Trotzes gegen die deutschen Bemühungen, die Stadt zur Kapitulation zu zwingen.

Bis zum 20. Oktober mobilisierten die Moskauer Behörden eine halbe Million Männer und Frauen für die Anlage von Grabensystemen mit einer Gesamtlänge von 8000 Kilometern rings um die Stadt. Zugleich wurden dabei 300 Kilometer Stacheldraht verlegt. Die Deutschen waren jetzt nur noch 100 Kilometer von der sowjetischen Hauptstadt entfernt. Sie hielten mittlerweile über eineinhalb Millionen Quadratkilometer sowjetischen Territoriums mit einer Bevölkerung von 65 Millionen Menschen besetzt und hatten mehr als drei Millionen sowjetische Soldaten gefangengenommen. »Ein alptraumhaftes Bild«, schrieb Generalfeldmarschall von Bock am 20. Oktober in sein Tagebuch, »wie Zehntausende russischer Kriegsgefangenen unter geringster Bewachung Richtung Smolensk marschieren. Halbtot vor Erschöpfung, schleppen diese armen Teufel sich weiter.« »Die sich auf den Straßen bewegenden Züge der russischen Kriegsgefangenen«, notierte Oberst Lahousen, ein Mitarbeiter von Admiral Canaris, am gleichen Tag, »machen einen stupiden Eindruck von Tierherden.« General von Reichenaus 6. Armee, fügte Lahousen hinzu, habe »Befehl gegeben, daß alle schlappmachenden Kriegsgefangenen zu erschießen sind. Bedauerlicherweise wird dies an der Straße, selbst in Ortschaften, vorgenommen, so daß die einheimische Bevölkerung Augenzeuge dieser Vorgänge ist.«

Als Churchill und seine Stabschefs an diesem Abend erfuhren, daß die deutschen Truppen nur knapp 100 Kilometer vor Moskau standen, beschlossen sie sogleich, die britischen Panzer, die gerade zum Transport nach Rußland verladen wurden, mit Ersatzteilen für drei Monate auszustatten, »ganz gleich, welche Opfer dies nach sich ziehen mag«.

An der russischen Front standen am 21. Oktober 2500 Techniker der Maschinenfabrik des westlich von Charkow gelegenen Kramatorsk bereit, um ihren bereits verlagerten Fabrikanlagen in den russischen Osten zu folgen. In den drei vorangegangenen Wochen hatten sie und ihre Arbeiter Unvorstellbares geleistet, um die Maschinen rechtzeitig abzubauen und sie für die Reise ins sichere Hinterland auf Züge zu verladen. Da sich für die Techniker kein Zug mehr fand, marschierten sie 35 Kilometer ostwärts bis zum nächsten noch funktionstüchtigen Bahnhof.

In Jugoslawien begannen Ustascha-Faschisten am 21. Oktober mit drei Massakern an ihren serbischen Landsleuten. In Kragujevac wurden 2300 Männer und Jungen getötet, darunter ganze Schulklassen. In Kraljevo wurden 7000 Personen ermordet, in Mačva 6000 Männer, Frauen und Kinder.

An diesem 21. Oktober erschossen die Deutschen im französischen Nantes fünfzig Geiseln. Dies war eine Vergeltungsmaßnahme für die Ermordung von Oberstleutnant Hötz, dem deutschen Befehlshaber in dieser Region.

Hitler beschäftigte sich bei seinen Gesprächen am Mittag dieses Tages in Rastenburg immer noch mit der Judenfrage. »Wenn wir diese Pest ausrotten«, sagte er seinen Vertrauten, »so vollbringen wir eine Tat für die Menschheit, von deren Bedeutung sich unsere Männer draußen noch gar keine Vorstellung machen können.«

Einheiten der Wehrmacht und rumänische Verbände unterstützten gelegentlich die SS-Einsatzkommandos bei der Durchführung des Auftrags, den General von Reichenau in seiner Weisung vom 10. Oktober formuliert hatte: »die Ausrottung des asiatischen Einflusses im europäischen Kulturkreis«. Keine 24 Stunden nachdem Hitler in Rastenburg von der Ausrottung der Juden gesprochen hatte, begann in Odessa ein Massaker an 25000 Juden. Zur Hälfte wurden sie in vier große Lagerhäuser gesperrt, von denen dann drei angezündet wurden. Diejenigen, die dem Feuer entkamen und durch Dachluken oder Fenster zu fliehen versuchten, wurden mit einem Hagel von Handgranaten und Maschinengewehrsalven empfangen. Viele Frauen verloren den Verstand und warfen ihre Kinder aus den Fenstern. Das vierte Lagerhaus, in dem sich nur Männer befanden, wurde durch Artilleriefeuer zerfetzt.

Am Abend des 21. Oktober war die architektonische Zukunft Berlins das Hauptthema der Tischgespräche im Führerhauptquartier. »Was Berlin jetzt bekommt«, sagte Hitler, »soll so sein, daß es den Inbegriff dessen darstellt, was mit den heutigen Mitteln überhaupt nur zu machen ist. Wer die Reichskanzlei betritt, muß das Gefühl haben, vor den Herrn der Welt zu treten, und schon der Weg dahin durch den Triumphbogen auf den breiten Straßen an der Soldatenhalle vorbei zum Platz des Volkes soll ihm den Atem nehmen.« Das neue Berlin, fügte er hinzu, solle aus Granit gebaut werden. »Diese Bauten werden unverändert noch in zehntausend Jahren stehen.«

KAPITEL 19

Die »Entscheidung über das Schicksal Europas« (Hitler)

November 1941

Am 22. Oktober 1941 wurden in Japan Luftverteidigungsmanöver durchgeführt, und Tokio erlebte seine erste Verdunkelungsübung. Am gleichen Tag startete ein unbewaffnetes japanisches Aufklärungsflugzeug von seinem Stützpunkt in Indochina aus zu einem Rundflug über die malayische Halbinsel. Der Pilot empfahl anschließend in seinem Bericht, die britischen Flughäfen in Kota Bharu und Alor Star als vorrangige Invasionsziele zu wählen. Auch die Pläne für einen Angriff auf Pearl Harbor waren inzwischen weiter gereift. In Washington wurde am 9. Oktober eine Funkbotschaft entschlüsselt, die Nagai Kita in Hawaii am 24. September aus Tokio erhalten hatte. Sie enthielt die Anweisung, genaue Daten über die Positionen der amerikanischen Flugzeugträger in Pearl Harbor zu übermitteln. Die Amerikaner ließen sich dadurch jedoch nicht beunruhigen.

Am 24. Oktober besetzte die deutsche Wehrmacht Charkow, die zweitgrößte Stadt der Ukraine. In Wilna waren an diesem Tag 885 Kinder unter den 3700 Juden, die durch die Straßen des Gettos gejagt und schließlich ins nahe gelegene Ponar geführt wurden, wo man sie erschoß. Hunderte, die sich im Getto in Kellern und anderswo versteckt hielten und so der Menschenjagd zu entgehen versuchten, wurden auf die Straße gezerrt und an Ort und Stelle erschossen.

»Vor dem Reichstag«, erinnerte Hitler an diesem Abend seine Gäste in der »Wolfsschanze«, »habe ich dem Judentum prophezeit, der Jude werde aus Europa verschwinden«, wenn der Krieg nicht vermieden werden könne. Er fügte hinzu: »Diese Verbrecherrasse hat die zwei Millionen Toten des Weltkrieges auf dem Gewissen, jetzt wieder Hunderttausende. Sage mir keiner: Wir können sie doch nicht in den Morast schicken! Wer kümmert sich denn um unsere Menschen? Es ist gut, wenn uns der Schrecken vorangeht, daß wir das Judentum ausrotten.«

Am gleichen Tag stimmte in Berlin ein NS-Funktionär namens Adolf Eichmann, der bis dahin für Fragen der jüdischen Emigration zuständig gewesen war, einem Vorschlag zu, den Hinrich Lohse ihm eine Woche zuvor unterbreitet hatte: Er hatte angeregt, die Juden, die derzeit mit Zügen aus Berlin, Wien und anderen Städten des Reichs sowie aus Luxemburg nach Riga deportiert wurden, dort in entsprechend ausgerüsteten Wagen zu vergasen. Die Entscheidung, Gaswagen zu benutzen, wurde noch am gleichen Tag, dem 25. Oktober, von Dr. Wetzel formuliert. Wetzel war im Ministerium für die besetzten Ostgebiete für jüdische Angelegenheiten zuständig. Er hielt in einer Notiz fest, Dr. Viktor Brack, ein hoher Funktionär in der Kanzlei des Führers, der für das abgebrochene Euthanasieprogramm mitverantwortlich gewesen war, habe sich »bereit erklärt ... bei der Herstellung der erforderlichen Unterkünfte sowie der Vergasungsapparate mitzuwirken«. Dr. Brack sei bereit, zu diesem Zweck einen seiner eigenen Chemiker, einen Dr. Kallmeyer, nach Riga zu schicken. Ziel müsse es sein, so erklärte Wetzel, »Zwischenfälle wie bei den Judenerschießungen in Wilna«, wo die Exekutionen »öffentlich durchgeführt« worden seien, künftig zu vermeiden. Die »neue Methoden«, erläuterte er, böten die Gewähr dafür, »daß solche Zwischenfälle nicht mehr möglich sein werden«.

Von nun an wurde in zunehmendem Ausmaß eine neue Methode der Massentötung deportierter Juden entwickelt und angewendet. Für die deutschen Besatzer hatte sie den Vorteil, daß die Tötungen nicht mehr vor den Augen der örtlichen Bevölkerung stattfanden und daß man regulären Soldaten oder auch den Männern der Einsatzkommandos nicht mehr zumuten mußte, Frauen und Kinder kaltblütig zu erschießen und danach noch denen den Fangschuß zu geben, die durch die ersten Salven nur verwundet worden waren. Vom 27. Oktober an fanden in der westpolnischen Stadt Kalisz vier Tage lang Experimente mit Vergasungen statt. Insgesamt 290 Juden wurden an diesem Tag in einem geschlossenen Lastwagen aus einem Altersheim abtransportiert. Man hatte ihnen erzählt, sie würden in ein Altersheim in einer anderen Stadt verlegt. Eine Verlängerung des Auspuffrohrs führte ins Wageninnere. Während der Wagen langsam und vorsichtig aus der Stadt hinaus zu einem etwas außerhalb gelegenen Wald fuhr, erstickten alle Insassen.

Nach Beendigung dieser »Reise« präsentierte man den überlebenden Juden in Kalisz die Rechnung für den »Transport«.

Die Ineffizienz der Massenerschießungen und das Unbehagen, das etliche deutsche Soldaten dabei empfanden, führten dazu, daß das neue Verfahren des Massenmords rasch breitere Anwendung fand. Während der Gaslastwagen von Kalisz seine Fahrten von der Stadt in den Wald unternahm, trafen zwei Briefe mit Informationen über die abscheulichen Morde der Einsatzkommandos in Berlin ein. Der erste stammte von der deutschen Katholikin Margarete Sommer und trug das Datum des 27. Oktober. Darin berichtete sie Kardinal Bertram, von einem Massaker in Kaunas, dem nicht nur 8000 ortsansässige Juden zum Opfer gefallen waren, sondern auch tausend Juden, die mit einem Zug aus Deutschland gekommen waren. Erschossen hatte man sie alle in der neunten Festung, einem vor der Stadt gelegenen Verteidigungsbauwerk aus dem 19. Jahrhundert. Unter den Opfern waren nach Angaben des Einsatzkommandos, das für die Morde verantwortlich war, auch 4273 Kinder. »Die Juden mußten sich ausziehen«, schrieb Margarete Sommer, »– es hatte vielleicht 18 Grad minus – und dann in ›Gräber‹ klettern, die zuvor von russischen Kriegsgefangenen ausgehoben worden waren. Sie wurden dann mit einem Maschinengewehr erschossen; dann wurden noch Granaten hineingeworfen. Ohne zu prüfen, ob alle tot waren, befahl das Einsatzkommando, die Gräber zuzuschütten.«

Der zweite Briefschreiber, der gegen Massenmorde im Osten protestierte, war Dr. Carl, der deutsche Zivilkommissar für die Region Sluzk. Er erstattete seinen Vorgesetzten in Berlin zunächst telefonisch, dann brieflich Bericht über die Beteiligung deutscher Soldaten an einer pogromartigen Menschenjagd am 27. Oktober in Sluzk. Juden und Weißrussen seien auf der Straße »mit Knüppeln und Gewehrkolben geschlagen« worden; ihre Peiniger hätten ihnen »auf brutalste Weise« die Ringe von den Fingern gerissen; in mehreren Straßen seien die Leichen erschossener Juden »hoch aufgeschichtet« gelegen. Was hier geschehen sei, habe, fügte Dr. Carl hinzu, »schon an Sadismus gegrenzt«. Die Stadt selbst habe »ein Bild des Schreckens« geboten.

Der Adressat dieses Briefes war Wilhelm Kube, der Generalkommissar von Weißruthenien. Er leitete ihn nach Berlin an den Reichsminister für die besetzten Ostgebiete, Alfred Rosenberg, weiter. »Ruhe und Ordnung in Weißrußland können mit solchen Methoden nicht aufrechterhalten werden«, schrieb Kube. »Schwerverwundete lebendig zu begraben, die sich dann wieder aus ihren Gräbern herauswühlen, ist eine so unerhörte Schweinerei, daß der Vorgang als solcher dem Führer und dem Reichsmarschall gemeldet werden muß.«

Kube vertrat die Überzeugung, die gerade in der Entwicklung befindlichen Vergasungsmethoden würden garantieren, daß das Morden künftig unter größter Geheimhaltung vonstatten gehen könne. Angesichts dieser neuen Methoden ging man jetzt dazu über, auch Juden mit ausländischem Paß selbst die Ausreise in Länder der deutschen Einflußsphäre zu verweigern. Adolf Eichmann schrieb am 28. Oktober im Zusammenhang mit einem von ihm abgelehnten Antrag der Jüdin Lily Satzkis, die von Deutschland nach Vichy-Frankreich hatte ausreisen wollen: »Angesichts der sich abzeichnenden Endlösung des europäischen Judenproblems muß man die Auswanderung von Juden in den unbesetzten Teil Frankreichs verhindern.«

Ein dritter Protest wurde ausgerechnet an dem Tag laut, als Eichmann den eben zitierten Brief aufsetzte. Im Hauptquartier General von Bocks kamen an diesem Tag bei einer Unterredung des Generals mit seinem Nachrichtenoffizier die Judenerschießungen in Borisow zur Sprache, wo von Bock bis vor kurzem sein Hauptquartier gehabt hatte. 7000 Juden seien dort »wie Ölsardinen« liquidiert worden, notierte Oberst Lahousen in seinem Tagebuch. »Die sich hierbei entwickelnden Situationen sind so erschütternd, daß sie nicht beschrieben werden können ... Im allgemeinen kann die Exekution nur unter Betäubung durch Alkohol durchgeführt werden.«

Am 25. Oktober setzten an der Moskauer Front starke Schneefälle ein. In Minsk führten die Deutschen einen Tag später die ersten Erhängungen durch, die als Abschreckungsmaßnahme gegen Partisanentätigkeit gedacht waren. Drei Partisanen wurden so hingerichtet: Kirill Trus, Wolodja Scherbazejwitsch und Maria Bruskina. Letztere, ein siebzehnjähriges Mädchen, hatte als Krankenschwester in einem Feldlazarett für russische Offiziere gearbeitet, die in der Schlacht von Minsk gefangengenommen worden waren. Sie hatte das »Verbrechen« begangen, gefälschte Ausweispapiere und Kleidung ins Lazarett zu schmuggeln, und so einigen Kriegsgefangenen zur Flucht verholfen.

Nordwestlich von Moskau erreichten die Deutschen am 28. Oktober das 120 Kilometer von der Hauptstadt entfernte Wolokolamsk. Am folgenden Tag kamen die ersten der so eilig aus Fernost herbeigeschafften sowjetischen Truppen bei Borodino zum Einsatz. Die Deutschen waren sich indes noch immer ihres Sieges sicher: »Wir sind überzeugt, Moskau in Kürze erledigen zu können«, kommentierte am 29. Oktober General Wagner. Die Gefahr eines amerikanischen Eingreifens bestand zu diesem Zeitpunkt noch nicht, obgleich just an diesem Tag im Atlantik der amerikanische Zerstörer *Reuben James,* der den Konvoi HX 156 aus Halifax in Neuschottland eskortierte, von einem deutschen U-Boot torpediert und versenkt wurde. 115 Mann Besatzung, einschließlich aller Offiziere, ertranken.

Auch auf diese zweite Provokation innerhalb von vierzehn Tagen reagierte Roosevelt nicht nur rhetorisch. Gewiß war er noch nicht gewillt, sein Land in den Krieg hineinziehen zu lassen, aber auf der anderen Seite war er fest entschlossen, die Front der Gegner Deutschlands zu stärken. Am 30. Oktober, einen Tag nach dem Untergang der *Reuben James,* teilte er Stalin telegrafisch mit, er habe einem zinslosen und erst fünf Jahre später zurückzuzahlenden Unterstützungspaket für die Sowjetunion in Höhe von einer Milliarde Dollar im Rahmen des Lend-Lease-Systems zugestimmt.

Am 31. Oktober flog die deutsche Luftwaffe nicht weniger als 45 Bombenangriffe auf Moskau. In Leningrad evakuierten die Russen mit Flugzeugen 17614 Rüstungsarbeiter und 8590 Offiziere der Roten Armee, der Marine und der Luftwaffe aus der belagerten Stadt. Im hinter den deutschen Linien gelegenen Klezk wurden an diesem letzten Oktobertag 200 Juden erschossen, die versucht hatten, außerhalb des Gettos Lebensmittel von Nichtjuden zu kaufen. Am gleichen Tag meldete aus Riga SS-Obergruppenführer von dem Bach-Zelewski in einem Bericht über die Lage in den besetzten Ostgebieten stolz nach Berlin: »Heute gibt es in Estland keinen Juden mehr.«

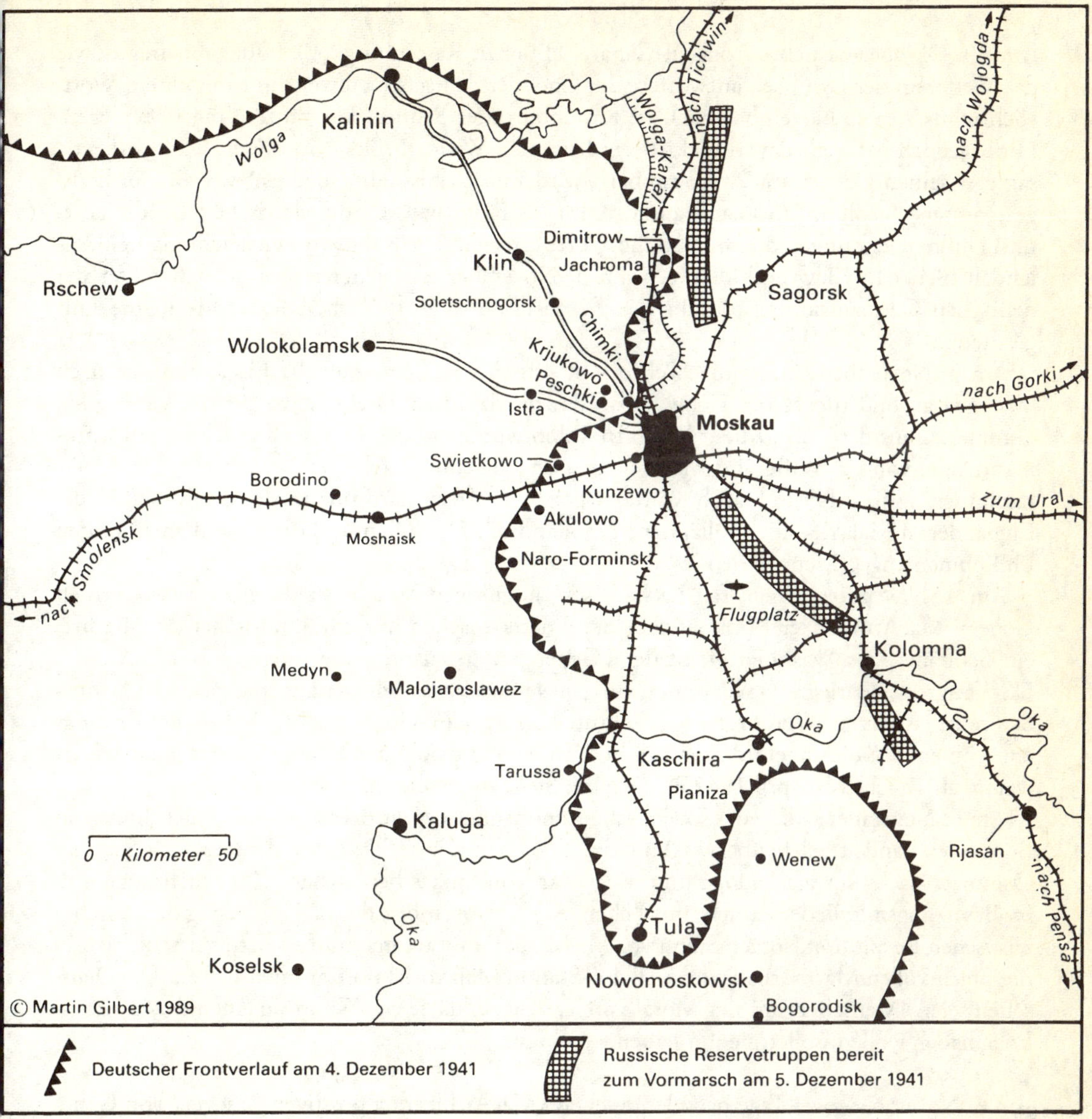

Die Schlacht um Moskau, Winter 1941

Auch in Südrußland hatten die Einsatzkommandos den Ehrgeiz, gründliche Arbeit zu leisten. Am 31. Oktober begann eines von ihnen in Poltawa mit einer sechstägigen Vernichtungsaktion, der 740 Menschen zum Opfer fielen, welche in der Ereignismeldung UdSSR Nr. 143 wie folgt kategorisiert wurden: »3 politische Funktionäre, 1 Saboteur, 137 Juden, 599 geistig Behinderte«. Weitere 200 Insassen der Irrenanstalt von Poltawa wurden als »heilbare Fälle« eingestuft und zum Arbeitsdienst in eine Fabrik für landwirtschaftliche Maschinen geschickt. Nach den Erschießungen wurde die Anstalt in ein deutsches Feldlazarett umgewandelt; die »Unterwäsche, die Kleider und der Hausrat« der Expatienten wurden dem Lazarett zur Verfügung gestellt.

Am 30. Oktober besuchte Admiral Canaris Hitler in Rastenburg. Als Hitler ihn fragte, wie das Wetter an der Front sei, antwortete der Chef der deutschen Abwehr nur mit einem Wort: »Schlecht!« Am 1. November blieb in Rastenburg der Schnee den ganzen Tag über liegen. Hitler jedoch ließ sich davon nicht beeindrucken. »Wenn Rußland in diesem Krieg erliegt«, sagte er seinen Gästen am 2. November, »wird Europa bis dahin reichen, wo die nordisch-germanische Siedlung im Osten aufhört. Im Ostraum will ich die slawischen Landschafts- und Flußbezeichnungen durch deutsche Worte ersetzen. Die Krim wird vielleicht Gau Gotenland heißen.« In Kiew enthüllte sich am 3. November ein weiteres Mal der Charakter der deutschen Germanisierungspolitik: Die Mariä-Himmelfahrts-Kathedrale wurde in die Luft gesprengt.

Am 3. November schnitt die Wehrmacht östlich von Leningrad die Eisenbahnlinie nach Wologda ab und rückte bis Tichwin vor, das bis dahin als Drehscheibe für die Versorgung Leningrads aus der Luft gedient hatte. In Tokio wurde an diesem Tag allen relevanten Kommandeuren von Luftwaffe und Marine der streng geheime Befehl Nr. 1 zugestellt: Der Überraschungsangriff auf Pearl Harbor würde in genau 34 Tagen stattfinden. Gleichzeitig sollten die Engländer in Malakka, die Holländer in Holländisch-Ostindien und die Amerikaner auf den Philippinen angegriffen werden.

Am 4. November, einen Tag nach dieser endgültigen Weichenstellung in Tokio, erhielt General MacArthur, der Kommandeur der amerikanischen und philippinischen Streitkräfte, ein Schreiben aus Washington, in dem General Marshall ihm die jüngsten Beschlüsse des US-Kongresses darlegte. »Sie werden uns alles geben, was wir verlangen«, rief MacArthurs Stabschef erfreut aus. Bei sorgfältiger Lektüre konnte man dem Schreiben Marshalls allerdings entnehmen, daß die angeforderten Panzer, Kanonen und Soldaten zwar grundsätzlich bewilligt waren, aber nicht vor April 1942 an Ort und Stelle sein würden.

Am 4. November wurde das sowjetische Kanonenboot *Konstruktor*, das mit Flüchtlingen an Bord – es handelte sich überwiegend um Frauen und Kinder – auf dem Ladoga-See von Osinowez nach Nowaja Ladoga unterwegs war, von Stukas beschossen. 170 Flüchtlinge und 34 Besatzungsmitglieder kamen ums Leben. Am 6. November, dem 24. Jahrestag der bolschewistischen Revolution, sprach Stalin vor Moskauer Funktionären und Amtsträgern, die sich in der prachtvollen Marmorhalle der U-Bahn-Station Majakowski versammelt hatten. Die Deutschen seien »Menschen mit der Moral von Tieren«, erklärte er. »Wenn sie einen Ausrottungskrieg haben wollen, sollen sie ihn haben.«

Am 6. November, zwei Tage nachdem General MacArthur den positiven Bescheid von General Marshall erhalten hatte, starteten japanische Flugzeuge von ihren Flugzeugträgern aus zu einem 320-Kilometer-Übungsflug in die Kagoschima-Bucht, welche das japanische Pendant zu Pearl Harbor darstellte. Die Angriffstaktiken, die an diesem Tag geübt wurden, waren genau dieselben, die vier Wochen später zur Anwendung kamen.

Am 7. November nahm Stalin auf dem Roten Platz eine Truppenparade ab. In seiner Rede beschwor er die Soldaten, »das heilige Rußland« mit allen Kräften zu verteidigen. Vom Roten Platz aus marschierten die Truppen die Gorki-Straße entlang, anschließend ging es direkt an die Front. Der Boden war in der Nacht zuvor gefroren, was die deutschen Panzer von dem Fluch des alles verstopfenden, alles durchdringenden russischen Schlamms befreite, der sie in den letzten beiden Wochen bei ihrem Vormarsch stark behindert hatte, und ihnen die Chance eröffnete, wieder zügiger vorrücken zu können.

Während Stalin am 7. November den Abmarsch seiner Soldaten vom Roten Platz an die Front beobachtete, sanktionierte Roosevelt die offizielle Ausweitung des Lend-Lease-Systems auf die Sowjetunion, die zu diesem Zeitpunkt schon eine beträchtliche Anzahl amerikanischer und britischer Waffen (bei letzteren handelte es sich teilweise um US-Lizenzen) erhalten hatte. Die Briten hatten ihrerseits wieder mit schweren Bombenangriffen auf deutsche Städte begonnen. Bei Angriffen auf Berlin, Köln und Mannheim am 7. November verloren die Briten wegen schlechten Wetters 37 von 400 eingesetzten Flugzeugen.

Über Leningrad hatten deutsche Bomber einige Tage lang statt Bomben Flugblätter abgeworfen, die die Einwohner vor dem 7. November warnten. »Badet euch«, riet das Flugblatt den Leningradern, »und legt eure weißen Gewänder an. Nehmt den Leichenschmaus ein. Legt euch in eure Särge und bereitet euch auf den Tod vor. Am 7. November wird der Himmel blau sein – blau von explodierenden deutschen Bomben.«

Und am Abend des 7. November, während englische Bomben auf Berlin fielen, schlugen dann deutsche Bomben in Leningrad ein. Weit hinter der Front, in Minsk, wurden zur gleichen Zeit 12000 Juden zu Gruben vor die Stadt getrieben und ermordet. Drei Tage später traf ein Zug mit tausend Juden aus Hamburg in Minsk ein. »Sie fühlten sich«, berichtete ein Augenzeuge später, »wie Pioniere, die den Osten besiedeln sollten.« Kaum einer sollte die Massaker der kommenden Monate überleben, ebensowenig wie die 6000 Juden aus Frankfurt, Bremen und dem Rheinland, die ihnen im November folgten.

Der Krieg könne »dauern, solange er will«, erklärte Hitler am 8. November in München anläßlich der alljährlichen Gedenkfeier im Bürgerbräukeller, »das letzte Bataillon aber auf diesem Feld wird ein deutsches sein!«. Und fast triumphierend fügte er hinzu: »Wir dürfen keinen Zweifel darüber haben, daß in dieser Zeit jetzt das Schicksal Europas für die nächsten 1000 Jahre entschieden wird.« An diesem Tag wurde im Mittelmeer ein italienisch-deutscher Geleitzug, der Treibstoff für die deutsche Luftwaffe und eine größere Anzahl Transportfahrzeuge für Rommels Afrikakorps geladen hatte, von einer britischen Flottille angegriffen, die aus zwei leichten Kreuzern und zwei Zerstörern bestand. Alle sieben Nachschubschiffe der Achsenmächte wurden versenkt. Die Ladung des Konvois, seine Abfahrtszeiten, die Stärke seiner Eskorte und seine Route durch das Mittelmeer – all dies hatten die Briten durch systematisches und ungehindertes Abhören des geheimsten Funkverkehrs der italienischen Marine in Erfahrung gebracht.

In Rußland fiel Tichwin, die Stadt, über die der Nachschub für Leningrad lief, am 8. November an die Deutschen. Leningrad war nun vollständig eingekesselt. Am folgenden Tag besetzten die deutschen Streitkräfte auf der Krim Jalta. In Jugoslawien erklärten General Mihailovic und seine Cetnik-Streitkräfte am 9. November, sie würden nun Tito und seine kommunistischen Partisanen vernichten, anstatt weiter gegen die Deutschen zu kämpfen. Hitler hatte einen ebenso unerwarteten wie unfreiwilligen Verbündeten bekommen.

Der 9. November brachte einen Erfolg im Agentenkrieg gegen die Achsenmächte. Zwei deutsche Spione, Norweger mit den Decknamen »Jack« und »OK«, die sieben Monate zuvor aus Norwegen nach Schottland eingeschleust worden waren und sich von der britischen Spionageabwehr prompt »umdrehen« hatten lassen, organisierten einen Sabotageakt in einem Lagerhaus des britischen Ernährungsministeriums in Wealdstone bei London. »Brandbombe in Lebensmitteldepot« meldete eine englische Zeitung, »Verdacht auf Brandstiftung im Lebensmitteldepot« verkündete eine andere. Für Oberst Lahousen war es ein Triumph seiner Agenten »Jack« und »OK«, für die Engländer war es der Beweis, daß das Doppelspiel der beiden Agenten, die bei ihnen unter den Decknamen »Mutt« und »Jeff« liefen, funktionierte.

In der Nacht zum 9. November führte das Leningrader Radiosymphonieorchester unter der Stabführung von Karl Eliasberg in der Philharmonie der Stadt Beethovens Neunte Sinfonie auf. Das Konzert wurde live nach London übertragen. »Zwei Sätze der Sinfonie konnten ohne Unterbrechung durchgespielt werden«, erinnerte sich Eliasberg später. »Aber zu Beginn des dritten Satzes hörten wir das Heulen der Sirenen und fast gleichzeitig, nicht weit von uns entfernt, das Einschlagen von Bomben und den Donner der Flugabwehrkanonen. Das Gebäude erzitterte. Zu dieser Begleitmusik spielte das Orchester die Sinfonie zu Ende. Der Radiosprecher machte die Absage und wünschte unseren Zuhörern in England eine gute Nacht.«

Am 12. November fielen die Temperaturen auf 12 Grad unter Null. Viele deutsche Soldaten sahen sich einem unerwarteten und höchst unangenehmen neuen Feind gegenüber, der ihnen Frostbeulen und Erfrierungen beibrachte. In Berlin schwadronierte Hitler immer noch über die Früchte eines Sieges über Rußland: »Den Ureinwohnern geben wir, was sie brauchen: reichlich zu essen und Fusel zu trinken. Wenn sie nicht arbeiten, kommen sie in ein Feldlager, wo sie das nicht haben.« Von Orangen bis zu Baumwolle »können wir hier alles züchten«, fügte er hinzu.

Hitler hatte in dieser Woche noch einen weiteren Anlaß für gute Laune: Am 13. November torpedierte U-81, ein deutsches U-Boot, unter dem Kommando von Leutnant Guggenberger vor Gibraltar den britischen Flugzeugträger *Ark Royal.* Das Schiff sank einen Tag später. Der 13. November brachte jedoch auch eine Nachricht, die den Verlust der *Ark Royal* wettmachte: Der Kongreß der Vereinigten Staaten änderte mit einer knappen Mehrheit von 212 zu 194 Stimmen das Neutralitätsgesetz so ab, daß künftig nicht nur alle amerikanischen Handelsschiffe bewaffnet werden konnten, sondern daß sie auch durch alle Kriegsgebiete fahren durften. »Dies ist für uns eine große Hilfe«, notierte König Georg VI. zwei Tage später in sein Tagebuch, »auch wenn der Präsident offenbar eine Sonderbotschaft an den Kongreß schicken mußte, um die Verabschiedung zuwege zu bringen.«

Alle paar Tag wurde eine neue Ereignismeldung UdSSR von Berlin aus an dreißig (zuweilen aber auch mehr) deutsche Amtsträger verschickt. Die Meldung mit der laufenden Nummer 133, die am 14. November abgesandt wurde, hatte sechzig Adressaten. Sie enthielt genaue Angaben und Zahlen über die Judenmassaker des Monats Oktober: 900 Getötete in Mstislawl, 2200 im nordöstlich von Mogilew gelegenen Gorki, 3726 »beiderlei Geschlechts und aller Altersgruppen« in Mogilew selbst. »Keiner leidet schrecklicher als die Juden«, schrieb Churchill am 14. November in einem Brief an den Londoner *Jewish Chronicle* zu dessen hundertjährigem Bestehen, »unter den unsagbaren Qualen, die Hitler und sein perfides Regime den Körpern und Seelen angetan haben.«

Churchill war zumindest bruchstückhaft über die Morde im Osten informiert, da der britische Nachrichtendienst über siebzehn abgefangene und entschlüsselte Funksprüche der deutschen Polizei gelesen hatte und regelmäßig die wöchentliche geheime Zusammenfassung aller abgefangenen deutschen Funkbotschaften durchsah. In seinem Brief an den *Jewish Chronicle* fügte er hinzu: »Der Jude trug die Hauptlast der ersten nationalsozialistischen Angriffe auf die Zitadellen der Freiheit und der Menschenwürde. Er hat sie ertragen und trägt sie weiter – eine Bürde, die zu schwer scheint. Er hat aber nicht zugelassen, daß sein Geist gebrochen wird: Er hat sich nie den Willen zum Widerstand nehmen lassen.«

In den Ereignismeldungen UdSSR aus den Herbst- und Wintermonaten 1941 finden sich mehr als hundert Beispiele jüdischen Widerstandes und darüber hinaus auch detaillierte Angaben über die Tätigkeit jüdischer Partisanen. Der Bericht vom 14. November erwähnte zum

Beispiel die Festnahme und Hinrichtung von 55 Partisanen in Mogilew, unter ihnen 22 Juden, die »mit fanatischem Eifer an der weiteren Stärkung ihrer Organisation gearbeitet« hätten. Außerdem erwähnte der Bericht die »Liquidierung« von sechs Juden und einer Jüdin namens Fania Leikina in Mogilew »wegen Nicht-Tragens des Judenabzeichens und wegen Verbreitung von Hetzpropaganda gegen Deutschland«.

Diejenigen, die diese Exekutionen und Liquidierungen durchführten, sei es im Kriegsgebiet oder in den Konzentrationslagern, waren keine Anwärter für das Eiserne Kreuz. Aber ihre Kommandeure bestanden darauf, daß sie ausgezeichnet würden. Das Kriegsarbeitskreuz war für sie, so schien es, eine angemessene Auszeichnung. Am 14. November fragte der Kommandant des Konzentrationslagers Groß-Rosen in Schlesien an, welche »Verdienste« bei der Aushändigung des Kreuzes ausdrücklich gewürdigt werden sollten. Solle man von »Erschießungen, das heißt Sondereinsätzen« sprechen oder sich etwas unverfänglicher ausdrücken? Sechs Tage später erhielt er Antwort vom diensthabenden Inspekteur der Konzentrationslager, SS-Obersturmbannführer Liebehenschel. Dieser schlug ihm vor, als Auszeichnungsgrund beispielsweise die »Erledigung kriegswichtiger Aufträge« zu nennen. Liebehenschel fügte hinzu: »Das Wort ›Hinrichtung‹ sollte unter keinen Umständen vorkommen.«

Hinrich Lohse, der Reichskommissar für die baltischen Staaten und Weißrußland, einer derjenigen, die am meisten mit Erschießungen zu tun hatten, hatte Anfang November eigenmächtig die Beendigung der Mordtätigkeit eines Einsatzkommandos in Libau verfügt. Als seine Vorgesetzten eine Erklärung von ihm forderten, schrieb er am 15. November zurück, die »Art und Weise ihrer Durchführung« sei »nicht zu verantworten«. Er führte keine moralischen, sondern wirtschaftliche Gründe an: die Vernichtung eines so großen Potentials an Menschenmaterial, das doch in der Kriegswirtschaft eingesetzt werden könnte. Lohse stellte die Frage, ob man denn wirklich die Absicht verfolge, die Juden »ohne Rücksicht auf Alter, Geschlecht oder wirtschaftliche Gesichtspunkte« zu töten. Das von Alfred Rosenberg geleitete Ministerium für die besetzten Ostgebiete teilte ihm als Antwort auf diese Frage mit, die wirtschaftlichen Belange müßten in diesem Fall »außer acht« bleiben.

Ein anderes Beispiel für nationalsozialistischen Extremismus lieferte ein Erlaß, den Heinrich Himmler am 15. November im Namen des Führers herausgab. Jeder Angehörige von SS oder Polizei, hieß es darin, der sich auf unzüchtige Handlungen mit einem anderen Mann einlasse oder sich von ihm zu unzüchtigen Dingen verleiten lasse, werde »zum Tode verurteilt und hingerichtet«.

Am 15. November klagte der aus Sachsenhausen zu seiner Totenkopf-Division zurückgekehrte SS-Gruppenführer Eicke darüber, daß viele der in der Division dienenden Volksdeutschen – Menschen mit deutscher Muttersprache und Kultur, die in Gebieten außerhalb der Reichsgrenzen von 1938 lebten – sich selbst Verwundungen beibrachten, um ihre Entlassung zu erzwingen. Feigheit sei bei ihnen an der Tagesordnung, schrieb Eicke. Doch auch die »echten« Deutschen litten unter den Unbilden des Krieges. Seit Eickes Division vor viereinhalb Monaten russischen Boden betreten hatte, war sie durch den Verlust von nicht weniger als 8993 Mann auf die Hälfte ihrer ursprünglichen Truppenstärke zusammengeschmolzen. Einen Tag später, am 16. November, wurde von der ganzen Ostfront außerordentlich strenger Frost gemeldet. Im Gebiet um Moskau setzte die Rote Armee zum erstenmal Skitruppen ein.

Die deutschen Streitkräfte waren an der Grenze ihrer Belastbarkeit angelangt. Ein Enigma-Funkspruch der Luftwaffe vom 16. November, der in Bletchley dechiffriert wurde, enthielt die Beschwerde eines Verbindungsoffiziers der Luftwaffe bei den deutschen Bodentruppen in

Kursk, man habe seit zwei Wochen keine deutschen Kampfflugzeuge mehr zu Gesicht bekommen. Am Tag darauf verübte Ernst Udet, das Fliegeras des Ersten Weltkriegs, Selbstmord. Udet, der seit 1939 »Generalluftzeugmeister« der deutschen Luftwaffe war, war von Göring für die Mißerfolge der deutschen Luftwaffe an der Ostfront verantwortlich gemacht worden.

Einer der Gäste bei Udets Begräbnis war Werner Mölders, ebenfalls ein deutsches Fliegeras. Er war von der Krim angereist, wo er Luftoperationen leitete. Auf dem Rückflug zur Krim geriet er bei Breslau in Nebel- und Regenwetter, stürzte ab und kam ums Leben.

Selbst in dieser kritischen Phase des Kriegsgeschehens konnten die NS-Führer nicht ganz von ihrer obsessiven Beschäftigung mit der bevorstehenden Endlösung lassen. Am 16. November schrieb Goebbels in der Zeitschrift *Das Reich:* »Die Juden wollten ihren Krieg, und sie haben ihn nun.« Aber, fügte er hinzu, »es bewahrheitet sich an ihnen auch die Prophezeiung, die der Führer am 30. Januar 1939 im Deutschen Reichstag aussprach, daß, wenn es dem internationalen Finanzjudentum gelingen sollte, die Völker noch einmal in einen Weltkrieg zu stürzen, das Ergebnis nicht die Bolschewisierung der Erde und damit der Sieg des Judentums sein werde, sondern die Vernichtung der jüdischen Rasse in Europa. Wir erleben eben den Vollzug dieser Prophezeiung, und es erfüllt sich damit am Judentum ein Schicksal, das zwar hart, aber mehr als verdient ist. Mitleid oder gar Bedauern ist da gänzlich unangebracht.«

Am 17. November telefonierte Himmler mit Heydrich in Prag; die beiden SS-Führer erörterten die »Ausrottung der Juden«. Am selben Tag wurden acht Warschauer Juden hingerichtet, die auf der Suche nach Lebensmitteln das Getto verlassen hatten. Eines der Opfer, ein Mädchen von knapp achtzehn Jahren, bat kurz vor ihrer Erschießung darum, man solle ihrer Familie mitteilen, sie sei in einem Konzentrationslager und werde eine Zeitlang fortbleiben. Ein anderes Mädchen »rief Gott an«, wie Chaim Kaplan in seinem Tagebuch festhielt, »und bat ihn, sie als Sühneopfer für ihr Volk anzunehmen und sie das letzte Opfer sein zu lassen«.

Ein anderer Chronist des Warschauer Gettos, Emanuel Ringelblum, beobachtete während der Erschießung der acht Juden einige SS-Offiziere, die das Geschehen verfolgten und dabei »ruhig Zigaretten rauchten und während der ganzen Hinrichtung zynische Bemerkungen machten«.

KAPITEL 20
Die Grenzen der deutschen Machtentfaltung
Dezember 1941

Die deutsche Stellung an der Ostfront, die sich auf der Landkarte so eindrucksvoll ausnahm, wurde in Wirklichkeit Tag für Tag brüchiger. Mitte November 1941 wurde es so kalt, daß Wachleute, die auf ihrem Posten einschliefen, am Morgen erfroren waren. Die Russen waren besser für das Überleben in extremer Kälte gerüstet. Sie verteidigten zudem ihr Heimatland und ihre Hauptstadt. Am 17. November gelang es in der Nähe von Wolokolamsk dem schwer verwundeten Rotarmisten Efim Diskin, der als einziger Soldat seiner Panzerabwehrbatterie überlebt hatte, mit einer Kanone fünf deutsche Panzer abzuschießen. Für diese Tat wurde er später zum »Helden der Sowjetunion« ernannt.

Die Russen kämpften nicht nur mit einer Hartnäckigkeit, die ihre Gegner überraschte, sie führten auch ständig neue Verstärkungen heran. Am 18. November wurden deutsche Truppen, die auf Wenew vorrückten, von einer sibirischen Division und einer Panzerbrigade attackiert, die frisch aus dem Fernen Osten eingetroffen waren. Es war so kalt, daß die automatischen Waffen der Deutschen nur vereinzelte Schüsse abfeuerten. Als die sibirischen Truppen in ihren weißen Tarnuniformen anrückten, verfielen die deutschen Soldaten in eine »Panik, die sich bis Bogorodisk auswirkte«, wie es in einem später erstellten Wehrmachtsbericht hieß. »Diese erstmals im Rußlandfeldzug auftretende Panik war ein ernstes Warnungszeichen, daß die Kampfkraft unserer Infanterie am Ende war.«

An diesem Tag starteten die britischen Streitkräfte in Nordafrika und ihre Commonwealth-Mitstreiter die Operation »Crusader«. Man wollte auf britischer Seite unbedingt etwas unternehmen, um die Ostfront ein wenig vom deutschen Angriffsdruck zu entlasten. Außerdem hatten ausgewertete Enigma-Funksprüche Hinweise auf die Positionen und Schwachpunkte der Truppen Rommels ergeben. So griffen britische, australische, neuseeländische und andere Commonwealth-Truppen die deutschen Linien an. Rommel setzte sich anfangs erfolgreich zur Wehr, doch dann griffen die Briten von der Flanke her an und zwangen ihn zum Rückzug nach El Agheila, dem Ort, von dem aus er acht Monate zuvor seinen Vormarsch auf Ägypten begonnen hatte. Im Fernen Osten erlitten die Commonwealth-Streitkräfte jedoch eine Niederlage, als das deutsche Kaperschiff *Kormoran,* ein umgebauter Frachter, vor der Küste Australiens den leichten australischen Kreuzer *Sydney* angriff. Alle 645 Offiziere und Besatzungsmitglieder der *Sydney* ertranken. Die *Kormoran* sank zwar ebenfalls, aber ihre Besatzung wurde größtenteils gerettet.

Die Russen rüsteten sich nun für eine größere Gegenoffensive zur Rettung Moskaus. Es gelang ihnen mit großem Geschick, die Heranführung ihrer Reserven vor der deutschen Aufklärung und Abwehr zu verbergen. Der »Feind«, schrieb General Halder am 18. November in sein Tagebuch, »hat auch keine Tiefe mehr und ist sicherlich noch schlechter dran als wir.« Es gab freilich eine Gruppe, der ein weitaus härteres Los zuteil wurde als den auf den zugefrorenen Feldern Rußlands und in den Sandstürmen der libyschen Wüste kämpfenden deutschen Soldaten: die drei Millionen oder mehr Rotarmisten, die in den fünf Monaten seit dem Beginn des Feldzuges in deutsche Kriegsgefangenschaft geraten waren. Die verzweifelte Lage von 7000 dieser russischen Kriegsgefangenen gab am 18. November dem Kommandeur eines deutschen Artillerieregiments zu denken, der ihr Lager besuchte. Er hielt schriftlich fest, daß die Fensteröffnungen des Gebäudes, in dem sie untergebracht waren, »mehrere Meter hoch und breit« waren und daß nichts vorhanden war, womit man sie hätte abdecken oder schließen können. Auch gab es »in dem Gebäude keine Türen« mehr. Die Gefangenen, »die somit praktisch im Freien untergebracht sind, erfrieren zu Hunderten täglich – nicht gerechnet diejenigen, die ... an Erschöpfung zugrunde gehen«.

Am 20. November nahmen die Deutschen Rostow am Don ein und standen damit nur noch rund 300 Kilometer von den westlichen Ausläufern des Kaukasus entfernt. An diesem Tag erklärte General von Manstein in einem Tagesbefehl an alle Truppen: Der Jude bilde »den Mittelsmann zwischen dem Feind im Rücken und den noch kämpfenden Resten der Roten Armee und der Roten Führung«. Der deutsche Soldat im Osten sei in seinem Kampf gegen die Bolschewisten »Träger einer unerbittlichen Weltanschauung«. Er müsse daher Verständnis aufbringen »für die Notwendigkeit einer harten, aber gerechten Sühne am jüdischen Untermenschentum«.

Neun Tage nachdem Manstein diese Order ausgegeben hatte, wurden in der Hafenstadt Kertsch auf der Krim 4500 Juden umgebracht; zwei Wochen später waren es in Sewastopol 14300 Juden. Hunderte von Neugierigen wurden Zeugen dieser Morde, über deren Opferzahl die für dreißig bis sechzig NS-Funktionäre und Amtsträger bestimmten Ereignismeldungen UdSSR detaillierte Rechenschaft ablegten. Die Vergasungsexperimente wurden unterdessen unter noch strengerer Geheimhaltung durchgeführt. Mittlerweile hatte man das Stadium erreicht, in dem man zum praktischen Einsatz dieser »Methode« übergehen konnte. »Ich habe mit Dr. Heyde telefoniert«, schrieb Dr. Fritz Mennecke, einer der Euthanasieexperten im Konzentrationslager Buchenwald, am 20. November an seine Frau, »und ihm gesagt, daß ich das Ganze allein schaffe; deshalb ist heute niemand zum Helfen gekommen.« Was die »Zusammensetzung des Patientenguts« betreffe, fügte Mennecke hinzu, »so möchte ich dazu in diesem Brief lieber nichts sagen«.

Am 21. November bat Albert Speer Hitler um 30000 sowjetische Kriegsgefangene, die bei der Errichtung der neuen Momumentalbauten in Berlin eingesetzt werden sollten. Hitler willigte ein. Man könne, so sagte er, noch vor Ende des Krieges mit dem Bau beginnen. Unter den Projekten, die Speer seinem Führer an diesem Tag im Modell vorstellte, waren ein Festsaal für die Kanzlei und ein Amtsgebäude für Göring. Hitler zeichnete für Speer mit Tinte auf liniertem Papier den Entwurf für ein Befreiungsdenkmal, das in Linz an der Donau, unweit von Hitlers Geburtsort Braunau, errichtet werden sollte. Das Denkmal, ein imposanter Bogen, sollte Mittelpunkt eines mehrere tausend Zuschauer fassenden Stadions sein.

Die Belagerung Leningrads dauerte an, die Zahl der Hungertoten nahm zu. Am 22. November brach eine Kolonne von 60 LKWs mit einer Ladung von 33 Tonnen Mehl für die belagerte Stadt unter dem Kommando Major Portschunows von Kobona aus auf und überquerte den zugefrorenen Ladoga-See in Richtung Kokkorewo. Die Laster folgten den Pferde- und Schlittenspuren, die »Pfadfinder« am Tag zuvor gelegt hatten. Iwan Maximow, einer der Fahrer, erinnerte sich später: »Ich war in dieser Kolonne. Eine dunkle, stürmische Nacht hing über dem See. Es lag noch kein Schnee, und das schwarz umrandete Eisfeld sah für alle wie offenes Wasser aus. Ich muß zugeben, daß mich Furcht überkam. Meine Hände zitterten, zweifellos von der Anstrengung und auch vor Schwäche – wir hatten seit vier Tagen eine Scheibe Zwieback täglich gegessen ... aber unsere Kolonne kam aus Leningrad, wir hatten Menschen verhungern sehen. Dort am Westufer, war die Rettung. Und wir wußten, wir mußten um jeden Preis dorthin.«

Bei der Überquerung des Sees verloren sie einen Wagen samt Fahrer, der auf dem Eis einbrach und im eiskalten Wasser verschwand. Sechs weitere Male in dieser Woche überquerten LKW-Konvois den See und brachten 800 Tonnen Mehl sowie auch Treib- und Brennstoff in die Stadt. Allerdings brachen dabei weitere vierzig Laster auf dem Eis ein und versanken. Auf der Straße zum See mußte mit Schneewehen und deutschem Artilleriebeschuß gerechnet werden. Insgesamt standen 3500 LKWs zur Verfügung, von denen zu jedem Zeitpunkt rund tausend defekt waren und repariert werden mußten. Dennoch waren diese Konvois ein Lichtblick, auch wenn sie nicht viel dazu beitragen konnten, den alltäglichen Hunger zu lindern. In diesem November verhungerten in Leningrad Tag für Tag 400 Menschen.

Auch im Warschauer Getto war der Hungertod ein ständiger Gast; täglich verhungerten hier 200 Juden. »Auf der Straße«, schrieb Mary Berg am 22. November in ihr Tagebuch, »sieht man immer häufiger die Leichen von Erfrorenen.« Manchmal, fügte sie hinzu, halte eine Mutter »ihr erfrorenes Kind in den Armen und versucht, den leblosen kleinen Körper zu wärmen. Manchmal schmiegt sich ein Kind an seine Mutter, die, wie es glaubt, schläft, und versucht sie aufzuwecken; in Wirklichkeit ist sie tot.«

Die japanische Regierung tarnte ihre Kriegsvorbereitungen mit einer Serie fieberhafter diplomatischer Aktivitäten in Washington und London. »Ich habe keine große Hoffnung«, telegrafierte Churchill am 20. November an Roosevelt, »wir alle sollten uns auf das Schlimmste gefaßt machen, das vielleicht schon bald eintreten könnte.« Zwei Tage später, während die amerikanischen Unterhändler mit ihren britischen, australischen und holländischen Kollegen in Washington wieder einmal über die neuesten japanischen Vorschläge diskutierten, gaben die Japaner unter größter Geheimhaltung grünes Licht für die Operation »Z«, die Sammlung der Ersten japanischen Marine-Luftflotte in der Tankan-Bucht bei den Kurilen-Inseln. Das Flottenaufgebot war beeindruckend: sechs Flugzeugträger, ein leichter Kreuzer und neun Zerstörer, unterstützt von zwei Kriegsschiffen, zwei schweren Kreuzern und drei Aufklärungs-U-Booten.

Während die japanische Kriegsmarine sich im Nordpazifik zusammenfand, schlug an diesem 22. November im Südatlantik die letzte Stunde für den deutschen Handelszerstörer *Atlantis.* Der mit mehr als 140000 Tonnen versenkter alliierter Schiffsladung erfolgreichste deutsche Handelsschiffjäger dieses Krieges wurde von dem britischen Kreuzer *Devonshire* beim Betanken eines deutschen U-Bootes überrascht und versenkt.

An der Moskauer Front rückte die Wehrmacht bis auf 50 Kilometer an die sowjetische Hauptstadt heran und erreichte am 23. November das Dorf Istra, einen Pilgerort der russisch-orthodoxen Christen, die es als Neujerusalem bezeichneten. Am folgenden Tag fielen die Städte Klin und Soletschnogorsk an die Deutschen, die damit nur noch einen Steinwurf vom wichtigsten Verkehrsweg zwischen Moskau und dem russischen Norden entfernt standen.

In Fernost schlich sich das Bewußtsein drohender Gefahr in alle angloamerikanischen Beratungen ein. Die Briten hatten kanadische Truppen nach Hongkong in Marsch gesetzt, und die Militärbehörden in Washington teilten am 24. November allen Kommandanten im Pazifik mit, es bestehe die Möglichkeit einer »überraschenden Angriffsbewegung in jeder denkbaren Ecke, einschließlich eines Angriffs auf die Philippinen oder Guam«. Pearl Harbor wurde nicht erwähnt.

Um das Kriegsglück in Nordafrika zu wenden, entsandten die Deutschen die beiden Schiffe *Maritza* und *Procida* mit dringend benötigtem Treibstoff für die deutsche Luftwaffe nach Bengasi. Der Enigma-Funkspruch, der das Auslaufen der Schiffe meldete, wurde am 24. November in Bletchley dechiffriert. Keine 24 Stunden später waren beide Schiffe versenkt. Dank einer weiteren Enigma-Botschaft, die am 28. November entschlüsselt wurde, erfuhren die Briten, daß nach der Versenkung der beiden Schiffe der Treibstoffmangel der zur Unterstützung des deutschen Afrikakorps eingesetzten Fliegerstaffeln zu einer »ernsten Gefahr« für Rommel wurde. Der britische Oberbefehlshaber, General Auchinleck, ermahnte sogleich seine Truppen in einem Tagesbefehl vom 25. November: »Greift an und setzt nach. Alle überall vorwärts.« Churchill telegrafierte am gleichen Tag an Auchinleck: »Eine enge Umklammerung des Feindes durch alle Einheiten wird ihn lähmen.«

Während die englischen Streitkräfte so versuchten, die von ihrem Nachrichtendienst gewonnenen Erkenntnisse über die Schwachstellen Rommels auszunutzen, ordnete Hitler die Entsendung einiger U-Boote ins Mittelmeer an. Er hoffte, mit ihrer Hilfe die britischen Erfolge gegen Rommels Nachschubschiffe wettmachen zu können. Am 25. November versenkte eines dieser U-Boote, die U-331, welche unter dem Kommando von Leutnant von Tiesenhausen stand, vor Sollum das britische Schlachtschiff *Barham;* 868 Mann ertranken. Zwei Tage später wurde die australische Schaluppe *Parramatta* vor Tobruk torpediert. 138 Männer ertranken.

In Berlin feierte man am 25. November den fünften Jahrestag der Unterzeichnung des Anti-Komintern-Pakts. Ein beträchtliches Aufgebot an Staaten hatte sich damals verpflichtet, gemeinsam das kommunistische Rußland zu bekämpfen: Deutschland, Italien, Ungarn, Spanien, Bulgarien, Kroatien, Dänemark, Finnland, Rumänien und die Slowakei.

Südlich von Moskau trieben deutsche Panzer an diesem 25. November die russischen Verteidiger durch das Städtchen Wenew hindurch zurück bis zum Dorf Pianiza und näherten sich der Brücke über die Oka bei Kaschira bis auf 7 Kilometer. Im Norden Moskaus überquerten deutsche Voraustruppen in Jachroma und Dimitrow den Wolga-Moskau-Kanal – der Hauptstadt drohte die Einkreisung. Nach dem Fall des Dorfes Peschki östlich von Istra und dem Rückzug sowjetischer Truppen nach Krjukowo erhielt der sowjetische Befehlshaber, General Rokossowski, die Anweisung: »Krjukowo ist der Endpunkt des Rückzugs. Ein weiterer Rückzug ist nicht möglich. Es gibt kein Rückzugsgebiet mehr.«

Stalin war nervös geworden, aber das galt für Hitler nicht minder. Am 25. November notierte sein Adjutant, Major Engel, nach einer langen abendlichen Unterredung: »F[ührer] holt weit aus. Große Sorge wegen russ. Winters und Witterung, man hätte einen Monat zu spät begonnen. Ideallösung wäre Fall von Leningrad, Einnahme des Südraumes und dann gegebenenfalls von S und N Zange auf Moskau mit frontalem Nachdrücken.« Engel fügte hinzu: »Zeit ist jetzt sein schlimmster Alptraum.«

In Deutschland wurden die Vergasungsexperimente fortgeführt. Am 25. November schrieb Dr. Fritz Mennecke im Konzentrationslager Buchenwald an seine Frau, er habe die »zweite Ladung von 1200 Juden« erhalten, die aber »nicht ›untersucht‹ werden mußten«. Er habe lediglich in ihre Papiere einen Eintrag machen müssen, der ihren bevorstehenden Abtransport betraf. Die 1200 Juden wurden in eine Klinik im 150 Kilometer entfernten Bernburg gebracht und dort vergast. Weitere 1500 Juden aus Berlin, München und Frankfurt waren wenige Tage vorher aus Deutschland nach Kaunas verfrachtet worden. Man hatte ihnen gesagt, sie kämen in ein Arbeitslager. Statt dessen wurden sie drei Tage lang ohne Essen und Trinken in die unterirdischen Kellergewölbe der Neunten Festung gesperrt, wo die Wände mit Eis bedeckt waren und ein eisiger Wind hindurchpfiff. Am 25. November führte man sie frierend und hungrig zu den für sie ausgehobenen Gruben und befahl ihnen, sich auszuziehen. In ihren Koffern fand man später amtliche Benachrichtigungen, in denen es hieß, sie sollten sich auf einen »schwierigen« Winter einstellen. »Sie wollten sich nicht ausziehen«, erfuhr Dr. Aaron Peretz, ein Jude aus Kaunas, später, »und sie kämpften mit den Deutschen.« Doch es war ein hoffnungslos ungleicher Kampf, und alle Juden wurden erschossen. Das Einsatzkommando registrierte mit der üblichen Präzision die Zahl der Toten: »1159 Juden, 1600 Jüdinnen, 175 jüdische Kinder.« Vier Tage später waren es »693 jüdische Männer, 1155 Jüdinnen, 152 jüdische Kinder«, die, als »Siedler aus Wien und Breslau« bezeichnet, zur Erschießung in die Neunte Festung gebracht wurden. Bei den beiden »Einsätzen« wurden insgesamt fast 6000 Menschen umgebracht.

Am 25. November ließ Admiral Stark von Washington aus Admiral Kimmel wissen, daß weder Roosevelt noch Cordell Hull überrascht wären, falls die Japaner einen Überraschungsangriff starten sollten. Ein Angriff auf die Philippinen »wäre am unangenehmsten«. Stark war jedoch eher der Meinung, die Japaner würden die Burma-Straße angreifen.

Admiral Kimmel, Befehlshaber des Stützpunkts Oahu im mittleren Pazifik, zu dem auch Pearl Harbor gehörte, erörterte just zu diesem Zeitpunkt mit General Short die Möglichkeit, einige Kriegsschiffe aus Pearl Harbor abzuziehen und als Verstärkung zu den Inseln Wake und Midway zu schicken. »Könnte das Heer der Marine aushelfen?« wollte Kimmel von Short wissen. Doch wie es schien, sah die Army sich nicht in der Lage, Luftabwehrartillerie für Pearl Harbor zur Verfügung zu stellen.

Der amerikanische Geheimdienst wußte aus einer abgefangenen japanischen Diplomatenbotschaft, daß Japans Führer den 25. November als letztmöglichen Termin für einen positiven Abschluß der diplomatischen Verhandlungen über eine Aufhebung der amerikanischen Wirtschaftssanktionen gegen Japan festgelegt hatten. Wenn bis dahin keine Lösung gefunden werde, so hieß es in der abgefangenen Nachricht, »werden die Dinge automatisch ihren Lauf nehmen«. Um was für »Dinge« es sich handelte, wurde zwar nicht erklärt, aber am 25. November wurden vor Formosa japanische Truppentransporter mit Kurs auf Malaya gesichtet. Am 26. November setzten sich, unbemerkt von den Amerikanern, die Flugzeugträger der Ersten japanischen Marine-Luftflotte an den Kurilen-Inseln in Bewegung und nahmen Kurs auf die internationale Datumsgrenze. Während dieser Operation wurde jeglicher Funkverkehr vermieden.

Während diese japanischen Kriegsschiffe auf dem Weg nach Pearl Harbor waren, unterbreiteten die Vereinigten Staaten in Washington den japanischen Unterhändlern die amerikanischen Bedingungen für eine Einigung: Japan müsse die Gebiete, die es in China und Indochina besetzt hielt, räumen, die Anerkennung der chinesischen »Marionetten«-Regierung in Nanking rückgängig machen und der Achse die Gefolgschaft aufkündigen.

Am 27. November gelangten Roosevelt und seine Berater zu der Überzeugung, Japan sei auf Krieg aus. »Feindliche Aktion jeden Augenblick möglich«, telegrafierte das amerikanische Kriegsministerium an General MacArthur auf den Philippinen. »Wenn Kampfhandlungen sich nicht vermeiden lassen sollten«, hieß es in der Depesche weiter, »wünschen die USA, daß Japan den ersten offenen Schritt tut.« Admiral Stark, der Chefeinsatzplaner der Marine im amerikanischen Oberkommando, ließ daraufhin allen Befehlshabern und Kommandanten der amerikanischen Asien- und Pazifikflotte eine »Warnung vor dem Kriegszustand« zukommen.

An der Moskauer Front gelang es den sowjetischen Streitkräften am 27. November endlich, den deutschen Vormarsch aufzuhalten und den Gegner an einigen Stellen sogar drei oder fünf

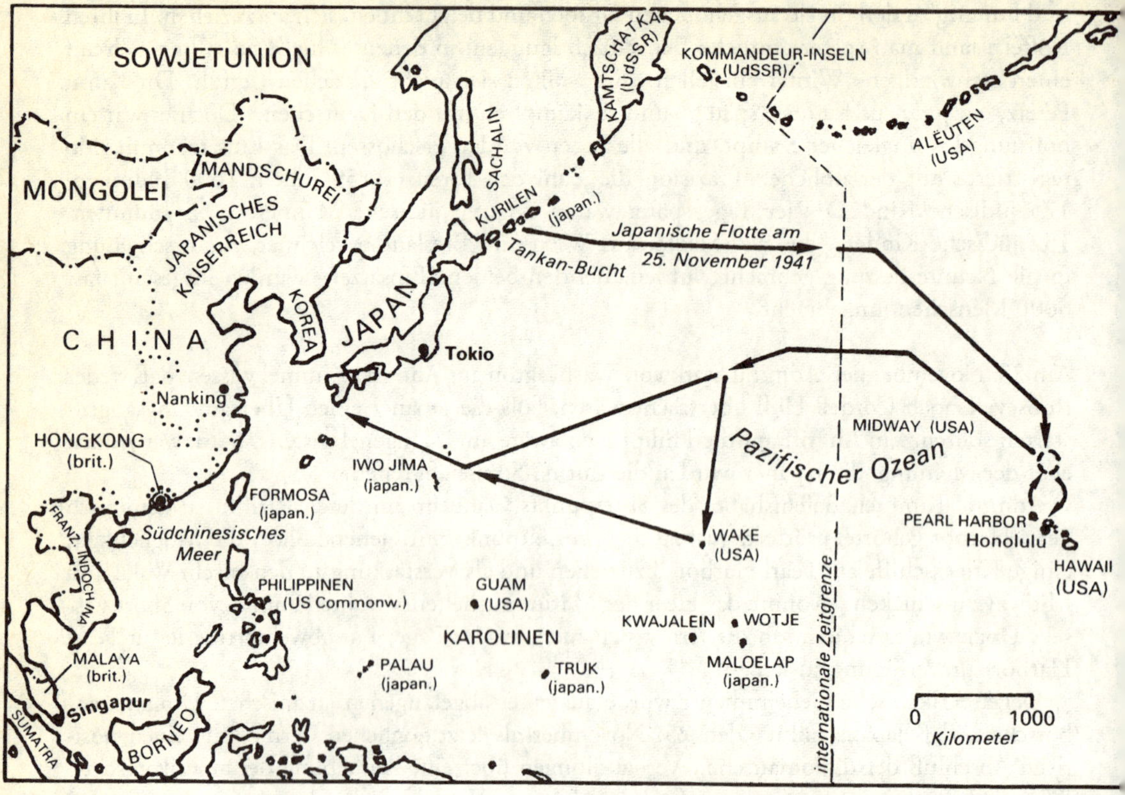

Pearl Harbor, Dezember 1941

Kilometer zurückzuwerfen. »Gefangene gemacht«, konnte Schukow Stalin an diesem Tag melden. Auch die sowjetischen Partisanen blieben aktiv. In der Nacht zum 28. November wurde eine Einheit der SS-Totenkopf-Division in ihrem Quartier südlich des Ilmensees von Partisanen überfallen. Die Angreifer setzten Fahrzeuge und Gebäude in Brand, töteten vier SS-Leute, verwundeten zwölf schwer und verschwanden wieder, eine in Flammen stehende Kaserne zurücklassend.

»Bei Pz.Armee 2 scheinen sich in der rechten Flanke [feindliche] Kräfte zu sammeln«, schrieb General Halder an diesem 27. November. Auch nordwestlich von Moskau seien »neue [feindliche] Kräfte aufgetaucht«. Es seien zwar »keine großen Verbände, aber immer neue kleine Kräftegruppen, die unserer müden Truppe immer neuen Aufenthalt bereiten«.

Am 28. November mußten die Deutschen Rostow aufgeben; es war ihre erste größere Niederlage an der Ostfront. Zwischen Dimitrow und Sagorsk sammelten sich zwölf russische Reserveskibataillone und gingen parallel zur Landstraße Moskau–Kalinin in Stellung, die fast auf ihrer gesamten Länge in deutscher Hand war. Südöstlich von Moskau rückte die sowjetische 10. Armee trotz deutscher Bombenangriffe auf die Schienenwege weiter vor. Am 28. November gelangte sie von Schilowo nach Rjasan. »Ostwärts [von Kaschira] dauern die Feindbewegungen von Süden her auf Rjasan weiter an«, schrieb General Halder am folgenden Tag in sein Tagebuch.

In Berlin erfuhr Hitler am 28. November, daß die deutsche Belagerung Tobruks beendet und Rommel auf dem Rückzug sei. Am gleichen Tag empfing er den Mufti von Jerusalem, Hadschi Amin al-Husseini, der ihm erklärte, die arabische Welt sei »vom Siege Deutschlands ... fest überzeugt, nicht nur weil das Reich eine große Armee, tapfere Soldaten und geniale militärische Führer besitzt, sondern weil der Allmächtige niemals einer ungerechten Sache den Sieg verleihen könnte«. In seiner Entgegnung erklärte Hitler dem Mufti, Deutschland trete »für einen kompromißlosen Kampf gegen die Juden ein«. Dazu gehöre »selbstverständlich auch der Kampf gegen die jüdische Heimstätte in Palästina«. Deutschland sei »entschlossen, Zug um Zug eine europäische Nation nach der anderen zur Lösung des Judenproblems aufzufordern und sich im gegebenen Augenblick mit einem gleichen Appell auch an außereuropäische Völker zu wenden«.

Sobald die deutsche Wehrmacht den »Südausgang Kaukasiens« kontrolliere, werde »der Führer von sich aus der arabischen Welt die Versicherung abgeben, daß die Stunde der Befreiung für sie gekommen sei. Das deutsche Ziel würde dann lediglich die Vernichtung des im arabischen Raum unter der britischen Mandatsmacht lebenden Judentums sein.«

Der deutsche Vormarsch war aber zumindest vorläufig ins Stocken geraten. Nach dem Verlust von Rostow sahen die Deutschen sich gezwungen, am 29. November auch Taganrog zu räumen. An diesem Tag erhängten sie im Rahmen einer ihrer »Bandenbekämpfungs«-Kampagnen in dem Dorf Petrischtschewo hinter der Moskauer Front die achtzehnjährige Russin Sonja Kosmodemjanskaja. »Sie hat Häuser angezündet«, stand auf einem Schild, das man ihr um den Hals gehängt hatte, als sie zur Hinrichtung geführt wurde. Das letzte, was sie auf dem Gang zum Schafott zu einem der sie führenden Soldaten sagte, war: »Ihr könnt nicht alle 190 Millionen hängen.«

Hitler steckte jetzt in größeren Schwierigkeiten. Am 29. November in Berlin sagte ihm Dr. Todt, der gerade von der Ostfront zurückkam, ohne Umschweife: »Angesichts der waffenmäßigen und industriellen Überlegenheit der angelsächsischen Mächte ist der Krieg militärisch für uns nicht mehr zu gewinnen.« An diesem Tag mußten sich die Deutschen nach mehreren feindlichen Angriffen – sowjetische Soldaten hatten dabei unter anderem Minenfelder überwunden und MG-Stellungen gestürmt – hinter den Fluß Mius zurückziehen. Eiligst wurden daraufhin aus Charkow deutsche Reservetruppen nach Süden beordert, Reserven, die eigentlich für die Eroberung Moskaus hatten eingesetzt werden sollen. »Weitere feige Absetzbewegungen sind zu unterlassen«, telegrafierte Hitler an Feldmarschall von Kleist.

So groß die Probleme der Deutschen in Rußland auch waren, die systematischen Judenmorde gingen weiter. Am 29. November kamen tausend aus Berlin deportierte deutsche Juden nach zweitägiger Zugfahrt in Riga an. Sie mußten die ganze Nacht in ihren verschlossenen Waggons zubringen. Um 8.15 Uhr am nächsten Morgen wurden diejenigen, die die Reise überlebt hatten, in den nahe gelegenen Wald von Rumbuli geführt und erschossen. Am selben Tag um 13.30 Uhr rief Himmler aus Hitlers Hauptquartier in Rastenburg Heydrich an, um ihm zu sagen, der Führer habe soeben verfügt, diesen Transport nicht zu »liquidieren«. Aber es war schon zu spät: Heydrich erwiderte, alle Juden des Transports seien am Vormittag erschossen worden.

Neunzehn weitere Züge mit deutschen Juden sollten im Laufe des folgenden Monats in Riga eintreffen. Die Juden wurden nicht nach Rumbuli gebracht, sondern ins Getto von Riga, wo sie Zwangsarbeit verrichten mußten. Platz im Getto hatte man für sie geschaffen, indem man am frühen Morgen des 30. November 9000 Rigaer Juden unter brutalster und scheußlichster Gewaltanwendung aus dem Getto getrieben und nach Rumbuli gebracht hatte. Sie alle wurden dort bei einem »Schießeinsatz« getötet, der in der Ereignismeldung UdSSR Nr. 151

dokumentiert ist. Einige Tage später wurden in Rumbuli noch einmal 2600 Juden aus Riga ermordet.

Alte, kranke und gebrechliche Juden, die den 9-Kilometer-Fußmarsch vom Rigaer Getto zum Wald von Rumbuli nicht schafften, wurden, wenn sie stolperten, fielen oder sich erschöpft auf den Boden kauerten, sogleich erschossen. Eines der Opfer war der einundachtzigjährige Nestor der jüdischen Historiker, Simon Dulnow. Sein letztes Wort, als er sterbend am Boden lag, soll die folgende Aufforderung an seine Leidensgenossen gewesen sein: »Aufschreiben und einprägen!«

Am 30. November, dem Tag des »Schießeinsatzes« in Riga, trafen in dem neuen Konzentrationslager Theresienstadt, das 55 Kilometer nördlich von Prag lag, die ersten Juden ein: tausend Frauen, Kinder und Alte aus Prag. Hier, in den Hütten und Baracken einer Festung aus dem 18. Jahrhundert, harrten sie, entwurzelt, ohne einen Pfennig Geld oder persönliche Habe, zusammengepfercht und unterernährt, der Leidensgefährten, die in den folgenden Wochen noch kommen sollten: Es war fast die gesamte noch übriggebliebene jüdische Einwohnerschaft Wiens, Berlins und eines Dutzends weiterer deutscher und ehemals tschechischer Städte. In Theresienstadt war kein Vernichtungslager, aber 32000 Menschen verhungerten oder starben an Krankheiten.

In Leningrad waren im November 11000 Menschen verhungert. 522 waren dem täglichen Granatenbeschuß durch die deutschen Belagerer zum Opfer gefallen. Da die Deutschen Mga und Schlüsselberg besetzt hielten, konnte Nachschub nur per LKW über das Eis des Ladoga-Sees herangeschafft werden. Der 1. Dezember war der 92. Tag der Belagerung Leningrads. Vera Inber erblickte an diesem Tag etwas, das sie noch nie gesehen hatte: eine auf einem Kinderschlitten festgebundene Leiche. Sie lag nicht in einem Sarg, sondern war fest in ein Laken gewickelt. Im Dezember wuchs die Zahl der Hungertoten von 400 auf über 1500 pro Tag.

In Buchenwald notierte am 1. Dezember Dr. Fritz Mennecke, obgleich er mit einer halben Stunde Verspätung begonnen habe, die Formulare für die zur Vergasung in Bernburg bestimmten Juden auszufüllen, habe er einen neuen »Rekord aufgestellt: Ich habe 230 Formulare ausgefüllt, so daß jetzt insgesamt 1192 bearbeitet sind.« Am selben Tag meldete SS-Standartenführer Karl Jäger nach Berlin, seine Einsatzgruppe habe »das Ziel erreicht, die Judenfrage in Litauen zu lösen«. Jägers »Rekord« stellte den von Dr. Mennecke weit in den Schatten: Die Kommandos seiner Einsatzgruppe hatten nach seinen Angaben seit Juni in Lettland und Litauen 229052 Juden und in Estland tausend weitere getötet. Die einzigen »noch übrigen« Juden lebten, so erklärte er, in den Gettos von Wilna, Kaunas und Schaulen und fänden in verschiedenen deutschen Firmen und bei Arbeitseinsätzen Verwendung.

In dieser Nacht erklärte Hitler im Gespräch mit Walter Hewel: »Viele Juden sind sich auch des destruktiven Charakters ihres Daseins nicht bewußt gewesen. Aber, wer Leben zerstört, setzt sich dem Tod aus, und etwas anderes geschieht auch ihnen nicht.«

Am 1. Dezember unternahmen die Deutschen zwei verzweifelte Versuche, das Verteidigungsbollwerk um Moskau zu durchbrechen: den einen im westlich der Hauptstadt gelegenen Swietkowo, den anderen aus südlicher Richtung, bei Kolomna. Aber die sowjetischen Verteidiger hielten stand, und auch ein mit größter Wucht geführter Panzervorstoß der Deutschen wurde bei Naro-Forminsk zurückgeschlagen. Als der 2. Dezember anbrach, riefen auf deutscher Seite viele Soldaten nach einer Atempause, da sie noch einen Tag zwischen Feuer und Eis nicht durchhalten zu können glaubten. Während die an der Moskauer Front kämpfenden Sowjetsoldaten hartnäckig aushielten, legten ihre Generäle eine neue rückwärtige Verteidigungslinie fest, hinter der sich, in einem großen Bogen, der von Wytega am Onega-See bis Astrachan am Kaspischen Meer reichte, 59 Schützendivisionen und siebzehn Kavalleriedivisionen zu einem massiven Gegenangriff sammelten, wobei sie durch die Wolgastädte Kostroma, Gorki und Saratow vorrückten.

Die Deutschen wußten zunächst nichts von der Existenz dieser Verstärkungen. »Gesamteindruck: Abwehr des Feindes hat Höhepunkt erreicht. Keine neuen Kräfte mehr verfügbar«, schrieb General Halder am 2. Dezember. An diesem Tag stieß ein deutsches Aufklärungsbataillon in einem Schneesturm, der die Sicht auf höchstens 15 Meter beschränkte, nach Chimki vor, einer unmittelbar vor dem nördlichen Stadtrand Moskaus gelegenen und nur noch knapp 20 Kilometer vom Kreml entfernten Ortschaft. Doch die Verteidiger führten in aller Eile bewaffnete Arbeiterbataillone in das Gebiet nördlich der Stadt, die die deutsche Einheit vertrieben.

Den ganzen Tag über hatten deutsche Panzer nahe dem Dorf Akulowo, das knapp 10 Kilometer südlich der Autobahn Moskau–Moshaisk lag, nach Moskau durchzubrechen versucht. Für kurze Zeit konnten die deutschen Soldaten die hohen Türme des Kreml sehen. Aber 24 Stunden später wurden sie aus Akulowo vertrieben. Der Verteidigungsring um Moskau ließ sich nicht knacken.

Im Süden mußten sich die Deutschen in diesen Tagen nach Mariupol zurückziehen. Aber auf der Krim festigten sie ihre Stellung und brachten unterschiedslos Juden und sowjetische Kriegsgefangene um. Die Zahl der getöteten Juden wurde exakt mit 17645 festgehalten. Darunter befanden sich 2504 ortsansässige »Krimtschak-Juden«, deren Vorfahren seit über tausend Jahren in Rußland gelebt hatten. Die Ereignismeldung UdSSR Nr. 150 listete außerdem »824 Zigeuner und 212 Kommunisten und Partisanen« auf, die allesamt erschossen worden waren; abschließend sprach sie freilich von »75881 erschossenen Personen insgesamt«, ohne die Diskrepanz zwischen den Zahlen zu erklären. Die Anzahl der sowjetischen Soldaten, die nach ihrer Gefangennahme erschossen wurden, hielten die Deutschen zu dieser Zeit nicht ausdrücklich fest.

Am 1. Dezember riefen die britischen Behörden in Malakka den Ausnahmezustand aus, während japanische Truppentransporter von Formosa aus durch das südchinesische Meer segelten. Am folgenden Tag erhielt die Erste japanische Marine-Luftflotte, die sich noch immer auf Ostkurs durch den Pazifik bewegte, einen verschlüsselten Befehl, der jetzt endgültig Pearl Harbor als ihr Angriffsziel festlegte. Am gleichen Tag, dem 2. Dezember, schickte Tokio ein Telegramm an das japanische Konsulat auf Hawaii, in dem angefragt wurde, ob sich über Pearl Harbor Sperrballons befänden und ob im Hafen Torpedonetze verwendet würden. Dieses Telegramm wurde in Washington entschlüsselt und ausgewertet, aber man hielt es für eine Routineanfrage des japanischen Nachrichtendienstes.

Am gleichen Tag trafen in Singapur das britische Schlachtschiff *Prince of Wales* sowie der Kreuzer *Repulse* und vier Zerstörer ein. Ein drittes großes Schlachtschiff, der Flugzeugträger *Indomitible*, dessen Flugzeuge, ein aus neun neuen Hurricane-Jägern bestehendes Geschwader, dem Schlachtschiff und seinen Begleitern Luftunterstützung hätten geben sollen, war nicht mit von der Partie. Es war in der Karibik auf Grund gelaufen, und die fälligen Reparaturen sollten 25 Tage dauern.

Es war ein unglaublicher Zufall, daß die britischen Schiffe, die gerade Singapur erreicht hatten, unter dem Decknamen »Force Z« operierten – der Überfall der Ersten japanischen Marine-Luftflotte auf Pearl Harbor hieß Operation »Z«.

Am 3. Dezember erhielt der japanische Nachrichtendienst von Generalkonsul Kita auf Hawaii einen Bericht über die in Pearl Harbor vor Anker liegenden amerikanischen Kriegsschiffe, unter denen sich auch die Schlachtschiffe *Oklahoma* und *Nevada* sowie der Flugzeugträger *Enterprise* befanden. Die Erste japanische Marine-Luftflotte erreichte einen 2000 Kilometer nordwestlich von Hawaii gelegenen Punkt, drehte nach Südosten ab und fuhr ihrem Zielort entgegen.

Zwischen dem 16. November und dem 4. Dezember fielen an der Moskauer Front 85000 Deutsche, genauso viele wie an der gesamten Ostfront zwischen Mitte Juni und Mitte November umgekommen waren. Aber die Militärs hielten sich an Hitlers Order, die einen Rückzug untersagte. Nach der Ankunft von hundert neuen russischen Divisionen fielen südlich von Moskau, wo ein deutscher Brückenkopf bei Tula die Hauptstadt von Süden her bedrohte, weitere 30000 deutsche Soldaten. Trotz der enormen Verluste hielten die Deutschen ihre Stellungen. Ihrem Führer war die ersehnte schnelle Eroberung Moskaus zwar nicht vergönnt, aber auf der Landkarte konnte er noch immer deutsche Linien sehen, die eine Bedrohung für die russische Hauptstadt darstellten.

Am 3. Dezember mußten die Sowjets ihre Garnison aus Hangö abziehen, dem finnischen Flottenstützpunkt, den sie seit Anfang 1940 besetzt gehalten hatten und der seit dem 29. Juni von den Finnen belagert wurde. Südlich von Moskau unternahmen die Deutschen einen weiteren Versuch, zur Hauptstadt durchzubrechen: Am 4. Dezember starteten sie zwischen Tula und Wenew eine Offensive. In dieser Nacht fielen die Temperaturen auf 35 Grad unter Null. Morgens versagten die Kanonen der Panzer ihren Dienst, und Tausende deutscher Soldaten litten unter der Kälte, da ihre Stiefel im Gegensatz zu denen der Russen für so extreme Temperaturen nicht geschaffen waren.

Die Deutschen hatten ursprünglich gehofft, die Sowjetunion noch vor Winteranfang besiegen zu können. Aus diesem Grund hatten sie unzureichende Vorkehrungen für einen Winterkrieg getroffen. In letzter Minute bestellten sie nun aus Deutschland Damenpelzmäntel, die jedoch nicht mehr rechtzeitig kamen, um die schrecklichen Auswirkungen der Kälte in diesen ersten Dezembertagen mildern zu können.

Unterdessen bereiteten sich drei russische Reservearmeen, die, unbemerkt von der deutschen Aufklärung, aus dem Rückraum anmarschiert waren, auf eine Offensive vor. Die russischen Soldaten, die besser für die klirrende Kälte gerüstet waren, stießen mit einer überlegenen Panzerstreitmacht vor, angespornt vom Wunsch, die Hauptstadt vor der drohenden Belagerung zu bewahren. Am Morgen des 5. Dezember um 3.00 Uhr begannen sie, unterstützt von einem heftigen Schneesturm – der Schnee lag bald einen Meter hoch –, die Wehrmacht zurückzudrängen. Insgesamt kamen an diesem Tag entlang einer 800 Kilometer langen, von Kalinin im Norden bis Jelez im Süden reichenden Front 88 russische Divisionen zum Einsatz, denen 67 deutsche gegenüberstanden.

Im Zuge eines von Norden her vorgetragenen Gegenangriffs überschritten sowjetische Einheiten bei Kalinin die zugefrorene Wolga. Weiter im Süden überwanden sie den Moskaukanal, vertrieben die Deutschen aus Jachroma und eroberten die aus Moskau in Richtung Norden führenden Bahnlinien zurück.

Hitlers Befehl, die erreichten Stellungen um jeden Preis zu halten, konnte nichts daran ändern, daß seine vor Moskau kämpfenden Armeen am 5. Dezember zurückgedrängt wurden – langsam, unerbittlich, 3 Kilometer, 8 Kilometer weit, und im Norden Moskaus, wo sie am bedrohlichsten aufmarschiert waren, sogar 18 Kilometer weit. An diesem Tag erging die Kriegserklärung Englands, Australiens, Neuseelands, Südafrikas und Kanadas an drei Bundesgenossen Hitlers: Finnland, Ungarn und Rumänien.

Die Ostfront, Dezember 1941

Am 4. Dezember erging aus Berlin ein Erlaß, demzufolge in den besetzten Ostgebieten Polen und Juden, die Sabotageakte begingen oder den amtlichen deutschen Anordnungen nicht Folge leisteten oder andere zum Ungehorsam anstifteten, künftig mit dem Tode bestraft werden sollten. Einen Tag später unterzeichnete Himmler einen Brief, in dem er die Verwaltung der Konzentrationslager anwies, aus den Reihen ihrer Häftlinge »noch vor Friedensschluß« insgesamt 5000 gelernte Steinmetze und 10000 Maurer zu rekrutieren. Diese Arbeitskräfte würden benötigt, so erklärte Himmler, weil der Führer angeordnet habe, daß »die Deutschen Erd- und Steinwerke [ein SS-eigenes Unternehmen] mindestens 100000 Kubikmeter Granit pro Jahr liefern sollen, mehr als in allen Steinbrüchen des Altreichs je gefördert worden ist«.

Solche Pläne nützten den deutschen Panzerbesatzungen nichts, die im Osten die volle Wucht der unerwarteten sowjetischen Gegenoffensive zu spüren bekamen. Zu schaffen machte ihnen nicht nur, daß sie in Erdgruben unter ihren Panzern Feuer machen und die eingefrorenen Motoren bis zu vier Stunden lang anwärmen mußten, um sie überhaupt in Bewegung setzen zu können, sondern auch die Tatsache, daß sich beim Aufeinandertreffen mit sowjetischen T-34-Panzern die deutschen Panzerabwehrgranaten als wirkungslos erwiesen.

Am Morgen des 6. Dezember, einem Samstag, trat in Washington erstmals ein neu ins Leben gerufener Unterausschuß der Regierung zusammen. Das Gremium, das den Decknamen »S-1« bekam, sollte in einem vorgegebenen Zeitraum von sechs Monaten herausfinden, ob in den USA eine Atombombe gebaut werden konnte und wenn ja, in welcher Zeit und zu welchem Preis. Kurz nach 12 Uhr mittags dechiffrierte in der kryptographischen Abteilung der US-Marine in Washington eine Mitarbeiterin namens Dorothy Edgers eine geheime diplomatische Mitteilung, die vier Tage zuvor aus Tokio an den japanischen Generalkonsul Kita in Honolulu ergangen war. Sie war mit dem »Magic«-Code verschlüsselt, den die Amerikaner schon vor längerer Zeit geknackt hatten. Kita wurde in dem Funkspruch aufgefordert, von nun an regelmäßig Berichte über Schiffsbewegungen, Reedeplätze und Torpedofangnetze in der Bucht von Pearl Harbor zu erstellen. Aufs äußerste alarmiert, dechiffrierte und übersetzte Frau Edgers sogleich weitere Botschaften, die alle dieselbe Tendenz aufwiesen. Um 15 Uhr legte sie ihr ausgewertetes Material dem Chef der Übersetzungsabteilung, Korvettenkapitän Alvin Kramer, vor. Er bemängelte einige Details ihrer Übersetzung und sagte dann: »Wir werden uns damit am Montag noch einmal befassen.«

Doch am Montag, dem 8. Dezember, hatte sich eine weitere Beschäftigung mit den von Frau Edgers ausgewerteten Funkbotschaften erübrigt. Denn am Sonntag, dem 7. Dezember, schlugen die Japaner gnadenlos zu: Innerhalb von 7 Stunden griffen sie nacheinander in Malaya, Pearl Harbor, auf den Philippinen und in Hongkong an. Der Schritt zum Weltkrieg war damit getan.

KAPITEL 21

Japan schlägt zu

Dezember 1941

Am Sonntag, dem 7. Dezember 1941, um fünf Minuten vor 8 Uhr hawaiianischer Zeit stürzten sich 366 japanische Bomber und Jagdflugzeuge auf die in Pearl Harbor vor Anker liegenden amerikanischen Kriegsschiffe. Vier Schlachtschiffe wurden zerbombt oder so stark beschädigt, daß sie an ihrem Ankerplatz sanken. Vier weitere Schlachtschiffe trugen Beschädigungen davon, elf andere Kriegsschiffe wurden versenkt oder unbrauchbar gemacht.

Die japanischen Angreifer bombardierten nicht nur die amerikanischen Kriegsschiffe, sondern auch die Flugplätze um Pearl Harbor; 188 amerikanische Maschinen wurden am Boden zerstört. Als die Japaner abdrehten, um zu den Flugzeugträgern ihres Verbands zurückzufliegen, ließen sie 2330 tote oder sterbende Amerikaner zurück, davon allein 1177 auf dem Schlachtschiff *Arizona.* Als Roosevelt Churchill in einer Geheimmitteilung über das wahre Ausmaß der Verluste informierte und hinzusetzte, es seien »erheblich mehr als die in der Presse genannte Zahl«, kommentierte Churchill: »Was für ein Holocaust!«

Die Japaner hatten bei ihrem Angriff 29 Flugzeuge und fünf Klein-U-Boote eingebüßt und 64 Tote zu beklagen. Der japanische Leutnant zur See Kazua Sakamaki wurde gefangengenommen, nachdem er mit seinem Klein-U-Boot auf Grund gelaufen war; er war der erste japanische Kriegsgefangene des Zweiten Weltkriegs. Als das Ausmaß der amerikanischen Verluste bekannt wurde, zeigte sich die Öffentlichkeit der USA schockiert. Von den neun für offensive oder defensive Einsätze tauglichen Schlachtschiffen, über die die amerikanische Pazifikflotte bis zu diesem Morgen verfügt hatte, waren nur noch zwei zu gebrauchen. Japans zehn Schlachtschiffe beherrschten den Pazifik.

Bei den vom japanischen Angriff überraschten Amerikanern hatte es indes zahlreiche Beispiele für Tapferkeit und Heldenmut gegeben. Auf dem Marinestützpunkt Kaneohe hatte John Finn, MG-Schütze bei der Luftwaffe, in seinem Bett gelegen, als der japanische Angriff begann. Er war zum Flugplatz gerannt, hatte neben einem der Hangars ein Maschinengewehr aufgebaut und begonnen, das heftige japanische Feuer zu erwidern. »Obwohl er zahlreiche schmerzhafte Verwundungen erlitten hatte«, hieß es in der Urkunde, die er anläßlich der Verleihung der Medal of Honour erhielt, »blieb er an seiner Waffe und erwiderte energisch und mit sichtbarer Wirkung das gegnerische Feuer, solange die Tiefflug- und Bombenangriffe des Feindes anhielten, wobei er seine eigene Sicherheit völlig außer acht ließ.«

Zeitgleich mit Pearl Harbor griffen die Japaner Stützpunkte auf drei weiteren amerikanischen Pazifikinseln an: auf Guam, Wake und Midway schlugen an diesem Tag japanische Bomben oder Granaten ein, und die Flugplätze der U.S. Air Force wurden beschädigt. Am selben Morgen eskortierte die Zweite japanische Marine-Luftflotte einen Konvoi von Truppentransportern über das Südchinesische Meer, der 24000 Soldaten aus Indochina zur malayischen Landzunge bringen sollte. Und ebenfalls zur gleichen Zeit fielen in Singapur 61 Zivilisten japanischen Luftangriffen zum Opfer, während in Hongkong japanische Flugzeuge

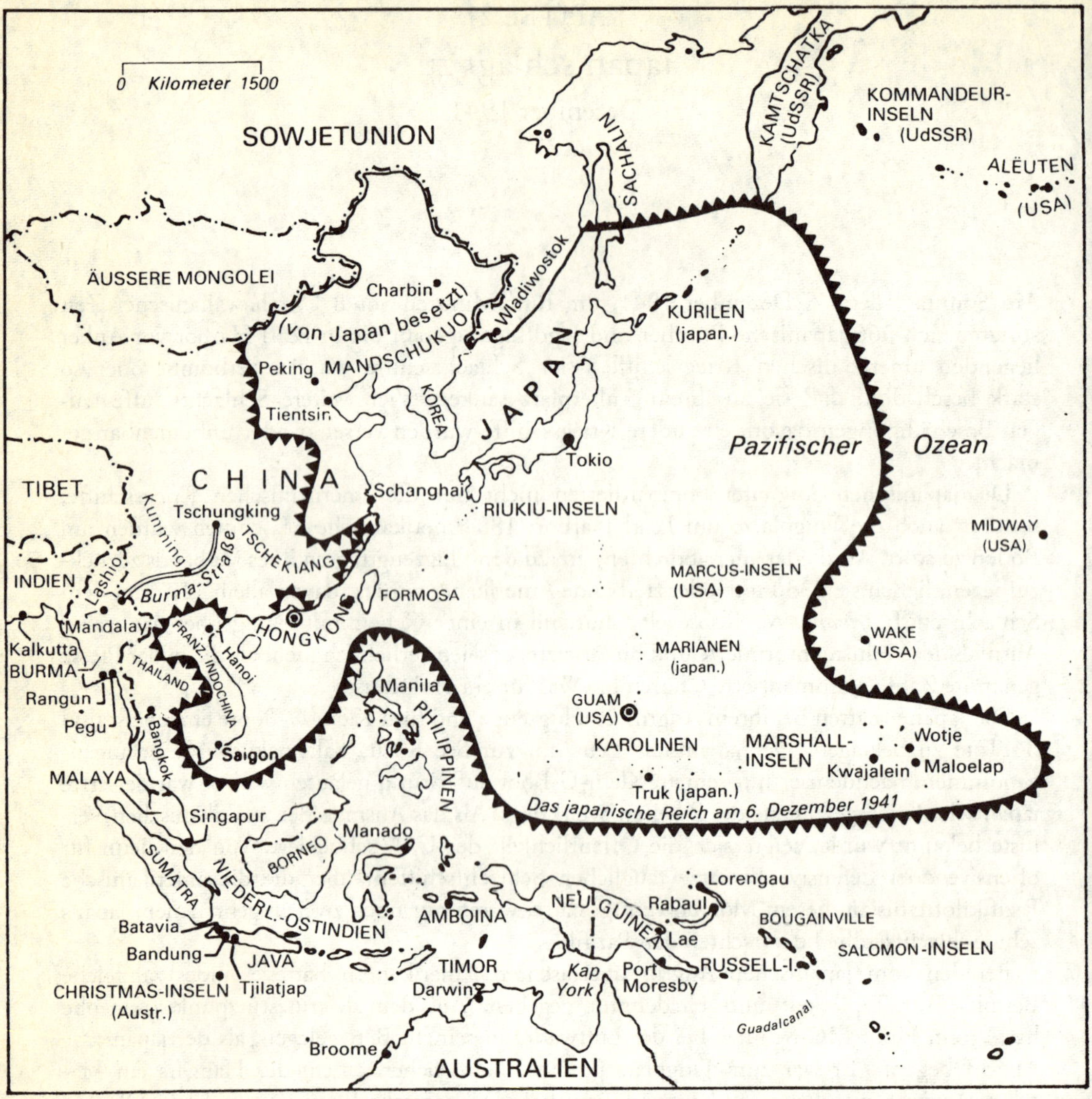

Das Japanische Reich und der Ausbruch des Krieges, Dezember 1941

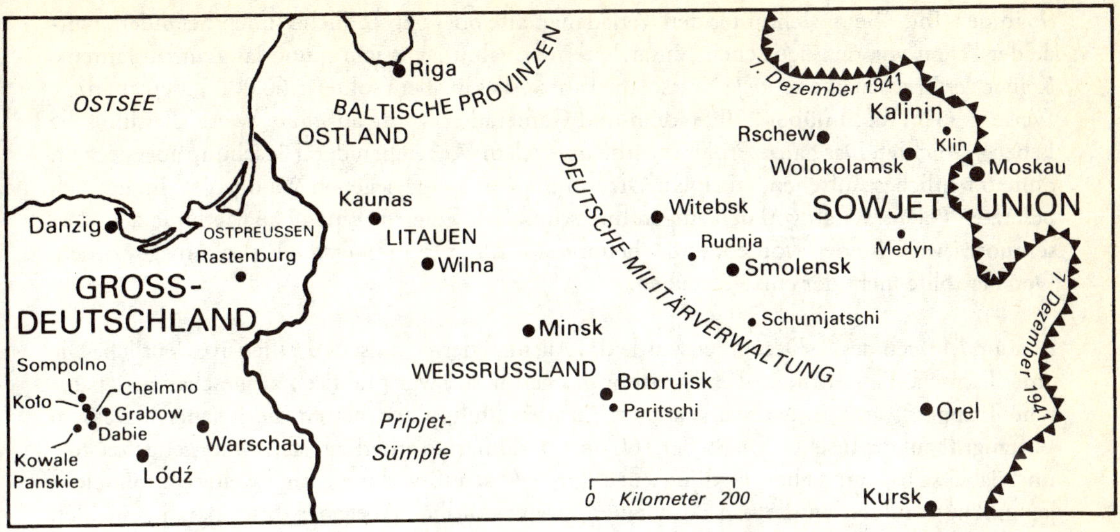

Das erste Todeslager, Mordschauplätze und die Ostfront, Dezember 1941

den Kai-Tak-Flughafen bombardierten und sieben der acht dort stationierten britischen Flugzeuge zerstörten.

In Mitteleuropa war es kurz vor Mitternacht an diesem 7. Dezember, als Hitler in seinem Hauptquartier bei Rastenburg in Ostpreußen von dem japanischen Überfall auf Pearl Harbor erfuhr. »Wir können den Krieg gar nicht verlieren«, sagte er daraufhin zu Walter Hewel und fügte erläuternd hinzu: »Wir haben jetzt einen Bundesgenossen, der in dreitausend Jahren nicht besiegt worden ist.« Einige Stunden zuvor hatte Hitler sich von der Notwendigkeit überzeugen lassen, die jetzt unhaltbar gewordenen vorgeschobenen Frontstellungen in Rußland zu räumen. An der Leningrader Front hatten die Sowjets zu einem konzentrierten Vorstoß auf Tichwin ausgeholt, und vor Moskau leiteten die Deutschen nun ihren langsamen Rückzug auf die Linie Kursk–Orel–Medyn–Rschew ein, die sie mit Hilfe einer Reihe gut befestigter Bastionen halten zu können hofften. Die Schlacht um Moskau war vorüber.

An diesem Abend des 7. Dezember wurde auf polnischem Boden mit den von den Strategen der Endlösung seit langem geplanten Vergasungen begonnen: 700 Juden aus der polnischen Kleinstadt Koło, die knapp 350 Kilometer südwestlich von Rastenburg lag, wurden auf Lastwagen in die benachbarte Ortschaft Chelmno gefahren. Achtzig von ihnen wurden dort am nächsten Morgen in ein Spezialfahrzeug verladen, das sich in Richtung auf eine kleine Lichtung im nahe gelegenen Wald in Bewegung setzte. Am Ende der kurzen Fahrt waren die achtzig Juden tot, vergiftet durch die in den Laderaum geleiteten Abgase des Fahrzeugs. Die Leichen wurden sodann in eine eigens zu diesem Zweck ausgehobene Grube gekippt, woraufhin der Spezialllaster ins Dorf zurückfuhr. Nach acht oder neun Fuhren waren alle 700 Juden tot.

Von da an wurden Tag für Tag Juden aus sämtlichen umliegenden Städten und Dörfern zur Vergasung nach Chelmno gebracht. Bis zu tausend Personen täglich holten die Nazis unter dem Vorwand ab, man brauche sie »im Osten« als Land- oder Fabrikarbeiter, und chauffierten sie in den Tod. Wenn sich unter den Verladenen alte oder gebrechliche Juden befanden, wurde der Fahrer von den deutschen Einsatzleitern ermahnt, »vorsichtig und langsam zu fahren«. Keiner der Insassen überlebte je eine solche Fahrt. Alles in allem sollten 360 000 Juden auf diese Weise sterben, und in über 200 Städten und Gemeinden wurde auf diese Weise alles jüdische Leben vernichtet. Das ganze Projekt wurde unter dem Vorzeichen der Täuschung abgewickelt: ohne öffentliches Aufsehen, an einem Ort inmitten eines abgelegenen Waldgebiets im deutsch besetzten Polen, weitab von den Augen unerwünschter Zeugen. Eine neue Methode des Massenmords war erfunden worden, und Chelmno war zum Ort ihrer ersten Erprobung geworden. Doch er sollte nicht der einzige bleiben.

Erst am Morgen des 8. Dezember wurde das Ausmaß der japanischen Offensive deutlich. Die amerikanische Flotte, die in Pearl Harbor gelegen hatte, war praktisch ausgeschaltet. Japanische Truppen waren in Malaya gelandet. Auf den Philippinen hatten die Japaner bei einem Luftangriff auf die Insel Luzon 86 der 160 dort stationierten amerikanischen Flugzeuge zerstört und dabei selbst nur sieben Jagdflugzeuge durch Abschuß verloren. Eine weitere erfolgreiche japanische Landung wurde von der kleinen, weiter nördlich gelegenen Insel Batan gemeldet. An der chinesischen Küste besetzten japanische Truppen die amerikanischen Garnisonen in Schanghai und Tientsin; in Schanghai ergab sich das amerikanische Kanonenboot *Wake* nach einem mißglückten Selbstversenkungsversuch. »Gestern«, erklärte Roosevelt in einer Kriegsbotschaft an den Kongreß, »am 7. Dezember 1941 – einem Datum, das in böser Erinnerung bleiben wird –, sind die Vereinigten Staaten von Amerika plötzlich und vorsätzlich von Teilen der Marine und Luftwaffe des japanischen Reichs angegriffen worden.« Roosevelt setzte hinzu: »Ganz gleich, wie lange wir brauchen werden, um mit dieser von langer Hand vorbereiteten Invasion fertigzuwerden, das amerikanische Volk, das die Kraft des Rechtes auf seiner Seite hat, wird schließlich den völligen Sieg erringen.«

Von Rastenburg aus erließ Hitler am 8. Dezember seine Weisung Nr. 39 an die deutschen Truppen in Rußland. »Der überraschend früh eingebrochene Winter im Osten«, hieß es darin, »und die dadurch eingetretenen Versorgungsschwierigkeiten zwingen zu sofortiger Einstellung aller größeren Angriffsoperationen und zum Übergang zur Verteidigung.« Am selben Tag wurde auf höchster Ebene die Parole ausgegeben, daß die deutschen Truppen, wo immer sie sich zurückziehen mußten, sämtliche im Bereich ihres Zugriffs befindlichen Dörfer und Gebäude ausräumen und sie dem Erdboden gleichmachen sollten. »Im Interesse der militärischen Operationen«, teilte Feldmarschall Keitel am 8. Dezember der Heeresgruppe Nord telefonisch mit, »kann auf die Lage der Bevölkerung keinerlei Rücksicht genommen werden.« Dies sei, so erklärte er, ein persönlicher Befehl des Führers.

Die Russen konnten an diesem 8. Dezember zwei Erfolge verbuchen: die Rückgewinnung Tichwins, durch die sich die Versorgungslage Leningrads um ein kleines Stückchen verbesserte, und die Auslieferung der ersten 25 T-34-Panzer durch die jetzt in den Ural verlagerten Charkower Panzerwerke. Es war noch keine zehn Wochen her, seit die letzte Gruppe von Ingenieuren aus Charkow abgezogen worden war.

Hinter der deutschen Rußlandfront übten sowjetische Partisanen weiterhin Druck auf die deutschen Nachschublinien aus und zwangen die Wehrmacht immer wieder, Einheiten von der Front abzuziehen und sie in Sonderaktionen gegen die Partisanen einzusetzen. Ins besetzte Frankreich entsandten die Engländer weiterhin Agenten sowohl britischer als auch französischer Nationalität, die bei der Organisierung des Widerstands halfen und die Fluchtrouten für alliierte Piloten und Kriegsgefangene nach Spanien offenhielten. Am 8. Dezember gelang es den Deutschen jedoch, mit Hilfe des ehemaligen britischen Feldwebels Harold Cole, der in den

Tagen von Dünkirchen desertiert war, eine der wichtigsten alliierten Fluchtrouten hochgehen zu lassen. Coles Verrat führte unmittelbar dazu, daß fünfzig Personen, die diese Fluchtroute organisiert und betreut hatten, verhaftet und erschossen wurden.

Am 8. Dezember – japanische Truppen war bereits im nördlichen Teil Malayas gelandet – teilte Winston Churchill der Regierung in Tokio mit, »daß zwischen unseren beiden Ländern Kriegszustand herrscht«. Die einzigen in verfeindeten Lagern stehenden Länder, die einander noch nicht den Krieg erklärt hatten, waren Deutschland und die Vereinigten Staaten. Inmitten der Wirren des jüngst ausgebrochenen Krieges im Pazifik, der erbitterten Konfrontation in Rußland und des weiter tobenden Krieges in Nordafrika unterhielten diese beiden Staaten nach wie vor diplomatische Beziehungen. Hitler wurde bei seiner Rückkehr nach Berlin am 9. Dezember berichtet, daß Roosevelt alles in seiner Macht Stehende tun werde, um es nicht zum Krieg mit Deutschland kommen zu lassen, denn er wolle vermeiden, daß die USA auf zwei Meeren Krieg führen müßten. Am gleichen Tag erhielt indes die deutsche Marineleitung erstmals grünes Licht für Operationen gegen amerikanische Schiffe, sogar innerhalb der panamerikanischen Sicherheitszone.

Für die USA kam es nun darauf an, so rasch wie möglich alle denkbaren Wege des Vorgehens gegen Japan zu erkunden. Schon am 8. Dezember verlegte Claire L. Chennault, ein Hauptmann der U.S. Air Force, der seit Juli 1937 als Berater der chinesischen Regierung tätig war, seine drei Geschwader von ihrem bisherigen Stützpunkt Mandalay in Burma über die Berge in die chinesische Stadt Kunming. Der an diesem Tag zum Oberst beförderte Chennault sollte einen sichtbaren und höchst wirksamen Beitrag zur Abwehr weitergehender japanischer Eroberungsgelüste in China leisten.

Gleichwohl war das Ausmaß der japanischen Eroberungen beeindruckend. Im Laufe des 9. Dezember besetzten japanische Truppen Bangkok, die Hauptstadt Thailands, und landeten an zwei weiteren Stellen der malayischen Landzunge, in den thailändischen Küstenstädten Singora und Patani. Und in der Südsee besetzten japanische Landungstruppen die zum Gilbert-Archipel gehörenden Inseln Tarawa und Makin.

Im Warschauer Getto sorgte die Nachricht vom Krieg zwischen den Vereinigten Staaten und Japan für beträchtliche Aufregung. »Die meisten Leute glauben, daß der Krieg nicht lange dauern wird«, schrieb Mary Berg am 9. Dezember in ihr Tagebuch, »und daß der Sieg mit Sicherheit den Alliierten zufallen wird.« Der Kriegseintritt der Amerikaner habe, so fügte sie hinzu, »den Hunderttausenden verzagter Juden im Getto ein Stück weit neue Hoffnung gegeben«. Aus alliierter Sicht handelte es sich jedoch allenfalls um einen sehr fernen Hoffnungsschimmer. Am 10. Dezember entdeckte ein japanischer Fliegerverband, der aus 84 mit Torpedos ausgestatteten Maschinen bestand, zufällig das britische Schlachtschiff *Prince of Wales* und sein Schwesterschiff *Repulse*; die Japaner versenkten beide. 840 Offiziere und Besatzungsmitglieder versanken in den Fluten, 1285 Überlebende wurden aus dem Meer gefischt. Der Kommandant der beiden Kriegsschiffe, die die beiden einzigen ernst zu nehmenden Trümpfe der malayischen Seeverteidigung gewesen waren, hatte sich ganz kurzfristig entschlossen, einen japanischen Schiffsverband, der bei Kuantan Truppen an Land zu setzen begonnen hatte, anzugreifen, und war zu diesem Zweck ausgelaufen.

Nach drei Kriegstagen waren die Japaner die praktisch unangefochtenen Herren sowohl des südchinesischen Meeres als auch des Pazifischen Ozeans. Bei dem Angriff auf die beiden britischen Kriegsschiffe hatten sie von ihren 84 Flugzeugen nur vier durch Abschuß verloren. 2500 Kilometer weiter östlich, auf den Philippinen, landeten am selben Tag 2000 Japaner bei Aparri und Gonzaga am Nordzipfel der Insel Luzon, und weitere 2000 wurden in Vigan an der Westküste abgesetzt.

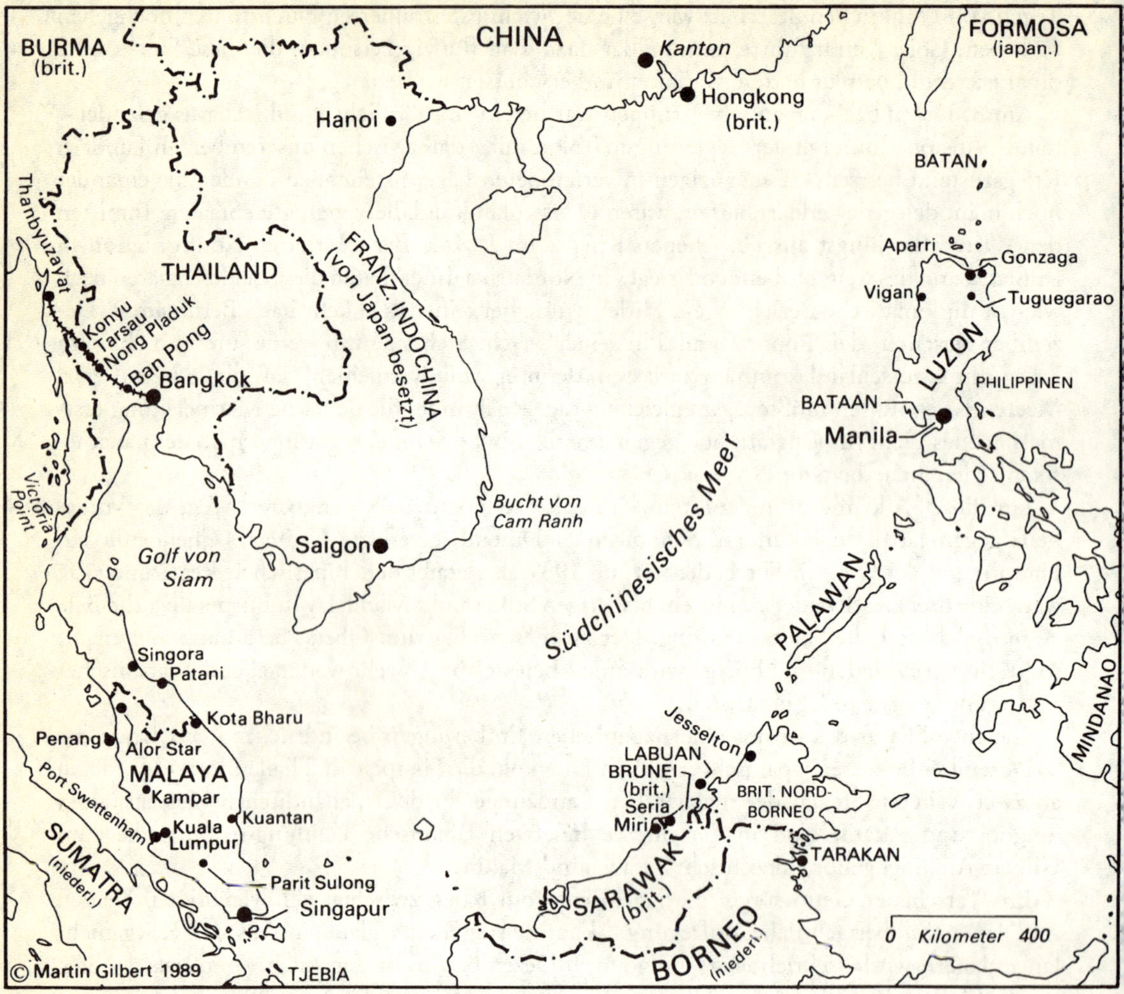

Das Südchinesische Meer, Dezember 1941

In Deutschland wurde am 10. Dezember, nur drei Tage nach Pearl Harbor, ein weiterer Schritt zur Ausweitung und Systematisierung des Massenmords vollzogen. Himmler erließ eine Weisung, derzufolge Ärztekommissionen sämtliche Konzentrationslager aufsuchen und unter den Insassen diejenigen »aussortieren« sollten, die arbeitsunfähig, krank »oder Psychopathen« waren. Wer unter eine dieser Kategorien fiel – die Kranken brauchten nicht untersucht zu werden, ihre Unterlagen sollten für die Stellung der Diagnose genügen –, würde zum nächstgelegenen Lager, das über eine Kohlenmonoxid-Gaskammer verfügte, gebracht und getötet werden. Elf deutsche Ärzte, an ihrer Spitze die beiden Medizinprofessoren Heyde und Nitsche, zeichneten für die Ausführung dieses Befehls verantwortlich, der die Tötung mehrerer zehntausend KZ-Insassen nach sich zog.

Am 11. Dezember erklärte Deutschland den Vereinigten Staaten den Krieg. Möglicherweise war dieser Schritt der größte Fehler, der im Zweiten Weltkrieg begangen wurde, mit Sicherheit aber die folgenreichste Entscheidung. Die USA, die gegenüber dem europäischen Konflikt offiziell noch Neutralität wahrten, waren soeben im Pazifik in einen für sie mit unabschätzbaren Risiken verbundenen Krieg hineingerissen worden. Zwischen dieser Bedrohung und dem Kriegsgeschehen im Atlantik und auf dem europäischen Festland lag geographisch ein halber Erdumfang. Nun beorderte Hitler durch seine Kriegserklärung die Vereinigten Staaten auf den europäischen Kriegsschauplatz zurück: zuerst die Kriegsschiffe der US-Marine, dann die Flugzeuge der US-Luftwaffe und schließlich die Truppen der US-Armee. Sie waren es, die ungeachtet des amerikanischen Engagements im Pazifik letzten Endes die Niederlage Hitlers und seines Regimes sicherstellten. »Der Eintritt der Vereinigten Staaten«, telegrafierte Churchill einen Tag später an Anthony Eden, der gerade unterwegs nach Rußland war, »entschädigt für alles und wird uns mit der nötigen Zeit und Geduld den sicheren Sieg bringen.«

Im Pazifik zeigten die Amerikaner schon bald, daß sie über die Ressourcen und den Willen zum Gegenangriff verfügten. Auf der Insel Wake, wo bei japanischen Bombenangriffen am 7. Dezember 23 und am 8. Dezember weitere 21 Amerikaner ums Leben gekommen waren, stieß die japanische Flotte, die am 11. Dezember aufkreuzte, um die Insel in Besitz zu nehmen, zunächst auf heftige Gegenwehr. Die beiden japanischen Zerstörer *Hayate* und *Kisaragi* wurden versenkt. 5350 Infanteristen und Seeleute kamen in den Wellen um. Ferner wurden im Verlauf des Angriffs drei japanische Bomber abgeschossen.

Noch sechzehn Tage lang leistete die kleine amerikanische Garnison auf Wake, welche aus 524 Soldaten und 1216 zivilen Bauarbeitern bestand, den Japanern hartnäckigen Widerstand.

Am 11. Dezember konnten die sowjetischen Truppen auf einen Zeitraum von weniger als sechs Tagen zurückblicken, innerhalb dessen sie 400 Ortschaften und Dörfer (darunter auch Istra an der Landstraße Moskau–Wolokolamsk) zurückerobert hatten. Außerdem hatten sie die Deutschen vom Moskau-Wolga-Kanal abgedrängt. Die Rote Armee feierte diesen Tag als ihren erfolgreichsten seit Beginn ihrer Gegenoffensive. »Am Verlauf des von Hitler entfesselten Nazifeldzugs gegen Rußland«, erklärte Churchill an diesem Tag vor dem Unterhaus, »können wir schon jetzt, nach weniger als sechs Kriegsmonaten, ablesen, daß er eine der herausragenden Dummheiten der Geschichte begangen hat.«

In Fernost hatten die Japaner im Augenblick ihres triumphalen Siegeszuges einen ersten Vorgeschmack amerikanischer Wehrhaftigkeit zu kosten bekommen. Denn nicht nur auf der Insel Wake, sondern auch auf Guam, wo 5400 japanische Soldaten die 430 Marines und Seeleute der amerikanischen Inselgarnison belagerten, stießen die Aggressoren auf heftigen Widerstand. Trotz ihrer mehr als zehnfachen zahlenmäßigen Unterlegenheit hielten die Amerikaner dem japanischen Angriff 9 Stunden lang stand, ehe sie sich ergaben. Siebzehn Amerikaner und ein Japaner fielen.

In der Schlacht um Malaya wurden am 12. Dezember bei einem japanischen Luftangriff auf Penang an der Westseite der Halbinsel 600 Zivilisten getötet. Weiter nördlich räumten die Briten an diesem Tag Victoria Point, die der thailändischen Grenze nächstgelegene burmesische Stadt. Einen Tag später marschierten japanische Truppen in der nordmalayischen Stadt Alor Star ein. Einer der Kriegsgefangenen, die die Japaner dort machten, der Sikh-Major Mohan Singh, erklärte sich nach Gesprächen mit Major Iwaichi Fujiwara vom kaiserlich-japanischen Generalstab bereit, eine Sondereinheit aufzustellen, in der Inder, Burmesen und Thais, welche gegen eine Rückkehr der Briten oder Franzosen waren, dienen konnten. Die

Japaner schlugen vor, die Parole »Asien den Asiaten« zum Kampfruf dieser Einheit zu machen. Einige Wochen später trat Major Singh an die Spitze einer antibritischen »Indischen Nationalarmee«.

Als japanische Truppen am 14. Dezember auf den Philippinen in Richtung Süden vorrückten und Tuguegarao einnahmen, griffen amerikanische Bomber ihre Truppentransporter an. Der Pilot einer der Maschinen, Hauptmann Hewitt T. Wheless, verlor wegen eines partiellen Triebwerksausfalls den Anschluß an seine Formation. Er entschloß sich, seinen Einsatz dennoch zu fliegen. Als er geraume Zeit nach den anderen Bombern seines Geschwaders sein Zielobjekt erreichte, sah er sich von achtzehn japanischen Jagdflugzeugen attackiert. Darauf klinkte er seine Bomben aus und drehte in Richtung seiner Basis ab. Nun begann eine über mehr als 120 Kilometer anhaltende Verfolgungsjagd, in deren Verlauf Wheless' Funker tödlich getroffen und einer seiner beiden MG-Schützen zum Krüppel geschossen wurde. Gleichzeitig aber gelang es Wheless, elf der achtzehn japanischen Jäger abzuschießen. Er wurde dafür mit dem Distinguished Service Cross ausgezeichnet. Roosevelt bezeichnete Wheless später als einen »bescheidenen jungen Mann, der stolz ist auf seine Crew, die einen der härtesten Kämpfe geliefert hat, welcher bisher von einem Bomber durchgefochten wurde«.

Im besetzten Polen hatte der Spezialwagen von Chelmno seit dem 7. Dezember Tag für Tag seine kurzen Fahrten in den Wald absolviert. Am 10. Dezember waren aus sechs kleinen Dörfern westlich des Todeslagers über tausend Juden zunächst zu einem Sammelpunkt im Dorf Kowale Panskie gebracht und dann nach Chelmno transportiert worden; sie verbrachten die Nacht in der Kirche von Chelmno und wurden am nächsten Tag vergast. Vier Tage später waren die 975 jüdischen Einwohner des Dorfes Dabie an der Reihe. In Warschau protokollierte am 14. Dezember Emanuel Ringelblum einen Vorfall, der sich bei einem jüdischen Begräbnis ereignet hatte. Ein deutscher Polizist hatte »plötzlich, ohne Warnung, auf den Leichenzug zu schießen« begonnen. Zwei der Begräbnisteilnehmer waren tödlich getroffen zusammengebrochen. »Die Juden haben keinen Frieden«, schrieb Ringelblum, »nicht einmal wenn sie ihre Toten zur ewigen Ruhe geleiten.« Am Tag darauf wurden in Paris vierzig polnische Juden von der Gestapo wegen Widerstandstätigkeit erschossen. Unter den Getöteten waren vier in Warschau geborene Juden.

Nachdem die in Chelmno angewandte Vergasungsmethode sich als wirksam und rationell erwiesen hatte, lud Heydrich zu einer Konferenz nach Berlin ein, auf der die »Zukunft« der europäischen Juden erörtert werden sollte. Die Besprechung sollte Anfang Januar stattfinden. »Glauben Sie, man wird [die Juden] im Ostland in Siedlungsdörfern unterbringen?« fragte Generalgouverneur Hans Frank am 15. Dezember im Kreis seiner engeren Mitarbeiter – und lieferte gleich selbst die Antwort: »Man hat uns in Berlin gesagt: Weshalb macht man diese Scherereien; wir können im Ostland oder im Reichskommissariat auch nichts mit ihnen anfangen, liquidiert sie selber!«

Frank hatte gegen diese den Juden in Polen zugedachte »Zukunft« nichts einzuwenden. »Ich werde ... den Juden gegenüber«, erklärte er seinen Untergebenen, »grundsätzlich nur von der Erwartung ausgehen, daß sie verschwinden.« Er befürwortete »Eingriffe ... die irgendwie zu einem Vernichtungserfolg führen, und zwar im Zusammenhang mit den vom Reich her zu besprechenden großen Maßnahmen«.

Was unter diesen »großen Maßnahmen« zu verstehen war, darüber werde vielleicht die Konferenz im Januar Klarheit bringen.

Am 15. Dezember vertrieb die Rote Armee die in Klin stehenden deutschen Kräfte aus ihren Stellungen. An der Leningrader Front ersuchte Feldmarschall von Leeb für die Heeresgruppe

Nord um die Erlaubnis zu einem Rückzug auf breiter Front. Hitler lehnte dies ab. Als er an diesem Abend an Bord seines Sonderzugs *Amerika* aus Berlin nach Rastenburg abreiste, arbeitete er den Text seines ersten »Haltebefehls« für die russische Front aus. »Ein weiträumiges Absetzen großer Teile [des] Heeres, mitten im Winter bei nur beschränkter Beweglichkeit und Winterausrüstung und ohne vorbereitete rückwärtige Stellungen muß zu den schwersten Folgen führen«, warnte er.

Am 16. Dezember eroberten die Russen Kalinin zurück. In Nordafrika leitete Rommel westlich von Tobruk seinen Rückzug ein. Binnen einer einzigen Kriegswoche hatte er 38000 Soldaten verloren, denen 18000 getötete Engländer gegenüberstanden. In Fernost landeten japanische Truppen auf Nord-Borneo: in Miri (zu Sarawak gehörig) und Seria (zu Brunei gehörig). Sie hatten es nicht nur auf Gebietsgewinne abgesehen, sondern auch auf Erdöl.

In Hongkong ließen sich nach einwöchigen Luftangriffen japanische Unterhändler mit der Zusicherung freien Geleits an Land setzen. Sie brachten dem britischen Gouverneur, Sir Mark Young, eine Botschaft, in der es hieß, jeder weitere Widerstand sei zwecklos, und die britische Garnison habe keine andere Wahl, als sich zu ergeben. »Der Gouverneur und Oberbefehlshaber von Hongkong«, entgegnete ihnen Sir Mark persönlich, »lehnt es kategorisch ab, in Verhandlungen über die Kapitulation Hongkongs einzutreten, und ergreift diese Gelegenheit, um Generalleutnant Sakai und Vizeadmiral Masaichi Nimi davon in Kenntnis zu setzen, daß er nicht bereit ist, von ihnen irgendwelche weiteren Mitteilungen zu diesem Thema entgegenzunehmen.«

Einen Tag später, am 18. Dezember, setzten die Japaner unter dem Schutz schweren Artilleriesperrfeuers in Hongkong Truppen an Land. »Die Japaner werden Insel um Insel besetzen«, frohlockte Hitler an diesem Abend in Rastenburg in Gegenwart Himmlers und fügte hinzu: »Sie werden auch Australien nehmen. Die weiße Rasse wird aus diesem Raum verschwinden.«

Bei den Einsatzbesprechungen für die Landung in Hongkong hatte der japanische Befehlshaber der ersten Angriffswelle, Oberst Tanaka, den Offizieren seines Regiments erklärt, sie sollten keine Gefangenen machen. Sein Befehl wurde befolgt. Nachdem die Japaner in der ersten Phase ihrer Landungsoperation eine von Freiwilligen bemannte Flugabwehrbatterie überrannt hatten, banden sie die zwanzig überlebenden Gegner mit Tauen zusammen und töteten sie dann mit dem Bajonett. Das Personal und die Verwundeten eines Lazaretts des Royal Army Medical Corps leisteten den Japanern keinen Widerstand. Sie wurden einen Hügel hinaufgeführt, wo die Japaner acht Kanadier, vier Soldaten des Royal Army Medical Corps und drei Sanitäter mit Gewehrschüssen und Bajonettstichen massakrierten.

Unter den in Hongkong in japanische Gefangenschaft geratenen Kanadiern befanden sich einige, die ihr Leben einer spontanen Tat des Kompaniefeldwebels J.R. Osborn, eines Veteranen des Ersten Weltkriegs, verdankten. Als eine japanische Handgranate mitten unter seinen Kameraden landete und er sogleich erkannte, daß nicht mehr genug Zeit blieb, sie wegzuschleudern, warf Osborn sich mit einem Warnruf auf den explodierenden Sprengkörper. Indem er sich so selbst opferte, rettete er mindestens sechs anderen Soldaten das Leben. Als nach Kriegsende heimkehrende Kriegsgefangene von der Tat Osborns erzählten, wurde dieser posthum mit dem Victoria Cross ausgezeichnet.

In China ließ am 19. Dezember Oberst Chennault seine Flugzeuge aufsteigen und Jagd auf zehn japanische Militärmaschinen machen, die auf dem Heimweg von Bombeneinsätzen über Hanoi und Kunming waren. Dies war der erste Kriegseinsatz von Chennaults »Flying Tigers«, wie sie genannt wurden. Neun der zehn japanischen Flugzeuge wurden abgeschossen.

Im Mittelmeer erlitten die Briten an diesem Tag einen Rückschlag, als bemannte Torpedos italienischer Bauart, die von den Briten »Chariots« genannt wurden, ins Hafenbecken von Alexandria eindrangen und die beiden Schlachtschiffe *Queen Elizabeth* und *Valiant* schwer beschädigten. Dieser eine erfolgreiche Schlag verschaffte den Italienern eine zeitweilige regionale Überlegenheit im Bereich der schweren Schlachtschiffe.

Hitlers Kriegserklärung an die Vereinigten Staaten hatte bislang nicht zu einer direkten militärischen Konfrontation zwischen diesen beiden Mächten geführt. Aber im Kielwasser der Deutschen erklärten auch Rumänien und Bulgarien den USA den Krieg.

Hinter der deutschen Front in Rußland gingen die Einsatzkommandos weiterhin ihrem mörderischen Handwerk nach. In der Ereignismeldung UdSSR Nr. 148, welche am 19. Dezember in Berlin fertiggestellt wurde, waren mehrere Dutzend Massenerschießungen verzeichnet, darunter die folgenden: 5281 Juden in Bobruisk, 1013 Juden und Jüdinnen in Paritschi (die »eine feindselige Haltung gegen die Deutschen gezeigt und enge Verbindung zu den Partisanen gehalten« hatten), 835 Juden »beiderlei Geschlechts« in Rudnja (»wegen Unterstützung von Partisanen, Verbreitung von Zersetzungspropaganda, teilweiser Arbeitsverweigerung und Nichttragen des Judenabzeichens«). In Witebsk entschlossen sich die Deutschen zur Räumung des Gettos, das sie selbst vor einiger Zeit eingerichtet hatten. Im Zuge dieses Einsatzes wurden, wie es dazu in Meldung Nr. 148 hieß, »insgesamt 4090 Juden beiderlei Geschlechts erschossen«. Die Meldung enthielt ferner Einzelheiten über die Erschießung von sechzehn »geisteskranken jüdischen und russischen Kindern« in Schumjatschi. Diese Kinder seien »wochenlang in ihren eigenen Ausscheidungen gelegen. Alle hatte schwere Hautgeschwüre. Der deutsche Chefarzt des Krankenhauses von Schumjatschi, der zur Beurteilung herbestellt wurde, erklärte, das Kinderheim und seine Insassen seien ein Seuchenherd ersten Ranges. Dies sei Grund genug, sie zu erschießen.«

Am 20. Dezember landeten die Japaner auf der Philippineninsel Mindanao und begannen sogleich, sie zu einer riesigen befestigten Bastion auszubauen. An der Rußlandfront wurde am 20. Dezember Wolokolamsk durch die Rote Armee zurückerobert. Am Straßenrand stießen die russischen Truppen auf einen Galgen, an dem die steifgefrorenen Leichen von acht Mitgliedern des Moskauer Kommunistischen Jugendverbands (Komsomol) hingen. Sie waren sechs Wochen zuvor bei dem Versuch, hinter den deutschen Linien Kontakt mit den Partisanen aufzunehmen, gefaßt und hingerichtet worden. Alle acht wurden posthum mit dem Lenin-Orden ausgezeichnet.

Angesichts der Tatsache, daß seine Armeen sich weiterhin auf dem Rückzug befanden, schärfte Hitler seinem Generalstabschef Halder ein: »Jeder Einheit muß der Wille zum Durchhalten eingebleut werden.« Doch dies war leichter gesagt als getan. Nach sowjetischen Angaben waren in der Schlacht um Moskau 55000 deutsche Soldaten gefallen. Diese Schlacht war nun entschieden, aber wie grausam dieser Krieg war, zeigte sich auch an allen seinen anderen Schauplätzen. Am 21. Dezember erfroren mehrere tausend sowjetische Kriegsgefangene bei einem Gewaltmarsch über offenes Gelände. In Wilna zwangen die Deutschen mehrere hundert sowjetische Kriegsgefangene, von denen die meisten halbnackt waren und viele sogar nicht einmal Stiefel anhatten, eine Bahnlinie vom Schnee freizuräumen. Eine jüdische Frau bot einem der Russen aus Mitleid ein Stück Brot an. Einer der deutschen Bewacher, der dies bemerkte, erschoß daraufhin sowohl den Russen als auch die Jüdin.

Mitte Dezember tobte im Atlantik eine sechs Tage und sechs Nächte dauernde Schlacht. Sie war durch den Angriff von neun deutschen U-Booten auf den alliierten Konvoi HG 76 ausgelöst worden, der von Gibraltar aus nach Großbritannien unterwegs war. Vier der angreifenden U-Boote wurden versenkt oder zur Selbstversenkung gezwungen, darunter auch die U-567, das Boot des ungekrönten deutschen U-Boot-Königs Kapitän Endrass.

Von den 32 alliierten Handelsschiffen des Konvois wurde nur eines versenkt. »Nach diesem Fehlschlag«, schrieb Admiral Dönitz später, »und angesichts der unbefriedigenden Ergebnisse der zwei vorausgegangenen Monate neigte mein Stab zu der Ansicht, daß wir nicht mehr in der Lage waren, das Geleitzugsystem mit Erfolg zu bekämpfen.«

Doch nicht nur die Konvois machten den Deutschen auf den westlichen Kriegsschauplätzen zu schaffen. In Washington einigten sich Churchill und Roosevelt bei einer ersten Unterredung, die den Auftakt zu einer bis in den Januar hineinreichenden Reihe von Begegnungen bildete, auf die Einrichtung eines gemeinsamen englisch-amerikanischen Generalstabs zur koordinierten Ausarbeitung von Strategien sowohl gegen Deutschland als auch gegen Japan. Sie beschlossen ferner, die Vorbereitungen für eine zukünftige gemeinsame englisch-amerikanische Operation zur Rückeroberung des von Deutschland besetzten europäischen Festlands anlaufen zu lassen. Auch wenn die augenblickliche militärische Lage ungünstig für die Alliierten erschien, sollte sich dieser Schritt als entscheidender Faktor für die Entwicklung einer gemeinsamen Kriegspolitik erweisen. Vorläufig mußten freilich noch weitere Rückschläge eingesteckt werden. Am 23. Dezember kehrten die Japaner mit 2000 Marinesoldaten, die von schiffsgestützten Kampfflugzeugen unterstützt wurden, auf die Insel Wake zurück. Nachdem die Amerikaner 120 Mann verloren hatten, ergaben sie sich. Eine aus dem zerbombten Pearl Harbor zur Verstärkung entsandte Einheit war noch knapp 700 Kilometer von Wake entfernt, als die Japaner dort landeten. 10 000 Japaner gingen am gleichen Tag auf Luzon an Land.

Die Verteidiger von Hongkong waren am Weihnachtsabend noch nicht bezwungen. An diesem Tag wurden 53 britische und kanadische Soldaten nach ihrer Gefangennahme durch die Japaner aneinandergefesselt und mit Schüssen oder mit dem Bajonett getötet. Die durchweg verwundeten Soldaten eines kanadischen Zugs, der sich am ersten Weihnachtsfeiertag ergab, wurden ebenfalls ermordet. Ihr Schicksal teilten zwei Ärzte und sieben Krankenschwestern – darunter vier Chinesinnen –, die in der Notfallambulanz des St. Stephen's College verwundete Soldaten gepflegt hatten. Anschließend wurden die Verwundeten selbst, über fünfzig an der Zahl, in ihren Betten getötet.

Am Abend des 24. Dezember war General MacArthur aus Manila zur Inselfestung Corregidor geflogen. Manila wurde zur offenen Stadt erklärt. Dies war ein Versuch, die Einwohner der Stadt davor zu bewahren, zwischen die Fronten zu geraten. Die Japaner fuhren jedoch fort, die Stadt zu bombardieren. In der Nacht zum 25. Dezember flogen 54 japanische Bomber und 24 Jäger einen Angriff auf Luftwaffeneinrichtungen in der burmesischen Hauptstadt Rangun und zerstörten zahlreiche alliierte Flugzeuge am Boden. Während die Japaner noch aus allen Rohren bombten und schossen, konnten einige »Flying Tigers«, die ebenfalls auf dem Flugfeld von Rangun standen, unversehrt starten und in der Folge sechs der japanischen Angreifer abschießen, wobei zwei ihrer eigenen Maschinen verlorengingen.

In den deutsch besetzten Ländern des Baltikums war der 24. Dezember der erste Geltungstag einer neuen Vorschrift, die der deutsche Zivilgouverneur Hinrich Lohse erlassen hatte. Sie betraf Zigeuner, die Lohse als »eine doppelte Gefahr« bezeichnete. Sie seien Überträger von Krankheiten, »besonders Typhus«, und darüber hinaus »unzuverlässige Elemente, die sich nicht zu nützlicher Arbeit eignen«. Außerdem würden sie der deutschen Sache Schaden zufügen, indem sie »feindliche« Nachrichten weitergäben. »Ich verfüge daher«, dekretierte Lohse, »daß sie dieselbe Behandlung erfahren wie die Juden.«

Auch eine erschreckende Zahl von sowjetischen Kriegsgefangenen wurde in diesem Winter dem Tod überantwortet. In einem Gefangenenlager, das die Deutschen in der polnischen Ortschaft Hola eingerichtet hatten, mußten 1000000 sowjetische Soldaten auf offenem Gelände im Freien und ohne Nahrung kampieren. In ihrer Verzweiflung gruben sie sich Löcher, in denen sie vor Kälte, Wind und Schnee Schutz suchten, und aßen Gras und Wurzeln, um sich am Leben zu erhalten. Jeder Bewohner des nahen Dorfes, den die Deutschen dabei ertappten, daß er den Gefangenen etwas Eßbares zuwarf, wurde erschossen. Ende Dezember waren alle Kriegsgefangenen tot. Weitere 7000 ihrer Schicksalsgenossen wurden im benachbarten Biała Podlaska ermordet.

Am 25. Dezember kapitulierte Hongkong, die erste britische Besitzung, die unter das Banner der aufgehenden Sonne fiel. 11000 britische Soldaten gerieten in japanische Gefangenschaft.

In Leningrad betrug die Zahl der Hungertoten am Weihnachtstag 3700. Die Rückeroberung Tichwins hatte jedoch zur Folge, daß jetzt wieder verstärkt Versorgungsgüter mit der Bahn bis ans Ostufer des Ladoga-Sees gelangten, die dann über den zugefrorenen See in die Stadt gebracht werden konnten. An der Front vor Moskau räumten die Deutschen am 26. Dezember Kaluga. Im äußersten Südabschnitt der Front wurden in der Nacht zum 26. Dezember 3000 russische Soldaten auf der Landzunge von Kertsch abgesetzt; sie sollten eine neue Krimfront eröffnen und den Druck auf Sewastopol mindern, das seinen deutschen Belagerern nach wie vor standhielt. Sechs Tage später wurden in einer weiteren Serie von Landeoperationen auf der Krim bei Feodossija insgesamt 40000 russische Soldaten abgesetzt.

In der Nordsee startete ein britisches Flottenkommando am 27. Dezember die Operation »Archery«, einen Angriff auf den deutschen Flottenstützpunkt Måløy in Westnorwegen. Fünf deutsche Frachter mit einer Gesamtverdrängung von 16000 Tonnen wurden versenkt. Der über das Ausmaß dieses unerwarteten Schlages erboste Hitler erklärte daraufhin, er werde die gesamte Nordsee einschließlich des Ärmelkanals und der unter deutscher Kontrolle stehenden Atlantikküste in eine uneinnehmbare Festung verwandeln: die »Festung Europa«. Im ungewissen darüber, wo die Alliierten beim nächsten Mal zuschlagen würden, aber in der Gewißheit, daß früher oder später die Amerikaner ins Geschehen eingreifen würden, befahl Hitler die Anlage von Befestigungswerken, die sich von der finnischen und norwegischen Nordmeerküste jenseits des Polarkreises bis zur französisch-spanischen Grenze an der Bucht von Biskaya erstrecken sollten.

In einem Gespräch mit Albert Speer vertrat Dr. Todt an diesem 27. Dezember die Ansicht, der Zustand der Verkehrs- und Transportwege in Rußland, von wo er soeben zurückgekehrt war, sei so schlecht und würde so viel »Unmut und Verzweiflung« in den Reihen der deutschen Soldaten wecken, daß es ihm wesentlich wichtiger erscheine, das Straßennetz der Ukraine in Ordnung zu bringen, als die dafür erforderlichen Fachkräfte für grandiose Bauprojekte in Berlin und anderswo einzusetzen. Daher müßten sämtliche Bauarbeiter, die, wie Speer es später ausdrückte, »übermütigerweise« noch im innerdeutschen Straßenbau eingesetzt waren, nach Rußland geschickt werden, um dort die Straßen zu bauen und instand zu halten, ohne die weder Truppenbewegungen noch Nachschublieferungen zügig genug abgewickelt werden konnten. Todt erzählte Speer von »liegengebliebenen Sanitätszügen ... in denen die Verwundeten erfroren waren«, und vom »Elend der Truppen in den durch Schnee und Kälte abgeschnittenen Dörfern und Kleinstädten«.

Speer versprach, sein Bestes zu tun, um Todt bei den Aufgaben des Straßenbaus im Osten behilflich zu sein. Er notierte aber auch, daß Todt die Überzeugung geäußert hatte, »daß wir nicht nur physisch unfähig zu derartigen Strapazen seien, sondern auch seelisch in Rußland zugrunde gehen müßten«. Als Todt jedoch Hitler zwei Tage später in Rastenburg aufsuchte, zeigte dieser sich optimistisch und sprach von schätzungsweise zweieinhalb Millionen »arbeitsfähigen Russen«, mit denen der deutsche Bedarf gedeckt werden könne. Mit einem solchen Arbeiterheer werde sich, so versicherte Hitler seinem Minister für Bewaffnung und Munition, auch »der Bedarf an Werkzeugmaschinen in absehbarer Zeit befriedigen lassen«.

Überall im deutsch besetzten Europa erhielt die Hoffnung der geknechteten Völker auf den Niedergang der deutschen Macht Auftrieb durch optimistisch stimmende britische Rundfunkmeldungen sowie durch die Nachricht, daß Hitler jetzt auch den USA den Krieg erklärt hatte, und durch die fortwährende Einschleusung von Freiwilligen in die besetzten Gebiete, die sich den dort operierenden Widerstandsgruppen anschlossen. Am 28. Dezember führten die Briten ihre Operation »Anthropoid« durch, die mit der Absetzung der beiden tschechischen Fallschirmspringer Jan Kubiš und Josef Gabčík bei Pilsen begann. Ihr Auftrag lautete, sich mit der tschechischen Untergrundbewegung in Verbindung zu setzen und jedwede Widerstandsaktion, die ihnen möglich erschien, zu planen und durchzuführen.

Im Fernen Osten griffen japanische Flugzeuge am 30. Dezember die befestigte Insel Corregidor an, auf der vier Tage zuvor General MacArthur und das Hauptquartier der philippinischen US-Streitkräfte Zuflucht gesucht hatten. Am Tag darauf, dem letzten Tag des Jahres 1941, zogen die letzten amerikanischen und philippinischen Truppen aus Manila ab. Während in Kampar auf der westlichen und in Kuantan auf der östlichen Seite Malayas indische Truppen den Japanern noch tapfere Rückzugsgefechte lieferten, hatten die Briten im nördlichen und mittleren Teil der Halbinsel bereits die Konsequenz aus der Einsicht gezogen, daß große Teile dieser Region, aus der 38 Prozent des weltweit erzeugten Naturkautschuks und 58 Prozent der Zinn-Weltproduktion stammten, gegen die überwältigende japanische Übermacht nicht zu halten sein würden.

Als das Jahr 1941 zu Ende ging, erklärte Hitler im Kreis seiner Freunde und Vertrauten in Rastenburg: »Möge mir 1942 ebenso viel Glück bringen wie 1941.« Und in seiner Neujahrsbotschaft an das deutsche Volk verkündete er: »Wer für das Leben seines Volkes, für dessen tägliches Brot und für seine Zukunft kämpft, wird siegen! Wer aber in diesem Kriege mit seinem jüdischen Haß die Völker zu vernichten suchte, wird stürzen!«

Churchill hielt sich am 31. Dezember, eine Pause in seinen Washingtoner Gesprächen nutzend, in Ottawa auf. Auf einer Pressekonferenz zu Jugoslawien befragt, antwortete er: »Sie kämpfen dort mit größtem Elan und auf ziemlich breiter Basis, und wir erfahren nicht viel von dem, was dort vorgeht. Es ist alles sehr schrecklich. Guerillakrieg und furchtbarste Greueltaten der Deutschen und Italiener und Folterungen jeder Art.« Über die Kämpfe hinter den deutschen Linien in Jugoslawien sagte Churchill: »Die Menschen schaffen es, die Fahne der Freiheit hochzuhalten.«

In der Sowjetunion war der Kampf ums Überleben in eine entscheidende Phase getreten. Am 31. Dezember gelang der Roten Armee die Rückeroberung einer weiteren Stadt im Gürtel vor Moskau: Koselsk lag westlich der von den Deutschen dreieinhalb Wochen zuvor bezogenen Verteidigungslinie Medyn–Orel. Auf der Landzunge von Kertsch hatten die Russen dank der zwei Tage zuvor durchgeführten Truppenanlandungen bei Feodossija einen starken Brückenkopf errichten können. Zu dieser Zeit herrschten so niedrige Temperaturen – minus 20 Grad tagsüber –, daß, wie ein Historiker schrieb, »die nicht mehr gehfähigen Verwundeten unweigerlich als steifgefrorene Eisblöcke starben«. Doch die Landeoperation von Feodossija zwang die Deutschen, von der Belagerung Sewastopols abzulassen und sich statt dessen dem sowjetischen Entlastungsangriff entgegenzustemmen.

In etwas mehr als sieben Monaten hatte der Krieg gegen die Sowjetunion 200 000 deutschen Soldaten das Leben gekostet, die im Kampf gefallen oder später an den erlittenen Verwundungen gestorben waren. In der extremen Kälte des russischen Winters konnte selbst eine relativ geringfügige Verwundung oder Blutung zu einem schweren Schock mit Todesfolge führen. An einem einzigen Tag Ende Dezember mußten mehr als 14 000 deutsche Soldaten sich erfrorene Gliedmaßen amputieren lassen. Nicht alle überlebten die Operation. 62 000 weitere Erfrierungsfälle wurden als »mittelschwer« eingestuft; in diesen Fällen war zwar keine Amputation erforderlich, aber die Betroffenen wurden als nicht mehr wehrtauglich in die Heimat entlassen.

Unterdessen trafen in Archangelsk weiterhin britische Nachschubgüter für Rußland ein, die von englischen Schiffen auf der gefährlichen Route durch das Nordpolarmeer transportiert worden waren. Sie wurden hier auf Züge verladen und auf einer Strecke, die in sicherem Abstand von der deutschen Front lag, nach Moskau transportiert. Bis zum Jahresende trafen in Archangelsk insgesamt 750 Panzer, 800 Jagdflugzeuge, 1400 Fahrzeuge und 100 000 Tonnen Versorgungsgüter aus Großbritannien ein. Gemessen an dem, was gebraucht wurde war dies wenig – doch war diese Unterstützung insofern sehr wichtig, als sie, abgesehen von ihrem unmittelbaren Nutzen, eine Art Schrittmacherrolle für künftige umfangreichere Lieferungen spielte und die Ernsthaftigkeit der alliierten Hilfszusagen symbolisierten.

Für die Leningrader bestand der Alltag des Krieges aus Not, Leid und Verzweiflung. Drei- bis viertausend Menschen verhungerten hier Tag für Tag, obwohl die Behörden die einem Arbeiter zustehende tägliche Brotration von 225 auf 300 Gramm erhöht hatten – ein Zustand, der das wahre Gesicht dieses inzwischen zum Weltkrieg gewordenen Konflikts zeigte.

»Der Tod kam in allen erdenklichen Situationen über die Menschen«, erinnerte sich ein städtischer Beamter später. »Sie konnten draußen auf der Straße zu Boden stürzen und sich nie wieder erheben oder zu Hause einschlafen und nie wieder aufwachen oder in der Fabrik bei der Arbeit zusammenbrechen. Transportmittel gab es nicht, und so wurde die Leiche gewöhnlich auf einen kleinen Schlitten gebunden, der von zwei oder drei Familienangehörigen des Toten gezogen wurde. Oft überanstrengte sie der lange Weg zum Friedhof so, daß sie die Leiche auf halbem Weg abluden und es den Behörden überließen, sich darum zu kümmern.« Für Leningrad galt jedoch, wie für praktisch alle Städte in den vom Krieg heimgesuchten europäischen und asiatischen Gebieten, daß diese »Behörden« selbst nicht in der Lage waren, Hunger und Krankheit in Schach zu halten oder auch nur die Toten zu begraben. Ein Leningrader schrieb in diesem Winter die Eindrücke nieder, die er auf einer Autofahrt zum Piskarewski-Friedhof im Nordosten der Stadt erhielt: »Als ich die Vororte erreichte«, schrieb er, »wo kleine eingeschossige Häuser standen, erblickte ich Gärten und Obsthaine, und dann einen auffälligen formlosen Hügel. Ich kam näher. Da war zu beiden Seiten der Straße menschliche Leichname zu so riesigen Haufen aufgeschichtet, daß keine zwei Autos durchpaßten. Autos konnten nur in eine Richtung durchfahren, und ein Wenden war nicht möglich.«

Hundertfach kam es vor, daß die Leute, die den Leichnam eines geliebten Menschen oder eines Nachbarn auf einem Schlitten transportierten, kaum mehr die Kraft aufbrachten, ihn abzuladen. »Nicht selten«, berichtet ein Historiker, »sanken diejenigen, die den Schlitten zogen, neben der Leiche zu Boden und hauchten selbst ihr Leben aus – ohne einen Ton, einen Seufzer, einen Schrei von sich zu geben.« »Einen Verstorbenen zum Friedhof zu bringen«, notierte der Leningrader Schriftsteller Luknizki am 29. Dezember 1941 in seinem Tagebuch, »ist eine so mühselige Sache, daß die Überlebenden dafür den letzten Rest der ihnen verbliebenen Kraft hingeben müssen. Auf diese Weise geraten die Lebenden, indem sie ihre Pflicht an den Toten erfüllen, selbst an den Abgrund des Todes.«

KAPITEL 22
»Wir sind nicht mehr allein« (Churchill)
Anfang 1942

Das neue Jahr begann für die Alliierten wenig verheißungsvoll. Auf der Landzunge von Kertsch drängten deutsche Truppen die russischen Fallschirmjäger zurück, die auf diesem östlichen Landfortsatz der Krim abgesetzt worden waren. Auf den Philippinen wichen amerikanische und philippinische Einheiten vor den angreifenden Japanern auf die Halbinsel Bataan zurück. In Malaya setzten die Japaner ihren Vormarsch Richtung Süden mit der Besetzung Kuantans fort. In Deutschland erklärte die Naziführung das Jahr 1942 voller Siegeszuversicht zum »Jahr der Ost- und Landarbeit«: Insgesamt 18000 Hitlerjugendführer aus dem Reich meldeten sich zu Arbeitseinsätzen in Polen und in der westlichen Ukraine. Sie sollten den Keim zu einer künftigen germanischen Siedlungstätigkeit im Osten legen. Im Laufe des Jahres sollten mehrere hundert junge Freiwillige aus Holland, Norwegen, Dänemark und dem flämischen Teil Belgiens als »Ostfreiwillige der germanischen Jugend« zu ihnen stoßen, die ebenfalls als Pioniere der neuen Ordnung fungieren sollten. Diese neue Ordnung zeigte am 1. Januar 1942 auch gleich wieder ihr typisches Gesicht: An diesemTag war der letzte Rest der Zagreber Synagoge verschwunden, die der Stolz der 12000 jüdischen Einwohner der kroatischen Hauptstadt gewesen war; die Eroberer hatten sie über einen Zeitraum von mehreren Monaten hinweg Stein für Stein abgetragen.

Es gab aber an diesem 1. Januar auch mehrere Akte trotziger Selbstbehauptung. Der öffentlichkeitswirksamste war eine in Washington von Churchill und Roosevelt vorgelegte und von 26 Staaten verabschiedete Erklärung, in der sich die Unterzeichner verpflichteten, alle ihre Kräfte für den Kampf gegen die Achsenmächte einzusetzen und keinen Separatfrieden mit ihnen zu schließen. Dieser Zusammenschluß von Staaten unter Führung Großbritanniens, der USA und der Sowjetunion nannte sich »Vereinte Nationen« und definierte das Ziel seines gemeinsamen Wirkens so: »das Leben, die Freiheit, die Unabhängigkeit und die Religionsfreiheit zu sichern und die Menschenrechte und die Gerechtigkeit zu bewahren«. Im Getto von Wilna versammelten sich an diesem Neujahrstag 150 junge Juden, um im Namen jener 20000, die hinter dem Stacheldrahtzaun und den Wachpostenhäuschen noch am Leben waren, zu erklären: »Hitler plant die Vernichtung aller Juden Europas, und die Juden Litauens sind dazu auserkoren worden, als erste an die Reihe zu kommen. Wir werden uns nicht wie die Schafe zur Schlachtbank führen lassen!«

Im europäischen Herrschaftsbereich der Nazis entfalteten sich nur ganz allmählich erste Initiativen des Aufbegehrens gegen die Deutschen. Ein kleiner Schritt in diese Richtung wurde am 1. Janaur 1942 getan, als Jean Moulin, der ehemalige Bürgermeister von Chartres, der sich vier Monate zuvor nach Großbritannien abgesetzt hatte, mit dem Fallschirm über Frankreich abgesetzt wurde. Er sollte versuchen, die einzelnen unkoordiniert agierenden Gruppen der Résistance zu einen und sie zur Unterordnung unter eine einheitliche Strategie zu bewegen. Moulin, der unter dem Kampfnamen »Max« auftrat, überbrachte den Führern der Résistance eine im doppelten Boden einer Streichholzschachtel versteckte persönliche Grußbotschaft von General de Gaulle.

Im Nordpolarmeer wurde ein Schiffskonvoi, der Versorgungsgüter für Rußland transportierte und von britischen Zerstörern unter dem Kommando von Kapitän Robert Sherbrooke eskortiert wurde, von einem deutschen Flottenverband unter Führung des Schlachtschiffs *Lützow* und des schweren Kreuzers *Admiral Hipper* angegriffen. Obwohl Sherbrooke im Verlauf des Gefechtes im Gesicht getroffen wurde und ein Auge verlor, gab er das Kommando über seine Schiffe nicht ab und konnte schließlich den Erfolg verbuchen, daß kein einziger Frachter verlorenging oder beschädigt wurde. Für seine Ausdauer und seinen Mut erhielt Sherbrooke das Victoria Cross.

In Bletchley, wo 1500 britische Wissenschaftler und Akademiker an der Entschlüsselung und Auswertung der deutschen Enigma-Funksprüche arbeiteten, konnte an diesem Neujahrstag ein bemerkenswerter Erfolg gefeiert werden: Es war gelungen, vier verschiedene Enigma-Schlüssel zu knacken: den von der deutschen Luftwaffenführung für Mitteilungen der höchsten Geheimhaltungsstufe benutzten Schlüssel, der in Bletchley »Pink« genannt wurde, sowie die Codes dreier deutscher Luftwaffenkorps, genannt »Gadfly«, »Hornet« und »Wasp«. Am Tag darauf, dem 2. Januar, wurde ein fünfter Schlüssel geknackt, der in Bletchley unter dem Namen »Kite« geführt wurde; mit ihm wurden die geheimsten den Nachschub des deutschen Heers betreffenden Mitteilungen aus Berlin an die Ostfront übermittelt.

Auf das Geschehen an der Ostfront bezog sich eine Weisung, die Hitler am 2. Januar erließ und in der er seiner 9. Armee, die gerade Kalinin geräumt hatte, jedes weitere Zurückweichen untersagte. Nicht ein einziger Fußbreit Boden dürfe preisgegeben werden. Die Rote Armee ließ sich durch solche Weisungen an ihren Feind natürlich nicht von Angriffen abhalten: Eben an diesem Tag durchbrach die russische 39. Armee nordwestlich von Rschew die deutsche Front. Zu solchen Teilerfolgen trug die zunehmend verbesserte russische Aufklärungsarbeit hinter der deutschen Front bei. »Wiederholt«, berichtete die deutsche 2. Panzerarmee am 2. Januar, »ist festgestellt worden, daß der Feind genau über die schwachen Stellen in unserer Front informiert ist und sich oft die Nahtstellen zwischen unseren Korps und Divisionen als Angriffspunkte heraussucht.« In dem Bericht wurde die Vermutung geäußert, es seien russische Zivilisten, die zwischen den Fronten hin und her wechselten und dabei Informationen weitergaben. »Die Bewegung der Einwohner zwischen den Fronten«, lautete die Schlußfolgerung, »muß daher mit allen denkbaren Mitteln unterbunden werden.«

In Washington führten Roosevelt und Churchill am 2. Januar gemeinsam den Vorsitz bei einer Besprechung, in deren Verlauf ein Beschluß gefaßt wurde, dessen Bedeutung bald alle taktischen Manöver in den Schatten stellen sollte: Es ging um eine enorme Steigerung der amerikanischen Rüstungsproduktion. Hatten die alliierten Planungsstäbe nur drei Wochen zuvor noch ein Planziel von 12750 zu fertigenden Militärflugzeugen festgelegt, so wurde nunmehr der Bau von 45000 Maschinen bis Ende 1943 beschlossen. Bei den Panzern wurde die Sollzahl von 15450 auf 45000, bei den Maschinengewehren von 262000 auf eine halbe Million erhöht. Und auch bei allen anderen Waffengattungen wurde eine Erhöhung der Planzahlen um durchschnittlich 70 Prozent vorgenommen.

Solche Beschlüsse bargen langfristig eine ernste Gefahr für die Achsenmächte. Allerdings war im Januar 1942 keineswegs klar, ob den alliierten Mächten so viel Zeit bleiben würde, sie in die Tat umzusetzen. Auf den Philippinen besetzten am 2. Januar japanische Truppen die Hauptstadt Manila. Am 3. Januar mußte General Marshall sich vom Planungsstab der U.S. Army sagen lassen, es stünden nicht genügend Soldaten zur Verfügung, um eine Entlastungsstreitmacht auf die bedrängten Philippinen zu entsenden. Noch am gleichen Tag besetzten die Japaner die Insel Labuan und landeten an der Küste von Brunei. Am Tag darauf schickten die

Japaner, während ihr Vormarsch auf philippinischem und malayischem Boden weiterging, ein Bombergeschwader zum Bismarck-Archipel, wo die von 1400 britischen Soldaten bemannte strategische Basis Rabaul angegriffen wurde.

Im deutsch besetzten Europa wurde am 5. Januar ein mutiges Wort des Protestes laut: Der niederländische Kirchenrat prangerte die »vollständige Gesetzlosigkeit« der deutschen Maßnahmen gegen die Juden an. Ungeachtet dieses Protestes fuhren die deutschen Besatzer fort, in mehreren Städten und Dörfern holländische Juden zusammenzutreiben und sie nach Amsterdam zu bringen, wo ihnen entweder Zwangsarbeit oder Deportation drohte. Der 5. Januar war auch der Tag, an dem zwei alliierten Offizieren, dem Engländer Airey Neave und dem Holländer Tony Luteyn, die Flucht aus dem deutschen Kriegsgefangenenlager Colditz gelang; beide konnten sich wenige Tage später in die Schweiz absetzen. In Gibraltar traf an diesem 5. Januar der aus England kommende Donald Darling ein, der unter dem Decknamen »Sunday« begann, eine Untergrundtransportroute von Südfrankreich über Spanien nach Gibraltar oder Lissabon aufzubauen, auf der entflohene alliierte Kriegsgefangene aus dem deutschen Einflußbereich herausgeschleust werden konnten. Die Route führte über Marseille nach Barcelona und dann weiter nach Gibraltar beziehungsweise Lissabon. Eine große Hilfe für »Sunday« war dabei »Monday«, ein britischer Diplomat namens Michael Creswell, der früher in Berlin akkreditiert gewesen war. Jetzt lebte er in Spanien, fuhr, wann immer es erforderlich war, über die Pyrenäen nach Frankreich, um die Fluchtbewegungen zu koordinieren.

Im besetzten Frankreich nahm der Widerstand zu. Am 7. Januar wurde ein französischer Polizist erschossen, der eine vom deutschen Heer benutzte Garage bewachte. In den Augen vieler Franzosen waren solche politisch motivierten Gewalttaten sinnlos, weil sie zu Repressalien und einer noch strengeren Besatzungspolitik führen konnten. Doch bei denen, die solche Taten begingen, war der Wille, etwas gegen die Unterdrücker zu tun, stärker als Vorsicht und Angst.

Am 7. Januar begannen die deutschen Besatzer in Jugoslawien mit ihrer zweiten Offensive gegen die Partisanen; sie drängten Tito und seine Kämpfer aus Olovo, wohin sie sich vor weniger als sechs Wochen zurückgezogen hatten, ins 80 Kilometer weiter südlich gelegene Foča zurück. Aber trotz dieses erzwungenen und mit schweren Verlusten verbundenen Rückzugs waren die Partisanen entschlossen weiterzukämpfen.

An der Ostfront begann an diesem 7. Januar eine sowjetische Gegenoffensive nördlich von Nowgorod. Ein großer Teil der Gefechte fand in einem zugefrorenen Sumpfgebiet statt. Tausende deutscher Soldaten erlitten schwere Erfrierungen. Amputationen, oft sogar beidseitige, wurden zum alltäglichen Schicksal. Da ein großer Mangel an Wolldecken herrschte, erfroren viele Verwundete sogar noch in den Feldlazaretten. Nachts fielen die Temperaturen auf minus 40 Grad. Nach fünftägiger Schlacht ersuchte der deutsche Befehlshaber, Feldmarschall von Leeb, um die Erlaubnis, seine Truppen aus dem gefährdeten »Frontsack« bei Demjansk zurückziehen zu dürfen. Hitler lehnte dies ab, und bald sahen sich 100000 deutsche Soldaten eingekesselt. Leeb legte sein Kommando nieder; er spielte von da an keine aktive militärische Rolle mehr.

Während die Rote Armee die deutschen Armeen Meter um Meter zurückdrängte, fegten die Japaner ihre Gegner mit massiven Schlägen aus dem Weg. Am 10. Januar zwangen sie die Briten, die malayischen Städte Port Swettenham und Kuala Lumpur zu räumen. Auf den Philippinen wurde die Halbinsel Bataan von den Japanern hart bedrängt, nachdem die Angreifer zuvor Flugblätter abgeworfen hatten, in denen die Verteidiger Bataans zur

Die Ostfront, März 1942

Kapitulation aufgefordert wurden. Auf Holländisch-Borneo setzten die Japaner beträchtliche Kräfte, unterstützt von zwei schweren Kreuzern und acht Zerstörern, in Tarakan ab; 24 Stunden später befand sich die Insel mit ihren Ölfeldern unter japanischer Kontrolle. An diesem 11. Januar wurde außerdem die Stadt Manado im holländischen Teil von Celebes von Fallschirmjägern der japanischen Marine besetzt; sie war ein wichtiger Luftstützpunkt für eine weitere Expansion Richtung Süden. Erst nach der Einnahme Manados wurde den Vertretern Holländisch-Ostindiens die japanische Kriegserklärung zugestellt.

In zügigem Tempo und mit barbarischer Rücksichtslosigkeit gegenüber ihren Kriegsgefangenen arbeiteten sich die japanischen Streitkräfte, gestützt auf ihre mächtige Kriegsflotte, von Insel zu Insel vor. Ein alliierter Soldat, der sich ihnen ergab, konnte in Kriegsgefangenschaft geraten. Es konnte ihm aber ebenso passieren, daß er nach ein paar Stunden Gefangenschaft unter Verstoß gegen alle Regeln des Kriegsrechts mit dem Bajonett niedergemetzelt wurde. Diese Geringschätzung menschlichen Lebens, die so plötzlich über Südostasien hereinbrach, war an der osteuropäischen Kriegsfront schon seit einem halben Jahr an der Tagesordnung – bei der Behandlung russischer Kriegsgefangener durch die Deutschen. Am 12. Januar setzte in Kiew eine wahre Orgie von Erschießungen ein, die über zwölf Tage anhielt und der, wie es in der Ereignismeldung UdSSR Nr. 173 hieß, »104 politische Beamte, 75 Saboteure und Plünderer und rund 8000 Juden« zum Opfer fielen. In Kaunas wurden an diesem 12. Januar 5000 Juden, die zuvor per Bahn aus Deutschland und Österreich in die ehemalige litauische Hauptstadt gebracht worden waren, in die Neunte Festung geführt und erschossen. In Odessa begannen die Deutschen an diesem Tag mit der Deportation von 19582 Juden – in der Mehrzahl Kinder und alte Leute – in ein Konzentrationslager bei Balta. Sie wurden in Viehwaggons transportiert. Diejenigen, die während der Fahrt umkamen – es waren mehrere Dutzend –, wurden auf dem Bahnhof Bereschowka ausgeladen, zu Haufen aufgeschichtet, mit Benzin übergossen und vor den Augen ihrer Angehörigen verbrannt. Wie sich Augenzeugen später erinnerten, befanden sich unter den Verbrannten einige, die noch Lebenszeichen von sich gaben. Mehr als 15000 der Deportierten sollten die nächsten eineinhalb Jahre nicht überleben; die meisten von ihnen starben an Unterernährung, an Erfrierungen, unbehandelten Krankheiten oder wurden Opfer einer der in unregelmäßigen Abständen durchgeführten Massenexekutionen, bei denen jeweils Hunderte auf einmal erschossen wurden.

Im Seekrieg auf dem Atlantik brachte der 12. Januar eine Ausweitung des Kampfgebiets: Das britische Handelsschiff *Cyclops*, das auf der regulären Küstenschiffahrtsroute fuhr, wurde vor der Ostküste der Vereinigten Staaten torpediert. Die Versenkung der *Cyclops* markierte den Beginn des Unternehmens »Paukenschlag«, einer neuen und für die Alliierten katastrophalen Phase des Seekriegs. Die Städte entlang der amerikanischen Ostküste, besonders die Ferien- und Badeorte, waren allesamt hell erleuchtet. Die deutschen U-Boot-Kommandeure machten sich diesen Umstand zunutze; sie blieben tagsüber auf Tauchstation, um dann nach Einbruch der Dunkelheit aufzutauchen und ihre Opfer anzuvisieren, deren Silhouetten sich vor dem Hintergrund der beleuchteten Küstenstädte abhoben. Nun hatte auch der europäische Krieg die Vereinigten Staaten erreicht; aber noch spielte er sich draußen vor der Küste ab, wo die Mehrheit der Bevölkerung ihn nicht zu spüren bekam.

Bis zum Ende des Monats wurden vor der amerikanischen Küste 46 alliierte Handelsschiffe mit einem Volumen beziehungsweise einer Ladung von insgesamt 196243 Tonnen versenkt.

Inzwischen hatten die entsetzten Regierungen der Alliierten konkrete Informationen über die Massenmorde im besetzten Polen und im westlichen Rußland erhalten. Auf diese Weise erfuhren auch die Exilregierungen der Länder, in denen die NS-Mordkommandos am schlimmsten wüteten, von den Untaten der Deutschen. Am 13. Januar unterzeichneten in London die Vertreter neun besetzter Länder eine Erklärung, die die Bestrafung aller an »Kriegsverbrechen« Beteiligten nach Kriegsende ankündigte. Unter den Unterzeichnern waren General Sikorski für Polen und General de Gaulle für Frankreich. Sie erklärten es zu einem ihrer »wichtigsten Kriegsziele«, diejenigen »mit den Mitteln organisierter Rechtsprechung« zu bestrafen, die sich »dieser Verbrechen schuldig gemacht haben oder für sie verantwortlich sind, sei es daß sie sie angeordnet oder begangen oder sich an ihnen beteiligt haben«.

Kein Tag verging, ohne daß Verbrechen an wehrlosen Zivilisten verübt wurden. Am 14. Januar, einen Tag nach der Londoner Deklaration, wurden in dem weißrussischen Dorf Uschatschi 807 Juden an den Rand einer Grube getrieben und erschossen. Als die ersten fünfzig oder hundert von ihnen tödlich verwundet dalagen, kletterten einheimische Bauern, die bei der Exekution zugesehen hatten, in die Grube hinab und machten sich auf der Suche nach Goldfüllungen an den Gebissen der Toten und Sterbenden zu schaffen. Im nahe gelegenen Dorf Kublitschi wurden am selben Tag weitere 925 Juden ermordet; auch hier betätigten sich einheimische Bauern in der Leichengrube als »Goldsucher« ...

Hitlers Gedanken schweiften in dieser Woche von der Lage an der russischen Front ab: »Ich muß etwas für Königsberg tun«, eröffnete er seinen Gästen am 15. Januar. »Ich werde ein Museum errichten, in dem wir alles, was wir in Rußland gefunden haben, ausstellen werden. Ich werde auch ein prachtvolles Opernhaus und eine Bibliothek bauen.« Er kündigte außerdem den Bau eines »neuen germanischen Museums« in Nürnberg und einer nagelneuen Stadt bei Trondheim an der norwegischen Atlantikküste an.

Am 15. Januar erreichten die Japaner den Fuß des nördlichsten Gebirgszugs auf der Halbinsel Bataan. »Verstärkung aus den Vereinigten Staaten ist unterwegs«, versicherte General MacArthur seinen Leuten, die jetzt um ihr Überleben kämpften. Doch dies war nicht der Fall, und es wäre solchen Entsatztruppen auch keineswegs leichtgefallen, auf philippinischem Boden Fuß zu fassen, da die Japaner einen Blockadering um die Bucht von Manila gebildet hatten. Die einzigen Amerikaner, die sich zu diesem Zeitpunkt auf dem Weg zu einem neuen Kriegsschauplatz befanden, waren die 4000 Soldaten der 34. Division von General Russell P. Hartle; sie waren die ersten amerikanischen GIs überhaupt, die britischen Boden betraten. Genau zur selben Zeit kehrte Churchill aus den USA nach Großbritannien zurück. Als das Flugboot, das ihn heimbrachte, sich im Morgengrauen des 17. Januar England näherte, kam es geringfügig vom Kurs ab und fand sich plötzlich in einer Position wieder, die nur noch fünf oder sechs Flugminuten von den deutschen Flakstellungen bei Brest im besetzten Frankreich entfernt war. Der Fehler wurde bemerkt und durch scharfes Abdrehen in Richtung Norden korrigiert; dadurch gewannen freilich die britischen Radarhorchposten den Eindruck, es nähere sich ein aus Brest kommender »feindlicher Bomber«. Sechs Jäger wurden in Marsch gesetzt, um den Eindringling abzuschießen. Churchill meinte später, er habe von Glück sagen können, daß sie nicht fündig wurden.

Weniger Glück hatte am 17. Januar der britische Zerstörer *Matabele,* der einen für Murmansk bestimmten Konvoi eskortierte. Er wurde von einem Torpedo getroffen und sank; 247 Offiziere und Besatzungsmitglieder fanden den Tod.

An der Ostfront verlegte sich die Rote Armee auf eine neue und für die Deutschen außerordentlich folgenschwere Taktik. Am 18. Januar und an den fünf nachfolgenden Tagen setzte sie südöstlich und südwestlich von Wjasma insgesamt 1643 Fallschirmjäger hinter den deutschen Linien ab. Gemeinsam mit dort bereits operierenden Partisaneneinheiten begannen sie Anschläge auf die deutschen Verbindungs- und Nachschublinien zu verüben und zwangen die Wehrmacht damit, beträchtliche Kräfte für die »Bandenbekämpfung« abzustellen. Im mittleren Frontabschnitt verdrängten sowjetische Truppen die Deutschen aus ihren Stellungen bei Moshaisk, was die Gefahr eines direkten Vorstoßes auf Moskau weiter verminderte. Am gleichen Tag meldeten die deutschen Stellen von der weit hinter der Front gelegenen Eisenbahnlinie Minsk–Baranowitschi Angriffe sowjetischer Partisanen auf deutsche Wachposten.

Am 20. Januar trafen sich im Berliner Villenvorort Wannsee ranghohe deutsche Beamte zu einer Besprechung, auf der das Verfahren für die endgültige und vollständige Vernichtung eines möglichst großen Teils des europäischen Judentums festgelegt werden sollte. Unter den von Heydrich zu der Sitzung eingeladenen Behördenvertretern befanden sich der jüngst ernannte Staatssekretär im Reichsjustizministerium, Roland Freisler, und Martin Luther, einer der führenden NS-Köpfe im deutschen Außenministerium, der sich künftig der Aufgabe widmen sollte, die Regierungen der europäischen Staaten zur Mitwirkung an der »Endlösung der Judenfrage« zu bewegen. Als Ziel müsse, so Heydrich, die »Verminderung« der insgesamt elf Millionen auf europäischem Boden lebenden Juden ins Auge gefaßt werden. Um ihrer habhaft zu werden, solle Europa »von Westen nach Osten durchkämmt« werden. Der Vertreter des Generalgouverneurs, Dr. Josef Bühler, erklärte, er habe nur einen Wunsch vorzubringen, nämlich daß »die Judenfrage« im Gebiet des Generalgouvernements »so schnell wie möglich« einer Lösung zugeführt werde. Ein anderer Konferenzteilnehmer, Wilhelm Stuckart, der 1935 an der Ausarbeitung der Nürnberger Rassengesetze mitgearbeitet hatte, durch die die Juden entrechtet und zu Bürgern zweiter Klasse gemacht worden waren, empfahl die »Zwangssterilisierung« aller »Nichtarier« und die Annullierung aller »Mischehen« zwischen jüdischen und nichtjüdischen Partnern. Am Ende sollte sich jedoch für den Umgang mit den Juden die in Chelmno (Kulmhof) mit so großem Erfolg erprobte Methode durchsetzen; dort wurden seit der zweiten Dezemberwoche mehr als tausend Juden pro Tag – und dazu viele Zigeuner, die man zuvor aus ihren Häusern und Dörfern im westlichen Polen geholt hatte – in den Laderaum von Speziallastwagen gepackt und auf der Fahrt von Chelmno in den nahe gelegenen Wald vergiftet. In den Monaten nach der Wannsee-Konferenz wurden in drei weiteren Lagern – Belzec, Sobibor und Treblinka – ähnliche Vergasungslastwagen sowie auch stationäre, mit Dieselmotorabgasen »betriebene« Gaskammern präpariert. Alle diese Lager hatten gemeinsam, daß sie zwar in der Abgeschiedenheit dünnbesiedelter Gebiete lagen, aber einen direkten Eisenbahnanschluß besaßen; fast alle Menschen, die in diese Lager deportiert wurden, um ermordet zu werden, wurden in Zügen transportiert. Nur ein geringer Teil, so viele, wie man als Arbeitskräfte für den Lagerbetrieb selbst benötigte, blieben am Leben. Es fand keine »Selektion« körperlich arbeitsfähiger Männer und Frauen statt, die als Fabrik- oder Landarbeiter hätten Verwendung finden können. Alle, die ankamen – Männer und Knaben, Frauen und Mädchen, Kinder, Alte, Kranke und Gesunde – wurden vergast.

Tod durch Vergasung und andere systematische Tötungsmethoden – dies war die »Endlösung« der Judenfrage, die am Ende den Vorzug vor allen anderen erwogenen »Lösungen« – erzwungene oder geförderte Auswanderung, Arbeitseinsatz oder Liquidierung durch Massenerschießungen – erhielt. Um sicherzustellen, daß diese Endlösung reibungslos abgewickelt würde und daß die Transporte in die Vernichtungslager unter dem Schleier von Täuschung und Geheimhaltung ordentlich und systematisch vonstatten gehen würden, beauftragte Heydrich den bewährten Gestapofunktionär Adolf Eichmann mit der praktischen Umsetzung der Beschlüsse vom Wannsee. Eichmann erinnerte sich später daran, daß man nach Ende der

Konferenz noch »nach Kameradenart zusammengesessen« sei, »nicht um zu fachsimpeln, sondern um sich nach Stunden anstrengender Arbeit zu entspannen«.

An diesem 20. Januar, dem Tag der Wannsee-Konferenz, schlich sich ein junger Jude namens Jakob Grojanowski in das kleine ostpolnische Dorf Grabow. Ihm war es gelungen, aus dem nahe gelegenen Chelmno zu fliehen, wo er dem Arbeitskommando angehört hatte, das die aus den Vergasungslastern geworfenen Leichen hatte begraben müssen. Grojanowski suchte den Rabbi von Grabow auf und sagte zu ihm: »Rabbi, Sie dürfen nicht glauben, daß ich verrückt geworden bin und den Verstand verloren habe. Ich bin ein Jude aus der Unterwelt. Sie ermorden das ganze Volk Israel. Ich habe eigenhändig eine ganze Stadt voller Juden begraben, meine Eltern, Brüder, die ganze Familie.«

Die Meldungen, die am Beginn der dritten Januarwoche von den Kriegsfronten eingingen, waren für die westlichen Alliierten nicht erfreulich. In Singapur wurden am 21. Januar fünf britische Hurricane-Bomber von Zero-Jägern der japanischen Marine abgeschossen. In Nordafrika ging Rommel am 21. Januar in die Offensive, vertrieb die Briten aus Bengasi und drängte sie durch die Wüste in Richtung Tobruk zurück. »Unsere Gegner laufen davon wie von der Tarantel gestochen«, schrieb Rommel tags darauf an seine Frau. Auf den Philippinen wies MacArthur seine auf der Halbinsel Bataan eingeschlossenen Truppen ein weiteres Mal an, sich zurückzuziehen, diesmal von der Linie Mauban–Abucay bis hinter die Straße von Pilar nach Bagac. Doch noch am selben Abend antworteten die Japaner mit einer Reihe von Landungsoperationen südlich von Bagac. In Malaya flogen japanische Bomber einen Angriff auf Singapur, der zahlreiche Opfer forderte und beträchtliche Schäden anrichtete. Als eine australische Einheit bei Parit Sulong auf eine japanische Straßensperre stieß, beschloß sie, sich seitwärts durch Sumpf- und Urwaldgelände zu den britischen Linien durchzuschlagen. Ihre Verwundeten, die sie auf diese Gewalttour nicht mitnehmen konnte, ließ sie an der Straße zurück. Die Männer lagen am Boden, an Bäume gelehnt, »friedlich rauchend, nichts fürchtend«. Nach ihrer Gefangennahme durch die Japaner wurden die verwundeten Männer in eine Hütte in der Nähe geführt und dort mit dem Bajonett oder mit Schüssen erledigt. In Rabaul auf Neuguinea griffen 6000 Japaner eine tausend Mann zählende australische Garnison an, und auch hier wurden die meisten Australier nach ihrer Gefangennahme umgebracht.

Am 23. Januar liefen die Vorbereitungen für japanische Landungsunternehmen in Kieta auf den Salomon-Inseln, in Balikpapan auf Borneo und in Kendari auf Celebes an – ein weiter geographischer Bogen.

Krieg und Widerstand waren die Pole, zwischen denen sich im deutsch besetzten Europa die weitere Entwicklung vollzog. Am 23. Januar führten bei Novi Sad ungarische Soldaten 550 Juden und 292 Serben auf die zugefrorene Donau; anschließend sprengten sie das Eis mit Granaten, und die Juden und Serben versanken im eiskalten Wasser. Am gleichen Tag traf sich in Wilna eine Gruppe junger Juden und beschloß, Sabotageakte gegen deutsche Militäreinrichtungen in ihrer Region zu verüben. Einer von ihnen fragte: »Woher kriegen wir unsere erste Pistole?« Als es Morgen wurde, konnten sie, wie sich ein anderes Mitglied später erinnerte, »zärtlich den gesegneten Stahl unserer ersten Pistole streicheln«.

Mit Widerstand seitens der Juden rechnete Hitler ebensowenig wie mit deren Überleben. Am 23. Januar, drei Tage nachdem auf der Wannsee-Konferenz die Weichen für die Endlösung gestellt worden waren, erklärte Hitler seinem Gefolge im Beisein Himmlers: »Der Jude muß aus Europa heraus. Wir kriegen sonst keine europäische Verständigung.« Falls die Juden dabei

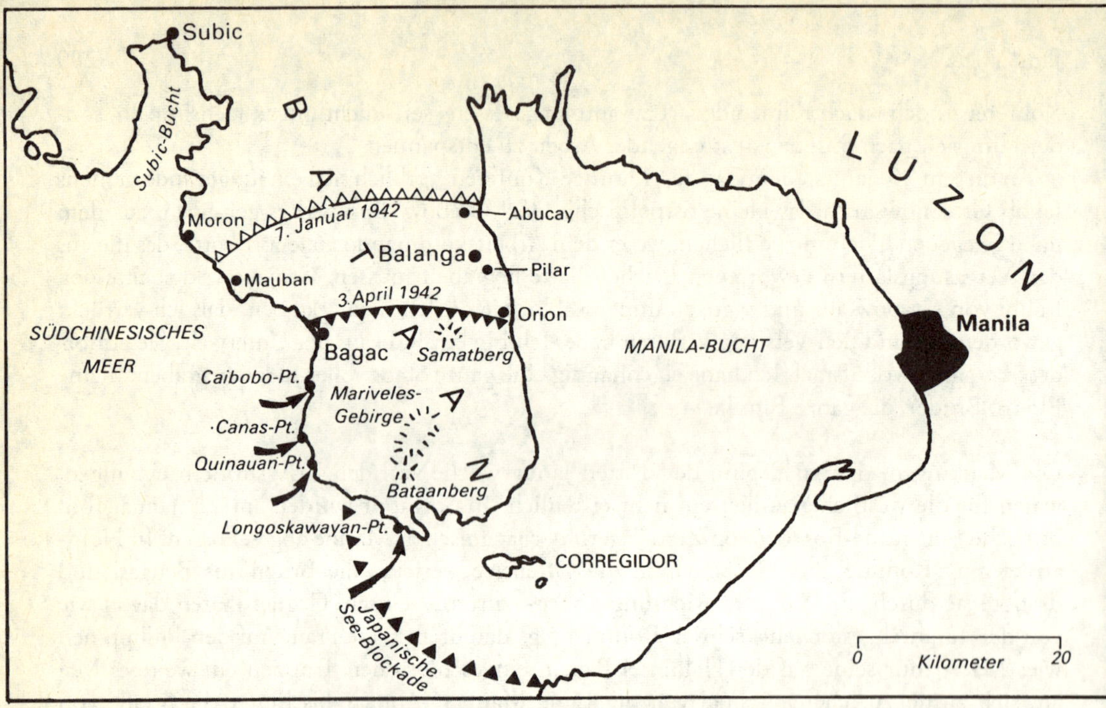

Die Bataan-Halbinsel, Januar – Mai 1942

»kaputt«gingen, so könne er, Hitler, »nicht helfen«. Er sehe »nur eines: die absolute Ausrottung, wenn sie nicht freiwillig gehen«.

Hitler, der womöglich bei einigen seiner Zuhörer Betroffenheit bemerkte, als er das Wort »Ausrottung« aussprach, fügte, wie um alle Mißverständnisse auszuschließen, hinzu: »Warum soll ich einen Juden mit anderen Augen ansehen als einen russischen Gefangenen?«

In den Reihen der russischen Soldaten wußte man inzwischen, daß es den sicheren Tod bedeutete, in deutsche Gefangenschaft zu geraten. Die Soldaten der Roten Armee kannten auch die Wahrheit über die täglichen Morde an sowjetischen Zivilisten in allen Teilen des besetzten Gebietes. Sie kämpften daher mit letztem Einsatz, um die Invasoren zurückzuwerfen, und taten alles, um nicht in Gefangenschaft zu geraten. Am 23. Januar eroberten sie Cholm zurück und bildeten einen fast geschlossenen Belagerungsring um Rschew. Weiter südlich formierten sich sowjetische Truppen zu dem Versuch, bei Isjum die deutschen Verteidigungsstellungen zu überrennen und durch einen anschließenden Vorstoß nach Süden den in Charkow liegenden deutschen Einheiten den Rückweg abzuschneiden.

Auf dem pazifischen Kriegsschauplatz mußten die japanischen Invasionstruppen, die zur Landung in Balikpapan ansetzten, auf einmal feststellen, daß vier amerikanische Zerstörer und eine Gruppen von U-Booten das Feuer auf ihre Truppentransporter eröffneten. Vier der sechzehn japanischen Transportschiffe wurden versenkt. Die Amerikaner erlitten keine Verluste. Dies war der erste Sieg, den die US-Marine in diesem Krieg errang, doch an der Besetzung

Balikpapans vermochte er nichts mehr zu ändern. Am gleichen Tag, dem 24. Januar, unternahmen Teile der japanischen Kräfte, die bereits die nördliche Hälfte der Halbinsel Bataan beherrschten, eine Landung bei dem südlich von der amerikanischen Abwehrlinie gelegenen Point Longoskawayan. General MacArthur ließ Washington wissen, daß nunmehr »alle taktischen Möglichkeiten« erschöpft seien, und fügte hinzu: »Ich habe die Absicht, es bis zum vollständigen Untergang auszukämpfen.« Für die Soldaten verbarg sich hinter solchen heroischen Worten eine bedrückende Perspektive, die sie in einem typisch landserhaften, prägnanten Vers zum Ausdruck brachten:

»We're the battling bastards of Bataan:
No mama, no papa, no Uncle Sam,
No aunts, no uncles, no nephews, no nieces,
No rifles, no planes or artillery pieces,
And nobody gives a damn.«

Den 25. Januar über setzten die amerikanischen und philippinischen Einheiten auf Bataan ihren Rückzug nach Süden fort; sie erreichten ihr Ziel, die Straße Pilar–Bagac, am darauffolgenden Tag. Aber die Japaner gönnten ihnen keine Atempause. Innerhalb von 24 Stunden schlossen sie zu ihnen auf und setzten sie von neuem unter Druck. Der dichte Urwald erschwerte die Anwendung gewohnter Verteidigungsmaßnahmen, obgleich der Berg Samat und die hinter ihm aufragenden Mariveles-Berge mit ihren bis zu 1420 Meter hohen Gipfeln gute Beobachtungsposten darstellten. Die Zeit arbeitete jedoch gegen die Verteidiger, denn die Japaner hielten sie nicht nur durch Luftangriffe in Atem, sondern schafften es auch durch den geschickten Einsatz von Landungsbooten, von der Subic-Bay und von Moron aus Kommandoeinheiten bei Point Caibobo südlich von Bagac abzusetzen und damit der amerikanischen Verteidigungslinie in den Rücken zu fallen. Die Amerikaner jedoch versuchten mit großer Zähigkeit, diese Landungsoperationen abzuwehren. Der japanische Stoßtrupp erlitt empfindliche Verluste, als er von einem amerikanischen Patrouillenboot angegriffen wurde. Zwei weitere japanische Landungsversuche, die weiter südlich bei Point Canas und Point Quinauan durchgeführt wurden, wurden erfolgreich abgewehrt. Daraufhin gaben die Japaner die Hoffnung auf eine rasche Eroberung ganz Bataans auf und zogen sich zwischen Bagac und Orion sogar ein wenig zurück, um eine eigene, eher defensive Lauerstellung zu beziehen und auf die Verstärkungen zu warten, die sie aus Manila angefordert hatten. Die japanische Einsatzleitung auf den Philippinen richtete an Tokio das dringende Ersuchen, ihr zusätzliche Truppen von außerhalb der Philippinen zuzuführen.

Am 25. Januar landeten japanische Truppen in Lae auf Neuguinea. In Europa trafen unterdessen weitere amerikanische Truppeneinheiten ein, um sich früher oder später ins europäische Kriegsgeschehen einzuschalten. Am 26. Januar gingen gegen den heftigen Protest des irischen Premierministers, Eamon de Valera, die ersten US-Soldaten in Nordirland an Land. Erst zweieinhalb Jahre später sollten diese Einheiten den Boden des europäischen Festlands betreten.

Am 26. Januar mußten in Ruma im besetzten Jugoslawien mehrere hundert jüdische Frauen und Kinder einen Fußmarsch durch Schnee und Eis ins 100 Kilometer entfernte Zemun antreten. »Der weiße Tod hielt Ernte«, erinnerte sich ein Augenzeuge später. »Kinder erfroren in den Armen ihrer Mütter, die sie an ihrem Körper warm zu halten versuchten. Mütter verscharrten ihre erfrorenen Kinder rasch im Schnee und hofften, andere würden ihnen im Frühjahr ein richtiges Grab schaufeln. Die Frau von Kurt Hilkovec verlor auf diesem Marsch ihre drei Kinder. Das jüngste, das in Šabac geboren worden war, erfror in ihren Armen.« Ziel dieses

Schreckensmarsches war das Konzentrationslager Sajmiste. Dort wurden im Mai die Überlebenden der winterlichen Tortur fast ausnahmslos getötet.

Am zweiten Tag des Todesmarsches nach Zemun ließ Hitler sich gegenüber seinen Gästen erneut über die Juden aus. »Der Jude muß aus Europa hinaus«, bramarbasierte er. »Am besten, sie gehen nach Rußland. Ich habe kein Mitleid mit den Juden. Sie werden immer ein Element bleiben, das die Völker gegeneinander hetzt.« Hitler fügte hinzu: »Aus der Schweiz und aus Schweden müssen sie herausgenommen werden. Dort wo sie wenige sind, sind sie am gefährlichsten.« 5000 Juden könnten in kurzer Zeit in allen bedeutenden Positionen Schwedens sein. Es sei »klar«, daß es nicht genüge, die Juden aus Deutschland hinauszuwerfen. Man dürfe nicht zulassen, daß sie sich in sichere Bastionen vor der Tür Deutschlands zurückzögen. Man müsse jegliche Unterwanderungsgefahr bannen. Am selben Tag äußerte General Eisenhower in einem Tagebucheintrag sein Unbehagen über die amerikanische Politik, »unser Zeug tröpfchenweise über die ganze Welt zu streuen, so daß bei keinem Krieg genug davon ankommt«. Seiner Überzeugung nach müsse der Krieg »in Europa gewonnen« werden.

In Europa folgte weiterhin Schlag auf Schlag. Am 28. Januar wurden in Feodossija auf der Krim 36 russische Partisanen festgenommen und getötet. In Dschankoi verhaftete die Gestapo 141 »verdächtige Personen«. »76 sind nach dem Verhör bereits erschossen worden«, vermerkte der neun Tage später erstellte Bericht.

Im Fernen Osten landeten am 28. Januar japanische Soldaten auf der östlich von Neuguinea gelegenen Insel Russell. Die Bedrohung für Australien wurde in zunehmender Weise virulent. In Nordafrika besetzten die Truppen Rommels am 29. Januar Bengasi. Aufs neue schien Ägypten bedroht. Aber gute und schlechte Nachrichten hielten sich nun immer mehr die Waage. Am 29. Januar gelang es den eingeschlossenen amerikanischen und philippinischen Einheiten von Bataan, den japanischen Brückenkopf bei Point Longoskawayan zu eliminieren. An der Ostfront fügten russische Kräfte den Deutschen südwestlich von Kaluga schwere Verluste zu und eroberten Suchinitschi zurück. Am gleichen Tag schlossen Großbritannien und die Sowjetunion einen Bündnispakt mit dem Iran; er sah vor, daß britische und sowjetische Truppen bis sechs Monate nach Kriegsende im Iran stationiert bleiben sollten. Der unter gemeinsame englisch-sowjetische Kontrolle gestellte »persische Korridor« sollte zur wichtigsten Nachschubroute für die westlichen Rüstungslieferungen an die Sowjetunion werden. Der Schah von Persien verpflichtete sich, »in seinen Beziehungen zu dritten Ländern keine dem Geist des Bündnisses widersprechende Haltung einzunehmen«.

Am 30. Januar feierte Hitler den neunten Jahrestag seiner »Machtergreifung« in Deutschland. Vor einer begeisterten Menge im vollbesetzten Berliner Sportpalast erklärte er, »daß dieser Krieg nicht so ausgehen wird, wie es sich die Juden vorstellen, nämlich daß die europäisch-arischen Völker ausgerottet werden, sondern das Ergebnis dieses Krieges die Vernichtung des Judentums sein wird«. Es werde die Stunde kommen, drohte Hitler, »da der böseste Weltfeind aller Zeiten wenigstens auf ein Jahrtausend seine Rolle ausgespielt haben wird«. Am folgenden Tag verzeichnete die Ereignismeldung UdSSR Nr. 170 für die zurückliegenden sechs Tage folgende Ereignisse: »[Auf der Krim wurden] 3601 Personen erschossen: 3286 von ihnen waren Juden, 152 Kommunisten und NKWD-Agenten, 84 Partisanen sowie 79 Plünderer, Saboteure und asoziale Elemente. Insgesamt bis heute 85201.«

An diesem 31. Januar wurde in Leningrad die Zahl der seit Beginn der Belagerung knapp fünf Monate zuvor an Hunger und Kälte Gestorbenen auf mehr als 200000 beziffert.

Ein Strahl der Hoffnung leuchtete für die Leningrader vom Ufer des Ladoga-Sees her. Es war gelungen, die Fahrzeit über den See, die im ungünstigsten Fall – etwa bei Schneesturm – sieben Stunden betragen konnte, auf zweieinhalb, manchmal sogar zwei Stunden zu senken. In den drei Wochen nach dem 22. Januar, dem Tag, an dem die kürzere Route erstmals passierbar war, wurden insgesamt 454186 Personen, darunter 35713 verwundete Soldaten, aus Leningrad evakuiert. Unter den Truppen der Achsenmächte, die in diesem Winter vor Leningrad der Roten Armee gegenüberstanden, war eine rund tausend Mann umfassende Einheit der holländischen Freiwilligenlegion. Über ein Jahr dauerte der Fronteinsatz dieser Holländer, die mit kompletter eigener Rotkreuz-Abteilung und einer aus fünfzig Fotografen und Kameraleuten bestehenden Propagandakompanie angerückt waren.

Hinter den Linien der deutschen Ostfront taten sowjetische Partisanen ihr Möglichstes, um Sand ins Getriebe des deutschen Militärapparats zu streuen. In einem deutschen Lagebericht vom 31. Januar hieß es, im Gebiet Jelnja-Dorogobusch gewinne »die Partisanenbewegung die Oberhand«. Nicht genug damit, daß es täglich zu Anschlägen und Angriffen komme – die Partisanen hätten bei Jelnja angeblich sogar ein eigenes Feldlazarett errichtet.

Am letzten Januartag des Jahres 1942 zogen sich die letzten britischen Truppeneinheiten vom malayischen Festland auf die Insel Singapur zurück, wo nun britische, australische, indische, kanadische und malayische Truppen auf den Angriff der Japaner warteten. Der Granatenbeschuß setzte auch prompt ein. Wie zuvor in Bataan, hatte nun auch in Singapur eine Belagerung begonnen, bei der die japanische Überlegenheit an Soldaten und Feuerwaffen nichts Gutes verhieß. Doch 4500 Kilometer östlich von Bataan, in der Südsee, starteten amerikanische Flugzeugträger zu diesem Zeitpunkt ihre erste Angriffsoperation in diesem Krieg: Sie flogen Luftangriffe auf die japanischen Stützpunkte Kwajalein, Wotje und Maleolap auf den Marshallinseln. Der Flugzeugträger *Enterprise* wurde im Verlauf der Operation durch einen japanischen Torpedobomber beschädigt, sank aber nicht.

Auf Holländisch-Timor entkamen mehrere hundert australische Soldaten in den Busch, nachdem ihre Befehlshaber kapituliert hatten. Aus dem Dschungel heraus lieferten diese Kommandos den Japanern einen Kleinkrieg, der über elf Monate anhielt; danach gelang es, sie zu evakuieren. Im Verlauf dieser elf Monate töteten sie 1500 Japaner, während sie selbst nur vierzig Mann verloren. Auf diejenigen Australier, die sich ergeben hatten, wartete ein fürchterliches Schicksal: Zehn von ihnen, die am 1. Februar in Sowacoad auf der Insel Amboina in Gefangenschaft gerieten, wurden mit dem Bajonett niedergemetzelt. Der japanische Befehlshaber rechtfertigte dies damit, daß diese Gefangenen für die japanischen Truppen auf ihrem weiteren Vormarsch über die Insel ein Klotz am Bein zu werden drohten. Aber auch an anderen Stellen der Insel kam es zu ähnlichen barbarischen Greueltaten: Als der Haupthafen von Amboina von den Japanern überrannt wurde und seine kleine, aus 809 Australiern bestehende Garnison sich ergab, überlebten 426 von ihnen die anschließende Gefangenschaft nicht. Viele starben unter den Bajonetten der Japaner, andere an den Folgen von Folterungen oder an Unterernährung. Am 4. Februar wurden nochmals dreißig australische Kriegsgefangene nach Sowacoad gebracht und von japanischen Bajonetten niedergemäht oder enthauptet. »Sie wurden einzeln zu der Stelle geführt, wo sie sterben sollten«, erinnerte sich ihr »Scharfrichter«, Leutnant Nakagawa, später, »und mußten sich mit verbundenen Augen niederknien.« Von den Männern Nakagawas trat dann »jeder einzeln, wenn die Reihe an ihm war, hervor, um einen Kriegsgefangenen entweder mit dem Schwert zu enthaupten oder ihm ein Bajonett durch die Brust zu stoßen«.

Am 5. Februar wurden auf diese oder ähnliche Weise weitere dreißig australische und holländische Kriegsgefangene ermordet. Bei Rabaul waren am Tag zuvor 150 australische Kriegsgefangene massakriert worden.

Am 1. Februar waren im deutsch besetzten Rußland die letzten 38 noch übriggebliebenen Juden und Zigeuner des Städtchens Loknja umgebracht worden; drei Tage später ereilte die hundert Juden von Rakow bei Minsk dasselbe Schicksal.

Am 1. Februar mußte der britische Nachrichtendienst den bittersten Rückschlag des ganzen Krieges hinnehmen: Das deutsche U-Boot-Oberkommando nahm im Zuge eines internen Sicherheitsprogramms eine Änderung an seiner Enigma-Verschlüsselungsmaschine vor, die zur Folge hatte, daß von da an und für den ganzen Rest des Jahres die codierten Botschaften für die britischen Spezialisten nicht entschlüsselbar waren. Gleichzeitig war es dem deutschen Marinenachrichtendienst gelungen, diejenigen britischen Codes zu knacken, mit denen der größte Teil des auf das alliierte Konvoisystem im Nordatlantik bezogenen Funksprechverkehrs verschlüsselt wurde. Im Krieg der Ver- und Entschlüsselungsspezialisten wechselten die Trümpfe unvermittelt und mit schwerwiegenden Folgen auf die deutsche Seite. Andererseits wurden im Laufe dieses Februar zwei weitere deutsche Enigma-Schlüssel geknackt: »GGG«, der für den geheimdienstlichen Funkverkehr zwischen Berlin und deutschen Stellungen in der Gegend um Gibraltar benutzte Code, und »Orange 11«, der Schlüssel für die Funkbotschaften zwischen Berlin und den Verbänden der Waffen-SS, die als reguläre Hilfstruppen der deutschen Wehrmacht an der Ostfront kämpften.

Wie alle der Roten Armee an der Front gegenüberstehenden oder hinter den russischen Linien operierenden deutschen Einheiten erlebten diese kämpfenden SS-Formationen im Februar 1942 ein beträchtliches Anwachsen der Partisanentätigkeit. »Da wir keine durchgehende Frontlinie haben«, hieß es in einem Lagebericht des Heeres vom 1. Februar, »ist Verkehr jeder Art von der sowjetischen Seite und zurück möglich, und diese Übergangsmöglichkeiten werden auch ausgiebig genutzt. Neue Partisanenbanden sind eingesickert. Russische Fallschirmjäger werden abgesetzt und übernehmen die Führung.« Im Februar 1942 erhielt die Zweite Leningrader Partisanenbrigade per Fallschirmabwurf eine Druckmaschine der Marke Boston, auf der sie nun ihre eigene Zeitung, den *Rächer des Volkes,* drucken konnte.

Racheakte waren im Osten zu einem fast alltäglichen Ereignis geworden. »Wir legten in dem Dorf Bereski einen »Hinterhalt«, hielt der achtzehnjährige Partisan Wjatscheslaw Balakin am 4. Februar in seinem Tagebuch fest. »Wir erschossen kaltblütig drei Deutsche. Ich verwundete einen. Einer wurde lebend gefangengenommen. Ich erbeutete ein Feuerzeug, einen Goldring, einen Füllfederhalter, zwei Pfeifen, Tabak, einen Kamm. Moral ›gut‹.«

Fünf Tage später liquidierte Balakins Partisanentruppe einen »Verräter«. Am Abend dieses Tages schrieb Balakin nieder: »Ich mußte dasselbe mit seiner Frau tun. Es tut uns leid, daß sie drei Kinder hinterläßt. Aber Krieg ist Krieg!!! Verrätern gegenüber sind menschliche Erwägungen nicht angebracht.« Noch am gleichen Abend traf in der Region eine deutsche »Strafexpedition« ein. Balakin und seine Gefährten entkamen, aber zwei russische Bauern wurden getötet.

Wie die 164. Ereignismeldung UdSSR am 4. Februar meldete, waren bei Kiew sechzig Russen, darunter einige Partisanen, erschossen worden. Fünf Tage später lief die deutsche Operation »Malaria« an, eine Offensive gegen im Gebiet von Ossipowitschi operierende sowjetische Partisanen. In diesen rückwärtigen Gebieten kursierte unter den deutschen Einheiten, die mit der Partisanenbekämpfung beauftragt waren, ein unsentimentales Liedchen:

Vorne Russen,
hinten Russen,
und dazwischen
wird geschossen.

Noch an einem anderen Kriegsschauplatz machte sich eine zunehmende Partisanentätigkeit gegen die Deutschen bemerkbar: in Jugoslawien. Am 5. Februar wurde bei Sarajevo ein britisches Fallschirmkommando abgesetzt, das den Auftrag hatte, sich mit jüngst dorthin verlegten Partisaneneinheiten zusammenzutun.

In der südrussischen Stadt Dnjepropetrowsk waren einem in Berlin angefertigten Lagebericht zufolge in den vier Wochen bis zum 6. Februar siebzehn »Gewohnheitsverbrecher«, 103 kommunistische Funktionäre, sechzehn Partisanen und rund 350 Juden »standrechtlich erschossen« worden. Darüber hinaus hatte die SS 400 Insassen der Nervenklinik von Igren »erledigt«. Insgesamt waren damit 1206 Personen ermordet worden.

Aus Litauen meldete der dortige Gestapochef, SS-Standartenführer Karl Jäger, zum gleichen Zeitpunkt nach Berlin, seine Einsatzgruppe habe in den vorangegangenen sieben Monaten 138272 Juden, darunter 34464 Kinder, getötet. Zu ihren weiteren Opfern gehörten nach Jägers präzisen Angaben 1064 russische Kommunisten, 56 sowjetische Partisanen, 44 Polen, 28 russische Kriegsgefangene, fünf Zigeuner und ein Armenier.

Am 6. Februar wurden in der polnischen Stadt Sierpc 500 Juden aus ihren Häusern geholt und auf dem Marsch in den Nachbarort Mława mit Schüssen getötet. In Warschau starben in diesem Februar 4618 Juden an Unterernährung. Aus dem Dorf Sompolno wurden tausend Juden nach Chelmno überführt und vergast.

In diesen Vergasungen sahen gewisse fanatische Nazis eine potentielle Quelle »wissenschaftlicher« Erkenntnis. Mit Datum vom 9. Februar schrieb der deutsche Anthropologe und Chirurg August Hirt, der Leiter des erst vor kurzem eingerichteten Anatomischen Instituts der Universität Straßburg, an Heinrich Himmler: Bei »den jüdisch-bolschewistischen Kommissaren, die ein widerliches, aber charakteristisches Untermenschentum verkörpern, haben wir die Möglichkeit, ein greifbares wissenschaftliches Dokument zu erwerben, indem wir ihre Schädel sichern ... Die praktische Durchführung der reibungslosen Beschaffung und Sicherstellung dieses Schädelmaterials geschieht am zweckmäßigsten in Form einer Anweisung an die Wehrmacht, sämtliche jüdisch-bolschewistischen Kommissare in Zukunft lebend sofort der Feldpolizei zu übergeben ... Nach dem danach herbeigeführten Tode des Juden, dessen Kopf nicht verletzt werden darf, trennt er den Kopf vom Rumpf und sendet ihn, in eine Konservierungsflüssigkeit gebettet, in eigens zu diesem Zwecke geschaffenen und gut verschließbaren Blechbehältern zum Bestimmungsort.«

Himmler erteilte Hirt die notwendigen Genehmigungen. Dieser erhielt in der Folge die Schädel von mehr als hundert ermordeten Juden und benutzte sie für seine medizinische »Forschungsarbeit«. Mehr als ein Jahr später erhielt Adolf Eichmann die Mitteilung, daß insgesamt 115 Personen zu dem Zweck getötet worden waren, ihre Skelette zu präparieren: 79 Juden, dreißig Jüdinnen, vier Russen aus Mittelasien und zwei Polen.

In dem Bemühen, die deutsche Rüstungsproduktion zu zentralisieren und auf Trab zu bringen, hatte der Reichsminister für Munition und Bewaffnung, Fritz Todt, für den 6. Februar zur konstituierenden Sitzung eines Ausschusses eingeladen, der unter seinem Vorsitz die Voraussetzungen für eine bessere Koordination zwischen sämtlichen an der Entwicklung, Produktion und Beschaffung von Rüstungsgütern beteiligten Ministerien schaffen sollte. Am Tag nach der Konferenz flog er nach Rastenburg, um Hitler mitzuteilen, was man beschlossen hatte: eine Steigerung der deutschen Rüstungsproduktion um 55 Prozent. Am 8. Februar wollte Todt aus Rastenburg nach Berlin zurückfliegen. Sein Flugzeug zerschellte beim Start, und er kam ums Leben. Hitler war sehr erschüttert über den Tod des Mannes, der ihm so gute Dienste geleistet und dessen Organisation (O. T.) Hunderttausende von Sklavenarbeitern für das Reich verfügbar gemacht hatte. Noch in derselben Woche wurde Hitlers Leibarchitekt, der sechsunddreißigjährige Albert Speer, zum Nachfolger Todts ernannt. Auch er fand nichts dabei, die Arbeitskraft von Franzosen, Holländern, Dänen, Belgiern, Polen und den Angehörigen eines weiteren Dutzends unterjochter Völker auszubeuten. Zum Gedenken an Todt wurde eine mächtige, von massiven Betontürmen geschützte Küstenartilleriestellung, die die Großadmirale Raeder und Dönitz am 10. Februar bei Haringszelles an der Kanalküste einweihten, auf den Namen »Batterie Todt« getauft.

In Nordafrika hatte das deutsche Afrikakorps die Briten unterdessen weiter Richtung Ägypten zurückgedrängt. »Wir haben die Cyrenaica wieder«, schrieb Rommel am 4. Februar an seine Frau. »Es ging wie ein geölter Blitz.« In Fernost wurde ein Truppentransportkonvoi mit für Singapur bestimmten indischen Einheiten von den Japanern aus der Luft angegriffen; das langsamste Schiff des Konvois, die *Empress of Asia,* wurde versenkt. Die meisten ihrer Passagiere konnten gerettet werden, doch fast alle ihre Waffen und Ausrüstungsgegenstände gingen verloren. An diesem Tag eröffneten die Japaner mit schwerer Artillerie das Feuer auf die Stellungen der Verteidiger Singapurs. Die Stadt werde bis zum letzten Mann Widerstand leisten, erklärte General Percival am 7. Februar.

Am 8. Februar schifften sich an der Küste Malayas 5000 Japaner ein, um über die Johore-Meerenge auf die Insel Singapur überzusetzen. Sieben Tage lang wehrten sich die britischen Verteidiger Singapurs gegen einen zahlenmäßig überlegenen und besser bewaffneten Gegner. Flugblätter, die die Japaner am 11. Februar über der Stadt abwarfen und in denen sie zur Kapitulation aufforderten, fanden keinerlei Beachtung. Während die Verteidiger Singapurs sich in ihrem hartnäckigen Widerstand nicht beirren ließen, starteten auf der anderen Seite des Globus die Deutschen ihre Operation »Cerberus«: den Durchbruch eines Dreierkonvois, bestehend aus den Schlachtkreuzern *Scharnhorst* und *Gneisenau* sowie dem schweren Kreuzer *Prinz Eugen,* von Brest durch den Ärmelkanal in die Nordsee. Die britische Öffentlichkeit war deprimiert über diesen beherzten »Kanalsprint«, wie er bald genannt wurde, und über den Verlust von zehn der veralteten torpedotragenden Flugzeuge, die losgeschickt worden waren, um die Kriegsschiffe abzufangen. Aber im engen Kreis der in die britische Kriegspolitik Eingeweihten wurde kurz darauf mit Genugtuung registriert, daß sowohl die *Gneisenau* als auch die *Scharnhorst,* wie aus deutschen Enigma-Botschaften hervorging, beim »Kanalsprint« beschädigt worden waren – durch Minen, die die Engländer gelegt hatten, da sie dank der von ihnen entschlüsselten Enigma-Botschaften über die von den Deutschen gewählte Fahrtroute Bescheid wußten. »Das wird sie für mindestens sechs Monate aus dem Verkehr ziehen«, teilte Churchill dem US-Präsidenten mit. In dieser Zeit würden »unsere beiden Flotten bedeutsamen Zuwachs an Stärke erhalten«.

Freilich zeugten vorläufig die täglichen Meldungen von den Kriegsschauplätzen nicht von der Stärke, sondern von der Schwäche der Alliierten. Am 13. Februar konnten die Japaner den wichtigsten Trumpf der Verteidiger Singapurs ausschalten: ihre mächtigen Küstenschutzbatterien mit den massiven 15-Zoll-Geschützen. Im Südosten Borneos besetzten sie den Hafen von Bandjermasin. Am 14. Februar landeten japanische Fallschirmjäger in Palembang auf Sumatra. Tags darauf ergab sich Singapur: 32000 indische, 16000 britische und 14000 australische Soldaten gerieten in Gefangenschaft. Mehr als die Hälfte von ihnen sollten diese Gefangenschaft nicht überleben.

Der Verlust Singapurs – für die Briten das »Gibraltar des Ostens« – schmälerte die Aussichten auf einen erfolgreichen britischen Widerstand gegen die japanische Expansion erheblich und war auch ein schwerer Schlag für die britische Kampfmoral.

»Jetzt ist der Augenblick gekommen«, schärfte Churchill der britischen Bevölkerung am 15. Februar in einer Rundfunkrede ein, »um jene Ruhe und jenen Gleichmut, gepaart mit grimmiger Entschlossenheit, zu bewahren, die uns vor nicht so langer Zeit geholfen haben, uns aus den Fängen des Todes zu befreien.« Die »einzige wirkliche Gefahr«, mahnte Churchill, würde in einer »Schwächung unseres Willens und daher unserer Einigkeit liegen – das ist das todeswürdige Verbrechen«. Wer immer sich dieses Verbrechens schuldig mache oder andere in dieser Richtung beeinflusse, hätte es verdient, daß ihm »ein Mühlstein um den Hals gehängt und er ins Meer geworfen würde«.

Churchill beschwor seine Zuhörer, nicht zu verzagen. »Wir müssen daran denken«, erklärte er, »daß wir nicht mehr allein sind. Wir befinden uns in bester Gesellschaft. Drei Viertel der Menschheit stehen heute auf unserer Seite. Vielleicht hängt die ganze Zukunft der Menschheit von unserem Verhalten und unseren Taten ab.« Bis jetzt, setzte Churchill hinzu, »haben wir nicht versagt. Wir werden auch künftig nicht versagen. Marschieren wir entschlossen gemeinsam dem Sturm entgegen und durch ihn hindurch.«

KAPITEL 23

Krieg weltweit

Frühjahr 1942

Am 14. Februar 1942, einen Tag bevor Singapur sich den Japanern ergab, nahm Hitler in Berlin am Begräbnis Fritz Todts teil. Nach seinen Äußerungen in einer persönlichen Unterredung mit Goebbels zu schließen, kreisten seine Gedanken an diesem Tag um die noch lebenden europäischen Juden. »Der Führer gibt noch einmal seiner Meinung Ausdruck, daß er entschlossen ist, rücksichtslos mit den Juden in Europa aufzuräumen«, notierte Goebbels in sein Tagebuch. »Hier darf man keine sentimentalen Anwandlungen haben.« Die Juden hätten »die Katastrophe, die sie heute erleben, verdient. Sie werden mit der Vernichtung unserer Feinde auch ihre eigene Vernichtung erleben. Wir müssen diesen Prozeß mit einer kalten Rücksichtslosigkeit beschleunigen.« In Simferopol auf der Krim hatte diese »kalte Rücksichtslosigkeit« nach Angaben der Ereignismeldung UdSSR Nr. 170 ihren Niederschlag in der Ermordung von zehntausend Juden zwischen dem 9. Januar und dem 15. Februar gefunden.

Am 15. Februar ermahnte Hitler in Berlin den Kadernachwuchs der SS, sich der »roten Flut entgegenzustemmen und die Zivilisation zu retten«. In einem zwölftägigen Zeitraum, beginnend am 16. Februar, wurden im Rahmen weiterer Massentötungen auf der Krim nach amtlichen Angaben aus Berlin 1515 Personen liquidiert. Darunter befanden sich »729 Juden, 271 Kommunisten, 74 Partisanen, 421 Zigeuner und asoziale Elemente und Saboteure«.

Auch im Fernen Osten war dies eine Zeit grauenvoller Blutbäder. Am 16. Februar ergaben sich an der Küste Malayas 65 Krankenschwestern des australischen Heeres und 25 englische Soldaten den Japanern. Die Soldaten wurden an den Strand geführt und durch Bajonettstiche und Schüsse getötet; nur zwei überlebten. Den Schwestern wurde befohlen, ins Meer hinauszuwaten; als sie ein Stück weit gegangen waren, eröffneten die Japaner aus Maschinengewehren das Feuer auf sie. Nur eine der Schwestern, Vivien Bullwinkel, kam mit dem Leben davon. Zwei Tage später wurde in Singapur ein erstes Kontingent von fünftausend chinesischen Zivilisten verhaftet, bei denen es sich in der Mehrheit um namhafte Persönlichkeiten der chinesischen Bevölkerungsgruppe der Inselstadt handelte. Zwei Wochen später waren alle tot. Viele waren mit auf dem Rücken gefesselten Händen enthauptet worden.

Am 16. Februar wurden fünf der größten deutschen U-Boote, von denen jedes 1000 Tonnen wog, auf die Reise über den Atlantik in die Karibikzone geschickt. Ihr Auftrag lautete, zwischen Trinidad und New York alliierte Handelsschiffe zu attackieren. Auch diesmal wieder konnten die Deutschen die dunklen Schiffskörper als Silhouetten vor dem hellerleuchteten Hintergrund der noch immer nicht verdunkelten Badeorte der amerikanischen Atlantikküste ausmachen und anvisieren, so daß es fast so leicht wie beim Übungsschießen war, sie zu treffen.

An der Ostfront drängte die Rote Armee in schweren Kämpfen die Deutschen bei Rschew zurück; eine neue, am 17. Februar anlaufende Offensive sollte hier den Durchbruch bringen. Während Panzerverbände frontal gegen die deutschen Stellungen vorstießen, wurden

7373 Rotarmisten per Fallschirm hinter den deutschen Linien abgesetzt. Wegen Nebels landete mehr als ein Viertel der Sowjets direkt in den deutschen Stellungen und wurde gefangengenommen. Den Deutschen gelang es trotz schwerer Verluste und Temperaturen von bis zu 52 Grad minus, die Front zu halten. Von den ursprünglich 2000 Soldaten eines Waffen-SS-Regiments waren nach der Schlacht nur noch 35 übrig.

Um für die in immer größerer Zahl nach Hause geschickten deutschen Verwundeten von der Ostfront Platz zu schaffen, wurden die noch in Betrieb befindlichen Nervenkliniken und Heilanstalten im Reich von ihren Patienten »freigeräumt«. Die Methode, mit der dies geschah, war die Euthanasie: der »Gnadentod« durch Vergasung oder durch tödlich wirkende Spritzen. Der britischen Regierung ging am 19. Februar aus Schweden ein Bericht zu, der diese Vorgänge beleuchtete; der Absender war ein führender schwedischer Euthanasieexperte, der vor kurzem von einer Deutschlandreise zurückgekehrt war. Er erwähnte eine Anstalt, in der »1200 Personen durch Gift beseitigt worden waren«.

Auf dem fernöstlichen Kriegsschauplatz griffen an diesem 19. Februar japanische Bomber die australische Hafenstadt Darwin an. Alle siebzehn im Hafen von Darwin liegenden Schiffe, unter ihnen auch der amerikanische Zerstörer *Peary*, wurden versenkt. In der Luftschlacht über dem Hafen wurden 22 australische und amerikanische Flugzeuge abgeschossen, während die Japaner nur fünf ihrer Maschinen verloren. Auf alliierter Seite waren 240 Tote zu beklagen. Als Vergeltung für diesen Angriff stiegen amerikanische Fliegerstaffeln von Flugzeugträgern auf und bombardierten die Inseln Wake und Marcus.

Auf der Insel Amboina ordnete Leutnant Nakagawa am 20. Februar die Hinrichtung von weiteren 120 australischen Kriegsgefangenen an. Sie alle mußten sich hinknien, nachdem man ihnen die Augen verbunden hatte, und wurden dann entweder mit dem Schwert oder mit dem Bajonett getötet. »Die ganze Sache dauerte von 18 bis 21.30 Uhr«, erinnerte Nakagawa sich später. »Die meisten Leichen wurden in einem Loch vergraben, aber weil das Loch sich als nicht groß genug erwies, um alle Leichen zu fassen, wurde auch ein nahe gelegener Graben als Grab benutzt.«

Am 20. Februar verließ der philippinische Staatspräsident Quezon an Bord eines amerikanischen U-Boots die Hauptinsel Luzon. Einen Tag später befahl Präsident Roosevelt General MacArthur, die Philippinen zu verlassen und sein Hauptquartier nach Australien zu verlegen. Am 23. Februar zog das alliierte Hauptquartier von Java ebenfalls nach Australien um.

Am gleichen Tag flogen sechs amerikanische Bomber einen Angriff auf die japanischen Besatzungstruppen in Rabaul. Dies war der zweite amerikanische Luftangriff auf japanisch besetztes Territorium. »Wir Amerikaner sind gezwungen worden, Boden preiszugeben«, erklärte Roosevelt am 23. Februar, »aber wir werden ihn wiedergewinnen. Wir und der Rest der Vereinten Nationen sind zur Zerschlagung des japanischen und deutschen Militarismus entschlossen. Wir steigern unsere Kräfte von Tag zu Tag. Bald werden nicht mehr unsere Feinde, sondern wir das Gesetz des Handelns bestimmen, werden wir und nicht sie die entscheidenden Schlachten gewinnen, werden wir und nicht sie den Friedensschluß herbeiführen.« Trotz der täglichen Rückschläge, die sie im Fernen Osten einstecken mußten, suchten die Alliierten, wo immer es möglich war, die Initiative zu ergreifen. Am 23. Februar torpedierte vor der norwegischen Küste das britische U-Boot *Trident* den deutschen Schlachtkreuzer *Prinz Eugen,* der keine zwei Wochen vorher durch seinen »Kanalsprint« von sich reden gemacht hatte. Das Schiff wurde zwar nicht versenkt, aber fünfzig Mann an Bord kamen ums Leben. Unter diesen Todesopfern waren nicht nur Besatzungsmitglieder, sondern auch Zwangsarbeiter, die die Organisation Todt auf die Fahrt zu ihrem Bestimmungsort geschickt hatte. An der Ostfront versetzten sowjetische Partisaneneinheiten der deutschen Wehrmacht weiterhin empfindliche Nadelstiche. »Das Gebiet östlich des Dnjepr«, hatte ein Offizier einer Panzerdivision am 20. Februar berichtet, »ist von gut bewaffneten Partisanen unter einheitlicher Führung durchseucht. Die Straßen sind stark vermint. Die gesamte männliche Bevölkerung wird eingezogen und in besonderen Trainingszonen ausgebildet. Es scheint«, fuhr der Bericht fort, »daß die Partisanen immer wieder durch Luftlandetruppen verstärkt werden.« Die als »streng geheim« deklarierte deutsche Ereignismeldung UdSSR vom 23. Februar bekräftigte diesen Eindruck. Sie erwähnte ein östlich von Minsk gelegenes Partisanenlager mit 400 bis 500 Insassen, die über Waffen bis hin zu schweren Maschinengewehren und Panzerfäusten verfügten. In einem anderen, ebenfalls östlich von Minsk gelegenen Dorf, das als Stützpunkt für rund 150 Partisanen diente, hätten laut dem Bericht die »Partisanen einen Tanz veranstaltet«. In der Region Tscherwen gebe es weitere fünf Partisanenlager. »Die Partisanen haben strengste Anweisung, keine Kampfhandlungen zu beginnen«, stellte der Bericht fest, sondern »nur deutsche Greiftrupps anzugreifen und zu vernichten.«

Auch östlich von Smolensk hatten sowjetische Partisanen eine breite Kampfzone hinter den deutschen Linien eröffnet. In einem Gebietsstreifen mit einer Ost-West-Ausdehnung von mehr als 120 und mit einer Tiefe von fast 80 Kilometern störten sie in Zusammenarbeit mit der Luftwaffe und regulären Truppen der Roten Armee deutsche Truppenbewegungen und Materialtransporte.

Im Nordabschnitt der Ostfront konnten russische Truppen am 24. Februar nach zehntägigen Gefechten südöstlich von Staraja Russa ein deutsches Armeekorps einkesseln und abschneiden. Doch Meldungen über sowjetische Erfolge wie diesen, so wichtig sie an der Ostfront sein mochten, nutzten den Westalliierten nur wenig, solange sich die Lage im Fernen Osten für sie laufend verschlechterte. Am 24. Februar schrieb Churchill bedrückt an König Georg VI.: »Burma, Ceylon, Kalkutta und Madras in Indien, dazu Teile Australiens könnten in Feindeshand fallen.« Einen Tag später ordnete der Oberbefehlshaber der britischen Streitkräfte im Fernen Osten, General Wavell, den Rückzug aus Java an; und am 26. Februar wurde durch einen japanischen Luftangriff der amerikanische Nachschubtransporter *Langley* versenkt – mit 32 Flugzeugen an Bord, die allesamt verlorengingen. Da war es ein schwacher Trost, daß am gleichen Tag das U-Boot I-23 – das erste von den japanischen Kriegsschiffen, die am Überfall auf Pearl Harbor beteiligt gewesen waren – versenkt werden konnte.

Am 27. Februar versuchte in der Javasee ein alliiertes Flottenkommando unter dem Befehl des niederländischen Admirals Karel Doorman eine japanische Invasionsflotte abzufangen, die sich auf dem Weg nach Java befand. Im Verlauf eines siebenstündigen Seegefechts wurde Doormans Flakschiff, der leichte Kreuzer *De Ruyter*, mit dem Admiral an Bord versenkt. Ebenfalls versenkt wurden in dieser Schlacht der leichte holländische Kreuzer *Java* und die beiden britischen Zerstörer *Electra* und *Jupiter*. Dagegen konnten die Alliierten nur einen japanischen Truppentransporter, aber kein japanisches Kriegsschiff versenken. Der schwere amerikanische Kreuzer *Houston* und der australische Kreuzer *Perth* entkamen zunächst unversehrt aus dem Kampfgebiet, wurden aber verfolgt und am Abend des nächsten Tages versenkt.

Mit der *Perth* gingen 352 Seeleute unter; von den Überlebenden, die die japanischen Schiffe aus dem Meer fischten, überlebten 105 ihre Kriegsgefangenenzeit nicht. Am 1. März wurden drei weitere alliierte Kriegsschiffe versenkt: der britische Kreuzer *Exeter*, der in der Schlacht vom Rio de la Plata im Dezember 1939 zum Sieg beigetragen hatte, der britische

Zerstörer *Encounter* und der amerikanische Zerstörer *Pope.* Versenkt wurde auch das australische Kanonenboot *Yarra,* wobei 138 Seeleute ertranken. Die Japaner, die so zu unangefochtenen Beherrschern der Javasee geworden waren, schickten sich nun an, die Insel selbst zu erobern.

Während die Seeschlacht um die Javasee noch im Gang war, ließen die Briten am 27. Februar näher der Heimat ein Kommandounternehmen anlaufen, das sie Operation »Biting« nannten. Ziel des Unternehmens war es, in der Radarstation Bruneval bei Le Havre wichtige Teile der deutschen Radarausrüstung zu erbeuten. Der Auftrag sollte von Fallschirmspringern ausgeführt werden. Die Aktion war ein Erfolg: Nicht nur die Radarausrüstungsteile wurden erbeutet, sondern auch zwei Deutsche, darunter ein Radartechniker. Zwei britische Fallschirmjäger und sechs Deutsche waren dabei ums Leben gekommen. Für die Briten war dieser gelungene Überfall ein Ansporn und zugleich ein Beweis für die Leistungsfähigkeit ihrer Luftlandetruppen. Doch es war der Ferne Osten, der nach wie vor die Schlagzeilen beherrschte, und hier schien sich eine Katastrophe anzubahnen. »Ich kann beim Blick in die Zukunft nur Bedrückung empfinden«, schrieb König Georg VI. am 8. Februar in sein Tagebuch. »Alles kann passieren, und es wäre wunderbar, wenn wir irgendwo Glück hätten.« An diesem Tag landeten japanische Truppen auf Java, während der indische Nationalist und Bengalenführer Subhas Chandra Bose von Berlin aus in seinen Rundfunkbotschaften über die Sehnsucht Indiens nach Freiheit und über seine eigene Bereitschaft zur Zusammenarbeit mit Deutschland sprach. Dr. Goebbels vermerkte in seinem Tagebuch: »In London grenzenloser Ärger über den Aufruf von Bose, dessen gegenwärtigen Aufenthaltsort man zum Glück nicht kennt. In letzter Sekunde konnte ich seine vorzeitige Preisgabe durch das Auswärtige Amt verhindern.«

Java war nicht zu halten. Am 28. Februar lieferte der Frachter *Sea Witch* in Tjilatjap 27 verpackte Flugzeuge ab, aber es war zu spät, sie noch zusammenzubauen, so daß die Holländer, um sie nicht in die Hände der Japaner fallen zu lassen, die Kisten im Hafenbecken versenkten. Im Atlantik zeitigte das Unternehmen »Paukenschlag«, die neue deutsche U-Boot-Offensive, im Februar noch größere Erfolge als im Monat davor: 65 alliierte Handelsschiffe wurden vor der Ostküste der Vereinigten Staaten durch deutsche Treffer versenkt. Im noch immer belagerten und weitgehend abgeriegelten Leningrad waren im Februar mehr als 100000 Menschen an Unterernährung gestorben.

Am 1. März teilte Generalfeldmarschall Fedor von Bock, der erst kurz zuvor zum Befehlshaber der Heeresgruppe Süd aufgestiegen war, Hitler mit, die Russen würden womöglich trotz ihrer immensen Verluste im Kampf in der Lage sein, nicht nur genügend Reserven aufzubieten, um die deutsche Frühjahrsoffensive abzuwehren, sondern auch um östlich von Moskau neue Armeen aus dem Boden zu stampfen. General Halder widersprach dieser Ansicht. Er gab jedoch am 1. März einen geschätzten Überblick über die beträchtlichen Verluste, die die deutsche Wehrmacht bislang an der Ostfront erlitten hatte: In den acht Monaten seit Juni 1941 waren 202257 deutsche Soldaten gefallen; 725642 waren verwundet und 112617 durch Erfrierungen invalide geworden. Weitere 400000 waren in Gefangenschaft geraten.

Die Verluste, die die Deutschen im Kampf erlitten, waren, obwohl sie bei durchschnittlich 2000 Mann pro Tag lagen, weitaus geringer als die Zahl der Tag für Tag von Deutschen ermordeten Zivilisten. Am 2. März wurden mindestens 5000 Juden aus dem Getto von Minsk herausgeführt und ermordet. In Krosniewice im Generalgouvernement wurden am selben Tag 900 Juden verhaftet, nach Chelmno transportiert und in Vergasungslastwagen getötet. Einen Tag später wurden am gleichen Ort und auf die gleiche Weise 3200 Juden aus dem nahe gelegenen Zychlin getötet. In Weißrußland wurden am 4. März 3000 Juden aus dem Getto von Baranowitschi geholt und ermordet. Damit wurden mehr als 12000 Menschen innerhalb von 48 Stunden massakriert. Als Bilanz einer in diesem Monat unter dem Namen »Sumpffieber« durchgeführten Operation zur Bekämpfung von Partisanen konnte der dafür verantwortliche Offizier Jeckeln nach Berlin melden: »389 Partisanen getötet, 1274 Verdächtige erschossen, 8350 Juden liquidiert.«

Juden wurden auch zu medizinischen Experimenten herangezogen. Dr. Rascher führte im März einen »terminalen Versuch«, wie er es nannte, an einem »37jährigen Juden in gutem Allgemeinzustand« durch. Der Mann wurde lebend in eine Unterdruckkammer gesperrt, und Dr. Rascher reduzierte dann fortlaufend den Luftdruck, um das Verhalten des menschlichen Organismus in großen Höhen zu simulieren. Sorgfältig wurde beobachtet und notiert, wie der Jude zuerst zu schwitzen begann, dann Krämpfe bekam, schließlich in Atemnot geriet, bewußtlos wurde und starb.

Dr. Rascher teilte Himmler stolz mit, dies sei seines Wissens das erste Mal gewesen, daß ein solcher Vorgang am lebenden Objekt beobachtet worden sei. »Wissenschaftlich gewinnt der oben geschilderte Herzvorgang noch besonderes Interesse«, erläuterte er, »da ich die Herzaktion bis zum Schluß mit EKG mitgeschrieben habe.«

Dr. Rascher führte 200 Experimente dieser Art durch. Man nimmt an, daß rund achtzig seiner Versuchspersonen dabei den Tod fanden. In seinem vierundzwanzigseitigen Abschlußbericht an Himmler konnte er melden, er habe die sichere Erkenntnis gewonnen, daß es »unmöglich« sei, in mehr als 12000 Metern Höhe ohne Druckanzug und Sauerstoffgerät zu fliegen.

Collin F. Brien war einer von mehr als fünfzig australischen Soldaten, die am 1. März nach ihrer Gefangennahme durch die Japaner an den Rand einer frisch ausgehobenen flachen Grube geführt wurden. »Man befahl mir, mich so hinzusetzen«, erinnerte er sich später, »daß Knie, Waden und Füße in das Grab hineinragten. Meine Hände waren auf dem Rücken gefesselt. Ein kleines Handtuch war über meine Augen gebunden, und dann – wurde mein Hemd aufgeknöpft und hinten nach unten gezogen, so daß die Schulterpartie frei lag. Mein Kopf wurde mir nach unten gedrückt, und ein paar Sekunden später spürte ich einen schweren dumpfen Schlag im Genick. Ich merkte, daß ich noch lebte, stellte mich aber tot und ließ mich nach rechts fallen; danach verlor ich das Bewußtsein.«

Brien überlebte. Er konnte fliehen, wurde aber wieder aufgegriffen. Daraufhin wiesen die staunenden Japaner ihn erst in eine Klinik und später in ein Kriegsgefangenenlager ein, wo er, wie ein Chronist dieser Episode geschrieben hat, »als Sehenswürdigkeit den Krieg überlebte«. Brien sagte später in den Tokioter Kriegsverbrecherprozessen über die Massenexekution aus, die er erlebt hatte.

Am 3. März flogen neun japanische Kampfflugzeuge einen Angriff auf die westaustralische Stadt Broome. 15 Minuten lang beschossen sie die im Hafen liegenden Wasserflugzeuge, die zur Evakuierung von Soldaten und Zivilisten aus Java dienten. 23 australische, amerikanische, holländische und britische Maschinen wurden zerstört und circa siebzig Personen getötet, darunter viele Flüchtlinge aus Java, die gerade erst in Broome angekommen waren. Ein amerikanischer Bomber, der zu Beginn des japanischen Angriffs noch hatte starten können, wurde über der offenen See abgeschossen. Von den 33 Mann, die er an Bord hatte, überlebte nur einer.

Vor Java griffen japanische Kriegsschiffe einen britischen Dreierkonvoi an, der am 3. März in Batavia ausgelaufen war, um Flüchtlinge nach Australien zu bringen. Alle drei

Schiffe wurden versenkt. 26 Passagiere konnten sich in zwei Boote retten. Die Japaner fuhren an ihnen vorbei; doch sie beschossen die Boote nicht, sondern salutierten feierlich vor den tapferen Männern und drehten dann ab. Den 26 Überlebenden gingen bald Proviant und Wasser aus. Regenwasser und das rohe Fleisch von drei Seevögeln waren ihre einzige Nahrung. Als sie schließlich die javanische Küste erreichten, waren nur noch achtzehn von ihnen am Leben. Weitere sechs kamen bei dem Versuch um, bei heftiger Brandung ans Ufer zu gelangen. Die zwölf Überlebenden gerieten in japanische Kriegsgefangenschaft.

In der Nacht vom 3. auf den 4. März wurden die Renault-Werke in Billancourt bei Paris von über 200 britischen Bombern angegriffen. Von den im Werk beschäftigten 3000 Franzosen kamen fünf ums Leben. Einige Bomben verfehlten jedoch ihr Ziel und schlugen in nahe gelegene Häuserzeilen ein. Dabei kamen 500 Menschen ums Leben. Die Deutschen hofften, diese Todesfälle propagandistisch ausschlachten zu können, aber ein für die Deutschen arbeitender französischer Spitzel mußte der deutschen Militärverwaltung zu ihrem Leidwesen berichten, daß »im großen und ganzen, wenn man von der öffentlichen Meinung ausgeht, die Empörung nicht breit genug ist«. Am Tag danach wurde in Paris auf offener Straße ein deutscher Wachposten erschossen.

In Feodossija auf der Krim lief am 5. März die erste von drei aufeinanderfolgenden Aktionen zur Bekämpfung von Partisanen an, denen innerhalb der darauffolgenden drei Wochen mehr als 2000 Menschen zum Opfer fielen, welche die Ereignismeldung Nr. 184 wie folgt katalogisierte: »678 ... Juden, 359 kommunistische Funktionäre, 153 Partisanen und 810 asoziale Elemente, Zigeuner, Geisteskranke und Saboteure.«

Am 6. März wurden bei Klinzy dreißig Zigeuner und 270 Juden auf Lastwagen zu einer außerhalb der Ortschaft ausgehobenen Grube gefahren. Dort mußten sie sich nackt ausziehen und wurden erschossen. »Die Lage ist jetzt reif für eine Endlösung der Judenfrage«, notierte Dr. Goebbels einen Tag später in sein Tagebuch. »Spätere Generationen werden weder die Willenskraft noch die Wachsamkeit dazu haben. Deshalb tun wir gut daran, radikal und systematisch vorzugehen. Die Aufgabe, die wir heute auf uns nehmen«, fügte Goebbels hinzu, »wird unseren Nachkommen zum Vorteil und zum Segen gereichen.«

Es gab jedoch nach wie vor vereinzelte Stimmen, die gegen die Judenverfolgung Protest einlegten. Am 7. März berichtete der Zagreber Erzbischof Stepinac in einem Schreiben an den kroatischen Innenminister von Gerüchten »über bevorstehende Massenverhaftungen von Juden, die in Konzentrationslager geschickt werden sollen«. Falls die Gerüchte der Wahrheit entsprächen, schrieb Stepinac, »werde ich mir die Freiheit nehmen, Sie zu ersuchen, kraft Ihrer Autorität ungesetzliche Übergriffe gegen Bürger, die sich persönlich nichts zuschulden haben kommen lassen, zu verhindern«. Der erzbischöfliche Appell blieb wirkungslos.

Am 5. März kündigten die Holländer die Räumung Batavias an; Java konnte gegen die beständigen Angriffe der Japaner nicht mehr verteidigt werden. In Burma besetzten japanische Einheiten an diesem Tag das nur 65 Kilometer von der Hauptstadt Rangun entfernte Pegu. Am folgenden Tag ordnete General Alexander – er hatte im Juni 1940 als letzter den Kessel von Dünkirchen verlassen – die Räumung Ranguns an, nachdem der Versuch indischer Truppen, die Straße Rangun–Pegu zurückzugewinnen, gescheitert war. Am 7. März begann die Räumung Ranguns. Am selben Tag kapitulierte das holländische Java; 100 000 niederländische, britische, australische und amerikanische Soldaten gerieten in Gefangenschaft. Dies war für sie der Beginn eines langen Leidensweges.

8500 holländische Soldaten, ein knappes Viertel all derer, die in japanische Gefangenschaft gerieten, sollten umkommen. Ihr Schicksal teilten 10500 von rund 80000 internierten holländischen Zivilisten. Zahlreiche weitere Soldaten und Zivilisten gingen auf abgelegenen Inseln zugrunde, auf die sie sich in der Hoffnung auf Rettung geflüchtet hatten. Andere kamen bei dem Versuch um, mit selbstgebauten Booten oder Flößen eine dieser Inseln zu erreichen. Auf der Insel Tjebia vor Sumatra – die auch als »Fieberinsel« bekannt geworden ist – verzeichnete eine Gruppe von neunzehn Engländern, die sich in einem Boot von Singapur hierher gerettet hatten, am 7. März ihren ersten Toten: Der Fregattenkapitän Frampton, ein Offizier des britischen Flottenstabs in Singapur, starb an einer Infektion, mit der sein entkräfteter Körper nicht mehr fertig wurde. Drei Tage später forderte die »Fieberinsel« ihr nächstes Opfer, den ehemaligen Oberbefehlshaber Fernost der britischen Luftwaffe, Vizemarschall C.W. Pulford. Als dritter starb der ehemalige Kommandeur des Flottenstützpunkts Singapur, Konteradmiral E. J. Spooner. Diejenigen Heeres-, Marine- und Luftwaffensoldaten, die mit ihrem Boot später den Absprung wagten, wurden auf See von einem japanischen U-Boot aufgebracht und gefangengenommen.

Die japanischen Truppen nahmen sich jetzt Neuguinea vor, wo sie am 8. März Lae und Salamaua besetzten. Zwei Tage später landeten sie auf der Salomon-Insel Buka. Da sich die Insel Luzon am 11. März fast vollständig unter japanischer Kontrolle befand, sah sich General MacArthur gezwungen, sich nach Mindanao abzusetzen. Auf einem Torpedoboot nahm er die 900 Kilometer lange, durch von den Japanern kontrollierte Gewässer führende Reise, deren erste Etappe durch ein Minenfeld führte, in Angriff. Von Mindanao aus ließ er sich nach Australien ausfliegen. Den Reportern, die ihn erwarteten, als er auf einem Flugplatz südlich von Darwin landete, sagte er: »Ich bin durchgekommen, und ich werde zurückkehren.«

Am 7. März legte das deutsche Schlachtschiff *Tirpitz* in Begleitung dreier Zerstörer in Trondheim ab. Die Flotille verpaßte jedoch den alliierten Nordmeerkonvoi, den sie hätte angreifen sollen. Aber auch die britische *Home Fleet*, die ihrerseits auf die *Tirpitz* angesetzt war, verpaßte ihr Ziel. Drei Tage später jedoch konnten die Briten dank Enigma die *Tirpitz* lokalisieren und vom Flugzeugträger *Victorious* aus einen Luftangriff auf sie starten, der jedoch erfolglos blieb. Die bloße Tatsache, daß die *Tirpitz* im Polarmeer kreuzte, war ein beständiges und ernstes Gefahrenmoment für die Rußlandkonvois. Denn diese schwimmende Festung besaß genügend Feuerkraft, um jeden Konvoi anzugreifen und zu versenken. Ob es gelingen würde, die *Tirpitz* zu versenken, selbst wenn man sie ortete und fand, wußte niemand.

Am 12. März landeten zehn sowjetische Fallschirmjäger bei Biržai in Litauen. Sie wurden entdeckt, gejagt und erschossen. Ihre gesamte Ausrüstung, darunter ein Funksender, fiel den Deutschen in die Hände. Doch die Sowjets ließen sich durch solche Rückschläge nicht von der Absetzung weiterer Partisanenkommandos hinter den deutschen Linien abbringen.

Im Krieg Nazideutschlands gegen die Juden wurde am 13. März ein weiteres düsteres Kapitel aufgeschlagen. Bis dahin hatte es nur ein Lager gegeben – Chelmno –, in das Juden zu dem einzigen Zweck deportiert wurden, gleich nach ihrer Ankunft ermordet zu werden. Jetzt wurde in Belzec, im Osten des Generalgouvernements, ein zweites Lager dieser Art errichtet. Die ersten 6000 Juden, die dorthin deportiert wurden, stammten aus der südpolnischen Stadt Mielec, und man hatte ihnen gesagt, man brauche sie für landwirtschaftliche Arbeiten im Osten. In Wirklichkeit wartete am Ziel ihrer Reise der Tod auf sie. Ihnen folgten drei Tage später 1600 Juden aus Lublin. Bis zum Jahresende sollten Juden aus mehr als 200 Gemeinden der Region Lublin sowie des östlichen und westlichen Galizien von Haus und Hof geholt, mit der Bahn nach Belzec transportiert und dort ermordet werden – 360 000 Menschen insgesamt. Wie der im Lager errichtete Gedenkstein bezeugt, wurden in Belzec außerdem 1500 Polen vergast, weil sie »Juden geholfen« hatten.

Um die gleiche Zeit, als in Belzec die ersten Züge mit deportierten Juden einrollten – es sollten bald regelmäßig mehrere Züge täglich sein –, gewannen die Briten aufgrund entschlüsselter deutscher Enigma-Funksprüche den Eindruck einer auffälligen Zunahme des Eisenbahnverkehrs und des Baus von Rollfeldern in der deutsch besetzten Ukraine, insbesondere südlich von Charkow. Am 14. März gelangte das Joint Intelligence Committee des britischen Kriegskabinetts zu der Einschätzung, die nächste größere deutsche Offensive werde sich gegen die russische Südfront richten. Weitere Enigma-Botschaften machten deutlich, daß die Offensive am 15. Mai anlaufen sollte. Churchill, der wußte, wie enttäuscht die Russen darüber waren, daß mit einer englisch-amerikanischen Landung in Nordeuropa in diesem Sommer nicht zu rechnen war, bot Stalin eine großangelegte britische Bombenoffensive gegen industrielle Ziele in Deutschland an. Wie Churchill am 14. März in Washington einem Abgesandten des britischen Generalstabs erklärte, wollte er »den Druck auf Rußland durch die energischste Luftoffensive gegen Deutschland, die wir ohne Vernachlässigung anderer Aufgaben unserer Luftwaffe auf die Beine stellen können ... mindern«.

Diese britische Offensive hatte eigentlich schon in der Nacht vom 8. auf den 9. März mit einem von 211 Bombern geflogenen Angriff auf Essen begonnen. Obwohl eigens Leuchtfeuer und Brandbomben zur optischen Eingrenzung des Zielgebiets eingesetzt worden waren, war die Schadenswirkung gering gewesen. Ein paar Abende später griff ein ganzer britischer Bomberverband die falsche Stadt an – das 13 Kilometer von Essen entfernte Hamborn –, nachdem einer der Bomber einen Treffer abbekommen und daraufhin seine als Leuchtfeuer gedachten Brandbomben vorzeitig abgeworfen hatte. Bei einer anderen Gelegenheit gelang es den Deutschen, durch Ablenkfeuer, die sie im 30 Kilometer von Essen entfernten Rheinburg abbrannten, das Gros der britischen Angreifer vom richtigen Weg abzubringen. Das alliierte Bomberkommando ließ sich jedoch durch solche Rückschläge nicht in seiner Entschlossenheit beirren, die deutsche Rüstungsindustrie durch gezielte und wirksame Bombenangriffe zu schädigen. Als Hitler am 15. März in einer Rede in Berlin ankündigte, im bevorstehenden Sommer werde die Sowjetunion »vernichtend geschlagen« werden, bestärkte dies Churchill nur in seiner Entschlossenheit, den Russen soviel Luftunterstützung wie nur möglich zu gewähren – eine Unterstützung, für die Stalin, der mit emotionalen Gesten eher geizte, den Briten Anerkennung und Dank zollte.

Die Armeen Stalins hatten nicht die Absicht, auf den deutschen Angriff zu warten, und auch die hinter den deutschen Linien operierenden Kräfte versetzten dem Feind weiterhin empfindliche Schläge. »Die Partisanentätigkeit hat in den letzten Wochen wieder beachtlich zugenommen«, notierte Goebbels am 16. März in sein Tagebuch. »Die Partisanen führen einen richtiggehenden organisierten Kleinkrieg.« Zur Bekämpfung der Partisanentätigkeit hatten die Deutschen zwei Tage zuvor in Bobruisk eine Sondereinheit der Luftwaffe aufgestellt, die die Bewegungen der Partisanentruppen aus der Luft beobachten und deren Stützpunkte bombardieren sollte. Die Bereitstellung dieser Sondereinheit war Bestandteil der Operation »München«, einer Kampagne zur Bekämpfung der Partisanen, die in der dritten Märzwoche anlaufen sollte. Im litauischen Kaunas wurden am 17. März 24 Juden, als sie bei

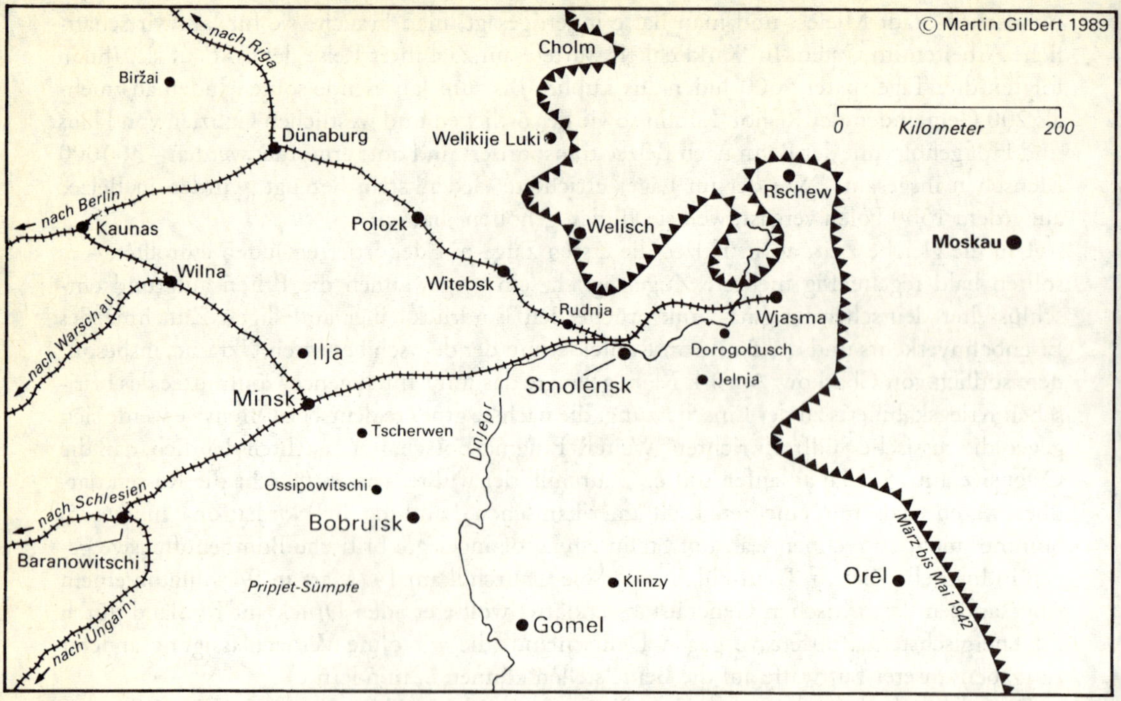

Sowjetische Partisanen, 1942

dem Versuch, außerhalb ihres Gettos von Einheimischen Lebensmittel zu kaufen, ertappt wurden, von der Gestapo erschossen. Am gleichen Tag wurden in Ilja nördlich von Minsk 900 Juden zusammengetrieben und erschossen; ihr tapferer Versuch, gemeinsam Widerstand zu leisten, blieb erfolglos.

Am 19. März lief Operation »München« an. Unterstützt von der neu aufgestellten Fliegereinheit, führten die Deutschen Angriffe gegen Partisanenstützpunkte im gesamten Gebiet von Jelnja und Dorogobusch durch. Im Zuge einer weiteren, gegen die Partisanen gerichteten Aktion im Raum Bobruisk, der Operation »Bamberg«, wurden russische Dörfer in Brand gesteckt und ihre Bewohner umgebracht. Diese »Strafaktionen«, die von äußerster Unerbittlichkeit gekennzeichnet waren und 3500 Dorfbewohner das Leben kosteten, bewirkten gleichwohl nur, daß der Haß auf die deutschen Besatzer immer größer wurde. Und gleichzeitig wuchs die Entschlossenheit, die Partisanen zu unterstützen, die den Deutschen dann auch fast immer durch die Finger schlüpften, um bei erster Gelegenheit zurückzukehren und weiterzukämpfen. Wie barbarisch die Deutschen auch immer zuschlugen, die Partisanen hielten dagegen, unterstützt von den regulären Streitkräften, die ihnen per Fallschirm Waffen und Männer lieferten. »Anzeichen sprechen dafür«, berichtete die deutsche 3. Panzerarmee Ende März, »daß sich die Partisanenbewegung im Raum Welikije Luki, Witebsk, Rudnja, Welisch jetzt auf breiter Front organisiert. Die Kampfstärke der bisher aktiven Partisanen wird durch einzelne Einheiten der regulären Streitkräfte erhöht.« Dabei handelte es sich um Soldaten, die mit schweren Waffen wie Artilleriegeschützen und Panzerabwehrkanonen umzugehen wußten. Eine ähnliche Zunahme der sowjetischen Partisanentätigkeit wurde auch aus dem Raum Polozk gemeldet.

Der Stichtag für das Anlaufen der Operation »München«, der 19. März, war gleichzeitig der Tag, an dem die deutsche Wehrmachtführung sämtliche Besatzungstruppen in Serbien und Kroatien anwies, überall dort, wo Partisanen aktiv geworden waren, die von ihnen mutmaßlich benutzten Häuser und unter Umständen auch ganze Dörfer zu zerstören. »Auch der Abtransport der Einwohnerschaft in Konzentrationslager kann von Nutzen sein«, hieß es in dem Erlaß weiter. Falls es nicht möglich sei, die Partisanen selbst einzufangen, könne zu »Repressalien allgemeiner Art« gegriffen werden, beispielsweise zur »Erschießung männlicher Einwohner umliegender Ortschaften«. Bei solchen Erschießungen sollten bestimmte Quoten zugrunde gelegt werden, erläuterte die Weisung und nannte als Beispiel: »Hundert Serben für einen toten Deutschen, fünfzig Serben für einen verwundeten Deutschen.«

Ähnliche Praktiken und Quotenregelungen für Vergeltungsaktionen wurden in allen von den Deutschen besetzten Ländern angewandt. In der polnischen Stadt Zgierz wurden am 20. März hundert Polen aus einem nahe gelegenen Arbeitslager geholt und auf den Marktplatz geführt. Sämtliche 6000 Einwohner von Zgierz und den umliegenden Weilern wurden gezwungen, der Erschießung der hundert beizuwohnen. Am selben Tag äußerte sich in Rastenburg Hitler gegenüber Dr. Goebbels über die Juden. »Hier bleibt der Führer nach wie vor unerbittlich«, vermerkte Goebbels in seinem Tagebuch. »Die Juden müssen aus Europa heraus, wenn nötig, unter Anwendung der brutalsten Mittel.«

Am 21. März erteilte Hitler seinem Generalbevollmächtigten für den Arbeitseinsatz, Fritz Sauckel, den Auftrag, mit allen erforderlichen Mitteln dafür zu sorgen, daß der deutschen Kriegswirtschaft so viele Arbeitskräfte zugeführt würden, wie sie benötigte, um ihre Produktion auf das Maximum des Möglichen zu steigern. Zu diesem Zweck könnten und sollten aus allen besetzten Ländern Arbeitskräfte geholt werden – wenn es sein mußte, auch gegen ihren Willen. In Ostgalizien wurden jedoch bis zum Jahresende Juden nicht zum Arbeitseinsatz, sondern zur Vergasung nach Belzec deportiert; aus Tarnopol wurden am 25. März 1000, aus Stanislowow sechs Tage später 6000 abtransportiert. Auch aus Deutschland wurden Juden nach Belzec und damit in den Tod geschickt; am 24. März waren es 42 Juden aus Jülich, 320 aus Würzburg und 224 aus Fürth, die Richtung Belzec auf die Reise gingen. Kein einziger von ihnen kehrte lebend zurück.

Der Zwangsarbeitererlaß vom 31. März markierte jedoch den Beginn des Übergangs zu einem anderen Deportationskonzept: der Einteilung der zu Deportierenden in »arbeitsfähige« und »nicht arbeitsfähige«. Während in Chelmno und Belzec – wie bald darauf auch in Treblinka und Sobibor – weiterhin alle Ankömmlinge unabhängig von ihrer Arbeitsfähigkeit vergast wurden, wurde in einem neuerrichteten Lager, das Birkenau genannt wurde und dem nahe gelegenen Konzentrationslager Auschwitz angegliedert war, eine »Selektion« der Ankömmlinge eingeführt. Die Arbeitsfähigen beiderlei Geschlechts wurden in die Baracken des Lagers Birkenau ein- und verschiedenen Betrieben und landwirtschaftlichen Gütern in der Umgebung als Arbeitssklaven zugewiesen. Sie hatten trotz der barbarischen Behandlung, die ihnen zuteil wurde, zumindest eine gewisse Überlebenschance. Die Alten, Kranken und sämtliche Kinder hingegen wurden binnen Stunden nach ihrer Ankunft in die eigens errichteten Gaskammern geführt und getötet.

Die ersten deportierten Juden kamen in Auschwitz am 26. März 1942 an; es waren 999 jüdische Frauen aus der Slowakei, die in die Baracken eingewiesen wurden. Ihnen folgte am 27. März ein Transport aus Frankreich, ein sogenannter »Sonderzug«, der mit 1112 Deportierten Paris verlassen hatte. Einer von ihnen, ein Franzose namens Georges Rieff, konnte

Todeslager, Deportationen, Luftangriffe und Vergeltungsmaßnahmen, 1942

von dem Zug abspringen, bevor er die Grenze nach Deutschland passierte, und entkam. Von den übrigen wurden mehr als die Hälfte kurz nach der Ankunft vergast. Das »Glück« der übrigen, die zur Arbeit »selektiert« wurden, währte nicht lange: Fünf Monate später waren nur noch 21 von ihnen am Leben.

In ganz Europa wurden jetzt Juden verhaftet, in Abschiebelager gesperrt und nach kürzerer oder längerer Wartezeit mit dem Zug nach Auschwitz deportiert. Die Verhältnisse in den Abschiebelagern waren barbarisch und entwürdigend; sie ließen die körperlichen Kräfte der Insassen schwinden und raubten ihnen den Willen zur Selbstbehauptung. Im holländischen Westerbork, im belgischen Malines und im französischen Drancy bei Paris waren Isolation, Hunger und beständige Erniedrigungen das tägliche Brot Zehntausender von Männern, Frauen und Kindern, die ohne Vorwarnung aus ihren Häusern geholt und unvermittelt aller ihrer Habseligkeiten bis auf den notwendigsten persönlichen Bedarf beraubt worden waren. Die Abschiebelager im südlichen Frankreich waren, soweit dies überhaupt möglich war, noch menschenfeindlicher und abstumpfender als die Lager im Norden. In Gurs, Noé und Récébédou in den Pyrenäen, im unweit der Mittelmeerküste gelegenen Rivesaltes und in

Les Milles in der Provence waren die täglichen Beschwernisse und Schikanen ein grimmiges Vorspiel zu den Ungewißheiten der Deportation und ihrem schrecklichen Ende: Allein in diesen vier Lagern, in denen es an medizinischer Betreuung auch nur der primitivsten Art ebenso fehlte wie an geistiger Aufmunterung, starben 1864 Menschen noch vor der Deportation.

In diesem März wurde in Berlin über die Deportationen nach Belzec gesprochen. »Aus dem Generalgouvernement werden jetzt, bei Lublin beginnend, die Juden nach dem Osten abgeschoben«, notierte Dr. Goebbels am 27. März in sein Tagebuch. »Es wird ein ziemlich barbarisches und nicht näher zu beschreibendes Verfahren angewandt, und von den Juden ... bleibt nicht mehr viel übrig. Im großen kann man wohl feststellen, daß 60 Prozent davon liquidiert werden müssen, während nur noch 40 Prozent in die Arbeit eingesetzt werden können.« Odilo Globocnik, der frühere Gauleiter von Wien, der mit der Durchführung des Vorhabens betraut war, entledigte sich seiner Aufgabe nach Goebbels' Eindruck »mit ziemlicher Umsicht und auch mit einem Verfahren, das nicht allzu auffällig wirkt«. Weiter heißt es in diesem Tagebucheintrag Goebbels': »An den Juden wird ein Strafgericht vollzogen, das zwar barbarisch ist, das sie aber vollauf verdient haben. Die Prophezeiung, die der Führer ihnen für die Herbeiführung eines neuen Weltkriegs mit auf den Weg gegeben hat, beginnt sich in der furchtbarsten Weise zu verwirklichen. Man darf in diesen Dingen keine Sentimentalität obwalten lassen. Die Juden würden, wenn wir uns ihrer nicht erwehren würden, uns vernichten. Es ist ein Kampf auf Leben und Tod zwischen der arischen Rasse und dem jüdischen Bazillus.

Keine andere Regierung und kein anderes Regime«, stellte Goebbels stolz fest, »konnte die Kraft aufbringen, diese Frage generell zu lösen.«

Am 23. März besetzten japanische Truppen die Anderman-Inseln im Bengalischen Golf, nachdem ihre Garnisonstruppen, die britischen und Gurkha-Einheiten, diese frühere englische Strafkolonie geräumt hatten. Im Mittelmeer scheiterte an diesem Tag ein Versuch der Briten, Malta vom Druck der Belagerung zu entlasten. Die italienische Marine versenkte vier Handelsschiffe, die Öl und Treibstoffe auf die Insel bringen sollten. Von den 26000 Tonnen Benzin, die der Konvoi geladen hatte, konnten nur 5000 Tonnen geborgen werden. Die britische Garnison auf Malta hatte nur fünf Jagdflugzeuge zur Abwehr des von 200 Maschinen geflogenen italienischen Angriffs aufbieten können. Später wurden 47 Spitfire-Jäger zur Verstärkung nach Malta abkommandiert, von denen die Deutschen jedoch bei einem Luftangriff dreißig zerstörten.

In den frühen Morgenstunden des 28. März führten britische Marineeinheiten, verstärkt durch Sonderkommandos, die Operation »Chariot«, einen Überfall auf das deutsche Trockendock in St. Nazaire, durch. Da dies das einzige Dock an der Atlantikküste war, in dem die *Tirpitz,* das einzige den Deutschen noch verbliebene moderne Schlachtschiff, gewartet werden konnte, würde seine Zerstörung die Einsatzmöglichkeiten der *Tirpitz* gegen die alliierte Handelsschiffahrt im Atlantik spürbar einschränken. Tatsächlich gelang es den Angreifern, das Dock schwer zu beschädigen. 400 Deutsche kamen bei dem Angriff um – viele von ihnen im Kreuzfeuer ihrer eigenen Landsleute. Von den 611 britischen Soldaten, die den Überfall durchführten, kamen 205 ums Leben, die meisten anderen wurden gefangengenommen. Außerdem fielen 185 britische Seeleute. Vier Teilnehmer der Aktion erhielten das Victoria Cross, zwei von ihnen posthum. Das Trockendock von St. Nazaire war für den Rest des Krieges unbrauchbar gemacht. In der bei Beginn des Überfalls ausgebrochenen allgemeinen Panik

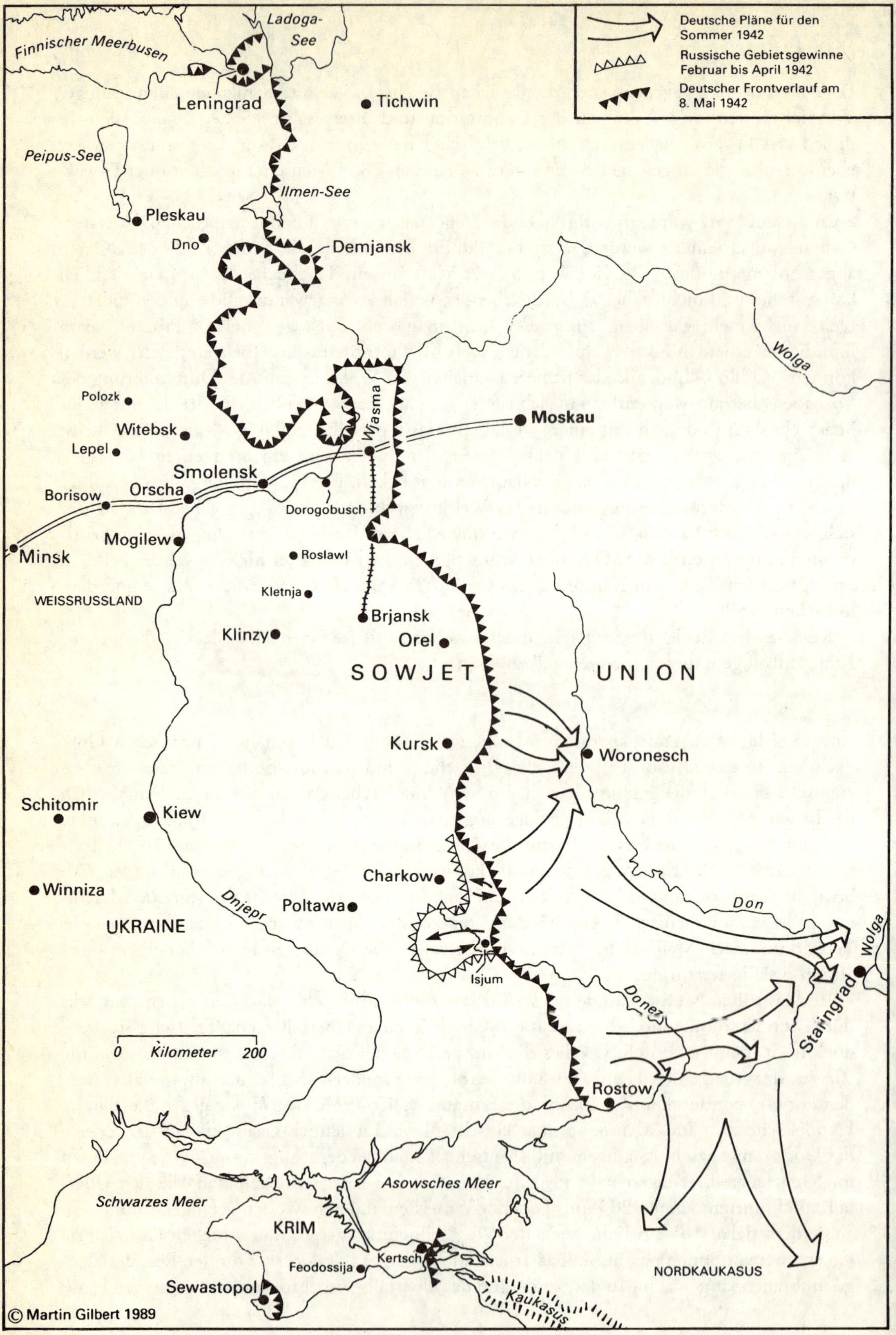

Die Ostfront, Mai 1942

hatten die Deutschen auch auf die zivilen französischen Dockarbeiter gefeuert und 300 von ihnen getötet. Dieser 28. März kostete also insgesamt über tausend Soldaten, Seeleute und Zivilisten das Leben.

Zur selben Stunde, als der Kommandoüberfall auf St. Nazaire durchgeführt wurde, erläuterte Hitler in Rastenburg seinen Heeresführern ihre Aufgaben bei dem bevorstehenden Sommerfeldzug gegen Rußland, der Plan »Blau« genannt wurde. Nacheinander sollten Woronesch am Don und Stalingrad an der Wolga erobert werden, und weiter südlich sollten die deutschen Truppen Anfang September die Berge des Kaukasus erreicht haben. Nach dem Sieg über die russischen Armeen würde entlang der Wolga ein Ostwall errichtet; hinter dem die Reste der russischen Streitkräfte fortbestehen könnten und nur dann angegriffen würden, wenn sie zu stark zu werden drohten.

Ebenfalls am 28. März führte Joachim von Ribbentrop ein Gespräch mit dem japanischen Botschafter Oshima in Berlin. Da es im deutschen Interesse lag, während des kommenden Feldzugs möglichst viele sowjetische Truppen im Fernen Osten gebunden zu sehen, drängte Ribbentrop seinen Gesprächspartner, sich für einen japanischen Angriff auf Rußland zeitgleich mit dem von der Wehrmacht geplanten »vernichtenden Schlag« einzusetzen. Um den Japanern einen solchen Angriff leichter zu machen, sei der deutsche Generalstab bereit, ihnen einen eigens ausgearbeiteten Operationsplan für Vorstöße nach Wladiwostok und zum Baikal-See zu übermitteln.

So lautete das Angebot, das Joachim von Ribbentrop den Japanern am 28. März unterbreitete. Aber sie unternahmen nichts dergleichen.

Am Himmel Westeuropas waren britische Flugzeuge an diesem 28. März besonders aktiv. Zum erstenmal wurden Versorgungsgüter für die in Frankreich tätigen britischen Agenten abgeworfen. Die Fallschirme gingen im geplanten Zielgebiet bei Blyes nieder. An diesem Abend starteten 234 britische Bomber von ihren Stützpunkten in England und vereinigten sich zu einem Angriff auf den deutschen Ostseehafen Lübeck. »Hauptziel des Angriffs«, erinnerte sich Sir Arthur Harris, Chef des Bomberkommandos, später, »war es, herauszufinden, bis zu welchem Grad eine erste Welle von Flugzeugen durch Entfachen von Bränden eine zweite Welle zum Zielpunkt führen konnte. Ich ordnete einen Abstand von einer halben Stunde zwischen den beiden Wellen an, damit die Brände gut Fuß fassen konnten.« Harris fügte hinzu: »Lübeck war kein erstrangiges Ziel, aber es erschien mir besser, eine Industriestadt von mittlerer Bedeutung zu zerstören, als sich an die schwere Aufgabe der Zerstörung einer großen Industriestadt heranzuwagen.« Dazu kam noch ein weiteres Motiv: »Ich wollte«, schrieb Harris, »daß meine Crews ›Blut leckten‹, wie man bei der Fuchsjagd sagt, daß sie zur Abwechslung einmal eine Prise Erfolg zu schmecken bekamen.«

2000 Gebäude in Lübeck wurden in dieser Nacht vollständig zerstört, und 312 Zivilisten kamen um. Von den 191 Bombern, die den Angriff flogen, wurden zwölf abgeschossen. 15000 Deutsche verloren ihr Zuhause. »... dieser Sonntag wird doch stark vergällt durch den außerordentlich schweren Luftangriff, den die Engländer auf Lübeck unternommen haben«, notierte Goebbels in sein Tagebuch. 80 Prozent der mittelalterlichen Altstadt müßten, fügte er hinzu, »als verloren gelten«.

Während Goebbels seinen Gedanken über die Zerstörung Lübecks nachhing, mußten die Briten bei der Lieferung von Rüstungsgütern nach Rußland einen Rückschlag hinnehmen: Am frühen Morgen des 29. März wurden vier alliierte Schiffe, die ein heftiger Sturm von ihrer Zerstörereskorte getrennt hatte, angegriffen und versenkt. In den anschließenden Gefechten zwischen der Eskorte – der zwei russische Zerstörer angehörten – und den deutschen U-Booten kam es vor, daß wegen der eisigen Kälte Gischtfetzen, die über die Schiffe schwappten, an den Geschützen im Nu zu Eisüberzügen gefroren. Dennoch wurden zwei deutsche U-Boote versenkt.

Der Monat März hatte die bis dahin schwersten alliierten Verluste im Seekrieg gebracht: 273 Handelsschiffe waren versenkt worden, darunter 95 im Nordatlantik und 98 im Fernen Osten, insgesamt ein Frachtvolumen von 834184 Tonnen. Im Fernen Osten erreichten die Japaner am 31. März den südlichsten Punkt ihres Eroberungszugs, die südlich von Java gelegene, bereits zu Australien gehörende Weihnachtsinsel, deren aus hundert britischen Soldaten bestehende Garnison an diesem Tag kapitulierte. Doch die Insel war zwar reich an wertvollen Phosphatvorkommen, aber zu klein und zu felsig, als daß die Japaner auf ihr eine Rollbahn hätten anlegen können; und so zogen sie vier Tage später wieder ab.

Am 1. April 1942 machte sich der aus neunzehn Handelsschiffen bestehende Konvoi PQ 13 von Island aus auf den Weg nach Rußland. Fünf der Schiffe wurden unterwegs versenkt und der Kreuzer *Trinidad*, der die Eskorte anführte, wurde von deutschen Torpedos schwer beschädigt. Am 1. April begann auch die Operation »Performance«, der Ausbruchsversuch von zehn norwegischen Handelsschiffen aus dem schwedischen Hafen Göteborg. Fünf der Handelsschiffe wurden von den Deutschen versenkt, ehe sie das enge Skagerrak hinter sich hatten; eines wurde so schwer beschädigt, daß es nicht weiterfahren konnte, und zwei kehrten um. Nur zwei Schiffe gelangten wohlbehalten nach England.

Auch die Japaner starteten an diesem 1. April ein maritimes Unternehmen: Im Rahmen der sogenannten Operation »C« machten sich fünf Flugzeugträger, die schon am Überfall auf Pearl Harbor teilgenommen hatten, auf den Weg über den Indischen Ozean. Nachdem sie auf dem zu den Malediven gehörenden Addu-Atoll Treibstoff gebunkert hatten, kreuzten sie vier Tage später vor der ceylonesischen Hauptstadt Colombo auf und versenkten zwei britische Kreuzer, die *Dorsetshire* und die *Cornwall* sowie den bewaffneten Handelskreuzer *Hector* und den Zerstörer *Tenedos*. Mehr als 500 Seeleute fanden den Tod. Weitere 300 Männer starben, als der Flugzeugträger *Hermes* und der Zerstörer *Vampire* bei Trincomalee bombardiert und versenkt wurden. Im Zuge desselben japanischen Angriffs wurden im Bengalischen Golf 23 Handelsschiffe mit einer Gesamtverdrängung von 112000 Tonnen versenkt. Die Japaner verloren bei diesen beiden Angriffen insgesamt 36 Flugzeuge. Dessenungeachtet löste der Angriff auf Trincomalee in Kalkutta beträchtliche Unruhe aus, schien er doch weitere spektakuläre japanische Vorstöße anzukündigen.

Am 13. April griffen japanische Bomber die burmesische Stadt Mandalay an; 2000 Menschen kamen ums Leben, und ein großer Teil der Stadt wurde in Brand gesetzt. Am gleichen Tag begannen die Japaner mit einer massiven Offensive gegen die Amerikaner, die sich noch auf der Halbinsel Bataan verschanzt hielten. General MacArthur befahl seinen Leuten von seinem australischen Hauptquartier aus einen Gegenangriff. Aber die Männer waren von Malaria und Ruhr, Hunger und akutem Munitionsmangel ausgelaugt und demoralisiert.

Daß die Japaner schalten und walten konnten, wie sie wollten, zeigte sich am 6. April, als auf Coconada und Vizagapatam, zwei Städte in der Provinz Madras an der indischen Westküste, japanische Bomben fielen, während 7000 Kilometer weiter östlich japanische Truppen in Lorengau auf den Admiralitäts-Inseln landeten, die keine 120 Kilometer von Cape York auf dem australischen Festland entfernt lagen.

In Hitlers Europa breitete die Tyrannei ihre Krakenarme mit jedem Tag weiter aus. In Deutschland selbst wurde am 3. April mit der Deportierung von 129 Juden aus Augsburg nach Belzec der Schlußstrich unter die Geschichte einer jüdischen Gemeinde gezogen, die mehr als 700 Jahre lang eines der Zentren jüdischen Lebens und jüdischer Kultur in Deutschland gewesen war. Am selben Tag wurden aus der ostgalizischen Stadt Tlumacz 1200 Juden nach Belzec deportiert. Am 4. April folgten ihnen 1500 Juden aus dem Nachbarort Horodenka.

Im Führerhauptquartier im ostpreußischen Rastenburg stimmten Hitler und Himmler beim Tischgespräch am 5. April darin überein, daß »germanische« Kinder aus den besetzten Ländern ihren Eltern weggenommen und in besonderen nationalsozialistischen Schulen aufgezogen werden sollten. »Wenn wir verhindern wollten, daß germanisches Blut in die Führungsschicht der von uns beherrschten Völker gelange und sich dann gegen uns auswirke«, erklärte Himmler laut Gesprächsprotokoll, »müsse man mit der Zeit allen wertvollen germanischen Nachwuchs unter den Einfluß einer derartigen Erziehung bringen.« Himmler meinte gegenüber Hitler, daß »germanische« Kinder holländischer, flämischer, französischer und anderer Eltern für den Besuch der geplanten Eliteschulen und in Frage kämen.

Andernorts flammte jedoch weiterhin mutige Opposition gegen die NS-Ideologie auf. An dem Tag, als Himmler seinem Führer in Rastenburg seine Vorstellungen von »germanischen« Schulen nahebrachte, verabschiedete eine Konferenz evangelischer Pfarrer, die im deutsch besetzten Oslo tagte und die große Mehrheit der evangelischen Geistlichen Norwegens vertrat, eine Erklärung, die den Vorrang des Glaubens an Gott vor allen Ideologien bekräftigte; die Erklärung wurde in ganz Norwegen von den Kanzeln verlesen, und in der Folge kündigten von den 699 norwegischen Religionsführern 654 ihre Lehrtätigkeit an staatlichen Schulen auf und widmeten sich nur noch ihrer Arbeit als Pfarrer. In Deutschland wurde am 7. April der evangelische Theologe Karl Friedrich Stellbrink zusammen mit drei katholischen Priestern wegen Kritik an der NS-Herrschaft festgenommen; sieben Monate später wurden alle vier Kirchenmänner hingerichtet.

In dem fortdauernden Bemühen, die Verlegung deutscher Luftwaffeneinheiten an die Ostfront zu verhindern, verübten die Briten vom 8. April an eine Reihe von Überfällen auf militärische Anlagen der Deutschen entlang der Kanalküste. Diese Taktik band in der Tat beträchtliche deutsche Luftwaffenkapazitäten, kostete die Royal Air Force jedoch auch 259 Maschinen, während die Deutschen nur 58 Jäger durch Abschuß verloren. Immerhin führten diese bewußten Entlastungsangriffe dazu, daß die Deutschen den Treibstoff für ihre an der russischen Front eingesetzten Flugzeuge rationieren mußten.

Unterdessen hatten die Japaner ihren Angriffsdruck auf die in der Mausefalle von Bataan sitzenden Amerikaner und Filipinos weiter verstärkt. Am 8. April gelang es 2000 der Eingeschlossenen, nach Corregidor überzusetzen. Die restlichen 76000, darunter 12000 Amerikaner, ergaben sich den Japanern am 9. April. Sie mußten sich sogleich zu einem 105 Kilometer langen Marsch von Balanga aus nordwärts aufmachen. Diese Strapaze war mit so viel brutaler Quälerei und so schrecklichen Entbehrungen verbunden, daß mehr als 600 Amerikaner und 5000 Filipinos diesen »Todesmarsch«, wie er später genannt wurde, nicht überlebten. Viele wurden mit Prügeln totgeschlagen oder mit dem Bajonett erledigt, wenn sie aus Schwäche oder Müdigkeit stolperten und hinfielen. Andere wurden aus der Marschkolonne herausgeholt, geschlagen, gefoltert und getötet. Noch einmal 16000 Filipinos und mindestens tausend Amerikaner gingen in den Wochen danach in Kriegsgefangenenlagern an Unterernährung, Krankheiten und Mißhandlungen zugrunde.

Auf der Festungsinsel Corregidor hielt General Wainwright mit 13000 Mann trotz beständigen und schweren Artilleriebeschusses weiterhin die Stellung. In Indien zeigte sich der Führer der Kongreßpartei, Jawaharlal Nehru, höchst betroffen über den Versuch der Japaner, ihren Eroberungszug als Befreiungskrieg zu deklarieren und auch den Indern diese Art der Befreiung für die nähere Zukunft in Aussicht zu stellen. »Es täte mir weh«, erklärte Nehru am 12. April, »irgendeinen Inder über die Befreiung Indiens durch die Japaner reden zu hören.« Auf Bataan, wo der »Todesmarsch« noch nicht zu Ende war, stürzten sich an diesem Tag japanische Soldaten auf einen Teil ihrer philippinischen Gefangenen und hackten vierhundert von ihnen mit Schwertern in Stücke.

Während die australische Öffentlichkeit mit zunehmender Beunruhigung das japanische Vordringen im fernöstlichen und pazifischen Raum verfolgte, verteidigten auf dem nordafrikanischen Kriegsschauplatz australische Truppen die Stadt Tobruk gegen ihre deutschen Belagerer. Am 13. April unternahmen die Deutschen einen Vorstoß auf die Festung, konnten zwischen zwei australischen Vorposten eine Bresche schlagen und berannten eine strategisch wichtige Bastion. Einer der Verteidiger dieser Bastion war Unteroffizier Jack Edmondson, ein siebenundzwanzigjähriger australischer Farmer; trotz schwerer Bauch- und Halsverwundungen half er mit, den deutschen Angriff zurückzuschlagen. Kurz danach erlag er seinen Wunden. Posthum wurde ihm als erstem Australier in diesem Krieg das Victoria Cross verliehen.

Der 14. April 1942 war der Tag, an dem in London die von den britischen und amerikanischen Stabschefs eingesetzte Combined Commanders Group endgültig zu dem Urteil gelangte, daß ein größeres alliiertes Unternehmen an der Westfront zur Entlastung der Sowjetunion 1942 nicht möglich sein werde. Es werde weiterhin nur kleine Kommandoaktionen geben können. Eine solche Aktion, allerdings vom denkbar kleinsten Kaliber, hatte drei Tage vorher stattgefunden: Zwei britische Kommandos waren im Schutz der Nacht mit Kanus in den Hafen von Bordeaux gepaddelt und hatten einen deutschen Tanker in die Luft gejagt. Größere Operationen dieser Art waren geplant. Aber sie würden sich in diesem Jahr noch nicht entfernt zu dem addieren, was die Russen unter der Eröffnung einer zweiten Front in Europa verstanden. Der militärische Druck auf die Sowjetunion hielt unterdessen an. In Leningrad war der 15. April der 248. Tag seit Beginn der Belagerung. Zum erstenmal nach vielen Monaten fuhren an diesem Tag wieder die Straßenbahnen. Ein deutscher Kriegsgefangener, Unteroffizier Falkenhorst, erzählte seinen Vernehmern später, er habe den Glauben an Hitler verloren, als er an jenem Morgen die Straßenbahn habe bimmeln hören. Auf der anderen Seite wurde im April mit 102497 Hungertoten in Leningrad eine höhere Totenziffer als in allen anderen Monaten der Belagerung registriert, wobei in dieser Zahl, die auf der Begräbnisstatistik beruht, allerdings auch einige tausend Todesopfer enthalten sind, die zuvor wochen- oder monatelang in der eisigen Kälte an den Straßenrändern gelegen hatten.

Am 7. April wurde in Polen ein drittes Vernichtungslager eröffnet. An diesem Tag wurden in der südöstlich von Warschau gelegenen mittelalterlichen Stadt Zamość 2500 Juden zusammengetrieben und mit dem Zug auf die Reise zu einem »unbekannten Ziel« geschickt. Die Reise endete in einem Lager unmittelbar vor den Toren des Dorfes Sobibor, das nach denselben Kriterien wie Chelmno und Belzec zum Standort eines Todeslagers gewählt worden war. Die Juden, die in Sobibor eintrafen, wurden in der Regel innerhalb weniger Stunden nach ihrer Ankunft vergast; lediglich ein paar hundert wurden aussortiert und zur Zwangsarbeit herangezogen. Von den 2500 Juden aus Zamość hatte nur einer, Mosche Schklarek, dieses »Glück«. Die übrigen wurden vergast. Bis zum Jahresende wurden mehr als eine Viertelmillion Juden nach Sobibor deportiert und ermordet, die meisten aus dem mittleren Polen, aber auch einige aus dem weit über 1000 Kilometer entfernten Holland.

Was in Sobibor und den anderen Vernichtungslagern geschah, wurde als strenges Amtsgeheimnis gehütet. Selbst die geltende, an und für sich schon irreführende Sprachregelung wurde noch einmal »verbessert«. Wie Himmlers persönlicher Sekretär am 10. April dem Statistischen Reichsamt mitteilte, sollte künftig nicht mehr von einer »Sonderbehandlung der Juden« die Rede sein. Die neue Formel lautete: »Verschickung der Juden in den Osten.«

Am 17. April flogen zwölf britische Bomber einen tollkühnen Tageslichtangriff auf ein Dieselmotorenwerk in Augsburg. Sieben von ihnen wurden abgeschossen. Doch daß britische Flieger es gewagt und geschafft hatten, in nur 500 Fuß Flughöhe so tief nach Deutschland einzudringen, begeisterte die britische Öffentlichkeit. Der Geschwaderführer John Dering Nettleton, ein Südafrikaner, wurde mit dem Victoria Cross ausgezeichnet. Etwa ein Jahr später fand er bei einem nächtlichen Bombenangriff auf Turin den Tod.

Der 17. April war auch der Tag, an dem dem französischen General Henri Giraud die Flucht aus deutscher Gefangenschaft gelang. Nach seiner Gefangennahme im Juni 1940 hatten die Nazis ihn in der zum Hochsicherheitsgefängnis umgebauten Burg Königstein in Sachsen eingesperrt. Nun gelang es ihm, sich über die Burgmauer abzuseilen, auf einen fahrenden Zug zu springen und über die Grenze nach Frankreich zu gelangen. Der französischen Bevölkerung, die nun schon fast zwei volle Jahre unter deutscher Besatzung lebte, gab die Flucht Girauds so großen moralischen Auftrieb, daß Himmler seiner Gestapo befahl, »Giraud zu finden und zu liquidieren«. Aber der General entkam schließlich auf einem britischen U-Boot aus Frankreich und erreichte wohlbehalten nordafrikanischen Boden. Für seine tollkühne Flucht wurde er mit der Medaille Militaire belohnt. Wie Goebbels in seinem Tagebuch festhielt, ärgerte Hitler sich noch wochenlang über die Flucht Girauds.

Auch die Amerikaner konnten in der dritten Aprilwoche einen Erfolg feiern – oder hätten es tun können, wenn sie nicht erst in der zweiten Maiwoche davon erfahren hätten. Am 18. April flogen nämlich unter strengster Geheimhaltung sechzehn amerikanische Bomber unter dem Kommando von Oberstleutnant James H. Doolittle einen Angriff auf Ziele in Japan. Die vom Flugzeugträger *Hornet* gestarteten Maschinen erreichten nach einem 1324 Kilometer weiten Flug über den Pazifik die japanischen Hauptinseln und bombardierten in Tokio, Kobe, Jokohama, Nagoja und Jokosuka Treibstoff- und Hafenanlagen. In Jokosuka wurde der im Trockendock liegende Flugzeugträger *Ryuho* getroffen und beschädigt. Da die amerikanischen Bomber nicht in der Lage waren, die weite Strecke zurückzufliegen, nahmen sie Kurs auf China.

Einer der Bomber sah sich zu einer Notlandung auf sowjetischem Boden, unweit von Wladiwostock, gezwungen; die Besatzung wurde interniert. Zwei andere gingen per Bruchlandung auf japanisch kontrolliertem Gebiet nieder; ihre acht Besatzungsmitglieder wurden von den Japanern aufgegriffen, die drei von ihnen exekutierten. In ihrer Verärgerung über dieses Kommandounternehmen, das gezeigt hatte, daß das Reich der Aufgehenden Sonne nicht unverwundbar war, besetzten die Japaner die chinesische Provinz Tschekiang, nicht zuletzt auch um künftige amerikanische Unternehmen dieser Art zu unterbinden.

Im deutsch besetzten Teil der Sowjetunion war der 18. April, der für die Amerikaner einen so erfreulichen Erfolg brachte, ein schwarzer Tag für eine im Raum Dorogobusch operierende sowjetische Partisanentruppe. Ihr Anführer, Oberst Jefremow, hatte eine schwere Verwundung am Hals erlitten und war nicht mehr in der Lage, etwas für seine Männer zu tun. Da er aber auch nicht in Gefangenschaft geraten wollte, setzte er sich seine Pistole an die Schläfe. »Jungs«, sagte er, »das ist das Ende für mich, aber ihr kämpft weiter.« Dann erschoß er sich. Seine Männer führten den Kampf in der Tat weiter, wenngleich es sich nun für sie um ein fast aussichtsloses Unterfangen handelte. Einige schafften es, sich auf die sowjetische Seite der nahe gelegenen Front durchzuschlagen. Nach einiger Zeit kehrten sie dann zurück, um von neuem den Deutschen hinter der Front Nadelstiche zuzufügen.

Am 21. April lief das erste von mehreren deutschen U-Booten eines neuen Typs zu seinem ersten Einsatz aus, der es in den Atlantik führte. Es handelte sich um einen sogenannten U-Boot-Tender, der nicht über Angriffswaffen verfügte, sondern mit Vorräten, Ersatzteilen und 700 Tonnen Dieseltreibstoff beladen werden konnte, von denen 600 für das Auftanken von maximal vierzehn Kampf-U-Booten zur Verfügung standen. Daher waren die 32 vor der amerikanischen Ostküste, in der Karibik und im Golf von Mexiko operierenden deutschen U-Boote nicht mehr an feste Anlaufstationen zum Nachladen und Auftanken gebunden und konnten länger und effizienter eingesetzt werden. In ihren Einsatzgebieten versenkten sie alliierte Handelsschiffe, noch bevor diese sich weiter nördlich den transatlantischen Konvois anschließen konnten.

Hinter den japanischen Linien wurden alliierte Kriegsgefangene Zeugen einer barbarischen Tat, wie sie sie noch nie erlebt und nicht für möglich gehalten hatten. Am 22. April wurden in einem Kriegsgefangenenlager in Bandung drei Holländer bei einem Fluchtversuch gefaßt. Was mit ihnen dann passierte, hielt der australische Militärarzt, Oberst Edward Dunlop, in einem Tagebucheintrag fest: »An Pfosten gebunden und vor ihren Kameraden wie Schweine mit Bajonetten abgeschlachtet.« Auf die Aufforderung hin, eine letzte Bitte zu äußern, habe der »erste Mann um Entfernung der Augenbinde gebeten und mit fester Stimme gesagt: ›Lang lebe die Königin‹, was dann alle anderen wiederholten«. Ein holländischer Offizier, der von dem Schauspiel so erschüttert war, daß er in Ohnmacht fiel, wurde von einem japanischen Offizier »wegen seiner Unmännlichkeit scharf zurechtgewiesen«.

Am 20. April lief die britisch-amerikanische Operation »Calendar«, die Überführung von 47 Jagdflugzeugen nach Malta, an. Sie wurden zunächst auf dem amerikanischen Flugzeugträger *Wasp* bis ins Mittelmeer transportiert und dann über eine Strecke von 1200 Kilometern nach Malta geflogen. In Malta angekommen, wurden sie jedoch, noch bevor sie in die vorgesehenen Schutzbunker gezogen oder auch nur aufgetankt werden konnten, Opfer eines deutschen Luftangriffs; nur zehn Maschinen blieben intakt. Mussolini drängte die Deutschen daraufhin zur schnellen Durchführung der Operation »C 3«, der Besetzung Maltas. Doch Hitler, der mitten in den Vorbereitungen zu seiner zweiten russischen Großoffensive steckte, lehnte ab.

Während die Briten unverdrossen Vorbereitungen für einen zweiten Versuch trafen, auf dem Luftweg Verstärkungen nach Malta zu bringen, führten sie am 22. April an der französischen Küste eine zweite kleinere Kommandoaktion durch. Es handelte sich um die Operation »Abercrombie«, die Entsendung von fünfzig britischen und fünfzig kanadischen Soldaten über den Ärmelkanal zu einem Landungsversuch am Strand von Hardelot; die Aktion sollte als Vorübung für einen größeren Angriff im August dienen. »Zum Unglück für die Kanadier«, schrieb ein kanadischer Militärhistoriker, »endete dieses kleine Unternehmen wieder einmal mit einem Fiasko. Das Schiff, das sie transportierte, schaffte es nicht, sie an Land zu setzen, und während sie so nicht eigentlich in das Geschehen eingriffen, gerieten sie doch unter deutsches Feuer.« In derselben Woche begannen die Planungen für eine andere, »exotischere« und hochgeheime britische Operation. Der unter dem Tarnkennwort »Tube Alloys« arbeitende technische Ausschuß, der für Atombombenforschung und einschlägige Spionage zuständig war, hatte empfohlen, die Erzeugung schweren Wassers durch die Deutschen in Norwegen zu sabotieren. Schweres Wasser galt als wesentlicher Grundbestandteil für die Herstellung einer Atombombe. Der Ausschuß war nach Prüfung »jüngster Experimente« zu der Auffassung gelangt, daß Plutonium sich zum Bau einer solchen Bombe eignen könnte und daß es sich »am besten in mit schwerem Wasser ausgestatteten Systemen zubereiten« lassen würde.

Die Special Operations Executive erhielt nun den Auftrag, die Zerstörung der deutschen Anreicherungsanlage für schweres Wasser im norwegischen Vermork zu planen. Während sie sich an diese Aufgabe machte, verschärfte sich der mit herkömmlichen Sprengmitteln und Brandbomben geführte Krieg. Am 23. April flogen 45 deutsche Bomber einen Angriff auf Exeter – eine Vergeltungsmaßnahme für die Bombennacht von Lübeck. Als der Angriff fehlschlug, kehrten die Deutschen am nächsten Abend mit sechzig Bombern zurück. Ebenfalls am Abend des 24. April attackierten 150 deutsche Bomber die britische Stadt Bath. Sie hätten unterwegs britischen Bombern begegnen können, die zur gleichen Zeit nach Rostock an der Ostsee unterwegs waren. Es waren die durchweg auf mittelalterliche Stadtkerne zielenden und deswegen von den Briten bald als »Baedeker Raids« bezeichneten Bombenangriffe, die die verheerendsten psychologischen Wirkungen zeitigten. In Bath fielen 400 Zivilisten dem deutschen Angriff zum Opfer. Am 27. April kam Norwich an die Reihe, am 28. April wurden York und noch einmal Norwich heimgesucht; in York ging die aus dem 15. Jahrhundert stammende Guildhall in Flammen auf. In den ersten fünf Tagen nach Beginn dieser »Baedeker Raids« wurden 938 britische Zivilisten getötet. Churchill forderte am 27. April, als die Angriffe ihren Höhepunkt erreichten, sein Kriegskabinett auf, dafür zu sorgen, daß die zuständigen Ministerien »alles in ihrer Macht Stehende tun, um sicherzustellen, daß diesen Angriffen keine ungebührlich hohe Publizität zuteil werde. Unsere Angriffe auf Deutschland richteten weit größeren Schaden an; und es sei wichtig, den Eindruck zu vermeiden, die Deutschen zahlten in voller Münze zurück.« Tatsächlich verlor die deutsche Luftwaffe bei diesen Angriffen so viele Maschinen, daß sie diese längere Zeit nicht fortsetzen konnte. Besonders schwer wog für die Deutschen der Verlust zahlreicher Flugausbilder, die zur Mitwirkung an diesen Luftangriffen eigens aus den Jagdfliegerschulen abkommandiert worden waren.

Hitler, der am 26. April aus Rastenburg nach Berlin zurückkehrte, war besonders erbost über den Angriff auf Rostock, wo in der Altstadt 70 Prozent aller Gebäude zerstört und die Heinkel-Flugzeugwerke schwer beschädigt worden waren. Im Gespräch mit seinem Propagandaminister Goebbels am 27. April meinte er zur Bombardierung Rostocks und zu ihrer Beantwortung durch deutsche Vergeltungsangriffe, er werde »jetzt Nacht um Nacht solche Angriffe wiederholen«, bis den Engländern die Lust zu ihren Angriffen vergangen sei. Goebbels notierte: »Er teilt absolut meine Meinung, daß man jetzt Kulturzentren, Badeorte und bürgerliche Städte angreifen müsse ... Es gibt ja auch kein anderes Mittel, die Engländer zur Vernunft zu bringen. Sie gehören zu jener Klasse von Menschen, mit denen man überhaupt nur sprechen kann, wenn man ihnen vorher die Backenzähne ausgeschlagen hat.«

Churchills Befürchtungen galten in der letzten Aprilwoche nicht so sehr England als Malta. Am 24. April ersuchte er Roosevelt, dem amerikanischen Flugzeugträger *Wasp* die Freigabe für eine zweite »Tour« mit Verstärkungen für Malta zu erteilen. »Ohne diese Unterstützung«, warnte Churchill, »wird Malta, so fürchte ich, in einem Bombenhagel untergehen.« Ein wehrhaftes Malta hingegen könne, so Churchills Einschätzung, »die feindliche Luftwaffe auslaugen und Rußland wirkungsvoll entlasten«. Rußland war auch das Hauptthema, über das Hitler am 26. April vor dem Reichstag in Berlin sprach. Der russische Winter 1941/42 sei mit Temperaturen von bis zu 50 Grad minus der schlimmste seit 140 Jahren gewesen; nun aber, da der Frühling nahe, erwarte er »große Siege« für die deutschen Streitkräfte.

Hitlers Rede enthielt freilich nicht nur Verheißungen. Einen wichtigen Platz in ihr nahm auch sein Aufruf zur »Unterordnung unter eine einzige Idee, nämlich den Kampf um den Sieg« ein. In ernsten Worten voller drohender Untertöne warnte Hitler seine Zuhörer: »Möge heute niemand von seinen wohlverdienten Rechten predigen. Möge ein jeder voll und ganz begreifen, daß es von jetzt an nur noch Pflichten gibt.«

KAPITEL 24

Wachsender Widerstand, zunehmender Terror

Sommer 1942

Am 27. April 1942 fielen erneut britische Bomben auf Rostock. »Sieben Zehntel der Stadt sind wegradiert«, trug Goebbels in sein Tagebuch ein. »Mehr als hunderttausend Menschen mußten evakuiert werden.« Wie Goebbels hinzufügte, war in der Stadt »Panik« ausgebrochen. Der amerikanische Luftangriff auf Tokio war ebenfalls Gegenstand vieler Gerüchte und Spekulationen; die USA hatten sich noch nicht dazu bekannt. »Aus Japan hört man gar«, bemerkte Roosevelt am 28. April in einem seiner für die US-Öffentlichkeit bestimmten Kamingespräche, »daß jemand Bomben auf Tokio und auf andere für die japanische Rüstungsindustrie bedeutsame Orte geworfen hat. Falls dies zuträfe«, fügte er süffisant hinzu, »wäre es das erste Mal in der Geschichte, daß Japan eine solche Kränkung hat hinnehmen müssen.«

Die japanische Militärmacht beschloß den April mit weiteren Eroberungen. Am 29. April besetzten japanische Truppen Lashio, den Endpunkt der Burma-Straße, über die die amerikanischen und britischen Nachschublieferungen nach China liefen. Schon am 27. April hatte General Stilwell angesichts des sich verschärfenden japanischen Drucks auf Burma, der seine Lage in China zunehmend schwieriger machte, um die Erlaubnis ersucht, sich mit den 100 000 unter seinem Befehl stehenden chinesischen Soldaten nach Indien zurückziehen zu dürfen. Washington erteilte am 30. April die Zustimmung zu seinem Rückzug. Vier Tage später mußten die Briten die Hafenstadt Akyab am Bengalischen Golf, die nur 160 Kilometer von der indischen Grenze entfernt lag, aufgeben.

Im besetzten Europa züngelten überall Flammen des Widerstands auf, die jedoch rücksichtslos zertreten wurden. In dem norwegischen Fischerdorf Taelvag wurden zwei Deutsche und ein Norweger bei einem Gefecht mit einer auf frischer Tat ertappten norwegischen Widerstandsgruppe getötet; die Deutschen zerstörten als Vergeltungsmaßnahme alle Häuser und alle Fischerboote des Dorfes und deportierten sämtliche männlichen Bewohner zwischen 16 und 65 Jahren in Konzentrationslager in Deutschland, wo die meisten von ihnen zugrunde gingen. Außerdem wurden achtzehn junge Norweger erschossen, die zwei Monate zuvor in Ålesund verhaftet worden waren, weil sie versucht hatten, mit einem Boot nach England zu flüchten. »Hoffentlich werden diese Exekutionen ihre positiven Folgen in der Haltung der norwegischen Bevölkerung haben«, schrieb Goebbels am 5. Mai in sein Tagebuch. »Wenn sie uns nicht lieben lernen, so sollen sie uns wenigstens fürchten.«

In Griechenland begannen die Deutschen im Mai 1942 mit der Operation »Olymp«, einer Aktion zur »Bandenbekämpfung«. Doch die Partisanen wurden von den einheimischen Bauern, die selbst schon oft genug Opfer deutscher Repressalien geworden waren, mit Nahrung und Unterschlupf versorgt und aus gefährdeten Gebieten ausgeschleust. Am 1. Mai wehten in einem Bezirk im deutsch besetzten Teil Rußlands 45 rote Fahnen; Partisanen hatten sie aufgepflanzt und mit Minen und Zündern versehen, so daß jeder, der die Fahnen herunterzuholen versuchte, in Stücke gerissen wurde. Anderswo organisierten Partisanen und die einheimische Bevölkerung gemeinsam Maifeste, auf denen getanzt und patriotische Lieder gesungen wurden. In Frankreich kam es auf breiter Front zu antideutschen Demonstrationen. Zu einer Milderung des alltäglichen Terrors führte dies alles natürlich nicht. Der deutsche Statthalter im »Warthegau«, Artur Greiser, wandte sich am 1. Mai von Posen aus mit dem schriftlichen Vorschlag an Himmler, tuberkulosekranke Polen zur »Sonderbehandlung« nach Chelmno zu schicken. Im weiteren Verlauf des gerade angebrochenen Monats wurden in Chelmno mehr als 19000 Juden vergast, in Auschwitz mehr als 6000, in Belzec 5000 und in Sobibor 36000. Ebenfalls in diesem Mai wurden in Dubno, einer Stadt im deutsch besetzten Teil Rußlands, 5000 als für die deutsche Rüstungsindustrie »unbrauchbar« eingestufte Juden aus der Stadt hinausgeführt und mit Gewehrschüssen und MG-Salven niedergemäht. An anderen Orten im deutsch besetzten Rußland wurden in diesem Mai weitere 36000 Juden ermordet. Damit waren allein in diesem Monat mehr als 130000 Juden getötet worden.

Vor allem als deutlich wurde, daß es 1942 keine Landung in Europa geben würde, zeigte sich in den Ländern der Westalliierten immer stärker das Bedürfnis, wenigstens die Rechtmäßigkeit der Sache der Alliierten herauszustreichen. Am 2. Mai richtete das US-Kriegsministerium eine Sonderabteilung, das Photo Signal Detachment, ein. Sieben Drehbuchautoren aus Hollywood entwickelten unter der Regie dieses Gremiums und unter dem Leitmotiv »Warum wir kämpfen« eine Reihe von Spielfilmen, die dem amerikanischen Publikum die Augen über Ursachen, Hintergründe und Fortgang des Krieges öffnen sollten. Es dauerte allerdings ein volles Jahr, ehe der erste dieser Filme, *Prelude to War,* inszeniert von Frank Capra, in die Kinos kam.

Am 2. Mai fing ein Flottenverband der US-Marine, alarmiert durch entschlüsselte japanische Funkbotschaften der höchsten Geheimhaltungsstufe, in der Korallensee eine japanische Flotte ab, die zwei japanische Truppenverbände zu den Schauplätzen geplanter Landungsoperationen bringen sollte. Ihre Ziele waren Tulagi auf den Salomon-Inseln und das keine 800 Kilometer vom Territorium Australiens entfernte Port Moresby an der Südküste Neuguineas. Es entbrannte eine Schlacht, die mit Unterbrechungen vier Tage lang währte und fast ausschließlich von Marinefliegern bestritten wurde, welche von Flugzeugträgern aus operierten. Siebzig japanische und 66 amerikanische Flugzeuge wurden abgeschossen – eine fast ausgeglichene Verlustbilanz nach der ersten »Luft-See-Schlacht« der Geschichte, bei der kein einziger Schuß von einem Schiff auf ein anderes abgegeben wurde: Geschossen wurde ausschließlich von Flugzeugen auf Flugzeuge, von Flugzeugen auf Schiffe und umgekehrt. Der amerikanische Flugzeugträger *Lexington* wurde durch mehrere Treffer so stark beschädigt, daß er versenkt werden mußte; bis zu diesem Zeitpunkt waren bereits 216 Mann seiner Besatzung japanischen Bomben und Lufttorpedos zum Opfer gefallen. Die Japaner büßten ihrerseits den leichten Flugzeugträger *Shoho* ein. Gemessen am Verlust von Schiffstonnage, endete die Schlacht mit einem japanischen Sieg. Andererseits verloren die Japaner in diesen vier Tagen so viele ihrer besten und erfahrensten Piloten, daß sie sich gezwungen sahen, in ihrer Expansion nach Süden innezuhalten.

Unter den Helden der Schlacht in der Korallensee war ein Leutnant der US-Marine namens James Powers. Präsident Roosevelt berichtete vier Monate später in einer Radioansprache davon, wie Powers am dritten Tag der Schlacht zu seinen Pilotenkameraden gesagt hatte: »Denkt daran, unsere Leute zu Hause zählen auf uns. Ich werde einen Treffer markieren, und wenn ich ihnen die Bombe auf das Flugdeck legen muß.« Im Sturzflug aus 8000 Fuß Höhe angreifend, klinkte Powers seine Bombe in weniger als 60 Meter Abstand vom Deck eines Flugzeugträgers aus; die Detonation seiner eigenen Bombe brachte sein Flugzeug zum

Absturz. »Der Marineminister hat mir empfohlen«, erklärte Roosevelt, »dem Leutnant James Powers aus New York, im Kampf vermißt, die Medal of Honour zu verleihen. Ich tue dies jetzt und hiermit.«

Während in der Korallensee die Schlacht in ihren dritten Tag ging, landeten am 5. Mai japanische Truppen auf der Philippineninsel Corregidor. Der seit langem erwarteten Landung vorausgegangen war ein außerordentlich heftiges Artilleriesperrfeuer; allein in den 24 Stunden vor Beginn der Landung schlugen 16000 Granaten ein. Am Morgen des 6. Mai bot General Wainwright, nachdem ihm gemeldet worden war, daß bereits 800 seiner Männer gefallen waren, den Japanern über Funk die Kapitulation an. Anschließend übermittelte er seine Entscheidung Präsident Roosevelt in Washington und General MacArthur in Australien. Die Japaner hatten in der ersten Phase ihrer Landung auf der Festungsinsel 1200 Mann verloren. In Manila hielten die Japaner Ausschau nach prominenten philippinischen Politikern für eine Vasallenregierung. Der Oberste Richter der Philippinen, José Abad Santos, lehnte es ab, sich hierfür zur Verfügung zu stellen. Er wurde am 7. Mai hingerichtet.

Mehr als 8000 Kilometer westlich der Philippinen trat an diesem 7. Mai die Operation »Ironclad« in ihre entscheidende Phase: die Besetzung des Hafens Diego-Suarez auf Madagaskar durch britische Truppen. Mit dieser Operation sollte vorbeugend verhindert werden, daß die Japaner sich einen Stützpunkt sichern würden, von dem aus sie den Indischen Ozean beherrschen könnten. Die aus der Hafenstadt verdrängten Truppen Vichy-Frankreichs verhinderten jedoch durch anhaltenden Widerstand jedes weitere britische Vordringen ins Innere der Insel, so daß Vorkehrungen für eine zweite Phase der Operation im Herbst getroffen werden mußten.

Inzwischen verging kein Tag mehr, ohne daß irgendwo irgendeine der am Krieg beteiligten Mächte einen Angriff unternommen hätte, sei es am Boden, zur See oder in der Luft. Am 4. Mai hatten die deutschen und italienischen Besatzungstruppen in Jugoslawien mit ihrer Operation »Trio« begonnen, der dritten Offensive innerhalb von sechs Monaten gegen Tito und seine Partisanen. Eine deutsche und drei italienische Divisionen sowie mehrere kroatische Einheiten kämmten auf der Suche nach Partisanen Dörfer und Landstriche durch. Oft genug aber nahmen sie einfach Geiseln. In Pljevlja wurden 32 Geiseln von italienischen Partisanenjägern umgebracht. Ähnliches wiederholte sich drei Tage später in Cajnice. Aus ihrem Stützpunkt Foča vertrieben, zogen die Partisanen sich ins fast 350 Kilometer weiter nördlich gelegene Bihač zurück.

Im besetzten Rußland brachte die erste Maiwoche die Gefangennahme von Isai Kasinez, der viele Monate der organisatorische Kopf der im Raum Minsk operierenden Partisanen gewesen war und auch Verbindung zu den jüdischen Untergrundkämpfern im Getto von Minsk aufgenommen hatte. Kasinez, der selbst Jude war, verriet auch unter schwerster Folter nichts und niemanden. Er wurde am 7. Mai gehängt. 23 Jahre später wurde er posthum zum Helden der Sowjetunion erklärt.

Die Deutschen trafen währenddessen die ersten vorbereitenden Maßnahmen für ihre Sommeroffensive an der Ostfront. Am 8. Mai traten die auf der Krim stationierten deutschen Truppen zu einem Vorstoß auf die Landzunge von Kertsch und gegen das belagerte Sewastopol an. Durch Stuka-Angriffe wurden die Verteidiger von Kertsch demoralisiert; 170000 russische Soldaten gerieten schließlich in deutsche Gefangenschaft. Sewastopol jedoch behauptete sich noch über einen Monat lang. In Anerkennung der Tapferkeit seiner Verteidiger wurde Sewastopol mit dem Ehrentitel »Heldenstadt« bedacht. Dem ebenfalls belagerten Malta wurden am 9. Mai die Früchte eines zweiten Versuchs der Alliierten beschert, der bedrängten Insel angemessene Hilfsmittel für ihre Verteidigung zukommen zu lassen. Im Rahmen der Operation »Bowery« liefen zwei Flugzeugträger, die britische *Eagle* und die amerikanische *Wasp*, mit zusammen 62 Jagdflugzeugen an Bord ins westliche Mittelmeer ein. Die Maschinen wurden über eine Restdistanz von 1100 Kilometern nach Malta geflogen und kamen vollzählig und wohlbehalten dort an. Dieses Mal sollten sie so rasch aufgetankt werden, daß sie spätestens 35 Minuten nach ihrer Landung wieder startklar sein würden; sechs der Maschinen wurden sogar so schnell betankt, daß sie nach neun Minuten bereits wieder in der Luft waren. An diesem Tag starteten Deutsche und Italiener neun Luftangriffe gegen Malta; jeder einzelne wurde erfolgreich abgefangen. Die geglückte Zuführung der 62 Jäger sollte sich als entscheidend für die Erringung der Luftherrschaft über der Insel erweisen: In derselben Woche wagte der schnelle britische Minenleger *Welshman* mit 340 Tonnen Versorgungsgütern an Bord die Fahrt von Gibraltar nach Malta und kam durch.

In der Nacht vom 9. auf den 10. Mai verbuchten die Briten einen Punktsieg im Sabotagekrieg: Drei französische Agenten, die drei Tage zuvor am Fallschirm über Frankreich abgesetzt worden waren, sprengten in dieser Nacht den stärksten Sender von Radio Paris, der in der Nähe von Melun stand, in die Luft und brachten ihn so für zwei Wochen zum Verstummen.

Am 10. Mai nahm im deutsch besetzten Teil Rußlands ein neues Todeslager seinen Betrieb auf; es »arbeitete« an jeweils zwei Tagen pro Woche und blieb bis Jahresende bestehen. Bei dem unweit von Minsk gelegenen Dorf Maly Trostenez hatten seit Wochen russische Kriegsgefangene und jüdische Zwangsarbeiter Baracken für 600 Häftlinge und deren deutsche und ukrainische Wachmannschaften errichten müssen. Nach Maly Trostenez wurden per Eisenbahntransport Zehntausende von Juden aus Deutschland, Österreich und der Tschechoslowakei deportiert. Vom Bahnhof aus wurden sie in großen Lastwagen mit geschlossenem Aufbau durch das Dorf gefahren. Diese Lastwagen waren nichts anderes als fahrbare Gaskammern; zu dem Zeitpunkt, da sie im Lager ankamen, waren sämtliche Passagiere tot. Die Leichen wurden dann wie in Chelmno von Häftlingsspezialkommandos ausgeladen und in tiefe Massengräber geworfen.

Die Existenz des Lagers in Maly Trostenez wurde streng geheimgehalten. Obwohl Zehntausende von Juden aus Westeuropa dort ermordet wurden, war denen, die in den alliierten Hauptstädten die Schicksale der Opfer des Hitlerregimes mitzuverfolgen suchten, nicht einmal der Name dieses Lagers geläufig.

Die wachsende Kriegsmüdigkeit ließ überall Wunschträume und Gerüchte sprießen. Im Warschauer Getto ging am 8. Mai das Gerücht um, die Rote Armee habe Smolensk und Charkow zurückerobert, am Ilmen-See südlich von Leningrad seien 43000 Deutsche gefallen, in Italien sei Mussolini abgesetzt worden, und Roosevelt habe das deutsche Volk aufgefordert, bis zum 15. Mai zu kapitulieren. Bei den australischen, britischen und holländischen Insassen eines japanischen Kriegsgefangenenlagers in Bandung war am 11. Mai eine »Nachricht« Tagesgespräch, welche Oberst Dunlop als »eine außerordentliche Mixtur und größtenteils Bockmist« bezeichnete: Es wurde behauptet, Ungarn, Rumänien und Bulgarien hätten gegenüber der Sowjetunion kapituliert, die Deutschen hätten sich aus Holland zurückgezogen, und Anthony Eden habe den Deutschen in einer Ansprache »ein Ultimatum für die vollständige Kapitulation« gestellt. Eine wahrheitsgemäße Nachricht wurde am 10. Mai in Amerika publiziert: die Meldung vom »Doolittle-Angriff« auf Tokio im April. Einen Tag später gelang der Flugzeugbesatzung, die bei Wladiwostok notgelandet und von den Sowjets interniert worden war, die Flucht aus einem Dorf im Ural an die persische Grenze. Auf persischem Boden angelangt, wurden die Männer von einem britischen Konsul in Obhut genommen und in die indische Grenzstadt Quetta gebracht.

»Wir hoffen alle, daß wir den Krieg dieses Jahr zu Ende bringen können«, schrieb General Rommel am 12. Mai voller Zuversicht aus seinem Wüstenhauptquartier an seine Frau. »Er dauert jetzt schon bald drei Jahre«, fügte er hinzu. An diesem Tag trat an der Ostfront die Rote Armee zu einem Überraschungsangriff auf südlich von Charkow stehende deutsche Kräfte an, der die Deutschen zwang, ihre für Ende Mai geplante Offensive zu verschieben. Hitler dachte an diesem Tag, wie Rommel, schon an die Zeit nach dem Krieg: Er malte sich aus, wie er nach dem Sieg sein künftiges Reich gestalten würde. Unter anderem zeichnete er einen Grundriß für einen Museumsneubau in Linz und fertigte Skizzen an für eine Prachtvilla, die er auf dem Donauhochufer errichten lassen wollte; sie sollte ein imposantes Foyer und eine als Pavillon gestaltete Terrasse sowie einen einzigartigen »Architekturgarten« bekommen.

Am 13. Mai trat die Rote Armee den Rückzug von der Landzunge von Kertsch an. Südlich von Charkow blieben die Russen jedoch auf dem Vormarsch. In Leningrad verhungerten zwar nicht mehr so viele Menschen wie im April, aber noch immer waren es jeden Tag Tausende. Tanja Sawitschewa, ein Mädchen, das die Belagerung der Stadt von Anfang an miterlebt hatte, trug am 13. Mai in ihr Adreßbüchlein unter dem Buchstaben M ein: »Mama 13. Mai um 7.30 Uhr morgens 1942. Die Sawitschews sind tot. Alle tot. Nur Tanja bleibt übrig.« Auf anderen Seiten des alphabetischen Registers fanden sich die Eintragungen: »Senja, gestorben 28. Dezember«, »Oma, gestorben 25. Januar«, »Leka, gestorben 17. März«, »Onkel Wasja, gestorben 13. April« und »Onkel Ljoscha, 10. Mai.«

Tanja selbst wurde nach Gorki an der Wolga evakuiert und starb im Sommer 1943 an einer chronisch gewordenen Ruhr.

Am 14. Mai versenkten deutsche Torpedobomber westlich der Bäreninsel den Kreuzer *Trinidad,* der einen für Rußland bestimmten alliierten Handelskonvoi auf der Sommerroute von Island nach Archangelsk eskortierte. Achtzig Seeleute fanden den Tod, darunter zwanzig verwundete Männer, die die *Trinidad* aufgenommen hatte, als zwei Wochen zuvor der Kreuzer *Edinburgh* versenkt worden war. Doch über 110 Handelsschiffe, die mit Nachschub für die russische Front beladen waren, kamen allein in diesem Monat nach Murmansk durch. Die zweite deutsche Großoffensive gegen die erstarkende russische Front lief am 17. Mai an; der erste Vorstoß galt dem westlichen sowjetischen Brückenkopf bei Isjum südöstlich von Charkow. Einen Tag später hatten die Deutschen Isjum erobert und damit eines der größten Hindernisse für den geplanten Hauptstoß Richtung Stalingrad aus dem Weg geräumt. 214000 sowjetische Soldaten und 1200 Panzer waren ihnen dabei in die Hände gefallen.

In Berlin tauchten in diesem Mai erstmals antinazistische Maueranschläge auf, und unbekannte Täter steckten mehrere Exponate einer antisowjetischen Propagandaausstellung in Brand. 27 Personen wurden wegen dieser oppositionellen Akte inhaftiert. Es waren allesamt deutsche Juden, und ihr Anführer war Herbert Baum, ein Kommunist. Der Gruppe gehörten die beiden Schwestern Alice und Hella Hirsch, 19 und 21 Jahre alt, und Baums Schwester Marianne an. Alle 27 wurden erschossen. Ebenfalls zum Tod verurteilt wurde am 18. Mai in London José Key, ein Bürger Gibraltars, der dort zweieinhalb Monate zuvor verhaftet worden war, nachdem er den Deutschen Informationen über alliierte Schiffs- und Flugbewegungen zugespielt hatte.

Da die Japaner immer weiter ins Landesinnere Burmas vordrangen, beorderte der britische Oberbefehlshaber, General Alexander, seine Truppen über die Grenze nach Indien, wo sie sich in der Nähe von Imphal einfanden. Die in Burma kämpfenden chinesischen Truppen unter General Tschiang Kai-schek zogen sich bis an die Straße zwischen Myitkyina und Fort Hertz zurück; auch sie sollten bald auf die andere Seite der Grenze wechseln, ins indische Ledo. In Indien wurde am 16. Mai der australische Chirurg Oberstleutnant Lindsay Ride, der kurz zuvor aus japanischer Gefangenschaft geflohen war, formell zum Repräsentanten des MI 9 ernannt, einer mit Fluchthilfe-Aufgaben betrauten Unterabteilung des britischen Militärgeheimdienstes. Oberst Ride half nicht nur mit, alliierte Kriegsgefangene, denen die Flucht aus japanischer Gefangenschaft gelang, nach Indien zu schleusen, sondern organisierte auch ärztliche Hilfe für Zehntausende von Chinesen in all jenen Gebieten, in denen die chinesischen Streitkräfte keinen Sanitätsdienst unterhielten. Von seinem Hauptquartier in Kweiling aus gab Ride außerdem täglich einen Wetterbericht durch, der für die im Luftraum über China operierenden alliierten Flieger von unschätzbarem Wert war. In ähnlicher Weise übermittelte aus dem besetzten Polen die polnische Untergrundarmee zweimal täglich einen Wetterbericht nach England und leistete auf diese Weise ihren Beitrag zur Unterstützung der britischen Bombereinsätze über Deutschland.

Längst war der Nimbus deutscher Unverwundbarkeit überall in Europa geschwunden. Am 19. Mai bombardierten die Briten Mannheim. Am selben Tag störten sowjetische Partisanen die deutsche Gegenoffensive an der Ostfront, indem sie, wie Goebbels in sein Tagebuch notierte, »die Bahn Brjansk–Roslawl ... an fünf Stellen« sprengten. Dies sei »ein weiterer Beweis für die außerordentlich unangenehme Aktivität der Partisanen«. Weiter südlich seien ungarische Verbände, wie Goebbels hinzufügte, auf starke Gegenwehr gestoßen. Sie müßten, erläuterte er, »mühsam ... Dorf für Dorf einnehmen und befrieden ... was sich allerdings auch nicht als übermäßig zweckvoll erwiesen hat. Wenn nämlich die Ungarn melden, daß sie ein Dorf ›befriedet‹ haben, ist meistens von dem Dorf wie von den Einwohnern nichts mehr vorhanden. So ist auch in bezug auf die Feldbestellung aus diesen Gebieten kaum noch etwas für uns herauszuholen.«

Auch weiter hinter der Front wurde zu brutalen Mitteln der »Befriedung« gegriffen. Am 21. Mai wurden 4300 Juden aus der Stadt Chełm ins knapp 40 Kilometer entfernte Vernichtungslager Sobibor deportiert. Alle wurden nach der Ankunft vergast. Ebenfalls am 21. Mai wurden in der wolhynischen Stadt Korzec mehr als 2000 Juden aus ihren Häusern geholt und außerhalb der Stadt auf freiem Feld ermordet. Am selben Tag nahm in dem unweit von Auschwitz gelegenen Monowitz ein Werk des Chemiekonzerns IG Farben die Produktion von synthetischem Öl und Gummi auf. Seine Arbeitskräfte sollte das Werk hauptsächlich aus dem jüdischen Häftlingsreservoir des benachbarten Lagers Auschwitz beziehen; zu diesem Zweck wurden arbeitsfähige Juden von ihren Familien getrennt und anstatt in die Gaskammern in die Lagerbaracken eingewiesen. Hier erhielten sie eine Häftlingsnummer, die ihnen untilgbar auf den Arm tätowiert wurde, und waren damit in das Sklavenheer der deutschen Rüstungsindustrie aufgenommen. Hunderttausende solcher Sklaven arbeiteten in Monowitz, Zehntausende gingen an Entkräftung zugrunde, hervorgerufen durch schwere körperliche Arbeit bei minimaler Ernährung, oder fielen der sadistischen Brutalität ihrer Wächter zum Opfer.

Oftmals kam es vor, daß Juden mit »unbekanntem Ziel« abtransportiert wurden und niemals, auch später nicht, festgestellt werden konnte, wo ihre Reise geendet hatte. Am 22. Mai traf es achtzig junge deutsche Juden, Männer und Frauen, die seit 1939 auf einem zionistischen Landgut in Deutschland – im 70 Kilometer westlich von Berlin gelegenen Steckelsdorf – gelebt und gearbeitet hatten, um sich auf die landwirtschaftliche Betätigung in Palästina vorzubereiten. An diesem 22. Mai nun erhielten sie von der Gestapo den Befehl, ihre Sachen zu packen. Man sagte ihnen, sie müßten sich auf »eine kalte Gegend« gefaßt machen und könnten daher zwei Wolldecken pro Person sowie Waschzeug und Proviant mitnehmen. Niemand hat je wieder etwas von ihnen gehört oder gesehen. Drei Wochen früher waren 2100 Juden aus Dortmund entweder nach Sobibor oder nach Belzec deportiert worden; sie waren allesamt gleich nach der Ankunft vergast worden. Die jungen Zionisten aus Steckelsdorf könnten denselben Weg gegangen sein, vielleicht landeten sie aber noch weiter im Osten – in Maly Trostenez.

Am 23. Mai übermittelte der britische Nachrichtendienst dem sowjetischen Oberkommando, ohne die Quelle dieser Erkenntnisse zu nennen, die präzisen Planungsdaten für die bevorstehende deutsche Sommeroffensive, soweit sie aus den Enigma-verschlüsselten Funkbotschaften der Deutschen zu erschließen waren. Die Deutschen ließen jedoch zunächst einmal die Operation »Hannover« anlaufen – einen Versuch, die Partisanen, die ihnen hinter den Linien tagtäglich das Leben schwermachten, aus dem Bereich der Eisenbahnlinie Brjansk–Wjasma zu vertreiben. Vom 24. Mai an kämmten nicht weniger als 45000 deutsche Soldaten, darunter Panzer- und SS-Einheiten, das Gebiet nach geschätzten 20000 Partisanen durch. Tausende wurden aufgegriffen und getötet.

Auf der Route durch das Nordpolarmeer wurden weiterhin regelmäßige Hilfslieferungen nach Rußland abgewickelt, doch geschah dies unter enormen Risiken. Am 26. Mai stießen insgesamt 260 deutsche Flugzeuge zu einem Angriff auf den Konvoi PQ 16 herab; die Mitternachtssonne half ihnen, ihre Opfer zu finden. Sieben Handelsschiffe wurden versenkt, viele Seeleute kamen ums Leben. Während die übriggebliebenen Frachter und ihre Eskortenschiffe ihren Weg nach Murmansk und Archangelsk fortsetzten, unterzeichnete der sowjetische Außenminister Molotow in Londen an diesem 26. Mai ein auf zwanzig Jahre befristetes Abkommen zwischen Großbritannien und der Sowjetunion, in dem beide Staaten sich verpflichteten, »einander im Krieg gegen Deutschland und alle Staaten, die sich mit Deutschland an Akten kriegerischer Aggression in Europa beteiligen, militärische und andere Unterstützung und Beistand aller Art zu leisten«. Die beiden Vertragspartner sicherten einander darüber hinaus zu, mit Deutschland nicht über einen Waffenstillstand zu verhandeln oder einen solchen abzuschließen, »es sei denn mit beiderseitiger Zustimmung«.

Am gleichen Tag, an dem das englisch-sowjetische Abkommen unterzeichnet wurde, trat Rommel in der afrikanischen Wüste zu seiner neuen Offensive an. In Bir Hacheim, der von Truppen des Freien Frankreich, darunter vielen Fremdenlegionären, gehaltenen Wüstenbastion, dauerte es trotz zahlreicher Infanterie-, Panzer- und Luftangriffe zwei Wochen, bis die Garnison die Waffen streckte. Anderswo drängte Rommel die britische Front zurück. Sein Ziel war es, Tobruk zu erobern und dann zur ägyptischen Grenze weiterzumarschieren.

Am 27. Mai, einen Tag nach dem Beginn der Offensive Rommels, während in Rußland die Deutschen immer noch dabei waren, im Hinterland mit den Partisanen aufzuräumen und bei Charkow ihre Front zu begradigen, verübten in Prag tschechische Patrioten ein Attentat auf Reinhard Heydrich und verwundeten ihn schwer. Zwei der Täter, Jan Kubiš und Josef Gabčík, waren einige Zeit vorher aus England per Fallschirm in die besetzte Tschechoslowakei eingeschleust worden. »Wir werden mit Leichtigkeit diesen Versuch zunichte machen«, trug Goebbels am 28. Mai in sein Tagebuch ein, »im Protektorat und in den besetzten Gebieten Unruhe zu stiften.« Und er fügte hinzu: »Mein Feldzug gegen die Juden in Berlin wird nach ähnlichem Muster ablaufen. Ich lasse zur Zeit eine Liste jüdischer Geiseln zusammenstellen. Umfangreiche Verhaftungen werden folgen.«

Goebbels ließ sich durch das Attentat auf Heydrich nicht in seiner Überzeugung von der Richtigkeit der Ausrottungspolitik beirren. »Zehn Juden im Konzentrationslager oder zwei Meter unter der Erde«, schrieb er, »sind besser als einer auf freiem Fuß. Für Sentimentalität ist hier kein Platz.« Keine »Sentimentalität« gab es an diesem Tag auch für über 200 nichtjüdische Polen, die aus Warschau in das Dorf Magdalenka gebracht und dort erschossen wurden. Unter ihnen waren drei Frauen, die auf Tragbahren aus der Krankenstation des Gefängnisses von Pawiak herbeigeschafft, und fünfzehn Frauen, die aus dem Konzentrationslager Ravensbrück nach Polen zurückgeschickt worden waren.

Am 29. Mai kamen Hitler und Goebbels in Berlin überein, daß alle Juden, die sich noch in Berlin aufhielten, nun schleunigst fortgeschafft werden müßten. In Paris erging an diesem Tag an die Juden die Anweisung, sich auf die linke Brustseite ihrer Jacken und Mäntel einen gelben Stern aufzunähen. »Der gelbe Stern mag so manchen Katholiken schaudern lassen«, verkündete eine auf die Nazilinie eingeschwenkte französische Tageszeitung, »[aber] er erweckt nur eine durch und durch katholische Tradition zu neuem Leben.«

Während der schwerverwundete Heydrich mit dem Tode rang, gingen die Deportationen und Massentötungen weiter. In dem wolhynischen Dorf Radziwillow wurden am 29. Mai 3000 Juden festgenommen und zum Ort ihrer Exekution geführt. Eine Gruppe jüngerer Männer, unter denen sich Ascher Czerkaski befand, organisierte einen Ausbruch. Als der ganze Pulk losrannte, eröffneten die Nazischergen das Feuer und streckten 1500 Juden nieder. Die anderen konnten zunächst einmal in den nahe gelegenen Wald flüchten, doch wurden die meisten in der Folgezeit aufgegriffen und ermordet.

Am 30. Mai erhielt Goebbels, wie er in seinem Tagebuch festhielt, von Hitler die Anweisung, von nun an sollten »keinerlei Rücksichten mehr genommen« werden. Die »Interessen des Reichs« müßten Vorrang haben vor den »Interessen einzelner Personen, von denen wir nicht viel Gutes zu erwarten haben«. An diesem Tag flog der deutsche Pastor Dietrich Bonhoeffer in einer von Admiral Canaris' Abwehr eingefädelten Mission nach Schweden. Dort traf er sich heimlich mit einem führenden Mann der britischen Kirche, dem Bischof Bell von Chichester. Er berichtete ihm von den Verbrechen, die seine Landsleute begingen, und versicherte ihm, in Deutschland wachse der Widerstand gegen diese Untaten.

Hitler sprach an diesem Tag in Berlin zu einer Gruppe frischgebackener deutscher Offiziere. »Ich zweifle keinen einzigen Augenblick daran«, erklärte er ihnen, »daß wir den Endsieg erringen werden. Die Vorsehung hat mich nicht umsonst so weit geführt – vom namenlosen Soldaten zum Fuhrer des deutschen Volkes und Fuhrer der deutschen Wehrmacht. Sie hat das nicht getan, um uns nun im letzten Moment ein Schnippchen zu schlagen und uns das wieder zu nehmen, was in einem so erbitterten Kampf errungen werden mußte.« Karl der Große habe vor tausend Jahren hart durchgegriffen, um ein Deutsches Reich zu begründen; auch die deutsche Wehrmacht müsse in diesen Tagen im Osten hart durchgreifen, wenn sie den Raum erobern wolle, den das neue Deutsche Reich brauche, wenn es überleben und blühen wolle.

Im Osten sah es indes so aus, als könnten die Russen trotz aller ihrer Verluste neue Kraft schöpfen und ihre Gegenwehr verstärken. Am 30. Mai, während Hitler zu seinen jungen Offizieren sprach, wurde in Rußland eine zentrale Kampfleitung der Partisanenbewegung ins Leben gerufen, die künftig die Operationen hinter den deutschen Linien so koordinieren sollte, daß sie eine optimale militärische und psychische Wirkung erzielten. Ein physischer und psychischer Schlag wurde an diesem Abend den Deutschen im Westen versetzt: Die Briten zogen ihre Operation »Millennium« durch, einen von mehr als tausend Bombern geflogenen Angriff auf Köln. Bei diesem ersten »Tausend-Bomber-Überfall« des Krieges wurden innerhalb von 90 Minuten 1455 Tonnen Bomben abgeworfen. 39 Bomber wurden von deutschen Nachtjägern oder durch Flaktreffer abgeschossen, zwei explodierten, als sie in der Luft miteinander kollidierten.

Das Hauptziel des Angriffs war die in Köln beheimatete chemische und Werkzeugmaschinenindustrie; die einschlägigen Betriebe wurden schwer beschädigt. Zerstört wurden aber auch mehr als 13000 Wohnhäuser. 45000 Menschen wurden obdachlos, 469 starben. »Natürlich sind die Auswirkungen des Luftkriegs, vom Einzelfall her betrachtet, furchtbar«, schrieb Hermann Göring in sein Tagebuch, »aber man muß sie hinnehmen.«

»Ich hoffe, unser massiver Luftangriff auf Köln hat Ihnen gefallen«, telegrafierte Churchill einen Tag später an Roosevelt und fügte hinzu: »Jede Menge wird noch folgen ...«

Die Resonanz auf die Bombardierung Kölns war erheblich. »Köln war eine Anzahlung«, schrieb Emanuel Ringelblum im Warschauer Getto ein paar Monate später in sein Tagebuch, »auf die Strafe, die Hitlerdeutschland für die Millionen getöteter Juden auferlegt werden muß und wird. Für die jüdische Bevölkerung des gequälten Europa war Köln ihr persönlicher Racheakt.« Weiter notierte er: »Nach [dem Angriff auf] Köln lief ich in guter Stimmung herum, fühlte ich doch, daß, auch wenn ich von ihrer Hand sterben sollte, mein Tod schon im voraus vergolten ist!«

Albert Speer, der drei Tage nach der Bombardierung Kölns das Führerhauptquartier in Rastenburg besuchte, erinnerte sich später: »Die Aufregung wegen des Fliegerangriffs auf Köln hatte sich noch nicht gelegt.« Das war durchaus im Sinne der Briten. »Diese Demonstration der zunehmenden Schlagkraft der britischen Bomberwaffe«, versicherte Churchill im Gespräch mit »Bomber« Harris, »ist auch ein Vorgeschmack auf das, was Deutschland von jetzt an, Stadt um Stadt, bekommen wird.« William Joyce freilich, der mit seinen Radioansprachen aus Berlin regelmäßig die Moral der Briten zu untergraben versuchte, erklärte: »Mister Churchill brüstet sich, der Angriff auf Köln sei ein Vorbote der Hölle gewesen, die Deutschland erwartet« und fuhr fort: »Die Deutschen sagen dazu: ›Gebt uns mehr von dieser Hölle, soviel ihr könnt, und wir werden sie euch mit Zinsen zurückzahlen.‹«

In Deutschland selbst und im NS-besetzten Europa war es zunächst einmal das Attentat auf Heydrich, das die SS zu entsetzlichen Vergeltungsmaßnahmen animierte. »Heydrichs Zustand ist kritisch«, vertraute Goebbels am 31. Mai seinem Tagebuch an. Im Konzentrationslager Sachsenhausen sei dafür schon eine »ganze Meute von Juden« erschossen worden. »Je mehr von dieser schmutzigen Rasse wir eliminieren, desto besser für die Sicherheit des Reichs«, fügte er hinzu. Zwei Tage später wurden aus Wien tausend Juden mit dem Zug nach Minsk deportiert; von dort aus wurden sie sehr wahrscheinlich gleich nach Maly Trostenez transportiert und vergast. Am 3. Juni wurden in Warschau 110 Juden zusammengetrieben, in ein Gefängnis am Rande des Gettos geführt und erschossen. Unter diesen Toten waren mehrere Frauen, darunter zwei schwangere. Drei Tage später ordnete Adolf Eichmann die Deportation von 450 Juden aus dem Raum Koblenz an; mit ihnen sollten, wie er ausdrücklich hinzufügte, auch die Insassen eines nahe gelegenen Heims für seelisch Kranke deportiert werden. Um die Täuschung der Opfer und die Geheimhaltung zu gewährleisten, betonte Eichmann in seiner Weisung, die Formulierung »Umsiedlung in den Osten« dürfe nicht verwendet werden. Statt dessen solle von »Auswanderung« die Rede sein.

In der Nacht vom 31. Mai auf den 1. Juni kam der Krieg auf Stippvisite in die australische Hafenstadt Sydney, als es einem von zwei japanischen Klein-U-Booten gelang, die Hafensperranlagen zu überwinden und seine Torpedos auf den amerikanischen Kreuzer *Chicago* abzufeuern. Sie verfehlten ihr Ziel und schlugen statt dessen in das australische Versorgungsschiff *Kuttabul,* eine umgebaute Fähre, ein. Das Schiff sank, und zwanzig Seeleute kamen ums Leben. Aber auch die vier Japaner im U-Boot überlebten die Aktion nicht; zwei von ihnen starben von eigener Hand. Die vier Leichen wurden in Sydney mit allen soldatischen Ehren bestattet. Ihre Asche wurde nach Japan zurückgeschickt. Am gleichen Tag erreichte fast 10 000 Kilometer weiter westlich eine Reihe anderer japanischer Klein-U-Boote die Küste von Madagaskar. Im Hafen von Diego-Suarez versenkten sie das britische Handelsschiff *British Loyalty* und beschädigten das Schlachtschiff *Ramillies.* Die Besatzungen aller japanischen U-Boote kamen ums Leben; wie ihre Kameraden in Sydney hatten auch sie sich faktisch auf ein Selbstmordkommando eingelassen.

Am 31. Mai ging der fünfte Monat seit Beginn des unbeschränkten deutschen U-Boot-Krieges gegen Handelsschiffe vor der Ostküste der Vereinigten Staaten zu Ende; es war der Monat mit den bis dahin schwersten Schiffsverlusten für die Alliierten. Mit den 111 Handelsschiffen, die die Deutschen im Laufe des Mais versenkt hatten, wuchs die Gesamtzahl seit Jahresbeginn auf 377. Mehr als hundert von ihnen hatte ihr Schicksal auf der Route zwischen New York und Miami ereilt. Doch gerade in der ersten Juniwoche sollte der Seekrieg eine für die Vereinigten Staaten günstige Wendung nehmen: Alarmiert durch entschlüsselte japanische Funksprüche der höchsten Geheimhaltungsstufe, konnten amerikanische Kriegsschiffe einem japanischen Angriff von See her auf die Midway-Insel zuvorkommen. Die Japaner kamen mit einer beeindruckenden Invasionsstreitmacht: 86 Kriegsschiffe, darunter vier Flugzeugträger. Viermal griffen amerikanische Fliegerstaffeln die japanischen Schiffe ohne durchschlagenden Erfolg an und verloren dabei 65 Maschinen durch Abschuß. Der fünfte Angriff jedoch, der am Morgen des 5. Juni mit 54 Sturzkampfbombern vorgetragen wurde, brachte Erfolg: drei der vier japanischen Flugzeugträger, die *Akagi,* die *Kaga* und die *Soryu,* wurden versenkt. Am Nachmittag gelang auch noch die Ausschaltung des vierten Flugzeugträgers *Hiryu,* dessen Flugzeuge allerdings zuvor noch den amerikanischen Träger *Yorktown* sturmreif gebombt hatten – er wurde am folgenden Tag von einem japanischen U-Boot versenkt.

Für die Japaner war die Schlacht von Midway eine Katastrophe – und nicht nur wegen des Verlustes der vier Flugzeugträger und eines Kreuzers. Ebenso schwer wog, daß sie 332 Flugzeuge und 3500 Mann verloren hatten. Die amerikanische Verlustbilanz wies dagegen nur einen Flugzeugträger, einen Zerstörer, 150 Flugzeuge und 307 Mann aus. Noch in derselben Woche landeten die Japaner mit 1800 Mann auf den beiden westlichsten amerikanischen Aléuten-Inseln Kiska und Attu. Der Zweck dieser Operation war es, amerikanische Kriegsschiffe von Midway wegzulocken, doch da die amerikanischen Abhörspezialisten von diesem Ablenkungsmanöver erfahren hatten, blieb es erfolglos.

Amerika bejubelte seinen Sieg, der um so mehr Grund zur Genugtuung lieferte, als drei der versenkten japanischen Flugzeugträger am Überfall auf Pearl Harbor beteiligt gewesen waren.

Im Atlantik war den Alliierten das Kriegsglück nicht so günstig. In den vier Wochen nach dem 1. Juni versenkten deutsche U-Boote, nicht zuletzt auch dank ihrer neuen Versorgungstender, vor der Ostküste der Vereinigten Staaten 121 alliierte Handelsschiffe. Die Briten holten jedoch, gestützt auf abgefangene Enigma-Funksprüche der deutschen Marine, zum Gegenschlag aus und versenkten bis Ende Juni alle fünf eingesetzten U-Boot-Tender. Zwei andere deutsche Versorgungsschiffe, die *Charlotte Schliemann* und die *Corrientes,* die seit September 1939 im Hafen von Las Palmas auf den Kanarischen Inseln lagen, mußten nach britischen Protesten an die Adresse Spaniens Anker lichten und die Sicherheit der spanischen Hoheitsgewässer verlassen. Auch sie wurden später versenkt.

Die Wahrheit über die Massentötungen in den Vernichtungslagern im deutsch besetzten Teil Polens kam am 1. Juni 1942 ans Tageslicht, als eine Warschauer Untergrundzeitung, die *Freiheitsbarrikade,* das Organ der verbotenen Sozialistischen Partei Polens, einen ausführlichen Bericht über die Vergasungen in Chelmno brachte. Die Angaben stammten von Emanuel Ringelblum, der sie dem jungen Juden Jakub Grojanowski verdankte, welcher im Januar aus Chelmno entflohen war, wo er die Leichen der in den Vergasungslastwagen Getöteten hatte entladen und eingraben müssen. »Entsetzliche Nachrichten«, so begann der Bericht, »über die Abschlachtung von Juden haben uns erreicht.« Sechs Monate und drei Tage nachdem es zur Stätte von Massentötungen bestimmt worden war, machte Chelmno jetzt im Westen von sich reden. Von den Vergasungen, die in Belzec und Sobibor stattfanden, wußten die Aliierten zu diesem Zeitpunkt noch ebensowenig wie von den Vergasungslastwagen von Belgrad, Riga und Maly Trostenez bei Minsk.

Für die Deutschen, die diese Mordmaschinerie betrieben, stellte sich die ganze Angelegenheit vor allem als ein technisches Problem dar. In einer amtlichen Stellungnahme vom 5. Juni machte ein ranghoher Sachbearbeiter in Berlin detaillierte Vorschläge für »technische Abänderungen an den im Betrieb eingesetzten und an den sich in Herstellung befindlichen Spezialwagen«. Seit Dezember 1941 seien, so erklärte er, »mit drei eingesetzten Wagen 97000 [Personen] verarbeitet« worden, ohne daß »Mängel an den Fahrzeugen« aufgetreten seien. Er fügte hinzu: »Die bekannte Explosion in Kulmhof [Chelmno] ist als Einzelfall zu bewerten. Ihre Ursache ist auf einen Bedienungsfehler zurückzuführen. Zur Vermeidung von derartigen Unfällen ergingen an die betroffenen Dienststellen besondere Anweisungen.« Eine erwähnenswerte Schwachstelle hatte das Verfahren offenbar aber doch noch: Das in den Gaslastwagen transportierte »Ladegut« dränge, so die Erfahrung, »nach dem Licht«, was Lärm verursache und den reibungslosen Ablauf beeinträchtige. Der Beamte schlug vor, diesen Mißstand durch das Anbringen einer Beleuchtung im Wageninneren abzustellen.

Im besetzten Rußland leitete die deutsche Wehrmacht jetzt zwei Großoffensiven gegen die sowjetischen Partisanen ein. Im Rahmen der Operation »Cottbus«, die am 3. Juni anlief, rückten mehr als 16000 deutsche Soldaten gegen die von den Partisanen Ende 1942 im Raum Polozk-Borisow-Lepel ausgerufene »Republik Palik« vor. Zwei Tage später, am 5. Juni, marschierten im Rahmen der Operation »Vogelsang« 5000 deutsche Soldaten gegen rund 2500 zwischen Roslawl und Brjansk operierende Partisanen auf. In vierwöchigen Kämpfen töteten die Deutschen 1193 Partisanen, während sie selbst 58 Mann verloren. Dennoch war die deutsche Seite, wie aus einem Wehrmachtsbericht deutlich wurde, mit dem Ergebnis nicht zufrieden. »Die Partisanen«, stellte ein hoher Offizier fest, »blieben bei ihrer alten Taktik des Ausweichens, des Rückzugs in die Wälder, oder sie setzten sich in großen Gruppen in die Gebiete südlich und südwestlich der Straße Roslawl–Brjansk und in den Raum Kletnja ab.« Obwohl aus dem »befriedeten« Gebiet keine Meldungen über neuerliche Partisanenaktivitäten vorlägen, würden nach wie vor »Minen gelegt« und deutsche Militärfahrzeuge beschädigt. Zwei Monate später operierten in der Region wieder genauso viele Partisanen wie vor Beginn des Unternehmens »Vogelsang«.

Am 8. Juni, als die Operation »Vogelsang« gerade erst angelaufen war, brachen drei Juden, unter denen sich die junge Witka Kempner befand, aus dem Getto von Wilna zur ersten

Sabotagemission ihres Lebens auf. Ihr Zielobjekt war ein deutscher Militärzug, und ihre Aktion hatte Erfolg. »Er ist gesprengt!« – die Botschaft verbreitete sich durch das Getto und ließ ein Gefühl der Genugtuung, vielleicht sogar der Hoffnung aufkeimen. Doch die Vergeltung ließ nicht lange auf sich warten. 32 Familien wurden von der Gestapo festgenommen, nach Ponar gebracht und erschossen.

Vier Tage bevor die drei Wilnaer Juden zu ihrer Sabotagemission aufgebrochen waren, war Reinhard Heydrich seinen Verletzungen erlegen. Bei dem Staatsbegräbnis am 9. Juni in Berlin schärfte Himmler den versammelten Trauergästen von der SS ein, es sei nunmehr ihre »heilige Pflicht«, den Tod Heydrichs zu rächen und »mit noch größerer Entschlossenheit die Feinde unseres Volkes gnadenlos und mitleidlos zu vernichten«. Am Tag darauf wurden in dem 10 Kilometer nordwestlich von Prag gelegenen Lidice alle 199 Männer des Dorfes zusammengetrieben und erschossen. Die 88 Kinder, die in Lidice lebten, wurden mit ihren Müttern, sechzig Frauen insgesamt, nach Ravensbrück, Mauthausen und Auschwitz geschickt und dort ohne Ausnahme getötet. In Lezaky, einem anderen tschechischen Dorf, wurden siebzehn Männer und sechzehn Frauen erschossen und vierzehn Kinder in Konzentrationslager deportiert. Zwei der Kinder überlebten den Krieg – zwei von insgesamt 394 Opfern des Rachedurstes der SS.

Doch die Massaker von Lidice und Lezaky waren nur der Anfang eines Rachefeldzugs, den die SS unter dem Namen Operation »Reinhard« in Gang setzte. Noch an diesem 10. Juni wurden aus Prag tausend Juden »in den Osten evakuiert«. Der einzige Überlebende dieses Transports war ein Mann, der schon kurz nach der Abfahrt aus Prag vom Zug absprang. Ebenfalls nur ein einziger Überlebender blieb von zwei Transporten übrig, die, jeweils tausend Personen stark, am 12. und 13. Juni aus dem »Vorzeigegetto« Theresienstadt an einen »unbekannten Ort im Osten« transportiert wurden. Alle drei Züge fuhren vermutlich über Minsk nach Maly Trostenez, wo die Gaslastwagen ohne Pause im Einsatz waren.

Die *Times* kam am 10. Juni mit einer Schlagzeile über »Massenblutbäder in Polen« heraus. Die Meldung bezog sich nicht auf die Operation »Reinhard«, die ihren Schwerpunkt in der Tschechoslowakei hatte, sondern auf eine Rede, die General Sikorski am Tag zuvor in London gehalten und in der er Einzelheiten über die massenhafte Ermordung von Juden auf polnischem Boden in den verflossenen zwölf Monaten genannt hatte. »Massaker an Zehntausenden von Juden sind in diesem Jahr begangen worden«, hatte er erklärt. »Man läßt Menschen in Gettos verhungern. Man erschießt sie in Massen; selbst Typhuskranke werden erschossen ... Um den Widerstand der Eisenbahner an den oberschlesischen Knotenpunkten zu zerschlagen, sind in achtzehn schlesischen Städten Galgen aufgerichtet worden. Angehörige der gebildeten Schichten, Eisenbahner und Arbeiter werden dort gehängt, und alle Schulkinder werden hingefuhrt, um dieses grausame Schauspiel zu beobachten.«

Nur die Drohung mit Bestrafung, fügte Sikorski hinzu, »und die Durchführung von Repressalien, wo diese möglich sind, können vielleicht der Raserei der deutschen Mörder Einhalt gebieten und die ansonsten unvermeidliche Vernichtung weiterer Hunderttausender unschuldiger Opfer verhindern«. Am 12. Juni, zwei Tage nach der Veröffentlichung dieser Rede Sikorskis, wurden in der schlesischen Stadt Dabrowa Gornicza zehn Polen, die beschuldigt wurden, in einer Eisengießerei Sabotageakte begangen zu haben, an einer Straßenecke gehenkt. Zur Warnung an die Adresse aller künftigen Saboteure blieben die Leichen hängen.

Ein Angehöriger der deutschen Wehrmacht, der fünfundzwanzigjährige Offizier Michael Kitzelmann, der als Kommandeur einer Kompanie für Tapferkeit vor dem Feind mit einem Eisernen Kreuz ausgezeichnet worden war, verurteilte die Greueltaten gegen Zivilisten, die im

Bereich der Ostfront begangen wurden. »Wenn diese Verbrecher gewinnen sollten«, erklärte er seinen Offizierskameraden, »hätte ich keine Lust mehr, weiterzuleben.« Kitzelmann kam daraufhin in Haft und vor ein Kriegsgericht. Am 11. Juni wurde er in Orel von einem Erschießungskommando exekutiert.

Drei Wochen nach der Hinrichtung Kitzelmanns hielt Himmler eine Ansprache vor Offizieren der SS-Division »Das Reich«, in der er erklärte, weshalb die SS-Elitetruppen und nicht die deutsche Wehrmacht den Rassenkrieg führen mußten. »Der deutsche Soldat«, sagte er, »hat in der Vergangenheit häufig nach längst überholten, von niemandem in Frage gestellten Grundsätzen gehandelt; er hat diese 1939 in seinem Marschgepäck mitgenommen.« Von dem Augenblick an, da »der Feind gefangengenommen worden« sei, habe sich »diese Vorstellung vom Wesen des Krieges unmißverständlich gezeigt. So dachte man zum Beispiel, man müsse sagen, daß auch der Jude ein Mensch sei und als solcher nicht angetastet werden dürfe. Oder im Falle einer Jüdin – auch wenn man sie dabei ertappt hatte, daß sie Partisanen bei sich versteckte –, daß man sie nicht anrühren dürfe; sie sei schließlich eine Dame.« Leider sei, so Himmler weiter, »das auch bei diesem Ostfeldzug wieder so gekommen, als das ganze deutsche Volk ins Feld zog, den Kopf voll mit solchem blödsinnigen, überzüchteten, dekadenten Zivilisationskram«.

Stolz fügte Himmler hinzu: »Wir SS-Männer waren von diesem Blödsinn weniger angekränkelt, ja man könnte sogar sagen, praktisch überhaupt nicht angekränkelt. Nach zehn Jahren Rassenerziehung sind wir, die gesamte SS-Organisation, in diesen Krieg als unerschütterliche Vorkämpfer unseres deutschen Volkes gezogen.«

Er schloß mit den Worten: »Wir sollten weder unser eigenes noch fremdes Blut schonen, wenn es um das Volk geht.«

Am 13. Juni erprobten in Peenemünde deutsche Forscher eine 12-Tonnen-Rakete mit einem 1-Tonnen-Sprengkopf, wie sie in absehbarer Zeit von Deutschland aus in Richtung England abgeschossen werden sollte. Zur Beobachtung des Probeflugs waren 35 ranghohe Offizielle aus Berlin angereist, darunter der Staatssekretär im Luftfahrtministerium, Feldmarschall Milch, und Rüstungsminister Albert Speer.

Ihre Erbauer trauten der Rakete, die von den Deutschen als »A4« und von den Alliierten später als »V2« bezeichnet wurde, eine Reichweite von bis zu 320 Kilometern zu. Der erste Probeflug jedoch verlief enttäuschend: Die Rakete hob zwar ab, stürzte aber nach wenig mehr als einem Kilometer Flugstrecke zu Boden – sehr zum Leidwesen der Experten und der Gäste. Nach diesem Fehlschlag wurde die Forschung jedoch noch intensiviert.

In Nordafrika hatten die Truppen Rommels ihren Vormarsch in Richtung der ägyptischen Grenze fortgesetzt. »Der Schlachtverlauf ist günstig für uns«, hatte Rommel am 1. Juni an seine Frau geschrieben, »ungefähr 400 Panzer sind abgeschossen worden. Unsere Verluste sind erträglich.« Am 5. Juni konnte Rommel bekanntgeben, daß er 4000 Gefangene gemacht hatte. Sechs Tage später drangen seine Soldaten in die von den Franzosen gehaltene Festung Bir Hacheim ein.

Eine militärische Operation, die genau zu dieser Zeit stattfand, unterstrich, welche Bedeutung Ägypten als Stützpunkt für die Alliierten hatte: Am 12. Juni flogen amerikanische Bomber, die am Nil-Delta stationiert waren, fast 1500 Kilometer weit, um in Rumänien die Ölfelder von Ploesti zu bombardieren, auf die die deutsche Kriegsmaschinerie so sehr angewiesen war. Auf der anderen Seite stieß ein in derselben Woche unternommener Versuch der Briten, Malta mit weiterem Nachschub zu versorgen, vor der ägyptischen Küste auf erhebliche Hindernisse. Der britische Kreuzer *Hermione* wurde am 15. Juni versenkt, und der britische Zerstörer *Hasty* sowie der australische Zerstörer *Nestor* wurden so schwer beschädigt, daß den Kommandeuren beider Schiffe keine andere Wahl als die Selbstversenkung blieb.

Noch drei weitere britische Zerstörer wurden von den Italienern versenkt, ehe die Kampfhandlungen im östlichen Mittelmeer aufhörten: die *Airedale*, die *Bedoin* und die *Oakley*. Das letztere Schiff hatten die Briten an die polnische Marine ausgeliehen; es hieß jetzt *Kujawiak* und war mit polnischen Seeleuten bemannt. Obwohl im Verlauf dieser Seegefechte auch der italienische schwere Kreuzer *Trento* versenkt wurde, war die Operation »Vigorous« doch eine schwere taktische Niederlage für die Briten.

An Land setzte Rommel seinen Vormarsch Richtung Westen fort. »Der feindliche Widerstand brach zusammen«, erinnerte er sich später, »und mehr und mehr britische Truppen ergaben sich. Ihre Gesichter zeigten tiefste Niedergeschlagenheit.« »Die Schlacht ist gewonnen«, schrieb er am 15. Juni an seine Frau, »und der Feind bricht zusammen. Wir sammeln jetzt eingekreiste Reste ihrer Armee zusammen. Ich brauche dir nicht zu sagen, wie großartig ich mich fühle.«

In Prag wurden am 16. Juni die sieben Tschechen, die an der Ermordung Heydrichs beteiligt gewesen waren, in ihrem Versteck in einer Kirche aufgestöbert. Sie hatten sich dort zwei Wochen lang verborgen gehalten und vorgehabt, sich am 19. Juni wieder hinauszuwagen und nach England zu flüchten. Als sie von den Deutschen entdeckt wurden, lehnten sie es ab, sich zu ergeben, und nahmen den Kampf auf; sie töteten noch einmal vierzehn Deutsche. Jan Kubiš, der aus England eingeflogene Tscheche, der die tödliche Handgranate geworfen hatte, wurde bei dem Gefecht verwundet und starb im Krankenhaus. Josef Gabčík fiel bei dem Schußwechsel ebenso wie zwei weitere Mitverschwörer, die ebenfalls von den Engländern per Fallschirm abgesetzt worden waren, und drei örtliche tschechische Widerstandskämpfer. Ihr Landsmann Karel Čurda hatte der Gestapo ihr Versteck verraten. Čurda war wie die vier Fallschirmspringer in England ausgebildet worden.

Der Tod der vier tschechischen Attentäter und das Auffliegen ihrer Gruppe durch Verrat waren nicht die einzigen Rückschläge, die den britischen Geheimdienst in diesem Juni trafen. Langfristige Nachwirkungen negativer Art zog die Verhaftung eines mit dem Fallschirm über Holland abgesetzten britischen Agenten durch die deutsche Polizei nach sich. Die Deutschen benutzten das Funkgerät dieses Agenten zur Übermittlung einer Reihe von Botschaften nach London. Als deutlich wurde, daß London nichts von der Festsetzung des Agenten gemerkt hatte und die Funksprüche für echt hielt, konzipierte die deutsche Spionageabwehr die Operation »Nordpol«. Im Namen des festgenommenen Agenten bauten die Deutschen Pseudowiderstandsgruppen auf, die in der Folge kontinuierlich abgesetzte britische Agenten, Funker und Versorgungsgüter in Empfang nahmen, darunter beträchtliche Mengen von Waffen, die für den holländischen Widerstand bestimmt waren. Im Verlauf der Operation »Nordpol« gingen den Deutschen mehr als fünfzig holländische Staatsbürger ins Netz, die per Fallschirm aus England eingeschleust wurden. Es ist anzunehmen, daß 47 von ihnen hingerichtet wurden.

Auch der sowjetische Nachrichtendienst mußte in diesem Juni einen Rückschlag hinnehmen, als in Brüssel Johann Wenzel, der in der Sowjetunion ausgebildete Funker der Roten Kapelle, verhaftet wurde. Nach seiner Festnahme und nach Folterverhören erklärte Wenzel sich zur Zusammenarbeit mit den Deutschen bereit. Dies führte in der Folge zur Festnahme und Hinrichtung von mehreren hundert in Westeuropa operierenden sowjetischen Agenten. Die Deutschen hielten dies jedoch geheim und konnten so sämtliche fünf Funkgeräte der

Roten Kapelle noch neun Monate lang für die Übermittlung von Desinformationen an die sowjetische Seite nutzen.

Neben diesen schweren Rückschlägen für die alliierte Sache konnte Großbritannien in diesem Monat aber auch drei Erfolge im geheimdienstlichen Bereich verbuchen: Zunächst einmal wurden zwei weitere Enigma-Codes, die von der deutschen Luftwaffe an der Ostfront verwendet wurden, entschlüsselt: »Mosquito« wurde am 8., »Skunk« am 16. Juni geknackt. Danach konnte ein deutsches Kampfflugzeug des modernsten Typs, eine Focke-Wulf 190, zur Landung auf britischem Boden gezwungen und fast unversehrt geborgen werden, so daß britische Flugzeugkonstrukteure die Möglichkeit erhielten, sie auseinanderzunehmen und nachzubauen. Und drittens entfaltete »Garbo« eine zunehmend erfolgreichere Tätigkeit. »Garbo« war der Deckname für den Spanier Juan Pujol Garcia, von dem die Deutschen annahmen, er arbeite für sie, der in Wirklichkeit aber britischer Agent war und seine deutschen Auftraggeber mit militärischen Falschinformationen belieferte. Er baute mit der Zeit ein ganzes Netz imaginärer Agenten auf, über die der britische Nachrichtendienst dann weitere Desinformationen nach Deutschland schleusen konnte.

An vier verschiedenen Tagen im Juni waren jeweils tausend Juden aus Paris nach Auschwitz deportiert worden. Im besetzten Rußland waren im gleichen Zeitraum die Morde an den Juden ohne Unterbrechung weitergegangen, ebenso wie in Polen die Deportationen aus den südlichen Landesteilen in die Lager Belzec und Sobibor. Außerdem waren mehr als 52 000 slowakische Juden nach Auschwitz deportiert worden, womit im Juni eine Gesamtzahl von mehr als 150 000 getöteten Juden erreicht wurde. »Die Vernichtung der jüdischen Gemeinden schreitet weiter voran«, schrieb Richard Lichtheim, ein Repräsentant des Judentums in der Schweiz, am 15. Juni an einen Kollegen in New York und fügte hinzu: »Ganz Europa wartet ungeduldig auf den Tag, an dem die alliierten Nationen diesen gequälten Kontinent befreien werden.«

Keine Befreiung jedoch, sondern eher weitere Rückschläge für die alliierte Sache brachten die zweite und die dritte Juniwoche. Auf der Krim brach unter den deutschen Schlägen Bastion um Bastion des sowjetischen Verteidigungsringes um Sewastopol zusammen. Am 13. Juni fiel Fort Stalin, am 17. Juni Fort Sibirien. Und eine der größten Festungen, das Maxim-Gorki-Fort, fiel am 18. Juni, wobei die Deutschen Flammenwerfer einsetzten, um die zäh kämpfenden russischen Verteidiger herauszutreiben. Am 20. Juni fiel Fort Lenin, aber noch immer hielten sich in Sewastopol letzte Widerstandsnester. Noch dreizehn Tage sollte es dauern, bis am 3. Juli die letzten unbeirrt aushaltenden Verteidiger überrannt wurden.

In Nordafrika hatte unterdessen Rommel die Briten bis hinter Bardia an der libysch-ägyptischen Grenze zurückgedrängt. Am 20. Juni um 5.30 Uhr morgens gab er den Befehl zum Sturm auf die belagerte Festung Tobruk. Am Abend desselben Tages um 19 Uhr ratterten die ersten deutschen Panzer nach Tobruk hinein. Dreizehn Stunden später, um 8 Uhr am Morgen des 21. Juni, schickte der Befehlshaber der Garnison, der südafrikanische General Hendrik Kloppers, seine Offiziere mit der weißen Fahne der Kapitulation hinaus.

30 000 Mann streckten in Tobruk die Waffen vor Rommel. Außerdem fielen 2000 Fahrzeuge, 2000 Tonnen Benzin und 5000 Tonnen Verpflegung in die Hand der Deutschen. Als Hitler am Abend der Sieg gemeldet wurde, ernannte er Rommel zum Generalfeldmarschall. »Ich bin auf dem Weg nach Suez«, war Rommels offizielle Antwort. Später jedoch sagte er zu seiner Frau: »Lieber wäre es mir gewesen, er hätte mir eine zusätzliche Division geschickt.«

Churchill war in Washington bei Roosevelt, als ihn die Nachricht vom Fall Tobruks erreichte. »Eine Niederlage ist eine Sache«, kommentierte er später, »eine Schmach ist eine andere.« Das durch die Nachricht ausgelöste Schweigen wurde indes nicht von Churchill gebrochen, sondern von Roosevelt, der fragte: »Was können wir tun, um zu helfen?«

KAPITEL 25

Achsen-Triumphe

Juli 1942

Wenngleich die starke russische Gegenwehr von Sewastopol am 22. Juni 1942 schon weitgehend gebrochen war, hatte sie doch die Deutschen gezwungen, den Beginn ihrer Sommeroffensive hinauszuschieben. Es dauerte noch vier oder fünf Tage, ehe die für die Offensive benötigten Flugzeuge von Sewastopol nach Kursk verlegt werden konnten. In Nordafrika wichen die britischen Truppen am 22. Juni über die Grenze ins ägyptische Marsa Matruh zurück; nach Alexandria waren es von hier nur noch 275 Kilometer.

Bei Fort Stevens im US-Bundesstaat Oregon, an der Mündung des Columbia River in den Pazifik, feuerte an diesem 22. Juni ein japanisches U-Boot Granatsalven auf ein Depot der US-Streitkräfte. Es war das erste Mal seit dem amerikanisch-britischen Krieg von 1812, daß eine ausländische Macht eine militärische Anlage auf dem US-amerikanischen Festland angriff. Der angerichtete Schaden war jedoch geringfügig, und der Angriff blieb ein Einzelfall.

In Berlin informierte am 22. Juni Adolf Eichmann seine Untergebenen über die Planungen für die Operation »Reinhard«. In einem »ersten Schritt« sollten, so führte er aus, 40000 Juden aus Frankreich, 40000 aus Holland und 10000 aus Belgien deportiert werden. Sie sollten nach Auschwitz transportiert werden, und zwar in Zügen mit je tausend Insassen und in Zeitabständen von einem Zug pro Tag. Eichmann betonte ausdrücklich, daß »seitens des Auswärtigen Amtes keine Einwände gegen diese Maßnahmen« erhoben worden seien.

Im besetzten Polen erfuhr das Euthanasieprogramm eine plötzliche Beschleunigung. Polnisch-jüdische Insassen von Nervenkliniken und ähnlichen Einrichtungen wurden in der Folge zügig nach Auschwitz deportiert; der erste Transport ging am 23. Juni ab.

In Fernost hatten die Japaner, um ihre Abhängigkeit von verwundbaren Nachschubwegen über See zu mindern, mit der Projektierung und dem Bau einer Eisenbahnverbindung zwischen Burma und Thailand begonnen; sie setzten dafür britische, australische und holländische Kriegsgefangene ein. Am 23. Juni traf ein erster Voraustrupp von 300 britischen Kriegsgefangenen im thailändischen Ban Pong ein und erhielt Befehl, an Ort und Stelle ein Lager für sich selbst sowie für ihre japanischen Wachmannschaften zu errichten. Drei Monate später wurden 3000 australische Kriegsgefangene in ein Lager bei Thanbyuzayat einquartiert, wo sie mit dem Bau der burmesischen Teilstrecke der Bahnlinie begannen, die bald den Beinamen »Todesbahn« erhielt.

Um die unmittelbare Bedrohung der britischen Position in Ägypten abwenden zu helfen, beorderte Präsident Roosevelt ein Geschwader leichter Bomber, das in Florida bereitstand und nach China verlegt werden sollte, statt dessen nach Ägypten. Aus dem gleichen Grund wurden auch vierzig Hurricane-Jagdbomber, die auf dem Weg nach Rußland gerade Basra angeflogen hatten, nach Ägypten umdirigiert; dazu kamen schließlich noch zehn amerikanische Bomber, die in Indien auf Einsätze in China vorbereitet wurden. Ein Konvoi brachte auf der Route über das Kap der Guten Hoffnung 100 Haubitzen und 300 Panzer nach Suez. Die Motoren für die Panzer wurden separat geliefert, und als das Schiff, welches sie transportierte, vor den Bermudas von einem deutschen U-Boot versenkt wurde, ordneten Roosevelt und General Marshall die unverzügliche Lieferung von 300 Ersatzpanzermotoren an, und zwar mit dem schnellsten Schiff, das aufzutreiben war, damit der Zeitverlust wieder wettgemacht werden könne.

Noch ehe diese amerikanischen Hilfslieferungen Ägypten erreicht hatten, setzte Rommel in der letzten Juniwoche mit der Operation »Aida« seinen Vormarsch fort. Rasch drängte er die Briten bis El Alamein zurück und machte 6000 Gefangene. Rommel stand jetzt 96 Kilometer westlich von Alexandria. Mussolini, der die Chance sah, sich als siegreicher Feldherr und Eroberer zu präsentieren, ließ sich auf die Cyrenaika fliegen und traf Vorkehrungen für seinen triumphalen Einzug in Kairo. In Palästina arbeiteten die Juden, von den Briten dazu ermuntert, Pläne für die Verteidigung der südlichen Zufahrtswege nach Haifa aus. Doris May, eine (katholische) englische Sympathisantin der zionistischen Führung, schrieb am 25. Juni: »Es könnte sein, daß unserer Handvoll halb ausgebildeter, halb ausgerüsteter Leute die Aufgabe zufällt, dem vordringenden Feind den einzigen wirksamen Widerstand entgegenzusetzen – den Rachen zu zerschmettern, der sie zu verschlingen sucht. Ich hatte gehofft«, fügte sie hinzu, »das Land Israel möge verschont bleiben, aber es sieht nicht sehr danach aus.«

Die Juden Palästinas wußten, was ihnen blühen würde, wenn ihr Land unter deutsche Besatzung käme. In Paris hatte die Gestapo am 25. Juni die Festnahme von 22000 Juden zum Zwecke der Deportation »nach dem Osten« angeordnet. Am 26. Juni strahlte die BBC aus London einen Bericht über das Schicksal der Juden Polens aus, in dem die Angabe enthalten war, es seien dort bereits 700000 Juden ermordet worden. Diese Darstellung beruhte auf Informationen, die die polnische Untergrundbewegung aus Warschau geliefert hatte, welche sich ihrerseits auf Mitteilungen Emanuel Ringelblums und seiner Freunde stützte. »Unsere Mühen und Qualen, unsere Hingabe und ständige Todesangst sind nicht umsonst gewesen«, schrieb Ringelblum an diesem Abend. »Wir haben dem Feind einen schweren Schlag versetzt.« Selbst wenn die Enthüllungen der BBC nicht dazu führten, daß Hitler in seiner Raserei innehielt, war Ringelblum mit dem Erreichten zufrieden: »Wir haben seinen teuflischen Plan zur Auslöschung des polnischen Judentums ans Licht gebracht, einen Plan, den er in aller Stille auszuführen wünschte. Wir haben ihm einen Strich durch die Rechnung gemacht und seine Karten offengelegt. Und wenn England sein Wort hält und mit den schweren massiven Angriffen beginnt, die es angedroht hat – dann können wir vielleicht gerettet werden.«

Was Ringelblum noch nicht wußte, war, daß in der Nacht zuvor 1006 britische Bomber ihre Bombenlast auf Bremen abgeworfen hatten. 49 Maschinen wurden abgeschossen, eine Verlustquote, die in den Augen vieler die Grenze des noch Vertretbaren streifte. Über die Auswirkungen des Angriffs ließ sich wenig sagen, weil eine Wolkendecke sowohl die Identifizierung der Ziele als auch die Feststellung der Schäden für die Briten praktisch unmöglich gemacht hatte.

Ungeachtet der Bombardierung Bremens und des Rundfunkberichts aus London gingen die Judendeportationen in forciertem Ausmaß weiter. »Sie selbst, Reichsführer«, schrieb Odilo Globocnik am 26. Juni an Himmler, »haben einmal die Meinung geäußert, die Sache solle so schnell wie möglich erledigt werden, schon aus Gründen der Geheimhaltung.« Am 27. Juni gab der Chef der deutschen Zivilverwaltung im Bezirk Przemyśl, Dr. Heinisch, eine in deutlicher Sprache gehaltene Anordnung heraus: »Jeder Ukrainer oder Pole«, hieß es darin, »der versucht, einen Juden zu verstecken oder ihm beim Untertauchen zu helfen, wird erschossen.«

In dem auf diesen Erlaß folgenden Monat passierten Deportationszüge mit insgesamt 24000 jüdischen Insassen aus dem westlichen Galizien den Bahnhof von Przemyśl. Sie kamen aus zwölf Städten und Dörfern im Zuständigkeitsbereich von Dr. Heinisch. Alle diese Züge gingen nach Belzec, und alle ihre Passagiere wurden vergast.

Am 26. Juni begann die heiße Phase der deutschen Sommeroffensive mit einem Angriff deutscher Einheiten auf Rostow am Don. An diesem Tag dekorierte Hitler in Rastenburg den Kommandeur der SS-Totenkopf-Division, Oberstgruppenführer Theodor Eicke, mit dem Eichenlaub zum bereits früher verliehenen Ritterkreuz; es war die Belohnung für erwiesene Tapferkeit bei der Behauptung des Demjansker Bogen den verflossenen Winter hindurch. Elf der Eicke unterstellten Offiziere und Unteroffiziere erhielten das Ritterkreuz. Eicke unterstrich jedoch in seiner Unterredung mit Hitler, daß seine Truppe nach den Strapazen der Winterkämpfe am Ende ihrer Kraft sei, an akutem Waffen- und Fahrzeugmangel leide und gerne nach Frankreich versetzt werden würde.

Oberstgruppenführer Eicke erhielt Heimaturlaub. Zwei Tage nach seinem Besuch in Rastenburg gab die deutsche Wehrmachtführung das Startsignal für Plan »Blau«, die langerwartete Sommeroffensive. Am selben Tag verließ ein mit 966 Juden beladener Zug Paris, der über Mitteldeutschland und Schlesien nach Auschwitz fuhr. Einer der Namen auf der Passagierliste, der des 1904 in Belzec geborenen Adolf Ziffer, wurde im letzten Augenblick durchgestrichen und mit der Anmerkung versehen: »Bei Fluchtversuch erschossen.«

Der großangelegte deutsche Vorstoß an der Ostfront zwang die Rote Armee im gesamten Südabschnitt zum Rückzug. Dagegen war auf dem nordafrikanischen Kriegsschauplatz Rommel in El Alamein steckengeblieben; seiner Truppe, die nur noch über 55 einsatzfähige Panzer verfügte, standen hinter einer stark befestigten Linie südafrikanische, neuseeländische, britische und indische Einheiten gegenüber, denen täglich neue amerikanische Hilfslieferungen zuflossen. Der um seinen triumphalen Einzug in Kairo betrogene Mussolini kehrte nach Italien zurück.

In Fernost griff ein australisches Kommando die japanische Basis Salamaua auf Neuguinea an. Es war ein eher kleiner Nadelstich, der jedoch eine belebende Wirkung auf die im Fernen Osten kämpfenden alliierten Truppen ausübte. Ein ähnlicher Angriff wurde wenige Tage später auf den japanischen Versorgungsstützpunkt bei Lae verübt. Wie so oft in diesem Krieg, lagen jedoch Triumph und Tragödie allzu nahe beieinander: Am 1. Juli fanden vor Luzon 849 australische Kriegsgefangene, die sich sechs Monate zuvor in Rabaul den Japanern ergeben hatten, den Tod, als das japanische Schiff, das sie über den Pazifik bringen sollte, von einem amerikanischen U-Boot versenkt wurde.

Der Seekrieg ließ keinem der Beteiligten eine Atempause. Als die Alliierten Anfang Juli die Juni-Bilanz des U-Boot-Krieges im Nordatlantik zogen, stellten sie fest, daß 124 Handelsschiffe versenkt worden waren. Dies war der höchste Verlust, den sie jemals innerhalb eines Monats erlitten hatten. Zu den versenkten Ladungen hatten überdies die für Suez bestimmten 300 amerikanischen Panzermotoren gehört.

Welche Rolle auch Frauen bei der Erledigung gefährlicher kriegswichtiger Aufgaben spielen konnten, zeigte sich im Juli 1942 gleich zweimal. Yvonne Rudellat, eine in britischen Diensten stehende gebürtige Französin, wurde in diesem Monat an der französischen Rivieraküste an Land gesetzt, begab sich nach Tours im deutsch besetzten Teil Frankreichs und baute von dort aus eine Fluchthilfeorganisation für alliierte Piloten und Flugzeugbesatzungen auf. Und im sowjetischen Frontgebiet absolvierte die Jüdin Polina Gelman, eine Doktorandin der Geschichte an der Moskauer Universität, in diesem Juli als Navigationsoffizierin eines auf Sprengungen spezialisierten Regiments ihren ersten Einsatz, dem Hunderte weiterer Operationen gegen deutsche Stabsstellen, Züge, Fahrzeuge und Nachschubdepots folgen sollten. In einer Nacht war sie an nicht weniger als acht verschiedenen Aktionen beteiligt, und es dauerte nicht lange, bis sie zur Heldin der Sowjetunion gekürt wurde.

Für sowjetische Soldaten war die Kriegsgefangenschaft mit Schrecknissen verbunden, wie sie den alliierten Kriegsgefangenen des deutschen Nordafrikakorps erspart blieben. Eines von mehreren Massengräbern, die im 6. Fort von Kaunas angelegt wurden, enthielt nach amtlichen deutschen Unterlagen die Leichen von 7708 sowjetischen Kriegsgefangenen. Am 1. Juli gerieten weitere Zehntausende Sowjetsoldaten in deutsche Gefangenschaft, als nach einer der zähesten Abwehrschlachten des gesamten Krieges deutsche Truppen schließlich das letzte noch verteidigte Fort von Sewastopol überrannten. Nach diesem Sieg ernannte Hitler am selben Tag General Manstein zum Feldmarschall. Zwei Tage später besuchte Hitler Feldmarschall von Bock in dessen Hauptquartier in Poltawa und versicherte ihm, die Rote Armee habe »ihre letzten Reserven aufgebraucht«.

Ebensogroß wie die Siegeszuversicht Hitlers war die Brutalität, mit der seine Schergen gegen Partisanen vorgingen. Am 3. Juli traten in Jugoslawien deutsche Wehrmachtseinheiten zu ihrer Schlußoffensive gegen die im Raum Kozara noch bestehenden Partisanenstellungen an. Binnen einer Woche wurden nicht weniger als 2000 Partisanen getötet, während die Deutschen 150 Mann verloren. Es waren aber nicht allein die Partisanen, an denen die Deutschen ihre Wut ausließen: Zehntausende von Bauern wurden zusammengetrieben und erschossen oder zur Zwangsarbeit deportiert. Die Deportationen wuchsen sich zu solchen Größenordnungen aus – Schätzungen sprechen von mindestens 60 000 Personen –, daß eigens ein logistischer Stab gebildet werden mußte, der die Anzahl der dafür benötigten Lastwagen und Eisenbahnzüge berechnete. Ein Offizier, der an diesen Planungen mitwirkte, war Leutnant Kurt Waldheim; er war einer von fünf deutschen Offizieren, denen der Kroatenführer Ante Pavelic am 22. Juli 1942 die Silbermedaille der Krone von König Zwonimir mit Eichenlaub anheftete.

Im deutsch besetzten Polen töteten die Deutschen an diesem 3. Juli in dem Dorf Szczurowa bei Krakau 93 Zigeuner, darunter Frauen, Kinder und Greise. Einen Tag später wurden in der wolhynischen Stadt Luzk 4000 Juden aus ihren Häusern getrieben und in der Nähe des Ortes auf freiem Feld erschossen.

Am 4. Juli 1942 feierten die Amerikaner den 166. Jahrestag ihrer Unabhängigkeitserklärung. An diesem Tag beteiligten sich erstmals amerikanische Flugzeuge – sechs an der Zahl – an einem von britischen Bombern geflogenen Angriff auf deutsche Luftstützpunkte in den Niederlanden. Für den inneren Kreis der alliierten Politiker und Militärs war dieser 4. Juli eher ein Unglückstag, brachte er doch einen der empfindlichsten Rückschläge dieses Krieges überhaupt: die Zersprengung des alliierten Konvois PQ 17, der sich mit wertvollster Fracht auf dem Weg nach Rußland befand. PQ 17 war am 27. Juni in Island aufgebrochen und bestand aus 22 amerikanischen, acht britischen, einem holländischen, zwei sowjetischen und zwei panamaischen Frachtschiffen; eskortiert wurde er von sechs Zerstörern, fünfzehn kleineren Kriegsschiffen und drei kleinen Passagierdampfern, die eigens für die Aufnahme überlebender Besatzungsmitglieder versenkter Handelsschiffe umgerüstet worden waren. Diesen stattlichen Konvoi hatten deutsche U-Boote und Aufklärungsflieger am 1. Juli geortet, und am Vormittag des 4. Juli waren als erste Stufe eines lange vorausgeplanten deutschen Angriffs, der sogenannten Operation »Rösselsprung«, vier Handelsschiffe aus der Luft attackiert und von den Torpedos eines Heinkel-Torpedobombers versenkt worden. Da zu befürchten stand, daß vier gewaltige deutsche Kriegsschiffe, die *Tirpitz,* die *Scheer,* die *Lützow* und die *Hipper,* die mit Ausnahme der *Lützow* im Altafjord lagen, jeden Augenblick aufkreuzen würden, erhielt der Konvoi Anweisung, sich aufzulösen.

Hitler, dem um seine prächtigsten Schiffe bange war, befahl ihnen am nächsten Morgen, nur zehn Stunden nachdem sie in Richtung des Konvois ausgelaufen waren, die Rückkehr in den Altafjord. Aber auch die deutschen U-Boote und Flugzeuge waren stark genug, dem aufgelösten Geleitzug weitere Schläge zu versetzen: Neunzehn der alliierten Schiffe wurden versenkt, nur elf erreichten Archangelsk. Von 156492 geladenen Tonnen Nutzlast versanken 99316 in den Fluten, darunter 430 von 594 Panzern, 210 von 297 Flugzeugen und 3350 von 4246 Fahrzeugen. 153 Männer kamen ums Leben. Hätte der Konvoi sich nicht aufgelöst, so wäre die *Tirpitz* womöglich nicht umgekehrt, und es wäre mit der Versenkung sämtlicher Handelsschiffe zu rechnen gewesen.

PQ 17 war auf seiner Fahrt Richtung Osten dem aus Rußland zurückkehrenden Konvoi PQ 13 begegnet. Dieser Konvoi lief infolge eines verhängnisvollen Navigationsfehlers am 6. Juli vor Island in ein britisches Minenfeld. Fünf Frachtschiffe, der britische Minenräumer *Niger* und das russische Schiff *Rodina,* das die Familien in London stationierter sowjetischer Diplomaten an Bord hatte, sanken.

An der Ostfront stand am 6. Juli der Start einer weiteren Aktion der Deutschen gegen die Partisanen auf dem Programm. Sie richtete sich gegen die großen Partisanenverbände im Raum Dorogobusch, die im Frühjahr durch sowjetische Luft- und Artillerieeinheiten verstärkt worden waren. In Südrußland konnte die deutsche 6. Armee zwar Woronesch nehmen, sah sich aber angesichts eines kraftvollen sowjetischen Gegenstoßes außerstande, weiter östlich vorzudringen. Sie wurde daher in Richtung Süden umdirigiert, sollte am Südufer des Don vorrücken und versuchen, Stalingrad zu erobern.

Hitler glaubte noch immer, die Sowjetunion vor Ablauf des Jahres 1942 besiegen zu können. Seine Gefolgsleute glaubten ebenso zuversichtlich daran, unter dem Schutz des Pulverdampfs und der Rauchschwaden des Krieges weiterhin ungestört ihre mörderische Rassenpolitik betreiben zu können. Am 7. Juli, während die Schlacht von Woronesch noch im Gang war, leitete Heinrich Himmler in Berlin eine Besprechung, an der außer ihm nur drei Männer teilnahmen: der Inspekteur der deutschen Konzentrationslager, SS-Obergruppenführer Richard Glücks, der Leiter der deutschen SS-Krankenhäuser, Brigadeführer Dr. Gebhardt, und Professor Karl Clauberg, einer der führenden deutschen Gynäkologen. Als Ergebnis ihrer Unterredung wurde festgehalten, daß künftig medizinische Experimente »im großen Umfang« an jüdischen Insassinnen des Lagers Auschwitz vorgenommen werden sollten. Bei der Durchführung dieser Experimente müsse, so hieß es im Sitzungsprotokoll, darauf geachtet werden, daß die Frauen nicht merkten, was mit ihnen geschah. Man kam ferner darin überein, bei Professor Hohlfelder, einem führenden Röntgenspezialisten, anzufragen, ob es möglich sei, Männer mittels Röntgenstrahlen zu kastrieren.

Himmler machte die Anwesenden darauf aufmerksam, daß es sich hierbei um höchst geheime Dinge handle. Alle daran beteiligten Personen müßten sich feierlich zur Verschwiegenheit verpflichten. Wenig später wurden in Auschwitz die ersten hundert Jüdinnen aus den Baracken geholt und zwecks Sterilisierungs- und anderer Experimente des Dr. Clauberg in den Block 10, den sogenannten Versuchsblock, verlegt.

Täuschung und Geheimhaltung blieben wesentliche Elemente der nazistischen Judenpolitik. Am 11. Juli teilte Martin Bormann, der Leiter der Parteikanzlei, den höheren SS-Führern »auf Befehl des Führers« mit, künftig müsse »bei öffentlichen Erörterungen der Judenfrage jede Erwähnung einer zukünftigen Endlösung vermieden werden. Man kann hingegen über die Tatsache sprechen, daß alle Juden interniert und einer nützlichen Zwangsarbeit zugeführt werden.«

Zwei Tage nach der Besprechung mit den Ärzten in Berlin kam Himmler auf Besuch nach Rastenburg. Im südlichen Rußland schien der Sieg in greifbare Nähe gerückt, und Himmler und Hitler besprachen, was nach gewonnenem Krieg mit den deutschsprachigen Bewohnern des zu Italien gehörenden Südtirol geschehen könne. Beide einigten sich darauf, daß diese Volksgruppe auf die Krim umgesiedelt werden solle. Es sah nicht so aus, als ob diese Pläne reine Luftschlösser seien; am 10. Juli besetzten deutsche Truppen Rossosch und setzten ans Ostufer des Don über. Einen Tag später fiel Lissitschansk am Donez in deutsche Hand. Der deutsche Vormarsch im Süden gewann an Tempo.

In zunehmend siegesgewisser Stimmung gab Hitler am 11. Juli eine Weisung für die Operation »Blücher« heraus, einen von der Krim aus zu führenden Vorstoß über die Meerenge von Kertsch ins Kaukasusgebiet. Einen Tag später ernannte Stalin Marschall Timoschenko zum Oberbefehlshaber einer neuen Front und beauftragte ihn mit der Verteidigung Stalingrads.

In dem Bemühen, den Russen Informationen zukommen zu lassen, die sie in die Lage versetzen würden, sich rechtzeitig auf geplante deutsche Schritte einstellen zu können, übermittelten die Briten Erkenntnisse, die sie aus deutschen Enigma-Funksprüchen gewonnen hatten, nach Moskau. Am 13. Juli erhielten die Sowjets Informationen über die vorgesehene deutsche Verteidigungslinie im Raum Woronesch und über die Marschroute der zwischen Donez und Don in Richtung Stalingrad in Marsch gesetzten Angriffsverbände. Einen Tag später erfuhr Moskau aus London weitere Details über die für drei der an der Offensive beteiligten deutschen Armeen festgelegten Kampfziele.

Auf dem fernöstlichen Kriegsschauplatz trafen am 12. Juli australische Truppen, von Port Moresby kommend, in Kokoda ein. Sie sollten den Japanern jegliche weitere Geländegewinne auf Neuguinea verwehren und waren entschlossen, sie an der Besetzung der Stadt Buna an der Nordküste der Insel zu hindern; der hierfür ausgearbeitete Plan lief unter dem Decknamen Operation »Providence«. Amerikanische Truppen im Südpazifik begannen um diese Zeit mit den Vorbereitungen für die Befreiung der Salomon-Inseln. Im Mittelmeerraum waren, wie am 13. Juli bekannt wurde, im Zuge der Verteidigung Maltas in den verflossenen sechs Wochen insgesamt 693 deutsche und italienische Flugzeuge abgeschossen worden; weitere 190 deutsche und italienische Maschinen waren bei Luftkämpfen mit den auf Malta stationierten britischen Jägern ausgeschaltet worden. In Großbritannien registrierte man diese Bilanz mit Erleichterung.

In Nordafrika schickten sich die britischen Truppen unterdessen an, gegen Rommel eine Wende des Kriegsglücks herbeizuführen. Sie erzielten zwar keine nennenswerten Geländegewinne, fügten aber den deutschen Truppen bei deren Angriff auf den Ruweisat-Rücken schwere Verluste zu. Rommel mußte danach seine Hoffnungen, Kairo und Alexandria erobern zu können, ein für allemal begraben. »Meine Erwartungen bezüglich des gestrigen Angriffes sind bitter enttäuscht worden«, schrieb er am 14. Juli an seine Frau. Andererseits habe er gehört, daß die Offensive an der Ostfront »glänzend« vorankomme, und dies »gibt uns Mut, hier auszuharren«.

Tatsächlich erzielten die Deutschen an der Ostfront jetzt kontinuierliche Bodengewinne. Am 15. Juli mußte die Rote Armee Millerowo an der Bahnlinie Woronesch–Rostow räumen, gleich darauf auch Kamensk, wo die Eisenbahn den Donez querte. An diesemTag hatten die

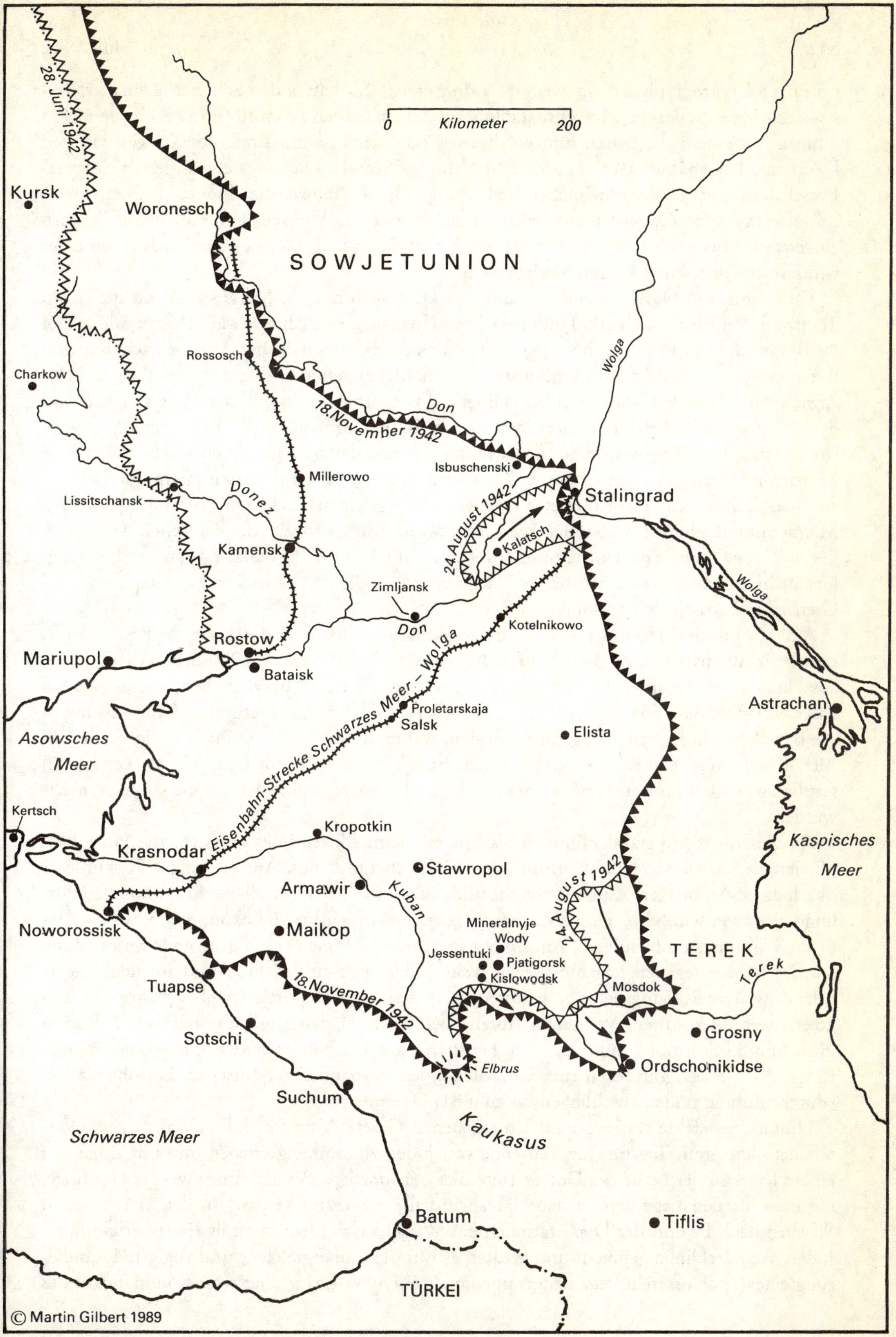

Die Deutsche Offensive, Juli bis November 1942

britischen Kryptographen einen weiteren Erfolg erzielt: Sie hatten den Schlüssel geknackt, dessen sich die deutschen Flugabwehrbataillone an der russischen Front für ihre geheimsten Meldungen bedienten; die Briten führten diesen Code, der bis zum Ende des Krieges von den Deutschen beibehalten wurde, unter dem Namen »Weasel«. Die »Weasel«-codierten Enigma-Botschaften waren von erheblicher Bedeutung. Die Luftabwehrbataillone, die sich dieses Schlüssels bedienten, wurden zur Bekämpfung sowohl von Flugzeugen als auch von Panzern eingesetzt; ihr für beide Zwecke nutzbares 88-Millimeter-Geschütz bewährte sich als eine der wirksamsten deutschen Panzerabwehrwaffen.

Vom britischen Nachrichtendienst unbemerkt, gingen am 15. Juli aus Holland die ersten Transporte mit zusammen 2000 Juden nach Auschwitz ab. Ihre Abreise war bekannt, nicht aber ihr Bestimmungsort und noch weniger das Schicksal, das ihnen drohte. Die Deutschen hatten ihnen gesagt, sie würden zum »Arbeitseinsatz« ins Reich gebracht. Da der Sieg über die Rote Armee näher zu rücken schien, verlegte Hitler am Vormittag des 16. Juli sein Hauptquartier von der »Wolfsschanze« bei Rastenburg in ein neues Bunkerdomizil bei Winniza, genannt »Werwolf«. Trotz der »Fliegen- und Stechmückenschwärme«, die ihn enervierten, blieb er über zwei Monate in Winniza. Gleich am ersten Tag suchte ihn Himmler auf, dessen Hauptquartier sich zu dieser Zeit im nur 130 Kilometer weiter nördlich gelegenen Schitomir befand. Die beiden Männer unterhielten sich über den Kaukasus, der jetzt in Griffweite der deutschen Armeen zu liegen schien. »Führer ist der Meinung«, notierte Himmler am Tag danach, »daß wir dieses Gebiet nicht sichtbar in den deutschen Machtbereich eingliedern, sondern nur Ölquellen und Grenzen militärisch sichern sollten.«

Am 17. Juli ließ Himmler sich nach Oberschlesien fliegen und stattete dem Konzentrationslager Auschwitz einen Besuch ab. Dort waren soeben die ersten 2000 deportierten Juden aus Holland eingetroffen. Himmler kam zur rechten Zeit, um mitzuerleben, wie die beiden Züge entladen, die 1551 Arbeitsfähigen »selektiert« und zur Tätowierung und Einweisung in die Baracken von Birkenau abgeführt wurden, während die restlichen 449 – in der Mehrzahl Alte, Kranke und Kinder – vergast wurden. Er sah dann auch noch zu, wie die Leichen in Gruben geworfen und die Gaskammer für die nächste bereitstehende Gruppe saubergemacht wurde.

An diesem Abend stand Himmler als Ehrengast im Mittelpunkt eines für die Führungsoffiziere der Auschwitzer SS-Garnison veranstalteten Empfangs. Am nächsten Tag wurde er durch das »Stammlager« Auschwitz geführt, das nach wie vor als Straflager für polnische Häftlinge diente; er wünschte, einige Züchtigungsstrafen vorgeführt zu bekommen, um sich über deren Wirkung zu informieren. Am Ende seines Besuchs sprach er die dringende Empfehlung aus, im nahe gelegenen Lager Birkenau weitere Baracken zu errichten und auf dem Lagergelände weitere Rüstungsbetriebe anzusiedeln, in denen die Deportierten als Arbeitskräfte eingesetzt werden könnten. Vor seiner Abreise beförderte er den Lagerkommandanten Rudolf Höß zum SS-Sturmbannführer. Einen Tag später, am 19. Juli, ordnete er die »völlige Säuberung« des Generalgouvernements von allen noch vorhandenen jüdischen Bewohnern an, »durchzuführen und abzuschließen bis zum 31. Dezember«.

Himmlers Befehle waren seinen Untergebenen Gesetz. Vom 22. Juli an wurden im Warschauer Getto nun Tag für Tag Tausende von Juden zusammengetrieben und mit Zügen zu einem Lager in der Nähe des Dorfes Treblinka transportiert. Bis auf einige wenige Häftlinge, die man für den Lagerbetrieb benötigte, wurden sie allesamt vergast. In den ersten sieben Wochen nach Beginn der Deportationen aus Warschau wurden mehr als eine Viertelmillion Juden nach Treblinka gebracht und getötet; es war die umfangreichste und zügigste Liquidierung einer geschlossenen Personengruppe im Zweiten Weltkrieg. Der erste Kommandant des

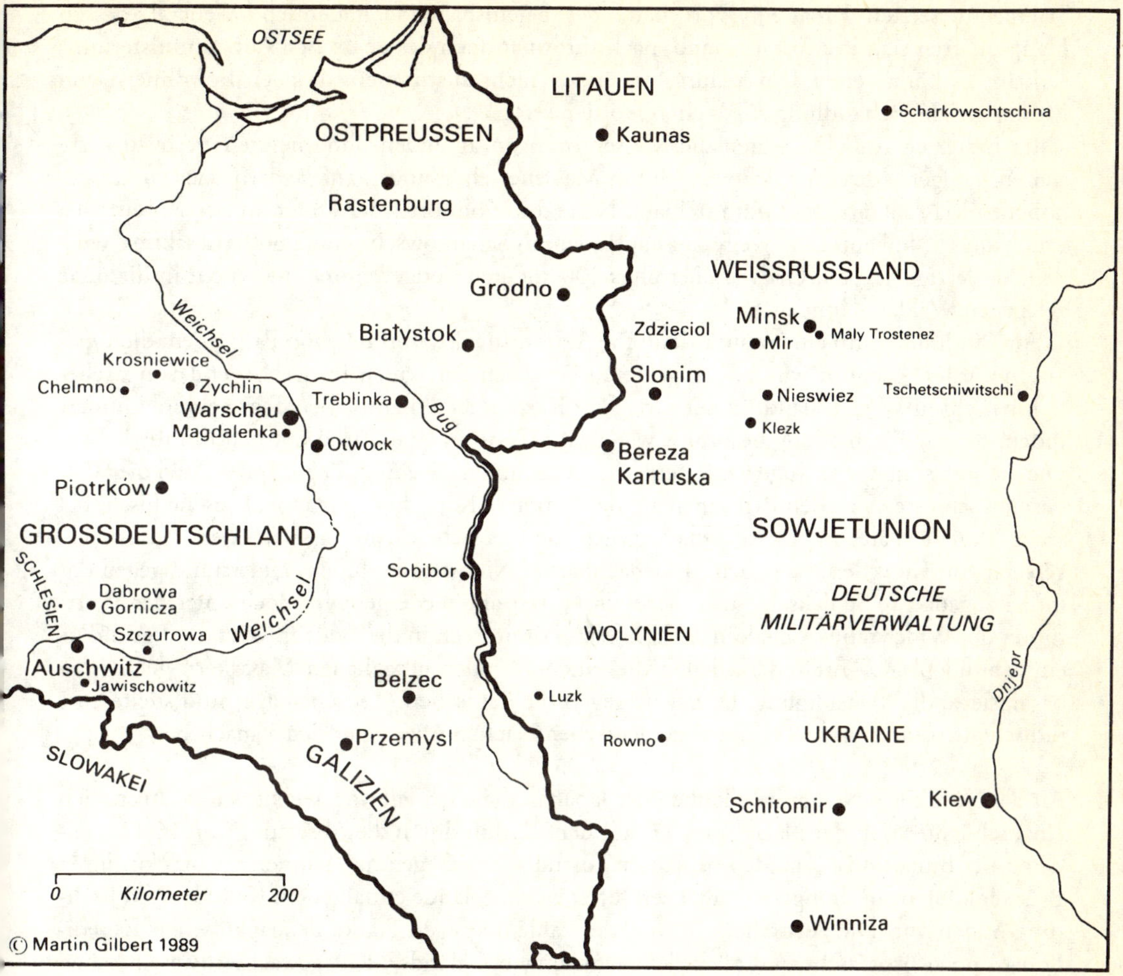

Terror im Osten, Juli 1942

Lagers Treblinka war der zweiunddreißigjährige deutsche Arzt Dr. Eberl. Er war zuvor schon aktiv am deutschen Euthanasieprogramm beteiligt und für die Tötung von 18000 deutschen Patienten im Zeitraum von eineinhalb Jahren verantwortlich gewesen. Jetzt leitete er, unterstützt von deutschen und ukrainischen SS-Wachmannschaften, den Mordbetrieb Treblinka. Aber nach nur vier Wochen wurde er seines Postens enthoben, weil er es nicht geschafft hatte, für eine genügend rasche Beseitigung der anfallenden Leichen zu sorgen; dies hatte zu Panikausbrüchen bei den Passagieren der ankommenden Züge geführt.

Während so die Warschauer Juden nichtsahnend nach Treblinka in den Gastod geschickt wurden, diente Belzec nach wie vor als Vernichtungslager für die Juden aus Galizien, während in Auschwitz nun fast täglich Deportationszüge aus Frankreich, Belgien (vom 4. August an), Luxemburg und Holland eintrafen. Keine Juden kamen hingegen aus dem von italienischen

Truppen besetzten Kroatien. Dort hatte der befehlshabende italienische General, dessen Hauptquartier sich in Mostar befand, nach Informationen des deutschen Außenministeriums »erklärt, er könne einer Umsiedlung der Juden nicht zustimmen, da allen Bewohnern von Mostar gleiche Behandlung zugesichert worden sei«.

Im besetzten Rußland waren die Massentötungen an Juden ohne nennenswerte Proteste weitergegangen. Meist handelte es sich um Massenerschießungen auf Feldern oder vor ausgehobenen Massengräbern in unmittelbarer Nähe des Wohnortes der Opfer. In Bereza Kartuska waren am 15. Juli auf diese Weise tausend Juden, in Scharkowschtschina 600 massakriert worden; am letztgenannten Ort war allerdings 900 anderen Todgeweihten die Flucht in die nahe gelegenen Wälder gelungen.

Am 20. Juli begann eine weitere deutsche Aktion zur Bekämpfung von Partisanen, die Operation »Adler« genannt wurde. Sie richtete sich gegen Partisanen in der Gegend von Tschetschiwitschi in Weißrußland. In der Ortschaft Klezk steckten am selben Tag mehrere hundert Juden, die zur Erschießung bestimmt waren, ihr Getto in Brand und rannten um ihr Leben. Die meisten starben im Kugelhagel deutscher Maschinengewehre. Ein paar erreichten die Wälder und schlossen sich den Partisanen an; der führende Kopf dieser Gruppe, Mosche Fisch, fiel sechs Monate später in einem Gefecht gegen die Deutschen. Am Tag nach dem Ausbruchsversuch von Klezk leisteten auch im benachbarten Nieswiez die Juden Widerstand gegen das ihnen zugedachte Schicksal. Auch hier wurden fast alle niedergemäht; doch einer der Wortführer des Widerstands, Schalom Tscholawski, konnte sich in die Wälder retten und gründete ein »Familienlager« für Juden, denen die Flucht vor den alltäglichen Massakern gelang. Er organisierte die Verteidigung des Lagers gegen die deutschen Menschenjäger und stellte eine jüdische Partisaneneinheit auf, die die deutschen Nachschubwege unsicher machte.

An der Nordküste Neuguineas kamen die Japaner, die nach wie vor willens waren, Australien einzuschüchtern, in der Nacht vom 21. auf den 22. Juli durch die Absetzung von 16000 Soldaten bei Buna und Gona den geplanten australischen Gegenmaßnahmen zuvor. Von ihren Brückenköpfen aus drangen sie über zerklüftetes Berggelände entlang dem Kokoda-Pfad Richtung Süden vor. Die Australier, die von der zahlenmäßigen Stärke der japanischen Expeditionstruppen überrascht und auch dem schwierigen Gelände nicht gewachsen waren, sahen sich zum Rückzug nach Port Moresby gezwungen. In Burma und Thailand arbeiteten alliierte Kriegsgefangene schon seit Wochen am Bau der Dschungeleisenbahn. »Der dritte Tote innerhalb weniger Tage«, vermerkte Oberst Dunlop, der sich mühte, mit einem absoluten Minimum an Medikamenten zerschlagene menschliche Körper zu behandeln, am 23. Juli in sein Tagebuch. 15000 Kriegsgefangene sollten beim Bau dieser Eisenbahn zugrunde gehen; ihr Schicksal wurde nicht nur von Chronisten wie Dunlop festgehalten, sondern auch von Künstlern wie Ray Parkin. »Ich hoffe«, sagte Dunlop über die Werke Parkins, »sie werden authentisch zeigen, wie der menschliche Geist sich über Vergeblichkeit, Nichtswürdigkeit und Verzweiflung zu erheben vermag, denn wir stehen hier buchstäblich vor dem Nichts.«

An diesem Abend führten die Kriegsgefangenen Shakespeares *Julias Cäsar* »in modernen Kostümen« auf, wie Dunlop anmerkte. Und er fügte hinzu: »Publikum sehr wohlwollend, ohne die geringste Boshaftigkeit.«

Am 23. Juli marschierten zum wiederholten Mal deutsche Truppen in Rostow am Don ein. Am selben Tag gab Hitler, in Sorge um die Sicherheit der deutschen Treibstoffversorgung, der in jedem modernen Krieg entscheidende Bedeutung zukam, seine Weisung Nr. 45 aus, in der er die Besetzung des Nordostufers des Schwarzen Meers von Noworossisk bis Batum an der türkischen Grenze sowie die Eroberung der russischen Ölfelder in Maikop, Grosny und Baku am Kaspischen Meer anordnete. Auch Stalingrad an der Wolga sollte erobert werden, und sobald dies geschafft und eine gut befestigte deutsche Verteidigungslinie entlang dem Don errichtet sei, könne die Eroberung Leningrads in Angriff genommen werden. Es war ein ehrgeiziger Plan, der Hitlers Generälen die Hände über dem Kopf zusammenschlagen ließ; doch Hitler setzte sich durch. Der Plan scheiterte daran, daß die Russen beschlossen, drei Reservearmeen zusätzlich zur Verteidigung Stalingrads heranzuziehen. Dort entbrannte eine so erbitterte Abwehrschlacht, daß Hitler sich gezwungen sah, von der zügig vorankommenden Kaukasusfront Truppen abzuziehen und nach Stalingrad zu verlegen. Wie sich bei der Wiedereroberung Rostows und auch anderswo gezeigt hatte, konnten die Deutschen durchschlagende Siege wie im Sommer 1941, als sie bei jeder größeren gewonnenen Schlacht Hunderttausende von Kriegsgefangenen gemacht hatten, nicht wiederholen. In Rostow hatten die Sowjets trotz schwerer Verluste das Gros der eingesetzten Truppen rechtzeitig in Sicherheit bringen können und waren daher in der Lage, den Kampf wiederaufzunehmen. Dessenungeachtet deutete am 25. Juli, als mehrere Einheiten der deutschen Wehrmacht nur noch 160 Kilometer von Stalingrad entfernt standen, wenig darauf hin, daß diese Stadt dem deutschen Ansturm würde standhalten können. Am gleichen Tag wurden in Leningrad, um die Durchhaltemoral der Bürger zu stärken, mehrere tausend deutsche Kriegsgefangene durch die Stadt geführt. Wie ein Historiker geschrieben hat, waren sie »die einzigen Deutschen, die es bis ins Innere Leningrads schafften«.

Am 27. Juli überschritten die Deutschen südlich von Rostow den Don und besetzten Bataisk. Am Tag darauf erließ Stalin seinen Befehl Nr. 227: »Panikmacher und Feiglinge müssen auf der Stelle liquidiert werden. Kein Schritt zurück ohne Befehl von höherer Stelle! Kommandeure, Kommissare und politische Arbeiter, die ohne Befehl von höherer Stelle eine Stellung räumen, sind Vaterlandsverräter und müssen entsprechend behandelt werden.«

Am selben Tag, an dem diese Order herauskam, verübten im Raum Leningrad einheimische russische Bauern und Partisanen hinter den deutschen Linien einen Mordanschlag auf Adolf Beck, einen Funktionär der deutschen Wirtschaftsverwaltung in den besetzten Gebieten, der für die Beschlagnahmung russischer Landwirtschaftserzeugnisse und für ihren Abtransport nach Deutschland oder an deutsche Truppeneinheiten zuständig war. Die Täter steckten auch die von Beck angelegten Depots und Getreidesilos in Brand. Die Tötung Becks und die Zerstörung so großer für Deutschland bestimmter Lebensmittelmengen gab der gesamten Partisanenbewegung im Raum Dno und Pleskau Auftrieb. »Russen!« hieß es in einer Flugschrift der Partisanen, in der der Tod Becks bekanntgegeben wurde, »vernichtet die Anwesen, auf denen sich die für euer Unglück verantwortlichen Männer verstecken. Erledigt die deutschen Großgrundbesitzer. Arbeitet nicht für sie, sondern bringt jeden von ihnen um – das ist die Pflicht eines jeden sowjetischen Patrioten. Vertreibt die Deutschen aus dem Land der Sowjets!«

Im Warschauer Getto, aus dem in einer einzigen Woche 66701 Juden deportiert worden waren und in dem nun noch 250000 Menschen lebten, war der 28. Juli der Gründungstag eines jüdischen Kampfverbands, bestehend aus Männern und Frauen, die entschlossen waren, gegen die fortdauernden Deportationen nach Treblinka Widerstand zu leisten. Allein, schon am nächsten Tag stellten die Deutschen den hungernden Juden Warschaus – über 4000 Menschen starben im Verlauf dieses Monats an Unterernährung – eine grausame Falle, indem sie jeder Familie, die sich freiwillig für den »Osten« entschied, eine Gratisgabe von drei Kilogramm Brot und einem Kilogramm Marmelade zusicherten. Viele der Hungernden empfanden dieses Angebot als unwiderstehlich. Tausende meldeten sich. Sie alle erhielten ihr Brot und ihre Marmelade. Und sie alle wurden anschließend nach Treblinka deportiert und gingen in den Tod.

Am 29. Juli, nach viertägigen erbitterten Kämpfen im Dschungel, konnten die Japaner den Australiern Kokoda entreißen. Am selben Tag erreichten deutsche Truppen Proletarskaja, das Tor zum Kaukasus. Stalin stiftete an diesem Tag einen neuen militärischen Orden für besonders gelungene militärische Operationen auf dem Schlachtfeld, den Suworow-Orden, benannt nach dem General Katharinas der Großen, der 1799 die Alpen überschritten hatte. Ein zweiter an diesem Tag gestifteter Orden, bestimmt für Führer von Bataillonen, Kompanien oder Zügen, die sich in der Schlacht durch persönliche Tapferkeit und hohe Führungsqualität auszeichneten, wurde nach dem mittelalterlichen russischen Nationalhelden Alexander Newski benannt, der einen früheren deutschen Eroberungszug zurückgeschlagen hatte.

Die Deutschen drangen unterdessen weiter in Richtung Kaukasus vor. Am 1. August erreichten sie Salsk und konnten damit die Eisenbahnverbindung zwischen Noworossisk und Stalingrad lahmlegen. Einige der deutschen Hauptstreitmacht vorausgeeilte Einheiten erreichten an diesem Tag schon den Fluß Kuban.

Die Briten und Amerikaner, die sich außerstande sahen, noch 1942 eine zweite Front auf dem europäischen Festland zu eröffnen und damit einen Teil des Druckes von der Sowjetunion zu nehmen, hatten sich entschlossen, statt dessen durch Landungen an den Küsten Marokkos und Algeriens (Operation »Torch«) Vichy-Frankreich zu treffen und in Verbindung damit gleich den Versuch zu machen, die deutschen und italienischen Eroberer der nordafrikanischen Wüste vernichtend zu schlagen. Man hoffte, daß diese beiden Operationen nicht nur die Achsenmächte aus Nordafrika vertreiben und damit den Alliierten das Sprungbrett für eine Landung auf dem südeuropäischen Festland verschaffen, sondern auch den Abzug beträchtlicher deutscher Kräfte von der Ostfront erzwingen würden. Am 1. August schickte Churchill sich an, nach Moskau zu fliegen, um persönlich Stalin über diese Entscheidung und die Operationspläne ins Bild zu setzen. »Die materiellen Voraussetzungen für ein heiteres Treffen«, meinte Churchill gegenüber König Georg VI., »sind wirklich mager. Aber vielleicht kann ich wenigstens die Lage ein bißchen entschärfen.«

Um die Deutschen über die für Operation »Torch« tatsächlich vorgesehenen Angriffspunkte zu täuschen, trat eine dem britischen Kriegskabinett zugeordnete Sonderabteilung in Aktion, die die harmlose Tarnbezeichnung »London Controlling Section« trug und von Oberst John Bevan geleitet wurde. Sie legte am 1. August eine Reihe von Pseudofeldzugsplänen vor, um die Deutschen zum Zusammenziehen von Verstärkungskräften an den falschen Stellen zu bewegen. In der Hauptsache wurden drei Aktionen vorgetäuscht: Operation »Solo« gegen Narvik und Trondheim, Operation »Overthrow« gegen Calais und Boulogne und Operation »Kennecott« gegen Süditalien, Griechenland und Kreta.

Durch die Einsetzung falscher Kommandostäbe und mit Hilfe von Doppelagenten wie »Garbo«, die Berichte über fiktive militärische Vorbereitungen nach Deutschland übermittelten, stiftete Oberst Bevan Verwirrung beim deutschen Generalstab, der zuverlässige Informationen darüber besaß, daß in Schottland englische und amerikanische Truppen zusammengezogen wurden und ganz offensichtlich für eine großangelegte amphibische Landeoperation übten, aber keine eindeutigen Anhaltspunkte für den Ort der geplanten Invasion hatte. Bevan tat noch ein übriges, indem er für die beiden kommandierenden Generäle der Operation »Torch«, Admiral Cunningham und General Eisenhower, »Alibis« aufbaute: Während sie in Gibraltar eintrafen, um die abschließenden Planungen zu leiten, setzte Bevan die Meldung in die Welt, Cunningham sei »nach dem Fernen Osten versetzt« und Eisenhower »nach Washington zurückgerufen« worden.

Ob die Sowjetunion noch etwas von den geplanten Landungen in Nordafrika profitieren würde, hing allein vom Tempo des deutschen Vormarsches ab. Am 3. August trafen die auf die Kaukasusregion angesetzten Truppenteile in Stawropol ein. Weiter nördlich erreichte und überschritt ein in Richtung Stalingrad vorrückender Verband bei Zimljanski den Don und drang dann ostwärts bis zu dem 150 Kilometer südwestlich von Stalingrad gelegenen Kotelnikowo vor. Diese deutschen Erfolge signalisierten Gefahr nicht nur für Rußland, sondern auch für Großbritannien. Am 4. August machte Churchill auf dem Weg in die Sowjetunion Zwischenstation in Kairo. Dort erklärte ihm der Generalstabschef der Truppen des britischen Empire, General Sir Allan Brooke, falls den Deutschen der Sprung über den Kaukasus gelänge und sie von dort aus ernsthaft den Persischen Golf bedrohen würden, könnte es notwendig werden, den völligen Abzug aus Ägypten und Nordafrika in Betracht zu ziehen, da die jetzt in Ägypten kämpfenden Truppen dann möglicherweise am Persischen Golf dringender gebraucht würden. Denn im Falle des Verlustes der Ölfelder von Abadan und Bahrain würde die britische Kriegführungsfähigkeit um 20 Prozent vermindert werden.

Am 5. August – Churchill war noch in Kairo – überschritten deutsche Truppen bei Kropotkin den Kuban und näherten sich Armawir; die Bedrohung für die kaukasischen Ölfelder war jetzt mit Händen zu greifen.

An diesem 5. August wurde ein für England bestimmter, aus 36 Schiffen bestehender Geleitzug vor Neufundland von deutschen U-Booten angegriffen. Eines der U-Boote konnte von einem der den Konvoi eskortierenden Kriegsschiffe versenkt werden, aber dann wurden innerhalb von drei Minuten fünf Frachtschiffe torpediert. Zu einem späteren Zeitpunkt gelang die Versenkung eines weiteren deutschen U-Bootes, aber zugleich wurden sechs weitere Handelsschiffe getroffen und sanken.

Arbeitssklaven hatten für die Deutschen in vier französischen Atlantikhäfen – Lorient, Brest, St. Nazaire und La Pallice – massive U-Boot-Schutzbunker aus Beton errichtet. Diese Betonhangars gehörten zu den bemerkenswertesten baulichen Leistungen der jetzt von Albert Speer dirigierten Organisation Todt. Am 5. August, während weit draußen im Atlantik der gerade geschilderte U-Boot-Angriff im Gang war, dockte in einem der Hangars von Lorient ein japanisches U-Boot an – ein Indiz für die Reichweite und Flexibilität der Unterwasserflotte der Achsenmächte. Sechs Wochen später kreuzte das besagte japanische U-Boot wieder in malayischen Gewässern auf, wo es versenkt wurde.

Seite an Seite mit den deutschen Armeen kämpften an der Ostfront Freiwilligenverbände aus Frankreich, Belgien und Holland. Am 6. August schrieb General Kraus, der Befehlshaber des Truppenteils, dem die holländische Einheit zugeteilt war, an Hermann Göring: »Wir haben im Osten Tausende von Holländern in Transportregimentern. Letzte Woche wurde eines dieser Regimenter angegriffen. Die Holländer machten über tausend Gefangene und verdienten sich 25 Eiserne Kreuze.« In derselben Woche waren mehr als tausend holländische Juden aus den Niederlanden nach Auschwitz deportiert worden; ihnen folgten am 7. August weitere 987 und drei Tage später 559 nach. Mehr als die Hälfte dieser Deportierten wurde nach der Ankunft im Lager vergast. Die übrigen wurden in die Baracken von Birkenau eingewiesen und dort als Arbeitssklaven eingesetzt. Am 7. August, dem Tag, an dem der zweite der genannten Transporte in Holland auf die Reise ging, leitete in Berlin Hermann Göring eine Sitzung, bei der es um den Vierjahresplan für die Kriegsproduktion ging. Die Nutzung von Sklavenarbeit war ein wesentlicher Bestandteil des Plans. Den Sitzungsteilnehmern wurde jedoch, wie das Protokoll zeigt, bald klar, daß es Gebiete gab, in denen keine jüdischen Arbeitskräfte mehr rekrutiert werden konnten. So erfuhren die Gesprächsteilnehmer beispielsweise, daß in Weißrußland »nur noch wenige Juden am Leben« waren. »Zehntausende sind liquidiert worden.«

Am 7. August erhielt der ins Exil gegangene deutsche Wissenschaftler Klaus Fuchs die britische Staatsbürgerschaft und legte seinen Treueid auf die britische Krone ab. Er arbeitete zu dieser Zeit in Großbritannien am sogenannten Tube-Alloys-Projekt, dem englisch-amerikanischen Atombomben-Forschungsprojekt. Gleichzeitig übermittelte Fuchs die geheimen Informationen über dieses Projekt an die Sowjetunion. Auch in dieser Stunde, da die militärische Auseinandersetzung mit Deutschland sich dramatisch zuspitzte, blieben sich die Alliierten, die diesen Kampf mit vereinten Kräften führten, der grundlegenden Gegensätzlichkeit ihrer Ideologien und Zielsetzungen bewußt, die schon vor dem Krieg das Verhältnis zwischen ihnen getrübt hatte und ihre Freundschaft auch wieder beenden würde, sobald der gemeinsame Gegner Deutschland besiegt war. Selbst in diesem Augenblick, da niemand für einen solchen Sieg garantieren konnte, waren sich diejenigen, die mit aller Tatkraft und Konzentration Mittel und Wege zur Herbeiführung dieses Sieges finden mußten, sehr wohl der Konflikte bewußt, die in der Nachkriegsära möglicherweise aufbrechen würden.

KAPITEL 26

Guadalcanal, Dieppe, El Alamein

August – September 1942

Am 7. August 1942 lief die amerikanische Operation »Watchtower«, die erste alliierte Gegenoffensive im Pazifik, an. Sie begann mit der Landung von 16 000 amerikanischen Soldaten auf der Salomon-Insel Guadalcanal. Die Alliierten verloren bei dem Angriff vier schwere Kreuzer und mit ihnen über 1000 Mann Besatzung: die amerikanischen Schiffe *Quincy, Astoria* und *Vincennes* mit 370, 216 beziehungsweise 332 Mann an Bord und die australische *Canberra* mit 84 Mann. An Land jedoch schlugen die Amerikaner alle Versuche der Japaner zurück, sie ins Meer zurückzutreiben. Nach zwei Wochen war die Rollbahn von Guadalcanal in den Händen der Amerikaner, doch ansonsten vermochten die Japaner, die rasch Verstärkungen heranführten, ihre Stellungen auf der Insel zu halten. Vier Wochen nach Beginn der amerikanischen Offensive waren auf Guadalcanal 9000 Japaner gefallen, während die Amerikaner 1600 Mann verloren hatten. Von den 250 japanischen Soldaten, die zum Zeitpunkt des ersten amerikanischen Ansturms die Garnison gehalten hatten, ließen sich nur drei gefangennehmen. In jedem Gefecht kämpften die Japaner mit Todesverachtung bis zum Umfallen oder töteten sich im letzten Moment selbst, um der Gefangennahme zu entgehen.

Parallel zur Landung auf Guadalcanal wurden auch auf vier kleineren Inseln US-Marines an Land gesetzt: auf Florida, Tulagi, Gavutu und Tanambogo. Auch hier legten die japanischen Verteidiger eine Todesverachtung an den Tag, die auf ihre Gegner schockierend wirkte: »Ich habe von so einer Art des Kämpfens noch nie gehört oder gelesen«, schrieb Generalmajor Alexander A. Vandegrift an den Kommandanten der Marines in Washington. »Diese Leute«, erklärte er, »lehnen es ab, sich zu ergeben. Die Verwundeten warten, bis jemand kommt und sie untersucht, und jagen dann sich und den anderen mit einer Handgranate in die Luft.«

Am 9. August, dem dritten Tag der Schlacht um Guadalcanal, erreichten deutsche Truppen im Kaukasus die Ölfelder von Maikop. Doch die Sowjets hatten bei ihrem Abzug die Förderanlagen gesprengt. In Krasnodar, wo die Deutschen am selben Tag einmarschierten, fanden sie ebenfalls nur zerstörte Ölförderanlagen vor. In den Gebieten hinter der Front gab es nichts, was dem zerstörerischen Wüten der Deutschen Einhalt hätte gebieten können. Am 9. August wanderten in Auschwitz Hunderte holländischer Juden in die Gaskammer, unter ihnen die katholische Nonne Edith Stein, die zum Christentum übergetretene Tochter eines jüdischen Holzhändlers aus Breslau; ihrer jüdischen Eltern wegen war sie aus Holland deportiert worden. Schwester Benedicta, wie sie als Nonne hieß, wurde später von der katholischen Kirche als Märtyrerin anerkannt und 45 Jahre später heiliggesprochen.

Einen Tag nach dem Tod Edith Steins schreckte ein von Gerhart Riegner, dem Genfer Sekretär des Jüdischen Weltkongresses, abgeschicktes Telegramm jüdische Politiker in London und New York auf. Es nahm Bezug auf einen »alarmierenden Bericht ... demzufolge im Führerhauptquartier ein Plan ... in Erwägung gezogen wird, nach dem alle Juden in von Deutschland besetzten oder kontrollierten Ländern, 3,5 bis 4 Millionen an der Zahl, nach Deportation und Konzentration im Osten mit einem Schlag vernichtet werden sollen, damit die jüdische Frage in Europa ein für allemal gelöst ist«.

Diese von Riegner in die westlichen Hauptstädte weitergeleitete Information war offenbar von einem Informanten in die Schweiz übermittelt worden, der nicht nur über Himmlers Besuch in Auschwitz am 16. Juli Bescheid wußte, sondern auch von seinem am 19. Juli erteilten Befehl zur »totalen Säuberung« des Generalgouvernements von seinen jüdischen Bewohnern bis zum Jahresende erfahren hatte. Einer von denen, die an der Weitergabe der Information ins westliche Ausland beteiligt waren, war der deutsche Industrielle Eduard Schulte, dessen Firma, die Bergwerksgesellschaft Giesche, Eigentümerin der Villa war, in der Himmler nach seinem Auschwitz-Besuch als Gast eingekehrt war. Ein weiterer, in der Schweiz ansässiger Gewährsmann war Dr. Chaim Pozner, ein aus Polen stammender Zionist, der die Information sowohl nach Jerusalem als auch an den britischen Nachrichtendienst weitergab.

Was die Empfänger des Telegramms vom 10. August nicht wußten, war, daß die Ermordung von Millionen von Juden nicht mehr nur ein »in Erwägung« gezogener Plan war, sondern bereits tagtägliche Praxis. Die fortdauernden Deportationen aus Frankreich, Holland, Belgien und mehreren polnischen Städten nach Auschwitz waren ebenso Bestandteil dieses Plans wie die Deportationen aus Warschau nach Treblinka und aus dem mittleren und südlichen Polen nach Chelmno, Sobibor und Belzec. Dazu kamen in diesem August mehr als 87 000 ermordete Juden in Wolhynien und mehr als 9000 in Weißrußland. Dort waren in den Städten Mir und Zdzieciol 500 Juden aus Gestapogewahrsam ausgebrochen, hatten sich in die Wälder gerettet und sich den sowjetischen Partisanen angeschlossen. Im allgemeinen aber waren die Chancen für ein Entrinnen minimal.

Am 10. August, dem Tag, an dem in Auschwitz Edith Stein vergast wurde, traf in Maly Trostenez, dem Lager in der Nähe von Minsk, das im Westen nicht einmal dem Namen nach bekannt war, ein Zug ein. Er hatte mit tausend Juden Theresienstadt verlassen, von denen jedoch vierzig in Minsk herausgeholt und der Sklavenarbeit zugeführt worden waren. Die übrigen 960 wurden nach ihrer Ankunft in Maly Trostenez vergast.

Aus einem weiteren, wiederum tausend Juden umfassenden Transport, der zwei Wochen später aus Theresienstadt nach Maly Trostenez abging, wurden 22 jüngere Männer ausgesondert und als Fronarbeiter auf ein SS-Landgut gebracht. Die übrigen wurden in Lastwagen geladen und vergast. Von den 22 Ausgesonderten überlebten zwei die Strapazen der Zwangsarbeit und die sadistischen Schikanen ihrer Aufseher und konnten sich im Mai 1943 absetzen und den sowjetischen Partisanen anschließen. Einer fiel im Kampf, der andere überlebte den Krieg – als einziger aus seinem Tausender-Transport.

In Warschau gingen jeden Tag neue Transporte nach Treblinka ab. »Mit besonderer Freude«, schrieb SS-Oberstgruppenführer Karl Wolff am 13. August an den Stellvertreter des Reichsverkehrsministers, »habe ich von Ihrer Mitteilung Kenntnis genommen, daß nun schon seit vierzehn Tagen täglich ein Zug mit je 5000 Angehörigen des auserwählten Volkes nach Treblinka fährt und wir doch auf diese Weise in die Lage versetzt sind, diese Bevölkerungsbewegung in einem beschleunigten Tempo durchzuführen.«

Am 10. August starteten die Briten ihre Operation »Pedestal«, einen weiteren Versuch, mit einem Flottenkonvoi von Gibraltar aus Nachschubgüter nach Malta zu bringen. Am zweiten Tag seiner Fahrt geriet der Konvoi jedoch zunehmend ins Kreuzfeuer deutscher und italienischer Angreifer, und der Flugzeugträger *Eagle* und der Zerstörer *Foresight* wurden von einem deutschen U-Boot versenkt. Daraufhin machte die Eskorte kehrt und fuhr mit voller Kraft nach Gibraltar zurück, doch wurden auf dem Weg dorthin noch der Flakkreuzer *Cairo* von einem italienischen U-Boot und der Kreuzer *Manchester* von einem italienischen Torpedoboot versenkt. Von den Handelsschiffen des Geleitzuges, die die Reise fortgesetzt hatten, wurden fünf versenkt, die übrigen fünf erreichten Malta. Diese Katastrophe für die britische Marine wurde in keiner Weise dadurch wettgemacht, daß einen Tag zuvor der japanische schwere Kreuzer *Kako* im Gebiet der Salomon-Inseln versenkt worden war.

Am 12. August flog Churchill nach Moskau, um Stalin zu erklären, daß die Errichtung einer zweiten Front in Europa in diesem Jahr nicht mehr möglich sei, daß man aber statt dessen eine Landung in Französisch-Nordafrika plane. Als Stalin dies hörte, »legte sich nicht nur seine Stirn, sondern sein ganzes Gesicht in Falten«, wie Churchills Dolmetscher registrierte. Er wollte wissen, weshalb die Briten »so viel Angst vor den Deutschen« hätten. Als ihm jedoch der Nordafrikaplan erläutert wurde, habe er rasch dessen strategische Konsequenzen begriffen – die Schaffung der Voraussetzungen für eine gemeinsame englisch-amerikanische Landung in Italien Anfang 1943, um, wie Churchill sich ausdrückte, »den Bauch von Hitlers Europa zu bedrohen«. Churchill ließ Stalin auch wissen, daß die Briten den Luftkrieg gegen Deutschland verschärfen würden, in der Hoffnung, »fast jedes Gebäude in fast jeder deutschen Großstadt zu zertrümmern«. Stalin meinte, daß dies »nicht schlecht wäre«, und empfahl Churchill, die neuen britischen 4-Tonnen-Bomben an Fallschirmen abzuwerfen, da sie sich »andernfalls in den Boden graben« würden.

Am 13. August, während Churchill sich noch in Moskau aufhielt, erreichten deutsche Truppen die 320 Kilometer südlich von Stalingrad gelegene Stadt Elista, welche nur noch 250 Kilometer vom Kaspischen Meer entfernt war. Auch die kaukasische Stadt Mineralnyje Wody fiel an diesem Tag in deutsche Hand. Im Führerhauptquartier »Werwolf« bei Winniza dachte Hitler an diesem Tag nicht nur über Rußland nach, sondern auch über die zweite Front im Westen, mit der früher oder später zu rechnen war. In einem Gespräch mit seinem Rüstungsminister Albert Speer erneuerte Hitler – damit zum zweitenmal die Möglichkeit einräumend, daß sein umfassendes strategisches Konzept fehlschlagen würde und er schließlich doch einen Zweifrontenkrieg führen müsse – seine Forderung, einen »Atlantikwall« zu errichten, eine Kette von Festungsbauwerken zum vorbeugenden Schutz gegen einen englisch-amerikanischen Landungsversuch. 15 000 Betonbunker sollten in Abständen von teils 50, teils 100 Metern errichtet werden, ohne Rücksicht auf die Kosten. »Unser wertvollstes Material«, erklärte Hitler, »ist der deutsche Mensch. Das Blut, das diese Festungsbauwerke uns einsparen werden, ist die Milliarden wert!«

Im Westen mußte man sich gegen einen Angriff wappnen, doch die größeren Gefahren – und Chancen – hielt einstweilen der Osten bereit. Am 14. August begannen die Deutschen mit der Operation »Greif«, einem Feldzug gegen die im Raum Orscha und Witebsk aktiven sowjetischen Partisanen. Diese waren eine Bedrohung für die deutschen Nachschub- und Nachrichtenverbindungen entlang der »Moskauer Autobahn«, die von Brest-Litowsk über Minsk und Smolensk führte. An diesem Tag gelang den britischen Geheimdienstlern, ohne daß Hitler oder einer seiner Unterführer je etwas davon erfahren sollten, die Entschlüsselung des wichtigsten von der SS benutzten Enigma-Codes. »Quince«, wie die britischen Abhörspezialisten in Bletchley diesen Schlüssel nannten, war für die Briten von nun an bis zum Ende des Krieges ein offenes Buch. Einzig der von der Gestapo benutzte Enigma-Code, nach seinem Berliner Rufkennzeichen auch TGD genannt, sollte ihnen widerstehen.

Am Morgen des 15. August zogen die Deutschen, deren Erfolge im Kaukasus den Alliierten angst machten, stärkere Kräfte vor Stalingrad zusammen. In Moskau bat Stalin Churchill um die Lieferung von mindestens 20 000 Lastwagen pro Monat; die russische Eigenproduktion liege bei nur 2000 monatlich. Churchill versprach, den Sowjets das Notwendige zu liefern. Er selbst erhielt an diesem Tag gute Nachrichten: Trotz des Fehlschlagens von Operation »Pedestal«, der Fahrt des britischen Geleitzuges nach Malta, hatte der amerikanische Öltanker *Ohio* mit

10 000 Tonnen Öl die Insel erreicht. Die *Ohio* war auf der Fahrt so schwer beschädigt worden, daß sie als Totalverlust abgeschrieben werden mußte, aber ihre Ladung war für Malta kostbar und lebenswichtig.

Am 11. August begannen die deutschen Besatzungsbehörden in Frankreich mit der Einziehung von Zwangsarbeitern für die deutsche Rüstungsindustrie, deren Rekrutierungsprobleme immer ernster wurden. Vier Tage später wurde im östlichen Oberschlesien, unweit von Auschwitz, ein neues Arbeitslager für die Kohlegruben von Jawischowitz eröffnet. Nicht nur französische und später auch belgische Zwangsarbeiter wurden in diesen Gruben beschäftigt, sondern auch Juden aus den Baracken von Birkenau. Tausende gingen infolge der unmenschlichen Arbeitsbedingungen zugrunde. Ein Zeichen für die zunehmende antideutsche Stimmung in Holland war ein versuchter Sprengstoffanschlag auf einen mit deutschen Soldaten besetzten Zug in Rotterdam. Der Anschlag schlug fehl, aber die Deutschen töteten zur Strafe und Abschreckung am 15. August fünf holländische Zivilisten. Auf dem Schlachtfeld schienen die Deutschen weiterhin unbesiegbar zu sein: Am 17. August tauchten Wehrmachtssoldaten in den Hochtälern des Kaukasus auf; Kislowodsk wurde besetzt, und eine Gruppe traf Vorbereitungen zur Besteigung des 6000 Meter hohen Elbrus-Gipfels – wenngleich dies weniger eine Demonstration militärischer als sportlicher Tüchtigkeit war.

An ebendiesem 17. August, als deutsche Truppen die Kurorte des Hochkaukasus in Besitz nahmen, kam aus dem Pazifik eine Nachricht, die die Moral der Amerikaner hob: Marines hatten mit einer kühnen Landeoperation das Makin-Atoll zurückerobert, das die Japaner drei Tage nach Pearl Harbor besetzt hatten. Dreißig Marines verloren ihr Leben bei diesem »törichten Husarenstück«, wie der amerikanische General Holland M. Smith es später nannte: denn es veranlaßte die Japaner zum Bau zusätzlicher Befestigungen auf den Gilbert-Inseln, was deren spätere Eroberung dann um so schwieriger und kostspieliger machte. Die Amerikaner zogen sich wenige Tage später wieder vom Makin-Atoll zurück. Neun Marines, die dabei versehentlich zurückgelassen wurden, gerieten in japanische Gefangenschaft und wurden später in Kwajalein enthauptet.

Eine weitere alliierte Landungsoperation folgte am 19. August, nur 48 Stunden nach der Erstürmung des Makin-Atolls: Es war ein britisch-kanadischer Überfall auf den französischen Hafen Dieppe, der von der gegenüberliegenden englischen Kanalküste nur 105 Kilometer entfernt war.

5000 kanadische und tausend britische Soldaten führten den Angriff auf Dieppe durch. Sie wurden durch fünfzig amerikanische Ranger und zwei Dutzend Soldaten des Freien Frankreich unterstützt. Wie die Landung auf dem Makin-Atoll, sollte auch der Erfolg der Operation »Jubilee«, so der Deckname für das Dieppe-Unternehmen, nur von kurzer Dauer sein. Sie diente in erster Linie dem Zweck, im Hinblick auf eine spätere Invasion des europäischen Festlands praktische Erfahrungen zu sammeln. Der britische Hauptmann Pat Porteous und der kanadische Oberstleutnant Merritt erhielten für erwiesene Tapferkeit während der Operation das Victoria Cross. Ein weiteres Victoria Cross ging an den kanadischen Kaplan John Foote, der viele Stunden lang auf dem Kieselstrand, dem deutschen Feuer ausgesetzt, verwundete Männer betreute. Als die Gelegenheit kam, die Männer fortzuschaffen, trug Hauptmann Foote sie zum Boot, machte aber selbst keine Anstalten, sich einzuschiffen, sondern ließ sich gefangennehmen und versorgte als Kriegsgefangener weiterhin die verwundeten Kameraden.

Die Alliierten erlitten bei der Operation »Jubilee« hohe Verluste: Knapp über tausend der teilnehmenden Soldaten fielen, weitere 2000 gerieten in Gefangenschaft, und sämtliche mitgebrachten Fahrzeuge und Waffen mußten am Strand zurückgelassen werden. »Das ist das erste Mal«, höhnte Hitler, »daß die Briten so nett gewesen sind, übers Meer zu kommen und dem Gegner eine vollständige Sammlung ihrer Waffen zu präsentieren.« Später jedoch erklärte er seinen Kommandeuren: »Wir müssen begreifen, daß wir nicht die einzigen sind, für die Dieppe eine Lehre gewesen ist. Die Engländer haben auch daraus gelernt. Wir müssen mit einer ganz anderen Angriffstaktik an einer ganz anderen Stelle rechnen.«

25 deutsche Bomber und 23 Jagdflugzeuge waren bei dem Überfall auf Dieppe zerstört worden, und die deutsche Luftwaffe reagierte auf das Unternehmen mit einer Verstärkung ihrer Präsenz im westlichen Europa, was sicherlich eine Verringerung der Zahl der verfügbaren Flugzeuge an der Ostfront bedeutete. Und was die Lektion betraf, die die Alliierten in Dieppe gelernt hatten, so maß Admiral Mountbatten ihr, wie er am Tag danach vor dem britischen Kriegskabinett ausführte, einen »unschätzbaren« Wert für die Planung der späteren Invasion in Nordfrankreich bei. Viele Jahre später ließ er durchblicken, Dieppe habe »den Alliierten das kostbare Geheimnis des Sieges« enthüllt.

Bei der Operation »Jubilee« fiel erstmals in diesem Krieg ein US-amerikanischer Soldat auf französischem Boden: Leutnant Edwin V. Loustalot.

Für die Kanadier war Dieppe eine mittlere Katastrophe: 907 kanadische Soldaten waren gefallen, 1874 in Gefangenschaft geraten. Die Deutschen hatten 345 Tote zu beklagen, und vier ihrer Männer wurden als Gefangene nach England gebracht.

Am 19. August wurden die Deutschen, während ihre südlichen Heeresgruppen sich Stalingrad und den Kaukasusgipfeln näherten, von einem Gegenangriff überrascht: Vor Leningrad unternahmen russische Truppen einen Ausfall, um den deutschen Belagerungsring um die Stadt zu sprengen. Am selben Tag notierte der Sekretär Hitlers, Martin Bormann, seine Einschätzung über die Russen und Polen, die zu Hunderttausenden als Arbeitssklaven für die deutsche Wirtschaft schufteten: »Die Slawen sollen für uns arbeiten. Soweit wir sie nicht brauchen, mögen sie sterben. Slawische Fortpflanzung ist nicht wünschenswert.« Ebenfalls am 19. August wurde auf dem Elbrus-Gipfel die Hakenkreuzfahne gehißt, was Hitler zu der ungehaltenen Bemerkung veranlaßte, die Wehrmacht solle ihren Ehrgeiz lieber darein setzen, die Russen zu schlagen, anstatt Berge zu bezwingen. 260 Kilometer östlich des Elbrus-Massivs lag Grosny, das Zentrum der kaukasischen Ölförderung, und Hitler wußte um die Gefahren, die auf dem Weg dorthin lauern würden.

Im besetzten Polen wurden am 19. August sämtliche Patienten einer jüdischen Nervenheilanstalt in Otwock bei Warschau deportiert: ein paar hundert weitere Opfer einer Rassenpolitik, nach deren Credo in einer nationalsozialistischen Welt weder Juden noch psychisch Kranke ein Recht auf Leben hatten. Die Patienten von Otwock wurden nach Treblinka transportiert und vergast. Hinter der Front provozierte der Partisanenkrieg die Deutschen weiterhin zu barbarischen Vergeltungsmaßnahmen. Am 22. August trieben Gestapo- und SS-Kräfte in einem Dorf unweit von Białystok alle männlichen Einwohner zusammen und wählten aus ihnen zehn aus, die an Ort und Stelle gefoltert und danach erschossen wurden. Unweit davon, in der Gegend von Slonim, wurden am selben Tag nach »rund sechsstündigem bewaffneten Kampf«, wie es in einem Gestapobericht hieß, 200 Partisanen und Dorfbewohner, »die Hälfte davon Juden«, erschossen und zwei Partisanenlager »ausradiert«. Auch auf Zigeuner wurde Jagd gemacht. Drei Tage nach dem Massaker von Slonim machte die Feldgendarmerie der Wehrmacht alle in Rußland operierenden deutschen Heeresgruppen darauf aufmerksam, daß auf dem Lande eine ganze Reihe »Zigeunerbanden« operierten, die den »Partisanen zahlreiche Hilfsdienste leisten, sie mit Nachschub versorgen usw.«. Würde man, so hieß es in der Mitteilung weiter, nur einen Teil dieser Zigeuner bestrafen, so würden »der Rest eine noch feindseligere Haltung gegenüber den deutschen Truppen einnehmen und die Partisanen noch stärker als bisher unterstützen«. Es sei daher »erforderlich, diese Banden rücksichtslos auszurotten«.

Am 23. August stürmten bei Isbuschenski in der großen Don-Schleife 600 Italiener vom Kavallerieregiment Savoyen gegen eine russische Stellung vor, die von 2000 mit Mörsern und Maschinengewehren bewaffneten Rotarmisten gehalten wurde. Die mit Säbeln und Handgranaten kämpfenden italienischen Reiter schlugen die Russen in die Flucht. Es war der letzte erfolgreiche Kavallerieangriff dieses Krieges. Später am gleichen Tag erreichten Einheiten der deutschen Wehrmacht nördlich von Rynok, dem nördlichsten Vorort Stalingrads, das westliche Wolga-Ufer. 600 deutsche Flugzeuge bombardierten industrielle Ziele und Wohnviertel, um Stalingrad für die erhoffte baldige Besetzung durch Bodentruppen gleichsam »weichzuklopfen«.

Stalingrad lag genau auf der Grenze zwischen dem europäischen und dem asiatischen Rußland; es war ein Knotenpunkt und Umschlagplatz des Eisenbahnverkehrs und der Binnenschiffahrt, ein Symbol sowohl des alten Rußland mit seinem Naturalienhandel als auch der modernen, industrialisierten Sowjetunion. Die Stadt war nicht nur das stolze Symbol sowjetischer Leistungsfähigkeit, sondern wurde auch zum Wahrzeichen für die Fähigkeit Rußlands, sich trotz der verheerenden Rückschläge des Vorjahres weiterhin zu verteidigen und zu überleben.

Am 24. August, während Stalingrad sich auf den deutschen Angriff vorbereitete, erzielten die Amerikaner im Gebiet der östlichen Salomon-Inseln einen erneuten Erfolg im Seekrieg gegen Japan: Sie versenkten den Flugzeugträger *Ryuho* sowie einen leichten Kreuzer, einen Zerstörer und einen Truppentransporter, wobei mehrere tausend Japaner den Tod fanden. Neunzig im Gefecht abgeschossenen japanischen Flugzeugen standen zwanzig amerikanische Maschinen gegenüber. Einen Tag später wurden japanische Truppentransporter, die Verstärkungen für Guadalcanal an Bord hatten, angegriffen und zur Umkehr gezwungen. Japanische Truppen, die am 25. August bei Rabi am südöstlichen Ende Neuguineas landeten, wurden in der Folge von den Australiern angegriffen und sahen sich zwei Wochen später trotz zwischenzeitlicher Zuführung von Verstärkungen zum Rückzug gezwungen. Es war die erste japanische Niederlage zu Lande. Den Vormarsch der japanischen Hauptstreitmacht auf Neuguinea von Buna aus in Richtung Port Moresby konnten die Australier jedoch nicht bremsen, sondern wichen weiter entlang dem Kokoda-Pfad zurück. In der Südsee gelang den Japanern inzwischen trotz der jüngst verlorenen Seeschlacht die Besetzung der westlich des Gilbert-Archipels gelegenen Insel Ocean Island.

Am 27. August faßten die Deutschen den Entschluß, nun auch die Juden im unbesetzten Teil Frankreichs zu »konzentrieren«. Die Behörden der Vichy-Regierung wirkten bei den Razzien mit. Viele Franzosen jedoch, darunter zahlreiche katholische Geistliche, gewährten jüdischen Mitbürgern Schutz und Unterschlupf und forderten ihre Gemeindemitglieder auf, dasselbe zu tun. Am 28. August ordneten die Deutschen die Verhaftung aller katholischen Priester an, die Juden Schutz gewährten. Jede Razzia führte den für Auschwitz bestimmten Zügen neue Opfer zu. Am 28. August verließ ein Zug Paris, unter dessen 1000 Fahrgästen sich 150 Kinder unter fünfzehn Jahren befanden. Am Tag ihrer Ankunft in Auschwitz schrieb der deutsche Arzt Dr. Johann Kremer, der seinen Dienst im Lager erst am Abend zuvor angetreten hatte und im Heim der höheren SS-Offiziere unweit des Bahnhofs von Auschwitz einquartiert worden war, in sein Tagebuch: »Tropisches Wetter mit 28 Grad im Schatten, Staub und unzähligen

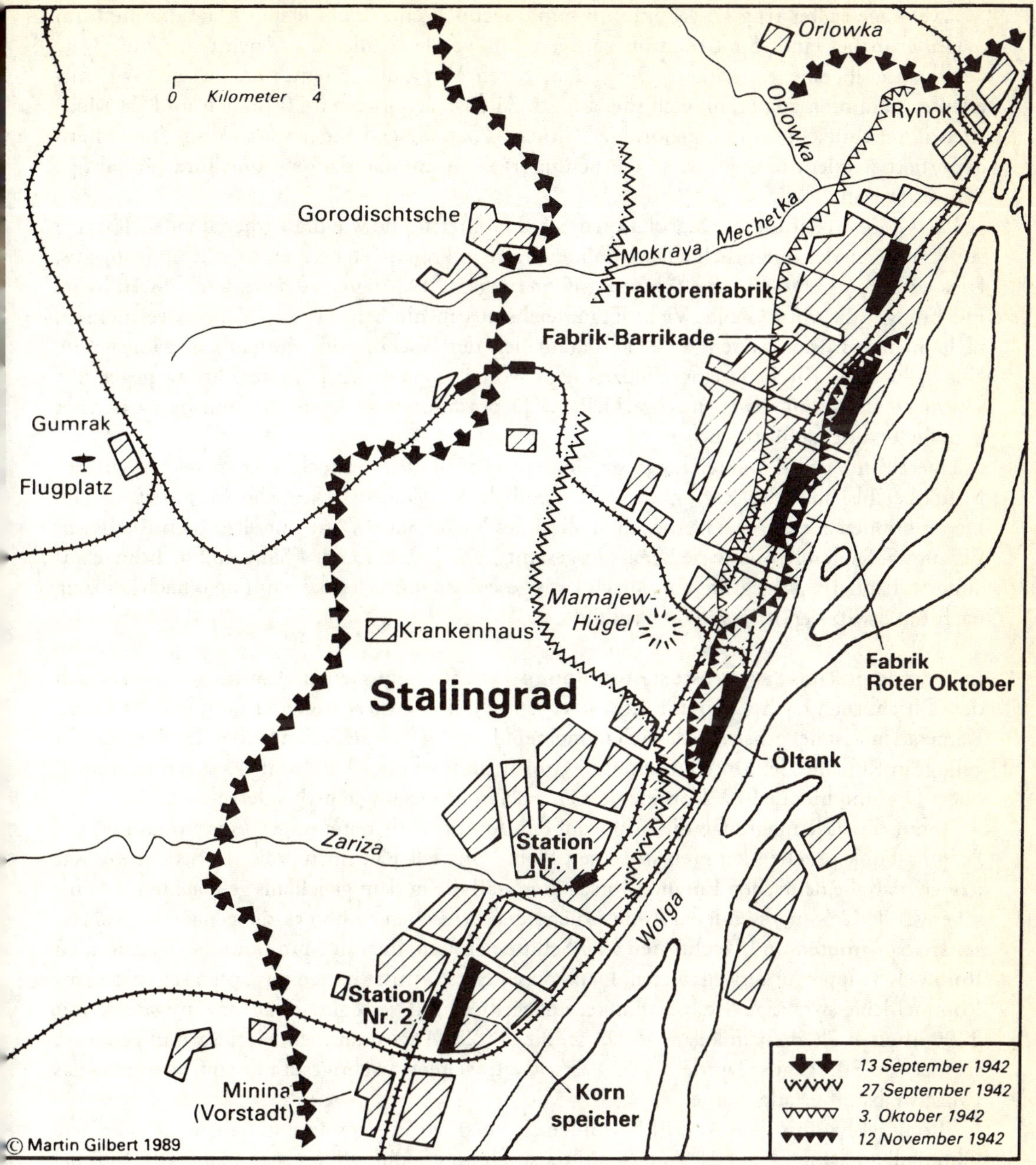

Die Belagerung Stalingrads, September – November 1942

Mücken! Essen im Heim ausgezeichnet. Heute abend gab es zum Beispiel für 40 Pfennig saure Entenleber mit gefüllten Tomaten, Tomatensalat usw.«. Da das Leitungswasser verseucht sei, habe man »Selterswasser getrunken, das gratis ausgegeben wird«.

Zwei Tage später trug Dr. Kremer in sein Tagebuch ein: »Zum ersten Male draußen um 3 Uhr früh bei einer Sonderaktion zugegen. Im Vergleich hierzu erscheint mir die Hölle von Dante als eine Komödie.« Die Juden, deren Vergasung Kremer an diesem Tag miterlebte, stammten aus Frankreich; die am 28. August deportierten 70 Jungen und 78 Mädchen unter fünfzehn Jahren gehörten zu ihnen. Viele dieser Kinder waren ohne ihre Eltern deportiert worden, beispielsweise die neunjährige Helène Goldenberg und ihre fünfjährige Schwester Lotty.

Die Grausamkeit dieser Deportationen aus Frankreich, die wie die vorbereitenden Razzien vor den Augen der Öffentlichkeit stattfanden, löste in Frankreich beträchtliche Empörung aus. Dies wiederum veranlaßte die Schweizer Regierung am 29. August zu dem Beschluß, jüdische Flüchtlinge, die vom Gebiet Vichy-Frankreichs aus in die Schweiz zu gelangen versuchten, nicht mehr zurückzuweisen. Am Tag darauf ließ der Bischof von Montauban, Monsignore Théas, in allen Kirchen seiner Diözese eine von ihm verfaßte Protesterklärung gegen die »schmerzhaften und zuweilen schrecklichen« Deportationen verlesen, die »mit barbarischster Brutalität« durchgeführt würden.

Überall in Vichy-Frankreich gab es Menschen, die Juden versteckt hielten oder – wie der Militärbefehlshaber der Region Lyon, General de St. Vincent – jegliche Mitarbeit an den Deportationen verweigerten. Aber die Polizei des Vichy-Staates war nur allzu dienstbeflissen: Bis zum 5. September hatte sie bereits insgesamt 9872 Juden, in der Mehrzahl Flüchtlinge aus anderen Ländern, aufgegriffen und nach Paris geschickt, von wo aus sie mit dem nächsten Zug nach Auschwitz deportiert werden sollten.

In der nordafrikanischen Wüste startete Rommel am 30. August einen Angriff, von dem er sich den Durchbruch nach Kairo erhoffte. »Der Entschluß, heute anzugreifen«, erklärte er einem Kameraden, »ist der ernsteste, den ich in meinem Leben gefaßt habe. Entweder der Wehrmacht gelingt in Rußland der Durchbruch nach Grosny und wir erreichen in Afrika den Suez-Kanal, oder ...« – und hier deutete Rommel mit einer Handbewegung eine Niederlage an.

Rommel wußte nicht, daß die Briten auf den Angriff vorbereitet waren. Aus entschlüsselten Enigma-Funksprüchen kannten sie seinen Plan. Von vielleicht noch größerer Bedeutung war jedoch, daß die deutschen Enigma-Botschaften und die in dem gleichfalls geknackten italienischen Code C 38m gesendeten Funksprüche den britischen Abhörern die genauen Abfahrtszeiten, Fahrtrouten und Frachtlisten aller Schiffe nannten, die mit Munition und Treibstoff zu Rommels Truppen unterwegs waren. Dank dieser Erkenntnisse hatten die Briten schon drei für Rommel lebenswichtige Treibstofftanker angegriffen und versenkt. Einer davon war die mit 2200 Tonnen Flugbenzin beladene *Dielpi,* die am 28. August auf den Meeresgrund gebombt wurde. Am 30. August wurde die *San Andrea,* ein weiteres wichtiges Tankschiff versenkt, das Panzertreibstoff geladen hatte.

»Rommel hat mit dem Angriff begonnen, für den wir uns gewappnet haben«, telegrafierte Churchill am Morgen des 21. August an Roosevelt und Stalin. 48 Stunden später sah Rommel sich auf Grund von Problemen mit dem Treibstoffnachschub und der entschlossenen Gegenwehr britischer, neuseeländischer, australischer, südafrikanischer und indischer Truppen zum Rückzug aus den Alam-Halfa-Hügeln vor El Alamein gezwungen. Der Oberbefehlshaber der ihm gegenüberstehenden Truppen war General Montgomery, für den dies der erste Sieg in einer Wüstenschlacht war.

Im Kaukasus verlangsamte sich der deutsche Vormarsch, wie Rommel es befürchtet hatte. Niemals sollten deutsche Truppen Grosny erreichen – näher als 50 Kilometer kamen sie nicht an die Stadt heran. Aber es war nicht der Kaukasus, auf den sich die Aufmerksamkeit der

Deutschen jetzt konzentrierte, sondern Stalingrad. Am 31. August schrieb General Halder nach einer Besprechung im Führerhauptquartier bei Winniza in sein Tagebuch: »Der Führer hat befohlen, nach Einnahme der Stadt die gesamte männliche Einwohnerschaft zu eliminieren, da Stalingrad mit seiner Million einheitlich kommunistischer Bewohner von äußerster Gefährlichkeit ist.« Die weiblichen Einwohner müßten »abgeschoben« werden – wohin, schrieb Halder nicht.

Am 2. September, als die Schlacht um Stalingrad begann, sah sich die Wehrmacht weiter westlich, im Raum Mogilew, zu einer weiteren Operation gegen sowjetische Partisanen gezwungen, die die lebenswichtigen deutschen Verkehrs- und Nachschubwege bis nach Smolensk unsicher machten. Jede dieser Antipartisanenaktionen band deutsche Kräfte, die andernfalls an der Front hätten eingesetzt werden können.

Die deutschen und italienischen Kriegsgefangenen, die in Großbritannien interniert oder über den Atlantik nach Kanada geschafft wurden, konnten sich über ihre Behandlung nicht beklagen: Keiner von ihnen starb während seiner Gefangenschaft an Mißhandlungen, keiner wurde hingerichtet. Dagegen war für alliierte Soldaten in japanischen Kriegsgefangenenlagern die Situation nahezu unerträglich. Am 2. September wurden in Singapur zwei australische und zwei britische Kriegsgefangene, die geflohen waren, wieder eingefangen. Der für ihr Lager verantwortliche japanische Offizier, Generalmajor Shempei Fukuei, befahl daraufhin ihre Erschießung, ließ diese aber nicht durch seine eigenen Leute vornehmen, sondern durch vier indische Sikhs, die sich ebenfalls als Gefangene im Lager befanden.

So wurden der Unteroffizier Rodney Breavington und der Gefreite Victor Gale aus Australien sowie die Gefreiten Harold Waters und Eric Fletcher aus Großbritannien hingerichtet.

In der Nacht vom 3. auf den 4. September landete auf einer der Kanalinseln ein zwölfköpfiges britisches Kommando, um einen deutschen Leuchtturm zu überfallen, der auch als Sendemast diente. Alle sieben Deutschen, die in dem Leuchtturm Dienst taten, wurden gefangengenommen, ihre Signalbücher erbeutet, ihre Funkgeräte zerstört. Vier Wochen später machte Hitler sich in einer Besprechung mit Rundstedt, Göring und Speer über die Versicherungen seiner Berater lustig, der Atlantikwall sei unbezwingbar. »Vor allem«, sagte er, »bin ich den Engländern dafür dankbar, daß sie mir mit ihren diversen Landungsversuchen recht geben. Das soll denen eine Lehre sein, die glauben, ich würde immer Gespenster sehen, die sagen: ›Wann kommen denn nun die Engländer? Es ist überhaupt nichts los hier an der Küste – wir gehen jeden Tag schwimmen und haben noch keinen einzigen Engländer gesehen.‹«

Am 3. September – die deutschen Truppen hatten sich am Westufer der Wolga und unmittelbar nördlich von Rynok, dem nördlichsten Vorort von Stalingrad, festgesetzt – telegrafierte Stalin an Marschall Schukow: »Sorgen Sie dafür, daß die nördlich und nordwestlich von Stalingrad stehenden Truppen den Feind unverzüglich angreifen und den Stalingradern zu Hilfe kommen. Keine Verzögerung kann hingenommen werden. Zögern ist in diesem Augenblick gleichbedeutend mit einem Verbrechen.« Während Schukow seine Truppen für einen Gegenstoß umformierte, flogen am folgenden Tag tausend deutsche Bomber mehrere Angriffe auf die Stadt. Ebenfalls an diesem 4. September starteten in Großbritannien 32 britische und australische Bomber, die nach Nordrußland fliegen sollten, um von sowjetischen Flugplätzen aus am Geleitschutz für die alliierten Nordmeerkonvois mitzuwirken. Neun der Flugzeuge erreichten ihr Ziel nicht. Einigen ging das Benzin aus, worauf sie in Schweden notlanden mußten, während eines beim Anflug auf die russische Küste versehentlich von russischen Jägern abgeschossen wurde. Die russischen Jäger feuerten sogar noch auf die im Wasser treibende

Besatzung der abgeschossenen Maschine, bis sie deren »Angliski«-Rufe endlich zur Kenntnis nahmen.

Eine der Maschinen dieser für Rußland bestimmten Bomberflotte wurde durch Flugabwehrfeuer von einem deutschen Patrouillenboot beschädigt. Gezwungen, an der norwegischen Küste notzulanden, kam die Besatzung nicht mehr dazu, vor ihrer Gefangennahme die mitgeführten Geheimpapiere über den avisierten Konvoi PQ 18 zu vernichten. Eine Woche später wurde der Konvoi, wie im Juni sein Vorgänger PQ 17, von deutschen Flugzeugen und U-Booten angegriffen. Von den vierzig Handelsschiffen des Konvois wurden dreizehn versenkt. Zwei der sie eskortierenden Kriegsschiffe, der Zerstörer *Somali* und der Minenräumer *Leda,* ereilte das gleiche Schicksal. Die Deutschen verloren immerhin vier U-Boote und 41 Flugzeuge.

Am 5. September kam es zu einem ersten Gegenangriff sowjetischer Truppen gegen die an die Wolga vorgedrungenen deutschen Einheiten, der jedoch zurückgeschlagen wurde. Am Tag danach trafen in Stalingrad sowjetische Flugzeugverstärkungen ein. Ein massiver deutscher Vorstoß am 7. September wurde zum Stillstand gebracht. »Millionen deutscher Soldaten«, sagte Roosevelt an diesem Tag in einer Radioansprache an das amerikanische Volk, »scheinen dazu verurteilt, einen weiteren grausamen und bitteren Winter an der russischen Front durchstehen zu müssen.« Hitler hatte sich an diesem 7. September in seinem Hauptquartier bei Winniza um andere Dinge gekümmert: Er hatte Besuch von Erich Koch erhalten, dem Reichskommissar für die Ukraine, der seit Anfang August die Erschießung von 70000 Juden in der Stadt Rowno und im übrigen Wolhynien leitete. Ebenfalls an diesem 7. September, an dem die deutschen Truppen ihre Position im Kaukasus festigten, erhielten 1800 jüdische Einwohner des kaukasischen Luftkurorts Kislowodsk den Befehl, sich für eine zweitägige Reise fertig zu machen; man sagte ihnen, sie würden zur Besiedlung »dünn bevölkerter Bezirke der Ukraine« gebraucht. Ihre Reise führte jedoch nicht in die ferne Ukraine, sondern in das nahe gelegene Kurstädtchen Mineralnyje Wody. Von dort aus mußten sie 4 Kilometer weit zu einem Panzerabwehrgraben marschieren, wo sie zusammen mit 2000 Juden aus Jessentuki und 300 aus Pjatigorsk erschossen wurden. Während dieses Massaker stattfand, erhielt der Oberbefehlshaber der Kaukasusfront, Feldmarschall Wilhelm List, seinen Abschied: Hitler nahm es ihm übel, daß ihm der Durchbruch zum Kaspischen Meer nicht gelungen war.

Am 8. September flogen britische Bomber, wie Churchill es drei Wochen zuvor in Moskau Stalin versprochen hatte, einen Angriff von bis dahin nicht gekannter Härte auf eine deutsche Stadt. Die Wahl war auf Düsseldorf gefallen. Unter den Bomben, die die Flugzeuge der Royal Air Force abwarfen, waren viele Zweitonner. Am gleichen Tag tauchte bei Brookings im US-Staat Oregon ein von einem U-Boot abgeschossener japanischer Kleinflugkörper auf, der Brandbomben abwarf, die zu einem Waldbrand führten. Es war dies der einzige japanische Angriff gegen ein Ziel auf nordamerikanischem Boden. Die Amerikaner antworteten zwei Tage später mit einem von ihrem neuerbauten Luftstützpunkt Adak auf einer der Aleuten-Inseln gestarteten Angriff auf die japanischen Besatzer der über 400 Kilometer entfernten Insel Kiska.

Am 12. September schickten die Briten wieder einmal ein Kommando über den Ärmelkanal: Zehn Mann wurden in Port-en-Bessin, einem kleinen Hafenstädtchen in der Normandie, an Land gesetzt. Sie töteten alle sieben Deutschen, die sie im Hafen antrafen, doch die Schüsse alarmierten andere Soldaten in der Umgebung, die auf die sich einschiffenden Briten schossen und sie mit Ausnahme eines einzigen Mannes töteten. Dieser eine, ein Brite namens Hayes, konnte sich, die Küste entlang schwimmend, in Sicherheit bringen. Er fand Unterschlupf und Hilfe bei einer französischen Familie, die ihm den Kontakt zur französischen

Résistance vermittelte. Diese schleuste ihn nach Spanien ein. Dort jedoch wurde er von der Polizei General Francos aufgegriffen, nach Frankreich zurückgeschickt, in Paris von der Gestapo verhört und erschossen.

Am 12. September wurde der britische Truppentransporter *Laconia* durch das deutsche U-Boot U-156 unter dem Kommando von Kapitän Hartenstein versenkt. An Bord befanden sich mehr als 1500 italienische Kriegsgefangene, die zusammen mit 180 polnischen Bewachern und 811 britischen Passagieren und Besatzungsmitgliedern auf dem Weg nach Kanada waren. Als Kapitän Hartenstein von Überlebenden erfuhr, daß er das Leben so vieler Italiener in Gefahr gebracht hatte, die sich jetzt verzweifelt an Wrackteile klammerten, um nicht zu ertrinken, teilte er den Engländern über Funk mit, daß er kein Schiff angreifen werde, das zur Rettung der Schiffbrüchigen herbeieilen würde. Zwei britische Kriegsschiffe und ein französisches fuhren daraufhin zur Unglücksstelle, aber während sie noch die Überlebenden bargen, attackierte ein amerikanisches Flugzeug, das von dem neuerrichteten Stützpunkt auf der Insel Ascension im Südatlantik kam, das deutsche U-Boot mit Bomben. Aufgrund dieser Erfahrung gab Admiral Dönitz an alle deutschen Kriegsschiffe den Befehl aus: »Alle Versuche, die Besatzung versenkter Schiffe zu retten, haben künftig zu unterbleiben.«

Unter den Menschen, die sich an Bord der versenkten *Laconia* befanden, waren mehr als tausend, die bereits zuvor aus Seenot gerettet worden war. Insgesamt fanden von den 2491 Fahrgästen und Besatzungsmitgliedern der *Laconia* über 1400 den Tod. Hartenstein, der sein Bestes getan hatte, um den Überlebenden zu helfen, fiel sechs Monate später, als sein U-Boot östlich von Barbados von amerikanischen Marinefliegern versenkt wurde.

Am 13. September fanden zwei britische Operationen statt. Die Aktion »Bluebottle« bestand darin, daß die *Tarana,* ein im Mittelmeer kreuzendes Schiff der Royal Navy, britische Kriegsgefangene von einem Strand bei Perpignan evakuierte. Bei der Operation »Agreement« war ein Angriff britischer Truppen auf Tobruk zu Lande und zu Wasser sowie die Zerstörung deutsch-italienischer Nachschubdepots und Hafenanlagen vorgesehen, aber das Unternehmen verlief nicht sehr erfolgreich: Drei britische Kriegsschiffe, die wertvollen Zerstörer *Sikh* und *Zulu* und das Flugabwehrschiff *Coventry* wurden im Verlauf des Angriffs versenkt; außerdem kamen mehrere hundert Marines ums Leben. In dieser Nacht flogen britische Bomber den hundertsten Angriff dieses Krieges auf eine deutsche Stadt, diesmal auf Bremen. Ebenfalls an diesem 13. September wurde die so sehr von Bombern heimgesuchte britische Insel Malta für erwiesene Tapferkeit mit dem George Cross ausgezeichnet, das normalerweise nur an Einzelpersonen verliehen wurde. Der 13. September war überdies der Tag, an dem die Deutschen ihre Offensive gegen Stalingrad verstärkten und in Richtung Stadtmitte vorrückten; bei Einbruch der Nacht hatten deutsche Truppen in Minina, einem südlichen Vorort, einen Durchbruch erzielt; und weiter nördlich schien es, als würden die russischen Verteidiger binnen kurzem den Mamajew-Hügel räumen müssen.

Im Kriegstagebuch der deutschen 62. Armee wurde das Auf und Ab des Kampfes um den Stadtkern von Stalingrad festgehalten, wobei allerdings nur der zeitliche Ablauf und nicht die Verbissenheit der Kriegshandlungen berücksichtigt wurden. Am 14. September um 8 Uhr morgens: »Bahnhof in Feindeshand.« Um 8.40 Uhr: »Bahnhof zurückerobert.« Um 9.40 Uhr: »Bahnhof wieder vom Feind genommen.« Um 13.20 Uhr: »Bahnhof in unserer Hand.« Die Deutschen waren bereits so nahe am Wolga-Ufer, daß sie Schiffe, die Flüchtlinge und Verwundete auf die andere Seite des Flusses bringen sollten, versenken konnten. Auf einem dieser Schiffe, der *Borodino,* ertranken bei der Versenkung mehrere hundert verwundete Soldaten. Über tausend Zivilisten kamen ums Leben, als der Dampfer *Jossif Stalin* versenkt wurde.

Auf Neuguinea drängten an diesem Tag die Japaner ihre australischen Gegner entlang dem Kokoda-Pfad bis zur Imita-Bergkette zurück, die nur noch 50 Kilometer von Port Moresby entfernt war. Hier wurden die Japaner jedoch durch einen entschlossenen Gegenangriff gestoppt.

Am 15. September versenkten japanische U-Boote im Gebiet der Neuen Hebriden den US-Flugzeugträger *Wasp,* der einige Zeit vorher eine so wichtige Rolle für die Aufrüstung Maltas gespielt hatte. Sie beschädigten außerdem das Schlachtschiff *North Carolina* schwer. Auf der Insel Guadalcanal erhielten die amerikanischen Truppen, die kurz zuvor einen japanischen Vorstoß abgewehrt hatten, an diesem Tag Verstärkung und konnten daraufhin den von ihnen kontrollierten Teil des Inselterritoriums ausweiten. Ebenfalls an diesem 15. September landeten in Port Moresby die ersten US-Einheiten zur Verstärkung der australischen Garnison.

Die Vorherrschaft der Aufgehenden Sonne war nicht mehr ungefährdet.

Die Schlacht um Stalingrad begann sich zu einem Kampf Mann gegen Mann, einem erbitterten Ringen um einzelne Straßen, Häuser und Keller zu entwickeln. Der Mamajew-Hügel wurde von den Deutschen genommen, von den Russen zurückerobert und dann gegen wiederholte deutsche Angriffe verteidigt. An anderen Abschnitten der Ostfront starteten die Deutschen zwei neue Antipartisanenoperationen namens »Dreieck« und »Viereck«; beide wurden im Raum Brjansk durchgeführt, wo Partisanen bei Lokot mehrmals die Eisenbahnstrecke Brjansk–Charkow unterbrochen hatten. Innerhalb von zwei Wochen wurden 2244 sowjetische Partisanen getötet oder gefangengenommen. Mehrere tausend gingen jedoch nicht in die ihnen gestellten Fallen, sondern sammelten sich weiter nördlich bei Nawlja, von wo aus sie einige Wochen später, verstärkt durch an Fallschirmen abgesetzte Einheiten, wieder in das Kampfgeschehen eingriffen. Hinter der Südfront, im Raum nördlich von Noworossisk, wurden 120 Partisanen ebenfalls per Fallschirm hinter den deutschen Linien abgesetzt, um den Platz einer von den Deutschen fast zur Gänze aufgeriebenen Gruppe einzunehmen. Den Kommandanten der zweiten Gruppe, Slavin, hielten die Deutschen für einen Juden, eine Tatsache, die sie offenbar zu besonders brutalem Vorgehen beflügelte.

Am 18. September nahmen amphibische Einheiten der Roten Armee, die auf Fähren über die Wolga gebracht und im Stalingrader Hafen an Land gesetzt wurden, ihre Stellungen im riesigen Getreideturm der Stadt ein und schlugen innerhalb eines einzigen Tages gleich zehn deutsche Angriffe zurück. Werner Koeppen, der zum Stab des Führerhauptquartiers gehörte, notierte an diesem Tag nach einem Mittagessen mit Hitler, die Zerstörung aller russischen Städte sei »Vorbedingung für die dauerhafte deutsche Beherrschung des Landes«. Ebenfalls an diesem 18. September traf Otto Thierack, deutscher Reichsjustizminister und gleichzeitig ranghoher SS-Führer, mit Himmler eine Vereinbarung über die »Auslieferung von ›Asozialen‹ zwecks Vollstreckung ihrer Urteile«. »Asoziale« – das waren Juden, Zigeuner, Homosexuelle, Russen, Ukrainer, polnische Straftäter, die eine mehr als dreijährige Freiheitsstrafe absaßen, und Tschechen und Deutsche, die zu mehr als acht Jahren Gefängnis verurteilt waren. Sie sollten der Zwangsarbeit zugeführt werden, wobei die Bedingungen – schwerste körperliche Anstrengung bei gleichzeitigem Fehlen jeder ärztlichen Beratung – so zu gestalten waren, daß Hunderttausende krepieren würden. Um die neueroberten Gebiete im Osten für die deutsche Besiedlung und Kolonisierung »klar« zu machen, empfahl Thierack Himmler außerdem: »Überführte Juden, Polen, Zigeuner, Russen und Ukrainer sollten nicht von ordentlichen Gerichten abgeurteilt, sondern erschossen werden.«

Der Eifer, mit dem die Deutschen diejenigen, deren Vernichtung sie beschlossen hatten, durch Erschießen und Vergasen ermordeten, ließ auch im September nicht nach. 14 000 Juden waren im bisherigen Verlauf dieses Monats aus Frankreich nach Auschwitz transportiert wor-

Im Rücken der Ostfront, Winter 1942 – 1943

den; mehr als 6000 aus Holland und mehr als 5000 aus Belgien teilten ihr Schicksal. Weitere 20000 Juden waren aus Ortschaften im östlichen Galizien nach Belzec deportiert worden, von denen die meisten aus Kolomyja und Brody stammten. Als am 19. September mehrere hundert der 3000 aus Brody abtransportierten Juden in einem Akt der Verzweiflung aus dem Deportationszug ausbrachen, wurden sie bis auf ein Dutzend allesamt mit Maschinengewehrfeuer niedergemäht. Am selben Tag konnten von 5000 aus der Stadt Parczew nach Treblinka deportierten Juden einige hundert entkommen und die relative Sicherheit eines tief in den Wäldern von Parczew eingerichteten »Familienlagers« erreichen. Die restlichen Juden wurden in Treblinka vergast. Aber auch die meisten der Geflohenen hatten nicht mehr lange zu leben: Sie fielen, als bewaffnete deutsche Einheiten sie einen Monat später im Verlauf zweier größerer »Säuberungsaktionen« aufstöberten.

Ein U-Boot des Freien Frankreich setzte am 20. September einen zweiköpfigen britischen Kommandotrupp an der norwegischen Küste ab. Das Einsatzziel von Hauptmann G. D. Black und Hauptmann B. J. Houghton war das Wasserkraftwerk am Glomfjord, das die größte norwegische Aluminiumhütte mit Strom versorgte, deren Lieferungen von großer Bedeutung für die deutsche Rüstungsindustrie waren. Nach einem Marsch durch schwer zugängliches Berggelände erreichten Black und Houghton das Kraftwerk und jagten es in die Luft. Auf dem Rückweg liefen sie versehentlich einer größeren deutschen Einheit in die Arme; sie leisteten Widerstand, wurden verwundet und schließlich gefangengenommen. Beide wurden später von der Gestapo erschossen.

In allen Teilen Europas trieb die Schreckensherrschaft der deutschen Besatzer mehr und mehr Männer und Frauen in den Untergrund und in den Widerstand. In Minsk wurde am

22. September Wilhelm Kube, der Zehntausende von Juden und Russen auf dem Gewissen hatte, von einer Bombe zerrissen, die sein weißrussisches Zimmermädchen, Elena Masanjuk, ihm unter das Bett geschmuggelt hatte. Es gelang ihr, sich nach dem Attentat aus Minsk abzusetzen und sich zu einer in der Nähe operierenden sowjetischen Partisaneneinheit durchzuschlagen.

Ebenfalls am 22. September erreichten deutsche Truppen erstmals das innerste Zentrum Stalingrads, doch die Russen dachten noch nicht an Kapitulation. Hitler, verärgert darüber, daß weder Stalingrad noch das von ihm schon Wochen zuvor anvisierte kaukasische Grosny in deutscher Hand waren, entließ General Franz Halder, der seit Kriegsausbruch – also mehr als zwei Jahre lang – den Generalstab des Heeres geleitet hatte, und ersetzte ihn durch General Kurt Zeitzler. Diesem jedoch bereitete die Kriegslage in Rußland ebenso großes Kopfzerbrechen wie seinem Vorgänger. Auch er erkannte bald die Notwendigkeit vorübergehender taktischer Rückzüge und äußerte sich darüber – allerdings ohne Erfolg. Als Zeitzler von Feldmarschall Keitel gebeten wurde, Hitler nicht durch genaue Zahlenangaben über die deutschen Verluste zu quälen, soll er entgegnet haben: »Wenn man einen Krieg anfängt, muß man die Nerven haben, auch die Konsequenzen zur Kenntnis zu nehmen.«

Am Morgen des 23. September traten russische Einheiten in den nordwestlichen Vororten von Stalingrad zu einem Gegenangriff an. Ein paar Stunden zuvor waren 2000 ausgeruhte, aus Sibirien herangeführte Soldaten über die Wolga gesetzt worden. Langsam, aber sicher wurden die Deutschen in erbitterten Kämpfen Mann gegen Mann aus dem Gebiet unmittelbar um das große Öltanklager hinausgedrängt, wobei um jeden Keller und jedes zerschossene und zerbombte Gebäude gerungen wurde. An diesem selben 23. September starteten die Deutschen die Operation »Attika«; es war der Versuch, mit neuem Schwung den Vormarsch im Kaukasus voranzutreiben und in einem energischen Vorstoß entlang der Schwarzmeerküste nacheinander Tuapse, Sotschi, Suchum und Batum zu nehmen. Allein, die sowjetischen Verteidiger gönnten den Deutschen nicht einmal die Einnahme von Tuapse.

Weitab von den Kämpfen in Rußland oder von Guadalcanal, wo das amerikanisch-japanische Ringen weiterging, nahm an diesem 23. September eine Entwicklung ihren Anfang, die das Schicksal Japans besiegeln sollte: In Washington wurde Brigadegeneral Leslie R. Groves mit der Durchführung aller erforderlichen Schritte zum Bau einer Atombombe beauftragt – von den ersten Konstruktionsplänen bis zur Auslieferung an die Streitkräfte. Geld sollte keine Rolle spielen. Alles, was er requiriere oder bestelle, solle er bekommen. Die unter strengster Geheimhaltung stehende Operation bedurfte eines Decknamens; die Wahl fiel auf »Manhattan-Projekt«.

Am 24. September erstürmten 600 sowjetische Partisanen, die teilweise deutsche Uniformen trugen und schwere Artillerie einsetzten, die Stadt Rjabtschitschi und brannten sie nieder. Das an der Straße Smolensk-Brjansk gelegene Rjabtschitschi hatte den Deutschen als logistische Drehscheibe für den Truppen- und Materialnachschub gedient. Reichsaußenminister Ribbentrop wies am selben Tag alle deutschen Botschaften an, »die Evakuierung der Juden aus den verschiedenen Ländern Europas nach Möglichkeit zu beschleunigen«. Wie sein Staatssekretär Martin Luther erläuterte, sollten umgehend Verhandlungen mit den Regierungen Bulgariens, Ungarns und Dänemarks aufgenommen werden, »mit dem Ziel, die Evakuierung der Juden dieser Länder in Gang zu bringen«. Welches Schicksal diese Juden erwartete, dafür lieferte die letzte Septemberwoche 1942 düstere Präzedenzfälle: Von 6000 Juden, die zwischen dem 23. und dem 29. September in drei Zügen aus Theresienstadt nach Maly Trostenez deportiert wurden, überlebte kein einziger. Fünf Vernichtungslager »arbeiteten« zu diesem Zeitpunkt ohne Unterbrechung: Chelmno, Belzec, Sobibor, Treblinka und Maly Trostenez. In Auschwitz wurden die Ankömmlinge ungefähr zu gleichen Teilen vergast und zur Zwangsarbeit eingeteilt. Am 26. September übermittelte ein ranghoher SS-Mann, Gruppenführer August Frank, den Lagerleitern von Auschwitz, Treblinka, Sobibor und Belzec eine Weisung, die den Umgang mit dem »Eigentum der umgesiedelten Juden«, wie er sich ausdrückte, betraf. Demnach mußten Geld und Devisen, Juwelen, Edelsteine, Perlen und »Zahngold« an die SS zur »sofortigen Weiterleitung« an die Deutsche Reichsbank übergeben werden. Kleinere persönliche Habseligkeiten wie Uhren, Brieftaschen oder Geldbeutel sollten gereinigt, »bewertet« und »umgehend den Fronttruppen zugeführt« werden.

Mit Ausnahme goldener Uhren, die ausschließlich an die SS abgegeben werden sollten, könnten die den Juden abgenommenen »Effekten« den Frontsoldaten zum Kauf angeboten werden. Unterwäsche und Fußbekleidung sollten größtenteils gratis an deutsche Volkszugehörige im Osten verteilt werden. Frauenkleidung (Schuhe eingeschlossen) und Kinderkleidung sollten an Volksdeutsche verkauft werden.

Daunen- und Wolldecken, Thermosflaschen, Ohrenschützer, Kämme, Messer, Gabeln, Löffel, Rucksäcke: all dies zählte Gruppenführer Frank auf. Und er vergaß auch nicht Leintücher, Kopfkissen, Handtücher und Tischtücher. Alles war für die Volksdeutschen bestimmt. Brillen und andere Augengläser hingegen sollten dem Sanitätsdienst des deutschen Heeres, Goldgestelle allerdings der SS zugeführt werden. Auch »wertvolle Pelze« wollte Frank für die SS reserviert wissen. Für jeden einzelnen Gegenstand solle ein Schätzwert angegeben werden, schrieb Frank und fügte zum besseren Verständnis ein Beispiel an: »Ein Paar getragene Herrenhosen drei Mark; eine Wolldecke sechs Mark usw.«. Dabei müsse »streng darauf geachtet werden, daß der Judenstern von jeglicher zur Ablieferung bestimmten Unter- und Oberbekleidung entfernt wird«. Alle Gegenstände sollten ferner nach »versteckt eingenähten Wertsachen« durchsucht werden.

Zwei Wochen nachdem diese Weisung ergangen war, wurden von dem bis dahin angesammelten Zahngold 50 Kilogramm für den zahnärztlichen Eigenbedarf der SS abgezweigt. Massenmord und massenhafter Raub hatten massenhaften Gewinn abgeworfen, und dies sollte noch weitere zwei Jahre so bleiben.

KAPITEL 27

Stalingrad und »Torch«

September – Oktober 1942

In Oslo fand am 25. September 1942 eine Großveranstaltung der Nazipartei statt. Die Briten wählten diesen Tag für einen Luftangriff auf das Osloer Gestapohauptquartier. Ziel des Angriffs war die Zerstörung der in dem Gebäude aufbewahrten Akten über die norwegische Widerstandsbewegung; ferner wollten die Alliierten eine Demonstration ihrer Luftüberlegenheit liefern. Zwar wurde das anvisierte Gebäude selbst nicht getroffen, aber in einige Nachbargebäude schlugen britische Bomben ein und töteten vier Personen. Unter den versammelten Nazis brach Panik aus; ihre Veranstaltung endete im Chaos, und viele flüchteten aus der Stadt.

In Stalingrad erreichten an diesem Tag deutsche Panzer, die von Gorodischtsche her vorstießen, den westlichen Rand des Geländes der Krasnj-Oktabr-Fabrik und den südwestlichen Teil der Barrikadj-Fabrik; beide Betriebe lagen direkt am Wolga-Ufer. Eine Frau, die den Heldenmut der Verteidiger Stalingrads verkörperte, war Ljuba Nesterenko, eine Krankenschwester, die auf dem Höhepunkt der Kämpfe zusammen mit 28 Schwerverwundeten in einem Keller eingeschlossen wurde und die Männer weiterhin pflegte und versorgte, bis sie selbst an einer Schußwunde in der Brust starb. Am 27. September flatterte die Hakenkreuzfahne auf dem Dach des Stalingrader Hauptquartiers der kommunistischen Partei, doch in diesem Augenblick des vermeintlichen deutschen Triumphes brachten die Sowjets erneut Verstärkungen über die Wolga, die inmitten eines mörderischen deutschen Granathagels das Ufer erklommen und vorwärtsstürmten, um hier einen Keller zurückzuerobern oder dort das Untergeschoß eines ansonsten bereits völlig zerstörten Gebäudes zu verteidigen. Hitler flog an diesem Tag aus Winniza nach Berlin. Er hatte gehofft, die Eroberung Stalingrads bekanntgeben zu können, das sich in der Tat zu großen Teilen, stellenweise bis hin zum Wolga-Ufer, in der Hand seiner Soldaten befand; aber noch war die Stadt nicht gänzlich unterworfen. Über 1000 Kilometer flußaufwärts von Stalingrad überschritten an diesem Tag russische Truppen bei Rschew die Wolga und eroberten 25 Dörfer zurück. In Istanbul belauschte einen Tag später ein junger Jude namens Chaim Barlas zwei Deutsche, die sich in einem Restaurant darüber unterhielten, daß Hitler »den Krieg verloren« habe.

Am 29. September warnte Hitler in Berlin seine Militärs vor der Gefahr einer alliierten Invasion im Westen. Um die verheerende Wirkung der englisch-amerikanischen Luftangriffe abzumildern, ordnete er den Bau massiver, festungsartiger Bauwerke, sogenannter Flaktürme, bei Berlin, München, Wien, Linz und Nürnberg an.

In Prag wurden an diesem Tag 255 Tschechen unter der Beschuldigung, die Mörder Heydrichs unterstützt, ihnen Obdach gewährt oder sie trotz Aufforderung nicht denunziert zu haben, zum Tode verurteilt. In Auschwitz wurden in der letzten Septemberwoche 4000 Juden aus der Slowakei, Frankreich, Holland und Belgien vergast; einer von ihnen war René Blum, der Bruder des einstigen französischen Ministerpräsidenten Léon Blum. Am 30. September erinnerte Hitler auf einer Massenkundgebung in Berlin zum Auftakt des Winterhilfswerks der NSDAP daran, daß er schon einmal prophezeit habe, »wenn das Judentum einen internationalen Weltkrieg zur Ausrottung etwa der arischen Völker Europas [anzettele, würden] nicht die arischen Völker ausgerottet werden, sondern das Judentum. Die Juden haben einst auch in Deutschland über meine Prophezeiungen gelacht. Ich weiß nicht, ob sie auch heute noch lachen oder ob ihnen das Lachen bereits vergangen ist.« Im Kaukasus ließ an diesem 30. September der Befehlshaber der dortigen deutschen Fronttruppen den Tagesbefehl des Feldmarschalls Manstein vom 20. November 1941 noch einmal verlesen, der besagte, der deutsche Soldat sei im Osten »nicht nur ein Kämpfer nach den Regeln der Kriegskunst, sondern auch Träger einer unerbittlichen völkischen Idee«. Er müsse daher Verständnis für die »Notwendigkeit einer harten, aber gerechten Sühne am jüdischen Untermenschentum« aufbringen.

Die laufende Entzifferung deutsche Enigma-Funksprüche durch die Briten trug Früchte, die sowohl den Westalliierten als auch den Sowjets zugute kamen. Die Zahl der Enigma-Schlüssel, die inzwischen geknackt waren und regelmäßig zur Decodierung deutscher Funkbotschaften benutzt wurden, hatte die Fünfzig überschritten. Am 30. September decodierten die britischen Kryptographen den von der Organisation Todt verwendeten Enigma-Schlüssel, den sie unter der Bezeichnung »Osprey« führten und der bis zum Ende des Krieges von den Deutschen beibehalten wurde. Churchill persönlich übermittelte Stalin am 30. September die aus deutschen Enigma-Quellen geschöpfte Information, Berlin plane die Stationierung einer deutschen Kriegsflottille auf dem Kaspischen Meer; ihr Heimathafen solle Machatschkala werden, und der Admiral, der das Ganze kommandieren solle, sei bereits ernannt. U-Boote, Torpedoboote und Minenräumer sollten von Mariupol am Schwarzen Meer aus auf dem Schienenweg zur Kaspi-See transportiert werden. »Zweifellos«, kommentierte Churchill, »sind Sie auf einen Vorstoß dieser Art bereits vorbereitet.«

Aus den Plänen der Deutschen am Kaspischen Meer wurde nichts: Am 1. Oktober brachten russische Kaukasus-Truppen den deutschen Vormarsch endgültig zum Stillstand. Am selben Tag erklärte Rommel Hitler in Berlin, die britische Luftüberlegenheit und die Unfähigkeit der ihm unterstellten italienischen Offiziere habe ihm keine andere Wahl gelassen, als den Marsch nach Kairo aufzugeben.

Im Chinesischen Meer wurde am 1. Oktober das japanische Schiff *Lisbon Maru* von einem Torpedo getroffen und begann zu sinken. An Bord befanden sich 1816 Kriegsgefangene auf dem Weg von Honkong nach Japan. Als sie versuchten, sich aus dem sinkenden Schiff zu retten, ließen die Japaner die Luken dicht machen. Zu Hunderten versuchten die Todgeweihten, ins Freie durchzubrechen. Diejenigen, denen es gelang, wurden von den Japanern unter Feuer genommen, und jene, die ins Wasser gesprungen waren und die Bordwand eines der vier umliegenden japanischen Schiffe zu erklettern versuchten, wurden ins Meer zurückgestoßen. Mindestens 840 Briten wurden getötet oder ertranken. Die übrigen wurden später von kleineren Patrouillenschiffen oder von mitfühlenden Chinesen aus dem Wasser gefischt und landeten als Kriegsgefangene in Japan.

An der Ostfront begann am 3. Oktober die fünftägige deutsche Operation »Regatta«, die sich gegen sowjetische Partisanen im Umkreis der weißrussischen Stadt Gorki bei Smolensk richtete. Einen Tag zuvor hatten Partisanen bei Peklino fünfzig Telegrafenmasten in die Luft gejagt. Die unaufhörlichen Partisanenüberfälle demoralisierten die deutschen Soldaten: daß sie selbst in vermeintlich sicherer Entfernung von der Front noch ständig mit Angriffen rechnen mußten, führte zu großer Verunsicherung.

An einer anderen Front indes herrschte auf deutscher Seite noch große Siegeszuversicht: im Krieg der Wissenschaftler und Techniker. In Peenemünde gelang es am 3. Oktober erstmals, eine 12-Tonnen-Rakete vom Typ A4 abzufeuern, die einen eine Tonne schweren Sprengkopf

320 Kilometer weit zu tragen vermochte. Der geistige Vater dieser Waffe war der Raketenpionier Wernher von Braun. Hitler ließ sich durch diesen Erfolg dazu bewegen, entgegen seiner bisherigen Skepsis die Serienfertigung dieser Rakete zu genehmigen.

Gleich nachdem Hitler am 4. Oktober aus Berlin in sein ukrainisches Hauptquartier bei Winniza zurückgekehrt war, erfuhr er Einzelheiten über die Operation »Basalt«, ein britisches Kommandounternehmen, dessen Ziel die Kanalinsel Sak gewesen war. Die Briten hatten bei dem Überfall fünf deutsche Heeresingenieure gefangengenommen, ihnen die Hände hinter dem Rücken gefesselt und sie durchs Dickicht Richtung Küste geführt, um sie per Boot nach England zu bringen. Unterwegs hatten die Deutschen bemerkt, wie gering die Zahl ihrer Bewacher war, und einen Fluchtversuch gewagt. Es war zu einem Kampf gekommen, in dessen Verlauf drei der fünf Deutschen erschossen wurden. Als die Deutschen die Leichen mit den hinter dem Rücken zusammengebundenen Händen fanden, schlossen sie daraus, die drei seien als wehrlose Gefangene kaltblütig erschossen worden. Hitler gab sogleich den Befehl, sämtlichen britischen Gefangenen, die bei Dieppe in deutsche Hände gefallen waren, Handschellen anzulegen. Er setzte außerdem einen Tagesbefehl auf, der am 7. Oktober verbreitet und in der Folge mit furchtbarer Konsequenz angewendet wurde. »In Zukunft werden«, hieß es darin, »sämtliche Terror- und Sabotagetrupps der Briten und ihrer Helfershelfer, die sich nicht wie Soldaten, sondern wie Banditen benehmen, von den deutschen Truppen auch als solche behandelt und, wo sie auch auftreten, rücksichtslos im Kampf niedergemacht werden.«

Stalingrad bot das Bild einer von zwei kompletten gegnerischen Armeen besetzten Stadt. Die Deutschen hatten zwar an einigen Stellen die Landungsstege am Wolga-Ufer erreicht, schafften es aber nicht, die russischen Verteidiger aus den großen Fabriken der Stadt zu vertreiben, und konnten auch nicht verhindern, daß immer wieder sowjetische Verstärkungstruppen über den Fluß gesetzt wurden. Zwischen dem 25. September und dem 5. Oktober wurden mehr als 160000 russische Soldaten am westlichen Wolga-Ufer abgesetzt. »Stalingrad darf nicht vom Feind erobert werden«, telegrafierte Stalin am 5. Oktober aus Moskau. »Der schon eroberte Teil Stalingrads«, fügte er hinzu, »muß befreit werden.« Am 7. Oktober schickte Churchill, einer dringenden Bitte Stalins um die Lieferung weiterer Kampfflugzeuge entsprechend, dreizehn Frachtschiffe auf die Reise nach Nordrußland; sie sollten so rasch wie möglich ablegen und ihren Weg einzeln und ohne Eskorte suchen. Nur fünf von ihnen erreichten ihr Ziel. Am 8. Oktober konnte Churchill Stalin mitteilen, nach seinen »jüngsten Informationen« hätten die Deutschen ihre Pläne, auf dem Schienenweg Schiffe zum Kaspischen Meer zu entsenden, »auf Eis gelegt«. Was Churchill nicht sagen konnte, war, daß er diese erfreuliche Neuigkeit der Informationsausbeute seiner Nachrichtendienstleute bei der Entschlüsselung von Enigma-Botschaften verdankte. Die Deutschen hatten nun also, zumindest im Kreise ihrer höchsten Geheimnisträger, eingestanden, daß sie ihre für 1942 anvisierten Kriegsziele im Kaukasus nicht erreichen würden.

Auch die Amerikaner leisteten einen Beitrag zu den Kämpfen um Stalingrad und um den Kaukasus. In den sechs Monaten bis zum November 1942 lieferten die Vereinigten Staaten, hauptsächlich auf dem Weg über Persien, 56445 Feldtelefone, 613722 Kilometer Telefonkabel und 81287 Thompson-Maschinengewehre an die Rote Armee. Diese Lieferungen kamen zur rechten Zeit, um den verstärkten sowjetischen Bedarf an Waffen und Kommunikationsmitteln zu decken.

Im besetzten Rußland ging die Abschlachtung der jüdischen Einwohner ganzer Städte und Dörfer ohne Unterbrechung weiter. Am 5. Oktober wurde der deutsche Ingenieur Hermann Graebe Zeuge der Erschießung von 1500 Juden am Rand einer Grube in der Nähe der Stadt

Dubno. »Ich blickte mich nach dem Mann um, der sie erschossen hatte«, erinnerte er sich später. »Es war ein SS-Mann; er saß auf der Kante der Schmalseite der Grube und ließ seine Beine hineinbaumeln. Er hatte eine Maschinenpistole quer auf den Knien und rauchte eine Zigarette.« Am 7. Oktober hatte Himmler sich in Winniza lobend über die Arbeit geäußert, die Odilo Globocnik in den Vernichtungslagern Sobibor und Belzec leistete. Offensichtlich war Globocnik auch von Hitler persönlich empfangen worden, denn er sagte später aus, der Führer habe ihn aufgefordert: »Schneller, erledigen Sie diese ganze Sache schneller!« Einen Monat später wurde Globocnik zum SS-Brigadeführer befördert. Als an jenem 7. Oktober Dr. Herbert Linden, Ministerialdirektor im Reichsinnenministerium, gefragt hatte, ob es nicht ratsam wäre, die Leichen der Ermordeten zu verbrennen, anstatt sie nur zu vergraben, da spätere Generationen »vielleicht anders über die Sache« dächten, hatte Globocnik geantwortet: »Aber, meine Herren, wenn eine nach uns kommende Generation so feige und dekadent sein sollte, daß sie die Nützlichkeit und Notwendigkeit unseres Handelns nicht begreift, dann, meine Herren, wird der ganze Nationalsozialismus umsonst gewesen sein. Nein, wir sollten mit den Toten Bronzetafeln vergraben, auf denen geschrieben steht, daß wir es waren, die den Mut hatten, diese riesenhafte Aufgabe zu lösen.« Nach Aussage Globocniks hatte Hitler ihm beigepflichtet: »Ja, mein lieber Globocnik, das ist der Kern der Sache. Ich stimme vollkommen mit Ihnen überein.«

Während in Winniza diese makabere Debatte über die Frage geführt wurde, ob die Leichen der Mordopfer dem deutschen Volk zur Schande oder zur Ehre gereichen würden, führten im 800 Kilometer weiter westlich gelegenen Auschwitz deutsche Ärzte, die an den besten medizinischen Fakultäten Vorkriegsdeutschlands ausgebildet worden waren, medizinische Experimente an eigens zu diesem Zweck ermordeten Juden durch. Für diese Ärzte war es offenbar selbstverständlich, daß sie sich bei ihren Experimenten keinerlei ethische Beschränkungen aufzuerlegen brauchten: »[Ich habe] lebendfrisches Material von Leber, Milz und Pankreas entnommen und fixiert«, schrieb einer von ihnen, Dr. Johann Kremer, am 10. Oktober in sein Tagebuch. Kremer erinnerte sich später an einen seiner »Patienten«, der noch lebte, als er auf den Obduktionstisch gelegt wurde. Kremer befragte ihn eingehend zu seiner Krankheitsgeschichte. »Als ich meine Informationen zusammen hatte«, sagte er später aus, »kam der Sanitäter hinzu und tötete den Patienten mit einer Injektion in die Herzgegend.«

Kremer verbüßte nach dem Krieg in Polen eine zehnjährige Gefängnisstrafe, der sich zehn weitere Jahre Haft in Westdeutschland anschlossen.

Am 10. Oktober begann eine zehntägige deutsche Luftoffensive gegen Malta. 600 Flugzeuge attackierten von Sizilien aus in Wellen zu je hundert Maschinen die Insel. Die Briten konnten durch sorgfältige Auswertung der Enigma-Botschaften der deutschen Luftwaffe jede einzelne Angriffswelle schon im Anflug orten und noch über hoher See angreifen. Im Pazifik gelang es der amerikanischen Marine dank ähnlich sorgfältiger Analyse des geheimsten japanischen Funkverkehrs, am 11. Oktober vor Kap Esperance eine japanische Flotte abzufangen, die mit Verstärkungen auf dem Weg nach Guadalcanal war. In einer nächtlichen Schlacht, die nicht von Flugzeugen, sondern Kriegsschiffen bestritten wurde, verloren die Japaner den schweren Kreuzer *Furutaka* und drei Zerstörer, während die Amerikaner nur einen Zerstörer einbüßten. Jedoch kamen im Verlauf der Schlacht auf dem japanischen Zerstörer *Duncan* 48 Seeleute ums Leben, als das Schiff in die Schußlinie japanischer und amerikanischer Geschütze geriet, und mehr als hundert amerikanische Seeleute fanden den Tod, als der leichte Kreuzer *Boise* von einem japanischen Granathagel getroffen wurde, nachdem der Kapitän einen Suchscheinwerfer angeschaltet hatte, um ein gegnerisches Schiff anvisieren zu können.

Zur Verblüffung der Amerikaner weigerten sich nach der Schlacht viele der im Wasser treibenden japanischen Seeleute, deren Schiffe gesunken waren, sich von den Amerikanern retten zu lassen; lieber ließen sie sich von den Haien zerreißen, die sich auf dem maritimen Schlachtfeld tummelten.

Im Atlantik wurde am 12. Oktober der aus 44 Handelsschiffen bestehende Konvoi SC 104 genau an der Stelle seiner Route, an der kein Geleitschutz aus der Luft gewährt werden konnte und die von den Seeleuten daher »toter Winkel« genannt wurde, von vierzehn deutschen U-Booten angegriffen. Während die Handelsschiffe weiterfuhren, stellten sich die sie eskortierenden Kriegsschiffe zum Kampf. In einem sich über fünf Tage hinziehenden Gefecht versenkten die Deutschen acht Handelsschiffe, verloren aber auch drei ihrer U-Boote. Unter den alliierten Kriegsschiffen waren zwei norwegische Korvetten, deren Kapitäne, wie der befehlshabende britische Offizier berichtete, »wie Terrier zuschnappten«, wann immer sich die Gelegenheit dazu bot.

In Stalingrad war der 11. Oktober nach 51 Tagen ohne jede Kampfpause der erste Tag, an dem kein deutscher Infanterie- oder Panzerangriff zu verzeichnen war. Die deutsche Seite traf Vorkehrungen für einen letzten und, so hoffte sie, durchschlagenden Vorstoß. Unterdessen waren an der Front vor Moskau die sowjetischen Partisanen nicht untätig: Als Ergebnis einer koordinierten Aktion explodierten am 13. Oktober an 178 verschiedenen Stellen der Eisenbahnlinie Brjansk–Lgow Sprengsätze, die Breschen in den Schienenstrang schlugen; die Aktion wurde von Fachleuten durchgeführt, die zuvor in Tula eine spezielle Sprengausbildung erhalten hatten und per Fallschirm hinter der Front abgesetzt worden waren. Am 14. Oktober begann in Stalingrad der deutsche Großangriff; die Verteidiger der Stadt sollten aus jedem Gebäude, jedem Keller, jeder Ruine, aus den längst evakuierten und nur noch als Festungen fungierenden Fabriken vertrieben und über den Fluß zurückgedrängt werden. 300 Panzer boten die Deutschen für den Angriff auf. Doch die Traktorenfabrik fiel nicht, obgleich sie vollständig eingeschlossen war und einzelne Gebäude zwischen ihr und der Barrikadj-Fabrik zeitweise in deutscher Hand waren. Um jeden Dachboden, jedes Stockwerk, jeden Mauerrest und jeden Keller wurde gekämpft, und manche Gebäude wechselten mehrmals den Besitzer.

3500 verwundete Sowjetsoldaten wurden am Abend dieses 14. Oktober über die Wolga ans rettende Ostufer gebracht. Obwohl von allen Seiten und aus der Luft beschossen und bombardiert, hielten die Verteidiger Stalingrads den wellenartig aufeinanderfolgenden Angriffen der deutschen Infanteristen stand. Sie verteidigten ihre Ruinen auch noch am 15. Oktober. Der deutsche Entscheidungsschlag war trotz der Wucht, mit der er geführt worden war, und allen Teilerfolgen, die er gebracht hatte, gescheitert. Aber die Deutschen versuchten es drei Tage später noch einmal mit derselben geballten Kraft, nur um wieder auf dieselbe unbeugsame Gegenwehr zu stoßen.

Während die Schlacht um Stalingrad in den dritten Monat ging, standen die besetzten Gebiete ganz im Zeichen von Terror und Widerstand. Am 14. Oktober begann in der polnischen Stadt Piotrków die Deportation von 22000 Juden nach Treblinka; es war eine Großaktion, die sich über sieben Tage hinzog. Zu denen, die in dieser Woche deportiert und ermordet wurden, gehörte ein junges Mädchen namens Lusia Miller, die wenige Tage vor ihrer Deportation an eine Freundin schrieb: »Es stimmt, daß es schrecklich ist; schrecklich traurig, daß junge Menschen sterben, weil alles, alles in mir leben will. Dabei fängt man in einem so jungen Alter, mit dreizehn, doch erst an, das Leben zu entdecken. Und vielleicht ist es gerade gut, daß es so früh kommt. Ich weiß nicht. Aber ich will wirklich nicht sterben.«

Im besetzten Warschau wurden am 16. Oktober fünfzig polnische Kommunisten, die einer im Untergrund tätigen Widerstandsgruppe angehörten, öffentlich gehängt; die Leichen blieben zum Zeichen der Warnung an alle, die sich zum Widerstand hingezogen fühlten, hängen. Am 17. Oktober wurden aus Buchenwald mehr als 10000 und aus Sachsenhausen 7000 Juden – darunter etliche, die sich seit vier Jahren dort in Haft befanden – nach Auschwitz deportiert. Aus Norwegen wurden 209 Juden auf die Reise nach Auschwitz geschickt. Aus Holland trafen in Auschwitz im Verlauf des Monats fünf Züge mit knapp 5000 jüdischen Deportierten ein. In Belzec wurden im gleichen Zeitraum 49000 Juden ermordet, in Sobibor 11000 und in Treblinka mehr als 100000, die aus Städten und Dörfern im gesamten mittleren Polen stammten.

In Auschwitz notierte Dr. Kremer am 18. Oktober, in dessen Verlauf 1594 holländische Juden vergast wurden: »Schreckliche Szenen, als drei Frauen um ihr Leben bettelten.« Es waren, wie Kremer sich später erinnerte, »junge und gesunde Frauen«. Doch ihr Flehen »war vergeblich. Die mit der Aktion betrauten SS-Männer erschossen sie an Ort und Stelle.«

Tausende von Menschen wurden in Auschwitz, wo ein Menschenleben nichts zählte, Tag für Tag ermordet. Anderswo wußte man den Wert jedes einzelnen Menschenlebens zu schätzen und unternahm, wenn es sein mußte, gewagte und tollkühne Dinge, um einzelne zu retten. Als Geschwaderführer Tony Hill, ein hochdekorierter britischer Aufklärungsflieger, am 18. Oktober über Le Creusot in Südostfrankreich abgeschossen wurde und sich beim Absturz das Rückgrat brach, wurde er nicht nur von Angehörigen der französischen Résistance in ein sicheres Versteck gebracht, sondern es wurde sogar ein Spezialflugzeug aus England angefordert, das auf einem verborgenen Flugplatz auf französischem Boden landete, um den Schwerverwundeten nach England zurückzubringen. Am 12. November starb Tony Hill auf der Bahre, auf der seine Kameraden ihn zum Flugzeug trugen.

Zwei Tage nach Hills Absturz wurde eine Engländerin namens Mary Lindell per Fallschirm in Frankreich abgesetzt, um eine Fluchthilfeorganisation für abgeschossene alliierte Flieger und entkommene Kriegsgefangene aufzuziehen. Frau Lindell, die als Rotkreuz-Offizierin im Ersten Weltkrieg unter anderem 1916 mit dem Croix de Guerre dekoriert worden war, hatte sich drei Monate vorher aus Frankreich nach England abgesetzt. Sie sollte in der Folge Hunderten zur Flucht in die Freiheit verhelfen.

In den Ruinen von Stalingrad bekämpften Deutsche und Russen einander in strömendem Regen. In der Traktorenfabrik ging der Widerstand zu Ende, während die Verteidiger der Barrikadj- und der Krasnj-Oktjabr-Werke weiterhin alle Angriffe zurückschlugen. Am 20. Oktober war nur noch ein rund 1000 Meter langer Streifen am Westufer der Wolga in russischer Hand. »Führer ist überzeugt, daß Russen am Zusammenbrechen sind«, notierte Generalfeldmarschall Keitel am 21. Oktober und fügte hinzu: »[Er] sprach von 20 Millionen, die verhungern müssen.« Weit hinter der Front entdeckte an diesem Tag eine deutsche Polizeikompanie ein tief im Wald verborgenes jüdisches »Familienlager«. Diese Lager waren wunderbare Beispiele für Menschlichkeit inmitten einer brutalisierten Welt. Bewaffnete junge Männer bewachten in diesen unwirtlichen Waldrefugien Hunderte von Frauen, Kindern und alten Menschen, besorgten Lebensmittel und hielten wachsam Ausschau nach Feinden, die der Fluchtburg bedrohlich nahe kamen. Doch an diesem 21. Oktober war alle Vorsicht vergebens: Die Deutschen fanden das Lager und brachten 461 seiner Insassen um. Nur ein Dutzend konnte entkommen. Umgebracht wurden auch zwei polnische Bauernfamilien, weil sie mit den Partisanen in der Umgebung »Verbindung gehalten« hatten.

Viel weiter südlich, bei Elista, wo jetzt der östlichste Punkt des deutschen Vormarsches lag, fielen am 22. Oktober zwei sowjetische Partisanen in deutsche Hände; sie waren von Astrachan an der Wolga-Mündung gekommen und mit dem Fallschirm abgesetzt worden. In den darauffolgenden Wochen sollten zahlreiche weitere Partisanen per Fallschirm in dieses Gebiet eingeschleust werden. Eine aus Kosaken rekrutierte Kavallerieeinheit half den Deutschen, auf die Partisanen Jagd zu machen. Wie ein deutscher Bericht einräumte, blieb der Erfolg jedoch gering: »Oft zogen die Banden sich vorübergehend zurück, nur um von ihren Verstecken aus neue Überfälle zu unternehmen.«

In Nordafrika liefen die Vorbereitungen für die auf Anfang November angesetzte Operation »Torch«, die erste amphibische Landungsoperation der Westalliierten in diesem Krieg. Die Amerikaner, die an diesem Unternehmen beteiligt waren, schickten General Mark W. Clark und einige seiner Stabsoffiziere in geheimer Mission nach Nordafrika, um vorbereitende Gespräche mit ranghohen Offizieren des Freien Frankreich und Résistance-Aktivisten zu führen. Am 22. Oktober wurden die Amerikaner von einem U-Boot bei Algier abgesetzt. Einen Tag später ging General Montgomery in der Wüste bei El Alamein zum Angriff gegen die dort verschanzten deutschen und italienischen Truppen über.

Es war ein von beiden Seiten tapfer, aber unter ungleichen Vorzeichen geführter Kampf. Aus den hochgeheimen Enigma-Funksprüchen wußten die Briten alles über die deutschen Stellungen und Aufmarschpläne und kannten jede deutsche Schwachstelle, insbesondere im Bereich der Treibstoffversorgung. Aus demselben Grund hatten sie auch jedes wichtige deutsche Versorgungsschiff aufspüren und versenken können, darunter auch zwei Schiffe, die am zweiten Tag der Schlacht in den Hafen von Tobruk einliefen. Hinzu kam, daß sich unter den Panzern, die Montgomery zur Verfügung standen, zahlreiche neue amerikanische Sherman-Modelle befanden; insgesamt standen auf britischer Seite mehr als tausend Panzer, denen Deutsche und Italiener zusammen 480 gegenüberstellen konnten. Auch bei der Truppenstärke, bei Flugzeugen und Geschützen waren Montgomerys Truppen zahlenmäßig im Vorteil. Überdies weilte Rommel, der bei persönlicher Anwesenheit dem Geschehen möglicherweise eine andere Richtung hätte geben können, auf Genesungsurlaub in Deutschland.

»Die Schlacht in Ägypten hat heute abend um 8 Uhr begonnen.« Mit diesen Worten verkündete Churchill am 23. Oktober in einem Telegramm an Roosevelt den Beginn der Wüstenoffensive, von der so viel abhängen würde. »Alle Kräfte, die die Armee aufzubieten hat, werden eingesetzt«, fügte Churchill hinzu. Noch am selben Tag erlag General Stumme, der Vertreter Rommels, einem Herzanfall, und Rommel wurde nach Ägypten zurückbeordert. Er erreichte den Schauplatz der Schlacht am 26. Oktober.

Am ersten Tag der Schlacht, dem 23. Oktober, hatte General Montgomery unter seinem Kommando 150000 Mann stehen, unter denen sich Australier, Neuseeländer, Südafrikaner und Briten befanden. Die englische Frontlinie war nur 65 Kilometer lang. Montgomerys Truppen verfügten über 2182 Artilleriegeschütze, 500 Jagdflugzeuge und 200 Bomber, dazu die schon erwähnten tausend Panzer. Eröffnet wurde die Schlacht mit konzentriertem Artilleriefeuer aus nahezu tausend Geschützen: ein Feuerhagel von nie dagewesener Dichte an einer so kurzen Front.

Es gab im Verlauf der Schlacht um El Alamein viele Augenblicke, in denen die Früchte der von den Dechiffrierspezialisten gelieferten kostbaren nachrichtendienstlichen Erkenntnisse durch kompetente und tapfere Leistungen auf dem Schlachtfeld eingeholt werden mußten. Am 26. Oktober etwa sahen sich die Alliierten mit mehreren raffiniert angelegten deutschen Gegenangriffen konfrontiert. Die Royal Air Force zerstreute diese Gegenstöße jeweils bevor sie ihre volle Kraft entfalten konnten. Im Laufe der folgenden Nacht sicherten sich die Alliierten durch eine Reihe eigener Vorstöße entlang der gesamten Front den Besitz der strategisch wichtigen Kidney Ridge, eines flachen Hügelkamms, den General Alexander in einem Bericht an Churchill als »kleinen, aber wichtigen Sporn in dieser brettebenen Landschaft« beschrieb. Die von Montgomery angewandte Angriffsmethode – die Infanterie rückte vor, um den Panzern den Weg zu ebnen – war neuartig und erfolgreich.

Die Schlacht um El Alamein währte fünf Tage. Als sie entschieden war, blieb den deutschen und italienischen Truppen nichts als der eilige Rückzug. 2300 ihrer Soldaten waren gefallen; 27900 gerieten in alliierte Gefangenschaft.

Während Montgomery bei El Alamein auf den Sieg zusteuerte, traten im Pazifik japanische Truppen unter General Kawaguchi am 26. Oktober zu einem energischen Gegenangriff auf die amerikanischen Stellungen bei Guadalcanal an, der jedoch zurückgeschlagen wurde. Damit stiegen die japanischen Verluste seit Beginn der amerikanischen Landung auf über 4000. Während des Angriffs vom 26. Oktober verloren die Japaner mehr als hundert Flugzeuge, die Amerikaner nur fünfzehn. Unweit der Santa-Cruz-Inseln versuchten am selben Tag zwei kleine amerikanische Flottillen, einen weit größeren japanischen Verband, dem unter anderem fünf Flugzeugträger angehörten und der Verstärkungen nach Guadalcanal bringen sollte, den Weg zu verlegen. Wie fünf Monate zuvor in der Korallensee wurde auch dieses Mal das Gefecht ausschließlich von den Kampfflugzeugen der beiden Schiffsverbände bestritten, die sich nicht bis auf Schußweite einander näherten. Die Amerikaner verloren den Flugzeugträger *Hornet*, während die Japaner zwar keinen ihrer Flugzeugträger einbüßten, dafür aber hundert Flugzeuge. Aber auch die amerikanischen Verluste wogen schwer: 74 Maschinen wurden abgeschossen. Dennoch waren die Amerikaner insofern die Sieger dieser Schlacht, als die Japaner aufgrund der erlittenen Flugzeugverluste keine wirksame Verstärkung mehr nach Guadalcanal bringen konnten.

Am 26. Oktober hatten die Briten einen unorthodoxen Versuch unternommen, die *Tirpitz* zu versenken, die sich zu diesem Zeitpunkt in einem norwegischen Fjord aufhielt. Sie hatten einen norwegischen Marineoffizier namens Leif Larsen in einem Fischerboot über die Nordsee geschickt, an dessen Kiel zwei sogenannte »Chariots«, bemannte Torpedos, vertäut waren. Larsen erreichte mit dem Boot einen Punkt unweit von Trondheim, von dem aus er die Torpedos mit Aussicht auf Erfolg hätte starten können, aber im letzten Moment verlor er die beiden Chariots wegen einer unglücklichen Windbö.

Ebenfalls an diesem 26. Oktober ging aus dem Getto Theresienstadt ein zweiter Transport ab. Menschen, die ein Jahr zuvor aus ihrer deutschen, österreichischen oder tschechoslowakischen Heimat herausgerissen worden waren, wurden nun ein weiteres Mal deportiert; man sagte ihnen, sie würden zu einem »unbekannten Ort« irgendwo »im Osten« gebracht. Tatsächlich führte ihre Fahrt nach Auschwitz. Dieser zweite Transport aus Theresienstadt umfaßte 1866 Juden; 350 Männer unter fünfzig Jahren wurden nach der Ankunft in Auschwitz zur Zwangsarbeit ausgesondert. Alle anderen Deportierten, die alten Leute, die Frauen und die Kinder wurden vergast. Von den 350 Männern, die als Zwangsarbeiter in die Baracken eingewiesen wurden, sollten nur 28 den Krieg überleben. Im Laufe der nächsten beiden Jahre gingen aus Theresienstadt noch insgesamt 25 Züge nach Auschwitz ab; von über 44000 Deportierten erlebten knapp 4000 das Kriegsende.

Einen Tag nachdem aus Theresienstadt der erste Judentransport nach Auschwitz abgegangen war, hatte in Deutschland die Hinrichtung des siebzehnjährigen Helmuth Günther Hubener stattgefunden, eines Hitlerjungen, dessen Verbrechen darin bestand, ausländische

Sender abgehört und das Gehörte weitererzählt zu haben. Gnadenlose deutsche Härte zeigte sich allerorten. Am 28. Oktober instruierte General Löhr, der Oberbefehlshaber der deutschen Balkan-Streitkräfte, seine Truppen, alle gefangengenommenen Partisanen mit »brutalster Härte« zu behandeln. Am gleichen Tag erging aus Berlin eine »streng geheime« Weisung der obersten SS-Führung an die Leiter aller Vernichtungslager: Sämtliche dort angehäuften Strümpfe, Socken und Fäustlinge in Kindergrößen sollten an die Familien von SS-Männern verteilt werden.

Auf einer Kundgebung am 29. Oktober in London protestierten führende britische Kirchenmänner und andere Persönlichkeiten des öffentlichen Lebens gegen die Judenverfolgung. In einer Grußbotschaft an die Versammlung erklärte Churchill: »Die systematischen Grausamkeiten, denen jüdische Menschen – Männer, Frauen und Kinder – unter dem NS-Regime ausgesetzt sind, gehören zum Furchtbarsten, was die Geschichte hervorgebracht hat, und werden als unauslöschlicher Makel an all denen haften bleiben, die als Täter oder Anstifter dafür verantwortlich sind.«

»Freie Männer und Frauen«, fügte Churchill hinzu, »protestieren gegen diese bösartigen Verbrechen, und wenn dieser Weltkrieg mit der Anerkennung der Menschenrechte endet, wird auch die rassische Verfolgung ein Ende haben.«

Jeder Tag brachte neue Verfolgungsmaßnahmen, und kein unter deutscher Herrschaft stehendes Gebiet blieb davon verschont. In dem polnischen Dorf Suchozebry erinnert ein Mahnmal daran, daß in einem Kriegsgefangenenlager am Rand dieses Dorfes zwischen Juli 1914 und Oktober 1942 60 000 sowjetische Kriegsgefangene zugrunde gingen. Die meisten starben an Unterernährung und Krankheiten; es kam vor, daß schwerkranken Männern die Kleider vom Leib gerissen und daß sie dann, noch lebend, in ein Massengrab geworfen wurden, wo sie ihr Leben aushauchten. In Ostrowiec, einem anderen polnischen Dorf, starben unter ähnlichen Verhältnissen 10 000 sowjetische Kriegsgefangene. Ostrowiec lag weniger als 25, Suchozebry nur etwa 30 Eisenbahnkilometer von Treblinka entfernt.

Überall im deutsch besetzten Europa wuchs der Widerstand, aber das Risiko, das die Oppositionellen eingingen, war hoch. In Norwegen wurde am 30. Oktober ein zwanzigjähriger Matrose, der bei einem antideutschen Sabotageakt erwischt und an den Beinen verwundet worden war, auf Befehl Hitlers hingerichtet. Gleiches widerfuhr einem Engländer, den die Deutschen bei dem Anschlag auf das Kraftwerk am Glomfjord gefangengenommen hatten. In Trondheim wurden zehn prominente norwegische Bürger zur »Sühne für Sabotageakte« erschossen. Dazu kamen in der Folge weitere 24 Norweger, die »wegen Waffentransports und Unterstützung von Saboteuren« erschossen wurden.

Individueller Mut konnte aber auch die Rettung von Menschenleben bewirken. Am 30. Oktober führte die Gestapo über hundert jüdische Waisenkinder aus einem Kinderheim in Brüssel ab. Die Betreuer weigerten sich, die Kinder alleinzulassen, und wurden mit ihnen zusammen ins Sammellager Malines gebracht. Viele Stimmen erhoben sich zum Protest, darunter die des Generalsekretärs des belgischen Justizministeriums, L. C. Platteau. Die Proteste zeigten Wirkung: Die Kinder und ihre Betreuer wurden in das Heim zurückgeschickt.

In Hamburg wurde in diesem Oktober der siebzehnjährige deutsche Student Helmut Hülmut unter der Beschuldigung, britische Radiosender gehört und antinazistische Flugblätter verteilt zu haben, angeklagt, für schuldig befunden und hingerichtet.

Ende Oktober lief der britische Handelskonvoi SL 125, der aus 37 Frachtschiffen bestand, von Freetown ausgelaufen war und sich auf dem Weg nach Hause befand, nordöstlich von Madeira einem deutschen U-Boot-Rudel in die Arme. Sieben Tage lang wurden die Frachter von den zehn U-Booten gejagt und torpediert; dreizehn von ihnen sanken, viele Tote waren zu beklagen. Allein mit der *President Doumer* gingen 174 Seeleute unter. Es war eine Katastrophe, jedoch mit einer positiven Nebenwirkung für die alliierte Sache, von der die Deutschen nichts ahnen konnten: Unbemerkt von den U-Booten, die mit dem Angriff auf den Handelskonvoi beschäftigt waren, hatten sich von Schottland aus militärische Konvois mit Truppen für die geplanten Landungsoperationen in Nordafrika auf den langen Weg durch den Atlantik nach Gibraltar gemacht.

Einen weiteren Erfolg im Seekrieg konnten die Briten am 30. Oktober verbuchen: Nach sechzehnstündiger Jagd stellten vier britische Zerstörer rund 110 Kilometer nördlich der Nilmündung das deutsche U-Boot U-559. Die deutsche Besatzung flutete ihr Boot, doch drei Briten, Leutnant zur See Tony Fasson, Obermatrose Colin Grazier und Tommy Brown, ein junger Kombüsenhelfer, enterten das sinkende U-Boot und erbeuteten seine Enigma-Verschlüsselungsmaschine sowie etliche Dokumente. Damit waren die Spezialisten in Bletchley Park in der Lage, den U-Boot-Enigma-Schlüssel, der ihren Künsten seit über neun Monaten widerstanden hatte, ein zweites Mal zu knacken.

Wenige Sekunden nachdem Fasson und Grazier die kostbare Beute zu Brown hochgereicht hatten, versank das U-Boot und riß sie mit in die Tiefe. Beide erhielten posthum das George Cross. Brown, der überlebte, wurde mit der George Medal ausgezeichnet. Als dann herauskam, daß er erst sechzehn Jahre alt war und bei seiner Aufnahme in die Marine geflunkert hatte, erhielt er sofort seine Entlassung und wurde nach Hause geschickt. Zwei Jahre später fand er bei dem Versuch den Tod, in einem brennenden Mietshaus seine beiden Schwestern aus ihrer von den Flammen eingeschlossenen Slumwohnung zu retten.

In den ersten Tagen des November 1942 traten drei entscheidende Schlachten in ihre Endphase. In Stalingrad behaupteten die russischen Verteidiger ihre letzten Bastionen mit Zähnen und Klauen gegen die mit massiver Gewalt ankämpfenden Deutschen. Westlich von El Alamein drangen die Briten und ihre Commonwealth-Hilfstruppen weiter vor und trieben die Deutschen und Italiener aus ihren ägyptischen Stellungen. Und auf Guadalcanal jagten die Amerikaner den Japanern scheibchenweise das Terrain wieder ab, über dem sie ihre Siegesfahne gehißt hatten. Für alle drei Siege zahlten die Alliierten einen hohen Preis an Menschenleben und Material, aber sie leiteten damit die Wende im Kriegsverlauf ein.

Deutschland, Italien und Japan mußten die ersten ernsthaften Rückschläge seit Kriegsbeginn hinnehmen. Die Deutschen mußten sich außerdem mit der Frage beschäftigen, welches Großunternehmen die Alliierten im Mittelmeerraum planten: Ihre Nachrichtendienste meldeten, daß etwas bevorstehe, konnten aber nicht angeben, was und wo. Am 2. November hatten die Deutschen die Massierung alliierter Schiffe in Gibraltar bemerkt. Sie nahmen an, daß es sich entweder um einen weiteren großen Konvoi für Malta oder aber um eine Flotte für eine Landung auf Sardinien handle, und reagierten darauf mit der Verlegung von Langstreckenbombern aus Norwegen, Rußland, Frankreich, Holland, Belgien, Deutschland, Griechenland und Kreta nach Italien. Von allen diesen Bewegungen erhielten die Briten dank der Enigma-Funksprüche der deutschen Luftwaffe unmittelbar Kenntnis, was ihnen die Gewißheit verschaffte, daß die Deutschen keine Ahnung von Operation »Torch« hatten, der für den 8. November geplanten Landung an der Küste Französisch-Nordafrikas.

Am 3. November forderte Hitler von seinem Hauptquartier in Winniza aus Rommel zum »Ausharren« in der Wüste auf. »Es wäre nicht das erste Mal in der Geschichte, daß der stärkere Wille über die stärkeren Bataillone des Feindes triumphierte. Ihrer Truppe aber können Sie keinen anderen Weg zeigen als den zum Siege oder zum Tode.« Wie Rommel später kommentierte, war dies eine Weisung, die »das Unmögliche verlangte. Der gläubigste Soldat wird von einer Fliegerbombe getötet.« Dennoch wurde die Order ausgegeben. Wie Rommel später schrieb, war ihre Wirkung »auf die Truppe ... stark ... Sie war bereit, sich entsprechend der Weisung des Führers bis zum letzten Mann zu opfern.« Es blieb den deutschen Soldaten jedoch erspart, ihre Opferbereitschaft bis zur letzten Konsequenz unter Beweis zu stellen: 24 Stunden nachdem Rommel die Weisung Hitlers erhalten hatte, nicht zurückzuweichen, erwirkte er doch die Genehmigung zum Rückzug. »Endlich ein Sieg«, schrieb König Georg VI. in sein Tagebuch und fügte hinzu: »Wie gut das für die Nerven ist.«

Gute Nachrichten für die Nerven der Alliierten brachten auch die Meldungen, die aus dem Fernen Osten eingingen. Auf Sumatra waren die Australier entlang dem Kokoda-Pfad nordwärts vorgedrungen und hatten den Japanern jede Chance verbaut, Port Moresby zu erobern. Am 3. November holten sie sich sogar Kokoda selbst zurück. Vier Tage später unternahmen die Japaner auf halber Strecke zwischen Kokoda und Gona einen verzweifelten, aber vergeblichen Versuch, die Australier durch einen Sturmangriff mit aufgepflanzten Bajonetten aufzuhalten – er kostete sie 580 Tote.

Am 5. November landete ein U-Boot an der algerischen Küste, das 800 Maschinenpistolen, 800 Handgranaten, 400 Revolver und fünfzig Funkgeräte für die algerischen Kämpfer der Résistance geladen hatte. Die Résistance sollte davon Gebrauch machen, um das drei Tage später angesetzte alliierte Landungsunternehmen zu unterstützen, das heißt jedes wirksame Eingreifen Vichy-treuer Kräfte gegen die Landungstruppen zu verhindern. Einen Tag später wurde in einer Geheimaktion, die unter dem Decknamen Operation »Minerva« lief, General Giraud (derselbe, der einige Zeit zuvor aus deutscher Festungshaft entflohen war) von einem britischen U-Boot an der südfranzösischen Küste abgeholt, nach Gibraltar gebracht und über die bevorstehende Landung in Französisch-Nordafrika ins Bild gesetzt.

Im Kaukasus unternahmen die Deutschen am 6. November einen letzten Versuch, nach Grosny durchzubrechen. Sie kamen aber nur bis Ordschonikidse, von wo sie bald wieder den Rückzug antreten mußten. Hitler hatte zwei Tage zuvor einen strategischen Alternativplan geschmiedet für den Fall, daß die kaukasischen Ölfelder für Deutschland unerreichbar bleiben sollten: Falls es sich als unmöglich erwies, Baku zu erobern, würde er die Ölförderanlagen bombardieren lassen und damit die Russen ihrer eigenen Ölressourcen berauben. Churchill erfuhr von dieser Entscheidung am 7. November aus entschlüsselten deutschen Enigma-Botschaften. Er leitete die Erkenntnis sogleich an Stalin weiter. »Vielen Dank für Ihre Warnungen betreffend Baku«, erwiderte Stalin. »Wir ergreifen die notwendigen Maßnahmen, um den Gefahren zu begegnen.«

Am Nachmittag des 7. November reiste Hitler mit dem Zug aus seinem Hauptquartier im Osten ab; sein Ziel war München. In den frühen Morgenstunden des nächsten Tages wurde der Zug auf einem kleinen Bahnhof durch ein Haltesignal gestoppt. Eine dringende Botschaft für den Führer war durchgekommen: Das Außenministerium in Berlin teilte ihm mit, daß nach britischen Rundfunkmeldungen bei Algier, Oran und Casablanca amerikanische Invasionstruppen gelandet seien.

Die alliierten Streitkräfte, die sich jetzt anschickten, die Deutschen aus Französisch-Nordafrika zu vertreiben, stellten die größte amphibische Streitmacht dar, die es in der Kriegsgeschichte bis dahin gegeben hatte: 300 Kriegsschiffe, 370 Handelsschiffe und 107000 Soldaten waren an Operation »Torch« beteiligt. Sobald die Strände gesichert waren, gingen diejenigen amerikanischen Offiziere an Land, deren Auftrag es war, die Enigma-Funksprüche der deutschen Luftwaffe auszuwerten. »Heckenschützen nahmen uns aufs Korn«, erinnerte sich Lewis F. Powell, der Kommandeur dieser Spezialeinheit, später, »und einer meiner Leute wurde gleich in der ersten Nacht tödlich getroffen.« Von einem gefangengenommenen deutschen Nachrichtenoffizier erfuhr Powell später, daß die Deutschen diese Landung als Finte betrachtet hatten. Selbst noch nach dem 8. November hatten sie geglaubt, die Alliierten würden in Wirklichkeit eine Aktion im Raum von Malta oder Sizilien starten, oder aber es sei das eigentliche Ziel der Amerikaner, Verstärkungen für das Wüstenheer Montgomerys heranzuführen. Dies war die Erklärung dafür, daß die Deutschen es zunächst versäumten, die vor Algier und Oran einlaufenden Landungskonvois zu attackieren.

Die Invasion in Französisch-Nordafrika war von raschem Erfolg gekrönt. 76 Stunden nach dem Beginn der Operation waren die alliierten Truppen unangefochtene Herren über einen 200 Kilometer langen afrikanischen Küstenstreifen, welcher von Safi bis Algier reichte. Als Hitler an diesem Abend seine alljährliche Rede im Münchener Bürgerbräukeller hielt, rückte er Stalingrad in den Mittelpunkt. »[Stalingrad] wollte ich nehmen«, sagte er, »und wissen Sie, wir sind bescheiden, wir haben [es] nämlich!« Aber auch über die Juden ließ Hitler sich aus, wobei er an seine Prophezeiung von 1939 erinnerte, der Krieg werde mit ihrer Vernichtung enden. »Von denen, die damals lachten«, erklärte er, »lachen Unzählige heute nicht mehr; und die jetzt noch lachen, werden es vielleicht in einiger Zeit auch nicht mehr tun.«

Aus Frankreich und Holland wurden in diesem November Tausende nach Auschwitz deportiert. Und auch aus den Städten und Dörfern Zentralpolens gingen wiederum Transporte mit insgesamt mehreren zehntausend Juden nach Sobibor, Belzec und Treblinka. Im Raum Białystok waren am 2. November aus 65 Städten und Dörfern 110 000 Juden zu Sammellagern gebracht worden; von dort aus ging die Reise einige Tage später nach Auschwitz oder Treblinka weiter. In dem Dorf Marcinkance wehrten sich alle 360 aufgegriffenen Juden geschlossen gegen die Verladung; sie wurden daraufhin gleich an Ort und Stelle erschossen.

Am 9. November tauchte im Wörterbuch der Unmenschlichkeit ein neuer Name auf: Majdanek. Es war der Name eines am Rande der polnischen Großstadt Lublin eingerichteten Lagers, in das an diesem Tag die ersten 4000 Insassen, Juden aus Lublin, eingewiesen wurden; mehrere hunderttausend sollten ihnen folgen. Wie in Auschwitz wurden auch in Majdanek bis zu 50 Prozent der Ankömmlinge in die Baracken eingewiesen; die übrigen kamen in Gaskammern.

Jeglicher Widerstand in Französisch-Nordafrika wurde von den alliierten Truppen zügig ausgeschaltet. Wo die Soldaten Vichy-Frankreichs sich für den Kampf entschieden, wurden sie als Feinde behandelt. In Casablanca und Oran fielen 115 französische Verteidiger. In Algier befahl Admiral Darlan, der Oberbefehlshaber der Vichy-Streitkräfte, der zufällig in der Stadt weilte, seinen Soldaten, das Feuer einzustellen. Hitler, der einen alliierten Vorstoß auf Tunis fürchtete, ließ am 9. November eiligst deutsche Truppen nach Biserta verlegen. Drei Tage später landeten britische Kräfte bei Bône. Der Kampf um Tunesien hatte begonnen.

Solange die Deutschen Tunesien besetzt hielten, würden sie den Alliierten den kurzen Seeweg nach Ägypten und Indien verwehren können und sie damit zwingen, weiterhin die sehr viel längere Route um das Kap der Guten Hoffnung zu nehmen. Dies würde einen kontinuierlichen Mehrbedarf an Schiffen bedeuten und die Alliierten daran hindern, die Verluste, die sie durch die für Anfang 1943 geplante deutsche U-Boot-Großoffensive im Atlantik erleiden würden, rasch wettzumachen.

In der nordafrikanischen Wüste wurde Rommel beständig zurückgedrängt. Am 9. November verschanzte er sich in dem 320 Kilometer westlich von El Alamein gelegenen Sidi Barrani. »Das ist nicht das Ende«, erklärte Churchill am 10. November beim alljährlichen Festbankett des Lord Mayor in London, »es ist noch nicht einmal der Anfang vom Ende; aber es ist vielleicht das Ende des Anfangs.«

Aus der täglichen Lektüre der streng geheimen deutschen Enigma-Funksprüche wußte Churchill, daß diese Einschätzung mehr war als bloßer Zweckoptimismus. Nicht nur Großbritannien, auch die Sowjetunion sollte die entlastende Wirkung der Landungen in Nordafrika alsbald zu spüren bekommen. 400 oder 500 unmittelbar nach Beginn der Operation »Torch« nach Tunesien verlegte deutsche Flugzeuge kamen von der russischen Front, ebenso wie mehrere hundert Transportmaschinen, die bis dahin die in Stalingrad eingekeilten deutschen Truppen versorgt hatten. Eine Folge der eiligen Verlegung dieser Maschinen war, daß an ihrer Stelle deutsche Bomber in Stalingrad in die Bresche springen mußten. Göring sollte später diese unerwartete Wachablösung in Stalingrad mit den Worten kommentieren: »Dort ging der harte Kern der deutschen Bomberflotte zugrunde.«

Im Zuge der Verlegung von Luftwaffenkapazitäten aus dem südlichen Rußland – die in geringfügigem Ausmaß schon vor Beginn der Operation »Torch« eingesetzt hatte, um danach in großem Umfang fortgeführt zu werden –, zogen die Deutschen auch ihre bis dahin im nordnorwegischen Banak stationierten Torpedobomber ans Mittelmeer ab. Genau diese Flugzeuge aber hatten den alliierten Nordmeerkonvois am meisten zu schaffen gemacht.

Die Entlastung, die den in Stalingrad eingesetzten russischen Kräften durch den deutschen Flugzeugtransfer nach Tunesien zuteil wurde, hätte eigentlich nur von kurzer Dauer sein dürfen, denn die Westalliierten rechneten damit, Tunesien innerhalb von sechs Wochen aufrollen zu können. Da aber die Deutschen in Tunesien sehr viel hartnäckigeren Widerstand leisteten als erwartet, brauchten die Alliierten nicht sechs Wochen, sondern sechs Monate, um ihr Ziel zu erreichen. Und das bedeutete auch, daß die Deutschen ihre im Mittelmeer eingesetzten Flugzeugkapazitäten sehr viel länger benötigten und sehr viel stärker strapazierten, als es der Fall gewesen wäre, wenn die ursprüngliche Rechnung der Alliierten aufgegangen wäre.

Am 11. November betraten britische Truppen wieder den Boden Libyens, von dem sie fünf Monate zuvor zum zweitenmal vertrieben worden waren. Diesmal waren es die Deutschen und die Italiener, die sich auf dem Rückzug befanden. Hitler ordnete an diesem Tag die Besetzung Vichy-Frankreichs an; damit stand ganz Frankreich unter unmittelbarer deutscher Herrschaft, ausgenommen die südöstlichen Bezirke, die Italien im Juli 1940 annektiert hatte. Auch noch inmitten der Aufregung und Panik, die die Operation »Torch« ausgelöst hatte, fand Hitler Zeit, Gespräche über die jüdische Frage zu führen; er tat dies am 11. November mit Artur Greiser, dem Reichsstatthalter im »Warthegau«. »In unserem letzten Gespräch über die Juden«, teilte Greiser zehn Tage später Himmler mit, »hat der Führer mich beauftragt, gegen sie mit den Mitteln vorzugehen, die ich für die geeignetsten halte.«

An der Ostfront taten die deutschen Soldaten ihr möglichstes, um die Münchener Verheißung ihres Führers wahrzumachen, daß Stalingrad bald deutsch sein werde. Am 11. November drangen deutsche Infanterie- und Panzereinheiten unter dem Schutz massiven Artilleriefeuers und mit ebenso massiver Luftunterstützung auf einer 500 Meter breiten Front ans Wolga-Ufer vor, eroberten einen Großteil der Krasnj-Oktjabr-Fabrik und schnitten sie zum zweitenmal weitgehend von der Barrikadj-Fabrik und ihren Verteidigern ab. Am selben Tag setzte auf der Wolga Eisgang ein, so daß die Evakuierung von Verwundeten kaum mehr möglich war. Als sowjetische Flugzeuge Lebensmittel und Munition abwarfen, landete das meiste entweder auf der deutschen Seite oder im Fluß. Dennoch: Die sowjetischen Verteidiger gaben, obwohl in zwei Teile gespalten und durch heftigen Granatbeschuß regelrecht festgenagelt, den Kampf nicht auf.

In Fernost mußten die Amerikaner eine ihrer schwersten Prüfungen bestehen, als die Japaner mit mehr als 10000 Mann einen Landungsversuch auf Guadalcanal unternahmen. Wenn sie dieses Ziel erreicht hätten, wäre den 23 000 auf der Insel kämpfenden Amerikanern eine insgesamt 30 000 Mann starke japanische Streitmacht gegenübergestanden. Allein, der japanische Ansturm wurde abgeschlagen. Die Amerikaner büßten die beiden leichten Kreuzer *Atlanta* und *Juneau* sowie sieben Zerstörer ein; die Japaner verloren die beiden japanischen Schlachtschiffe *Hiei* und *Kirishima*, den schweren Kreuzer *Kinugasa*, zwei Zerstörer und, wichtiger als alles andere, sieben der elf für Guadalcanal bestimmten Truppentransporter. Nachdem bei dem Landungsversuch noch einmal 2000 Japaner umkamen, blieben von den 10 000 in den Kampf geschickten japanischen Soldaten für die Verstärkung der bereits auf der Insel kämpfenden Japaner letzten Endes noch 2000 übrig. Damit war es so gut wie sicher, daß die Insel in absehbarer Zeit in die Hände der Amerikaner fallen würde. Allerdings hatten die Amerikaner in der Seeschlacht schwere Verluste hinnehmen müssen: Auf der *Atlanta* starben 172 Männer, als das Schiff zunächst von einem Torpedo getroffen und dann unter so schweres Feuer genommen wurde, daß die Kommandobrücke und die meisten Geschütztürme vollkommen zerfetzt wurden. Nachdem 470 überlebende Besatzungsmitglieder der *Atlanta* ohne weitere Zwischenfälle vom Schiff evakuiert worden waren, ließ ein amerikanisches Sprengkommando den zu Schrott geschossenen Kreuzer hoch- oder vielmehr untergehen.

Tobruk wurde am 13. November von britischen und Commonwealth-Truppen besetzt. »Es ist noch ein weiter Weg zu gehen«, erklärte Churchill an diesem Tag dem Emir von Transjordanien, »aber das Ende steht fest.« Die deutschen und italienischen Kräfte in Libyen mußten sich am 14. November nach Ghazala zurückziehen. »Was wird aus dem Krieg, falls wir Nordafrika verlieren sollten?« fragte Rommel an diesem Tag in einem Brief an seine Frau. Und er fügte hinzu: »Ich wünschte, ich könnte diese schrecklichen Gedanken loswerden.«

Am 15. November läuteten überall in England die Kirchenglocken zur Feier des Sieges in Ägypten. Am selben Tag eroberten britische Truppen die Stadt Tabarka an der nordafrikanischen Küste, die bereits zu Tunesien gehörte; 24 Stunden später landeten amerikanische Fallschirmjäger bei Souk-el-Arba, und bei Beja stellten sich französische Kräfte, die bis dahin loyal zu Vichy gestanden hatten, gegen die Deutschen zum Kampf.

Während die Deutschen Vorkehrungen für die Verteidigung Tunesiens als ihrer letzten Bastion auf afrikanischem Boden trafen, richteten sich auf Neuguinea die entlang dem Kokoda-Pfad nordwärts zurückgedrängten Japaner darauf ein, sich in den Städten Buna und Gona an der Nordküste der Insel zu verschanzen und den nachrückenden australischen und amerikanischen Truppen zu trotzen. Wie in Tunesien würden auch in Neuguinea die Alliierten kein leichtes Spiel haben. Denn an beiden Kriegsschauplätzen zeichnete sich ab, was zu einem Kennzeichen der nun einsetzenden Phase des Krieges werden sollte: daß sowohl Japaner als auch Deutsche um jede Stadt, um jeden Kilometer Boden kämpfen, daß sie sich, wo immer möglich, verschanzen und daß sie, wo immer es ihnen vorteilhaft erschien, verlorene Stellungen zurückerobern würden. In Stalingrad kam die hartnäckige Weigerung der Deutschen, auch nur einen Schritt zurückzuweichen, obwohl sie die Russen nicht aus der Stadt vertreiben konnten, beide Seiten teuer zu stehen.

Ein anderes zunehmend in den Vordergrund tretendes Kennzeichen des Krieges waren die unablässigen Bombenangriffe der Alliierten gegen alle Einrichtungen, auf die sich die militärische Kraft der Achsenmächte stützte. Am Vorabend der Operation »Torch« war es die italienische Hafenstadt Genua gewesen, die am stärksten zu leiden hatte. Am 17. November fielen die alliierten Bomben auf St. Nazaire an der französischen Atlantikküste, dessen Hafen den Deutschen als U-Boot-Stützpunkt diente. St. Nazaire gehörte zu den ersten Zielen an der Atlantikküste, die die von Großbritannien aus operierende 8. US-Luftflotte bombardierte. Die deutschen Flugabwehrstellungen bei St. Nazaire waren bei den Bomberbesatzungen so gefürchtet, daß sie die Stadt »Flak City« nannten.

Auch die Japaner mußten sich allmählich an Luftangriffe auf ihre Städte gewöhnen – so sehr, daß die japanischen Zeitungen am 16. November die Mitteilung brachten: »Die Besatzung jedes Flugzeuges, das japanische Ziele angreift, wird mit dem Tode bestraft werden.«

Im Rahmen der alliierten Bemühungen, die deutsche Kriegsmaschinerie zu schwächen, wurde am 17. November ein britischer Agent namens Michael Trotobas am Fallschirm in Frankreich abgesetzt. Sein Auftrag bei dieser seiner zweiten Mission in einem von den Deutschen besetzten Gebiet lautete, in Lille und Umgebung eine Sabotageorganisation aufzubauen. Dieser Agentenring, der den Decknamen »Farmer« erhielt, konnte sich auf die zunehmende Unbeliebtheit der Besatzer bei den Bewohnern dieses Landstrichs stützen, der auch schon im Ersten Weltkrieg längere Zeit unter deutscher Besatzung gestanden hatte.

Die Nazis praktizierten die Segnungen ihrer neuen Ordnung nicht nur im besetzten Ausland. Auf einer Geheimkonferenz, die am 17. November in München stattfand, erklärte der bayerische Staatskommissar für Volksgesundheit, Walter Schultze, den versammelten Leitern der bayerischen Nervenkliniken, künftig werde für alle »hoffnungslosen Fälle« unter ihren Patienten eine »Spezialdiät« eingeführt. Nach Angaben des Leiters der Heilanstalt Kaufbeuren, Dr. Valentin Faltlhauser, handelte es sich um eine »Diät«, die zu »einem langsamen Tod innerhalb von rund drei Monaten« führen werde.

Eine neue Tötungsmethode verhalf dem deutschen Euthanasieprogramm in diesem Winter zu einem neuen Aufschwung: An die Stelle des Vergasens trat planmäßiges Verhungernlassen. Deutlich wurde dies aus einer in Berlin abgefaßten, vom 30. November datierenden geheimen Weisung an alle Nervenheilanstalten, in der es unter anderem hieß, »angesichts der kriegsbedingten Ernährungslage und der Gesundheit der arbeitenden Anstaltsbewohner« erscheine es nicht mehr angebracht, alle Insassen mit gleich großen Rationen zu ernähren. Diejenigen, die in den Anstalten lediglich dahinvegetierten, »ohne eine nennenswerte nützliche Arbeit zu leisten«, müßten »unverzüglich« auf die neue Spezialdiät gesetzt werden.

Wie viele Todesopfer das Euthanasieprogramm forderte, wird sich vielleicht nie feststellen lassen; über die Namen vieler seiner Opfer hat sich der Staub der Geschichte gelegt. Sogar die Schauplätze dieser Morde sind vergessen; keine Plaketten markieren die Orte, an denen diese Ungeheuerlichkeiten geschahen. Anderswo im seinerzeit deutsch besetzten Europa erinnern heute Tausende von Mahnmalen an die zahllosen Zivilisten, die die Nazis ihrer Freiheit beraubten und ermordeten. Am 18. November 1942 wurden 200 Polen, die im Gestapogefängnis in Kazimierz Dolny einsaßen, erschossen. Eine Gedenktafel, die nach dem Krieg am Ort des Geschehens aufgestellt wurde, kündet vom Schicksal der zweihundert.

Am 18. Oktober hatten die Briten die Operation »Swallow« gestartet: die Absetzung von vier norwegischen Fallschirmspringern bei Vermork. Ihr Auftrag lautete, die nötigen Vorkehrungen für die Sprengung der deutschen Produktionsanlage für schweres Wasser in der Nähe des norwegischen Rjukan zu treffen. Einen Monat später, am 19. November, wurde aus »Swallow« die größer angelegte Operation »Grouse«, die damit begann, daß 34 Männer in zwei Segelflugzeugen über die Nordsee geschleppt wurden. Beide Segler machten eine Bruchlandung, und auch eines der Schleppflugzeuge stürzte ab. Siebzehn Männer kamen dabei ums Leben. Fünfzehn andere wurden kurz nach der Landung aufgegriffen und noch am selben Tag erschossen. Vier weitere schließlich, die sich bei der Bruchlandung schwere Verletzungen zugezogen hatten, wurden von den Deutschen ins Krankenhaus von Stavanger gebracht. Da sie schwer verletzt und daher nicht vernehmungsfähig waren, verabreichten die Deutschen ihnen tödliche

Spritzen und warfen ihre Leichen ins Meer. Überall, wo die Deutschen feindliche Kommandotrupps, Partisanen oder Widerstandskämpfer aufgriffen, war deren unweigerliches Schicksal die Hinrichtung. Doch das Kriegsglück hatte sich gewendet. Der Druck auf die Deutschen nahm zu, nicht nur in Form vermehrter alliierter Bombenangriffe, sondern auch in Gestalt der zunehmend an Dynamik gewinnenden Aktivität von Partisanen und Kommandoeinheiten. Daß die Deutschen sich an Stalingrad die Zähne ausgebissen hatten, ließ bei allen versklavten Völkern Hoffnung aufkeimen.

KAPITEL 28
Die Wende zugunsten der Alliierten
Winter 1942

Am 19. November 1942 startete die Rote Armee nördlich von Stalingrad eine Gegenoffensive. Ihr voraus ging eines der heftigsten Artilleriesperrfeuer des Krieges, als auf das Kennsignal »Sirene« hin mehr als 3500 Kanonen und Mörser entlang einer 24 Kilometer langen Frontlinie zu schießen begannen. An einem Frontabschnitt wurde dieses Getöse von schmetternder sowjetischer Marschmusik untermalt, die eine neunzigköpfige Divisionskapelle darbrachte. Bewußt sah der sowjetische Angriffsplan einen besonders heftigen Ansturm auf eine Stelle der Front vor, die von rumänischen Truppen ohne Schlachterfahrung gehalten wurde. Innerhalb von 24 Stunden machten die Sowjets 65000 rumänische Gefangene. Churchill sorgte persönlich dafür, daß die Russen von London aus mit neuesten operativen Erkenntnissen aus ausgewerteten Enigma-Quellen über die deutschen Absichten am Boden und in der Luft beliefert wurden.

Neben rumänischen Einheiten kämpften an der Seite der Deutschen auch ungarische und italienische Truppen. Sie alle wichen vor der Gewalt des russischen Vorstoßes vom 19. November zurück. Einen Tag später traten die Russen dann auch noch südlich von Stalingrad zum Angriff an. Ihr Operationsziel war kühn und bestechend: Sie wollten die deutschen Truppen, die Stalingrad einzuschließen versucht hatten, selbst in der Stadt einschließen. Die vernünftige deutsche Antwort hätte darin bestanden, die Belagerung abzubrechen und sich an den Don zurückzuziehen. General von Paulus regte dies am 21. November an. Aber Hitler wollte von einem Rückzug nichts wissen und gab von Berchtesgaden aus noch am selben Tag Befehl, die 6. Armee müsse »trotz Gefahr vorübergehender Einschließung« die Stellung halten.

Als am 22. November die in einer Zangenbewegung vorrückenden sowjetischen Truppen südlich von Kalatsch den Don erreichten und die Falle zuschnappte, fanden sich die Deutschen und ihre Hilfstruppen – es waren über eine Viertelmillion Mann – in einem Klammergriff, der sich von nun an Tag für Tag enger schließen sollte. Den sowjetischen Verteidigern Stalingrads, denen das Wasser bis zum Halse gestanden hatte, bescherte die Winteroffensive der Roten Armee die erste Atempause seit zwei Monaten; die Stadt hatte, obwohl verwüstet und fast ganz in Feindeshand, nicht kapituliert und lief jetzt auch nicht mehr Gefahr, verlorenzugehen. »Haltet aus!« rief Hitler seiner 6. Armee an diesem Tage in einer Rundfunkbotschaft zu, aber Paulus schätzte die Lage als hoffnungslos ein und ersuchte Hitler noch am selben Abend um die Erlaubnis zu einem Ausbruchsversuch. Er erhielt keine Antwort; Hitler befand sich zu dieser Zeit in seinem Sonderzug auf dem Weg von Berchtesgaden nach Leipzig, von wo er nach Rastenburg weiterflog. Dort übernahm er »persönlich den Oberbefehl« über die deutsche Wehrmacht und beantwortete am 24. November das Ersuchen seines Generals mit einem entschiedenen Nein. Stalingrad dürfe nicht aufgegeben werden.

Im Mittelmeer erhielten die Alliierten jetzt immer öfter einen Vorgeschmack auf das erhebende Gefühl des Sieges. Am 20. November konnte die Operation »Stone Age« erfolgreich abgeschlossen werden, die Überführung eines Handelsschiffkonvois nach Malta unter dem schüt-

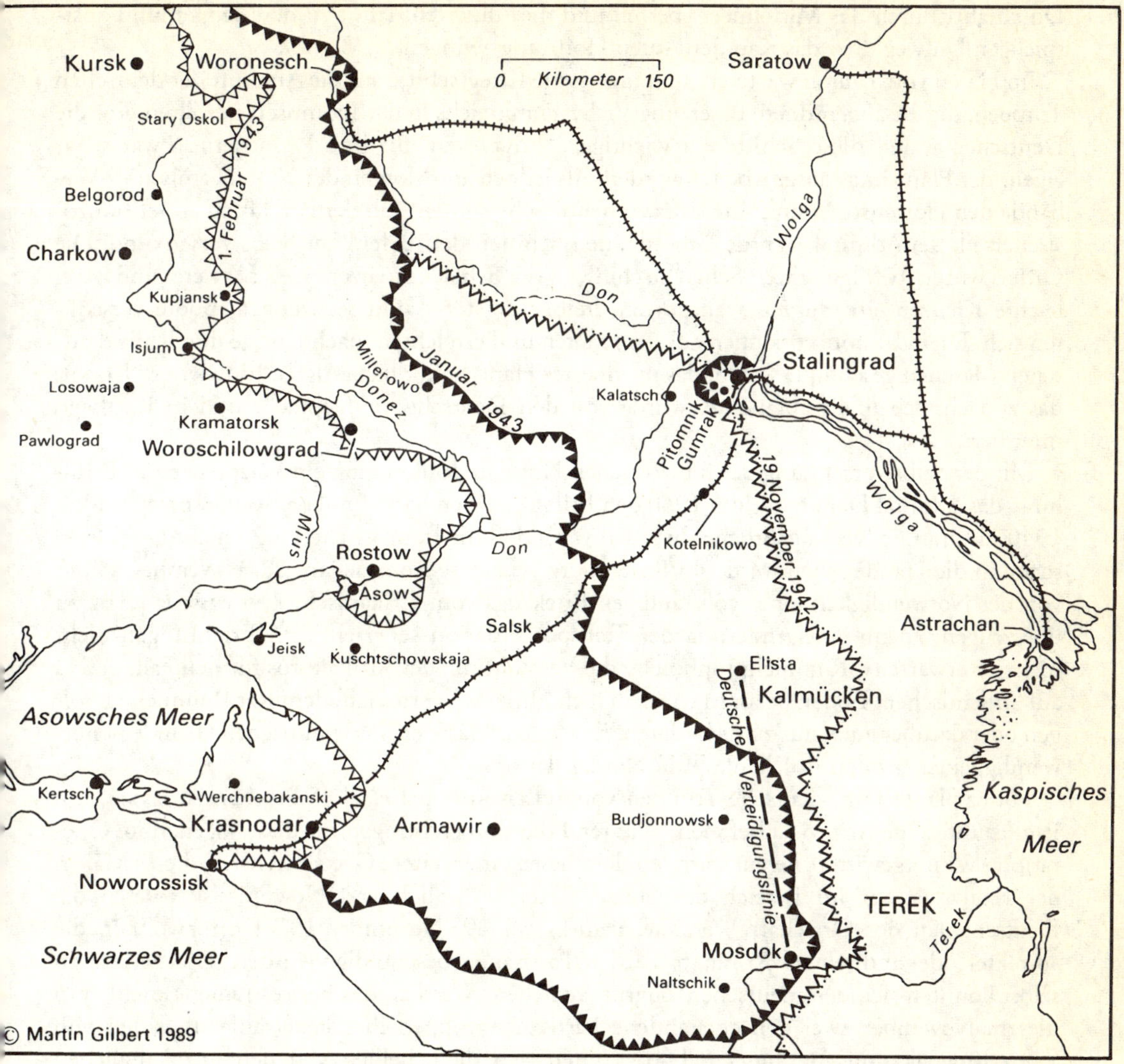

Die sowjetische Rückeroberung von Kaukasus und Don, Winter 1942 – 1943

zenden Schirm der britischen Luftwaffe. Malta war keine belagerte Insel mehr. Als die Schiffe im Hafen von La Valetta einliefen, jubelten ihnen die Inselbewohner von jedem erkletterbaren Aussichtspunkt zu, und Seemannskapellen spielten Begrüßungsmärsche. In der nordafrikanischen Wüste mußte Rommel sich, nachdem er am 20. November Bengasi hatte aufgeben müssen, nach El Agheila zurückziehen; er war nun schon mehr als 800 Kilometer von der ägyptischen Grenze entfernt, die er vor nicht langer Zeit als Sieger überschritten hatte. Briten, Truppen des Freien Frankreich und Amerikaner hatten unterdessen die westliche Hälfte Tunesiens besetzt, und am 25. November zerstörten amerikanische Truppen bei einem Überfall auf den Flugplatz von Djedeida dreißig deutsche und italienische Flugzeuge. In Tunis freilich, das die Alliierten binnen eines Monats nach Beginn der Operation »Torch« zu erreichen gehofft hatten, sollten sie erst im Mai 1943 einmarschieren. Die Deutschen konnten daher weiterhin die

Durchfahrt durch das Mittelmeer sperren und die Alliierten damit zu dem langen und kostspieligen Umweg über das Kap der Guten Hoffnung zwingen.

Im Hafen von Toulon warteten 58 französische Kriegsschiffe auf die Ankunft der deutschen Truppen, die die angeordnete Besetzung Vichy-Frankreichs in die Tat umsetzen sollten. Für die Deutschen waren diese Schiffe ein wichtiger Aktivposten; für ihre Requirierung war sogar eigens der Plan »Lila« ausgearbeitet worden. Als jedoch am Morgen des 27. November SS-Verbände den Flottenstützpunkt in Besitz zu nehmen begannen, gab der Befehlshaber der französischen Flotte, Admiral Jean de Laborde, den Schiffen den Befehl zur Selbstversenkung. Die Order wurde befolgt: Zwei Schlachtschiffe, zwei Schlachtkreuzer, vier schwere und zwei leichte Kreuzer, ein Flugzeugtransporter, dreißig Zerstörer und sechzehn U-Boote versenkten sich. Drei U-Boote entkamen aus dem Hafen und erreichten, nachdem sie durch alle deutschen Maschen geschlüpft waren, das in alliierter Hand befindliche Algier. Ein viertes U-Boot, das zunächst ebenfalls abtauchte, wurde von den Deutschen aufgebracht und in Karthago interniert.

Mit der Selbstversenkung der französischen Flotte in Toulon ging ein Versprechen in Erfüllung, das Admiral Darlan im Juni 1940 den Briten gegeben hatte (und das wenig später, im Juli 1940 in Oran, teilweise gebrochen worden war): daß die französische Flotte nicht den Deutschen in die Hände fallen werde. In Rastenburg versuchte Rommel am 28. November, Hitler von der Notwendigkeit eines vollständigen Rückzugs vom afrikanischen Kriegsschauplatz zu überzeugen, »denn eine Änderung der Transportsituation sei nach allen Erfahrungen nicht mehr zu erwarten«. Rommel prophezeite die Vernichtung des Afrikakorps für den Fall, daß es auf afrikanischem Boden belassen würde. Doch Hitler weigerte sich, dem Rat Rommels zu folgen oder darüber auch nur zu diskutieren. Es sei, so erklärte er, aus »politischen Gründen« notwendig, einen großen Brückenkopf in Nordafrika zu halten.

Hitler plante nun, deutsche Truppen von außen in den Kessel einbrechen zu lassen, um Paulus und seine Armee zu befreien. Während die Vorbereitungen für diese sogenannte Operation »Wintergewitter« liefen, starteten die Russen eine weitere Gegenoffensive, dieses Mal an der Kaukasusfront im Bereich des Flusses Terek. Nördlich von Noworossisk töteten die Deutschen in der Ortschaft Werchnebakanski am 29. November 107 Dorfbewohner, die »direkter oder indirekter« Kontakte zu den Partisanen beschuldigt wurden. Die Partisanen selbst konnten sich dem deutschen Zugriff entziehen. Westlich des Flusses Dnjepr erlebten in diesem November zwei neu entstandene Partisanengruppen ihre Feuertaufe. Befehligt von Sidor Kowpak und Alexander Saburow, taten sich diese beiden von den unzugänglichen Pripjet-Sümpfen aus operierenden Gruppen zu Kommandounternehmen gegen die durch die Ukraine laufenden deutschen Nachschub- und Verbindungslinien zusammen. Die Deutschen reagierten auf diese Aktionen, die ihnen schmerzhafte Verluste bereiteten, mit häufigen und barbarischen Vergeltungsmaßnahmen. Im Dezember etwa wurde die Operation »München II« durchgeführt, eine großangelegte Säuberungsaktion im Raum Radoschkowitschi in Weißrußland, unmittelbar nördlich des Gebiets, in dem Kowpak und Saburow ihre versteckten Stützpunkte hatten.

Auf dem pazifischen Kriegsschauplatz bemühten sich in den letzten zehn Novembertagen die Japaner um den Entsatz ihrer eingekesselten und vom Nachschub abgeschnittenen Garnison auf der Insel Guadalcanal. Es kam zu einer Reihe erbitterter Gefechte zwischen amerikanischen und japanischen Kriegsschiffen, und einige Male sah es danach aus, als könnten die Japaner ihr Ziel erreichen. Am 22. November versenkten sie das amerikanische Kriegsschiff *Juneau*, das mit mehr als 600 Mann unterging. Hundert Besatzungsmitglieder überlebten auf Wrackteilen, doch bis auf zehn wurden sie alle entweder von Haien gefressen oder verloren wegen des Wassermangels den Verstand und gingen unter.

In der Nacht vom 30. November auf den 1. Dezember versuchten die Japaner wieder einmal, ihrer ums Überleben kämpfenden Garnison auf Guadalcanal Verstärkungen zuzuführen. Doch die Amerikaner fingen die japanischen Transportschiffe vor Tassafaronga ab, verwickelten sie in eine nächtliche Schlacht und zwangen sie zur Umkehr. Es war freilich eine verlustreiche Schlacht für die Amerikaner, da die drei schweren Kreuzer *Pensacola, New Orleans* und *Minneapolis* schwer beschädigt wurden. Ein vierter Kreuzer, die *Northampton,* wurde versenkt, wobei 58 Besatzungsmitglieder den Tod fanden. Auf Neuguinea stießen die Australier bis zur Nordküste vor und eroberten Buna zurück; doch die Japaner zogen sich nach Buna Mission zurück und kämpften weiter. Andere japanische Einheiten verteidigten den Soputa-Sananda-Pfad gegen die sie bedrängenden Amerikaner. 15000 Australier und 15000 Amerikaner mußten, obgleich sie die unangefochtene Luft- und praktisch auch die alleinige Seeherrschaft innehatten, alle ihre Kräfte aufbieten, um mit knapp halb so vielen Japanern fertig zu werden.

Weit weg von den Sümpfen und Dschungeln Neuguineas fand an jenem 2. Dezember ein Ereignis von großer Bedeutung für den späteren Kriegsverlauf statt, das allerdings der höchsten Geheimhaltung unterlag. In einer zweckentfremdeten Tennishalle auf dem Gelände der Universität von Chicago begann an diesem Tag um 10 Uhr vormittags der aus Italien emigrierte Physiker Enrico Fermi mit der Durchführung eines Experiments, das am selben Nachmittag um 15.53 Uhr seinen Höhepunkt und Abschluß in der ersten kontrollierten Kernspaltung fand. Damit war der Beweis dafür erbracht, daß der Bau einer Atombombe auf der Basis von Uran möglich war. Jetzt galt es für die Wissenschaftler, die benötigten Uranmengen zu finden und aufzubereiten.

In Brüssel erschossen am 4. Dezember Angehörige des belgischen Widerstands einen Landsmann von der »Germanischen SS«, einer von der deutschen Besatzungsmacht gegründeten, aus faschistisch gesinnten Belgiern rekrutierten Truppe. Am selben Tag gründeten in Warschau christliche Polen unter der Führung von Sofia Kossak und Wanda Filipowicz ein Hilfskomitee für Juden. Dies war ein lebensgefährliches Unterfangen. Nur zwei Tage später sperrte die SS in Stary Ciepielow dreizehn Polen – Männer, Frauen und Kinder – in ein Bauernhaus und zehn weitere in eine Scheune und zündete dann beide Gebäude an – und zwar auf den bloßen Verdacht hin, daß diese Polen Juden Unterschlupf gewährt hatten. An diesem 4. Dezember begannen die Deutschen im Wald von Parczew mit einer viertägigen Menschenjagd auf mehr als tausend Juden, die dort Zuflucht gesucht hatten. »Auf der Flucht rannten wir in unserer Panik im Kreis«, erinnerte sich einer der Gejagten, Arieh Koren, später. Die Deutschen durchkämmten den Wald mit Panzerwagen, Maschinengewehren und vier kleinen Geschützen. »Wir glaubten nachher, wir seien 20 Kilometer gerannt«, erzählte Koren, »aber in Wirklichkeit hatten wir uns nur in einem Gebiet von einem halben Kilometer bewegt.«

In dem Dorf Bialka bei Parczew fanden einige Juden Unterschlupf. Am zweiten Tag der Menschenjagd jedoch, am 7. Dezember, besetzten die Deutschen das Dorf und erschossen 96 Polen als »Judenhelfer«. Drei Tage später wurden in dem Dorf Wola Przybyslawska sieben Polen exekutiert, weil sie Juden versteckt hatten.

In Italien hatte die britische Luftwaffe weiterhin Hafenanlagen bombardiert. Bei einem Angriff auf Neapel am 4. Dezember war der leichte Kreuzer *Muzio Attendolo* versenkt worden; 159 Italiener hatten dabei den Tod gefunden. In der Schlacht um Tunesien jedoch, zu der diese Luftangriffe als flankierende Operationen gehörten, traten die Deutschen an diesem Tag zu einer Gegenoffensive an, zerstörten 25 britische Panzer und machten 400 Gefangene. Zwei Tage später, am 6. Dezember, durchbrachen deutsche Panzerverbände bei El-Guettar die amerikanischen Stellungen.

Die Italiener, die in der Schlacht um Tunesien an der Seite der Deutschen kämpften, griffen im Streben nach militärischen Vorteilen zu ungewöhnlichen Mitteln. In der Nacht vom 7. auf den 8. Dezember versuchten drei ihrer »Chariots« genannten bemannten Torpedos in den Hafen von Gibraltar einzudringen. Von den sechs Männern, die die Aktion durchführten, wurden drei getötet, zwei gefangengenommen, und einer kehrte zum Mutterschiff zurück. Im Hafen von Gibraltar und an den dort ankernden Schiffen richteten die Italiener keinen Schaden an. Vier Tage später jedoch drangen drei andere »Chariots« in den Hafen von Algier ein und versenkten vier alliierte Versorgungsschiffe.

In Fernost unternahmen die Japaner zwei weitere erfolglose Versuche, ihre Garnisonen auf Guadalcanal und Neuguinea zu verstärken. Beide Versuche wurden am 8. Dezember vereitelt. Einen Tag später überwanden die Australier im Bereich von Gona den letzten japanischen Widerstand. Als der Kampf entschieden war, lagen über 500 Japaner tot auf dem Schlachtfeld; wieder einmal hatten sie es abgelehnt, sich zu ergeben.

An der russischen Front kamen die Deutschen mit ihren Bemühungen, im Umkreis von Stalingrad, am Don und im Kaukasus die Initiative zurückzugewinnen, nicht weit. Aus dem Enigma-Funkverkehr der deutschen Luftwaffe ging hervor, daß von den für die tunesische Front abgezweigten Transportflugzeugen so viele verlorengegangen waren, daß die in Stalingrad eingeschlossenen deutschen Truppen nicht mehr ausreichend versorgt werden konnten. Als Churchill in London diese entschlüsselten Enigma-Botschaften las, fragte er den Chef seines Nachrichtendienstes, Sir Stuart Menzies: »Lassen wir Joe irgend etwas hiervon zukommen?« Menzies bejahte, und Stalin wurde von London über die Mängel und Rückschläge bei den deutschen Nachschublieferungen für Stalingrad informiert.

Im Kaukasus zogen sich die Deutschen am 11. Dezember auf die Linie Mosdok-Elista zurück. Dies war ein indirektes Eingeständnis, daß ihr Vorhaben, zum Kaspischen Meer vorzustoßen, gescheitert war. Einen Tag später starteten die Deutschen bei dem nur 150 Kilometer südwestlich von Stalingrad gelegenen Kotelnikowo ihre Operation »Wintergewitter«, den Versuch, zu ihrer in Stalingrad eingeschlossenen 6. Armee durchzubrechen. Zwei Tage lang sah es so aus, als könnten sie es schaffen, doch dann bremsten eilig herangeführte russische Verstärkungen den deutschen Vorstoß. Zugleich gingen andere russische Verbände nordwestlich von Stalingrad, entlang dem Don, zum Angriff über und rieben die italienische 8. Armee ganz und die rumänische 3. Armee teilweise auf. Um diesen zusammengebrochenen Frontabschnitt zu verstärken, sahen sich die Deutschen gezwungen, von Süden her Truppen zuzuführen und damit die ohnehin fast festgefahrene Operation »Wintergewitter« zu schwächen. Die Falle Stalingrad blieb geschlossen.

Weit weg vom Frontgeschehen an Wolga und Don, in den stillen Wassern der Gironde in Südwestfrankreich, fand am 12. Dezember ein tollkühnes Kommandounternehmen seinen Abschluß: Zwölf britische Kommandotrupps, die von U-Booten in der Gironde-Mündung ausgesetzt worden waren, waren in Faltbooten flußaufwärts gepaddelt und hatten innerhalb der fünf Tage, die sie unentdeckt in feindlichem Territorium operierten, an acht Schiffen Limpet-Minen angebracht. Alle acht Schiffe flogen zu Hitlers heftigem Ärger und Englands großer Freude in die Luft.

Einen noch größeren Triumph feierten die Briten einen Tag später. Freilich durfte nur der aus einem runden Dutzend Männern bestehende innerste Kreis der britischen Führung davon wissen. Der von den deutschen U-Booten benutzte Enigma-Code, der von den Briten »Shark« genannt wurde und für sie mehr als ein Jahr lang unentzifferbar gewesen war, war geknackt. Im November 1942 hatten die Alliierten durch deutsche U-Boot-Angriffe 721 700 Tonnen Schiffsladung verloren – die höchste monatliche Verlustziffer im ganzen Krieg. Der Enigma-Durchbruch von Mitte Dezember kam keinen Augenblick zu früh. Hatten die Deutschen im November noch 83 alliierte Schiffe torpediert, so ging die Zahl im Dezember auf 44 und im Januar 1943 auf 33 zurück. Es war ein Triumph der Kryptographie und zugleich ein Lohn des Heldenmuts der beiden britischen Seeleute Tony Fasson und Colin Grazier, die Ende Oktober vor dem Nil-Delta für die Bergung einer Enigma-Maschine und der zugehörigen hochgeheimen Signalbücher ihr Leben gewagt und verloren hatten.

In Tunesien sahen die Deutschen sich mit einem Aspekt der italienischen Besatzungspolitik konfrontiert, der ihnen nicht gefiel. Die Italiener seien »in der Behandlung der Judenfrage außerordentlich lax«, schrieb Goebbels am 13. Dezember in sein Tagebuch und fügte erklärend hinzu: »Sie nehmen die italienischen Juden sowohl in Tunis wie im besetzten Frankreich in Schutz und dulden durchaus nicht, daß sie zur Arbeit eingesetzt oder zum Tragen des Judensterns gezwungen werden.« Die Italiener wollten auch nichts von der Deportierung der in Italien und in den italienisch besetzten Gebieten Frankreichs und Kroatiens lebenden Juden nach Auschwitz wissen. Die Deutschen konnten nur aus den Ländern Juden deportieren, in denen die einheimische Polizei ihnen half, ihre Opfer ausfindig zu machen, zu verhaften und in Sammellagern zu internieren. Aus dem Lager Westerbork in Holland gingen in diesem Dezember drei Züge mit insgesamt 2500 jüdischen Passagieren nach Auschwitz ab. Die Deportationen aus dem deutsch besetzten Polen hingegen hatten nahezu aufgehört. In Chelmno, Belzec, Sobibor und Treblinka waren in den vergangenen zwölf Monaten fast drei Millionen polnische Juden ermordet worden.

Im Laufe des Dezembers begannen die Deutschen mit der »Liquidierung« der verschiedenen in der Phase der Deportationen eingerichteten Arbeitslager. In jedem Lager töteten sie dabei die Juden, die für den laufenden Betrieb des Lagers oder für die Arbeit in benachbarten Fabriken oder Gutsbetrieben gebraucht worden waren. So wurden in einem Lager bei Kruszyna am 17. Dezember 557 Juden ermordet; eine Woche später waren in Mińsk Mazowiecki 218 Zwangsarbeiter an der Reihe, eine weitere Woche später in Karczew 400. Zusammengetrieben und deportiert wurden jetzt und später nicht nur Juden: Am 16. Dezember gab Himmler eine Weisung heraus, die die Deportierung aller Zigeunermischlinge nach Auschwitz anordnete. Ausnahmen sollten nur bei solchen Zigeunern gemacht werden, die sich freiwillig sterilisieren ließen. Zufällig erging dieser Erlaß am gleichen Tag – dem 16. Dezember –, an dem in Auschwitz an neunzig nichtjüdischen polnischen Lagerhäftlingen Kastrationsexperimente vorgenommen wurden. Diese »Experimente« waren für die Opfer eine so grauenvolle Tortur, daß viele von ihnen, wie ein Augenzeuge später berichtete, »sich vor Schmerz am Boden wälzten«. Nach längerer Leidenszeit wurden die Opfer dieser Experimente in die Gaskammer geschickt.

Am 16. Dezember kam ein Erlaß heraus, den der deutsche Oberbefehlshaber, Feldmarschall Keitel, auf Geheiß Hitlers abgefaßt hatte und der auf die Eindämmung der Partisanentätigkeit in Rußland und Jugoslawien abzielte. »Wenn der Kampf gegen die Partisanen im Osten und auf dem Balkan nicht mit brutalsten Mitteln geführt wird«, stellte der Erlaß fest, »wird in Kürze der Punkt erreicht sein, wo die vorhandenen Kräfte nicht mehr ausreichen werden, das Gebiet zu sichern. Es ist somit nicht nur das Recht, sondern die Pflicht der Truppe, alle erfolgversprechenden Mittel rücksichtslos anzuwenden – auch »gegen Frauen und

Kinder«. Jegliche »Rücksicht« gegenüber den Partisanen sei »ein Verbrechen gegen das deutsche Volk«.

Am 17. Dezember veröffentlichten die Regierungen der drei Hauptalliierten – Großbritanniens, der Sowjetunion und der USA – in ihren Hauptstädten eine gleichlautende Erklärung, in der sie konstatierten: »Nicht genug damit, daß die deutschen Machthaber Angehörigen des jüdischen Volkes in allen Ländern, auf die sie ihre barbarische Herrschaft ausgedehnt haben, die grundlegendsten Menschenrechte aberkennen, haben sie nunmehr damit begonnen, Hitlers oftmals verkündete Absicht, das jüdische Volk in Europa auszurotten, in die Tat umzusetzen.« Aus allen von den Deutschen besetzten Ländern würden, so hieß es in der Erklärung weiter, »Juden unter Begleitumständen von abscheulicher Ungeheuerlichkeit und Brutalität nach Osteuropa deportiert. In Polen, das die Nazis zu ihrem zentralen Schlachthaus erkoren haben, werden die von den deutschen Eroberern errichteten Gettos systematisch geräumt; nur einige wenige hochqualifizierte jüdische Facharbeiter, die in der Rüstungsindustrie gebraucht werden, bleiben zurück. Von keinem der Deportierten hat man je wieder gehört. Die Arbeitsfähigen läßt man sich in Arbeitslagern langsam zu Tode schuften. Die Schwächeren läßt man an Unterkühlung oder Entkräftung sterben oder massakriert sie vorsätzlich in Massenhinrichtungen. Die Zahl der Opfer dieser blutigen Grausamkeiten wird auf viele Hunderttausende vollkommen unschuldiger Männer, Frauen und Kinder geschätzt.«

Die alliierte Erklärung schloß mit der Feststellung, die Regierungen Großbritanniens, der Sowjetunion und der Vereinigten Staaten sowie das Französische Nationalkomitee von General de Gaulle verurteilten »in allerschärfster Form diese bestialische Politik kaltblütiger Ausrottung«.

»Ich fühle mich Ihnen verbunden in all Ihrem Leid«, schrieb Churchills Frau Clementine an diesem Tag in einer Botschaft an eine in London tagende Konferenz zionistischer Frauen, »und ich bete darum, daß Ihr Treffen mithelfen möge, die Augen des britischen Volkes geöffnet zu halten für die schrecklichen Dinge, die im nazistischen Europa geschehen und noch bevorstehen.«

Auf dem Schlachtfeld machten die Alliierten fast überall Fortschritte. Eine Ausnahme war Tunesien, wo winterliche Verhältnisse und unerwartete Gegenwehr ihnen zu schaffen machten. Auf Guadalcanal und Neuguinea wurden die Japaner langsam, aber sicher zurückgedrängt. Im Raum Stalingrad verbreiterten die Russen den Keil, den sie zwischen die eingekesselte deutsche Armee und die von Süden herandrängenden Entsatztruppen getrieben hatten. In Libyen wichen deutsche und italienische Truppen westwärts zurück. »Wir stehen wieder in schweren Kämpfen«, schrieb Rommel am 18. Dezember an seine Frau, »und haben wenig Aussicht auf Erfolg, denn es fehlt uns an allem.« Insbesondere das Benzin sei knapp geworden, und »ohne Benzin kann man nichts ausrichten«.

Am 19. Dezember unternahmen deutsche Verbände, die sich Stalingrad bis auf 65 Kilometer genähert hatten, noch einmal einen Versuch, zur eingeschlossenen 6. Armee General von Paulus' durchzustoßen. Doch obwohl sie alle ihre Kräfte mobilisierten, konnten sie den russischen Riegel nicht durchbrechen, so daß tags darauf sogar Hitler in Rastenburg einsah, daß für die Deutschen kein Weg mehr nach Stalingrad hineinführte – und für die eingeschlossene Armee, wie es schien, kein Weg heraus. Denn die Panzer der eingekesselten deutschen Truppen hatten nur noch Treibstoffreserven für 25 Kilometer.

Im Kaukasus gelang es den Russen bis Ende Dezember, bei Budjonnowsk nicht weniger als 800 Partisanen hinter die deutschen Linien zu schleusen. Diese Partisanen verminten Schienenwege und Brücken, sprengten Treibstoffdepots und übernahmen die Kontrolle über kleinere Ortschaften, in denen sie dann Kollaborateure ermordeten und neue Partisanen rekrutierten. »Wir haben ungefähr fünfzig Deutsche und Kosaken vernichtet«, notierte ein Partisan am 21. Dezember in sein Tagebuch. Als kosakische und kalmückische Einheiten sechs Tage später im Auftrag der Deutschen das Hauptquartier der Partisanen überfielen, hatten diese sich bereits abgesetzt.

Zu einer Demonstration des Widerstands kam es am 22. Dezember mitten im deutsch besetzten Europa: Im polnischen Krakau überfielen sechs Angehörige der fünf Monate zuvor in Polen gegründeten »Jüdischen Kampforganisation« ein von SS und Gestapo frequentiertes Café. Die nur mit Pistolen bewaffneten Angreifer wurden jedoch überwältigt. Wie einer von ihnen später schrieb, bezweckten sie mit ihrem Überfall, »zu retten, was zu retten war, wenigstens von unserer Ehre«. Ihr Anführer, Adolf Liebeskind, starb im Kugelhagel deutscher Maschinengewehre. »Wir kämpfen«, hatte er wenige Wochen vor dem Überfall gesagt, »für drei Zeilen in den Geschichtsbüchern.«

Vor Stalingrad näherte sich am 23. Dezember ein deutscher Panzerverband bis auf knapp 50 Kilometer der eingekesselten 6. Armee. Allein, mit Panzertreibstoff für nur noch 25 Kilometer konnte General von Paulus nicht mehr ernsthaft an einen Ausbruchsversuch denken. Treibstoffmangel war auch der Grund dafür, daß Rommel in dieser Woche nichts anderes übrigblieb, als langsam Richtung Westen zurückzuweichen. An Heiligabend erhielt Rommel auf der Weihnachtsfeier seines Hauptquartiers ein Miniaturölfaß zum Geschenk, das freilich kein Petroleum enthielt, sondern ein oder zwei Pfund erbeuteten britischen Kaffees. »Unser ernstestes Problem«, hielt Rommel fest, »wurde dadurch auch an diesem Tag angemessen gewürdigt.«

An der Ostfront brachte der Heiligabend eine wenig Gutes verheißende Nachricht für General von Paulus. Zur Abwehr eines überraschenden russischen Vorstoßes gegen die bereits über den Don in Richtung Millerowo abgedrängten deutschen Truppen hatte die deutsche 6. Panzerdivision Befehl erhalten, von den Panzerkräften, die weiter südlich nach wie vor einen Durchbruch nach Stalingrad anstrebten, abzuschwenken und an die Donfront zu eilen. Der einzige Erfolg, den die Deutschen an diesem Tag verbuchen konnten, wurde an einer geheimen Front erzielt: In Peenemünde absolvierte die erste »fliegende Bombe«, ein düsengetriebener unbemannter Flugkörper, einen erfolgreichen Testflug über zweieinhalb Kilometer. Die neue Waffe würde noch mindestens ein Jahr lang entwickelt und getestet werden müssen, und dann galt es auch noch, geeignete Abschußbasen im nordwestlichen Frankreich zu errichten. Aber immerhin existierte jetzt eine deutsche Geheimwaffe, in die große Hoffnungen gesetzt wurden. Ob Fermis Atommeiler in Chicago oder die fliegenden Bomben der Deutschen in Peenemünde: Die gewagtesten Ideen, die die Naturwissenschaftler der dreißiger Jahre hervorgebracht hatten, wurden nunmehr in die Tat umgesetzt, weil der totale Krieg gebieterisch danach verlangte.

Am 24. Dezember starteten die Deutschen im Wald von Parczew eine zweite Menschenjagd. Mehrere hundert Juden, die in einem versteckten »Familienlager« Zuflucht gefunden hatten, wurden ergriffen und abgeschlachtet. Die wenigen Überlebenden – ohne Waffen, eingeschüchtert, frierend und hungernd – hatten das Glück, eine schützende Hand zu finden: Der vierundzwanzigjährige Yekhiel Grynszpan, der aus einer einheimischen Pferdehändlerfamilie stammte, baute in diesem Winter eine aus dreißig bis vierzig jüdischen Kämpfern bestehende Partisaneneinheit auf, organisierte Lebensmittel, besorgte von den polnischen Bauern der Gegend, mit denen seine Familie seit langem gut bekannt war, Waffen und zeigte, als deutsche Soldaten in den Wald eindrangen, wie man sich ihrer erwehren konnte. Anderswo wählten die Deutschen ebenfalls den 24. Dezember, um eine ihrer »Säuberungsaktionen«

durchzuführen: In dem polnischen Dorf Bialowieza erschossen sie 300 Polen wegen Partisanentätigkeit. Heute legt ein Denkmal am Ort ihres Massengrabes stummes Zeugnis von diesem Massaker ab.

In Tunesien rannten alliierte Truppen an diesem 24. Dezember vergeblich gegen die Verteidigungsstellungen der Achsenmächte an. Für Aufregung in ganz Nordafrika sorgte an diesem Tag die Meldung, daß Admiral Darlan in Algier von einem französischen Studenten ermordet worden war. »Die Ermordung Darlans«, schrieb Churchill später, »wenngleich sie ein Verbrechen war, enthob doch die Alliierten der Peinlichkeit, mit ihm zusammenarbeiten zu müssen, während sie ihnen zugleich sämtliche Vorteile beließ, die er ihnen in den entscheidenden Stunden der alliierten Landungsoperationen hatte verschaffen können.« Zum Nachfolger Darlans als Hochkommissar und Oberbefehlshaber der französischen Streitkräfte in Marokko und Algerien ernannten die Alliierten General Giraud.

In Rastenburg lauschte Hitler am 27. Dezember dem Vortrag seines Generals Zeitzler, der ihm einen Rückzug der deutschen Truppen aus dem Kaukasus empfahl. Andernfalls werde, so warnte Zeitzler, »dort ein zweites Stalingrad entstehen«. Hitler akzeptierte diesen Rat. Zwei Tage später, am 29. Dezember, eroberten die Russen Kotelnikowo zurück, von wo aus die Deutschen ihren Anlauf zur Sprengung der Stalingrader Falle gestartet hatten. »Äußerlich muß man im Hinblick auf die Zukunft im Jahr 1943 optimistisch sein«, schrieb König Georg VI. an diesem Tag in sein Tagebuch, »aber innerlich empfinde ich die augenblicklichen Aussichten als bedrückend.«

Das zu Ende gehende Jahr 1942 sah die Achsenmächte in Libyen, auf Guadalcanal und Neuguinea, bei Stalingrad und im Kaukasus auf dem absteigenden Ast. Die Partisanentätigkeit erwies sich, auch wenn sie noch so brutal bekämpft wurde, als zunehmend wirksamer. Andererseits hielt die Achse in Tunesien ihre Position und herrschte in weiten Teilen Europas und Asiens nach wie vor unangefochten über riesige Gebiete und Hunderte von Millionen Menschen unterworfener Völker.

In Südostasien und im pazifischen Raum hatten die Japaner sich militärische Bastionen in einem riesigen geographischen Raum gesichert, der von den Grenzen Indiens bis zu den Inseln Alaskas reichte. In Europa beherrschten die Deutschen das Gebiet zwischen den Pyrenäen und dem Nordkap, zwischen dem Kap Finisterre und dem Kap Matapan. Niemand konnte hier ihrer schrankenlosen Willkür Einhalt gebieten. Am 29. Dezember wurden 69 Bewohner des Weilers Bialawola in Mittelpolen in das Schulhaus ihres Dorfes getrieben und erschossen. Doch dieses Blutbad, so furchtbar es war, verblaßte neben der Tatsache, daß im nicht weit entfernten Poniatowa in diesem Dezember insgesamt 18000 sowjetische Kriegsgefangene zugrunde gegangen waren. Sie waren als Gefangene in einem Lager verhungert, in dem es für sie einfach nichts zu essen gegeben hatte. Am 31. Dezember wurde Hitler in Rastenburg ein von Himmler gegengezeichneter Bericht vorgelegt, der eine genaue Auflistung der Zahl der in den vier Monaten August bis November 1942 »liquidierten Juden« enthielt. Die Zahl lautete: 363211.

An diesem Silvesterabend warfen britische Flugzeuge ihre Bombenlast auf Düsseldorf ab. Der Himmel war in dieser Nacht bewölkt, aber den britischen Piloten stand ein neuartiges Gerät zur Verfügung: die sogenannte »Oboe«, die mit einem Funkstrahl arbeitete und die Briten in die Lage versetzte, ihre Bomben auf das Ziel oder zumindest in seine unmittelbare Nähe zu werfen, auch wenn von der Stadt, die sie angreifen sollten, von oben nicht das geringste zu sehen war. Die Wissenschaft hatte ihre Neutralität aufgegeben und sich in den Dienst der vorsätzlichen Zerstörung gestellt.

KAPITEL 29

Casablanca: Der Sieg wird geplant

Januar 1943

Aus deutscher Sicht fing das Jahr 1943 nicht gut an. In Tunesien und Libyen waren die Alliierten dabei, die noch auf afrikanischem Boden kämpfenden Achsentruppen endgültig zu vernichten. An der Ostfront nahm die Partisanentätigkeit inmitten des kältesten Winters so zu, daß die deutschen Besatzer zu ihrer Bekämpfung gleich drei parallele Säuberungsaktionen anlaufen ließen: »Eisbär II« zwischen Brjansk und Dmitrijew, »Winterzauber« in Litauen und »Klette« im Raum Kletnja. Vor Stalingrad sahen sich die deutschen Truppen trotz eilends aus Frankreich herangeführter Verstärkungen so unter Druck gesetzt, daß dieselben Einheiten, die noch kurz zuvor bis auf 50 Kilometer an ihre in Stalingrad eingeschlossenen Kameraden herangekommen waren, jetzt auf eine 200 Kilometer südwestlich der Stadt verlaufende Linie zurückgedrängt wurden. Zugleich sahen sich im nördlichen Frontabschnitt die Deutschen gezwungen, das von ihnen lange und zäh verteidigte Welikije Luki zu räumen.

Trotz der Rückschläge auf den Schlachtfeldern trieben die Nazis die Endlösung weiter ungebremst voran. In den vier jugoslawischen Konzentrationslagern Loborgrad, Jasenovac, Stara Gradiska und Dakovo waren bis zur Jahreswende 1942/43 über 30000 Juden – Männer, Frauen und Kinder – erschossen worden oder verhungert. Einige waren den Nazihäschern entkommen. Von mehr als 4000 Menschen, denen dies gelungen war und die sich sodann den Partisanen angeschlossen hatten, fielen 1318 im Kampf.

In Frankreich organisierte in diesem Januar ein Franzose namens Joseph Darnard eine Polizeitruppe, die eine Mitgliederstärke von 25000 erreichen sollte. Diese »Milice«, wie sie genannt wurde, arbeitete eng mit der Gestapo zusammen, hauptsächlich wenn es darum ging, Juden festzunehmen und Franzosen zu verhaften, die antideutscher Widerstandsaktivitäten verdächtig waren.

Ausrottung und Repression waren nicht die einzigen Aspekte der nationalsozialistischen Rassenpolitik: Der Glaube an das rassische Prinzip war so stark, daß Himmler die planmäßige Nachzüchtung germanischer Menschen in die Wege leitete. Schon im Dezember 1935 hatte er die Organisation »Lebensborn« gegründet, um seine rassistischen Theorien in die Praxis umzusetzen. Sie sollten nun dazu dienen, die Lücken, die der Krieg im Osten in den Personalbestand der SS riß, aufzufüllen, und zwar durch die organisierte außereheliche Zeugung »germanischen« Nachwuchses. Zu diesem Zweck wurden bis Januar 1943 mehr als zwanzig »Lebensborn-Häuser« eingerichtet, in denen junge SS-Männer mit ausgewählten Partnerinnen zusammengeführt wurden. Solche Häuser gab es nicht nur in Deutschland, sondern auch in anderen Ländern des besetzten Europa; etliche standen in Norwegen, das in Himmlers Augen ein besonders fruchtbarer Boden für die Zeugung »arisch-nordischen« Nachwuchses war. In Osteuropa wurden Kinder aus slawischen Familien, die in den Augen der Nazis genügend germanische Züge aufwiesen, zwangsweise ihren Eltern weggenommen und nach Deutschland gebracht, wo sie kinderlosen SS- und NS-Paaren zur Adoption angeboten wurden. Nach Schätzungen durchliefen bis 1945 rund 70000 Mütter und Kinder die Zeugungshäuser und Adoptionszentren des »Lebensborns«.

In Fernost begann auch für die Japaner das Jahr 1943 mit einer Niederlage: Sie entschlossen sich zur Räumung der Insel Guadalcanal. Die letzte Hoffnung, die Salomon-Insel halten zu können, war damit ebenso dahin wie die Aussicht, den Zugang nach Australien kontrollieren zu können. Auf Neuguinea sahen die Japaner sich zur Räumung ihrer letzten Abwehrbastion bei Buna Mission gezwungen; viele der Verteidiger schwammen aufs Meer hinaus, um zu sterben, anstatt sich gefangennehmen zu lassen. Der Befehlshaber der japanischen Garnison, ein Oberst, beging Selbstmord, um nicht die Schande der Kapitulation auf sich nehmen zu müssen. In Hinterindien fühlten sich die Briten inzwischen stark genug, um vom indischen Chittagong aus einen Versuch zur Rückeroberung Burmas zu unternehmen: Am 1. Januar starteten sie die Operation »Cannibal«, deren Ziel die Eroberung Donbaiks war.

Am 3. Januar übermittelte der amerikanische Hauptmann Ralph B. Praeger, der sich beim Fall Corregidors ins Innere der Philippinen-Insel Luzon hatte absetzen können, über Funk eine Botschaft an General MacArthur. Er hatte 5000 Filipinos um sich geschart, die nur noch aus der Luft mit Waffen und Munition versorgt werden mußten, um massiv gegen die japanischen Besatzer losschlagen zu können.

MacArthur schlug das Ersuchen von Hauptmann Praeger ab, weil die Kämpfe auf Neuguinea seine eigenen Ressourcen bis aufs äußerste beanspruchten und weil er japanische Vergeltungsmaßnahmen gegen philippinische Zivilisten fürchtete. Er befahl Praeger, sich auf Aufklärungsarbeit zu beschränken. Viele Filipinos in Praegers Operationsgebiet verübten jedoch Anschläge auf japanische Soldaten, obwohl sie mit jedem ihrer Anschläge brutale Repressalien provozierten.

Am 4. Januar wurden die Deutschen aus Mosdok im Kaukasus vertrieben – dem östlichsten Punkt, den sie im Zuge des Sommerfeldzugs von 1942 erreicht hatten. Der 80 Kilometer weiter westlich gelegene Gebirgsort Naltschik ging einen Tag später verloren. Noch schneller, als die deutsche Wehrmacht im Kaukasus vorgestoßen war, mußte sie sich jetzt zurückziehen.

Unverändert blieb das Tempo der Deportationen und Massentötungen im deutsch besetzten Europa, wobei die Mörder oft zu bizarren, aber wirksamen Mitteln der Täuschung griffen. In der polnischen Stadt Opoczno wurde am 5. Januar bekanntgegeben, alle jüdischen Einwohner mit Verwandten in Palästina dürften dorthin ausreisen; sie würden gegen deutsche Staatsbürger ausgetauscht, die seit Kriegsbeginn in Palästina interniert seien. 500 Juden meldeten sich. Sie wurden mit dem Zug weggebracht, aber nicht nach Palästina, sondern nach Treblinka, wo sie in die Gaskammer wanderten. In Auschwitz traf einen Tag später ein Zug voller Juden aus Belgien ein. Es war der erste von fünfzehn Deportationszügen aus Holland, Berlin, Grodno und aus dem Raum Białystok, die im Laufe dieses Januar ihre »Fracht« hier abladen sollten. Die 24000 Insassen dieser Züge wurden bis auf 4000 gleich nach ihrer Ankunft vergast.

Am 8. Januar übermittelte General Rokossowski, der Befehlshaber der russischen Truppen an der Donfront, dem General von Paulus ein Ultimatum mit den Bedingungen für die Kapitulation der in Stalingrad eingeschlossenen deutschen Truppen. Paulus, der nicht gegen Hitlers ausdrückliches Verbot jeder Kapitulation zu verstoßen wagte, lehnte die russische Forderung ab. Daraufhin erteilte Rokossowski Befehl, am nächsten Morgen die Operation »Ring« zu starten, den direkten Angriff auf die eingeschlossenen deutschen Truppen. Diese mußten den Kampf unter den Bedingungen einer zunehmend geringer werdenden Unterstützung aus der

Luft weiterführen. 490 deutsche Transportflugzeuge wurden bei dem Versuch, mit Nachschubgütern auf einem der beiden noch von den Deutschen kontrollierten Rollfelder zu landen, abgeschossen. 12000 Verwundete warteten im Kessel von Stalingrad vergeblich auf ärztliche Hilfe.

Während die Deutschen in Stalingrad immer mehr in Bedrängnis gerieten, zeichnete sich in Leningrad das Ende der deutschen Belagerung ab: Am 13. Januar durchbrachen sowjetische Truppen im Rahmen der Operation »Funke« die deutschen Linien südlich des Ladoga-Sees und öffneten einen 16 Kilometer breiten Korridor, durch den die Stadt endlich wieder über Land mit Nachschub und Lebensmitteln versorgt werden konnte. Der Korridor war jedoch so schmal und wurde von den Deutschen noch ein ganzes weiteres Jahr unter so gnadenlosem Artilleriebeschuß gehalten, daß die Russen ihn bald nur noch den »Todeskorridor« nannten.

Am 14. Januar trafen Roosevelt und Churchill in Casablanca im befreiten Teil Französisch-Nordafrikas zusammen, um die nächste Phase ihrer gemeinsamen Kriegspolitik zu koordinieren. Sie bekräftigten anläßlich ihrer Begegnung öffentlich, daß die »bedingungslose Kapitulation« Deutschlands und Japans nach wie vor ihr unverrückbares Ziel war. Da die Vereinigten Stabschefs der Alliierten vor den vielen logistischen und militärischen Problemen bei der Eröffnung einer zweiten Front in Europa gewarnt hatten, wurde bei der Konferenz der Beschluß gefaßt, die geplante Landung an der französischen Kanalküste auf den Frühsommer 1944 zu verschieben. Und auch die Landung auf Sizilien würde später als ursprünglich vorgesehen stattfinden. Stalin war nicht der einzige, der sich besonders über die Verschiebung der Landung an der Kanalküste enttäuscht zeigte. Ein amerikanischer Beobachter, der Diplomat Averell Harriman, registrierte im Verlauf der Konferenz, daß Churchill und Roosevelt zwar »viel Freude an der Begegnung« hatten, aber beide »über die Langsamkeit der neuen Schritte enttäuscht« waren. Während die Konferenz von Casablanca noch andauerte, überrannten sowjetische Truppen, die sich Stalingrad von Nordwesten her näherten, die für die Versorgung der eingeschlossenen Deutschen wichtige Rollbahn bei Pitomnik. Das wesentlich kleinere Flugfeld von Gumrak war damit das einzige Bindeglied, das den eingekesselten deutschen Truppen noch zu ihren Waffenbrüdern draußen verblieben war – denn auf dem Landweg konnten ihnen ihre Kameraden nicht mehr zu Hilfe kommen.

In Jugoslawien starteten deutsche Kräfte am 15. Januar ihre vierte Offensive gegen die Partisanen Titos. Diese von General Alexander von Löhr befehligte »Operation Weiß« war das größte militärische Unternehmen der Deutschen auf jugoslawischem Boden seit ihrem Einmarsch im April 1941. An der Seite der Deutschen kämpfte ein beträchtliches Kontingent italienischer Truppen, und auch die kroatischen Cetnik-Legionen mischten mit, deren Führer Ante Pavelic kurz zuvor nach Winniza geflogen war, um sich von Hitler persönlich in seiner Kampfentschlossenheit bestärken zu lassen.

Die Truppen General von Löhrs vertrieben die Partisanen aus ihren Bastionen in und bei Bihać an der Grenze zwischen Kroatien und Bosnien und drängten sie 350 Kilometer weit nach Süden in die unwirtlichen Ausläufer des 2500 Meter hohen Durmitor-Gebirgsstocks in Montenegro zurück. An ebendiesem Tag wurden im besetzten Rußland im Zuge der Partisanenbekämpfung im Raum Kletnja 441 Partisanen getötet. Ebenfalls am 15. Januar wurde in Paris der dreiunddreißigjährige Kurt Lischka zum Kommandeur der deutschen Sicherheitspolizei und damit zum Verantwortlichen für die Planung und Überwachung der fortlaufenden Judendeportationen aus Frankreich nach Auschwitz ernannt. In Brüssel startete die Gestapo an diesem Tag eine Verhaftungswelle, die bald zum Zusammenbruch der »Comet«-Organisation führte, die in der Zeit davor mehr als hundert über Belgien, Holland und Frankreich abgeschossenen alliierten Fliegern die Flucht über die Pyrenäen ins sichere Spanien und die Rückkehr zu ihren angestammten Luftwaffeneinheiten ermöglicht hatte. Mehrere hundert Personen, die mitgeholfen hatten, die Fluchtroute zu organisieren oder zu bewachen, wurden verhaftet; viele von ihnen wurden hingerichtet oder starben an den Folgen von Mißhandlung oder Vernachlässigung. Einige wenige konnten sich über Spanien nach England absetzen. Einer von denen, die an Ort und Stelle blieben, Jean Greindl, der unter dem Decknamen »Nemo« operierte, versuchte die wenigen, die sich der Verhaftung hatten entziehen können, zu schützen; aber drei Wochen später wurde auch er festgenommen und zum Tode verurteilt. Doch bevor das Urteil vollstreckt werden konnte, kam Greindl bei einem alliierten Bombenangriff ums Leben.

Luftangriffe waren ein Thema, das bei den Unterredungen in Casablanca immer wieder zur Sprache kam. Roosevelt und Churchill kamen schließlich darin überein, daß Bombenangriffe auf deutsche Ziele weiterhin bei Tag und bei Nacht geflogen werden sollten, und zwar in nochmals gesteigerter Intensität. Damit wollte man nicht nur »die fortschreitende Zerstörung und Zersplitterung des deutschen militärischen, industriellen und wirtschaftlichen Potentials« erreichen, sondern auch »die Untergrabung der Siegeszuversicht der Deutschen bis zu einem Punkt, an dem ihre Fähigkeit zur bewaffneten Gegenwehr entscheidend geschwächt wird«. Am 16. Januar, fünf Tage vor der endgültigen Verabschiedung dieser Willenserklärung, hatten britische Bomber zum erstenmal seit mehr als vierzehn Monaten wieder einen schweren Luftangriff auf Berlin geflogen.

Auf Neuguinea fand am 16. Januar ein amerikanisch-australischer Angriff auf Sanananda statt. Nach neuntägigem Kampf war der japanische Gegner vernichtet und hatte 3000 Gefallene auf dem Schlachtfeld gelassen. Doch die überlebenden Japaner klammerten sich selbst jetzt noch verzweifelt an die wenigen Stellungen, die ihnen verblieben waren. Auch auf Guadalcanal gingen trotz eines in Tokio gefällten Beschlusses, die Insel im Februar zu räumen, die Kampfhandlungen weiter, da die Japaner es ablehnten, zu kapitulieren.

Fast vier Monate war es her, daß die Deutschen die täglichen Deportationen aus Warschau nach Treblinka ausgesetzt hatten. Doch am 18. Januar marschierte eine deutsche Einheit ins Getto ein, um die Deportationen erneut in Gang zu bringen. 600 Juden fanden in den Straßen des Gettos den Tod, als die brutale Razzia begann, und 6000 wurden in den folgenden Tagen nach Treblinka deportiert und vergast. Doch dieses Mal schlugen den deutschen Häschern von Anfang an Kugeln entgegen: Einer Gruppe von Juden war es gelungen, sich Feuerwaffen zu beschaffen. Mehrere Deutsche wurden tödlich getroffen. Die anderen erwiderten das Feuer: Maschinengewehrsalven gegen die Pistolenkugeln der jüdischen Kämpfer, von denen neun fielen. »Zum erstenmal seit der Besetzung«, erinnerte sich ein junger Jude namens Tuvia Borzykowski später, »sahen wir, wie Deutsche sich an Wände drückten, am Boden entlangkrochen, in Deckung rannten, vor dem nächsten Schritt zögerten, aus Angst, von einer jüdischen Kugel getroffen zu werden.« Die Schreie der verwundeten Deutschen »bereiteten uns Freude und bestärkten uns in unserem Kampfgeist«, berichtete Borzykowski.

Die Deutschen reagierten auf diese Herausforderung, indem sie die Gebäude, in denen sich jüdischer Widerstand zeigte, einen Tag später und ein weiteres Mal am 21. Januar mit Handgranaten eindeckten. »Den ganzen Tag über«, erinnerte sich Borzykowski, »erbebte das Getto von Explosionen, bei denen Hunderte von Juden ums Leben kamen.« Doch der jüdische Widerstand ging weiter: Vierzig Juden waren es, die, sich klug von Haus zu Haus, von Dach zu Dach zurückziehend, die deutschen Angreifer immer wieder unter Feuer nahmen. Einige von ihnen besaßen keine anderen Waffen als die, die sie getöteten Deutschen abgenommen hatten.

Plötzlich zogen die Deutschen sich zur Verblüffung der jüdischen Kämpfer aus dem Getto zurück. »Zu diesem Zeitpunkt«, schrieb Borzykowski später, »hatten wir nur zehn Pistolen.« Hätten die Deutschen dies gewußt, so hätten sie ihre Razzien sehr wahrscheinlich fortgesetzt, und der jüdische Widerstand im Getto »wäre im Keim erstickt worden und eine kleine, unbedeutende Episode geblieben«. »Wir erhielten dadurch die Gewißheit«, erinnerte sich ein anderer aus der Reihe dieser jüdischen Kämpfer, Yitzhak Zuckerman, später, »daß wir kämpfen konnten, daß wir uns zur Wehr setzen konnten.«

Zwölf Deutsche waren von den jüdischen Gettokämpfern getötet worden. Die übrigen zogen sich zurück; sie sparten sich das Getto für später auf. Am 18. Januar wurde gegen die im Raum westlich von Ossipowitschi operierenden sowjetischen Partisanen die Aktion »Ernteheimat« gestartet. In Norwegen wurden am selben Tag fünf Engländer, die im November des Vorjahres bei ihrem mißglückten Segelfliegerangriff gefangengenommen worden waren, in einem Wald außerhalb Oslos erschossen.

In Deutschland selbst begannen die Auswirkungen der jüngsten militärischen Rückschläge in Nordafrika und Rußland spürbar zu werden. »Sehr schwere Zeiten sind angebrochen, auch im Osten«, schrieb Rommel am 19. Januar aus Tunesien an seine Frau. »Es wird zur totalen Mobilmachung kommen, für jeden einzelnen Deutschen ohne Rücksicht auf Wohnort, Stand, Vermögen oder Alter.« Das Versiegen des Nachschubs, berichtete Rommel am 20. Januar, »macht unsere Lage mit jedem Tag schwieriger«. Wie der deutsche General sich später erinnerte, platzte in eine Unterredung, die er an diesem Tag mit dem italienischen Oberbefehlshaber Marschall Cavallero hatte, »die wenig erfreuliche Meldung... daß die Briten von vierzehn Benzinprähmen zehn westlich von Tripolis mit Schnellbooten versenkt hatten«.

Rommel und Cavallero ahnten nicht, daß es ihre eigenen streng geheimen, mit Hilfe von Enigma und C 38 m verschlüsselten Funkbotschaften waren, die die Briten in die Lage versetzten, fast jedes Versorgungsschiff, das von Italien aus Benzin oder Munition nach Nordafrika bringen sollte, ausfindig zu machen und zu versenken.

Im Fernen Osten lief am 19. Januar die britische Operation »Bunkum« an: Ein U-Boot setzte sechs Männer an der Westküste der von den Japanern besetzten Mittleren Andamanen-Insel an Land, die 1500 Kilometer südöstlich von Kalkutta lag. Sich ihren Weg durch dichten Urwald und Mangrovensümpfe bahnend, erreichten drei der sechs, an ihrer Spitze Major D. McCarthy, der ehemalige Polizeichef der Andamanen-Inseln, die Hauptstadt Port Blair und machten sich ein eingehendes Bild von deren Verteidigungsanlagen. 32 Tage lang bewegten sie sich durch feindliches Territorium und legten dabei insgesamt 210 Kilometer zurück. Nach Ceylon zurückgekehrt, berichtete Major McCarthy, die Brutalität der japanischen Besatzer, »die sich darin zeigt, daß Leute wegen des geringsten Anlasses öffentlich verprügelt oder ihnen die Knochen gebrochen werden«, mache die Andamanen-Inseln zu einem fruchtbaren Boden für subversiven Widerstand. Es sollte freilich noch über ein Jahr dauern, bis praktische Konsequenzen aus dieser Erkenntnis gezogen werden konnten.

Als Vergeltung für die beiden Luftangriffe auf Berlin tauchten erstmals nach nahezu zwei Jahren wieder größere deutsche Bomberverbände über Großbritannien auf. Innerhalb einer einzigen Woche kostete der wiederaufgeflammte Luftkrieg 328 britische Zivilisten das Leben. In Lewisham im Süden von London starben am 20. Januar 39 Kinder, als eine Bombe in ihre Schule einschlug. An diesem selben 20. Januar richtete Himmler von seinem Berliner Schreibtisch aus eine streng geheime Mitteilung an den Staatssekretär im deutschen Verkehrsministerium, in der es um die »Umsiedlung von Juden« aus dem Generalgouvernement, den Ostgebieten und »dem Westen« ging. Dafür benötigte Himmler, wie er schrieb, »Ihre Hilfe und Unterstützung. Wenn ich die Sache schnell zu Ende bringen soll, brauche ich mehr Transportzüge.« Himmler fügte hinzu, er wisse genau, unter welcher Anspannung der Eisenbahnbetrieb arbeite und welche Forderungen unablässig an ihn gestellt würden. »Dennoch muß ich dieses Ersuchen an Sie richten: Verhelfen Sie mir zu mehr Zügen.«

Ebenfalls an diesem 20. Januar wurden die Deportationen von Theresienstadt nach Auschwitz wieder aufgenommen: 2000 Personen gingen mit dem ersten Transport »in den Osten«. Nach der Ankunft in Auschwitz wurden 1760 von ihnen vergast.

In einem Zug, der einen Tag nach Himmlers Bitte um »mehr Züge« Holland verließ, befanden sich neben anderen Deportierten mehrere hundert Patienten aus der jüdischen Nervenheilanstalt Apeldoorn. Vor der Abfahrt des Zuges in Apeldoorn hatte der Kommandeur der deutschen Sicherheitspolizei in Holland, Ferdinand aus der Fünten, in den Reihen des Schwesternpersonals der Klinik um freiwillige Begleiterinnen für den Transport geworben. Zwanzig hatten sich gemeldet, er selbst hatte dreißig weitere ausgesucht. Diese fünfzig »Freiwilligen« reisten in einem eigenen, hinten an den Zug angekoppelten Waggon. Sie alle wurden vor die Wahl gestellt, entweder nach Erreichen des Reiseziels sofort nach Hause zurückzukehren oder aber in einer »wirklich modernen Heilanstalt« zu arbeiten. Tatsächlich wurden nach der Ankunft in Auschwitz Schwestern und Patienten ohne Unterschied in die Gaskammern geschickt. Niemand überlebte, weder die Kranken noch ihre Pflegerinnen.

Einen Tag nach dem Abgang des Transports aus Apeldoorn nach Auschwitz wurden in Marseille dreißig jüdische Waisenkinder aus ihrem Heim geholt und zusammen mit ihrer Betreuerin Alice Salomon, die darauf bestand, bei ihnen zu bleiben, auf eine Fahrt geschickt, die in der Gaskammer von Sobibor endete. 130 Kilometer östlich von Marseille, im italienisch besetzten Teil Frankreichs, versuchten die Deutschen in dieser Woche Judenrazzien durchzuführen. Doch die italienischen Polizeibehörden lehnten es am 23. Januar ab, Amtshilfe zu leisten, und so wurde aus den geplanten Deportationen nichts.

Ein streng geheimer deutscher Bericht vom 22. Januar gab detaillierten Aufschluß über den Erfolg der Operation »Hamburg«, einer Säuberungsaktion im Raum Slonim im Hinterland der deutschen Front in Rußland. Es waren insgesamt 1676 Partisanen und 1510 Zivilisten »wegen Bandenzugehörigkeit« getötet worden. Neben Rindern und Getreidevorräten hatten die Deutschen vier Panzerwagen und acht Maschinengewehre erbeutet.

In Jugoslawien, wo die deutsche Operation »Weiß« nach wie vor im Gang war, willigten die Partisanen Titos Ende Januar in einen von den Deutschen angeregten begrenzten Gefangenenaustausch ein. Unter den Partisanen, die im Zuge dieser Austauschaktion freikamen, befand sich Titos Frau Herta. Als die Partisanen immer weiter zurückgedrängt wurden, wandte sich Tito mit der Bitte um materielle Unterstützung an Stalin, doch dieser verweigerte unter Berufung auf »unüberwindliche technische Schwierigkeiten« jede Hilfe. Als Moskau sich wenige Tage später über den Gefangenenaustausch zwischen den Deutschen und den Partisanen beschwerte, erwiderte Tito: »Wenn ihr schon nicht begreift, wie schwer wir es haben, und wenn ihr uns nicht helfen könnt, dann macht uns wenigstens keine Schwierigkeiten.«

Am 21. Januar, während sowjetische Truppen weiterhin gegen Stalingrad andrängten und ihre Kameraden an der Kaukasusfront den deutschen Luftwaffenstützpunkt Salsk, eine wichtige Drehscheibe für die Heeresversorgung in diesem Frontabschnitt, besetzten, knackten die britischen Abhörspezialisten in Bletchley einen weiteren Enigma-Code, der von ihnen »Porcupine«

genannt wurde. Die Alliierten waren nun einen entscheidenden Moment lang in der Lage, sämtliche die Zusammenarbeit zwischen Boden- und Luftstreitkräften in Südrußland betreffenden Funkbotschaften der deutschen Luftwaffe zu dechiffrieren.

Am 22. Januar griff ein japanisches Marineflugzeug unweit der Unteren Wessel-Insel, die dem nordöstlichen Zipfel Australiens vorgelagert ist, im Sturzflug ein australisches Boot an. Sechs Passagiere wurden getötet, und das Boot selbst sank. Einige Augenblicke später landete das japanische Flugzeug auf dem Wasser, und einer der überlebenden Australier, der Missionar Leonard Kentish, wurde von der japanischen Besatzung an Bord geholt, woraufhin das Flugzeug wieder abhob. Später wurde Kentish auf einer der von den Japanern besetzten Nebeninseln von Neuguinea enthauptet. Durch einen außerordentlichen Zufall überlebte ein Augenzeuge seiner Hinrichtung den Krieg, und so kam es, daß sein Mörder, Leutnant Sagejima Mangan, im August 1948 in Hongkong vor Gericht gestellt und erschossen wurde.

Sowohl auf Guadalcanal als auch auf Neuguinea mußten die Japaner jetzt eine Niederlage einkalkulieren. Sie kam am 22. Januar, als auf Neuguinea amerikanische und australische Truppen die letzten japanischen Widerstandsnester westlich und südlich von Sananda überrannten. Die Japaner hatten auf diesem Kriegsschauplatz nach Schätzungen 7000 Soldaten verloren, Amerikaner und Australier 3000. So gut wie kein Japaner hatte sich gefangennehmen lassen; die meisten der 350 Gefangenen, die die Alliierten gemacht hatten, waren chinesische oder koreanische Arbeiter, die den japanischen Truppen zugeteilt waren.

Genau zur selben Zeit, als die Japaner erstmals eines ihrer wichtigsten eroberten Gebiete wieder verloren, wurden die in Nordafrika kämpfenden deutschen und italienischen Truppen aus Tripolis vertrieben, wo sie noch vor weniger als einem Jahr so stolz Einzug gehalten hatten. Auf ihrem Rückzug in Richtung Tunesien blieben ihnen die Truppen Montgomerys ständig auf den Fersen.

In Casablanca kamen Roosevelt und Churchill am 23. Januar zu ihrer abschließenden Konferenz zusammen. Als es darum ging, wie die Unterstützung für Rußland im Vergleich zu den anderen Verpflichtungen Großbritanniens und der USA zu bewerten sei, schlug Roosevelt vor, in die nächste Runde der alliierten Lieferverhandlungen einen im letzten Bericht der Vereinigten Stabschefs enthaltenen Satz einzubringen, in dem es hieß: »Die Lieferungen an Rußland werden nicht fortgesetzt, wenn dies mit untragbaren Kosten für die Kriegführung der Vereinten Nationen verbunden ist.« Churchill entgegnete darauf, die Unterstützung für Rußland müsse »vorangetrieben werden, und keine Investition könne eine bessere Dividende abwerfen«. Die Vereinten Nationen dürften, so mahnte Churchill, »Rußland nicht im Stich lassen«.

In den sich anschließenden Erörterungen machten indes zwei der amerikanischen Stabschefs, Admiral King und General Marshall, auf das Ausmaß der Schiffsverluste auf den nördlichen Konvoirouten aufmerksam. »Solche Verluste«, warnte Marshall, »machen es uns unmöglich, an anderen Fronten anzugreifen, und vereiteln so die Möglichkeit, die Deutschen zum Abzug von Boden- und Lufttruppen von der russischen Front zu zwingen.« Es müsse, fügte Marshall hinzu, »sichergestellt« werden, daß die Fortführung der Rußlandkonvois nicht den Erfolg der Landung auf Sizilien »aufs Spiel setzen« würde.

Churchill erklärte sich schließlich mit einer Einstellung der Rußlandkonvois auf der Nordmeerroute einverstanden, falls diese tatsächlich mit untragbaren Kosten verbunden wären. Jedoch müsse man, wie immer die Entscheidung auch ausfalle, Stalin über »die Tatsachen« informieren. Man müsse ihm sagen, daß die Konvois eingestellt würden, »falls die Verluste zu schwerwiegend sind«.

Anschließend wurde über den Zeitplan für die Landung auf Sizilien diskutiert. Churchill drängte auf den frühestmöglichen Termin; er fürchtete, wie er Roosevelt erläuterte, »die Pause von vielleicht vier Monaten im Sommer, während der keine amerikanischen oder britischen Truppen mit den Deutschen in Berührung kämen«. Roosevelt erkannte die Gültigkeit dieses Arguments an und meinte, eine solche Pause könne in der Tat zu »zu schwerwiegenden Folgen für die ganze Welt führen«.

Churchill drängte daraufhin auf einen Junitermin für die Landung auf Sizilien. General Marshall wandte dagegen ein, es müsse jegliche Eile vermieden werden, die »auf Kosten einer angemessenen Vorbereitung« gehe. So einigte man sich darauf, den Julitermin beizubehalten, zugleich aber den Befehl zu erteilen, daß »in den nächsten drei Wochen ungeachtet des Julitermins intensive Anstrengungen unternommen werden, um doch die günstige Vollmondzeit im Juni als Termin für die Operation ermöglichen zu können«.

Die acht Tage von Casablanca, in denen »fast ununterbrochen« über alle Aspekte der angloamerikanischen Kriegspolitik gesprochen worden war, hatten, wie Churchill am 23. Januar dem Londoner Kriegskabinett per Telegramm mitteilte, in einer Hinsicht ein »höchst bemerkenswertes« Ergebnis gebracht: Die »Vernichtung Hitlers« hatte wieder Vorrang vor der Niederschlagung Japans erhalten. Vorrang hatte außerdem das Kriegsgeschehen im Mittelmeerraum gegenüber der geplanten Landung in Nordfrankreich erhalten, was jedoch nichts daran ändern sollte, daß weiterhin mit voller Kraft an der Schaffung der truppen- und rüstungsmäßigen Voraussetzungen für die Landung in Nordfrankreich im Sommer 1944 gearbeitet werden sollte.

An der Ostfront wurden die Deutschen am 24. Januar 1943 aus Woronesch und im nördlichen Kaukasus aus Armawir vertrieben. Aus Stalingrad erreichte Hitler an diesem Tag das Ersuchen des Generals von Paulus um die Erlaubnis zur Kapitulation. »Die 6. Armee«, lautete Hitlers Antwort, »wird bis zum letzten Mann und zur letzten Kugel die Stellung halten.« Die Russen überrannten an diesem Tag das Flugfeld bei Gumrak – das letzte, das den eingeschlossenen Deutschen noch verblieben war. In Nordafrika überschritten die Truppen Rommels auf ihrem fortdauernden Rückzug gen Westen an diesem Tag bei Ben Gardane die libyschtunesische Grenze und begannen mit dem Aufbau einer Verteidigungslinie westlich von Médenine.

In Deutschland wurde am 26. Januar damit begonnen, Flugabwehrbatterien mit Hitlerjungen ab fünfzehn Jahren zu bemannen – eine Folge des sich verschärfenden Soldatenmangels an der Front. Einen Tag später flog die in Großbritannien stationierte 8. US-Luftflotte ihren ersten Angriff auf Deutschland; er galt Lagerhäusern und Fabriken in Wilhelmshaven. Im Luftkampf über der Hafenstadt wurden 22 deutsche Flugzeuge abgeschossen, während die Amerikaner nur drei der 64 an dem Einsatz teilnehmenden Maschinen verloren.

Britische Flugzeuge sollten in naher Zukunft in verstärktem Maß für eine neue Aufgabe herangezogen werden: die Unterstützung der französischen Résistance. In London machte de Gaulles Innenminister, General d'Astier de la Vigerie, Churchill und dessen wichtigste Berater darauf aufmerksam, daß dem »Maquis« (der patriotischen Kampforganisation, deren Mitglieder aus versteckten ländlichen Bastionen heraus operierten) der Untergang drohe, wenn er nicht mit Waffen versorgt würde. Gegenwärtig müsse für zwei von der Résistance getötete Deutsche jeweils ein eigener Mann sterben. Ohne Hilfe von außen könne der Marquis dies nicht mehr sehr lange durchhalten, zumal er nicht nur durch die »deutschen Besatzungstruppen in Frankreich« bedroht wurde, sondern auch »diejenigen französischen Elemente, die sich von den Deutschen haben animieren lassen, für sie Hilfsdienste zu leisten«.

Nachdem auf der Konferenz von Casablanca der Entschluß bekräftigt worden war, im Frühsommer 1944 eine Landungsoperation in Frankreich durchzuführen, war Churchill sehr viel daran gelegen, die französische Résistance so zu stärken, daß sie zu einem wirksamen Standbein der Invasion werden konnte. Er bat daher die Royal Air Force, so viele Flugzeuge wie möglich für Entsorgungsflüge nach Frankreich zur Verfügung zu stellen, die dem Maquis zugute kommen sollten. Wie er in der Schlußsitzung vom 27. Januar erläuterte, »wünschte er und hielt es für möglich, in dem gesamten Gebiet zwischen der Rhône und der italienischen Grenze sowie zwischen dem Genfer See und dem Mittelmeer eine mit den Verhältnissen in Jugoslawien vergleichbare Situation herbeizuführen«. Laut dem Protokoll sagte Churchill: »Tapfere und zu allem entschlossene Männer könnten den Feind dort in größte Verlegenheit bringen, und es sei nur recht, daß wir alles in unserer Macht Liegende täten, um eine für die alliierte Strategie so wertvolle Kraft zu unterstützen und zu motivieren.«

In der Tat brachten überall im deutsch besetzten Europa Partisanen die Deutschen in immer größere Verlegenheit. Am 28. Januar, während bei Stalingrad und Armawir sowie westlich von Woronesch erbitterte Schlachten tobten, startete die deutsche Wehrmacht die Operation »Ernteheimat II«, die sich gegen sowjetische Partisanen im Gebiet westlich der Straße Minsk-Sluzk richtete, welches über 300 Kilometer hinter der Front lag.

Noch weiter hinter den Linien, dort, wo weder Soldaten noch Partisanen kämpften, wurden Menschlichkeit und Mut mit dem Tode bestraft: In Wierzbica bei Radom wurden am 29. Januar drei polnische Familien, die Juden bei sich versteckt hatten, erschossen; unter den fünfzehn ermordeten Polen befand sich ein zweijähriges Mädchen. Noch weiter westlich reisten an diesem Tag mehrere hundert französische Freiwillige aus Paris ab, um an der Ostfront für Deutschland zu kämpfen; auf ihre Waggons waren die Worte »Tod den Juden« gepinselt. Aus dem holländischen Westerbork ging am selben Tag ein Eisenbahnzug mit 869 Juden ab, aus Berlin einer mit tausend. Beide fuhren nach Auschwitz.

Um den effizienten Fortgang der Judenvernichtung sicherzustellen, ernannte Hitler am 30. Januar, dem zehnten Jahrestag seiner Machtergreifung in Deutschland, seinen österreichischen Landsmann Ernst Kaltenbrunner zum Leiter des Reichssicherheitshauptamts und damit zum Verantwortlichen für die koordinierte Durchführung der Judenrazzien und Deportationen. Eine Stufe unter Kaltenbrunner war es Heinrich Müller, der die Befehle unterschrieb, die dann zur endgültigen Deportation der verhafteten Juden führten. Eine dieser Anordnungen verlangte die »Lieferung« von 45000 Juden nach Auschwitz bis spätestens zum 31. Januar.

Im Rahmen des Luftkriegs gegen Deutschland griffen britische Bomber getreu der in Casablanca von Roosevelt und Churchill ausgegebenen Parole während der Tagesstunden des 30. Januar Berlin und noch am selben Abend Hamburg an. Der Angriff auf Berlin war so geplant worden, daß er zeitlich mit den Rundfunkansprachen Görings und Goebbels' zum zehnten Jahrestag der »Machtergreifung« der Nazis zusammenfiel. Goebbels erklärte in seiner Rede unter anderem: »In tausend Jahren noch wird jeder Deutsche mit Ehrfurcht von Stalingrad sprechen und sich daran erinnern, daß Deutschland dort seinen Sieg gekrönt hat.«

Am 31. Januar beförderte Hitler General von Paulus zum Feldmarschall. Es war ausgerechnet der Tag, an dem Paulus kapitulierte. Die deutsche 6. Armee, die einst im Mai 1940 in Holland und Belgien triumphiert hatte, war durch einen russischen Keil in zwei eingekesselte Teile gespalten worden. 48 Stunden nachdem Paulus die Kapitulation der einen Gruppe verkündet hatte, ergab sich auch die zweite. Von den 284000 deutschen Soldaten, die in die Falle von Stalingrad geraten waren, hatten bis zum 31. Januar 160000 ihr Leben im Kampf verloren. Weitere 34000 waren ausgeflogen worden. Die übrigen, 90000 von Frost und Wunden gezeichnete Überlebende, wurden zu Fuß nach Sibirien in Marsch gesetzt. Zehntausende gingen auf diesem Marsch zugrunde, weitere Zehntausende starben danach in der Gefangenschaft.

Zum erstenmal seit Kriegsbeginn hatten sich Goebbels' hochtönendes Pathos und Hitlers immer wieder geäußerte Siegeszuversicht als leere Phrasen erwiesen. Den gegen Deutschland im Kampf stehenden Armeen und den unter der deutschen Besatzungstyrannei leidenden Völkern jedenfalls flößte die Nachricht von der Befreiung Stalingrads und der Kapitulation einer so großen deutschen Streitmacht neue Hoffnung ein. Nachdem die Deutschen fast dreieinhalb Jahre lang Sieg an Sieg, Eroberung an Eroberung gereiht und das erhebende Gefühl genossen hatten, nach Gutdünken Angst, Schrecken und Unsicherheit verbreiten zu können, war nun klar geworden, daß auch sie verwundbar waren. Der Nimbus ihrer Unbesiegbarkeit war verflogen. Die Alliierten, die entschlossen waren, die Gunst der Stunde nicht einen Augenblick ungenutzt zu lassen, entsandten noch am selben Tag Bomberverbände, um auf Sizilien deutsche Rollbahnen und andere Militäreinrichtungen anzugreifen.

Auf Neuguinea hatten die Japaner nach ihren bei Buna und Gona erlittenen Niederlagen am 28. Januar durch einen Angriff auf die australische Garnison in Wau noch einmal ihre Hand nach Port Moresby ausgestreckt, waren aber zurückgeschlagen worden. Zwei Tage später attackierten jedoch japanische Flugzeuge unweit der Insel Rennell einen für Guadalcanal bestimmten amerikanischen Konvoi mit Verstärkung und versenkten den schweren Kreuzer *Chicago*. Einundzwanzig amerikanische Seeleute kamen ums Leben, doch mehr als tausend wurden geborgen, bevor das Schiff versank.

In Burma wehrten die Japaner am 1. Februar einen Angriff indischer Truppen auf ihre Garnison in Donbaik ab. Die Japaner ahnten nicht, daß an diesem 1. Februar in Oak Ridge im US-Staat Tennessee der Grundstein zum Bau der ersten Anreicherungsanlage für das zum Bau einer Atombombe benötigte Uran 235 gelegt wurde. Um sicherzustellen, daß nichts und niemand die Abgeschiedenheit des 37 Hektar großen Werksgeländes stören würde, wurden im Umkreis der Baustelle tausend Familien umgesiedelt. An ihre Stelle traten Ingenieure und Forscher, deren Zahl zunahm, je weiter ihre Arbeit sich der Vollendung näherte, und am Ende 82000 erreichte.

Es war eine Art Omen für die an der Ostfront noch bevorstehenden Kämpfe, daß die sowjetische Regierung am 2. Februar die Prägung einer neuen Ehrenmedaille bekanntgab, die an Kommandeure und Angehörige von Partisanenverbänden verliehen werden und die Inschrift »Für einen Partisan des vaterländischen Krieges« tragen sollte. Einen Tag später verkündete der deutsche Rundfunk den Beginn einer zweitägigen Trauerperiode um die Opfer der »Katastrophe von Stalingrad«. Die Rote Armee nutzte die Verzagtheit der Deutschen, gleich daraus Kapital schlagend, und drang am 3. Februar nach Kuschtschowskaja südlich von Rostow und nach Kupjansk östlich von Charkow vor. Am 4. Februar landeten sowjetische Truppen in einer amphibischen Operation bei Noworossisk hinter den deutschen Linien und behaupteten unter dem Kommando des Majors Cäsar Kunikow den errichteten Brückenkopf, bis ihre entlang der Küste vordringenden Kameraden den Durchbruch zu ihnen schafften. Der während des Kampfes tödlich verwundete Kunikow wurde posthum zum Helden der Sowjetunion ernannt.

Der 4. Februar, der Tag der sowjetischen Landung bei Noworossisk, war im fernen Kaunas für die Deutschen ein Tag der Rache: Sie holten an diesem Tag 45 jüdische Bürger, Männer und Frauen, aus ihren Häusern und Werkstätten außerhalb des Gettos und brachten sie um. Die amtliche Bezeichnung für dieses Massaker lautete »Stalingrad-Aktion«.

Am 5. Februar wurden die Deutschen aus Stary Oskol und Isjum vertrieben, und bei Jeisk am Asowschen Meer schnitt ein sowjetischer Vorstoß zur Küste die um Noworossisk gruppierten deutschen Kräfte von der Hauptmacht der sich in Richtung Rostow zurückziehenden Heeresgruppe Süd ab. Während die Deutschen an der Front weiter zurückgedrängt wurden, sahen sie sich im Hinterland ihrer Front mit verstärkter Partisanentätigkeit konfrontiert. Gegen eine im 400 Kilometer hinter der Front gelegenen Raum Gomel operierende Partisanengruppe wurde am 6. Februar die Operation »Hasenjagd« eingeleitet.

In Berlin erhielt an diesem 6. Februar Heinrich Himmler einen ausführlichen Bericht über die in Auschwitz und in den Vernichtungslagern um Lublin angefallenen »Altkleidermengen«. Neben anderen Dingen waren darin 22000 Paar Kinderschuhe, 155000 Damenmäntel und 3000 Kilogramm Frauenhaare aufgelistet. Allein dieses Frauenhaar füllte einen großen Güterwaggon.

Die Kleider der Ermordeten sollten in Deutschland verteilt werden – unter anderem auch an die Funktionäre der Hitlerjugend. Himmler persönlich hatte drei Wochen zuvor nach einem Besuch in Warschau die Frage aufgeworfen, was mit den Brillen geschehen solle, von denen »Hunderttausende – vielleicht sogar Millionen« in Depots in Warschau lagerten.

Die nach Deutschland geschickten Kleidungsstücke aus dem Besitz getöteter Juden füllten 825 Eisenbahnwaggons. Auch die Beutemengen an Devisen, Gold und Silber waren beträchtlich: So verzeichnete die Liste unter anderem eine halbe Million US-Dollar und 116420 Golddollar.

Kleider, Wertsachen, Haare: Dies und anderes war die »Beute« der Deutschen aus ihrem Krieg gegen die Juden. Kindern und Erwachsenen wurden vor Betreten der Gaskammer alles abgenommen, was sie noch auf dem Leib hatten. In einem Transport, der am 11. Februar aus Paris nach Auschwitz abging, befanden sich 123 Kinder, darunter viele, die ohne ihre Eltern abtransportiert wurden. Sie alle wanderten in die Gaskammer. Sechs Tage später erhielt Churchill in London die Meldung, Flugblätter mit Berichten über »deutsche Greueltaten« seien über Deutschland abgeworfen worden, und dasselbe werde wieder geschehen, »wenn wir das nächste Mal Berlin bombardieren«.

Während die Deportationszüge aus Westeuropa in den Osten rollten, rückte die Rote Armee stetig von Osten Richtung Westen vor. Am 7. Februar nahm sie Asow und Kramatorsk. Über Stalingrad philosophierend, erklärte Hitler an diesem Tag seinen in Rastenburg versammelten Gauleitern: »Was Sie erleben, ist eine Katastrophe unerhörten Ausmaßes.« Und er fügte hinzu: »Die Russen sind durchgebrochen, die Rumänen haben sich ergeben, die Ungarn haben nicht einmal gekämpft.« Dann stieß er eine düstere Drohung aus: »Wenn das deutsche Volk versagt, dann hat es nicht verdient, daß wir um seine Zukunft kämpfen; dann können wir es ohne Bedauern abschreiben.«

Die Gauleiter waren durchweg treue und altgediente NS-Parteileute, aber einigen von ihnen bereitete das, was Hitler ihnen an diesem Tag sagte, doch ein gewisses Unbehagen. »Nicht die richtige Einstellung«, kommentierte der Gauleiter Herbert Backe in einem Brief an seine Frau.

Am 8. Februar wurden die Deutschen aus Kursk vertrieben. Damit ging eine wichtige Drehscheibe des Nord-Süd-Verkehrs und eine der tragenden Säulen ihrer Winterfront verloren. Einen Tag später mußten sie Belgorod räumen. Es waren niederschmetternde Erfahrungen für die Männer, die fünf Monate zuvor das Westufer der Wolga erreicht und siegesgewiß auf dem höchsten Gipfel des Kaukasus gestanden hatten. Und auch das Schicksal des japanischen Verbündeten war nicht dazu angetan, die Deutschen zu trösten. Am 9. Februar um 16.25 Uhr erlosch auf Guadalcanal der letzte Widerstand. Mehr als 9000 Japaner waren gefallen, während die Amerikaner 2000 Mann verloren hatten.

Stalingrad und Guadalcanal hatten den Alliierten die Erfahrung vermittelt, daß die Achsenmächte auf dem Schlachtfeld besiegt werden konnten. Beide Schauplätze lagen jedoch an der Peripherie des Herrschaftsgebiets der Achse. Noch befand sich der größte Teil des europäischen Festlands und der weitläufigen Inselwelt Südostasiens in der Hand derer, die den Krieg vom Zaun gebrochen hatten. Die jüngsten Triumphe der Alliierten waren bestenfalls ein erster Schritt zur Rückgewinnung riesiger Gebiete, welche von einem Gegner besetzt gehalten wurden, der nach wie vor über gewaltige militärische Kräfte verfügte und nicht nur zu erstaunlichen Verteidigungsleistungen, sondern durchaus auch noch zu Gegenangriffen fähig war.

KAPITEL 30

Die deutschen Armeen in Bedrängnis

Februar 1943

Am 12. Februar 1943 drangen britische Truppen von Süden her auf tunesisches Territorium vor. Im Westen Tunesiens, entlang der Grenze zu Algerien, hielten amerikanische und britische Kräfte schon seit längerem vorgeschobene Stellungen auf tunesischem Gebiet. Aber die Tatsache, daß den Alliierten drei Monate zuvor im Zuge des Landungsunternehmens »Torch« nicht gleich die Einnahme von Tunis gelungen war, sollte sie teuer zu stehen kommen, denn Rommel entschloß sich, seine kampferprobten Panzerverbände gegen die unerfahrenen amerikanischen Einheiten, die den Kasserine-Paß besetzt hielten, ins Feld zu schicken. An der Ostfront nahm die Rote Armee am selben Tag Losowaja ein, einen wichtigen Knotenpunkt südlich von Charkow. Und auch die sowjetischen Partisanen gönnten den Deutschen keine Atempause: Letztere sahen sich gezwungen, am 12. Februar im weit über 300 Kilometer hinter der Front gelegenen Raum Rogatschow, zum Zwecke der »Bandenbekämpfung« die viertägige Operation »Ursula« durchzuführen. Am 14. Februar eroberten die Russen Rostow zurück; und dieses Mal sollte es für die deutsche Wehrmacht, die Rostow schon zweimal erobert hatte, ein endgültiger Abschied sein. Räumen mußten die Deutschen an diesem Tag auch die Industriestadt Woroschilowgrad. Nur in Nordafrika brachte der 14. Februar einen Lichtblick für die Deutschen, als ein von Rommel eingefädelter Angriff auf britische und amerikanische Kräfte im westlichen Tunesien erfolgreich durchgeführt wurde. Nur einen Tag später freilich nahmen im Osten Tunesiens britische Truppen Ben Gardane ein. Rommel begann daraufhin mit der Errichtung einer Verteidigungsstellung entlang der Mareth-Linie.

Die Verbände Rommels, die an diesem 14. Februar den kurzfristig erfolgreichen Vorstoß nach Westen vornahmen, trieben ihre unerfahrenen amerikanischen Gegner über den Kasserine-Paß zurück. Doch Rommels Vorhaben, sie zum Rückzug weit hinter die algerische Grenze zu zwingen, schlug fehl – seine Truppen kamen vor Tebéssa zum Stillstand und konnten keine weiteren Geländegewinne erzielen.

Den alliierten Streitkräften in Nordafrika stand noch ein langwieriger Krieg gegen die beiden deutschen Generäle Rommel und Arnim bevor, die auf Befehl Hitlers ihren tunesischen Brückenkopf mit Geschick und Zähigkeit verteidigten. Was Rommel und Arnim freilich nicht ahnen konnten, war, daß der für den militärischen Erfolg so entscheidende geheime Austausch sensibler militärischer Informationen zwischen ihnen und ihrem Oberkommando nicht mehr gegeben war: Dieselben Enigma-verschlüsselten Botschaften, die Rommel und Arnim darüber informierten, daß neue Flugzeuge für sie auf dem Weg waren, oder aus denen sie ihre neuesten taktischen Weisungen entnahmen, verrieten auch ihren Gegnern alles über ihre Stärken, Schwächen und Absichten. Die Alliierten nutzten diese unschätzbaren Informationen, um die Deutschen jeweils an ihrer verwundbarsten Stelle zu treffen, und setzten dieses Spiel solange fort, bis Rommel und Arnim nicht einmal mehr hoffen konnten, auch nur ihre militärische Position zu halten.

In Burma brach am 14. Februar ein 3000 Mann starkes britisches Korps, dem auch Gurkha-Kompanien angehörten, von Imphal aus auf, um sich durch den unwirtlichen burmesischen

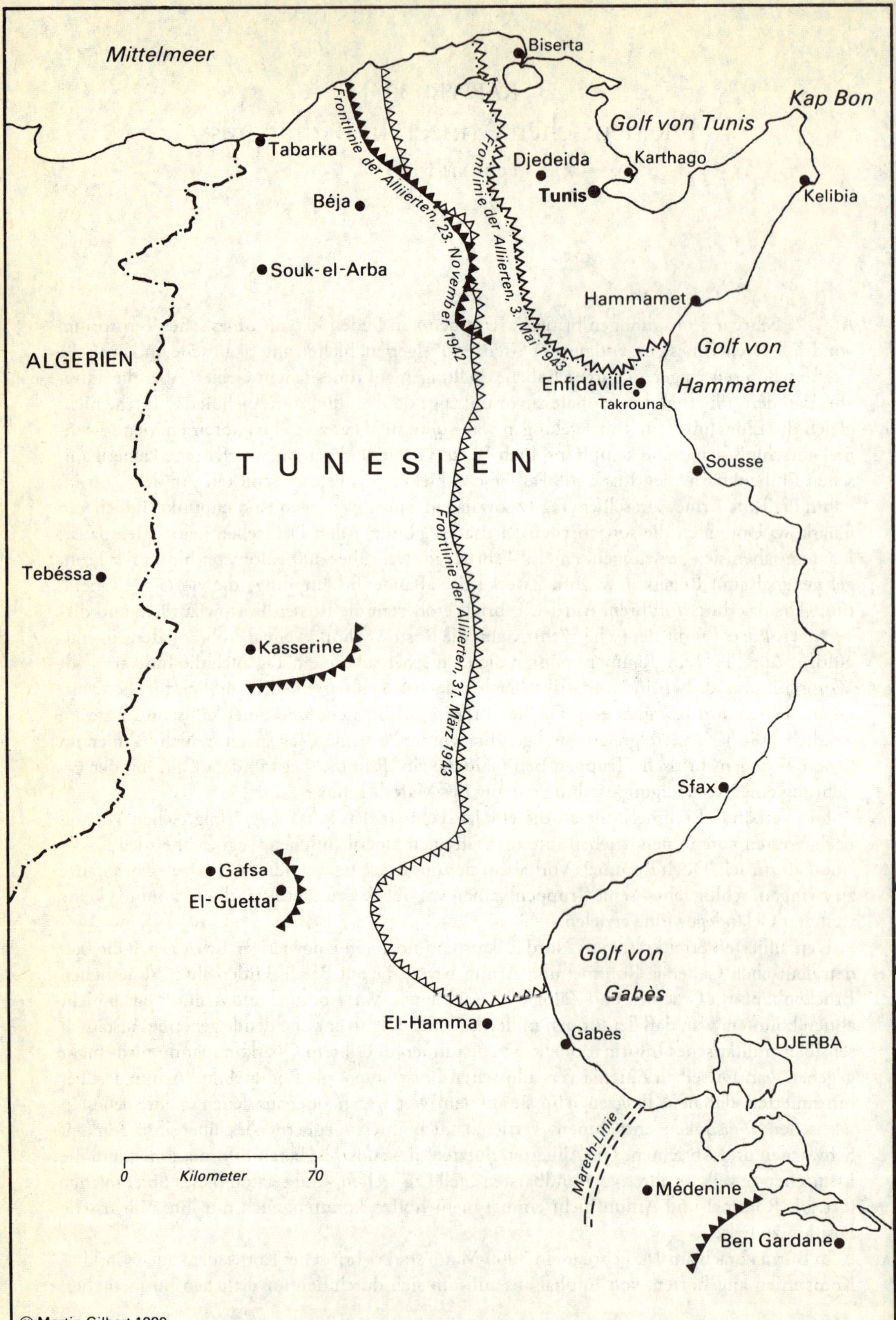

Der Kampf um Tunesien, Januar – Mai 1943

Dschungel einen Weg zu der von den Japanern kontrollierten Bahnlinie Myitkyna–Mandalay zu bahnen. Es handelte sich um Teile der Indischen 77. Brigade, deren Angehörige unter dem Namen »Chindits« bekannt waren. Das Ziel ihrer Expedition, die unter dem Decknamen »Loincloth« lief und für die Brigadier Orde Wingate verantwortlich zeichnete, waren Sabotageanschläge auf die genannte Bahnlinie. Nachdem die »Chindits« bei Tamu die Grenze nach Burma überschritten hatten und über 800 Kilometer weit durch japanisch kontrolliertes Gebiet marschiert waren, sprengten sie den Schienenweg an drei Stellen zwischen Wuntho und Indaw und zerstörten darüber hinaus drei Brücken; eine japanische Einheit, die sich ihnen entgegenstellte, wurde in die Flucht geschlagen. Nach vierwöchigem energischem Vormarsch überschritten fünf von Wingate losgeschickte Kommandos den Irawadi-Fluß. Jenseits dieses Flusses konnte die Expedition allerdings nicht mehr aus der Luft versorgt werden, so daß Wingate sich gezwungen sah, Befehl zur Umkehr zu geben. Vorher ließ er jedoch noch einen Hinterhalt legen, der hundert Japaner das Leben kostete, während Wingate nur einen einzigen Gurkha-Soldaten einbüßte. Das Ziel der Operation »Loincloth«, im japanisch besetzten Burma »ein Wespennest auszuräuchern«, war erreicht, und zwar auf so nachhaltige Weise, daß die Japaner sich später zu eigenen Angriffsoperationen im Raum Imphal provozieren ließen. Auch Wingate sollte wieder aktiv werden, wobei seine Aktionen diesmal ungleich größere Dimensionen annehmen sollten.

Am 16. Februar erreichte die Rote Armee die Außenbezirke von Charkow. Über Frankreich wurde an diesem Tag der amerikanische Fliegerleutnant T. P. Mayo auf dem Rückflug von einem Luftangriff auf St. Nazaire abgeschossen. Als er zu Boden schwebte, kamen mehrere französische Frauen mit Zivilkleidern für den Piloten angelaufen, um ihm ein rasches Untertauchen zu ermöglichen. Langsam, aber sicher nahmen die Kräfte des Widerstands und der humanitären Hilfe an Stärke und Organisiertheit zu. Jeder über Frankreich abgeschossene alliierte Flieger hatte inzwischen eine gute Chance, von unbekannten Freunden versorgt, versteckt und auf den Weg über die Pyrenäen nach Spanien gebracht zu werden. In Norwegen wurden in dieser Nacht sechs durch ein Spezialtraining vorbereitete Norweger an Fallschirmen auf einem zugefrorenen See 45 Kilometer nordwestlich von Vermork abgesetzt; es war der Start eines zweiten Versuchs der Alliierten, die Destillieranlage für schweres Wasser, in der die Deutschen möglicherweise den Grundstoff für die Herstellung einer Atombombe gewannen, zu zerstören. Dieses Mal war der Mission, die unter dem Decknamen Operation »Gunnerside« lief, Erfolg beschieden: Neun Tage nach ihrer Landung konnten die Norweger, zu denen vier Überlebende der gescheiterten »Swallow«-Mission gestoßen waren, die Anlage sprengen. Alle Saboteure konnten entkommen: Einer von ihnen schlug sich, bewaffnet und in voller Montur, auf Skiern ins neutrale Schweden durch, während die anderen neun in Norwegen untertauchten und trotz wiederholter deutscher Fahndungsmaßnahmen unbehelligt blieben.

In München lasen am Morgen des 16. Februar erstaunte Passanten die Parolen »Freiheit« und »Nieder mit Hitler«, die in großen weißen Lettern auf eine Wand an einer der belebtesten Straßen der Stadt gepinselt worden waren. Zwei Tage später regneten von einer Empore Flugblätter in den Lichthof der Münchener Universität herab. »Der deutsche Name bleibt für immer geschändet«, hieß es in dem Flugblatt, »wenn nicht die deutsche Jugend endlich aufsteht, rächt und sühnt zugleich, ihre Peiniger zerschmettert und ein neues geistiges Europa aufrichtet.«

Die Verfasser des Flugblatts, der vierundzwanzigjährige Hans Scholl, seine einundzwanzigjährige Schwester Sophie und ihr Freund Christoph Probst, waren Mitglieder einer kleinen Gruppe, die sich selbst die »Weiße Rose« nannte, eine der dünn gesäten oppositionellen Stimmen in Nazideutschland. Die drei wurden bald danach verhaftet und vor Gericht gestellt. Ihr

Ankläger und Richter war Roland Freisler, der Präsident des Volksgerichtshofs. Die drei Angeklagten wurden zum Tod durch Enthaupten verurteilt. Bevor Hans Scholl den Kopf unter die Guillotine legte, rief er mit so lauter Stimme, daß es durch das ganze Gefängnis zu hören war: »Es lebe die Freiheit!«

Zum weiteren Umkreis der Weißen Rose hatte der an der Münchener Universität lehrende Professor Kurt Huber gehört, der die antinazistische Einstellung der Gruppe teilte. Auch er wurde später festgenommen und hingerichtet. Sein Schicksal teilten Willi Graf und Alexander Schmorell, zwei weitere Angehörige der Weißen Rose. Beide hatten 1942 an der Ostfront gedient und waren, genau wie Hans Scholl, über die antijüdischen Barbareien entsetzt gewesen, die dort vor sich gingen. Scholl hatte auf Bahnhöfen in Ostpolen Juden gesehen, die in Viehwaggons zusammengepfercht waren, und hatte ihnen als Geste seines Protestes die Hände geschüttelt.

Am 18. Februar, dem Tag, als in München Hans und Sophie Scholl verhaftet wurden, sprach Goebbels im Berliner Sportpalast über die Notwendigkeit, zum totalen Krieg überzugehen. »Wollt ihr den totalen Krieg?« rief er seinen Zuhörern zu. »Wollt ihr ihn, wenn nötig, totaler und radikaler, als wir ihn uns heute überhaupt erst vorstellen können?« »Ja!« brüllte die Menge einstimmig zurück. Goebbels fragte daraufhin: »Vertraut ihr dem Führer? Ist eure Bereitschaft, ihm auf allen seinen Wegen zu folgen und alles zu tun, was nötig ist, um den Krieg zum siegreichen Ende zu führen, eine absolute und uneingeschränkte?« Wieder erscholl ein donnerndes »Ja!«

Goebbels sprach an diesem Tag auch über die Juden. »Das Judentum erweist sich ... wieder einmal als die Inkarnation des Bösen«, erklärte er, »als plastischer Dämon des Verfalls und als Träger eines internationalen kulturzerstörerischen Chaos.« Dann erklärte er warnend: »Wenn das feindliche Ausland gegen unsere antijüdische Politik scheinheilig Protest erhebt und über unsere Maßnahmen gegen das Judentum heuchlerische Krokodilstränen vergießt, so kann uns das nicht daran hindern, das Notwendigste zu tun. Deutschland jedenfalls hat nicht die Absicht, sich dieser jüdischen Bedrohung zu beugen, sondern vielmehr die, ihr rechtzeitig, wenn nötig unter vollkommener und radikalster Ausschaltung des Judentums entgegenzutreten.«

Hitler hielt sich am 18. Februar an der Front auf: im Hauptquartier des Generalfeldmarschalls von Manstein in Saporoschje, und damit in Hörweite der sowjetischen Artillerie. Am 19. Februar erklärte er in einem Aufruf an die Soldaten und Flieger der Heeresgruppe Süd, die in Bälde zur dritten deutschen Offensive gegen die Rote Armee antreten sollten: »Der Ausgang einer Schlacht von weltentscheidender Bedeutung hängt von euch ab! Tausend Kilometer von den Grenzen des Reiches entfernt wird das Schicksal der deutschen Gegenwart und Zukunft entschieden.« In der Heimat bemanne die deutsche Jugend die Flakstellungen, die die deutschen Großstädte schützten, und immer mehr Divisionen seien auf dem Weg in den Osten. »Unbekannte, einzigartig dastehende Waffen befinden sich auf dem Weg zu euren Fronten«, versprach Hitler. Er habe sich zu diesem Frontbesuch entschlossen, um das Seine dafür zu tun, daß der bisherige Verteidigungskampf im Osten in den »Endsieg« münde.

Unmittelbar nach seiner Ansprache ließ Hitler sich in sein Hauptquartier »Werwolf« bei Winniza zurückfliegen. Seine Truppen standen Gewehr bei Fuß für die neue Frühjahrsoffensive. Aber noch während sie ihre letzten Vorbereitungen trafen, mußten sie vor den andrängenden Russen zurückweichen, die am 20. Februar den Ort Pawlograd, der keine 100 Kilometer vom Hauptquartier des deutschen Südflügels in Saporoschje entfernt lag, zurückeroberten.

Die unter deutscher Besatzung lebenden Holländer mußten am 20. Februar die Erschießung mehrerer Widerstandskämpfer nahe dem Amsterdamer Flughafen Schiphol hinnehmen. Ein holländischer Angehöriger der Germanischen SS, Gerardus Mooyman, wurde am selben Tag als erster nichtdeutscher SS-Freiwilliger mit dem Ritterkreuz ausgezeichnet, nachdem er zuvor bereits das Eiserne Kreuz Erster Klasse bekommen hatte. Er hatte innerhalb von zwei Tagen siebzehn sowjetische Panzer abgeschossen.

Der 21. Februar war der Tag der Roten Armee, der Jahrestag der Gründung der sowjetischen Streitkräfte im Jahr 1918. In London wurde an diesem Tag bekanntgegeben, daß König Georg VI. der Stadt Stalingrad ein Ehrenschwert verleihen werde. »Es war die unbeugsame Gegenwehr Stalingrads«, erklärte der Monarch, »die das Blatt wendete und das Signal zu den vernichtenden Schlägen gab, welche bei den Feinden der Kultur und der Freiheit Panik gesät haben.«

Der Tag der Roten Armee sollte jedoch auch auf dem Schlachtfeld »sein« Drama bekommen, denn ausgerechnet auf diesen Tag hatte Hitler den Beginn seiner dritten Rußlandoffensive gelegt. Angepeilt wurden nicht länger die ehrgeizigen Eroberungsziele früherer Tage wie Leningrad, Moskau, Stalingrad oder Baku; Hitler hoffte nur noch, die Kontrolle über den Raum Charkow zurückzuerlangen, den seit drei Monaten anhaltenden sowjetischen Vormarsch zum Stillstand zu bringen und darüber hinaus vielleicht noch die Initiative zurückzugewinnen und im südlichen Rußland möglichst viel Gelände zurückzuerobern. Sein Truppenbesuch in Saporoschje hatte die Bedeutung der neuen Offensive unterstrichen.

Allein, 24 Stunden nach Beginn des deutschen Angriffs im Süden konnte die Rote Armee weiter nördlich zu Gegenangriffen antreten: In der Ukraine wurde die Ortschaft Sumy zurückerobert, und im Raum Rschew im mittleren Frontabschnitt erzielten sowjetische Einheiten Geländegewinne.

In Tunesien sah Rommel sich an diesem Tag zur Einstellung seiner Angriffsoperationen gegen die alliierten Truppen gezwungen, da bei den Briten Nachschub einzutreffen begann, während Rommels eigene Versorgungs- und Tankschiffe nicht nach Tunis durchkamen. Die Tatsache, daß der britische Nachrichtendienst die für diese Schiffe bestimmten Weisungen abhörte und entschlüsselte, bot die Gewähr für ein promptes und zielsicheres Vorgehen gegen sie.

Die Rückschläge, die Nazideutschland auf den Schlachtfeldern erlitt, hatten keinen mäßigenden Einfluß auf sein Verhalten als Besatzungsmacht oder auf die Politik seiner Statthalter. In Oslo ordnete Vidkun Quisling am 22. Februar eine für die gesamte Zivilbevölkerung geltende allgemeine Dienstpflicht an. Wer sich nicht meldete, riskierte den Verlust seiner Rationskarten. Als erste Großprojekte wurden Straßen- und Eisenbahnbauten sowie militärische Bauvorhaben in Angriff genommen, für die unter Federführung der Organisation Todt 35 000 Arbeitskräfte eingesetzt werden sollten. Als zwei ranghohe Kirchenführer protestierten, wurden sie festgenommen und im Konzentrationslager Grini interniert – einer von ihnen, Bischof Hallesby, bis zum Kriegsende.

Ebenfalls am 22. Februar fügte sich die bulgarische Regierung der Forderung Deutschlands, die 11 000 Juden zu deportieren, die in den 1941 von Bulgarien besetzten Gebieten Jugoslawiens und Griechenlands lebten. Zwanzig Züge wurden für diesen Zweck bereitgestellt. Nach der Unterzeichnung der Vereinbarung dauerte es nur vier Wochen, bis sämtliche 11 000 Juden deportiert waren. Bis an die Ägäische Küste, ja bis auf die Ägäischen Inseln reichte der lange Arm Hitlers; von dort und anderswo wurden die ahnungslosen Opfer über Belgrad und Wien nach Treblinka und dort in den Tod befördert. Keine jüdische Gemeinde, wie klein sie auch sein mochte, schlüpfte durch die Maschen des Netzes: Auf der ebenso abgelegenen wie schönen Insel Samothrake erinnert ein griechisches Mahnmal an die Deportation und den Tod der drei jüdischen Inselbewohner im Februar 1943.

In der polnischen Stadt Zamość kam es am 23. Februar, einen Tag nach der deutsch-bulgarischen Deportationsvereinbarung, zu einer barbarischen Untat: 39 jüdische Knaben, die in einem Versteck aufgestöbert worden waren, wurden durch Phenol-Injektionen getötet. Eine Woche später wurden acht weitere auf dieselbe Weise ermordet.

Bei den Juden verband sich das Gefühl der Ohnmacht mit der Entschlossenheit, jede sich bietende Gelegenheit zu Widerstand und Vergeltung zu nutzen. Eine Einheit der Roten Armee, die 16. Division, wurde seit Anfang Februar für den Fronteinsatz geschult. Unter den 12000 Soldaten der Division waren zahlreiche Juden aus Litauen. Am 23. Februar attackierte die Division bei Alexejewka in der Ukraine die deutsche Front, wobei jüdische Gewehr- und MG-Schützen zu Fuß über das flache, schneebedeckte Gelände vorstürmten. Zwei Tage lang wurde die Division durch die überlegene deutsche Feuerkraft aufgerieben, bis ihre Munition zur Neige ging und der Befehl zum Rückzug kam. Mehrere hundert Juden waren gefallen.

Hitler persönlich wandte sich am 24. Februar über den deutschen Rundfunk an seine Landsleute: »Wir werden«, erklärte er, »die Macht der jüdischen Weltkoalition zerbrechen und zerschlagen, und die um ihre Freiheit, das Leben und um das tägliche Brot ringende Menschheit wird sich in diesem Kampf den endgültigen Sieg erkämpfen.« Da die deutschen Armeen im Osten um die Wiedergewinnung der Initiative rangen, erhielten die deutschen Hoffnungen auf einen Endsieg neue Nahrung. »Die Meldungen aus dem Osten klingen jetzt wieder ein bißchen besser«, schrieb Rommel am 24. Februar an seine Frau und fügte hinzu: »Das ist ein Lichtstrahl nach so vielen schweren Tagen.«

Stalin veröffentlichte am 23. Februar einen zweiten »Partisanenbefehl«, in dem er dazu aufrief, die »Flamme des Partisanenkriegs anzufachen und weiterzutragen«. Schon vierzehn Partisanen waren zu Helden der Sowjetunion ernannt worden, darunter Iwan Nikitin, der durch eine Serie von fünfzig Ausspähungsmissionen seine Einheit in die Lage versetzt hatte, Tausende von Deutschen zu überfallen und zu töten. Nikitin selbst verübte mehrere Sprengstoffanschläge auf Brücken und Fahrzeuge und brachte insgesamt über 350 deutsche Soldaten zur Strecke.

Am 25. Februar wurde der von einem der wichtigsten Kampfverbände der deutschen Luftwaffe im Osten benutzte Enigma-Schlüssel, den die Briten »Ermine« nannten, decodiert; vier Tage später gelang die Entschlüsselung des Enigma-Codes »Orchid«, den die Einsatzleitung der deutschen Luftwaffe im Gebiet südliche Ukraine benutzte.

Am selben Tag, als der »Ermine«-Code geknackt wurde, starteten die Alliierten ihre erste »Rund-um-die-Uhr-Luftoffensive« gegen Deutschland. Sie war ein Resultat der auf der Konferenz von Casablanca gefaßten Beschlüsse. Während britische Bomber in den Nachtstunden operierten, griffen amerikanische Verbände tagsüber an; ein Tageslichtangriff auf Nürnberg am 25. Februar markierte den Beginn dieser Eskalation des Luftkriegs. 2000 alliierte Bomber warfen innerhalb der folgenden 48 Stunden ihre Last über Deutschland ab.

In Berlin verhafteten die Deutschen am 27. Februar die letzten noch in Berlin verbliebenen 8000 Juden. Die meisten von ihnen waren Fabrikarbeiter, die man bis dahin von der Deportation freigestellt hatte; die Razzia lief dann auch unter der Bezeichnung »Fabrikaktion«. Binnen 24 Stunden wurden alle Verhafteten nach Osten deportiert, darunter auch etliche Juden, die zum Christentum übergetreten und mit christlichen Frauen verheiratet waren. Gegen diese Deportierung von Mitgliedern der christlichen Kirche protestierte der Erzbischof von Breslau, Kardinal Bertram. Dies hatte zur Folge, daß einige der Konvertiten in letzter Minute der Deportation entgingen. Die meisten wurden jedoch zusammen mit ihren jüdischen Leidensgenossen nach Auschwitz transportiert. Acht der am 27. Februar in Berlin verhafteten Juden waren einige Zeit zuvor auf Drängen Himmlers von der finnischen Regierung aus Helsinki nach Deutschland ausgeliefert worden. Nur einer von ihnen sollte den Krieg überleben. Nach Protesten finnischer Kirchenmänner und Politiker gegen diese Auslieferung weigerte sich das finnische Kabinett in der Folge, Juden nach Deutschland abzuschieben. Unter den 2000 Juden, die in Finnland lebten, waren Hunderte, die aus Deutschland oder Österreich stammten und vor dem Krieg als Flüchtlinge nach Finnland gekommen waren; ihnen drohte jetzt keine Gefahr mehr.

Selbst in Berlin hatten sich Stimmen gegen die Deportationen erhoben. »Leider«, schrieb Goebbels am 2. März in sein Tagebuch, »hat sich auch hier wieder herausgestellt, daß die besseren Kreise, insbesondere die Intellektuellen, unsere Judenpolitik nicht verstehen und sich zum Teil auf die Seite der Juden stellen.« An den Deportationen aus Frankreich vermochten diese Proteste nichts zu ändern. An ebendiesem 2. März ging aus Paris ein Judentransport nach Auschwitz ab; dreihundert der tausend Passagiere waren über siebzig Jahre alt. Sie wurden unmittelbar nach der Ankunft vergast.

Ebenfalls am 2. März flog in Frankreich die alliierte Fluchthilfeorganisation »Pat« auf, nachdem ein britischer Deserteur namens Herbert Cole ihren Chef, den belgischen Arzt, Hauptmann Guérisse, der unter dem Decknamen Pat O'Leary, RN, in Toulouse operierte, verraten hatte.

Am 3. März eroberte die Rote Armee Rschew. Hamburg war an diesem Abend das Ziel britischer Bomber. In London brach nach einem Bombenalarm in einer Menschenmenge, die in der U-Bahn-Station Bethnal Green Zuflucht suchte, Panik aus; im Gewühl auf einem der Treppenabgänge starben 173 Menschen, die von der nachdrängenden Menge erdrückt wurden.

Im Fernen Osten kam die Operation »Cannibal«, eine britische Offensive, die zur Rückeroberung der burmesischen Hafenstadt Akyab führen sollte, am 4. März zu einem jähen Ende, als die von Indien her zu Lande vorrückenden Angreifer von einem japanischen Gegenangriff überrascht wurden. Aber auch die Japaner erlebten an diesem Tag einen Mißerfolg: Ein aus acht Truppentransportern und vier Zerstörern bestehender Konvoi, der 7000 Soldaten sowie Flugbenzin und Ersatzteile nach Lae und Salamaua auf Neuguinea bringen sollte, wurde in den Gewässern des Bismarck-Archipels von 137 amerikanischen Bombern, eskortiert von amerikanischen und australischen Jägern, angegriffen und zur Gänze zerstört. 3500 japanische Soldaten ertranken, das Flugbenzin und die Ersatzteile, die von den japanischen Truppen in Lae und Salamaua sehnlichst erwartet wurden, gingen verloren, und 102 der 150 an dem Gefecht beteiligten japanischen Flugzeuge wurden abgeschossen.

In Amerika beging Präsident Roosevelt den zehnten Jahrestag seiner Amtsübernahme. »Nehmen Sie meine herzlichsten Glückwünsche in Empfang«, telegrafierte Churchill seinem Verbündeten, »zu Ihrem glänzenden Sieg im Pazifik, der ein passender Salut zum Ende Ihrer ersten zehn Amtsjahre ist.«

In dieser Nacht bombardierten 442 britische Flugzeuge die Ruhrgebiets-Metropole Essen. Mehr als 40 Hektar Industrieareal gingen in Flammen auf – ein weiterer kleiner Schritt in Richtung auf die allmähliche Auszehrung der deutschen Rüstungswirtschaft.

Während die Deutschen sich verzweifelt mühten, an der Ostfront verlorenes Terrain zurückzugewinnen, und dabei wieder und wieder durch zähe russische Gegenwehr aufgehalten wurden, machte der deutsche Statthalter in der Ukraine, Erich Koch, keinen Hehl aus seiner Verachtung für die unter seiner Herrschaft lebenden Russen. In einer Rede, die er am 5. März in Kiew hielt, erklärte er: »Wir sind eine Herrenrasse, die sich dessen bewußt bleiben muß, daß der niedrigste deutsche Arbeiter rassisch und biologisch tausendmal wertvoller ist als die hiesige Bevölkerung.« Was die Russen betreffe, so müßten sie »arbeiten und arbeiten und nochmals arbeiten.« Er vergaß dabei, daß die Russen auch kämpfen konnten, und das taten sie in zahlreichen Partisanenaktionen in Kochs gesamten Herrschaftsgebiet, aber auch an der Front: Am 6. März nahm die Rote Armee Gshazk an der Eisenbahnstrecke Moskau–Smolensk und drängte die Deutschen damit wieder ein Stück weit von Moskau ab.

Die erfolgreichen Bemühungen der Briten um die Entschlüsselung der geheimsten deutschen Funkcodes trugen am 28. Februar wieder einmal Früchte, als die Dechiffrierung von Rommels geheimstem Funkverkehr zutage brachte, daß er – nachdem ihm der Durchbruch durch die amerikanischen Linien im Westen Tunesiens nicht gelungen war – nun eine Offensive gegen die britische 8. Armee plante. Er wollte mit drei Panzerdivisionen südlich in Richtung Médenine vorstoßen und versuchen, die britischen Truppen vor der Mareth-Linie einzukesseln. Zwischen dem 28. Februar und dem 4. März, während Rommel Truppen und Panzer von einer Front an die andere verlegte, lieferten weitere entschlüsselte Funkbotschaften den Briten exakte Informationen über die Stärke der Verbände, die er in die Schlacht zu werfen beabsichtigte. Montgomery, der über seine eigene geheime Funkverbindung nach Bletchley jeweils prompt mit den neuesten Erkenntnissen versorgt wurde, konnte rechtzeitig zusätzliche Truppen, darunter die Neuseeland-Division sowie 400 Panzer und 470 Flakgeschütze, aus über 300 Kilometern Entfernung über die einzige befestigte Straße heranführen, so daß er den deutschen Angreifern eine überlegene Streitmacht entgegenzustellen vermochte.

Als Rommel am Morgen des 6. März mit seinen deutschen und italienischen Truppen zum Angriff antrat, fehlte seiner Attacke sowohl das Überraschungsmoment als auch die zahlenmäßige Überlegenheit. Schon nach wenigen Stunden war klar, daß die Panzer und die Artillerie der Briten allen deutschen Angriffsbemühungen gewachsen sein würden. Und auch die deutschen Panzer kamen gegen das konzentrierte Feuer der britischen Panzerabwehr nicht zum Zug. »Gegen 17 Uhr befahl ich, die Operation einzustellen«, schrieb Rommel später.

Aus Berlin gab es Anfang März einen kleinen Rückschlag in der Endlösung der Judenfrage zu vermelden, als Gauleiter Goebbels sich genötigt sah, den letzten Judentransport aus der Reichshauptstadt auszusetzen. »Es haben sich da«, schrieb er am 6. März in sein Tagebuch, »leider etwas unliebsame Szenen vor einem jüdischen Altersheim abgespielt, wo die Bevölkerung sich in größerer Menge ansammelte und zum Teil sogar für die Juden etwas Partei ergriff.« In Zagreb protestierte am selben Tag der katholische Erzbischof Stepinac beim Kroatenführer Ante Pavelic gegen die Tötung von Juden, die mit Christen verheiratet waren. Wie könne man erwarten, fragte er, daß der christliche Ehepartner es stillschweigend hinnahm, wenn »der geliebte Mensch gewaltsam ausgelöscht und die Kinder einem unbekannten Schicksal ausgeliefert werden«? Pavelic erklärte sich bereit, die Verfolgung der mit Christen verheirateten Juden einzustellen. Doch die Ermordung der übrigen kroatischen Juden ging weiter; über sie hielt der Erzbischof nicht seine schützende Hand.

In der Nacht vom 6. auf den 7. März tauchten britische Bomber erneut über Essen auf – die von Churchill und Roosevelt in Casablanca getroffene Vereinbarung schlug jetzt voll auf die Luftkriegführung durch. »Die Krupp-Stadt ist schwer getroffen worden«, schrieb Goebbels einen Tag später in sein Tagebuch. »Auch die Zahl der Toten ist beträchtlich«, fügte er hinzu. »Wenn die Engländer mit ihren Angriffen in diesem Ausmaß weitermachen, werden sie uns in eine überaus schwierige Lage bringen.«

Während Goebbels in Berlin Berichte über die zunehmend schwereren Bombenangriffe auf deutsche Städte zur Kenntnis nehmen mußte, dirigierte Hitler aus seinem »Werwolf«-Hauptquartier bei Winniza die Truppenbewegungen an der Front. Goebbels besuchte ihn dort am

9. März. Es sei, so erklärte ihm der Führer, »gar nicht unmöglich«, daß die Russen »doch über kurz oder lang einmal« zusammenbrechen würden.

Die Vision einer besiegten Sowjetunion konnte Hitler sich nicht aus dem Kopf schlagen.

Am Abend wurde telefonisch die Nachricht von einem schweren Bombenangriff auf Nürnberg nach Winniza übermittelt. »Der Führer ist über das Schicksal der Stadt sehr besorgt«, notierte Goebbels in sein Tagebuch. »Ich rufe zweimal in Nürnberg an und lasse mir Bericht geben. Die Schäden sind nicht so groß, wie wir zuerst angenommen hatten.«

Auf Rommel, der ebenfalls an diesem Tag in Winniza eingetroffen war, wartete die höchste aller Varianten des Eisernen Kreuzes: Eichenlaub mit Schwertern und Brillanten. Außerdem hatte Hitler, wie Rommel sich später erinnerte, für ihn die Empfehlung parat, sich eine Zeitlang krankheitshalber beurlauben zu lassen, um »bei den späteren Operationen auf Casablanca« frisch erholt »die Führung übernehmen« zu können. »Er dachte gar nicht daran«, fügte Rommel hinzu, »daß es in Tunis schiefgehen könnte. Auch von einer Frontverkürzung wollte er nichts wissen, denn dann könne man nicht mehr offensiv werden.«

Am Morgen des 10. März starteten die Deutschen einen konzentrierten Angriff auf den Stadtkern von Charkow. Während Rommel und Goebbels sich auf den Rückweg nach Deutschland begaben, ließ Hitler sich einmal mehr ins Hauptquartier Mansteins nach Saporoschje fliegen. Seit Beginn der Offensive Mansteins am 21. Februar hatten die Deutschen mehr als 23000 Sowjetsoldaten getötet und 634 russische Panzer zerstört. Charkow lag wieder in Griffweite der deutschen Armeen.

In dieser Nacht war München das Ziel britischer Bomber. »Wieder taucht die Frage auf: Wie soll das weitergehen?« schrieb Goebbels am 11. März in sein Tagebuch und fügte hinzu: »Wenn die Engländer in der Lage sind, Nacht für Nacht eine deutsche Stadt anzugreifen, kann man sich leicht vorstellen, wie Deutschland nach etwa drei Monaten aussehen wird, wenn wir keine wirksamen Gegenmaßnahmen ergreifen.« Goebbels war auch noch aus einem anderen Grund wütend: »Daß die Juden an einem Tage verhaftet werden sollten«, notierte er, »hat sich infolge des kurzsichtigen Verhaltens von Industriellen, die die Juden rechtzeitig warnten, als Schlag ins Wasser herausgestellt.« Auf seinen ausdrücklichen Befehl hin würden diese Juden jetzt aber einkassiert.

Bei der Verteidigung Charkows hatten die Russen ungewohnte Kampfgefährten: Rund tausend Tschechoslowaken kämpften an ihrer Seite. Vierhundert dieser Soldaten waren Tschechen, die im März 1939 aus der Tschechoslowakei nach Polen und im September 1939 aus Polen nach Rußland geflohen waren; 600 waren tschechische Juden, die 1939 in der Sowjetunion Zuflucht gesucht hatten, 1940 von den Sowjets in Arbeitslager abgeschoben und 1942 schließlich freigelassen worden waren, um in dieser tschechoslowakischen Division dienen zu können. Die tschechoslowakische Division trat erstmals zwischen dem 8. und dem 11. März bei Sokolowo in Aktion. Von ihren jüdischen Mitgliedern fielen bei dieser Schlacht hundertvierzig.

Am 12. März befreiten sowjetische Truppen Wjasma. In den norditalienischen Städten Turin und Genua traten 100000 Arbeiter in den Streik und legten damit die Rüstungsproduktion lahm. Mussolini besaß nicht mehr genügend Autorität, um die Streikenden zur Rückkehr an die Arbeitsplätze zu bewegen. »Wer in solchen Fällen die geringste Schwäche zeigt«, erklärte Hitler seinen Mitarbeitern, »mit dem ist es aus!«

Nach dem Desaster von Stalingrad war auch Hitlers Selbstbewußtsein angeschlagen. »Er schien durch die Katastrophe in Stalingrad sehr mitgenommen zu sein«, schrieb Rommel in Erinnerung an seine Gespräche in Winniza am 9. März. »Er sprach darüber, daß man nach Niederlagen leicht zum Schwarzsehen neige, was zu gefährlichen Trugschlüssen verleiten kön-

Deutsche Rückzugsbewegungen, Februar bis August 1943

ne.« Nicht nur Hitler, sondern auch etliche ranghohe Militärs hatten mit Bestürzung auf Stalingrad reagiert, nicht so sehr wegen der Niederlage als solcher als wegen der Rolle, die Hitler dabei gespielt hatte. In ihren Augen hatte er mit seiner Weigerung, General von Paulus rechtzeitig den Rückzug zu erlauben, die Katastrophe heraufbeschworen. Es gab auch Offiziere, die mit anderen Seiten des NS-Regimes nicht mehr einverstanden waren: mit dem tyrannischen Charakter des Regimes, dem großspurigen und herrischen Auftreten von NS-Parteibonzen und der Entschlossenheit Hitlers, gleichzeitig gegen die Sowjetunion, vor der die meisten von ihnen Respekt hatten, und gegen die Westmächte Krieg zu führen, die einige von ihnen lieber als am Konflikt unbeteiligte Beobachter gesehen hätten. Diesen Offizieren erschien Goebbels' Aufruf zum »totalen Krieg« als eine Aufforderung zum Selbstmord. Die Keimzelle eines militärischen Verschwörerzirkels hatte sich gebildet.

Am 13. März richtete sich Hitler in Winniza auf den Rückflug nach Rastenburg ein. Er hatte seine Absicht bekundet, in Smolensk eine Zwischenlandung einzulegen, um dem Hauptquartier der Heeresgruppe Mitte einen Besuch abzustatten. In Smolensk saßen zwei der führenden Männer aus der Gruppe der desillusionierten Offiziere, Generalmajor Henning von Treschkow und Leutnant Fabian von Schlabrendorff, der zu Tresckows Stab gehörte. Sie planten, Hitler mittels einer Paketbombe umzubringen. Die Bombe wurde einem der Offiziere, die Hitler auf dem Flug nach Rastenburg begleiten würden, mitgegeben. Dieser Offizier war in das Komplott nicht eingeweiht; man hatte ihm gesagt, in dem Päckchen seien zwei Flaschen Schnaps, ein Geschenk für einen in Rastenburg stationierten ranghohen Offizier.

Das Paket ging mit an Bord des Flugzeugs. In Berlin warteten andere Mitglieder der Verschwörung, darunter Oberst Hans Oster, Stabschef der deutschen Abwehr, und sein Stellvertreter Hans von Dohnányi, auf die verabredete Parole »Blitz«, das Signal, daß sie in der Hauptstadt die Kontrolle übernehmen sollten. Der Zeitzünder der Bombe war so eingestellt, daß die Explosion im Luftraum über Minsk stattfinden würde. Doch zwei Stunden nach dem Start in Smolensk landete das Flugzeug wohlbehalten in Rastenburg. Nachdem die Verschwörer sich das Paket wiederbeschafft hatten, fanden sie heraus, daß der Zünder defekt war. Operation »Blitz« war fehlgeschlagen.

Seit Stalingrad wuchs auch in Deutschland die Zahl der Hitlergegner: In Düsseldorf wurden im März 1943 61 Personen wegen der Verteilung antinazistischer Flugblätter verhaftet. Zu Verhaftungen kam es auch in Dortmund, Görlitz, Chemnitz, Nürnberg, Saarbrücken und Weimar. Wie ein Gestapobericht vom 15. März konstatierte, brachte die Bevölkerung »solchen Erscheinungen offenbar nicht mehr soviel eigene Aktivitäten entgegen ... wie früher«. Sie sorge »z.B. teilweise nicht mehr so prompt für die Entfernung von hetzerischen Schriften usw.«. Flugblätter würden »nicht mehr sofort [abgegeben], sondern [gelesen] und z.T. weiter[ge]geben«.

Das Schatzamt der Vereinigten Staaten bewilligte am 13. März auf Antrag von Oberst Donovan fünf Millionen Dollar für die Unterstützung polnischer Widerstandskämpfer, die hinter den deutschen Linien operierten. Die in kleinere Scheine mehrerer Währungen aufgesplitterte Summe wurde an Bord einer britischen Maschine eingeflogen, die bei Nacht auf polnischem Boden landete und wohlbehalten nach England zurückkehrte, nachdem Angehörige des polnischen Widerstands das Geld in Empfang genommen hatten. Im Verlauf der folgenden vierzehn Monate wurden weitere fünfzehn Millionen Dollar auf diese Weise nach Polen geschleust.

24 Stunden nach dem Beschluß der US-Regierung, den polnischen Widerstand finanziell zu unterstützen, eroberten deutsche Truppen Charkow zurück. »Wir haben dem Iwan gezeigt,

daß wir seinem furchtbaren Winter widerstehen können«, schrieb ein SS-Offizier triumphierend und fügte hinzu: »Er kann uns keinen Schrecken mehr einjagen.« Es war freilich weniger der Winter als der herannahende Frühling, der den deutschen Vormarsch bremste, denn das Tauwetter verwandelte die gefrorene Steppe in eine Schlammlandschaft, in der sich Panzer und Truppen nur unter beträchtlichen Schwierigkeiten vorwärtsbewegen konnten.

Joseph Goebbels schrieb am 15. März in sein Tagebuch, er habe Hitler gesagt, »daß ich es für notwendig halte, die Juden so schnell wie möglich aus dem ganzen Reichsgebiet herauszubringen«. Der Propagandaminister fügte hinzu: »Er billigt auch dies Vorgehen und gibt mir den Auftrag, nicht zu ruhen und nicht zu rasten, bis kein Jude sich mehr im deutschen Reichsgebiet befindet.« Im nordgriechischen Saloniki begannen die deutschen Besatzer an diesem Tag mit der Deportierung jüdischer Einwohner. Die jüdische Gemeinde Salonikis war in den letzten Jahren des 15. Jahrhunderts von aus Spanien vertriebenen sephardischen Juden gegründet worden. Bis Ende März wurden aus der ägäischen Hafenstadt 10000 Juden deportiert, im Laufe des April dann weitere 25000 und im Mai noch einmal 10000. Den genauen Zielort ihrer »Reise« kannten sie nicht; man hatte ihnen lediglich von einem »Umsiedlungsgebiet« in Polen erzählt. Jeder von ihnen durfte ein Lebensmittelpaket für die Fahrt und bis zu 15 Kilogramm Gepäck mitnehmen. Der Bestimmungsort dieser Transporte war Auschwitz.

Über viele Generationen hinweg hatten die Juden von Saloniki als Schauerleute und Dockarbeiter im Hafen gearbeitet; der reibungslose Ablauf des Hafenbetriebs hing von ihnen ab. Doch die Nazis gingen nach vorgefaßtem Plan vor und ließen keine Ausnahmen zu; weder logische Argumente noch Fürbitten halfen etwas. Auch aus den Dörfern in der Umgebung Salonikis wurden sämtliche Juden deportiert. Lediglich in Katerini, wo der griechische Polizeichef nach Eingang der Deportationsverfügung den Juden eine dreistündige Frist zur Flucht einräumte, fanden 33 Juden bei ihren Mitbürgern Unterschlupf. Drei jüdische Einwohner von Katerini jedoch, die sich nicht rechtzeitig in Sicherheit brachten, wurden von der Gestapo erschossen.

Am 18. März flogen amerikanische Bomber von England aus einen Angriff auf die deutschen U-Boot-Werften in Vegesack bei Bremen. Der Bombenschütze der Führungsmaschine, Fliegerleutnant Jack W. Mathis, wurde direkt über dem Ziel durch deutsches Flakfeuer schwer verwundet, klinkte aber dennoch seine Bomben im richtigen Augenblick aus. Als erster Soldat der 8. Luftflotte wurde er posthum mit der Medal of Honour ausgezeichnet. In Warschau lieferten sich am 18. März drei polnische Widerstandskämpfer ein Gefecht mit den deutschen Besatzern. Darunter befand sich eine Frau namens Hanka Sawicka, die in dem ungleichen Kampf schwer verwundet wurde. Alle drei wurden nach ihrer Verhaftung im Pawiak-Gefängnis zu Tode gefoltert.

An der Ostfront eroberten die Deutschen am 18. März Belgorod; doch nördlich von diesem Ort und westlich von Kursk hatten die Sowjets eine »Beule« in die deutsche Front gedrückt, die alle deutschen Bodengewinne im Süden zu entwerten drohte. Hitler befahl die Eliminierung dieses »Kursker Bogens«. Der Angriffsplan erhielt den Decknamen Operation »Zitadelle«.

Im Atlantik sahen sich Briten und Amerikaner, deren Zugriff auf die deutschen U-Boot-Enigma-Codes immer wieder vorübergehend lückenhaft wurde, einer plötzlichen Zunahme der deutschen U-Boot-Aktivität gegenüber. In den drei Wochen bis zum 20. März hatten die Deutschen im Nordatlantik insgesamt 107 alliierte Handelsschiffe versenkt, die meisten in jener Zone auf hoher See, in der weder von amerikanischem noch von britischem Boden aus wirksamer Geleitschutz aus der Luft gewährt werden konnte. In den ersten zehn Märztagen wurden 41, in der anschließenden Dekade sogar 65 alliierte Schiffe versenkt. Im Rückblick stellte der britische Marinestab später fest, die Deutschen seien »zu keiner Zeit so nahe daran gewesen, die Verkehrsverbindungen zwischen Neuer und Alter Welt zu kappen«. Man hielt es sogar für »denkbar, daß wir nicht in der Lage sein würden, das Konvoisystem als wirksames Mittel der Verteidigung weiterzuführen«.

Am 20. März startete die Royal Air Force die Operation »Enclose«, deren Ziel es war, die deutschen U-Boote in ihrem »Ruherevier«, der Buch von Biskaya, anzugreifen. Allein, obwohl binnen acht Tagen 28 deutsche U-Boote gesichtet wurden, konnte nur ein einziges versenkt werden. Die dank der neuerlichen deutschen Erfolge im U-Boot-Krieg eingetretene kritische Phase, welche auf Probleme bei der Entschlüsselung des neuen Enigma-Systems der deutschen Marine zurückzuführen war, sollte nur von kurzer Dauer sein, denn die Spezialisten in Bletchley schafften es in grandios kurzer Zeit, die entstandenen Defizite bei der Entschlüsselung der U-Boot-Enigmas wettzumachen. Zwei Monate später war die tödliche Gefahr abgewendet.

An der Ostfront konnten die Russen am 21. März ihren Brückenkopf, den Kursker Bogen, weiter ausbauen. Auch im Nordabschnitt der Front gelang es ihnen, die Deutschen weiter zurückzudrängen: Die Rote Armee eroberte an diesem Tag das 90 Kilometer nordöstlich von Smolensk gelegene Durowo. In Berlin fanden an diesem Tag wie jedes Jahr Feiern zum Gedenken an die Toten des Ersten Weltkriegs statt; Hitler sollte an einer von ihnen teilnehmen und anschließend eine Sammlung erbeuteter Waffen aus Rußland besichtigen. Die Verschwörer innerhalb der Wehrmacht entschlossen sich zu einem weiteren Mordanschlag auf ihn. Einer von ihnen, Generalmajor Baron von Gersdorff, war zum Wachdienst in den Räumen der Waffenausstellung eingeteilt. Er schlug eine Selbstmordmission vor: Er würde in der Tasche seines Dienstmantels eine Bombe verstauen und sie zur Explosion bringen, wenn Hitler in seine Nähe kam. Schlabrendorff, den General von Treschkow in den Plan eingeweiht hatte, versuchte eine Bombe mit einem speziellen Kurzzeitzünder zu beschaffen, die zehn Minuten nach Auslösung detonieren würde; da er aber keine auftreiben konnte, wurde der Attentatsversuch abgeblasen. Hitler hielt sich übrigens nach Ende der Heldengedenkfeier nur acht Minuten in den Ausstellungsräumen auf. Wie bei dem Bombenanschlag im November 1939 in München, hätte er auch diesmal den Ort des Geschehens gerade noch rechtzeitig verlassen.

Am 22. März schlossen die deutschen Truppen im Mittelabschnitt der russischen Front eine Frontbegradigungsoperation durch Rückzug aus einem ostwärts weisenden Frontbogen ab; sie gaben damit ein 150 Kilometer langes Stück der Eisenbahnstrecke Moskau–Wjasma–Smolensk preis. Mit dieser unter dem Decknamen »Büffel« laufenden Operation verkürzten die Deutschen nicht nur die Front beträchtlich, sondern entledigten sich auch eines Gebiets, in dem die sowjetische Partisanenaktivität ihnen besonders zu schaffen gemacht hatte. In dem Dorf Chatyn bei Minsk – nicht zu verwechseln mit Katyn bei Smolensk – ermordete am selben Tag eine SS-Einheit, die aus deutschen Kriminellen – früheren Insassen des Konzentrationslagers Sachsenhausen bei Berlin – zusammengestellt worden war, 149 Einwohner und brannte das Dorf nieder. Ziel der Aktion war es, den Dorfbewohnern die Bereitschaft zur Unterstützung der Partisanen auszutreiben, doch am Ende des Jahres kontrollierten die Partisanen ungeachtet dessen die Hälfte des Gebiets.

Am 23. März legte der deutsche Statistiker Dr. Richard Korherr Himmler einen Bericht über die Gesamtzahl der »umgesiedelten« und »sonderbehandelten« Juden vor. Er gab die Zahl der aus dem Westen in die Lager des Generalgouvernements deportierten Juden mit 1 274 166 an und kam für den »Warthegau« auf weitere 145 301 Personen.

Was Dr. Korherr nicht sagte und vielleicht auch nicht wußte, war, daß just an diesem Tag weitere Deportationen aus den bulgarischen Provinzen Thrakien und Mazedonien sowie aus der griechischen Stadt Saloniki stattfanden. Gegen diese Deportationen protestierte noch an diesem 23. März Erzbischof Damaskinos von Athen bei der griechischen Kollaborationsregierung in Athen.

Der Protest des Erzbischofs fruchtete nichts. Schon eine Woche zuvor jedoch, am 17. März, hatte das bulgarische Parlament einstimmig gegen jede weitere Judendeportation aus dem Vorkriegsstaatsgebiet Bulgariens votiert. Diese Willenskundgebung war von Erfolg gekrönt, besaß sie doch die Rückendeckung nicht nur des bulgarischen Königs, sondern auch des päpstlichen Gesandten in der Türkei, Angelo Roncalli, der Taufpate des bulgarischen Thronfolgers war. Fünfzehn Jahre später sollte Roncalli als Johannes XXIII. zum Papst ernannt werden.

Am 25. März wurde ein in deutscher Sprache abgefaßtes Protestschreiben gegen die Behandlung der Juden von Hans Frank in Krakau an Hitlers Reichskanzlei in Berlin weitergeleitet. Es handelte sich um einen anonymen Brief, dessen Verfasser seiner Empörung Luft machte über Vorgänge, die er anläßlich der Liquidierung eines Gettos im Osten beobachtet hatte. Jüdische Kinder seien, so berichtete er, auf den Boden geworfen und zu Tode getrampelt worden. Dies war keine Übertreibung, aber eine einzelne, anonyme Stimme des Protestes konnte gegen die Dynamik der Judenvernichtung nichts ausrichten. Am 25. März wurden 2000 Juden aus der ostgalizischen Stadt Zolkiew in einen nahe gelegenen Wald getrieben und getötet. Waren die meisten jüdischen Gemeinden auf dem Boden des ehemaligen Polen bereits im Verlauf des Jahres 1942 deportiert und liquidiert worden, so kam jetzt der übriggebliebene Rest an die Reihe, und dazu auch die, die 1942 erst einmal in Arbeitslager eingewiesen worden waren.

Im Fernen Osten wurde ein japanisches Marinegeschwader, das mit Nachschubgütern zur Versorgung der japanischen Garnisonen auf den Aléuten-Inseln Kiska und Attu unterwegs war, von einem kleineren amerikanischen Schiffsverband gestellt, der mutig den Kampf aufnahm. In dieser letzten Seeschlacht, die mit Schiffsgeschützen ausgetragen wurde, wurden zwar keine großen Schiffe versenkt, aber der japanische schwere Kreuzer *Nachi* und der amerikanische schwere Kreuzer *Salt Lake City* wurden erheblich beschädigt. Den Japanern gelang es von da an niemals mehr, die amerikanische Seeblockade vor den Aléuten zu durchbrechen. Die Schlacht vor den Kommandeur-Inseln, wie sie in der Folge genannt wurden, endete mit einem strategischen Sieg für die Vereinigten Staaten.

Während Rommel noch auf Erholungsurlaub in Deutschland weilte, hatte sein Nachfolger auf dem nordafrikanischen Kriegsschauplatz, der italienische General Messe, sieben Tage lang einem kontinuierlichen Ansturm der britischen 8. Armee gegen die Mareth-Linie getrotzt. Ihrer Größenordnung und Intensität nach war die Mareth-Schlacht mit der von El Alamein vergleichbar. Am 27. März mußte Messe erkennen, daß er die Stellung nicht länger halten konnte, und schickte sich an, sich in das 40 Kilometer nördlich gelegene El-Hamma zurückzuziehen. »Ich hoffe, es wird Ihnen gelingen, den Feind zu überrennen und zu schlagen und ihn ganz aus Tunis zu vertreiben«, telegrafierte Stalin aus dem Kreml an Churchill. »Ich hoffe darüber hinaus«, fügte er hinzu, »daß die Luftangriffe gegen Deutschland sich unablässig steigern werden.« In der Nacht vom 27. auf den 28. März war die Royal Air Force in der Tat wieder über Deutschland im Einsatz: 395 schwere Bomber warfen, wie Churchill Stalin telegrafisch berichtete, »binnen 50 Minuten 1050 Tonnen auf Berlin ab. Über dem Zielgebiet herrschte klare Sicht, und der Angriff war sehr erfolgreich. Es war das beste, was Berlin bis jetzt abbekommen hat. Unsere Verlustzahl beträgt nur neun [Maschinen].« Die Engländer deckten

Berlin in dieser Nacht mit einer doppelt so großen Bombenlast ein, wie London sie beim schwersten deutschen Luftangriff am 18. April 1941 abbekommen hatte.

Aus Tunesien erhielt Churchill am 28. März den ersten Hinweis darauf, daß die Zeichen auf Sieg standen: »Nach siebentägigen beständigen und schweren Kämpfen«, telegrafierte Montgomery, »hat die 8. Armee dem Feind eine schwere Niederlage zugefügt.« Die feindliche Gegenwehr falle in sich zusammen. Die 8. Armee war im Besitz sämtlicher Stellungen entlang der Mareth-Linie und besetzte am 29. März auch Gabès und El-Hamma, wobei es vor allem die neuseeländischen Einheiten waren, die gegen die bis zuletzt äußerst heftige deutsche Gegenwehr die Entscheidung erzwangen.

Hitlers Gedanken kreisten indes nicht um Rückzug, sondern um Rache. Am 29. März billigte er einen von Alfred Speer gefertigten Planentwurf für ein massiv gepanzertes Betonraketensilo an der Kanalküste, von dem aus bombentragende Raketen auf London abgefeuert werden sollten. Den Briten entgingen die deutschen Raketenpläne nicht: Am 27. März wurde dem Raketenexperten des britischen Kriegskabinetts, Dr. R. V. Jones, die Übersetzung eines Gesprächs zwischen zwei deutschen Kriegsgefangenen vorgelegt, das der britische Geheimdienst belauscht hatte. General Cruewell und General von Thoma, die beide bei El Alamein in britische Gefangenschaft geraten waren, hatten sich am 23. März über die ausbleibenden deutschen Luftkriegserfolge unterhalten. Da sie wußten, daß ihr Gefängnis ganz in der Nähe von London lag und sie seit längerem keine Explosionsgeräusche mehr vernommen hatten, kam General von Thoma in dem Gespräch zu dem Schluß, daß die deutsche Raketenentwicklung ins Stocken geraten sein mußte. »Es können in dieser Raketengeschichte keinerlei Fortschritte gemacht worden sein«, hatte Thoma erklärt und anschließend von einem früheren Besuch in einer Raketenversuchsstation erzählt: »Der Major dort war voll der Hoffnung; er sagte: ›Warten Sie bis nächstes Jahr, dann geht der Spaß los!‹« Für die Reichweite einer solchen Rakete gebe es, so Thoma, »keine Grenzen«.

Die geheimnisumwitterte Wunderwaffe des Dritten Reiches befand sich in der Tat allmählich auf dem Weg vom Wunschtraum zur Wirklichkeit; doch dank eines versteckten Mikrofons und wachsamer Abhörspezialisten war ihr Geheimnis schon zu einem kleinen Teil gelüftet.

KAPITEL 31
»Treibt den Feind ins Meer!« (Montgomery)
Frühjahr 1943

In Fernost vegetierten alliierte Kriegsgefangene weiterhin in Lagern, in denen barbarische Repressionen an der Tagesordnung waren, ohne nennenswerte medizinische Betreuung. Auf die Lager für den Bau von Eisenbahnstrecken in Thailand traf allgemein zu, was Oberst Dunlop am 19. März in seinem Tagebuch über die Verhältnisse in seinem eigenen Lager bei Konyu schrieb: daß die Japaner es darauf anlegten, »durch diese Arbeit Menschen einfach nur kaputt zu machen, ohne auch nur die geringste Rücksicht auf Leben oder Gesundheit« zu nehmen. Man könne darin, setzte Dunlop hinzu, nichts anderes sehen »als ein kaltblütiges, unbarmherziges, offenbar vorsätzliches Verbrechen gegen die Menschlichkeit«. In einem nahe gelegenen Lager für holländische Kriegsgefangene bei Kinsayok starben innerhalb von sechs Tagen sechs Männer. Das einzige, was die Japaner interessierte, war die Fertigstellung der Eisenbahnstrecke.

In Salamaua auf Neuguinea wurde ein dreiundzwanzigjähriger amerikanischer Fliegerleutnant, dessen Maschine von japanischer Flak abgeschossen worden war, am 29. März zum Tod durch Enthaupten verurteilt. »Der Kommandeur der Einheit hat sein Lieblingsschwert gezückt«, schilderte ein japanischer Offizier in einem Tagebucheintrag. »Er berührt mit dem Rücken der Klinge leicht den Nacken des Gefangenen, hebt dann das mit beiden Händen gefaßte Schwert hoch über seinen Kopf und läßt es mit Schwung herabsausen.« Ein Hieb genügte, um den Kopf abzutrennen. »Alles ist vorbei. Der Kopf ist weiß wie der einer Puppe. Die wilde Erregung, die ich noch vor einer Weile verspürt habe, ist verflogen, und jetzt empfinde ich nichts mehr als das tiefe Mitgefühl des ritterlichen japanischen Samurai. Ein Unteroffizier lacht laut: ›Na, der ist jetzt schon im Nirwana.‹ Ein Obermatrose von der Sanitätseinheit ergreift das Schwert des Sanitätsoffiziers, dreht die kopflose Leiche auf den Rücken und schlitzt, offenbar erpicht darauf, alte Rechnungen zu begleichen, dem Toten mit einem sauberen Schwertstreich den Bauch auf.«

Im 80 Kilometer südöstlich von Salamaua gelegenen Morobe landeten um diese Zeit amerikanische Infanterieeinheiten und begannen mit der Errichtung von Unterständen. Es waren Teile der MacKenzie-Truppe, benannt nach dem sie kommandierenden Offizier und mit dem Auftrag betraut, entlang der Küste in Richtung Salamaua und Lae vorzurücken.

In Europa gehörten alliierte Bombenangriffe für die Zivilbevölkerung inzwischen zum gewohnten Tages- beziehungsweise Nachtablauf. Ein am 2. April von Göring herausgegebener Erlaß verpflichtete alle körperlich belastbaren Deutschen, Männer wie Frauen, sich für den Luftschutzdienst zur Verfügung zu stellen. Am 3. April hatten die Briten 900 Tonnen Bomben auf das Krupp-Werksgelände in Essen abgeworfen, am 5. April deckten sie Kiel mit 1400 Tonnen ein, »eine der schwersten Bombenladungen, die wir je abgeworfen haben«, wie Churchill Stalin mitteilte. Ebenfalls am 5. April flogen amerikanische Bomber einen Tageslichtangriff auf das Renault-Panzermontagewerk bei Paris; 228 französische Zivilisten kamen ums Leben. Ein Luftangriff auf Hafenanlagen in Neapel am 4. April kostete 221 Italiener das Leben.

Einer der an dem Angriff auf Neapel beteiligten amerikanischen Bomber war eine Maschine vom Typ Liberator, die erst vor kurzem aus den USA nach Nordafrika überführt worden war und jetzt ihren ersten Kriegseinsatz flog. Die »Lady Be Good«, wie die neunköpfige Besatzung ihre Maschine getauft hatte, war vom 45 Kilometer südlich von Bengasi gelegenen Flugplatz Soluk gestartet. Auf dem nächtlichen Rückflug verlor die Crew die Orientierung und geriet über 300 Kilometer weit ins Landesinnere, unter sich nicht das Meer, wie sie glaubte, sondern die libysche Wüste. Als der Treibstoff fast zu Ende war, sprangen sie ab. 300 Kilometer weiter nördlich, über dem Mittelmeer, begann die vergebliche Suche nach dem vermißten Bomber.

Die Besatzung der »Lady Be Good« machte sich auf den Weg durch die Wüste. Zwei der Männer führten ein Tagebuch. Jeden Tag legten sie mit Hilfe ihrer Fallschirmhalfterungen und großer Steine Pfeilmarkierungen in den Sand. »Halten noch immer gemeinsame Gebete um Hilfe ab«, notierte der Copilot, Leutnant Robert F. Toner, am fünften Tag ihres Marsches in sein Tagebuch. »Keinerlei Anzeichen von etwas, ein paar Vögel; gute Winde von Norden. Wirklich schwach jetzt, kann nicht laufen, alles tut weh ... alle wollen sterben. Nächte sehr kalt, kein Schlaf.« Am nächsten Tag konnten fünf der Männer nicht mehr weiter. Nur drei setzten den Marsch fort. Einer von ihnen, der Bordingenieur, Unteroffizier Harold S. Risplinger, schrieb an diesem Abend in sein Tagebuch: »Palmsonntag. Versuchen noch immer, aus Dünen herauszukommen und Wasser zu finden.«

Die drei überlebenden Besatzungsmitglieder hatten über 130 Kilometer in der Wüste zurückgelegt. Jetzt gaben sie, einer nach dem anderen, entkräftet auf. Der letzte, der sich noch weiterzuschleppen vermochte, war einer der Bordschützen, der sechsundzwanzigjährige Unteroffizier Guy E. Shelley. Er legte allein noch einmal 11 Kilometer zurück und brachte es damit auf eine Wegstrecke von insgesamt 145 Kilometern, wobei er in den letzten zwei oder drei Tagen ohne Wasser auskommen mußte.

Auf dem Luftstützpunkt, von dem die »Lady Be Good« gestartet und zu dem sie nicht zurückgekehrt war, ahnte niemand etwas von diesem Drama. Nachdem die erste Vermißtmeldung am 4. April geschrieben worden war, wurden am 5. April die Worte »vermutlich tot« hinzugesetzt. Dies bewahrheitete sich am Ende, doch es sollte über fünfzehn Jahre dauern, ehe der erste Hinweis auf das Schicksal der »Lady Be Good« auftauchte.

Am 5. April, als die Besatzung der »Lady Be Good« gerade ihren Todesmarsch begonnen hatte, flogen amerikanische Bomber von Großbritannien aus einen Angriff auf Antwerpen; er galt den Minerva-Flugzeugwerken, deren Lagepläne zwei Agenten des belgischen Widerstands nach London geschmuggelt hatten. Nur wenige Bomben trafen ins Ziel und richteten weit weniger Schaden an, als beabsichtigt war. Ein Navigationsfehler führte dazu, daß die meisten Maschinen ihre Bomben über einem Wohnviertel der Stadt abluden; 936 belgische Zivilisten kamen ums Leben, darunter 209 Kinder in einer Schule. Wenige Wochen später arbeitete das Minerva-Werk schon wieder mit fast voller Kraft. »Das Begräbnis der Opfer des amerikanischen Bombenangriffs auf Antwerpen wird von den örtlichen Behörden sehr groß gestaltet«, vermerkte Goebbels am 11. April in seinem Tagebuch; das Schweigen der Briten und Amerikaner zu dem Luftangriff sei, so fügte er hinzu, »ein Beweis dafür, ein wie schlechtes Gewissen sie haben. Das bestärkt uns in unseren Absichten, aus Antwerpen einen Propagandafall erster Klasse zu machen.«

In Berlin hatte die Gestapo damit begonnen, auch in höchsten Gesellschaftskreisen nach Regimekritikern zu fahnden.

Am 5. April wurde der protestantische Pastor und Theologe Dietrich Bonhoeffer festgenommen, der zuvor auf Reisen nach Schweden Kontakte zu den Briten geknüpft hatte; man warf ihm »Wehrkraftzersetzung« vor. Außerdem wurde an diesem Tag der Leiter des politischen Referats der deutschen Abwehr, Hans von Dohnányi, der in den Attentatsplan gegen Hitler vom 13. März eingeweiht gewesen war, in seinem Büro verhaftet. Von Dohnányi gab nichts preis und verriet niemanden.

Zwei Tage nach diesen Verhaftungen in Berlin wurde Leutnant Claus von Stauffenberg, einer der Wortführer der Unzufriedenen im deutschen Offizierskorps, an der tunesischen Front durch eine Minenexplosion schwer verwundet: Er verlor sein linkes Auge, seine rechte Hand, einige Finger seiner linken Hand und einen Fuß. In einer Münchener Klinik, in die er geflogen wurde, konnten die Ärzte sein Leben und sein rechtes Auge retten. Er erholte sich und faßte den Entschluß, künftig all seine Energie und seine Fähigkeiten in den Dienst jener Deutschen – vor allem in den Reihen seiner Offizierskameraden – zu stellen, die überzeugt waren, Hitler müsse, koste es, was es wolle, ausgeschaltet werden.

Am 7. April, demselben Tag, an dem Stauffenberg in Tunesien verwundet wurde, traf Hitler in Salzburg mit Mussolini zusammen. »Ich garantiere Ihnen, daß Afrika gehalten wird«, versicherte der Führer seinem Gast und fügte hinzu: »Verdun behauptete sich gegen die Angriffe der besten deutschen Regimenter. Ich sehe keinen Grund, weshalb wir uns in Afrika nicht ebenso behaupten sollten. Mit Ihrer Hilfe, Duce, werden meine Soldaten Tunis zum Verdun des Mittelmeers machen.«

Zum Zeitpunkt dieser Unterredung zwangen anhaltende heftige Angriffe der britischen 8. Armee in Tunesien die dort kämpfende italienische Centauro-Division zu einem erneuten Rückzug. In zweitägigen Kämpfen verlor die Division mehr als die Hälfte ihrer Soldaten durch Tod oder Gefangennahme, ehe sie die Deckung einer neuen Verteidigungslinie bei dem keine 80 Kilometer südlich von Tunis gelegenen Enfidaville erreichte.

Im Fernen Osten sahen sich die Amerikaner an diesem 7. April mit der größten japanischen Angriffsstreitmacht seit dem Tag von Pearl Harbor konfrontiert. Die Japaner schlugen im Gebiet der vor kurzem von ihnen geräumten Insel Guadalcanal und insbesondere bei Tulagi zu. Insgesamt 188 japanische Flugzeuge nahmen an dem Angriff teil; der amerikanische Zerstörer *Aaron Ward* wurde ebenso versenkt wie die neuseeländische Korvette *Moa* und ein Handelsschiff. Die Amerikaner nannten die Bucht, in der dies geschah, die Iron Bottom Bay, weil in diesem Gebiet schon so viele versenkte japanische und amerikanische Schiffe auf dem Meeresboden lagen. Vier Tage später griffen die Japaner erneut an, versenkten zwei weitere alliierte Handelsschiffe, konnten aber den amerikanischen Truppen auf Guadalcanal nicht gefährlich werden. Ein am 12. April geflogener japanischer Luftangriff auf Port Moresby, an dem sich 177 Maschinen beteiligten, richtete nur wenige ernste Schäden an und vermochte die australische Position auf Neuguinea nicht zu gefährden.

In Tunesien leisteten Deutsche und Italiener weiterhin erbitterten Widerstand, aber ihre Lage war bereits verzweifelt. Als die 8. Armee am 10. April Sfax besetzte, feuerte General Montgomery seine Soldaten mit dem Ruf an: »Vorwärts nach Tunis, und treibt den Feind ins Meer.« Sousse fiel zwei Tage später, Enfidaville am 13. April. Der tunesische Brückenkopf der Achse war damit zu einem kleinen, verwundbaren Widerstandsnest geschrumpft, dessen Nachschubverbindungen nach Sizilien und Italien infolge der britischen Enigma-Erkenntnisse verheerenden Attacken ausgesetzt waren, dessen Luftverteidigung praktisch vernichtet war und das praktisch keine Aussichten mehr hatte, noch Verstärkungen zu erhalten. Die Kapitulation der deutsch-italienischen Afrikastreitmacht konnte nur noch eine Frage von Wochen sein. Der Kessel von Tunis war eine ebenso unentrinnbare Falle wie einige Monate zuvor der von Stalingrad.

Der 13. April brachte ein weiteres Debakel für die Achse: Das Funkkorps der amerikanischen Pazifikflotte entschlüsselte eine japanische Funkbotschaft, aus der der genaue Zeitpunkt und Ablauf eines vier Tage später angesetzten Besuchs des obersten japanischen Flottenbefehlshabers, Admiral Yamamoto, auf den japanischen Stützpunkten Ballale und Buin auf der Insel Bougainville hervorging. Die amerikanischen Stabschefs beschlossen, Yamamotos Flugzeug abzuschießen. Das war der Hintergrund der Operation »Peacock«, der erfolgreichen Liquidierung des angesehensten japanischen Truppenführers. Damit nicht offenbar wurde, daß sie den japanischen Code entschlüsselt hatten, erwähnten die Amerikaner in ihren nach dem Angriff routinemäßig veröffentlichten Erfolgsmeldungen den Tod Yamamotos nicht, sondern beschränkten sich auf eine Meldung wie bei jedem anderen Flugzeugabschuß. Erst als die Japaner am 21. Mai die Asche Yamamotos nach Tokio überführt hatten und seinen Tod öffentlich betrauerten, gaben auch die Amerikaner bekannt, daß er gefallen war, wiesen aber nicht auf ihre aktive Mitwirkung an seinem Tod hin.

In diesen Apriltagen gab der amerikanische Kernforscher Robert Serber in Los Alamos einem ausgewählten Kreis zur Geheimhaltung verpflichteter Chemiker und Physiker in einer Vortragsreihe einen detaillierten Überblick über das »Manhattan-Projekt«. Serber bezeichnete es als das Ziel des Projekts, »eine praktisch einsetzbare militärische Waffe in Form einer Bombe herzustellen, in der die Energie durch eine schnelle Neutronenkettenreaktion in einer oder mehreren der Substanzen freigesetzt wird, von denen bekannt ist, daß sie Kernspaltungsreaktionen zeigen«. Serber hielt es für möglich, dieses Ziel innerhalb von zwei Jahren zu erreichen, und meinte daher, es sei sinnvoll, das Projekt anlaufen zu lassen.

Die Amerikaner wußten nicht, daß in Tokio einen Monat zuvor japanische Physiker auf einer Konferenz zu dem Schluß gelangt waren, der Bau einer Atombombe sei zwar möglich, aber keine der kriegführenden Mächte würde damit rasch genug vorankommen, um diese Waffe im laufenden Krieg noch einsetzen zu können.

Der deutsche Enigma-Funkverkehr lieferte den Alliierten in der zweiten Aprildekade Erkenntnisse über beträchtliche Truppenbewegungen nördlich des Kursker Bogens. Ein aufschlußreicher Funkspruch wurde am 15. April entschlüsselt – demselben Tag, an dem Hitler seine Truppenführer in die Details der geplanten Operation »Zitadelle« einweihte. Der Angriff auf den Kursker Bogen müsse, so Hitler in seinem Operationsbefehl, »schnell und durchschlagend gelingen« und der deutschen Wehrmacht für das Frühjahr und den Sommer wieder die Initiative sichern. »Der Sieg von Kursk«, erklärte Hitler, »muß für die Welt wie ein Fanal wirken.«

Churchill erhielt am 16. April die Information, die in Planung befindliche deutsche Operation schließe einen Angriff auf den Kursker Bogen ein, welcher aus dem Gebiet Smolensk–Orel vorgetragen werden solle. Der britische Nachrichtendienst war sich nur noch nicht darüber im klaren, ob es sich um eine ausgewachsene militärische Offensive oder aber lediglich um eine Luftkriegsoperation handeln werde. Diese Ungewißheit sollte jedoch alsbald verfliegen, denn die Enigma-verschlüsselten deutschen Einsatzbefehle, die die Briten in rascher Folge dechiffrierten und auswerteten, sprachen eine eindeutige Sprache.

In Smolensk selbst bereitete den Deutschen die sowjetische Partisanentätigkeit hinter den Linien nach wie vor beträchtliche Kopfschmerzen. Um diese Aktivitäten zu verringern, starteten die Deutschen am 17. April die Operation »Zauberflöte«, eine einwöchige Säuberungsaktion gegen Partisanen, die im Raum Minsk den Truppen- und Materialnachschub zur Heeresgruppe Mitte störten. Wie ihre eigenen streng geheimen Enigma-Funkbotschaften den Briten Tag für Tag mit größter Präzision verrieten, war es die Aufgabe der Heeresgruppe Mitte, von Norden her in den Kursker Bogen einzubrechen.

Was Hitler in diesem April besonders verdroß, war die Tatsache, daß in Europa noch immer große Gruppen von Juden am Leben und seinem Zugriff entzogen waren. Die italienische, die finnische und die bulgarische Regierung hatten sich der deutschen Forderung widersetzt, ihre Juden in deutsche Lager deportieren zu lassen. Die statistischen Zahlen, die bei der Wannsee-Konferenz im Januar 1942 vorgelegt worden waren, hatten deutlich gemacht, daß in die Endlösung der Judenfrage, soweit es nach dem Willen ihrer Planer ging, auch die etlichen Millionen Juden einbezogen werden sollten, welche in den europäischen Ländern lebten, über die Deutschland keine direkte Herrschaft ausübte. Hitler persönlich war es, der am 17. April diesen Punkt gegenüber dem ungarischen Reichsverweser, Admiral Horthy, zur Sprache brachte, als die beiden sich im Schloß Kleßheim bei Salzburg trafen.

Hitler erklärte gegenüber Horthy, die Juden seien »reine Parasiten«. In Polen habe man mit »diesen Zuständen ... gründlich aufgeräumt«. »Wenn die Juden dort nicht arbeiten wollten, würden sie erschossen. Sie wären wie Tuberkelbazillen zu behandeln, an denen sich ein gesunder Körper anstecken könne«, fügte er hinzu. Das sei »nicht grausam, wenn man bedenke, daß sogar unschuldige Naturgeschöpfe wie Hasen und Rehe getötet werden müßten, damit kein Schaden entstehe«. »Völker«, warnte Hitler, »die sich der Juden nicht erwehrten, verkommen.«

Horthy widersprach diesen Argumenten und Pressionsversuchen und sagte zu Hitler, er könne die Juden »doch nicht ... erschlagen«. Zwei Tage später wurden aus Brüssel 1400 Juden nach Auschwitz deportiert; ihnen folgten am 20. April 1166 holländische Juden. Jedoch hatten in diesem Monat auch schon zweimal Juden sich trotz Tyrannei, brutaler Gewalt und Täuschung gegen ihre Deportierung zur Wehr gesetzt: zunächst in der ostgalizischen Stadt Skalat und dann, am 18. April, in Jaworow; hier waren bei einer barbarischen deutschen Vergeltungsaktion 3489 Juden erschossen worden. Am 19. April aber, zwei Tage nachdem Hitler seinen ungarischen Staatsgast über die Notwendigkeit belehrt hatte, die Juden wie schädliches Ungeziefer zu vernichten, begann im Warschauer Getto der längste und heftigste jüdische Aufstand, als die Deutschen die Deportation nach Treblinka wieder aufzunehmen versuchten.

Mit einem beispiellosen Todesmut kämpften 1200 jüdische Aufständische in den Straßen, Häusern, Kellern und Abwasserkanälen des Warschauer Gettos. Gegen diese jüdischen Kämpfer, die nur über siebzehn Gewehre verfügten, boten die Deutschen 2100 Soldaten, bewaffnet mit MGs, Haubitzen und 1358 Gewehren, auf. Dennoch wurden bis zur Niederschlagung des Aufstands drei Wochen später 300 deutsche Soldaten getötet. In vielen Fällen bewährten sich dabei die selbstgebastelten Handgranaten der Juden.

Während die deutschen Soldaten das Warschauer Getto Straße für Straße durchkämmten und dabei 7000 Juden umbrachten, wurden 7000 weitere nach Treblinka deportiert. Mehr als 10000 Juden fanden Zuflucht im christlichen Teil Warschaus; ungefähr ein Drittel von ihnen wurde jedoch in der Folgezeit gefaßt oder an die Deutschen verraten.

Im Laufe des April zogen die Deutschen verstärkt Bürger der von ihnen besetzten westeuropäischen Länder zur Zwangsarbeit heran. Zu Anfang des Monats waren 248000 Arbeiter unter deutscher Regie mit dem Bau des Atlantikwalls beschäftigt. Andere wurden zur Arbeit in Deutschland selbst deportiert, beispielsweise in einem der Krupp-Werke, wo die durchschnittliche tägliche Arbeitszeit bei elf, bisweilen sogar zwölf Stunden lag. Verstöße gegen die Arbeitsdisziplin wurden mit dem Entzug der Rationskarte für bis zu vier Wochen bestraft. Ende April 1943 arbeiteten insgesamt 1293000 Zwangsarbeiter aus dem westeuropäischen Ausland in deutschen Fabriken. Nach Deutschland deportiert wurden auch diejenigen, die als faktische oder potentielle Gegner des Besatzungsregimes galten; sie wurden in Konzentrationslager eingewiesen. Von einer runden Viertelmillion französischer Staatsbürger, die in deutsche Konzentrationslager deportiert wurde, sollten nur 35000 den Krieg überleben. In Konzentrationslager gebracht wurden auch 37000 Belgier, 12000 Holländer, 6000 Luxemburger, 5400 Norweger und 5200 Dänen. Viele von ihnen wurden Opfer der unmenschlichen Lebensbedingungen in diesen Lagern oder starben an den Folgen erlittener Mißhandlungen.

In Frankreich fielen hin und wieder Angehörige der Résistance der Gestapo in die Hände, die in manchen Fällen durch Landsleute verraten worden waren. Ein Widerstandskämpfer namens Oliver Giran wurde am 16. April hingerichtet. An seinem Todestag schrieb er seinen Eltern: »Menschen sind Feiglinge, Verräter, charakterlos. Frankreich aber ist rein, sauber, vital. Ich bin glücklich. Ich sterbe nicht für eine Gruppe oder einen Menschen, ich sterbe für mein eigenes Ideal des Dienstes an meinem Vaterland und auch für euch, die ich verehre. Ich bin glücklich, euch zu lieben. Die Tür öffnet sich. Adieu.«

Im Atlantik begannen die Alliierten jetzt die Früchte ihrer neuerlichen Erfolge bei der Entschlüsselung der revidierten deutschen U-Boot-Enigma-Codes zu ernten. Mitte April wurde ein Geleitzug, den englische und amerikanische Schiffe eskortierten, von einem deutschen U-Boot-Rudel angegriffen. Nur ein einziges Handelsschiff wurde versenkt, dafür aber eines der angreifenden U-Boote, die U-176, von einer Wasserbombe zerrissen. Die deutsche Seekriegsleitung vermerkte am 18. April in ihrem Kriegstagebuch: »Der dürftige Erfolg, der im allgemeinen um den Preis schwerer Verluste erreicht wird, macht Operationen in diesen Gebieten nicht wünschenswert.« Dies war ein großer Erfolg für die alliierte Funkaufklärung, den unsichtbaren Arm und das geheime Ohr des Krieges.

In Tunesien fing die britische Funkaufklärung eindeutige Hinweise auf die deutschen und italienischen Verteidigungsplanungen auf. Doch dies ersparte den Alliierten nicht den Kampf um jede Bastion. Am 19. April überrannte eine kleine neuseeländische Einheit, die vorwiegend aus Maoris bestand, bei Takrouna einen das Schlachtfeld beherrschenden befestigten Hügel. Den entscheidenden Sturm auf den Hügel unternahmen dreizehn Männer; einer von ihnen, der Gefreite H. Grant, nahm eigenhändig sechzig Italiener gefangen. An einer anderen Stelle erbeutete der Gefreite T. Heka, ein Maori, mit »Fernunterstützung« zweier Panzer auf Erkundungsmission eine Panzerabwehrkanone und drei Maschinengewehre, tötete mehrere Italiener und machte vierzehn Gefangene. Dann hielt er die eroberte Stellung, bis Verstärkung eintraf. Für dieses Husarenstück wurde er mit der Distinguished Conduct Medal ausgezeichnet.

In diesem Kampf zwischen souveränen Nationen wurden zahlreiche Angehörige nationaler Minderheiten wie die Maoris einbezogen, sei es als kämpfende Soldaten oder als Arbeitskräfte. In Thailand setzten die Japaner beispielsweise Tamilen als Zwangsarbeiter ein. Wie Oberst Dunlop am 22. April in Konyu in seinem Lagertagebuch vermerkte, berichteten die einheimischen Siamesen, die Tamilen benötigten jede Menge Pflege und stürben »wie Fliegen an Lungenentzündung, wenn sie naß würden«. Dunlop fügte hinzu: »Es war ein trauriger Anblick, diese armen Kerle durch den tiefen, schlammigen Morast unserer Lagerstraße stapfen zu sehen« – unter Bewachung japanischer Soldaten. »Noch eine dieser trostlosen, heimatlosen Völkerwanderungen des Krieges entlang einer Straße des Leidens und des Todes«, kommentierte er.

Wo immer in Europa antideutscher Widerstand sein Haupt erhob, folgte die Vergeltung der Nazis auf dem Fuße. Am 24. April wurde in Marseille Paul de Gassovski ermordet, einer der Gründer der jüngst ins Leben gerufenen französischen Milice. Weniger als drei Wochen zuvor, am 7. April, war in Brüssel der pronazistische Journalist Paul Colin getötet worden. Der Mörder Colins und seine beiden Komplizen wurden am 3. Mai festgenommen, am 6. Mai abgeurteilt und am 12. Mai gehenkt. Augenzeugen der Hinrichtung erinnerten sich später daran, daß die deutschen Henker den Todeskampf der drei Männer absichtlich verlängerten, indem sie dicke Stricke benutzten, so daß es bei einem der Todeskandidaten nach Öffnung der Falltür acht Minuten dauerte, bis er tot war. An diesem Hinrichtungsort im Fort Breendonk, einer der Antwerpen umschließenden Festungen, wurden in den Kriegsjahren mindestens 187 Widerstandskämpfer exekutiert, viele nach langen und grausamen Folterqualen.

Auch in Holland und Norwegen waren Widerstandskämpfer aktiv und riskierten im Fall ihrer Festnahme Folter und Hinrichtung. Dieselbe Gefahr liefen alliierte Kommandotrupps. Am 29. April wurde ein sechsköpfiges britisches Kommando unter der Führung von John Godwin, einem Unterleutnant der Royal Naval Volunteer Reserve, an Bord eines Torpedobootes nach Norwegen gebracht und im Haugesund-Fjord nördlich von Stavanger abgesetzt. Nachdem sie an mehreren dort ankernden deutschen Schiffen Haftminen angebracht hatten, wurden sie gefaßt. Alle sechs landeten zunächst im Konzentrationslager Grini bei Oslo und dann im Lager Sachsenhausen nördlich von Berlin. Einen der Männer, dessen Name Mayer war, hielten die Deutschen für einen Juden und brachten ihn fort – es gab nie wieder ein Lebenszeichen von ihm. Die anderen fünf wurden dazu verurteilt, Stiefel für die deutsche Wehrmacht zu testen; sie mußten zu diesem Zweck sieben Tage in der Woche auf einem eingezäunten, gepflasterten »Parcours« 50 Kilometer zurücklegen. »Sie erzählten einander Witze«, heißt es in dem Bericht über das Schicksal der fünf, »ihre mißmutigen Bewacher ignorierend; sie wußten, daß ihre Seite den Krieg gewinnen würde, und grübelten nicht über ihre eigene Zukunft nach.«

Im Indischen Ozean übergab am 26. April ein deutsches U-Boot südöstlich von Madagaskar den Führer der Indischen Nationalarmee, Subhas Chandra Bose, an ein japanisches U-Boot. 25000 in japanischen Lagern einsitzende indische Kriegsgefangene hatten sich im Laufe des vergangenen Jahres freiwillig für diese Armee gemeldet, um Seite an Seite mit den Japanern gegen die Briten zu kämpfen. »Wenn ich in Bengalen auftauche«, erklärte Bose im November seinen japanischen Förderern, »wird es einen allgemeinen Aufstand geben.«

Am 30. April starteten die Briten einen Versuch, ihre deutschen Gegner in bezug auf den Schauplatz einer künftigen Landungsoperation auf eine falsche Fährte zu locken. Die Aktion lief unter dem Decknamen Operation »Mincemeat« und begann damit, daß ein britisches U-Boot vor der spanischen Küste die Leiche eines kurz zuvor verstorbenen Mannes aussetzte und ans Ufer treiben ließ. In den Taschen des Toten waren Dokumente deponiert, aus denen hervorging, daß die jüngsten intensivierten alliierten Aktivitäten gegen Sizilien, wie etwa die verstärkten Luftangriffe auf sizilianische Flugplätze, lediglich ein Ablenkungsmanöver seien und die Alliierten in Wirklichkeit eine Landung in Griechenland planten. Die Deutschen hielten den Toten für einen auf dem Flug nach Nordafrika abgeschossenen britischen Offizier und schluckten den Köder. Nur zwei Wochen nachdem die Leiche bei Huelva an Land gespült worden war, erhielt der für die Gewässer um Griechenland zuständige deutsche Admiral vom Oberkommando der Wehrmacht die »streng geheime« Mitteilung, nach Informationen aus einer angeblich »absolut zuverlässigen« Quelle hätten die Alliierten Kalamata und Kap Araxos in Griechenland zu den »Zielpunkten« eines Landungsversuchs erkoren.

Beide Orte waren in den der Leiche beigelegten Dokumenten erwähnt. Der Admiral wurde aufgefordert, rasch Maßnahmen zur Verteidigung der besonders bedrohten Gebiete zu ergreifen; unter anderem sollten Minenfelder vor Kalamata angelegt werden. Man nannte ihm sogar den mutmaßlichen alliierten Decknamen für die Landung in Griechenland: »Husky«. Tatsächlich aber war dies der Deckname für die Landung auf Sizilien. Das Täuschungsmanöver umfaßte also auch die Tarnbezeichnung.

Da es sich um eine besonders wichtige Mitteilung handelte, wurde für die Übermittlung an den deutschen Admiral in Griechenland der Enigma-Schlüssel verwendet. Und dies wiederum war für die Briten Grund genug, die Nachricht auszuwerten. Am 14. Mai wurde dann an den zu dieser Zeit in Washington weilenden Churchill ein Telegramm abgeschickt, in dem es hieß: »›Mincemeat‹ mit Haut und Haaren und von den richtigen Leuten geschluckt, und alles deutet darauf hin, daß sie danach handeln.«

So war es in der Tat: Die Deutschen trafen ihre Vorkehrungen für den vermeintlich zu erwartenden Angriff auf Griechenland. Rommel wurde ersucht, seinen Erholungsurlaub in Deutschland abzukürzen und für eine Stärkung der Abwehrbereitschaft in Griechenland zu sorgen. Wenige Wochen später wurde die 1. Panzerdivision in voller Kampfstärke aus Frankreich nach Griechenland verlegt, und eine deutsche Torpedobootflottille erhielt Befehl, sich aus Sizilien in die Ägäis zu begeben. Die Enigma-verschlüsselten Funksprüche, mit denen diese Bewegungen angeordnet wurden, bestätigten den Briten, die sie auswerteten, daß ihr Täuschungsmanöver gelungen war.

Es war ebenfalls ein Enigma-Funkspruch, der den Briten Ende April die Absicht der Deutschen verriet, die im Kursker Bogen stehenden sowjetischen Kräfte mittels eines Zangenangriffs einzuschließen. Dieser sollte im Norden von Orel und im Süden von Charkow aus vorgetragen werden, in zeitlicher Abstimmung mit einer von Westen her vorgetragenen Offensive gegen Kursk selbst. Alle diese Informationen leitete London am 30. April nach Moskau weiter, ergänzt durch ebenfalls auf deutschen Enigma-Quellen beruhende Schätzungen zur Stärke der um den Kursker Bogen herum gruppierten deutschen Divisionen.

Am letzten Apriltag deportierten die Deutschen 2000 polnische Juden aus Włodawa nach Sobibor. Bei der Ankunft im Lager stürzten sich die Juden, die plötzlich die Gefahr witterten, mit Holzstücken, welche sie aus ihren Waggons herausgebrochen hatten, auf die SS-Wachposten. Diese mähten die Wehrlosen mit MG-Salven und Handgranaten nieder. Wie der Aufstand der Juden im Warschauer Getto und in Hunderten anderer Gettos in ganz Osteuropa war auch dies ein verzweifelter und hoffnungsloser Akt des Widerstands. Das Räderwerk der Tyrannei, der Täuschung und des Massenmords griff mittlerweile mit nahtloser und überwältigender Perfektion ineinander. Die Zahl der Mordwilligen war viel zu groß, ihre Bewaffnung zu überlegen und ihr Vernichtungswille viel zu tief verankert, als daß ihre Opfer eine Chance gegen sie gehabt hätten.

Dazu kam, daß diese massive Vernichtung menschlichen Lebens nach wie vor enorme »Gewinne« abwarf. Wie Hans Frank aus Krakau seinem Chef Himmler meldete, waren in den drei Monaten bis zum 30. April folgende Mengen persönlicher »Effekten« nach Deutschland geliefert worden: 94000 Herrenarmbanduhren, 33000 Damenarmbanduhren, 25000 Füllfederhalter, 14000 Drehbleistifte, 14000 Scheren und so weiter Die Herrenarmbanduhren waren zur Verteilung an die kämpfende Truppe, an die U-Boot-Besatzungen und an die Wachmannschaften der Konzentrationslager bestimmt. Die 5000 »kostbarsten« Uhren sowie alle Uhren mit Gold- oder Platingehäuse oder mit Edelsteinbesatz sollten entweder »zum Einschmelzen« an die Reichsbank in Berlin geliefert oder von der SS »für besondere Zwecke« zurückbehalten werden.

In Kroatien begann am 3. Mai eine letzte Menschenjagd, mit dem Ziel, die bei früheren Aktionen durch die Maschen geschlüpften oder zurückgestellten Juden einzusammeln. Unter denen, die jetzt interniert wurden, waren Dr. Hugo Cohn, der Präsident der jüdischen Kultusgemeinde von Zagreb, und Dr. Freiberger, der Oberrabbiner von Zagreb, ein persönlicher Freund von Erzbischof Stepinac. Ungeachtet kirchlicher Proteste wurden alle an diesem Tag aufgegriffenen Personen nach Auschwitz transportiert. Im benachbarten Bosnien brachte der Mai zwei Säuberungsaktionen gegen jugoslawische Partisanen, »Schwarz I« und »Schwarz II«. Im Verlauf dieser Aktionen, die bis Mitte Juni andauerten, wurden mehrere hundert Partisanen getötet.

Im alliierten Bombenkrieg gegen Deutschland gesellten sich zu den massierten Bombenangriffen unter Beteiligung Hunderter von Maschinen zunehmend auch Kommandounternehmen gegen einzelne Punktziele. Eine solche Aktion fand am 3. Mai statt, als zwölf alliierte Bomber eines neuseeländischen Geschwaders unter Führung von Leonard Henry Trent einen Angriff auf ein Kraftwerk in einem Vorort von Amsterdam flogen. Trent war der einzige, der mit seiner Maschine das Zielobjekt erreichte; neun der Maschinen wurden abgeschossen, zwei weitere zur Umkehr nach England gezwungen. Trent flog einen Soloangriff auf das Kraftwerk und wurde anschließend abgeschossen. Er und sein Navigator überlebten und gerieten in deutsche Gefangenschaft. Die Wahrheit über den Ablauf des Angriffs kam erst nach dem Krieg heraus, woraufhin Trent 1946 in Anerkennung seines entschlossenen und pflichtbewußten Handelns mit dem Victoria Cross ausgezeichnet wurde.

Im Atlantik sollte die Tapferkeit der Besatzungen der alliierten Handelsschiffe und ihrer militärischen Begleiter in diesem Mai endlich belohnt werden. Die sich einstellenden Erfolge waren den neuerlichen Durchbrüchen der britischen Kryptographen bei der Entschlüsselung der deutschen U-Boot-Enigma-Codes zu verdanken. Der Konvoi ONS 5 hatte mit seiner von Kapitän Peter Gretton befehligten Eskorte am 22. April seine transatlantische Reise angetreten. Unwetter begleiteten die Fahrt des Geleitzugs; am 30. April geriet er in einen schweren Sturm. Dann, am 4. Mai, versenkte ein Flugzeug der kanadischen Royal Air Force mit einer Wasserbombe das deutsche U-Boot U-630, das den Konvoi angegriffen hatte. Einen Tag später wurde mit der U-192 ein zweites deutsches U-Boot zerstört.

Als deutlich wurde, daß sich mehr als dreißig deutsche U-Boote zum Angriff zusammengefunden hatten, schien es, als könnten selbst die Früchte der Entschlüsselung deutscher Funksprüche dem Konvoi nicht helfen. Bis zum Abend des 6. Mai gingen dann auch elf Handelsschiffe verloren. Auf einem der Eskortenschiffe vermerkte ein Offizier, der nichts von den Enigma-Erkenntnissen über die Bewegung der deutschen U-Boote wußte, in seinem Logbuch: »Der Konvoi schien dem sicheren Untergang geweiht.« Dann jedoch wurden kurz hintereinander vier deutsche U-Boote versenkt. Die 25, die sich dann noch zum tödlichen Angriff formierten, konnten dank einer gut funktionierenden lokalen Ortung, geschickter Kampftaktiken und mutiger Manöver in Schach gehalten werden. Nur noch ein Handelsschiff wurde getroffen und versenkt.

Für Großadmiral Dönitz kam der Verlust von vier U-Booten bei einem einzigen Angriff einer Katastrophe gleich. Verschlimmert wurde die Sache noch dadurch, daß anschließend zwei deutsche U-Boote kollidierten und sanken. Und bei dem Angriff auf Grettons nächsten Geleitzug konnten die Deutschen kein einziges Schiff versenken, verloren aber wiederum fünf U-Boote. In einem von ihnen fand Dönitz' Sohn den Tod.

Damit war die deutsche Kriegführung auf dem Atlantik in eine katastrophale Krise geraten. Ähnlich schlecht stand es um den deutschen Brückenkopf in Tunesien. Am 4. Mai gelang es britischen Zerstörern dank aus entschlüsselten Enigma-Funksprüchen gewonnener präziser Orts- und Zeitangaben, das große italienische Handelsschiff *Campobasso,* das mit Treibstoff- und Waffennachschub für die afrikanischen Achsentruppen unterwegs war, aufzuspüren und zu versenken. Am Tag darauf versenkten amerikanische Bomber, ebenfalls dank ausgewerteter Enigma-Informationen, ein weiteres in Richtung Tunis fahrendes Handelsschiff, die *San Antonio.* Dies waren die letzten beiden Handelsschiffe von nennenswerter Größe, die den bedrängten und praktisch eingekesselten deutsch-italienischen Truppen in Tunesien Nachschub zu bringen versuchten.

Im Morgengrauen des 6. Mai leitete die britische 1. Armee den entscheidenden Angriff auf Tunis ein. Südlich und nördlich von ihr beteiligten sich französische und amerikanische Verbände an der Offensive. Alliierte Bomber flogen am selben Tag Angriffe auf die wichtigsten Häfen Siziliens sowie auf die italienische Hafenstadt Reggio di Calabria, den festländischen Endpunkt des Fährverkehrs von und nach Sizilien. Die britischen Stabschefs übermittelten an diesem Tag ihren russischen Kollegen eine Übersicht über die Zahl der Briten, die zwischen dem 3. September 1939 und dem 31. März 1943 gefallen waren: Dies war ein Versuch, den Russen zu zeigen, daß auch Großbritannien einen hohen Blutzoll entrichtet hatte. Die Liste verzeichnete 38 894 Heeressoldaten, 30 540 Seeleute, 23 588 Luftwaffensoldaten und mehr als 20 000 Handelsseeleute, insgesamt mehr als 103 000 Kriegstote. Nicht erfaßt waren in diesen Zahlen die vermißten Soldaten und die mehr als 45 000 Zivilisten, die bei Luftangriffen auf Großbritannien umgekommen waren.

Am 7. Mai eroberten die Alliierten trotz verzweifelter deutscher und italienischer Gegenwehr Tunis, die Hauptstadt Tunesiens, und Biserta, den wichtigsten Hafen des Landes. Diejenigen Truppenteile der Achsenmächte, die sich der Gefangennahme entziehen konnten, zogen sich auf die Kap-Bon-Halbinsel zurück, die »tunesische Fußspitze«, wie die Alliierten sie nannten. Drei italienische Versorgungsschiffe, die sich mit dringend benötigten Treibstoffvorräten von Sizilien nach Hammamet auf den Weg gemacht hatten, wurden am 8. Mai versenkt, bevor sie ihre Ladung löschen konnten. Die deutsche Luftwaffe räumte an diesem Tag die ihr verbliebenen Rollbahnen auf nordafrikanischem Boden und zog sich nach Sizilien zurück. Dennoch vertraute Goebbels seinem Tagebuch an, daß Hitler nach wie vor seiner »unumstößlichen Gewißheit Ausdruck« gegeben hatte, das Dritte Reich werde »einmal ganz Europa beherrschen ... Wir werden dafür noch sehr viele Kämpfe zu bestehen haben, aber sie werden zweifellos zu den herrlichsten Erfolgen führen. Von da ab ist praktisch der Weg zu einer Weltherrschaft vorgezeichnet. Wer Europa besitzt, der wird damit die Führung der Welt an sich reißen.«

So siegesgewiß war Hitler am 8. Mai 1943, genau zwei Jahre, bevor seine geschlagenen Armeen inmitten der Ruinen des Reichs bedingungslos kapitulierten.

Die auf der »tunesischen Fußspitze« eingeschlossenen deutschen Truppen ergaben sich am 9. Mai 1943 bedingungslos den Alliierten. Die jetzt siegesgewissen alliierten Truppen begannen noch am gleichen Tag mit den Planungen für die Operation »Corkscrew«, die Landung auf der italienischen Insel Pantelleria, die ihnen als Sprungbrett für die Landung auf Sizilien dienen sollte. In Berlin wurde Rommel um seine Erklärung für die Niederlage in Nordafrika gebeten; wie er in sein Tagebuch notierte, betonte er »sowohl gegenüber dem Führer als auch gegenüber Goebbels die dürftige Kampfkraft der Italiener und ihre Abneigung gegen den Kampf«.

Am 11. und 12. Mai ergaben sich die letzten Soldaten der Achsenmächte, die zwei Tage zuvor die Kapitulation noch verweigert und sich in Widerstandsnestern zwischen Hammamet und Kelibia gehalten hatten. Insgesamt gerieten auf der »tunesischen Fußspitze« 238 243 unverwundete deutsche und italienische Soldaten in alliierte Gefangenschaft.

Am 12. Mai trafen Churchill und Roosevelt in Washington zusammen, um das weitere strategische Vorgehen der Alliierten zu erörtern. Auf der Aleuten-Insel Attu landete an diesem Tag eine 11 000 Mann starke amerikanische Streitmacht, die auf den entschlossenen Widerstand von lediglich 2500 Japanern stieß. Wie immer und überall, wo es gegen die Japaner ging, entbrannten schwere Kämpfe. Im Pazifik torpedierte am 14. Mai ein japanisches U-Boot die

Centaur, ein amerikanisches Schiff, das deutlich als Lazarettschiff gekennzeichnet und hell erleuchtet war. 268 Besatzungsmitglieder und Passagiere, darunter zahlreiche schwerverwundete Soldaten, ertranken.

Roosevelt und Churchill einigten sich in Washington auf die Abfolge der nächsten alliierten Kriegsoperationen: Als erstes sollte die Eroberung Siziliens an die Reihe kommen, gefolgt von der Landung in Italien, als drittes dann, unabhängig davon, wie die Entwicklung in Italien verlaufen würde, die Landung an der französischen Kanalküste. Es war offensichtlich, daß noch viel Planungsarbeit zu leisten und noch viele schwere Kämpfe zu bestehen sein würden, aber dennoch lag ein Gefühl des Sieges in der Luft. »Es ist meine Pflicht, zu berichten, daß der tunesische Feldzug vorüber ist«, telegrafierte General Alexander am 13. Mai an Churchill in Washington. »Jeder feindliche Widerstand ist erloschen. Die Küsten Nordafrikas sind unser.«

In dieser Nacht luden britische Bomber über Bochum im Ruhrgebiet innerhalb von 45 Minuten 1000 Tonnen Bomben ab. Die Deutschen waren die Antwort auf diese verheerenden Bombenangriffe nicht schuldig geblieben; die verschärfte Mobilisierung von Arbeitskräften gehörte dazu, ergänzt durch den Einsatz von Fremd- und Zwangsarbeitern. Hunderttausende von Franzosen, Holländern, Dänen, Belgiern, Norwegern, Polen, Slowaken und Juden wurden zu Fabriken in allen Teilen Großdeutschlands gekarrt und mußten unter unmenschlichen Bedingungen für die deutsche Rüstung schuften.

Am 13. Mai empfing Hitler, der inzwischen wieder in Rastenburg weilte und auf den Beginn der Operation »Zitadelle« – des deutschen Vorstoßes in den Kursker Bogen – wartete, seinen Rüstungsminister Albert Speer, der ihm von einer beträchtlichen Steigerung der deutschen Rüstungsproduktion trotz des alliierten Bombenkriegs berichten konnte. In den verflossenen vier Monaten hatte sich beispielsweise die deutsche Panzerfertigung verdoppelt. »Im Herbst«, erklärte Speer seinem Führer, »haben Sie uns aufgefordert, bis zum 12. Mai bestimmte Mengen von Waffen zu liefern. Wir können heute melden, daß wir jede dieser Zahlenvorgaben erfüllt und sie in manchen Fällen sogar weit übertroffen haben.« Noch ein Bericht wurde am 13. Mai erstattet, der Goebbels einen Tagebucheintrag wert war. In Kroatien hätten »die Aufständischen« im Zuge der jüngsten Säuberungsaktion »über 13000 Tote zu verzeichnen« gehabt. »Unter diesen Toten befinden sich außerordentlich viele Intellektuelle.«

Am 14. Mai billigten in Washington die britischen und amerikanischen Stabschefs, welche zu einem einheitlichen Führungsgremium zusammengefaßt worden waren, die Pläne für die Operation »Pointblank«, eine britisch-amerikanische Bomberoffensive von Stützpunkten in England aus. Als deren Ziel wurde »die fortschreitende Zerstörung und Zerschlagung des deutschen Militär-und Rüstungswesens« bestimmt, ferner »die Unterhöhlung der Moral der deutschen Bevölkerung bis zu einem Punkt, da ihre Fähigkeit zu bewaffnetem Widerstand entscheidend geschwächt sein wird«. Der Bombenkrieg sollte also, was einen Schritt weit über die ihm bisher zugeschriebenen Ziele hinausging, mithelfen, die Voraussetzungen für die »Einleitung entscheidender gemeinsamer Operationen auf dem Kontinent« zu schaffen.

Sechs Arten von Zielen sollten im Rahmen der Operation »Pointblank« angegriffen werden: U-Boot-Werften und U-Boot-Stützpunkte, Flugzeugfabriken, Kugellagerfabriken, Raffinerien und Treibstoffsilos, Werke, in denen synthetischer Kautschuk und Reifen hergestellt wurden, sowie Fabriken und Depots für militärische Transportfahrzeuge. Die neuen Ziele sollten ohne komplizierte vorausgehende Planungen oder Abwägungen angegriffen werden. Am selben Abend, an dem der Beschluß für Operation »Pointblank« gefaßt wurde, bombardierten britische Flugzeuge die Škoda-Munitionswerke bei Pilsen im sogenannten »Protektorat« Böhmen und Mähren. Wie Goebbels am folgenden Morgen in seinem Tagebuch vermerkte, war unter anderem »das Konstruktionsbüro vernichtet« worden, »was natürlich für uns einen sehr empfindlichen Ausfall darstellt. Allerdings«, fügte er hinzu, »sind auch die Abschußziffern kolossal. Im Verlauf von 48 Stunden haben die Engländer ... 78 viermotorige Bomber verloren.«

In Hitlers Augen drohte die größte Gefahr nunmehr von einer möglichen Niederlage Italiens oder dessen Ausscheiden aus dem Achsenbündnis. »Europa muß an seinen Rändern verteidigt werden«, erklärte er seinen Generälen am 15. Mai. »Wir können nicht zulassen, daß an den Grenzen des Reichs eine zweite Front entsteht.« Um sicherzustellen, daß die Alliierten in Italien auf Gegenwehr stießen, müßten deutsche Truppen von der Operation »Zitadelle« in Rußland abgezogen werden.

Langsam und fast unmerklich machten Hitlers optimistische Kriegs- und Eroberungspläne einer auf Verteidigung und Rückzug ausgerichteten Strategie Platz. Die Bombenangriffe auf Deutschland gingen unterdessen ohne Atempause und in fast täglicher Folge weiter. Am 16. Mai, einen Tag nach der Ansprache Hitlers vor seinen Generälen, gaben die Briten das Startkommando für die Operation »Chastise«, die Sprengung der Möhne-, Eder- und Sorpe-Talsperren, die die Wasserstände im Ruhrgebiet regulierten.

Oberstleutnant Guy Gibson, einer der herausragenden Bomberpiloten der RAF, leitete die Operation, bei der eigens entwickelte »hüpfende« Bomben zum Einsatz kamen. Es gelang den Briten zwei der drei Staumauern zu sprengen. Beträchtliche Schäden waren die Folge, doch die erwartete verheerende Wirkung trat nicht ein. Achtzehn Bomber nahmen an der Mission teil; sie flogen in geringer Höhe über die Nordsee und über die Niederlande an. Sechs der Maschinen wurden beim Überfliegen der holländischen Küste abgeschossen, weitere zwei an den Talsperren; 56 der 133 Besatzungsmitglieder kamen ums Leben. Der Erfinder der »hüpfenden Bomben«, Dr. Barnes Wallis, erklärte angesichts dieses hohen Blutzolls: »Wenn ich das vorher gewußt hätte, hätte ich die Sache nie angefangen.«

Durch das Hochwasser, das sich nach der Sprengung der beiden Dämme talwärts ergoß, kamen 1268 Menschen ums Leben, darunter 700 russische Häftlinge aus einem Zwangsarbeitslager. Gibson wurde für die Planung und verantwortliche Durchführung der Aktion mit dem Victoria Cross ausgezeichnet. »Der Führer ist außerordentlich ungehalten und wütend über den Mangel an Abwehrbereitschaft auf seiten unserer Luftwaffe«, vertraute Goebbels am 18. Mai seinem Tagebuch an und fügte hinzu: »Die Schäden für die Produktion waren schwerer als sonst.« Um die Schäden zu beheben, wurden von den am Atlantikwall eingesetzten Brigaden der Organisation Todt 50 000 Arbeiter abgezogen und ins Ruhrgebiet verlegt. Auch Flugabwehrbatterien, die anderswo ebenfalls nicht gerade entbehrlich waren, wurden verlegt und für den Schutz weiterer Staudämme nicht nur im Ruhrgebiet, sondern überall in Deutschland eingesetzt, obwohl diesen Dämmen in Wirklichkeit keine Gefahr drohte.

In der Gegend um Brjansk, im Hinterland der deutschen Ostfront, markierte der 16. Mai den Beginn der Operation »Zigeunerbaron«, einer dreiwöchigen Antipartisanenkampagne, die fünf Infanteriedivisionen, eine Panzerdivision und eine größere Anzahl von Flugzeugen band. Diese warfen nicht nur Bomben ab, sondern auch 840 000 Flugblätter, in denen die Partisanen zur Kapitulation aufgefordert wurden. Von den 6000 in der Region aktiven Partisanen wurden 1584 getötet und 1568 gefangengenommen. 21 schwere Geschütze und drei Panzer fielen den Deutschen in die Hände. Wenige Wochen nach Abschluß der Aktion meldete der deutsche Nachrichtendienst freilich, daß nach wie vor mindestens 4000 Partisanen im Raum Brjansk aktiv und ihre Kommandostrukturen intakt geblieben seien.

An demselben Tag, an dem in Rußland die Operation »Zigeunerbaron« gestartet wurde, meldete SS-Brigadeführer Jürgen Stroop seinen Vorgesetzten: »Das ehemalige jüdische Wohnviertel Warschaus besteht nicht mehr.« Der jüdische Aufstand, der am 18. April begonnen hatte, war, wie Stroop berichtete, an diesem Abend »mit der Sprengung der Warschauer Synagoge« zu Ende gegangen. Während 14000 Juden im Verlauf der Kämpfe getötet oder nach Treblinka in den Tod geschickt worden waren, hatten die Deutschen weitere 42000 Gettobewohner in Arbeitslager im Raum Lublin deportiert. In Anerkennung seiner Verdienste erhielt Stroop das Eiserne Kreuz Erster Klasse.

Fast sechs Monate waren vergangen, seit die *Memphis Belle* als einer der ersten in Großbritannien stationierten amerikanischen Bomber zu ihrem ersten Einsatz über feindlichem Gebiet gestartet war. Jetzt, am 15. Mai, nahm sie an einem Bombenangriff auf Wilhelmshaven teil; zwei Tage später folgte ein Angriff auf den deutschen U-Boot-Stützpunkt bei Lorient an der französischen Atlantikküste, womit die *Memphis Belle* als erster in England stationierter amerikanischer Bomber 25 Ernstfalleinsätze hinter sich gebracht hatte. Bei den Vorbereitungen für die Rückkehr der Maschine in die Vereinigten Staaten wurde die Besatzung gefilmt; die Filmszene, die zeigte, wie die Männer ihre Tapferkeitsmedaillen erhielten, war als Teil eines abendfüllenden Farbfilms gedacht, der einen Tag im Leben eines Bombers dokumentieren und in den Vereinigten Staaten vorgeführt werden sollte. Der Angriff auf Wilhelmshaven am 15. Mai bildete den Höhepunkt des Films. Eine weitere dramatische Sequenz zeigte, wie ein anderer Bomber, von deutschem Flakfeuer getroffen, vom Himmel stürzte und ein Mitglied seiner Besatzung – und keineswegs die gesamte Crew – mit dem Fallschirm aus der Maschine sprang. In einer anderen Sequenz zeigte der Film einen offenbar von einem Kampfeinsatz zurückkehrenden Bomber, dem ein großer Teil seiner Heckflosse fehlte, welche ihm offenbar weggeschossen worden war. In Wirklichkeit allerdings war diese Beschädigung nicht das Ergebnis deutschen Flakfeuers gewesen, sondern die Folge einer Kollision mit einem anderen amerikanischen Bomber über dem Ärmelkanal.

Es war ein höchst eindrucksvoller Film, zeigte er doch, welche Risiken und Gefahren Bomberbesatzungen in Kauf nehmen mußten und wie sie mit ihnen fertig wurden. Allerdings dauerte es noch elf Monate, bevor »Memphis Belle« in den Kinoverleih kam. Die resümierende Botschaft am Ende des Films besagte, daß die Risiken und Gefahren weiterbestehen würden – »somit können wir den Feind wieder und wieder und wieder bombardieren, bis er genug hat«.

An jenem 17. Mai, an dem die *Memphis Belle* ihren 25. Bombereinsatz absolvierte, trat eine englisch-amerikanische Vereinbarung über den vollständigen gegenseitigen Austausch von Techniken und Quellen der Funkaufklärung in Kraft, was eine erhebliche Qualitätsverbesserung für die alliierte Kriegsplanung mit sich brachte. Das Ziel war es, alle relevanten gegnerischen Verschlüsselungssysteme, den Enigma-Code der Deutschen, den C 38m-Code der Italiener und das Purple-System der Japaner, in einem standardisierten Auswertungsschema zusammenzufassen. Dieses Projekt lief unter dem Decknamen »Ultra«.

Rasche Fortschritte verzeichneten die Briten im Mai 1943 bei der Entschlüsselung großer Teile des Funkverkehrs, den die Deutschen über Geräte vom Typ »Geheimschreiber« abwickelten. Die Decodierung dieses hochwichtigen Nachrichtenübermittlungssystems war in mancher Hinsicht eine noch schwerer lösbare Aufgabe als die Entschlüsselung der Enigma-Codes. Da der »Geheimschreiber« für den Nachrichtenverkehr zwischen den höchsten Kommandostellen der deutschen Wehrmacht benutzt wurde, waren die Ergebnisse der alliierten Bemühungen, sein Geheimnis zu lüften, nicht weniger bedeutsam als die Resultate der Enigma-Spezialisten; für den allergeheimsten Nachrichtenaustausch zwischen dem deutschen Wehrmachthauptquartier in Zossen und den Befehlshabern an der Mittelmeer- und der Ostfront war es sogar noch wichtiger. Nach ihrem Triumph über das Enigma-System entwickelten die Alliierten in Gestalt des »Ultra«-Verfahrens ein weiteres machtvolles Werkzeug für die Früherkennung von Gefahren und für eine erfolgreiche Kriegführung.

Gemäß der Übereinkunft vom 17. Mai kamen amerikanische Kryptographen nach Bletchley, um die britischen Entschlüsselungs- und Auswertungsmethoden zu studieren, während zugleich britische Kryptographen nach Washington reisten und den Amerikanern bei der Entschlüsselung der japanischen Chiffriersysteme zu helfen versuchten. In Bletchley arbeiteten mittlerweile über 5000 Personen; die Marineabteilung, die vor dem Krieg mit 24 Mitarbeitern besetzt gewesen war, zählte jetzt tausend Personen.

Dazu kamen weitere Tausende von Mitarbeitern im ganzen Land: die Besatzungen der Funkhorchposten und Relaisstationen, in denen die von den Funksendern der Achsenmächte ausgestrahlten Botschaften der höchsten Geheimhaltungsstufe aufgefangen und weitergeleitet wurden. Die Briten unterhielten einige solche Horchposten auch in anderen Weltregionen, beispielsweise auf Socotra und Mauritius im Indischen Ozean, im australischen Brisbane und in Abbottabad in Nordindien.

Einbezogen in diesen unter strenger Geheimhaltung arbeitenden Betrieb waren Professoren, Linguisten, Literaturwissenschaftler, Historiker, Mathematiker – Männer und Frauen, gebürtige Briten und deutsche Exilanten, eine Geheimarmee, die Tag für Tag ihre geistige Kraft dafür einsetzte, die inneren Abläufe und Geheimplanungen der Kriegspolitik der Achsenmächte sichtbar zu machen und diese Erkenntnisse an die Männer weiterzuleiten, die auf alliierter Seite die grundlegenden strategischen und taktischen Entscheidungen treffen mußten.

In der dritten Maiwoche gab Hitler Anweisung, aus den Reihen britischer Kriegsgefangener eine antibolschewistische Legion aufzustellen. »Diese soll«, schrieb Goebbels am 18. Mai in sein Tagebuch, »freiwillig im Kampf gegen die Sowjetunion eingesetzt werden.« In den Kriegsgefangenenlagern begann die Suche nach Freiwilligen. Aber es meldeten sich nur wenige, und die meisten taten es nur in der Hoffnung, das triste Kriegsgefangenendasein gegen ein weniger bedrückendes Los eintauschen zu können. Anstatt 1500, wie die Nazis gehofft hattten, waren es nur knapp fünfzig, die sich für den Kampf gegen Rußland rekrutieren ließen. Was Hitler in dieser Woche Kopfzerbrechen bereitete, war jedoch nicht so sehr die russische Front, sondern die unmittelbar drohende Gefahr einer zweiten Front im Süden Italiens. Am 18. Mai erteilte er eine Weisung für den »Fall Alarich«, die Besetzung Italiens durch deutsche Truppen in dem Augenblick, da der militärische Zusammenbruch seines südlichen Achsenpartners oder dessen Ausstieg aus dem Bündnis drohte. Diese Weisung war so heikel und geheim, daß Hitler sie nicht mit seiner Unterschrift versah. Zum Befehlshaber der Truppen, die »Alarich« in die Tat umsetzen sollten, ernannte er Rommel und wies ihn an, für die Aufgabe elf Divisionen zusammenzuziehen.

Im Mai reiste Churchill erneut in die Vereinigten Staaten, um die englisch-amerikanische Kriegspolitik im Hinblick auf den entscheidenden Moment, die Landung an der französischen Kanalküste, zu koordinieren. In einer Rede vor beiden Häusern des Kongresses am 19. Mai erklärte er mahnend: »Der Feind ist noch immer stolz und mächtig. Er ist schwer angreifbar. Er verfügt nach wie vor über ungeheure Heerscharen, enorme Ressourcen und unschätzbare strategische Territorien.« Churchill warnte vor der »ernsten Gefahr« einer »unguten« Verlängerung des Krieges und erläuterte dies, wie folgt: »Niemand weiß, welche neuen Komplikationen und Risiken sich im Laufe von vier oder fünf weiteren Kriegsjahren auftun können. Den Krieg, um welchen ungeheuerlichen Preis auch immer, in die Länge zu ziehen, bis die Demokratien erschöpft oder überdrüssig oder zerstritten sind, darauf müssen Deutschland und Japan jetzt hauptsächlich ihre Hoffnungen richten.«

Am 19. Mai legten Churchill und Roosevelt einen Termin für die Landung in Nordfrankreich fest. Sie sollte spätestens am 1. Mai 1944 stattfinden, unabhängig davon, welche Probleme oder Chancen sich nach der Landung in Italien ergeben würden. 29 Divisionen sollten für die Operation bereitgestellt werden, dazu, wenn möglich, eine Division des Freien Frankreich.

In Jugoslawien banden die Partisanen Titos zu diesem Zeitpunkt 34 deutsche und italienische Divisionen. Um den Kampf der jugoslawischen Partisanen zu unterstützen und die dort stehenden deutschen und italienischen Truppen weiterhin zu beschäftigen, beschloß die britische Regierung, sich künftig in Jugoslawien an »gemeinsamen Sabotageaktionen« gegen die Deutschen zu beteiligen. Diesem Ziel diente die am 22. Mai gestartete Operation »Typical«, die damit begann, daß ein kleines britisches Kommando unter Führung zweier Offiziere, Hauptmann Stuart und Hauptmann Deakin, und zweier Funker, Feldwebel Wroughton und Feldwebel Rosenberg, per Fallschirm in der Nähe von Titos Hauptquartier in den Bergen abgesetzt wurde. Deakin war vor dem Krieg Churchills Privatsekretär gewesen; Rosenberg war ein jüdischer Freiwilliger aus Palästina. Er erinnerte sich später, daß er und seine Kameraden gleichsam mitten auf einem Schlachtfeld landeten: Das gesamte Gebiet war von deutschen Truppen umzingelt, die »ausdrücklichen Befehl hatten, alle der Partisanentätigkeit Verdächtige in dem Gebiet zu vernichten, Zivilisten und Tiere eingeschlossen – alles, was sich in dem Gebiet bewegt, muß vernichtet werden«.

Dies war die Schlußphase der deutschen Antipartisanenoperationen »Schwarz I« und »Schwarz II«, der fünften und sechsten Säuberungsaktion dieser Art in Jugoslawien seit November 1941. Die Deutschen boten dabei insgesamt 67000 deutsche, 43000 italienische und 11000 kroatische Soldaten auf, denen 16000 Partisanen gegenüberstanden. Im Operationsbefehl für die Partisanenjagd hieß es: »Die Truppe muß gegen die feindliche Bevölkerung rücksichtslos und mit brutaler Härte vorgehen und muß dem Feind jede Existenzmöglichkeit nehmen, indem sie verlassene Dörfer zerstört und vorhandene Vorräte sichert.« Die jugoslawischen Partisanen leisteten hartnäckigen Widerstand und erlitten beträchtliche Verluste. Das brutale Vorgehen der Deutschen gegen die Einwohnerschaft der Dörfer, in denen die Partisanen auf dem Durchmarsch Schutz und Unterkunft gefunden hatten, trug lediglich dazu bei, den Widerstandswillen nicht nur der Partisanen selbst, sondern auch der Bevölkerung zu stärken.

Die Brutalität der Deutschen war in der Tat haarsträubend. Acht Tage nach Anlaufen der Operation »Schwarz« gab die Leitung eines der beteiligten deutschen Verbände die Weisung aus: »Nachdem die Einkreisung jetzt abgeschlossen ist, darf kein kampffähiger Mann lebend aus dem Kreis entkommen.« Von 498 Gefangenen, die die Deutschen bei einer ihrer Razzien machten, erschossen sie 411. Bei den Kämpfen selbst und bei den Massakern, die in mehreren hundert Dörfern und Weilern angerichtet wurden, kamen insgesamt 16000 Jugoslawen ums Leben.

An demselben 22. Mai, an dem das britische Fallschirmkommando zu den Partisanen Titos stieß, die alles daransetzten, den Häschern der Operation »Schwarz« zu entkommen, lief in Weißrußland die Operation »Kormoran« an, eine vierwöchige Säuberungsaktion, die entlang dem Streckenabschnitt Minsk–Borisow der Eisenbahnverbindung Warschau–Moskau die Partisanentätigkeit zum Erliegen bringen konnte. Die Verluste von Nachschubgütern durch Partisanenüberfälle waren so groß geworden, daß eine ausreichende Versorgung der deutschen Fronttruppen nicht mehr gewährleistet war und die Wehrmachtführung sich gezwungen sah, einzelne kämpfende Verbände von der Front abzuziehen und zur Bewachung der Verkehrsverbindungen im Hinterland einzusetzen.

Im Nordatlantik waren unterdessen die Angriffe deutscher U-Boote auf alliierte Handelsschiffe weitergegangen. Doch für die Alliierten waren die Enigma-Funksprüche der deutschen Marine, einschließlich der Kommunikation zwischen den deutschen U-Booten und ihren Leitzentralen, inzwischen ein offenes Buch. In den ersten 22 Maitagen waren 31 deutsche U-Boote versenkt worden. Am 23. Mai schlugen Flugzeuge vom amerikanischen Flugzeugträger *Bogue* und vom britischen Flugzeugträger *Archer* eine Gruppe von U-Booten, die den alliierten Konvoi HX 239 angriffen, in die Flucht und versenkten zwei der Boote. Großadmiral Dönitz sah nach diesen beiden weiteren Bootsverlusten den Augenblick gekommen, den nordatlantischen Kriegsschauplatz zu räumen, an dem die Deutschen bis vor kurzem den Alliierten die empfindlichsten Schläge beigebracht hatten. Am 24. Mai gab er Befehl, die U-Boote aus dem Bereich der nordatlantischen Konvoirouten abzuberufen. Aber sogar in den Tagen danach, als die letzten deutschen U-Boot-Verbände in die weniger gefährlichen, aber auch mageren Jagdgründe des südlichen Atlantiks auswichen oder den Rückmarsch in ihre Stützpunkte an der französischen Atlantikküste antraten, verloren die Deutschen noch einmal acht Boote. Davon wurden allein sechs in der Biskaya auf dem Weg in den sicheren Heimathafen versenkt.

In der brutalen Verwirklichung ihrer neuen Ordnung ließen die Nazis sich durch militärische Rückschläge zu Lande oder zu Wasser nicht aufhalten. Am 24. Mai, dem Tag, an dem Dönitz den U-Boot-Krieg im Nordatlantik aufgab, traf in Auschwitz ein neuer SS-Arzt ein. Sein Name war Josef Mengele, und er hatte soeben seinen 32. Geburtstag gefeiert. Besessen von dem Ehrgeiz, durch wissenschaftliche Veröffentlichungen seine Medizinerkarriere voranzubringen, begann Dr. Mengele mit der Durchführung medizinischer Experimente an lebenden Juden, die er sich in den Baracken aussuchte und in den Krankenblock verlegen ließ. Unter Vorspiegelung einer ärztlichen Behandlung ermordete er mehrere tausend Häftlinge durch Injektionen von Phenol, Benzin, Chloroform oder Luft, die er teils eigenhändig vornahm und teils von seinem SS-Hilfspersonal durchführen ließ.

Vom ersten Tag seines Dienstes in Auschwitz an beteiligte Dr. Mengele sich zusammen mit SS-Offizieren und seinen Kollegen Dr. Clauberg, Dr. Kremer und anderen an der Selektion der aus allen Teilen Europas in Auschwitz eintreffenden Judentransporte. Per Handzeichen bestimmte er, wer von den Ankömmlingen »arbeitsunfähig« war und daher unmittelbar den Gang in die Gaskammern anzutreten hatte. In diese Kategorie fielen alle Kinder, alle Alten, Kranken, Behinderten und Geschwächten sowie sämtliche schwangeren Frauen.

Zwischen Mai 1943 und November 1944 nahm Mengele an mindestens 74 dieser Selektionen teil. Auch bei mindestens 31 Selektionen im Lagerlazarett spielte er die Rolle des Richters über Leben und Tod, indem er diejenigen Juden, die infolge von Unterernährung, Zwangsarbeit, Mißhandlung durch die Wärter oder unbehandelten Krankheiten nicht mehr arbeitsfähig waren, zum Tod durch Erschießen, Vergasen oder durch die Spritze bestimmte. Der stets makellos gekleidete Mengele, der sich nur im weißen Arztmantel zeigte und bei den tödlichen Selektionen stets weiße Handschuhe trug, wurde von den Juden in Auschwitz der »Todesengel« genannt.

Am 25. Mai, dem Ankunftstag des Dr. Mengele in Auschwitz, ging aus Holland ein für Auschwitz bestimmter Transport mit 2862 Juden ab. Insgesamt trafen im Mai 1943 knapp über 8000 holländische Juden in Auschwitz ein, dazu etwas mehr als 2000 kroatische Juden aus Zagreb, 10000 griechische Juden aus Saloniki sowie 395 Juden aus Berlin.

Am 26. Mai wurden in Auschwitz die Zigeuner ermordet. Sie waren zwei Monate zuvor aus Białystock in das Lager deportiert worden, und jetzt war in ihrem Block eine Typhusepidemie ausgebrochen. Dr. Mengele sah darin nicht einen Anlaß zu ärztlicher Hilfe, sondern beschloß, die Epidemie durch Ermordung der von ihr Befallenen auszurotten. Alle 1042 Insassen des Zigeunerblocks wurden aus ihren Baracken geholt und in die Gaskammern getrieben. Hinter ihre Namen in den Lagerlisten wurde das Kürzel »SB« – »Sonderbehandlung« – eingetragen.

Der in Casablanca gefaßte und in Washington bekräftigte Beschluß, die Stärke und Häufigkeit der Bombenangriffe auf Deutschland zu steigern, wurde weiterhin konsequent in die Tat umgesetzt. In der Nacht zum 25. Mai flogen britische Bomber einen Angriff auf Dortmund. »Der Nachtangriff der Engländer auf Dortmund war außerordentlich verheerend, wahrscheinlich der schwerste, der bisher auf eine deutsche Stadt geflogen wurde«, hielt Goebbels einen Tag später in seinem Tagebuch fest. Industrielle Anlagen und Munitionsfabriken seien »sehr schwer getroffen worden«, schrieb er und meinte dazu: »Man kann über den Luftkrieg immer nur dasselbe sagen: wir befinden uns in einer fast hilflosen Unterlegenheit und müssen die Schläge der Engländer und Amerikaner mit verbissener Wut entgegennehmen.« Die im Westen des Reiches lebenden Deutschen fingen langsam an, »etwas mürbe zu werden. Diese Hölle ist ja auf die Dauer auch nur schwer zu ertragen, vor allem, da die Einwohner des Rhein- und Ruhrgebiets keine Aussicht auf eine Besserung sehen.«

In Washington gaben Roosevelt und Churchill am 25. Mai eine gemeinsame Pressekonferenz, auf der der US-Präsident feststellte, die Tages- und Nachtangriffe amerikanischer und britischer Bomber auf deutsche Städte lieferten »zunehmend zufriedenstellendere Ergebnisse«.

Wie Churchill anschließend den versammelten Journalisten erklärte, sei es gerade die »Luftwaffe gewesen, mit deren Hilfe diese Völker die Welt unterjochen wollten. Dies war die Waffe, mit der sie in Pearl Harbor zuschlugen. Dies war die Waffe, mit der sie sich brüsteten – die Deutschen brüsteten sich, damit alle Länder der Erde mit Terror überziehen zu wollen. Und es ist ein Exempel poetischer Gerechtigkeit, daß gerade diese Waffe sich als diejenige entpuppt, mit der sie im dann ausgebrochenen Krieg am stärksten und zuerst ins Hintertreffen geraten sind.«

KAPITEL 32
»Der erste Riß in der Achse« (Roosevelt)
Sommer 1943

Im wissenschaftlichen Vorfeld des Luftkriegs brachte der 26. Mai 1943 gleich zwei wichtige Weichenstellungen. In Washington gab Roosevelt dem Drängen Churchills nach, den uneingeschränkten englisch-amerikanischen Informationsaustausch über die Atombombenentwicklung wieder aufzunehmen, der aufgrund gegenseitigen Mißtrauens mehr als ein Jahr lang unterbrochen gewesen war. Fortan wollte man das Projekt als ein gemeinsames betrachten, »zu dem beide Länder nach besten Kräften ihren Teil beisteuern würden«. In Peenemünde an der deutschen Ostseeküste gab am selben Tag Albert Speer, nachdem er Zeuge einiger Demonstrationsflüge geworden war, sein Plazet zur Fortsetzung der Entwicklungsarbeiten an zwei verschiedenen Arten von Langstreckenflugkörpern: dem unbemannten Flugzeug, das später V 1 genannt wurde, und der Raketenbombe V 2.

Sowohl die angloamerikanischen als auch die deutschen Geheimwaffen befanden sich noch im Versuchsstadium. Der 27. Mai leitete jedoch auch im Bereich des »konventionellen« Luftkrieges eine neue Etappe ein: Das britische Bomberkommando wies an diesem Tag seine Einsatzplaner und Piloten an, mit den Vorarbeiten für die Operation »Gomorrah« zu beginnen. Sie bestand in der großflächigen Zerstörung einer ganzen Stadt durch einen »anhaltenden Angriff«. Als Zielort war Hamburg ausgewählt worden. Am 29. Mai entfachten britische Bomber bei einem Nachtangriff auf Wuppertal einen Feuersturm im Zentrum der Stadt; 2450 Einwohner kamen ums Leben, 118000 Menschen wurden obdachlos.

Der Versuch der Amerikaner, die Insel Attu von den Japanern zurückzuerobern, mündete am 28. Mai 1943 in einen blutigen Kulminationspunkt, als die auf tausend Mann geschrumpfte japanische Garnisonstruppe einen selbstmörderischen Versuch unternahm, die Amerikaner zu überrennen. Hundert Japaner fielen bei diesem aussichtslosen Ansturm. Die Überlebenden veranstalteten am frühen Morgen des 30. Mai einen Massenselbstmord mit Handgranaten. Die Amerikaner konnten die Insel kampflos in Besitz nehmen und nahmen dabei 28 verwundete Japaner gefangen. Am 31. Mai durchkämmten amerikanische Soldaten auf der Suche nach überlebenden Japanern die Insel. Sie fanden nur Leichen. In dreiwöchigen Kämpfen waren 600 Amerikaner und 2500 Japaner gefallen.

Währenddessen waren im besetzten Frankreich energische Bemühungen im Gang, die verschiedenen Widerstandsgruppen so weit zu bringen, daß sie sich einer einheitlichen Führung unterstellten. Schon vor über einem Jahr war Jean Moulin mit dem Auftrag, dies zu bewerkstelligen, am Fallschirm in Frankreich abgesetzt worden. Am 27. Mai hatte er sein Ziel endlich erreicht. Auf einer geheimen Konferenz in Paris erklärten sich vierzehn Résistance-Führer, die acht selbständige Bewegungen vertraten, bereit, General de Gaulle als ihren gemeinsamen obersten Befehlshaber anzuerkennen. Einen Monat später wurde Jean Moulin zusammen mit einigen anderen lokalen Résistance-Leuten in Lyon von der Gestapo verhaftet. Schrecklichste Foltern konnten ihn nicht dazu bewegen, irgend jemanden zu verraten. Er erlag den ihm zugefügten Verletzungen elf Tage später auf dem Transport in ein deutsches Konzentrationslager.

Im Gefolge des totalen Krieges waren Hunderttausende von Menschen überall auf der Welt in Lagern gelandet, wo die Folterung und Tötung der Insassen zur täglichen Routine der Wachmannschaften und Funktionäre gehörte. Besonders berüchtigt waren in dieser Hinsicht die Lager entlang der Thailand-Burma-Eisenbahnlinie. Anläßlich des ersten Todesfalls im Lager Hintok – der Gefreite E. L. Edwards starb am 2. Juni – schrieb Oberst Dunlop in sein Tagebuch: »Gott weiß, daß wir einen Schutzengel haben müssen, bedenkt man die schreckliche Sterblichkeit in allen anderen Lagern entlang dieser Strecke, die, wie mir scheint, auf einem Unterbau von Knochen ruht.« Über das Lager Konyu wußte Dunlop zu berichten, es sei »in diesen Tagen ein regelrechtes Todeslager – durchschnittlich mindestens ein Toter pro Tag, und neulich einmal fünf an einem Tag«. Die Gefangenen würden »frühmorgens bei rabenschwarzer Dunkelheit und Nässe« geweckt, um dann nach dem »Abkochen der morgendlichen Reisration beim ersten Lichtstrahl abzumarschieren und nach einem grausamen Tag bei Regen und Schlamm nach Einbruch der Dunkelheit zurückzukehren«.

Am 2. Juni flog die deutsche Luftwaffe eine Reihe von Angriffen auf Kursk. Einen Tag später bombardierte die sowjetische Luftwaffe deutsche Stellungen in Orel. In Algier ging am 3. Juni eine Konferenz zwischen Churchill und den Oberbefehlshabern der alliierten Teilstreitkräfte in Nordafrika zu Ende, auf der der Beschluß gefaßt wurde, Operation »Tidal Wave«, die Bombardierung der rumänischen Ölfelder bei Ploesti, anlaufen zu lassen. Abgesegnet wurde auch der Plan, den großen Rangierbahnhof von Rom zu bombardieren. General Marshall empfahl, für den Angriff auf den Rangierbahnhof »eine große Flotte von Flugzeugen« einzusetzen.

Die Deutschen bekamen die Probleme im Hinterland ihrer Ostfront nicht in den Griff. Am 3. Juni starteten sie zur Bekämpfung sowjetischer Partisanen im Raum Polozk–Lepel–Borisow die Operation »Cottbus«. Im französischen Clermont-Ferrand verübte an diesem Tag ein Résistance-Kommando einen Überfall auf die Michelin-Reifenfabrik und ließ über 300 Tonnen Reifen in Flammen aufgehen.

Die Deutschen führten den Kampf gegen ihre Feinde hinter den Linien mit derselben Verbissenheit wie den Krieg an der Front. Im Zuge der Operation »Cottbus« mußten 5000 russische Dorfbewohner, darunter viele Frauen und Kinder, sterben, weil die Partisanen in oder nahe ihren Dörfern Unterschlupf gefunden hatten. Andererseits fielen den Deutschen nur 492 Gewehre in die Hände – und dies in einem Gebiet, in dem mehrere tausend Partisanen aktiv waren. Wie ein deutscher Bericht vom 5. Juni beunruhigt feststellte, verfügten einige der größeren Partisanenstützpunkte über Rollbahnen, auf denen zweimotorige Flugzeuge landen konnten, welche Truppen und Waffen brachten und bei jedem Flug fünfzehn bis zwanzig Verwundete mitnehmen konnten.

Das Uhrwerk der Endlösung lief unablässig weiter. In Warschau entdeckten deutsche Soldaten am 3. Juni in einem Bunker unter den Ruinen des Gettos 150 Juden; der Bunker wurde mitsamt seinen Insassen in die Luft gejagt. In dem Städtchen Michalowice wurden am 3. Juni die beiden polnischen Bauern Stephan Kaczmarski und Stanislaw Stojka erschossen, weil sie drei Juden bei sich versteckt hatten. Zwei Tage später wurde das Zwangsarbeitslager in Mińsk Mazowiecki bei Warschau aufgelöst. Alle 150 Insassen wurden erschossen.

Im besetzten Westeuropa sorgten funktionierende Fluchthilfeorganisationen dafür, daß Hunderte von abgeschossenen Piloten nicht den Deutschen in die Hände fielen, sondern nach Großbritannien zurückkehren und rasch wieder fliegen konnten. Eine der von der Résistance organisierten Fluchtrouten, die »Komet-Linie«, wurde allerdings am 7. Juni aufgedeckt. Als fünf englische und ein amerikanischer Flieger sich in Paris mit den beiden »Komet«-Kontaktleuten Frederic de Jongh und Robert Ayle trafen, wurden sie von der Gestapo verhaftet. Ein junger Franzose, der zweiundzwanzigjährige Jacques Desoubrie, hatte sie verraten. Während die sechs Flieger in einem Kriegsgefangenenlager landeten, wanderten die beiden Kontaktleute in ein Gestapogefängnis, wo sie bald darauf erschossen wurden.

Der Verrat von Jacques Desoubrie zog die Verhaftung von fünfzig französischen und belgischen Résistance-Mitgliedern nach sich, die fast ausnahmslos hingerichtet wurden. Am 7. Juni, dem Tag der Verhaftung der alliierten Flieger in Paris, teilte Professor Clauberg seinem obersten Chef Himmler mit, die von ihm in Auschwitz experimentell erprobte Methode zur rationellen Sterilisierung von Frauen durch Röntgenstrahlen sei »so gut wie fertig ausgearbeitet«. Er fügte hinzu: »Was die Frage anlangt, die Sie, Reichsführer, mir vor fast Jahresfrist stellten, nämlich in welcher Zeit es etwa möglich sein würde, 1000 Frauen auf diese Weise zu sterilisieren, so kann ich diese heute voraussehend beantworten. Nämlich: Wenn die von mir durchgeführten Untersuchungen so weiter ausgehen wie bisher – und es besteht kein Grund anzunehmen, daß sie es nicht tun –, so ist der Augenblick nicht mehr sehr fern, wo ich sagen kann: ›von einem entsprechend eingeübten Arzt an einer entsprechend eingerichteten Stelle mit vielleicht 10 Mann Hilfspersonal höchstwahrscheinlich mehrere hundert – wenn nicht gar 1000 – an einem Tage‹.«

An Versuchspersonen für diese »Experimente« war kein Mangel: Am 8. Juni ging aus Saloniki ein Transport mit mehr als 800 griechischen Juden nach Auschwitz ab; Ende des Monats folgten weitere tausend Juden aus Paris sowie 2000 aus der oberschlesischen Stadt Dąbrowa Górnicza. Auch die wenigen noch in Deutschland verbliebenen Juden wurden jetzt erfaßt und deportiert: In Auschwitz trafen im Laufe des Juni siebzig Juden aus Nürnberg, 57 aus Würzburg und 18 aus Bamberg ein. Ebenfalls nach Auschwitz deportiert wurden in diesem Monat sämtliche Bewohner des jüdischen Altersheims in der tschechischen Stadt Mährisch-Ostrau.

In Lyon begann der Gestapochef der Stadt, Klaus Barbie, am 6. Juni die dreizehnjährige Simone Legrange zu vernehmen, deren Familie von einem Nachbarn mit der Behauptung, es handle sich um untergetauchte Juden, denunziert worden war. Das mit Folterqualen gespickte Verhör dauerte fünf Tage. Anschließend wurde die ganze Familie nach Auschwitz deportiert, wo Simones Vater vor ihren Augen erschossen und ihre Mutter der Gaskammer überantwortet wurde, nachdem sie beim »Stehlen« einiger weggeworfener Kohlblätter erwischt worden war. »Erschossen oder deportiert«, erklärte Barbie gegenüber einem Vertreter der Lyoner Juden, »das macht keinen Unterschied.« Es machte auch bei Angehörigen der französischen Résistance keinen Unterschied: Am 9. Juni verhaftete die Pariser Gestapo Alexander Rochais, den sechsundfünfzigjährigen Leiter der 6. Sektion der Pariser Résistance. Er wurde nach Buchenwald deportiert und dort drei Monate später ermordet. In der Rue St. André des Arts in Paris markiert eine Wandplakette das Haus, in dem Rochais verhaftet wurde.

In Jugoslawien kam am 9. Juni Hauptmann Stuart, einer der beiden zu den Partisanen entsandten britischen Offiziere, bei einem Bombenangriff auf das Hauptquartier Titos ums Leben. In der Nacht darauf umzingelten die Häscher der Operation »Schwarz« den Ort, an dem sich Tito, sein Stab, ein Schutzbataillon und die drei überlebenden Mitglieder der britischen Mission aufhielten. Sie wagten einen Ausbruchsversuch, bei dem Tito und Bill Deakin, der andere britische Offizier, verwundet und über hundert Partisanen getötet wurden. Aber sie kamen durch, und damit hatte Operation »Schwarz« ihr Ziel verfehlt: Die dezimierten und versprengten Kämpfer Titos sammelten sich und nahmen den Kampf wieder auf.

Nach zehntägiger vorbereitender Bombardierung aus der Luft und Beschießung von See her traten die britischen Truppen in Tunis am 11. Juni zur Operation »Corkscrew« an: der Lan-

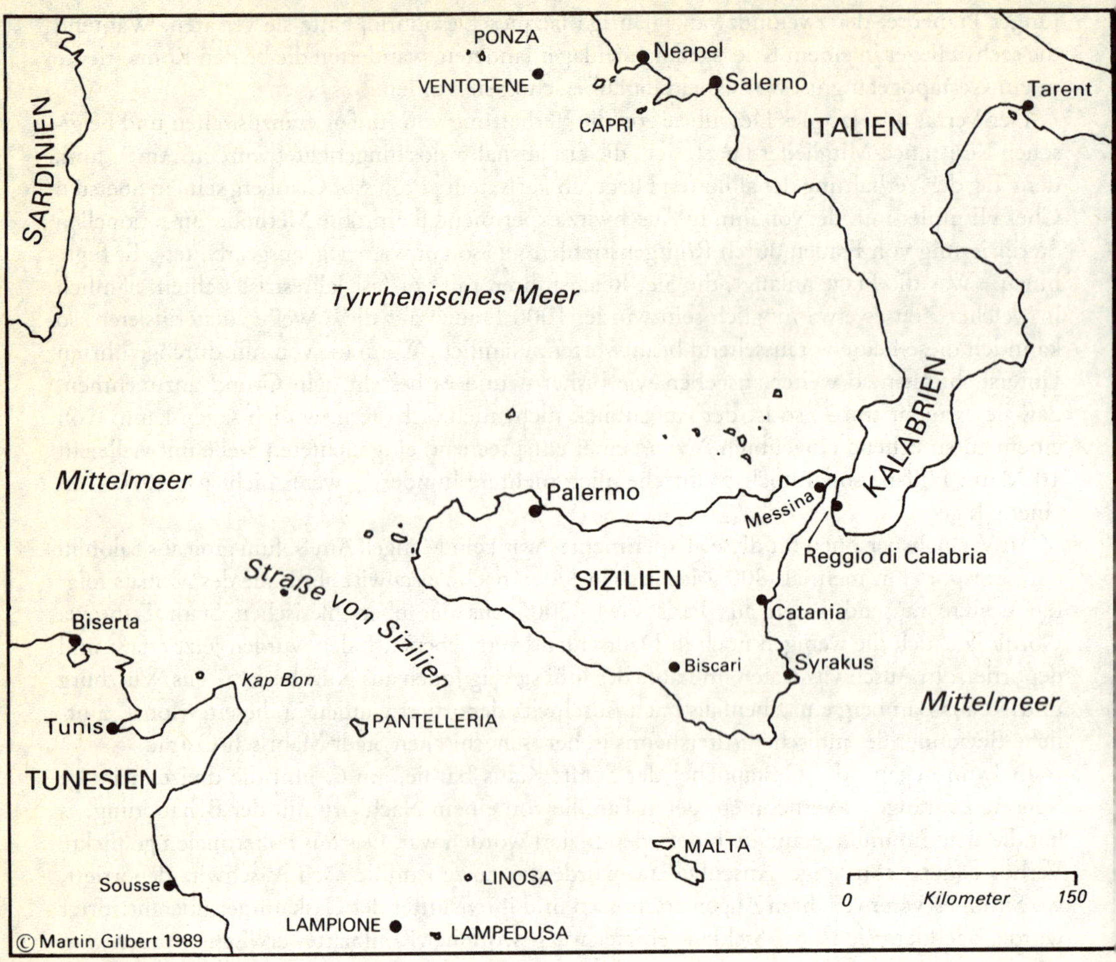

Von Tunis nach Sizilien, Mai – Juli 1943

dung auf der kleinen italienischen Insel Pantelleria. Die dort stationierte italienische Garnison ergab sich sogleich. Am Nachmittag des nächsten Tages kapitulierte auch die italienische Garnison auf der Insel Lampedusa bedingungslos, nachdem sie durch heftigen Beschuß aus der Luft und von See her eingeschüchtert worden war. Linosa, eine weitere italienische Insel, kapitulierte am 13. Juni, und am selben Tag besetzte die Royal Navy das unbewohnte Eiland Lampione. Kein militärisches Hindernis stand jetzt mehr zwischen den alliierten Truppen in Tunesien und der Küste Siziliens, die sie in der zweiten Juliwoche zu stürmen gedachten.

In den Kriegsgefangenenlagern entlang der Thailand-Burma-Eisenbahnlinie gesellte sich zu allen anderen Übeln und Gefahren nun auch noch die Cholera. »Ich habe gerade erfahren«, vermerkte Oberst Dunlop am 13. Juni, »daß im Lager gegenüber gestern 130 britische Soldaten gestorben sind.« Sein Kommentar dazu: »Die Cholera hat den Untergang dieser vom Tod gezeichneten Männer nur beschleunigt. Innere Austrocknung, in einen schwarzen Mantel gehüllt, führt zum schmerzvollen Exitus der Opfer.«

Während Hitler nach wie vor überzeugt war, die Herrschaft über Europa behaupten zu können, teilten seine Unterführer diese Zuversicht nicht durchweg, und selbst in der SS schien es Zweifler zu geben. Deren Reichsführer Heinrich Himmler jedenfalls entschloß sich im Sommer 1943, die vollständige Vernichtung aller Zeugnisse und Beweise für den Massenmord an den Juden und an den sowjetischen Kriegsgefangenen in die Wege zu leiten. Zu diesem Zweck wurden Sonderkommandos zu allen Schauplätzen des Massenmordes geschickt, die den Auftrag hatten, die Leichen auszugraben und zu verbrennen. Mit der Leitung dieser großangelegten Operation, die mehr als ein Jahr intensiver Arbeit in Anspruch nehmen sollte, wurde SS-Standartenführer Paul Blobel betraut, ein Mann, der früher eines der SS-Mordkommandos im besetzten Rußland befehligt hatte. Blobels neue Einsatzgruppe Nr. 1005, auch als das »Blobel-Kommando« bekannt, begann ihre Tätigkeit am 15. Juni an den Massengräbern bei Lemberg. Einige hundert jüdische Arbeitssklaven aus dem benachbarten Konzentrationslager Janowska wurden an die Gruben geführt. Sie mußten die in Verwesung übergegangenen Leichen ausgraben, ihnen die Goldzähne herausbrechen und die Goldringe von den Fingern ziehen. Erst dann wurden sie verbrannt. »Jeden Tag«, berichtete später Leon Weliczker, einer der wenigen Juden, die einen solchen »Einsatz« überlebten, »kamen etwa 8 Kilogramm Gold zusammen.«

Am selben Tag, an dem das Blobel-Kommando bei Lemberg mit seiner grausigen Tätigkeit begann, stattete der Inspekteur der Konzentrationslager, SS-Brigadeführer Richard Glücks, dem Lager Auschwitz einen Besuch ab. Er entdeckte einiges, was ihm nicht gefiel, beispielsweise die Tatsache, daß die Gaskammern, die er in seinem Bericht als »Sondergebäude« bezeichnete, ungünstig plaziert waren; er befahl ihre Verlegung an eine Stelle, wo nicht »alle möglichen Leute« neugierige Blicke darauf werfen konnten. Eine Auswirkung seiner Rüge war die Anlage eines »Grünstreifens« aus schnellwüchsigen Sträuchern und Bäumen um die beiden dem Lagereingang nächstgelegenen Krematorien.

An dem Tag, an dem Glücks Bericht erstattete, wurde bei den unweit von Auschwitz gelegenen Kohlezechen von Jaworzno ein neues Arbeitslager eröffnet. Am nächsten Tag, dem 16. Juni, erteilte Himmler die Erlaubnis zur Überstellung von acht Juden aus Auschwitz an das Konzentrationslager Sachsenhausen bei Berlin, wo Experimente zur Erforschung der Gelbsucht durchgeführt wurden. Fünf Tage später gab Himmler im Interesse der »medizinischen Wissenschaft«, wie er es nannte, seine Einwilligung zur »Abgabe« von 73 männlichen und dreißig jüdischen Häftlingen des Lagers Auschwitz an das Konzentrationslager Natzweiler im Elsaß. Nach ihrer Ankunft in Natzweiler wurden ihre »Körpermaße« aufgenommen. Dann wurden sie ermordet und ihre Skelette als »Anschauungsmaterial« dem Anatomischen Museum in Straßburg überlassen.

400 Kilometer westlich von Natzweiler, im Dreieck Orléans–Étampes–Chartres südlich von Paris, bereitete zu diesem Zeitpunkt ein Angehöriger der Résistance Sabotageanschläge gegen deutsche Eisenbahn- und Telefoneinrichtungen vor. Am 16. Juni stieß Noor Inayat, eine von der Résistance entsandte Funkerin zu ihm. Die Frau, die unter dem Decknamen »Madeleine« operierte und fließend französisch und englisch sprach, war eine indische Prinzessin, eine direkte Nachkommin von Sultan Tipoo. Sie leistete der Résistance unschätzbar wertvolle Dienste, bis sie durch Verrat in die Hände der Deutschen fiel. Im September 1944 wurde sie in Dachau erschossen.

Die deutsche Ausrottungspolitik wurde nun mit einer gewissen Eile fortgeführt. Während auf der einen Seite das Blobel-Kommando mit der Beseitigung der Zeugnisse des Massenmordes begann, wurde auf der anderen das Tempo des Mordens verschärft. »Der Führer sprach auf meinen Vortrag in der Judenfrage hin aus«, notierte Himmler am 19. Juni auf dem Obersalzberg, »daß die Evakuierung der Juden trotz der dadurch in den nächsten drei bis vier Monaten noch entstehenden Unruhen radikal durchzuführen sei und durchgestanden werden müßte.«

In Ostgalizien wurden in diesem Juni über 20000 Juden auf offenem Feld oder in Gruben ermordet, nachdem die Gaskammern von Belzec vorübergehend stillgelegt worden waren, damit eines der Blobel-Kommandos im Lager ungestört Leichen verbrennen, die Knochen mit einer Spezialmaschine zerstoßen und die Asche verstreuen konnte. Als dieses Kommando, das ausschließlich aus jüdischen Arbeitssklaven bestand, nach Sobibor in Marsch gesetzt wurde, vermuteten die Männer, daß sie dort vergast werden sollten. Daher unternahmen sie am Bahnhof einen Fluchtversuch, bei dem sie allesamt erschossen wurden.

Am 20. Juni brachen britische Bomber zur Operation »Bellicose« auf, dem ersten »Pendel-Bombereinsatz« des Zweiten Weltkriegs. Von ihren englischen Stützpunkten kommend, bombardierten die Maschinen zunächst einen stahlverarbeitenden Betrieb in Friedrichshafen am Bodensee und flogen dann nach Algerien weiter; später, auf ihrem Rückflug nach England, flogen sie einen Angriff auf den italienischen Marinestützpunkt La Spezia. Was die Briten nicht wußten, war, daß sich in der Friedrichshafener Fabrik auch eine Montagestraße für die V 2-Rakete befand; 300 Raketen pro Monat sollten hier zusammengebaut werden. Die britischen Bomber leisteten jedoch so gründliche Arbeit, daß die Montagestraße aufgegeben wurde.

Zwischen den Angriffen auf Friedrichshafen und La Spezia war Wuppertal mit seiner kriegswichtigen Industrie ein zweites Mal bombardiert worden. Der Angriff richtete nicht nur immense Schäden in den Industriebetrieben der Stadt an, so daß deren Produktion für fast zwei Monate zum Erliegen kam, sondern entfachte auch einen Feuersturm, den zweiten innerhalb von zwei Monaten, der wiederum 3000 Todesopfer forderte. Selbst britische Zeitungen zogen eine Parallele zu dem deutschen Luftangriff auf Coventry, der 568 Zivilisten das Leben gekostet und die Industrieproduktion der Stadt für einen Monat lahmgelegt hatte.

An jedem Tag fand mittlerweile irgendwo in Deutschland ein alliierter Bombenangriff statt. Am 22. Juni bombardierte die 8. US-Luftflotte in Hüls im Ruhrgebiet ein Werk für synthetischen Kautschuk und brachte auf diese Weise für mehrere Monate die Produktion zum Erliegen.

Im Pazifik erweiterten die US-Marines allmählich ihren Aktionsradius. Am 22. Juni landete ein Kommando auf der Trobriand-Insel Woodlark, und am gleichen Tag wurde eine Einheit, die schon zuvor auf der Insel New Georgia gelandet war, verstärkt. Nach der geglückten Einnahme von Woodlark landeten amerikanische Truppen in der Nacht zum 24. Juni auch auf Kiriwina, der größten der Trobriand-Inseln. Eine Woche später ließ General MacArthur die Operation »Cartwheel« anlaufen, eine Serie amphibischer Unternehmen mit dem Ziel, Rabaul zurückzuerobern. Die erste dieser Landungsoperationen fand auf der Insel Rendova statt. Die Rückeroberung des Pazifiks hatte begonnen, Strand um Strand, Insel um Insel wurde von den Amerikanern genommen. Überall kämpften die Japaner, als ginge es um die Verteidigung heiliger japanischer Erde. Dennoch waren die Alliierten Ende Juni die unangefochtenen Herren der Salomon-Inseln.

In der dritten Juniwoche gab Churchill Anweisung, den Versorgungsflügen für die Partisanen Titos Vorrang »auch vor der Bombardierung Deutschlands« einzuräumen. Am 23. Juni betonte er gegenüber den britischen Stabschefs, die Flugzeuge, die man benötige, um den jugoslawischen Partisanen monatlich bis zu 500 Tonnen Waffen und Ausrüstung zukommen zu lassen, seien ein »geringer Preis« für das, was damit erreicht werde: die Bindung deutscher und italienischer Truppen in Jugoslawien. »Es ist wichtig, diese Bewegung am Leben zu halten«, betonte Churchill.

Auf dem Obersalzberg bei Berchtesgaden kam Hitler an diesem 23. Juni in die Verlegenheit, die Judendeportationen rechtfertigen zu müssen. Henrietta von Schirach, die Tochter von Hitlers Leibfotografen Heinrich Hoffmann und Gattin des Gauleiters von Wien, Baldur von Schirach, hatte unlängst bei einem Besuch in Amsterdam mitangesehen, wie Juden in Güterwaggons verladen wurden. Sie schilderte Hitler ihre Empörung über dieses »fürchterliche« Erlebnis und fragte ihn: »Wissen Sie davon? Billigen Sie es?« Hitler antwortete ihr: »Sie werden zur Arbeit abtransportiert, also brauchen Sie kein Mitleid mit ihnen zu haben.« Und er fügte hinzu: »Lassen Sie mich Ihnen Folgendes sagen: Das hier sind die zwei Schalen einer Waage.« Er erhob die Hände, um die Waagschalen symbolisch darzustellen. »Deutschland hat eine halbe Million seiner besten Männer auf dem Schlachtfeld verloren. Soll ich diese anderen erhalten und versorgen? Ich möchte, daß von unserer Rasse auch noch in tausend Jahren etwas übrig ist.«

Hitler entließ Frau von Schirach mit der Mahnung: »Sie müssen hassen lernen!« Zwei Tage später wurden tausend Juden aus Tschenstochau nach Auschwitz deportiert. In Tschenstochau gab es eine jüdische Widerstandsorganisation, deren Führer Mordechai Zylberberg und Lutek Glickstein waren. Als die Deutschen mit der Verhaftung ihrer Opfer begannen, verteilten sie ihre wenigen Waffen an ihre Gefolgsleute und wiesen sie an, bestimmte Positionen in den Kellern der Stadt zu beziehen. Die Deutschen stürmten diese Keller und töteten die meisten der Widerstandskämpfer. Deren Waffenarsenal war dürftig: dreißig Handgranaten, achtzehn Pistolen und zwei Gewehre fielen den Deutschen in die Hände. Ein aus sechs Kämpfern bestehendes, von Rivka Glanc befehligtes Kommando, das nur über zwei Pistolen und eine einzige Handgranate verfügte, wurde von den Deutschen gestellt und vernichtet.

Am 25. Juni starteten die Deutschen die gegen sowjetische Partisanen im Raum Dorogobusch gerichtete Operation »Seydlitz«; das nicht weit hinter der Front gelegene Dorogobusch war eine wichtige Drehscheibe für den deutschen Truppennachschub. Im besetzten Frankreich leitete am Abend dieses Tages der britische Agent Michael Trotobas, der von seinen Kameraden Hauptmann Michel genannt wurde, ein Kommandounternehmen gegen die für die Deutschen produzierenden Lokomotivwerke in Fives, einem Vorort von Lille. »Wir werden diese Aktion mit Raffinesse und nicht mit Gewalt durchführen«, erläuterte Trotobas der kleinen Gruppe von Résistance-Kämpfern, die er um sich geschart hatte. Mit Hilfe einer List verschafften die Männer sich Zutritt zum Werksgelände, wo sie insgesamt 24 mächtige Sprengladungen unterbrachten und zündeten. »Auftrag erledigt«, funkte Trotobas triumphierend nach London.

In der Luftschlacht über dem Ruhrgebiet warfen britische Bomber in diesem Monat an zwanzig Abenden 15 000 Tonnen Bomben ab. Richard Casey, der Vertreter Australiens im britischen Kriegskabinett, schrieb am 27. Juni, nachdem er den Tag als Wochenendgast bei den Churchills verbracht hatte, in sein Tagebuch: »Während der Vorführung eines Films über die Bombardierung deutscher Städte aus der Luft, der aus Aufnahmen, welche bei echten Bombenangriffen gemacht wurden, sehr gut und dramatisch zusammengeschnitten war, setzte er [Churchill] sich plötzlich kerzengerade auf und sagte zu mir: ›Sind wir Unmenschen? Gehen wir hier zu weit?‹«

Casey war um eine Antwort nicht verlegen. »Ich sagte, wir hätten nicht damit angefangen«, berichtete er, »und es gehe um Sein oder Nichtsein.« In der Nacht darauf schlugen britische Bomber in Köln sowie in Livorno und Messina zu. Es waren nicht die Angriffe auf das Ruhrgebiet, sondern die Bombardierungen von Zielen in Italien und Sizilien, die eine unmittelbare strategische Reaktion der deutschen Wehrmacht nach sich zogen. Der Führungsstab der Luftwaffe, der eine drohende Niederlage oder einen Abfall der Italiener befürchtete, verlegte zwei Einsatzkommandos aus Südrußland nach Italien. Die Briten erfuhren dies übrigens aus einer Enigma-verschlüsselten Botschaft.

Auch den Sowjets gelangen jetzt erste Einbrüche in das deutsche Enigma-System, nachdem sie im Juni einen von der deutschen Luftwaffe für den Luft-Boden-Funk benutzten Codeschlüssel und eine Enigma-Maschine der deutschen Marine erbeutet hatten. Aufklärungsexperten der britischen und der sowjetischen Marine trafen daraufhin in Murmansk zusammen, um Möglichkeiten zur optimalen Nutzung der künftig zu erwartenden Erkenntnisse zu erörtern. Die Briten stellten den Russen bald darauf eine Enigma-Maschine mit zugehörigem Benutzerhandbuch zur Verfügung.

In einer Radioansprache am 30. Juni kam Churchill auf die bevorstehende Landung in Italien sowie auf die anhaltenden Spekulationen der Achsenmächte über den mutmaßlichen Ort der Landung zu sprechen. »Es gehört nicht zu unseren Aufgaben«, sagte er, »sie von ihrer Angst oder Ungewißheit zu befreien.« Des weiteren sprach Churchill von den »furchtbaren Grausamkeiten«, die die deutschen Armeen, »ihre Gauleiter und ihre subalternen Folterer« jetzt in weiten Teilen Europas verübten, und erklärte: »Wenn wir jede Woche Meldungen über Massenerschießungen von Polen, Norwegern, Holländern, Tschechoslowaken, Franzosen, Jugoslawen und Griechen lesen; wenn wir diese alten und ehrwürdigen Länder, deren Leistungen und Traditionen das Vermächtnis ganz Europas sind, unter dieser gnadenlosen Fremdherrschaft schmachten sehen und wenn wir erleben, wie die Patrioten dieser Länder mit einer sich von Woche zu Woche steigernden, immer verzweifelteren Wut zurückschlagen, dann dürfen wir uns in der Gewißheit wiegen, daß wir das Schwert der Gerechtigkeit tragen und berechtigt sind, dieses Schwert bis zum äußersten und bis zum Ende mit größtmöglicher Härte einzusetzen.«

Am 1. Juli kehrte Hitler in sein Hauptquartier »Wolfsschanze« bei Rastenburg zurück. In einer Besprechung mit den Befehlshabern der Operation »Zitadelle« setzte er den Beginn des Angriffs auf den Kursker Bogen auf den 4. Juli fest. Die deutsche Wehrmacht müsse, so erklärte er, das Großdeutsche Reich weit jenseits seiner Grenzen verteidigen. Es gebe eine einfache Regel, nach der sich dies bewerkstelligen lasse: »Wo wir sind, bleiben wir« – sei es in Rußland, Sizilien, Griechenland oder auf Kreta.

Am 2. Juli führten die Deutschen im Raum Smolensk die Operation »Günther« durch. Dies war ein letzter Versuch, vor der großen Kursker Offensive noch die sowjetische Partisanenaktivität hinter den Linien einzudämmen. Zwei Tage später übermittelte Hitler den zum Angriff auf den Kursker Bogen bereitstehenden Soldaten eine persönliche Botschaft: »Mit dem heutigen Tag tretet ihr zu einer großen Angriffsschlacht an, deren Ausgang kriegsentscheidende Bedeutung haben kann«, schärfte er ihnen ein. »Euer Sieg muß in der ganzen Welt mehr noch als früher die Überzeugung verstärken, daß jeder Widerstand gegen die deutsche Wehrmacht am Ende doch vergeblich ist.« Doch in den frühen Nachtstunden des 5. Juli, um 1.10 Uhr – 2 Stunden und 20 Minuten vor dem Startschuß für die (noch einmal um einen Tag verschobene) deutsche Offensive – eröffneten die Russen ein Artilleriebombardement auf die deutschen Aufmarschpositionen und Artilleriestellungen. Die Schäden auf deutscher Seite waren beträchtlich. Obwohl dem deutschen Angriff damit von vornherein ein Teil seiner Schlagkraft sowie das beabsichtigte Überraschungsmoment genommen war, begann er pünktlich um 3.30 Uhr.

Die Schlacht um den Kursker Bogen, die nun entlang einer 400 Kilometer langen Front entbrannte, absorbierte die militärischen Energien, die Substanz, die Willenskraft und die Hoff-

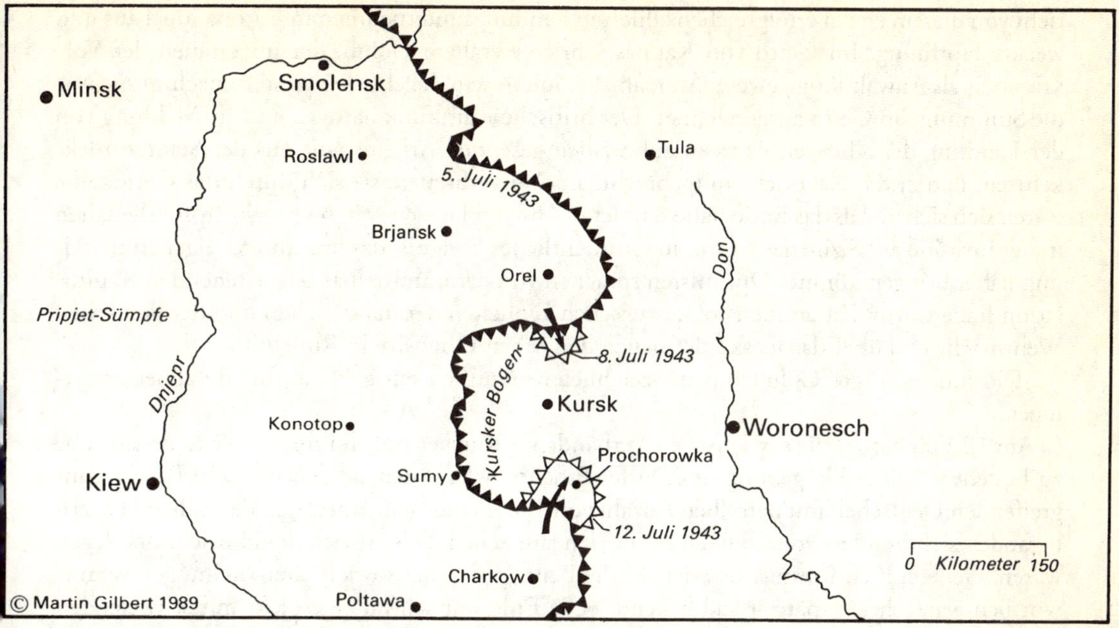

Die Schlacht um den ›Kursker Bogen‹, Juli 1943

nungen beider Seiten. 6000 Panzer und 4000 Flugzeuge waren an dieser größten Panzerschlacht der Geschichte beteiligt. Für Hitler ging es darum, eine relativ kleine Ausbuchtung des Frontverlaufs zu begradigen. Stalin setzte alles daran, ebendiese Ausbuchtung zu verteidigen und Kursk zu behaupten.

Wieder einmal krönten heroische individuelle Taten einen blutigen, schmutzigen Krieg. Am 6. Juli sah sich der sowjetische Pilot Leutnant Alexej Gorowez am Himmel über dem Kursker Bogen unversehens zwanzig deutschen Flugzeugen gegenüber. Er entschloß sich zum Angriff, erwischte als erstes den deutschen Geschwaderführer und schoß danach noch acht weitere Gegner ab. Erst dann wurde er von vier deutschen Jägern, die, für ihn unsichtbar, von oben angriffen, abgeschossen. Gorowez wurde posthum zum Helden der Sowjetunion ernannt.

Im Morgengrauen des 10. Juli, fünf Tage nach Beginn der Schlacht um Kursk und zu einem Zeitpunkt, da ihr Ausgang noch nicht abzusehen war, landeten alliierte Truppen an der sizilianischen Küste. 160 000 Mann und 600 Panzer wurden unter dem Schutz eines intensiven Artilleriesperrfeuers von See her ans Ufer gesetzt. Auch hier kam es zu bemerkenswerten individuellen Heldentaten. Der britische Major Richard Londsdale, der mit seinen Männern am Fallschirm über Sizilien abgesetzt und aufgrund einer Höhenströmung zu weit ins Landesinnere abgetrieben worden war, stellte sich gleichwohl an Ort und Stelle den Deutschen zum Kampf. Mehrere aufeinanderfolgende deutsche Angriffe schlugen er und seine Männer ab, bis die Deutschen von sich aus den Rückzug antraten. Für diese Leistung erhielt Major Londsdale den Distinguished Service Orden.

Britische Soldaten drangen in dieser Nacht in Syrakus ein, das somit zur ersten befreiten Stadt auf italienischem Territorium wurde. In den deutsch besetzten Ländern löste die Nachricht von diesem ersten erfolgreichen alliierten Landungsunternehmen in Europa Jubel aus und weckte Hoffnung. Im Getto von Kaunas schrieb Avraham Golub, der im Litauen der Vorkriegszeit als Anwalt tätig gewesen war, am 11. Juli in sein Tagebuch: »Gestern nachmittag war die Stimmung im Getto ausgezeichnet. Der britische Rundfunk hatte gerade die Meldung von der Landung der alliierten Armeen auf Sizilien gesendet. Arbeiter, die aus der Stadt zurückkehrten, hatten die Nachricht mitgebracht. Im Nu verbreitete sie sich durch das Getto. Alle waren sich sicher, daß das Ende nahe sei; tief in unseren Herzen waren wir sehr froh. Alle sahen in der Invasion auf Sizilien ein ganz außerordentliches Ereignis, das uns unserer eigenen Befreiung näher bringen könnte. Optimisten sprachen von der unmittelbar bevorstehenden Kapitulation Italiens, von Zusammenstößen zwischen Einheiten der italienischen und der deutschen Wehrmacht und über das Fiasko der neuen deutschen Offensive in Rußland.«

»Die Juden«, fügte Golub hinzu, »zeichneten natürlich eifrig Pläne für die alliierten Armeen.«

Am 12. Juli hatten die sowjetischen Verbände im Kursker Bogen ihre schwerste Feuerprobe zu bestehen: In der Umgebung des Dorfes Prochorowka traten sie den mit 900 Panzern angreifenden Deutschen mit derselben Anzahl von Tanks entgegen. Unter den deutschen Panzern befanden sich hundert vom Typ Tiger, die den russischen T-34 in vielerlei Hinsicht überlegen waren. General P. A. Rotmistrow, der für die Behauptung der sowjetischen Stellungen verantwortlich war, schrieb später rückblickend: »Die Erde war schwarz, gespickt mit schwelenden Panzern, die wie brennende Fackeln aussahen.« Rotmistrow schilderte eine Episode, die sich im Verlauf der Schlacht zutrug: »Der Kommandant eines sowjetischen T-34 war von einer Granate, die sich in den Panzer gebohrt und ihn in Brand gesetzt hatte, so schwer verwundet worden, daß er herausgeholt und in die schützende Deckung eines Kraters gebettet wurde. In diesem Augenblick kam ein deutscher Tiger auf den schon getroffenen T-34 zugerollt, woraufhin dessen Fahrer Alexander Nikolajew in seinen beschädigten und rauchenden Panzer zurückkletterte, anfuhr und auf den deutschen Panzer zuraste. Wie eine Feuerkugel jagte der T-34 über den Boden; der Tiger stoppte ab, aber es war zu spät. Der brennende T-34 prallte mit voller Wucht auf den deutschen Panzer, und es gab eine Explosion, die die Erde beben ließ.«

Bei Einbruch der Nacht war die Panzerschlacht von Prochorowka zu Ende. 300 deutsche Panzer, darunter siebzig Tiger, waren über das Schlachtfeld verstreut. Die Russen hatten sogar noch mehr Panzer verloren. Doch der deutsche Vorstoß war zum Stillstand gebracht. Nördlich des Kursker Bogens starteten die Russen am selben Tag einen Angriff auf Orel. Diese Operation »Kutusow« war ein Ablenkungsmanöver, das die Deutschen zwang, ihre Kräfte aufzusplittern, und sie der Möglichkeit beraubte, aus Orel Verstärkungen in den Kursker Bogen zu schicken. Auch wenn diese sowjetische Offensive nur sehr langsam Bodengewinne brachte, zeigte sie doch, wie sehr die Fähigkeit zur strategischen und taktischen Initiative nach zwei Jahren Krieg im Osten vom Angreifer auf den Verteidiger übergegangen war. Immer häufiger sollte es von jetzt an die Rote Armee sein, die zum Angriff überging.

Weiter hinter der Front verübten die Deutschen weiterhin Massaker. Am 22. Juli ermordeten deutsche Polizei- und Wehrmachtkommandos alle 200 Einwohner des polnischen Dorfes Michniow, darunter Säuglinge und schwangere Frauen. Einen Tag später erschossen deutsche Soldaten in dem Dorf Sikory Tomkowieta bei Białystok 48 Menschen, darunter vierzehn Kinder, weil das Dorf das jeder Ortschaft auferlegte Lebensmittelkontingent nicht geliefert hatte.

Auf den Inseln des Salomon-Archipels kämpften mittlerweile 30 000 angelandete amerikanische Soldaten gegen die sich fanatisch wehrenden japanischen Besatzer. Auf Sizilien rückten amerikanische, britische und kanadische Truppen nordwärts vor und trafen auf heftigen deutschen und italienischen Widerstand. Im Atlantik konnten Briten und Amerikaner dank neuer Ortungstechniken innerhalb von 36 Stunden sieben deutsche U-Boote versenken – »eine Rekordzahl ausgeschalteter U-Boote in einem so kurzen Zeitraum«, wie Churchill am 14. Juli an Roosevelt telegrafierte.

Am 14. Juli war bereits offenkundig, daß die zur Eroberung von Kursk angetretenen deutschen Truppen leer ausgehen würden. Über 3000 Wehrmachtsoldaten waren bereits gefallen, 3000 deutsche Panzer zerstört. Die Russen hatten darüber hinaus insgesamt 5000 Motorfahrzeuge, 1392 Flugzeuge und 844 Feldgeschütze erbeutet. Auch die Rote Armee hatte Tausende von Gefallenen zu beklagen, aber sie hatte, indem sie vor Kursk die Stellung hielt, bewiesen, daß sie in der Lage war, selbst ein relativ eng gestecktes deutsches Ziel zu vereiteln. Hitler berief seine Generalfeldmarschälle von Kluge und von Manstein nach Rastenburg und befahl ihnen, die Operation »Zitadelle« abzubrechen.

Damit hatte Hitler sich erstmals dafür entschieden, eine Angriffsoperation schon nach wenigen Tagen wieder abzubrechen. Und die Russen holten bereits zu einem neuen Schlag aus: Am 14. Juli proklamierte das sowjetische Oberkommando einen »Schienenkrieg« gegen das gesamte von den Deutschen im Hinterland ihrer Front betriebene Eisenbahnnetz. Sechs Tage später hatten die Sowjets den Schienenweg Gomel–Brjansk–Orel auf mehreren 100 Kilometern Länge unpassierbar gemacht.

Zu den Erfolgen bei der militärischen Gegenwehr gesellte sich erstmals auch ein Akt der Vergeltung: Am 14. Juli wurde in Krasnodar der erste Kriegsverbrecherprozeß eröffnet. Elf Deutsche waren wegen der Ermordung zahlloser sowjetischer Zivilisten während der Dauer der deutschen Besatzung angeklagt. Acht von ihnen wurden zum Tode verurteilt und erschossen. Der Prozeß, den mehrere alliierte Journalisten vor Ort verfolgten, trug viel dazu bei, dem Westen ein Bild vom Wesen und vom Ausmaß der Nazigreueltaten im Osten zu vermitteln; in diesem besonderen Fall ging es um den Einsatz von Lastwagen, in deren Laderäume die Opfer gesperrt und mittels eingeleiteter Auspuffgase getötet worden waren. Im Prozeß wurden Beweise dafür vorgelegt, daß allein in Krasnodar rund 7000 Zivilisten auf diese Weise ermordet worden waren. »Männer, Frauen und Kinder«, stellte das Gericht fest, »wurden ohne Unterschied in die Lastwagen gepfercht«, darunter auch ein Großteil der Patienten des städtischen Krankenhauses. »Die schwerkranken Patienten wurden«, berichtete ein Zeuge, »auf Bahren herausgetragen und von den Deutschen ebenfalls in den Lastwagen geworfen.« Der Laster fuhr dann zu einem Panzerabwehrgraben, der am Rand der Stadt ausgehoben worden war. Bei der Ankunft waren alle Insassen des Laderaums tot. Die Leichen wurden in den Graben geworfen.

Auch nach Beginn des Prozesses in Krasnodar begingen die Deutschen weiterhin Massenmorde. Am 18. Juli wurden in der polnischen Stadt Miedzyrzec Podlaski 200 jüdische Arbeitssklaven umgebracht, zwei Tage später in Tschenstochau noch einmal 500. Aus Paris wurden in diesem Monat 200 Juden nach Auschwitz deportiert. Ihr Schicksal teilten 1500 Juden aus dem Lager Malines in Belgien, in dem sich noch mehrere tausend internierte belgische Juden befanden. Im Osten setzten die Deutschen ihren Krieg gegen die sowjetischen Partisanen fort, in dem zum Zwecke der Abschreckung und Vergeltung auch zahllose unbewaffnete Zivilisten getötet wurden. Am 15. Juli begann die Operation »Hermann«, eine vierwöchige Säuberungsaktion im Gebiet zwischen Wilna und Polozk.

Die deutschen Einheiten, die den Flugplatz von Biscari auf Sizilien verteidigten, fügten den angreifenden Amerikanern drei Tage lang schwere Verluste zu, ehe sie den Rückzug antreten mußten. Nach einem letzten Schußwechsel am 14. Juli, bei dem zwölf amerikanische Infanteristen durch Heckenschützen verwundet wurden, ergab sich eine Gruppe von 36 Italienern, unter denen sich einige Männer in Zivilkleidung befanden. Auf Befehl des amerikanischen Kompanieführers mußten sie sich entlang der Abbruchkante einer nahe gelegenen Schlucht aufstellen und wurden erschossen. Der Befehlshaber einer anderen amerikanischen Infanteriekompanie ließ am gleichen Tag 45 italienische und drei deutsche Kriegsgefangene ins Hinterland der Front bringen, wo sie verhört werden sollten. Nach einem knappen Kilometer Wegstrecke ließ der Unteroffizier der begleitenden Wachmannschaft den Troß anhalten, verkündete, daß er die »Hurensöhne« umbringen werde, borgte sich eine Maschinenpistole und erschoß die Gefangenen.

Als General Bradley von diesem Vorfall erfuhr und ihn seinem Vorgesetzten, General Patton, meldete, wies Patton ihn an, »dem für die Erschießungen verantwortlichen Offizier zu sagen, er solle deutlich machen, daß die Erschossenen Heckenschützen waren oder zu fliehen versucht hatten oder so etwas, da es sonst in der Presse böses Blut geben und die Zivilbevölkerung sich aufregen würde. Da sie nun einmal tot sind, läßt sich ohnehin nichts mehr machen.« Bradley verweigerte sich dieser Anordnung, und so wurden die beiden Männer vor ein Kriegsgericht gestellt. Der Unteroffizier Horace T. West wurde für schuldig befunden und zu lebenslänglicher Haft verurteilt, während der Offizier, Hauptmann John T. Compton, als nicht schuldig befunden und freigesprochen wurde. Wegen anhaltender Proteste gegen diese angebliche Diskriminierung des einfachen Soldaten gegenüber dem Offizier wurde Unteroffizier West nach einem Jahr aus der Haft entlassen und kehrte in den aktiven Dienst zurück. Hauptmann Compton war zu diesem Zeitpunkt bereits im Kampf gefallen.

Am Himmel über dem Kursker Bogen vollbrachten etliche sowjetische Piloten Heldentaten, die den Stoff für Legenden lieferten. Alexej Maresjew flog seine Maschine, obwohl er beide Beine durch Amputation verloren hatte, nachdem er bei einem früheren Einsatz über deutsch besetztem Territorium abgeschossen und beim Absturz schwer verletzt worden war. Dennoch hatte er es geschafft, in einer achtzehntägigen Odyssee, auf allen vieren kriechend, die sowjetischen Linien zu erreichen. Über Kursk kämpften auch die französischen Piloten des Normandie-Geschwaders, von denen einige in dieser Schlacht ihr Leben ließen; der Geschwaderkommandant, Major Jean-Louis Tulasne, schoß insgesamt 33 deutsche Flugzeuge ab.

Am 16. Juli begann der deutsche Rückzug am Kursker Bogen. Auf Sizilien bezogen die deutschen Truppen Auffangstellungen im Gebiet von Catania. Roosevelt und Churchill erklärten an diesem Tag in einem gemeinsamen Aufruf an das italienische Volk, ein jeder möge für sich entscheiden, ob er »für Mussolini und Hitler sterben oder aber für Italien und die Zivilisation leben« wolle. Drei Tage später, am 19. Juli, traf Hitler in Treviso mit Mussolini zusammen, während amerikanische Bomber Angriffe auf den Rangierbahnhof von Rom flogen. Hitler hielt dem Duce einen zweistündigen Vortrag über das Führen von Kriegen und das Gewinnen von Schlachten. »Duce nicht imstande, zu handeln, wie er es gerne tun würde«, schrieb Rommel am 20. Juli nach einer Unterredung mit Hitler in sein Tagebuch. »Ich soll vorläufig das Kommando über Griechenland, die Inseln eingeschlossen, übernehmen, um dann später nach Italien hinüberzustoßen.« Hinter diesem Griechenland-Kommando für Rommel stand ein ernstes deutsches Anliegen: Der Nachrichtendienst der Wehrmacht war nach wie vor der Überzeugung, nicht Sizilien, sondern Griechenland stehe im Mittelpunkt der alliierten Invasionsplanungen.

Indessen konnten die Alliierten auf Sizilien bereits am 22. Juli eines ihrer politischen Hauptziele erreichen: Amerikanische Truppen besetzten an diesem Tag Palermo, die bedeutendste Stadt an der Nordküste der Insel. Zwei Tage später erlaubte sich der Großrat der italienischen

Faschisten in Rom einen Affront gegen Mussolini, indem er König Victor Emmanuel aufforderte, den »tatsächlichen Oberbefehl« über die italienischen Streitkräfte zu übernehmen, und darüber hinaus die »unverzügliche Wiederherstellung« der verfassungsmäßigen Rechte und Pflichten von Krone und Parlament forderte.

Die älteste Diktatur des Achsenbündnisses wackelte. 24 Stunden später hielt Mussolini die Mitteilung des Königs in Händen, Marschall Badoglio sei mit der Leitung der italienischen Regierungsgeschäfte beauftragt worden.

Benito Mussolini, unumschränkter Herrscher Italiens seit 1922, sah sich plötzlich und allem Anschein nach unwiderruflich all seiner Macht beraubt. Und die äußeren Umstände, unter denen dies geschah, hätten kaum entwürdigender sein können: In einem Krankenwagen wurde der zur Unperson degradierte Duce aus Rom auf die Insel Ponza geschmuggelt, »um ihn vor dem Volkszorn zu schützen«.

An diesem 24. Juli, an dem sich in Italien eine plötzliche, unblutige Revolution vollzog, mußte Leningrad den schwersten Granatenbeschuß seit Kriegsbeginn hinnehmen. 210 Personen fanden den Tod, darunter mehrere Dutzend Fahrgäste einer die Litejny-Brücke passierenden Straßenbahn. In Großbritannien wurden in diesem Juli 167 Zivilisten durch deutsche Bomben getötet. Doch am Abend des 24. Juli startete in England eine mächtige Bomberflotte, um den ersten Akt der Operation »Gomorrah« zu inszenieren: Innerhalb weniger Stunden warfen sie 2300 Tonnen Spreng- und Brandbomben auf Hamburg ab, was ungefähr der summierten Tonnage der fünf schwersten deutschen Bombenangriffe auf London entsprach. »Ganz Hamburg scheint in Flammen zu stehen«, verkündete Radio Berlin am nächsten Morgen. Mehr als 1500 Menschen hatten den Tod gefunden. Das war jedoch noch nicht alles, was in diesem Juli den Hamburgern an Schreckensnächten und -tagen bevorstehen sollte: Parallel zu der Operation »Gomorrah«, die mit weiteren allnächtlichen Angriffen auf Hamburg ihren Fortgang nahm, veranstaltete die 8. US-Luftflotte eine »Blitz-Woche« mit insgesamt 1672 geflogenen Einsätzen auf Ziele in Norddeutschland, darunter je zwei Bombenangriffen auf Hamburg, Kassel und Kiel.

Beim ersten ihrer »Gomorrah«-Angriffe auf Hamburg setzten die Briten ein bis dahin unbekanntes Mittel zur Störung des gegnerischen Radars ein, das unter der Tarnbezeichnung »Window« geführt wurde. Es handelte sich um circa 25 Zentimeter lange Streifen aus Aluminiumfolie, die beim Zielanflug und beim Rückflug bündelweise aus den Maschinen geworfen wurden und den deutschen Radarkontrolleuren eine verwirrende Vielzahl vermeintlicher Flugzeuge auf ihre Schirme zauberten. Die Anwendung von »Window« am 24. Juli hatte zur Folge, daß von den 791 über Hamburg eingesetzten Bombern nur zwölf abgeschossen wurden. Bezogen auf bisherige Erfahrungswerte, hatte »Window« siebzig bis achtzig Maschinen und mehrere hundert Besatzungsmitglieder vor dem Abschuß bewahrt.

Für Hitler war dieser Erfolg der alliierten Luftkriegsstrategen nur einer von mehreren unmittelbar aufeinanderfolgenden Nackenschlägen, die eine plötzliche weitere Verschlechterung der deutschen Kriegslage markierten: zunächst der ausgebliebene Triumph im Kursker Bogen, dann die alliierte Landung auf Sizilien, der Sturz seines Freundes und Amtskollegen in Rom und zuletzt der Feuertod einer großen deutschen Stadt. Da nun die Verlegung von Truppen nach Italien unausweichlich schien, sah Hitler sich gezwungen, am 26. Juli Generalfeldmarschall von Kluge den Rückzug seiner Truppen aus dem Frontbogen von Orel zu befehlen. »Tatsache ist«, erklärte General Jodl an diesem Tag im Gespräch mit Hitler, »daß die ganze faschistische Bewegung geplatzt ist wie eine Seifenblase.«

Sowohl der italienische König als auch Marschall Badoglio, der Nachfolger Mussolinis, hatten erklärt, Italien werde den Krieg an der Seite Deutschlands weiterführen. In Rastenburg setzte man freilich wenig Zutrauen in dieses Versprechen. »Trotz der Erklärung des Königs und Badoglios«, schrieb Rommel am 26. Juli in sein Tagebuch, »können wir mit einem Ausscheiden Italiens aus dem Krieg rechnen oder zumindest mit weiteren größeren Landungen der Engländer in Norditalien.« Zum Kriegsverlauf selbst stellte Rommel fest: »Die Amerikaner haben inzwischen die Westhälfte Siziliens besetzt und sind durchgebrochen.«

Hitler mußte jetzt unter denkbar ungünstigen Voraussetzungen Pläne für militärische Operationen in Italien ausarbeiten lassen. Das bedeutete, daß er an der Ostfront, wo er die Schlappe von Stalingrad so brennend gerne wettgemacht hätte, praktisch auf jedes weitere offensive Vorgehen verzichten mußte. Plötzlich lauerte die Gefahr auch an seiner eigenen Hintertür, an der südwestlichen Flanke Europas. Am 27. Juli erteilte er in Rastenburg seine Zustimmung zur »Befreiung« Mussolinis, zur Besetzung Roms und zur Wiedereinsetzung einer Regierung Mussolini. Auf diese Weise hoffte er, eine alliierte Landung weit im Norden Italiens – Rommel hielt Livorno oder gar Genua als Schauplätze eines Invasionsversuchs für möglich – vereiteln zu können.

Für die Alliierten waren die Ereignisse der letzten Juliwoche verheißungsvolle Vorzeichen. »Die zornentbrannten Kräfte der schlichten Menschlichkeit«, erklärte Roosevelt dem amerikanischen Volk am 28. Juli im Rahmen eines seiner im Radio übertragenen Kamingespräche, »befinden sich massenweise auf dem Vormarsch. Sie rücken vor – an der russischen Front, auf dem weiten Pazifik und in Europa – und nähern sich von allen Seiten ihren letztendlichen Zielen, Berlin und Tokio.« Zum Kriegsverlauf in Italien meinte Roosevelt: »Der erste Riß in der Achse hat sich aufgetan. Das verbrecherische, korrupte faschistische Regime in Italien zerfällt.«

In der Nacht zum 28. Juli hatten die letzten auf der Aléuten-Insel Kiska verbliebenen Japaner die Flucht ergriffen; sie hatten es vorgezogen, einer Schlacht auszuweichen. Ihre Kameraden auf der Pazifik-Insel New Georgia dagegen waren entschlossen, ihre Haut so teuer wie möglich zu verkaufen, und kämpften um jeden Meter Boden, so daß die Amerikaner sich am 28. Juli gezwungen sahen, Verstärkungen herbeizurufen. Gleichwohl: Überall, wo gekämpft wurde, befanden sich die Japaner auf dem Rückzug.

In Deutschland brachten die frühen Nachtstunden des 28. Juli den Höhepunkt der Operation »Gomorrah«. Wieder war Hamburg, wo es bei dem britischen Bombenangriff vier Tage zuvor 1500 Tote gegeben hatte, das Ziel. Der Angriff vom 28. Juli, der nur 43 Minuten dauerte, war anders als alles, was mehr als drei Jahre Luft- und Bombenkrieg bis dahin hervorgebracht hatten. Der frappierende Unterschied war, wie ein Fliegerleutnant sich später erinnerte, »daß ich nicht viele Feuer sah, sondern nur ein einziges. Mitten in die Dunkelheit gepflanzt war eine lodernde Kuppel aus hellrotem Feuer, entzündet und entflammt wie das glühende Innere eines riesigen Kohleofens. Flammen sah ich keine, auch keine Gebäudeumrisse, nur hellere Feuer, die gegen einen Hintergrund hellroter Asche wie gelbe Flaggen loderten. Über der Stadt lag ein dunstiger roter Schleier. Ich schaute hinunter, fasziniert und gleichzeitig entgeistert, befriedigt und gleichzeitig entsetzt. Nie zuvor hatte oder sollte ich ein solches Feuer zu sehen bekommen.«

Ein tödliches Übergewicht der Brand- gegenüber den Sprengbomben innerhalb der Gesamtbombenlast von 2326 Tonnen, dazu die Abendwärme eines heißen, trockenen Sommertages und eine Feuerwehr, die sich von den anstrengenden Einsätzen der letzten vier Tage noch nicht erholt hatte – dies alles addierte sich zu einem neuartigen Phänomen in der Geschichte des Bombenkriegs, für das in der Brandmeldezentrale der Hamburger Feuerwehr in dieser Nacht ein eigener Begriff geprägt wurde: »Feuersturm«. Ein Arbeiter, der mit seinen Kollegen seine Fabrik vor dem Niederbrennen zu bewahren versuchte, erinnerte sich später: »Dann erhob sich ein Sturm, ein schrilles Heulen auf der Straße. Er wuchs an zu einem Orkan, so daß wir alle

Löschversuche aufgeben mußten. Es war ja alles nur ein Tropfen auf einen heißen Stein. Der ganze Hof, das Fleet, überhaupt wohin man sah, alles war ein einziges großes gewaltiges Flammenmeer.«

In seinem Zentrum erzeugte der Feuersturm einen Wirbel, dessen Energie ausreichte, Bäume zu entwurzeln. Von dem entstehenden Frischluftsog genährt, breitete sich das Flammenmeer immer weiter aus. Acht Stunden lang währte das Inferno, dann waren 20 Quadratkilometer der Hamburger Innenstadt restlos ausgebrannt; mehr als 42000 Menschen kamen ums Leben. Das war mehr als die Zahl der britischen Todesopfer deutscher Bombenangriffe während der gesamten Dauer des Krieges.

Über 35000 Wohngebäude, ein Drittel des Hamburger Gebäudebestandes, waren restlos zerstört. Die Rüstungsindustrie Hamburgs jedoch hatte bemerkenswerterweise schon nach wenigen Wochen das Produktionsniveau der Zeit vor dem Feuersturm erreicht und sogar überschritten.

In den frühen Morgenstunden des 29. Juli unterhielten sich Churchill und Roosevelt am Telefon über die bevorstehenden Waffenstillstandsverhandlungen mit Italien – heimliche Sondierungen hierfür waren bereits im Gang. »Uns ist nicht daran gelegen«, erläuterte Churchill, »von uns aus konkrete Waffenstillstandsbedingungen anzubieten, bevor wir nicht einigermaßen nachdrücklich darum gebeten werden.« Roosevelt erwiderte: »Das ist richtig.« »Wir können ein oder zwei Tage warten«, meinte Churchill, worauf Roosevelt antwortete: »Richtig.« Die beiden Politiker erörterten dann das Problem der britischen Kriegsgefangenen in Italien, deren Verlegung in das »Land des Hunnen«, wie Churchill sich ausdrückte, tunlichst verhindert werden sollte. Der britische Premierminister wollte sich in dieser Sache direkt an den italienischen König wenden; Roosevelt erklärte, er werde dasselbe tun.

Dieses Telefonat, aus dem hervorging, wie nahe die Alliierten sich der Herauslösung Italiens aus der Achse wähnten, wurde von der deutschen Abwehr abgehört. Die Abschrift lag am Morgen des 29. Juli auf Hitlers Schreibtisch. Am Morgen des 30. Juli erhielt er eine Mitteilung des Chefs der deutschen Sicherheitspolizei in Zagreb, Siegfried Rasche, aus der hervorging, daß der Chef des italienischen Generalstabs, General Roatta, einem ranghohen kroatischen General anvertraut hatte, die »Zusicherungen Badoglios dienten lediglich dem Zweck, Zeit für ... Verhandlungen mit dem Feind zu gewinnen«.

Der Vormittag des 30. Juli hielt für Hitler noch weitere bedrückende Nachrichten bereit. Der dritte in der Reihe der »Gomorrah«-Angriffe auf Hamburg hatte – diesmal überwiegend in den Vororten – noch einmal 800 Todesopfer gefordert, darunter allein 370 in einem großen Luftschutzkeller unter einem Kaufhaus, die erstickt waren, als die dort gelagerten Koksvorräte Feuer fingen. Albert Speer äußerte im Gespräch mit Hitler die Befürchtung, falls drei oder vier weitere deutsche Städte dasselbe Schicksal erleiden würden wie Hamburg, könne dies »das Ende des Krieges« bedeuten.

Einen Rückschlag nach dem andern mußte die deutsche Kriegsmaschinerie jetzt verkraften. Am 31. Juli konnte Churchill Roosevelt mitteilen, daß im verflossenen Quartal 85 deutsche U-Boote auf den Grund des Atlantischen Ozeans gebombt worden waren. In Rußland entbrannte der »Schienenkrieg« hinter den deutschen Linien in den ersten Augusttagen in neuer Schärfe, als sowjetische Partisanen die von der Heeresgruppe Mitte benutzten Bahnstrecken mit 8600 Sprengladungen versahen. Am 1. August starteten im Rahmen der anlaufenden Operation »Tidal Wave« 177 amerikanische Bomber von Rollfeldern bei Bengasi; ihr Ziel war die rumänische Stadt Ploesti, wo sie Erdölraffinerien bombardierten und 45 Prozent der Produktion lahmlegten. Für Hitler war dieser Bombenangriff ein Menetekel, auch wenn die Treibstoffproduktion schon nach wenigen Tagen wieder den von Deutschland benötigten Stand erreicht hatte und der unmittelbare Schaden sich somit in Grenzen hielt. In Grenzen gehalten haben dürfte sich auch die Freude der Amerikaner über den Erfolg des Unternehmens, mußten sie ihn doch mit dem Verlust von 54 Bombern und 532 Besatzungsmitgliedern erkaufen. Dennoch wurde die Operation »Tidal Wave« weiter durchgezogen, und nach weiteren zwanzig Angriffen auf Ploesti kam die dortige Treibstofferzeugung zwölf Monate später endgültig zum Erliegen.

Am 1. August bombardierten japanische Flugzeuge den amerikanischen PT-Boot-Stützpunkt auf der Salomon-Insel Rendova; zwei Männer kamen ums Leben. Ziel der Aktion war es, ein Auslaufen amerikanischer PT-Boote (schneller Patrouillenboote) gegen einen Konvoi aus vier japanischen Zerstörern zu verhindern, die mit lebenswichtigen Nachschubgütern für die japanischen Truppen in Vila an der Südspitze der Insel Kolombangara unterwegs waren. Die Amerikaner ließen sich jedoch nicht einschüchtern, und am Abend liefen fünfzehn PT-Boote aus dem Hafen von Rendova aus. Obwohl sie die japanischen Zerstörer unter Torpedobeschuß nahmen, konnten sie sie jedoch nicht aufhalten oder auch nur beschädigen. Im Verlauf des Kräftemessens wurde eines der PT-Boote, die PT-109, von dem japanischen Zerstörer *Amaqiri* gerammt und in zwei Teile gespalten. Im Moment der Kollision kam es zu einer so heftigen Explosion, daß die übrigen PT-Boote die PT-109 verloren gaben und nach ihrer Rückkehr nach Rendova einen Gedenkgottesdienst für die gefallenen Kameraden anberaumten.

Die Besatzung hatte jedoch überlebt und konnte sich, an eine große Holzbohle aus den Wrackteilen ihres Bootes geklammert, nach qualvoller fünfstündiger Odyssee ans Ufer einer kleinen Koralleninsel retten. Am Abend entschloß sich eines der elf überlebenden Besatzungsmitglieder, aufs offene Meer hinauszuschwimmen, da er hoffte, irgendeines der amerikanischen PT-Boote, die im Laufe der Nacht vorbeikommen mochten, auf sich aufmerksam machen zu können. Der Name des Schwimmers war John Fitzgerald Kennedy. Nachdem er vergeblich auf ein PT-Boot gewartet hatte, machte er sich auf den Rückweg zu der Koralleninsel, wurde aber von der Strömung abgetrieben. Nachdem er dennoch mit letzter Kraft die Insel erreicht hatte, erkrankte er. Zwei Tage später beschlossen er und seine Kameraden, zu einer größeren Insel hinüberzuschwimmen – es handelte sich nicht, wie sie glaubten, um Nauru, sondern um die Insel Cross. Dort konnten sie zwei Eingeborene der Salomon-Inseln, die auf dem Weg nach Süden waren, zur Mitnahme einer Botschaft bewegen, die Kennedy in eine Kokosschale ritzte. Die Botschaft lautete: »Ins. Nauru. Eingeb. kennt Posit. Kann steuern. 11 am Leben brauchen kleines Boot.«

Kennedy hoffte, die Nußschalenbotschaft werde einen der australischen Küstenposten erreichen, die im Auftrag der alliierten Nachrichtendienste das Geschehen entlang der unendlich langen und überwiegend unbewachten Küsten der Inseln des Salomon- und Neuguinea-Archipels im Auge behielten. Dabei nahmen sie tagtäglich Gefahren für Leib und Leben auf sich und waren daher auf gute Beziehungen zu den einheimischen Inselbewohnern angewiesen. Kennedys Hoffnung ging in Erfüllung: Die Kokosnuß wurde an Leutnant Arthur Evans weitergegeben, einen Küstenposten auf der unbesetzten Insel Gomu, deren Nachbarinsel Wana Wana allerdings in den Händen der Japaner war. Evans schickte postwendend eine Antwortbotschaft: »Habe gerade von eurer Anwesenheit auf Nauru erfahren und auch, daß zwei Eingeborene Nachricht nach Rendova gebracht haben. Rate euch dringend zu sofortigem Übersetzen hierher in diesem Kanu und werde bis zu eurem Eintreffen hier in Funkverbindung mit Stellen auf Rendova sein, können dann Pläne zur Abholung des Restes eurer Gruppe ausarbeiten.«

Kennedy erhielt diese Mitteilung am 7. August. Noch am gleichen Nachmittag ruderte ein Eingeborener der Salomon-Inseln namens Benjamin Kevu ihn und seine Kameraden auf die

Insel Gomu hinüber. Dort wurden sie von einem PT-Boot abgeholt und nach Rendova gebracht. Leutnant Kennedy wurde für seine Leistung später mit der Tapferkeitsmedaille der US-Marine und des Marine Corps ausgezeichnet. Viele Jahre später, als Kennedy Präsident der Vereinigten Staaten war, empfing er Arthur Evans und Benjamin Kevu im Weißen Haus, wo die Kokosnuß mit der eingeritzten Botschaft und der Zettel mit der Antwort von Evans einen besonderen Platz unter Kennedys gesammelten Trophäen und Souvenirs einnahmen.

Die Beseitigung von Zeugnissen und Beweisen für den Massenmord im europäischen Osten war für die Deutschen zu einem vorrangigen Anliegen geworden. Hin und wieder bereitete die Durchführung dieser selbstgestellten Aufgabe unerwartete Probleme. Im Vernichtungslager Treblinka revoltierten am 2. August die Juden, die ausgewählt worden waren, die Leichen aus den Massengräbern zu bergen und zu verbrennen. Sie wußten, daß auch sie dem Tod geweiht waren, sobald sie ihren Auftrag erfüllt haben würden. Von den 700 jüdischen Arbeitssklaven im Lager wurden bei der Revolte mehr als 500 von den deutschen und ukrainischen SS-Wärtern erschossen, aber über 150 Männern gelang die Flucht. Einige von ihnen wurden in der Folge von deutschen und ukrainischen Suchmannschaften aufgespürt und erschossen; andere fanden Unterschlupf bei polnischen Familien oder in anderen Verstecken. Während sich dies in Treblinka zutrug, trat die Rote Armee zu einer Offensive gegen die sich aus Orel zurückziehenden deutschen Truppen an und besetzte die Stadt am 4. August. Weiter südlich rückten sowjetische Truppen auf Charkow vor und eroberten am 5. August Belgorod zurück.

Auf Sizilien wurde am 5. August Catania von britischen Truppen besetzt. Einen Tag später versenkten die Amerikaner vor der Insel Kolombangara drei japanische Zerstörer, die Verstärkungen auf die Insel brachten. 1500 japanische Soldaten und Seeleute ertranken; die Amerikaner erlitten keine Verluste. In Italien warfen britische Bomber in der zweiten Augustwoche mehr als 6000 Tonnen Bomben auf Mailand, Turin und Genua ab, die Hunderten italienischer Zivilisten den Tod brachten. In Deutschland bekannte sich am 9. August eine kleine Gruppe von Offizieren, Akademikern, Kirchenmännern und Diplomaten, die über die militärischen Rückschläge ebenso verdrossen waren wie über die moralische Skrupellosigkeit des Hitlerregimes, am 9. August zu einem Dokument, in dem die Beseitigung des Nationalsozialismus und seine Ersetzung durch eine neue politische und soziale Ethik gefordert wurde. Die insgesamt etwa zwanzig Personen umfassende Gruppe, deren Wortführer zwei Angehörige der alten preußischen Militäraristokratie waren – Graf Helmuth von Moltke und Graf Peter Yorck von Wartenburg –, traf sich am Familiensitz der Moltkes im schlesischen Kreisau und wird deshalb heute als Kreisauer Kreis bezeichnet.

Rommel dagegen schrieb am 9. August an seine Frau: »Die Verluste in Hamburg müssen sehr hoch gewesen sein. Das muß uns einfach noch härter machen.«

Deutsche Härte zeigte sich besonders auch im deutschen Vorgehen gegen die Partisanen und Widerstandskämpfer. In Jugoslawien erteilte General Löhr am 10. August den Befehl, jeden Partisanenangriff »mit Erschießung oder Erhängung von Geiseln« sowie mit der »Zerstörung der umliegenden Ortschaften« zu beantworten. Ähnlich drakonisch waren die deutschen Maßnahmen gegen griechische Partisanen. Als deutsche Truppen am 12. August in dem Dorf Kuklesi ein Waffenlager fanden, wurden zur Strafe zehn Zivilisten erschossen; das Dorf wurde niedergebrannt. Zwei Tage später wurden im Rahmen einer sogenannten »Säuberungsaktion« im Gebiet Paramithia-Parga achtzig Partisanen gefaßt und getötet; es war die Vergeltung für den Tod eines einzigen deutschen Soldaten.

Auf den Philippinen begann die Bevölkerung unter dem Eindruck der japanischen Propaganda die Hoffnung zu verlieren, daß die Amerikaner ihr Land je wieder befreien würden. Am 10. August wurde General MacArthur um seine Zustimmung zu der Idee gebeten, sogenannte »Siegespäckchen« auf die Philippinen zu schmuggeln: Zigarettenpackungen, Streichholzbriefe, Kaugummis, Nähzeug und Bleistifte, alles in einer Verpackung, auf die die amerikanische und die philippinische Flagge sowie das Versprechen »Ich werde zurückkommen«, versehen mit der Unterschrift MacArthurs, aufgedruckt waren.

MacArthur kommentierte den Vorschlag mit der Randbemerkung: »Keine Einwände. Ich *werde* zurückkommen!« Mehrere Millionen »Siegespäckchen« wurden hergestellt und per U-Boot angelandet.

Am 1. August begann die deutsche Wehrmacht mit der Evakuierung ihrer auf Sizilien verbliebenen Truppen. Sechs Tage lang beförderten siebzig Schiffe und fünfzig Gummiboote 60 000 deutsche Soldaten und dazu den größten Teil ihrer Fahrzeuge und Waffen über die Meerenge von Messina. Die Alliierten waren zwar dank »Ultra« frühzeitig über den deutschen Rückzug unterrichtet, verfügten aber nicht über genügend Reserven, um wirksam dagegen vorzugehen. Entsprechend schwieriger waren die Aufgaben, vor denen die alliierten Streitkräfte standen, als sie nicht einmal einen Monat später auf dem italienischen Festland Fuß zu fassen versuchten.

Hitler erteilte um diese Zeit die Genehmigung zum Beginn der Bauarbeiten für die »Panther-Stellung«, einen Verteidigungswall, der sich von Narwa am Finnischen Meerbusen bis Melitopol am Asowschen Meer erstrecken sollte. Nicht nur deutsche Wehrmachtsingenieure und Reserveeinheiten aus dem Hinterland der Front, sondern vor allem auch Sklavenarbeiter aus ganz Europa sollten für den Bau eines massiven Festungssystems aus Unterständen, Betonwällen, Stacheldrahtverhauen und Minenfeldern eingesetzt werden.

Daß der alliierte Druck eher zunehmen als nachlassen würde, wurde den Deutschen am 13. August wieder einmal bewußt, als amerikanische Bomber den 45 Kilometer von Wien entfernten Industriestandort Wiener Neustadt angriffen. Es war der erste alliierte Bombenangriff auf ein Ziel in Österreich. Am selben Tag wurde in den USA unter Aufsicht des US-Physikers Norman F. Ramsey ein streng geheimes Experiment durchgeführt. Über einem Übungsgelände der US-Marine bei Dahlgren in Virginia wurde der Abwurf eines maßstabsgetreuen Modells der Atombombe geübt. Der Test mit der »Abflußrohrbombe«, wie sie ihrer Form wegen genannt wurde, schlug fehl, doch dauerte es nicht lange, bis das Problem, mangelnde Stabilität im freien Fall, behoben war.

Am 15. August landeten 6000 Amerikaner auf der Pazifik-Insel Vella Lavella. Es befanden sich nicht genug Japaner auf der Insel, um die Amerikaner an der Landung hindern oder ihren Vormarsch nennenswert bremsen zu können. Tausende von Kilometern weiter nördlich waren im Morgengrauen desselben Tages 29 000 Amerikaner und 5300 Kanadier, unterstützt von hundert speziell für den Transport von Panzern und gepanzerten Fahrzeugen gebauten Schiffen, auf der Aleuten-Insel Kiska gelandet – nur um festzustellen, daß die Japaner fort waren.

Churchill verbrachte in dieser Woche zwei Tage und Nächte als persönlicher Gast Präsident Roosevelts in dessen Haus in Hyde Park. Am 13. August übergab er dem Präsidenten ein Dokument über die täglichen Massaker der Deutschen an jugoslawischen Zivilisten, wobei er eine Quelle mit dem Decknamen »Boniface« angab, um das Enigma-Geheimnis zu schützen. »Ich bin nicht sicher, ob die Menschen bei Ihnen voll und ganz erkannt haben, was auf dem Balkan vor sich geht, welche Hoffnungen und Schrecknisse dort beheimatet sind. Vielleicht ist es am einfachsten, wenn Sie es bei sich behalten. Ein Großteil davon stammt aus den ›Boniface‹-

Quellen, und es bringt wirklich das Blut zum Kochen.« Churchill versicherte Roosevelt, er wolle »keineswegs eine Lanze für den Einsatz einer alliierten Armee auf dem Balkan brechen«, sondern lediglich dafür werben, »ihnen mit Nachschubgütern, Agenten und Kommandos zu helfen. Wenn die Adria erst offen ist, sollten wir in der Lage sein, in engen Kontakt mit diesen Leuten zu treten und ihnen soviel Unterstützung zukommen zu lassen, daß für sie ein Anreiz besteht, sich unserer Führung anzuvertrauen.«

Im Laufe von Churchills Besuch in Hyde Park erreichten er und Roosevelt einen Konsens über den unbeschränkten Austausch aller Arbeitsergebnisse britischer und amerikanischer Atombombenforscher. Diese von beiden Männern unterzeichnete Übereinkunft, die niemand außerhalb ihres innersten Kreises zu Gesicht bekam, beließ die Entwicklung und Herstellung der Bombe in den Vereinigten Staaten, erklärte die Sache jedoch zum gemeinsamen Projekt beider Länder, bei dem vor keiner Seite irgend etwas geheimgehalten werden dürfe. Im ersten der vier Paragraphen der Vereinbarung stand geschrieben, daß Großbritannien und die USA »diese Erfindung niemals gegeneinander einsetzen werden«. Der zweite Artikel besagte: »Wir werden sie nicht ohne Zustimmung des anderen gegen Dritte einsetzen.« Im dritten verpflichteten sich beide Partner, keine Informationen über das Bombenprojekt »an dritte Parteien zu liefern, es sei denn mit wechselseitiger Billigung«. Im vierten Paragraphen der Vereinbarung, in dem es um die für die Nachkriegszeit zu erwartenden industriellen und kommerziellen Chancen der Kernforschung ging, verneinte Churchill, wie es im Text des Artikels heißt, »ausdrücklich jedes Interesse an diesen industriellen und kommerziellen Aspekten, das über das Maß hinausginge, welches der Präsident der Vereinigten Staaten als billig und gerecht und im Einklang mit dem wirtschaftlichen Wohlergehen der Welt erachten würde«.

Von Hyde Park aus reisten Roosevelt und Churchill nach Quebec, wo sie und ihre ranghöchsten Berater, darunter die Vereinigten Stabschefs, gemeinsam beschlossen, General Eisenhower die Vollmacht zur Aufnahme von Verhandlungen mit der italienischen Regierung über die bedingungslose Kapitulation Italiens zu erteilen. Am 19. August machten die Vereinigten Stabschefs dann Roosevelt und Churchill mit ihren neuesten strategischen Erwägungen bekannt, denen die beiden politischen Führer zustimmten: Deutschland müsse vor Japan in die Knie gezwungen werden. Die Invasion an der französischen Kanalküste, Operation »Overlord«, solle das »primäre amerikanisch-britische Boden- und Luftunternehmen gegen die Achse in Europa« sein; ihr Beginn, der sogenannte D-Day, wurde auf den 1. Mai 1944 festgesetzt. Diese Operation zielte nicht nur auf die Landung in Nordfrankreich; vielmehr sollten sich sogleich weitere Operationen anschließen, »mit dem Ziel, Deutschland ins Herz zu treffen und seine militärischen Kräfte zu zerschlagen«.

Die Durchführung der Operation »Overlord« wurde an eine Bedingung geknüpft: Falls zum Zeitpunkt der geplanten Invasion mehr als zwölf mobile Divisionen der deutschen Wehrmacht in Frankreich stünden, sollte sie nicht stattfinden. Weiterhin sollte auf die Landung verzichtet werden, wenn der Eindruck bestand, die Deutschen seien in der Lage, in den zwei auf die Invasion folgenden Monaten mehr als fünfzehn zusätzliche Divisionen in den Kampf zu werfen.

In Quebec fiel auch die Entscheidung, daß die Invasion in Italien noch vor Ende des Monats beginnen solle, und zwar mit der Eroberung Neapels. Auf dem Balkan würden die Alliierten sich darauf beschränken, den Partisanen auf dem Luft- und Seeweg Nachschub zukommen zu lassen, kleinere Kommandoaktionen durchzuführen und strategische Ziele zu bombardieren.

Am Vormittag des 17. August besetzten amerikanische Truppen Messina. Damit war ganz Sizilien nach nur 39 Kriegstagen unter alliierter Kontrolle, und das europäische Festland lag in Sichtweite der Soldaten, die sich auf den Aussichtsklippen über der Meerenge von Messina drängten. Amerikanische Bomber flogen an diesem Tag von England aus schwere Angriffe auf eine große Kugellagerfabrik in Schweinfurt und auf die Messerschmitt-Werke in Regensburg. Sechzig der 500 bei den beiden Angriffen eingesetzten Flugzeuge wurden abgeschossen, mehr als hundert Besatzungsmitglieder getötet, aber die erzielte Schadenswirkung war bei beiden Objekten beträchtlich. Bei dem Bombenangriff auf Schweinfurt kamen 565 Deutsche und 86 Zwangsarbeiter aus sechs verschiedenen Ländern ums Leben. In Regensburg wurden 402 Zivilisten getötet, darunter 78 Fremdarbeiter aus Belgien, Frankreich, der Sowjetunion, der Tschechei und Ungarn. Die Alliierten verloren bei den beiden Luftangriffen 112 amerikanische, einen britischen und einen kanadischen Flieger.

Am Abend desselben Tages starteten knapp 600 britische Bomber zur seit längerem geplanten Operation »Hydra«, einem Bombenangriff auf das deutsche Raketen- und Flugbomben-Entwicklungszentrum bei Peenemünde. Es war eine bewußte Entscheidung der britischen Operationsplaner, bei dem Angriff auch die Wohnquartiere der Mitarbeiter zu bombardieren, und so kamen in dieser Nacht 130 deutsche Wissenschaftler, Ingenieure und Techniker ums Leben. Unter ihnen befand sich auch Dr. Thiel, der verantwortliche Konstrukteur der Antriebsstufe der Rakete. Aufgrund eines Fehlers beim Setzen zweier Markierungsbomben fiel allerdings ein beträchtlicher Teil der Spreng- und Brandbomben auf ein benachbartes Lager, in dem Fremdarbeiter untergebracht waren; 600 von ihnen wurden getötet. Vom militärischen Standpunkt aus war der Angriff ein Erfolg, weil er die deutsche Raketenentwicklung um mindestens zwei Monate zurückwarf: Die Verantwortlichen sahen sich gezwungen, die Fertigung in eine unterirdische Fabrik zu verlegen, die gerade in Nordhausen südwestlich von Berlin mit massivem Einsatz von Fremdarbeitern errichtet wurde. Die Mehrzahl der Erprobungsflüge wurde von da an im polnischen Blizna vorgenommen.

Besonders aufgebracht über den Angriff auf Peenemünde war Goebbels, da Deutschland nunmehr, wie er bedauernd feststellte, »vor Ende Januar nicht mit [der Durchführung von] Vergeltungsangriffen« rechnen könne. Der Stabschef der deutschen Luftwaffe, General Hans Jeschonnek, den Hitler schon wegen der Bombenangriffe auf Schweinfurt und Regensburg getadelt hatte, nahm sich in dieser Nacht das Leben.

Trotz der Zerstörung der Anlagen in Peenemünde fand dort noch ein Raketentest statt. Am 22. August wurde eine mit einer Sprengkopfattrappe aus Beton ausgerüstete Rakete abgefeuert, die nicht ins Meer stürzte, wo sie spurlos und unauffindbar versunken wäre, sondern auf der dänischen Insel Bornholm niederging. Ein auf der Insel stationierter dänischer Marineoffizier, Kapitänleutnant Hasager Christiansen, fotografierte die Rakete sogleich und konnte das Foto zusammen mit einigen von ihm angefertigten Skizzen nach Großbritannien schmuggeln. Zwei Wochen später wurde Christiansen von den deutschen Besatzungsbehörden auf Bornholm festgenommen und beim Verhör so schwer gefoltert, daß er in eine Klinik verlegt werden mußte. Nach zweiwöchigem Aufenthalt dort gelang es einer dänischen Widerstandsgruppe, ihn heimlich nach Schweden zu bringen. Er erhielt später das Distinguished Service Cross.

Am 18. August 1943 begann eine Operation, die zu den eher bizarren Episoden dieses Krieges gehört. Es war der »Bunbury-Plan«, ein Sabotageanschlag auf ein Kraftwerk bei Bury St. Edmunds in der Grafschaft East Anglia. Die *Times* berichtete in einer knappen Meldung über diesen Anschlag, bei dem nach Angaben des deutschen Rundfunks mehr als 150 Beschäftigte des Kraftwerks ums Leben gekommen waren. In Wirklichkeit hatte es jedoch weder einen Anschlag noch Tote gegeben: Der militärische Nachrichtendienst der Briten hatte die Geschichte lanciert, damit zwei in England tätige deutsche Agenten namens »Jack« und »OK«, die

Die Ostfront und der Vormarsch der Roten Armee, Juli - August 1943

schon seit längerem für die Alliierten arbeiteten, für ihre deutschen Auftraggeber weiterhin als glaubwürdig galten.

Am 22. August sahen sich die deutschen Truppen in Charkow nach tagelangen erbitterten Kämpfen gezwungen, die Stadt zu räumen, die damit zum vierten Mal innerhalb von zwei Jahren ihren »Besitzer« wechselte. In Moskau feuerten 224 Kanonen je zwanzig Böllerschüsse ab, um die Truppen zu grüßen, die Charkow befreit hatten.

In einer Diskussion mit Churchill am 23. August in Quebec zeigte Roosevelt eine gewisse Beunruhigung über die Wende, die der Krieg in Osteuropa genommen hatte. Er gab Churchill zu verstehen, er »wünsche« sich, daß die Truppen der Westalliierten »gewappnet seien, Berlin ebenso rasch zu erreichen wie die Russen«. Amerikanische und sowjetische Truppen standen zu diesem Zeitpunkt ungefähr gleich weit von Berlin entfernt: Für die in Messina wartenden Amerikaner waren es noch rund 1600, für die bei Orel stehenden Russen noch rund 1500 Kilometer Wegstrecke zur Hauptstadt des Deutschen Reiches. Obwohl klar war, daß sowohl die einen wie die anderen noch mindestens ein Jahr benötigen würden, um diese lange Strecke zurückzulegen, machte Roosevelt sich bereits Gedanken über einen eventuellen Zielkonflikt zwischen der Sowjetunion und dem Westen. Churchill widersprach ihm nicht.

Nach der Zerstörung Hamburgs mit 44000 Toten Ende Juli hatte das britische Bomberkommando sogleich Pläne für eine neue Serie ähnlich vernichtender Luftangriffe auf Berlin ausgearbeitet. Den Auftakt zu dieser »Schlacht über Berlin«, wie die Briten sie bald nennen sollten, machte ein von mehr als 700 Bombern vorgetragener Angriff am späten Abend des 23. August. Als alles vorbei war, zählten die Deutschen 854 Tote, darunter hundert Fremdarbeiter und zwei alliierte Kriegsgefangene. Aber auch die Briten hatten hohe Verluste erlitten: 298 an dem Angriff beteiligte Flieger wurden getötet, 117 von den Deutschen gefangengenommen.

Mehr Glück als seine über Berlin abgeschossenen Kameraden hatte der britische Stabsfeldwebel Claude Sharpless, als er am 24. August bei Toulouse abgeschossen wurde. Nachdem er am Fallschirm sicher gelandet war, umringten ihn dreißig oder mehr Franzosen, ließen seine verräterische Fliegermontur verschwinden und steckten ihn in Zivilkleidung, so daß er untertauchen und später über die Pyrenäen nach Spanien geschleust werden konnte.

An der Ostfront ließ die Rote Armee nach der Rückeroberung Charkows nicht locker: Weiter vorwärts drängend, eroberte sie am 27. August das 100 Kilometer westlich von Charkow gelegene Kotelwa und am selben Tag das westlich von Kursk gelegene Sewsk. Ebenfalls am 27. August flogen 185 amerikanische Bomber einen schweren Angriff auf die im Bau befindliche deutsche Raketenabschußbasis bei Éperclecques an der französischen Kanalküste. Der Zeitpunkt des Angriffs war so gewählt, daß der Beton, den die Deutschen kurz zuvor in die Verschalung eingegossen hatten, noch nicht abgebunden hatte; die Bomben verwandelten die Baustelle in ein Gestrüpp von verbogenem und geborstenem Bewehrungsstahl, das in den Stunden danach zu einer nutzlosen Stein- und Stahlwüste aushärtete. Den Deutschen blieb nichts anderes übrig, als mit dem Bau an einer anderen Stelle von vorn zu beginnen. Nach einer Unterredung zwischen Hitler und Albert Speer einen Monat nach der Bombardierung von Éperclecques wurde der Chefingenieur der Organisation Todt, Xaver Dorsch, mit der Errichtung eines massiven, eine Million Tonnen schweren Betonsilos bei der nahe gelegenen Ortschaft Wizernes beauftragt. Dieses Projekt, das in einem Moment in Angriff genommen wurde, als die Anspannung aller Kräfte und Ressourcen im deutschen Machtbereich ihrem Höhepunkt zustrebte, war das monumentale Symbol der Hoffnungen, die Hitler in die neuentwickelten Waffen setzte.

In Jugoslawien hatten die Partisanen Titos nach ihrer Vertreibung aus Durmitor ihr Hauptquartier im 300 Kilometer weiter nördlich gelegenen Jajce aufgeschlagen. Hier hielten sie am Abend des 27. August im Beisein sowjetischer, amerikanischer und britischer Offiziere ihren ersten nationalen Kongreß ab. Die Veranstaltung fand in den Nachtstunden statt, weil tagsüber die Gefahr deutscher Luftangriffe bestand.

Am Morgen des 28. August schickten sich der jugoslawische Partisanenführer Ivo-Lola Ribar, die britischen Offiziere Major Robin Weatherley und Hauptmann Donald Knight gerade an, vom Partisanenhauptquartier nach Kairo abzufliegen, als ein einzelnes deutsches Aufklärungsflugzeug die Rollbahn überflog und zwei Bomben abwarf. Die drei Männer wurden getötet. Einen Monat zuvor war Ribars jüngerer Bruder, der Künstler Jurica, im Kampf gegen die Cetniks in Montenegro gefallen; die Mutter der beiden Brüder wurde später von den Deutschen ermordet, weil sie sich weigerte, die Namen der Männer zu verraten, die ihr zur Flucht aus Belgrad verholfen hatten. Die Verlobte von Ivo-Lola Ribar, Sloboda Trajkovic, war schon vorher im Konzentrationslager Bajica außerhalb von Belgrad zusammen mit ihrer Mutter, ihrer Schwester und ihrem Bruder ermordet worden; sie hatte sich geweigert, den Aufenthaltsort ihres Verlobten preiszugeben.

Nach dem Sturz Mussolinis in der letzten Juliwoche 1943 hatte sich in Dänemark ein erregendes Gefühl der Vorfreude und Hoffnung auf ein baldiges Ende des tyrannischen Besatzungsregimes ausgebreitet. Widerstandsaktionen, insbesondere Streiks und Sabotageakte, hatten schon seit der deutschen Niederlage in Stalingrad zugenommen; jetzt trat nochmals eine merkliche Steigerung ein. Am 28. August richtete Hitlers Statthalter in Dänemark, Dr. Karl Rudolf Werner Best, ein Ultimatum an die dänische Regierung: Er verlangte ein Ende der Streiks und Kundgebungen, die Verhängung nächtlicher Ausgangssperren, die Einführung einer Pressezensur und die Todesstrafe für Personen, die Waffen horteten oder Sabotageakte begingen. Mit Rückendeckung ihres Königs lehnte die dänische Regierung die deutschen Forderungen ab. Daraufhin besetzte die deutsche Wehrmacht ohne weitere Verhandlungen am 29. August Kopenhagen, entwaffnete die dänische Armee und stellte den König in seinem Palast unter Hausarrest. Diejenigen Dänen, die bisher schon im Widerstand aktiv gewesen waren, begrüßten diesen deutschen Schritt, denn er bedeutete, daß Dänemarks Rolle als »Hitlers kleiner Kanarienvogel«, wie sie es nannten, ausgespielt war. Nicht zu übersehen war freilich, daß damit auf die Dänen neue Belastungen und Prüfungen zukommen würden.

Am 30. August besetzten die in Richtung Smolensk vorrückenden Einheiten der Roten Armee Jelnja; am südlichen Frontabschnitt wurde die Stadt Taganrog am Asowschen Meer zurückerobert. Am Tag darauf wurden im Gebiet südlich von Brjansk nach viertägigen Kämpfen 200 Dörfer und Weiler befreit. In dieser Nacht tauchten am Himmel über Berlin 613 britische Bomber auf, um in der Luftschlacht um Berlin den zweiten Schlag zu führen. Insgesamt 225 Besatzungsmitglieder abgeschossener Maschinen wurden getötet, 108 gerieten in Gefangenschaft. Dagegen waren auf deutscher Seite dieses Mal nur 87 Tote zu beklagen, zehnmal weniger als bei dem Angriff eine Woche zuvor. Diese Umkehrung von Verlustziffern hinderte die Briten jedoch nicht daran, mit der Bombardierung Berlins wie geplant fortzufahren.

Seit Beginn des deutschen Überfalls auf Polen, des entscheidenden Schrittes in den Zweiten Weltkrieg, waren jetzt vier Jahre vergangen. Damals hatte es sich lediglich um einen Konflikt zwischen zwei Staaten gehandelt. Drei Tage später waren Großbritannien und Frankreich an der Seite Polens in den Krieg eingetreten. Jetzt begann für Polen das fünfte Jahr unter deutscher Besatzung, und auch Frankreich hatte schon mehr als drei Jahre deutscher Besatzung hinter sich. Italien, das dem Krieg gegen Frankreich erst beigetreten war, als sich die französische Niederlage abzeichnete, war jetzt selbst dem Zusammenbruch nahe. Auf eine ultimative Aufforderung der Alliierten, sich zu den von diesen vorgeschlagenen Bedingungen zu ergeben, antwortete die italienische Regierung am 1. September: »Die Antwort ist positiv, wiederhole positiv. Bekannte Persönlichkeit wird Donnerstag morgen, 2. September, eintreffen, Ort und Zeit wie verabredet.«

Im Pazifik hatten die Amerikaner nach einem Jahr und neun Monaten Krieg begonnen, das am Anfang so schlagartig und spektakulär eingebüßte Terrain zurückzuerobern. Am 2. September landeten amerikanische Verbände auf Baker Island, um auf der Insel einen Stützpunkt für Luftkriegsoperationen gegen die Japaner im Zentralpazifik zu errichten. Am selben Tag flogen amerikanische Bomber vom Deck eines US-Flugzeugträgers aus einen Angriff auf die Marcus-Insel und hinterließen schwere Schäden an den dortigen japanischen Militäreinrichtungen. Alle diese Erfolge wurden erzielt, obwohl die US-Regierung dem Krieg in Europa Priorität einräumte. An der Ostfront besetzte die Rote Armee einen Tag später den wichtigen Eisenbahnknotenpunkt Sumi, den sie einige Zeit davor schon einmal erobert, aber dann wieder an die Deutschen verloren hatte.

Hitler dachte nicht daran, den Kampf gegen irgendeinen seiner Gegner aufzugeben. Er setzte seine Hoffnungen, eine Wende des Kriegsglücks erreichen zu können, in die Ausdauer und Opferbereitschaft seiner Soldaten, einen möglichen Zerfall der feindlichen Allianz und die Wirkung noch unerprobter neuartiger Waffen. Zu diesen gehörten nicht nur die unbemannte fliegende Bombe V 1 und die V 2-Rakete, sondern auch düsengetriebene Flugzeuge und zwei hochseetüchtige U-Boote revolutionärer Bauart: Das eine war mit einem konventionellen, aber für hohe Unterwassergeschwindigkeiten ausgelegten Dieselmotorbatterie-Antrieb ausgestattet, das andere mit einem Wasserstoffperoxid-Motor. Beide sollten gegen alliierte Atlantikkonvois eingesetzt werden. Kleinere Ausgaben dieser U-Boote sollten für Operationen in Küstennähe, beispielsweise gegen feindliche Invasionstruppen, eingesetzt werden.

In dem Bemühen, die Auswirkungen der englisch-amerikanischen Bombenangriffe auf deutsche Industriezentren zu kompensieren, ernannte Hitler am 2. September Albert Speer zum Chef einer für die Steuerung der gesamten industriellen Produktion zuständigen Superbehörde, der auch das Wirtschaftsministerium Walther Funks unterstellt wurde, das bis dahin die Verteilung der kriegswichtigen Rohstoffe kontrolliert hatte.

Am 3. September, dem vierten Jahrestag der britischen Kriegserklärung an Deutschland, starteten die Westalliierten die Operation »Baytown«, die Landung auf dem italienischen Festland. Am frühen Morgen dieses Tages um 4.30 Uhr setzten Verbände der britischen 8. Armee unter dem Kommando von General Montgomery über die Meerenge von Messina und errichteten bei Reggio di Calabria einen Brückenkopf. Während weitere britische und kanadische Einheiten an Land gingen, akzeptierte die italienische Regierung die alliierten Waffenstillstandsbedingungen: daß nirgendwo italienische Truppen den Invasionstruppen Gegenwehr leisten würden. Der eigentliche Waffenstillstand wurde am Nachmittag des 3. September auf Sizilien unterzeichnet; seine Veröffentlichung und formelle Inkraftsetzung sollte fünf Tage später erfolgen. Die deutsche Wehrmacht sah sich nun mit einer zweiten Front auf dem europäischen Festland konfrontiert, die sie aus eigener Kraft verteidigen mußte.

KAPITEL 33

Deutschland und Japan auf dem Rückzug

Herbst 1943

Hatte der August 1943 schon zahlreiche Rückschläge für die deutsche Kriegsmaschinerie gebracht, so sollte der September viele weitere bereithalten. Den ersten hatten die Deutschen sich selbst zuzuschreiben: die Meuterei islamischer Freiwilliger in der 13. SS-Division. Diese Moslems aus Sarajewo und den umliegenden Dörfern und Tälern versprachen sich Vorteile davon, daß sie auf dem Balkan an der Seite der Deutschen kämpften. Allein, ihre deutschen Vorgesetzten verachteten, schmähten und mißhandelten sie. Im Verlauf ihrer Meuterei töteten sie dann auch mehrere Deutsche. Aus Berlin eilte der Mufti von Jerusalem, Hadschi Amin al Husseini herbei, der gegen die Briten auf die deutsche Karte gesetzt hatte. Mit Mühe gelang es ihm und den Deutschen, die Meuterer zur Ordnung zu rufen.

Anderes Ungemach dieser Art, das in der Ukraine zutage trat, ließ sich nicht so leicht beseitigen: Viele ukrainische Nationalisten hatten sich von den Deutschen anfangs die Schaffung eines selbständigen ukrainischen Staates erhofft, der durch deutsche Waffen vor einer Rückkehr der Sowjetherrschaft geschützt würde. Hunderte hatten sich freiwillig für den Dienst in SS- und Polizeieinheiten sowie als KZ-Wärter und Folterer gemeldet. Aber auch hier führte die herablassende und manchmal haßerfüllte Behandlung durch deutsche Vorgesetzte und Kameraden dazu, daß aus einem potentiellen Bündnispartner ein an die Wand gedrängter, verstockter, auf Rache sinnender Gegner wurde.

Im Osten gerieten die Deutschen militärisch jetzt in ernste Bedrängnis. Am 3. September protestierten die Generalfeldmarschälle von Manstein und von Kluge, deren noch 800 000 Soldaten umfassende Heeresgruppe Süd es mit einem an Truppenstärke zweifach und an Panzern und Geschützen noch klarer überlegenen Gegner zu tun hatte, bei Hitler gegen die Vernachlässigung der Ostfront zugunsten der neuen Front in Süditalien, wo die deutschen Truppen allerdings ebenfalls nur Rückzugsgefechte lieferten. Am Abend dieses Tages starteten britische Bomber zu ihrem dritten Angriff auf Berlin binnen elf Tagen; etwas mehr als 300 Maschinen luden 965 Tonnen Bombenmaterial über der Stadt ab. 346 Berliner fanden den Tod, während die Briten bei dem Einsatz 130 Tote zu beklagen hatten. Deutsche Siege gab es jetzt nur noch an der Propagandafront: Am 4. September verkündete William Joyce, »Lord Haw-Haw«, in einer für Großbritannien bestimmten Rundfunkrede aus Hamburg: »Nachdem nun das fünfte Kriegsjahr angebrochen ist, werde ich nur sagen, daß der deutsche Sieg gewiß ist. Das deutsche Volk weiß, daß zwar noch viele Hiebe ausgeteilt werden müssen, daß aber den letzten Streich Adolf Hitler führen wird.«

Im Pazifik besetzten am 5. September knapp 2000 amerikanische und australische Fallschirmjäger Nadzab auf Neuguinea und begannen sofort mit dem Bau einer Rollbahn für den weiteren Vormarsch nach Lae. Unter denen, die wohlbehalten bei Nadzab landeten, waren 34 australische Artilleristen mit ihren 25-Pfund-Geschützen. Ihre Teilnahme an der Aktion war erst eine Woche vorher beschlossen worden, und sie hatten in der Vorbereitungszeit nur einen einzigen Übungsabsprung absolvieren können.

Die Japaner wichen nach Lae zurück. An der europäischen Ostfront hielt auch der deutsche Rückzug weiter an: Am 6. September besetzte die Rote Armee Konotop, einen wichtigen Eisenbahnknotenpunkt. Die Deutschen, denen nun nichts anderes übrigblieb, als das Don-Becken ganz zu räumen, gingen zu einer Politik der verbrannten Erde über: Sie zerstörten auf ihrem Rückzug Kohlegruben, Fabriken und andere industrielle Anlagen. Als sie am 7. September Stalino räumten, waren von dessen Bergwerken nur noch rauchende Trümmer übrig.

Am 7. September bombardierten die Alliierten militärische Ziele in der Umgebung von Brüssel. Eine Bombe fiel auf eine Artilleriekaserne und traf die Zelle, in der Jean Greindl, der Organisator einer alliierten Ausschleusungsroute, auf die Vollstreckung seines Todesurteils wartete; er war auf der Stelle tot. Am selben Tag ging aus dem holländischen Lager Westerbork ein Transport mit 987 Juden mit »unbekanntem Ziel« nach Osten ab. Ein junges Mädchen namens Etty Hilversum, das diesem Transport angehörte, konnte heimlich eine Postkarte an eine Freundin schreiben und warf sie noch vor dem Passieren der Grenze nach Deutschland aus dem Zug: »Wir sangen bei der Abfahrt aus dem Lager«, schrieb sie, »Vater und Mutter fest und ruhig, auch Mischa. Wir werden drei Tage unterwegs sein.« Der Bestimmungsort des Zuges war Auschwitz, wo die meisten der Deportierten gleich nach der Ankunft vergast wurden. Etty Hilversum wurde ins Frauenlager eingewiesen, wo sie am letzten Novembertag verstarb.

Fünf weitere Todeszüge rollten in diesem Monat mit insgesamt 4400 jüdischen Fahrgästen – 2000 Holländern, 1400 Belgiern und 1000 Franzosen – gen Osten.

Am frühen Morgen des 8. September flog Hitler von Rastenburg zum Hauptquartier der Heeresgruppe Süd bei Saporoschje. Dort mußte er sich von Generalfeldmarschall von Manstein einen bedrückenden Bericht über die zahlenmäßige Überlegenheit des sowjetischen Gegners und über das Tempo und die Art und Weise seines Vormarsches anhören. Kurz nach der Mittagsstunde flog Hitler nach Rastenburg zurück; er sollte nie wieder russischen Boden betreten. Nach seiner Rückkehr legte er sich, ganz wie Churchill es gewohnheitsmäßig tat, zu einem Nachmittagsschlaf hin, aus dem er mit der Nachricht geweckt wurde, die BBC habe die Kapitulation Italiens verkündet.

Am gleichen Abend erteilte Hitler die Weisungen für die Operation »Achse«, die Besetzung Italiens durch deutsche Truppen. Zur gleichen Zeit erging auf alliierter Seite der Befehl zur Operation »Avalanche«, einer Landung an der italienischen Küste bei Salerno. In Rom zogen in dieser Nacht deutsche Truppen ein. Um sich ihrem Zugriff zu entziehen, ließen sich Marschall Badoglio und die italienische Königsfamilie quer durch Italien nach Pescara an der Adria fahren, von wo aus sie per Schiff nach Brindisi gebracht wurden; dort riefen sie unverzüglich eine antifaschistische italienische Regierung aus. Allerdings hatte man keine Pläne für die Initiierung eines allgemeinen Aufstands gegen die deutschen Besatzer in der Schublade. Daher waren die Alliierten gezwungen, die von General Eisenhower geplante Operation »Giant« abzublasen, die eine rasche Eroberung Roms durch in der Nähe der Hauptstadt abzusetzende Luftlandetruppen vorgesehen hatte. »Von den Italienern sind keine, wiederhole keine Vorkehrungen für [die Luftlandeoperation] getroffen worden«, erfuhr Churchill von General Alexander, »und wir haben Grund zu der Annahme, daß die Deutschen die Flugplätze besetzt halten.«

In ganz Südeuropa und in der Ägäis ergaben sich italienische Truppenteile ihren deutschen Exverbündeten. Wo Italiener sich der Entwaffnung durch die Deutschen widersetzten, gab es Blutvergießen: Auf der griechischen Insel Kaphallenía wurden in einem häßlichen Massaker 1646 italienische Soldaten abgeknallt. Die übrigen 5000 ergaben sich daraufhin; nachdem sie am 22. September ihre Waffen niedergelegt hatten, wurden sie erschossen. 3000 Italiener, die per Schiff zu einem Kriegsgefangenenlager in Deutschland unterwegs waren, ertranken, als ihr Schiff von den Alliierten versenkt wurde, die nicht wußten, wer oder was sich an Bord befand.

In den Häfen von La Spezia und Genua lichteten die Schiffe der italienischen Kriegsmarine unter dem Kommando von Admiral Carlo Bergamini, die noch vor kurzer Zeit Zielscheibe alliierter Luftangriffe gewesen waren, am 8. September die Anker, um die in alliierter Hand befindlichen Häfen an der Küste Nordafrikas anzulaufen. Deutsche Bomber attackierten und versenkten mittels einer neuartigen funkgesteuerten Bombe das Schlachtschiff *Roma.* Von den 2000 Mann an Bord der *Roma* fanden 1552 den Tod, darunter Bergamini und sein Stab. Der Rest seines Geschwaders, 28 Schiffe insgesamt, erreichte Malta und stellte sich den Alliierten zur Verfügung. »Jetzt«, schrieb einer der Chronisten der Kriegsjahre in Malta, »lag der größte Teil der großen und starken italienischen Flotte in den Gewässern der kleinen Insel, die sie einst zu unterwerfen versucht hatte.« Andernorts suchten hundert italienische Handelsschiffe Zuflucht in alliierten Häfen, und weitere 168 entzogen sich durch Selbstversenkung dem Zugriff der Deutschen.

Nach dem Abfall ihres Bundesgenossen verlegten die Deutschen 50 000 alliierte Gefangene aus Italien nordwärts; außerdem transportierten sie 268 000 italienische Soldaten als Kriegsgefangene nach Deutschland und verteilten sie auf Arbeitslager. Manchen britischen und amerikanischen Kriegsgefangenen gelang es, sich beim Einrücken der deutschen Truppen nach Italien in Richtung Süden abzusetzen. Die Briten bauten eine von Hauptmann Christopher Soames befehligte Spezialeinheit auf, deren Auftrag lautete, »unter Einsatz aller verfügbaren Mittel ein Netz von Helfern hinter den feindlichen Linien zu organisieren und vor Ort Voraussetzungen zu schaffen für die rasche Rettung von Soldaten der Bodentruppen und der Luftwaffe, die sich in feindlichem Territorium bewegen«. Mindestens tausend aus deutscher beziehungsweise italienischer Kriegsgefangenschaft entflohene Kameraden konnten die Alliierten auf ihre Seite der Front schleusen. Hunderte andere blieben im deutsch besetzten Teil Italiens und schlossen sich einer der sich rasch bildenden örtlichen Partisanengruppen an.

Partisanen waren es auch, gegen die die deutschen Truppen in Rußland an diesem 8. September im Gebiet nördlich von Usda eine weitere »Säuberungsaktion«, Operation »Jakob« genannt, durchführten, für die sie wiederum Teile kämpfender Truppen von der Front abziehen mußten.

Am Morgen des 9. September besetzten deutsche Truppen in Athen und Piraeus die bis dahin von den Italienern bewachten Docks und Bahnhöfe. Alle italienischen Soldaten in der griechischen Hauptstadt wurden festgenommen, entwaffnet und nach Deutschland transportiert. Bei Salerno landeten am selben Morgen im Rahmen der Operation »Avalanche« alliierte Truppen, während die britische Luftwaffe die Operation »Slapstick« durchführte, die Besetzung der süditalienischen Hafenstadt Tarent. In Rom ergaben sich am 10. September nach kurzem Scharmützel die letzten italienischen Truppen den deutschen Besatzern. In Deutschland traf sich an diesem Tag auf Initiative von Elisabeth von Thadden, einer evangelischen Lehrerin, ein Kreis von Leuten zu einem Meinungsaustausch über den verbrecherischen Charakter des NS-Regimes; sie wurden an die Gestapo verraten und verhaftet.

Das NS-Regime war so wachsam wie eh und je, im Inland ebenso wie im besetzten Ausland. Als in Kiew 355 sowjetische Kriegsgefangene und Juden eines Kommandos, das zur Ausgrabung und Verbrennung der Leichen von Opfern des NS-Terrors eingesetzt wurde, einen Fluchtversuch unternahmen, wurden bis auf vierzehn alle wieder eingefangen und erschossen. In dieser Woche trafen in Auschwitz 5000 deutsche, österreichische und tschechische Juden aus

Theresienstadt ein. Zuvor schon waren aus der tschechischen Stadt Mährisch-Ostrau und aus mehreren Städten im westlichen Galizien Transporte mit insgesamt 15000 Juden nach Auschwitz gegangen.

Unter dem Eindruck der italienischen Kapitulation starteten die Franzosen von Nordafrika aus am 11. September die Operation »Vesuv«: die Rückeroberung Korsikas. Hitler wollte keine Verwicklungen auf der französischen Insel und ordnete den Abzug aller 27347 dort stationierten deutschen Soldaten an. Im östlichen Mittelmeer ging Hitler hingegen zur Offensive über, indem er der 7000 Mann starken deutschen Garnisonstruppe auf der Insel Rhodos befahl, das weit stärkere italienische Kontingent auf der Insel zu entwaffnen und die Kontrolle zu übernehmen. Die deutschen Rhodos-Besatzer führten die Weisung aus und vereitelten damit einen bereits fertig ausgearbeiteten britischen Plan, die Insel zu besetzen (Operation »Handcuff«).

Die deutschen Truppen in Italien hatten sich unterdessen so weit erholt, daß sie am 12. September einen ersten Angriff auf den alliierten Brückenkopf bei Salerno starten konnten. Zwar gelang es ihnen, den Brückenkopf von den von Süden her Richtung Salerno vorrückenden alliierten Truppen abzuschneiden, doch dies war ein nur kurzlebiger Erfolg. Und auch die deutschen Besatzungstruppen auf den Inseln um die Bucht von Neapel vermochten sich der alliierten Übermacht nicht lange zu erwehren. Am 12. September ergab sich die deutsche Garnison auf Capri, ohne einen Schuß abzufeuern. In den Reihen der englisch-amerikanischen »Inselspringer«, die bereits die Insel Ventotene eingenommen hatten, diente ein Leutnant namens Douglas Fairbanks jun., der vor seinem Eintritt in die US-Navy ein berühmter Hollywoodstar gewesen war. Für seine Leistungen bei der Eroberung der Liparischen Inseln wurde er mit dem Silver Star ausgezeichnet.

Den Verlust Capris am 12. September konnten die Deutschen zumindest propagandistisch und stimmungsmäßig wettmachen durch den spektakulären Erfolg ihrer Operation »Eiche«: der Befreiung Mussolinis aus einem abgelegenen Berghotel auf dem knapp 3000 Meter hohen Gran Sasso d'Italia in den Abruzzen, wo königstreue Italiener den Exdiktator gefangenhielten. Unter Führung des SS-Sturmbannführers Otto Skorzeny landete ein mit Lastenseglern transportiertes neunzig Mann starkes Fallschirmjäger-Sonderkommando auf dem Berg, überlistete die 250köpfige italienische Wachmannschaft und setzte den verblüfften Mussolini in ein winziges Motorflugzeug, das Skorzeny in die Nähe Roms flog. Von dort aus wurde Mussolini zunächst nach Wien, dann nach München und schließlich zu Hitler in die »Wolfsschanze« bei Rastenburg geflogen.

Über Frankreich fand in der Nacht vom 12. auf den 13. September die britische Operation »Battering Ram« statt: Drei britische Piloten flogen acht Angehörige der französischen Résistance zu einem Treffpunkt zwischen Saumur und Chinon und nahmen acht andere mit nach England zurück. Zu den in dieser Nacht in Frankreich Abgesetzten gehörte Oberst Marchal, der schon zehn Tage später verhaftet wurde und sich der Vernehmung entzog, indem er seine Zyankalikapsel schluckte. Noch einer der acht Eingeflogenen, Oberst Jarry, wurde später festgenommen, gefoltert und erschossen.

Im Rahmen einer weiteren Geheimoperation setzten die Briten am 14. September den Offizier Philip Worrall per Fallschirm in den Pindos-Bergen in Griechenland ab, wo er Kontakt zu griechischen Partisanen aufnehmen sollte. Er geriet in die Verlegenheit, italienische Soldaten sowohl vor rachsüchtigen Griechen als auch vor den Deutschen schützen zu müssen, die ihre Gefangennahme planten: Bis Ende September wurden 100000 italienische Soldaten aus Griechenland in Arbeitslager im Deutschen Reich deportiert. Worrall blieb einmal keine andere Wahl, als neunzig pflegebedürftige Italiener, die ihm anvertraut waren, im Stich zu lassen. Er brachte sie in einem provisorischen Lazarett unter, in der Annahme, sie unterlägen damit dem

Schutz der Rotkreuz-Konventionen. Doch als die Deutschen das Lazarett fanden, holten sie alle neunzig Italiener heraus und erschossen sie.

Antideutsche Partisanen waren jetzt in Italien, Griechenland, Jugoslawien und der Sowjetunion aktiv. Und auch im ehemals polnischen Generalgouvernement hatten, wie Goebbels am 17. September seinem Tagebuch anvertraute, »die Sabotage- und Terrorakte ... enorm zugenommen«. In Jugoslawien sprang am 17. September der britische Brigadier Fitzroy Maclean über dem Hauptquartier Titos ab; er hatte den Auftrag, die Leitung der alliierten Verbindungsstelle zu Tito zu übernehmen und die alliierte Unterstützung für die Partisanen zu koordinieren. In Frankreich hatten Résistance-Gruppen mit der Durchführung von Sabotageakten begonnen, zu denen auch die Erschießung von Kollaborateuren und Angehörigen der Milice gehörte. Vier solche »Hinrichtungen« wurden im Laufe des September vollzogen.

An der Ostfront erklärte Hitler sich nach einer weiteren Besprechung mit Manstein und Kluge am 14. September zu einem großräumigen Rückzug bereit: Smolensk, Roslawl und Klinzy sollten aufgegeben werden; dafür sollte die »Panther-Stellung« zwischen Witebsk und Kiew verstärkt werden. Damit wurde auf einen Schlag fast die Hälfte des Gebiets geräumt, das die Heeresgruppe Mitte seit Juli 1941 erobert hatte. Am 15. September, einen Tag nach diesem deutschen Rückzugsbeschluß, besetzten sowjetische Truppen das nur 100 Kilometer nordöstlich von Kiew gelegene Njeschin.

Die Meldungen von der Ostfront, die Tag für Tag bei Hitler in Rastenburg eingingen, ließen deutlich werden, daß die enormen Blutopfer der deutschen Feldzüge von 1941 und 1942 vergebens gewesen waren. Am 16. September marschierten sowjetische Truppen in die Hafenstadt Noworossisk am Schwarzen Meer ein. Die Überreste der deutschen Streitmacht, die ein Jahr zuvor die Hakenkreuzfahne auf dem höchsten Gipfel des Kaukasus aufgepflanzt hatte, zogen sich über die Meerenge von Kertsch auf die vergleichsweise sichere Krim zurück. Am selben Tag räumten die Deutschen Brjansk.

Das einzige, was bei den Nazis noch reibungslos voranging, war offenbar die Judenvernichtung. Die Besetzung Italiens eröffnete den Deutschen den Zugriff auf neue Deportationsopfer, denn unter Mussolini hatte es in Italien keine Judendeportationen oder Judenmorde gegeben. Am 16. September ging der erste, 24 Personen umfassende Judentransport aus einer italienischen Stadt – Meran in Südtirol – nach Auschwitz ab. Unter den Deportierten war ein sechsjähriges Kind; es wurde nach der Ankunft vergast.

Im Pazifik brachte der 16. September den Abzug der 7500 Mann starken japanischen Garnison von Lae auf Neuguinea; die Japaner machten sich Richtung Norden aus dem Staub. Binnen eines Kriegsjahres hatten auf Neuguinea 12 161 Australier den Tod gefunden – fast 10 Prozent aller australischen Bewohner der Insel. Entschlossen, die Japaner von der gesamten Nordküste Neuguineas zu vertreiben, trafen weitere australische Truppen schon einen Tag später Vorkehrungen für eine Landung bei Finschhafen. Hafen um Hafen, Strand um Strand sollte Neuguinea zurückerobert werden. Während die Australier sich vor Finschhafen sammelten, tauchten über dem westlichen Australien japanische Flugzeuge auf. Ihre Bomben verfehlten den alliierten Flugplatz, auf den sie es abgesehen hatten, und zerstörten statt dessen die eineinhalb Kilometer entfernte Drysdale River Mission.

Im Lager Kinsayok an der Thailand-Burma-Bahnlinie war ein Cholerafall aufgetreten. Die Japaner beschlossen, das Problem durch Erschießen des Kranken aus der Welt zu schaffen, und schickten sich an, daraus so etwas wie einen Jahrmarktswettbewerb zu machen: Das Zelt, in dem der Kranke lag, sollte beschossen werden, bis einer einen tödlichen Treffer landete. Um den Soldaten vor einem so grausigen Ende zu bewahren, tötete ihn der britische Adjutant seines Bataillons, Leutnant Primrose, mit einem einzigen Schuß.

In Italien stellten die nordwärts vorrückenden alliierten Truppen am 19. September die Verbindung zu ihren Kameraden auf dem Brückenkopf von Salerno her. Die Italienfront war zu einer gefräßigen Kostgängerin der deutschen Wehrmacht geworden, die beständig nach Truppen, Munition und Treibstoff verlangte. In Split an der jugoslawischen Adriaküste gelang es unterdessen den Deutschen nach siebentägigen Kämpfen, in denen sie unter anderem Sturzkampfbomber einsetzten, die Partisanen von General Mihailovic aus dem Hafen zu vertreiben, den sie am 20. September besetzt hatten.

Am Abend des 20. September lief die britische Operation »Source« an, ein U-Boot-Angriff gegen das deutsche Schlachtschiff *Tirpitz*, das zu dieser Zeit im vermeintlich sicheren Refugium des norwegischen Altafjords ankerte. Dieses mächtige Schiff bedrohte nicht nur den Transport dringend benötigter Nachschubgüter nach Rußland auf der Nordmeerroute, sondern band auch starke britische Flottenkräfte, die die Regierung in London gerne in den Pazifik entsandt hätte.

Der Versuch, die *Tirpitz* zu versenken, begann damit, daß sechs Mini-U-Boote mit je vierköpfiger Besatzung im Schlepptau normaler U-Boote in die Gewässer vor Nordnorwegen gebracht und dort von der Leine gelassen wurden; eines verschwand unterwegs und tauchte nie wieder auf. Ein zweites wurde von seiner Besatzung versenkt, nachdem es manövrierunfähig geworden war. Ein drittes wurde beschädigt; zwei seiner Besatzungsmitglieder kamen ums Leben. Drei der Mini-U-Boote erreichten ihr Zielgebiet, so daß die Besatzungen an die Arbeit gehen konnten. Sie deponierten Sprengladungen auf dem Meeresboden unter dem Kiel der *Tirpitz* und zündeten sie. Die *Tirpitz* sank zwar nicht, wurde aber so stark beschädigt, daß sie für mindestens sechs Monate ausfallen würde. Zwei der U-Boot-Kommandeure, Leutnant Place und Leutnant Cameron, wurden mit dem Victoria Cross ausgezeichnet. Beide fielen nach der Aktion zusammen mit den anderen vier Überlebenden den Deutschen in die Hände und verbrachten den Rest des Krieges in Gefangenschaft. Die Leichen der beiden ertrunkenen Besatzungsmitglieder wurden gefunden und von den Deutschen mit allen militärischen Ehren bei Tromsø bestattet.

Am 20. September wurden einigen ranghohen deutschen Regierungsbeamten detaillierte Zahlen über die Verluste der Wehrmacht an der Ostfront vorgelegt. Vom Beginn des Krieges an bis zum letzten Augusttag 1943 waren im Osten insgesamt 548480 deutsche Soldaten gefallen und fast zwei Millionen verwundet worden. »Es ist ... erstaunlich«, schrieb Goebbels an diesem Tag in sein Tagebuch, »daß jeder einzelne Soldat, der von der Ostfront kommt, wenn man mit ihm spricht, sich persönlich dem bolschewistischen Soldaten haushoch überlegen fühlt. Trotzdem gehen wir zurück und zurück. Die Sowjets können jeden Tag neue, und zwar berechtigte Siegesmeldungen bringen.« Die Front sei nicht eigentlich zusammengebrochen, fügte er hinzu, »aber das ist ein magerer Trost angesichts des wertvollsten industriellen und landwirtschaftlichen Geländes, das wir mit riesigen Vorräten preisgeben müssen«.

Am 21. September marschierte die Rote Armee in Tschernigow ein und stand damit nur noch 65 Kilometer vom Dnjepr und von der »Panther-Stellung« entfernt. Einen Tag später zogen die Deutschen sich aus Poltawa, einer der wichtigsten ukrainischen Industriestädte, zurück. In Italien bereiteten sich unterdessen Partisanenverbände auf die Übernahme der Herrschaft im Nordteil des Landes vor, den Mussolini am 23. September zur »Italienischen Sozialen Republik« erklärte. Triest, Istrien und das Trentino wurden unter direkte deutsche Verwaltung gestellt. An der französischen Kanalküste gingen Ende September 85 Abschußrampen für unbemannte Flugbomben ihrer Fertigstellung entgegen. Ein britischer Agent, der Franzose

Michel Hollard, der bereits Berichte über mehrere der neuerrichteten Anlagen geliefert hatte, konnte einen jungen Ingenieur namens André Comps, der gerade seine Ausbildung beendet hatte, als zwangsrekrutierten Mitarbeiter in einen der Bautrupps einschleusen. Comps kopierte die Baupläne, und Hollard schmuggelte die Kopien über die Schweiz nach England. (Insgesamt gelangen ihm in den Kriegsjahren 48 heimliche Grenzübertritte in die Schweiz.) Nachdem die kopierten Pläne auf dem Schreibtisch von Dr. R. V. Jones gelandet waren, wurden Modelle hergestellt, die wiederum die Grundlage für detaillierte Zeichnungen der im Bau befindlichen Anlagen bildeten, wobei man lediglich noch nicht genau wußte, welche Waffen in die Silos eingelagert beziehungsweise aus ihnen abgeschossen werden sollten.

Hollard wurde nach dem Krieg mit dem Distinguished Service Orden ausgezeichnet, dem höchsten militärischen Orden, den ein Ausländer in Großbritannien bekommen kann. Im Ersten Weltkrieg, an dem Hollard als sechzehnjähriger Kriegsfreiwilliger des französischen Heeres teilgenommen hatte, war er mit dem Croix de Guerre ausgezeichnet worden. Jetzt besorgte er britischen Wissenschaftlern Unterlagen, die es ihnen ermöglichten, das Geheimnis von Hitlers »Wunderwaffen« auszuforschen und diese Waffen, wenn möglich, aufzuspüren und zu zerstören.

Am 24. September zogen die Deutschen sich nach erbitterten Kämpfen aus Smolensk zurück; einen Tag danach gab Stalin die Rückeroberung der Stadt bekannt. Im südlichen Rußland setzten Einheiten der Roten Armee zwischen Krementschug und Dnjepropetrowsk über den Dnjepr. In Italien rückten die alliierten Truppen nordwärts Richtung Neapel vor. Als am 27. September deutsche Soldaten ein Geschäft im Stadtzentrum von Neapel plünderten, kam es zu einem Aufstand von Bürgern der Stadt. In Paris schossen am 27. September Résistance-Kämpfer auf Dr. Julius Ritter, den für die Rekrutierung französischer Zwangsarbeiter verantwortlichen Funktionär, und verwundeten ihn tödlich. »Wir werden zu sehr harten Maßnahmen greifen«, schrieb Goebbels zwei Tage später in sein Tagebuch, »um der französischen gaullistischen Bevölkerung klarzumachen, daß sie auch in der gegenwärtigen militärischen Lage mit der deutschen Geduld nicht Schindluder treiben darf.« Die deutsche Reaktion war in der Tat »hart«: Als Vergeltungsmaßnahme für das Attentat wurden fünfzig Pariser verhaftet, eine Zeitlang als Geiseln gehalten und dann erschossen.

In Neapel kämpften die Deutschen am 28. September den ganzen Tag um die Wiedergewinnung der militärischen Herrschaft. An der italienischen Adriaküste eroberten die Alliierten Foggia und damit den bei weitem bedeutendsten Flughafen in dieser Region, was ihnen die Möglichkeit späterer Luftangriffe auf Ziele im Balkanraum, im Donaubecken, in Süddeutschland und auch in Schlesien eröffnete. »Sie hoffen, daß sie jetzt einen Absprunghafen für Ziele in Süddeutschland bekommen«, notierte Goebbels am 29. September mißmutig in sein Tagebuch.

In Dänemark machte das Gerücht die Runde, die Deutschen wollten alle 7000 dänischen Juden festnehmen und deportieren. Einer dieser Juden war der Kernphysiker Niels Bohr; er und seine Frau entkamen am Abend des 29. September mit dem Schiff nach Schweden. Bohr fuhr sogleich nach Stockholm und drängte die schwedische Regierung, den dänischen Juden zu helfen. Schweden hatte bereits beschlossen, dies zu tun. 24 Stunden vor dem geplanten Beginn der Verhaftungswelle wurde der überwiegende Teil der dänischen Juden von dänischen Fischern übers Meer ins neutrale Schweden und damit in Sicherheit gebracht. Dort befanden sich schon 3000 jüdische Exilanten aus Deutschland, Österreich und der Tschechoslowakei, die bereits vor Kriegsausbruch auf den sicheren Boden Schwedens geflohen waren.

In Auschwitz ging das Morden weiter. Am 3. Oktober selektierte ein SS-Arzt im Zuge einer der regelmäßigen Lagerinspektionen 139 jüdische Arbeitskräfte, die er als krank oder arbeitsunfähig einstufte, für die Gaskammer.

Der 3. Oktober war auch der Tag, an dem die Athener Gestapo per Erlaß alle Juden der Stadt verpflichtete, sich zu melden. Eine griechische Untergrundzeitung reagierte darauf mit der Aufforderung an die Athener, die deutschen Maßnahmen zu unterlaufen und den Juden Zuflucht zu gewähren. 3000 Athener Juden flohen aus ihren Häusern und Wohnungen und fanden anderswo Unterschlupf. Zu denen, die Juden bei sich versteckten, gehörte Fürstin Andrea von Griechenland, eine Ur-Ur-Enkelin von Königin Victoria. Der Sohn von Fürstin Andrea, Prinz Philip, diente in der Royal Navy.

Unter den griechischen Juden, die sich in diesem Oktober aus Athen absetzten, war der Oberrabiner von Athen, Elias Barzalai; er ging nach Thessalien, wo er sich wie Hunderte seiner jüdischen Glaubensbrüder den griechischen Partisanen anschloß. Zahlreiche Juden wurden von Partisanen auf Booten über das Ägäische Meer an die türkische Küste geschmuggelt, von wo aus sie sich auf den Weg nach Palästina machen konnten.

Griechenland stand in der ersten Oktoberwoche auch im Brennpunkt der alliierten Aufmerksamkeit, denn in diesen Tagen lief die deutsche Operation »Eisbär« an. Seit dem Ausscheiden Italiens aus dem Achsenbündnis vor einem knappen Monat hielten britische Truppen mehrere der Dodekanes-Inseln besetzt. Die Deutschen attackierten diese Inseln jetzt eine nach der anderen; ihr erster Fallschirmjägerangriff am 3. Oktober galt der Insel Kos. Nach 24 Stunden hatten sie die Briten vertrieben; von der 1500 Mann zählenden britischen Garnison konnten nur hundert Mann in Sicherheit gebracht werden. Die übrigen waren entweder bereits gefallen oder gerieten in Gefangenschaft. Die Deutschen, die eine bemerkenswerte und unerwartete Fähigkeit zur Gegenoffensive an den Tag gelegt hatten, verzeichneten nur 85 Gefallene.

Auf Neuguinea wurde am 2. Oktober, nach der Rückeroberung Finschhafens durch die Australier, ein japanischer Gegenangriff zurückgeschlagen, wobei die Japaner tausend Mann verloren. An der russischen Front wurde zwei Tage später Esteban Infantes, der Kommandeur der aus spanischen Freiwilligen bestehenden Blauen Division, mit dem Ritterkreuz des Eisernen Kreuzes ausgezeichnet. Alles in allem sollten 4500 spanische Freiwillige an der Ostfront fallen und mehrere tausend in Gefangenschaft geraten. Am 4. Oktober hielt Heinrich Himmler in Posen eine Rede vor SS-Gruppenführern; darunter befanden sich viele, deren Einsatzgruppen in der zweiten Hälfte des Jahres 1941 und das ganze Jahr 1942 hindurch in allen Teilen des besetzten Rußland Juden massakriert und in Massengräbern verscharrt hatten: insgesamt mehr als eine Million Menschen. »Von euch werden die meisten wissen, was es heißt«, erklärte er, »wenn 100 Leichen beisammen liegen, wenn 500 daliegen oder wenn 1000 daliegen. Dies durchgehalten zu haben, und dabei – abgesehen von Ausnahmen menschlicher Schwächen – anständig geblieben zu sein, das hat uns hart gemacht. Das ist ein niemals geschriebenes und niemals zu schreibendes Ruhmesblatt unserer Geschichte.«

In der Folge schärfte Himmler seinen Zuhörern ein: »Wir haben diese schwerste Pflicht aus Liebe zu unserem Volk erfüllt. Und unser Geist, unsere Seele, unser Charakter hat keinen Schaden daran genommen.« Dieser Mißbrauch der Sprache, das Sichbrüsten mit »Geist«, »Seele« und »Charakter« gehörte zu der Demagogie der NS-Tyrannei und schuf psychische Voraussetzungen, unter denen unvorstellbare Verbrechen möglich wurden. Am Tag nach der Posener Rede Himmlers wurden in Theresienstadt 1260 Kinder, die im August aus dem Getto von Białystok hierher gebracht worden waren, zusammen mit den 53 Ärzten und Schwestern, die sie begleitet hatten, in einen Zug verladen, der nach Auschwitz fuhr. Den Kindern und ihren Betreuern war gesagt worden, sie würden nach Palästina oder in die Schweiz gebracht.

Himmler hatte in seiner Posener Rede in seine Überlegungen und Ermahnungen zum Massenmord an den Juden auch andere zivile Opfer der SS einbezogen. »Wie es den Russen geht, wie es den Tschechen geht«, hatte er erklärt, »ist mir total gleichgültig ... Das, was in den Völkern an gutem Blut unserer Art vorhanden ist, werden wir uns holen, indem wir ihnen, wenn notwendig, die Kinder rauben und sie bei uns großziehen. Ob die anderen Völker in Wohlstand leben oder ob sie verrecken vor Hunger, das interessiert mich nur so weit, als wir sie als Sklaven für unsere Kultur brauchen, anders interessiert mich das nicht. Ob bei dem Bau eines Panzergrabens 10 000 russische Weiber vor Entkräftung umfallen oder nicht, interessiert mich nur insoweit, als der Panzergraben für Deutschland fertig wird.«

Auch über Anständigkeit sprach Himmler: »Wir werden niemals roh und herzlos sein, wo es nicht sein muß«, erklärte er. »Wir Deutsche, die wir als einzige auf der Welt eine anständige Einstellung zum Tier haben, werden ja auch zu diesen Menschentieren eine anständige Einstellung einnehmen, aber es ist ein Verbrechen gegen unser eigenes Blut, uns um sie Sorge zu machen und ihnen Ideale zu bringen.«

Am 6. Oktober ergriff Himmler noch einmal das Wort vor den in Posen versammelten ranghohen SS-Führern. Wieder kam er auf den Massenmord an den Juden zu sprechen. »Es tritt an uns die Frage heran«, erklärte er, »wie ist es mit den Frauen und Kindern?« Und er begründete sogleich, warum auch diese nicht verschont werden durften: »Ich habe mich entschlossen, auch hier eine ganz klare Lösung zu finden. Ich halte mich nämlich nicht für berechtigt, die Männer auszurotten – sprich also umzubringen oder umbringen zu lassen – und die Rächer in Gestalt der Kinder für unsere Enkel und Söhne groß werden zu lassen.«

Während Himmler diese Rede hielt, wurden gerade die 1260 jüdischen Kinder aus Białystok, die über Theresienstadt nach Auschwitz verfrachtet worden waren, in die Gaskammern geführt.

Im Pazifik landeten amerikanische Truppen am 6. Oktober, ohne auf Widerstand zu stoßen, auf Kolombangara, der Hauptinsel des Salomon-Archipels. Ein weiteres Mal hatten die Japaner beschlossen, nicht zu kämpfen. Aber auf Vella Lavella hielten sie die Stellung und erzwangen damit die Fortsetzung der Schlacht um die Salomon-Inseln, die bis dahin schon 1100 Amerikaner und 2483 Japaner das Leben gekostet hatte. Auf der Insel Wake, wo die Amerikaner beschlossen hatten, keinen Landungsversuch zu unternehmen, sondern die japanische Garnison sich selbst und dem Hunger zu überlassen, wurden am 7. Oktober alle 96 in japanischem Gewahrsam befindlichen alliierten Gefangenen gezwungen, sich mit dem Rücken zum Meer Seite an Seite hinzukauern. Mit verbundenen Augen und auf dem Rücken gefesselten Händen dasitzend, wurden sie der Reihe nach erschossen.

In Norwegen verübte eine kommunistische Widerstandsgruppe am 7. Oktober eine Sabotageaktion. Zwei Deutsche und zahlreiche Norweger kamen bei dem Anschlag auf einen Zug ums Leben. Die Gestapo ließ zur Vergeltung fünf Geiseln erschießen. In der italienischen Stadt Boves ermordete die Gestapo als Vergeltung für die Gefangennahme zweier deutscher Soldaten durch Partisanen dreißig italienische Zivilisten. Im Mittelpunkt der Arbeit der italienischen Gestapodienststellen stand in dieser Woche aber die Verhaftung italienischer Juden. Am 9. Oktober, ihrem heiligsten Feiertag (»Versöhnungstag«), wurden hundert Juden aus Triest mit dem Zug nach Auschwitz deportiert. Keiner von ihnen überlebte den Krieg. In Ancona warnte am selben Tag Don Bernardino, ein katholischer Priester, den örtlichen Rabbiner Elio Touff vor der unmittelbar drohenden Gefahr der Deportation. Daraufhin tauchten die Juden unter, die meisten bei christlichen Familien. Nur zehn wurden ergriffen und deportiert; einer von ihnen überlebte den Krieg. In Auschwitz wurden an diesem Versöhnungstag tausend Männer und

Frauen, die als nicht mehr arbeitsfähig eingestuft wurden, aus den Baracken geholt und vergast. Zwei Tage später wurden 56 Einwohner der polnischen Dörfer Sokółka und Laznie, darunter Frauen und Kinder, erschossen; sie standen in dem Verdacht, sowjetischen Partisanen Schutz gewährt zu haben.

Die Menschen, die unter der Terrorherrschaft der Nazis lebten, hatten keine andere Wahl, als sich ihr zu unterwerfen, wenn sie nicht Repressalien bis hin zur Ermordung von Geiseln auslösen wollten. Jene Kommandos aus Sklavenarbeitern, die jetzt an mehreren hundert Schauplätzen des Massenmordes die einst verscharrten Leichen ausgraben und verbrennen mußten, wußten jedoch, daß am Ende auch auf sie der Tod warten würde; für sie bedeutete Widerstand, so aussichtslos er auch scheinen mochte, wenigstens den Hauch einer Überlebenschance. In diesem Sinne faßten die 600 jüdischen Arbeitssklaven, die im ehemaligen Vernichtungslager Sobibor die Massengräber der dort im Jahre 1942 Ermordeten ausgraben und die Leichen verbrennen mußten, am 13. Oktober den Entschluß, mit Messern, Hacken und anderem Werkzeug auf ihre bewaffneten Bewacher loszugehen. Unter Führung des sowjetischen Kriegsgefangenen Alexander Petscherski und des polnischen Juden Leon Felhendler setzten sie ihren Plan am folgenden Tag in die Tat um: Sie töteten neun SS-Männer und zwei Ukrainer und versuchten dann durch die Lagerumzäunung zu entkommen. 300 gelang die Flucht; 200 von ihnen wurden erschossen, während sie um ihr Leben rannten. Die 300, die die Flucht durch den Zaun nicht geschafft hatten, wurden von deutschen Wehrmachts- und Polizeieinheiten, die aus dem nahe gelegenen Chełm herbeigeholt worden waren, niedergemäht. Die hundert Entkommenen suchten ihr Heil in den Wäldern und Sümpfen Ostpolens; vielen gelang es, sich zu sowjetischen Partisaneneinheiten durchzuschlagen und mit ihnen zusammen gegen ihre früheren Verfolger zu kämpfen. Einige traten in die Rote Armee ein, so beispielsweise Semjon Rozenfeld, der den 8. Mai 1945 in Berlin erleben sollte.

Am 13. Oktober erklärte die in Brindisi ausgerufene und residierende Regierung Italiens Deutschland den Krieg. Auf den italienischen Schlachtfeldern kämpften von da an italienische Soldaten Seite an Seite mit den alliierten Truppen, die nordwärts Richtung Rom vorrückten. Hitler wies seine Generäle jedoch an, überall die Stellung zu halten. Im Luftkrieg über Deutschland flogen am 14. Oktober 228 amerikanische Bomber bei Tageslicht in dichter Formation und ohne Jägerunterstützung einen Angriff auf die Schweinfurter Kugellagerfabrik. Es wurden nur geringe Beschädigungen erzielt, aber 62 der angreifenden Maschinen wurden abgeschossen, und mehr als 300 Mann Besatzung kamen ums Leben. Die amerikanischen Kommandeure sahen ein, daß derartig hohe Verluste an Menschen und Material nicht zu verantworten waren. Es würden daher keine Angriffsoperationen dieser Art mehr stattfinden, ehe nicht ein adäquater Jäger-Geleitschutz zur Verfügung stand. Auf diese Weise kam Schweinfurt in den Genuß einer dreimonatigen Atempause, und die deutsche Kugellagerproduktion, die grundlegende Bauteile für kriegswichtige Waffen der unterschiedlichsten Art lieferte, konnte auf vollen Touren weiterlaufen.

In Italien bemühten sich die alliierten Truppen in täglichen Kämpfen, die Deutschen nach Norden zurückzudrängen. Am 16. Oktober hatten sie sich Rom bis auf 145 Kilometer genähert. In Rom setzten SS-Einheiten an diesem Tag mehr als hundert der 7000 römischen Juden fest. Sie wurden zwei Tage später in einen Zug verladen und nach Auschwitz deportiert. 800 der Deportierten wurden nach ihrer Ankunft vergast, darunter ein Säugling, den seine Mutter nach ihrer Verhaftung zur Welt gebracht hatte. Von den 300 Deportierten, die nach Eintätowierung ihrer Häftlingsnummer auf den Unterarm in die Baracken eingewiesen wurden, sollten nur sechzehn das Kriegsende erleben. In Rom jedoch hatten mehr als 4000 Juden Zuflucht in Privathäusern, Klöstern und Konventen gefunden, 477 von ihnen im Vatikan selbst. So blieb den Deutschen der Zugriff auf die meisten ihrer potentiellen Opfer verwehrt. Ähnliches geschah in Mailand, nachdem die SS am Abend des 16. Oktober 200 und zwei Tage später noch einmal 600 Juden festgenommen und abgeführt hatte. Diese 800 landeten in Auschwitz, aber mehr als 6000 Mailänder Juden, unter denen sich neben gebürtigen Italienern auch Vorkriegsflüchtlinge aus Mitteleuropa befanden, wurden von christlichen Mitbürgern versteckt und überlebten.

In der Nacht zum 17. Oktober landete auf einer großen Wiese bei Mâcon ein britisches Flugzeug, nahm sieben Franzosen an Bord und startete wieder. Zwei weitere Gruppen von Franzosen wurden in dieser Nacht auf dieselbe Weise abgeholt und zum Stützpunkt Tangmere der Royal Air Force gebracht, von dem aus seit einiger Zeit regelmäßig solche Bergungsflüge stattfanden. Unter den sieben, die in dieser Nacht ausgeflogen wurden, befand sich General de Lattre de Tassigny, der sechs Wochen zuvor in Rom aus deutscher Gefangenschaft entkommen war; er war im November 1942 wegen Widerstands gegen die Besetzung Vichy-Frankreichs durch deutsche Truppen zu zehn Jahren Gefängnishaft verurteilt worden. Hunderte von Résistance-Kämpfern, Soldaten, Organisatoren und Agenten wurden so aus dem besetzten Frankreich ausgeflogen.

Nicht zuletzt um die Zukunft Frankreichs ging es, als am 17. Oktober in der Studland Bay in Südengland die Operation »Pirate« durchgeführt wurde, eine gemeinsame Übung britischer Marine-, Luftwaffen- und Heereseinheiten. Erprobt wurde dabei, wie bei einem Landungsunternehmen von See her die Stellungen der Verteidiger an der Küste unter Sperrfeuer genommen werden konnten, während die Landungstruppen den Strand erstürmten. Zum Einsatz kamen Schiffsgeschütze, Raketen, die von Spezialschiffen abgefeuert wurden, und rückstoßfreie, mit Eigenantrieb ausgestattete Artilleriegranaten aus den Rohren der amphibischen Panzerfahrzeuge. Langsam, aber sicher kamen die Vorbereitungen für eine große Landungsoperation an der französischen Kanalküste in Gang. Anfang des Monats hatten die britischen Planer für den großen künstlichen Hafen aus Beton, der bei dem Invasionsplan eine wichtige Rolle spielte, den Decknamen »Mulberry« gewählt.

An der Ostfront machte die Rote Armee weiterhin Druck. Östlich von Witebsk konnte sie Mitte Oktober einen tiefen Einbruch in die deutsche Front erzielen, hinter der, wie ein deutscher Wehrmachtsbericht vom 18. Oktober feststellte, sowjetische Partisanen »starke Störmanöver« entfalteten und geradezu »wie am Fließband« Straßen- und Eisenbahnbrücken zerstörten. Weit im Süden, bei den Kämpfen um Melitopol, führte an diesem Tag ein neunzehnjähriger Leutnant der Roten Armee namens Abram Zindels seine Soldaten in ein noch von den Deutschen gehaltenes Stadtviertel und schaltete 23 gegnerische MG-Stellungen aus. Als Zindels' Munition zur Neige ging, forderten die Deutschen ihn auf, sich zu ergeben. »Ein sowjetischer Offizier läßt sich nicht gefangennehmen«, antwortete er und sprengte mit seiner letzten Handgranate sich selbst und die ihn umringenden Deutschen in die Luft. Zindels wurde posthum zum Helden der Sowjetunion ernannt.

In Moskau trafen am 18. Oktober die Außenminister der drei Hauptalliierten, Cordell Hull, Eden und Molotow, zusammen, um zu bekräftigen, daß weder die USA noch Großbritannien, noch die Sowjetunion sich auf irgendwelche separaten Friedensverhandlungen mit Deutschland einlassen würden. Einen Tag später erzielten in Washington alliierte Unterhändler Einigkeit über den Umfang amerikanischer Hilfslieferungen an Rußland in den folgenden acht Monaten: 2,7 Millionen Tonnen Güter sollten über die sowjetischen Pazifikhäfen, 2,4 Millionen über den Persischen Golf angeliefert werden, dazu eine knappe Million Tonnen über die Nordmeerroute. In einer abschließenden Unterredung mit Cordell Hull, bei der auch ein Film vorgeführt wurde, der unter anderem Szenen von der Niederlage Japans bei Chalkin Gol im August 1939 zeigte, machte Stalin deutlich, daß auch die Sowjetunion Japan als ihren Gegner betrachtete. »Ich sehe also, Marschall Stalin«, sagte Hull, »daß Sie mit den Japanern Rechnungen zu begleichen haben, die Sie zweifellos zur rechten Zeit präsentieren werden. Ich habe Verständnis dafür und glaube zuversichtlich an den Erfolg.«

Im Stanley-Gefängnis in Hongkong wurde am 19. Oktober der britische Kriegsgefangene Douglas Waterman von den Japanern ohne Prozeß zum Tode verurteilt und hingerichtet. Waterman gehörte der im Untergrund arbeitenden British Army Aid Group an, die versuchte, Gefangenen zur Flucht zu verhelfen und Medikamente in die diversen Kriegsgefangenenlager der Kronkolonie einzuschmuggeln. In Jesselton, der Hauptstadt Nordborneos, kam es am selben Tag zu einem Aufstand chinesischer Einwohner und eingeborener Suluks gegen die japanischen Besatzer; vierzig Japaner wurden getötet. Zur Vergeltung machten die Japaner zahlreiche Suluk-Dörfer dem Erdboden gleich, verhafteten und folterten Tausende von Zivilisten und ließen in einem Fall 189 »Verdächtige« ohne Prozeß hinrichten. Opfer eines weiteren summarischen Todesurteils wurden mehrere Dutzend Suluk-Frauen und ihre Kinder, die, nachdem man ihnen zunächst die Hände auf dem Rücken gefesselt hatte, mit einem Strick an den Säulen einer Moschee festgebunden wurden. Dann wurde ein Maschinengewehr aufgebaut, mit dem die Wehrlosen kaltblütig niedergemäht wurden.

Meldungen über diese und andere Greueltaten führten dazu, daß die Alliierten am 20. Oktober die UN-Kommission für Kriegsverbrechen einrichteten, eine Behörde, deren Auftrag lautete, die für Verbrechen dieser Kategorie Verantwortlichen zu ermitteln und ihnen den Prozeß zu machen. Der Kommission gehörten die Exilregierungen Polens, der Tschechoslowakei, Griechenlands und Jugoslawiens an, Länder, auf deren Boden die Ermordung von Zivilisten zum täglichen Ritual einer barbarischen Besatzungs- und Vergeltungspolitik geworden war.

Ein britischer Bombenangriff auf Kassel in der Nacht zum 23. Oktober führte zur Zerstörung wichtiger deutscher Produktionsstätten für Flugzeuge und Raketen. In dem durch Brandbomben ausgelösten Feuersturm kamen 5300 Einwohner Kassels ums Leben.

Am 23. Oktober liefen in England sechs britische Zerstörer und der neu in Dienst gestellte leichte Kreuzer *Charybdis* aus, um Operation »Tunnel« in Angriff zu nehmen, die Aufbringung eines deutschen Handelsschiffes, das von Brest aus in Richtung Ärmelkanal unterwegs war. Zur Überraschung der Engländer verfügte das Handelsschiff jedoch über Geleitschutz. Die *Charybdis* wurde von zwei Torpedos getroffen und sank mit 462 Mann; auf einem der Zerstörer, der *Limbourne,* kamen 42 Besatzungsmitglieder um. Viele der Leichen wurden an die Strände der Kanalinseln gespült und dort von den Deutschen mit allen militärischen Ehren bestattet. 5000 Bewohner der Kanalinseln fanden sich bei dieser Gelegenheit am Friedhof ein, um ihren Respekt und vielleicht auch einen stummen Protest zu bekunden.

Weit mehr als ein Akt stummen Protestes vollzog sich am 23. Oktober in Auschwitz. Dort kamen an diesem Tag 1750 polnische Juden an, die allesamt im Besitz südamerikanischer Reisepässe waren und denen man gesagt hatte, sie würden aus Europa fortgebracht und könnten in die Sicherheit eines südamerikanischen Landes ausreisen. Nach ihrer Ankunft in Auschwitz wurden die Frauen des Transportes angewiesen, sich auszuziehen. Im Verlauf dieser Prozedur sammelten die deutschen Bewacher wie üblich Ringe und Armbanduhren ein. Ein SS-Mann namens Josef Schillinger befahl einer der Frauen, sich ganz auszuziehen. Diese Frau – es handelte sich, wie manche Berichte wissen wollen, um die ehemalige Tänzerin Horowitz aus Warschau – versetzte Schillinger mit ihrem Schuh einen Schlag ins Gesicht, entriß ihm den Revolver und schoß ihn in den Magen. Dann verwundete sie einen zweiten SS-Mann, den Oberscharführer Emmerich. Die Schüsse waren für die übrigen Frauen das Signal, sich auf die am Eingang zur Gaskammer postierten SS-Männer zu stürzen. Einem dieser Männer wurde die Nase abgerissen, ein anderer wurde skalpiert.

Schillinger erlag im Lagerlazarett seiner Schußwunde. Die anderen SS-Männer suchten das Weite. Kurze Zeit danach umstellte ein mit Maschinengewehren und Handgranaten bewaffnetes SS-Kommando den Gaskammerkomplex. Die Frauen wurden eine nach der anderen herausgeholt und im Freien erschossen.

Diese Revolte jüdischer Frauen in Auschwitz wurde der Nachwelt von zwei damals im Lager arbeitenden Häftlingen überliefert. Einer von ihnen, der Jude Stanislaw Jakowski, konnte sich nur an einen anderen ähnlichen Vorfall erinnern, als ein sowjetischer Kriegsgefangener, der mit vier seiner Kameraden zur Erschießung vorgesehen war, einem SS-Mann die Pistole entriß, »es aber nicht schaffte, von ihr Gebrauch zu machen, und überwältigt wurde«. Der zweite Augenzeuge, der polnische Medizinstudent Jerzy Tabau, der später aus Auschwitz entkam und dafür sorgte, daß die Geschichte im Westen bekannt wurde, berichtete, nach dem 23. Oktober sei »die Ausrottung der Juden unbarmherzig fortgesetzt worden«. Am 25. Oktober kam die Reihe an 2500 jüdische Frauen und Mädchen, darunter 800 aus Saloniki, die drei Tage und Nächte lang ohne Nahrung und fast ohne Wasser in einer versperrten Baracke hatten ausharren müssen, ehe sie in die Gaskammer geführt und ermordet wurden.

Unter den jüdischen Mädchen aus Saloniki war die elfjährige Lilian Menasché. Ihr Vater, der Auschwitz überlebte, erinnerte sich später an »jenen verfluchten Tag«. Doch die meisten aus dieser Gruppe von Vergasten hatten unter den Überlebenden niemanden, der ihre Namen überliefern oder um sie hätte trauern können. Die allermeisten Mordopfer Hitlers starben als Namenlose, als bloße Nummern, die Tag für Tag in einer anonymen Statistik des Todes erfaßt wurden.

Am 25. Oktober 1943 feierten die Japaner die Fertigstellung der Thailand-Burma-Eisenbahnlinie. Von den 46000 alliierten Kriegsgefangenen, die die Japaner als Arbeitssklaven für den Streckenbau eingesetzt hatten, waren 16000 an Unterernährung, brutalen Mißhandlungen und Krankheiten zugrunde gegangen. Auch 50000 burmesische Arbeiter, die eine noch menschenverachtendere Behandlung erfuhren als die Kriegsgefangenen, waren beim Bau dieser Eisenbahnlinie umgekommen; weder die Tatsache, daß sie Asiaten waren, noch ihr unterprivilegierter Status hatte sie davor bewahrt, für die imperialistischen Ziele Japans verheizt zu werden.

KAPITEL 34

»... daß wir uns im Osten langsam verbluten« (Goebbels)

Winter 1943

Am 25. Oktober 1943 setzten sowjetische Truppen in einer überraschenden Aktion über den Unterlauf des Dnjepr und rückten in Dnjepropetrowsk ein, einer der größten und bedeutendsten Städte im südlichen Rußland. Das ebenfalls am Westufer des Dnjepr gelegene Dnjeprodserschinsk fiel der vorrückenden Roten Armee am gleichen Tag zu. Eine Radiomeldung, die an diesem Tag aus Berlin kam, enthielt die Feststellung, an der russischen Front sei die militärische Lage für Deutschland »äußerst ernst«. Generalfeldmarschall von Kleist ordnete am folgenden Tag auf eigene Faust die Räumung der Krim an. Hitler war nicht gefragt worden; als er davon erfuhr, erzwang er noch am Abend die Rücknahme des Befehls. Die Japaner auf dem pazifischen Kriegsschauplatz taten sich nicht so schwer, die Notwendigkeit begrenzter Rückzüge einzusehen. Als am 27. Oktober neuseeländische Truppen auf der Salomon-Insel Stirling landeten, trafen sie keine Gegner mehr an. Auf der nahe gelegenen Insel Mono, auf der die Neuseeländer am selben Tag landeten, befand sich noch eine kleine japanische Garnison, die nach kurzem, heftigem Kampf überwältigt wurde; 200 der japanischen Verteidiger fielen, während auf neuseeländisch-amerikanischer Seite 52 Tote zu beklagen waren.

Auf der Insel Choiseul stieß inzwischen ein amerikanischer Landungstrupp, obwohl er das Überraschungsmoment auf seiner Seite hatte, auf heftigen Widerstand; nicht jede Insel sollte den Alliierten kampflos anheimfallen. Um die sechs Rollbahnen auf Choiseul kämpften die Japaner im wahrsten Sinne des Wortes bis zum letzten Mann. Das PT-Boot von Leutnant John F. Kennedy gehörte zu einer Flottille, die den Auftrag hatte, im Zuge eines Ablenkungsangriffs einen amerikanischen Brückenkopf zu evakuieren. Als eines der Boote nach Kollision mit einem Korallenriff zu sinken begann, rettete Kennedy acht Männer, darunter drei Verletzte; einer von ihnen, der Gefreite Schnell, erlag seinen Wunden, bevor er in Sicherheit gebracht werden konnte. Drei Tage später war Kennedy mit seinem Boot vor der Insel Moli im Einsatz gegen japanische Barkassen.

Am 28. Oktober verließ ein weiterer für Auschwitz bestimmter Zug Paris, der 61. Transport dieser Art in eineinhalb Jahren. Unter seinen Passagieren befand sich der neununddreißigjährige, aus Rumänien gebürtige Arno Klarsfeld; er wurde in Auschwitz ermordet. Klarsfeld hatte sich 1939 als Freiwilliger zum französischen Heer gemeldet, war in deutsche Gefangenschaft geraten und aus ihr entkommen. Er hatte sich nach Nizza durchgeschlagen und sich dort der Résistance-Gruppe »Combat« angeschlossen. Nach seiner Verhaftung durch die Gestapo wurde er nun, zusammen mit tausend weiteren Juden, von denen nur 42 den Krieg überleben sollten, nach Auschwitz gebracht. Von den 125 Kindern unter achtzehn Jahren, die diesem Transport angehörten – ein fünf Monate altes Mädchen namens Michelle Nathan war darunter –, blieb nicht ein einziges am Leben.

An der Ostfront gelang es den deutschen Truppen in der letzten Oktoberwoche, dem Vormarsch der Roten Armee Einhalt zu gebieten. Bei einem überraschenden Gegenangriff nördlich von Kriwoi Rog konnte die Wehrmacht 300 sowjetische Panzer erbeuten, 5000 Rotarmisten gefangennehmen und den Gegner ein gutes Stück in Richtung Dnjepr zurückwerfen. Weiter nördlich verhinderten deutsche Truppen durch zähe Gegenwehr, daß Witebsk den Sowjets in die Hände fiel. Am 28. Oktober erläuterte Feldmarschall von Rundstedt Hitler die in Westeuropa drohenden Gefahren und bezeichnete die Kanalküste, die französische Riviera und die Bucht von Biskaya als drei mögliche Schauplätze eines alliierten Landungsunternehmens. Nach Hitlers Überzeugung war die alliierte Landung auf dem italienischen Festland tatsächlich nur das Vorspiel für weitere angloamerikanische Operationen auf westeuropäischem Boden. Getreu dieser Einsicht erklärte er in seiner am 3. November erlassenen Weisung Nr. 51, dem Deutschen Reich drohe nunmehr von Westen her größere Gefahr als aus dem Osten; die deutsche Truppenpräsenz im Westen dürfe daher nicht verringert werden, und die dort stehenden Armeen müßten mehr Panzer und Artillerie zugeteilt bekommen.

In Italien versuchten die Alliierten währenddessen vergebens, nach Rom durchzubrechen. Die Deutschen kämpften mit wilder Entschlossenheit um jeden Fußbreit Boden. Im östlichen Mittelmeer vereitelten auf Rhodos stationierte deutsche Flugzeuge die Versuche der Briten, Verstärkungen auf die beiden kleineren Inseln Samos und Leros zu bringen, die nach der Kapitulation Italiens von britischen Kommandos in Besitz genommen worden waren. Das Ägäische Meer war am 30. Oktober auch der Schauplatz eines deutschen Sturzkampfbomber-Angriffs auf den britischen Kreuzer *Aurora,* der 43 britische Seeleute das Leben kostete. Einer der Offiziere der *Aurora* war Leutnant Kenneth More, im bürgerlichen Leben ein bekannter Bühnen- und Filmschauspieler. Er erzählte später, wie er an jenem Abend, als er seine Wache antreten mußte, »die schreckliche, traurige Aufgabe hatte, mit der Taschenlampe die verwüsteten Decks zu durchforsten und abgerissene Gliedmaßen aus den Ecken, ja selbst aus dem Tauwerk zu holen«.

Hinter den deutschen Linien zeitigten die Aktionen der Partisanen und Widerstandsgruppen immer größere Wirkung. Im besetzten Polen verkündete eine Untergrundzeitschrift am 1. November das Todesurteil für Waclaw Noworol, einen Bauern aus der Gegend von Nowy Sącz, der beschuldigt wurde, untergetauchte Juden und Polen an die Deutschen verraten zu haben. Ebenfalls am 1. November startete die deutsche Wehrmacht im Gebiet nördlich von Witebsk zwei Antipartisanenkampagnen, die Operationen »Schnepfe« und »Wildente«, die dem Schutz der Nachschubwege der Heeresgruppen Mitte und Nord dienen sollten. Feldmarschall von Weichs, der deutsche Oberbefehlshaber auf dem Balkan, vertraute an diesem Tag seinem Tagebuch an: »Die Partisanenplage gibt der ganzen Sache ein ganz anderes Gesicht. Wenn man überhaupt noch von ›Partisanen‹ sprechen kann – unter Tito ist eine mächtige bolschewistische Streitmacht entstanden, die straff geführt wird, auf Weisungen aus Moskau handelt, ständig an Stärke gewinnt und jeden Tag todbringender wird.« Ergänzend fügte Weichs hinzu: »Sie hat starke englische Unterstützung.«

Wie Goebbels am 2. November in seinem Tagebuch festhielt, waren an der Ostfront Mitte Oktober innerhalb von neun Tagen 9000 deutsche Soldaten gefallen. »Wir können solche Aderlässe auf die Dauer nicht aushalten«, schrieb er. Wenn das so weitergehe, bestehe »die Gefahr ... daß wir uns im Osten langsam verbluten«.

Ein Blutvergießen anderer Art hatte an dem Tag, als Goebbels diese Tagebucheintragung vornahm, im Konzentrationslager Majdanek bei Lublin begonnen. Innerhalb einer Woche wurden dort 45000 Überlebende aus dem Warschauer Getto getötet; sie mußten sich am Rande von Massengräbern hinter der Gaskammer aufstellen und wurden mit Maschinengewehren niedergemäht. Einmal waren es 18000 an einem einzigen Tag. Ermordet wurden im

Laufe dieser Woche auch 5000 Juden, die einst als Soldaten in der polnischen Armee gedient hatten. Sie befanden sich seit Oktober 1939 in einem Kriegsgefangenenlager in Lublin. In sarkastischer Anspielung auf eine militärische Operation erfanden die Deutschen für dieses Massaker den Decknamen Aktion »Erntefest«.

Aus dem italienischen Genua wurden am 3. November 200 einheimische Juden und hundert jüdische Flüchtlinge aus Mitteleuropa, die schon vor Kriegsbeginn dort Zuflucht gefunden hatten, nach Auschwitz deportiert. Unter ihnen war der Rabbiner von Genua, Riccardo Pacifici, der in Auschwitz zusammen mit seinen Gemeindemitgliedern vergast wurde. In Deutschland wurde an diesem Tag der katholische Pfarrer Bernhard Lichtenburg, der öffentlich für die Juden gebetet hatte und deswegen seit über zwei Jahren in einem Berliner Gefängnis inhaftiert gewesen war, nach Dachau überführt; er starb auf der Fahrt dorthin.

Am 5. November näherte sich die Rote Armee der ukrainischen Metropole Kiew, der drittgrößten Stadt der Sowjetunion nach Moskau und Leningrad. Im Laufe der nun entbrennenden Schlacht um Kiew nahmen die Deutschen zahlreiche Sprengungen vor, denen viele alte Kirchen und andere öffentliche Bauten zum Opfer fielen. Die Soldaten der 1. Unabhängigen Tschechoslowakischen Brigade, denen ihr Kommandeur, Oberst Svoboda, eingeschärft hatte, um Kiew so zu kämpfen, wie sie es um »Prag und Preßburg« tun würden, eroberten an diesem Abend den Kiewer Hauptbahnhof. Am folgenden Morgen war Kiew nach mehr als zweijähriger deutscher Fremdherrschaft wieder in russischen Händen. Für Hitler war der Verlust Kiews ein schwerer Schlag, zumal die Rote Armee sich damit nicht zufrieden gab, sondern, die Deutschen vor sich hertreibend, sogleich weiter vorrückte. Am 7. November besetzte sie das 50 Kilometer weiter westlich gelegene Fastow, eine wichtige Eisenbahndrehscheibe für den Nachschub der südöstlich davon in der großen Dnjepr-Schleife operierenden Heeresgruppe Süd. Fastow lag übrigens bereits westlich der »Panther-Stellung«, deren Errichtung Hitler vor nicht einmal zwei Monaten proklamiert hatte.

Obwohl die Soldaten beim Einzug in Kiew eine verwüstete Stadt vorfanden, breitete sich in den Reihen der Roten Armee Siegesstimmung aus. Am 8. November wurde bekanntgegeben, daß ein »Siegesorden« geschaffen worden war, der an ranghohe Kommandeure verliehen werden sollte, welche durch militärische Operationen an einer oder mehreren Fronten eine »grundlegende Veränderung der Lage zum Nachteil des Feindes« herbeigeführt hatten. Der aus Platin gefertigte Orden war mit 91 Diamanten besetzt; eine Ehrenurkunde mit dem Namen eines jeden Empfängers sollte im Kreml ausgestellt werden. Am gleichen Tag wurde für Offiziere der niedrigeren Dienstgrade und für Luftwaffenoffiziere im Leutnantsrang ein »Ruhmesorden« geschaffen, der für herausragende persönliche Leistungen verliehen werden sollte. Alle Träger dieses Ordens wurden ein Anrecht auf eine lebenslange Pension sowie auf eine kostenlose Ausbildung ihrer Kinder erwerben.

Am 8. November hielt Hitler seine alljährliche Ansprache im Bürgerbräukeller. »Auch wenn wir Amerika gegenwärtig nicht erreichen können«, sagte er, »liegt doch wenigstens ein Land in unserer Reichweite, und auf diesen Staat werden wir uns konzentrieren.« Seine Wissenschaftler hatten ihm versichert, die Raketenbombe werde Ende des Jahres einsatzbereit sein, doch Albert Speer schrieb am 8. November in einem Vermerk, die Entwicklung sei »noch nicht so weit gediehen, wie die Techniker die Leute glauben machen wollen«.

In Großbritannien beschloß an diesem 8. November eine Expertengruppe aus Wissenschaftlern und Militärs, welche die von Michel Hollard nach England übermittelten Skizzen einer der im Bau befindlichen Abschußrampen studiert hatte, sämtliche greifbaren Luftaufnahmen der nordfranzösischen Küstenregion einer nochmaligen Auswertung zu unterziehen und möglichst viele neue Fotos anzufertigen, um herauszufinden, was auf diesen Baustellen vor sich ging. Daß die Deutschen tatsächlich schon über Raketen oder fliegende Bomben verfügten, mußte erst noch nachgewiesen werden.

Der erste der hierzu anberaumten Aufklärungsflüge fand noch am gleichen Tag statt. Plötzlich war es zu einer Aufgabe von höchster Priorität geworden, hinter das Geheimnis der »Ski«-Rampen, wie die Briten sie nannten, zu kommen. Am Bahnhof von Florenz fuhr an diesem Tag ein Zug mit »unbekanntem Ziel« ab. Seine 400 jüdischen Passagiere waren in Siena, Bologna und Florenz von der Gestapo verhaftet worden. Soweit bekannt, überlebte keiner von ihnen.

An den Fronten, an denen gekämpft wurde, brachte die zweite Novemberwoche steigende Gefallenenzahlen: im Pazifik, wo die Amerikaner am 9. November ins Innere der Insel Bougainville vorzurücken begannen; in Italien, wo die alliierten Truppen einsehen mußten, daß für sie vorläufig kein Weg nach Rom führte; und an der Ostfront, wo die Deutschen westlich von Kiew kein weiteres sowjetisches Vordringen zuließen, während sie jedoch weiter im Norden Schitomir, das nur 120 Kilometer östlich der Vorkriegsgrenze zwischen Polen und der Sowjetunion lag, aufgeben mußten. Auch im östlichen Mittelmeer verstärkten sich die Kampfhandlungen plötzlich, als die Deutschen am 11. November auf der griechischen Insel Leros landeten und in fünftägigen, für beide Seiten sehr verlustreichen Kämpfen die 10 000 britischen und italienischen Verteidiger niederrangen.

Als am 14. November amerikanische Bomber einen Tageslichtangriff auf ein Ziel in Deutschland flogen und dabei von deutschen Jägern angegriffen wurden, konnten die Amerikaner zwanzig dieser bis dahin so gefürchteten Todesengel abschießen. »Die Amerikaner fliegen jetzt tagsüber mit Geleitschutz von Jägern an«, notierte Goebbels in sein Tagebuch. Dies sei, kommentierte er, »natürlich eine harte Nuß für unsere Flugabwehr.« Auch an der Ostfront sah Goebbels Gefahr für Deutschland heraufziehen, wenngleich die Wehrmacht die westukrainische Stadt Schitomir am 15. November zurückeroberte und die Sowjets in dieser Woche nicht weniger als 20 000 Gefallene zu beklagen hatten. »Wohin soll das auf die Dauer führen?« schrieb er. »Die Sowjets haben Reserven zur Verfügung, von denen wir selbst bei realistischster Betrachtung ihrer Möglichkeiten keine Ahnung gehabt haben.«

Himmler war entschlossen, dafür zu sorgen, daß die »Rasseideen« des Nationalsozialismus vollständig und radikal in die Tat umgesetzt würden, ehe alles zu Ende ging. Am 15. November erging ein Erlaß, wandernde Zigeuner und »Halbzigeuner« sollten künftig »auf dieselbe Stufe wie Juden gestellt und in Konzentrationslager eingewiesen« werden. In »Zweifelsfällen« sollten die Polizeidienststellen vor Ort entscheiden, »wer Zigeuner ist«. Infolge dieses Erlasses wurden mehrere hundert bis dahin in Arbeitslagern internierte Zigeuner nach Auschwitz deportiert – die ersten zwanzig kamen aus Grodno. Nach Auschwitz deportiert wurden am 15. November auch 1149 holländische Juden, denen einen Tag später ein weiterer Transport mit 995 Personen folgte. Aus diesem letzteren Transport wurden 531 Personen, darunter 166 Kinder, nach ihrer Ankunft im Lager vergast. 164 Polen teilten am gleichen Tag ihr Schicksal. Unter ihnen waren zwölf weibliche Mitglieder einer polnischen Widerstandsgruppe.

Augenzeuge ihres Untergangs wurde ein jüdischer Arbeitssklave, dem es gelang, auf einem Zettel die Worte festzuhalten, die eine der polnischen Frauen an der Schwelle des Todes sprach: »Erzählt unseren Brüdern, unserem Volk, daß wir dem Tod in vollem Bewußtsein und mit Stolz entgegengegangen sind.« Diese Worte waren ihr Testament. Auch der Zeuge wurde kurz danach ermordet, aber sein Zettel mit den Worten der Polin blieb erhalten.

Ein weiterer Augenzeuge der Vernichtungsaktionen dieses November war Josef Reznik, ein polnischer Jude, der im September 1939 in deutsche Kriegsgefangenschaft geraten war. Von den Tötungen im Rahmen der Aktion »Erntefest«, die am 2. November in Majdanek begonnen hatten, waren er und 300 weitere Juden verschont geblieben, da die Deutschen sie für die Aufstellung eines neuen Blobel-Kommandos brauchten. Dieses Kommando wurde zunächst zu einem Lager in den Borki-Wäldern unweit von Chełm beordert, wo es, wie Reznik später berichtete, in der Folgezeit mehr als 30000 Leichen ausgrub und verbrannte. Es handelte sich in der Mehrzahl um ehemalige Sowjetsoldaten, die 1941 in deutsche Gefangenschaft geraten waren. Daneben fanden sich aber auch die Leichen von mehreren tausend Juden aus der nahe gelegenen Stadt Hrubieszów, darunter viele ermordete Kinder. Wie Reznik feststellte, stammten die »jüngsten« Leichen von italienischen Soldaten, die nach dem Abfall Italiens als Kriegsgefangene in das Lager gebracht und ermordet worden waren.

In der Nacht zum 16. November wickelte die britische Leitstelle für Sondereinsätze, die Special Operations Executive (SOE), die Operation »Conjuror« ab: Aus Tangmere in Südengland wurden sechs Agenten nach Frankreich geflogen und an einem Landeplatz auf einem Hügel bei Angers abgesetzt. Einer der Eingeflogenen war Victor Gerson, der Organisator der »Vic«-Fluchthilfeorganisation für alliierte Kriegsgefangene und entkommene Besatzungsmitglieder abgeschossener alliierter Flugzeuge. Drei der in dieser Nacht abgesetzten Männer wurden gleich nach ihrer Ankunft verhaftet. Für den Rückflug nach England nahm die Maschine zwölf Personen an Bord. Einer von ihnen, ein gewisser François Mitterrand, hatte unter dem Decknamen »Monier« über ein Jahr lang die »Morland-Gruppe« geleitet, die Verbindung zu französischen Kriegsgefangenen und Zivilinternierten in deutschem Gewahrsam hielt. Mitterrand selbst war 1940 die Flucht aus einem Kriegsgefangenenlager in Deutschland gelungen.

Zwei Monate später ging er in Dartmouth an Bord eines Versorgungsschiffes, von dem er auf hoher See in ein Kanonenboot umstieg, das ihn auf die andere Seite des Kanals brachte und in tiefster Nacht an einem kleinen Strand bei Beg-an-Fry absetzte. Er baute in der Folge ein Résistance-Komitee auf, das Hilfsmaßnahmen für französische Kriegsgefangene und für als Zwangsarbeiter nach Deutschland verschleppte Franzosen organisierte. 38 Jahre später wurde er zum französischen Staatspräsidenten gewählt.

Während über dem nördlichen Frankreich britische Aufklärungsflugzeuge nach den mysteriösen »Ski«-Rampen Ausschau hielten und sie fotografierten, wurden Hitlers Hoffnungen auf eine weitere potentielle »Wunderwaffe« am 16. November endgültig zunichte gemacht, als 160 von britischen Stützpunkten aus gestartete amerikanische Bomber das Wasserkraftwerk im norwegischen Vermork und die ihm angeschlossene Anlage zur Gewinnung von schwerem Wasser angriffen. Zwanzig norwegische Zivilisten wurden bei dem Angriff getötet, und während die Anlage selbst unbeschädigt blieb, wurde das Kraftwerk so gründlich zerstört, daß an die Gewinnung schweren Wassers dort einstweilen nicht mehr zu denken war. Die Deutschen gaben daraufhin Anweisung, die vorhandenen Vorräte an schwerem Wasser nach Deutschland zu bringen. Norwegische Geheimagenten übermittelten diese Information nach London, wo sogleich Pläne für die Sabotierung des Vorhabens ausgearbeitet wurden.

Am 18. November, zwei Tage nach dem amerikanischen Bombenangriff auf Vermork, der bei Tageslicht stattgefunden hatte, bombardierten 440 britische Maschinen am späten Abend Berlin. Der Angriff, der eigentlich industriellen Zielen galt, kostete 131 Berliner das Leben, während er kaum Schäden an Fabriken anrichtete. Neun britische Bomber wurden abgeschossen und 53 Besatzungsmitglieder getötet. Unter den Gefallenen befand sich Geschwaderkommandant John White, der bei dem Angriff auf Peenemünde vor einiger Zeit eine entscheidende

Rolle gespielt hatte: Er hatte seine Markierungsbomben genau an den richtigen Stellen gesetzt und fehlgeleitete Bomber, die das Fremdarbeiterlager anvisiert hatten, auf das eigentliche Zielobjekt umdirigiert.

Im Pazifik lief am 20. November die amerikanische Operation »Galvanic« an, die die Eroberung der drei zu den Gilbert-Inseln gehörenden Atolle Makin, Tarawa und Abemama vorsah. Die über 6000 Amerikaner, die am Makin-Atoll landeten, trafen dort auf lediglich 300 japanische Soldaten und 500 koreanische Arbeitskräfte; die Japaner kämpften allerdings bis zum bitteren Ende. Erst als 550 Verteidiger gefallen waren, ergaben sich die übrigen – es waren fast nur noch Koreaner. Die Amerikaner verloren in dieser Schlacht 64 Mann, worunter sich allerdings 35 »nicht kriegsbedingte Todesfälle« befanden. Dann wurde jedoch der amerikanische Flugzeugträger *Lisome Bay* von einem japanischen U-Boot torpediert; eine ungeheure Explosion zerriß das Schiff, von dessen 900 Besatzungsmitgliedern 644 den Tod fanden. Weitere 43 Amerikaner starben auf dem Schlachtschiff *Mississippi,* als während des Sperrfeuers, das die Landung auf Makin begleitete, ein Geschützturm ohne Feindeinwirkung explodierte.

Auf Makin wurden die Amerikaner von den Eingeborenen überschwenglich begrüßt. Wie Leutnant Clarence B. Selden von der Navy sich später erinnerte, machte er die Bekanntschaft eines Insulanerhäuptlings, der ihm, ohne ein einziges Mal Atem zu holen, versicherte: »Ich-bin-so-froh-daß-ihr-gekommen-seid-wir-warten-seit-vielen-Monaten-wir-sind-glücklich-daß-ihr-gekommen-seid-darf-ich-euren-Männern-Kokosnüsse-bringen-lassen?«

Auf dem Tarawa-Atoll erwarteten mehr als 5000 japanische Verteidiger die zahlenmäßig gleich starken amerikanischen Invasoren, welche die Strände der Insel Betio zu erstürmen versuchten. Nach 76 Stunden unerbittlichsten Kampfes waren auf japanischer Seite nur noch ein Offizier, sechzehn Soldaten und 129 koreanische Arbeiter am Leben. Der fanatische Widerstand der 5000 Verteidiger des Atolls hatte 1000 Amerikaner, also ein Fünftel der gesamten Invasionsstreitmacht, das Leben gekostet. Die Schlacht um Tarawa rief in der amerikanischen Öffentlichkeit Entsetzen hervor, vermittelte sie doch eine Vorstellung davon, wieviel Blut die Niederringung Japans kosten würde. Es ging nicht nur um schockierende Zahlen; die Leser amerikanischer Zeitungen bekamen auch Fotos zu sehen, die die von der Flut an Land gespülten Leichen amerikanischer Soldaten oder ganze am Strand aufgeschichtete Leichenstapel neben ausgebrannten Amphibienfahrzeugen zeigten. Es waren Bilder, die ein Publikum, dem bis dahin die Pressezensur solche Anblicke erspart hatte, zutiefst aufwühlten.

Nachdem bei einem ersten Landungsversuch der Amerikaner auf dem Abemama-Atoll ein Marine getötet worden war, beschlossen die Angreifer, die kleine japanische Garnison erst einmal nur mit Artilleriefeuer einzudecken. Diese Taktik war von Erfolg gekrönt: Ein Eingeborener berichtete den Amerikanern am 25. November, alle japanischen Verteidiger seien tot. Vierzehn waren den amerikanischen Schiffskanonen zum Opfer gefallen, die übrigen hatten sich das Leben genommen.

Während die Amerikaner auf Makin und Tarawa damit beschäftigt waren, den japanischen Widerstand zu brechen, flogen die Briten am 22. November einen weiteren nächtlichen Bombenangriff auf Berlin. Die 764 eingesetzten Bomber richteten zu Hitlers Verdruß im Regierungsviertel der Reichshauptstadt beträchtliche Schäden an; betroffen waren die Gebäude der Admiralität, des Luftfahrtministeriums und des Ministeriums für Rüstung und Kriegsproduktion. Sogar Hitlers Reichskanzlei trug Schäden davon, und sein auf einem Abstellgleis harrender Sonderzug *Amerika* wurde zum größten Teil zerstört. Hitler selbst hielt sich in Rastenburg auf.

Den Berlinern blieb dieser Luftangriff vor allem in Erinnerung, weil sich in seinem Verlauf zwei tragische Katastrophen ereigneten: Beim panischen Massenandrang auf einen Luftschutzbunker wurden auf der in die Tiefe führenden Treppe hundert Menschen zu Tode gequetscht, und 500 kamen ums Leben, als eine 4000-Pfund-Bombe unmittelbar neben einem öffentlichen Luftschutzraum im Untergeschoß einer Schule detonierte. Insgesamt fanden in dieser Nacht in Berlin 1737 Zivilisten den Tod. »Ein wahrer Höllenlärm geht über uns herab«, schrieb Goebbels unter dem Eindruck des Geschehens in sein Tagebuch. »Dauernd prasseln Minen und Sprengbomben auf das Regierungsviertel hernieder. Eines nach dem anderen der wichtigsten Gebäude fangen an zu brennen.«

Obwohl bei dem Luftangriff vom 22. November auf Berlin 167 Besatzungsmitglieder der Bomberflotte ums Leben kamen, wurde in der darauffolgenden Nacht ein weiterer Angriff geflogen, der wiederum 127 britische Flieger das Leben kostete. Für die Berliner war dieser zweite Angriff kaum weniger schlimm als der vom Vortag; sie zählten dieses Mal 1315 Tote, was zusammen mit den Toten des Vortags eine Zahl von mehr als 4000 Opfern ergab. »Der [zweite] schwere Luftangriff kommt an Intensität dem ersten gleich«, hielt Goebbels in seinem Tagebuch fest. »Wenn wir vorerst gemeint hatten, daß er schwächer sein würde, so hat sich diese Hoffnung nicht bestätigt.« Sein eigener Amtssitz war getroffen worden; die Räume der oberen Etage waren verwüstet. »Man lernt jetzt allmählich wieder, sich an einen primitiven Lebenszuschnitt zu gewöhnen.« In seinem Wohnhaus habe es an diesem Morgen »keine Heizung, kein Licht, kein Wasser« gegeben. »Man kann sich weder rasieren noch waschen«, stellte er fest. »Mit der brennenden Kerze muß man den Bunker verlassen.«

Im nordfranzösischen Lille umstellten am frühen Morgen des 23. November 200 deutsche Soldaten das Haus, in dem sich der britische Agent Michael Trotobas versteckt hielt. Es entbrannte eine Schießerei, in deren Verlauf Trotobas den Gestapobeamten, der ihn festnehmen wollte, tötete; anschließend feuerte er weiter, bis er selbst tödlich getroffen wurde. Seine Mitstreiterin Denise Gilman wurde durch einen Bauchschuß verwundet und erlag kurze Zeit später ihrer Verletzung. Nach dem Krieg wurde eine Résistance-Medaille nach Trotobas benannt. »Le Croix du Capitaine Michel« war die einzige an Widerstandskämpfer verliehene Auszeichnung, die dem Gedenken an einen britischen Offizier gewidmet war. Auch nach dem Tod von Trotobas blieb die von ihm aufgebaute »Farmer«-Gruppe aktiv und verübte Anschläge auf deutsche Einrichtungen im Nordosten Frankreichs.

Im Fernen Osten mußten die Japaner am 25. November einen herben Prestigeverlust hinnehmen, als amerikanische Bomber gleichsam vor ihrer Haustür, auf Formosa, das Flugfeld von Shinchiku bombardierten. Insgesamt 42 japanische Flugzeuge wurden dabei zerstört, einige im Luftkampf, die anderen am Boden. Auf Neuguinea eroberten an diesem Tag australische Truppen nach achttägigen Kämpfen den 725 Meter hohen Sattelberg am Kokoda-Pfad; den Umschwung zugunsten der Australier hatte ein am Vortag von Feldwebel Thomas Derrick angeführter Sturmangriff gebracht. Für seine auf dem Felde bewiesene Tapferkeit wurde er mit dem Victoria Cross ausgezeichnet.

In den Sklavenarbeiterlagern entlang der jetzt fertiggestellten Thailand-Burma-Eisenbahnlinie forderten Seuchen weiterhin einen hohen Tribut. Wie Oberst Dunlop in einem Tagebucheintrag vom 25. November festhielt, waren allein im Lager Tarsao im Laufe der verflossenen vier Monate 364 Männer gestorben. »Die ›Kapitäne des Todesschiffs‹ waren Ruhr, Cholera, Malaria, Mangelkrankheiten und tropische Geschwüre«, schrieb er. »Die Ruhr war die häufigste Ursache.«

An der Ostfront eroberten die Russen am 26. November Gomel. Damit hatten sie sich dem Führerhauptquartier Hitlers bei Rastenburg bis auf 650 Kilometer genähert. Berlin wurde in dieser Nacht wieder von britischen Bombern heimgesucht: Ihr Angriff galt dieses Mal den Hauptproduktionsstätten der Panzerfabrik Allkett. Als Hitler von dem Angriff erfuhr, befahl er, zur Brandbekämpfung auch Feuerwehren aus so weit entfernten Städten wie Potsdam und Brandenburg heranzuziehen, was jedoch nicht viel nützte. Neben Allkett wurden auch mehrere andere Waffen- und Munitionsfabriken schwer beschädigt, desgleichen ein Werk, in dem Radaranlagen hergestellt wurden. Bei diesem Angriff, dem vierten innerhalb eines Monats, wurden 196 britische und kanadische Besatzungsmitglieder durch Abschuß, Absturz oder andere Unfallursachen getötet. Unter der Bevölkerung gab es 470 Tote; 92 Menschen kamen ums Leben, als ein abstürzender Bomber in ein Gebäude raste, dessen Luftschutzkeller daraufhin zusammenstürzte.

An der Ostfront waren in den zehn Tagen bis zum 26. November 6473 deutsche Soldaten gefallen; in derselben Zeitspanne waren in Berlin insgesamt 3653 Zivilisten umgekommen. Die Zahl der Gefallenen kommentierte Goebbels in einem Tagebucheintrag vom 27. November so: »Das ist erträglich. Auf der anderen Seite haben Krankheiten zugenommen, und vor allem geht es wegen unserer beständigen Rückzüge mit der körperlichen und geistigen Verfassung der Truppe bergab.«

Der 28. November brachte an der Ostfront eine kurzfristige Wende des Kriegsglücks, als Generalfeldmarschall von Mansteins Heeresgruppe Süd im Raum Korosten nordwestlich von Kiew eine größere russische Streitmacht einschloß und ihr schwere Verluste zufügte.

Zu dem Zeitpunkt, als die Rote Armee diesen Rückschlag hinnehmen mußte, befand Stalin sich nicht in der Sowjetunion. Zum erstenmal seit der bolschewistischen Revolution von 1917 war er außer Landes gereist – nach Teheran, wo er sich mit Roosevelt und Churchill traf. Auf der Konferenz, die unter strengsten Sicherheitsvorkehrungen stattfand, skizzierte Churchill die englisch-amerikanischen Planungen für die Landung an der französischen Kanalküste, welche für das Frühjahr oder den Sommer 1944 angesetzt war.

Am 29. November informierte Churchill den etwas konsternierten Stalin über die drei Monate zuvor festgelegten Bedingungen, die erfüllt sein müßten, damit der Startbefehl für Operation »Overlord« ergehen könne: Zum einen müsse es vor Beginn der Operation zu einer »zufriedenstellenden Reduzierung« der Zahl der im nordwesteuropäischen Raum einsatzbereiten deutschen Jagdflugzeuge kommen; zweitens dürften zum Zeitpunkt der Operation den Deutschen in Frankreich und den Benelux-Ländern nicht mehr als »rund zwölf vollzählige mobile Divisionen bester Qualität« zur Verfügung stehen; und zum dritten dürfe es den Deutschen nicht möglich sein, während der ersten sechzig Tage der Operation von anderen Fronten mehr als fünfzehn erstklassige mobile Divisionen abzuziehen.

Daraufhin fragte Stalin Churchill, ob »der Premierminister und die britischen Stäbe wirklich an ›Overlord‹ glaubten«. Churchill erwiderte, falls diese Bedingungen erfüllt seien, werde es »unsere heilige Pflicht sein, jede Sehne unserer Kraft über den Kanal und in den Kampf gegen die Deutschen zu werfen«.

An diesem 29. November in Teheran gab Stalin seinen beiden westlichen Alliierten auch die Zusicherung, die Sowjetunion werde in den Krieg gegen Japan eintreten, »sobald Deutschland besiegt« sei. Churchill bezeichnete dies gegenüber den britischen Stabschefs als »eine Entscheidung von höchster Tragweite«. Zugleich handelte es sich um eine Zusage, die absoluter Geheimhaltung bedurfte und daher nicht einmal in das geheime Protokoll der Teheraner Gespräche aufgenommen wurde.

Was Stalin im Verlauf der Konferenz von Teheran nicht erfuhr, war, daß die an der Entwicklung der Atombombe arbeitenden amerikanischen Forscher soeben ein neues wichtiges Etappenziel erreicht hatten: Ein B-29-Bomber war so umgerüstet worden, daß er die Bombe transportieren und abwerfen konnte. Am 3. Dezember trafen fünfzehn britische Atomwissenschaftler in den Vereinigten Staaten ein, um das amerikanische Bombenbauerteam zu verstärken; einer von ihnen, Klaus Fuchs, war ein sowjetischer Spion.

Was keiner der Großen Drei ahnen konnte, war, daß in diesem November ein Mordanschlag auf ihren Hauptfeind vorbereitet worden war: Der deutsche Wehrmachtsoffizier, Baron Axel von dem Bussche, hatte sich bereit erklärt, einen neuentworfenen Wehrmachtsmantel, den Hitler sich anschauen wollte, als »Modell« vorzuführen. Bussches Plan war, eine Bombe in eine der Manteltaschen zu legen und sie in dem Moment, da Hitler den Mantel begutachtete, zu zünden. Zum Leidwesen der Verschwörer wurde der Vorführtermin mehrmals verschoben, und um das Pech vollkommen zu machen, gingen die Modelle der Mäntel bei einem der britischen Luftangriffe auf Berlin im November in Flammen auf. Bussche war unterdessen an die Ostfront zurückgekehrt, wo er in der Folge schwer verwundet wurde.

Hitler, der Rastenburg jetzt nur noch selten verließ, hatte sich am 26. November zum Flugplatz der 75 Kilometer entfernten Stadt Insterburg fahren lassen, um dort eine »fliegende Bombe« zu inspizieren, die für diesen Zweck eigens vom Testgelände bei Peenemünde hertransportiert worden war. Dieses Testgelände fotografierte ein britischer Aufklärungspilot am 28. November. Als zwei Tage später eine Spezialistin für die Luftbildauswertung der britischen Luftwaffe, Constance Babington Smith, gemäß der Weisung vom 8. November ältere Aufnahmen noch einmal durchprüfte, stieß sie auf ein früher als »Baggerzubehör« identifiziertes Gebilde, bei dem es sich ihrer Einschätzung nach um eine Abschußvorrichtung für eine »fliegende Bombe« handeln konnte. Die neue, am 28. November aufgenommene Fotografie bestätigte die Vermutung: Sie zeigte eine mit einem unbekannten Flugkörper bestückte Rampe.

In der irrigen Annahme, der Sprengkopf dieser neuen NS-Geheimwaffe könne bis zu sieben Tonnen schwer sein, ließ die britische Regierung in aller Eile Pläne zur Bereitstellung mehrerer Millionen zusätzlicher Krankenhausbetten ausarbeiten, um für den Fall, daß die ersten »fliegenden Bomben« bald einschlagen würden, gewappnet zu sein. Zugleich wurden aber auch Maßnahmen eingeleitet, um die drohende Gefahr einzudämmen oder gar abzuwenden. Am 4. Dezember wurde die gesamte nordfranzösische Küste, entlang derer sich die jetzt nicht mehr so mysteriösen »Ski«-Abschußrampen befanden, ein weiteres Mal aus der Luft fotografiert, um sicherzugehen, daß man nichts übersehen hatte. Einen Tag danach begann unter dem Decknamen Operation »Crossbow« die systematische Bombardierung der Abschußvorrichtungen.

Zuvor, in der Nacht zum 3. Dezember, hatte ein weiterer Luftangriff auf Berlin stattgefunden. Er hatte neben 228 britischen Fliegern auch zwei alliierte Kriegskorrespondenten das Leben gekostet. In Berlin zählte man 150 Tote. Ein Bomber, der hinter dem Geschwader zurückgeblieben und am Ziel vorbeigeflogen war, hatte seine Bomben auf das 80 Kilometer südöstlich von Berlin gelegene Cottbus abgeworfen. In der Nacht zum 4. Dezember war Leipzig an der Reihe. »Die Stadtmitte ist besonders schwer getroffen worden«, notierte Goebbels in sein Tagebuch. »Fast alle öffentlichen Gebäude, Theater, die Universität, das Reichsgericht, Kunstgalerien usw. sind entweder völlig zerstört oder schwer beschädigt.«

Im deutsch besetzten Polen ließ der Terror gegen die einheimische Bevölkerung nicht nach. Am 3. Dezember »veranstalteten« SS und Gestapo in Warschau die öffentliche Hinrichtung von hundert Angestellten der Städtischen Straßenbahn – eine Vergeltungsmaßnahme für einen Sabotageakt. Sechs Tage später gab die polnische Untergrundbewegung die Vollstreckung eines Todesurteils gegen die beiden Polen Tadeusz Karcz und Antoni Pajor bekannt; sie hatten, so hieß es, Juden an die Gestapo verraten und Polen, die Juden Schutz gewährten, angezeigt.

Alliierte Soldaten aller Waffengattungen, die als Kriegsgefangene in deutschen Lagern interniert waren, unternahmen, animiert durch nützliche Tips und Informationen, die von außen in die Lager geschmuggelt wurden, immer wieder Versuche, zu fliehen und in ihr Land und ihre Einheit zurückzukehren. Ein solcher Fluchtversuch, der am 9. Dezember 1943 unternommen wurde, war wegen der Verkleidung bemerkenswert, in der der flüchtige Leutnant D. P. James von der Royal Navy sich auf den Weg zur Ostsee machte. »Wegen der großen Zahl der Uniformen, die es in Deutschland gab«, erklärte er später, »beschloß ich, meinen Fluchtversuch in voller britischer Marineuniform zu machen und einen Phantasieausweis der bulgarischen Marine mitzuführen.« Der Name »I. Bagerov« war ein Wortspiel: Der entsprechend klingende englische Ausdruck »I bugger off« bedeutet soviel wie »ich türme«. Nachdem James seine Verkleidung zur rechten Zeit gegen die eines schwedischen Matrosen eingetauscht hatte, gelangte er in Danzig an Bord eines finnischen Fährschiffs, das ihn ins neutrale Stockholm brachte.

In seinem 175 Kilometer von Danzig entfernten Rastenburger Hauptquartier nahm Hitler sich am 10. Dezember die Zeit, für sein bayerisches Refugium auf dem Obersalzberg einen Tunnelkomplex zu skizzieren, der Schutz gegen Bomben bieten würde.

Kein Tag verging, ohne daß irgendwo im deutschen Herrschaftsbereich ein Verbrechen begangen wurde. Am 14. Dezember wurden aus einem Gefängnis im polnischen Herby unweit von Tschenstochau neun Mitglieder der polnischen Kommunistischen Partei herausgeholt und erschossen. Ein Gedenkkreuz markiert heute noch den Ort ihrer Hinrichtung.

Die Rote Armee stieß bei ihrem Vormarsch immer wieder auf Spuren und Zeugnisse deutscher Greueltaten. Am 15. Dezember wurden in Charkow vier SS-Männer unter der Anklage, sowjetische Zivilisten mittels Vergasungslastwagen ermordet zu haben, vor Gericht gestellt. Einer der Angeklagten war der vierundzwanzigjährige SS-Untersturmführer Hans Ritz. Er erklärte dem Vertreter der Anklage, er habe sich, als er in Charkow zum erstenmal das Wort »Gaswagen« gehört habe, daran erinnert, daß er »ein solches Fahrzeug von meiner Zeit in Warschau her kannte, wo ich miterlebte, wie darin unzuverlässige Elemente der Warschauer Bevölkerung evakuiert wurden«. Ritz fügte hinzu, er habe in Warschau mitbekommen, »daß Teile der Warschauer Bevölkerung mit der Eisenbahn evakuiert und andere in die ›Gaswagen‹ geladen und vernichtet wurden«.

Hans Ritz gab auch Auskunft über die Erschießung von Zehntausenden in Sandgruben und Steinbrüchen bei Krasnodar, Witebsk und Taganrog. Er erinnerte sich daran, daß bei der Erschießung von rund 300 Einwohnern eines Dorfes bei Charkow eine Frau versucht hatte, ihr Kind zu beschützen, indem sie es »mit ihrem Körper deckte. Aber das half ihr nichts, weil die Kugel durch sie und das Kind hindurchging.«

Nach dreitägiger Verhandlung wurden Ritz und seine drei SS-Kameraden für schuldig befunden und zum Tode verurteilt; am 19. Dezember wurden sie öffentlich hingerichtet.

Auf den Schlachtfeldern brachte die dritte Dezemberwoche eine nochmalige Intensivierung der militärischen Aktivitäten. An der Ostfront startete die Rote Armee am 14. Dezember im mittleren Frontabschnitt einen Vorstoß in Richtung Newel. In Italien berannten alliierte Truppen östlich von Cassino erneut die deutschen Stellungen. Am 15. Dezember fügte ein in dem Dorf San Pietro Infine verschanztes deutsches Panzerbataillon einer angreifenden amerikanischen Einheit schwere Verluste zu, ehe es sich schließlich zum Rückzug gezwungen sah; von dem Dorf blieb infolge des heftigen Artilleriebeschusses nur noch ein Trümmerhaufen übrig. Ein Film, den John Huston ein Jahr später über dieses Gefecht drehte, vermittelte ein so drastisches Bild von der schrecklichen Realität des Krieges, daß er von fünf auf drei Rollen zusammengekürzt werden mußte.

Im Pazifik landeten amerikanische Truppen am 15. Dezember auf der Halbinsel Arawe am westlichen Ende der Insel New Britain; deren Hauptstadt Rabaul blieb, obwohl oftmals bombardiert, eine schwer einnehmbare japanische Festung.

Ein weiterer Bombenangriff auf Berlin, der am 16. Dezember stattfand, forderte das Leben von 294 britischen und kanadischen Fliegern, 438 Berlinern und 279 Fremd- und Zwangsarbeitern, darunter 186 Frauen. Unter den Zwangsarbeitern waren siebzig Polen und Ukrainer; sie wurden getötet, als in ihren Zug auf dem Bahnhof Halensee eine Bombe einschlug. Bahnhöfe und Rangiergelände waren die Hauptziele dieses Angriffs gewesen; er bewirkte, daß nach britischen Schätzungen tausend Güterwaggons mit Waffen und Munition für die Ostfront in Berlin festsaßen. Nachdem Churchill mit den Einzelheiten dieses jüngsten Luftangriffs vertraut gemacht worden war (und dabei auch erfahren hatte, daß von den 482 eingesetzten Bombern 25 nicht zurückgekehrt waren), bat er seinen Luftfahrtminister: »Beglückwünschen Sie in meinem Namen die Offiziere und Mannschaften zu dieser Serie großartiger Angriffe.«

Vier Tage nach diesem jüngsten Bombenangriff auf Berlin protestierte Bischof Wurm, ein führender Prälat der evangelischen Kirche in Deutschland, in einem Brief an Dr. Hans Lammers, den Sekretär der Reichskanzlei, gegen den Massenmord an den Juden. »Wir Christen«, schrieb er, »betrachten die Politik der Ausrottung der Juden als eine schwere Ungerechtigkeit, die verhängnisvolle Folgen für das deutsche Volk hat. Unsere Menschen sehen in den Leiden, die die Fliegerangriffe über uns bringen, eine Strafe für das, was den Juden angetan worden ist.«

In Warschau gab am 22. Dezember, zwei Tage nachdem Bischof Wurm sein Protestschreiben abgesandt hatte, die polnische Untergrundbewegung bekannt, die Gestapo habe in einem Warschauer Keller 62 Juden aufgestöbert, die sich dort versteckt gehalten hätten. Alle 62 seien ermordet worden.

Am Heiligabend des Jahres 1943 fielen erneut britische Bomben auf Berlin. Die schwersten Schäden richteten einige Irrläufer an, die in dem fast 25 Kilometer südöstlich des eigentlichen Zielobjekts gelegenen Erkner niedergingen und in einer Kugellagerfabrik einschlugen. 178 Berliner kamen bei diesem Angriff, der auf britischer Seite 104 Todesopfer forderte, ums Leben. Sechzehn britische Flieger überlebten ihren Abschuß und gerieten in Gefangenschaft. Am ersten Weihnachtsfeiertag griffen amerikanische Bomber in einer Tageslichtoperation 24 Abschußrampen für »fliegende Bomben« in Nordfrankreich an und konnten sieben davon völlig zerstören. An einer der noch im Bau befindlichen Abschußrampen tötete ein Volltreffer dreißig französische Arbeiter. Mehr als die Hälfte der Besatzungsmitglieder abgeschossener Maschinen konnten der Festnahme entgehen und untertauchen. Viele gelangten auf einer von der Résistance betreuten Fluchtroute nach Spanien und flogen bald darauf wieder ihre Einsätze.

»Der Krieg tritt jetzt in ein Stadium«, erklärte Roosevelt dem amerikanischen Volk in einer Weihnachtsansprache, »wo wir uns auf lange Verlustlisten werden einstellen müssen – gefallen, verwundet oder vermißt.« Und er fügte hinzu: »Der Krieg bringt das nun einmal mit sich. Es gibt keinen unbeschwerlichen Weg zum Sieg. Und das Ende ist noch nicht in Sicht.«

Am Sonntag, den 26. Dezember, zwei Tage nach Roosevelts Ansprache, starteten die Amerikaner im Pazifik die Operation »Backhander«, den Versuch einer Landung auf Cap Gloucester an der äußersten Westspitze von New Britain. Die Operation gelang, und eine Woche später waren die Amerikaner im Besitz eines Flugplatzes, der für die Eroberung der noch vom Feind besetzten Hälfte Neuguineas wichtig war. Aber auch dieses Mal hatten die Japaner um jeden Meter Boden gekämpft – einen sumpfigen, unerquicklichen Boden, für den die Amerikaner bald Kosenamen wie »grüne Hölle« oder »Schleimgrube« erfanden.

In der Nordsee machten sich an diesem Sonntag einige deutsche Kriegsschiffe, darunter der Schlachtkreuzer *Scharnhorst,* auf den Weg, um die Operation »Regenbogen« durchzuführen, einen Angriff auf zwei angloamerikanische Konvois, die auf der Nordmeerroute zwischen der Bäreninsel und dem Nordkap unterwegs waren. Doch britische Kriegsschiffe, die von den Enigma-verschlüsselten Funksprüchen der Deutschen alarmiert worden waren, attackierten die Angreifer und versenkten die *Scharnhorst.* 2000 deutsche Besatzungsmitglieder fanden den Tod, darunter vierzig Kadetten, die zu Schulungszwecken an Bord waren. Nur 36 Deutsche wurden gerettet. »Die Nordmeerkonvois nach Rußland haben uns Glück gebracht«, telegrafierte Churchill am nächsten Morgen an Stalin.

In Italien besetzten britische und kanadische Truppen am 28. Dezember nach fünftägigen Kämpfen Ortona an der Adriaküste. In der Nacht zum 30. Dezember kamen bei einem weiteren britischen Bombenangriff auf Berlin 182 Bewohner der Hauptstadt und 81 britische Flieger ums Leben. Einen außergewöhnlichen Erfolg feierte in dieser Nacht Leutnant Schnaufer, eines der Nachtjäger-Asse der deutschen Luftwaffe; er schoß je einen britischen Bomber über Holland und Deutschland ab, womit er sein »Konto« auf 42 Abschüsse erhöhte. Zwei Tage danach wurde ihm das Ritterkreuz verliehen. Einige Zeit später, als er bei 121 Abschüssen angelangt war, erhielt er zum Ritterkreuz noch das Eichenlaub mit Schwertern und Brillanten – eine Ehre, die außer ihm nur noch einem anderen deutschen Nachtjäger-Piloten widerfuhr.

Die Taten, mit denen die Deutschen im besetzten Polen das Jahr 1943 beschlossen, hatten nichts Heldenhaftes an sich: Am 31. Dezember wurden in Karpiowka als Vergeltung für die Beteiligung einiger Dorfbewohner an antideutschen Aktivitäten 59 Menschen in einen Kornspeicher gesperrt, der anschließend in Brand gesteckt wurde. Alle 59 verbrannten bei lebendigem Leib.

Der Tod hatte in diesem Jahr und auf polnischem Boden auch mehrere hunderttausend sowjetische Kriegsgefangene ereilt. Die von den Deutschen in mehreren Dutzend Lagern untergebrachten Soldaten der Roten Armee waren als Arbeitssklaven auf brutale Weise geschunden worden, und dies bei vorsätzlich herbeigeführter Unterernährung und Verweigerung jeglicher ärztlichen Versorgung. Wer heute durch Polen reist, begegnet auf Schritt und Tritt Gedenktafeln und Mahnmalen, die an diese unglücklichen Sowjetsoldaten erinnern: 10000 starben bei Bukowka, 10000 bei Blizyn, 12000 bei Swiety Krzyz, 7000 bei Barycz, 7000 bei Skrodow, 46000 bei Krzywolka, 12000 bei Zambrów und mindestens 10000 in Tonkiele, wo ein Obelisk an das Schicksal dieser oft vergessenen Opfer der Hitler-Tyrannei mahnt.

In Italien gelang es den Amerikanern auch bei einem neuerlichen Angriff am 31. Dezember nicht, die Deutschen aus ihren Stellungen vor Cassino zu vertreiben. Inzwischen war klar, daß die Schlacht um Italien langwierig und teuer werden würde, und das nicht nur für die beteiligten Armeen: In den drei vorausgegangenen Monaten waren bei alliierten Luftangriffen auf italienische Ziele mehr als 6000 Zivilisten ums Leben gekommen. In Südwestfrankreich, das sich jetzt seit mehr als einem Jahr unter direkter deutscher Herrschaft befand, brachte dieser 31. Dezember den ersten bedeutsamen Akt antideutschen Widerstands: In einer von London aus gesteuerten konzentrierten Aktion verübte die Résistance gleichzeitig Anschläge auf mehrere Eisenbahnknotenpunkte, darunter Eymet und Bergerac. Einer der Widerstandskämpfer, die die Sprengladungen beschafft hatten, war »Edgar« alias Baron Philippe de Gunzbourg, der Urenkel eines der bedeutendsten jüdischen Philanthropen des zaristischen Rußland. Geführt wurde »Edgar« von dem britischen Agenten George Starr, genannt »Hilaire«. Sechs Monate

Einige Schauplätze von Exekutionen sowjetischer Kriegsgefangener, Polen und Juden, 1943

später, zum Zeitpunkt der Landung an der französischen Kanalküste, sollten beide aktiv an der Durchführung von Sabotageaktionen hinter den deutschen Linien beteiligt sein.

An der Jahreswende 1943/44 hatten Deutschland und Japan vom nächsten Kriegsjahr nichts anderes zu erwarten als weitere unerbittliche Angriffe sowohl von ihren unbesiegten Kriegsgegnern als auch von seiten der immer stärker und zahlreicher werdenden Partisanen und Widerstandskämpfer. Allein in den Vereinigten Staaten standen mittlerweile 1,6 Millionen Soldaten zum Eingreifen in den Krieg gegen Deutschland bereit, während 1,8 Millionen bereits gegen Japan kämpften. Gleichwohl waren sowohl Deutsche als auch Japaner entschlossen, den Kampf weiterzuführen. Denn nach wie vor waren sie der festen Überzeugung, die Macht jener »Vereinten Nationen« brechen zu können, die einander feierlich versprochen hatten, den Krieg zu Lande, zu Wasser und in der Luft bis zur bedingungslosen Kapitulation Deutschlands und Japans fortzusetzen.

KAPITEL 35

Anzio, Cassino, Kwajalein

Januar – Februar 1944

Das Jahr 1944 begann mit der Errichtung eines weiteren deutschen Konzentrationslagers im polnischen Plaszow, einem Vorort von Krakau. Aus einem seit März 1943 bestehenden Zwangsarbeiterlager, das von dem berüchtigten Sadisten Amnon Goeth geleitet worden war, wurde jetzt ein würdiges Glied in der Kette der Stätten, an denen Zehntausende von Menschen durch Arbeit vernichtet und zu Tode gequält wurden. Insgesamt 80 000 Menschen sollten im Lager Plaszow den Tod finden: Polen, Juden, Zigeuner, Italiener, Ungarn, Rumänen. Speziell für sowjetische Kriegsgefangene wurde in der Nähe ein Nebenlager eingerichtet, in dem ebenfalls Tausende zugrunde gingen.

Allein, nicht nur der Tod lauerte an diesem Neujahrstag in den deutsch besetzten Ostgebieten, sondern auch der Widerstand. Während die Rote Armee an der Ostfront ihre Schlachten um Witebsk und Orscha schlug, operierten hinter den deutschen Linien in fünf großen geographischen Räumen 60 000 Partisanen; ihre Aktivitäten stellten eine beständige Bedrohung für die deutschen Truppen- und Nachschubbewegungen zwischen der Front und ihrem Hinterland dar. In einem dieser Partisanengebiete, dem Raum Mogilew, durch den Hitlers »Panther-Linie« mitten hindurchging, verfügten 6000 Partisanen über fünf unterirdische Lazarettbunker und zwei unterirdische Quarantänestationen für Männer mit ansteckenden Krankheiten.

Auf den Philippinen hatte Wendell Fertig, ein amerikanischer Bergbauingenieur, der im Mai 1942 im Dschungel untergetaucht war, um nicht den Japanern in die Hände zu fallen, mittlerweile eine mehrere tausend Filipinos zählende Truppe um sich geschart, die bereit war, selbst um den Preis der erheblichen Entbehrungen und Risiken des Dschungellebens einen Guerillakrieg gegen die Japaner zu führen. In Burma war es ein Engländer namens Hugh Seagrim, der eine 200 Mann starke Guerillatruppe aus eingeborenen Karen auf die Beine stellte und mit ihr zwei Jahre lang Anschläge auf japanische Außenposten und Verbindungslinien verübte. Die Japaner beantworteten diese Aktionen jedoch mit so brutalen Repressalien gegen die Karen-Stämme, daß Seagrim, um ihnen weiteres Leid zu ersparen, sich den Japanern stellte. Sie machten mit ihm kurzen Prozeß. Die japanischen Repressalien hörten in der Folge aber nicht auf, ebensowenig wie der Widerstand der Karen.

Die Briten hatten geplant, das neue Jahr mit einem nächtlichen Bombenangriff auf Berlin einzuläuten. Schlechtes Wetter erzwang die Verschiebung der Operation auf den Abend des 1. Januar. Mehr als 400 Bomber waren im Einsatz; 28 wurden abgeschossen oder stürzten ab, 168 Besatzungsmitglieder fanden den Tod. Unter den Berlinern gab es 79 Tote, darunter 21, die in einem panischen Gedränge vor dem Eingang zu ihrem Luftschutzbunker erdrückt wurden, obwohl nirgendwo in ihrer Nähe Bomben fielen. Mehrere Polizeibeamte wurden zur Strafe dafür, daß sie die Panik nicht verhindert hatten, an die Ostfront versetzt.

Dort erzielten die Sowjets um diese Zeit dramatische Geländegewinne, die in den Zeitungen der alliierten Länder Schlagzeilen machten. »Russen 43 Kilometer vor polnischer Grenze«, verkündete der *Sunday Express* am 2. Januar auf der Titelseite, ergänzt durch die Unterzeile:

»Bei großem Vorstoß Richtung Grenze 300 Ortschaften genommen.« In der nachfolgenden Meldung hieß es, entlang eines 320 Kilometer langen Frontabschnitts befänden sich die Truppen des Generalfeldmarschalls von Manstein »überall auf einem ungeordneten Rückzug«, so daß »wichtige Brücken unversehrt und Dörfer unzerstört« zurückblieben. Während die westlichen Zeitungsleser sich noch über diese Nachricht freuten, marschierten russische Verbände schon in Radowel ein, das weniger als 30 Kilometer östlich der polnisch-russischen Grenze von 1939 lag.

Den alliierten Kriegsplanern war weniger nach Jubeln zumute als den Zeitungen, wußten sie doch aus heimlich mitgelesenen Depeschen neutraler Diplomaten, daß Hitler vorsätzlich im Osten Gelände preisgab, um seine Truppenreserven und Verteidigungsstellungen im Westen zu stärken.

In dieser Nacht tauchten über Berlin 383 britische Bomber auf, die zusammen über 1000 Tonnen hochbrisanter Spreng- und Brandbomben abluden. 26 Maschinen wurden abgeschossen, die meisten von deutschen Nachtjägern, welche sich dabei die von den Bombern ausgesandten Radarsignale zunutze machten. Britischen Verlusten von 168 Fliegern standen nur 77 getötete Berliner gegenüber.

Die Männer, die diese regelmäßigen Luftangriffe fliegen mußten, bekamen es angesichts solcher hohen Verlustziffern mit der Angst zu tun. Als die britischen Bomberbesatzungen am 3. Januar zur Einsatzbesprechung gerufen wurden und erfuhren, daß in der zweiten Nacht hintereinander Berlin ihr Angriffsziel sein sollte, kam es, wie ein Flugkapitän sich später erinnerte, zu der »meuterei-ähnlichsten Reaktion, die ich je erlebt habe«. Ein vernehmliches Raunen sei durch den Raum gegangen, aus dem »Konsterniertheit, Erschrecken oder Unglauben« sprachen.

Der Angriff wurde dennoch geflogen. An allen Fronten ging der Krieg mit allen seinen Schrecken weiter, unablässig und unersättlich. Im Pazifik führten die Amerikaner am 2. Januar die Operation »Dexterity«, eine weitere amphibische Landung durch; Ziel war die stark gesicherte japanische Bastion Saidor auf Neuguinea. Die Eroberung Saidors forderte auf amerikanischer Seite 55, auf japanischer 1275 Menschenleben. Die für die Japaner katastrophalste Folge dieser erfolgreichen amerikanischen Aktion war nicht der Verlust einer Garnison, sondern die Tatsache, daß den 20000 japanischen Soldaten und Zivilisten, welche sich einige Zeit vorher aus Lae und Salamaua abgesetzt hatten, nunmehr nichts anderes übrigblieb, als sich auf dem Landweg nach Madang durchzuschlagen. Dabei handelte es sich um eine Strecke von mehr als 300 Kilometern, die durch unwegsamen Urwald führte. Der hungernde und demoralisierte Dschungeltreck, der von den in Finschhafen stationierten Australiern immer wieder angegriffen wurde, schrumpfte immer weiter zusammen. Nur 10000 kamen lebend in Madang an.

Die Amerikaner kamen auf Neuguinea und New Britain stetig voran, aber bis Japan war es noch ein weiter Weg. Die Rote Armee jedoch näherte sich Deutschland mit Riesenschritten. Am 3. Januar besetzten sowjetische Einheiten die Stadt Olewsk, die von der polnisch-russischen Vorkriegsgrenze nur 16, von der Grenze Ostpreußens nur noch 450 Kilometer entfernt war. Einen Tag später lief im Westen die Operation »Carpetbagger« an, eine Aktion zur Versorgung von französischen, belgischen, holländischen und italienischen Widerstandsgruppen mit Waffen und Nachschubgütern, die von amerikanischen und britischen Flugzeugen abgeworfen wurden. Hitler, dessen Gedanken nun ebensooft um die befürchtete alliierte Landung an der Kanalküste kreisten wie um die Gefahr eines russischen Durchbruchs an der Ostfront, entschied sich, seine Siegeshoffnungen in eine weitere technische Neuentwicklung zu investieren: das Düsenflugzeug. Die Analyse alliierter Luftbilder hatte bereits ergeben, daß die Deutschen bei der Entwicklung eines Düsentriebwerks weiter vorangeschritten waren als Briten oder

Die Ostfront, Winter 1943–1944

Amerikaner; bei den Sowjets lagen auf diesem Gebiet überhaupt noch keine Entwicklungen vor, die für 1944 oder 1945 ein einsatzfähiges Düsenflugzeug hätten erwarten lassen.

»Wenn ich die Düsenjäger rechtzeitig bekomme«, erklärte Hitler am 4. Januar in einer Unterredung mit Albert Speer und Generalfeldmarschall Milch, »kann ich mit ihnen die Invasion abwehren.« Was Hitler erwartete, war mehr als nur eine Atempause. »Wenn ich ein paar hundert davon an die Front bekomme«, stellte er einige Tage später fest, »wird das Gespenst einer Invasion ein für allemal verscheucht sein.«

In der deutschen Rundfunkpropaganda begann sich die Sorge, daß es zu einer Invasion an der Kanalküste kommen könnte, deutlich widerzuspiegeln. »Kann der einfache britische Soldat verstehen«, fragte William Joyce, »Lord Haw-Haw«, am 4. Januar, »warum er, von dem 1939 oder 1940 oder 1941 verlangt wurde, für die Wiederherstellung eines selbständigen Polen in alter Größe zu sterben, heute sterben muß, damit die Sowjets Europa beherrschen können?«

Am 6. Januar überschritt die Rote Armee erstmals die sowjetisch-polnische Grenze von 1939 und besetzte die 20 Kilometer westlich davon gelegene wolhynische Stadt Rokitno. Fünf Tage zuvor hatte Stalin als »oberstes Organ der demokratischen Elemente in Polen« einen sogenannten Polnischen Nationalrat ins Leben gerufen. Dieser sollte mit eigenen Streitkräften und eigenem Verwaltungsapparat ausgestattet werden und damit in direkte politische Konkurrenz zur polnischen Exilregierung in London treten.

In Dänemark war Anfang des Jahres ein von Otto Schwerdt angeführtes deutsches Kommando eingetroffen, das durch eine Reihe von Terrormorden den zunehmenden Widerstand gegen die deutsche Herrschaft eindämmen sollte. Der erste dieser Morde ereignete sich am 4. Januar, sein Opfer war der dänische Geistliche und Dichter Kaj Munk. Sein Tod schüchterte die Widerstandsbewegung freilich nicht ein, sondern fachte sie erst recht an. Das Begräbnis Munks, welches wenige Tage später in Vedersö stattfand, geriet zu einer beeindruckenden Demonstration der Eintracht und des Widerstandswillens der Dänen. Gleichwohl setzten die Deutschen ihre Mordaktionen gegen dänische Patrioten fort, unter anderem mit der Erschießung von vier Ärzten in Odense und von elf Angehörigen der Widerstandsbewegung, die nach ihrer Verhaftung kaltblütig umgebracht wurden.

Am 9. Januar wurden im französischen Lyon zwei deutsche Soldaten erschossen. Zur Vergeltung ließ die Gestapo 22 im Gefängnis von Lyon einsitzende Franzosen erschießen. »Wir waren im Recht«, erklärte der Lyoner Gestapochef Klaus Barbie viele Jahre später, »denn sie hätten unsere Soldaten nicht von hinten erschießen dürfen. Das war gegen alle Gesetze.« Einen Tag nach der Ermordung der Soldaten ließ der Chef der französischen Milice in Lyon, Joseph Lecussan, den Expräsidenten der französischen Sektion der Liga für Menschenrechte, den vierundachtzigjährigen Gelehrten und Philosophen Victor Basch und seine neunundsiebzigjährige Frau verhaften. Beide wurden einen Tag später erschossen. Die Leiche Baschs wurde öffentlich zur Schau gestellt, behängt mit einem Plakat, auf dem stand: »Terror gegen Terror – der Jude bezahlt mit seinem Leben für den Tod eines Franzosen.«

Bezahlen für eine Schuld ganz anderer Art mußten in dieser Woche auch fünf ehemalige Führer des italienischen Faschismus, die in Verona vor ein Tribunal der von Mussolini ausgerufenen Republik von Salò, der letzten Bastion des faschistischen Regimes, gestellt wurden. Alle fünf wurden am 11. Januar hingerichtet. Unter ihnen befanden sich auch Mussolinis Schwiegersohn, der frühere Außenminister Graf Ciano, und Marschall de Bono, einst oberster Befehlshaber des Duce. Einen Tag später wurden aus Triest mit stillschweigender Duldung der örtlichen faschistischen Miliz 32 Juden nach Auschwitz deportiert.

Die alliierten Truppen in Italien waren nach wie vor entschlossen, die deutsche Front zu knacken und nach Rom durchzubrechen. Am 12. Januar traten sie zu einem Sturmangriff auf die Hügel des Monte Cassino an. Das Französische Korps unter General Juin eröffnete den Angriff. Es wurden zwar Geländegewinne erzielt, aber dann kam der Angriff zum Stillstand; unwirtliches Winterwetter und entschlossene deutsche Gegenwehr verhinderten die Eroberung der Stadt Cassino. Diese Nacht markierte den Beginn einer neuen alliierten Bombenoffensive, deren Ziel die völlige Zerstörung der deutschen Luftfahrtindustrie war. Drei Flugzeugwerke, die sich in Halberstadt, Braunschweig und Aschersleben befanden, wurden in dieser Nacht bombardiert, und überall war die Schadenswirkung beträchtlich. Aber der Tribut an eigenen Verlusten war ebenso hoch wie bei den letzten britischen Bombenangriffen auf Berlin: Von den 650 eingesetzten amerikanischen Bombern wurden sechzig abgeschossen.

Im Gebiet um Leningrad ging am 14. Januar die Rote Armee zur Offensive über, entschlossen, den deutschen Würgegriff um die Stadt ein für allemal abzuschütteln. Im Mittelabschnitt der Front vertrieben sowjetische Truppen die Deutschen aus Mosyr und Kalinkowitschi am Ostrand der Pripjet-Sümpfe und drückten damit eine tiefe Einbuchtung in die deutsche Front. Dennoch gab Hitler dem Drängen seiner Generäle, einem taktischen Rückzug zuzustimmen, nicht nach, sondern ordnete eine Reihe von Gegenangriffen an. »Unsere Armeen haben in jüngster Zeit tatsächlich Erfolge erzielt«, schrieb Stalin an diesem Tag an Churchill, der ihn zu den jüngsten Durchbrüchen beglückwünscht hatte. »Aber«, schränkte er ein, »bis Berlin ist es noch ein weiter Weg, zumal die Deutschen gerade jetzt schwere Gegenangriffe durchführen.« Jetzt käme es darauf an, daß Großbritannien »in der Bombardierung Berlins nicht locker läßt, sondern sie, soweit möglich, noch intensiviert«.

In Frankreich wurde am 14. Januar der kanadische Hauptmann Gustave Bieler von der Gestapo verhaftet. Bieler war im November 1942 am Fallschirm über dem Gebiet von Montargis abgesetzt worden. Obwohl er bei der Landung schwer verletzt worden war, hatte er in der Folge im Grenzgebiet zu Belgien einen Sabotagering aufgezogen, der Anschläge auf den deutschen Eisenbahnverkehr verübte. Trotz mehrmaliger Folter verriet er nichts. Nach drei Monaten Gefängnishaft in Fresnes wurde er ins Konzentrationslager Flossenbürg überstellt und saß in dessen Gefängnisblock drei Monate lang in Einzelhaft. Dann wurde er von einem Tag auf den anderen aus seiner Zelle geholt, in den Außenhof geführt und von einem Exekutionskommando erschossen.

Auch andernorts im besetzten Europa war eine beständige Zunahme der Partisanen- und Widerstandstätigkeit zu verzeichnen: in Frankreich, Jugoslawien, Griechenland, sogar in Albanien. In allen diesen Ländern setzten die Briten per Fallschirm Agenten ab, die die Sabotageaktionen zu koordinieren versuchten. Die deutschen Vergeltungsmaßnahmen waren barbarisch: So wurden auf dem Balkan fast täglich ganze Dörfer niedergebrannt und ihre Bewohner erschossen.

In Jugoslawien startete die deutsche Wehrmacht am 15. Januar ihre sechste Offensive gegen die Partisanen in etwas mehr als drei Jahren. Das Hauptquartier Titos in Jajce wurde angegriffen, worauf der kommunistische Partisanenführer sich gezwungen sah, ins 65 Kilometer weiter westlich gelegene Drvar auszuweichen. Zu diesem Zeitpunkt war die Unterstützung, die Briten und Amerikaner ihm aus der Luft zukommen ließen, bereits beträchtlich.

Der Roten Armee gelang es an diesem 15. Januar endlich, den deutschen Belagerungsring um Leningrad zu sprengen: Die Verteidiger der Stadt und die von Osten her andrängenden Truppen trafen in dem Dorf Ropsha aufeinander, wo Jahrhunderte zuvor der preußenfreundliche

Zar Peter III. ermordet worden war. »Die Kämpfe wurden mit solcher Verbissenheit geführt«, erinnerte sich ein Sowjetsoldat später, »daß wir nicht viele Gefangene machten.« Stunden später waren Puschkin, Sluzk und Gatschina im Süden der Stadt sowie das östlich gelegene Mga in den Händen der Roten Armee. Insgesamt fielen bei der Rückeroberung des Bezirks Leningrad mehr als 60 000 deutsche Soldaten. In Italien schlugen an diesem Tag die ersten alliierten Granaten in dem über Cassino thronenden Kloster ein.

Im Kampf um Cassino traten jetzt britische Truppen an die Seite der Franzosen. Im Rahmen der Operation »Panther« überschritten sie am Morgen des 17. Januar den Garigliano-Fluß zwischen Cassino und der Küste. Ein neuerlicher Angriff auf Cassino selbst wurde jedoch zurückgeschlagen. Die deutsche Terrorherrschaft in den besetzten Gebieten erfuhr auch in der zweiten Januarwoche keine Milderung. Wehrmachtseinheiten begannen am 18. Januar im Raum Butschatsch in Ostgalizien unter Einsatz von Panzern mit der Suche nach Juden, die sich der Deportationswelle neun Monate zuvor entzogen hatten und sich noch versteckt hielten; 300 wurden gefunden und getötet. In Griechenland fertigte an diesem Tag ein deutscher Nachrichtenoffizier, Leutnant Kurt Waldheim, einen Bericht an, der die Zahl der in Nordgriechenland aktiven griechischen Partisanen auf bis zu 25 000 bezifferte, wozu noch 4000 italienische Soldaten kämen. Aktionen gegen diese Kräfte würden beständig durchgeführt, ebenso wie Repressalien gegen die Dörfer, in denen sie Schutz fänden.

In Paris verhaftete die Gestapo am 18. Januar den dreiundzwanzigjährigen Baron Jean-François de Nothomb, der unter dem Decknamen »Franco« seit einem knappen Jahr eine Fluchtroute nach Spanien für abgeschossene alliierte Flieger und entkommene Kriegsgefangene organisiert hatte. Er wurde gefoltert und dann eingesperrt, überlebte aber den Krieg. Einen Tag nach der Verhaftung Nothombs verübten zwei britische Saboteure, Hauptmann George Hiller und Leutnant Cyril Watney, die beide per Fallschirm nach Frankreich eingeschleust worden waren, einen Sprengstoffanschlag auf eine Fabrik für Flugzeugpropeller in Figeac. Die Produktion kam zum Erliegen und wurde nie wieder aufgenommen. Das Oberkommando der deutschen Wehrmacht, das die Vorkehrungen für die Abwehr einer alliierten Invasion weiter vorantrieb, ernannte an diesem Tag alle größeren Hafenstädte entlang der französischen Atlantikküste und der französischen und belgischen Kanalküste zu »Festungen«. Für jede dieser Festungen wurde ein Kommandant benannt, der schwören mußte, seine Stadt bis zum letzten Blutstropfen zu verteidigen.

Am 20. Januar wurde Franklin D. Roosevelt auf seine vierte Amtszeit als Präsident der Vereinigten Staaten vereidigt. In Italien erreichten die Truppen, deren oberster Befehlshaber er war, an diesem Tag den Rapido-Fluß und kämpften auch bereits nördlich von Cassino – der Countdown für die geplante Landung bei dem südlich von Rom gelegenen Anzio war in seine letzten 48 Stunden getreten. In dieser Nacht ging von Paris aus ein Transport mit mehr als tausend Juden ab, der nach langer Fahrt quer durch Deutschland in Auschwitz enden sollte. Gleichzeitig stiegen in England 759 britische Bomber auf und flogen Richtung Berlin. Mit einer Bombenlast von 2456 Tonnen war es der schwerste Angriff seit zwei Monaten. 35 der Bomber wurden abgeschossen, wobei 172 Besatzungsmitglieder den Tod fanden. Der Angriff legte die wichtigste Bahnverbindung zwischen Berlin und Hamburg lahm und eine Fabrik in Schutt und Asche, in der Radarbauteile für die deutsche Luftwaffe gefertigt worden waren. 243 Berliner und dreizehn Personen außerhalb des Stadtgebiets fielen diesem Angriff zum Opfer. Ein Flugzeug, das seine Bomben 45 Kilometer abseits des Zielgebiets abwarf – womöglich war dem Piloten das Risiko zu groß, den Kern des Zielgebiets zu überfliegen –, traf rein zufällig ein Anwesen der Organisation Todt und richtete beträchtliche Schäden an Materiallagern und Werkstätten an.

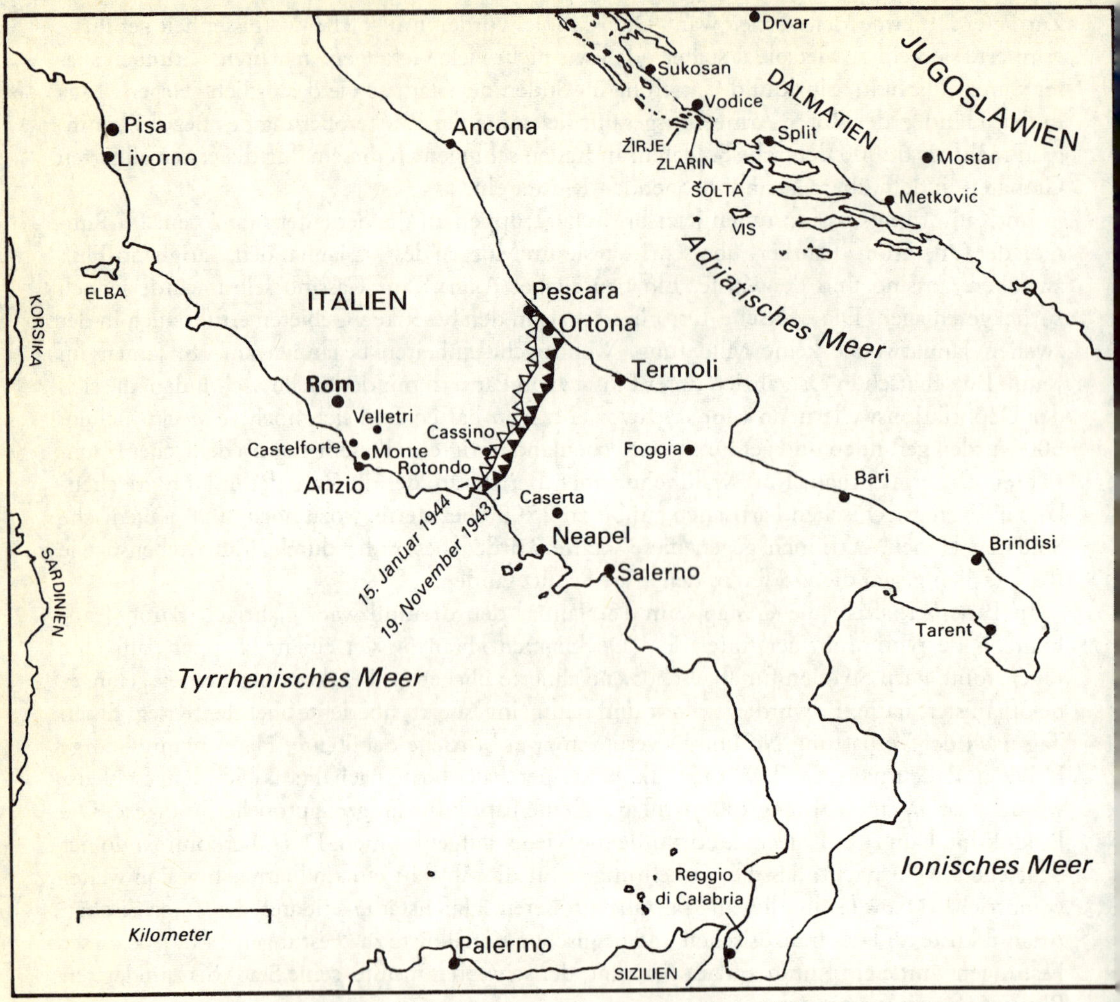

Die Italienische Front, 1943–1944

In London traf sich am 21. Januar der designierte Oberbefehlshaber der für die Landung an der Kanalküste vorgesehenen Truppen, General Eisenhower, zu einer ersten Besprechung mit den ihm unterstellten Kommandeuren. In etwas mehr als vier Monaten sollte die langerwartete Operation »Overlord« steigen. Während Eisenhower und die Kommandeure über die anstehenden Probleme berieten, machten sich in Neapel Truppentransporter mit britischen und amerikanischen Einheiten an Bord und einer Eskorte von 28 Kriegsschiffen auf den Weg nach Anzio. Mit der Landung dort, die Operation »Shingle« genannt wurde, wollten sie den Deutschen in die ungedeckte Flanke fallen und sich den Weg nach Rom öffnen. In der Nacht zum 22. Januar, wenige Minuten nach Mitternacht, betraten die ersten alliierten Soldaten das Ufer. Sie stießen auf keine Gegenwehr: Der Überraschungscoup war geglückt. 227 deutsche Soldaten, die in der Landungszone stationiert waren, ergaben sich. Innerhalb von 24 Stunden gingen mehr als 36000 Briten und Amerikaner an Land; nur dreizehn kamen um.

Am 21. Januar, als britische Bomber Magdeburg angriffen, endete die Karriere von zwei deutschen Fliegerassen. Major Heinrich Prinz zu Sayn-Wittgenstein, ein Nachkomme von Franz Liszts berühmter Geliebten, hatte bis zu diesem Tag 83 britische, amerikanische und russische Bomber abgeschossen; im Verlauf des alliierten Angriffs auf Magdeburg kamen noch einmal vier dazu, aber dann, als er gerade einen fünften anvisierte, erwischte es ihn selbst. Zum Zeitpunkt seines Todes war der Prinz in Deutschland bereits zu einer Legende geworden. Hitler zollte dieser Tatsache Tribut, indem er ihm posthum das Eichenlaub mit Schwertern zum bereits verliehenen Ritterkreuz zuerkannte. Der zweite Held der Lüfte, der in dieser Nacht über Magdeburg getötet wurde, war Kapitän Manfred Meurer. Er hatte 65 alliierte Maschinen abgeschossen und nahm damit auf der Liste der erfolgreichsten deutschen Nachtjäger den dritten Rang ein. Doch als er gerade dabei war, seinen 66. Abschuß erfolgreich abzuschließen, explodierte die von ihm beschossene Maschine über ihm und riß sein Flugzeug mit in die Tiefe. In dieser Nacht flogen 447 deutsche Bomber einen Angriff auf London. Es war der erste in einer Serie überfallartiger Blitzangriffe – zu breit angelegten Operationen war die deutsche Luftwaffe nicht mehr imstande –, die unter dem Decknamen Operation »Ibex« abgewickelt wurden. Von den 500 Tonnen Bomben wurden allerdings nur 32 auf die britische Hauptstadt abgeworfen.

Am 23. Januar griffen deutsche Flugzeuge die auf dem Brückenkopf von Anzio massierten alliierten Truppen und ihre Versorgungsschiffe an; der britische Zerstörer *Janus* wurde versenkt. Tags darauf versenkten die Deutschen auch das Lazarettschiff *St. David's*. Der amerikanische Befehlshaber der angelandeten Truppen, General Lucas, zögerte mit dem Vormarsch, da noch nicht genügend Panzer und schwere Artillerie an Land gebracht worden waren. Die Deutschen nützten die Wartezeit, um Verstärkungen heranzuziehen. Am 24. Januar wies Hitler seine Truppen in einem besonderen Tagesbefehl an, die Front in Italien um jeden Preis zu halten. Bei deutschen Gegenangriffen verloren die Briten an diesem Tag Castelforte und Monte Rotondo, doch bezahlte die Wehrmacht diese Erfolge mit hohen Verlusten. Hitler erklärte dem japanischen Botschafter in Deutschland, der ihn an diesem Tag aufsuchte, er müsse den Krieg gegen die Sowjetunion von nun an so führen, daß die Verteidigung Westeuropas auf keinen Fall darunter leiden würde; er habe seine Streitkräfte in Italien und auf dem Balkan zu Lasten der Ostfront um 35 Divisionen aufstocken müssen.

Der Botschafter übermittelte eine vollständige Darstellung seiner Unterredung mit Hitler unter Verwendung des vermeintlich sichersten Funkverschlüsselungssystems nach Tokio. Wie alle Funkbotschaften der höchsten Geheimhaltungsstufe wurde jedoch auch diese abgefangen und landete auf britischen und amerikanischen Schreibtischen. Abgehört wurden auch die meisten Einsatzbefehle der deutschen Wehrmacht und Luftwaffe, so daß die Alliierten über deren operative Planungen für den Brückenkopf von Anzio, die italienische Front und den Balkanraum zu jedem Zeitpunkt im Bilde waren. Zusätzliche Bedeutung erlangten diese nachrichtendienstlichen Erkenntnisse nach dem 25. Januar, als die angloamerikanischen Vereinigten Stabschefs sich auf den Plan »Jael« einigten, ein aufwendiges Ablenkungsmanöver, das die Deutschen in bezug auf Zeitpunkt und Ort der alliierten Invasion in die Irre führen sollte. Erreicht werden sollte dies durch die Vortäuschung einer Reihe vollkommen fiktiver Operationen zu Lande, zu Wasser und in der Luft, gegen die die Deutschen sich, wie man hoffte, durch Bereitstellung von Truppen und Ressourcen in dem betreffenden Gebiet wappnen würden.

Die in die Vorbereitungen auf die Invasion einbezogenen britischen und amerikanischen Täuschungsexperten versuchten seit mehreren Monaten, den Deutschen den Eindruck zu vermitteln, die Invasion werde im Bereich der Straße von Calais erfolgen. Eines der angewandten

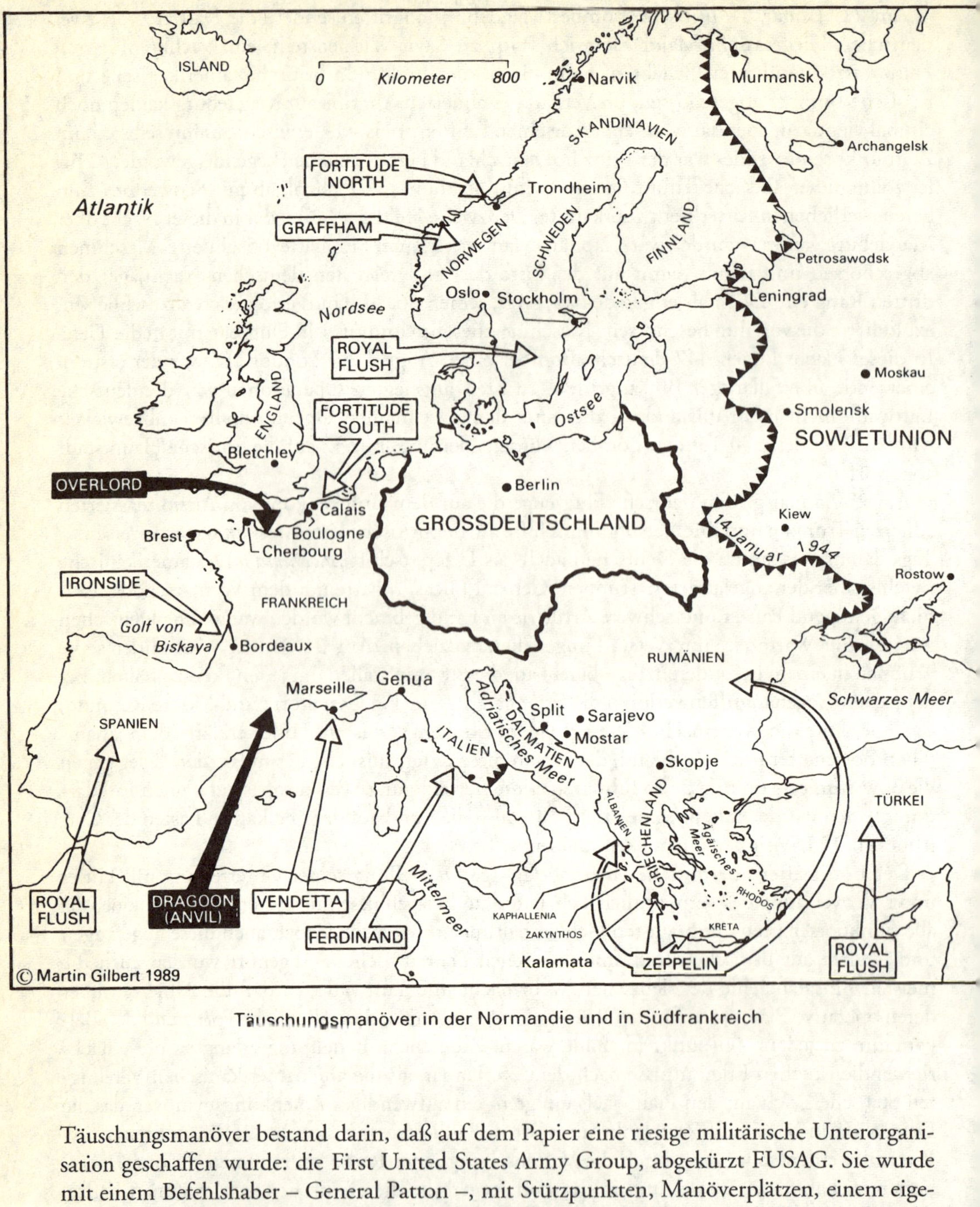

Täuschungsmanöver in der Normandie und in Südfrankreich

Täuschungsmanöver bestand darin, daß auf dem Papier eine riesige militärische Unterorganisation geschaffen wurde: die First United States Army Group, abgekürzt FUSAG. Sie wurde mit einem Befehlshaber – General Patton –, mit Stützpunkten, Manöverplätzen, einem eigenen Kommunikationsnetz, mit Plänen und Karten ausgestattet und erhielt als Zielgebiet die französische Küste zwischen Calais und Boulogne zugewiesen. Der erste Hinweis darauf, daß das Täuschungsmanöver zu funktionieren begann, ergab sich aus zwei deutschen Enigma-Funksprüchen vom 9. Februar: Bestimmten auf dem Balkan stationierten deutschen Einheiten wurde die Anweisung erteilt, ihren Standort von Split nach Skopje beziehungsweise von

Mostar nach Sarajewo zu verlegen, damit sie im Falle einer alliierten Landung in Griechenland rasch zur Stelle sein könnten. Aus anderen Funkbotschaften, die in Bletchley zwei Wochen später entschlüsselt und ausgewertet wurden, entnahmen die britischen Planer der Landung in der Normandie, daß die Deutschen die First United States Army Group für real hielten. Die Alliierten konnten daher fortfahren, das Gebiet um Calais von einer Phantomarmee »bedrohen« zu lassen.

Nicht nur eine fiktive US-Heeresgruppe wurde in die Vorbereitungen für Operation »Overlord« einbezogen, sondern auch eine ebenso fiktive britische 12. Armee, zu deren Untergliederungen eine britische 15. Motorisierte Division, eine britische 34. Infanteriedivision, eine britische 8. Panzerdivision und eine polnische 7. Infanteriedivision gehörten, welche allesamt ausgerüstet, bereitgestellt, transportiert, ausgebildet und in eine Kommandostruktur integriert werden mußten – und das alles nur auf dem Papier.

Die Auswertung des geheimsten deutschen Funkverkehrs würde den Vereinigten Stabschefs zeigen, ob die Deutschen auf diesen Bluff hereinfielen, der ja nur eine von nicht weniger als sieben mit ähnlich großem Aufwand vorgetäuschten alliierten Landungsoperationen betraf. Es gab da noch die Operation »Fortitude North« (eine Landung an der mittelnorwegischen Küste im Raum Trondheim), eine Operation »Graffham« in Mittelschweden, eine Operation »Royal Flush« mit einer gleich dreifachen Landung in Südschweden, Spanien und der Türkei, eine Operation »Zeppelin« mit einer ebenfalls dreifachen Landung an der rumänischen Schwarzmeerküste, auf Kreta und an der griechischen und albanischen Adriaküste, eine Operation »Ironside« gegen Bordeaux und eine Operation »Fortitude South« gegen Calais.

Die mit Hilfe von »Ultra« vorgenommene sorgfältige Auswertung der entschlüsselten deutschen Funkbotschaften in Bletchley offenbarte, wie ernst die Deutschen diese vorgetäuschten Bedrohungen nahmen. Es seien Berichte eingegangen, erfuhr General Wilson, der Oberbefehlshaber der britischen Truppen im Mittelmeerraum, von Churchill, »daß auf den Inseln vor der dalmatinischen Küste Schiffskanonen in Stellung gebracht werden«. Das Telegramm, das diese Mitteilung Churchills enthielt, trug das Datum des 13. Februar und beruhte auf »Ultra«-Erkenntnissen. An diesem Tag legten die alliierten Planer letzte Hand an Operation »Fortitude«, den Teil der Operation »Jael«, der die deutsche Wehrmachtsführung dazu bringen sollte, in der Zeit vor der Invasion an der Kanalküste »in Nordwesteuropa falsche strategische Dispositionen zu treffen«. Und auch noch nach Beginn der Invasion in der Normandie sollten die Deutschen in den Glauben gewiegt werden, die Hauptmacht der alliierten Landungstruppen werde über die Straße von Calais vorrücken, und so auch im weiteren Verlauf der Operation »Overlord« zu »falschen taktischen Dispositionen« animiert werden.

In Posen hielt Heinrich Himmler am 26. Februar eine Rede vor 300 deutschen Generälen, Admirälen und Generalstabsoffizieren. Einer seiner Zuhörer, Graf von Gersdorff, zitierte später aus dem Gedächtnis, was Himmler bei dieser Gelegenheit sagte: Als Hitler ihm den Befehl erteilt habe, »die Endlösung der Judenfrage durchzuführen«, habe er zunächst gezögert und sei »unsicher« gewesen, ob er von seinen »wertvollen SS-Männern die Erledigung eines so furchtbaren Auftrags verlangen könne«. Dann habe Himmler sich aber gesagt, daß es »letzten Endes doch ein Führerbefehl« gewesen sei und es deshalb »keine Bedenken« für ihn geben durfte. »Inzwischen ist der Auftrag ausgeführt, und es gibt keine Judenfrage mehr.« Was Polen betraf, so stimmte dies tatsächlich: Die polnischen Juden, drei Millionen an der Zahl, waren zum allergrößten Teil tot. Aus Westeuropa wurde jedoch nach wie vor Monat für Monat eine vorgegebene Zahl von Juden nach Auschwitz deportiert. Aus Frankreich waren es knapp tausend Juden pro Woche. Aus Italien kamen am 30. Januar 563 Mailänder Juden und drei Wochen später 462 Juden aus Fossoli. Noch nicht ins Visier oder Netz der NS-Häscher geraten waren bislang die 750 000 ungarischen Juden, die 6000 Juden, die im mittleren Griechenland lebten, und die Juden auf den Inseln Korfu, Rhodos und Kos. Das änderte jedoch nichts am grausigen Inhalt dessen, was Himmler mitzuteilen hatte. In seinen eigenen Notizen für die Rede fanden sich die Worte: »Rassenkampf. Totale Lösung. Nicht Rächer f. unsere Kinder erstehen lassen.«

Die Fronten waren mittlerweile wieder in Bewegung geraten. Am 26. Januar sahen sich die Deutschen an allen Stellungen der Eisenbahnstrecken Moskau–Leningrad, die sie noch besetzt hielten, und insbesondere zwischen Tosno und Ljuban, heftigen Angriffen ausgesetzt. In Italien überschritten die Amerikaner den Rapido-Fluß und errichteten nördlich von Cassino einen kleinen Brückenkopf. Im Pazifik nahmen mehr als 200 amerikanische Bomber und Jäger die japanischen Luftstützpunkte bei Rabaul so heftig und nachhaltig unter Feuer, daß die Japaner danach nicht mehr in der Lage waren, die im Salomon-Archipel und auf Neuguinea vorrückenden Truppen General MacArthurs ernsthaft aus der Luft zu bedrohen.

Am 27. Januar war die gesamte Bahnstrecke Moskau–Leningrad in sowjetischer Hand. Die Belagerung Leningrads, die 880 Tage gedauert hatte, war unwiderruflich zu Ende. Die auf der Newa vor Anker liegenden sowjetischen Kriegsschiffe feuerten an diesem Abend zum Salut 324 Raketen ab.

Hitler, der fest entschlossen war, die überall im deutsch besetzten Europa anschwellende Woge des Widerstands mit Gewalt zu brechen, belehrte seine Generäle am 27. Januar: »Man kann Terror nicht zerschmettern, indem man in Philosophie macht. Man muß ihn durch noch größeren Terror zerschmettern.« 24 Stunden später wurden auf der Jerusalemer Avenue in Warschau 102 Polen öffentlich hingerichtet.

Bei Anzio sahen die Alliierten sich von den Deutschen in eine Zwickmühle gedrängt: Von ihrem Brückenkopf aus konnten sie weder die Verbindung zu der weiter südlich stehenden alliierten Hauptmacht herstellen noch nach Rom vorrücken. Deutsche Bomber versenkten am 27. Januar zwei auf der Höhe des alliierten Brückenkopfs liegende britische Schiffe: den Zerstörer *Spartan* und den Frachter *Samuel Huntington,* auf dem vier Seeleute ums Leben kamen. Über Berlin wurden in dieser Nacht 33 britische Bomber abgeschossen und 182 Besatzungsmitglieder getötet. Unter den 474 Toten in Berlin waren 132 Fremdarbeiter. Bei einem weiteren Angriff, der 24 Stunden später stattfand, fielen 254 alliierte Flieger. Am 29. Januar tauchten deutsche Bomber über London auf, um den zweiten Schlag im Rahmen der Operation »Ibex« zu führen. Während die Briten in der Nacht zuvor 1887 Tonnen Bomben auf Berlin abgeworfen hatten, luden die Deutschen über London nur knapp vierzig Tonnen ab. Bei einem Tageslichtangriff bombardierten an diesem Tag 800 amerikanische Flugzeuge industrielle Ziele in Frankfurt am Main. Fünfzig Maschinen wurden abgeschossen.

Von den mehreren hundert Besatzungsmitgliedern der Maschinen, die bei diesem und anderen Angriffen auf Ziele in Deutschland abgeschossen wurden und den Absturz überlebten oder am Fallschirm abspringen konnten, gelang es nicht wenigen, sich der Festnahme zu entziehen und sich zu einer der diversen intakten Fluchtrouten durchzuschlagen. So groß war das Vertrauen alliierter Flieger auf die Funktionsfähigkeit dieser Fluchthilfeorganisationen, daß beispielsweise der britische Flugoffizier H. Furniss Roe, als er am 25. Januar zum zweitenmal binnen fünf Monaten über Frankreich abgeschossen wurde, vor seinem Ausstieg aus dem Cockpit einen letzten Funkspruch nach England schickte: »Zurück in zwei Monaten.« Tatsächlich kehrte er zurück, allerdings drei Wochen später als angekündigt.

Am 29. Januar nahm eine neue alliierte Fluchthilfeorganisation unter dem Decknamen »Shelburne« ihre Tätigkeit auf; sie holte ihre Schützlinge in dem französischen Badeort Plouha ab und brachte sie auf Motorbooten zum englischen Kanalhafen Dartmouth. In den fünf Monaten bis zu ihrer Aufdeckung schleuste die »Shelburne«-Organisation 135 alliierte Flieger aus Frankreich nach Großbritannien. Zu ihrer ersten, am 29. Januar übergesetzten »Fracht« gehörten dreizehn amerikanische und vier britische Flieger sowie zwei französische Zivilisten, die sich den alliierten Streitkräften anschließen wollten. Eine besonders erfolgreiche Fluchtroute im ägäischen Raum wurde von dem Briten A. C. Simonds, genannt »Tony«, betreut; er organisierte eine große Zahl heimlicher Transporte auf kleinen, zwischen den griechischen Inseln verkehrenden Booten und konnte auf diese Weise im Dezember 1943 und Januar 1944 mehr als 700 Personen auf sicheren türkischen Boden schleusen. Darunter waren 425 Griechen, 121 Bretonen, 41 Juden und 39 Amerikaner sowie mehrere hundert alliierte Soldaten, die bei der Eroberung der Inseln Kos, Leros und Samos durch deutsche Truppen verwundet worden waren.

Natürlich war die Zahl der alliierten Soldaten, die von den Deutschen gefangengenommen wurden, größer als die Zahl derer, die sich absetzen konnten. Bei dem britischen Bombenangriff auf Berlin am 30. Januar kamen 193 Besatzungsmitglieder ums Leben, während 43 in Gefangenschaft gerieten. Mehr als 2400 Berliner starben, und fast die Hälfte aller Toten war unter so mächtigen Trümmerschichten begraben, daß sie in den Stunden nach dem Angriff nicht ausgegraben werden konnten und in manchen Fällen erst nach Tagen oder Wochen geborgen wurden. Unter den bei dem Angriff beschädigten Gebäuden befand sich auch Goebbels' Propagandaministerium. Die Industrieproduktion wurde hingegen kaum beeinträchtigt.

Ein britischer Soldat namens Christopher Hayes hatte am Tag der alliierten Landung bei Anzio ein sechsjähriges italienisches Mädchen aufgegriffen, das in einem der Minenfelder jenseits des Strandes umherirrte. Sie verriet ihm, daß sie Angelita hieß und nicht wußte, wohin ihre Mutter gegangen war. So blieb sie bei Hayes und seiner Einheit. Zehn Tage später, am 1. Februar, saß sie mit den Männern auf der Ladefläche eines Lastwagens, als in diesen eine Granate einschlug und alle Passagiere herausgeschleudert wurden. »Mein Gewehr war zerfetzt«, erinnerte Hayes sich später. »Ich zog Angelita aus dem Graben. Sie starb, und ich ließ sie am Straßenrand liegen.«

Der 1. Februar 1944 war der Termin für den Beginn von drei alliierten Offensiven. Die erste beinhaltete eine Reihe amerikanischer Landungsversuche auf drei der Marshall-Inseln im Pazifik: Kwajalein, Roi und Namu. Nach viertägigen Kämpfen waren die Amerikaner am Ziel: Auf Roi und Namu hatten sie 3742 Japaner getötet und 99 gefangengenommen, während sie selbst weniger als 200 Mann verloren hatten. Auf Kwajalein waren 7870 der 8000 japanischen Verteidiger gefallen; die Amerikaner hatten 372 Tote zu beklagen. Obwohl die 8000 Japaner auf Kwajalein und die 3841 auf Roi und Namu zahlenmäßig von Anfang an hoffnungslos unterlegen gewesen waren – auf Kwajalein standen ihnen mehr als 40 000 Amerikaner gegenüber –, hatten sie wieder einmal im wahrsten Sinne des Wortes bis zum letzten Blutstropfen gekämpft.

Die zweite Offensive, die am 1. Februar begann, spielte sich an der Ostfront ab, wo die Rote Armee Kingissepp wieder in Besitz nahm, dann über den Fluß Luga setzte und sich der russisch-estnischen Vorkriegsgrenze bis auf knappe 2 Kilometer näherte. Die dritte alliierte Offensive fand in Italien statt und brachte die Alliierten ihrem Ziel Cassino näher als je zuvor; der erhoffte Durchbruch blieb jedoch nach wie vor aus.

Hinter den deutschen Linien ging das Morden weiter. Am 1. Februar wurden in Auschwitz drei Zigeuner bei dem Versuch, sich von einem Arbeitskommando abzusetzen, getötet. Im Lager Dachau wurde ein Gruppe kriegsgefangener sowjetischer Offiziere von einem Erschießungskommando liquidiert.

In Warschau ermordeten polnische Partisanen am 2. Februar SS-Obergruppenführer Franz Kutschera, den SS- und Polizeiführer von Warschau. Zur Vergeltung wurden am folgenden Tag 300 Polen öffentlich exekutiert.

Über Polen machte Churchill sich in dieser Woche ernste Gedanken, war doch in London die Nachricht eingegangen, daß zwei ehemals polnische Städte, Rowno und Luzk, von Einheiten der Roten Armee befreit worden waren. »Jetzt, da die Russen nach Polen einrücken«, erklärte Churchill seinen engsten militärischen Ratgebern laut Sitzungsprotokoll, »sei es in unserem Interesse, für ein starkes und wirksam unterstütztes Polen zu sorgen. Falls es schwach bliebe und von den vorrückenden sowjetischen Armeen überrannt werde, könnten sich daraus in der Zukunft große Gefahren für die englischsprachigen Völker ergeben.«

Hier eröffnete sich also die Perspektive einer konfliktträchtigen Nachkriegskonstellation, bei der die Sowjetunion auf der einen und die westlichen Allianzpartner auf der anderen Seite der Front stehen würden: ein durch gegensätzliche Ideologien definierter, aber auch auf territorialen Besitztiteln und -ansprüchen beruhender Gegensatz. Am selben Tag, an dem Rowno und Luzk an die Sowjets fielen, sprach Churchill sich dafür aus, die Royal Air Force von einem Teil ihrer »Pflichten« im Luftkrieg über Deutschland zu entbinden und die frei werdenden Kapazitäten statt dessen zur Unterstützung der von der polnischen Exilregierung in London unterstützten Widerstandsbewegung in Polen einzusetzen. Churchill verwendete zu dieser Zeit unendlich viel Geduld und Zeit auf den Versuch, die Londoner Polen davon zu überzeugen, daß sie ihren Anspruch, die polnische Ostgrenze der Vorkriegszeit wiederherzustellen, aufgeben mußten. Im 1921 abgeschlossenen Vertrag von Riga hatte sich Polen nach seinem Sieg über die Sowjetunion im Osten beträchtliche Gebiete mit polnischer und weißrussischer Bevölkerung gesichert. Die polnische Ostgrenze war damit gegenüber der zunächst vorgeschlagenen Curzon-Linie ein gutes Stück nach Osten verschoben worden: bis an den Rand der Pripjet-Sümpfe und nach Weißrußland hinein.

Stalin begrüßte diese Aufforderung an Polen, auf das östliche Drittel seines Vorkriegsstaatsgebiets zu verzichten. Dabei handelte es sich um genau die Städte und Dörfer, aus denen die Rote Armee soeben die Deutschen vertrieb: Mehrere sowjetische Einheiten näherten sich in der ersten Februarwoche der Stadt Brest-Litowsk und der nach dem Ersten Weltkrieg markierten Curzon-Linie, die Stalin zur neuen Grenze zwischen Polen und der Sowjetunion machen wollte, bis auf 80 Kilometer. Stalin hatte freilich nicht die Absicht, sich darauf zu verlassen, daß Churchill die Londoner Polen zu dieser beträchtlichen Gebietsabtretung bewegen würde. Er unterstützte den Anspruch des Polnischen Nationalrats, einer vorwiegend kommunistischen, noch von Rußland aus agierenden Gruppierung, nach dem Krieg die Regierungsmacht in Polen zu übernehmen. Dieser Nationalrat hatte die Curzon-Linie bereits akzeptiert.

Churchill beharrte demgegenüber auf dem legitimen Recht der Londoner Polen, die polnische Nachkriegsregierung zu stellen. In einem an Stalin gerichteten Telegramm vom 5. Februar wies er darauf hin, daß eine von den Londoner Polen aufgestellte Polnische Division »sich in Italien bereits in die Front gegen die Deutschen eingereiht« habe und daß in England gegenwärtig eine zweite Polnische Division aufgestellt und für die Teilnahme an der alliierten Invasion ausgebildet werde.

Diese Invasion hatte sich als ein Unternehmen entpuppt, das einen enormen Aufwand an Planung, Energie und Ressourcen verschlang, verlangte es doch das koordinierte Zusammenwirken von Soldaten, Seeleuten, Fliegern, Wissenschaftlern und technischen Fachleuten aller Art sowie beträchtliche nachrichtendienstliche Anstrengungen, die schon seit 1941 im Gang waren. »Overlord« war für diejenigen, die in die Details und Planungsabläufe der Operation eingeweiht waren, Anlaß zu täglicher Sorge. »Je näher man sich damit beschäftigt«, schrieb Georg VI. am 3. Februar in sein Tagebuch, »desto beunruhigender wirkt die Sache durch ihre schiere Größe.« In Italien demonstrierten die Deutschen an diesem Tag, daß sie noch über beträchtliche Truppen- und Kampfkraftreserven verfügten: Sie rückten gegen die alliierten Truppen auf dem Brückenkopf von Anzio vor, drängten sie ein gutes Stück weit in Richtung Küste zurück und sorgten so dafür, daß aus einer Landung, die eigentlich die deutsche Front in Italien zum Einsturz hätte bringen sollen, nicht viel mehr wurde als ein kleines Ärgernis für die Deutschen. An der Hauptfront zeigten die Deutschen ähnlich großen Behauptungswillen und verwehrten den Alliierten nach wie vor den Zugriff auf Cassino, auch wenn amerikanische Truppen am 4. Februar bis auf 1 Kilometer an das über der Stadt gelegene Kloster herankamen.

In Frankreich verhaftete die Gestapo am 5. Februar Michel Hollard, den Mann, der so viel gewagt und getan hatte, um die Briten auf die Gefahr, ja die Existenz der »fliegenden Bombe« aufmerksam zu machen. Nach grausamen Foltern, unter denen er nichts preisgab, wurde er in ein Konzentrationslager eingewiesen. Anders als die meisten anderen, die der Gestapo in die Hände fielen, überlebte Hollard den Krieg.

Im besetzten Polen führte Widerstand gegen die Deutschen mehr denn je zu prompten und gewalttätigen Repressalien. In Lesno wurden am 9. Februar als Vergeltung für einen von Unbekannten verübten Sabotageakt sechzig polnische Bahnarbeiterinnen ermordet, und im Warschauer Vorort Ochota wurden einen Tag später, immer noch im Rahmen der Vergeltungsaktionen für die Ermordung des SS-Obergruppenführers Franz Kutschera neun Tage zuvor, 140 Polen erschossen.

Die zunehmende Zahl der Sabotageakte war längst zu einem Indiz dafür geworden, daß nicht nur die alliierten Heere, sondern auch die unterworfenen Völker auf dem Vormarsch waren. Französische Résistance-Kämpfer verübten am 10. Februar auf ein Peugeot-Werk in Sochaux-Montbéliard, das Flugzeugteile fertigte, einen Anschlag, der die Produktion für fünf Wochen lahmlegte; als dann aus Deutschland neue Werkzeugmaschinen als Ersatz für die beschädigten eintrafen, wurden auch sie kurze Zeit später zerstört. Einen Eindruck davon, was die deutsche Bevölkerung zu diesem Zeitpunkt dachte, vermittelte ein Bericht des deutschen Sicherheitsdienstes vom 10. Februar. »Trotz aller Dummheit und Sturheit rücke uns der Gegner immer näher aufs Fell«, beschrieb er die vorherrschende Stimmung, »und man könne sich nicht vorstellen, wie wir ihn jemals wieder ganz abschütteln könnten, sooft er schon ›auf den Deckel gehauen‹ worden sei und noch werde.«

Zu einem Nachlassen des deutschen Terrors führten solche Einsichten nicht. Auf der von den Deutschen besetzten Kanalinsel Guernsey verhaftete die Gestapo am 11. Februar Charles Machen, der ein Untergrundnachrichtenblatt herausgab und denunziert worden war. Er wurde nach Deutschland deportiert und starb acht Monate später in einem Gefängnis in Naumburg an der Saale.

In Italien brachte die zweite Februarwoche wiederum keine Fortschritte in der Schlacht um Cassino. Ohne die Eroberung dieser Stadt jedoch war ein alliierter Vormarsch nach Rom ebensowenig denkbar wie die Herstellung des Anschlusses an den eingeschnürten Brückenkopf bei Anzio. Am 12. Februar warfen die Allierten über Cassino Flugblätter ab, in denen sie ihren »italienischen Freunden« ankündigten, das Kloster auf dem Monte Cassino, von dessen Beschießung man bisher abgesehen habe, werde demnächst ins Visier der alliierten Artillerie geraten. »Die Zeit ist gekommen«, warnte das Flugblatt, »da wir unsere Kanonen auf das Kloster selbst richten müssen. Wir sprechen diese Warnung aus, damit ihr euch retten könnt. Wir geben euch den dringenden Rat: Verlaßt das Kloster. Verlaßt es sogleich. Nehmt diese Warnung ernst. Sie ist zu eurem Besten.«

In Norditalien erlitt die alliierte Sache am 13. Februar einen Rückschlag, als die Deutschen zum Angriff auf einen der größten Partisanenverbände Italiens antraten, eine etwa 500 Mann starke Truppe unter Führung Filippo Beltramis, der in dem Gefecht getötet wurde. Es dauerte mehr als sechs Wochen, ehe sich aus den versprengten Resten wieder eine kampfbereite Truppe gebildet hatte. Zwei Tage nach dem Tod Beltramis flogen alliierte Bomber einen Angriff auf das Kloster auf dem Monte Cassino. Binnen vier Stunden fielen mehr als 400 Tonnen Bomben auf dieses Heiligtum und Prunkstück frühmittelalterlicher christlicher Kultur; sie töteten den Bischof, der trotz der Vorwarnung im Kloster geblieben war, und rund 250 Zivilisten, die in die vermeintlich schützenden Mauern des Klosters geflüchtet waren und sich in den oberen Stockwerken aufhielten. Das Kloster lag nach dem Angriff in Trümmern. Die deutsche Garnison jedoch ließ sich auch durch einen noch am gleichen Tag vorgetragenen Infanterieangriff nicht aus ihren Stellungen vertreiben. Im Gegenteil, nachdem sie die anstürmenden indischen, Maori- und Gurkha-Einheiten teilweise im Bajonettkampf Mann gegen Mann zurückgeschlagen hatte, brachte sie noch die Kraft zu einem Gegenangriff auf, in dessen Verlauf sie zwei Maori-Kompanien über den Rapido-Fluß zurücktrieb.

In dieser Nacht bombardierten die Briten wieder einmal Berlin. 265 Besatzungsmitglieder der 875 beteiligten Bomber wurden bei Abschüssen getötet; am Boden kamen 500 Berliner und achtzig Fremdarbeiter ums Leben. So wie auf dem pazifischen Kriegsschauplatz in jeder Schlacht koreanische Arbeiter ums Leben kamen, waren es in Europa die von den Deutschen in den besetzten Ländern angeworbenen oder einfach ins Reich verschleppten Fremdarbeiter, die in doppelter Weise Opfer des Krieges wurden: als Ausbeutungsobjekte und als Leidtragende des alliierten Bombenkriegs gegen Deutschland.

Am 16. Februar griffen die Deutschen erneut den Brückenkopf von Anzio an und trieben die Alliierten bis an den Strand zurück. Da den angreifenden Einheiten ihre detaillierten Einsatzpläne jedoch in Form Enigma-verschlüsselter Funksprüche der höchsten Geheimhaltungsstufe übermittelt wurden, kannten die alliierten Verteidiger die deutschen Absichten. So konnten sie den Angriff stoppen und in der Folge die Deutschen wieder zurückdrängen.

Anderswo erzielten die Alliierten unterdessen große Erfolge. An der Ostfront blieben mindestens 20000 deutsche Soldaten auf der Strecke – nach sowjetischen Schätzungen waren es sogar 55000 –, als die Rote Armee bei Korsun die letzten in der Dnjepr-Schleife verbliebenen deutschen Truppen aufrieb. Im Pazifik zerstörten amerikanische Bomber und Torpedoflugzeuge bei einem Angriff auf die Karolinen-Insel Truk (Operation »Hailstorm«) fünfzehn japanische Kriegsschiffe, 25 Frachtschiffe und 265 Flugzeuge, davon 220 am Boden. Die Amerikaner verloren lediglich 25 Flugzeuge. Auf Eniwetok, einer der Marshall-Inseln, trugen zu gleicher Zeit amerikanische Marines den Sieg über die 2677 japanischen Verteidiger der Insel davon, von denen nur 64 überlebten, während die Amerikaner 195 Gefallene zu beklagen hatten.

An der russischen Front verdrängten sowjetische Truppen die Deutschen am 18. Februar aus Staraja Russa südlich des Ilmen-Sees. In Deutschland wurde an diesem Tag Admiral Canaris seines Postens als Chef der Spionageabwehr der deutschen Wehrmacht enthoben; seine Aufgaben übernahm Ernst Kaltenbrunner, der Leiter des Reichssicherheitshauptamtes. Canaris wurde unbefristet vom Dienst beurlaubt. An diesem Tag mußten die deutschen Sicherheitskräfte einen bitteren Prestigeverlust hinnehmen. Britische Bomber drangen nach Frankreich ein, um die Operation »Jericho« durchzuführen, einen »Befreiungsangriff« auf ein Gefängnis im nordfranzösischen Amiens, wo für den nächsten Tag die Erschießung von zwölf Angehörigen der französischen Résistance angekündigt war. Die britischen Bomben sprengten Breschen in die Gefängnismauern, durch die fünfzig Résistance-Kämpfer in die Freiheit entkamen. Andererseits kostete der Angriff 96 Gefängnisinsassen, darunter 56 Résistance-Mitglieder, das Leben – ein hoher Tribut.

Der Pilot, der den Angriff auf das Gefängnis in Amiens führte (und der zwei Jahre zuvor auch den Luftangriff auf die Radaranlagen von Bruneval geleitet hatte), Kapitän Charles Pickard, und seine Flugbeobachter, Leutnant Alan Broadley, kamen bei der Aktion ums Leben. Das dritte Opfer dieses Angriffs auf alliierter Seite war Leutnant Sammy Sampson von der Royal New Zealand Air Force, der in einer der Maschinen als Navigator tätig war. Unter denen, die aus dem Gefängnis von Amiens entkamen, war Louis Vivant, Résistance-Führer im Departement Somme; die Deutschen fingen ihn nicht wieder ein.

In der folgenden Nacht griffen mehr als 800 britische Bomber Leipzig an, das 12 Stunden später noch einmal von einem amerikanischen Tageslichtangriff heimgesucht wurde. Bei diesem Doppelschlag, wie die Alliierten ihn von nun an zunehmend häufiger praktizierten, kamen 969 deutsche Zivilisten ums Leben, und mehr als 50 000 wurden obdachlos. Aber auch die Verluste der Angreifer waren mit 78 abgeschossenen Maschinen und fast 400 getöteten Besatzungsmitgliedern größer als je zuvor bei einem Bombenangriff auf Deutschland.

Auch die Verluste der amerikanischen Marine mehrten sich am 21. Februar, als vor der Insel Iwo Jima im Pazifik zwei amerikanische Kriegsschiffe von japanischen Torpedobombern beschossen wurden. Auf der *Bismarck Sea* kamen 119, auf der *Saratoga* 123 Seeleute ums Leben.

Mit denen, die überlebten und wehrlos in Gefangenschaft gerieten, kannten die Japaner keine Gnade; am 22. Februar wurden Überlebende eines im Indischen Ozean torpedierten Handelsschiffes, der *British Chivalry*, die sich auf zwei Boote und vier Flöße gerettet hatten, mit Maschinengewehrsalven von Bord desselben U-Bootes getötet, das sie torpediert hatte. Ebenso erging es vier Tage später Überlebenden des Handelsschiffes *Sutlej*, die sich an Rettungsflöße und Wrackteile ihres Schiffes klammerten.

Ein weiteres britisches Handelsschiff, die *Ascot*, wurde drei Tage später auf dem Weg von Colombo nach Diégo Suarez im Indischen Ozean Opfer eines Torpedoangriffs. Vier Besatzungsmitglieder wurden beim Einschlag des Torpedos getötet; die übrigen 52 überlebten in zwei Rettungsbooten. Das japanische U-Boot, das die *Ascot* versenkt hatte, tauchte dann auf und eröffnete das MG-Feuer auf die Überlebenden. Zehn wurden tödlich getroffen. Das U-Boot verschwand, kehrte aber nach einer halben Stunde zurück und eröffnete erneut das Feuer. Nur acht Männer überlebten dieses zweite Blutbad.

In Norwegen sank am 20. Februar das Fährschiff *Hydro* nach einer Bombenexplosion an Bord. Das Schiff hatte sämtliche erhalten gebliebenen Vorräte an schwerem Wasser geladen und sollte sie auf die andere Seite des Tinnsjo-Sees bringen, von wo aus sie nach Deutschland weitertransportiert werden sollten. Die Bombe hatten norwegische Saboteure auf Anweisung aus London installiert. Bei der Explosion, welche die deutsche Atombombenentwicklung ein weiteres Mal um einen Schritt zurückwarf, wurden vier deutsche Begleitposten und vierzehn norwegische Zivilisten getötet. Am gleichen Tag begann am Himmel über Deutschland die von amerikanischen Bombern getragene Operation »Argument«, die von den Amerikanern auch »big week« genannt wurde: eine auf einwöchige Dauer angesetzte Serie massiver Luftangriffe gegen deutsche Flugzeug- und Kugellagerfabriken sowie gegen Hafenanlagen im Dreieck Brüssel – Rostock – Pula.

Am Abend des ersten Tages der »big week« gab es auch einen deutschen Luftangriff auf London; in unmittelbarer Nähe des Amtssitzes des britischen Premierministers, Downing Street

›Big Week‹ Luftangriffe vom 10.–26. Februar 1944

Nr. 10, wurden vier Personen getötet – Churchill weilte allerdings in dieser Nacht nicht in London. Als er dorthin zwei Tage später zurückkehrte, eröffnete er den Abgeordneten im Unterhaus, daß seit Beginn des Krieges 38 300 britische Piloten und Luftwaffensoldaten gefallen und 10 000 Flugzeuge verlorengegangen waren. Über die vier jüngsten Luftangriffe, darunter den auf Leipzig, sagte er, sie seien »die gewaltigsten bisher gegen Deutschland geführten Schläge« gewesen und hätten auch »den Wert der flächendeckenden Bombardierung« bewiesen. Die Luftoffensive sei, so betonte er, »das Fundament, auf dem unsere Pläne für eine Invasion auf dem Festland ruhen«. In Worten, die die Gefühle von Millionen Menschen in den alliierten Ländern angesichts des alltäglichen und allnächtlichen Bombenhagels auf Deutschland zum Ausdruck brachten, schärfte er dem Unterhaus ein: »Der Bombenkrieg war die Waffe, die beide räuberischen Staaten zum Hauptwerkzeug ihres Eroberungsdrangs erkoren. Dies war die Sphäre, in der sie ihren Triumph sichern wollten. Dies war die Methode, mit der die Nationen ihrer Herrschaft unterworfen werden sollten. Ich werde zur moralischen Seite nichts weiter sagen, als daß in den Ereignissen auf lange Sicht eine seltsame, schicksalhafte Gerechtigkeit waltet.«

Während Churchill sprach, griffen 248 amerikanische Bomber, beschützt von 185 Jägern, eine Flugzeugfabrik in Regensburg an der Donau an. Ein anderer Verband, der aus 288 Bombern und 596 Jägern bestand, »kümmerte« sich um ein Flugzeugwerk in Fürth, einen Flugplatz bei Graz, eine Eisenbahnstrecke bei Zell am See sowie um Hafenanlagen, Lagerhäuser und Lagerschuppen in den Adriahäfen Fiume, Pula und Zadar. Bei Luftkämpfen über den Zielgebieten wurden mehr als 170 amerikanische Maschinen abgeschossen. Einen Tag später waren deutsche Flugzeug- und Kugellagerfabriken in Steyr, Gotha und Schweinfurt das Ziel ähnlich schwerer Bombenangriffe. Die Alliierten hatten den Spieß umgedreht und wandten das »Hauptwerkzeug des Eroberungswillens« jetzt gegen den gescheiterten Eroberer an. Allein, in vielen der im Zuge der »big week« bombardierten Fabriken konnten die beträchtlichen Schäden, die entstanden waren, schnell behoben werden. In Augsburg dauerte es nur wenig mehr als einen Monat, bis die größte Flugzeugfabrik wieder mit voller Kraft arbeiten konnte. In Aschersleben immerhin lief die Fertigung von Flugzeugtriebwerken bis Mitte April nur mit der Hälfte der früheren Kapazität. Das alles änderte nichts daran, daß die durchschnittliche deutsche Monatsproduktion bei einmotorigen Jagdflugzeugen, die in der zweiten Jahreshälfte 1943 noch bei 851 gelegen hatte, in der ersten Jahreshälfte 1944 auf 1581 kletterte. Trotz massiver Beschädigungen durch alliierte Luftangriffe lieferte die deutsche Luftfahrtindustrie eine beeindruckende Zahl von Flugzeugen aus; es waren so viele, daß die Luftwaffe mit der Ausbildung ausreichend qualifizierter Piloten nicht nachkam.

Den Amerikanern hatte die »big week« beträchtliche Verluste beschert; 2600 Besatzungsmitglieder der eingesetzten Flugzeuge waren im Kampf gefallen oder verwundet oder von den Deutschen gefangengenommen worden.

KAPITEL 36
Bombenkrieg, Deportationen, Massenmord
Februar – März 1944

In Rußland befanden sich die Deutschen inzwischen wieder an allen Frontabschnitten auf dem Rückzug. Im Norden hatten sie Waffen-SS-Einheiten, bestehend aus im Ausland rekrutierten Söldnern, in die Schlacht geworfen. Am 20. Februar erhielt Léon Degrelle, der Kommandeur der aus belgischen Waffen-SS-Freiwilligen rekrutierten Wallonischen Legion, die im Gebiet von Narwa eingesetzt war, das Ritterkreuz – Träger des Eisernen Kreuzes war er bereits. Einen Tag später wurden die Deutschen aus dem 300 Kilometer südlich von Leningrad gelegenen Cholm vertrieben, 24 Stunden später aus Dno. Südlich und westlich davon konsolidierte die Rote Armee ihre Stellungen westlich der polnisch-russischen Vorkriegsgrenze. Noch aber war sie 500 Kilometer vom östlichen Oberschlesien entfernt – zu weit, als daß sie den Hunderttausenden in den Sklavenarbeiterlagern Südpolens hätte helfen können. Aus einer am 22. Februar erstellten deutschen Übersicht ging hervor, daß allein im Raum Auschwitz 73 669 jüdische Arbeitssklaven, darunter 24 637 Frauen, im Einsatz waren. Zehn Industrieunternehmen nutzten ihre Arbeitskraft, so etwa die IG Farben, die in ihrem nur wenige Kilometer von den Gaskammern Birkenaus entfernten Buna-Werk in Monowitz künstlichen Kautschuk produzierte und dafür mehr als 6000 Häftlinge beschäftigte. In Monowitz arbeiteten auch mehrere hundert britische Kriegsgefangene, die in eigenen Lagern, welche an die der Juden angrenzten, untergebracht waren. Einer der britischen Gefangenen, Unteroffizier Charles Coward, half in Monowitz mit außerordentlich mutigem Einsatz jüdische Menschenleben retten und wurde dafür später vom israelischen Staat mit einer hohen Auszeichnung belohnt.

Im Lager Dachau wurden am 22. Februar 31 sowjetische Kriegsgefangene, durchweg Offiziere, aus den Baracken geholt und erschossen. Die beiden jüngsten, Anatoli Dunow und Konstantin Atamasow, waren 21 Jahre alt. Wir kennen ihre Namen und die der 29 anderen Opfer, weil ein polnischer Priester namens Jan Domagala, der als Lagerschreiber arbeitete, mehrere hundert Namenslisten von Gruppenhinrichtungen wie dieser beiseite schaffte, um die Fakten für die Nachwelt zu bewahren.

In der Barents See griffen in der Nacht zum 26. Februar vierzehn deutsche U-Boote einen aus 43 Handelsschiffen bestehenden Konvoi an, der nach Rußland unterwegs war. Ein U-Boot torpedierte den britischen Zerstörer *Mahratta,* eines der eskortierenden Schiffe; von seinen mehr als 200 Besatzungsmitgliedern konnten nur siebzehn von einem anderen Zerstörer, der *Impulsive,* lebend aus dem eisigen Wasser gefischt werden. Im Abwehrgefecht konnten die Geleitschiffe zwei der deutschen U-Boote versenken. Die Handelsschiffe blieben unbeschädigt und konnten ihre Fahrt fortsetzen.

In Deutschland führte die verzweifelte Suche nach Mitteln und Wegen zur Vermeidung der drohenden Niederlage zu bizarren Einfällen. Als die Testpilotin Hanna Reitsch am 28. Februar Hitler in Berchtesgaden aufsuchte, um das Eiserne Kreuz Erster Klasse in Empfang zu nehmen, schlug sie die Aufstellung einer Gruppe von Kamikaze-Piloten vor, die ihre Selbstmordeinsätze in eigens dafür konstruierten Flugzeugen absolvieren sollten. Wie Frau

Reitsch sich später erinnerte, äußerte Hitler sich zunächst »vollkommen ablehnend«. Auf ihr Drängen genehmigte er dann aber erste experimentelle Entwicklungsarbeiten, die zeigen sollten, welche Flugkörper für Einsätze dieser Art am geeignetsten und effektivsten sein würden. Als kurze Zeit später tatsächlich eine Kamikaze-Truppe aufgestellt wurde, war Hanna Reitsch eine der ersten, die das feierliche Gelöbnis unterzeichneten: »Ich ersuche hiermit freiwillig um Aufnahme in die Selbstmordgruppe als Pilot einer menschlichen Gleitflugbombe. Ich bin mir völlig bewußt, daß ein Einsatz in dieser Funktion meinen Tod nach sich ziehen wird.«

In diesem Februar wurde Hitler unter anderem mit einem Problem eher persönlicher Art konfrontiert. Seit fast einem Jahr kochte für ihn die Wiener Diätköchin Marlene von Exner, die ihm ursprünglich von dem rumänischen Diktator Marschall Antonescu empfohlen worden war. Einige Zeit nach ihrem Dienstantritt hatte Frau von Exner sich mit einem SS-Adjutanten aus dem Stab des Führerhauptquartiers verlobt, und bei dieser Gelegenheit stellte sich heraus, daß sie eine jüdische Urgroßmutter gehabt hatte. »Sie werden verstehen«, erklärte ihr Hitler, »daß ich Sie entlassen muß. Ich kann nicht eine Regel für mich selbst aufstellen und eine andere für die anderen.« Frau von Exner verlor ihre Stelle, und ihre Verwandten mußten aus der NSDAP austreten. Weitere negative Konsequenzen folgten jedoch nicht. In Warschau wurden am 23. Februar 26 Juden in einem Versteck aufgestöbert und nach Auschwitz deportiert, wo zwei Tage später 37 Juden aus Wien, der Heimatstadt von Frau von Exner, eintrafen. Weitere Transporte folgten: Am 3. März wurden 732 Juden aus Holland deportiert, und am 7. März folgten 1501 französische Juden. Fast 2000 Personen aus diesen beiden Transporten wurden vergast.

Am 1. März nahm die deutsche Luftwaffe ihre Bombenoffensive gegen Großbritannien wieder auf; bei sechs Luftangriffen in diesem Monat kamen 270 britische Zivilisten ums Leben. Die schwersten Angriffe galten London, Hull und den Industriegebieten in Nordostengland und Südwales. Aber es waren kleine Fische im Vergleich zu den britischen Bombenangriffen auf deutsche Ziele: 6000 Bomber luden im Laufe des März 27000 Tonnen Bomben über Stuttgart, Frankfurt, Essen, Nürnberg und Berlin ab. Im Verlauf dieser Angriffe warfen die Briten erstmals 4000-Pfund-Bomben ab.

Die Briten schleusten ins besetzte Europa weiterhin Agenten ein. Am 2. März wurde Alec Rabinovitch, mit dem Decknamen »Arnaud«, am Fallschirm bei Nancy abgesetzt, um einen Sabotagering aufzuziehen; es war bereits seine zweite Mission im besetzten Frankreich. Mit ihm sprang der Frankokanadier Roger Sabourin ab. Zum Unglück der beiden stand ihre Absprungzone unter deutscher Bewachung, und so wurden sie festgenommen. Rabinovitch landete in einem Konzentrationslager bei Rawicz in Polen, Sabourin in Buchenwald, wo er sechs Monate später gehenkt wurde. In die Hände der Gestapo fielen in diesem Monat auch zwei andere französische Résistance-Kämpfer: Robert Benoist, der in der Vorkriegszeit ein bekannter Rennfahrer gewesen war, wurde später in Buchenwald gehängt, Denise Bloch, die unter dem Decknamen »Ambroise« operiert hatte, in Ravensbrück hingerichtet.

Am 2. März starteten die Alliierten von Süditalien aus erstmals Bombereinsätze, die der Unterstützung der jugoslawischen Partisanen dienten. Ein Angriff galt dem Eisenbahnknotenpunkt Knin mit seinem Rangierbahnhof; hier wurden Gleisanlagen zerstört. Alliierte Tiefflieger machten am gleichen Tag die dalmatinische Küste unsicher; bei Vodice wurden deutsche Treibstoffdepots beschossen, bei Sukosan fünf Fahrzeuge zerstört. Auf einem kleinen Flugfeld bei Châteauroux in Frankreich bestieg in dieser Nacht ein britischer Agent, der französische Anwalt Jean Savy, ein Flugzeug nach England; er hatte Informationen über ein deutsches Munitionsdepot unweit des Städtchens Creil bei sich, in dem 2000 fliegende Bomben lagerten, welche gegen London eingesetzt werden sollten. Die Briten nützten den Hinweis später, um das Depot zu bombardieren und die Waffen zu zerstören. Eine Bombe ganz anderer Art fiel am 3. März auf das Gelände der Luftwaffenbasis Muroc in Kalifornien: eine Atombombenattrappe. Ihr Abwurf war der erste in einer ganzen Reihe von Testläufen, die fünf Monate später in die Aufstellung einer Sondereinheit der US-Luftwaffe mündeten. Die Aufgabe dieser 393. Bomberstaffel sollte es sein, die echten Bomben ins Ziel zu bringen, sobald sie einsatzbereit waren.

An diesem 3. März, an dem das amerikanische Atombombenprojekt in eine neue Phase seiner langen Entwicklung eintrat, begannen andernorts zwei Kriegsverbrecherprozesse. Im afrikanischen Algier wurden zwei Deutsche für schuldig befunden, 1941 in einem deutschen Straflager in der Sahara neun jüdische und nichtjüdische Häftlinge brutal ermordet zu haben. In dem Lager, das bei Hajdscherat m'Guil lag, waren viele Deutsche und Österreicher inhaftiert, die vor dem Krieg auf der Flucht vor den Nazis nach Frankreich gegangen waren, sich 1939 der Fremdenlegion angeschlossen, 1940 gegen Deutschland gekämpft hatten und nach der französischen Niederlage als Gefangene in die afrikanische Wüste geschickt worden waren. Die beiden Angeklagten wurden zum Tode verurteilt.

Das zweite Verfahren, das am 3. März begann, fand im besetzten Polen statt. Eine polnische Frau namens Anna Zwarycz war in zweiter Instanz angeklagt, einem jüdischen Kind Aufnahme und Schutz gewährt zu haben. Acht Monate zuvor war sie von einer unteren Instanz von dieser Anklage freigesprochen worden, weil sie »das Kind offen angenommen und jeden hatte wissen lassen, daß es ein Judenkind war«. Diesen Freispruch hatte Dr. Josef Ganser, ein hoher Beamter der Justizverwaltung des Generalgouvernements, aufgehoben. »Es wäre sehr ungerecht«, hatte er zur Begründung erklärt, »wenn jemand, der offen und dreist Unterschlupf gewährt, straflos bliebe, während jemand, der dasselbe heimlich tut, mit dem Tode bestraft wird.« Dr. Gansers Intervention hatte Erfolg. Am 3. März wurde Anna Zwarycz zum Tode verurteilt. Ihr Ankläger brachte es zwanzig Jahre später zum Senatspräsidenten beim Patentgericht der Bundesrepublik Deutschland.

»Die Juden sind eine Rasse, die ausgetilgt werden muß«, erklärte Hans Frank am 4. März auf einer Konferenz von NS-Parteirednern in Krakau. »Wo immer wir nur einen erwischen, geht es mit ihm zu Ende.« In Warschau wurden an diesem Tag vier jüdische Frauen, die außerhalb des Gettos aufgegriffen worden waren, zusammen mit acht Nichtjuden in den Gettoruinen exekutiert. Nicht alle Opfer wurden tödlich getroffen, doch die Deutschen warfen ihre Körper unterschiedslos in den Keller eines Trümmerhauses, gossen den Keller dann mit einer entzündbaren Flüssigkeit aus und setzten ihn in Brand. »Vier bis sechs Stunden lang«, berichtete der Überlieferer dieser Episode, »waren die Schreie der Verwundeten, bei lebendigem Leib Verbrennenden zu hören.«

Die Namen der vier Jüdinnen, die an diesem Tag in Warschau ermordet wurden, kennen wir nicht, ebensowenig wie die Namen von Millionen anderen, die in diesem Krieg zugrunde gingen – Menschen jeder Rasse, Nationalität und Religion. Doch die Namen und Geschicke einiger weniger Opfer dieser furchtbaren Jahre sind in die Geschichte ihrer Völker eingegangen. Da war etwa der sechzigjährige jüdische Dichter Max Jacob, der im Sammellager Drancy bei Paris seiner Deportierung harrte. Am 5. März starb er an einer Lungenentzündung. Jacob hatte sich, als er Ende dreißig war, katholisch taufen lassen; sein Taufpate war Picasso gewesen. Und dann, nach mehr als dreißig Lebensjahren als überzeugter Katholik, hatte Max Jacob sich den gelben Stern anheften müssen und war schließlich zur Deportation bestimmt und nach Drancy geschickt worden.

Am 4. März gaben in Moskau sowjetische Militär- und Nachrichtendienstfachleute ihre Zustimmung zu den angloamerikanischen Täuschungsplänen im Zusammenhang mit der Landung in der Normandie. Die Sowjets waren bereit, mit vorgetäuschten militärischen Aktivitäten ihren Beitrag zu der Fiktion einer alliierten Landung an der norwegischen Küste zu leisten. Der Zufall wollte es, daß unter dem Datum des 4. März auch ein Dokument des deutschen Geheimdienstes ausgefertigt wurde, in dem es um vermutete alliierte Pläne zur Errichtung einer »entscheidenden atlantischen Front« ging. In diesem Papier wurde die Annahme geäußert, nachdem die alliierten Strategen mit Erfolg eine aktive Entlastungsfront in Italien aufgebaut hätten, könnten sie »im skandinavischen Raum etwas ähnliches vorhaben«.

Während die britischen und amerikanischen Planungsstäbe die Vorbereitungen für die größte amphibische Landungsoperation in der Geschichte des modernen Krieges vorantrieben, gingen an der Ostfront, in Italien, in Burma und im Pazifik die Kämpfe mit gewohnter Unerbittlichkeit weiter. Am 5. März wurden britische, indische und Gurkha-Einheiten mit Motorseglern in einem entlegenen Teil Burmas, weit hinter den japanischen Linien, abgesetzt; mit dieser Aktion begann die zweite »Chindit«-Expedition von Generalmajor Orde Wingate. Die Landung fand an einem Platz mit dem Decknamen »Broadway« statt, einer mehr als 150 Kilometer hinter der japanischen Front in Burma gelegenen Waldlichtung, die von der nächstgelegenen alliierten Nachschubbasis sogar mehr als 450 Kilometer entfernt war. Bei der ersten Landung auf dem »Broadway« kamen 23 Männer ums Leben, aber mehr als 400 gingen sicher in der Landezone nieder. Am nächsten Tag landeten weitere Motorsegler am »Broadway«. Gleichzeitig fand bei »Chowringhee« auf der anderen Seite des Irawadi-Flusses eine zweite Motorseglerlandung statt, der zweieinhalb Wochen später eine dritte bei »Aberdeen« folgte.

Damit befanden sich Anfang April mehr als 9000 Offiziere und Mannschaften hinter den japanischen Linien. Zu diesen Motorseglertruppen stieß kurz darauf eine vierte »Chindit«-Brigade, die von den Naga-Bergen kam und seit Anfang Februar zu Fuß über Land unterwegs gewesen war. Nachdem sie durch steiles, bergiges Gelände mit bis zu 2000 Meter hohen Gipfeln marschiert war, hatte sie den Chindwin-Fluß überwunden. Zwei weitere landgebundene Brigaden, von denen die eine aus Amerikanern und Chinesen, die andere aus Gurkhas und Katschins bestand, war zur gleichen Zeit von Ledo und Fort Hertz aus durch das obere Burma in Richtung Mogaung beziehungsweise Myitkyina unterwegs. »Wir haben den Feind vollständig überrascht«, erklärte Wingate seinen Männern, als die Landungen abgeschlossen waren. »Alle unsere Einheiten stehen im Bauch des Feindes. Es ist an der Zeit, die Früchte des erlangten Vorteils zu ernten.«

Wingate selbst kam bei einem Flugzeugabsturz Ende März ums Leben.

An der Ostfront begannen vier sowjetische Armeen am 2. März mit einem Vormarsch im gesamten südlichen Frontabschnitt zwischen den Pripjet-Sümpfen und dem Unterlauf des Dnjepr. Während nördlich der Pripjet-Sümpfe die Front stehen blieb, wurden im Süden die Deutschen stetig zurückgedrängt. Dabei entwickelte die Rote Armee so viel Dynamik, daß die Deutschen sich innerhalb eines Monats über den südlichen Bug, den Dnjestr und den Pruth zurückziehen mußten. Die ehedem rumänische Stadt Tschernowitz – die bis 1918 dem habsburgischen Kaiserreich angehört hatte – war nun in der Hand der Roten Armee, und die Deutschen sahen sich nach Süden abgedrängt. Fast alle Gebiete, die die Deutschen im Sommer 1941 in Südrußland zwischen Pruth und Don erobert hatten, waren nun wieder verlorengegangen; nur noch Odessa und die Krim befanden sich in deutscher Hand. Hitlers Traum von einem Kolonialreich im Osten mit russischen Sklaven, Autobahnen und deutschen Siedlern war ausgeträumt; es war davon nicht viel mehr übriggeblieben als der Alptraum eines fortdauernden Krieges voller verlustreicher Rückzüge, verbrannter Erde und bösartiger Racheakte.

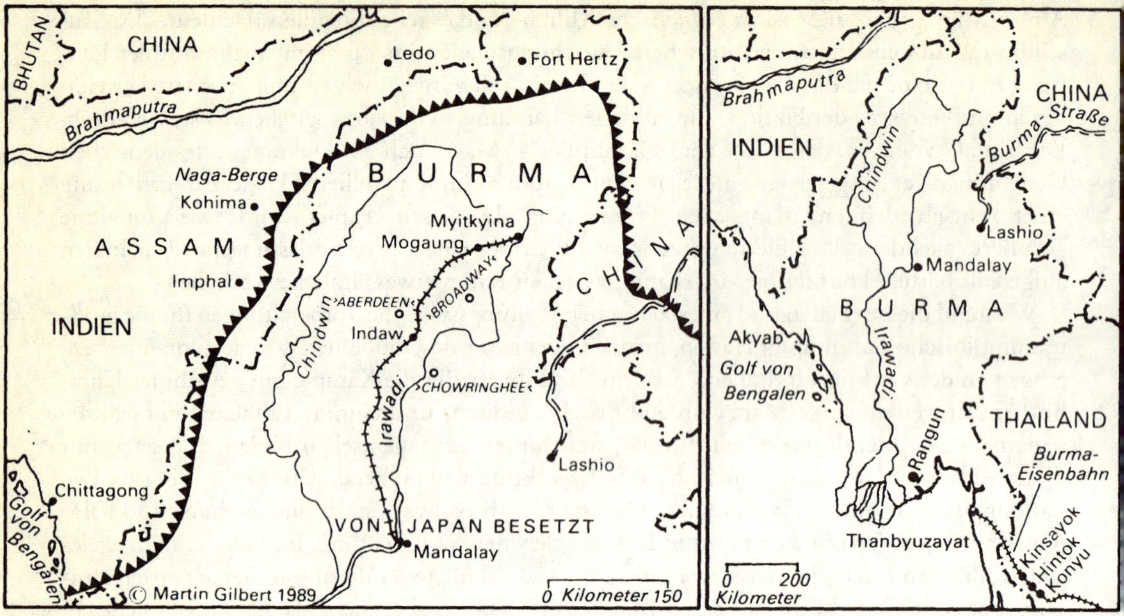

Burma, 1944

Als Teil der Vorbereitungen für die Landung in der Normandie, bis zu der jetzt höchstens noch drei Monate vergehen würden, warfen in der Nacht zum 7. März 263 britische Bomber mehr als 1000 Tonnen Bomben auf ein Bahnbetriebsgelände bei Trappes südwestlich von Paris ab. Gleise, Lokomotivschuppen, Loks und Waggons wurden so schwer beschädigt, daß die ganze Anlage mehr als einen Monat unbenutzbar war. In dieser Zeit wurden mit ähnlichem Erfolg acht weitere Bahnbetriebszentren bombardiert.

Die Aussicht auf eine dritte Front in Europa schreckte die Nazis nicht von der Fortsetzung des Judenmordes ab. In Auschwitz wurden am 7. März 3860 tschechische und slowakische Juden, die einige Monate zuvor aus Theresienstadt »angeliefert« und in einem besonderen Block untergebracht worden waren, in den Umkleidetrakt neben einer der vier Gaskammern geführt; unter ihnen waren Hunderte von Kindern. Als ihnen klar wurde, daß sie getötet werden sollten, versuchten diejenigen unter ihnen, die nach Monaten oder Jahren in Theresienstadt und Auschwitz noch nicht gänzlich ausgezehrt waren, Widerstand zu leisten: Mit bloßen Händen griffen sie die schwerbewaffneten SS-Wärter an. Doch alle bis auf 37 wurden getötet; unter den 37 Verschonten waren elf Zwillingspaare, die Dr. Mengele zu medizinischen Experimenten heranziehen wollte.

Von diesem 7. März datierte auch ein Bericht, den Hitler von Artur Greiser, dem in Posen residierenden Reichsstatthalter des »Warthegaus«, erhielt. Greiser teilte mit, es seien in seinem Gau mittlerweile eine Million Deutsche angesiedelt und gleichzeitig 700 000 Polen daraus vertrieben worden; was die Juden im »Warthegau« betreffe, so sei ihre Zahl auf »einen unbedeutenden Restbestand« geschrumpft. In Warschau wurde an diesem Tag ein Versteck im »arischen« Teil der Stadt, in dem sich 38 Juden seit der Zerstörung der Gettos vor fast einem Jahr verborgen hielten, an die Gestapo verraten; die 38 wurden verhaftet, fortgeschleppt und ermordet. Unter ihnen waren der Historiker Emanuel Ringelblum, seine Frau und sein Sohn.

Im Pazifik brachte der 8. März den Beginn eines massiven japanischen Gegenangriffs auf der Salomon-Insel Bougainville. Sein Ziel war es, die Amerikaner aus ihren Stellungen um die Kaiserin-Augusta-Bucht zu vertreiben, die sie vier Monate zuvor bezogen hatten. In dreitägigen heftigen Kämpfen schlugen die Amerikaner die Angreifer zurück. Ein zweiter japanischer Vorstoß am folgenden Tag wurde ebenfalls abgeschlagen. In diesen vier Tagen fielen 5000 Japaner, während die Amerikaner weniger als 300 Tote zählten. Wieder hatte die fanatische Kampfbereitschaft der Japaner die Schlacht verlängert und mit zusätzlicher Grausamkeit aufgeladen; und sie sollte auch künftig dafür sorgen, daß überall dort, wo japanische und alliierte Truppen aufeinandertrafen, Tausende von Männern im Kampf um irgendwelche entlegenen, weit von ihrer Heimat entfernten Inseln starben.

Auch in den von Deutschland unterjochten Gebieten waren der Grausamkeit keine Grenzen gesetzt. Am 9. März schrieb der deutsche Neurologe Professor Hallervorden an Professor Nietsche, den verantwortlichen Leiter des Euthanasieprogramms: »Lieber Kollege, ich habe insgesamt 697 Gehirne erhalten, einschließlich derer, die ich in Brandenburg selbst entnommen habe. Diejenigen aus Dosen« – gemeint war eine Klinik bei Leipzig – »sind in dieser Zahl enthalten. Die Mehrzahl von ihnen sind bereits untersucht worden, aber ob ich sie allesamt histologisch untersuchen kann, muß sich erst noch zeigen.« Professor Hallervordens Spezialität war es, den Opfern des Euthanasieprogramms sofort nach Eintreten des Todes die Gehirne zu entnehmen. »Unter diesen Gehirnen fand sich wunderbares Material«, erzählte er später seinen amerikanischen Vernehmern. »Schöne Schwachsinnsfälle, Mißbildungen und frühkindliche Erkrankungen.«

Professor Hallervorden benutzte diese Gehirne auch nach dem Krieg noch für seine Forschungen; 1949 publizierte er die Erkenntnisse, die er aus einem besonders ergiebigen Fall gewonnen hatte. Einen Teil seiner Sammlung übernahm später die Frankfurter Universität.

Über Pläne für Massentötungen wurde in dieser Woche auch im Zuge der Vorbereitungen auf die Operation »Margarete« gesprochen, die bevorstehende Besetzung Ungarns durch deutsche Truppen. Adolf Eichmann setzte sich am 10. März im Konzentrationslager Mauthausen mit seinen wichtigsten Mitarbeitern zusammen, um zu besprechen, wie die Deportierung der 750 000 ungarischen Juden nach Auschwitz bewerkstelligt werden könne.

Der deutsche Plan für die Besetzung Ungarns war eine Reaktion auf die Tatsache, daß sich die Rote Armee der ungarischen Ostgrenze bedrohlich genähert hatte. Mit Ungarn zu tun hatte auch ein um diese Zeit ausgearbeiteter britischer Plan, der Operation »Chicken« genannt wurde: die Einrichtung einer über Ungarn nach Jugoslawien führenden Ausschleusungsroute für alliierte Flieger, die jetzt, da die Bomber tiefer im NS-Machtbereich gelegene Ziele erreichen konnten, in zunehmender Zahl im Innern Mitteleuropas abgeschossen wurden. Zum Aufbau dieser Fluchtroute wurden 25 alliierte Agenten am Fallschirm in Jugoslawien abgesetzt. Die erste Gruppe landete am 15. März bei Metlika, von wo aus sie sich auf den Weg zur ungarischen Grenze machte. Bei den meisten dieser Agenten handelte es sich um jüdische Freiwillige aus Palästina; unter ihnen befand sich auch die einundzwanzigjährige Hannah Szenes, die im September 1939 aus Ungarn nach Palästina ausgewandert war. »Minnie«, wie sie mit Decknamen hieß, hatte das tragische Pech, daß die deutsche Besetzung Ungarns genau an dem Tag stattfand, als sie vier Tage nach ihrer Landung bei Metlika an der ungarischen Grenze eintraf. Beim Überqueren der Grenze wurde sie entdeckt, festgenommen und nach Budapest gebracht; dort wurde sie nach einiger Zeit aus ihrer Haftzelle geholt und erschossen.

In Italien machten die Alliierten am 15. März einen erneuten Versuch, den Monte Cassino zu erobern. Dem Infanterieansturm ging einer der heftigsten Bombenangriffe des Krieges auf ein einzelnes Bauwerk voraus: Binnen dreieinhalb Stunden wurden 992 Tonnen Bomben abgeworfen, von denen jedoch viele nicht in dem Kloster einschlugen, sondern es um teilweise mehrere Kilometer verfehlten und so den Tod von 96 alliierten Soldaten und 140 italienischen Zivilisten verursachten. Auf den Luftangriff folgte ein Artilleriesperrfeuer von 195 000 Salven – eines der heftigsten auf einen einzelnen Gebäudekomplex. Dann entbrannte eine erbitterte Schlacht Mann gegen Mann, in der auf alliierter Seite hauptsächlich britische, indische, Maori- und Gurkha-Truppen kämpften. Doch auch dieses Mal krallten die Deutschen sich in ihren Stellungen fest und ließen sich nicht überrennen. So viel Zähigkeit verblüffte selbst ihre alliierten Gegner. »Ich glaube nicht, daß irgendwelche anderen Truppen auf der Welt [diesem Artilleriesperrfeuer] standgehalten hätten«, berichtete General Alexander dem britischen Premierminister, »und dann noch in der Lage gewesen wären, mit dieser wilden Entschlossenheit weiterzukämpfen.«

Als die Schlacht zu Ende war, befand der Monte Cassino sich noch immer in deutschen Händen; 863 Neuseeländer und mehr als tausend Inder waren gefallen. Nach Anzio und Rom führte für die Armee General Alexanders noch immer kein Weg.

Gegen die deutschen Truppen an der dalmatinischen Küste starteten britische, südafrikanische und amerikanische Truppen im Verein mit jugoslawischen Partisanen am 17. März einen Angriff auf die Insel Šolta. Gleichzeitig wurden deutsche Stellungen im Hafen von Split und an der Straße Metković–Mostar aus der Luft angegriffen. An der Ostfront besetzte die Rote Armee am 17. März Dubno, einen Straßen- und Eisenbahnknotenpunkt, der 40 Kilometer westlich der russisch-polnischen Vorkriegsgrenze lag – und von der Ostgrenze Ungarns nur noch 275 Kilometer entfernt war. Einen Tag später beorderte Hitler den ungarischen Reichsverweser Admiral Horthy auf das Schloß Kleßheim südlich von Salzburg und konfrontierte ihn mit ultimativen Forderungen: die Einsetzung einer neuen Regierung unter Dome Sztojay, einem ehemaligen ungarischen Geschäftsträger in Berlin, die Duldung deutscher Besatzungstruppen in Ungarn, die Übergabe der Kontrolle über die ungarischen Rohstoffressourcen – einschließlich der Ölvorkommen von Nagykanizsa – an Deutschland und die Deportierung der ungarischen Juden nach Auschwitz. Die Dreiviertelmillion Juden, die in Ungarn lebte, hatte viereinhalb Jahre Krieg bislang relativ unbehelligt überstanden. Allerdings waren beinahe 20 000 ungarische Juden im Herbst 1941 als Arbeitssklaven nach Kamenez Podolsk deportiert und später erschossen worden und weitere 10 000 auf Drängen Hitlers als Zwangsarbeiter in die Kupferminen bei Bor verschleppt worden, wo ein für Deutschland grundlegend wichtiger Rohstoff gefördert wurde.

In den frühen Morgenstunden des 19. März rückten deutsche Truppen nach Ungarn ein. Horthy kehrte wenige Stunden später in seine Budapester Residenz zurück, wo eine deutsche Ehrenwache ihn begrüßte.

In Anzio kamen am 17. März mehr als fünfzig Männer ums Leben, als das Schiff, dessen Ladung sie gerade löschten, von deutschen Granaten getroffen wurde. Im Indischen Ozean versenkte einen Tag später ein japanisches U-Boot den britischen Frachter *Nancy Moller.* Die Besatzung rettete sich in zwei Boote und konnte sicheren Abstand von dem sinkenden Schiff gewinnen. Nach ein paar Minuten rammte das U-Boot die Rettungsboote, die beide in Stücke brachen. Auf die im Wasser schwimmenden oder sich an Rettungsflöße klammernden Überlebenden eröffneten die Japaner dann aus Maschinengewehren das Feuer. Von den 69 Besatzungsmitgliedern überlebten nur sechzehn.

Ebenfalls am 18. März versenkten vor Okinawa japanische Flugzeuge das US-Kriegsschiff *Franklyn;* 724 Menschen ertranken.

Im südlichen Rußland rückte die Rote Armee weiter vor. Sie nahm am 20. März Winniza am südlichen Bug und überschritt nördlich von Kischinew den Dnjestr. Einen besonderen Grund zum Feiern lieferte an diesem Tag die Tatsache, daß der *Rote Pfeil,* ein traditionsreicher Expreßzug zwischen Moskau und Leningrad, nun nach langer Unterbrechung erstmals wieder fuhr. Über der Ostsee beteiligte sich zwei Tage später der sowjetische Flieger Major Viktor Kaschtankin an einem Angriff auf einen deutschen Schiffsverband; als sein Flugzeug in Brand geschossen wurde, hielt er mit voller Kraft auf das Oberdeck eines der deutschen Schiffe zu. Seine letzten Worte, die sein Divisionshauptquartier über Sprechfunk mithören konnte, waren: »Sterben ist leicht. Wir müssen siegen.« Posthum wurde Kaschtankin für diese letzte Tat seines Lebens zum Helden der Sowjetunion gekürt.

Im Lager Kolditschewo, das in dem noch von den Deutschen gehaltenen Teil Weißrußlands lag, erhoben sich an diesem 20. März jüdische und andere Arbeitssklaven gegen ihre Peiniger. Anführer der aus Verzweiflung geborenen Revolte war der Jude Schlomo Kuschnir. Die Aufständischen ermordeten zehn Wachposten und entkamen zu Hunderten in die umliegenden Wälder und zu den Partisanen. Kuschnir selbst und 25 andere wurden gefaßt; er nahm sich das Leben, bevor seine Häscher ihn foltern und erschießen konnten. In der Nähe von Białystok jagte einen Tag später eine sowjetische Partisanengruppe, die von dem jüdischen Feldwebel Andrej Zymbal kommandiert wurde und eine große Zahl jüdischer Kämpfer in ihren Reihen hatte, einen mit Panzerwagen für die Ostfront beladenen deutschen Militärzug in die Luft.

In Griechenland begann am 23. März die Deportation von mehr als 4000 griechischen Juden aus Städten und Dörfern des ganzen Landes nach Auschwitz. Auf jeden ergriffenen und verschleppten Juden kam indes einer, der bei einheimischen Bauern oder in den Reihen der griechischen Partisanen sicheren Unterschlupf fand. Die größte deportierte Gruppe waren 1687 Juden aus Joannina. In Rom verübten italienische Partisanen am 23. März einen Bombenanschlag auf eine SS-Einheit und töteten 33 Mann. Zur Vergeltung wurden am Tag darauf 335 Italiener, darunter 253 Katholiken und siebzig Juden, in den ardeatinischen Höhlen erschossen. In der Nacht zum 25. März setzten die Briten die Serie ihrer Luftangriffe auf Berlin fort. Von den 811 eingesetzten Bombern wurden 72 abgeschossen oder stürzten ab, wobei 392 Besatzungsmitglieder ums Leben kamen – mehr als bei jedem anderen der insgesamt neunzehn Luftangriffe auf Berlin. Weniger als achtzig Berliner fanden in dieser Nacht den Tod, aber die Sachschäden waren beträchtlich: Volltreffer schlugen in die Schwedische Botschaft, drei Brauereien, ein Lagerhaus für Butter, fünf Krankenhäuser, ein Gaswerk und Himmlers persönlichen Bunker ein. Himmler blieb jedoch unverletzt.

Während in Berlin die Luftschutzsirenen heulten, entkamen im schlesischen Sagan 97 alliierte Kriegsgefangene, ausnahmslos Luftwaffensoldaten, durch einen Tunnel aus ihrem Kriegsgefangenenlager. Drei der Flüchtigen, der holländische Pilot van der Stok und zwei Norweger, Feldwebel Bergsland und Unterleutnant Miller, schlugen sich bis nach Stettin durch, wo sie ein Schiff nach Schweden bestiegen und so nach England gelangten. Alle anderen wurden geschnappt: Drei wurden noch in der Nähe des Tunnelausgangs gestellt; einer, ein Engländer namens Roger Bushell, in Saarbrücken festgenommen.

Hitler erfuhr von der Massenflucht am Morgen nach dem Luftangriff auf Berlin. Voller Zorn darüber, daß sich nun so viele alliierte Flieger auf dem Rückweg nach Großbritannien befanden, befahl er Himmler: »Die entflohenen Flieger dürfen unseren Herrschaftsbereich nicht verlassen.«

Fünfzig der Entflohenen wurden nach ihrer erneuten Festsetzung nicht mehr an die deutsche Luftwaffe, sondern an die SS übergeben und ohne Prozeß erschossen.

Deutsche Wut entlud sich auch am 25. März, als 8000 Wehrmachtsoldaten, unterstützt von zwei Geschwadern der deutschen Luftwaffe, auf dem Plateau de Glières hoch über Annecy ein 450 Mann starkes Aufgebot der französischen Résistance niedermetzelten. Mehr als 400 Résistance-Kämpfer kamen ums Leben.

An der Ostfront wurden die Deutschen am 25. März aus Proskurow verdrängt. Von hier aus waren es nur noch knapp 80 Kilometer bis zur Ostgrenze Galiziens. Als Generalfeldmarschall von Manstein an diesem Tag Hitler um die Erlaubnis zu einem weiteren freiwilligen Rückzug bat, wurde er unverzüglich als Oberbefehlshaber der Heeresgruppe Süd abgelöst und zog sich auf sein Gut zurück. Am Tag darauf standen die sowjetischen Truppen auf 90 Kilometer Breite am Pruth. Innerhalb eines Jahres war die Rote Armee um 1500 Kilometer vorgerückt. Über diesen Vormarsch sagte Churchill in einer Rundfunkrede am 26. März, er sei »der größte Beitrag zur Beseitigung Hitlers«.

In Paris traf sich am 27. März Cäsar von Hofacker, der Leiter des Referats »Eisen und Stahl« bei der deutschen Militärverwaltung, mit dem Offizier Ernst Junger. Beiden war ihr Führer Hitler mittlerweile so unheimlich geworden, daß sie sich trotz der damit verbundenen Risiken entschlossen, über die Notwendigkeit seines Sturzes zu diskutieren.

Während in Kreisen der Wehrmacht verschwörerische Absichten heranreiften, hielten die militärischen Rückschläge an der Front ebenso an wie die mörderische Tyrannei hinter ihr. Die Rote Armee besetzte am 27. März die ostgalizische Grenzstadt Kamenez Podolsk. Um die Südflanke des Deutschen Reichs zu schützen, rückte die Wehrmacht, die Ungarn bereits besetzt hielt, nach Rumänien ein. Alle militärischen Kräfte mußten jetzt auf die Verteidigung der Grenzen des Großdeutschen Reiches konzentriert werden. Die Massenmorde hinter der Front gingen indes weiter, auch nachdem die Rote Armee die Schauplätze früherer Massenmorde besetzt hatte. Im Getto der 320 Kilometer hinter der Front gelegenen Stadt Kaunas wurden am 27. März alle Kinder unter vierzehn Jahren von der SS auf Lastwagen geladen und zur Stätte ihrer Vernichtung gebracht. 37 jüdische Polizisten, darunter der Kommandeur der jüdischen Gettopolizei und seine beiden Stellvertreter, weigerten sich, bei der Festnahme der Kinder zu helfen. Sie wurden auf der Stelle erschossen.

Die »Kinderaktion« von Kaunas dauerte zwei Tage. Insgesamt mehrere tausend Kinder wurden zusammengetrieben, auf Lastwagen fortgeschafft und erschossen. Nur ganz wenige überlebten. Der fünfjährige Zahar Kaplanas verdankte seine Rettung einem nichtjüdischen Litauer, der ihn in einem Sack aus dem Getto schmuggelte.

Im Süden stieß die Rote Armee jetzt auf »großdeutsches« Gebiet vor: Am 29. März eroberte sie Kolomyja am oberen Pruth, und einen Tag später standen sowjetische Einheiten 30 Kilometer östlich der ungarischen Grenze. Churchill reiste in dieser Nacht mit dem Zug aus London nach Yorkshire, wo er britische Truppen besuchte, die sich auf die Invasion in der Normandie vorbereiteten. Während sein Zug nordwärts fuhr, starteten 800 britische Bomber zur Operation »Grayling«, einem nächtlichen Bombenangriff auf Nürnberg. 95 der Maschinen wurden abgeschossen oder stürzten ab; 545 Besatzungsmitglieder fanden den Tod. Dies war die höchste Gefallenenzahl bei einem alliierten Luftangriff auf Deutschland. Die Deutschen beklagten 110 getötete Zivilisten und neunzehn gefallene Soldaten der Luftwaffe; außerdem wurden 59 ausländische Zwangsarbeiter getötet. Auf einen getöteten Zivilisten am Boden kamen drei getötete Flieger. An den Produktionsstätten der Nürnberger Rüstungsindustrie waren kaum Schäden entstanden, wohl aber an 256 Wohngebäuden: Mehrere tausend Bewohner Nürnbergs waren obdachlos geworden.

Dem britischen Piloten Cyril Barton, gelang es nicht, seinen über Nürnberg schwer beschädigten Halifax-Bomber zum heimatlichen Flugfeld zurückzubringen. Er erreichte mit knapper

Not britischen Boden und konnte durch geschickte Manöver einen Absturz auf die Reihenhäuser einer Bergarbeitersiedlung vermeiden. Seine Maschine stürzte schließlich auf das Gelände einer Kohlenzeche; ein Bergmann und Barton selbst wurden getötet. Für seinen Mut und die fliegerische Glanzleistung, mit der er die Bergarbeitersiedlung vor der Katastrophe bewahrt hatte, erhielt er posthum das Victoria Cross; es war das einzige Mal in diesem Krieg, daß ein Besatzungsmitglied eines Halifax-Bombers mit diesem hohen Orden ausgezeichnet wurde.

Eine britische Maschine benutzte die auf Nürnberg anfliegende Bomberflotte als Deckung, um sich über Deutschland in Richtung Belgien abzusetzen, wo sie einen Einsatz für die Résistance fliegen sollte. Sie wurde jedoch abgeschossen, wobei fünf der zehn Personen an Bord den Tod fanden. Unter ihnen befand sich Robert Deprez, einer der Führer der belgischen Résistance. Drei der Überlebenden wurden aufgegriffen und in ein Kriegsgefangenenlager gesteckt. Zwei andere, der Pilot und der Copilot, fanden Unterschlupf bei belgischen Familien in dem Dorf Zelzate an der belgisch-niederländischen Grenze, wo sich bereits 47 andere alliierte Flieger verborgen hielten und darauf warteten, auf einer der Fluchtrouten ausgeschleust zu werden. Vereinzelt wurden auf diesen Fluchtrouten auch Juden ins sichere Ausland geschleust. John Weidner, ein frommer holländischer Adventist, betreute einen Fluchtweg, auf dem seine Schützlinge aus Holland in die Schweiz gelangten. Dabei stützte Weidner sich auf nicht weniger als 150 Helfer; vierzig von ihnen wurden von der Gestapo verhaftet und umgebracht, darunter Weidners Schwester Gabrielle.

In Fernost drangen die Japaner am 30. März über die indische Grenze vor und belagerten die Stadt Imphal. Die dortige Garnison hielt, da sie aus der Luft versorgt wurde, der Belagerung stand; als die Japaner drei Monate später unverrichteter Dinge wieder abziehen mußten, ließen sie 13000 Gefallene zurück. Einen wesentlich größeren Blutzoll in wesentlich kürzerer Zeit mußte die deutsche Wehrmacht hinnehmen, als in der ostgalizischen Stadt Skała am 1. April deutsche Truppenteile eingeschlossen wurden und eine neuntägige Schlacht entbrannte, bei der 26000 deutsche Soldaten den Tod fanden.

Im polnischen Suwałki wurden an diesem 1. April sechzehn Angehörige verschiedener polnischer Widerstandsgruppen, unter ihnen ein vierzehnjähriger Junge, gehenkt. In dem nordfranzösischen Dorf Ascq unweit von Lille übten die Deutschen einen Tag später Vergeltung, weil ein deutscher Truppentransport zum Entgleisen gebracht worden war, ohne daß es dabei Tote gegeben hatte: 86 Einwohner wurden aus ihren Häusern geholt und erschossen. Eines der Opfer, Lucien Albert, war erst einen Monat zuvor wegen Krankheit aus deutscher Kriegsgefangenschaft entlassen worden. Ein weiteres Opfer war der Abbé Henri Gilleron, der vor seiner Kirche erschossen wurde. Sein Kurator, Abbé Maurice Cousin, wurde auf der Straße vor der Kirche zu Tode geprügelt.

Drei Wochen nach dem Massaker von Ascq wurden von einem Denunzianten, dessen Identität nie geklärt werden konnte, acht Einheimische bei der Gestapo angezeigt. Sechs von ihnen wurden des Sabotageakts für schuldig befunden und erschossen.

Das deutsche Schlachtschiff *Tirpitz*, das sechs Monate zuvor von britischen Mini-U-Booten angegriffen und stark beschädigt worden war und das jetzt im Kaafjord, seinem norwegischen Refugium, wieder in Schuß gebracht wurde, wurde am 3. April von britischen Marineflugzeugen angegriffen, die von einem Flugzeugträger aus operierten. 128 deutsche Seeleute wurden getötet, ohne daß es den Angreifern jedoch gelang, die *Tirpitz* zu versenken. Sie wurde jedoch so schwer beschädigt, daß sie sich nicht mehr aus eigener Kraft fortbewegen konnte.

Am 4. April überflog ein Aufklärungsflugzeug der südafrikanischen Luftwaffe, das im süditalienischen Foggia gestartet war, in 26000 Fuß Höhe das Buna-Werk der IG Farben in Monowitz, in dem neben synthetischem Kautschuk auch synthetischer Treibstoff erzeugt wurde. Dieses Werk spielte bekanntermaßen eine wichtige Rolle für die deutsche Kriegführung und gehörte daher zu den potentiellen alliierten Angriffszielen im östlichen Oberschlesien. Beim damaligen Stand der Technik war es in der fotografischen Luftaufklärung üblich, daß der Pilot die Kamera kurz vor Erreichen des zu fotografierenden Objekts einschaltete und sie so lange eingeschaltet ließ, bis er das Objekt überflogen hatte. Monowitz lag nur wenige Kilometer östlich von Auschwitz. Der Pilot der südafrikanischen Maschine schaltete seine Kamera ein, als er sich seinem Ziel näherte, und schaltete sie rund 6 Kilometer später wieder aus. Das Ergebnis: Zwanzig Aufnahmen, von denen drei – zum erstenmal – das Lager Auschwitz selbst zeigten.

Die Auswertungsspezialisten der Royal Air Force im westlich von London gelegenen Medmenham, die die Aufnahmen vom 4. April entwickelten und studierten, hatten den spezifischen Auftrag, nach industriellen Anlagen zu suchen. Sie wurden in dieser Beziehung auch rasch fündig und entdeckten unter anderem »ein Kraftwerk, eine Karbidfabrik, eine Fabrik für synthetischen Gummi und eine (Bergius-)Anlage für die Produktion synthetischen Öls«. Jede dieser Anlagen wurde dann einer detaillierten Auswertungsanalyse unterworfen. Diese ergab, daß das Verfahren der Treibstoffproduktion in Monowitz demjenigen ähnelte, das bereits in Blechhammer-Süd, einem der vorrangigen Bombenziele der Alliierten, praktiziert wurde.

Die Fotos vom 4. April zeigten deutlich, daß die Produktion sowohl des synthetischen Treibstoffs als auch des synthetischen Kautschuks in Monowitz »teilweise angelaufen« war. Obwohl an der Fertigstellung beider Werke noch gearbeitet wurde, erzeugten sie doch bereits das Öl und den Gummi, auf die die deutsche Kriegsmaschinerie angewiesen war. Und bald würden die Produktionsstätten in Monowitz in der Lage sein, dies in einem ähnlichen Umfang wie die größten anderen Betriebe dieser Art in Deutschland zu tun.

Der Bericht über die Auswertung der Monowitz-Fotos wurde nach Fertigstellung den Aufklärungsabteilungen sowohl der amerikanischen als auch der britischen Luftwaffe zugestellt. Die dortigen Auswerter hielten es angesichts der vielen wichtigen und einschlägigen Details, die in der Fabrikzone erkennbar waren, nicht für nötig, sich zu den an die Ortschaft Auschwitz angrenzenden langen Barackenreihen zu äußern: Diese unterschieden sich schließlich nicht von Hunderten anderen, ähnlichen Barackenanlagen in Wehrmachtsstandorten, Kriegsgefangenenlagern und Arbeitslagern im schlesischen Raum. Hinzu kam, daß diese ersten Aufnahmen nicht die weit umfangreichere Barackenzone des Lagers Auschwitz-Birkenau zeigten, wo zu diesem Zeitpunkt rund 52000 jüdische Häftlinge untergebracht waren, zusätzlich zu den 15000 in Monowitz selbst kasernierten jüdischen Arbeitskräften. Erst sieben Wochen später, am 31. Mai 1944, wurde Birkenau selbst fotografiert. In Birkenau gingen die Vergasungen in dieser Zeit ohne Unterbrechung weiter. Am 4. April, dem Tag, an dem jene ersten Fotografien aufgenommen wurden, traf im Lager ein Zug aus Triest ein. Von seinen 132 Insassen wurden 29 in die Baracken eingewiesen, registriert und mit Nummern versehen; die übrigen 103 wurden vergast.

In Indien brachte der 4. April die überraschende Landung japanischer Fallschirmjäger bei Kohima; die nur 150 Mann zählende örtliche Garnison verteidigte in zähem Kampf einen so großen Teil der Stadt wie möglich, bis zweieinhalb Wochen später Entsatztruppen eintrafen. Bevor diese Verstärkungen auf dem Landweg zugeführt werden konnten, flogen zur Entlastung der Belagerten britische Bomber von Stützpunkten in Assam aus mehr als 2000 Einsätze gegen die Japaner, deren Verluste in die Tausende gingen.

Zum selben Zeitpunkt, als die Schlacht um Kohima begann, erfuhr die britische Öffentlichkeit, wie viele Opfer der Krieg bis dahin gefordert hatte. Es war Churchill selbst, der im Unterhaus die Zahlen bekanntgab. 120958 britische Soldaten, Seeleute und Flieger waren gefallen; dazu kamen 26317 getötete Seeleute der britischen Handelsflotte und 49730 zivile Todesopfer deutscher Bombenangriffe. Bekanntgegeben wurden auch die Verlustziffern für die Länder des britischen Commonwealth: 12298 Australier, 9209 Kanadier, 5912 Inder, 5622 Neuseeländer und 3107 Südafrikaner waren gefallen, ein Aderlaß von mehr als 232 000 Toten für den gesamten Commonwealth-Bereich in nur viereinhalb Jahren Krieg.

Am 5. April brach ein britisches Kommando zu einer Mission auf der von den Deutschen besetzten Insel Alimnia im Ägäischen Meer auf. Von einem deutschen Patrouillenboot aufgebracht und festgenommen, wurden die sechs Soldaten zunächst verhört und dann zur »Sonderbehandlung« fortgeschafft. Ebenfalls am 5. April mußten 559 zur »Sonderbehandlung« bestimmte Juden aus Norditalien den Zug Richtung Auschwitz besteigen; unter ihnen waren mehrere kleine Kinder, so etwa die fünfjährige, aus Venedig stammende Rosetta Scaramella und der dreijährige, in Rom geborene Roberto Zarfatti.

Selbst Kinder, die in entlegenen Dörfern Zuflucht und Schutz gefunden hatten, waren vor dem Zugriff der Gestapo nicht sicher. Im französischen Lyon machten sich am frühen Morgen des 6. April deutsche Soldaten und französische Milizionäre auf den Weg zu dem abgelegenen kleinen Dörfchen Izieu; die Gestapo hatte einen Hinweis erhalten, daß sich dort in einer von dem Juden Miron Zlatin geleiteten Schule jüdische Kinder verborgen hielten. Es gab in Izieu tatsächlich 43 jüdische Kinder; gemeinsam mit den zehn Erwachsenen, die sich um sie kümmerten – fünf Männern und fünf Frauen – wurden sie abtransportiert. Für Zlatin und zwei der Kinder endete die Reise in der estnischen Stadt Reval (Tallinn), wo sie erschossen wurden; die anderen kamen nach Auschwitz und wurden mit Ausnahme einer jungen Betreuerin namens Lea Feldbaum vergast.

Während die jüdischen Kinder von Izieu abtransportiert wurden, weilte Hitler in Berchtesgaden und erteilte von dort aus seine Zustimmung zur Verlegung von 2500 Waffen-SS-Soldaten der 2. Panzerdivision von der Ostfront nach Südfrankreich. »In der ständigen Unruhe des Wartens auf die Invasion und die Vergeltung«, hieß es an diesem Tag in einem der vom Sicherheitsdienst regelmäßig angefertigten Berichte aus dem Deutschen Reich, »sowie auf eine Wendung der Lage im Osten mache man sich viele Gedanken darüber, was geschehen würde, wenn wir jetzt nicht mehr standhalten könnten. Man trage die Frage mit sich herum, ob sich die vielen und schweren Opfer und Leiden, die der Krieg forderte und noch fordern wird, lohnen werden.« Die Menschen in Deutschland, schloß der Bericht, sehnten sich »allmählich sehr nach dem Frieden«.

Die Briten ließen in ihrem Bemühen, die französische Résistance nach Kräften zu unterstützen und zu fördern, nicht nach: Am 6. April wurde Jean-Paul Archambault, ein Frankokanadier aus Montreal, am Fallschirm in der Nähe von Lyon abgesetzt. Als Agent der britischen Special Operations Executive (SOE) half er beim Aufbau von drei örtlichen Sabotagekommandos mit; eines davon, das in der Gegend von Bourges aktiv war, hatte 250 Mitarbeiter.

Für General Montgomery, den alliierten Oberbefehlshaber in Europa, und seinen Vorgesetzten Eisenhower war jede Aktion, die geeignet war, deutsche Truppen- und Materialbewegungen in Frankreich zu stören, höchst willkommen.

Im Gebiet um Gex und Oyonnax im französischen Jura starteten die Deutschen am 7. April eine neue Offensive gegen dort aktive Kräfte der französischen Résistance. Neben sechs deutschen Regimentern beteiligte sich an dieser Operation »Frühling« auch ein aus Kosaken zusammengestelltes Regiment – Sowjetbürger, die 1941 und 1942 in Rußland in deutsche Kriegsgefangenschaft geraten waren und sich freiwillig zur deutschen Wehrmacht gemeldet hatten. Am ersten Tag der Aktion wurden fünf Résistance-Angehörige getötet und dreizehn gefangengenommen. Bei Angers im Nordwesten Frankreichs nahmen in derselben Woche deutsche Fahnder zwanzig Franzosen fest, die einen Monat zuvor für die Briten eine detaillierte, 17 Meter lange Karte angefertigt hatten; sie zeigte die deutschen Verteidigungstellungen entlang der Küste der Halbinsel Cotentin, an deren Ostseite ein Teil der alliierten Invasion stattfinden sollte. Als die Invasion dann begann, wurden die zwanzig erschossen.

An der Ostfront schickten die Russen sich jetzt an, die deutsche Wehrmacht von der Krim zu vertreiben – dem letzten Stück russischen Kernlandes, das sich noch unter deutscher Besatzung befand. Unter dem Befehl von Marschall Tolbuchin ging die Rote Armee am Morgen des 8. April zum Angriff über. Nach vier Tagen war die deutsche Front an zwei Stellen durchstoßen, und die deutschen und rumänischen Truppen ergriffen eilends die Flucht. Nur in Sewastopol, der Festung, die die Russen selbst 1942 mit so großer Zähigkeit gehalten hatten, behaupteten sich die deutschen Besatzer noch gegen die anrückenden Befreier. Der 8. April, der erste Tag der sowjetischen Krim-Offensive, markierte auch den Beginn der Operation »Gardening«: Drei amerikanische und neunzehn britische Bomber folgten im Tiefflug dem Flußlauf der Donau bei Belgrad und »bepflanzten« ihn mit vierzig Minen. Innerhalb der nächsten zehn Tage wurden weitere 137 Minen abgesetzt. Die Briten wollten auf diese Weise den Tankerverkehr auf der Donau, der für den Transport des rumänischen Erdöls aus Ploesti nach Deutschland wichtig war, stören, was ihnen mit spürbarem Erfolg gelang.

Am 10. April begann eine Serie amerikanischer Bombenangriffe auf deutsche Küstenbatterien entlang der Küste der Normandie, die ein Teil der Vorbereitungen für die geplante Invasion war. Bombardiert wurden auch Flakbatterien zwischen Rouen und Dünkirchen, da man den Deutschen weiterhin vorgaukeln wollte, daß die Landung auch an der Straße von Calais durchgeführt werden konnte. In der Tat war zum Zwecke der Aufrechterhaltung der inszenierten Vortäuschungen der Befehl ergangen, für jede in der tatsächlichen Landungszone bombardierte deutsche Batterie zwei an anderen Küstenabschnitten zu bombardieren. Mit Bomben belegt wurde in dieser Woche auch ein fünfstöckiges Gebäude in Den Haag, in dem sich das Gros der Akten befand, das die Gestapo über die holländische Bevölkerung angelegt hatte. Am 11. April näherten sich sechs britische Maschinen vom 613. Geschwader, geführt von Kapitän R. N. Bateson, dem Gebäude in nur 15 Metern Höhe über dem Boden und setzten einige Präzisionstreffer, die fast den gesamten Karteikartenbestand der Gestapo in Flammen aufgehen ließen. 61 holländische Beamte kamen bei dem Angriff ums Leben; es war nicht möglich gewesen, sie zu warnen, ohne das Gelingen der Aktion aufs Spiel zu setzen. Doch die Zerstörung der Akten dürfte sehr vielen holländischen Patrioten das Leben gerettet haben, die andernfalls früher oder später wegen ihrer antideutschen Einstellungen oder Aktivitäten der Gestapo ins Netz gegangen wären.

Am Tag dieses britischen Luftangriffs auf Den Haag schrieb ein vierzehnjähriges jüdisches Mädchen namens Anne Frank, das mit seinen Eltern und seiner Schwester aus Deutschland geflüchtet war und sich jetzt in Amsterdam versteckt hielt, in ihr Tagebuch: »Wer hat uns das auferlegt? Wer hat uns Juden diese Ausnahmestellung unter den Völkern gegeben? Wer hat uns bisher so leiden lassen?« Und sie beantwortete die selbstgestellte Frage so: »Es ist Gott, der uns so gemacht hat, und es wird auch Gott sein, der uns erlöst.«

Vier Monate nach der Niederschrift dieser Worte wurden Anne Frank und ihre Angehörigen verraten, abgeholt und deportiert. Anne sollte zusammen mit ihrer Schwester Margot

Anfang 1945 im Konzentrationslager Bergen-Belsen sterben, ungefähr zur gleichen Zeit wie ihre Mutter in Auschwitz. Nur der Vater überlebte.

Mitte April begannen die Deutschen im Hinterland ihrer zurückweichenden Ostfront zwischen Lepel und Borisow sowie zwischen Lepel und Polozk eine neue Offensive gegen die Partisanen. SS-Verbände durchstreiften Dorf um Dorf und schossen, sprengten und brannten alles nieder, was ihnen in den Weg kam. Nach ihren eigenen Schätzungen töteten sie 7000 sowjetische Partisanen. Viele der Opfer waren allerdings unbewaffnete Zivilisten.

Die Partisanenjäger blieben dieses Mal selbst nicht ungeschoren. Sowjetische Jagdflugzeuge bestrichen die Region und griffen die deutschen Häscher an. Im übrigen erreichten die von Partisanen verübten Anschläge auf deutsche Eisenbahnverbindungen schon wenige Wochen nach dieser großangelegten Säuberungsaktion wieder das frühere Niveau. Weiter nördlich, bei Ponar in der Nähe von Wilna, wo im Sommer und Herbst 1941 Juden erschossen und verscharrt worden waren, mußten sechzig jüdische Arbeitssklaven seit einigen Monaten die Leichen aus den Massengräbern bergen und verbrennen. Am 15. April erhoben sie sich zu einer verzweifelten Revolte, aber nur fünfzehn von ihnen gelang es, in die Wälder zu entkommen und sich den sowjetischen Partisanen anzuschließen; die übrigen wurden erschossen. Weiter südlich, jenseits der früheren polnischen Grenze, besetzte die Rote Armee am 15. April Tarnopol, eine der bedeutendsten Städte Ostgaliziens.

Im Pazifik begannen die Amerikaner am 15. April mit den konkreten Planungen für Operation »Wedlock«, eine Offensive gegen die im Norden Japans gelegenen Kurilen-Inseln. Wie bei den Operationen »Jael« und »Fortitude« in Europa handelte es sich auch hier um einen vollkommen fiktiven Plan, mit dem die Japaner lediglich veranlaßt werden sollten, Truppen und Ressourcen nach Norden umzudirigieren. Diese würden ihnen dann bei der Verteidigung der Marianen-Inseln fehlen, welche in Wirklichkeit das nächste Angriffsziel der Amerikaner waren.

Für die Operation »Wedlock« wurden auf dem Papier amerikanische und kanadische Einheiten in Stellung gebracht – alle mit eigener Nachschub-, Funk- und Aufmarschlogistik. Die (real existierende) Aufmarsch- und Kommunikationsdrehscheibe Hawaii wurde so frisiert, daß der Eindruck entstand, als sei sie voll und ganz in den geplanten Angriff auf die Kurilen-Inseln einbezogen. Außerdem ließen die amerikanischen Planer das Phantom einer 9. Flotte erstehen, die mit der (real existierenden) 3. und 5. Flotte Funksprüche auszutauschen begann und fiktive Manöver absolvierte. Um die Glaubwürdigkeit der vorgetäuschten Operation zu steigern, erhielten die amerikanischen Bomberverbände Anweisung, die Einrichtungen der japanischen Luftwaffe und Marine auf den Kurilen »jeden Tag, sofern es das Wetter erlaubt«, zu bombardieren.

An der Ostfront marschierten sowjetische Truppen am 16. April in den Badeort Jalta am Schwarzen Meer ein. Einen Tag später untersagte die britische Regierung allen ausländischen Diplomaten, unzensierte Mitteilungen abzuschicken oder zu empfangen oder Großbritannien zu verlassen. Großadmiral Dönitz rief an diesem Tag die Soldaten der deutschen Wehrmacht zu größter Wachsamkeit auf, da mit einer großangelegten alliierten Landungsoperation nunmehr jeden Augenblick zu rechnen sei: »Werft euch rücksichtslos in den Kampf«, erklärte er und fügte warnend hinzu: »Jeder, der diesem Gebot nicht Folge leistet, wird mit Schimpf und Schande vernichtet werden.« Schlimmeres als Schimpf und Schande fügten die deutschen Machthaber an diesem 17. April einem katholischen Priester namens Max Josef Metzger zu, der in einem privaten Schreiben an einen anderen Geistlichen von der Notwendigkeit einer neuen Regierung gesprochen hatte. Er wurde wegen »Feindbegünstigung« verurteilt und in Brandenburg hingerichtet.

In Fernost lief am 18. April die Operation »Stamina« an, eine Luftbrücke für die in Imphal eingeschlossenen britischen und indischen Truppen. Bis zum Monatsende wurden 1479 Soldaten und 1929 Tonnen Versorgungsgüter eingeflogen. Bis Ende Juni erhöhten sich diese Zahlen auf 12561 Mann und 18824 Tonnen; in umgekehrter Richtung wurden im gleichen Zeitraum 13000 Verwundete und 43000 Nichtkombattanten aus dem japanischen Kessel ausgeflogen. Am 19. April beschossen britische, amerikanische und französische Kriegsschiffe japanische Stellungen bei Sabang in Holländisch-Ostindien. Dies war eine Warnung an die Japaner, daß ihnen die Seeherrschaft im Indischen Ozean nicht mehr allein gehörte.

Auch Hitler erlebte in dieser Woche einen neuen Rückschlag: Am 20. April, seinem 55. Geburtstag, erklärte die türkische Regierung, sie werde kein Chrom mehr an Deutschland liefern. Nachdem die Sowjets die Krim zurückerobert hatten, wurde es für die Türkei gefährlich, ihre Politik der absoluten Neutralität beizubehalten. Jetzt, mehr als ein Jahr nachdem Churchill eigens ins südtürkische Adana geflogen war, um die Türken zum Eintritt in den Krieg an der Seite der Alliierten zu bewegen, gab die Regierung in Ankara bekannt, die Türkei betrachte sich nun nicht mehr als neutral, sondern als ein »pro-alliiertes«, wenn auch nicht kriegführendes Land.

Deutschland verfügte im April 1944 über genügend Chromvorräte, um den für die Panzerfertigung benötigten besonderen Qualitätsstahl noch mindestens eineinhalb Jahre lang erzeugen zu können. Hitler setzte seine Hoffnungen zu diesem Zeitpunkt freilich schon auf neue, schnellere und kraftvollere Panzer, deren Prototypen er sich am 20. April bei Schloß Kleßheim vorführen ließ und von denen er glaubte, sie könnten den sowjetischen Vormarsch im Osten stoppen und eine alliierte Invasion an der französischen Küste vereiteln. Vielleicht bekam er den vom Sicherheitsdienst gelieferten »Bericht aus dem Reich« vom 20. April nicht zu sehen, in dem es hieß: »Viele Volksgenossen zeigten sich allmählich müde unter dem ständigen Druck, durch das Bangen um die Entwicklung im Osten und die immer wieder aufgefrischte Hoffnung ›auf ein erlösendes Wunder‹.« Mit Sicherheit hatte er keine Ahnung davon, daß einer seiner streng geheimen verschlüsselten Funksprüche, in dem die Stationen einer geplanten Inspektionsreise General Guderians zu den im Westen stationierten Panzerdivisionen festgelegt worden war, nicht nur die Kommandeure der deutschen Panzerverbände auf den bevorstehenden Besuch aufmerksam gemacht hatte: Auch der britische Nachrichtendienst hatte mitgehört und auf diese Weise ein vollständiges Bild von den Standorten und der Verteilung der deutschen Panzerkräfte in Frankreich erhalten – und dies weniger als zwei Monate vor dem geplanten Zeitpunkt der Landung in der Normandie.

Die erste Station auf dem Weg Guderians war das Panzerhauptquartier bei Mailly-le-Camp bei Reims. Während Guderian sich von dort aus nach Amiens, seinem nächsten Etappenziel, begab, wurde Mailly-le-Camp von britischen Bombern angegriffen; es gab hundert Tote und zahlreiche Verletzte. Freilich waren es nicht immer nur die Deutschen, die unter der Verschärfung des alliierten Bombenkriegs in Frankreich zu leiden hatten: Bei einem schweren nächtlichen Bombenangriff auf Paris am 21. April, der dem Rangierbahnhof von St. Denis und dem Gare de la Chapelle galt, kamen 640 Pariser ums Leben.

Dank »Ultra« wußten die Alliierten, daß die Deutschen die Zahl ihrer im Nordwesten Frankreichs stationierten Divisionen vermehrt hatten. Das war zwar ein Grund zur Sorge, doch hatten die alliierten Nachrichtendienste zugleich Erkenntnisse darüber, daß es sich um Divisionen von nicht eben beeindruckender Stärke handelte und daß die Wehrmacht eine militäri-

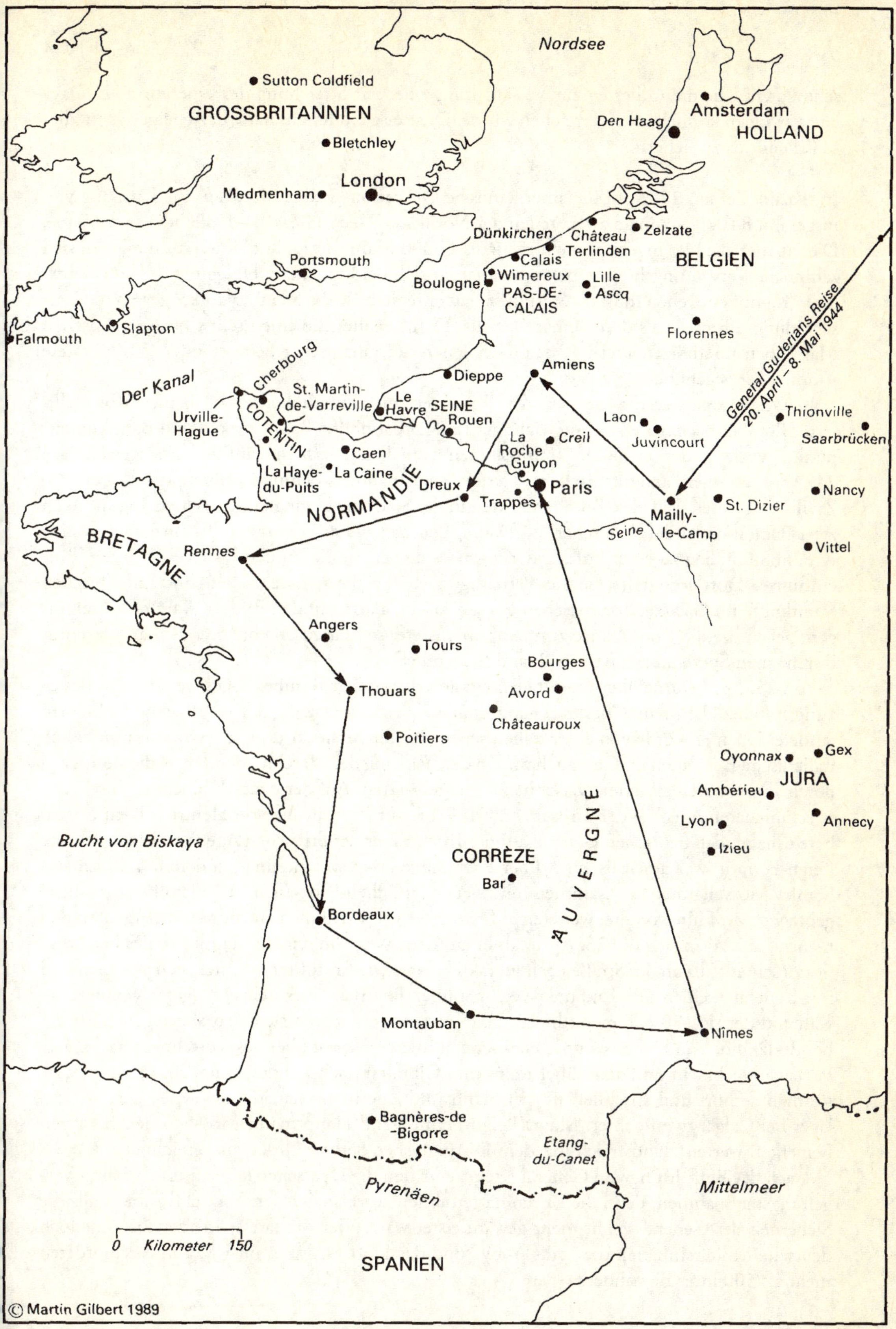

Frankreich, 1. Februar – 5. Juni 1944

sche Potenz, die die Alliierten zur Verschiebung oder zur Streichung der Operation »D-Day« hätte zwingen können, nicht erreichen würde. Die Reise Guderians hatte dazu beigetragen, diese Erkenntnis zu sichern.

Im Pazifik lief am 22. April die amerikanische Operation »Persecution« an; die Landung von insgesamt 84000 Mann an zwei Stellen der Nordküste Neuguineas, bei Hollandia und Aitape. Die Japaner, die hier insgesamt nicht mehr als 15000 Mann stationiert hatten, unter denen sich zahlreiche Verwaltungsbeamte befanden, hätten sich bei logischer Überlegung dem aussichtslosen Kampf entziehen müssen. Statt dessen aber hielten sie die Stellung und zögerten die Entscheidung um mehr als drei Monate hinaus. Dafür zahlten sie einen selbst nach japanischen Maßstäben unerhörten Preis: 12811 Gefallenen auf japanischer Seite standen 527 getötete Amerikaner gegenüber.

In Westeuropa waren es immer mehr Zivilisten, die einen hohen Preis für die Erfolge alliierter Bomber bei der Zerstörung wichtiger Rangierbahnhöfe, Bahnstrecken und Bahnknotenpunkte entlang der gesamten französischen Kanalküste zahlen mußten. So wurden am 24. April bei einem amerikanischen Tageslichtangriff auf das Bahnhofsgelände von Rouen 400 Zivilisten getötet, weil viele Bomben mitten in der Stadt niedergingen. Am selben Tag starteten zwei Piloten der südafrikanischen Luftwaffe, Leutnant Charles Berry und Leutnant I. McIntyre, in Süditalien zu einer Luftaufklärungsmission, die sie tief in den Osten Rumäniens hineinführte. Dort fotografierten sie Verteidigungsbollwerke der deutschen und rumänischen Streitkräfte im Galatzer Tor zwischen Focşani und Galatz. Auf den Bildern waren die Stellungen, gegen die die Rote Armee zum Angriff rüstete, so klar zu erkennen, daß man die Fotos durch einen Spezialkurier nach Rußland fliegen ließ.

Am 25. April wurde über Norditalien ein amerikanischer Bomber abgeschossen. Ein Besatzungsmitglied, Leutnant Charles F. Kingsman, trug eine Verletzung davon, als er am Fallschirm landete. Doch er wurde von einer italienischen Familie versteckt und unterwies nun heimlich italienische Partisanen im Gebrauch und in der Wartung der Maschinengewehre, die sie aus anderen abgestürzten alliierten Maschinen erbeutet hatten. Auf der deutsch besetzten Insel Kreta schmiedeten Agenten der britischen SOE Pläne zur Entführung von Heinrich Kreipe, dem befehlshabenden deutschen General auf der Insel. Einer der britischen Agenten, Major Patrick Leigh-Fermor, war am Fallschirm über Kreta abgesetzt worden; einen anderen, Hauptmann Stanley Moss, hatte man zusammen mit zwei griechischen Partisanen auf einem Boot zur Insel gebracht. Mit Hilfe von drei weiteren auf Kreta aktiven Partisanen entführten die Agenten den General am Vormittag des 26. April, als er auf dem Weg von seinem Hauptquartier bei Arhanes zu seiner Villa an der Straße nach Heráklion war. Die Entführer machten sich anschließend mit General Kreipe zu Fuß auf den Weg quer über die Insel. Nach siebzehntägiger Wanderung, während der sie 120 Kilometer hinter sich brachten, erreichten sie einen abgelegenen Strand bei Rodakino. Von hier aus wurde der General in einem Boot über das Mittelmeer nach Marsa Matruh gebracht und dann über Kairo und Gibraltar nach London geflogen. Er wurde ausführlich verhört und anschließend per Schiff und Zug in ein kanadisches Kriegsgefangenenlager bei Calgary verfrachtet. Major Leigh-Fermor und Hauptmann Moss wurden für ihren bemerkenswerten Handstreich mit dem Distinguished Service Orden ausgezeichnet.

Nach der Entführung von General Kreipe ergriffen die Deutschen keine unmittelbaren Vergeltungsmaßnahmen, denn die Briten hatten ihnen zu verstehen gegeben, daß andernfalls die Sicherheit des Generals nicht mehr gewährleistet wäre. Vier Monate später zerstörten jedoch deutsche Militäreinheiten die Stadt Anoya und das Dorf Dedrous auf Kreta und ermordeten mehr als 500 ihrer Bewohner.

Die Vorbereitungen für die Landung in der Normandie hatten unterdessen die Stufe praktischer Übungen an mehreren Stränden in Südengland erreicht. Eine dieser Übungen, das Manöver »Tiger«, fand vom 26. bis 28. April an den Slapton Sands bei Dartmouth statt. Auf die große Zahl alliierter Schiffe, die sich im Übungsgebiet versammelten, um einen Landungsversuch zu simulieren, wurden sieben deutsche Torpedoboote aufmerksam, welche von Cherbourg aus eine routinemäßige Patrouillenfahrt unternommen hatten. Sie torpedierten und versenkten zwei gepanzerte Landungsboote und beschädigten ein weiteres schwer; 639 amerikanische Soldaten kamen dabei ums Leben, unter ihnen spezialisierte Ingenieure, die schwer zu ersetzen waren.

Für den Torpedoangriff vor Slapton Sands wurde der Kommandeur der deutschen Patrouillenflotte, Kapitän Petersen, mit dem Eichenlaub zu dem ihm schon 1940 verliehenen Ritterkreuz dekoriert.

Zehn der amerikanischen Offiziere, die am 28. April vor Slapton Sands den Seetod fanden, waren im Besitz geheimer Dokumente, die wichtige Informationen zur geplanten Invasion in der Normandie enthielten. Diese Informationen waren unter dem Decknamen »Bigot« nur an Leute ausgegeben worden, die eingeweiht sein mußten. Um sicherzugehen, daß keiner der zehn von den Deutschen aus dem Wasser gefischt worden war, ließen die Alliierten eine umfangreiche Suchaktion durchführen und sämtliche Leichen, die geborgen werden konnten, sorgfältig untersuchen. Zwar blieben mehr als hundert Tote verschollen, aber die Leichen der zehn »Bigot«-Offiziere wurden gefunden. Das Invasionsgeheimnis blieb gewahrt.

Im Pazifik verloren die Amerikaner am 28. April bei ihrem zweiten Luftangriff auf die Insel Truk innerhalb von zehn Wochen dreißig Flugzeuge; 25 der Piloten konnten sich retten. Nach der fast vollständigen Zerstörung der japanischen Treibstoff- und Munitionsdepots auf dem Atoll war die Gefahr eines Flankenangriffs auf die amerikanischen Truppen im Nordwesten Neuguineas gebannt.

Am letzten Apriltag des Jahres 1944 wurden in Auschwitz mehr als 200 Juden vergast. Sie stammten eigentlich aus Polen, waren aber zunächst ins französische Vittel verfrachtet worden, von wo aus sie als Inhaber südamerikanischer Pässe ins sichere Lissabon hätten ausreisen sollen. Statt dessen hatten die Deutschen sie nach mehrmonatiger Internierung in Vittel wieder in den Osten geschafft und ermordet. Einer der Unglücklichen war der Dichter Yitzhak Katznelson, dessen Lieder und Gedichte über die Freuden und Schönheiten des Jugendlebens sich in der Vorkriegszeit besonderer Beliebtheit bei polnisch-jüdischen Kindern erfreut hatten. Katznelson wurde in Auschwitz zusammen mit seinem achtzehnjährigen Sohn vergast. Seine Frau und seine beiden jüngeren Söhne waren schon mehr als eineinhalb Jahre vorher aus Warschau nach Treblinka deportiert worden. So verschwand, auseinandergerissen, betrogen und gepeinigt, eine ganze begabte Familie – eine von Millionen Tragödien des Zweiten Weltkriegs.

KAPITEL 37
Widerstand, Sabotage und Täuschung
Frühjahr 1944

Im Mai 1944 verstärkten die Deutschen ihre Anstrengungen zur Zerschlagung der Widerstandsbewegungen in Europa. In der französischen Auvergne kulminierte ein unter dem Motto »Blut und Asche« gestarteter Feldzug gegen die Résistance in der öffentlichen Erhängung von 99 eingefangenen Widerstandskämpfern. Allein, der britische Nachrichtendienst kannte zu diesem Zeitpunkt in den verschiedenen Regionen nicht weniger als 35 000 aktive Mitglieder des französischen Widerstands und versorgte sie regelmäßig mit Waffen und anderen Dingen, die sie benötigten, um den zur Unterstützung der alliierten Invasion geplanten allgemeinen Aufstand vorbereiten zu können. In Jugoslawien starteten die Partisanen Titos in diesem Mai unter der Bezeichnung Operation »Bärenfell« eine eigene Offensive mit dem Ziel, die nordwärts durch Slowenien führenden deutschen Straßen- und Bahnverbindungen zu unterbrechen. Auf diese Weise wollten sie es den Deutschen erschweren, nach dem »D-Day« kurzfristig Truppen aus dem Balkanraum nach Frankreich zu verlegen.

In England begann am 2. Mai trotz des Debakels von Slapton Sands die Operation »Fabius«, die letzte Generalprobe für die Landung in der Normandie; sie fand an denselben Küstenabschnitten statt wie die vorausgegangenen Übungen – also auch vor Slapton Sands.

In Deutschland wurde am 2. Mai der Journalist Erich Knauf hingerichtet, weil er öffentlich erklärt hatte, ein Sieg Deutschlands »wäre das größte Unglück«, und Himmler behalte »seinen Posten nur dadurch, daß er täglich 80 bis 100 Hinrichtungen anordnet«. Einen Tag zuvor hatte in London ein britisches Gericht den belgischen Staatsbürger Pierre Richard Neukermans zum Tode verurteilt, weil er, so die Überzeugung des Gerichts, aus Lissabon nach London gekommen war, um gegen Großbritannien zu spionieren. Neukermans wurde Ende Juni hingerichtet.

Die Alliierten bedienten sich nach wie vor abgehörter deutscher Funksprüche, um ihre eigenen Invasionsplanungen zu verbessern. Als am 3. Mai in Frankreich eine neu aufgestellte deutsche Division eintraf, wußten vier Tage später die angloamerikanischen Planer dank ihrer Entschlüsselungsexperten, die den streng geheimen deutschen Funkverkehr fest im Griff hatten, nicht nur über die Existenz dieser Division Bescheid, sondern auch über ihre – lediglich defensive – Bewaffnung und ihren Standort am Fuß der Halbinsel Cotentin.

Die anstrengende, oft mühselige Arbeit von mehr als 5000 Kryptographen und ihren Helfern, eine Arbeit, die in ihren Anfängen vier Jahre zuvor mit Ungewißheiten und Handicaps behaftet gewesen war, leistete einen entscheidenden Beitrag zum Erfolg, indem sie jede Gefahr einer »Blindlandung« an der französischen Küste beseitigte. Jede einzelne deutsche Truppenformation wurde präzise lokalisiert.

Am 5. Mai konnten die deutschen Nachrichtendienste einen ihrer seltenen Erfolge feiern: Sie hörten ein Telefongespräch zwischen Churchill und Roosevelt ab. Auf diese Weise erfuhren sie, daß die Alliierten etwas im Schilde führten; aber was es war oder wo und wann es stattfinden würde, ließ sich aus dem Abhörprotokoll nicht entnehmen. Besonders ärgerlich für diejenigen, die den Text zu Gesicht bekamen, dürften Roosevelts abschließende Worte gewesen sein: »Na ja, wir werden unser Bestes tun – jetzt gehe ich angeln.«

Was die Alliierten »angelten«, waren mehr als kleine Fische: Aufgrund von Anhaltspunkten, die aus entschlüsselten Enigma-Funksprüchen stammten, flogen am 5. Mai Piloten der südafrikanischen Luftwaffe von Italien aus eine Aufklärungsmission nach Blizyn im südlichen Polen, wo sie ein Montagewerk und ein Testzentrum für die deutsche »Flugbombe« fotografierten. Die britischen Luftbildauswerter in Medmenham identifizierten sowohl den Flugkörper als auch seine Abschußrampe. Um die Produktion der fliegenden Bombe zu beschleunigen, einigten sich am 6. Mai Wernher von Braun und andere deutsche Raketenforscher mit ranghohen SS-Offizieren darauf, daß 1800 gut ausgebildete Fachkräfte aus Frankreich zur Arbeit in den unterirdischen Produktionsanlagen von Nordhausen herangezogen werden sollten. Sie sollten im benachbarten Konzentrationslager Dora untergebracht und wie KZ-Insassen behandelt werden. Der Beschluß wurde ausgeführt. Nur wenige der Zwangsarbeiter sollten den Krieg überleben.

General Schörner, der Befehlshaber der Heeresgruppe Südukraine, hatte erkannt, daß Sewastopol auf der Krim nicht mehr zu halten war, und ordnete daher am 7. Mai gegen den Willen Hitlers die Räumung der Stadt auf dem See- und Luftweg an. Mehr als 30000 Soldaten konnten evakuiert werden, ehe die Wehrmacht am 11. Mai ihre letzten Bastionen in der Stadt räumte. Doch schon am 10. Mai waren so große Teile der Stadt in sowjetischer Hand, daß Marschall Tolbuchin Stalin ihre vollzogene Rückeroberung melden konnte. Am gleichen Tag gab das deutsche Oberkommando in einem etwas gequälten Kommuniqué bekannt: »Im Zuge unserer Absetzbewegungen wurden die Trümmer der Stadt Sewastopol geräumt.« Aus der Not der Niederlage war die Tugend des Rückzugs geworden.

In Westeuropa begannen die letzten vier Wochen des Countdown für die Operation »Overlord«. Am 9. Mai bombardierte die US-Luftwaffe die wichtigsten deutschen Flugfelder im Nordwesten des Kontinents – Laon, Florennes, Thionville, St. Dizier, Juvincourt, Orléans und Avord. An der Stockholmer Börse gingen an diesem Tag infolge einer vorsätzlichen britischen Manipulation norwegische Aktien um fast 20 Prozent nach oben. Dieses Manöver, das Bestandteil der Operation »Graffham« war, sollte die Deutschen auf eine falsche Fährte führen. Sie sollten glauben, daß die alliierten Truppen, die in Großbritannien zusammengezogen wurden, nicht in Frankreich, sondern in Norwegen landen sollten.

Und tatsächlich ahnten die Deutschen nichts von der bevorstehenden Invasion. Großadmiral Dönitz erklärte am 9. Mai dem japanischen Botschafter Oshima, die Alliierten würden »noch für einige Zeit« nicht zu einer Invasion in der Lage sein. Oshimas Bericht über diese Unterredung, den er nach Tokio funkte, wurde am 13. Mai in Bletchley entschlüsselt und trug sehr zur Beruhigung der angloamerikanischen Planer bei.

Am 11. Mai um 11 Uhr abends eröffneten 2000 alliierte Geschütze simultan das Sperrfeuer auf den Monte Cassino. 45 Minuten später begann der Infanterieangriff, der von indischen, britischen, französischen, polnischen und marokkanischen Truppen vorgetragen wurde. Für diese vierte Schlacht um Cassino und sein Kloster hatte General Alexander eine den Deutschen im Verhältnis drei zu eins überlegene Truppe zusammengezogen. Dennoch sollte es sieben Tage dauern, ehe diese Übermacht die sich zäh verteidigenden Deutschen niederwarf. Am 12. Mai flog die US-Luftwaffe einen massiven Bombenangriff auf deutsche Fabrikanlagen für synthetischen Treibstoff. Die sieben Werke, die an diesem Tag angegriffen wurden, erzeugten zusammen weit mehr als ein Drittel des gesamten deutschen Aufkommens an synthetischem Treibstoff, auf den die Wehrmacht inzwischen fast ausschließlich angewiesen war.

Die Deutschen konnten der aus 800 Bombern bestehenden alliierten Luftarmada lediglich achtzig Jagdflugzeuge entgegenstellen. Seit Jahresanfang hatten sie mehr als 3000 Jagdflieger verloren; die meisten waren gefallen, einige nach Abschuß ihrer Maschine gefangengenommen worden. Gleichwohl kämpften die deutschen Piloten nach wie vor mit Geschick und Siegeswillen; sie schossen an diesem Tag 46 Bomber ab, während sie selbst dreißig Maschinen verloren. Alle sieben Ziele wurden getroffen, drei davon so schwer, daß sie zeitweilig den Betrieb einstellen mußten. Aus deutschen Funksprüchen erfuhren die Alliierten, wie groß die Aufregung darüber war.

Die antideutsche Sabotagetätigkeit wurde in dem Maß gesteigert, wie die Invasion in der Normandie näher rückte. In Bagnères-de-Bigorre in den Pyrenäen verübten am 13. Mai britische Agenten und französische Résistance-Kämpfer einen Überfall auf eine Fabrik, in der Transportlafetten für Geschütze hergestellt wurden, und brachten die Produktion für sechs Monate zum Erliegen. Am selben Tag meldeten die Deutschen die Fertigstellung einer furchteinflößenden Doppelreihe von Unterwasserhindernissen entlang der gesamten belgisch-französischen Kanalküste. 517000 dieser Hindernisse waren unter der Regie Rommels in 1,80 Meter Wassertiefe angelegt worden, wobei die innere, das heißt küstennähere Reihe, für den Flutpegel, die äußere für einen Mittelwasserpegel berechnet war. 31000 der Hindernisse waren mit Minen bestückt. Zwei weitere Hindernisreihen, von denen die eine für 1,80 Meter Tiefe bei Niedrigwasser und die andere für 3,60 Meter Tiefe bei Niedrigwasser geplant war, waren noch nicht installiert.

Rommel hatte dem Oberkommando der Wehrmacht am 8. Mai mitgeteilt, die systematische Zerstörung von Eisenbahnverbindungen im gesamten französischen Nordraum durch die Alliierten sei zu einem ernsten Problem für seinen Truppen- und Nachschubtransport geworden. Diese streng geheime und entsprechend verschlüsselte Botschaft wurde in England am 14. Mai dechiffriert und ausgewertet, und die Amerikaner sahen sich dadurch sicherlich in ihren Angriffsplänen bestärkt. Auch die Bombardierung deutscher Flugplätze hatte ihre Wirkung getan. Die Folge war, daß Göring die Organisation Todt anwies, mit Ausbauarbeiten an nicht mehr oder kaum mehr benutzten Rollbahnen zu beginnen, ein Täuschungsmanöver, das die Alliierten zur Verzettelung ihrer Bomberkapazitäten veranlassen sollte. Es war Görings Pech, daß seine Anweisung, die per Funk und verschlüsselt übermittelt wurde, von den Briten am 14. Mai dechiffriert und der Bluff somit offenkundig wurde.

Die Deutschen waren für Täuschungsmanöver weitaus anfälliger als die Alliierten. Am 15. Mai erhielt das Oberkommando der Wehrmacht die Mitteilung, der Heeresnachrichtendienst wisse aus »zuverlässiger Quelle«, daß in den englischen Grafschaften Yorkshire und Norfolk Einheiten der First United States Army Group stünden. Die »zuverlässige Quelle« war ein ehemaliger deutscher Agent, den die Briten seit langem umgedreht hatten; die Heeresgruppe, über deren Aufmarsch er so fleißig berichtete, bestand nur in der Phantasie der britischen Bluff-Spezialisten. Yorkshire und Norfolk waren die Aufmarschplätze für die fiktiven Landungen in Norwegen und an der Straße von Calais.

Nach zwei Monaten sorgfältiger Vorbereitung und im Zeichen einer massiven und wirksamen Täuschungskampagne begannen die Deutschen am 15. Mai mit der Deportation der ungarischen Juden nach Auschwitz. Tag für Tag wurden von nun an rund 4000 Personen deportiert, von denen unmittelbar nach der Ankunft in Auschwitz die Hälfte bis zwei Drittel vergast wurden. Die übrigen wurden in die Baracken eingewiesen und mußten zusammen mit polnischen, britischen, jugoslawischen, französischen und sowjetischen Kriegsgefangenen unter unmenschlich brutalen Bedingungen in den vielen Fabriken schuften, die in jüngster Zeit in der Umgebung von Auschwitz aus dem Boden geschossen waren oder dort schon länger existierten.

In der oberschlesischen Industriestadt Gleiwitz wurden vier Betriebe mit Sklavenarbeitern aus Auschwitz versorgt. Einer davon war erst am 3. Mai 1944 eröffnet worden und stellte

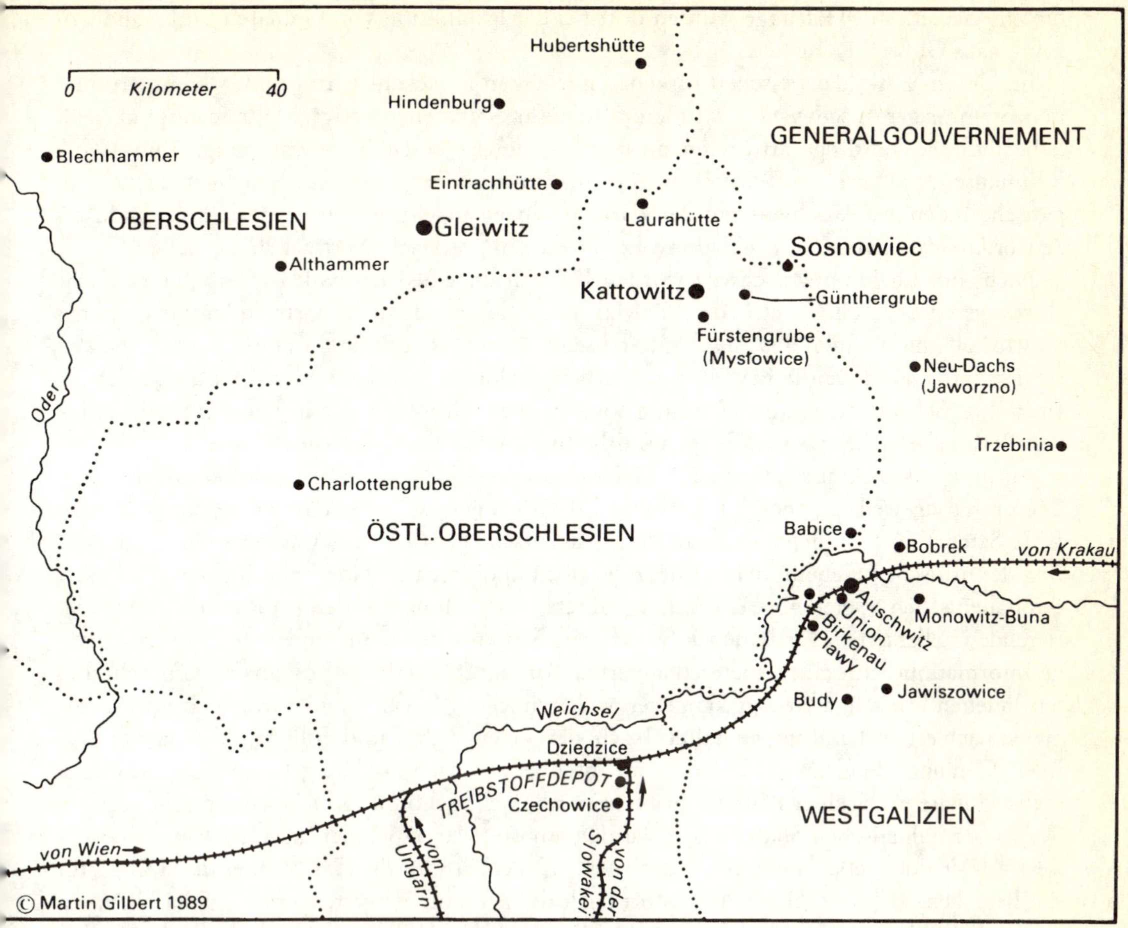

Sklavenarbeitslager in Ostschlesien, 1944

Rauchbomben her, die die Militärs zur Erzeugung von Rauchschleiern benötigten. Die anderen drei waren Werkstattbetriebe, in denen Güter- und Tankwaggons repariert, Lafetten für Schiene und Straße gefertigt und militärische Fahrzeuge repariert und umgebaut wurden.

In den Kohlegruben und dem großen Kraftwerk der ostoberschlesischen Stadt Neu-Dachs, polnisch Jaworzno, arbeiteten im Mai 1944 über 1600 Häftlinge; im Werk für synthetischen Treibstoff in Blechhammer, das seit dem 1. April in Betrieb war, waren es 4000. In Bobrek »beschäftigten« die Siemens-Schuckert-Werke seit dem 22. April 250 Häftlinge, darunter fünfzig Kinder; sie fertigten elektrische Bauteile für Flugzeuge und U-Boote.

Ein Zwangsarbeiterlager in Mysłowice stellte 1300 Arbeitskräfte für die Zeche Fürstengrube; sie förderten Kohle aus der bestehenden Grube und wurden auch für den Ausbau einer neuen eingesetzt. Tausend Häftlinge arbeiteten im Stahlwerk Laurahütte, wo Flakgeschütze hergestellt wurden. Die Zeche Günthergrube nutzte die Arbeitskraft von 600 Häftlingen, zumeist Juden, die aus Auschwitz angefordert wurden. Ihre Aufgabe war neben dem Kohleabbau der Ausbau einer neuen Grube. Im Mai 1944, zeitgleich mit dem Beginn der Massendeportationen aus Ungarn, wurde bei Sosnowiec ein neues Zwangsarbeiterlager errichtet, das zweite in diesem Gebiet. 900 Häftlinge wurden dort bei der Produktion von Granaten und Kanonenrohren aus Gußstahl eingesetzt.

Im Union-Werk, das zwischen Birkenau mit seinen Barackenlagern und Gaskammern und dem Stammlager Auschwitz lag, wurden Zünder für Granaten gefertigt. Mehrere tausend weibliche jüdische Häftlinge arbeiteten dort. In Monowitz beschäftigte das riesige Buna-Werk Zehntausende jüdischer Arbeitskräfte und etliche nichtjüdische britische Kriegsgefangene. Ungarische Juden aus Auschwitz wurden darüber hinaus angefordert, um auf dem Gelände des zerstörten Warschauer Gettos Trümmer zu beseitigen und nach Wertsachen zu suchen.

Nicht nur im Raum Auschwitz wurden KZ-Häftlinge als Arbeitssklaven für die deutsche Rüstungsindustrie eingesetzt. Am 15. Mai, dem Tag, an dem der erste Judentransport aus Ungarn abging, wurden aus Auschwitz tausend jüdische Häftlinge in einen Betrieb in Wüstegiersdorf abkommandiert. Weitere Leiharbeiterkolonnen wurden in der Folge an Betriebe in Brünnlitz, Schwarzheide und Hamburg sowie an eine Großbaustelle in Ullersdorf südöstlich von Berlin überstellt, wo ein SS-eigenes Erholungs- und Freizeitzentrum entstand.

An diesem schicksalsschweren 15. Mai, als aus tausend ungarischen Städten und Dörfern Züge mit todgeweihter menschlicher Fracht in Richtung Auschwitz zu rollen begannen, sprang Enzo Sereni, ein in Italien geborener und später nach Palästina ausgewanderter Jude, im Auftrag des britischen Geheimdienstes über der noch in deutscher Hand befindlichen Nordhälfte des italienischen Stiefels ab. Sein Auftrag lautete, Verbindung mit den im Raum Florenz operierenden italienischen Partisanen aufzunehmen, Kartenmaterial und andere militärisch wichtige Informationen für einen späteren alliierten Vormarsch durch die Toskana zu sammeln und entflohenen britischen Kriegsgefangenen weiterzuhelfen. Doch Sereni hatte Pech und wurde gleich nach seiner Landung verhaftet. Nach vier Tagen Verhör und Folter in Verona wurde er in ein Gefängnis in Gries am Brenner und anschließend nach Dachau gebracht. Dort wurde er sechs Monate nach seiner Festnahme aus seiner Baracke geholt und nie wieder gesehen.

Aus der italienischen Stadt Fossoli wurden am 16. Mai 575 Juden nach Auschwitz deportiert. Als sie dort sieben Tage später ankamen, wurden 518 für die Gaskammer und nur 57 für die Baracken selektiert. Unter den sofort nach der Ankunft Vergasten war Gigliola Finzi, ein zweieinhalb Monate zuvor in Roccastrada geborenes Mädchen. Vergast wurden an diesem Tag auch Carolina Calo und ihre vier Kinder, deren kleinstes, ein Junge, am ersten Tag der eine Woche dauernden Reise in den Tod auf die Welt gekommen war. Carolina Calos Ehemann Eugenio, ein ranghoher italienischer Partisanenführer, war zu diesem Zeitpunkt noch dabei, in der Toskana deutsche Soldaten zu entführen und sie durch das Frontgebiet nach Süden, auf die alliierte Seite, zu bringen. Danach kehrte er in den deutsch besetzten Teil Italiens zurück, um wieder in den Partisanenkampf einzugreifen.

Am Morgen des 18. Mai, nach nahezu einer Woche ununterbrochener Kämpfe, hißten polnische Truppen ihre Flagge auf den Trümmern des Klosters von Monte Cassino. Das sechsmonatige blutige Ringen um Cassino war vorüber. Im Zuge des letzten siegreichen Ansturms waren 4267 alliierte Soldaten gefallen. Weitere 4068 galten als »vermißt« – Granaten und Splitter hatten ihre Körper völlig entstellt. Der Befehlshaber des polnischen Kontingents, General Wladyslaw Anders, besichtigte am Tag nach dem Sieg das Schlachtfeld. »Leichen von deutschen und polnischen Soldaten«, schrieb er, »manchmal in tödlicher Umklammerung miteinander, lagen überall, und die Luft war vom Gestank verwesenden Fleisches geschwängert.« An den Abhängen der Hügel reihte sich »Krater an Krater«, und verstreut über diese Krater fanden sich »Stücke von Uniformen und Stahlhelmen, Tommy-Maschinenpistolen, Spandauern, Schmeisser-Maschinenpistolen und Handgranaten«.

Aus Washington kam an diesem Tag die offizielle Meldung, daß bei der gerade erfolgreich abgeschlossenen Rückeroberung der Admiralitäts-Inseln im Pazifik 326 US-Soldaten und 3820 Japaner gefallen waren. Nur 75 Japaner hatten sich gefangennehmen lassen; die meisten von ihnen waren zu schwer verwundet, um weiterkämpfen oder Selbstmord begehen zu können. Zwei Tage später, am 20. Mai, meldete ein amerikanisches Marinekommando die Eroberung der Wake-Insel. Während die 800 japanischen Verteidiger der Insel bei den Kämpfen bis auf den letzten Mann gefallen waren, hatten die Amerikaner nur 53 Tote zu beklagen.

Am 20. Mai, nur siebzehn Tage vor der alliierten Invasion in der Normandie, wußten die Deutschen noch immer nicht, wo die Landung stattfinden würde. Die deutsche Marine verminte zu diesem Zeitpunkt noch immer die Bucht von Biskaya. Als Rommel die sofortige Verminung des Gebiets vor der Seine-Mündung forderte, erhielt er einen abschlägigen Bescheid. Auch sein Vorschlag, die deutschen Truppen so zu verteilen, daß sie gleichzeitig die Normandie und die Bretagne schützen konnten, wurde abgelehnt: eine Reaktion, die Rommel selbst später auf die Angst vor einer »denkbaren feindlichen Luftlandeoperation im Raum Paris« zurückführte.

Die Vorbereitungen auf alliierter Seite liefen jetzt auf Hochtouren. Die britische und amerikanische Luftwaffe starteten gemeinsam am 21. Mai die Operation »Chattanooga Choo-Choo«, eine Serie von Bombenangriffen mit dem Ziel der systematischen Zerstörung von Bahnanlagen, Lokomotiven und Waggonbeständen auf dem gesamten nordeuropäischen Festland, Nord- und Westdeutschland eingeschlossen. Die Wirkung, die mit diesen Angriffen erzielt wurde, war so durchschlagend, daß am Tag darauf zahlreiche deutsche Städte dringend ausländische Zwangsarbeiter und sogar Juden aus Konzentrationslagern anforderten, damit die gröbsten Bombenschäden beseitigt werden konnten.

Geheimhaltung war für die Alliierten nach wie vor der Schlüssel zum Erfolg des Landungsunternehmens an der Küste der Normandie – der Operation »D-Day«, wie der militärische Deckname lautete. Ein amerikanischer Soldat, der in einem Heerespostamt im englischen Sutton Coldfield arbeitete und dienstlich in einige der »Bigot«-Geheimnisse eingeweiht war, erzählte am 23. Mai einiges von dem, was er über die United States First Army Group und ihre Aufgaben wußte, einem nicht eingeweihten Mitarbeiter der Behörde des ersten Generalstabsoffiziers. Er wurde dafür zu einem Jahr Haft und Zwangsarbeit in der US-Strafkaserne in Greenhaven (New York) verurteilt und anschließend unehrenhaft aus der Armee entlassen.

Die Eroberung des Monte Cassino am 18. Mai hatte den Weg für ein zügiges alliiertes Vordringen nach Norden geebnet – zunächst für die Herstellung der Verbindung zum Brückenkopf von Anzio und im Anschluß daran für den Vormarsch nach Rom. Bei Anzio brachen am 23. Mai mehr als 150 000 alliierte Soldaten aus dem Kessel aus, in dem sie vier Monate lang eingeschlossen gewesen waren. In den Küstengewässern der noch unter deutscher Kontrolle stehenden italienischen Landesteile patrouillierten britische und amerikanische Boote auf der Suche nach entflohenen Kriegsgefangenen, die in den Schutz der alliierten Armeen zurückkehren wollten. Im Verlauf der Operation »Darlington II« konnten zwei in Termoli an der Mündung des Flusses Tenna ausgelaufene Boote in der Nacht vom 24. auf den 25. Mai 153 Männer an Bord nehmen und in Sicherheit bringen. Es handelte sich teilweise um geflohene Kriegsgefangene und teilweise um alliierte Flieger, die sich nach Abschuß oder Absturz der Festnahme hatten entziehen können. Bis Ende November wurden auf diese Weise 2156 Personen geborgen.

Auch in Griechenland nahm der Druck der Partisanen auf die deutschen Besatzungstruppen zu. Am 24. Mai deportierten die Deutschen sämtliche Einwohner des Dorfes Pogonion in ein

Lager bei Joannina und hielten sie dort als Geiseln fest. Als kurze Zeit später Partisanen eine deutsche Division angriffen, wurden alle 325 Geiseln erschossen. In Jugoslawien führten die Deutschen am 25. Mai die Operation »Rösselsprung« durch: Unter Einsatz von Fallschirmjägern und Motorseglern versuchten sie den Partisanenführer Josip Broz Tito, der sich zu diesem Zeitpunkt in dem Dorf Drvar aufhielt, zu überrumpeln. Als die Angreifer Titos Quartier stürmten, wurde einer seiner Mitkämpfer von einer deutschen Kugel in den Kopf getroffen und starb buchstäblich zu Titos Füßen. Tito selbst entkam ein weiteres Mal, aber die Dorfbewohner, in deren Mitte er gelebt hatte, wurden fast ausnahmslos ermordet, die Frauen und kleinen Kinder ebenso wie die Männer.

In Italien schloß sich am 25. Mai der Kreis zwischen den aus dem Brückenkopf von Anzio ausgebrochenen und den von Süden her vorrückenden alliierten Truppen. Amerikanische Soldaten tauchten an diesem Tag in Velletri auf, das keine 40 Kilometer von der Stadtmitte Roms entfernt lag. Im deutsch besetzten Griechenland verfaßte an diesem Tag ein junger Nachrichtenoffizier namens Kurt Waldheim für seinen Vorgesetzten, General Schmidt-Richberg, einen kritischen Bericht über die jüngsten deutschen Aktionen gegen »Partisanenbanden« und die damit einhergehenden Repressalien gegen die Zivilbevölkerung. »Die als Reaktion auf Sabotage und Anschläge ergriffenen Vergeltungsmaßnahmen«, schrieb er, »haben trotz ihrer Strenge keinen nennenswerten Erfolg gebracht, weil unsere eigenen Maßnahmen nur vorübergehender Art sind, so daß die bestraften Dörfer bzw. Gebiete bald wieder den Banden überlassen werden müssen. Im Gegenteil«, fügte er hinzu, »haben überzogene Vergeltungsmaßnahmen, die ohne eine genauere Untersuchung der Sachlage durchgeführt wurden, nur Verbitterung erzeugt und so den Banden genützt. Es läßt sich zeigen, daß die Bevölkerung die Banden auf breiter Front unterstützt und sie mit ausgezeichneten Informationen versorgt.«

Aus jedem deutschen Bericht wird das Ausmaß des Terrors, aber auch des Widerstands deutlich. Am selben Tag, an dem Leutnant Waldheim in Griechenland den gerade zitierten Bericht abfaßte, teilte SS-Brigadeführer Edmund Veesenmayer dem Auswärtigen Amt in Berlin mit, in den verflossenen zehn Tagen seien aus Ungarn 138 870 Juden auf den Weg gebracht worden. Das Ziel dieses Weges war Auschwitz. Hier, in Auschwitz, wurden am Abend dieses 25. Mai mehrere hundert ungarische Juden zu einem der weiter entfernten Gaskammerkomplexe im Lager Birkenau geführt. Da sie spürten, daß etwas Unheilvolles in der Luft lag, schlugen sie sich seitwärts in die Büsche. Doch die SS-Wachmannschaften schalteten sogleich die im Umkreis der Gaskammer installierten Suchscheinwerfer an und eröffneten das Feuer auf die Fliehenden. Alle wurden erschossen. Ein ähnlicher Akt des Aufbegehrens ereignete sich drei Tage später und fand ein ähnliches Ende.

»Ungarn!« herrschte Hitler am 26. Mai seine Generäle auf dem Obersalzberg an. »Das ganze Land unterwandert und verfault. Juden überall, Juden und nochmals Juden bis hinauf in die höchsten Ränge, und das ganze Land überzogen von einem durchgehenden Netz von Agenten und Spionen, die nur auf die Gelegenheit zum Zuschlagen warten, aber doch davor zurückschrecken, aus Angst, uns durch vorzeitiges Handeln auf den Plan zu rufen. Auch hier habe ich eingegriffen, und das Problem wird jetzt auch gelöst werden.«

Je weiter die Deutschen an den Fronten in Europa zurückgedrängt wurden, desto nachdrücklicher und ungeduldiger betrieben Hitler und seine Befehlsempfänger in den ihnen noch untertanen Ländern – Ungarn, der Norden Italiens, Holland, Frankreich und Griechenland – die »Endlösung der Judenfrage«. Alle Juden, derer sie habhaft werden konnten, wurden nach Auschwitz deportiert: Tausende an jedem Tag. Dabei setzten die westlichen Alliierten nun bereits zu ihrer Landung an der französischen Kanalküste an, standen im Süden fast schon vor den Toren Roms und bombardierten im deutschen Reichsgebiet ohne Unterlaß Infrastruktur und Rüstungsbetriebe. Während kaum mehr Zweifel am Ausgang des Krieges zu bestehen schienen, wurde zugleich deutlich, daß die Beteiligten offenbar um zwei unterschiedliche Siege kämpften: Deutschland um den Sieg über die Juden, die Alliierten um den Sieg über Deutschland. Mittlerweile war es offensichtlich geworden, daß der Krieg für Deutschland nicht mehr zu gewinnen war. Selbst Goebbels hatte am 24. Mai in einem Leitartikel erklärt: »Deutschland muß wüster werden als die Sahara.« Nichts sollte übrigbleiben, was die Alliierten, und insbesondere die verhaßten »Bolschewisten« plündern könnten.

Der britische Nachrichtendienst dechiffrierte am 25. Mai einen streng geheimen Funkspruch, den Rommel sechs Tage zuvor nach Berlin übermittelt hatte und aus dem hervorging, daß eine in Frankreich stehende SS-Panzerdivision keine Panzer hatte und auch nicht damit rechnen konnte, welche zu bekommen; außerdem wies sie einen hohen Fehlbestand an Offizieren, Transportfahrzeugen und Ersatzteilen auf. Zu ihrem Fuhrpark gehörten Pferde und Fahrräder. Einem entschlüsselten Enigma-Funkspruch der deutschen Luftwaffe entnahmen die Briten ferner, daß die Deutschen das Gebiet um Dieppe für den wahrscheinlichsten Schauplatz einer alliierten Landung hielten. Es waren die beständigen alliierten Bombenangriffe auf die Seine-Brücken, die den Anlaß zu dieser Vermutung lieferten.

Bei einem Tageslichtangriff auf Lyon bombardierten die Alliierten am 26. Mai Schienenwege, Kraftwerke und militärische Einrichtungen; ihr Ziel war es, den Deutschen die Heranführung von Verstärkungen aus dem Süden zu erschweren. 717 französische Zivilisten kamen bei diesem Angriff ums Leben.

Trotz der »schmerzvollen Empörung«, die darüber bei der Bevölkerung von Lyon herrschte, setzten die in der Region aktiven Résistance-Gruppen ihren Kampf fort. Einen Tag nach dem Bombenangriff auf Lyon starben in einem von Maquis-Kämpfern gelegten Hinterhalt zwölf Angehörige der mit den Deutschen kollaborierenden Milice. Es kam auch weiterhin zu zahlreichen Sabotageakten. Bei Ambérieu wurden bei der Sprengung einer Eisenbahnremise 52 Lokomotiven unbrauchbar gemacht. Im Departement Corrèze wurde am 26. Mai ein Wasserkraftwerk bei Bar so schwer demoliert, daß es vier Monate lang keinen Strom liefern konnte. Der britische Nachrichtendienst entschlüsselte an diesem Tag eine Botschaft, die Rommel sechzehn Tage zuvor nach Berlin übermittelt und in der er darauf hingewiesen hatte, der Mangel an Lokomotiven sei mittlerweile so akut geworden, daß in den Reparaturwerkstätten Zwangsarbeiter und sogar Kriegsgefangene eingesetzt werden müßten; zivile französische Arbeitskräfte seien nicht aufzutreiben.

Aus dechiffrierten deutschen Funksprüchen gewannen die angloamerikanischen Planer nicht nur Aufschlüsse über die Schwachpunkte und Probleme der deutschen Wehrmacht in Frankreich und die Kampfkraft ihrer einzelnen Einheiten; sie konnten auch präzise nachvollziehen, wohin diese Einheiten jeweils verlegt wurden. So offenbarte eine Serie von Funkbotschaften, die zwischen dem 24. und dem 27. Mai dechiffriert wurde, kurzfristige und beträchtliche Truppenverlegungen auf die Halbinsel Cotentin – also ausgerechnet in das Gebiet um La Haye-du-Puits, wo die Alliierten amerikanische Fallschirmjäger abzusetzen gedachten, welche die Landungstruppen vor Flankenangriffen aus Richtung Cherbourg schützen sollten. Am Abend des 27. Mai, eine knappe Woche vor dem ursprünglich für die Landeoperation vorgesehenen Termin, mußten die Amerikaner daher den Plan, bei La Haye-du-Puits Fallschirmjäger abzusetzen, fallenlassen; der Termin für die Eroberung Cherbourgs mußte um sieben Tage hinausgeschoben werden. Die »Ultra«-Dechiffrierung hatte die Alliierten vor dem potentiellen Verhängnis bewahrt, ihre Fallschirmjäger inmitten einer Hochburg deutscher Truppenstärke abzusetzen.

Am 28. Mai flogen amerikanische Bomber ihren zweiten Angriff auf fünf der deutschen Hydrierwerke für synthetischen Treibstoff, die sie bereits am 12. Mai bombardiert hatten. Britische Bomber attackierten in der Nacht die ausgebauten Betonbunker bei St. Martin-de-Varreville, die über den Landungsstränden thronten. Ein oberirdischer Bunker, Befehlsstände und Funkanlagen wurden zerstört. Die Luftangriffe auf Rangier- und Güterbahnhöfe waren unterdessen ebenfalls weitergegangen; sie schränkten nicht nur die Bewegungsfähigkeit der deutschen Wehrmacht ein, sondern hatten auch binnen 48 Stunden insgesamt 3000 französische Zivilisten das Leben gekostet. »Schreckliche Dinge geschehen«, schrieb Churchill am 28. Mai an Eden. Und einen Tag später, nachdem er die Berichte über die Folgen der Angriffe vom 28. Mai gelesen hatte, schrieb er an den stellvertretenden Oberbefehlshaber der alliierten Landungstruppen, Marschall Tedder: »Sie sorgen dafür, daß sich eine schreckliche Ladung Haß anstaut.«

Doch die Bombenangriffe erfüllten ihren Zweck. Die Zerstörung des deutschen Funksenders Château Terlinden bei Brügge am 28. Mai sollte es dem deutschen Nachrichtendienst erschweren, die drastische Zunahme des alliierten Funkverkehrs zu registrieren, der das unmittelbare Bevorstehen eines angloamerikanischen Angriffs zu Lande, zu Wasser und in der Luft verraten würde.

Die deutsche Luftwaffe mit dem einst so siegesgewissen Göring an der Spitze hatte die Fähigkeit zu breit angelegten Bombenangriffen mit nachhaltiger Zerstörungswirkung eingebüßt und war zahlenmäßig nicht mehr in der Lage, zugleich Ziele in Großbritannien zu bombardieren und sich auf die im Fall einer alliierten Invasion unausweichlichen Luftkämpfe über dem Ärmelkanal vorzubereiten. Die Alliierten dagegen hatten ihre Operation »Crossbow«, die systematische Bombardierung der Abschußrampen für die deutschen »Flugbomben« zwischen Calais und Dieppe, planmäßig weitergeführt. Zum Schutz dieser Anlagen waren Ende Mai 520 schwere und 730 leichtere Flakgeschütze installiert. Im Verlauf der »Crossbow«-Angriffe wurden bis Ende Mai 154 alliierte Bomber abgeschossen und 771 Besatzungsmitglieder als gefallen oder vermißt gemeldet. Aber nicht weniger als zwei Drittel der »Ski«-Abschußrampen konnten außer Gefecht gesetzt werden.

Von folgenschwerer Wirkung war auch ein alliierter Bombenangriff auf Nordfrankreich, der am 31. Mai stattfand und bei dem die zentrale Überlandtelefonleitung der deutschen Luftwaffe zwischen Paris und Rouen beschädigt wurde: Drei entscheidende Tage lang war die Telefonverbindung zwischen dem deutschen Hauptquartier in Paris und den Luftwaffenstützpunkten um Rennes und Caen unterbrochen.

Am 31. Mai überflog erstmals wieder seit Anfang April ein Aufklärungsflugzeug der südafrikanischen Luftwaffe Auschwitz, um erneut das deutsche Treibstoff-Hydrierwerk in Monowitz zu fotografieren. Zwei der aufgenommenen Bilder zeigten erstmals nicht nur das Stammlager bei Auschwitz, sondern auch das benachbarte Erweiterungslager Birkenau mit seinen weitläufigen Barackenzeilen, seinen Gaskammern und Krematorien, wo mehr als eineinhalb Millionen Juden bereits ermordet worden waren und Zehntausende noch immer festgehalten wurden. Allein, die alliierten Luftbildauswerter in Großbritannien unterzogen die Baracken und anderen Baulichkeiten des Lagers Birkenau keiner Analyse; ihr Auftrag lautete, die produktionstechnischen Abläufe im Werk Monowitz im Hinblick auf einen möglichen Bombenangriff möglichst präzise zu bestimmen. Am Tag dieses zweiten Aufklärungsflugs über Auschwitz hielt die SS-Lagerverwaltung in ihren Unterlagen fest, daß den Leichen der in dem fünfzehntägigen Zeitraum zwischen dem 17. Mai und dem Monatsende vergasten Juden insgesamt 40 Kilogramm Zahngold entnommen worden waren. Dabei waren auch schon die am 31. Mai vergasten Insassen zweier Transporte erfaßt; von diesen waren je tausend Männer und Frauen in die Baracken eingewiesen, die übrigen, etwas mehr als 6000, noch am Tag ihrer Ankunft vergast worden. In einem der Transporte hatten sich 2000 Juden aus der ungarischen Stadt Baja befunden. Sie waren dreieinhalb Tage lang in versiegelten Güterwaggons unterwegs gewesen – ohne Nahrung und Wasser, abgesehen von dem, was sie von zu Hause mitgenommen hatten. 55 waren unterwegs zugrunde gegangen, 200 wahnsinnig geworden.

Am 1. Juni wurde den angloamerikanischen Planern der jetzt für den 4. Juni terminierten Landung in der Normandie der Text eines entschlüsselten Telegramms vorgelegt, das Oshima, der japanische Botschafter in Berlin, nach Tokio übermittel hatte. Er hatte darin über eine vier Tage zuvor stattgefundene Unterredung mit Hitler berichtet, in deren Verlauf Hitler erklärt hatte, die Alliierten hätten ihre Vorbereitungen für eine Landungsoperation abgeschlossen; sie hätten achtzig Divisionen zusammengezogen, von denen acht über Kampferfahrung verfügten und als »sehr gute Truppen« eingestuft werden müßten. Es sei damit zu rechnen, daß die Alliierten nach einigen Ablenkungsangriffen in Norwegen, Dänemark, Südwestfrankreich und an der französischen Mittelmeerküste versuchen würden, in der Normandie oder in der Bretagne einen Brückenkopf zu errichten, und daß sie nach Auswertung der dort gesammelten Erfahrungen den Aufbau einer wirklichen zweiten Front im Raum Calais anstreben würden.

Mehrere Dinge wurden aus diesen Mitteilungen Hitlers deutlich: daß die Deutschen zwar sicher mit einer Landung entweder in der Normandie oder in der Bretagne rechneten, aber darüber hinaus nichts Genaues wußten; daß sie ferner die Landung erst zu einem etwas späteren Zeitpunkt erwarteten und glaubten, es würden ihr zunächst einige Ablenkungsmanöver vorangehen; und daß Berlin ferner überzeugt war, die Alliierten würden den eigentlichen Sturmangriff auf die »Festung Europa« im Gebiet der Straße von Calais führen.

In der Nacht zum 3. Juni bombardierten britische Bomber erneut den Güter- und Rangierbahnhof von Trappes. Dieser Angriff markierte den Höhepunkt der Operation »Transportation«, die die Alliierten am 6. März gestartet und in deren Verlauf mehr als 8000 britische Bomber 43 000 Tonnen Bomben auf Bahnanlagen in Frankreich und Belgien abgeworfen hatten. Zusätzlich hatten amerikanische Bomber allein im Mai weitere 11 000 Tonnen Bomben abgeladen. Am 2. Juni begann auch eine neue Serie alliierter Bombereinsätze über Mitteleuropa: Amerikanische Bomber, die von Foggia und anderen Flugplätzen in Süditalien aus gestartet waren und industrielle Ziele in Schlesien, Ungarn und Rumänien bombardiert hatten, flogen anschließend nach Osten weiter und landeten auf sowjetischen Flugfeldern in und um Poltawa. Dieser Weiterflug nach Poltawa ermöglichte ihnen einen Aktionsradius, der nicht denkbar gewesen wäre, wenn sie ohne Auftanken nach Italien hätten zurückfliegen müssen.

Diese sogenannten Pendelflüge, die die alliierten Planer sich ausgedacht hatten, um der Roten Armee bei ihrem Vormarsch an der Rumänienfront behilflich zu sein, waren durch einen dringenden Hilferuf Stalins ausgelöst worden und erhielten daher den Decknamen Operation »Frantic Joe«. Um zu vermeiden, daß Stalin sich gekränkt fühlte, wurde der Deckname alsbald auf »Frantic« verkürzt. Beim ersten »Frantic«-Einsatz wurde auf dem Hinweg der Güterbahnhof von Debrecen und auf dem Rückflug der Flugplatz bei Focşani bombardiert.

Am 2. Juni wurde der 5. Juni als Starttermin für die Landung in der Normandie festgesetzt. Doch schlechtes Wetter schien alsbald eine Verschiebung unausweichlich zu machen. In einem streng geheimen Funkspruch an Berlin hatte Generalfeldmarschall von Rundstedt erklärt, die Alliierten würden vier aufeinanderfolgende Schönwettertage benötigen, um eine Landungsoperation über den Ärmelkanal hinweg durchzuführen. Eine solche viertägige Schönwetterperiode aber sei laut Wetterbericht nicht in Sicht. Er, Rundstedt, sei sich daher sicher, daß die zu erwartende Invasion nicht in der ersten Juniwoche stattfinden werde.

Der Geheimcode, mit dessen Hilfe diese Funkbotschaft Rundstedts verschlüsselt worden war, gehörte zu denen, die die Briten geknackt hatten. Die Botschaft konnte daher in Bletchley, wo mittlerweile mehr als 6000 Menschen arbeiteten, dechiffriert und ihr Text sofort an Eisenhower weitergeleitet werden. Eisenhower, der sich sehr gut in seinen Gegenspieler hineinversetzen konnte, wußte nun, daß er die Deutschen auf dem falschen Fuß erwischen würde, falls es gelang, die Invasion unter den von Rundstedt ausgeschlossenen Bedingungen durchzuziehen.

Das Wetter über dem Ärmelkanal, das am 2. Juni nicht gut war, verschlechterte sich am frühen Nachmittag des 3. Juni weiter. Der deutsche Wetterdienst sagte für die nächsten drei bis vier Tage weiterhin schlechtes Wetter voraus. Damit schien klar, daß am 5. und 6. Juni nicht mit einem Landungsversuch zu rechnen war. Ein plötzlicher Anstieg des alliierten Funkverkehrs hätte die Deutschen zur Revidierung dieser Hypothese veranlassen können, aber just am 3. Juni wurde die deutsche Funkabhörstation bei Urville-Hague auf der Halbinsel Cotentin durch einen alliierten Luftangriff außer Gefecht gesetzt. Ironischerweise war sie gar nicht als Funkhorchposten identifiziert worden, sondern lediglich als »wichtige Einrichtung besonderer Art«. Dies war freilich Grund genug gewesen, sie als Angriffsziel einzustufen. Damit waren die beiden wichtigsten Horchposten im Bereich der Landungszone – Château Terlinden und Urville-Hague – außer Betrieb.

Eisenhower wußte, daß das schlechte Wetter ein Losschlagen am 5. Juni ausschloß. Andererseits ließen sowohl die Neumondphase als auch das Wissen, daß die Deutschen für die nächsten drei oder vier Tage nirgendwo mit einem alliierten Angriff rechneten, eine weitere Verschiebung der Operation nicht wünschenswert erscheinen.

Am Morgen des 4. Juni sagten die Meteorologen eine kurze Schönwetterphase voraus. Es handelte sich freilich nicht um die vier aufeinanderfolgenden Schönwettertage, die die Alliierten nach deutscher Überzeugung mindestens benötigten; und so war nicht damit zu rechnen, daß bei den Deutschen die Alarmglocken schrillen würden. Die »Ultra«-Erkenntnisse des britischen Nachrichtendienstes lieferten somit die Gewähr dafür, daß das Risiko, das die Alliierten mit einer unter ungünstigen Wetterbedingungen begonnenen Invasion eingingen, durch einen beträchtlichen Vorteil aufgewogen wurde.

Am Abend des 4. Juni besetzten amerikanische Truppen die römische Innenstadt. »Wie wunderbar Ihre Truppen gekämpft haben!« telegrafierte Churchill an Roosevelt. Am Tag darauf setzten die Alliierten nach ihrem triumphalen offiziellen Einzug in die italienische Hauptstadt ihren Vormarsch nach Norden fort. Doch in den Köpfen der Lenker der alliierten Kriegspolitik wurde die Freude darüber, daß die erste Achsenhauptstadt in die Hände der Alliierten gefallen war, durch den Gedanken daran getrübt, daß am frühen Morgen des 6. Juni die größte amphibische Landungsoperation aller Zeiten gestartet und das Leben von Hunderttausenden von Männern aufs Spiel gesetzt werden sollte. Churchills Frau Clementine schrieb am 5. Juni an ihren Gatten: »In diesem atemberaubenden Augenblick bin ich in meinen Gedanken ganz bei dir – mit all der Spannung, die einen vom Jubel über Rom abhält!«

Als Eisenhower am Morgen des 5. Juni spazierenging, wußte er, daß am Morgen danach zur selben Uhrzeit die Würfel bereits gefallen sein würden. In der beruhigenden Gewißheit, das fortgesetzt schlechte Wetter lasse in den nächsten Tagen keine Invasion befürchten, verließ Rommel am selben Vormittag sein Hauptquartier in La Roche Guyon und machte sich im

Auto auf den Weg nach Deutschland. Er hatte vor, Hitler in einer persönlichen Unterredung das »Ausmaß der Truppen- und Materialunterlegenheit, an der wir im Falle einer Landung leiden würden«, klarzumachen und die Verlegung zweier weiterer Panzerdivisionen, eines Flakverbandes und weiterer Verstärkungen nach Nordfrankreich zu verlangen.

Wegen des schlechten Wetters blieben am 5. Juni fast alle Aufklärungsmaschinen der deutschen Luftwaffe am Boden. Fünf Aufklärungsmissionen wurden geflogen, aber keine erbrachte Erkenntnisse über irgendwelche ungewöhnlichen Aktivitäten in den Häfen Südenglands. Eine an diesem Abend um 21.30 Uhr offen über die Sender der BBC ausgestrahlte verschlüsselte Botschaft der Alliierten wies die Aktivisten der französischen Résistance an, in dieser Nacht überall in Frankreich Eisenbahnstrecken unpassierbar zu machen. Der deutsche Nachrichtendienst, der den Code teilweise entschlüsselt hatte, übermittelte dem Hauptquartier des abwesenden Rommel in La Roche Guyon eine Warnung, aber niemand nahm Notiz davon. Von 1050 geplanten Anschlägen auf Schienenwege wurden 950 durchgeführt.

Ein Funkspruch, den das Oberkommando der deutschen Luftwaffe am 5. Juni kurz vor Mitternacht losschickte, offenbarte den Alliierten, wie sehr der zunehmende Mangel an Flugzeugtreibstoff die Kampfkraft der deutschen Luftwaffe beeinträchtigte. Es handelte sich um eine Anweisung an die in Nancy stationierte 1. Fallschirmjägerarmee, sie möge ihren Verbrauch an Flugbenzin möglichst weit einschränken. »Wegen des durch die Alliierten verursachten Rückgangs der Treibstofflieferungen«, hieß es in der Mitteilung, »reichen die verfügbaren Mengen an Flugbenzin kaum mehr für unerläßlichste Erfordernisse der Ausbildung und der Durchführung von Produktionsplänen aus.« Das Oberkommando fügte hinzu, der Transport von Versorgungsgütern für Luftwaffeneinheiten müsse ebenso wie »Dienstreisen im allgemeinen« auf der Schiene erfolgen.

In der Nacht zum 6. Juni flogen mehr als tausend britische Bomber Einsätze gegen die zehn wichtigsten deutschen Geschützbatterien in der Landungszone; 5000 Tonnen Bomben wurden abgeworfen. Zur gleichen Zeit legten an der englischen Südküste mehr als 3000 Schiffe – britische, amerikanische, polnische, holländische, norwegische, französische und griechische – ab und machten sich auf den Weg zu der gegenüberliegenden Kanalküste. Die Überfahrt dieser riesigen Armada war unter dem Decknamen Operation »Neptun« geplant worden. Während die 3000 Schiffe und Boote sich den Stränden der Normandie näherten, liefen an anderen denkbaren Invasionsschauplätzen Täuschungsmanöver ab. Im Rahmen der Operation »Texable«, des größten dieser Manöver, wurde eine riesige Zahl von Fallschirmjäger-Attrappen bei Boulogne abgeworfen. Ferner wurden im Bereich der Straße von Calais so viele Radar reflektierende Metallstreifen abgeworfen, daß sich auf deutschen Radarschirmen das Phantombild eines großen, sich langsam auf die französische Kanalküste bei Calais zubewegenden Schiffskonvois abzeichnete. Einen zweiten Scheinangriff inszenierten die Alliierten im Seegebiet vor und zwischen Le Havre und Dieppe: Motorbarkassen und elektronische Täuschungsmittel simulierten das Näherkommen eines großen Schiffsverbands. Ein drittes Täuschungsmanöver schließlich, das vor Harfleur mit Hilfe von Motorbarkassen in Szene gesetzt wurde, sollte eine ähnliche Bedrohung für die Küstenzone östlich von Le Havre signalisieren. Als ganz besonders wirkungsvoll erwies sich die Operation »Titanic«, die den Abwurf von Fallschirmjäger-Attrappen bei Marigny beinhaltete: Sie veranlaßte die Deutschen ganz im Sinne der alliierten Planer dazu, ein ganzes Infanterieregiment, das in dem keine 10 Kilometer von der tatsächlichen Landungszone entfernten Bayeux in Reserve lag, in den weiter westlich gelegenen Raum Carentan-Isigny zu verlegen. Der Kreis der alliierten Täuschungsmanöver schloß sich, als dieselben dechiffrierten »Ultra«-Erkenntnisse, welche den alliierten Planern zunächst verraten hatten, wem sie was vortäuschen mußten, ihnen jetzt verrieten, wie gut die Täuschung gelungen war.

Am Abend des 5. Juni, um fünf Minuten vor Mitternacht, landeten britische Infanteristen der 6. Luftlandedivision in Segelflugzeugen in der Nähe des 10 Kilometer nördlich von Caen gelegenen Dorfes Bénouville. Die Operation »Overlord« hatte begonnen.

KAPITEL 38
»D-Day«
Juni 1944

Im Morgengrauen des 6. Juni waren 18000 britische und amerikanische Fallschirmjäger auf dem Boden der Normandie gelandet, wo sie wichtige Brücken besetzten und deutsche Verkehrs- und Nachrichtenverbindungen kappten. Um 6.30 Uhr gingen die ersten Bodentruppen an Land; es waren Amerikaner, die mit amphibischen Panzern den Strandabschnitt »Utah« besetzten. Weniger als eine Stunde später, um 7.25 Uhr, erstürmten die ersten britischen Soldaten die Strandabschnitte »Gold« und »Sword«; ihnen folgten am Strandabschnitt »Juno« 2400 kanadische Infanteristen, unterstützt von 76 amphibischen Panzern. Rommel, der sich noch in Deutschland aufhielt, erfuhr um 10.15 Uhr von der alliierten Landung. Unverzüglich flog er nach Frankreich zurück. Hitler hatte ihm den Auftrag gegeben, die Invasoren bis Mitternacht »ins Meer zurückzutreiben«.

Um Mitternacht standen freilich bereits 155000 alliierte Soldaten an Land. Nur am Strandabschnitt »Omaha« war es den Deutschen gelungen, die knapp 35000 Mann starke amerikanische Landungstruppe in einer Landungszone von höchstens eineinhalb Kilometern Tiefe festzunageln. An allen anderen Strandabschnitten waren die Alliierten wesentlich weiter landeinwärts vorgedrungen. Hitler zögerte noch, alle seine Kräfte auf diese Brückenköpfe zu werfen, da er die Landung in der Normandie nach wie vor für ein Ablenkungsmanöver hielt und die »wirkliche« zweite Front anderswo erwartete. Die Kommandostellen der deutschen Marine wurden an diesem Tag angewiesen, sich auf Überraschungsangriffe an anderer Stelle einzurichten. Die Briten dechiffrierten diesen Funkbefehl noch am gleichen Abend und gewannen daraus die beruhigende Erkenntnis, daß ihnen auch am 7. Juni, einen Tag nach »D-Day«, noch nicht die geballte Kraft der deutschen Militärmaschinerie entgegenschlagen würde.

Die alliierten Verluste waren am »D-Day« selbst verhältnismäßig gering: Die Kanadier hatten 355 Gefallene zu beklagen, während sie 1942 bei Dieppe über 900 Mann eingebüßt hatten. Amerikaner und Briten verloren in den Kämpfen dieses ersten Tages jeweils mehr als tausend Mann. Auf Kreta verfrachteten die Deutschen an diesem Tag 400 griechische Geiseln, 300 italienische Kriegsgefangene und 260 Juden auf ein Schiff, schleppten es 150 Kilometer weit aufs Meer hinaus und versenkten es. Keiner der Insassen überlebte.

Während die Alliierten am 7. Juni ihre Stellungen auf dem nordfranzösischen Brückenkopf befestigten und auszubauen versuchten, schärfte das Oberkommando der deutschen Luftwaffe seinen Geschwaderführern im westlichen Europa nach wie vor ein, daß mit weiteren alliierten Landungsoperationen an der belgischen oder norwegischen Küste, bei Lorient an der französischen Atlantikküste oder aber an der Westküste der Halbinsel Cotentin gerechnet werden müsse. In den Kämpfen dieses zweiten Invasionstages nahm eine Einheit der deutschen Waffen-SS unweit der Dörfer Buron und Authie 34 kanadische Soldaten gefangen. Viele von ihnen waren verwundet, einige schwer. Die Deutschen töteten alle 34 durch Schüsse oder Bajonettstiche. Der Steinmetz Constance Raymond Guilbert beobachtete die Ermordung eines der verwundeten Kanadier: Als der Mann, der unter einem Baum lag, durch Bewegen eines Armes und eines Beines Lebenszeichen von sich gab, trat einer der deutschen

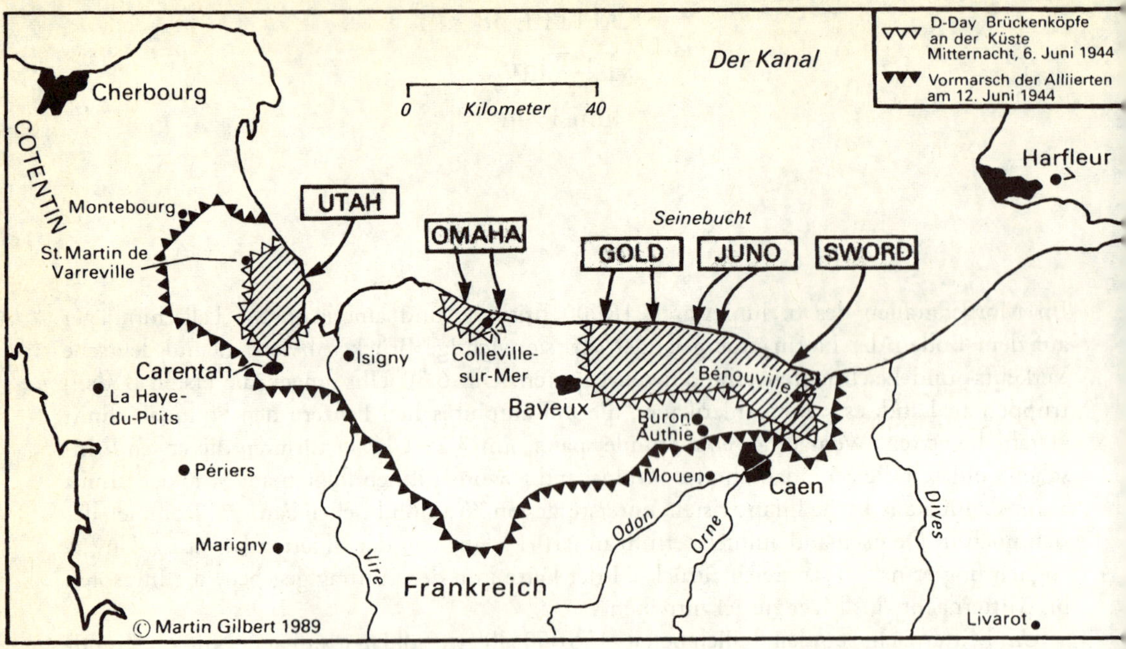

Die Landungen in der Normandie, 6. Juni 1944

Soldaten auf ihn zu, »ergriff ein Bajonett und spaltete ihm mit einem Hieb den Schädel«. Im Laufe der nächsten beiden Tage wurden weitere 43 kanadische Kriegsgefangene umgebracht. Einer von ihnen, der Schütze D. S. Gould, war Sanitätshelfer und trug noch seine Rotkreuz-Armbinde. »Was sollen wir mit diesen Gefangenen?« hatte der befehlshabende SS-Offizier, Oberstleutnant Kurt Meyer, gefragt. »Die essen doch nur unsere Rationen weg.«

Am 7. Juni dechiffrierte der britische Nachrichtendienst den Enigma-verschlüsselten Funkspruch, in dem die deutsche Luftwaffenführung die 1. Fallschirmjägerarmee in Nancy auf den zunehmenden Mangel an Flugzeugtreibstoff aufmerksam gemacht hatte. Der Stabschef der britischen Luftwaffe, Sir Charles Portal, bezeichnete dies einen Tag später Churchill gegenüber als »eine der wichtigsten Informationen, die wir bis jetzt erlangt haben«. Portal und der Geheimdienstausschuß des Kriegskabinetts sprachen sich im Licht dieser Erkenntnis dafür aus, den strategischen Bombenkrieg »auf Betriebe für synthetischen Treibstoff zu verlagern, sobald ›Overlord‹ [genügend Bomber] entbehren kann«.

Churchill vermerkte zu diesem Vorschlag Portals: »Gut.« Noch am selben Tag erteilte der Oberbefehlshaber der amerikanischen Bomberflotten, General Spaatz, die Anweisung, die deutschen Treibstoff-Hydrierwerke in die Liste der erstrangigen Angriffsziele der strategischen US-Luftflotten aufzunehmen.

Die Anlagen, in denen eines der für die deutsche Kriegführung unentbehrlichsten Elemente – Treibstoff für Flugzeug- und Fahrzeugmotoren – erzeugt wurde, sollten also künftig mit gesteigerter Kraft und Wirksamkeit bombardiert werden. Diese gezielte Vernichtung von Ressourcen sollte einen ebenso wirksamen Beitrag zur Niederlage Deutschlands leisten wie die amphibische Landung in der Normandie. Ein nächtlicher Bombenangriff auf Raffinerieanlagen in Gelsenkirchen, der vier Tage nach Portals Schreiben an Churchill stattfand, war von so durchschlagender Wirkung, daß die Produktion für mehrere Monate lahmgelegt wurde; außerdem gingen 5000 Tonnen gelagerter Treibstoffvorräte in Flammen auf.

Am 8. Juni stießen britische Soldaten vom Strandabschnitt »Gold« zu den im Abschnitt »Omaha« bei Colleville-sur-Mer eingeschlossenen Amerikanern durch. Im Luftkampf über dem Schlachtfeld konnten die Deutschen nur knapp hundert Flugzeuge einsetzen. Am Boden litt die deutsche Kampfkraft darunter, daß die Briten Funksprüche der höchsten Geheimhaltungsstufe abhörten und entschlüsselten; einer davon, der am 8. Juni abgefangen und ausgewertet wurde, verriet den Briten die genaue Lage des Hauptquartiers der Panzergruppe West bei La Caine. Als sie es zwei Tage später bombardierten, wurden so viele deutsche Stabsoffiziere – siebzehn insgesamt – getötet, daß ein geballter Gegenangriff, der für den folgenden Tag angesetzt war, um 24 Stunden verschoben werden mußte.

»›Overlord‹ macht uns allen viel Freude«, telegrafierte Stalin am 8. Juni an Churchill und versprach, die Rote Armee werde schon bald ihre eigene Sommeroffensive starten – getreu der Ende 1943 in Teheran getroffenen Vereinbarung, daß die Sowjetunion ihre Truppen entlang der gesamten Ostfront in Marsch setzen werde, sobald die Invasion im Westen erfolgt war. Damit sollte verhindert werden, daß die Deutschen zur Verstärkung ihrer Truppen in der Normandie kampfkräftige Divisionen von der Ostfront abzogen.

Für die Sowjets waren die Menschenopfer, die der Krieg forderte, inzwischen fast ins Unerträgliche gewachsen: Schätzungsweise 90 Prozent aller sowjetischen Männer zwischen 18 und 21 Jahren waren bereits gefallen. Um Vorsorge für die Zukunft zu treffen, verabschiedete das Präsidium des Obersten Sowjet am 8. Juni einen Erlaß »über kinderreiche Mütter und die Förderung der Mutterschaft«. Danach sollten Frauen, die mehr als zehn Kinder auf die Welt gebracht hatten, mit dem neuen Ehrentitel »Heldenmutter« ausgezeichnet werden. Kinderreiche Familien und selbst uneheliche Mütter sollten besondere Zuwendungen und Vergünstigungen erhalten.

In der französischen Stadt Tulle im Departement Corrèze führte die SS-Division »Das Reich« am 9. Juni eine großangelegte Vergeltungsaktion gegen die Zivilbevölkerung durch, um Sabotageakte zu rächen, die einheimische Résistance-Gruppen gegen die Division verübt hatten. Eine Frau aus Tulle berichtete später: »Als ich am 9. Juni 1944 vom Einkaufen nach Hause kam, fand ich meinen Mann und meinen Sohn tot vor, erhängt am Balkon unseres Hauses. Sie waren zwei von hundert Männern, die die deutsche SS willkürlich herausgegriffen und kaltblütig ermordet hatte. Die Kinder und Ehefrauen wurden gezwungen, zuzusehen, wie die Männer an den Lichtmasten und Balkonen vor ihren eigenen Häusern erhängt wurden. Was soll ich noch sagen?«

Am 9. Juni erhielt Churchill die folgende Mitteilung von Stalin: »Morgen, am 10. Juni, läuten wir an der Leningrader Front die erste Runde ein.« Das Artillerievorgeplänkel hatte zu diesem Zeitpunkt bereits begonnen: 240 sowjetische Geschütze schleuderten ihre Granaten auf die finnischen Abwehrstellungen nordwestlich der Stadt. Aber auch die Deutschen waren an mehreren Fronten zum Angriff übergegangen: in Rumänien gegen die Russen, in Italien und in der Normandie gegen die Westalliierten. Sie waren jedoch nach wie vor der Überzeugung, es in der Normandie mit einem Ablenkungsangriff zu tun zu haben, und rechneten jeden Moment mit einer weiteren Offensive im Westen. Um 22.30 Uhr am Abend des 9. Juni empfing die deutsche Abwehr eine Botschaft von Juan Pujol Garcia, ihrem in Großbritannien eingesetzten Agenten »Arabel«. Die sofort an Hitler weitergereichte Botschaft lautete: »Nach Fühlungnahme mit meinen Agenten Donny, Dick und Dorick am 8. Juni in London« habe »Arabel« die Überzeugung gewonnen, die Landung in der Normandie sei »ein Ablenkungsmanöver mit dem Ziel, feindliche Reserven zu binden, um dann anderswo einen entscheidenden Angriff vorzutragen«.

Die deutsche Abwehr erklärte in einer beigefügten Bewertung für Hitler, diese Agentenmeldung bestätige »die von uns schon vorher vertretene Ansicht, daß mit einem weiteren Angriff an anderer Stelle zu rechnen ist«. Diese andere Stelle sei vermutlich die belgische Küste. Der Agent »Arabel«, der für die Briten unter dem Decknamen »Garbo« tätig war, hatte also mitgeholfen, die Deutschen nach Beginn der Landung in der Normandie noch volle drei Tage lang in dem Glauben zu bestärken, daß es sich um ein Täuschungsmanöver handelte. Etwas mehr als drei Jahre waren vergangen, seit Garcia sich als »Arabel« in England etabliert und sein Netz von zeitweise 27 Phantomagenten aufgebaut hatte. Die drei Agenten, die er in seinem Bericht vom 9. Juni erwähnte, waren allesamt mit einer sorgfältig konstruierten Legende ausgestattet: Der im Dezember 1943 rekrutierte »Donny« war ein ehemaliger Seemann, der als Führer des »Weltordens der Arier« fungierte; der im Februar 1944 rekrutierte »Dick« war »ein indischer Fanatiker«; und der ebenfalls im Februar 1944 angeworbene »Dorrick« war ein Zivilist, der in der Hafenstadt Harwich an der Nordseeküste lebte.

Auch im Hauptquartier der deutschen Wehrmacht in Zossen herrschte der Eindruck vor, man habe es in der Normandie nur mit einem Ablenkungsmanöver zu tun. »Mit dem Hauptstoß«, teilte Oberst Alexis von Roenne, Chef der Aufklärungsabteilung beim Generalstab des Heeres, General Jodl am 9. Juni mit, »muß jeden Augenblick an der Straße von Calais gerechnet werden.« Im selben Sinn äußerte sich am gleichen Tag der Admiral der deutschen Atlantikflotte in einer Funkbotschaft an Großadmiral Dönitz: Das »zögernde und langsame« Vorgehen der alliierten Landungstruppen in der Normandie ließ sich seiner Meinung nach als Indiz für »eine beabsichtigte zweite Landung an einem anderen Punkt« deuten. Dieser Funkspruch wurde in England am 10. Juni dechiffriert. Nicht genug damit, daß die alliierten Befehlshaber dank der wirksamen Täuschungsmanöver ihrer Kollegen weiterhin unter so etwas wie einer schützenden Tarnkappe operieren konnten, erfuhren sie auch noch aus allererster Quelle, wie gut die Täuschung nach wie vor funktionierte.

Am 10. Juni waren Kämpfe an sechs Fronten voll entbrannt: in der Normandie, in Italien, an der finnisch-sowjetischen Front bei Leningrad, auf Neuguinea, in Burma und in China, wo die Japaner entlang dem Lju-Jiang-Fluß eine Infanterieoffensive gegen Changsha gestartet hatten. Auf den verschiedenen Schlachtfeldern kämpften Zehntausende von Soldaten nicht nur fern ihrer Heimat, sondern auch für höchst unterschiedliche Ziele: So befanden sich unter den Bataillonen, die in der Normandie an der Seite der deutschen Wehrmacht kämpften, Kosaken aus Rußland und indische Gefolgsleute von Subhas Chandra Bose, deren Anliegen die gewaltsame Beseitigung der britischen Kolonialherrschaft in Indien war. Tausende von Soldaten fielen Tag für Tag bei diesen Kämpfen.

In Europa gesellten sich dazu noch die Torturen hinter der Front, die unaufhörlich weitergingen. Im besetzten Polen ermordeten die Deutschen am 10. Juni mehr als vierzig Bewohner des Dörfchens Pikule; es handelte sich um eine Vergeltungsmaßnahme dafür, daß polnische Partisanen bei Zivilisten Unterschlupf gefunden hatten. Im Gebiet um Pikule befanden sich zu diesem Zeitpunkt 3000 Partisanen auf der Flucht vor einer 30000 Mann starken deutschen Truppe, die im Rahmen der Operation »Wirbelsturm« Jagd auf sie machte. Am gleichen Tag verübte in dem französischen Dorf Oradour-sur-Glane eine SS-Einheit als Vergeltungsmaßnahme für einen Résistance-Überfall auf einen für die Normandie bestimmten deutschen Truppentransport ein Massaker: Sie ermordete 642 Dorfbewohner, darunter 190 Schulkinder. Nur zwei Einwohner konnten sich retten: Madame Rouffanche und ein achtjähriger Junge namens Roger Godfrin. Unter den Ermordeten waren mehrere Juden, denen die Dorfbewohner Zuflucht gewährt hatten, so etwa die fünfundvierzigjährige aus Warschau stammende Maria Goldman und der achtjährige in Straßburg geborene Serge Bergman.

In Salon-la-Tour wurde an diesem Tag die britische Agentin Violette Szabo, die am »D-Day« über dem besetzten Frankreich abgesetzt worden war, von der Gestapo festgenommen. Nach Verhör und Folter wurde sie ins Konzentrationslager Ravensbrück eingewiesen. In der Normandie hatten die Alliierten ihren Brückenkopf konsolidiert und den weiteren Vormarsch ins Landesinnere eingeleitet. Auch eine Geheimwaffe Hitlers, eine unsinkbare Unterwassermine, die von den Alliierten »Auster« genannt wurde, konnte daran nichts Wesentliches ändern. Die Deutschen hatten einen Tag nach dem »D-Day« die Gewässer vor den Stränden der Normandie mit diesen »Austern« gepflastert, die vom technischen Niveau her den Minen der Alliierten haushoch überlegen waren und ihre Schiffe zwangen, ihre Geschwindigkeit im verminten Bereich bis auf zwei Stundenkilometer zu drosseln. Daß die neue Waffe keine entscheidende Wirkung erzielte, lag an der erdrückenden zahlenmäßigen und materiellen Überlegenheit der Alliierten, die dafür sorgte, daß die Verluste verschmerzbar blieben.

Im Gebiet des Brückenkopfes selbst stießen die alliierten Truppen auf heftige Gegenwehr, doch der dafür verantwortliche Befehlshaber wußte, daß diesem Widerstand der lange Atem fehlen würde. »Tagsüber«, schrieb Rommel am 10. Juni, »wird praktisch unser gesamter Verkehr – auf Straße, Schiene und im offenen Gelände – von überlegenen Kampfbomber- und Bomberverbänden festgenagelt, mit der Folge, daß die Bewegungsfähigkeit unserer Truppen auf dem Schlachtfeld fast völlig gelähmt ist, während der Feind ungehindert manövrieren kann. Jeder Verkehrsweg im rückwärtigen Gebiet steht unter beständigem Beschuß, und es ist sehr schwierig, lebenswichtige Munitions- und Treibstoffvorräte zur Truppe durchzubringen.«

Rommel wollte seine angriffsfähigen Truppen konzentriert gegen den amerikanischen Brückenkopf im Abschnitt Carentan-Montebourg einsetzen und dadurch auch eine Einschließung der auf der Halbinsel Cotentin stehenden deutschen Truppen verhindern. Hitler intervenierte jedoch gegen diesen Plan und befahl Rommel, statt dessen von Caen aus gegen den britischen Brückenkopf vorzurücken. Die Briten konnten ihre Truppen jedoch schneller verstärken als Rommel die seinen und rückten gegen ihn vor, ehe er zum Angriff auf sie bereit war.

Das alliierte Wunschziel für den »D-Day«, der wichtige Knotenpunkt Caen, über den die deutschen Truppentransporte zur Verstärkung der Brückenkopfront liefen, konnte auch an diesem Tag nicht genommen werden. Daher vermochten die Deutschen Verstärkungen heranzuführen, die die alliierten Invasionstruppen in blutigen Kämpfen zwei Monate lang in einer Zone festnagelten, die sie schon am allerersten Tag hatten überrennen wollen.

Am Abend des 10. Juni befanden sich auf den Stränden der Normandie und weiter landeinwärts schon mehr als 325000 alliierte Soldaten. In einem verzweifelten Versuch, den weiteren Zustrom von Männern und Material zu bremsen, drangen deutsche Schnellboote in dieser und der darauffolgenden Nacht in die Gewässer vor dem Strandabschnitt »Utah« ein und versenkten den amerikanischen Zerstörer *Nelson.* Weiter draußen auf dem Ärmelkanal zerstörten und versenkten die Deutschen mehrere Bauteile der künstlichen Hafenanlage Mulberry, bevor sie an ihrem Bestimmungsort ankamen. Doch von den fünfzehn Schnellbooten, über die die Deutschen am 6. Juni verfügten, waren eine Woche später nur noch sechs übrig, eine Tatsache, die der britische Nachrichtendienst aus entschlüsselten Funksprüchen erfuhr.

Ebenfalls dank abgehörten und dechiffrierten deutschen Meldungen waren die Briten über den deutschen Plan informiert, von Le Havre aus einen Schnellbootangriff gegen die Invasionsflotte zu starten. Auf diese Vorwarnung hin stellte die RAF sogleich 344 Bomber bereit, um einen konzentrierten Angriff auf die deutschen Schnellbootschuppen in Le Havre zu fliegen.

Am 11. Juni wurde in der Normandie eine Gruppe britischer Soldaten nach der Gefangennahme an die Wand gestellt und erschossen. Einer der Engländer kam mit dem Leben davon, weil er sich tot stellte; er sorgte dafür, daß das Massaker bekannt wurde. Am 12. Juni wurden kanadische Kriegsgefangene, die sich auf dem Marsch nach Rennes befanden, versehentlich von amerikanischen Tieffliegern angegriffen; fünfzehn Männer kamen ums Leben.

An der indischen Grenze beteiligte sich der Gurkha-Soldat Ganju Lama, Sohn eines Priesters, am 12. Juni an einem Kommandounternehmen gegen japanische Truppen, die Imphal belagerten. Mit seiner Panzerfaust setzte er zwei japanische Panzer außer Gefecht, wobei er selbst an beiden Armen und an einem Bein verwundet wurde. Da er sich jedoch noch imstande fühlte, Handgranaten zu werfen, rief er seinen Kameraden zu: »Gebt mir Granaten!« Er zielte gut genug, um die überlebenden Besatzungsmitglieder der beschossenen japanischen Panzer zu töten. Dafür wurde Ganju Lama mit dem Victoria Cross ausgezeichnet.

In der Nacht zum 13. Juni zündeten die Deutschen endlich ihre langerwartete Geheimwaffe: ein unbemanntes, düsengetriebenes Kleinflugzeug, das mit einer Tonne Sprengstoff und einem Berührungszünder ausgestattet war. Ihre erste Feuerprobe bestand die sogenannte V1 (von »Vergeltungswaffe«), welche die Briten als »fliegende Bombe« bezeichneten, eher schlecht als recht. Von den zehn in Watten (nahe Calais) abgefeuerten Raketen legten fünf eine Bruchlandung in unmittelbarer Nähe der Abschußrampe hin. Eine »ging verloren«, das heißt, sie stürzte wahrscheinlich in den Ärmelkanal. Vier erreichten englischen Boden, doch nur eine richtete Schaden an: Sie tötete im Londoner Stadtteil Bethnal Green sechs Menschen.

Die Deutschen hatten vorgehabt, gleichzeitig mit dem Abschuß der ersten Flugbomben einen Luftangriff konventioneller Art durchzuführen, um zusätzlichen Schrecken zu verbreiten. Durch einen Zufall wurden die dafür bereitgestellten Bomber am Nachmittag des 12. Juni bei einem der systematischen Angriffe alliierter Bomber auf deutsche Flugplätze – in diesem Fall auf ein Flugfeld bei Beauvais – am Boden zerstört.

Ein weiterer glücklicher Zufall wollte es, daß am 13. Juni eine zu Testzwecken in Peenemünde abgefeuerte V-2-Rakete nicht in die Ostsee stürzte, wo sie spurlos versunken wäre, sondern bei Backebo in Schweden niederging. Zwei britische Offiziere untersuchten den Flugkörper in Stockholm und übermittelten ihre Erkenntnisse sogleich nach London, wohin auch die

Rakete selbst anschließend geschafft wurde. Das Geheimnis der zweiten deutschen Wunderwaffe begann sich also just um dieselbe Zeit zu lichten, als die erste ihre Premiere für den Ernstfall absolvierte.

In Italien sprengten Partisanengruppen am 13. Juni Straßenbrücken zwischen La Spezia und Reggio Emilia, einer für die deutschen Militärtransporte wichtigen Strecke. London erfuhr vier Tage später durch entschlüsselte deutsche Funksprüche von der Aktion. In Thessalien versuchten griechische Partisanen am 14. Juni die Beschlagnahme geernteter Feldfrüchte durch die Deutschen zu verhindern; einer der beteiligten Partisanen, ein griechischer Jude namens Leon Sakkis, wurde im Verlauf des Kampfes, als er einen verwundeten Kameraden zu bergen versuchte, von deutschem MG-Feuer tödlich getroffen.

Neun Tage nach Beginn der Schlacht in der Normandie verharrten zwei deutsche Panzerdivisionen noch immer in Südfrankreich. Die »Ultra«-Abhörspezialisten in Bletchley suchten in den dechiffrierten deutschen Funksprüchen aufmerksam nach Anzeichen dafür, daß diese Divisionen den Marschbefehl Richtung Norden erhalten hatten. Aber wie der Geheimdienstausschuß des Kriegskabinetts in London in einem Bericht vom 14. Juni vermerkte, machte die Auswertung der deutschen Befehle deutlich, daß die Deutschen nach wie vor alliierte »Entlastungsoperationen« fürchteten – und dies nicht nur in Südfrankreich, sondern auch im Bereich der Straße von Calais, an der südwestfranzösischen Atlantikküste und in Norwegen. Denn sie rechneten noch immer mit der Möglichkeit einer »wirklichen« Invasion an der belgisch-niederländischen Küste östlich von Calais.

In der Absicht, den geplanten deutschen Schnellbootangriff auf die im Ärmelkanal kreuzenden alliierten Versorgungsschiffe für die Invasionsstreitmacht zu unterbinden, flogen die Briten am 14. Juni einen Bombereinsatz gegen die deutschen Bootsschuppen im Hafen von Le Havre. Mit der Führung des Angriffs wurde Leonard Cheshire betraut, der für seine herausragenden Führungsleistungen bei zahlreichen früheren Luftangriffen bereits das Victoria Cross erhalten hatte. Cheshire und seinen Männern gelang es nicht nur, die Schuppen zu zerstören; sie setzten darüber hinaus von den sechzehn in Le Havre liegenden Schnellbooten fünfzehn außer Gefecht.

Auf dem pazifischen Kriegsschauplatz fand am 14. Juni der erste Luftangriff schwerer amerikanischer Bomber vom Typ »Super Fortress« auf das japanische Festland statt: Von ihrer Basis beim chinesischen Tschengtu aus attackierten sechzig dieser neuen Maschinen die Eisen- und Stahlhütten in Jawata auf der Insel Kiuschu. Der angerichtete materielle Schaden hielt sich in Grenzen, aber die Nachricht von dem erfolgreich verlaufenen Angriff steigerte die Siegeszuversicht der Amerikaner.

Im italienischen Norcia überraschte am 14. Juni eine deutschen Patrouille zwei italienische Partisanen und zwei britische Soldaten bei dem Versuch, eine Brücke zu sprengen. Die beiden Briten konnten fliehen. Einer der Partisanen, ein vierundzwanzigjähriger Jude aus Triest namens Sergio Forti, machte den Deutschen weis, der andere Partisan sei bereit, die beiden Briten in eine Falle zu locken, worauf sie seinen Mitkämpfer gehen ließen. Verabredungsgemäß kehrte der Mann nicht zurück, weder mit den Briten noch ohne sie. Forti wurde daraufhin gefoltert und noch am gleichen Tag ermordet. Er erhielt posthum die Goldmedaille der italienischen Widerstandskämpfer.

Nicht Widerstand, sondern Recht- und Hilflosigkeit bestimmten das Denken und Handeln der 1800 Juden der griechischen Insel Korfu, als sie am 14. Juni mit der Fähre auf das griechische Festland transportiert und dann auf Lastautos quer durch Thessalien nach Larisa gebracht wurden; von dort aus ging es in geschlossenen Güterwaggons über Saloniki weiter ins mehr als

1000 Kilometer entfernte Auschwitz. Man hatte den Juden gesagt, sie würden nach Polen »umgesiedelt«. Nach ihrer Ankunft in Auschwitz wurden 1600 sofort in die Gaskammern geführt; 200 kamen in die Baracken.

Hitlers Krieg gegen die Juden ging weiter, obwohl sein Krieg gegen die Alliierten jetzt in eine äußerst kritische Phase trat. Drei feindliche Heere standen in Gebieten, die noch vor kurzem dem deutschen Herrschaftsbereich angehört hatten: Im östlichen Galizien wartete die Rote Armee auf den Befehl, ihren Vormarsch fortzusetzen; in Italien hatten die Amerikaner den Ombrone-Fluß erreicht, und in der Normandie schienen die Westalliierten kurz davor, die Halbinsel Cotentin in ihren Besitz zu bringen. Doch noch war den Deutschen die Fähigkeit zu Angriffsaktionen nicht ganz abhanden gekommen. Am 15. Juni ordnete der Kommandeur der deutschen »Ski«-Abschußbasen, Oberst Wachtel, einen zweiten Flugbombenangriff auf Großbritannien an. Dieser Angriff kam, was Umfang und Wirkung betraf, den deutschen Zielvorstellungen schon wesentlich näher. Insgesamt wurden an diesem Tag in Watten 244 Geschosse abgefeuert. 45 fielen unmittelbar nach dem Start durch Explosion oder Absturz aus, wobei neun der Abschußrampen zerstört und zehn französische Zivilisten getötet wurden. Von den Flugkörpern, die in den Luftraum über England eindrangen, wurden zwölf von britischer Flak und acht von Jagdfliegern abgeschossen. Aber 73 »fliegende Bomben« erreichten London und töteten mehr als fünfzig Zivilisten. Um Panikreaktionen in der Zivilbevölkerung vorzubeugen, erließ die britische Regierung eine Vorschrift, die besagte, bei den Traueranzeigen für zivile Opfer des Krieges dürften pro Kalendertag höchstens drei Personen »aus demselben Postzustellbezirk« berücksichtigt werden.

Im Pazifik starteten die Amerikaner am 15. Juni die Operation »Forager«, eine Offensive zur Eroberung der Marianen-Inseln. Auf der Insel Saipan landeten 20000 amerikanische Soldaten; ihre japanischen Gegner legten dieselbe todesverachtende Kampfentschlossenheit an den Tag, die die Amerikaner auf fast allen Inseln kennen und fürchten gelernt hatten. Robert Sherrod, Korrespondent des Nachrichtenmagazins *Time,* schilderte eine typische Episode: Ein von den Amerikanern aufgestöberter japanischer Heckenschütze kam mit aufgepflanztem Bajonett aus seinem Versteck hervor, woraufhin »ein Amerikaner eine Handgranate warf, die den Japaner niederriß. Er rappelte sich auf, setzte sich das Bajonett an den Bauch und schickte sich an, auf die bekannte Art Harakiri zu begehen. Doch er kam nicht dazu, sich den Bauch aufzuschlitzen. Jemand erschoß den Jap mit einem Karabiner. Aber wie alle Japs starb er einen zähen Tod. Auch als schon vier Geschosse seinen Körper zerfetzt hatten, erhob er sich noch einmal auf ein Knie. Dann schoß der Amerikaner ihm eine Kugel durch den Kopf, und der Jap war tot.«

In der dreiwöchigen Schlacht um Saipan fielen 20000 Japaner und 3426 Amerikaner. Dann, am 9. Juli, drei Tage nach dem Selbstmord des japanischen Befehlshabers, Generalleutnant Yoshitsugu Saito, nahmen sich noch einmal 7000 Japaner das Leben. Auf Guam sollten später 2124 Amerikaner fallen, auf Tinian 290. Auf beiden Inseln blieben nur wenige Japaner am Leben; Tausende fielen im Gefecht, und weitere Tausende starben bei vorsätzlich selbstmörderischen »Bansai«-Angriffen oder begingen Selbstmord.

Mit ähnlichem Fanatismus kämpften die Japaner bei Imphal und Kohima in Indien; hier fielen im Laufe von dreieinhalb Monaten 2700 Briten und Inder, während der Japaner 30000 Mann verloren.

Im Getto von Łódź wurden die Juden, die dort als Arbeitssklaven für die deutsche Rüstungsindustrie ausgebeutet wurden, am 16. Juni aufgefordert, sich freiwillig zum »Arbeitseinsatz außerhalb des Gettos« zu melden. Man brauche sie, so erklärten ihnen die Deutschen, zum »Wegräumen von Trümmern in bombardierten Städten«. Die ersten 3000 würden nach München kommen. Wer sich freiwillig für diese Arbeit melde, könne sich seine Rationen »sofort holen, ohne Schlange zu stehen«. Es fanden sich 3000, und sie wurden auch aus dem Getto abtransportiert. Doch sie gelangten nicht nach München, sondern nach Chelmno, wo auf dem Gelände des alten Vernichtungslagers Gaskammern errichtet worden waren. Alle 3000 wurden dort vergast.

Im besetzten Frankreich wurden am 16. Juni zwei Juden erschossen: Marc Bloch, der Historiker, der sich aktiv in der Résistance betätigt hatte, und Jean Zay, der im Frankreich der Vorkriegszeit einmal Erziehungsminister gewesen war. Diese Morde geschahen zu einem Zeitpunkt, als die Alliierten gerade die Operation »Gain«, eine Luftlandeoffensive bei Orléans gestartet hatten: Speziell ausgebildete britische Fallschirmjäger wurden mit dem Auftrag abgesetzt, die Eisenbahnstrecken, auf denen die Deutschen jetzt Verstärkungen in die Normandie transportierten, unsicher zu machen. Aber auch jetzt noch, da die deutschen Militärs den Ernst der Lage in der Normandie erkannt hatten, hielten sie die dortige Landung für ein Vorspiel mit Ablenkungscharakter. Zu Beginn dieser Woche kursierte in Berlin die Furcht vor einer Landung an der dänischen Westküste, und am 16. Juni meldete das deutsche Marinegruppenkommando West starke Anzeichen für eine bevorstehende alliierte Invasion in Holland und Belgien. Alle diese »Indizien«, darunter Störungen des deutschen Radars und verstärkte Flugtätigkeit, waren von den Briten bewußt inszeniert worden und stellten die letzten Akte in ihrem brillanten Spiel der Täuschungen, der Operation »Fortitude«, dar. Als Hitler am 17. Juni nach Soissons reiste, um sich mit seinen Kommandeuren zu besprechen, erhielt auf sein Geheiß Juan Pujol Garcia alias »Arabel«, sein bester Agent in Großbritannien, das Eiserne Kreuz.

Hitlers Besuch in Soissons – sein erster Aufenthalt auf französischem Boden, seit er vier Jahre zuvor triumphierend das eroberte Paris besichtigt hatte – mündete in einen klaren Befehl: »Die Festung Cherbourg ist um jeden Preis zu halten.« Gleichzeitig ordnete er an, die 15. Armee, die an der Straße von Calais stand, nicht in die Normandie zu verlegen; sie sollte bleiben, wo sie war, und auf die noch immer erwartete »wirkliche« Invasion warten.

Freifranzösische Truppen starteten am 17. Juni die Operation »Brassard«, die Eroberung der italienischen Insel Elba. Am selben Tag stattete General de Gaulle dem Brückenkopf in der Normandie einen eintägigen Besuch ab: Es war das erste Mal seit vier Jahren, daß er wieder französischen Boden betrat. In dem Dorf Mouen im normannischen Kampfgebiet wurden an diesem Tag sieben kanadische Soldaten, die von einer sie bekämpfenden Einheit der Waffen-SS gefangengenommen worden waren, mehrere Stunden lang verhört und anschließend zum Dorfrand geführt und erschossen.

Für die Briten brachte der 17. Juni den dritten Flugbombenangriff. In der Londoner Straße St. John's Hill, unweit des Bahnhofs Clapham Junction, kamen 24 Passanten und Ladenkunden ums Leben. Eine V1, die in eine Klinik in Kensington einschlug, tötete dreizehn Patienten, in der Mehrzahl Kinder, und fünf Mitarbeiter. Die Regierung hielt diese Opferzahlen drei Monate lang geheim. Eine Flugbombe kam erheblich vom Kurs ab, wandte sich nach Süden und schlug nicht weit von Rommels Hauptquartier in Soissons ein, wo Hitler sich zu diesem Zeitpunkt aufhielt.

Rommel hielt große Stücke auf die Flugbomben. »Die Langstrecken-Aktion«, schrieb er am Sonntag, dem 18. Juni, an seine Frau, »hat uns enorme Entlastung verschafft.« In London schlug an diesem Sonntag eine V1 in die Guards-Kapelle in der Wellington-Kaserne ein und tötete 121 Gottesdienstbesucher, 58 Zivilisten und 63 Soldaten. Am selben Vormittag tötete eine Flugbombe, die in Battersea niederging, neunzehn Zivilisten, und eine dritte forderte in Putney 28 Menschenleben. Drei Flugbombenangriffe an drei Tagen hatten somit insgesamt mehr als 250 Menschen das Leben gekostet.

Im besetzten Polen, im Gebiet von Osuchy bei Lublin, lief am 18. Juni die Operation »Wirbelsturm II« gegen die polnische Partisanenbewegung an, der binnen sechs Tagen 700 Partisanen zum Opfer fielen. In China eroberten japanische Truppen am 18. Juni Changsha; damit feierten die Japaner den ersten Erfolg innerhalb ihrer Operation »Ichigo«, einer Offensive gegen die chinesischen Städte, von denen aus die Amerikaner ihre Luftangriffe auf das japanische Mutterland durchführten.

Von den Gewässern vor der Nordwestküste Neuguineas aus starteten amerikanische Landungstruppen am 19. Juni unter dem Kommando von General Eichelberger einen Angriff auf die japanischen Verteidiger der Insel Biak, die seit Beginn der amerikanischen Offensive drei Wochen zuvor allen Versuchen widerstanden hatten, sie zu vertreiben. Im offenen Gefecht besiegt, zogen die Japaner sich in Höhlen zurück, in denen sie nur noch mit Flammenwerfern wirksam angegriffen werden konnten. Als die Schlacht zu Ende war, hatten 5093 Japaner ihr Leben gelassen, während die Amerikaner 524 Gefallene zu beklagen hatten.

Während Eichelberger und seine Truppe am 19. Juni ihren Angriff auf Biak starteten, griff ein flugzeugträgergestütztes japanisches Bombergeschwader eine amerikanische Flottille an, die vor der Marianen-Insel Saipan lag und die dortigen US-Landungstruppen deckte und versorgte. Obwohl die Japaner bei diesem Angriff zwei neue Flugzeugmodelle einsetzten – »Jill« war für höhere Reichweiten, »Judy« für höhere Geschwindigkeiten ausgelegt als ihre Vorgänger –, verloren sie 346 Maschinen durch Abschuß, während auf amerikanischer Seite nur dreißig Flugzeuge verlorengingen. In der danach entbrennenden Seeschlacht wurden drei der neun beteiligten japanischen Flugzeugträger, die *Taiho,* die *Shokako* und die *Hiyo,* versenkt. 4000 japanische Seeleute kamen ums Leben.

Die 2. SS-Panzerdivision, die mit schweren Panzern neuester Bauart ausgerüstet war, hatte am Nachmittag des 6. Juni Befehl erhalten, sich von ihrem Standort Toulouse aus in Richtung Normandie in Marsch zu setzen. Aber anstatt, wie geplant, nach dreitägigem Marsch am 9. oder 10. Juni den bedrängten alliierten Brückenkopf im Norden zu erreichen, brauchte sie dazu siebzehn Tage. Zu der zweiwöchigen Verspätung, die den alliierten Landungstruppen einen potentiell gefährlichen Feind vom Halse hielt, kam es unter anderem deswegen, weil die Alliierten sämtliche Loire-Brücken zwischen Orléans und der Atlantikküste zerstört hatten. Die vom Rußlandfeldzug her kampferprobte Division verfügte freilich über eine eigene Pionierkompanie und hätte daher eigentlich alle Flüsse auf ihrer Route ohne großen Zeitverlust auf Pontonbrücken überschreiten können. Zahlreiche Sabotageakte sorgten jedoch dafür, daß sie nur schleppend vorankam. Zunächst sprengte der britische Agent George Starr alias »Hilaire« die Treibstoffdepots, auf die die Panzertransporter der Division angewiesen waren, mit so nachhaltigem Erfolg in die Luft, daß der Weitertransport der schweren Panzer von der Straße auf die Schiene verlegt werden mußte. Dann sprengte ein weiterer britischer Agent, Baron Philippe de Gunzbourg alias »Edgar«, mit seinen Männern die Eisenbahnbrücken Bergerac und Périgueux, was die Division zwang, eine weiter östlich gelegene Route zu nehmen, wo eine weitere von der britischen SOE dirigierte Gruppe unter Jacques Poitier alias »Nestor« in den Regionen um Brive und Tulle eine Reihe von Hinterhalten legte.

Begleitet wurden diese außerordentlichen Aktionen von beständigen alliierten Luftangriffen auf die Division, die mit ihren streng geheimen Funksprüchen, darunter vielen Hilferufen wegen zur Neige gehender Treibstoffvorräte, den Alliierten jederzeit ein vollständiges Bild von ihren Bewegungen und Absichten vermittelte. Am 15. Juni erreichte sie Champsecret, von wo es bis zum alliierten Brückenkopf noch 30 Kilometer waren. Erst am 18. Juni rückte die 2. SS-Panzerdivision in ihre vorgesehenen Aufmarschstellungen bei Torigny, Canisy und Tessy ein.

Ein britischer Bombenangriff auf Watten führte am 19. Juni zur Zerstörung einer großen Zahl von Flugbomben, die gerade zum Abschuß vorbereitet wurden. Drei Tage später bombardierten die Amerikaner mit ähnlichem Erfolg bei dem 25 Kilometer nordwestlich von Paris gelegenen Nucourt einen Bahnhof, in dem sie eine Verladestation für Flugbomben vermuteten. Dennoch schlugen inzwischen Tag für Tag fliegende Bomben in Großbritannien ein; in den 24 Stunden zwischen dem 19. Juni, 6 Uhr morgens, und dem 20. Juni, 6 Uhr morgens, wurden beispielsweise in London 26 V-1-Einschläge registriert. 27 weitere Flugbomben wurden im gleichen Zeitraum von der britischen Luftabwehr abgeschossen.

Am 20. Juni um Mitternacht lag die Zahl der in der Normandie an Land gesetzten alliierten Soldaten bei einer halben Million; in den ersten zwei Wochen nach Invasionsbeginn waren 4000 alliierte Soldaten gefallen. In London traf aus dem besetzten Frankreich die Nachricht ein, die französische Résistance habe zu einem »allgemeinen Aufstand« aufgerufen. Churchill wies die Special Operations Executive – SOE – sogleich an, die Widerstandskämpfer auf dem Luftweg mit allem, was sie an Waffen und Munition benötigten, zu versorgen, um »den Zusammenbruch der Bewegung zu verhindern und ihre Ausbreitung zu fördern«.

Im Hinterland der deutschen Ostfront zerrissen in der Nacht zum 20. Juni mehr als 10000 von sowjetischen Partisanen angebrachte Sprengladungen das gesamte von den Deutschen kontrollierte Eisenbahnnetz westlich der Stadt Minsk und legten es für eine gute Weile lahm. In den nachfolgenden beiden Nächten explodierten entlang der Bahnstrecken Witebsk–Orscha und Polozk–Molodetschno weitere 40000 Sprengladungen. Darüber hinaus wurden auch die für den deutschen Nachschub wesentlichen Bahnverbindungen zwischen Minsk, Brest-Litowsk und Pinsk angegriffen, während westlich von Witebsk und südlich von Polozk 140000 sowjetische Partisanen unmittelbar gegen deutsche Militärformationen vorgingen.

All dies war jedoch nur ein Vorspiel zu dem Sturm, der am Morgen des 22. Juni losbrach, als die Rote Armee ihre Sommeroffensive eröffnete. Nicht zufällig begann die Operation »Bagration«, wie die Offensive in Erinnerung an den zaristischen General genannt wurde, am dritten Jahrestag von Hitlers Überfall auf die Sowjetunion; vorgetragen wurde sie von einer Streitmacht, die größer war als jene, die Hitler damals ins Feld geschickt hatte. 1,7 Millionen sowjetische Soldaten nahmen an der Offensive teil, denen 2715 Panzer, 1355 selbstladende Geschütze, 24000 Artilleriegeschütze und 2306 Raketenwerfer zur Verfügung standen. Dazu kamen 6000 Flugzeuge, 70000 Lastwagen und täglich bis zu hundert Nachschub- und Versorgungszüge. Eine Woche nach Beginn der Sommeroffensive war die 320 Kilometer lange deutsche Front durchlöchert, und die Wehrmacht sah sich in Richtung Bobruisk, Stolbzy, Minsk und Grodno zurückgeworfen – Weißrußland war nun unwiederbringlich verloren. Im Laufe dieser einen Woche waren 38000 deutsche Soldaten gefallen und 116000 in Gefangenschaft geraten. Die Wehrmacht hatte ferner 2000 Panzer, 10000 schwere Geschütze und 57000 Fahrzeuge verloren. Die deutsche Heeresgruppe Nord, von der so viel abhing, war in zwei Teile zersprengt; der eine zog sich in Richtung der baltischen Staaten und der andere in Richtung Ostpreußen zurück.

Am ersten Tag der sowjetischen Offensive beschloß eine Gruppe deutscher Sozialisten und Wehrmachtsoffiziere, welche dem geheimen Kreisauer Kreis angehörte, Verbindung zu den deutschen Kommunisten aufzunehmen, deren Gesellschaft sie bis dahin gescheut hatten. Graf Claus von Stauffenberg billigte diese Kontakte, die auf Initiative des sozialdemokratischen Expolitikers und Lehrers Adolf Reichwein und des prominenten Sozialdemokraten Julius Leber zustande gekommen waren. Im Verlauf ihrer Diskussionen wurde ihnen klar, daß die deutschen »Massen« für einen Aufstand gegen Hitler noch nicht reif waren; ein erfolgversprechender Putsch gegen den Führer konnte daher, wenn überhaupt, nur von ranghohen Wehrmachtsoffizieren inszeniert werden. Stauffenberg pflichtete dieser Überlegung bei. Neun Tage später wurde er zum Stabschef von General Fromm, dem Befehlshaber der Reservearmee, ernannt, welcher ebenfalls zum Verschwörerkreis gehörte. In dieser seiner neuen Funktion hatte Stauffenberg sowohl in Rastenburg als auch in Berchtesgaden Zugang zum innersten Kreis um Hitler. Reichwein und Leber freilich wurden, nachdem einer der drei Kommunisten, mit denen sie am 22. Juni zusammengetroffen waren, sie denunziert hatte, von der Gestapo festgenommen.

Im Gebiet hinter der deutschen Südfront in Italien, in der Nähe von Arezzo, wagten italienische Partisanen am 24. Juni einen Angriff auf deutsche Truppenteile, die sich auf dem Transport ins Frontgebiet befanden. In wütenden Vergeltungsaktionen töteten die Deutschen mehr als hundert Partisanen. In Großbritannien hatten die deutschen Flugbomben zu einer Wiederkehr der Schrecken des Bombenkriegs geführt: Am 24. Juni fanden 51 Soldaten den Tod, als eine V1, die auf dem Weg nach London bei Newlands in der Grafschaft Kent von der britischen Flugabwehr abgeschossen wurde, auf ihre Kaserne stürzte und explodierte.

In Frankreich erreichten amerikanische Einheiten am 25. Juni die Außenbezirke von Cherbourg. Der deutsche Kommandant der Festung Cherbourg, General Karl Wilhelm von Schlieben, ersuchte Rommel um die Erlaubnis, kapitulieren zu dürfen. »Unter den die Stadt verteidigenden Truppen«, erklärte er, »befinden sich zweitausend Verwundete, die nicht behandelt werden können.« Und er stellte die Frage: »Ist die Opferung der übrigen noch notwendig?« Rommel antwortete: »In Übereinstimmung mit den Befehlen des Führers müssen Sie bis zur letzten Kugel aushalten.«

Mehr als hundert deutsche Jagdflugzeuge stiegen an diesem Tag von ihren Stützpunkten in Frankreich auf, um Schlieben in seinem Abwehrkampf zu unterstützen; sie alle prallten an der alliierten Luftüberlegenheit ab. Wenig später eröffneten alliierte Kriegsschiffe, die jetzt den Ärmelkanal kontrollierten, von See her das Feuer auf die Stellungen Schliebens.

Generalfeldmarschall von Rundstedt wollte noch immer nicht ganz glauben, daß die Landung in der Normandie mehr war als ein Ablenkungsmanöver. In seinem wöchentlichen Lagebericht vom 25. Juni wies er auf die (nicht existierende) First United States Army Group hin, die seiner Überzeugung nach angriffsbereit in Großbritannien stand. Er glaubte, es handle sich um eine noch stärkere Streitmacht als die 21. Heeresgruppe Montgomerys, und rechnete damit, daß sie jeden Augenblick für weitere Landungsunternehmen zwischen dem rechten Somme-Ufer und der Seine-Mündung eingesetzt würde, um Le Havre einzuschließen und zu erobern. Eingedenk dieser Befürchtung beließ Rundstedt viele Tausende deutscher Soldaten im Gebiet der Straße von Calais – Truppen, die sonst vielleicht in der Normandie den Umschwung hätten bewirken können.

Die Offensive der Roten Armee, Juni – August 1944

Am 26. Juni ordnete in Cherbourg Admiral Hennecke, der Seekommandant Normandie, die völlige Zerstörung aller Hafeneinrichtungen an. Für diese »Tat« verlieh Hitler ihm das Ritterkreuz zum bereits erhaltenen Eisernen Kreuz. An der Ostfront besetzte die Rote Armee nach einem vorausgegangenen Luftangriff unter Einsatz von 700 Bombern an diesem Tag Witebsk; die Leichen von 6000 gefallenen deutschen Soldaten säumten die Straßen. Die deutschen Truppen in Witebsk hatten wie ihre Kameraden in Cherbourg von Hitler den Befehl erhalten, bis zum letzten Mann zu kämpfen. Doch damit war die Niederlage lediglich hinausgezögert worden. In Deutschland wurde an diesem Tag der Arzt und Zoologe Professor Walther Arndt hingerichtet; er hatte das Verbrechen begangen, nach einem besonders schweren alliierten Bombenangriff laut zu sagen: »Das ist das Ende des Dritten Reichs, und die Schuldigen können jetzt zur Rechenschaft gezogen werden.«

Die »Schuldigen« aber setzten ihr Vernichtungswerk weiter fort. Am 26. Juni wurden 485 Juden aus Fossoli und Verona nach Auschwitz deportiert; vier Tage später ging aus Paris ein Transport mit 1153 Juden ab. Schon am Monatsanfang waren 496 Juden aus Holland deportiert worden, und aus Ungarn waren in den vergangenen sechs Wochen insgesamt 381000 Juden in Auschwitz eingetroffen. Mehr als 250000 von ihnen waren vergast worden.

In der Absicht, die Kunde von diesem Massenmord in die Welt zu tragen, hatten vier Juden es mit außerordentlichem Glück und ebensolchem Mut geschafft, aus Auschwitz zu entfliehen, und hatten ihren Glaubensbrüdern in der Slowakei von den Gaskammern von Auschwitz berichtet. Diese hatten die Information in die neutrale Schweiz geschmuggelt. Von dort aus hatte die furchtbare Wahrheit am 24. Juni den Weg sowohl nach Washington als auch nach London gefunden, ergänzt durch ein Ersuchen an die Alliierten, die nach Auschwitz führenden Bahnstrecken zu bombardieren. Die Namen von zwanzig Bahnstationen entlang dieser Strecken wurden in dem Appell ausdrücklich genannt. Am 26. Juni wurden die Enthüllungen über den massenhaften Judenmord in Auschwitz von Beamten in London und Washington studiert. Als einen Tag später Churchill persönlich den Bericht durchlas, schrieb er an Anthony Eden: »Was können wir tun? Was können wir sagen?« Eden gab ihm die Antwort, die ihm unmittelbar zuvor von den beiden Zionistenführern Chaim Weizmann und Moshe Shertok nahegelegt worden war. Sie hatten ihn um die Bombardierung der nach Auschwitz führenden Eisenbahnstrecken ersucht, genau wie es in den Telegrammen vom 24. Juni aus der Schweiz gefordert worden war. Churchills Antwort kam prompt: »Holen Sie aus der Air Force heraus, was Sie können«, schrieb er an Eden, »und schalten Sie mich, wenn nötig, ein.«

Die Reaktion der Luftwaffe auf diesen Vorstoß Churchills war jedoch negativ. Im britischen Luftfahrtministerium trug man Bedenken, das Leben britischer Flugzeugbesatzungen für einen so »nichtigen Zweck« aufs Spiel zu setzen, wie ein Beamter in einem nur für den internen Gebrauch bestimmten Vermerk schrieb. Da solche Bombenangriffe bei Tag geflogen werden müßten, seien sie ohnehin Sache der Amerikaner. Aber der Stellvertretende Kriegsminister der USA, John J. McCloy, lehnte vier von unterschiedlichen Seiten an ihn herangetragene Bitten um eine Bombardierung der Eisenbahnlinien ab. Wie sein Stellvertreter vermerkte, gab er jedesmal, wenn er mit einem dieser Ersuchen konfrontiert wurde, Anweisung, »diese Sache ›abzuwürgen‹«. Die Deportationen gingen weiter, ohne daß auf alliierter Seite Pläne zur Bombardierung der Bahnstrecken ausgearbeitet worden wären.

In Burma eroberten am 26. Juni britische, indische, amerikanische und Gurkha-Truppen die Stadt Mogaung. Es war die erste japanisch besetzte burmesische Stadt, die den Invasoren wieder entrissen wurde. Acht Tage später fiel auch Myitkyina in die Hände der Alliierten. An allen Fronten – in Burma, im Pazifik, in Italien, in der Normandie und vor allem in Weißrußland – befanden sich die Achsenmächte jetzt unwiderruflich auf dem Rückzug.

KAPITEL 39

Deutschland im Klammergriff

Juli 1944

Am 27. Juni 1944 kapitulierten die Verteidiger der Werft von Cherbourg; nur noch einige wenige Bastionen im Hafengebiet waren in deutscher Hand. Doch noch hatten die Deutschen die Kraft, an anderer Stelle zurückzuschlagen. In England waren in den Wochen zuvor 1600 Zivilisten bei V-1-Einschlägen getötet worden. »Nach fünf Jahren Krieg«, erklärte der britische Minister für Innere Sicherheit, Herbert Morrison, dem Londoner Kriegskabinett, sei »die Fähigkeit der Zivilbevölkerung, der Belastung durch Luftangriffe standzuhalten, nicht mehr in gleichem Maß gegeben wie im Winter 1940–41.« Eine »fliegende Bombe«, die an diesem Tag in die Londoner Victoria Station einschlug, tötete vierzehn Personen.

In Leningrad feierten die Sowjets an diesem 27. Juni die Fertigstellung der ersten Tonne Stahl durch das wiederaufgebaute Ischorski-Stahlwerk. Während die Rote Armee an diesem Tag die weißrussische Stadt Mogilew eroberte, marschierten an der Karelienfront sowjetische Truppen in Petrosawodsk ein und befreiten mehrere Tausend in einem Internierungslager festgehaltene Sowjetbürger.

Während die Schlacht um die Normandie weiterging, die letzten deutschen Bastionen in Cherbourg kurz vor der Kapitulation standen, Caen jedoch noch fest in deutscher Hand war, stellten die Alliierten am 28. Juni eine Übersicht über die Zahl ihrer Gefallenen seit dem 6. Juni zusammen. Danach hatten die Amerikaner 4868, die Briten 2443 und die Kanadier 393 Mann verloren.

In Paris wurde am 28. Juni der Führer der französischen Milice, Philippe Henriot, von einem Résistance-Kommando erschossen. An der Ostfront näherten sich die vorrückenden sowjetischen Truppen an diesem Tag dem Konzentrationslager Maly Trostenez bei Minsk. Russische Flugzeuge griffen das Lager an. Das Lagerpersonal, welches aus lettischen, ukrainischen, weißrussischen, ungarischen und rumänischen SS-Hilfskräften bestand, wurde an diesem Tag durch ein rein deutsches SS-Kommando abgelöst. Dieses sperrte alle noch am Leben befindlichen Häftlinge – russische Zivilisten, Juden aus dem Getto von Minsk und Juden aus Wien, die über Theresienstadt hierher deportiert worden waren – in die Baracken und zündete diese an.

Wer aus den brennenden Baracken entkam, wurde erschossen. Rund zwanzig der Juden aus Theresienstadt gelang es, sowohl den Flammen als auch den Kugeln zu entgehen und sich bis zur Ankunft der sowjetischen Truppen sechs Tage später im nahe gelegenen Wald zu verstecken.

Am 28. Juni nahm die Rote Armee Bobruisk ein; 16000 deutsche Soldaten fielen, 18000 gingen in Gefangenschaft. »Dies ist für mich der Augenblick«, telegrafierte Churchill drei Tage später an Stalin, »Ihnen zu sagen, wie ungeheuer wir alle hier von den großartigen Fortschritten der russischen Armeen beeindruckt sind, die, je besser sie in Tritt kommen, die deutschen Streitkräfte, welche noch zwischen ihnen und Warschau – und anschließend Berlin – stehen, regelrecht zu zermalmen scheinen. Jeder Sieg, den Sie erringen, wird hier mit größter Aufmerksamkeit aufgenommen.«

Weiter bescheinigte Churchill dem Sowjetführer: »Ich erkenne lebhaft, daß all dies zur zweiten Runde gehört, die Sie seit Teheran auskämpfen, nachdem Sie in der ersten Sewastopol, Odessa sowie die Krim zurückerobert haben und Ihre Vorhut bis an die Karpaten, zum Sereth und zum Pruth gelangte.«

In Italien drängte General Alexander die deutschen Truppen unterdes Tag für Tag weiter in nördliche Richtung zurück. In der Normandie standen jetzt mehr als eine dreiviertel Million britische und amerikanische Soldaten an Land, und 40000 Deutsche waren in Gefangenschaft geraten. »Der Feind brennt und blutet an allen Fronten zugleich«, telegrafierte Churchill an Stalin, »und ich bin mit Ihnen der Meinung, daß das bis ans Ende so weitergehen muß.«

Am 29. Juni ergaben sich in Cherbourg die letzten deutschen Widerstandsnester. Rommel und Rundstedt suchten an diesem Tag Hitler in Berchtesgaden auf und forderten erhebliche Verstärkungen für die Normandie, insbesondere Flugzeuge und Flugabwehrgeschütze. Beide wollten von Hitler außerdem wissen, »wie nach seiner Vorstellung der Krieg noch gewonnen werden könne«. Drei Tage später war Rundstedt seines Kommandos enthoben und durch Generalfeldmarschall von Kluge ersetzt.

In der letzten Juniwoche zählte die deutsche Wehrmacht allein an der Ostfront mehr als 130000 gefallene und 66000 in sowjetische Gefangenschaft geratene Soldaten. In Berlin brachte der fünfundzwanzigjährige Heinz Bello, Unteroffizier bei einer deutschen Sanitätseinheit und Träger des Eisernen Kreuzes Zweiter Klasse, der Ostmedaille und des Verwundetenabzeichens, bei einer nächtlichen Brandmeldeschicht gegenüber zwei »Freunden« seine Gegnerschaft zu Nationalsozialismus und Militarismus zum Ausdruck; die beiden denunzierten ihn, und er wurde wegen »Wehrkraftzersetzung« zum Tode verurteilt. Seine Hinrichtung fand an einem Maschinengewehr-Schießstand statt.

Hingerichtet wurde an diesem 29. Juni im Fernen Osten auch der Führer der malayischen Widerstandsbewegung, General Lim Bo Seng, der in die Hände der Japaner gefallen war.

In London hielt die tödliche Heimsuchung durch V-1-Einschläge an. Am 30. Juni kamen bei einem Einschlag auf dem Strand 198 Menschen ums Leben. In der Ortschaft Westerham in Kent starben, als eine »fliegende Bombe« von britischer Flak abgeschossen wurde und auf ein Kinderheim stürzte, 24 Säuglinge und acht Betreuerinnen. Fünf der Säuglinge waren erst einen Monat alt und aus Sicherheitsgründen nach Kent evakuiert worden. Damit hatten die »fliegenden Bomben« seit ihrem ersten Einsatz sechzehn Tage zuvor 1935 britische Zivilisten getötet.

Am letzten Junitag trafen die 1795 aus Korfu deportierten Juden in Auschwitz ein. Augenzeuge ihrer Tragödie wurde ein ungarisch-jüdischer Arzt namens Miklos Nyiszli. Er, der selbst ein Deportierter war, berichtete später, die Juden aus Korfu seien 27 Tage lang in hermetisch verschlossenen Güterwaggons unterwegs gewesen und hätten mit Ausnahme dessen, was sie von zu Hause mitgenommen hatten, in dieser Zeit weder Nahrung noch Wasser bekommen. »Als sie am Entladebahnsteig von Auschwitz ankamen«, schrieb Nyiszli, »wurden die Türen geöffnet, aber niemand stieg aus und stellte sich zur Selektion auf. Die Hälfte von ihnen war schon tot, die andere Hälfte lag im Koma. Der ganze Transport kam ohne Ausnahme ins Krematorium II.«

In Dänemark begann am letzten Junitag 1944 ein Streik gegen die Ausgangssperre und andere restriktive Maßnahmen der Besatzungsmacht. Der Streik währte vier Tage und kostete hundert Dänen das Leben. In Belgien war es das Ausbleiben blutiger deutscher Repressalien, das zur Abberufung des dortigen deutschen Militärbefehlshabers, General von Falkenhausen, führte;

wegen zu nachsichtiger Amtsführung wurde er unter Arrest gestellt und später nach Dachau geschickt.

In Italien begann am 1. Juli eine deutsche Offensive gegen die Partisanen. Generalfeldmarschall Kesselring, der Oberbefehlshaber der deutschen Streitkräfte in Italien, erließ an diesem Tag einen Befehl, in dem er an seine früher ausgesprochene Drohung mit »strengsten Maßnahmen« gegen die italienischen Partisanen erinnerte, der jetzt Nachdruck verliehen werden müsse. In der Folge wurden zwischen Parma und Piacenza 200 Partisanen getötet; 43 von ihnen, die den Deutschen lebend in die Hände fielen, wurden brutal gefoltert, ehe man sie erschoß.

In der Nacht zum 2. Juli starteten 64 britische und amerikanische Bomber zu einer weiteren Mission im Rahmen der Operation »Gardening« – dies war die allgemeine Deckbezeichnung für das Minenlegen aus der Luft. Insgesamt 192 Minen wurden unweit von Belgrad in die Donau »gesät«, in der darauffolgenden Nacht noch einmal sechzig. Weiter flußaufwärts, in Budapest, forderte Admiral Horthy an diesem Tag die Aussetzung der Deportation ungarischer Juden nach Auschwitz. Am Morgen des 2. Juli fielen bereits feindliche Bomben auf Budapest; amerikanische Maschinen, die aus Süditalien kamen, bombardierten Ölraffinerien und ließen Vorratstanks in Flammen aufgehen. Hunderte von Bomben fielen allerdings auch auf Wohngebiete und töteten mehrere hundert ungarische Zivilisten. Auch hundert ungarische Juden mit britischen oder amerikanischen Pässen fanden den Tod, als die Villa, in der sie Zuflucht gefunden hatten, einen Volltreffer abbekam.

Neben Bomben warfen die amerikanischen Flugzeuge auch Handzettel über Budapest ab, in denen »die Verantwortlichen in Ungarn« darauf hingewiesen wurden, daß die Regierung der USA die Verfolgung der Juden mit großer Aufmerksamkeit und »äußerster Sorge« beobachte und dafür sorgen werde, daß all jene, die sich an der Durchführung von Befehlen zur Judenverfolgung beteiligten, bestraft würden.

48 Stunden nach der amerikanischen Bomben- und Flugblattmission über Budapest teilte Admiral Horthy der deutschen Regierung mit, die Deportationen müßten ein Ende haben. Infolge der weltweiten Aufmerksamkeit, die der Bericht der vier Auschwitz-Flüchtlinge erregt hatte, hatten das Internationale Komitee des Roten Kreuzes, der schwedische König und Papst Pius XII. bei Horthy protestiert. Den Deutschen, die bei ihren Deportationsaktionen auf die Mitarbeit der ungarischen Polizei und Bahnverwaltung angewiesen waren, blieb nichts anderes übrig, als die Transporte einzustellen. Allerdings waren zu diesem Zeitpunkt bereits 437 000 ungarische Juden aus den ländlichen Gebieten nach Auschwitz deportiert worden. Immerhin aber blieben mehr als 170 000 Budapester Juden, für die die Züge schon bereitstanden, vor dem Abtransport bewahrt.

Der 8. Juli 1944 war der Tag, an dem die Deportationen aus Ungarn aufhörten. Einen Tag später traf in Budapest ein schwedischer Diplomat namens Raoul Wallenberg ein; er hatte eine Liste von 630 ungarischen Juden bei sich, für die schwedische Visa bereitlagen. Obwohl die unmittelbare Gefahr des Abtransports nach Auschwitz gebannt war, griffen diese Juden nach jedem Strohhalm, der ihnen Schutz vor den Nazis verhieß.

Raoul Wallenberg, ein Mann, der gekommen war, um die Juden von Budapest vor dem Schlimmsten zu bewahren, war ein Ur-Urenkel von Michael Benedics, der sich gegen Ende des 18. Jahrhunderts als einer der ersten Juden überhaupt in Schweden niedergelassen hatte und zum evangelischen Glauben übergetreten war.

In Deutschland nahm das Vorhaben des Verschwörerkreises um Graf von Stauffenberg, ein Attentat auf Hitler zu verüben (Operation »Walküre«), allmählich Gestalt an. Ihr erster Plan sah vor, Hitler, Göring und Himmler am 2. Juli in Berchtesgaden mit einer einzigen Bombe zu ermorden. Da Hitler jedoch diesen Tag allein verbrachte, wurde das Attentat abgeblasen. Der alliierte Aufmarsch in der Normandie war unterdessen weitergegangen; am 2. Juli waren dem Brückenkopf bereits insgesamt eine Million Soldaten und 171 532 Fahrzeuge zugeführt. In der begrenzten Zone, die die Alliierten kontrollierten, hatten sie immerhin 41 000 deutsche Kriegsgefangene gemacht.

An der Ostfront war die deutsche Lage Anfang Juli prekär geworden: 28 Wehrmachtsdivisionen waren am 2. Juli von feindlichen Truppen eingeschlossen worden. Innerhalb weniger Tage wurden 40 000 deutsche Soldaten bei dem Versuch, sich aus der Umklammerung zu befreien, getötet. Am 3. Juli besetzten sowjetische Truppen Minsk, die Hauptstadt von Weißrußland. Mehr als 150 000 deutsche Soldaten gerieten in Gefangenschaft, 2000 Panzer fielen in sowjetische Hand. Graf von Stauffenberg reiste an diesem Tag nach Berchtesgaden. Dort, in der Höhle des Löwen gleichsam, übergab ihm der Chef der Organisationsabteilung beim Oberkommando der Wehrmacht, Generalmajor Helmuth Stieff, eine Bombe mit lautlosem Zünder, die klein genug war, um in einem Aktenkoffer Platz zu finden. Stauffenberg nahm die Bombe in der festen Absicht mit, sie am 11. Juli, an dem er wieder dienstlich in Berchtesgaden sein würde, zu zünden.

Zeitgleich mit dem Beginn der alliierten Landung in der Normandie hatte eine Sonderabteilung der britischen Luftwaffe, der Special Air Service, mit der Absetzung eines Fallschirmjägerkommandos im Gebiet um Poitiers begonnen. Vier Wochen lang machte dieses Kommando, das von J. E. Tonkin geführt wurde und im Laufe der Zeit auf fast fünfzig Mann anwuchs, den deutschen Eisenbahnverkehr zwischen Poitiers und Tours unsicher. Darüber hinaus lieferte es der Royal Air Force wichtige Hinweise, die unter anderem dazu führten, daß britische Bomber bei Châtellerault das »beste Treibstofftankfeuer« des ganzen Feldzugs entzündeten. Am 3. Juli wurde das Kommando jedoch von einem SS-Infanteriebataillon aufgestöbert; ein Drittel der Männer wurde gefangengenommen und anschließend erschossen. Tonkin überlebte Folter und Gefangenschaft. Die anderen Überlebenden wurden von einer Maschine der britischen SOE aus Frankreich ausgeflogen. Für seine erfolgreichen Sabotageaktivitäten wurde Tonkin mit dem Military Cross ausgezeichnet.

London stand in der ersten Juliwoche weiterhin im Zeichen deutscher V-1-Angriffe, die Schäden anrichteten und Todesopfer forderten. Am Vormittag des 3. Juli schlug eine Flugbombe im Stadtteil Lambeth ein. In Chelsea auf der anderen Flußseite stiegen daraufhin 29 US-Soldaten vor ihrer Kaserne an der Turk's Row auf einen Lastwagen, um den Opfern in Lambeth erste Hilfe zu leisten; siebzig weitere GIs warteten auf das Eintreffen weiterer Lastwagen. In diesem Moment schlug in den vollgeladenen Lastwagen eine V1 ein, und die Wucht ihrer Explosion brachte die Fassaden der Gebäude an beiden Straßenseiten zum Einsturz. 64 Amerikaner und zehn britische Passanten wurden getötet.

In höchster Besorgnis wegen der großen Zahl der Todesopfer durch V-1-Angriffe und ihrer möglichen ungünstigen Wirkung auf die Durchhaltemoral der Londoner genehmigten die britischen Stabschefs die Abzweigung von bisher den Landungstruppen in der Normandie zugeteilten Bombern für Angriffe auf die Stützpunkte der deutschen Flugbomben. Mit einem Präzisionsangriff, bei dem Bomben mit verzögerter Zündung eingesetzt wurden, zerstörten die Briten am 4. Juli ein unterirdisches Depot bei St. Leu; 2000 deutsche Flugbomben wurden unter Trümmern begraben. Aus einem streng geheimen, in England entschlüsselten deutschen Funkspruch ging hervor, daß eine für das Depot bei St. Leu bestimmte V-1-Lieferung nach Nucourt umgeleitet worden war. Sechs Tage nach dem Angriff auf St. Leu wurde daher Nucourt zur Zielscheibe einer ähnlichen Bomberattacke. Im zweiten Anlauf gelang es den britischen Bombern dann auch, die in Nucourt gelagerten Flugbomben zu begraben. Die Zahl der Opfer war mittlerweile weiter angestiegen: Wie Churchill den Abgeordneten des Unterhauses am 6. Juli eröffnete, hatten 2754 deutsche Flugbomben bis 6 Uhr morgens an diesem Tag 2752 Todesopfer gefordert – »fast genau einen Toten pro Bombe«. Das Medikament Penicillin, das bis dahin nur im militärischen Bereich eingesetzt worden war, würde, wie Churchill hinzufügte, künftig auch für die Behandlung überlebender Opfer der V-1-Angriffe zur Verfügung stehen.

Auch die Deutschen ergriffen besondere Maßnahmen, um durch Bombenangriffe erlittene Schäden zu beseitigen. Am 4. Juli wurden in den Baracken von Auschwitz tausend jüdische Frauen rekrutiert und mußten sich zur Abreise aus Auschwitz fertig machen. Man transportierte sie mit dem Zug nach Hamburg und setzte sie dort beim Abriß ausgebombter Häuser ein, deren Bausubstanz vernichtet war. Überall im deutschen Machtbereich mußten Arbeitssklaven Trümmer räumen und Straßen und Bahnstrecken ausbessern. Auf der Kanalinsel Alderney wurden am 4. Juli über 200 Häftlinge eines Lagers, in der Mehrzahl aus Frankreich deportierte Juden, an Bord eines Schiffes gebracht; es sollte sie zum Festland bringen, wo Arbeitseinsätze auf sie warteten. Das Schiff wurde jedoch von den Briten angegriffen und versenkt. Alle Häftlinge an Bord kamen ums Leben.

Aus entschlüsselten Funksprüchen konnten die Briten entnehmen, daß die Deutschen am 4. Juli noch immer mit der Möglichkeit einer unmittelbar bevorstehenden zweiten alliierten Landung rechneten, die ihrer Ansicht nach entweder zwischen Seine und Somme, in der Bretagne oder an der französischen Mittelmeerküste stattfinden konnte. An der letztgenannten Stelle planten die Alliierten tatsächlich eine Landung, bei der aus Italien abgezogene Truppen zum Einsatz kommen sollten. In Nordfrankreich gab es jedoch außerhalb des normannischen Brückenkopfs keine militärischen Aktivitäten, abgesehen von einer regen Sabotagetätigkeit. 50 bis 80 Kilometer südlich von Paris attackierte in den ersten Julitagen ein Kommando des britischen Special Air Service unter Führung des populären Karikaturisten Ian Fenwick im Gebiet zwischen Loire und Seine deutsche Versorgungseinheiten. Als jedoch die Briten in der Nacht zum 5. Juli Verstärkungen einflogen, mußten sie feststellen, daß das Gebiet, in dem die Männer per Fallschirm abgesetzt werden sollten, unter deutschem Beschuß lag. Fenwick fiel in dem nun entbrennenden Feuergefecht. Ein Dutzend seiner Leute wurde eingeschlossen und gefangengenommen. Josef Kieffer vom deutschen Sicherheitsdienst verhörte sie einen Monat lang und ließ sie dann erschießen. Einer von ihnen kam allerdings lebend davon, und seine Aussage wurde dem Schergen Kieffer später zum Verhängnis.

Erschossen wurde am 6. Juli in einem Wald bei Paris der ehemalige französische Kolonialminister Georges Mandel, der Jude war und 1940 zu den führenden Kritikern der französischen Kapitulation gehört hatte. »Sterben ist nicht schlimm«, sagte er, als der deutsche Sicherheitsdienst ihn an die französische Milice auslieferte. »Aber es ist traurig, zu sterben, ohne die Befreiung des Landes und die Wiederherstellung der Republik erlebt zu haben.«

Französische Soldaten kämpften bereits auf französischem Boden um die Befreiung Frankreichs, als Mandel, ein französischer Patriot, von französischen Mördern hingerichtet wurde. Letztere wurden später selbst angeklagt, für schuldig befunden und hingerichtet.

Auf der Insel Saipan im Pazifik stürzten sich die 4300 noch kampffähigen japanischen Soldaten am 7. Juli in einem letzten verzweifelten »Bansai«-Angriff auf die sie belagernden Amerikaner. In erbitterten Kämpfen Mann gegen Mann fielen die Japaner bis fast auf den letzten Mann, während die Amerikaner 406 Gefallene verzeichneten. Ein paar hundert Japaner schwammen zuletzt noch zu den Korallenriffen hinaus, woraufhin die Amerikaner ihnen einige Boote hinterherschickten, um ihnen die Bedingungen für die Kapitulation zu unterbreiten. Doch die Japaner, die sich an den Riffspitzen festklammerten, eröffneten das Feuer, worauf die Amerikaner mit verheerender Wirkung zurückschossen. Sie beobachteten, wie auf einer Riffinsel ein japanischer Offizier seinen Männern mit dem Schwert die Köpfe abschlug. Er wurde von amerikanischen Kugeln tödlich getroffen, bevor er Selbstmord begehen konnte.

Die Suche der Amerikaner nach japanischen Überlebenden in den Höhlen von Saipan blieb erfolglos. Statt dessen fanden sie jedoch die sterblichen Überreste zweier hoher japanischer Offiziere, die den Selbstmord der Kapitulation vorgezogen hatten. General Saito hatte mit dem Schwert seine Pulsadern durchtrennt, woraufhin sein Adjutant ihn mit einem Kopfschuß getötet hatte. Admiral Nagumo, der im Dezember 1941 das japanische Angriffsgeschwader gegen Pearl Harbor befehligt hatte, hatte sich mit einer Pistole erschossen.

Britische Bomber warfen an diesem Tag 2500 Tonnen Bomben auf das nordfranzösische Caen ab – eine vorbereitende Maßnahme für den Versuch, die Stadt zu erobern. Während am folgenden Tag das britische Schlachtschiff *Rodney* aus der sicheren Entfernung seines Ankerplatzes im Kanal Caen mit 16-Zoll-Granaten eindeckte, gab Hitler in einer neuen Weisung den Befehl, eine Ausdehnung des alliierten Brückenkopfs in der Normandie unter allen Umständen zu verhindern. Denn andernfalls würden die deutschen Kräfte den Gegner nicht mehr halten können, und dieser würde »ins Innere Frankreichs einbrechen«, wo Deutschland nicht annähernd über genügend »taktische Mobilität« verfüge, um wirksame Gegenwehr leisten zu können.

»Jeder Quadratkilometer muß unnachgiebig verteidigt werden«, lautete der Schlußsatz der Weisung Hitlers vom 7. Juli. Sie wurde sicherlich befolgt, wie die Amerikaner einen Tag später zu spüren bekamen, als sie von La Haye-du-Puits in Richtung Périers vorzurücken versuchten. Nach einem Monat des Kampfes war aus dem Brückenkopf noch immer keine Speerspitze geworden. Trotzdem mußten die Deutschen sich mittlerweile nicht nur auf einen Rückzug einstellen, sondern auch mit einer Niederlage rechnen. Unmittelbar nachdem die neue Führerweisung, um jeden Kilometer zu kämpfen, die deutschen Befehlshaber im Felde erreicht hatte, wies einer von ihnen, SS-General Kurt Meyer, seine Truppen an, sich aus ihren vorgeschobenen Stellungen in die Vororte von Caen zurückzuziehen. In den Kämpfen des zurückliegenden Monats waren die Meyer unterstellten Bataillonskommandeure ausnahmslos gefallen. »Offiziere und Mannschaften wissen, daß der Kampf aussichtslos ist«, schrieb Meyer an diesem Tag: »Schweigsam, aber willens, bis zum bitteren Ende ihre Pflicht zu tun, warten sie auf ihre Befehle.«

Am 9. Juli, dem Tag, an dem Meyer seinen Befehl zum Rückzug nach Caen erteilte, nahmen die Wehrmachtsverschwörer, nach deren Planungen das Attentat auf Hitler drei Tage später stattfinden sollte, Kontakt mit Rommel auf, der sich in seinem Hauptquartier in La Roche-Guyon aufhielt. Ihr Abgesandter war Oberst Cäsar von Hofacker, der dem Stab des deutschen Militärbefehlshabers von Paris angehörte. Zu der Pariser »Filiale« des Verschwörerzirkels gehörte auch Major von Falkenhausen, ein Neffe des deutschen Militärgouverneurs von Brüssel, der kurz zuvor wegen mangelnder Strenge in Haft gesetzt worden war.

An der Ostfront brachte der Abend des 10. Juli den Beginn der sowjetischen Offensive gegen die deutsche Heeresgruppe Nord. 48 Stunden später hatten die von General Jeremenko befehligten sowjetischen Truppen eine 80 Kilometer lange Bresche in die deutsche Front gerissen und stießen tief in deutsch besetztes Gebiet vor. Eine deutsche Bastion nach der anderen fiel:

Zunächst Drissa, dann Opotschka, dann Sebesch. Die letzte deutsche Verteidigungslinie auf sowjetischem Boden war zerschlagen.

Am 11. Juli wurde Graf von Stauffenberg nach Berchtesgaden beordert, um Hitler Bericht über die militärische Lage zu erstatten. Er nahm seine Bombe mit, brachte sie aber nicht zum Einsatz. Hitler stand kurz vor der Abreise zu seinem Hauptquartier »Wolfsschanze« bei Rastenburg, und Stauffenberg hatte bereits den Befehl in der Tasche, sich ebenfalls dort einzufinden. Am selben Tag wurden in London Churchill weitere Einzelheiten über die Vorgänge in Auschwitz vorgelegt; die Informationen beruhten auf den Berichten der vier Auschwitz-Flüchtlinge und besagten, daß in diesem Lager in den zurückliegenden zwei Jahren 1,7 Millionen Juden umgebracht worden seien. Die meisten seien vergast, andere erschossen, manche auch lebendig begraben worden. »Ohne Zweifel«, schrieb Churchill an diesem Tag an Anthony Eden, »haben wir es hier mit dem wahrscheinlich schlimmsten und abscheulichsten Verbrechen zu tun, das in der gesamten Weltgeschichte jemals begangen worden ist – unter Einsatz eines wissenschaftlichen Apparats von angeblich zivilisierten Menschen im Namen einer großen Nation und eines der führenden Völker Europas. Es ist ziemlich klar«, setzte er hinzu, »daß alle an diesem Verbrechen Beteiligten, die uns irgendwie in die Hände fallen – auch wenn es sich um Leute handelt, die die Massaker lediglich auf Befehle hin durchgeführt haben – zum Tode verurteilt werden sollten, nachdem ihre Beteiligung an dem Morden unter Beweis gestellt worden ist.«

Die Deutschen selbst machten weiterhin mit allen Partisanen oder Widerstandskämpfern, die sie zu fassen bekamen, in barbarischer Weise kurzen Prozeß. Am 8. Juli wurden in Garwolin unweit von Warschau dreißig gefangengenommene polnische Partisanen öffentlich erschossen. In Frankreich fiel am selben Tag der Résistance-Führer Leutnant Joly, Deckname »Valentin«, einer deutschen Säuberungsaktion im Gebiet von Ecot zum Opfer. Am 12. Juli nahmen die Deutschen bei Arezzo eine 48 Mann starke Gruppe italienischer Partisanen unter Führung von Eugenio Calo gefangen. Zwei Tage lang wurden die Gefangenen unter grausamen Foltern verhört, ohne jedoch etwas preiszugeben. Dann befahlen die Deutschen ihnen, einen tiefen Graben auszuheben. In diesen mußten sie steigen und wurden dann bis zum Kinn mit Erde bedeckt. Nun versuchten die Deutschen, sie zum Reden zu bringen, indem sie neben ihren Köpfen Dynamitstangen in die Erde steckten und mit deren Zündung drohten. Dennoch blieben alle Partisanen stumm. Die Sprengladungen wurden daraufhin gezündet.

Eugenio Calo wurde posthum mit der italienischen Goldmedaille für militärische Tapferkeit ausgezeichnet.

Am 12. Juli wurde im Londoner Pentonville-Gefängnis ein deutscher Spion gehängt. Joseph Jan Vanhove war ein belgischer Kellner, der behauptete, vor der deutschen Besatzungsherrschaft nach Schweden geflohen zu sein, um sich als Freiwilliger zu den alliierten Streitkräften zu melden. In Wirklichkeit hatte er sich im Auftrag der Deutschen im nördlichen Frankreich um französische und belgische Zwangsarbeiter »gekümmert« und diejenigen von ihnen, die mit der Résistance sympathisierten, bei der Gestapo denunziert. Nachdem er im Februar 1944 in Schottland aufgetaucht war, hatten die Briten ihn festgenommen. Im Mai war er im Londoner Old Bailey des Verrats für schuldig befunden und zum Tode verurteilt worden. Seine Berufung war im Juni verworfen worden. Er war der sechzehnte und letzte deutsche Spion, der während der Dauer des Krieges in Großbritannien hingerichtet wurde.

Am 13. Juli setzte eine sowjetische Armee unter Marschall Konjew zur Überschreitung des Bug und zu einem Zangenangriff auf Lemberg, die Hauptstadt Ostgaliziens, an. Das rasche Vordringen eines der beiden sowjetischen Angriffsflügel in Richtung Brody führte dazu, daß 40 000 deutsche Soldaten eingekesselt wurden. Nach siebentägigen Kämpfen waren 30 000 von ihnen gefallen. Der Flußlauf des Bug war Bestandteil der Curzon-Linie, die Stalin – mit Billigung Churchills – zur Westgrenze der Sowjetunion machen wollte. Lemberg, eine der größten und bedeutendsten Städte im Polen der Vorkriegszeit, lag auf der sowjetischen Seite der Curzon-Linie. Im Nordabschnitt der Ostfront wurde am 13. Juli Wilna besetzt, eine weitere Stadt, die Polen vor dem Krieg für sich beansprucht hatte und die jetzt auf sowjetisch beanspruchtem Territorium lag. Mit jedem militärischen Durchbruch näherte sich nunmehr die politische Landkarte Europas ihrer endgültigen Nachkriegsgestalt.

Am 14. Juli besetzten sowjetische Truppen die nur noch rund 300 Kilometer von Ostpreußen entfernte Stadt Pinsk. An diesem selben Tag machte sich Hitler von Berchtesgaden aus auf den Weg in sein ostpreußisches Hauptquartier. Im 210 Kilometer von Rastenburg entfernten Kaunas stöberte die Gestapo an diesem Tag in einem Kellerversteck mehr als hundert Juden auf; sie sperrte sie in das Haus, in dessen Keller sie sich versteckt gehalten hatten, und setzten es in Brand. Es gab keine Überlebenden. Am 14. Juli, dem Jahrestag des Sturms auf die Bastille, entfesselten 28 französische Häftlinge im Santé-Gefängnis einen Aufstand; sie wurden ausnahmslos an die Gefängnismauer gestellt und erschossen.

Um diese Zeit wurden vier britische Agentinnen – Vera Leigh, Diana Rowden, André Borrel und Sonia Olschanesky –, die seit ihrer Ergreifung in Karlsruhe in Haft gesessen hatten, ins elsässische Konzentrationslager Natzweiler überstellt. Zwei britische Agenten, die bereits in Natzweiler einsaßen, darunter der belgische Arzt Oberst Guéresse, wurden Zeugen ihrer Ankunft. Noch am gleichen Abend wurden die vier Frauen zum Lagerkrematorium geführt, erhielten eine tödliche Spritze und wurden in den Öfen verbrannt.

Wie Churchill seinem Kriegskabinett mitteilte, waren bis zum 15. Juli 1944 3582 deutsche Flugbomben in Großbritannien eingeschlagen, wobei 3583 Personen ums Leben gekommen waren. Allein, die steigenden Verluste unter der Londoner Zivilbevölkerung waren für die in Frankreich auf verlorenem Posten kämpfenden Deutschen nur ein schwacher Trost. Am 15. Juli berichtete Rommel in einem Schreiben an Hitler über die enormen Verluste an Menschen und Material, das Ausbleiben hinreichender Verstärkungen und die Gefahr, daß angesichts der alliierten Luft- und Artillerieüberlegenheit »auch die tapferste Armee Stück für Stück aufgerieben wird und dabei Männer, Waffen und Boden verliert«.

Wie Rommel darüber hinaus feststellte, konnten der Normandiefront keine neuen Truppen zugeführt werden, »es sei denn um den Preis einer Schwächung der von der 15. Armee gehaltenen Kanalfront oder der Mittelmeerfront in Südfrankreich«. Die 15. Armee stand nach wie vor am Ärmelkanal bereit, um der nicht existenten Gefahr einer Landungsoperation durch die First United States Army Group begegnen zu können – das alliierte Täuschungsmanöver tat also auch jetzt noch, mehr als fünf Wochen nach der Landung in der Normandie, seine Wirkung. Ein Telegramm, das der japanische Botschafter in Berlin nach Tokio übermittelte und das am 15. Juli in Bletchley dechiffriert wurde, bestätigte, daß die Deutschen noch immer damit rechneten, diese fiktive militärische Formation würde in Bälde bei Calais landen und die deutschen Truppen in der Normandie durch einen Flankenangriff einzuschließen versuchen. Churchill übermittelte den dechiffrierten Text des japanischen Telegramms an Eisenhower und meinte dazu: »Die Ungewißheit ist eine Marter für die Deutschen. Die in England bereitstehenden Truppen machen den Hunnen großes Kopfzerbrechen.«

Churchill konnte nicht ahnen, daß der 15. Juli der Tag war, an dem Graf von Stauffenberg und seine Mitverschwörer von der Wehrmacht ihre Operation »Walküre« – die Ermordung

Hitlers – durchführen wollten. Einer der Verschwörer, General Friedrich Olbricht, der Chef des Allgemeinen Heeresamtes im Oberkommando des Heeres, erteilte zwei Stunden vor dem Attentatstermin in der Annahme, alles werde nach Plan ablaufen, seinen Truppen den Befehl, sich nach Berlin in Marsch zu setzen. Doch da Hitler die Einsatzbesprechung abkürzte, entschloß Stauffenberg sich im letzten Augenblick, das Attentat bis zu seinem nächsten Besuch in Rastenburg fünf Tage später aufzuschieben. General Olbricht beeilte sich, seine auf Berlin vorrückenden Truppen zurückzurufen. Seinem Vorgesetzten, General Fromm, erklärte er, es habe sich um eine kurzfristig anberaumte Übung gehandelt.

Am 16. Juli stand die sogenannte »England-Kanone«, eine an der französischen Kanalküste installierte Geschützbatterie von enormer Feuerkraft, die ihre schweren Granaten auf Städte entlang der britischen Südküste feuern sollte, kurz vor ihrer Inbetriebnahme. Die Alliierten flogen an diesem Tag einen Angriff auf die Geschützstellung bei Marquise Mimoyecques und zerstörten sie. Am Himmel über der russischen Front wurde an diesem Tag der französische Pilot Maurice de Seynes, ein Mitglied des freifranzösischen Jäger-Regiments, das sich seit neun Monaten an den Kämpfen im Osten beteiligte, bei einem Einsatz über den deutschen Linien von feindlichen Kugeln in seinem Cockpit so unglücklich getroffen, daß er erblindete. Er lehnte es jedoch ab, sich mit dem Schleudersitz zu retten, da sein russischer Copilot, der Mechaniker Wladimir Belozub, auf seinem Sitz eingeklemmt war. »Niemand«, schrieb der sowjetische Luftwaffengeneral Georgi Sacharow, »konnte Maurice de Seynes dazu bringen, sein eigenes Leben zu retten.« Das Flugzeug explodierte noch in der Luft. Hätte de Seynes sich zu retten versucht und seinen Kameraden im Stich gelassen, so wäre dies, wie seine Mutter später schrieb, »ein Fleck auf [der Ehre] unserer ganzen Familie gewesen. Mein Sohn hat nobel gehandelt.«

42 Piloten ließen in den Kämpfen an der Ostfront ihr Leben; vier von ihnen wurden zu Helden der Sowjetunion ernannt. De Seynes' heroische Tat vom 16. Juli ging in die sowjetischen Geschichtsbücher ein.

Am 16. Juli war Oberst Cäsar von Hofacker in Berlin, wo er Graf von Stauffenberg in dessen Haus am Wannsee besuchte. Dort fiel die Entscheidung, das Attentat auf Hitler vier Tage später durchzuführen. Hofacker berichtete den Verschwörern bei dieser Zusammenkunft vom bevorstehenden Zusammenbruch des deutschen Abwehrgürtels in der Normandie, der unvermeidlich die Niederlage der deutschen Westarmeen nach sich ziehen werde. Tatsächlich hatte Rommel, in dessen Namen Hofacker zumindest teilweise sprach, in seinem Schreiben an Hitler einen Tag zuvor unmißverständlich erklärt: »Die Truppen kämpfen überall heldenhaft, aber der ungleiche Kampf nähert sich seinem Ende.« Rommel ersuchte Hitler um die Genehmigung, einen Großteil der 28 000 auf den Kanalinseln stationierten deutschen Soldaten aufs französische Festland zu verlegen, wo sie dringend gebraucht wurden. Hitler lehnte dies ab.

Die Verschwörer waren auf die Unterstützung und das Prestige Rommels angewiesen, um die Offiziere des deutschen Westheeres hinter sich zu bringen. Allein, als Rommel sich am 17. Juli auf der Fahrt von Caen zu seinem Hauptquartier in La Roche-Guyon befand, wurde sein Fahrzeug bei Livarot von einem alliierten Tiefflieger, an dessen Steuerknüppel der südafrikanische Pilot und Geschwaderführer J. J. Le Roux saß, angegriffen. Rommel wurde schwer verwundet. Ein französischer Apotheker in Livarot leistete dem Generalfeldmarschall erste Hilfe. Später wurde er in ein Lazarett der deutschen Luftwaffe in der nahe gelegenen Stadt Bernay eingeliefert. Dies war das Ende seiner Feldherrenkarriere wie auch seiner kurzen Verschwörerlaufbahn.

Geschwaderführer Le Roux – mit 23 Abschüssen seit dem »D-Day« der »Rekordkiller« unter den alliierten Piloten – sollte nie erfahren, wen er an diesem 17. Juli außer Gefecht gesetzt hatte. Er verschwand acht Wochen später auf einem Rückflug nach England über dem Ärmelkanal spurlos.

In Moskau wurden am 17. Juli mehr als 57000 deutsche Kriegsgefangene durch die Straßen der Stadt geführt. Es war eine »Auswahl« der Wehrmachtssoldaten, die seit Beginn der neuen russischen Offensive am 22. Juli gefangengenommen worden waren. Neunzehn deutsche Generäle marschierten an der Spitze der Parade, alle waren noch mit ihren Orden behängt. Der ranghöchste unter ihnen war der Ritterkreuzträger Friedrich Gollwitzer, der Befehlshaber eines Armeekorps gewesen und bei Witebsk in Gefangenschaft geraten war.

Einen Tag nach dieser Moskauer Parade erreichten sowjetische Truppen Augustów, ein polnisches Städtchen an der Grenze zu Ostpreußen, welches von Rastenburg nur 130 Kilometer entfernt war. Heftige deutsche Gegenwehr brachte die Sowjets an dieser Stelle zum Stehen. In Frankreich begann am 18. Juli eine großangelegte, von 10000 deutschen Soldaten vorgetragene Offensive gegen die Résistance-Hochburgen im Departement Vercors. 500 Résistance-Kämpfer und 200 Zivilisten wurden getötet. »Als die Deutschen das Plateau überrannten«, schrieb ein Historiker später, »legten sie ihre gewohnten barbarischen Methoden an den Tag: Sie brannten alles nieder, folterten und brachten jeden, den sie zu fassen bekamen, auf möglichst widerwärtige Weise um.«

Aus London waren mittlerweile mehr Menschen evakuiert worden als in den schlimmsten Tagen des Jahres 1940, als die deutschen Luftangriffe ihren Höhepunkt erreicht hatten. Bis zum 17. Juli hatten mehr als eine halbe Million Londoner die Hauptstadt verlassen, und innerhalb der nachfolgenden zwei Monate stieg diese Zahl auf über eine Million. Jenen, die etwas über die deutsche Raketenentwicklung wußten, erschien dies eher als eine Vorsichtsmaßnahme denn als eine Panikreaktion, fürchteten sie doch, die Deutschen würden in Bälde eine weiterentwickelte Flugbombe einsetzen, die noch größere Zerstörungskraft entfalten würde. Dr. R. V. Jones teilte am 18. Juli dem »Crossbow«-Ausschuß des Kriegskabinetts mit, daß die Deutschen möglicherweise bereits über bis zu tausend V-2-Raketen verfügten, von denen jede mehr als 11 Tonnen wiegen und eine bis dahin nicht dagewesene Geschwindigkeit von 6500 Kilometern pro Stunde erreichen könne. Eine solche Rakete würde nur drei bis vier Minuten brauchen, um von ihrem Abschußort irgendwo auf dem mitteleuropäischen Festland zu ihrem Zielort – London – zu gelangen.

Churchill eröffnete daraufhin dem Ausschuß, falls die Deutschen tatsächlich solche Raketen zum Einsatz brächten, sei er bereit, »dem Feind nach Absprache mit den Vereinigten Staaten und der UdSSR zur Vergeltung großangelegte Gasangriffe anzudrohen, falls dies als ein geeigneter Weg erschiene«.

Am 18. Juli trat die alliierte Operation »Goodwood«, die Eroberung von Caen, in ihre erste Phase: Hundert Bomber überflogen die deutschen Abwehrbollwerke und legten einen großen Teil der Stadt in Schutt und Asche; 3000 Franzosen kamen ums Leben. Dann eröffnete die alliierte Artillerie das Feuer aus insgesamt 400 Rohren, unterstützt von den Schiffsgeschützen zweier Kreuzer und der *HMS Roberts,* deren 15-Zoll-Kanonen unter Ernstfallbedingungen zuletzt in der Schlacht vor Jütland im Jahr 1916 abgefeuert worden waren. Erst dann setzten sich britische und kanadische Panzerverbände in Bewegung. An ebendiesem Tag – zu spät für die Verteidigung Caens – stimmte Hitler endlich der Verlegung der mobilen Teile der 15. Armee aus dem Raum Calais in das normannische Kampfgebiet zu. Operation »Fortitude«, das alliierte Täuschungsmanöver, war zu Ende, doch der Erfolg von Operation »Goodwood« war gesichert.

Am 20. Juli, während britische und kanadische Truppen um Caen – und damit um die entscheidende Erweiterung ihres Brückenkopfs zu Lasten der Deutschen – kämpften, ließ Hitler sich in einer der Holzbaracken seines Rastenburger Hauptquartiers Bericht über die sich verschlechternde Lage an der Ostfront erstatten. Als er sich gerade über die Karte beugte, kam es zu einer heftigen Explosion. Eine Bombe, die Graf von Stauffenberg in einer Aktentasche zurückgelassen hatte, war detoniert; sie verwüstete den Raum, in dem Hitler und seine Generäle sich versammelt hatten. Doch Hitler überlebte die Explosion, denn einer der Anwesenden, General Brandt, hatte, um sich besser über die auf dem Tisch liegende Karte beugen zu können, die Aktentasche hinter eines der Tischbeine geschoben.

Als die Bombe um 12.42 Uhr hochging, befand sich Stauffenberg rund 200 Meter vom Explosionsort entfernt. Als er sah, wie die Baracke in die Luft flog, nahm er an, daß Hitler tot sei, ließ sich sogleich zum Flugplatz von Rastenburg fahren und flog nach Berlin zurück. Der Augenblick für die Operation »Walküre«, den Umsturz des führerlos gewordenen NS-Regimes, schien gekommen. Um 16.30 Uhr traf Stauffenbergs Flugzeug in Berlin ein; dort mußte er erfahren, daß die Bombe vier Offiziere getötet hatte, nicht aber Hitler. Trotzdem hofften die Verschwörer, ihren Plan noch durchziehen zu können. Eine Stunde später verhafteten Stauffenberg und General Olbricht den Befehlshaber des Reserveheers, General Fromm. Dem Plan der Putschisten zufolge sollten Truppen die Regierungsgebäude in der Wilhelmstraße umstellen; und tatsächlich erteilte der Befehlshaber der Festung Berlin, General von Hase, dem Major Otto Ernst Remer den entsprechenden Befehl. Doch Goebbels rief von seinem Büro in der Wilhelmstraße aus Remer an und überredete ihn, vor der Ausführung irgendeines Befehls mit Hitler zu telefonieren. Nachdem Major Remer dies getan hatte, verweigerte er den Verschwörern jede weitere Unterstützung. Um 18.45 Uhr gab Goebbels über den deutschen Rundfunk bekannt, Hitler sei unverletzt und wohlauf.

Um 20.10 Uhr ging an die Truppen im Namen von Generalfeldmarschall von Witzleben ein Telegramm hinaus, das mit den Worten begann: »Der Führer ist tot. Ich bin zum Oberbefehlshaber der Wehrmacht ...« Doch an dieser Stelle brach der Text ab. Die Verschwörung war fehlgeschlagen.

In dem Glauben, Hitler sei getötet worden, hatten die Pariser Mitverschwörer die Verhaftung aller ranghohen Gestapo- und SS-Funktionäre angeordnet. Gegen Abend sprach sich jedoch auch in Paris herum, daß Hitler überlebt hatte. General von Stülpnagel, der Befehlshaber der Pariser Garnison, wurde nach Berlin zurückbeordert. Als er Verdun passierte, das Schlachtfeld, auf dem er im Ersten Weltkrieg gekämpft hatte, unternahm er einen Selbstmordversuch, der ihn jedoch nicht das Leben, sondern nur das Augenlicht kostete.

Nun begann ein schrecklicher Rachefeldzug gegen die Verschwörer und alle, die mit ihnen in Verbindung gestanden hatten. General Fromm, den Olbricht und Stauffenberg schon nach kurzer Zeit auf freien Fuß gesetzt hatten – in der Annahme, er werde sich ihrer Sache anschließen –, stellte sich sofort gegen sie. Noch am gleichen Abend wurden Olbricht und Stauffenberg im Hof des Kriegsministeriums in Berlin erschossen.

Mehr als 5000 Deutsche sollten in den kommenden Monaten hingerichtet werden. Andere nahmen sich selbst das Leben, so Generalmajor Henning von Treschkow. Bevor er Hand an sich legte, erklärte er: »Gott hat einst Abraham versprochen, Sodom zu verschonen, wenn es nur zehn Gerechte in der Stadt gebe. Er wird, so hoffe ich, um unserer Tat willen Deutschland verschonen und nicht vernichten.«

Zu denen, die sich für den Freitod entschieden, gehörte auch General Ludwig Beck, den die Verschwörer anstelle Hitlers zum Staatsoberhaupt hatten machen wollen. Beck war 1938 aus Protest gegen Hitlers Vorhaben, die Tschechoslowakei zu besetzen, von seinem Posten als Chef des Generalstabs des Heeres zurückgetreten. General Fromm gab ihm am 20. Juli Gelegenheit, sich zu erschießen. Er unternahm zwei unzulängliche Versuche, sich einen tödlichen Kopfschuß beizubringen. Schließlich erhielt der Schwerverletzte von einem Wehrmachtsfeldwebel den Gnadenschuß.

Hitler war bei der Explosion in Rastenburg durch die Luft geschleudert und äußerlich lädiert worden, aber ansonsten im Vollbesitz seiner Kräfte geblieben. Im Augenblick der Detonation hatte er sich schräg nach rechts vorgebeugt, um die Lage in Kurland, dem äußersten nordöstlichen Winkel der Karte, zu studieren. Die Tischplatte und das Tischbein, hinter das die Aktentasche geschoben worden war, retteten ihm das Leben. Noch im Verlauf des Nachmittags führte er die zertrümmerte Baracke seinem ersten Besucher nach dem Attentat, Benito Mussolini, vor.

Um Mitternacht hielt Hitler eine Rundfunkrede an das deutsche Volk. Er sei am Leben und wohlauf, erklärte er, und der Krieg werde weitergehen. Zur gleichen Zeit wies Großadmiral Dönitz alle Marinekommandeure telegrafisch an, bis auf weiteres nur Befehle von Himmler entgegenzunehmen. Ähnliche Anweisungen ergingen an die Kommandeure des Heeres und der Luftwaffe. Hitler, Himmler und Goebbels waren jetzt die faktischen Herren des deutschen Militärapparats. Ihre Gegenspieler, so weit entfernt vom Zentrum der Verschwörung sie auch gestanden haben mochten, wurden einer nach dem anderen eliminiert. Unter den Hingerichteten befand sich auch der ehemalige Privatsekretär des letzten deutschen Kaisers, Freiherr von Sell, der 1941, nach dem Tod Wilhelms II. im holländischen Exil, nach Deutschland zurückgekehrt war und sich denen angeschlossen hatte, die fürchteten, Hitlers Exzesse könnten zum Untergang Deutschlands führen.

Es gab aber auch Männer, denen das Bombenattentat Auszeichnungen einbrachte: Major Remer, der sich nach seinem Telefongespräch mit Hitler geweigert hatte, die Befehle der Verschwörer auszuführen, erhielt das Ritterkreuz mit Eichenlaub.

Am 21. Juli, dem Tag, an dem die deutsche Wehrmacht deutlich gemacht hatte, daß sie weiterhin von Hitler geführt zu werden wünschte, landeten amerikanische Truppen auf Guam. Bei der Eroberung der Insel durch die Japaner im Dezember 1941 hatte nur ein einziger japanischer Soldat sein Leben eingebüßt; jetzt fielen in einem zwanzig Tage andauernden Kampf 18500 japanische Verteidiger, während die Amerikaner 2124 Mann verloren. Drei Tage nach der Landung auf Guam gingen auch auf Tinian amerikanische Truppen an Land. Auch hier wollten die Japaner nicht einsehen, daß sie keine Siegeschance besaßen. 6050 Japaner und 290 Amerikaner fielen, ehe Tinian in amerikanischer Hand war.

Das Tempo des alliierten Vormarsches nahm jetzt an allen Fronten zu. Am 22. Juli überschritten sowjetische Truppen den Bug und schickten sich an, die Stadt Chełm zu erobern, die bereits auf dem nach Kriegsende dem polnischen Staat zugedachten Territorium lag. Radio Moskau gab an diesem Tag bekannt, daß auf polnischem Boden ein Polnisches Komitee für die Nationale Befreiung gebildet worden war.

An der baltischen Front fiel Pleskau am 23. Juli in die Hände der Sowjets.

Um diese Zeit erreichten sowjetische Truppen die Außenbezirke der polnischen Stadt Lublin. In dem aufgegebenen deutschen Konzentrationslager Majdanek fanden sie 300 unbegrabene Leichen und sieben Gaskammern. Zum erstenmal hatten damit Truppen der Koalition gegen Hitler ein NS-Vernichtungslager erreicht. In Majdanek waren im Laufe der verflossenen zwei Jahre mehr als eineinhalb Millionen Menschen ermordet worden, darunter Polen, sowjetische Kriegsgefangene und Juden. Fotografien der in Majdanek gefundenen Leichen lieferten dem Westen die ersten bildlichen Zeugnisse für die Schrecken des KZ-Systems. Hitler, dem man versichert hatte, alle Beweise für den Massenmord seien vernichtet worden, schimpfte verärgert über »das schlampige und feige Pack in den Sicherheitsdiensten«, das die Spuren nicht rechtzeitig beseitigt hatte.

Während die Welt von den Massakern in Majdanek erfuhr, wurden in Griechenland die 1700 jüdischen Einwohner der Insel Rhodos und die 120 Juden der Nachbarinsel Kos mit dem Schiff nach Saloniki und von dort mit dem Zug weiter nach Auschwitz deportiert. Nur 270 Kilometer von Auschwitz entfernt standen sowjetische Truppen. Aber jetzt, da die Gaskammern in Majdanek, Treblinka, Sobibor und Belzec nicht mehr in Betrieb waren, herrschte in denen von Auschwitz erst recht »Hochbetrieb«. Am 24. Juli wurden entgegen dem zwei Wochen zuvor ergangenen Befehl Admiral Horthys aus der ungarischen Stadt Sárvár 1500 Juden fortgeschafft; es waren die letzten ungarischen Juden, die nach Auschwitz deportiert wurden. Adolf Eichmann hatte seinen Auftrag ausgeführt, soweit es ihm möglich gewesen war, und erhielt als Belohnung dafür das Eiserne Kreuz Zweiter Klasse.

KAPITEL 40
Die Kämpfe um Polen und Frankreich
Sommer 1944

Am 25. Juli 1944 traten die Amerikaner in der Normandie zur Operation »Cobra« an. Innerhalb weniger Tage gelang es ihnen, von der Halbinsel Cotentin aus nach Süden durchzubrechen; dabei kam ihnen eine größere britische Offensive gegen die weit stärker befestigten deutschen Stellungen zwischen Caen und Falaise zustatten. Im deutsch besetzten Polen stürzte in dieser Woche eine V-2-Versuchsrakete ab, ohne zu explodieren. Mitglieder der polnischen Untergrundbewegung versteckten das Ungetüm in einem Fluß, um es später zu bergen, in Einzelteile zu zerlegen und diese in Begleitung eines polnischen Ingenieurs aus Polen herauszuschmuggeln. Letzteres geschah in einer Dakota-Transportmaschine der Royal Air Force, die sich einzig zu diesem Zweck von Süditalien aus auf den gefährlichen Flug über das deutsch besetzte Ungarn nach Polen begab. Die Raketenteile wurden anschließend nach Großbritannien geflogen und eingehend unter die Lupe genommen. Die Briten konnten sich nun ein ziemlich genaues Bild davon machen, was ihnen im Falle der drohenden deutschen Raketenoffensive bevorstand – dagegen tun ließ sich allerdings wenig. Der polnische Ingenieur wurde nach Polen zurückgeflogen. Er fiel später in die Hände der Gestapo und wurde erschossen.

Die Tatsache, daß die Rote Armee mittlerweile schon westlich des Bug stand, veranlaßte die Warschauer Gefolgsleute der polnischen Exilregierung in London zu dem Entschluß, schon vor dem Eintreffen der Sowjets in Warschau einen Versuch zur Abschüttelung des deutschen Jochs zu unternehmen. »Wir sind bereit, den Kampf um die Befreiung Warschaus sofort aufzunehmen«, telegrafierte der Befehlshaber der polnischen Heimatarmee, Generalleutnant Tadeusz Bór-Komorowski, am 25. Juli nach London. Und er fügte die Bitte hinzu: »Bereiten Sie sich darauf vor, die Rollbahnen um Warschau auf unser Ersuchen hin zu bombardieren. Ich werde den Termin des Kampfbeginns bekanntgeben.« Am Tag danach gab General Tadeusz Pelczynski, einer der Warschauer Befehlshaber der Heimatarmee, an die auf ihren Einsatz wartenden polnischen Einheiten telegrafisch die Parole aus: »Die Notwendigkeit, mit der Schlacht um Warschau zu beginnen, könnte sich jeden Augenblick ergeben.«

Am 26. Juli setzten die Sowjets ein elfköpfiges Kommando unter Führung von Hauptmann P. A. Welitschko per Fallschirm im Gebiet von Ružomberok in der deutsch besetzten Slowakei ab. Der Auftrag der mit Waffen und Funkgeräten bestückten Spezialisten lautete, an Ort und Stelle die nötigen Vorbereitungen für die spätere Absetzung einer großen Zahl von Partisanen und Versorgungsgütern und für den Aufbau eines Rings antideutscher Bastionen und Widerstandszentren zu schaffen. In Lyon warfen an diesem Tag Attentäter einen Sprengkörper in ein von Gestapofunktionären frequentiertes Lokal. Niemand wurde ernsthaft verletzt, aber am Tag danach erschoß die Gestapo fünf ihrer Gefangenen, darunter den Résistance-Führer Albert Chambonnet, und ließ ihre Leichen zur Warnung auf der Straße liegen. Am 27. Juli, dem Tag, an dem amerikanischen Truppen der Ausbruch aus dem normannischen Brückenkopf gelang, setzte der Special Air Service bei Mazignen hinter den deutschen Linien ein Fallschirmjägerkommando ab, das dort Anschläge auf die zur Front führenden deutschen Straßenverbindungen verüben sollte. Périers erlag an diesem Tag endlich dem amerikanischen Ansturm. In Italien waren die Deutschen mittlerweile bis Florenz zurückgedrängt worden. An der Ostfront besetzte die Rote Armee Dünaburg, Białystok, Lemberg und Stanislawow; an allen Abschnitten der 800 Kilometer langen Front befanden sich die Deutschen auf dem Rückzug.

Zwei deutsche Flugbomben schlugen am 28. Juli mit verheerender Wirkung in London ein: Die erste tötete in Lewisham 51, die andere an der Ecke Knightsbridge und Earl's Court Road 45 Personen. Die erste hatte ein belebtes Einkaufszentrum getroffen, die zweite einen Teeladen.

Im Pazifik schlossen die Amerikaner die Eroberung Neuguineas mit der Operation »Globetrotter« ab: Sie nahmen am 30. Juli die Stadt Sansapor ein. Während sie nur zwei Tote zu beklagen hatten, verloren ihre japanischen Gegner 374 Soldaten, da sie es wieder einmal vorzogen, auf verlorenem Posten bis zum bitteren Ende zu kämpfen.

Während die angloamerikanischen Truppen jetzt zügig aus der Zone ihres Brückenkopfs vorrückten und freie Bahn in Richtung Mittelfrankreich hatten, setzte sich in Paris ein weiterer Deportationszug Richtung Osten in Bewegung. Unter seinen 1300 Insassen befanden sich 300 Kinder und Jugendliche unter 18 Jahren, darunter ein fünfzehn Tage alter Knabe, der in dem Holzkistchen, das ihm als Wiege gedient hatte, deportiert wurde. In Auschwitz, wo dieser Zug wenige Tage später ankommen sollte, wurden am 31. Juli 750 Zigeunerinnen vergast, in deren Baracke, wie Dr. Mengele erfahren hatte, eine Läuseplage ausgebrochen war. Innerhalb der folgenden drei Tage wurden weitere 2000 Zigeuner ermordet. Die Überlebenden – es waren insgesamt 1408 – wurden mit Zügen Richtung Westen geschickt. Einige wurden nach Buchenwald, andere nach Ravensbrück transportiert, wo auf sie wieder Baracken, Prügelstrafe und Sklavenarbeit warteten. Einige dieser Unglücklichen wurden für Experimente mit Meerwasser mißbraucht, andere nach Dora und Flossenbürg weitergereicht, um als Arbeitskräfte in den unterirdischen Fabriken des zerfallenden Reichs eingesetzt zu werden.

In Mittelpolen, rund 200 Kilometer südlich von Warschau, überschritten sowjetische Truppen am 29. Juli die Weichsel und besetzten die Stadt Sandomierz. An diesem Tag, an dem sowjetische Panzer bereits bei dem 20 Kilometer östlich von Warschau gelegenen Wolomin auftauchten, verkündete Radio Moskau in einem Aufruf an die Bevölkerung der polnischen Hauptstadt: »Die Stunde der Tat ist schon gekommen.« Am 31. Juli besetzten sowjetische Truppen Radzymin im Nordwesten und Otwock im Südosten Warschaus. Die Front war der polnischen Hauptstadt so nahe gerückt, daß in Warschau bereits der Geschützdonner zu hören war. Da aber die Deutschen eilends Verstärkungen über die Weichsel warfen, ließ der sowjetische Befehlshaber Generalmajor Radschjewski, da er eine beträchtliche zahlenmäßige Unterlegenheit seiner Panzerkräfte fürchtete, seine Truppen haltmachen und ordnete den Ausbau einer Abwehrlinie zwischen Kobylka und Milosna an. In Warschau hatten die Aktivisten der polnischen Heimatarmee (»Armia Krajowa«) für diesen Tag das Zeichen zum Angriff gegeben: Einheiten dieser Untergrundarmee sowie der kommunistisch geführten Volksarmee (»Armia Ludowa«) entrissen, unterstützt von bewaffneten Zivilisten aller möglichen politischen Richtungen, den Deutschen die Herrschaft über zwei Drittel des Stadtgebiets. Drei Tage lang warteten diese insgesamt 42 500 Männer und Frauen auf einen deutschen Gegenangriff. Sie hofften, ihn abwehren und die Befreiung ihrer Hauptstadt bewerkstelligen zu können, bevor die Sowjets als Sieger in Warschau einzogen.

Ihre Chancen schienen gut zu stehen, denn zum Zeitpunkt des Warschauer Aufstands befanden die Deutschen sich überall auf dem Rückzug: In der Normandie besetzten die Amerikaner am 1. August Vire, während die Russen Kaunas an der Ostfront einnahmen. Die Deutschen waren jedoch entschlossen, in Warschau ein Exempel zu statuieren. »Vernichten Sie

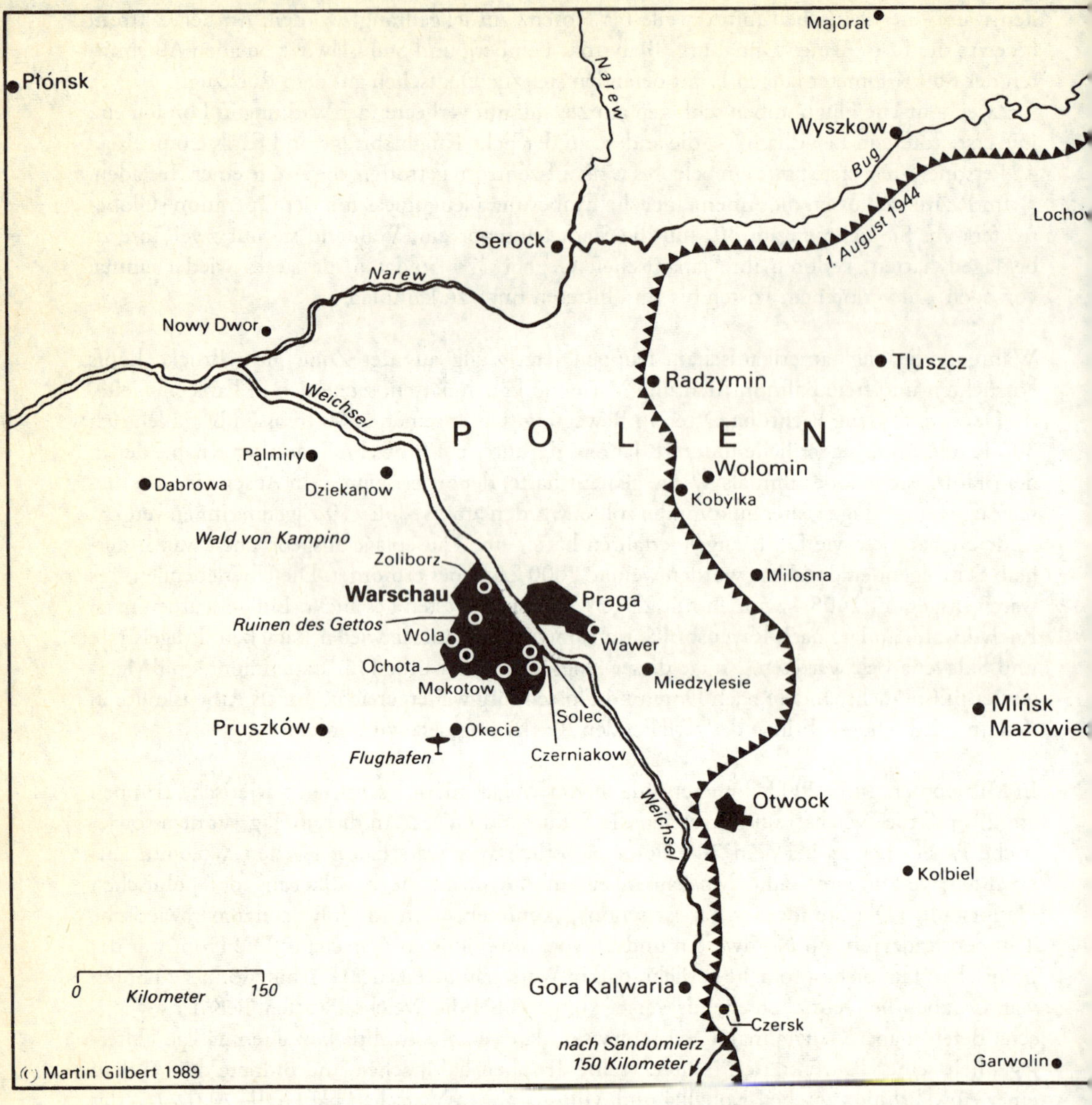

Der Aufstand in Warschau, Juli – Oktober 1944

Zehntausende«, lautete der am 1. August ergangene Befehl Himmlers an General Geibel. Sein Befehl wurde mit barbarischer Brutalität befolgt. Als die Deutschen in ein Krankenhaus in der Plocka-Straße eindrangen, erschossen sie erst einmal den Chefarzt und befahlen dann den Patienten, das Gebäude zu verlassen. Draußen wurden alle Patienten erschossen.

Auf der Insel Tinian im Pazifik brachte der 1. August einen neuerlichen Akt kollektiver Selbstzerstörung. Wie ein amerikanischer Soldat später berichtete, sahen die US-Marines, nachdem der Kampf entschieden und das Feuer eingestellt war, wie einer der japanischen Soldaten sich »vom Hochplateau ins Meer stürzte, ein freier Fall von über 30 Metern. Ein paar

Minuten später sprang der nächste. Eine halbe Stunde lang sprangen weitere Japaner in den Tod.« Andere Japaner griffen vor den Augen der entgeisterten Amerikaner zu einem blutigeren Mittel der Selbsttötung: »In den Höhlen über uns kündeten sporadische Ausbrüche grauen Rauchs von gezündeten Handgranaten ... Das Drama näherte sich seinem destruktiven Abschluß. Einigen Soldaten war es gelungen, eine Gruppe von 35 oder 40 Zivilisten um sich zu scharen. Die Marines mußten hilflos zusehen, wie zwei der Soldaten die Gruppe mit einem langen Strick zusammenbanden. Dann plötzlich stieg in der Mitte der dichtgedrängten Gruppe ein Rauchschwall von einer gezündeten Handgranate auf. Dies aber war erst der Anfang. Die Granate war nur als Zünder für eine größere Ladung hochexplosiven Sprengstoffes gedacht. Eine schreckliche Detonation erschütterte den Boden. Die Leichen der Opfer wurden 8 Meter hoch in die Luft gewirbelt. Ihre Arme, Beine und Hände regneten zur Erde herab. Die übriggebliebenen Soldaten verübten mit Hilfe von Handgranaten Selbstmord.«

Erst nach diesem Massaker konnten sich die überlebenden Zivilisten zu den amerikanischen Linien durchschlagen. Innerhalb von zwei Wochen ergaben sich den Amerikanern 13 262 Personen. »Wir hatten diese Leute buchstäblich vor ihren eigenen Beschützern gerettet«, kommentierte der Soldat.

Aus dem norditalienischen Verona deportierten die Deutschen am 2. August, während die alliierten Truppen ihren Vormarsch in Richtung Norden fortsetzten, 222 Juden nach Auschwitz. In London erklärte Churchill an diesem Tag den Unterhausabgeordneten, bislang seien 4735 Personen den deutschen Flugbombenangriffen zum Opfer gefallen. In Warschau schickte der Befehlshaber der polnischen Heimatarmee, General Bór-Komorowski, eine Kommandoeinheit zur Eroberung des Flugplatzes Okecie aus, den er als Landeplatz für Waffen- und Munitionslieferungen aus dem Westen zu gewinnen hoffte. Die Angreifer wurden von deutschem Maschinengewehrfeuer niedergemäht. Zwei Tage später gingen die deutschen Truppen zum Angriff über. Neben SS-Einheiten unter dem Befehl des brutalsten aller deutschen Partisanenjäger, General von dem Bach-Zelewski, beteiligten sich an der Operation auch die aus »bekehrten« russischen Kriegsgefangenen aufgestellte Kaminski-Brigade und die Dirlewanger-Brigade, in der ehemalige deutsche Zuchthäusler dienten, welche sich durch die Bereitschaft zum Fronteinsatz die Entlassung aus dem Gefängnis erkauft hatten. Es kam zu erbitterten Kämpfen, die fast zwei Monate andauerten.

Am 4. August ersuchten die Aufständischen in Warschau um alliierte Hilfe. »Auf dringende Bitten der polnischen Untergrundarmee«, telegrafierte Churchill an Stalin, »werfen wir zur Zeit, wenn das Wetter es erlaubt, insgesamt rund 60 Tonnen Ausrüstung und Munition über dem südwestlichen Teil Warschaus ab, wo es in Folge eines polnischen Aufstandes gegen die Deutschen zu schweren Kämpfen gekommen sein soll. Sie sagen auch, sie bitten um Unterstützung der Russen, die sehr nahe zu sein scheinen. Sie werden von eineinhalb deutschen Divisionen angegriffen. Dies könnte Ihnen für Ihre Operationen von Nutzen sein.«

Die Antwort Stalins kam postwendend – Churchill charakterisierte sie später als »ebenso prompt wie grausam«. Die Sowjetunion sei nicht bereit, den Aufständischen zu Hilfe zu kommen. »Meiner Ansicht nach sind die Informationen, die Ihnen von den Polen übermittelt wurden, stark übertrieben und verdienen kein Vertrauen«, erklärte Stalin und fuhr fort: »Die Heimatarmee der Polen besteht aus ein paar Bataillonen, die sie unzutreffend als Divisionen ausgeben. Sie haben weder Artillerie noch Flugzeuge, noch Panzer. Ich kann mir nicht vorstellen, wie eine solche Truppe Warschau erobern soll, zu dessen Verteidigung die Deutschen vier Panzerdivisionen bereitgestellt haben, darunter die Hermann-Göring-Division.«

In dieser Nacht flogen dreizehn britische Bomber vom süditalienischen Foggia aus nach Mittelpolen, das an der äußersten Grenze ihres Aktionsradius lag. Fünf der dreizehn Maschinen kehrten nicht zurück. Zwei erreichten Warschau, wo sie 24 Behälter mit Waffen und Munition abwarfen. Zwölf der Behälter fielen den Aufständischen, die übrigen zwölf den Deutschen in die Hände.

In Amsterdam wurden an diesem 4. August Anne Frank und ihre Familienangehörigen, jüdische Flüchtlinge aus Deutschland, die sich über zwei Jahre lang versteckt gehalten hatten, an die Gestapo verraten, ergriffen und deportiert. In Australien unternahmen am Morgen des folgenden Tages 1000 japanische Kriegsgefangene einen Ausbruchsversuch aus ihrem Lager im westlich von Sydney gelegenen Cowra. Zwei australische Gefreite, Benjamin Hardy und Ralph Jones, die die Japaner mit Maschinengewehrfeuer aufzuhalten versuchten, wurden überrannt und getötet; beide erhielten posthum das George Cross. Im Zuge der anschließenden Verfolgungsjagd wurden 183 Japaner getötet; weitere 29 begingen Selbstmord.

In Warschau überflogen am 5. August kurz nach Morgengrauen deutsche Bomber den Vorort Wola und warfen Sprengbomben und Brandbomben ab. Später am gleichen Tag befreiten die polnischen Aufständischen ein deutsches Zwangsarbeiterlager an der Gesiowka-Straße, die unweit der Ruinen des ehemaligen Gettos lag. Die 348 jüdischen Lagerinsassen, die für Aufräumarbeiten in der Trümmerwüste eingesetzt worden waren, kamen auf freien Fuß; unter ihnen waren griechische, belgische, französische, rumänische, ungarische und natürlich auch polnische Juden. Einer dieser Insassen des Gesiowka-Lagers, Hans Robert Martin Korn, hatte zu den acht Juden gehört, die im Sommer 1942 aus Finnland nach Auschwitz deportiert worden waren. Der aus Deutschland gebürtige Korn hatte im Winterkrieg zwischen Finnland und der Sowjetunion im Oktober 1939 als Freiwilliger gedient. Er überlebte die Ereignisse des Sommers 1944 nicht.

Alle befreiten Insassen des Gesiowka-Lagers schlossen sich den polnischen Aufständischen an. Die Techniker unter ihnen, zu denen auch Korn gehörte, bildeten ein Sonderkommando für die Instandsetzung erbeuteter deutscher Panzer. Der erste dieser Juden, der im Kampf fiel, war David Edelman, den die Nazis aus Frankreich nach Auschwitz deportiert hatten.

Bis zum 5. August ermordeten die deutschen Truppen in Warschau mehr als 15 000 polnische Zivilisten. An diesem Tag um 17.30 Uhr gab General von dem Bach-Zelewski Befehl, keine Frauen und Kinder mehr zu erschießen. Weiterhin ermordet wurden jedoch sämtliche männlichen Polen, die den Deutschen in die Hand fielen, ohne daß sich irgend jemand die Mühe machte, festzustellen, ob sie zu den Aufständischen gehörten oder nicht. Außerdem kümmerten sich weder die Kosaken noch das in der Kaminski-Brigade versammelte Gesindel im geringsten um den Befehl Bach-Zelewskis: Sie überzogen die Vorstädte Wola und Ochota mit Mord, Vergewaltigung, Folter und Brandstiftung. In den folgenden drei Tagen töteten sie weitere 30 000 Zivilisten, darunter Hunderte von Patienten der Krankenhäuser, an denen sie vorbeikamen.

Im 130 Kilometer südwestlich von Warschau gelegenen Łódź begannen die Deutschen am 6. August mit der Deportation der verbliebenen 70 000 Bewohner des jüdischen Gettos; sie alle wurden nach Auschwitz transportiert, wo mehr als die Hälfte der Ankömmlinge sogleich vergast wurde.

Hitler befahl den deutschen Streitkräften in Nordfrankreich an diesem Tag einen Gegenangriff auf den Sockel der Halbinsel Cotentin; ein Truppenkeil sollte nach Avranches durchstoßen und die amerikanischen Truppenteile, die sich aus dem Brückenkopf heraus bereits nach Süden ergossen hatten, von der alliierten Hauptmacht abschneiden. Doch die Amerikaner blockierten den deutschen Angriff durch entschlossene Gegenwehr bei Mortain. Nach 48 Stunden kam die Wehrmacht noch fast 20 Kilometer von ihrem Ziel entfernt zum Stehen. In der Luft nahmen am ersten Tag des deutschen Gegenangriffs 300 deutsche Jagdflugzeuge den Kampf gegen mehr als tausend alliierte Maschinen auf; am 8. August waren auf deutscher Seite nur noch 110 Flugzeuge übrig.

Hitler ließ an diesem 8. August den ersten in einer langen Reihe von Racheakten für das Attentat von Rastenburg vollstrecken: Im Gefängnis Plötzensee in Berlin wurden acht deutsche Wehrmachtsoffiziere gehängt. Die Hinrichtungsmethode war mit Bedacht gewählt, um Schrecken und Angst zu erzeugen: Jeder der acht Verurteilten wurde unter einen in der Decke verankerten Fleischerhaken gestellt, bekam eine Schlinge mit Laufknoten – kein Hanfstrick, sondern ein Drahtseil – um den Hals gelegt, wurde daran langsam bis zum Fleischerhaken hochgezogen und dabei stranguliert. Unter den an diesem Tag Hingerichteten befand sich General Erich Hoepner, den Hitler 1941 seines Kommandos enthoben hatte, weil er an der russischen Front entgegen einem Führerbefehl einen Rückzug angeordnet hatte; ferner Graf Peter Yorck von Wartenburg, der mit Graf von Stauffenberg verwandt und einer der Begründer des Kreisauer Kreises gewesen war, und der dreiundsechzigjährige Generalfeldmarschall Erwin von Witzleben, den die Verschwörer nach der Beseitigung Hitlers zum Oberbefehlshaber des deutschen Heeres hatten ernennen wollen. »Ich glaube«, schrieb Witzleben in seinem Abschiedsbrief an seine Frau, »daß ich etwas dazu getan habe, die Schuld, die unsere Erblast ist, zu sühnen.«

Während in Warschau die Aufständischen ihren Kampf fortsetzten, stellten sich den sowjetischen Truppen, die der Hauptstadt nahe genug waren, um nach kurzem Anmarsch in das Geschehen eingreifen zu können, fünf deutsche Panzerdivisionen in den Weg: Drei im Umkreis der Vorstadt Praga am Ostufer der Weichsel und zwei im Gebiet um Gora Kalwaria 50 Kilometer südlich der Hauptstadt, wo die Sowjets bereits die Weichsel überschritten hatten. Die Vereinigten Stabschefs der Westalliierten lehnten an diesem Tag eine aus Warschau übermittelte Bitte um die Absetzung einer polnischen Fallschirmjägerbrigade über der Stadt ab.

Polnische Panzerbesatzungen griffen in der Normandie am 8. August ins Geschehen ein. Seite an Seite mit kanadischen Verbänden attackierten sie im Rahmen der Operation »Totalize« entlang der Straße Caen–Falaise die SS-Panzereinheiten, die den alliierten Brückenkopf so wirksam eingeschnürt hatten. Der Kommandeur des Panzerregiments der hier kämpfenden SS-Division, SS-Sturmbannführer Max Wünsche, der kurz zuvor mit dem Eichenlaub zum Ritterkreuz dekoriert worden war, geriet an diesem Tag in alliierte Gefangenschaft; SS-Hauptsturmführer Michael Wittmann wurde getötet. Wittmann, Träger des höchsten deutschen Soldatenordens, des Eichenlaubs mit Schwertern zum Ritterkreuz, hatte in weniger als zwei Jahren 138 alliierte Panzer und 132 Panzerabwehrkanonen abgeschossen.

Dank der Tatsache, daß der britische Nachrichtendienst in der Lage war, den geheimsten deutschen Funkverkehr zu entschlüsseln und auszuwerten, konnten die Alliierten, als der Rückzug der Wehrmacht in Nordfrankreich begann, deren Rückzugspläne und -manöver voraussehen und entsprechend stören. Freilich mußten nach wie vor die alliierten Soldaten und Flieger unter Einsatz ihres Lebens die Früchte der »Ultra«-Auswertungen einfahren: Bei einem Luftangriff auf eine deutsche Flakbatterie bei Ste. Marguerite-de-Viette am 9. August wurde der britische Flieger Reginald Thursby hinter den deutschen Linien abgeschossen. Er hatte seine Pilotenlaufbahn erst nach Beginn der Invasion in der Normandie begonnen; dies war sein sechzehnter Einsatz gewesen. Seiner Verlobten Doreen Young in England wurde mitgeteilt, er sei »vermißt«. Wie Tausenden ihrer Landsleute, die eine Mitteilung dieses Inhalts über ihren Sohn, Ehemann oder Vater erhielten, blieb auch ihr nur die Hoffnung, daß er am Leben geblieben sein könnte und entweder in deutsche Kriegsgefangenschaft geraten war oder sich der Festnahme entzogen hatte. Doch es sollte nicht sein: Feldwebel Thursby war tot.

Am 9. August um 18 Uhr befahl Hitler persönlich einen nochmaligen deutschen Angriff auf Mortain. Sein verschlüsselter Funkspruch mit diesem Befehl wurde in Bletchley kurz vor 4 Uhr in der Nacht zum 10. August entschlüsselt, was den Alliierten mehr als 24 Stunden Zeit gab, sich auf den Angriff einzustellen. Daher konnten sie die Deutschen zurückwerfen, bezahlten diesen Sieg allerdings mit einem hohen Blutzoll. Die kanadischen Truppen, die die zurückweichenden Deutschen verfolgten, nannten die Straße, auf der sich die Deutschen von Mortain aus zurückzogen, alsbald die »Pferdekadaver-Chaussee«. Auf dem Höhepunkt der Schlacht mußte der kanadische Major David Currie feststellen, daß sämtliche ihm unterstellten Offiziere entweder gefallen oder verwundet waren. Daraufhin übernahm er persönlich das Kommando über alle seine Panzer und deren 150 Mann Besatzung. In dreitägigen Kämpfen bei St. Lambert-sur-Dives vernichtete er mit seiner kleinen, 175 Mann starken Einheit sieben deutsche Panzer, tötete oder verwundete 800 Deutsche und machte mehr als tausend Gefangene. »Als seine Einheit endlich abgelöst wurde«, hieß es in der Begründung für die Verleihung des Victoria Cross an Currie, »und er sich davon überzeugt hatte, daß die Übergabe bis ins letzte geregelt war, schlief er im Stehen ein und fiel um.«

Südlich und westlich des Frontsacks von Falaise hatten die Amerikaner die Deutschen schon weit in Richtung Loire abgedrängt. In Paris, dem sich die alliierten Truppen schon auf 220 Kilometer genähert hatten, blockierte ein am 10. August ausgerufener Eisenbahnerstreik sämtliche deutschen Truppen- und Nachschubtransporte von der und zur Front.

Am 12. August war Mortain wieder fest in amerikanischer Hand; der deutsche Versuch, den alliierten Vormarsch in der Normandie aufzuhalten, war gescheitert. Am gleichen Tag erreichte eine Einheit des Freien Frankreich das 180 Kilometer von Paris entfernte Alençon. In London wurde Churchill an diesem Morgen die Abschrift eines Hilfsappells vorgelegt, den die kämpfenden Polen in Warschau an die Alliierten gerichtet hatten. Ihr Kampf gegen die Deutschen dauerte seit nunmehr zehn Tagen an. »Wir führen einen blutigen Kampf«, hieß es in dem Appell. »Die Stadt wird von drei Korridoren durchschnitten.« Jeder Korridor werde von starken deutschen Panzerkräften gesichert, und die Gebäude zu beiden Seiten seien »ausgebrannt«. Von zwei deutschen Panzerzügen am westlichen Stadtrand sowie von den im Vorort Praga auf dem östlichen Weichselufer stationierten Geschützbatterien aus feuerten die Deutschen »beständig in die Stadt ... unterstützt von Fliegerverbänden«.

Wie die Polen weiter mitteilten, hatten sie bislang von den Alliierten nur einen »kleinen Abwurf« erhalten. »An der deutsch-russischen Front herrscht seit dem 3. Ruhe. Wir sind daher ohne jede materielle oder moralische Unterstützung.« Die Botschaft endete mit den beschwörenden Sätzen: »Die Soldaten und die Einwohner der Hauptstadt blicken verzagt zum Himmel, in der Hoffnung auf Hilfe seitens der Alliierten. Vor einer Kulisse aus Rauchschwaden sehen sie nur deutsche Flugzeuge. Sie sind überrascht, empfinden tiefe Niedergeschlagenheit und fangen an zu schimpfen.«

Churchill leitete diese Botschaft sogleich an Stalin weiter, denn die Rote Armee unterhielt mehrere Flugplätze in unmittelbarer Nähe Warschaus. »Sie bitten um Maschinengewehre und Munition«, telegrafierte Churchill. »Können Sie ihnen nicht etwas weitergehende Unterstützung gewähren, in Anbetracht der sehr großen Entfernung von Italien?«

Entschlossen, den polnischen Aufständischen zu helfen, sorgte Churchill persönlich dafür, daß zwei Nächte später zwanzig Bomber im süditalienischen Foggia abhoben, von denen jeder mit zwölf Behältern voller Waffen und Munition beladen war. Schließlich starteten sogar 28 Bomber, von denen vierzehn Warschau erreichten. Drei dieser vierzehn Flugzeuge wurden von deutscher Flak abgeschossen. Von den über 35 Tonnen Gütern gelangten schließlich nicht einmal 5 Tonnen in die Hände der Aufständischen; jede einzelne Tonne half ihnen jedoch, den Kampf wieder um einen Tag zu verlängern.

Die deutschen Streitkräfte, die sich in Warschau, an der Ostfront, in Italien und in der Normandie mit ihren Gegnern herumschlugen, mußten auch im Hinterland ihrer eigenen Fronten zu einer zunehmend aktiveren Kriegführung übergehen. Dabei bedienten sie sich nach wie vor brutalster Mittel; in dem französischen Bergdorf Sospel wurden am 12. August fünfzehn Angehörige des Maquis, die der SS bei einer Säuberungsaktion in die Hände gefallen waren, gefoltert und anschließend erschossen. Überall in Frankreich erinnern Gedenktafeln in den Dörfern und Schilder am Wegrand an grausame deutsche Vergeltungsakte dieser Art und an ihre Opfer. Die Résistance war und blieb dennoch entschlossen, den alliierten Streitkräften jede erdenkliche Hilfestellung zu leisten.

In der Normandie wogte die Schlacht nicht mehr hin und her, sondern hatte sich zu einer einseitigen Flut entwickelt. Am 13. August erreichten amerikanische Truppen bei Nantes die Loire. Am selben Tag landeten französische Fallschirmjäger im Rahmen der Operation »Barker« bei Salornay, um den deutschen Rückzug zu stören.

An die deutschen Truppen, die im Chaos des Kessels von Falaise um ihr Überleben kämpften, erging ein Befehl Hitlers, durchzuhalten. Und so kämpften sie weiter, Tag für Tag, bis zum bitteren Ende.

Am 14. August starteten die Alliierten Operation »Tractable«, einen Vorstoß nach Falaise selbst und weiter Richtung Westen – in Richtung Paris. Am Abend zuvor war ein kanadischer Offizier, der sich verfahren hatte, auf deutsches Gebiet geraten und getötet worden. Bei seinem Leichnam fanden die Deutschen Angriffspläne für die Operation »Tractable« und verstärkten daher ihre Abwehrstellungen. Weiteres Pech für die Alliierten war, daß bei einem vorbereitenden Luftangriff, der eigentlich vorgeschobenen deutschen Positionen galt, die Bomben auf der alliierten Seite der Front niedergingen. 65 kanadische und polnische Soldaten kamen ums Leben. Doch als die Offensive erst einmal im Gang war, vermochten die Deutschen ihr nicht viel entgegenzusetzen. Vier Tage später standen alliierte Soldaten am Seine-Ufer bei Mantes, das keine 50 Kilometer vom Pariser Stadtzentrum entfernt lag. Währenddessen kämpften im Kessel von Falaise die deutschen Verteidiger noch immer und versuchten verzweifelt, die sich schließende Lücke offenzuhalten.

Zum gleichen Zeitpunkt, als der Vorstoß nach Paris begann, lief in Südfrankreich die alliierte Operation »Dragoon« an; an einem einzigen Tag wurden im Gebiet zwischen Toulon und Cannes an der französischen Mittelmeerküste 94000 Mann und 11000 Fahrzeuge aus der Luft abgesetzt. 24 Stunden später standen diese Truppen schon 30 Kilometer weit landeinwärts. In Paris, wo die Nachricht von dieser jüngsten alliierten Landung für neue Aufregung gesorgt hatte, entschloß sich an diesem Tag die französische Polizei, die bis dahin als widerwilliges Werkzeug der deutschen Besatzungsmacht fungiert hatte, ihre Uniformen abzulegen, ihre Waffen aber zu behalten und sich dem aktiven Widerstand in den Straßen der Stadt anzuschließen. Doch noch waren die Besatzer in der Lage, zu strafen und zu rächen. Fünf in deutscher Haft befindliche Franzosen, darunter de Gaulles geheimer militärischer Vertreter in Paris, Oberst André Rondenay, wurden an diesem 14. August von der Gestapo in das 20 Kilometer nördlich von Paris gelegene Dorf Domont gebracht und erschossen. Die Mörder kehrten anschließend nach Paris zurück und begossen ihre Tat mit Champagner.

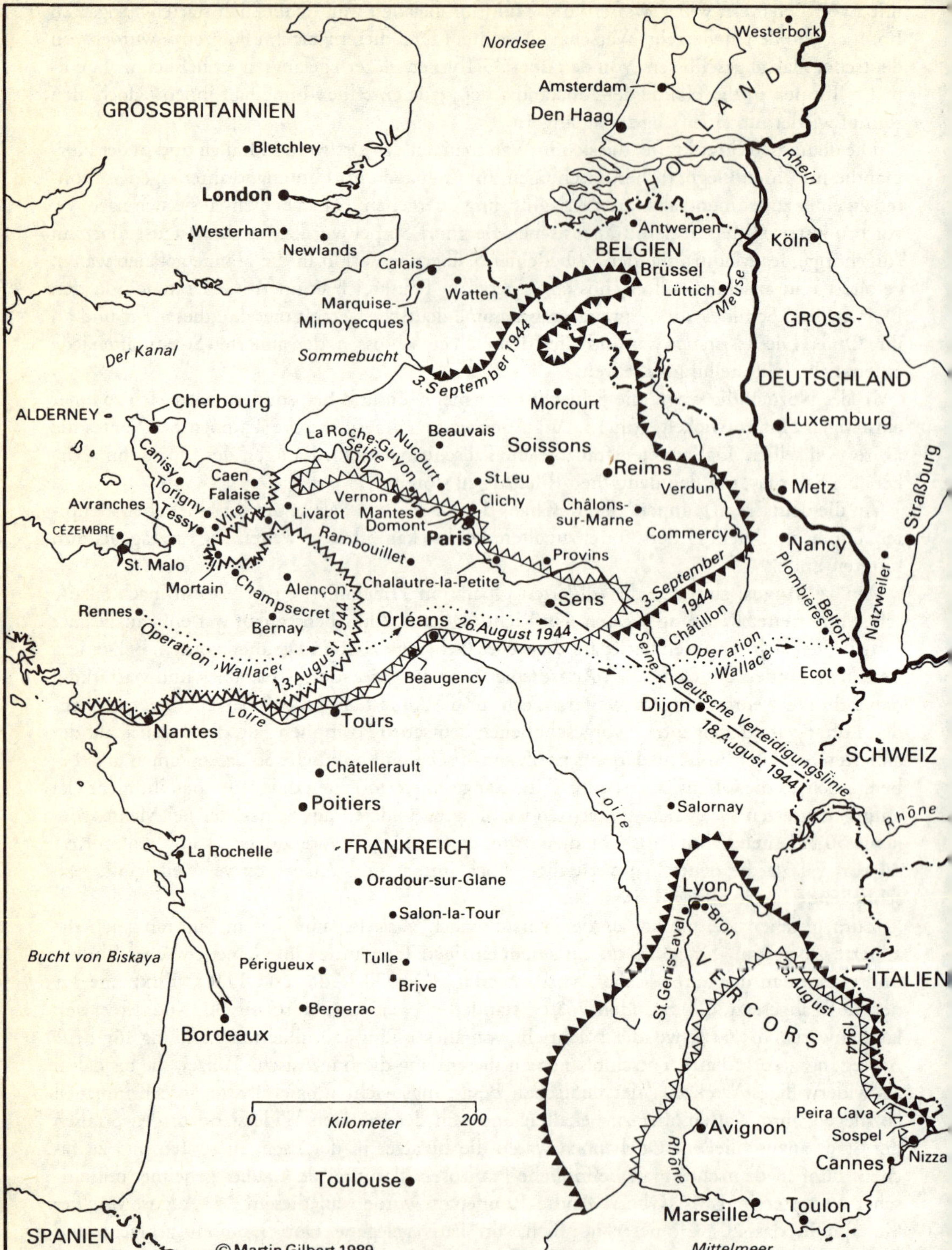

Die Schlacht in Frankreich, Juni–September 1944

Eine Hinrichtung fand am 15. August auch in Berlin statt: Graf von Helldorf, einst Polizeichef der deutschen Hauptstadt, wurde wegen seiner Beteiligung an der Verschwörung gegen Hitler gehenkt.

Für die in Warschau um ihr Leben kämpfenden Polen war die amerikanische Landung in Südfrankreich ein weiterer Schicksalsschlag. »Angesichts der Unmöglichkeit von Tageslichtflügen nach Warschau«, hieß es in einer am 15. August in Washington verfaßten Stellungnahme an die Adresse Londons, »und der Tatsache, daß alle verfügbaren Maschinen der 15. Luftflotte für ›Dragoon‹ benötigt werden«, vertraten die amerikanischen Stabschefs die Meinung, es wäre in Anbetracht der Verpflichtung, »den Polen in Warschau zu helfen«, die »beste Lösung«, wenn Stalin diese Hilfe leisten würde. Was die Möglichkeiten der westlichen Alliierten betraf, so sahen sich die amerikanischen Stabschefs lediglich in der Lage, »Minimal-Nachteinsätze« aus dem Arsenal der Special Operations Unit der angloamerikanischen Luftwaffe zu befürworten.

Nachdem die Abzweigung von Truppenteilen für die Operation »Dragoon« zuvor schon britische Pläne durchkreuzt hatte, mit geballterer Kraft gegen die deutschen Streitkräfte in Italien vorzugehen, mußten jetzt auch die Warschauer Aufständischen die Folgen dieser Operation tragen.

In Moskau hatten am 15. August der britische und der amerikanische Botschafter gemeinsam den stellvertretenden sowjetischen Außenminister Andrej Wyschinski aufgesucht und ihn um sowjetische Unterstützung für den Warschauer Aufstand gebeten. Doch wie Averell Harriman, der amerikanische Botschafter, nach Washington berichtete, hatte Wyschinski auf der Ansicht »beharrt«, die Rebellion in Warschau sei »eine unkluge und nicht ernst zu nehmende Sache, die den weiteren Kriegsverlauf überhaupt nicht beeinflussen werde«.

In der Nacht zum 16. August startete in Süditalien wiederum eine für Warschau bestimmte Bomberflotte. Von zehn Maschinen, die sich auf den Weg machten, kehrten sechs nicht zurück. Unter den Fliegern, die in dieser Nacht den Tod fanden, waren zwanzig Südafrikaner. Einer ihrer Landsleute hatte mehr Glück: Leutnant J. J. C. Groenwald konnte bei Kazimierz Wielka wohlbehalten am Fallschirm landen, fand Unterschlupf, erhielt von den Polen falsche Papiere und lebte unter den Augen der nichtsahnenden deutschen Besatzer fünf Monate lang als Arbeiter in Kazimierz Wielka.

Am 16. August mußte auch Hitler widerwillig einsehen, daß die Normandie verloren war; wütend ersetzte er jetzt Generalfeldmarschall von Kluge durch Generalfeldmarschall Model. Doch das Tempo des alliierten Vormarsches ließ sich nicht bremsen. Am 17. August marschierten kanadische Truppen in die Stadt Falaise ein, während zugleich amerikanische Kräfte den Hafen von St. Malô in der Bretagne besetzten. Der deutsche Kommandeur von St. Malô, Oberst von Aulock, hatte Anweisung gegeben, den Hafen bis zum letzten Atemzug zu verteidigen: Jeder, der desertiere oder sich ergebe, sei »ein gemeiner Hund«. Hitler war von soviel Kampfentschlossenheit höchst beeindruckt und zeichnete Aulock mit dem Eichenlaub zum Ritterkreuz aus. Die Schlacht war allerdings so schnell entschieden, daß Aulock bereits kapituliert hatte, als Hitler ihn am 18. August zum Eichenlaubträger machte.

Auf der befestigten Insel Cézembre, die nur knapp 4 Kilometer von der Küste entfernt lag, leistete ein junger deutscher Leutnant namens Richard Seuss mit 320 Mann erbitterten Widerstand, auch noch nachdem St. Malô kapituliert hatte. Als die Amerikaner Flugblätter mit der Aufforderung, zu kapitulieren, auf die Insel abwarfen, machte Seuss keine Anstalten, ihr zu folgen. Daraufhin erfolgte ein schwerer Bombenangriff auf die Insel, in dessen Verlauf die

Amerikaner erstmals in Europa Napalm einsetzten. Doch erst zwei Wochen später, als seine Wasserentsalzungsanlage zerstört war, hißte Seuss die weiße Fahne.

Niederlagen und Rückzüge in Frankreich hielten die Deutschen nicht davon ab, weiterhin Anschläge auf die Kampfmoral der britischen Öffentlichkeit zu unternehmen. Am 17. August um die Mittagszeit schlug eine V1 im Londoner Stadtbezirk Battersea ein; sie tötete vierzehn Fahrgäste eines Busses und vierzehn weitere Personen auf der Straße und in den umliegenden Gebäuden. Es war dies nur eine von mehr als vierzig »fliegenden Bomben«, die in diesem Monat in London schwerwiegende Schäden anrichteten. In Morden Hill, einem Stadtviertel im Südosten Londons, kam eine V1 fast genau an derselben Stelle herunter, an der acht Stunden zuvor eine andere eingeschlagen hatte; mehrere Rettungsarbeiter, die noch dabei waren, die Opfer des ersten Einschlags zu bergen, wurden getötet.

Am 17. August erteilte Hitler den Befehl zur Räumung Südfrankreichs. Zwei streng geheime Funksprüche dieses Inhalts wurden in Bletchley dechiffriert; sie waren von großem Nutzen für die bei Toulon gelandeten US-Truppen, verrieten sie ihnen doch, daß die Deutschen sich auf eine Linie zurückzuziehen gedachten, die von Sans über Dijon bis an die schweizerische Grenze reichte.

Da Lyon in dem Gebiet lag, zu dessen Räumung Hitler sich durchgerungen hatte, brach die Gestapo dort ihre Zelte ab. Zuvor jedoch, am 17. August, holten Gestapobeamte zusammen mit französischen Milizionären 109 Häftlinge aus dem Montluc-Gefängnis und brachten sie zu dem am Stadtrand gelegenen Flugplatz von Bron. Hier wurden die Häftlinge erschossen. Auch in Paris begann an diesem Tag der Aufbruch der deutschen Truppen, »die große Flucht der Fritze«, wie ein Pariser sich ausdrückte. Noch während die Deutschen auf Schiene und Straße gen Osten strebten, requirierte die Gestapo drei Eisenbahnwaggons, um darin 51 Juden nach Auschwitz zu deportieren. Einer von ihnen, Marcel Bloch-Dassault, ein führender französischer Flugzeugfabrikant, landete am Ende in Dachau und überlebte den Krieg. Unter den Mitgliedern dieses Transports war auch Armand Cohn, der Direktor der Rothschild-Klinik; er hatte seinen zwölfjährigen Sohn Georges-André und ein zwölfjähriges Mädchen namens Jacqueline Morgenstern bei sich. Die beiden Kinder wurden später von Auschwitz aus ins Konzentrationslager Neuengamme bei Hamburg verlegt, wo sie Opfer sadistischer medizinischer Experimente wurden.

In Morcourt bei St. Quentin, wo der Zug mit den drei angehängten Deportationswaggons anhielt, gelang fünfzehn der 51 Juden die Flucht.

Am Vormittag des 17. August, während in Paris Wehrmacht und Gestapo ihre Zelte abzubrechen begannen, erreichten an der Ostfront zwei sowjetische Infanteriebataillone unter dem Kommando von Hauptmann Georgi Gubkin und Hauptmann Pawel Jurgin die Grenze zu Ostpreußen. Vor sich sahen sie die Ziegeldächer des deutschen Städtchens Schirwindt. Ein kleines Vorauskommando überschritt eine schmale Brücke, die über den Grenzfluß führte. Feldwebel Alexander Below hißte am gegenüberliegenden Ufer die rote Fahne. »Wehe diesem Land der Bösewichte!« verkündete der sowjetische Dichter Ilja Ehrenburg in einem Zeitungsartikel, nachdem die deutsche Grenze erreicht war. »Wir sagen dies in dem Moment, da wir auf der deutschen Türschwelle stehen – wehe Deutschland!«

KAPITEL 41

Das bittersüße Gefühl der Befreiung

Herbst 1944

Der kommunistisch dominierte polnische Nationalrat erklärte am 18. August 1944 Lublin zur vorübergehenden Hauptstadt Polens. In Warschau führten die Aufständischen einen zunehmend verzweifelten Überlebenskampf gegen eine sich zunehmend verstärkende deutsche Übermacht. Sowjetische Hilfe blieb aus. Churchill telegrafierte an diesem Tag an Roosevelt: »Die Weigerung der Sowjets, US-Flugzeugen das Einfliegen von Hilfsgütern für die heldenhaften Aufständischen in Warschau zu gestatten, schafft, zusammen mit der Tatsache, daß sie selbst, obwohl nur wenige Dutzend Kilometer entfernt, überhaupt keine Güter einfliegen, einen tiefgreifenden und schwerwiegenden Präzedenzfall. Falls, was fast sicher ist, auf den deutschen Triumph in Warschau ein Massaker ohnegleichen folgt, dann lassen sich die Konsequenzen, die daraus erwachsen werden, überhaupt nicht ermessen.«

Die Westalliierten ließen von Süditalien aus weiterhin Hilfsgüter nach Warschau einfliegen, doch kehrten von insgesamt 182 ausgesandten Maschinen 35 nicht zurück. Die mehrfach an Stalin gerichtete Bitte, diesen Flugzeugen Landeerlaubnis für die in sowjetischer Hand befindlichen Flugplätze östlich von Warschau zu gewähren, wurde abgelehnt. Ein wütender Churchill berichtete seiner Frau in einem Brief vom 18. August von »den diversen jetzt kursierenden Telegrammen über die Weigerung der Russen, der kämpfenden Bevölkerung Warschaus – die, wenn wir nichts tun können, sehr bald abgeschlachtet und ausgelöscht sein wird – entweder selbst zu helfen oder zuzulassen, daß die Amerikaner ihr helfen«.

Auf deutscher Seite gab es keinen Mangel an Entschlossenheit, den Kampf gegen bewaffnete und wehrlose Feinde weiterzuführen. Am 18. August verließ den Bahnhof von Nancy ein Zug, in dessen versiegelten Waggons sich 2453 französische politische Häftlinge befanden. Sie stammten aus den Pariser Gestapogefängnissen und waren auf dem Weg nach Ravensbrück und Buchenwald. Nicht einmal 300 von ihnen sollten die Lagerhaft überleben.

50 Kilometer nördlich von Nancy, in Metz, traf am 19. August ein Zug aus Paris ein. Zu seiner Fracht gehörte der Leichnam von Generalfeldmarschall von Kluge, der sich mit einer Zyanidkapsel vergiftet hatte. In einem Abschiedsbrief an Hitler hatte Kluge geschrieben: »Sollten Ihre heißersehnten neuen Kampfmittel nicht durchschlagen, dann, mein Führer, entschließen Sie sich, den Krieg zu beenden.« Und er hatte hinzugefügt: »Das deutsche Volk hat so namenlos gelitten, daß es Zeit ist, dem Greuel ein Ende zu machen.«

Am gleichen Tag, an dem Kluge Selbstmord verübte, traten bei Falaise kanadische, polnische und amerikanische Truppen zu dem Angriff an, der zur endgültigen Schließung des Kessels führen sollte.

In Paris besetzte am 19. August die französische Polizei, die ins Lager der Résistance übergeschwenkt war, die Polizeipräfektur. Die Trikolore wurde gehißt und die Marseillaise abgesungen. Als ein einzelnes deutsches Panzerfahrzeug auftauchte und seine Besatzung mit einer automatischen Waffe das Feuer eröffnete, schossen die Franzosen zurück. Die Schlacht um Paris hatte begonnen. Der in der Hauptstadt zurückgebliebene Rest der deutschen Besatzungsmacht sah sich unversehens von einer zunehmend aktiveren Résistance-Streitmacht bedrängt, die bereit war, sich jedem Gegenangriff deutscher Truppen zu stellen. Bis zum Einbruch der Nacht machte die Pariser Résistance mehr als 600 deutsche Gefangene. Am folgenden Morgen drangen sechzig ihrer Kämpfer in das Rathaus ein; sie verschanzten sich darin und feuerten aus Gewehren und Pistolen auf jedes deutsche Fahrzeug, das sich näherte. Als in Clichy, einem nördlichen Vorort der Hauptstadt, versehentlich zwei deutsche Lastwagen zusammenstießen, konnte die Résistance neun Maschinengewehre und zwanzig Maschinenpistolen erbeuten; 48 Stunden später zählte die Résistance in Paris bereits mehr als 7000 bewaffnete Mitglieder, die allerdings kaum mehr zu tun hatten, als auf die Ankunft der Alliierten zu warten.

An diesem selben 20. August setzte sich in Rennes eine Kommandoeinheit des britischen Special Air Service, die aus sechzig Mann auf zwanzig Jeeps bestand, Richtung Osten in Bewegung und durchstieß die deutsche Front. Auf ihrem weiteren Weg nach Osten blieb sie stets auf der deutschen Seite der Front und verübte zahlreiche Überfälle auf Einheiten der Wehrmacht. Das Unternehmen lief unter dem Decknamen Operation »Wallace« unter Führung von Major Roy Farran, der ähnliche Bravourstücke schon in Italien vollbracht hatte. Der kleine Kommandotrupp zog durch die Wälder des besetzten Frankreich, nördlich an Orléans vorbei und weiter bis Belfort. »Am meisten beeindruckte mich«, erinnerte Farran sich später, »das kriegerische Auftreten der französischen Partisanen« – und auch das überall spürbare Gefühl der nahenden Befreiung. Während eines Feuergefechts nördlich von Orléans bemerkte Farran »ein hübsches Mädchen mit langem schwarzem Haar in einem hellroten Kleid, das den Kopf aus einem Dachfenster streckte, um mir das V-Zeichen zu zeigen. Ihr Lächeln verhöhnte die Kugeln.«

Mehrere Male taten sich die Männer der Operation »Wallace« mit örtlichen Einheiten der französischen Résistance zusammen, um den zurückweichenden Deutschen ein Gefecht zu liefern. In Châtillon-sur-Seine wurde einer von Farrans Männern, Fallschirmjäger Holland, bei einem Überfall auf die in der Stadt stationierten Deutschen tödlich verwundet; heute erinnert ein Denkmal in Châtillon an seinen letzten Kampf und seinen Tod. Im nahe gelegenen Villaines fielen zwei weitere Männer aus Farrans Kommando.

In Lyon holte die Gestapo am 20. August hundert französische Häftlinge beiderlei Geschlechts aus ihren Zellen, brachte sie zu einem aufgelassenen Fort in St. Genis Laval und erschoß sie. Die Leichen wurden mit Benzin übergossen und angezündet. »Während das Feuer wütete«, berichtete ein Angehöriger der französischen Milice namens Max Payot später, »erblickten wir ein Opfer, das aus irgendeinem Grund noch am Leben war. Die Frau erschien an einer Fensteröffnung an der Südseite und flehte ihre Todesengel um Gnade an. Sie beantworteten ihre Gebete mit einer prompten Maschinengewehrsalve. Von Kugeln durchsiebt und in die Gluthitze des Feuers gehüllt, erstarrte ihr Gesicht zu einer verzerrten Maske wie in einer Schreckensvision. Die Hitze wurde noch stärker, und ihr Gesicht schmolz dahin wie Wachs, bis man ihre Knochen sehen konnte. In diesem Moment ging ein nervöses Zittern durch ihren Körper, und ihr zerfallender Schädel – was davon übrig war – begann sich nach links und rechts zu drehen, als ob sie ihre Mörder verfluchen wollte. In einem letzten Schüttelkrampf richtete sich ihr Körper noch einmal kerzengerade auf und fiel dann nach hinten.«

Die Einwohner von Paris warteten am 20. August auf die Ankunft der Westalliierten. Im Kessel von Falaise unternahmen versprengte deutsche Einheiten noch eine Reihe selbstmörderischer Ausfälle gegen die an dieser Stelle eingesetzten polnischen Truppen. In Warschau wurde der Kampf der Aufständischen gegen die mit überwältigender Waffengewalt und Brutalität zuschlagende deutsche Übermacht immer aussichtsloser. Im Südabschnitt der Ostfront eröffneten die sowjetischen Truppen entlang einer 500 Kilometer langen Front ihre Rumänien-

Offensive. Einen Tag nach deren Beginn waren fünf deutsche Divisionen zerschlagen und 3000 deutsche Soldaten in russischer Gefangenschaft. Die an der Front eingesetzten rumänischen Truppen unter dem Befehl von General Abramescu ersuchten um die Erlaubnis, sich auf eine günstigere Verteidigungslinie zurückziehen zu dürfen, doch der rumänische Diktator, Marschall Antonescu, befahl ihnen, die Stellung zu halten. Die Folge war, daß die rumänischen Verbände zerschlagen wurden. Nach sechstägigem kontinuierlichen Vormarsch streckte die Rote Armee am 25. August bereits die Hand nach Focşani aus.

Im Raum Falaise unternahmen die eingeschlossenen Deutschen am 21. August einen letzten Versuch, aus der Falle auszubrechen. Bei ihrem Ansturm auf die polnischen Truppen, die den östlichen Ausgang aus dem Kessel bewachten, fielen mehr als 300 Polen; doch der Riegel hielt, und tausend Deutsche gerieten in alliierte Gefangenschaft. Alles in allem verloren die Deutschen in den Kämpfen um Falaise mehr als 50 000 Soldaten durch Gefangennahme und weitere 10 000 durch Tod. General Eisenhower, der die Kampfzone zwei Tage nach Abschluß der letzten Gefechte besuchte, erinnerte sich später: »Wege, Straßen und Äcker waren so mit zerstörtem Kriegsgerät und mit toten Männern und Tieren übersät, daß ein Durchkommen kaum möglich war.« Man konnte, so fügte er hinzu, »buchstäblich Hunderte von Metern weit gehen, ohne auf irgend etwas anderes als totes und verwesendes Fleisch zu treten«.

Am 21. August trafen die Außenminister der alliierten Mächte in Dumbarton Oaks am Stadtrand von Washington zusammen, um über die Errichtung eines kollektiven internationalen Sicherheitssystems nach Kriegsende zu debattieren, das geeignet sein sollte, Kriege zu verhindern. Es erhielt den Namen United Nations Organization (UNO), und sein maßgebliches inneres Gremium für die Bewältigung kritischer Situationen sollte ein Sicherheitsrat sein, dessen fünf Mitgliedsstaaten (Großbritannien, die Sowjetunion, die Vereinigten Staaten, Frankreich und China) sich das Recht ausbedungen hatten, mit ihrem Veto jeden ihnen nicht genehmen Antrag zu Fall zu bringen.

Im Moment war es freilich nicht die Aussicht auf künftige Zwietracht unter den Alliierten, sondern der in Sichtweite gerückte Sieg über Nazideutschland, der die Tagesaktualität beherrschte. Am 22. August, als Einheiten der Roten Armee die rumänische Grenze überschritten und Jassy eroberten, beorderte König Michael von Rumänien Marschall Antonescu in den königlichen Palast zu Bukarest und befahl ihm, sofort einen Waffenstillstand mit den Alliierten zu schließen.

Antonescu lehnte dies ab und wurde daraufhin verhaftet. Ebenfalls verhaftet wurden der deutsche Botschafter und der ranghöchste deutsche Verbindungsoffizier in Bukarest. Der König befahl sodann seinen Truppen, das Feuer gegen die russischen Angreifer einzustellen. Hitler, der von dieser Entwicklung überrascht wurde, sah sich nicht in der Lage, einen vor kurzem ausgearbeiteten Plan für die Besetzung Rumäniens im Falle seines Ausscheidens aus dem Achsenbündnis in die Tat umzusetzen. Statt dessen befahl er seinen in Ploesti stationierten Fliegergeschwadern, Bukarest zu bombardieren. Doch dies vermochte den Vormarsch der Sowjettruppen nicht aufzuhalten; im Verlauf der darauffolgenden Woche fielen 105 000 deutsche Soldaten, und ebenso viele gerieten in sowjetische Gefangenschaft.

Zum selben Zeitpunkt, als Rumänien sich um einen Waffenstillstand mit den Russen bemühte, erklärte die finnische Regierung, die im Herbst 1941 mitgeholfen hatte, den deutschen Belagerungsring um Leningrad zu schließen, daß auch sie bereit sei, ihren Frieden mit den Alliierten zu machen. Deutschland hatte damit seine militärischen Bündnispartner im nördlichsten und südlichsten Grenzbereich der Ostfront verloren. Auf dem Balkan intensivier-

Europa im Krieg, September 1944

ten unterdessen die griechischen und jugoslawischen Partisanen ihre Überfälle und Anschläge auf die rückwärtigen Verbindungen der Deutschen. Diese zogen sich, um der Gefahr eines sowjetischen Vorstoßes durch Rumänien in ihre ungeschützte Flanke zuvorzukommen, aus Athen, Saloniki und Skopje zurück und versuchten eine neue Abwehrlinie zwischen Skutari an der Adriaküste und dem Eisernen Tor an der Donau aufzubauen.

Auch in Italien fühlte sich die Partisanenbewegung jetzt stark genug, um den Deutschen und den italienischen Faschisten die Kontrolle über ganze Regionen und Flußtäler zu entreißen. Am 23. August eroberten Partisanen nach dreitägigen Kämpfen das Bergdorf Bacena, eine Bastion des faschistischen Regimes. Eine Woche später waren alle vier Gebirgstäler zwischen Domodossola und der Schweizer Grenze in der Hand der Partisanen.

In London mußte am 23. August ein weiterer katastrophaler V-1-Einschlag registriert werden: Die Bombe traf eine Fabrik in New Southgate, in der Bauteile für Bailey-Brücken, Telexgeräte, Funkausrüstungen für Panzer und Jagdflugzeuge und anderes technisches Gerät hergestellt wurden. »Hinlegen!« hatte einer der wachhabenden Posten, Reg Smith, noch in das Mikrofon der Lautsprecheranlage der Fabrik gebrüllt. »Legt euch hin, um Gottes willen.« Aber es war zu spät: 211 Belegschaftsmitglieder wurden getötet.

Churchill weilte am 23. August in Italien; in der Nähe von Siena besuchte er Einheiten, die trotz des Abzugs nicht unerheblicher Reserven an Truppen und Material nach Südfrankreich eine neue Offensive planten, welche drei Tage später beginnen sollte. Das Kriegskabinett in London erklärte sich an diesem 23. August damit einverstanden, daß aus jüdischen Soldaten, die bislang in alliierten Einheiten und vor allem auch in Palästina gedient hatten, ein rein jüdischer Kampfverband zusammengestellt werden sollte. Wie Churchill in einem Telegramm an Roosevelt erklärte, würde es sich dabei um »so etwas wie eine Kampfgruppe von Regimentsgröße handeln. Das wird, wenn es bekanntgegeben wird, den Juden große Genugtuung bereiten«, fuhr er fort, »und gewiß besitzen sie von allen Völkern das größte Recht, den Deutschen als ein Gegner mit eigener Identität gegenüberzutreten. Sie wollen ihre eigene Fahne haben, den Davidstern auf weißem Untergrund mit zwei hellblauen Balken. Ich sehe keinen Grund, dies nicht zuzulassen. Ich glaube sogar, daß das Flattern dieser Fahne an der Spitze einer Kampfeinheit eine Botschaft wäre, die um die ganze Welt ginge.«

Für die Deutschen kam es jetzt nicht mehr so sehr auf Kampfmoral und Durchhaltewillen der Soldaten an, sondern auf die Versorgung der Panzer und Motorfahrzeuge mit Treibstoff. Mineralölprodukte wurden für fast jeden Aspekt der Rüstung und Kriegführung benötigt: für die Herstellung von Flugbenzin, für die Schmierung von Flakgeschützen, für den Betrieb der Maschinen in den Waffen- und Munitionsfabriken. Seit dem 8. Juni bombardierten die Westalliierten mit Vorrang die Produktions- und Lagerstätten der deutschen Ölindustrie. Als der britische Nachrichtendienst Ende Juli feststellte, daß die deutsche Jagdflugzeugproduktion wieder im Ansteigen begriffen war, war dies für die Alliierten ein Grund mehr, den Krieg gegen die deutsche Ölproduktion weiterzuführen und zu verschärfen. Ein weiterer Grund war die den Alliierten zugegangene Information, daß die Deutschen für die Reparatur ölverarbeitender Anlagen eigens eine Art Feuerwehrtruppe ins Leben gerufen hatten. Am 7. August intensivierten die Alliierten ihre Offensive zur Vernichtung der Treibstoffproduktion und führten bis zum Monatsende sechzig Luftangriffe auf ölverarbeitende Anlagen in ganz Deutschland und in Südosteuropa durch. Die Hälfte dieser Angriffe galt Treibstoffdepots, ein Viertel galt den Werken, in denen synthetisches Öl erzeugt wurde, und ein Viertel den Raffinerien für synthetisches Öl.

Daß diese Strategie richtig war, zeigte sich am 12. August, als der britische Nachrichtendienst eine Enigma-verschlüsselte Botschaft der deutschen Luftwaffe dechiffrierte, die zwei Tage zuvor aus dem Hauptquartier der deutschen Luftwaffe hinausgegangen war: In ihr wurde eine allgemeine Einschränkung der Einsatzflüge angeordnet, da weitere Teile der deutschen Treibstofferzeugung durch Luftangriffe ausgefallen seien. Nur noch die notwendigsten Aufklärungsflüge sollten durchgeführt werden; viermotorige Flugzeuge sollten nur nach Rücksprache mit dem Hauptquartier starten und auch andere Flugzeuge nur dann, wenn die Möglichkeit einer entscheidenden Aktion bestand oder wenn sich gute Erfolgschancen abzeichneten. Auf diese erste Beschränkung des operativen deutschen Flugverkehrs folgte ein paar Tage später, am 16. August, Kluges letzter Appell an das Oberkommando des deutschen Heeres – die Bitte um die Genehmigung zum Rückzug aus Falaise angesichts der feindlichen Panzerüberlegenheit und des Treibstoffmangels, der laut Kluges Worten »der entscheidende

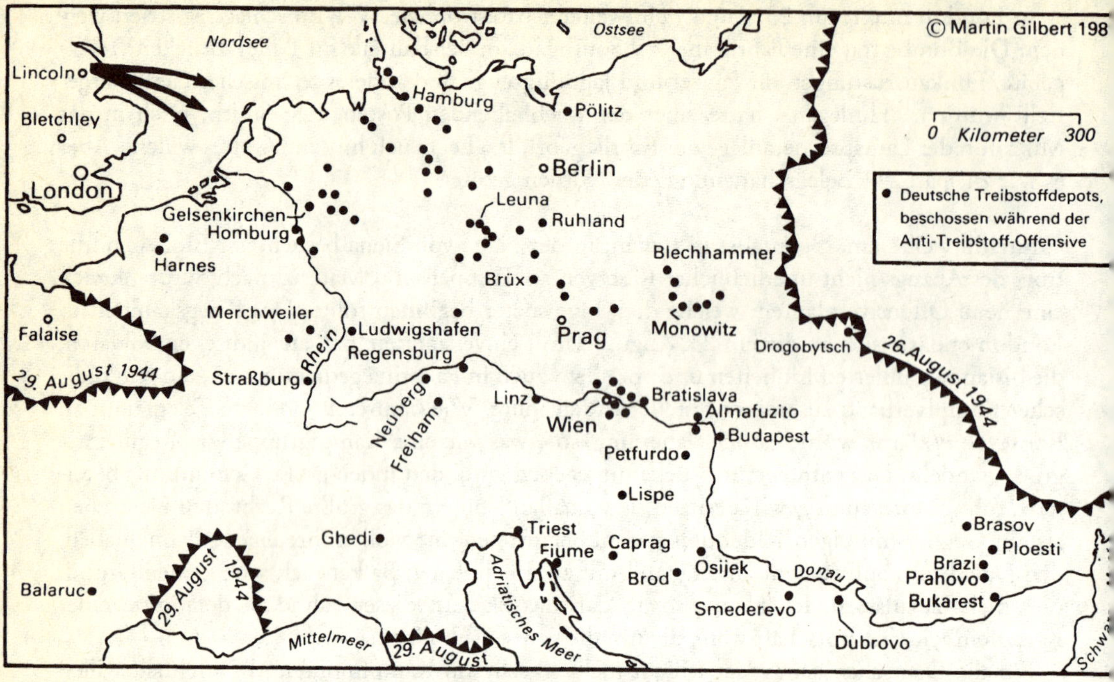

Die Anti-Treibstoff-Offensive, August 1944

Faktor« war. Da dieses dramatische Eingeständnis auf höchster Geheimhaltungsstufe übermittelt wurde, wurden die wachsamen Abhörspezialisten in Bletchley prompt darauf aufmerksam.

Am 20. August, vier Tage nachdem der Appell Kluges ergangen war, bombardierten amerikanische Maschinen das Hydrierwerk für synthetisches Öl in Monowitz. Mehrere hundert britische Kriegsgefangene sowie Zehntausende jüdischer Arbeitssklaven konnten beobachten, wie die Bomben auf die Anlagen des Hydrierwerks fielen. 38 britische Kriegsgefangene kamen bei dem Angriff ums Leben.

Das Ziel eines weiteren amerikanischen Bombenangriffs, der am 22. August stattfand, war das Hydrierwerk bei Blechhammer; drei Tage später kam die Hydrieranlage in Pölitz an die Reihe. Noch in der gleichen Woche, am 27. August, flogen britische Bomber einen Tageslichtangriff auf ein Werk für synthetisches Öl in Homburg. Es war der erste Einsatz, bei dem britische Bomber bei Tag so weit nach Deutschland hineinflogen, nämlich bis über den Rhein. Der britische Nachrichtendienst entschlüsselte an diesem Tag eine Enigma-Botschaft der deutschen Luftwaffe; das Oberkommando der deutschen Luftwaffe schärfte darin den wichtigsten deutschen Fliegergeschwadern an der Westfront ein, sie müßten ihre Flugaktivitäten noch weiter einschränken und auf diese Weise Flugbenzin einsparen, das dann für die Ausbildung von 120 Fliegerbesatzungen pro Monat verbraucht werden könne. Die Alternative dazu, warnte das Oberkommando, wäre die Beibehaltung der bestehenden, extrem geringen Zuteilung von Flugbenzin für die Ausbildung neuer Piloten und Besatzungen; in diesem Fall könne jedoch der Auffüllbedarf der an der Westfront eingesetzten Fliegergeschwader nur zu einem Drittel befriedigt werden.

Am Abend des 23. August erreichte eine französische Panzerdivision, die sich auf dem Vormarsch nach Paris befand, das 50 Kilometer südwestlich der Hauptstadt gelegene Rambouillet. In Paris selbst hatten im Laufe dieses Tages Résistance-Kämpfer, die mittlerweile unter dem Kommando von General Koenig zu den »Forces Françaises de l'Intérieur« zusammengefaßt waren, alle zivilen Häftlinge befreit.

Die deutschen Besatzer machten daraufhin einen letzten Versuch, sich noch einmal als strafende Macht zu zeigen: Sie griffen das von Résistance-Kräften besetzt gehaltene Grand Palais an und setzten es in Brand. An anderen Stellen des Stadtzentrums machten schwerbewaffnete deutsche Patrouillen Jagd auf Résistance-Gruppen, erschossen zahlreiche Franzosen und zwangen andere, sich von der Straße zurückzuziehen. Aber diese Demonstrationen der Stärke kamen zu spät, um die Entwicklung in Paris noch beeinflussen zu können.

Am frühen Morgen des 24. August rollten französische Panzer, befehligt von Oberst Pierre Billott, von Süden her durch die Porte d'Orléans nach Paris hinein. Zehntausende von Parisern säumten die Straßen und begrüßten ihre Befreier mit Fahnen, Delikatessen, Blumen, Wein und Küssen. Doch noch immer existierten von den Deutschen gehaltene Bastionen und erbittert verteidigte Barrikaden, und zu beiden Seiten davon gab es Tote – nicht nur unter den Soldaten, sondern auch unter den Zivilisten, die das Pech hatten, ins Kreuzfeuer zu geraten. Doch der Begeisterungssturm der Befreiung fegte die noch vorhandenen Hindernisse rasch hinweg, und bald verkündete das Läuten der Kirchenglocken den endgültigen Sieg der Befreier.

Am 24. August, während der deutsche Rückzug an allen Kriegsfronten weiterging, ermordete die SS in einem Sklavenarbeiterlager bei Mielec im südlichen Polen 3000 Juden; dann wurde das Lager geräumt. Drei Wochen zuvor waren im Arbeitslager Ostrowiec 2000 jüdische Arbeitssklaven ermordet worden. Ebenfalls am 24. August wurde die Besatzung eines amerikanischen Bombers, der auf dem Rückflug von einem Luftangriff auf Hannover über Greven abgeschossen worden war, in einen Zug gesetzt, der sie zum Verhör nach Süddeutschland bringen sollte. In Rüsselsheim mußte der Zug anhalten, weil die Bahnstrecke infolge eines erst wenige Stunden zurückliegenden britischen Bombenangriffs blockiert war. Auf den Straßen drängten sich Hunderte von Menschen, die, ausgebombt und obdachlos, eine neue Bleibe suchten. Ein aufgehetzter Mob stürzte sich auf die amerikanischen Flieger und traktierte sie mit Latten, Stangen, Steinen und Trümmerstücken. Sechs der Amerikaner wurden getötet, nur zwei überlebten.

Der alliierte Bombenkrieg gegen Deutschland löste mehrere Vorfälle dieser Art aus. Bei einem Luftangriff auf die rüstungswichtigen Gustloff-Werke in der Nähe von Buchenwald wurden neben dem Fabrikgelände auch die Baracken des Konzentrationslagers getroffen; 400 Häftlinge und achtzig SS-Männer starben. Zur Vergeltung befahl der Lagerkommandant, SS-Sturmbannführer Pfister, zwei Wochen später die Hinrichtung von sechzehn britischen und französischen Offizieren; es handelte sich durchweg um Agenten der britischen Special Operations Executive, die bei Einsätzen in Frankreich in die Hände der Deutschen gefallen waren. Alle sechzehn wurden gehenkt. Elf Tage nach dieser ersten Hinrichtung folgte eine zweite mit zwölf Opfern.

Am 25. August überflogen alliierte Flugzeuge im Zuge einer von Süditalien aus gestarteten Aufklärungsmission wieder einmal Auschwitz. Auch dieses Mal hatten sie den Auftrag, das Hydrierwerk von Monowitz zu fotografieren, das mittlerweile für die deutsche Kriegführung lebenswichtig geworden war. Und auch dieses Mal wurden Bilder von dem Stammlager Auschwitz, dem Außenlager Birkenau, den Entladebahnsteigen, den Gaskammern und Krematorien aufgenommen. Eine der Fotografien vom 25. August zeigte sogar eine Kolonne von Juden auf dem Marsch vom Bahnsteig zu einem der Gaskammer-Krematoriums-Komplexe, dessen Tor in Erwartung der Ankömmlinge gerade offenstand.

Die Ostfront, September – Dezember 1944

Niemand unternahm auf alliierter Seite den Versuch, die auf den Luftaufnahmen zu erkennenden Gebäude und Vorgänge im Lager Birkenau zu analysieren – und dies obwohl das britische Auswärtige Amt in London am 22. August einen Grundriß des Lagers sowie eine ausführliche Beschreibung von den dort verübten Verbrechen erhalten hatte. Ein Funktionär der zionistischen Weltorganisation, Joseph Linton, hatte diese Skizze aus Jerusalem erhalten und sie an das britische Außenamt weitergeleitet. Sie stützte sich auf die Angaben der vier Auschwitz-Flüchtlinge.

Das alliierte Interesse galt nicht den Massenmordanlagen in Birkenau, sondern allein den industriellen Anlagen in Monowitz, für deren Bombardierung die alliierte Luftwaffe zu dieser Zeit Pläne ausarbeitete; man wollte versuchen, die deutschen Kapazitäten zur Herstellung synthetischen Treibstoffs vollständig zu vernichten. Der erste Bombenangriff auf das Hydrierwerk Monowitz hatte am 20. August stattgefunden.

Der einzige Zweck des am 25. August durchgeführten Fotoaufklärungsfluges über Auschwitz bestand darin, den bei dem Angriff vom 20. August angerichteten Schaden aufzunehmen und zu sehen, welche Reparaturmaßnahmen die Deutschen eingeleitet hatten. Das Resultat war enttäuschend. »Die eingetretenen Schäden«, hieß es in dem Auswertungsbericht, »sind nicht schwerwiegend genug, um die Produktion synthetischen Treibstoffs ernsthaft zu beeinträchtigen, und dürften die weitere Fertigstellung dieses Teils der Anlage nicht spürbar verzögern.«

Am Morgen des 25. August, kurz nach 7 Uhr, zog General Jacques Philippe Leclerc, Kommandeur der französischen 2. Panzerdivision, in Paris ein. Aber noch immer wurde an vielen Stellen der Hauptstadt gekämpft: Heckenschützen feuerten, Grüppchen leisteten Widerstand, ein größeres deutsches Kontingent verteidigte das Gebäude des Auswärtigen Amtes am Quai d'Orsay. Fünfzig der deutschen Verteidiger wurden im Gefecht getötet, Dutzende weitere attackiert, noch nachdem sie sich ergeben hatten: So schossen französische Heckenschützen mit einem Maschinengewehr in eine Gruppe gefangengenommener Deutschen, die um den Triumphbogen herummarschieren mußte.

Der deutsche Militärbefehlshaber von Paris, General von Choltitz, kapitulierte am Nachmittag des 25. August um 14.30 Uhr. Eineinhalb Stunden später traf General de Gaulle in der Stadt ein und bahnte sich durch die riesige Menschenmenge seinen Weg zum Rathaus. Es war ein Tag des Triumphes, aber auch der Trauer um mehr als 500 Résistance-Kämpfer und 127 Zivilisten, die bei der Befreiung der Stadt den Tod gefunden hatten. Im übrigen wurden in dieser Stunde der Euphorie über die geglückte Befreiung viele Franzosen, die mit den Deutschen kollaboriert hatten, ohne Anhörung oder Prozeß umgebracht.

Während die Hauptstadt schon jubelte, kämpften in Lyon die Résistance-Truppen noch um die Befreiung ihrer Stadt. Im 65 Kilometer nordwestlich von Paris gelegenen Vernon überschritten britische Truppen zum gleichen Zeitpunkt die Seine, und in Südfrankreich besetzten amerikanische Truppen Avignon. 1300 Kilometer weiter östlich, in der deutsch besetzten Slowakei, eroberten sowjetische Partisanen unter dem Befehl von Hauptmann Welitschko die Stadt Turciansky SV. Martin; diese Operation war Bestandteil eines allgemeinen slowakischen Aufstands gegen die deutsche Herrschaft. Der deutsche Militärbefehlshaber dieser Region fiel zwei Tage später in die Hand der Partisanen und wurde erschossen. In Estland besetzten sowjetische Truppen Tartu und erzielten damit einen weiteren Einbruch in die deutsche Festungslinie im Osten. Rumänien erklärte an diesem Tag Deutschland den Krieg. Das Achsenbündnis wankte. In Warschau kämpften die Aufständischen seit nunmehr drei Wochen und vier Tagen, und noch immer weigerte sich Stalin, britischen oder amerikanischen Flugzeugen die Benutzung sowjetischer Rollbahnen zu gestatten und damit eine Verbesserung der dahinschwindenden alliierten Luftunterstützung für Warschau zu ermöglichen. Fast beschwörend wandte Churchill sich am 25. August telegrafisch an seinen Verbündeten: »Wir versuchen nicht, uns eine Meinung über die Personen zu bilden, die diesen Aufstand losgetreten haben, zu dem im übrigen Radio Moskau wiederholt aufgerufen hat. Unsere Sympathie gilt jedoch dem ›beinahe unbewaffneten Volk‹, dessen Vertrauen so groß war, daß es sich den deutschen Kanonen, Panzern und Flugzeugen entgegenwarf. Wir können nicht glauben, daß mit ihrem Widerstand die Barbarenakte Hitlers ein Ende finden werden. Wir halten es im Gegenteil für wahrscheinlich, daß dies die Zeit ist, da sie sich ungezügelter denn je austoben werden. Das Massaker in Warschau wird zweifellos ein höchst ärgerlicher Punkt ... [bei unseren Gesprächen] sein, wenn wir uns alle am Jahresende treffen. Daher haben wir die Absicht, die Flugzeuge loszuschicken, falls Sie es nicht ausdrücklich untersagen.«

Für den Fall, daß Stalin auf diesen Appell nicht reagieren würde, hatte Churchill Roosevelt vorgeschlagen, die Flugzeuge starten zu lassen und »zu sehen, was passiert«. Britische und amerikanische Flugzeuge würden also auch ohne Zustimmung Stalins auf die Reise gehen. »Ich kann mir nicht vorstellen«, fügte Churchill hinzu, »daß er sie mißhandeln oder internieren würde.«

Roosevelt wies jedoch dieses Ansinnen Churchills zurück. Eines seiner Motive dafür war, wie er Churchill am 26. August wissen ließ, die »entschiedene Weigerung« Stalins, alliierten Versorgungsflugzeugen für die Warschauer Aufständischen die Benutzung sowjetischer Flugplätze zu gestatten. Ein zweiter Grund lag in den »gegenwärtigen amerikanischen Gesprächen« mit der Sowjetunion über die künftige Nutzung sowjetischer Flugplätze in Sibirien durch amerikanische Bomber auf dem Weg nach Japan. »Ich hielte es im Hinblick auf den langfristigen, allgemeinen Kriegsfortgang nicht für vorteilhaft«, erklärte Roosevelt, »wenn ich mich Ihrer vorgeschlagenen Botschaft an Onkel J. anschlösse.«

Damit war also der englisch-amerikanische Konsens über die Unterstützung des Warschauer Aufstands zerbrochen, und Großbritannien stand nun vor der Wahl, ganz allein einen Schritt zu tun (oder zu unterlassen), der die Sowjetunion stark verärgern würde.

Am 28. August wurde in London und Washington bekannt, daß in den von der Roten Armee bereits eroberten Gebieten Polens führende Funktionäre und Offiziere der polnischen Heimatarmee verhaftet wurden. London und Washington veröffentlichten daraufhin einen Tag später eine gemeinsame Erklärung, in der sie die polnische Heimatarmee als eine »verantwortliche kriegführende Kraft« bezeichneten. Die Zukunft Polens war zum zentralen Zankapfel zwischen den Alliierten geworden.

Am 26. August ging General de Gaulle triumphierend die Champs Elysées hinab. Kanadische und britische Truppen überschritten an diesem Tag am Brückenkopf Vernon die Seine und rückten zügig in Richtung Calais und Brüssel vor. In Italien griff die britische 8. Armee deutsche Stellungen entlang der »Grünen Linie« an. Es gelang ihr, Pisa zu erobern, doch konnten die Deutschen mit einem Gegenangriff die Front wieder schließen, und ihre Abwehrlinie blieb bis zum Ende des Jahres intakt.

In Berlin brachte der 26. August eine weitere Hinrichtung im Hof des Gefängnisses Plötzensee. Der Mann, der gehängt wurde, war Adam von Trott zu Solz, ein Beamter des deutschen Außenministeriums, der zu Jahresanfang in der Schweiz Geheimgespräche mit britischen und amerikanischen Diplomaten geführt hatte. Er war zwar ein überzeugter deutscher Patriot, aber auch ein Gegner der Nazis; einer seiner Vorfahren mütterlicherseits war John Jay gewesen, der erste Oberste Bundesrichter der Vereinigten Staaten.

Am 27. August wurden weitere Hinrichtungen vollzogen; doch diesmal waren nicht deutsche Verschwörer betroffen, sondern französische Zivilisten in dem 85 Kilometer südöstlich von Paris gelegenen Dorf Chalautre-le-Petite. Amerikanische Truppen hatten an diesem Tag die nahe gelegene Stadt Provins besetzt, und ein Vorauskommando war kurz in Chalautre aufgetaucht, hatte sich aber unter Mitnahme zweier gefangengenommener deutscher Soldaten gleich wieder zurückgezogen. Die beiden Soldaten waren entkommen, und die Deutschen waren anschließend noch einmal nach Chalautre zurückgekehrt, um nach »Partisanen« zu suchen. Sie fanden jedoch keine, und auch die Amerikaner hatten das Gebiet verlassen. Daraufhin nahmen die Deutschen 22 Dorfbewohner fest und führten sie aus dem Dorf hinaus; einigen gelang es zu fliehen, aber dreizehn wurden erschossen. Vier Tage später, nachdem die Amerikaner das Dorf befreit hatten, wurden sechs gefangengenommene deutsche Soldaten von den Amerikanern an eine rachedurstige Menge ausgeliefert und erschossen; die Täter waren keine Einwohner von Chalautre, sondern stammten aus der Umgegend.

In seinem ostpreußischen Hauptquartier »Wolfsschanze« überreichte Hitler persönlich am 27. August dem flämischen Faschistenführer und Kommandeur der Wallonischen Legion, Léon Degrelle, das Eichenlaub zum Ritterkreuz. Für einen Ausländer war die Verleihung dieses hohen Ordens eine ganz ungewöhnliche Auszeichnung. Von den 2000 Freiwilligen Degrelles überlebten nur 632 den Krieg.

Einen Tag nach der Auszeichnung Degrelles durch Hitler wurde in Buchenwald Ernst Thälmann erschossen, der ehemalige deutsche Kommunistenführer, der 1932 gegen Hindenburg und Hitler um das Amt des Reichspräsidenten kandidiert hatte. Er war 58 Jahre alt und hatte mehr als zehn Jahre in KZ-Haft verbracht. Ums Leben kamen in Buchenwald an diesem Tag auch Prinzessin Mafalda, die Tochter des italienischen Königs, und der Reifenfabrikant Marcel Michelin; sie wurden Opfer alliierter Bomben, die versehentlich auf das Lager abgeworfen wurden.

In Auschwitz herrschte zu dieser Zeit reger »Betrieb«: Eintreffende Züge brachten Juden aus dem Getto von Łódź, aus Rhodos, Kos und der Slowakei, von denen die meisten gleich nach ihrer Ankunft vergast wurden, während andere Züge mit Hunderten von Juden aus den Baracken von Auschwitz und Birkenau beladen wurden, die zu Fabriken und Arbeitslagern im Reich transportiert werden sollten. Am 29. August beispielsweise trafen in Auschwitz 72 erkrankte jüdische Erwachsene und Jugendliche sowie mehrere schwangere Frauen aus einem Arbeitslager bei Leipzig ein und wurden vergast; gleichzeitig bestiegen 807 Auschwitzer Juden einen Zug, der sie ins Konzentrationslager Sachsenhausen nördlich von Berlin bringen sollte; dort wurden sie als Arbeitskräfte auf ein Dutzend benachbarte Fabriken verteilt. Am 30. August verließ ein Transport mit 500 ungarischen Juden Auschwitz; sein Ziel war Buchenwald, von wo aus die Juden zu einer Fabrik der Junkers-Flugzeugwerke bei Markkleeberg weitertransportiert werden sollten. Einige Juden wurden allerdings in Buchenwald festgehalten, einem Lager, aus dem, wie der junge Jude Michael Etkind aus dem Łódźer Getto sich später erinnerte, »keiner entfliehen konnte. Niemand fehlte – außer den Toten.«

Der 28. August war der Tag, an dem die britische Luftabwehr über Südengland endlich einmal einen Punktsieg über die V 1 errang. An diesem Tag schickten die Deutschen 97 Flugbomben über den Kanal. Dreizehn wurden von britischen Jägern abgeschossen, noch ehe sie die englische Küste erreichten; landgestützte britische Flakgeschütze holten dann weitere 65 vom Himmel. Zehn gingen auf das Abschußkonto von über Land operierenden Abfangjägern, neun drangen in den Luftraum über London ein; zwei kollidierten dabei mit Sperrballonen, und drei schlugen vor Erreichen des Stadtzentrums auf freiem Gelände ein. Nur vier gingen im Kerngebiet von London nieder.

Der slowakische Aufstand, August–Oktober 1944

In Südfrankreich marschierten an diesem Tag alliierte Truppen in Toulon und Marseille ein; sie machten dabei 47 000 deutsche Gefangene. Weiter nördlich fielen einen Tag danach Reims und Châlons-sur-Marne an die Amerikaner, die jetzt nur noch 170 Kilometer von der deutsch-französischen Grenze entfernt standen. Britische Bomber griffen am Abend des 29. August nach einem Flug über die gesamte norddeutsche Tiefebene die ostpreußische Stadt Königsberg an. Ihre Bomben machten 134 000 Königsberger Bürger obdachlos, und nur vier der 175 eingesetzten Maschinen kehrten nicht zurück. Von Königsberg bis zum Führerhauptquartier Hitlers in Rastenburg waren es nur 90 Kilometer.

Der Krieg gegen Zivilisten und Partisanen hinter den Linien schien der einzige Bereich zu sein, in dem die Deutschen jetzt noch in der Lage waren, die Initiative zu ergreifen. Am 29. August rückten deutsche Reservetruppen in die Slowakei ein, um bei Žilina, Čadca, Povazska, Bystrica und Trenčin gegen slowakische Partisanen vorzugehen. Die Partisanen antworteten auf diesen Schritt mit der Ausrufung einer tschechoslowakischen Republik; sie übernahmen die De-facto-Herrschaft über die Stadt Banská Bystrica sowie über einen großen Teil des Gebiets zwischen Banská Bystrica, Brezno, Zvolen und Ružomberok.

Am 30. August besetzten sowjetische Truppen die rumänische Stadt Ploesti und beraubten die Deutschen damit ihrer letzten Bezugsquelle für Erdöl. In Berlin wurde an diesem Tag General Kurt von Stülpnagel, der ehemalige Militärgouverneur von Paris, der sich bei seinem Selbstmordversuch nach dem Attentat vom 20. Juli lediglich des Augenlichts beraubt hatte, an der Hand zu den Fleischerhaken im Gefängnis Plötzensee geführt und gehenkt.

William Joyce, dem kurze Zeit später das Kriegsverdienstkreuz Erster Klasse verliehen werden sollte, beschuldigte am 30. August in einer für seine englischen Hörer bestimmten Rundfunkrede die Verschwörer, sie hätten der Front entscheidende Truppenverstärkungen vorenthalten und dafür nunmehr »ihre gerechte Strafe« bekommen. Deutschland sei in der Lage, »sich nicht nur zu verteidigen, sondern, mit der Zeit als Bundesgenossen, diesen Krieg zu gewinnen«. Das wichtigste strategische Ziel Deutschlands bestehe »im Augenblick« darin, Zeit zu gewinnen.

Doch es war nicht die Absicht der beständig vorwärts drängenden alliierten Streitkräfte, den Deutschen Zeit zu lassen. Auf dem französischen Kriegsschauplatz überschritten amerikanische Truppen am 31. August bei Commercy die Maas und waren damit nur noch knapp 100 Kilometer von der deutschen Grenze entfernt; in Italien durchstießen kanadische und britische Truppen die »Grüne Linie«, während amerikanische Verbände über den Arno setzten; und auf dem Balkan nahm die Rote Armee Bukarest ein. Auf dem pazifischen Kriegsschauplatz brachte der 31. August die Besetzung der vor der Nordküste Neuguineas gelegenen Insel Numfoor durch die Amerikaner; der Kampf kostete 1730 Japaner und 63 Amerikaner das Leben.

Triumph und Tragik gingen auf dem Weg zum Sieg Hand in Hand. Als sich am 31. August amerikanische Truppen dem Bergdorf Peira Cava in den südfranzösischen Alpen näherten, ermordeten SS-Leute zwölf junge Männer; die meisten waren noch Halbwüchsige. Ein Denkmal erinnert an die Opfer.

In Jugoslawien lief am 1. September 1944 die Operation »Ratweek« an, eine siebentägige, von den Partisanen Titos und der Royal Air Force gemeinsam durchgeführte Offensive gegen deutsche Straßen- und Schienenverbindungen. Ihr Ziel war es, den geplanten Rückzug der deutschen Truppen aus Griechenland und dem Balkanraum zu behindern. Mehrere Eisenbahnbrücken entlang der wichtigsten Transportroute wurden total zerstört, ebenso wie viele Kilometer Schienenwege. Zugleich sorgte die Rote Armee durch einen unerwartet raschen Vormarsch an die Donau, die sie bei Turnu Severin erreichte, dafür, daß es den Deutschen nicht gelang, in nennenswertem Umfang Truppen aus dem Balkanraum an eine der umkämpften Fronten zu verlegen. Während die durch Jugoslawien führenden deutschen Straßen- und Bahnverbindungen durch Operation »Ratweek« unterbrochen waren, traten griechische Partisanen zur Operation »Arche Noah« an, einer Serie von Überfällen und Anschlägen auf die 315 000 deutschen Soldaten, die in Richtung Norden abzuziehen versuchten. Besonders bedrängt wurden dabei diejenigen deutschen Truppenteile, die den Weg über Joannina wählten. Aber auch denen, die sich für eine weiter westlich gelegene, durch Albanien führende Route entschieden, erging es nicht viel besser, denn entlang aller nach Skutari und Kotor führenden Straßen waren albanische Partisanen aktiv. Nicht weniger als 30 000 deutsche Soldaten blieben auf den griechischen Inseln zurück, da ihre Evakuierung angesichts der mittlerweile unangefochtenen alliierten Luft- und Seeherrschaft in der Ägäis nicht mehr möglich war.

Im Pazifik startete am 2. September von dem leichten US-Flugzeugträger *San Jacinto* ein Bomberkommando zu einem Angriff auf einen japanischen Radiosender auf der Insel Cichijima. Für einen der Piloten, den zwanzigjährigen George Bush, war es der 58. Einsatz. Er war noch knapp 1000 Kilometer von Japan entfernt, als seine Maschine abgeschossen wurde und ins Meer stürzte. 44 Jahre später wurde George Bush zum Präsidenten der Vereinigten Staaten gewählt.

Am 2. September überschritten Truppen die französisch-belgische Grenze. In Warschau blieb den Aufständischen einen Monat nach Beginn ihres Kampfes keine andere Wahl, als ihre Stellungen in der Altstadt zu räumen und in den Abwasserkanälen Zuflucht zu suchen. Im nordöstlich von Warschau gelegenen Majorat ermordeten die Deutschen an diesem Tag mehr als 500 Dorfbewohner, darunter Frauen, Kinder und alte Leute.

Aus Holland wurden am 3. September tausend Juden nach Auschwitz deportiert; ihnen folgten am nächsten Tag noch einmal 2087. Britische Truppen hatten sich um diese Zeit dem holländischen Durchgangslager Westerbork bis auf 300 Kilometer genähert. Am 3. September, dem fünften Jahrestag der englischen Kriegserklärung an Deutschland, rückten die Briten in Brüssel ein. Einen Tag später wurde Antwerpen befreit. In dieser Woche begannen die Alliierten mit der Evakuierung von 650 deutschen, österreichischen und tschechischen Juden aus den von den Partisanen kontrollierten Landesteilen Jugoslawiens – eine Operation, die auf einen Vorschlag von Churchills Sohn Randolph zurückging. Die Juden wurden nach Italien ausgeflogen. In der noch von den Deutschen besetzten Hafenstadt Fiume verhaftete die Gestapo den ranghohen italienischen Polizeibeamten Giovanni Palatucci, der mehr als 500 jüdischen Flüchtlingen, die aus Kroatien nach Italien gelangt waren, »arische« Ausweispapiere vermittelt und sie dann ins sichere Süditalien geschleust hatte. Palatucci wurde nach Dachau deportiert, wo er ums Leben kam.

In Dachau wurden am 4. September neunzig Offiziere der Roten Armee erschossen, darunter der fünfzigjährige Wassili Borisjenko und der zwanzigjährige Wassili Gajduk. Auch im Berliner Gefängnis Plötzensee fand an diesem 4. September wieder eine Hinrichtung statt: General Erich Fritz Fellgiebel wurde gehenkt. Seine Aufgabe im Rahmen des Attentats vom 20. Juli hatte darin bestanden, im Führerhauptquartier »Wolfsschanze«, wo er als ranghöchster Nachrichtenoffizier der Wehrmacht fungiert hatte, das Funksprechnetz lahmzulegen.

Hitler ernannte jetzt Generalfeldmarschall von Rundstedt zum Oberbefehlshaber der zurückweichenden deutschen Westarmeen. Es war derselbe Mann, der im Mai 1940 den deutschen Hauptstoß gegen Frankreich geleitet hatte. Hitler hatte ihn am 2. Juli 1944 seines Kommandos enthoben, weil es ihm nicht gelungen war, die alliierte Invasion in der Normandie zu stoppen; zwei Monate später sah Rundstedt sich nun zum Kapitän des sinkenden Schiffes ernannt. Er erkannte schnell, wie wenig Deutschland den vormarschierenden alliierten Armeen entgegenzusetzen hatte. Als er am 4. September in der Nähe der belgischen Stadt Yvoir beim Rückzug der Waffen-SS-Division »Hitlerjugend« über die Maas zugegen war, kommentierte er: »Es ist ein Jammer, daß diese gläubige Jugend in hoffnungsloser Lage geopfert wird.«

In einer Weisung vom 3. September, die am nächsten Tag seinen Kommandeuren im Feld zugestellt wurde, befahl Hitler, Boulogne, Dünkirchen und Calais unbedingt zu halten. Außerdem müßten Breskens und die Insel Walcheren an der Schelde-Mündung behauptet werden, wodurch der Hafen von Antwerpen, der sich in den Händen der Alliierten befand, von diesen nicht für die Anlandung von Truppen und Nachschub benutzt werden könne. »Es muß sichergestellt werden«, verkündete Hitler, »daß die Alliierten den Hafen für lange Zeit nicht nutzen können.« Tatsächlich mußten die Alliierten, so wie die Dinge lagen, lange Verbindungswege im Hinterland ihrer Front in Kauf nehmen – bis hin zu ihrem ursprünglichen Brückenkopf in der Normandie.

Hitlers Entschluß, die Schelde-Mündung zu halten, war den Alliierten 48 Stunden später dank »Ultra« bekannt. Mit einem schnellen deutschen Rückzug aus Holland war also nicht zu rechnen. Andererseits waren die Alliierten seit dem Ausbruch aus der deutschen Umklammerung bei Falaise vor nicht einmal vier Wochen so rasch vorangekommen, daß das britische Joint Intelligence Committee am 5. September voraussagte, der deutsche Widerstand werde möglicherweise bis Anfang Dezember, wenn nicht schon früher, erloschen sein. Churchill äußerte sich skeptisch zu dieser Mutmaßung. »Es ist mindestens ebenso wahr-

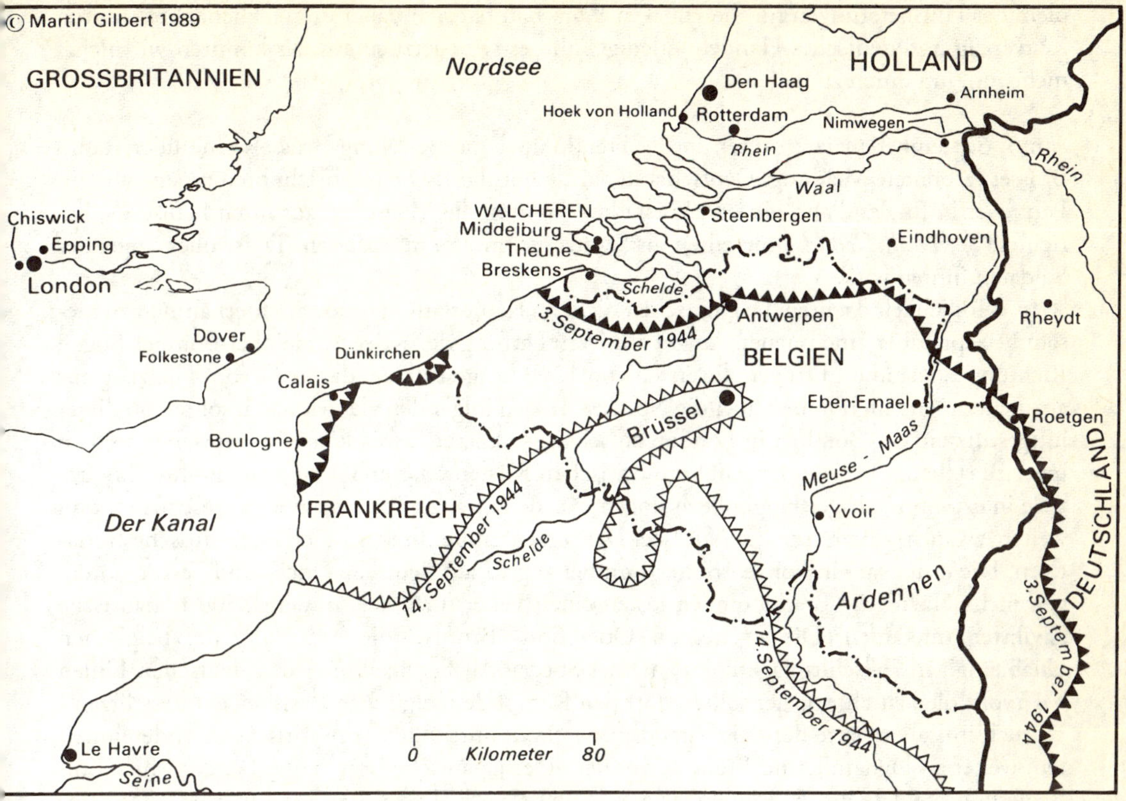

Die Schlacht um Nordwest-Europa, September 1944

scheinlich«, kommentierte er, »daß Hitler am 1. Januar noch kämpfen wird, wie daß er vorher zusammenbricht.«

Auch nachdem die polnischen Aufständischen die Warschauer Altstadt hatten aufgeben müssen, hoffte Churchill noch, ihnen in den Vororten Zoliborz, Solec und Czerniakow, in denen sie noch eigenes Terrain behaupteten, aus der Luft Nachschub zukommen lassen zu können. Zu diesem Zweck schickte er am 4. September zwei Telegramme los: eines an Roosevelt und eines an Stalin. »Das einzige Mittel«, schrieb er an Roosevelt, den Polen materielle Unterstützung zukommen zu lassen, sei »der Einsatz amerikanischer Flugzeuge, die nach Abwurf ihrer Ladung auf russischen Flugplätzen landen« müßten. Er drängte den Präsidenten, der US-Luftwaffe grünes Licht für die Durchführung solcher Versorgungsflüge zu geben; falls nötig, sollten die Maschinen »auf den russischen Flugplätzen auch ohne deren Zustimmung« landen. In seinem zweiten Telegramm, das er »im Namen des Kriegskabinetts« an Stalin richtete, erklärte Churchill, er empfinde die Tatsache, daß die sowjetische Regierung Hilfslieferungen für die Polen verhindere, als einen Verstoß gegen »den Geist der alliierten Zusammenarbeit, auf die Sie und wir sowohl für die Gegenwart als auch für die Zukunft so großen Wert legen«.

Von Roosevelt kam eine abschlägige Antwort. »Ich werde von meinem militärischen Nachrichtendienst informiert«, schrieb er, »daß die kämpfenden Polen sich aus Warschau abgesetzt haben und die Deutschen die Stadt jetzt völlig kontrollieren.« Und er fügte hinzu: »Das Problem der Hilfslieferungen für die Polen in Warschau hat sich daher unglücklicherweise durch Zeitverzug und deutsches Handeln erledigt, und es sieht jetzt so aus, als könnten wir nichts mehr tun, um ihnen zu helfen.«

Am 5. September platzte mitten in die Freude über die Befreiung Brüssels eine über Radio Brüssel verbreitete Meldung, Deutschland habe kapituliert. Die Nachricht breitete sich wie ein Lauffeuer in England aus. »In den Vorstädten rannten die Menschen aus ihren Häusern«, berichtete der *Daily Herald,* »und eilten ins Stadtzentrum, um mitzufeiern. Taxis voller singender Soldaten fuhren vor.«

In Wirklichkeit dachten die Deutschen nicht an Kapitulation, sondern unternahmen an diesem 5. September einen neuen Anlauf zur Verschärfung des Krieges. Heinkel-Bomber flogen Richtung England und trugen die ersten von 1200 luftgestützten, das heißt vom Flugzeug aus abzufeuernden Flugbomben über die Nordsee. In den folgenden vier Monaten sollten 66 dieser luftgestützten V-1-Bomben in London einschlagen. Dieser Erfolg kam die Deutschen freilich teuer zu stehen: Da sie, um nicht vom britischen Küstenradar erfaßt zu werden, ihre Einsatzziele in extrem niedriger Flughöhe anflogen, wurden zwanzig ihrer Bomber abgeschossen und weitere zwanzig stürzten in die Nordsee. Der 5. September brachte auch zwei britische Initiativen. Die erste war ein konzentrierter Bombenangriff auf deutsche Dock- und Festungsanlagen in Le Havre; die Brandbomben lösten einen Feuersturm aus, in dem 2500 französische Zivilisten umkamen. Die zweite war Operation »Brutus«, die Absetzung der belgischen Unabhängigen Fallschirmjägerkompanie des Special Air Service hinter den deutschen Linien bei Yvoir; die Fallschirmjäger sollten dort den Kampf der belgischen Résistance unterstützen.

Auch in Italien hatte der Widerstand inzwischen, unterstützt von britischen Sondereinheiten, weiter an Dynamik und Breite gewonnen. Der japanische Botschafter bei der Mussolini-Regierung meldete am 6. September aus Venedig nach Tokio, die Partisanenaktivität zeige insbesondere im Gebiet um Turin und entlang der französisch-italienischen Grenze weiter steigende Tendenz, obgleich die Deutschen bei ihren jüngsten Strafaktionen gegen die italienischen Widerstandskämpfer erhebliche Erfolge erzielt hätten. Diejenigen in London, die für den Einsatz der hinter den deutschen Linien in Italien kämpfenden britischen Einheiten verantwortlich waren, nahmen diese vom britischen Nachrichtendienst abgefangene und entschlüsselte Botschaft mit Genugtuung zur Kenntnis.

In Buchenwald wurden am 6. September fünfzehn Engländer und Franzosen hingerichtet, die in Frankreich wegen Unterstützung der Résistance festgenommen worden waren. Drei Tage später erlitten sechzehn weitere Personen dasselbe Schicksal. Auch wenn jetzt jeder Tag neue Nachrichten über befreite Städte und Dörfer brachte, ging die Tötung von Kriegsgefangenen in deutschen Lagern bis zum bitteren Ende weiter.

Am Nachmittag des 6. September betraten sowjetische Truppen, die gegenüber der jugoslawischen Stadt Kladovo die Donau überschritten hatten, erstmals auf ihrem Weg ein jugoslawisches Dorf. Für Tito und seine Partisanen – mittlerweile waren es Zehntausende – war die Zeit gekommen, die Befreiung ihres Landes in Angriff zu nehmen und Seite an Seite mit den sowjetischen Truppen gegen die militärischen Bastionen der Deutschen vorzugehen. Hitler, der erkannte, daß es nicht mehr lange dauern konnte, bis Soldaten einer der gegnerischen Mächte den Fuß auf deutschen Boden setzen würden, ließ einen Leitartikel für das NS-Parteiorgan *Völkischer Beobachter* verfassen, der am 7. September erschien. In ihm hieß es, falls der Feind deutsche Erde betreten werde, solle er jeden Brückensteg zerstört, jede Straße unpassierbar vorfinden – und nichts als Tod, Vernichtung und Haß sollten ihm begegnen.

Die Anhänger Hitlers zweifelten keinen Augenblick an der Notwendigkeit, bis zum Ende zu kämpfen und diejenigen zu terrorisieren, die sich gegen sie wandten. Am 7. September durchsuchten in der Nähe der niederländischen Stadt Middelburg deutsche Soldaten einen Bauernhof, auf dem sich seit mehr als vier Monaten vier untergetauchte britische Flieger versteckt hielten. Drei von ihnen konnten entkommen. Die Deutschen holten sich vier auf dem Hof lebende Belgier und einen fünften von einem benachbarten Hof und fuhren mit ihnen zu den nicht weit entfernten Stranddünen. Dort befahlen sie ihnen, sich im Sand ihr eigenes Grab zu schaufeln, banden sie an einen Pfosten und erschossen sie. Einer der Erschossenen war ein Jugendlicher namens Yvon Colvenaer. Als die Deutschen ihm anboten, sein Leben zu schonen, falls er ihnen alles sage, was er wisse, erwiderte er, er wolle kein Verräter sein. Als sie auf ihn anlegten, rief er: »Es lebe Belgien!«

Vor der Philippinen-Insel Mindanao versenkte am 7. September ein amerikanisches U-Boot das große japanische Frachtschiff *Shinyo Maru*. Die U-Boot-Besatzung ahnte nicht, daß der Frachter 675 Amerikaner an Bord hatte, die bei der Eroberung der Philippinen durch die Japaner 1942 in Gefangenschaft geraten waren und jetzt nach Japan gebracht werden sollten. Nur 58 von ihnen überlebten die Katastrophe; sie wurden, nachdem sie sich schwimmend an die Küste gerettet hatten, von philippinischen Widerstandskämpfern gefunden und in Obhut genommen.

KAPITEL 42

Im Visier: Deutschland und die Philippinen

September 1944

Am 7. September 1944 verkündete die britische Regierung, die Gefahr durch Flugbombenangriffe sei vorüber. Sieben Tage waren vergangen, seit die Deutschen zum letztenmal eine V 1 über den Kanal geschickt hatten. Am Morgen des 8. September feierten die britischen Zeitungen in ihren Schlagzeilen das Ende der V-1-Offensive. Aber dann, am Abend dieses Tages, schlugen die ersten beiden Raketenbomben vom Typ V2 auf britischem Boden ein: Beide gingen in der Umgebung Londons nieder, eine bei Epping, die andere in Chiswick. Drei Personen wurden getötet. Beide Raketen kamen aus der Gegend um Hoek van Holland, das nur wenig mehr als 300 Kilometer Luftlinie von London und weniger als 100 Kilometer von der alliierten Front entfernt lag. Um den Deutschen keine Genugtuung zu bereiten und ihnen auch keine Anhaltspunkte für ein genaueres Zielen zu geben, unterdrückte die britische Regierung die Nachricht von den Raketeneinschlägen, so daß der Vorfall fast einen Monat lang geheim blieb, bis die *New York Times* Einzelheiten enthüllte.

Während London sich gegen die neue Waffe wappnete, kehrte die belgische Exilregierung aus London nach Brüssel zurück. Am selben Tag schlossen die Sowjets die Besetzung Bulgariens ab; die Regierung, die am 9. September in Sofia gebildet wurde, verpflichtete sich zu einem totalen Bruch mit Deutschland und zur Freundschaft mit der Sowjetunion. Im weiteren Verlauf des Tages wurden sämtliche prodeutschen Mitglieder der früheren Regierung inhaftiert.

In Berlin kam es am 8. September zu einigen weiteren Hinrichtungen von Personen, die mit den Verschwörern vom 20. Juli in Kontakt gestanden hatten. Unter den an diesem Tag Erhängten befand sich auch eine Frau: Elisabeth von Thadden, in deren Haus sich am 10. September 1943 eine Teegesellschaft von Nazigegnern getroffen hatte. Unter den Hingerichteten dieses Tages waren ferner der Diplomat Ulrich von Hassell, der Hauptmann des Heeres, Graf Ulrich von Schwerin-Schwanenfeld, und der Anwalt Joseph Wirmer.

Rache wurde auch an denen genommen, die hinter den deutschen Linien für die Alliierten tätig gewesen waren. Eine aus 39 Holländern, einem Amerikaner und sieben Engländern bestehende Gruppe, deren Mitglieder durchweg im antinazistischen Untergrund aktiv oder an Sabotageaktionen hinter den Linien beteiligt gewesen waren, wurde am 9. September ins österreichische Konzentrationslager Mauthausen überführt. Sie mußten die Nacht im »Bunker« verbringen und wurden am Morgen danach, barfuß und in Unterwäsche zum Lagersteinbruch getrieben. Dort gab es eine Treppe mit 186 Stufen, die an diesem Morgen zu beiden Seiten von SS- und Wachmannschaften gesäumt war, die »in Erwartung eines Spektakels ihre Knüppel schwangen«, wie es in einem Bericht heißt. Die 47 Häftlinge wurden »mit Steinquadern von bis zu einem Zentner Gewicht beladen und dann gezwungen, die Stufen hinaufzurennen. Ein ums andere Mal mußten sie diesen Lauf wiederholen, und die Hiebe fielen schneller und schneller, je langsamer die ausgepumpten Häftlinge die ungleichen Stufen hinaufstolperten.« Einer der Häftlinge war ein britischer Jude namens Marcus Bloom, der im deutsch besetzten Frankreich einen Geheimsender betrieben hatte. Er wurde mit einem aus kurzer Entfernung abgegebenen Kopfschuß getötet.

In Norditalien, mehr als 300 Kilometer hinter der italienischen Front, schlossen die deutsche Wehrmacht und die Truppen von Mussolinis Faschisten ein schriftliches Abkommen mit den Partisanen, das den sofortigen Abzug aller deutschen und faschistischen Kräfte aus Domodossola und den umliegenden Tälern regelte.

In der Nähe des Dorfes Roetgen überschritt am 10. September der Amerikaner Charles D. Hiller als erster alliierter Soldat die Grenze nach Deutschland. Neben ihm in seinem Jeep saß der Belgier Henri Souvée. Es war ein historischer Augenblick – auch insofern, als die Westalliierten zu diesem Zeitpunkt näher an Berlin standen als die am weitesten vorgeschobenen sowjetischen Truppen. Die Westalliierten stießen auch mit ihren Luftangriffen tief nach Deutschland hinein. Bei einem amerikanischen Tageslichtangriff wurde am 11. September eine Rüstungsfabrik in Chemnitz bombardiert. In der darauffolgenden Nacht griffen mehr als 200 britische Bomber Darmstadt an. Es entstand ein Feuersturm, der nach Schätzungen 12300 Todesopfer forderte; ein Fünftel davon waren Kinder. Die Briten verloren zwölf Bomber.

Am 10. September um Mitternacht war die belgische Festung Eben-Emael, die im Mai 1940 das am schwersten zu überwindende Hindernis für den deutschen Vormarsch durch Belgien gewesen war, fest in amerikanischer Hand. Das Fort, das damals zäh verteidigt worden war, wurde kampflos übergeben. Am 12. September ergab sich auch die deutsche Garnison in Le Havre. Rumänien unterzeichnete an diesem Tag einen Waffenstillstand mit der Sowjetunion, Großbritannien und den Vereinigten Staaten; es verpflichtete sich, in den Krieg gegen Deutschland und Ungarn einzutreten, der Sowjetunion Güter und Rohstoffe im Wert von 300 Millionen Dollar zu liefern und die rumänisch-sowjetische Grenze vom Juni 1940 wiederherzustellen. Die Sowjets hatte der Sieg über Rumänien 46783 gefallene Soldaten gekostet.

In Dachau erschossen die Deutschen am 12. September vier britische Agentinnen: Noor Inayat Khan, Yvonne Beekman, Elaine Plewman und Madeleine Damermet.

Am 9. September erklärte Stalin sich endlich bereit, den Warschauer Aufständischen Luftunterstützung zu gewähren und den Westalliierten für denselben Zweck die Benutzung sowjetischer Flugplätze zu gestatten. In der Nacht zum 14. September wurden die ersten Güter – Lebensmittel – von sowjetischen Flugzeugen über Warschau abgeworfen. Der Pilot dieser ersten sowjetischen Versorgungsmaschine war ein Pole namens Alexander Danielak.

270 Kilometer südwestlich von Warschau bombardierten an diesem 13. September amerikanische Flugzeuge die Hydrieranlagen sowohl in Blechhammer als auch in Monowitz. In Monowitz schlug den Bombern ein intensives und gut gezieltes Flakfeuer entgegen, was sie nicht daran hinderte, ins Ziel zu treffen. Und dieses Ziel war nur 8 Kilometer von den noch immer arbeitenden Gaskammern Birkenaus entfernt.

Versehentlich wurden bei diesem Angriff auch einige Bomben auf das Stammlager Auschwitz abgeworfen; sie schlugen in der SS-Baracke ein und töteten fünfzehn SS-Leute. Weitere 28 wurden schwer verletzt. Auch die Kleiderwerkstatt wurde getroffen und zerstört, wobei vierzig dort arbeitende Lagerinsassen, darunter 23 Juden, den Tod fanden. Weitere 65 Lagerhäftlinge wurden bei dem Angriff schwer verwundet.

Ebenfalls bei diesem Bombereinsatz vom 13. September fielen einige zum falschen Zeitpunkt ausgeklinkte Bomben auf Birkenau. Eine von ihnen beschädigte das ins Lager führende Bahngleis und den in Verlängerung des Bahnsteigs zu den Krematorien führenden Weg. Eine zweite Bombe schlug in einen Luftschutzraum ein und tötete dreißig polnische Zivilarbeiter.

Für die in Monowitz als Arbeitssklaven gehaltenen Juden war der Bombenangriff ein besonders bewegendes Erlebnis. Einer von ihnen war Shalom Lindenbaum, der erst wenige Tage zuvor aus Birkenau nach Monowitz verlegt worden war. Was sich abspielte, als die amerikanischen Bomber am Himmel auftauchten, schilderte er später so: »Wir hielten in der Arbeit inne, und die deutschen Soldaten und Zivilisten rannten in die Bunker. Die meisten von uns aber blieben oben. Wir brachten damit wahrscheinlich unser Überlegenheitsgefühl zum Ausdruck, eine Art von Vergeltung. Wir hatten nichts zu verlieren, warteten nur mit Freude auf die Vernichtung der großen Fabrik, die wir für die IG Farben dort aufbauten. Es war ganz natürlich. Dieses Glücksgefühl blieb auch bestehen, nachdem die Amerikaner tatsächlich Bomben abzuwerfen begonnen hatten und klar war, daß auch wir Verluste hatten – Verwundete und Tote. Wie schön es war, zu sehen, wie Staffel auf Staffel vom Himmel herabgestürzt kam und ihre Bomben fallen ließ, die die Gebäude zerstörten und auch Angehörige des Herrenvolks töteten!«

Weiter schrieb Lindenbaum über den Angriff vom 13. September und die weiteren, die bald danach folgen sollten: »Diese Bomben hoben unsere Moral, und paradoxerweise weckten sie offensichtlich Hoffnungen, wir könnten überleben, könnten dieser Hölle entrinnen. In unserer ungezügelten Phantasie sahen wir auch eine Absprache zwischen den Alliierten und der wirklich winzigen Untergrundbewegung im Lager, mit der ich in Kontakt stand. Wir malten uns eine koordinierte Zerstörungs- und Fluchtaktion aus; Zerstörung von oben durch die Bomber sowie von unserer Hand während unserer Flucht – selbst wenn wir uns dafür zu lebendigen Bomben hätten machen ... müssen.«

An diesem 13. September, dem Tag des Luftangriffs auf Monowitz, erhielten die Alliierten die Bestätigung für den Erfolg ihrer Kampagne gegen die deutsche Treibstoffproduktion. Durch einen japanischen Funkspruch, der in Bletchley entschlüsselt wurde, erfuhren sie, daß zwar die deutsche Jagdflugzeug- und Raketenproduktion trotz der alliierten Bombenangriffe gesteigert worden sei, andererseits jedoch infolge des Bombenkriegs Ausfälle bei der Treibstoffversorgung eingetreten seien. Diese Ausfälle hätten zur Niederlage der deutschen Wehrmacht in Frankreich beigetragen und würden es der deutschen Luftwaffe auch künftig unmöglich machen, »das selbstgesteckte Ziel einer Rückgewinnung der Luftherrschaft zu erreichen«.

In dem US-Städtchen Hanford, das 370 Kilometer von der Pazifikküste entfernt liegt, wurde am 13. September die letzte und entscheidende Reihe von Experimenten zur Inbetriebnahme eines Atommeilers gestartet; der Erfolg dieser Experimente war eine wesentliche Vorbedingung für den Bau einer funktionierenden Atombombe. Die von dem aus Italien stammenden Physiker Enrico Fermi geleitete Versuchsreihe brachte zwei Wochen später das erste erfolgreiche Ergebnis.

Am 14. September rückte die Rote Armee von dem Dorf Miedzylesie aus nordwärts in Richtung der Warschauer Vorstadt Praga vor. In einigen Stadtbezirken am linken Weichselufer, gegenüber von Praga, kämpften noch immer versprengte Gruppen von Aufständischen: Sie waren es, denen Churchill zehn Tage zuvor Nachschub aus der Luft hatte zukommen lassen wollen. An diesem 14. September überflog nun eine sowjetische Maschine im Tiefflug das Stadtviertel Zoliborz und warf einen Behälter mit einem Brief ab, in dem die Stellen bezeichnet wurden, an denen die Sowjets Nachschub- und Versorgungsgüter abzuwerfen gedachten. Innerhalb der nächsten 48 Stunden lieferten die Sowjets dann auch zwei schwere Maschinengewehre, fünfzig automatische Pistolen und 50000 Schuß Munition.

Während die polnischen Aufständischen der deutschen Wehrmacht ihr letztes heroisches, aber hoffnungsloses Gefecht lieferten, konferierte Churchill in Quebec mit Präsident Roosevelt. Ihnen lag ein Papier des amerikanischen Finanzministers Henry Morgenthau vor, das den Vorschlag enthielt, nach der Niederlage Deutschlands die Schwerindustrie sowohl des Ruhr- als auch des Saargebiets »vollständig abzubauen«. Die Russen würden, wie Churchill dem britischen Kriegskabinett in einem als streng geheim deklarierten Telegramm eröffnete, »den

Löwenanteil« der Maschinen und Anlagen aus diesen beiden Industrieregionen »beanspruchen«, um ihre eigenen, vom Krieg verwüsteten Fabriken wieder aufzubauen. Zusätzlich solle, wie Churchill erläuterte, durch eine Art »internationaler Treuhandschaft und Form der Kontrolle« dafür gesorgt werden, daß »diese potentiellen Keimzellen einer Wiederaufrüstung für viele Jahre vollständig stillgelegt« bleiben würden. Als absehbare Konsequenz dieses Beschlusses nannte Churchill eine Rückkehr der Deutschen zu einer eher landwirtschaftlich geprägten Wirtschaftsweise. Dies hätte zur Folge, daß »die bisher von diesen deutschen [Industriezentren] gelieferten Güter zum großen Teil von Großbritannien bereitgestellt werden müssen. Es dürfte sich dabei um [Güter im Wert von] 300 bis 400 Millionen Pfund jährlich handeln.« Churchill fügte hinzu: »Mir erschien dies zunächst unvorstellbar, doch denke ich, daß das Abrüstungsargument zwingend ist und daß sich die vorteilhaften Folgen für uns von selbst einstellen werden.«

Der Morgenthau-Plan, wie er in der Folge genannt werden sollte, wurde von Churchill und Roosevelt am 15. September abgesegnet: Die beiden Staatsmänner unterzeichneten an diesem Tag eine Absichtserklärung zur »Ausschaltung der Kriegsindustrien an der Ruhr und an der Saar«. In Deutschland sollte nach der Vorstellung der beiden Staatsmänner künftig die »Land- und Weidewirtschaft« den Vorrang vor der Industrie haben. Wie Churchill später von Eden erfuhr, waren dieser und sein amerikanischer Amtskollege Cordell Hull gleichermaßen »entsetzt«, als sie erfuhren, was Churchill und Roosevelt da unterschrieben hatten. Eden kündigte Churchill sogleich an, daß das britische Kriegskabinett einen solchen Plan niemals akzeptieren werde. Es war dann aber das State Department, das den Morgenthau-Plan zu Fall brachte.

Im Pazifik landeten amerikanische Truppen am 14. September auf der Molukken-Insel Morotai, deren Rollbahnen benötigt wurden, um regelmäßige Luftangriffe gegen Ziele auf den Philippinen und auf den japanischen Inseln durchführen zu können. Der Kampf um Morotai forderte auf japanischer Seite 325 und auf amerikanischer Seite 45 Tote. Teurer zu stehen kam beiden Seiten die am gleichen Tag stattfindende amerikanische Landung auf den Palau-Inseln im Westen des Karolinen-Archipels. Der Blutzoll, den die Eroberung der Insel Peleliu forderte, war der höchste, den die USA jemals in ihrer Geschichte für eine amphibische Landungsoperation entrichten mußten: 9171 amerikanische Soldaten fielen in einem Zeitraum von elf Tagen, während die Japaner 13 600 Mann verloren.

Am 16. September wurde Dünkirchen, das die Deutschen im Juni 1940 eingekesselt hatten, von den Alliierten bedrängt und faktisch in eine belagerte Festung verwandelt. Bei Beaugency an der Loire ergaben sich an diesem Tag 754 deutsche Offiziere und 18 850 Soldaten den Amerikanern. 30 000 Deutschen gelang es jedoch, sich der zuschnappenden amerikanischen Zange zu entziehen und sich ostwärts abzusetzen. Trotz des Zusammenbruchs der deutschen Front in Frankreich und Belgien und des alliierten Vordringens auf deutschen Boden schmiedete Hitler unverdrossen Pläne für die Rückgewinnung der militärischen Initiative. Am 16. September, dem Tag der Kapitulation von Beaugency, teilte er seinen ranghöchsten Befehlshabern, darunter Jodl und Guderian, mit, er habe die Absicht, die Westalliierten noch vor Jahresende mit einer Offensive zu überraschen; sie sollte aus den Ardennen heraus vorgetragen werden und auf die Rückeroberung Antwerpens abzielen.

An der Ostfront gab an diesem Abend der polnische General Berling, der nominell der Führung der Roten Armee unterstand, grünes Licht für einen Vorstoß zweier Bataillone des polnischen Infanterieregiments über die Weichsel westlich von Miedzylesie und von dort aus weiter in Richtung des südlichen Warschauer Vororts Czerniakow. Kaum hatten die Polen jedoch den Fluß überschritten, als heftiges deutsches Artilleriefeuer und wiederholte Attacken deutscher Panzer- und Infanterieeinheiten sie zwangen, sich wieder auf das Ostufer zurückzuziehen.

Ähnlich erfolglos, aber ungleich verlustreicher verlief die alliierte Operation »Market Garden«, ein am 17. September gestarteter Versuch der Westalliierten, die Rheinbrücke bei Arnheim zu erobern. Briten und Amerikaner setzten zu diesem Zweck bei Nimwegen, Eindhoven und Arnheim je eine Luftlandedivision ab. Die Kämpfe dauerten fünf Tage an. Am letzten Tag griff noch eine polnische Fallschirmjägerbrigade ein, die vergeblich versuchte, die Verbindung zu den ursprünglich gelandeten Einheiten herzustellen.

Von den 10 000 Mann der alliierten Luftlandetruppen gerieten mehr als 6000 in deutsche Gefangenschaft; nur etwas mehr als 2000 gelang es, sich über den Rhein in Sicherheit zu bringen. 1130 alliierte Soldaten fielen während der Kämpfe. Daß die Verluste nicht noch höher ausfielen, war nicht zuletzt einem Major namens Richard Lonsdale zu verdanken, der eine kleine internationale Truppe befehligte, welche sich aus versprengten Resten anderer Einheiten gebildet hatte. Diese improvisierte Brigade sicherte und behauptete eine Uferzone, von der aus viele Überlebende der Luftlandeoperation das rettende Südufer des Flusses erreichten. Als Lonsdales Einheit schließlich selbst den Rückzug antrat, war er der letzte, der ins Wasser ging; behindert durch die erlittenen Verwundungen, schaffte er es nur mit Mühe, den eineinhalb Kilometer breiten Fluß schwimmend zu durchqueren.

In Norditalien griffen deutsche Soldaten, unterstützt von italienischen Faschisten, am 17. September eine Gruppe von fünfzehn italienischen Partisanen an, deren Versteck in einem Haus in Verona verraten worden war. Der Kopf der Gruppe war Rita Rosani, eine vierundzwanzigjährige Jüdin aus Triest, die bereits mehrere militärische Einsätze im Gebiet um Verona hinter sich hatte. Sie wurde bei dem Überfall auf ihr Versteck zunächst verwundet und dann von einem Offizier der italienischen Faschisten, der sie am Boden liegend fand, erschossen.

Am 18. September fanden in Europa zwei außergewöhnliche luftgestützte Missionen statt. Die erste wurde von 107 amerikanischen Bombern durchgeführt, die von ihren englischen Stützpunkten aus nach Warschau flogen, ihre für die polnischen Aufständischen bestimmte Ladung abwarfen und anschließend, mit Wissen und Billigung Stalins, den sowjetischen Luftstützpunkt Poltawa anflogen. So klein war das von den Aufständischen kontrollierte Gebiet geworden, daß von den insgesamt 1284 abgeworfenen Behältern mit Waffen und Versorgungsgütern fast tausend den Deutschen in die Hände fielen. Andererseits wurden nur zwei der amerikanischen Bomber abgeschossen.

Die zweite Mission fand im Rahmen der Operation »Amsterdam« statt, einer alliierten Evakuierungsaktion, deren strategisches Zentrum eine kleine grasbewachsene Landebahn bei Tri Duby in der mittleren Slowakei war, wo sich ein Gebiet zwischen Zvolen und Banská Bystrica in der Hand slowakischer Partisanen befand. Auf diesem Flugfeld landeten am 18. September zwei aus dem süditalienischen Bari kommende Fliegende Festungen vom Typ G-17, eskortiert von 41 Mustang-Jägern, welche während der 25 Minuten, die die beiden Bomber am Boden zubrachten, im Luftraum über Tri Duby blieben. Entladen wurden aus den beiden Bombern viereinhalb Tonnen militärischer Ausrüstung für die in dem Gebiet aktiven slowakischen und sowjetischen Partisanen. Im weiteren Verlauf der Operation »Amsterdam« wurden noch mehrere Lieferungen auf diese Weise abgewickelt. Auf dem Rückflug nach Italien nahmen die beiden Bomber zwölf amerikanische und drei britische Flieger sowie einen Tschechen mit.

Noch ein dritter bemerkenswerter Flug fand an diesem 18. September statt; er war Bestandteil einer Versorgungsluftbrücke für die bei Arnheim eingeschlossenen und noch kämpfenden britischen Truppen. Eine von Leutnant Lord gesteuerte Dakota bekam an diesem Tag beim Anflug auf Arnheim zwei Treffer ab, von denen einer eines ihrer Triebwerke in Brand setzte. Dennoch führte Lord seine Mission zu Ende. Er brachte es fertig, die meisten seiner Behälter abzuwerfen, und befahl dann seiner Besatzung, zu springen. Sekunden später stürzte die Dakota ab und explodierte; Lord kam um. Er wurde posthum mit dem Victoria Cross ausgezeichnet. Außer Lord erhielten noch vier weitere alliierte Soldaten im Zusammenhang mit den Kämpfen um Arnheim das Victoria Cross, wobei drei von ihnen ebenfalls posthum geehrt wurden.

Eine deutsche V2, die ebenfalls an diesem 18. September im Londoner Vorort Southgate einschlug, tötete siebzehn Einwohner. Insgesamt kamen in London in dieser Woche 56 Zivilisten ums Leben. Weitere 22 britische Zivilisten starben, als die Deutschen bei Calais Küstenbatterien installierten und über den Kanal hinweg Dover und Folkestone unter heftigen Granatenbeschuß setzten.

Am 18. September gab Hitler die Einwilligung zum Rückzug seiner Armeen aus Estland. Am gleichen Tag billigte er den Plan, an die britische Regierung mit der Bitte heranzutreten, die Ernährung der Zivilbevölkerung auf den deutsch besetzten Kanalinseln sicherzustellen. Einen Tag später eroberten die Amerikaner die Hafenstadt Brest am Atlantik und nahmen den deutschen Stadtkommandanten, General Hermann Ramcke, gefangen.

Weniger erfolgreich für die Alliierten verlief der am 19. September unternommene Versuch zweier weiterer polnischer Bataillone, über die Weichsel zu setzen und Verbindung zu den Aufständischen herzustellen, die sich im Warschauer Vorort Czerniakow mit letzten Kräften dem Ansturm der Deutschen entgegenstemmten. Es war jedoch ein aussichtsloses Bemühen. Wie Stalin vier Tage später dem amerikanischen Botschafter in Moskau, Averell Harriman, erklärte, hatte General Berling den Versuch »gegen den Rat der Roten Armee« unternommen.

Berling wurde dann auch prompt seines Kommandos enthoben. Ebenso erging es General Galicki, dem Kommandeur der beiden Bataillone, die die Weichsel überschritten hatten.

Am 19. September weilte Churchill zu Besuch bei Roosevelt in dessen Haus in Hyde Park am Hudson. Beide waren von ihren wissenschaftlichen Beratern darüber unterrichtet worden, daß eine Atombombe mit einer Sprengkraft, die 20 000 bis 30 000 Tonnen TNT entsprach, mit »ziemlicher Sicherheit« bis August 1945 einsatzbereit sein würde. Denkbar sei sogar eine um das Drei- bis Vierfache größere Sprengkraft. Churchill war schon vorher darüber informiert worden, daß britische Wissenschaftler und Techniker »an der Planung und Errichtung der amerikanischen Produktionsstätten mitarbeiteten«.

Churchill und Roosevelt waren sich darin einig – und paraphierten ein diesbezügliches Memorandum –, daß in dem Augenblick, da die Bombe zur Verfügung stehen würde, »sie nach reiflicher Überlegung gegen die Japaner eingesetzt werden könnte« – verbunden mit der Warnung, »daß solche Bombenabwürfe wiederholt werden, bis sie kapitulieren«.

Was für eine Waffe da gegen Japan zum Einsatz kommen sollte, war jetzt deutlich geworden: das explosive Potential von mindestens 20 000 Tonnen herkömmlichen Sprengstoffs vereint in einer einzigen Bombe! In der Woche, in der Churchill und Roosevelt über diesen Sachverhalt ins Bild gesetzt wurden, hatte es des Einsatzes von 2600 britischen und amerikanischen Bombern bedurft, um 9360 Tonnen Bomben abzuwerfen.

Am selben Tag, an dem Churchill und Roosevelt die Möglichkeit eines Einsatzes der Atombombe gegen Japan grundsätzlich bejahten, wurden zwei im Bombenkrieg erfahrene Offiziere der US-Luftwaffe nach Los Alamos in New Mexiko geflogen; sie waren zuvor gebeten worden, ihre Air-Force-Uniformstreifen gegen die Insignien des Corps of Engineers auszuwechseln. In

Los Alamos wurden sie über die vermutete Sprengkraft einer Atombombe und die mit ihrem Abwurf möglicherweise verbundenen Risiken für die Besatzung des Trägerflugzeugs aufgeklärt. »Die von der Detonation herrührenden Druckwellen könnten Ihr Flugzeug zerreißen«, eröffnete Robert Oppenheimer, der wissenschaftliche Leiter des Projekts, dem ranghöheren der beiden Offiziere, Oberst Paul Tibbets. Und er fügte hinzu: »Ich fürchte, ich kann Ihnen keine Garantie für Ihr Überleben geben.«

Unter den Männern, denen der zweite Flugoffizier, Leutnant Beser, in Los Alamos vorgestellt wurde, war ein junger Techniker namens David Greenglass. Er hatte vor kurzem damit begonnen, Blaupausen aus den Aktenschränken der Forscher in Los Alamos zu entwenden und sie für einige hundert Dollar das Stück an die Sowjets zu verkaufen.

Am 19. September starb Guy Gibson für sein Vaterland, der Mann, der für seine Meisterleistung als Führer des britischen Angriffs auf die Möhne-Talsperre im Jahre 1943 das Victoria Cross erhalten hatte; auf eigenen Wunsch hatte er seinen Schreibtisch verlassen, um an einem Luftangriff auf eine deutsche Funkzentrale in Rheydt an der Ruhr teilzunehmen. Auf dem Rückflug wurde seine Maschine über dem holländischen Dorf Steenbergen abgeschossen; Gibson und sein Navigator, Geschwaderführer J. B. Warwick, kamen ums Leben. Ihre sterblichen Überreste wurden zusammen in einen Sarg gebettet und auf dem katholischen Friedhof des Dorfes beigesetzt.

Am 19. September, als der deutsche Rückzug aus Estland begann, wurden die 3000 jüdischen Insassen des Arbeitslagers Klooga unter dem Vorwand, das Lager würde geräumt, aus ihren Baracken geholt und anschließend erschossen. Im nahe gelegenen Lager Lagedi wurden weitere 426 Juden erschossen. Einen Tag später lief in Theresienstadt die Deportation von 4000 weiteren Juden nach Auschwitz an. Kurz vor ihrer Deportation waren sie von den Nazis noch als unbezahlte Darsteller in einem Dokumentarfilm mißbraucht worden, der später unter dem Titel »Der Führer schenkt den Juden eine Stadt« in deutschen Kinos vorgeführt wurde.

Der Film zeigte Bewohner von Theresienstadt in der Bibliothek, am Rande eines Schwimmbeckens, beim Fünfuhrtee, in einer Bank und bei der Arbeit in Schneider-, Schuster- und Sattlerwerkstätten sowie in einer Näherei. Man sah Kinder auf einem Spielplatz, beim Fußballspielen und in einer Kantine, in der es Brot, Käse und Tomaten in Hülle und Fülle gab. Als Kontrast wurden verwundete Wehrmachtssoldaten gezeigt. Im Zusammenhang mit diesen Bildern wurde behauptet, die Juden in Theresienstadt vergnügten sich bei Kaffee, Kuchen und Tanz, während deutsche Soldaten Tod und Entbehrung für die Verteidigung ihrer Heimat auf sich nehmen würden.

Fast alle Juden, die in dem Film mitwirkten, wurden im Zuge der am 20. September beginnenden Deportationen nach Auschwitz gebracht. Kurt Gerron, den die Deutschen zum Drehbuchautor und Regisseur bestimmt hatten, starb im November 1944 in dem Vernichtungslager.

Am 20. September wurde ein letzter Versuch unternommen, den Warschauer Aufständischen durch den Abwurf von Versorgungsgütern zu helfen. Zwanzig von polnischen Freiwilligen geflogene Maschinen starteten im süditalienischen Foggia und flogen über die Adria, Slowenien, Ungarn, die Slowakei und das südliche Polen nach Warschau; ihr Ziel war ein 15 Kilometer westlich der Hauptstadt gelegenes Waldstück, wo eine polnische Widerstandsgruppe noch ihre Stellung hielt. Fünf der zwanzig Flugzeuge wurden abgeschossen. Die »Frantic«-Flugroute quer über Europa hinweg zu den sowjetischen Flugplätzen östlich der Weichsel war und blieb die einzige Option; doch am 2. Oktober zog Stalin die Genehmigung für die Nutzung Poltawas als Drehscheibe für britisch-amerikanische Versorgungsflüge nach Warschau zurück.

Am 21. September entzog sich der jugoslawische Partisanenführer Marschall Tito den britischen Sicherheitsleuten, die sein Refugium auf der Adria-Insel Vis bewachten, und ließ sich in einer sowjetischen Dakota-Maschine nach Rumänien ausfliegen. Auf einem sowjetischen Militärflugplatz stieg er in eine Maschine nach Moskau um, wo er eine Vereinbarung mit Stalin über den »zeitweiligen Aufenthalt sowjetischer Truppen auf jugoslawischem Staatsgebiet« unterzeichnete. Er brachte in dem Vertragswerk eine Klausel unter, die besagte, die Rote Armee werde sich aus Jugoslawien zurückziehen, sobald ihre »operative Aufgabe« erledigt sei. Tito schloß ferner jegliche Befehlsgewalt der Roten Armee gegenüber den Partisanen aus, solange die beiden Seite an Seite in Jugoslawien kämpfen würden.

In Rom fand am 20. September der Prozeß gegen Pietro Caruso statt, den früheren italienischen Polizeichef, der den Deutschen für ihr Massaker in den ardeatinischen Höhlen eine Liste mit den Namen von fünfzig Todeskandidaten geliefert hatte. Er wurde für schuldig befunden und am Morgen des 21. September von einem Erschießungskommando hingerichtet.

Im Pazifik brachte der 21. September den ersten amerikanischen Luftangriff auf die Philippinen. Er war Teil der vorbereitenden Maßnahmen für den Versuch, den Japanern ihre größte Eroberung in der amerikanischen Machtsphäre wieder abzujagen. Die Maschinen, die Ziele in und um Manila bombardierten, waren von Flugzeugträgern aufgestiegen, welche in 230 Kilometer Entfernung vom Zielort kreuzten. Innerhalb von zwei Tagen wurden 405 japanische Flugzeuge zerstört oder beschädigt und 103 Schiffe versenkt oder beschädigt. Die Amerikaner verloren nur fünfzehn Flugzeuge. General MacArthur schickte sich an, sein mehr als zweieinhalb Jahre vorher gegebenes Versprechen wahr zu machen: »Ich werde wiederkommen.«

In Nordwesteuropa ging die Befreiung Frankreichs in der dritten Septemberwoche ihrer Vollendung entgegen; am 22. September ergab sich die deutsche Garnison von Boulogne den Kanadiern. In Italien hatten alliierte Truppen die »Grüne Linie« durchstoßen und standen am 25. September auf einer quer über die Halbinsel reichenden Linie zwischen Pisa und Rimini. An der Ostfront war die Rote Armee in dieser Woche in die estnische Hauptstadt Reval eingerückt. In Griechenland zogen die Deutschen sich vom Peloponnes zurück; als ein britisches Fallschirmjägerkommando am 23. September bei Cap Araxos landete, stellte es fest, daß die feindlichen Truppen verschwunden waren.

Nur in Warschau erlitten die Gegner Nazideutschlands eine Niederlage. Am 23. September hatten Wehrmachtsverbände die Kontrolle über das gesamte Westufer der Weichsel zurückerlangt. Und einen Tag später gingen sie gegen die letzten noch verbliebenen Widerstandsnester in den Vororten Mokotow und Zoliborz vor. An diesem Tag warfen alliierte Flugzeuge noch einmal Güter zur Versorgung und Ausrüstung der Widerstandskämpfer ab. Die Aufständischen hatten sich zu diesem Zeitpunkt allerdings bereits in Kellern und Abwasserkanälen verschanzt und hatten nicht mehr ausreichend offenes Gelände unter Kontrolle, als daß noch sinnvolle Abwürfe möglich gewesen wären. Mit einem drei Tage später erfolgenden Einsatz endeten die Versuche, die polnischen Widerstandskämpfer aus der Luft zu versorgen: Die Maschine wurde über Dabrowa abgeschossen, ihr polnischer Pilot schwer verletzt und von den Deutschen gefangengenommen, verhört und erschossen. Unweit des Dorfes Dziekanow wurde ein abgeschossener amerikanischer Flieger von seinen deutschen Häschern zu Tode geprügelt. Alles in allem hatten 306 alliierte Maschinen mit polnischen, britischen, amerikanischen und südafrikanischen Besatzungen Warschau angeflogen; 41 dieser Maschinen waren abgeschossen worden, und mindestens 200 Besatzungsmitglieder hatten den Tod gefunden.

Im Kriegsgefangenenlager Colditz unternahmen alliierte Offiziere, gleichermaßen von der Hoffnung wie von der Verzweiflung getrieben, mehrmals Fluchtversuche. Michael Sinclair, der von den Deutschen »Rotfuchs« genannt wurde, versuchte es dreimal. Beim ersten Mal erhielt er einen Brustdurchschuß; die Kugel durchschlug glatt seinen Körper, das Herz um 5 Zentimeter verfehlend. Nach kurzem Lazarettaufenthalt unternahm er einen zweiten Versuch; dieses Mal wurde er gefaßt, als er nur noch zwei Tagesmärsche von der holländischen Grenze entfernt war. Am 25. September versuchte er es zum dritten Mal. Er gehörte zu einer Gruppe von Kriegsgefangenen, die an diesem Tag unter starker Bewachung einen Spaziergang im Park unterhalb der Burg unternehmen durfte. In einem ihm günstig erscheinenden Augenblick rannte er los, erreichte den um den Park gezogenen Drahtzaun und kletterte daran hoch, doch bevor er ihn überwunden hatte, traf ihn eine tödliche Kugel.

In Arnheim ergaben sich am 26. September die dort eingeschlossenen alliierten Truppen den Deutschen. In Rastenburg unterzeichnete Hitler an diesem Tag einen Erlaß, der die Aufstellung eines letzten militärischen Aufgebots zur Verteidigung des deutschen Heimatbodens vorsah; zu diesem sogenannten »Volkssturm« sollten alle kriegstauglichen männlichen Deutschen zwischen sechzehn und sechzig einberufen werden. Hitlers ungebrochene Entschlossenheit, jeden Meter deutschen Bodens zu verteidigen, stand in grellem Kontrast zu seiner körperlichen Erscheinung. General Nikolaus von Vormann, der ihn an diesem Tag aufsuchte, beschrieb ihn als einen »müden, gebrochenen Mann, der mich begrüßte, dann mit eingesunkenen Schultern zu einem Stuhl hinüberschlurfte und mich bat, Platz zu nehmen«. Wie Vormann weiter registrierte, sprach Hitler »so leise und zögernd, daß es schwer war, ihn zu verstehen. Seine Hände zitterten so sehr, daß er sie zwischen die Knie klemmen mußte.«

Ein triftiger Anlaß zum Zittern wurde Hitler später an diesem Tag von Himmler geliefert, der mit einem 160 Seiten umfassenden Dossier im Gepäck anreiste. Es enthielt Dokumente, die die Gestapo im deutschen Wehrmachtshauptquartier in Zossen entdeckt hatte und aus denen sich eine Verwicklung von Admiral Canaris, dem früheren Chef der deutschen Abwehr, in Komplotte gegen Hitler ergab. Diese Komplotte reichten bis in die ersten Kriegstage zurück; zu ihnen hatten auch die an London übermittelten Hinweise über die militärischen Absichten Hitlers Anfang 1940 gehört. Belastet wurden durch die von Himmler vorgelegten Dokumente ferner zwei ranghohe Mitarbeiter im Stab von Canaris, General Oster und Hans von Dohnányi, sowie der frühere Bürgermeister von Leipzig, Carl Goerdeler.

Am 26. September wurde im Rahmen einer Operation, die unter dem Decknamen »Mongoose« lief, ein dreiköpfiges amerikanisches Kommando hinter den deutschen Linien in Italien abgesetzt. Nach seiner Landung in der Nähe von Stresa begann der von Major William V. Holohaan geführte Stoßtrupp sofort mit dem Aufbau eines Spionagenetzes für den Partisanenkampf. Weiter südlich, in Marzabotto bei Bologna, starteten zur gleichen Zeit deutsche Truppen unter dem Kommando von SS-Sturmbannführer Walter Reder eine Aktion zur Bekämpfung von Partisanen, in deren Verlauf 400 Partisanen liquidiert wurden.

Im Warschauer Vorort Mokotow ergaben sich am Nachmittag des 27. September die letzten noch kämpfenden Aufständischen den Deutschen. Am gleichen Abend unterrichtete Himmler den Befehlshaber der deutschen Truppen in der Stadt, General von dem Bach-Zelewski, daß Hitler ihm und General Dirlewanger das Ritterkreuz verliehen hatte. In den fünf Tagen, die nun folgten, exerzierten die Deutschen noch einmal ein blutiges Strafgericht gegen alle, die ihnen in die Hände gefallen waren und noch fielen. Während der Kämpfe selbst waren 15000 polnische Widerstandskämpfer getötet worden, doch hatten auch die Deutschen mit mindestens 10000 Gefallenen einen hohen Preis bezahlt. Die barbarischen Vergeltungsaktionen der

Deutschen sowohl während der Kämpfe als auch danach forderten nach Schätzungen 200000 Todesopfer unter der polnischen Zivilbevölkerung.

Am 27. September wurde vor der Insel Okinawa das japanische Frachtschiff *Ural Maru,* das auf dem Weg von Singapur nach Japan war, von einem amerikanischen U-Boot torpediert. Es hatte 2350 Passagiere an Bord, von denen über 2000 den Tod fanden. Unter den Ertrunkenen war Bishan Singh, ein junger Inder, der sich freiwillig zu den japanischen Streitkräften gemeldet hatte, um gegen das britische Empire zu kämpfen, und der elf Monate zuvor, am 24. Oktober 1943, für seinen Schritt den persönlichen Segen des Gründers der Indischen Nationalarmee, Subhas Chandra Bose, erhalten hatte. Neun Gesinnungsgenossen von Bishan Singh wurden aus dem Wasser gezogen und gerettet. Sie erreichten schließlich doch Japan und kämpften später in Burma an der Seite der Japaner gegen die Briten.

Am 28. September wurden 200 Zigeuner, die einige Zeit zuvor aus Auschwitz nach Buchenwald verlegt worden waren, nach Auschwitz zurückgeschickt und dort gleich nach ihrer Ankunft vergast. In Theresienstadt suchte am gleichen Tag SS-Gruppenführer Heinrich Müller nach Freiwilligen, die bereit waren, das erniedrigende Gettodasein mit Fabrikarbeit in Deutschland zu vertauschen. Rund 2300 Juden entschieden sich für den vermeintlichen Weg zu Arbeit, Brot und Überleben. In Wirklichkeit ging die Reise nach Auschwitz, wo 900 von ihnen wenige Stunden nach der Ankunft im Lager vergast wurden.

Unter den aus Theresienstadt nach Auschwitz Deportierten waren viele deutsche Juden, die zwei Jahre vorher aus Berlin und anderen deutschen Städten nach Theresienstadt »umgesiedelt« worden waren. Am 29. September wurde der frühere Gewerkschaftsführer Wilhelm Leuschner ermordet; er büßte seine Loyalität zu den Verschwörern des 20. Juli mit dem Tod durch den Strang. Zwei Tage später erlag Rudolf Schmundt, der »Chefadjutant der Wehrmacht beim Führer«, den schweren Verwundungen, die er bei dem Attentat erlitten hatte.

In Deutschland drohte nun all denen, die wegen verhältnismäßig geringfügiger Vergehen zu »Volksfeinden« erklärt worden waren, Schlimmeres als das Gefängnis. In Wien wurden siebzehn Postangestellte, die aus schlecht verpackten Proviantpäckchen für Frontsoldaten Schokolade und Seife herausgenommen hatten, zu einem Platz in der Innenstadt geführt und öffentlich hingerichtet.

In Buchenwald führten die Lagerärzte im Oktober zwei medizinische Versuchsreihen an Homosexuellen durch; die erste begann am 1. Oktober mit sieben »Probanden«, die zweite neun Tage später mit elf weiteren. Die Männer wurden im Verlauf des »Experiments« kastriert; mehrere von ihnen überlebten die Operation nicht.

Am 3. Oktober flogen 247 britische Bomber im Zuge der Vorbereitungen für den geplanten alliierten Vormarsch nach Holland einen Angriff auf die Deiche, die die Insel Walcheren vor der Flut schützten. Mit Bomben desselben Typs, wie sie Jahre zuvor zur Sprengung der Möhne-Talsperre benutzt worden waren, wurde der Deich auf mehr als 100 Metern Länge zerstört, und das Wasser drang ein. 125 Inselbewohner kamen bei dem Angriff um, darunter 47, die in einer Mühle bei Theune Schutz gesucht hatten und unter ihren Trümmern begraben wurden, als sie zusammenstürzte. Für die Dauer eines Monats flogen die Alliierten weitere Angriffe auf deutsche Stellungen auf Walcheren. Erst nachdem über 8000 Tonnen Bomben auf deutsche Radarstationen, Munitionsdepots und Geschützbatterien gefallen waren, setzten britische und kanadische Truppen von Breskens aus über die Schelde und besetzten die Insel.

In Griechenland landeten am 4. Oktober britische Fallschirmjäger bei Patras. Die Aktion war Bestandteil der Operation »Manna«, deren Ziel die Befreiung des gesamten Peloponnes sowie, zum geeigneten Zeitpunkt, die Eroberung Athens war. In Jugoslawien vertrieb die Rote Armee an diesem Tag die Deutschen aus dem nur 15 Kilometer von Belgrad entfernten Pančevo am Ostufer der Donau. In dieser Nacht pflanzten 22 in Süditalien gestartete britische und amerikanische Bomber nördlich von Györ und östlich von Esztergom 58 Minen in die Donau, um den Deutschen den Transport von Nachschub nach Jugoslawien auf Lastkähnen zu erschweren.

Die Briten lagen nun seit mehr als fünf, die Russen seit mehr als drei Jahren mit Deutschland im Krieg; bei den Amerikanern waren es knapp drei Jahre. Welche Folgen die Belastungen eines so langen Waffengangs für die beteiligten Soldaten hatte, hatten die Truppenbefehlshaber an allen Fronten seit langem festgestellt. Am 4. Oktober ließ General Eisenhower an alle kämpfenden Einheiten in Europa einen vom US-Gesundheitsministerium herausgegebenen Bericht verteilen, in dem diese Folgen offen beim Namen genannt wurden. »Der Schlüssel zu einem Verständnis des psychiatrischen Problems«, hieß es in dem Bericht, »liegt in der simplen Tatsache, daß das Wissen um die Gefahr, getötet oder verstümmelt zu werden, die Menschen in so großen Streß versetzt, daß sie daran zerbrechen. Ein Blick auf die eingefallenen, apathischen Gesichter psychiatrischer Patienten, wenn sie schluchzend und zitternd ins Lazarett gestolpert kommen und schlotternd von den Granaten und von schwerverletzten oder toten Kameraden erzählen, reicht aus, um die meisten Beobachter von diesem Zusammenhang zu überzeugen.«

Der Bericht bezeichnete es als eine »Mär«, daß der Soldat sich »an den Kampf gewöhnen« könne, und erläuterte dies wie folgt: »Jedermann dort draußen weiß, daß er in jedem Augenblick tödlich getroffen werden kann, eine Tatsache, an die ihn der Anblick toter und verstümmelter Kameraden um ihn herum beständig erinnert. Jede Gefechtssituation erzeugt ein so hohes Maß an Streß, daß daraus in direkter Abhängigkeit von der Intensität und Dauer des Ausgesetztseins der psychische Zusammenbruch folgt. Psychiatrische Ausfälle sind daher im Krieg ebenso unvermeidlich wie Geschoß- und Schrapnellwunden.«

Die amerikanischen Streitkräfte in Italien gingen davon aus, daß ein Infanterist etwa 200 Kampftage durchhalten konnte. Die britischen Kommandeure, die ihre Leute nach jeweils zwölf Kampftagen von der Front abzogen und ihnen eine viertägige Ruhepause verordneten, veranschlagten die Dauer der Einsatztauglichkeit ihrer Männer auf bis zu 400 Kampftage. Der amerikanische Bericht referierte diese Zahlen und fügte die folgende Beobachtung an: »Eine Verwundung oder Verletzung wird nicht als Unglück erlebt, sondern als Segen. Ein Bahrenträger sprach von ›etwas Seltsamem an den Männern, die man verwundet zurückträgt, sie sind immer glücklich ... Sie sind wirklich froh, dort herauszukommen‹. Unter diesen Umständen fällt es einem Mann leicht, sich ehrlich einzubilden, er sei krank oder nicht mehr einsatzfähig. Das wiederum führt dazu, daß sich verfrüht tatsächlich psychische Defekte und dadurch unnötige Ausfälle einstellen. Es führt auch dazu, daß Männer sich selbst Verwundungen beibringen und Fehlverhalten vor dem Feind zeigen.«

Über Nimwegen unweit der holländisch-deutschen Grenze sah sich ein Geschwader der Royal Canadian Air Force am 6. Oktober mit einem neuen Gegner konfrontiert: einem deutschen Düsenflugzeug, einer weiteren Geheimwaffe aus dem Arsenal Hitlers. Da der Düsenjäger jedoch 500 Fuß tiefer flog als die Kanadier, bot er ihnen ein ideales Ziel, und sie konnten ihn abschießen.

Einen Tag später konnte die alliierte Luftwaffe einen weiteren Erfolg verbuchen: Im Rahmen der Operation »Amsterdam« holte eines ihrer Flugzeuge eine weitere Gruppe alliierter Flieger, in der Mehrzahl Amerikaner, in der Slowakei ab und brachte sie sicher nach Italien.

In Auschwitz kam es am 7. Oktober zu einem spektakulären Akt des Widerstands: Rund 450 Juden, die in den Kommandos beschäftigt waren, die die Leichen der Opfer aus den Gaskammern zu den Krematorien bringen mußten, hatten sich von jüdischen Frauen, die in den nahegelegenen Union-Werken arbeiteten, Sprengstoff besorgt. Sie sprengten nun eine der vier Gaskammern in die Luft und setzten eine zweite in Brand; dann versuchten sie aus dem Lager auszubrechen. 250 von ihnen gelang es, den Stacheldraht zu überwinden, doch alle wurden gestellt und erschossen. Die SS verhaftete auch fünf jüdische Arbeiterinnen der Union-Werke. Trotz schrecklicher Folter verrieten sie niemanden. Eine der Frauen, Roza Robota, konnte einen Zettel mit einer Botschaft aus ihrer Zelle schmuggeln: »Ihr habt nichts zu fürchten – ich werde nicht reden.« Drei Monate nach der Revolte wurden die fünf Frauen gehängt; alle anderen zu diesem Zeitpunkt noch in Auschwitz internierten Frauen mußten der Hinrichtung zuschauen. Wie eine Augenzeugin sich erinnerte: »Sie gingen ruhig und gefaßt in den Tod.«

In Norditalien setzten die Deutschen, unterstützt von 2000 Kosaken, in der zweiten und dritten Oktoberwoche ihre gegen die Partisanen gerichteten Säuberungsaktionen fort. Sie konnten in dieser Zeit 336 italienische Faschisten und Deutsche aus den Händen der Partisanen befreien, erbeuteten große Mengen von Gewehren und Munition und töteten bei Tolmezzo, in der von den Partisanen ausgerufenen Republik Carnia, 3633 Widerstandskämpfer.

Bei einem Treffen am 9. Oktober in Moskau unterhielten sich Churchill und Stalin nicht nur über die nächsten und abschließenden Etappen des Krieges gegen Deutschland, sondern auch über den Platz, den ihre beiden Länder nach dem siegreich beendeten Krieg im befreiten Europa einnehmen würden. Auf Drängen Churchills sprachen sie über den künftigen Einfluß der Sowjetunion in den Ländern, aus denen die Rote Armee die Deutschen vertrieben hatte oder noch vertreiben würde. Rumänien liege ihm nicht sehr am Herzen, versicherte Churchill; wie es mit diesem Land weitergehe, sei »weitgehend eine russische Angelegenheit«. In bezug auf Griechenland jedoch wünsche er sich, daß Stalin den Briten dort ebenso ein »Vorkaufsrecht« einräumen werde wie die Briten ihm in Rumänien. »Großbritannien muß die führende Mittelmeermacht sein«, erklärte Churchill.

Allerdings war Griechenland das einzige Land, in dem Churchill einen bestimmenden britischen Einfluß sicherzustellen versuchte. Jugoslawien sollte laut seinem Vorschlag zu gleichen Teilen dem östlichen und dem westlichen Einfluß unterliegen. Churchill gab Stalin ferner zu verstehen, daß er sich eine Umsiedlung der deutschen Einwohner Schlesiens und Ostpreußens nach Mittel- und Westdeutschland vorstellen könne. Ostpreußen könne dann zwischen der Sowjetunion und Nachkriegspolen aufgeteilt werden, und der neue polnische Staat könne mit Schlesien für den Verlust der vor dem Krieg polnischen Ostgebiete entschädigt werden, die Rußland bereits besetzt hielt und zu behalten gedachte.

Bei einer zweiten Unterredung am 10. Oktober machte Churchill deutlich, die Westalliierten wünschten, daß jedes Land sich »die von seiner Bevölkerung gewollte Regierungsform« geben könne. Keine Großmacht dürfe kleineren Staaten eine Ideologie aufzwingen. »Lassen wir [die Völker] in den vor uns liegenden Jahren ihr Schicksal selbst bestimmen.« Churchill verhehlte Stalin gegenüber nicht, daß viele in den Ländern Westeuropas die Befürchtung hegten, nach der Niederwerfung des Nationalsozialismus könne ein »aggressiver, missionarischer Kommunismus« über Europa hereinbrechen.

Während Churchill und Stalin in Moskau konferierten, schlossen die Amerikaner einen Belagerungsring um Aachen, das westliche Einfallstor nach Deutschland. Im Pazifik vernichtete an diesem Tag ein amerikanisches Jagdgeschwader über den Gewässern vor der japanischen Insel Okinawa mehr als hundert japanische Flugzeuge. An der Ostfront hatte die Rote Armee die litauische Ostseeküste erreicht und belagerte Memel, die Stadt, die Hitler im März 1939 dem Deutschen Reich einverleibt hatte.

In Auschwitz trafen am 10. Oktober 800 Zigeunerkinder ein, die bis dahin in Buchenwald interniert gewesen waren. Unter ihnen waren mehr als hundert Knaben zwischen neun und vierzehn Jahren, die schon einmal in Auschwitz gewesen waren; dann waren sie nach Buchenwald verlegt, dort aber als nicht arbeitstauglich befunden worden. Alle wurden in einer der beiden Gaskammern, die bei der jüdischen Revolte drei Tage zuvor unbeschädigt geblieben waren, vergast.

In Italien überschritten neuseeländische Truppen am 11. Oktober den Rubikon, den einst auch Julius Cäsar, wenn auch in umgekehrter Richtung, mit dem Kommentar »die Würfel sind gefallen« überschritten hatte. Am selben Tag setzten russische Truppen bei Szeged, der südlichsten Stadt Ungarns, über die Theiß. Weiter östlich belagerten andere sowjetische Einheiten Debrecen und Klausenburg, wo eine gemischte deutsch-ungarische Garnison sich rumänischen und sowjetischen Truppen gegenübersah. Einen Tag später rückte die Rote Armee in der westsiebenbürgischen Stadt Oradea ein; damit war Ungarn fast auf der gesamten Länge seiner südlichen und südöstlichen Staatsgrenze von feindlichen Truppen belagert. Die Deutschen unternahmen verzweifelte Anstrengungen, ihre Truppen aus Nordgriechenland und Südjugoslawien zurückzuziehen, aber überall, wo sie hinkamen, stießen sie auf den Widerstand griechischer und jugoslawischer Partisanen. Ein deutscher Wehrmachtsbericht vom 12. Oktober, den Leutnant Waldheim von Saloniki aus weiterleitete, meldete zunehmende Partisanentätigkeit entlang der Straße zwischen Stip und Kočani. Zwei Tage später räumten die deutschen Truppen Saloniki; auf ihrem eiligen Marsch nach Norden brannten sie drei Dörfer entlang der bedrohten Route nieder, wobei 114 Zivilisten den Tod fanden. Insgesamt wurden laut dem von Waldheim am 7. November eigenhändig angefertigten Bericht im Zuge des deutschen Rückzugs durch Mazedonien 739 Partisanen und Zivilisten getötet.

Im Pazifik fuhren die Amerikaner mit ihren Vorbereitungen für die Rückeroberung der Philippinen fort. Am 12. Oktober starteten sie eine Serie massiver Luftangriffe auf Formosa, in deren Verlauf sie an drei aufeinanderfolgenden Tagen insgesamt 500 japanische Flugzeuge und vierzig japanische Kriegsschiffe zerstörten und dabei selbst nur 89 Flugzeuge einbüßten. Viele der getöteten japanischen Piloten hatten erst kurz zuvor ihre Ausbildung beendet; ihr Verlust war ein schwerer Schlag für die japanische Flugzeugträgerflotte.

In Berlin fand am 12. Oktober eine weitere Hinrichtung statt; das Opfer war Carl Langbehn, ein Anwalt, der über ein Jahr zuvor den Versuch gemacht hatte, Himmler in das Komplott gegen Hitler hineinzuziehen. Im September 1943 hatte er außerdem über die Schweiz versucht, die Möglichkeit eines Verhandlungsfriedens mit den Alliierten auszuloten. Daraufhin war er verhaftet worden.

Am Morgen des 13. Oktober schlug in Antwerpen eine deutsche V 2 ein und tötete 32 Zivilisten. Am Nachmittag desselben Tages tötete eine V1, die im städtischen Schlachthof von Antwerpen niederging, weitere vierzehn Zivilisten, in der Mehrzahl Metzger, die gekommen waren, um ihre wöchentliche Fleischzuteilung abzuholen. Sechs Tage später fielen einem weiteren V-1-Einschlag noch einmal 44 Antwerpener Bürger zum Opfer. Der Todeskampf der Stadt hatte begonnen.

In Moskau gab Stalin seinem Gast Churchill am 13. Oktober zu verstehen, die Sowjetunion werde in dem Augenblick, da die deutsche Niederlage besiegelt sein würde, in den Krieg gegen Japan eintreten. In Griechenland rückten an diesem Tag britische Truppen nach Athen ein; die Deutschen hatten die Stadt in der Nacht zuvor geräumt. Ebenfalls am 13. Oktober besetzten sowjetische Truppen nach heftigen dreitägigen Kämpfen Riga. Die Schlacht um die baltischen Staaten war vorüber. »Riga und Athen sind wie reife Pflaumen gefallen«, schrieb Churchills Frau Clementine ihrem Mann nach Moskau und fügte hinzu: »Wie sehr ich mir wünsche, wir könnten jetzt Rotterdam und Köln erobern.«

Die deutsche Vorherrschaft in Europa bröckelte ab; Stadt um Stadt fiel an die Alliierten. Aber noch immer machten die Deutschen es den Eroberern nicht leicht. Am 13. Oktober gingen die Amerikaner zum Angriff auf das seit drei Tagen belagerte Aachen über.

Am 14. Oktober suchten zwei deutsche Generäle Generalfeldmarschall Rommel in dessen Haus in Herrlingen auf, wo er sich langsam von der in der Normandie erlittenen Schädelverletzung erholte. Sie hatten von Hitler persönlich den Auftrag erhalten, ihn vor die Wahl zwischen Selbstmord und einem öffentlichen Prozeß zu stellen. Er entschied sich für den Selbstmord und nahm das Zyankali, das die beiden Generäle für ihn mitgebracht hatten. Drei Tage später erhielt er in Ulm ein Staatsbegräbnis. Von der wirklichen Reichweite der Opposition gegen Hitler sollte die deutsche Öffentlichkeit ebensowenig erfahren wie vom Ausmaß seiner Rache.

KAPITEL 43

Kampf um jeden Kilometer

Winter 1944

Am 14. Oktober 1944 begann der gemeinsame Angriff sowjetischer und jugoslawischer Truppen auf die noch von den Deutschen gehaltene jugoslawische Hauptstadt Belgrad. In erbitterten Kämpfen Mann gegen Mann, die fast eine Woche lang anhielten, arbeiteten sich die Eroberer in Richtung Stadtmitte vor. Die Deutschen lehnten ein sowjetisches Ultimatum, sich zu ergeben, ab. 48 Stunden später waren sie überrollt.

Im hohen Norden vertrieben sowjetische Truppen am 15. Oktober die Deutschen aus Petsamo. Am gleichen Tag fiel die siebenbürgische Stadt Klausenburg nach viertägiger Belagerung. Hitler sah sich jetzt bemüßigt, Ungarn strenger an die deutsche Kandare zu legen, und gab grünes Licht für die Operation »Mickymaus«, die Absetzung des Reichsverwesers Horthy. Am 15. Oktober wurde Horthy von SS-Elitetruppen unter dem Befehl von Otto Skorzeny und Erich von dem Bach-Zelewski festgenommen; letzterer kam direkt aus Warschau, wo er soeben die letzten Funken des Aufstands ausgetreten hatte. Horthy wurde in seinem Palast in Budapest verhaftet und als Gefangener ins oberbayerische Weilheim verbracht. Einen Tag danach, am 16. Oktober, übernahm in Ungarn eine prodeutsche Regierung unter Major Szalasi, dem Führer der paramilitärischen faschistischen Pfeilkreuzler, die Macht.

24 Stunden nach dem Einrücken der deutschen Wehrmacht in Ungarn kehrte Adolf Eichmann nach Budapest zurück. Seine erste Amtshandlung bestand darin, 50000 arbeitsfähige Juden anzufordern, die zu Fuß nach Deutschland marschieren und dort als Arbeitssklaven eingesetzt werden sollten. Die übrigen Budapester Juden wollte Eichmann in gettoartigen Lagern am Rand der Hauptstadt unterbringen. »Sie sehen«, erklärte er dem Wortführer der ungarischen Juden, Rudolf Kastner, »ich bin wieder da. Sie haben vergessen, daß Ungarn noch immer unter den Fittichen des Reichs steht. Ich habe einen langen Arm, mit dem ich auch noch die Budapester Juden erreichen kann.« Eichmann setzte hinzu, er werde die Juden von Budapest in Bälde »zu Fuß davonjagen«.

Am 20. Oktober begannen diese neuen Deportationen. Während sowjetische Truppen sich von Südosten her Budapest näherten, wurden in der Hauptstadt jüdische Marschkolonnen zusammengestellt und in Richtung Westen getrieben, wo sie, in sicherer Entfernung von den sowjetischen Eroberern, Panzerabwehrgräben ausheben sollten. Binnen vier Tagen wurden zu diesem Zweck 25000 Männer und Knaben sowie 10000 Frauen und Mädchen in Marsch gesetzt; Tausende von ihnen wurden unterwegs erschossen oder sterbend am Wegesrand zurückgelassen.

Am 16. Oktober brach die Rote Armee mit Wucht in Ostpreußen ein und rückte auf Gumbinnen und Goldap vor. Auf den Straßen um Hitlers Rastenburger Hauptquartier drängten sich plötzlich Flüchtlinge, die mit Sack und Pack Richtung Westen zogen. Bei Gumbinnen fegten die Sowjets, ihre vierfache zahlenmäßige Überlegenheit ausspielend, die deutschen Verteidiger zur Seite. Nur noch 80 Kilometer trennten die Rote Armee von der »Wolfsschanze«.

Im Pazifik nahmen am 18. Oktober amerikanische Truppen die japanischen Küstenstellungen auf der Insel Leyte unter Granatbeschuß. Es war die erste Etappe ihres bis dahin ehrgeizigsten

Projekts auf diesem Kriegsschauplatz, der Rückeroberung der Philippinen. In Europa versuchten deutsche Truppen in dieser Woche, die slowakische Freiheitsbewegung niederzuschlagen; sie vertrieben die Partisanen aus den Tälern, die sie über einen Monat lang besetzt gehalten hatten, und eroberten Banská Bystrica, die provisorische Hauptstadt der von den Partisanen ausgerufenen »Freien Slowakei«. Es kam zu zahlreichen Metzeleien, bei denen die Dirlewanger-Brigade, die noch wenige Wochen vorher an der Niederschlagung des Warschauer Aufstands beteiligt gewesen war, wieder eine besondere Rolle spielte. Knapp 200 Kilometer östlich der Täler, in denen diese blutige Abrechnung stattfand, rannten sowjetische und tschechoslowakische Truppen gegen die stark befestigten deutschen Karpatenstellungen an. Im Laufe von vier Kampfwochen wurden 20 000 Sowjetsoldaten getötet, während das tschechoslowakische Korps unter General Ludwik Svoboda 6500 Gefallene zu beklagen hatte. Einer der tschechischen Kommandeure, General Vedral, hatte gerade einige Schritte auf tschechoslowakischem Heimatboden getan, als eine deutsche Mine ihn zerriß.

Am 19. Oktober rückten sowjetische und jugoslawische Truppen in Belgrad ein. Bei der Schlacht um Belgrad waren auf deutscher Seite 15 000 Soldaten gefallen. Aber auch die Rote Armee und die jugoslawischen Partisanen hatten schwere Verluste erlitten. Einen Tag später fiel die Hafenstadt Dubrovnik an der Adria in die Hände der Partisanen Titos, während in Ungarn eine gemeinsame sowjetisch-rumänisch-bulgarische Streitmacht – eine vor kurzem noch unvorstellbare Allianz – die Deutschen aus Debrecen vertrieb. Deutschland wurde jetzt von Westen wie vom Osten her »angestochen«. In Ostpreußen besetzte die Rote Armee die Grenzstadt Eydtkuhnen, und im Westen fiel Aachen nach siebentägiger Belagerung. Mehr als 3000 deutsche Soldaten ergaben sich in Aachen den Amerikanern, weitere 8000 wurden außerhalb der Stadt gefangengenommen. Immer mehr deutsche Einheiten waren nach und nach zur Verteidigung Aachens herbeigezogen worden, der ersten großen Stadt auf Reichsgebiet, die in die Hände der Alliierten fiel – und dies genau 1875 Tage nachdem die ersten deutschen Soldaten voller Siegeszuversicht den Fuß über die Grenze ihres Landes gesetzt hatten.

Am 20. Oktober, dem Tag der Kapitulation Aachens, wurde in Berlin Professor Adolf Reichwein wegen seiner Beteiligung am Attentat vom 20. Juli abgeurteilt. Er hatte bis zur Machtergreifung Hitlers Geschichte gelehrt und als Verbindungsglied zwischen dem Kreisauer Kreis und einigen Widerstandsgruppen innerhalb der deutschen Industriearbeiterschaft fungiert. Reichwein wurde am 20. Oktober verurteilt und noch am gleichen Tag gehenkt.

An der Ostküste der Insel Leyte, unweit der Stadt Tacloban, lief am 20. Oktober um 10.05 Uhr an zwei verschiedenen Brückenköpfen die amerikanische Landung auf den Philippinen an. Mehr als 100 000 Mann waren daran beteiligt; viele von ihnen leisteten Heroisches. Da war beispielsweise der Gefreite Harold Moon, der, nachdem sämtliche anderen Angehörigen seines Zuges gefallen waren, mit seiner MG die Japaner noch vier Stunden lang in Atem hielt und mindestens achtzehn von ihnen tötete, bis sein Graben überrannt wurde. Der US-Kongreß erkannte Moon posthum die Medal of Honour zu.

67 Tage kämpften die Amerikaner um die Eroberung Leytes. Die 80 000 Mann starke japanische Garnison zwang General MacArthur mit ihrem unerwartet zähen Widerstand, die geplante Invasion der philippinischen Hauptinsel Luzon um eine weitere Woche zu verschieben. Auf Leyte fielen insgesamt 55 344 Japaner. Auch nachdem die Insel bereits in amerikanischer Hand war, tauchten noch einzelne japanische Kampfeinheiten aus Verstecken auf und suchten das Gefecht, anstatt sich zu ergeben. Bei »Aufräumarbeiten«, wie die Amerikaner es verharmlosend ausdrückten, wurden noch in den ersten vier Monaten des Jahres 1945 24 294 japani-

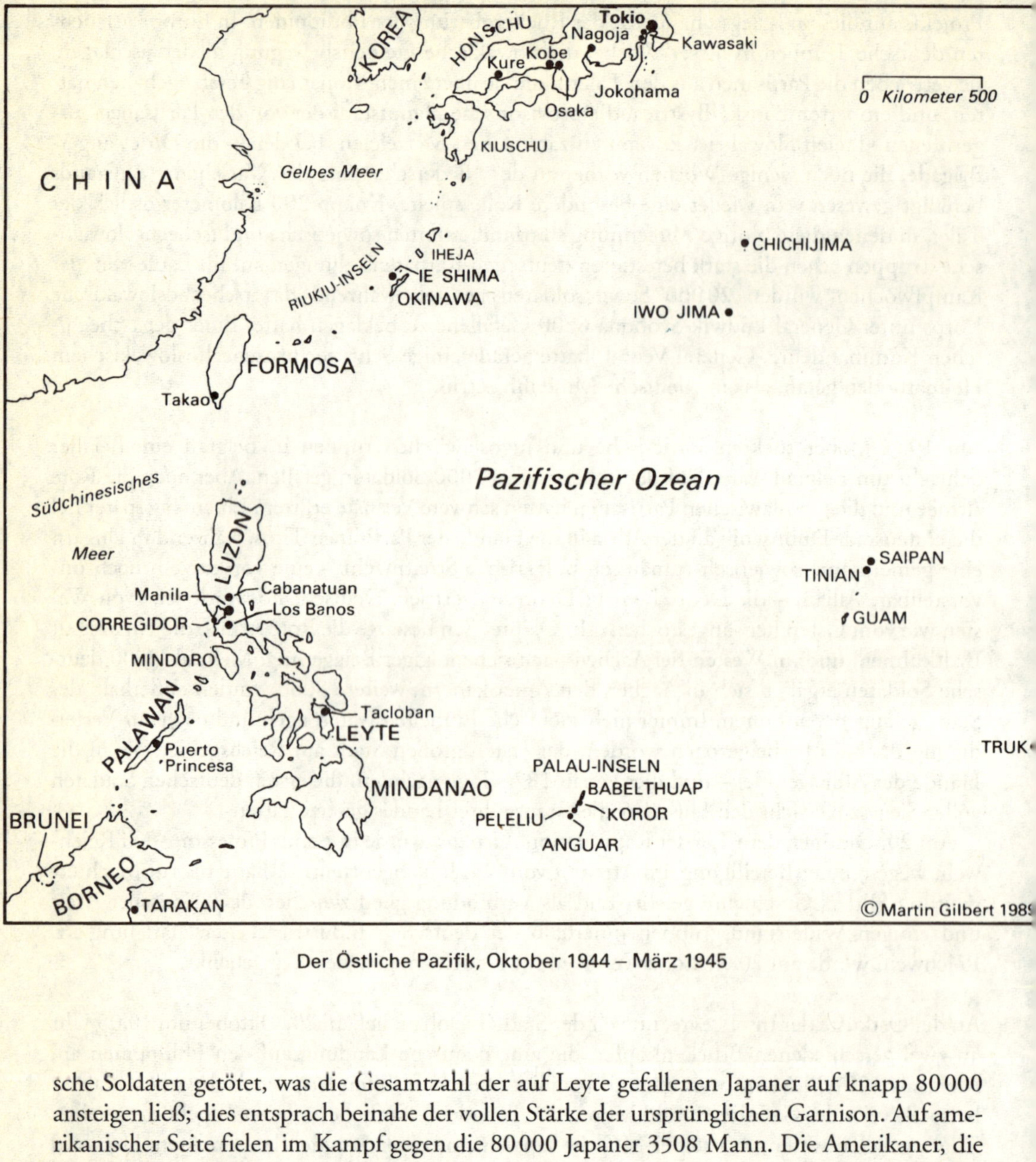

Der Östliche Pazifik, Oktober 1944 – März 1945

sche Soldaten getötet, was die Gesamtzahl der auf Leyte gefallenen Japaner auf knapp 80000 ansteigen ließ; dies entsprach beinahe der vollen Stärke der ursprünglichen Garnison. Auf amerikanischer Seite fielen im Kampf gegen die 80000 Japaner 3508 Mann. Die Amerikaner, die Zeugen dieses ungleichen Blutbads wurden, meinten dazu: »Die Japaner kämpften für den Tod, die Amerikaner um ihr Leben.«

Am 21. Oktober wurde nach vierwöchigem Kampf die japanische Garnison auf der Palau-Insel Anguar überrannt. Dabei wurden insgesamt 1300 japanische Soldaten getötet, während die Amerikaner 265 Gefallene zu beklagen hatten. Um die jetzt noch japanisch besetzten Inseln kümmerten sich die Amerikaner nicht mehr; da die dort stationierten japanischen Truppen weder auf dem Luftweg noch von See her versorgt werden konnten, stellten sie für die Amerikaner keine militärische Bedrohung mehr dar. General MacArthur plante, die Philippinen zu erobern und danach gegen die japanischen Inseln selbst vorzugehen.

Vor Leyte tauchten drei Tage, nachdem die Amerikaner dort gelandet waren, drei getrennt fahrende japanische Flotten auf: Nahezu die gesamte noch verfügbare japanische Kriegsmarine war aufgeboten worden, um die die US-Landungstruppen unterstützenden Kriegsschiffe zu vertreiben und die Landungsoperation selbst zu durchkreuzen. Zwei der ersten drei japanischen Kreuzer, die von der Bucht von Brunei aus in Richtung Leyte in Marsch gesetzt wurden, ereilte das Schicksal in Gestalt amerikanischer Torpedos schon vor der Nordküste Borneos; sie rissen 582 Seeleute mit in die Tiefe. Die anderen Schiffe setzten ihre Fahrt fort.

Die größte Seeschlacht der Geschichte hatte begonnen. Als der amerikanische Flugzeugträger *Princeton* durch einen einzigen Bombentreffer versenkt wurde, riß er über 500 Mann mit sich in die Tiefe; mit dem Kreuzer *Birmingham* gingen 229 Mann unter. Doch die amerikanische Marineluftwaffe, die keinen Gegner mehr hatte, brachte das Gleichgewicht der Zerstörung sehr rasch zum Kippen. Als das riesige japanische Schlachtschiff *Musashi* mit seinen 72 800 Tonnen, dessen Rumpf binnen weniger Stunden von dreizehn Lufttorpedos und sieben Bomben aufgerissen worden war, schließlich sank, bedeutete dies für mehr als tausend Seeleute das Ende. Der Kapitän der *Musashi,* Toshihei Inoguchi, der bis zum Schluß auf seiner Brücke stand, entschied sich dafür, mit seinem Schiff unterzugehen.

Nachdem die Schlacht drei Tage gewütet hatte, hatten die Japaner 36 Kriegsschiffe mit insgesamt 300 000 Tonnen Wasserverdrängung verloren. Die Amerikaner hatten sechs Kriegsschiffe im Gesamtvolumen von 37 000 Tonnen verloren. Es war, wie Churchill an Roosevelt telegrafierte, ein »glänzender und durchschlagender Sieg«. Am letzten Tag der Schlacht hatten die Japaner eine neuartige Waffe in den Kampf geworfen: den Kamikaze oder »Götterwind«. Einer dieser Selbstmordpiloten rammte am 25. Oktober, dem ersten Tag ihres Einsatzes, seine Maschine ins Flugdeck des amerikanischen Flugzeugträgers *St. Lo* und setzte so die unter Deck gelagerten Bomben und Torpedos in Brand. Eine halbe Stunde später war die *St. Lo* gesunken.

Mehr als 5000 japanische Kamikaze-Piloten sollten sich bis zum Kriegsende noch opfern. Doch aller Heldenmut, alle Zähigkeit, alles Geschick und alle Kamikaze-Tugend konnten das Desaster der japanischen Flotte im Golf von Leyte nicht abwenden – der Verlust von vier Flugzeugträgern und drei Schlachtschiffen bedeutete, daß die kaiserlich-japanische Kriegsmarine als relevanter militärischer Faktor praktisch nicht mehr existierte. Am 25. Oktober, dem Tag des ersten Kamikaze-Einsatzes im Golf von Leyte, kam das mit 87 Abschüssen höchstdekorierte japanische Fliegeras Hiroyoshi Nishizawa ums Leben – nicht im Gefecht, sondern als Fluggast an Bord einer japanischen Transportmaschine, die von amerikanischen Jägern abgefangen und abgeschossen wurde.

Nach der Eroberung Aachens, das im Kampf um jedes Haus und jede Straße nahezu dem Erdboden gleichgemacht worden war, rechneten im Lager der Westalliierten manche damit, die Deutschen würden sich nun in die Niederlage fügen. Allein, die Autorität Hitlers, in dessen entlegenem Hauptquartier bei Rastenburg noch immer alle Fäden zusammenliefen, blieb unangefochten. Bei dem nur 75 Kilometer westlich der »Wolfsschanze« gelegenen Insterburg brachte am 22. Oktober ein kraftvoller deutscher Gegenstoß den sowjetischen Vormarsch zum Stehen, und an der Westfront behaupteten einen Tag später deutsche Kräfte St. Dié gegen die vorwärtsdrängenden Amerikaner.

In Ostpreußen eroberten deutsche Truppen am 24. Oktober Gumbinnen zurück. Ebenfalls am 24. Oktober wurden aus Bozen 300 italienische Juden nach Auschwitz deportiert; 137 wurden dort gleich nach der Ankunft vergast. Als sich am Tag darauf französische Truppen Straßburg näherten, ordnete Himmler die spurlose Beseitigung der Skelettsammlung des

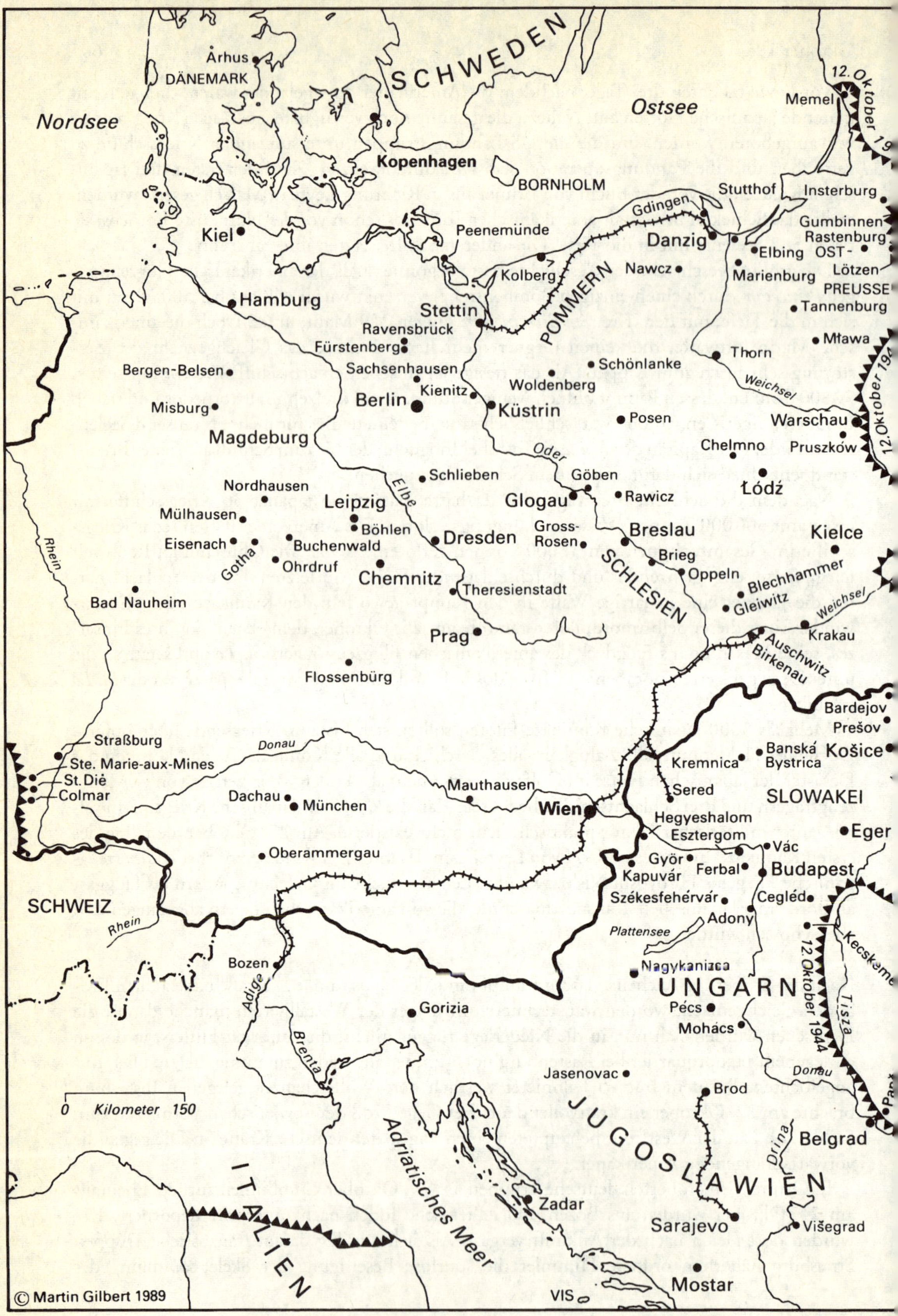

Die Ostfront, Oktober 1944

dortigen Anatomischen Instituts an – die Sammlung war eine Ausbeute der in Auschwitz begangenen Massenmorde an Juden.

Weiter im Norden fanden unterdessen neue Testflüge mit der V-2-Rakete statt. Der alliierte Vormarsch in Holland veranlaßte die Deutschen, das V-2-Abschußkommando nach Overveen an der Nordküste zu verlegen; am 27. Oktober fand ein Teststart statt, bei dem eine Rakete senkrecht abhob, 100 Meter Höhe erreichte, aber dann auf die Abschußrampe zurückstürzte und zwölf Männer tötete. Daraufhin wurde die in Overveen errichtete Rampe aufgegeben und das Kommando nach Den Haag verlegt. Einen Tag später tötete eine V 1 in Antwerpen 71 belgische Zivilisten.

Ebenfalls am 28. Oktober ging der letzte Judentransport aus Theresienstadt nach Auschwitz ab; er umfaßte 2000 Personen. In Auschwitz wurden einige der jüngeren Männer und Frauen für die Baracken »selektiert«, die übrigen 1689 wurden vergast. Von nun an standen die Vorgänge in Auschwitz im Zeichen einer systematischen Beseitigung der Zeugnisse für die hier begangenen Massenmorde: Die Lagerakten mit den Häftlingslisten und die Totenscheine von Hunderttausenden von Juden und Nichtjuden wurden in einem der beiden noch intakten Krematorien verbrannt. Wie von den Leichen, sollte auch von den Dokumenten nichts übrigbleiben. Und nach der Beseitigung ging man auch daran, die Tötungsanlagen selbst zu zerstören. Als am 3. November ein Transport mit mehr als 500 Juden aus dem slowakischen Arbeitslager Sered in Auschwitz eintraf, fragte die Lagerverwaltung telefonisch in Mauthausen an, ob das in Österreich gelegene Konzentrationslager den Transport übernehmen könnte. Die Antwort lautete, dies wäre eine Verschwendung von Kohlen für die Lokomotive, das Lagerpersonal von Auschwitz müsse imstande sein, mit der Ladung selbst fertig zu werden.

Aber Auschwitz verfügte nicht mehr über die für einen rationellen Massenmord erforderlichen Einrichtungen – zum Glück für die Männer, Frauen und Kinder aus Sered, die am 6. und 7. November ihre Häftlingsnummern eintätowiert bekamen. Die Männer wurden als Arbeitssklaven nach Gleiwitz geschickt, die Frauen und Kinder in die Baracken eingewiesen. Ein zwölfjähriges Mädchen aus diesem Transport, das überlebte, berichtete später, zu der Gruppe hätten rund 150 Kinder aus Sered gehört.

In Ungarn überschritt die Rote Armee am 31. Oktober die Theiß und tauchte vor der Stadt Kecskemét auf; von dort waren es nur noch 80 Kilometer bis Budapest. 250 Kilometer weiter nördlich, in der Slowakei, waren die Deutschen währenddessen dabei, den letzten Widerstand zu zerschlagen. In der Schlacht von Kremnica fiel den Deutschen unter anderen eine Jüdin aus Palästina namens Haviva Reik in die Hände, die von den Briten am Fallschirm in der Slowakei abgesetzt worden war, um an der Seite der Aufständischen zu kämpfen. Unter den 2100 im Kampf gefallenen slowakischen Partisanen waren 269 Juden.

Die slowakische Erhebung war wie der Warschauer Aufstand vor dem Eintreffen der Roten Armee ausgebrochen. Beide waren Ausdruck eines intensiven Nationalbewußtseins und eines Wunsches nach nationaler Unabhängigkeit in einem befreiten Nachkriegseuropa. Beide waren von den Deutschen mit gnadenloser Härte niedergemetzelt worden. Bei der Niederschlagung des slowakischen Aufstands hatte SS-Obergruppenführer Gottlob Berger, ein Fachmann für die Unterdrückung unterworfener Völker und für die Einrichtung von Quisling-Regime, das Kommando geführt.

Mitte Oktober hatten sich die Führer des dänischen Widerstands mit der Bitte an London gewandt, das Gestapohauptquartier in Århus zu bombardieren und dabei, wenn möglich, die dort lagernden Akten zu zerstören, mit deren Hilfe die Deutschen gerade einen vernichtenden

Die Westfront und die italienische Front, Oktober 1944

Schlag gegen die Widerstandsbewegung vorbereiteten. Die Schwierigkeit dabei war, daß die Bomber hin und zurück eine Wegstrecke von fast 1500 Kilometern über die offene Nordsee zurücklegen mußten. Dennoch wurde der Angriff durchgeführt: Am 31. Oktober flogen 24 britische Maschinen unter dem Kommando von Gruppenkapitän Wykeham-Barnes das Gestapohauptquartier von Århus im extremen Tiefflug an und bombten es aus; mehr als 150 Deutsche kamen ums Leben. Auch zwanzig Dänen, die sich in dem Gebäude aufhielten, starben; unter ihnen befanden sich viele Kollaborateure. Die Gestapoakten waren zerstört. Eine Bombe landete neben dem Ziel und tötete in einem nahe gelegenen Privathaus einen dänischen Zivilisten.

Das Durcheinander, das der Angriff auslöste, ermöglichte einigen im Gestapohauptquartier einsitzenden dänischen Häftlingen die Flucht. Einer von ihnen war Pastor Harald Sandbaek, der schon wiederholt gefoltert worden war und sich am Ende seiner Kraft befand. Als der Angriff begann, war gerade eine Verhörsitzung im Gang, die leicht seine letzte hätte werden können. Kaum hatten seine Vernehmer erschrocken das Weite gesucht, als Trümmerteile und Schutt auf den Pastor herabfielen. Doch Sandbaek wurde von dänischen Zwangsarbeitern geborgen und konnte nach Schweden entkommen.

Am 1. November überquerten britische und kanadische Truppen im Rahmen der Operation »Infatuate« die Schelde und versuchten, die Insel Walcheren einzunehmen. Falls dies gelänge, würden beide Ufer der Schelde befreit sein, und der Hafen von Antwerpen würde für alliierte Militärtransporte zur Verfügung stehen. Acht Tage lang flogen mit Raketen bestückte alliierte Flugzeuge insgesamt 10000 Einsätze gegen die noch vorhandenen deutschen Stellungen auf der Insel, die schon früher Zielscheibe anhaltender Luftangriffe gewesen waren. Im Zuge dieser erneuten Bombardierungswelle wurden 51 britische Flugzeuge abgeschossen und 31 Piloten getötet. Doch schon am 4. November hatten die ersten alliierten Minensuchboote die Schelde-Mündung vom Meer bis nach Antwerpen durchfahren, und gegen Ende des Monats erreichte der erste alliierte Schiffskonvoi den Hafen von Antwerpen.

In Jugoslawien vertrieben die Partisanen Titos die Deutschen am 2. November aus der Adria-Hafenstadt Zadar. In Budapest setzte die SS an diesem Tag mehr als 50000 Juden gen Westen, Richtung Österreich, in Marsch. 10000 gingen auf dem sechstägigen Marsch zugrunde, sie wurden Opfer ihres hemmungslos prügelnden, peitschenschwingenden und oft auch um sich schießenden Begleitkommandos. Auf der anderen Seite bewahrte der schwedische Diplomat Raoul Wallenberg, der schon in den Wochen zuvor Tausenden von Budapester Juden lebensrettende schwedische Papiere verschafft hatte, tausend der unglücklichen Marschierer vor dem Schlimmsten, indem er sie – teilweise noch Stunden und Tage nach ihrem Abmarsch aus Budapest – aus der Marschkolonne herausholte.

Am 4. November besetzte die Rote Armee das 60 Kilometer vor Budapest gelegene Cegléd. Von diesem Punkt an erwies sich der Weg nach Budapest freilich als sehr viel beschwerlicher, da der deutsche Widerstand zunahm. Und auch an der Westfront ging es nicht so schnell voran, wie die Alliierten gehofft hatten. Churchill berichtete Stalin in einer Depesche vom 5. November von »sehr schweren Kämpfen« in Belgien und Holland, bei denen mehr als 40000 alliierte Soldaten gefallen oder verwundet worden seien. Und in Italien hätten »ungeheure Wolkenbrüche« eine »große Zahl« von Brücken fortgeschwemmt, so daß alle Truppen- und Nachschubtransporte zum Stillstand gekommen seien.

Der Einbruch des Winters, der Fanatismus Hitlers und der zähe Durchhaltewille der Deutschen sorgten dafür, daß der Krieg sich auch ins Jahr 1945 hinein fortsetzen sollte. Allerdings wußte der britische Nachrichtendienst, wie verzweifelt die militärische Ressourcenlage des

Deutschen Reiches war. Aus Berlin erging am 2. November eine streng geheime Weisung, die eine verstärkte Nutzung der in Deutschland vorhandenen Kanäle und Wasserwege forderte, um die Eisenbahn zu entlasten. Diese Weisung wurde sechs Tage später in Bletchley dechiffriert. Ebenfalls noch im November erfuhren die Briten aus einem entschlüsselten Funkspruch, daß die alliierten Bombenangriffe auf das deutsche Eisenbahnnetz offensichtlich eine durchschlagende Wirkung erzielt hatten, denn Berlin sah sich gezwungen, ein Notprogramm zur Beschlagnahmung von Lastkraftwagen zu beschließen, um den Nachschub an die Westfront zu sichern.

Der Luftraum über Europa war längst praktisch unangefochten in alliierter Hand; dennoch war jeder Luftangriff immer noch mit Gefahren verbunden. Bei einem Angriff von zehn südafrikanischen Jagdfliegern auf einen deutschen Truppentransport auf der Bahnstrecke Brod–Sarajewo am 6. November 1944 wurde eine Maschine abgeschossen und ihr Pilot, Leutnant R. R. Linsley, getötet. Bei einem am selben Tag durchgeführten amerikanischen Bombenangriff auf Hamburg wurde Jay McDonough aus Chicago, ein bereits hochdekoriertes Fliegeras, verwundet. McDonough war Träger der Air Medal mit vier Eichenlaubbüscheln; jetzt, nach seiner Verwundung, erhielt er dazu den Purple-Heart-Orden. Sechs Wochen später flog er wieder Einsätze.

Am 7. November wurde Franklin D. Roosevelt als Präsident der Vereinigten Staaten wiedergewählt; es war seine vierte Amtszeit. In Tokio wurde an diesem Tag Richard Sorge, einer der erfolgreichsten sowjetischen Spione der Kriegszeit, hingerichtet. Er hatte seit mehr als zwei Jahren in Haft gesessen. Zwanzig Jahre später sollte ihm posthum der Titel eines Helden der Sowjetunion verliehen werden. In Budapest wurde an diesem 7. November Hanna Szenes von den Deutschen hingerichtet. Es war der mutigen Fallschirmspringerin aus Palästina nicht vergönnt gewesen, ihren Auftrag durchzuführen, aber dennoch sollte sie in der Folgezeit zum Idol der jüdischen Jugend aufsteigen. Enzo Sereni, einer der Partisanen, die mit ihr zusammen abgesprungen waren, wurde elf Tage später in Dachau ermordet; dasselbe Schicksal ereilte am 20. November in Kremnica Haviva Reik, Raffi Reiss und Zvi Ben Ya'acov. Ein weiterer jüdischer Fallschirmspringer aus Palästina, Peretz Goldstein, kam in Sachsenhausen um.

Es waren kanadische Truppen, die am 8. November die Eroberung der Insel Walcheren perfekt machten. Am selben Tag wurde über Nordeuropa Walther Nowotny, die Nummer fünf in der Rangliste der höchstdekorierten deutschen Fliegerasse, abgeschossen und getötet. Er war einer von nur acht Piloten der deutschen Luftwaffe, die das Ritterkreuz mit Eichenlaub, Schwertern und Brillanten verliehen bekamen.

An diesem 8. November führte Dr. Kurt Heissenmeyer, ein achtunddreißigjähriger deutscher Arzt, im Konzentrationslager Neuengamme Experimente an den Leichen von vier gerade erhängten Häftlingen durch. Drei dieser eigens für die Experimente des SS-Arztes Getöteten waren Polen. Der vierte, Iwan Tschurkin, ein russischer Schlosser aus Kalinin, war zum Zeitpunkt seines Todes gerade erst 22 Jahre alt.

Am 9. November hielt Churchill in London eine Rede, in der er den französischen Gouverneur von Paris und den belgischen Bürgermeister von Brüssel, die beide unter den Zuhörern weilten, als »lebende Akteure« der »wunderbaren Entwicklungen, die jüngst stattgefunden haben« bezeichnete. Die Alliierten stünden nunmehr »an der Türschwelle Deutschlands«. Dennoch sei der Krieg noch nicht gewonnen; es bedürfe dafür noch »höchster Anstrengungen«. »Rennen werden immer erst in der letzten Runde gewonnen und verloren«, ermahnte Churchill seine Zuhörer. »Von nichts kommt nichts. Dies ist nicht der Augenblick, um lockerzulassen.«

Am 10. November traf ein hoher amerikanischer Offizier, aus Paris kommend, mit dem Flugzeug in Antwerpen ein: Brigadegeneral Clare H. Armstrong, der den Auftrag hatte, eine Kommandoeinheit zur Bekämpfung der deutschen Flugbomben aufzustellen. Dafür wurden ihm mehrere tausend amerikanische, britische und polnische Soldaten sowie 600 Flakgeschütze und ein Ortungssystem zur Verfügung gestellt, das anfliegende V-1-Bomben so früh wie möglich erfassen sollte. Der Erfolg war, daß mindestens die Hälfte – und manchmal auch drei Viertel – der auf Antwerpen anfliegenden V1 abgeschossen wurden; gegen die mit Überschallgeschwindigkeit fliegende V2 freilich war mit den Mitteln der konventionellen Flugabwehr nichts auszurichten. 32 der alliierten Beschützer Antwerpens wurden in Ausübung ihres Dienstes getötet.

Seit vielen Wochen schleuste die deutsche Wehrmacht Spione ins Hinterland der amerikanischen Front, die versuchen sollten, auszukundschaften, an welchen Frontabschnitten der Gegner besonders stark beziehungsweise verwundbar war. Alle diese Spione wurden früher oder später gefaßt. Unter ihnen waren zwei Polen, die schon vor längerer Zeit für die deutsche Wehrmacht zwangsverpflichtet und zu Spionageeinsätzen gezwungen worden waren. Die beiden, Josef Wende und Stefan Kotas, waren in Zivilkleidung auf der amerikanischen Seite der Front aufgetaucht und hatten sich als polnische Zwangsarbeiter ausgegeben, die als Bergleute in deutschen Kohlenzechen gearbeitet hatten. Ihr Auftrag lautete, die Truppenstärke bestimmter amerikanischer Einheiten auszukundschaften und noch am selben Tag auf die deutsche Seite zurückzukehren. Sie wurden jedoch gefaßt, vor ein Kriegsgericht gestellt und zum Tode verurteilt. Ihre Hinrichtung wurde am 11. November in Toul durch ein amerikanisches Erschießungskommando vollzogen.

An diesem 11. November, dem Jahrestag der Beendigung des Ersten Weltkriegs durch den Waffenstillstand von Compiègne, fuhren Winston Churchill und Charles de Gaulle zusammen durch die Straßen von Paris zum Triumphbogen, wo beide gemeinsam am Grabmal des Unbekannten Soldaten einen Kranz zu Ehren der Toten des Ersten Weltkriegs niederlegten. Einen Tag danach starteten im schottischen Lossiemouth 32 britische Bomber zu einem Angriff auf die *Tirpitz,* das letzte noch intakte deutsche Schlachtschiff, das im entlegenen norwegischen Tromsø-Fjord, jenseits des Polarkreises, vor Anker lag. Wenn es gelang, die *Tirpitz* zu versenken, konnten die großen Schiffe der britischen Heimatflotte endlich auf die Reise in den Pazifik geschickt werden.

Jeder der britischen Bomber war mit einer einzigen 12000-Pfund-Bombe vom Typ »Tallboy« bestückt. Mindestens zwei Bomben schlugen auf der *Tirpitz* ein, die daraufhin kenterte. Von ihren 18000 Besatzungsmitgliedern konnten sich etwas mehr als 800 retten; für 82 von ihnen kam die Rettung erst 30 Stunden, nachdem das Schiff umgeschlagen war. Um sie zu bergen, wurde die obenliegende Kielwand aufgeschnitten. Doch für tausend Männer gab es keine Rettung mehr.

Als die *Tirpitz* umschlug, hörten die Briten, daß die im Schiffsbauch Eingeschlossenen die deutsche Nationalhymne »Deutschland, Deutschland über alles« anstimmten. »Was für eine Tragödie«, kommentierte der britische Wissenschaftler R. V. Jones, »daß solche Männer dem Naziregime dienen mußten.«

Einer der oppositionellen Deutschen, der frühere katholische Arbeiterführer Bernard Letterhaus, wurde am 13. November wegen seiner Beteiligung am Attentat vom 20. Juli zum Tode durch den Strang verurteilt. Einen Tag später wurde das Urteil vollstreckt.

Am 14. November wurde ein japanischer Schiffsverband in der Bucht von Manila von amerikanischen Flugzeugen angegriffen. Eines der attackierten Schiffe war der Zerstörer *Ushio,* das letzte überlebende Schiff aus der Flotte, die den Überfall auf Pearl Harbor durchgeführt hatte. Die *Ushio* wurde durch Bombentreffer schwer beschädigt und fiel für den Rest des Krieges aus. Auf dem Balkan besetzten an diesem 14. November bulgarische und jugoslawische Truppen Skopje. Die dreieinhalbjährige deutsche Herrschaft über den Balkan war zu Ende. Und auch in Skandinavien schienen die Tage der deutschen Vorherrschaft gezählt. Ein norwegischer Heeresoffizier, Oberst Arne Dahl, ließ sich an diesem Tag nördlich des Polarkreises absetzen, um gemeinsam mit den sowjetischen Truppen in Karelien den Kampf gegen die Deutschen zu organisieren, die sich bereits gezwungen gesehen hatten, den Hafen Kirkenes zu räumen und sich Richtung Westen zurückzuziehen.

Im Norden Italiens endete eine deutsche Säuberungsaktion gegen eine im Raum Mondovi operierende, mehr als tausend Mann starke Partisanentruppe mit einem Fehlschlag: Die Partisanen schlüpften durch die Maschen des deutschen Fangnetzes; doch ihr britischer Verbindungsoffizier, Hauptmann Neville Temple, starb am 15. November bei einem Autounfall, der sich in der Eile des Rückzugs ereignete. Er war drei Monate zuvor als Leiter der Operation »Flap« am Fallschirm in dem Gebiet abgesetzt worden und sollte Überfälle auf deutsche Truppen- und Versorgungstransporte organisieren.

An der italienischen Front verteidigten die Deutschen ihre südlich von La Spezia und Bologna verlaufende Abwehrlinie mit Zähnen und Klauen; mehrere alliierte Anläufe, sie zurückzuwerfen, waren gescheitert. An der Westfront hingegen verzeichneten die Alliierten sowohl nördlich und östlich von Aachen als auch in Lothringen und im Elsaß langsame, aber stetige Fortschritte. Die Deutschen waren allerdings nach wie vor in der Lage, aus dem Hinterland ihrer schrumpfenden Front Flugbomben nach Antwerpen zu schicken. Am 16. November wurden dort 263 Zivilisten getötet, als zehn Flugbomben im Stadtgebiet einschlugen. In einem zum Notlazarett umfunktionierten Waisenhaus kamen 32 Personen ums Leben. Einen Tag später kamen 32 Nonnen um, als eine V1 in ihrem Kloster einschlug.

Auf dem fernöstlichen Kriegsschauplatz stießen die Japaner am 17. November auf dem chinesischen Festland in Richtung Kweijang vor. Am selben Tag versenkte jedoch im Gelben Meer ein amerikanisches U-Boot einen der letzten japanischen Flugzeugträger, die *Jinyo.* In Tokio trafen sich japanische Kernphysiker zu einer Geheimbesprechung, von der auch die Amerikaner nichts ahnten. Auf ihr wurde berichtet, daß »seit Februar diesen Jahres keine großen Fortschritte erzielt« worden seien. Die Gesprächsteilnehmer mußten erkennen, daß es Japan nicht gelingen würde, eine Atombombe so rechtzeitig zu entwickeln, daß der Kriegsverlauf dadurch noch beeinflußt werden konnte.

Aus dem nordöstlichen Grenzgebiet Indiens traten die Briten, jetzt wieder Herren über Imphal und Kohima, am 19. November zur Operation »Extended Capital« an, einem auf breiter Front nach Burma hineingetragenen Angriff. Keine zwei Wochen später hatten sie an drei verschiedenen Stellen den Chindwin-Fluß überwunden. In Westeuropa erreichten französische Truppen am 19. November bei dem unweit der französisch-schweizerischen Grenze gelegenen Rosenau den Rhein. Weiter nördlich sahen die Deutschen sich zügig aus Elsaß-Lothringen hinausgedrängt; am 20. November mußten sie Saarburg preisgeben. An diesem Tag flog Hitler aus seinem Rastenburger Führerhauptquartier nach Berlin. Er sollte Ostpreußen nie wiedersehen.

Am selben Tag, an dem Hitler in seine Hauptstadt zurückkehrte, wurde in Belgien ein Mann, der mitgeholfen hatte, den unterworfenen Völkern Europas die schlimmsten Auswüchse des Nazismus nahezubringen, vor Gericht gestellt: der belgische Kollaborateur Fernand Daumeries. Wegen der unmenschlichen Behandlung der Häftlinge des ihm unterstellten

Lagers Breendonk am Stadtrand von Antwerpen verurteilte das in Charleroi tagende Gericht ihn am 20. November zum Tode.

Am 22. November rückten amerikanische Truppen in das am Westhang der Vogesen gelegene Städtchen St. Dié ein. Die Stadt stand in Flammen, denn die Deutschen hatten vor ihrem Abzug Brände gelegt. »Zum zweiten Mal in 25 Jahren«, berichtete der aufgewühlte Bürgermeister Evrat den Befreiern, »sind unsere mutigen amerikanischen Freunde zur Rettung ihrer alten Großmutter Europa und ihrer Taufpatin, der Stadt St. Dié, herbeigeeilt.«

Im Ersten Weltkrieg hatte sich die deutsche Front vier Jahre lang weniger als 15 Kilometer östlich von St. Dié befunden.

Am 23. November besetzten französische und amerikanische Einheiten Straßburg, das die Deutschen 1940 zur Hauptstadt des annektierten Elsaß gemacht hatten. Bei der Durchsuchung des »Anatomischen Instituts« des Himmler-Freundes Professor August Hirt stießen die Amerikaner in einem Lazarett auf einen Vorrat von Leichen ohne Köpfe. Der sechsundvierzigjährige Professor selbst war verschwunden und wurde nie wieder gesehen.

Am 25. November nahm General Pattons 3. Armee Metz ein. In Auschwitz begannen die Deutschen an diesem Tag mit dem Abriß der verbliebenen Gaskammern. Einen Tag später wurden die 200 Juden, deren Aufgabe es gewesen war, die Leichen der Vergasten in die Krematorien zu schaffen, bis zum letzten Mann ermordet. »Ich sterbe in Frieden«, hatte einer von ihnen, Chaim Herman, drei Wochen zuvor an seine Frau und seine Tochter in Frankreich geschrieben, »in der Gewißheit, daß ihr lebt und unser Feind geschlagen ist.«

Im Fernen Osten war es für die alliierten Armeen noch ein weiter Weg bis zum Sieg. Am 24. November rückten japanische Truppen in die chinesische Stadt Nanning ein; damit lagen zwischen ihnen und den in Französisch-Indochina stehenden japanischen Kräften nur noch knapp 200 Eisenbahnkilometer. Im Golf von Leyte schickten die Japaner einen Tag später alle noch einsatzbereiten Flugzeuge, die sie aufbieten konnten, gegen die Amerikaner in den Kampf. Viele der Einsätze, die im Rahmen dieser ersten von mehreren militärisch sinnlosen, aber zerstörerischen Angriffsaktionen geflogen wurden, waren Kamikaze-Attacken. In der ersten Angriffswelle wurden drei amerikanische Flugzeugträger beschädigt; an Bord der *Intrepid* gab es 65 Tote.

In London schlug am 25. November um die Mittagszeit eine V2 in das Kaufhaus Woolworth an der New Cross Road in Deptford ein; 160 Kunden und Angestellte kamen ums Leben. »Ich erinnere mich an einen Pferdekopf im Rinnstein«, berichtete später eine Augenzeugin, die damals dreizehnjährige June Gaida. »Da war ein Kinderwagen, ganz verdreht und verbogen, und eine Kleinkinderhand, die noch in ihrem Wollärmel steckte. Vor einem Pub stand ein Bus, der wie eine Ziehharmonika zusammengedrückt worden war; drinnen saßen noch Menschen in Reihen hintereinander, alle mit Staub bedeckt – und tot.«

Ebenfalls am 25. November brachte das britische U-Boot *HMS Sturdy*, das auf dem Weg von Australien in indonesische Gewässer war, ein japanisches Frachtschiff auf und stoppte es durch Granatenbeschuß. Die japanische Besatzung suchte das Weite und ließ auf dem Schiff nur noch fünfzig indonesische Frauen und Kinder zurück. Um den Japanern jegliche Nutzung der Schiffsfracht unmöglich zu machen, befahl der U-Boot-Kommandant die Versenkung des Schiffs, obwohl der Offizier, der die Sprengladung anbringen mußte, protestierte. »Machen Sie weiter«, herrschte der Kapitän ihn an. Das Frachtschiff wurde mit all seinen Passagieren und seiner Ladung kriegswichtiger Güter in die Luft gejagt.

Der 26. November sah die erste ungehinderte Fahrt eines alliierten Schiffskonvois durch die Schelde-Mündung nach Antwerpen. Hitler übertrug an diesem Tag Heinrich Himmler den militärischen Oberbefehl über sämtliche im südlichen Abschnitt der Westfront eingesetzten Truppen des Heeres und der Luftwaffe. In Auschwitz erhielten am 27. November fast 600 von Himmlers SS-Schergen das Eiserne Kreuz als Belohnung für ihre »Tapferkeit« bei der Niederschlagung der Lagerrevolte im Oktober, die vier SS-Leute das Leben gekostet hatte.

Antwerpen wurde jetzt zum bevorzugten Ziel der deutschen V-2-Raketen. Als eine von ihnen am 27. November in eine belebte Straßenkreuzung unweit des Hauptbahnhofs einschlug, über die sich in diesem Augenblick ein militärischer Konvoi bewegte, gab es 157 Todesopfer, darunter 29 alliierte Soldaten. In der Nähe der britischen Ortschaft Fauld in Staffordshire kam es an diesem Tag zu einem Explosionsunglück in einem unterirdischen Bombendepot, das 30 Meter unter der Erde in dem Stollen einer Gipsgrube angelegt worden war. In den oberhalb des Depots gelegenen Farm- und Fabrikgebäuden kamen 68 Zivilisten ums Leben, worauf die deutsche Propaganda sogleich behauptete, Saboteure hätten die Explosion ausgelöst. Drei Briten, die sich bei den Rettungsarbeiten besonders hervortaten, wurden dafür mit der George Medal ausgezeichnet.

In Albanien räumten die Deutschen am 29. November die Hafenstadt Skutari und zogen sich auf eine neue, über Mostar und Višegrad bis zur Drina verlaufende Abwehrlinie zurück. In Ungarn besetzte die Rote Armee die Städte Pécs (Fünfkirchen) und Mohács im Süden des Landes. Auf der anderen Seite des Atlantiks wurden an diesem Tag die beiden deutschen Agenten Eric Gimpel und William Colepough von einem U-Boot bei Crabtree Neck an der Küste von Maine abgesetzt. Colepough, ein ehemaliger Seemann, hatte 60000 Dollar als Handgeld für die Anwerbung von Informanten bei sich. Beide Männer wurden nach wenigen Wochen verhaftet – dank »Ultra« waren die Alliierten über ihre Mission schon orientiert, bevor sie amerikanischen Boden betraten.

In Berlin kam es am 30. November zu weiteren Hinrichtungen von Personen aus dem Umkreis der Attentäter des 20. Juli. Lilo Gloeden, eine einundvierzigjährige Hausfrau, die einem der Verschwörer, General Fritz Lindemann, sechs Wochen lang Unterschlupf gewährt hatte, wurde mit einer Axt enthauptet. Ihr Mann und ihre Mutter teilten ihr Schicksal. Über ihr Ende wurde dann öffentlich berichtet – eine Warnung an all jene, die den Feinden des Dritten Reiches Schutz zu gewähren versuchten.

Allerdings konnte kein vernünftiger Mensch mehr daran zweifeln, daß die Tage dieses Reiches gezählt waren. Am Tag der Hinrichtung Lilo Gloedens überschritten amerikanische Einheiten nordwestlich von Saarbrücken die deutsche Vorkriegsgrenze und besetzten die Ortschaft Mackwiller. In Ungarn rückte die Rote Armee in das nur 40 Kilometer von der Grenze zur Slowakei entfernte Eger ein. In allen diesen Fällen gaben die Deutschen keinen Kilometer Boden ohne heftige Gegenwehr preis; oft mußten sich die Eroberer von Haus zu Haus vorkämpfen.

Am 1. Dezember war die Evakuierung der jüdischen Arbeitssklaven aus den Baracken von Auschwitz-Birkenau zu Lagern in West- und Mitteldeutschland bereits im vollem Gange. Joseph Kramer, der Kommandant von Birkenau, wurde nach Bergen-Belsen versetzt. Auch wenn es in diesem seinem neuen Lager keine Gaskammern gab, war er entschlossen, nichts zu tun, was das Leben der hungernden und krank dahinsiechenden Häftlinge hätte verlängern können.

Das Lager Bergen-Belsen war nur rund 300 Kilometer von der deutschen Westgrenze und von der Maas entfernt, an deren westlichem Ufer die alliierten Truppen zu diesem Zeitpunkt standen. Die amerikanischen Kommandeure glaubten zuversichtlich, ihren Vormarsch nach Deutschland hinein fortsetzen zu können; wie General Eisenhower am 2. Dezember feststellte, rieben die amerikanischen Truppen entlang der langgezogenen Front jeden Tag rund drei Viertel einer deutschen Division auf. »Das entspricht«, notierte er, »ungefähr 20 im Monat.« Doch Hitler hatte andere Pläne; er wollte selbst die Initiative ergreifen und über die Ardennen westwärts bis nach Antwerpen vorstoßen, das jetzt zu einem erstrangigen Umschlagplatz für den alliierten Nachschub geworden war.

Der britische Nachrichtendienst, der die deutschen Schritte sonst so hellhörig voraussah, wurde von der Ardennen-Offensive vollständig überrascht. Dabei hatten die »Ultra«-Auswertungen schon seit Mitte November auf außergewöhnliche deutsche Bewegungen und Vorkehrungen in diesem Frontbereich hingedeutet. So lagen beispielsweise etliche Anhaltspunkte für die Verlegung deutscher Truppen ans westliche Rheinufer sowie auch Indizien für eine bevorstehende größere Luftoffensive vor.

Diese über einen längeren Zeitraum hinweg gewonnenen Erkenntnisse waren jedoch nicht in ausreichendem Maß zu einem Gesamtbild zusammengesetzt worden, weil die alliierten Auswerter einerseits in den festgestellten deutschen Truppenbewegungen Vorkehrungen für die Abwehr eines erwarteten alliierten Angriffs sahen und andererseits das Gefühl hatten, die Deutschen seien zu einem ernsthaften Gegenangriff gar nicht mehr in der Lage. Churchill, der dem Frieden nicht ganz traute, erkundigte sich am 3. Dezember beim Geheimdienstausschuß des Kriegskabinetts, ob es nicht »irgend etwas Neues« gebe. Man antwortete ihm, alles sei unter Kontrolle. Und Brigadier Williams, Montgomerys ranghöchster Nachrichtenoffizier, kommentierte am selben Tag die jüngsten »Ultra«-Erkenntnisse mit den Worten, der laut Gerüchten bevorstehende deutsche »Vorstoß nach Antwerpen« liege »eindeutig jenseits [der deutschen] Möglichkeiten«.

Das wichtigste Mittel zur Beschneidung der deutschen Möglichkeiten zur Kriegführung war und blieb die beständige und nachhaltige Zerstörung von Treibstoffdepots und Hydrierwerken zur Herstellung synthetischer Öle. Der japanische Marineattaché in Berlin berichtete am 3. Dezember nach Tokio, die Verlegung der deutschen Hydrierwerke unter den Erdboden hinke trotz großer Anstrengung »sehr weit hinter dem Zeitplan« her; und obwohl die Flugzeugproduktion auf vollen Touren laufe, könne die deutsche Luftwaffe viele Gelegenheiten zum Luftkampf wegen Treibstoffmangels nicht nutzen.

Der britische Nachrichtendienst dechiffrierte diesen Funkspruch fünf Tage nach seiner Übermittlung. Dechiffriert wurde Mitte Dezember auch ein streng geheimes Telegramm des japanischen Botschafters in Berlin nach Tokio; es trug das Datum des 6. Dezember und enthielt die Information, daß mittlerweile 72 000 Arbeitskräfte mit der Instandsetzung beschädigter Treibstoffanlagen beschäftigt seien, daß die unterirdische Treibstofferzeugung sehr wahrscheinlich nicht vor März 1945 beginnen könne und daß die deutsche Gesamterzeugung derzeit nur bei 300 000 Tonnen monatlich liege. Der Botschafter fügte hinzu, der Treibstoff sei »eindeutig Deutschlands größtes Sorgenkind«.

Ungeachtet der Tatsache, daß das Schwergewicht der britischen Luftkriegsstrategie auf Angriffen gegen Treibstoffziele lag, begann am 4. Dezember auf Drängen des Chefs des britischen Bomberkommandos, Sir Arthur Harris, eine neue Serie von Brandbombenangriffen auf deutsche Städte. Mehr als 2000 Tonnen Brandbomben fielen an diesem Abend auf Heilbronn. »Nach unseren Schätzungen waren es etwa 200 Flugzeuge«, berichtete ein in einem Kriegsgefangenenlager unweit von Heilbronn internierter Brite später. »Sie kamen im Bogen angeflogen, Welle auf Welle, glitten als schwarze Schatten über die hell ausgeleuchtete Himmelskulisse, klinkten ihre zischenden Bomben aus und drehten gemächlich ab. Die Flammen wurden von Zeit zu Zeit neu angefacht, und die Landschaft rundherum war kilometerweit von gelbem Licht durchflutet. Im Lager konnte man aus allen Richtungen hören, wie Fensterscheiben zu Boden klirrten. Ich war in den Schützengräben. Östlich von mir stürzte kreischend ein Flugzeug zu Boden.«

Der Feuersturm, der in dieser Nacht in Heilbronn wütete, kostete 7247 deutsche Zivilisten das Leben.

An der Ostfront umgingen die sowjetischen Truppen den stark befestigten Budapester Raum im Norden und überquerten am Abend des 4. Dezember kurz vor Mitternacht bei Vác die Donau; von hier waren es nur noch 25 Kilometer bis zur ungarisch-tschechoslowakischen Vorkriegsgrenze. Aus Südungarn anrückende Sowjettruppen erreichten drei Tage später den Plattensee und besetzten die 40 Kilometer südlich von Budapest gelegene Stadt Adony. Die zur deutschen Bastion gewordene Hauptstadt war damit fast völlig vom Rest des Landes abgeschnitten. Hitler war entschlossen, diese Metropole des ehemaligen österreichisch-ungarischen Kaiserreichs, in das er selbst hineingeboren worden war, nicht preiszugeben. Daher befahl er, Verstärkungen aus Italien und von der Westfront nach Budapest zu führen.

Im Pazifik machten der vor dem Golf von Leyte kreuzenden amerikanischen Flotte nach wie vor japanische Kamikaze-Piloten zu schaffen. Am 7. Dezember, dem dritten Jahrestag des japanischen Angriffs auf Pearl Harbor und des amerikanischen Kriegseintritts, bohrte sich die Maschine eines solchen Selbstmordpiloten unmittelbar über der Wasserlinie in die Bordwand des Zerstörers *Ward*, der drei Jahre zuvor ein japanisches Mini-U-Boot versenkt hatte. Jetzt schlug für die *Ward* die letzte Stunde – sie war nicht mehr zu retten und mußte versenkt werden. Der Kapitän des amerikanischen Kriegsschiffes, das der *Ward* den »Gnadenschuß« gab, war im Dezember 1941 ihr Kommandant gewesen. Todesopfer waren in diesem Fall keine zu beklagen, während an Bord des Zerstörers *Mahan*, der ebenfalls Opfer eines Kamikaze-Angriffs wurde und anschließend versenkt werden mußte, zehn Seeleute umkamen.

Bei weiteren japanischen Kamikaze-Angriffen starben auf dem Flugzeugträger *Cabot* 36, auf dem Schlachtschiff *Maryland* 31 und auf dem Zerstörer *Aulick* 32 Amerikaner. Die Verluste, die die Japaner den Amerikanern mit diesen Selbstmordkommandos zufügten, waren so hoch, daß General MacArthur und Admiral Nimitz eine totale Nachrichtensperre verhängten, um hysterische Reaktionen in den USA zu vermeiden und zu verhindern, daß die japanischen Befehlshaber von den »Erfolgen« dieser Angriffe erfuhren.

Am 10. Dezember reiste Hitler von Berlin aus an die Westfront und bezog das Führerhauptquartier »Adlerhorst«, ein Hochbunkergelände bei Bad Nauheim. Zuletzt war er hier in den Tagen des Triumphs im Frühsommer 1940 gewesen. Noch am Nachmittag seines Ankunftstages besprach er mit seinen ranghöchsten Generälen die bevorstehende Ardennen-Offensive. Er führte in dieser Woche auch ein Gespräch mit Hitlerjugendführern, die zu diesem Zweck aus dem gesamten Frontgebiet herbeigekarrt worden waren. »Niemals seit den napoleonischen Kriegen«, verkündete Hitler, »hat ein Feind unser Land verwüstet, und wir werden auch diesen Feind direkt vor den Türen des Vaterlands niederkämpfen.« An der Westfront werde die Wehrmacht »die Wende erzwingen und die britisch-amerikanische Koalition ein für allemal sprengen«.

Hitler war in diesen Tagen auch nach philosophischen Gedankengängen zumute. In einer Ansprache an seine Generäle am 12. Dezember führte er aus: »Man kann Begeisterung und Opferbereitschaft nicht wie irgendeine Sache abziehen und auf Flaschen legen und konservieren. Das entsteht einmal im Zuge einer Revolution und wird allmählich wieder verblassen. Der graue Alltag und die Bequemlichkeiten des Lebens werden dann die Menschen wieder in ihren Bann schlagen und wieder zu Spießern machen.«

An diesem Tag rückten amerikanische Truppen in das 30 Kilometer östlich von Aachen gelegene Düren ein und standen damit nur noch knapp 40 Kilometer von Köln entfernt.

Im Pazifik machten sich am 12. Dezember eine amerikanische Schlachtflotte und eine Invasionsstreitmacht vom Golf von Leyte aus auf den 560 Kilometer langen Seeweg zur Insel Mindoro. Einen Tag danach sah sie sich wieder mit japanischen Kamikaze-Piloten konfrontiert. Diese wählten als ihr erstes Ziel den Kreuzer *Nashville,* auf dem es 131 Tote gab. Zwei Stunden später wurde der Zerstörer *Haraden* angegriffen; auf ihm starben vierzehn Seeleute. Als die Flotte vor Mindoro angekommen war, konnte sie ihren Landungsauftrag erfolgreich ausführen; doch einen Tag später kenterten in einem heftigen Sturm mit Windgeschwindigkeiten bis zu 145 Stundenkilometern und über 20 Meter hohen Wellen drei Zerstörer. Die *Spence* riß 280 Männer mit sich in die Tiefe, die *Hull* 195, die *Monaghan* 244. Insgesamt fielen 719 Marines dem Wüten der Natur zum Opfer.

Während auf Mindoro amerikanische Truppen die Strände erstürmten, wurden von den Philippinen Tausende amerikanischer, holländischer und britischer Kriegsgefangenen auf Schiffe nach Japan verladen. Die Zustände auf diesen Schiffen waren erbärmlich. An Bord der *Oryoku Maru* starben binnen 48 Stunden vierzig von 1650 Gefangenen. Manche der Männer, die unter Deck eingeschlossen waren und kaum Wasser bekamen – für jeweils 35 Mann gab es eine Feldflasche –, tranken ihren Urin, um den schlimmsten Durst zu löschen; andere schnitten sich die Haut auf, um sich die Lippen mit ihrem Blut anfeuchten zu können. Hunderte verloren den Verstand. Als das Schiff dann am 15. Dezember von einem amerikanischen Flugzeug versenkt wurde und mehr als tausend Gefangene im Wasser trieben, eröffneten die Japaner auf sie das Feuer aus Maschinengewehren. 200 ertranken oder wurden erschossen. Von den Überlebenden fanden mehr als tausend später den Tod, als das Schiff, das sie übernommen hatte, die *Enoura Maru,* im Hafen von Takao auf Formosa bombardiert wurde. Von den 1650 Männern, die ursprünglich auf die Reise geschickt worden waren, trafen am Ende nur 450 in Japan ein.

Auf der Philippinen-Insel Palawan erhielten 150 in einem Lager in Puerto Princesa untergebrachte amerikanische Kriegsgefangene am 14. Dezember den Befehl, sich in einen unterirdischen Luftschutzbunker zu begeben; ihre japanischen Bewacher erklärten ihnen, es sei mit einem amerikanischen Luftangriff zu rechnen. Die Warnung war ein Trick. Kaum hatten die Männer den Bunker aufgesucht, als eine Gruppe von mehr als fünfzig japanischen Soldaten eimerweise Benzin in diesen schüttete und brennende Fackeln hinterherwarf. Als die Amerikaner brennend aus dem Bunker flohen, wurden sie von den Japanern mit Schüssen, Bajonetten und Prügeln umgebracht. Männer mit schweren Verbrennungen wurden lebendig begraben. Nur fünf überlebten das Massaker.

Am 16. Dezember lief die Operation »Wacht am Rhein« an, die Gegenoffensive der deutschen Wehrmacht in den Ardennen. Ziel der Operation war es, die alliierte Front quer durch Belgien bis nach Antwerpen und an die Schelde zurückzuwerfen. Ein in der Nacht vor dem Angriff unternommener Versuch der Deutschen, bei Belle Croix im Rücken der alliierten Front Fallschirmjäger abzusetzen, die bei Beginn des Angriffs die alliierten Nachschub- und Nachrichtenverbindungen abschneiden sollten, endete freilich mit einem Mißerfolg; 24 Stunden später befanden sich die meisten Fallschirmspringer in alliierter Gefangenschaft, ohne Schaden angerichtet zu haben.

Alles in allem warfen die Deutschen eine Viertelmillion Soldaten in die Ardennen-Offensive. Ihnen gegenüber standen 80 000 alliierte Soldaten, die auf einen Gegenangriff nicht gefaßt waren – geschweige denn auf eine Großoffensive. Auf eine Anregung Hitlers hin hatte ein 33 Mann starkes deutsches Kommando unter Führung von Otto Skorzeny, dessen Mitglieder durchweg englisch sprachen, amerikanische Uniformen trugen und erbeutete amerikanische Jeeps und Laster fuhren, sich ins Hinterland der alliierten Front durchgeschmuggelt. Dort ver-

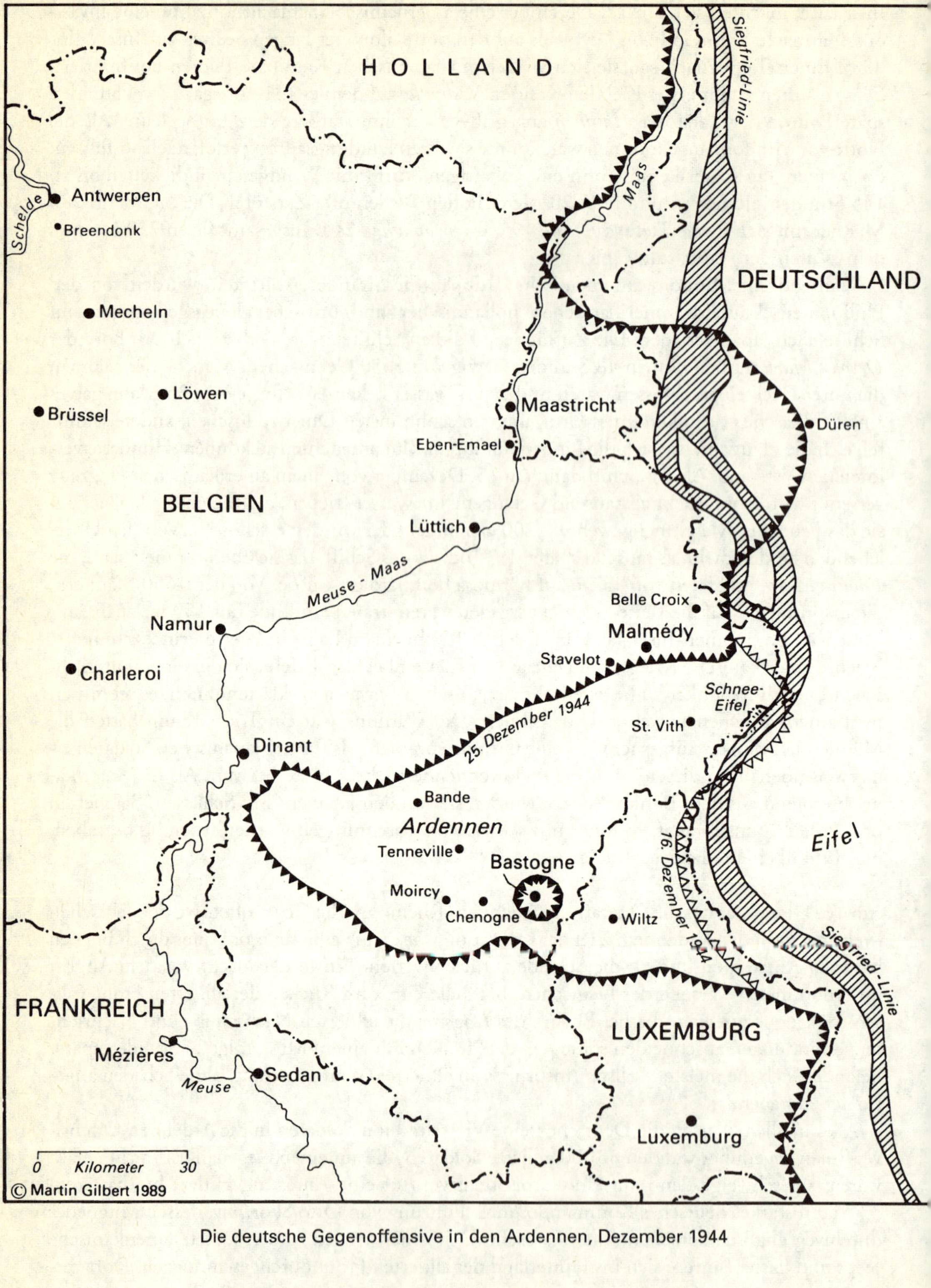

Die deutsche Gegenoffensive in den Ardennen, Dezember 1944

ursachte die Gruppe tatsächlich beträchtliche Verwirrung und, als der Trick durchschaut war, eine Welle des Argwohns. »Dreimal wurde ich von mißtrauischen GIs aufgefordert, meine Identität nachzuweisen«, erinnerte sich General Bradley später, »das erste Mal gelang es mir, indem ich Springfield als Hauptstadt von Illinois benannte (während mein Befrager auf Chicago beharrte); beim zweiten Mal, indem ich den genauen Aufstellungsort eines Verteidigers zwischen dem Mittel- und dem Außenstürmer in einem Gedränge bezeichnete. Beim dritten Mal sollte ich den aktuellen Ehemann einer Blondine namens Grable nennen. Über die Grable stolperte ich, nicht aber über den Wachposten. Zufrieden darüber, mich düpiert zu haben, ließ er mich passieren.«

Zehn Tage lang rückten die Deutschen vor. In der Schnee-Eifel kesselten sie an einem dieser Tage knapp 9000 amerikanische Soldaten ein. Die Amerikaner, die ihnen an Zahl und Bewaffnung deutlich unterlegen waren, ergaben sich. Nach Bataan war dies die zweitgrößte Massenkapitulation in der amerikanischen Geschichte. Mehr als 19 000 Amerikaner fielen in der Ardennen-Schlacht, während auf deutscher Seite sogar 40 000 ums Leben kamen.

In Antwerpen ereignete sich am ersten Tag der Ardennen-Offensive eine Katastrophe, als eine V 2 in ein vollbesetztes Kino einschlug und 567 Personen tötete, darunter 296 alliierte Soldaten. Abgefeuert worden war die Rakete in der Nähe der 210 Kilometer entfernten holländischen Stadt Enschede. Ein Gemetzel anderer Art folgte einen Tag später, am 17. Dezember, als 72 amerikanische Soldaten, die südlich der Stadt Malmédy in den Ardennen von einer deutschen SS-Einheit gefangengenommen worden waren, auf ein Feld geführt, in Reih und Glied aufgestellt und dann mit MG-Salven niedergemäht wurden. Einem Dutzend der Männer gelang es, dem Massaker zu entkommen und sich in einem Café zu verstecken. Aber die Deutschen umstellten das Café, setzten es in Brand und schossen auf die vor den Flammen fliehenden Männer.

Die Nachricht vom Massaker von Malmédy verbreitete sich rasch im gesamten Frontgebiet. Die Amerikaner, die von der deutschen Offensive zunächst überrascht und in Panik versetzt worden waren, fanden nun, im Zeichen des Schlachtrufs »Rache für Malmédy«, zu einer ernsthafteren Kampfauffassung. Die betreffende SS-Einheit beging im übrigen noch mehrere Massaker; an insgesamt zehn Orten an ihrer Wegstrecke ermordete sie mindestens 308 amerikanische Soldaten und 111 belgische Zivilisten, die sie zuvor gefangengenommen beziehungsweise verhaftet hatte.

Der Befehlshaber dieser SS-Einheit war Obersturmbannführer Joachim Peiper, Träger des Ritterkreuzes mit Eichenlaub, das er für seine »Leistungen« bei der Bekämpfung sowjetischer Partisanen im Raum Schitomir im November 1943 erhalten hatte. Im Rahmen dieser Aktion zur »Bandenbekämpfung« waren nach Schätzungen 2500 Russen getötet und nur drei gefangengenommen worden.

Bei diesen mordenden Deutschen in den Ardennen handelte es sich zumeist um junge Soldaten, die kaum mehr als zwanzig Jahre alt waren. Sie waren durch und durch von den Erziehungs- und Ausbildungsinhalten der Hitlerjugend geprägt und von dem für die SS typischen Glauben durchdrungen, Gnade sei ein Verbrechen. Bei Stavelot ermordeten sie am 19. Dezember 130 belgische Zivilisten – 47 Frauen, 23 Kinder und 60 Männer –, die unter dem Vorwurf, amerikanischen Soldaten Zuflucht gewährt zu haben, kaltblütig hingerichtet wurden. Als einer der Dorfbewohner Peiper anflehte, dem Massaker Einhalt zu gebieten, antwortete dieser: »Ihr seid in dieser Gegend doch alle Terroristen.«

Zu ähnlichen, ja schlimmeren Greueltaten als in den Ardennen kam es auf den Philippinen, wo japanische Soldaten der einheimischen Bevölkerung Schreckliches antaten. »Im Schutz der Dunkelheit«, vertraute ein japanischer Gefreiter am 19. Dezember seinem Tagebuch an, »gingen wir hinaus, um Eingeborene umzubringen. Es fiel mir schwer, sie zu töten, weil sie einen anständigen Eindruck auf mich machten. Die Angstschreie der Frauen und Kinder waren schrecklich. Ich selbst«, fügte der Soldat hinzu, »tötete mehrere Personen.«

Am 20. Dezember schlossen die deutschen Ardennen-Kampfgruppen die Stadt Bastogne ein, in der mehrere tausend amerikanische Soldaten in der Falle saßen. In Berlin wurde an diesem Tag der deutsche Industrielle Cäsar von Hofacker wegen seiner Beteiligung an der Verschwörung gegen Hitler hingerichtet. Er war einer derjenigen gewesen, die am 16. Juli den endgültigen Beschluß zur Ermordung Hitlers gefaßt hatten – vier Tage vor der Durchführung des Attentats.

Die Auswirkungen des Massakers von Malmédy machten sich im weiteren Verlauf der Ardennen-Schlacht rasch bemerkbar: Als am 21. Dezember in der Ortschaft Chenogne deutsche Soldaten, eine Rotkreuzfahne schwenkend, aus einem brennenden Haus liefen, wurden sie von MG-Salven empfangen. 21 Männer starben.

In Antwerpen kamen am 21. Dezember sechzehn Menschen beim Einschlag einer V 2 in ein Krankenhaus ums Leben; einen Tag später wurden fast an derselben Stelle drei belgische Arbeiter, die mit der Beseitigung der Bombenschäden vom Vortag beschäftigt waren, durch den Einschlag einer weiteren V 2 getötet.

Insgesamt fielen in diesem Winter 3752 belgische Zivilisten den deutschen V-2-Angriffen auf Antwerpen zum Opfer. Dazu kamen 731 alliierte Soldaten, die durch die in Antwerpen einschlagenden deutschen Raketen getötet wurden. Nicht die deutsche Besatzungsherrschaft, sondern die Befreiung von ihr hatte der Stadt die tödlichen Gefahren des Bombenkriegs gebracht.

Am 18. Dezember hatten amerikanische Bomber das deutsche Treibstoff-Hydrierwerk in Monowitz angegriffen. Drei Tage später überflog ein südafrikanisches Aufklärungsflugzeug die Fabrikanlage. Sein einziger Auftrag lautete, die den einzelnen Teilen der Anlage zugefügten Schäden zu fotografieren; aber auch diesmal war am Rand einer der Aufnahmen ein Teil des Lagers Auschwitz-Birkenau zu erkennen, dessen elektrifizierte Zäune und Wachtürme zu diesem Zeitpunkt allerdings schon weitgehend abgebaut waren.

Vergasungen fanden in Auschwitz jetzt nicht mehr statt. Doch das Stammlager Auschwitz existierte noch, ebenso wie das jüdische Frauenlager in Birkenau. Hier waren im Dezember noch mehr als 20 000 Frauen interniert.

In England fand am 21. Dezember unter striktester Geheimhaltung eine Ordensverleihung statt: Deutschlands wichtigster Spion auf britischem Boden, Juan Pujol Garcia, wurde zum Member of the British Empire (MBE) gekürt. Der Mann, den die Deutschen für ihren Meisterspion »Arabel« hielten, hatte als »Garbo« seit über zwei Jahren für den britischen Nachrichtendienst gearbeitet und unter anderem zum Erfolg der Täuschungs- und Ablenkungsmanöver im Zusammenhang mit dem »D-Day« beigetragen. Die Ordensverleihung fand nicht im Buckingham-Palast statt, wo die Geheimhaltung möglicherweise schwierig gewesen wäre, sondern im Hauptquartier der britischen Sicherheitsdienste, deren Chef eine kurze Laudatio auf den Ordensempfänger hielt.

Trotz des bis dahin relativ erfolgreichen Verlaufs der deutschen Ardennen-Offensive ersuchte Generalfeldmarschall von Rundstedt Hitler am 22. Dezember um die Genehmigung, die Front in die Eifel zurückzuverlegen. Hitler lehnte ab. Hinter den amerikanischen Linien in den Ardennen sorgten unterdessen Oberst Skorzeny und seine als Amerikaner verkleideten Spezialisten noch immer für beträchtlichen Wirbel: Sie sprengten Brücken und Straßendämme, was die Amerikaner ziemlich nervös machte. Hitler ließ sich in seinem Glauben an den Erfolg der Offensive nicht erschüttern. Aber als die Deutschen an diesem 22. Dezember den Befehlshaber der in Bastogne eingeschlossenen US-Truppen, Generalmajor Anthony McAuliffe, zur Kapitulation aufforderten, erhielten sie eine Antwort, die nur aus einem einzigen Wort bestand: »Nuts!« Als sie nachfragten, was diese Antwort zu bedeuten habe, erhielten sie den nicht viel ausführlicheren Bescheid: »Go to hell.« Am 22. Dezember erklärte General Eisenhower in einem Tagesbefehl an alle in den Ardennen kämpfenden alliierten Truppen: »Möge ein jeder sich nur von einem einzigen Gedanken leiten lassen: den Feind am Boden und in der Luft zu vernichten, ihn überall zu vernichten.« Tatsächlich hatte die alliierte Luftwaffe seit Beginn der Ardennen-Offensive praktisch überhaupt nicht in den Kampf eingreifen können, weil tiefliegende Wolken und Nebel keine Bodensicht zuließen; aber als dann am 23. Dezember das Wetter aufklarte, stellten sich die Früchte der alliierten Luftüberlegenheit rasch ein. Jetzt konnte sich kaum mehr ein deutscher Zug, ein Fahrzeug oder eine Gruppe von Soldaten in Bewegung setzen, ohne entdeckt und angegriffen zu werden. Auch Bastogne konnte jetzt aus der Luft versorgt werden, was zwar nichts an der Einschließung der Stadt änderte, der Situation aber ihre akute Bedrohlichkeit nahm.

Jetzt, da sich Bewölkung und Nebel verzogen hatten, bombardierten die Alliierten diejenigen deutschen Bahnhöfe, durch die der Nachschub für die Ardennenfront rollte: In Koblenz, Gerolstein und Bingen wurden wichtige Gleis- und Rangieranlagen so lange mit Bomben belegt, bis sie nicht mehr zu gebrauchen waren. Die alliierten Jagdverbände konnten unter den neuen Wetterbedingungen nunmehr auch die Vormarschwege der deutschen Panzerspitzen verfolgen, die sich der Maas bis auf 8 Kilometer genähert hatten. Nicht genug, daß diese Panzerverbände jetzt aus der Luft angegriffen werden konnten, auch der Treibstoff wurde ihnen knapp. Der systematische amerikanische »Treibstoffkrieg«, an dem sich neuerdings auch britische Bomber beteiligten, hatte es den Deutschen unmöglich gemacht, ausreichende Treibstoffvorräte für eine längerfristige Offensive anzulegen. Und auch die deutsche Luftwaffe konnte den Bodentruppen wenig Entlastung bringen: Wie der für die Ardennen-Offensive verantwortliche deutsche Luftwaffenkommandeur General Peltz am 23. Dezember berichtete, brachen manche seiner Piloten ihre Angriffsmissionen ohne ersichtlichen Grund ab, klinkten ihre Treibstoffzusatztanks aus und flogen nach Deutschland zurück. An dem betreffenden Tag hatte sich ein Fünftel der Piloten eines Geschwaders auf diese Weise verabschiedet.

Am 23. Dezember starteten die Amerikaner ihren ersten Gegenangriff auf die südliche Flanke des Ardennen-Frontbogens. Drei von Skorzenys Männern wurden an diesem Tag in ihren angemaßten US-Uniformen gefangengenommen und von einem Erschießungskommando hingerichtet. Fünfzehn weiteren sollte es in der Folgezeit ebenso ergehen; fünfzehn schafften es, nach Deutschland zurückzukehren.

Am Mittag des 24. Dezember griffen sechzehn deutsche Düsenflugzeuge eine Kugellagerfabrik und ein Lagerhaus in Lüttich an. Auf ihrem Weiterflug attackierten sie anschließend einige für den alliierten Nachschub in die Ardennen wichtige Rangierbahnhöfe. Es war der erste Einsatz düsengetriebener Bomber in der Geschichte.

An Heiligabend war der deutsche Vormarsch in Richtung Antwerpen ins Stocken geraten; nirgendwo war die Wehrmacht weiter als 100 Kilometer vorgerückt, nirgendwo näher als 110 Kilometer an ihr Ziel herangekommen. Die Maas allerdings hatte sie beinahe erreicht. In dem Ardennendorf Bande ermordete am 24. Dezember ein Gestapokommando, das sich selbst als »Sondertruppe Himmler« bezeichnete, 32 Belgier. Dreißig wurden zur Vergeltung für die Tötung von drei Deutschen durch die belgische Résistance drei Monate zuvor erschossen, zwei als Vergeltung für die Ermordung eines belgischen Kollaborateurs.

Noch viele Mordtaten fanden an diesem Heiligabend statt. Ein britischer Obergefreiter namens Rowley, der sich damals in deutscher Gefangenschaft befand, schilderte einen dieser Vorfälle, der sich in seinem Lager bei Hartmannsdorf zutrug, später so: »Ich war auf dem Gelände, als ich zwei deutsche Wachleute erblickte, die den Leichnam eines russischen Kriegsgefangenen ins Lager trugen und auf den Boden des Waschhauses warfen. Ich fragte den russischen Dolmetscher, was er deswegen zu tun gedenke, und er sagte: ›Lieber raushalten.‹ Ich ging ins Waschhaus und untersuchte den Leichnam. Er war in die Brust geschossen worden. Außerdem steckte eine Kugel in seinem Ellbogen; es sah aus, als sei er von einem betrunkenen Wachposten erschossen worden.«

An diesem 24. Dezember schickten die Deutschen zum letztenmal eine Flugbombe nach England. Sie war nicht nur mit Sprengköpfen bestückt, sondern auch mit Briefen britischer Kriegsgefangenen. Diese Briefe wirbelten wie Konfetti durch die Luft, als die Bomben explodierten. »Meine Liebste«, hieß es in einem von ihnen, »dies ist eine unerwartete und zusätzliche Briefkarte, die wir zusammen mit unseren Weihnachtsgrüßen schreiben dürfen.«

Eine dieser »Weihnachtsüberraschungen« schlug in eine Arbeiterbaracke bei Gravesend ein und tötete alle zwölf Bewohner.

Am Weihnachtstag des Jahres 1944 spie ein Reaktor im geheimen amerikanischen Atomforschungszentrum bei Hanford (Washington) den ersten durch Uranumwandlung erzeugten Plutoniumstab aus. Einen Monat später stand eine erste Ladung Plutonium zur Auslieferung bereit. Der Bau der Atombombe war wieder einen Schritt näher gerückt.

Die zwei Monate zuvor zwischen Churchill und Stalin getroffene Vereinbarung, derzufolge Griechenland als einziges Land auf dem Balkan nicht in die sowjetische Einflußsphäre einbezogen werden sollte, drohte in dieser Woche Makulatur zu werden. Kommunistische Gruppen, die bis dahin in der antideutschen Widerstandsbewegung aktiv gewesen waren, hatten in den Tagen vor Weihnachten die Kontrolle über Teile Athens an sich gerissen. Churchill unternahm daraufhin einen dramatischen Schritt: Er flog nach Athen und handelte den Führern der griechischen Kommunisten am 25. Dezember, während draußen die Kugeln von Heckenschützen und Gerüchte von einer unmittelbar bevorstehenden kommunistischen Machtübernahme in der Hauptstadt durch die Luft schwirrten, die Zusage ab, in die Regierung des griechischen Regenten, Erzbischof Damaskinos, einzutreten. Der sowjetische Vertreter bei diesen Unterredungen, Oberst Popow, legte den griechischen Kommunisten nahe, auf die Vorschläge Churchills einzugehen. »Wenn wir nicht eingegriffen hätten«, berichtete Churchill nach seiner Rückkehr dem Kriegskabinett, »wäre es zu einem Massaker gekommen« – und außerdem vielleicht zu einer kommunistischen Vorherrschaft in der Ägäis.

Im Rahmen der anhaltenden alliierten Luftoffensive gegen die deutschen Treibstoffressourcen griffen amerikanische Bomber am 26. Dezember erneut das deutsche Hydrierwerk in Monowitz an. Eine Bombe fiel dabei versehentlich auf das SS-Krankenrevier in Auschwitz-Birkenau; fünf SS-Leute starben. Der Angriff vom 26. Dezember wurde als Erfolg gewertet; Luftbilder der Werksanlage, die einige Tage danach von einem in großer Höhe fliegenden Aufklärungsflugzeug aufgenommen worden waren, zeigten eine »gute Trefferkonzentration«. Allerdings wurde in mehreren wichtigen Teilbereichen des Werks trotz schwerer Beschädigungen auch nach dem 26. Dezember noch weitergearbeitet: In Monowitz und in Dutzenden weiterer Unternehmen im Raum Auschwitz wurden nach wie vor Tausende jüdischer Männer und Frauen aus Auschwitz als Arbeitssklaven eingesetzt.

Im Dezember kamen in Auschwitz 2093 Frauen ums Leben; beim Zählappell am 27. Dezember wurden noch 18751 Lagerinsassen registriert. Ein weiterer, drei Tage später durchgeführter Zählappell ergab, daß 2036 weibliche Auschwitz-Häftlinge in den Fabriken von Monowitz und 1088 in der dem Lager benachbarten Union-Sprengmittelfabrik arbeiteten. Von den männlichen Insassen des Lagers Auschwitz arbeiteten 35000 in Monowitz und 31000 in anderen Unternehmen in der Umgebung.

Niemand wußte, wie lange die Deutschen diese außerhalb der Vorkriegsgrenzen des Deutschen Reichs gelegenen Gebiete noch kontrollieren würden. Am 26. Dezember gelang es den in Ungarn stehenden sowjetischen Truppen nach dreitägigen Kämpfen, Budapest einzuschließen und damit dessen deutsche Garnison von ihren letzten noch offenen Nachschubverbindungen aus Österreich abzuschneiden. In der Stadt selbst war die Verfolgung der Juden ebenso weitergegangen wie das Bemühen Raoul Wallenbergs und anderer, möglichst viele von ihnen zu retten. Am 27. Dezember wurden zwei ungarische Christinnen, Schwester Sara Salkhazi und ihre Lehrerin Wilma Bernovits, von ungarischen Pfeilkreuzlern erschossen, weil sie Juden versteckt hatten.

Am 28. Dezember schossen die Deutschen eine Reihe Flugbomben von Trägerflugzeugen aus auf Ziele in Mittel- und Nordengland ab. In Oldham kamen durch einen Volltreffer 28 Menschen, darunter eine neunundsiebzigjährige Frau und ein sechsmonatiges Kind, ums Leben. Es war die letzte V1 mit so beträchtlicher Schadenswirkung, die in Großbritannien niederging.

Der Kampf um Budapest wurde unterdessen in allen Vororten der Hauptstadt ausgetragen. Am 29. Dezember wollten zwei sowjetische Offiziere den Deutschen die Bedingungen für eine Übergabe der Stadt überbringen und kamen zu diesem Zweck unter dem Schutz einer weißen Unterhändlerfahne aus ihrer Deckung. Einer der beiden, Hauptmann Miklos Steinmetz, ein gebürtiger Ungar, wurde erschossen, als er sich den deutschen Stellungen näherte. Der andere, Hauptmann Ostapenko, wurde tödlich in den Rücken getroffen, als er auf die russische Seite zurückkehren wollte. Die Deutschen weigerten sich, zu kapitulieren oder zu unterhandeln. Zwei Tage später lag die ungarische Kriegserklärung gegen Deutschland auf dem Tisch. Damit hatte Hitler seinen letzten Achsenpartner auf europäischem Boden verloren.

Im Luftraum über Deutschland ging der von Briten und Amerikanern geführte Bombenkrieg weiter. »Eine große Zahl alliierter Flugzeuge überflog uns«, notierte der Matrose Walker am letzten Dezembertag 1944 in das Gefangenschaftstagebuch, das er im Lager Marlag bei Hamburg führte. »Ich sah sie später zurückfliegen, nachdem sie vermutlich Hannover und Hamburg angegriffen hatten«, fügte er hinzu. »Vier getroffen und brennend abgestürzt. Ein Amerikaner sprang ab, Fallschirm öffnete sich nicht. Schlug mittags direkt außerhalb des Zauns auf.«

Diese Bombenangriffe waren Gift für die deutsche Kriegführung. Wie aus einem streng geheimen Bericht der deutschen Luftwaffe vom 29. Dezember hervorging, hatten alliierte Bombenangriffe auf Ziele im Saargebiet zu massiven Zerstörungen an Straßenverbindungen und Eisenbahnanlagen geführt, Telefoneinrichtungen unbrauchbar gemacht und sogar mögliche Umleitungsstrecken für militärische Versorgungszüge ausgeschaltet. Eine »Ultra«-Auswertung setzte die Alliierten drei Tage später über diesen für sie höchst erfreulichen Stand der Dinge in Kenntnis.

Mehr als zwei Jahre nach ihrem ersten Versuch unternahmen britische Bomber am letzten Tag des Jahres 1944 einen neuen Anlauf zur Bombardierung des Gestapohauptquartiers in Oslo. Es gelang ihnen zwar, das Gebäude zu einem erheblichen Grad zu zerstören, aber dabei wurden auch benachbarte Gebäude erheblich beschädigt, und es gab mehrere zivile Todesopfer. Unter anderem wurde im Verlauf des Angriffs eine vollbesetzte Straßenbahn getroffen; nur vier Fahrgäste überlebten.

Ein Überblick über das Kriegsgeschehen in Europa und Asien zeigte, daß das Jahr 1944 sowohl Deutschland als auch Japan in eine katastrophale Lage gebracht hatte. In Europa waren den Deutschen die Gebiete, die sie zwischen 1939 und 1942 erobert hatten, bis auf einen kleinen Rest wieder abhanden gekommen. Im Pazifik waren die Amerikaner unaufhaltsam dabei, Japan das riesige Inselreich, das es 1942 erobert hatte, Stück für Stück wieder zu entreißen. Das Lager der Achsenmächte war zusammengeschrumpft; Rumänien, Bulgarien und – am letzten Tag des Jahres – Ungarn hatten ihr Heil in einem Wechsel der Fronten gesucht. Es war offensichtlich, daß weder Deutschland noch Japan bereit waren, die Waffen zu strecken. Beide waren entschlossen, weiterzukämpfen – nicht nur auf erobertem Boden, sondern auch auf ihrem eigenen Territorium, und zwar bis zum bitteren Ende und um jede Stadt und jede Straße. Den Alliierten blieb nichts anderes übrig, als den Krieg auch unter diesen Vorzeichen fortzusetzen, wohl wissend, daß dies einen hohen Blutzoll fordern würde. Die Geheimwaffen, auf die Hitler sich so viel eingebildet und mit denen er einst so vollmundig gedroht hatte, hatten zwar Tausende von Zivilisten in England und anderswo dahingerafft, sich aber als ziemlich irrelevant für den Kriegsverlauf erwiesen. Im Gegensatz dazu vermittelte die in Amerika heimlich vorangetriebene Atombombenentwicklung denen, die darüber Bescheid wußten, das Vorgefühl eines nahenden Triumphes.

Es gab allerdings eine neue deutsche »Geheimwaffe«, in die Hitler seit Ende 1944 seine Hoffnungen setzte. Wann immer er 1939 von einer »geheimen« deutschen Waffe gesprochen hatte, war schlicht und einfach die deutsche Luftwaffe gemeint gewesen, deren Aufbau im geheimen vorangetrieben worden war und die tatsächlich ein furchteinflößendes Kriegführungsinstrument dargestellt hatte. Seitdem war es den Deutschen gelungen, mit einer Reihe von Neuentwicklungen – von der Magnetmine im Jahre 1939 bis zur V 2 im Jahre 1944 – kurzfristige Erfolge zu erzielen. Jetzt hatten sie eine Waffe entwickelt, auf die die Alliierten keine Antwort wußten. Es war der Luftschnorchel für U-Boote, eine Erfindung, die ihr volles Potential erst im Zusammenwirken mit weiteren Neuerungen der U-Boot-Technik entfalten sollte. Dazu gehörten eine beträchtlich erhöhte Batterieleistung, ein Baukastensystem, das eine wesentlich schnellere U-Boot-Montage erlaubte, und Torpedoröhren, die den gleichzeitigen Abschuß mehrerer Torpedos und damit die gleichzeitige Versenkung von maximal acht Schiffen erlaubten. Wenn diese neuen U-Boote sich erst einmal auf hoher See befanden, konnte der Gegner sie nur schwer versenken, da sie äußerst schwer zu orten waren. Selbst wenn sie mit ihren eigenen Enigma-verschlüsselten Funksprüchen ihre aktuelle Position verrieten, würden feindliche Flugzeuge sie nicht ausfindig machen und angreifen können, da sie dank des revolutionären Luftschnorchels nicht aufzutauchen brauchten.

Der Augenblick größter alliierter Siegeshoffnungen für den Landkrieg fiel also zusammen mit dem Wissen um eine neue und schwere Bedrohung auf See, als die in Kiel, Hamburg und Danzig zusammengebauten U-Boote in der Ostsee erprobt wurden. Genau diese Erprobungsmanöver sollten ihnen jedoch zum Verhängnis werden, denn ihre streng geheimen Enigma-Botschaften verrieten den Briten, wo genau die Übungen stattfanden. Prompt stiegen britische Bomber von ihren Stützpunkten in East Anglia auf und machten die Ostsee unsicher. Gute Aufklärung, gekonnte flächendeckende Bombardierung und ein paar Glückstreffer auf die Werftanlagen von Kiel führten dazu, daß eine Gefahr, die vielleicht ernste Dimensionen hätte annehmen können, abgewendet werden konnte.

Erst im Mai war Hitlers letzte Geheimwaffe einsatzbereit. Doch da war es schon zu spät.

KAPITEL 44

Flugbomben, Kamikaze-Piloten, Todesmärsche

Januar 1945

In Antwerpen schlug 12 Minuten nach Beginn des neuen Jahres eine deutsche V1 ein und tötete 37 Zivilisten. Im weiteren Verlauf des Tages griffen knapp tausend deutsche Jagdflugzeuge alliierte Flugplätze in ganz Nordfrankreich, Belgien und in den westlichen Niederlanden an. 156 alliierte Flugzeuge wurden zerstört, viele davon am Boden, doch die Deutschen verloren 277 Maschinen. Dies war der Luftangriff, den die Deutschen zu Beginn der Ardennen-Offensive geplant hatten, wegen des schlechten Wetters aber nicht hatten durchführen können.

Weder die Flugbomben noch die deutschen Luftangriffe vermochten jetzt noch die alliierte Überlegenheit zu erschüttern. In den Ardennen drückten die Amerikaner an diesem ersten Tag des Jahres 1945 den Frontbogen mit geballter Kraft von Süden her ein und verdrängten ihre deutschen Gegner aus Moircy, Tenneville und Chenogne. Im Elsaß wurde ein Vorstoß der deutschen 19. Armee zurückgeschlagen und letztere dabei so gut wie aufgerieben. An der Ostfront, die jetzt von Memel an der Ostsee bis zum Plattensee in der ungarischen Tiefebene reichte, standen etwas mehr als drei Millionen deutsche Soldaten sechs Millionen Sowjetsoldaten gegenüber. Den deutschen Reserven von weiteren zweieinhalb Millionen Mann konnten die Russen nicht weniger als fünfeinhalb Millionen entgegenstellen; bei den Panzern betrug die Relation 4000 zu 12900. Noch größer war die Diskrepanz bei den Flugzeugen, von denen Deutschland 1960, die Sowjets aber 15540 in den Kampf werfen konnten. Hitler, dem dieses enorme Ungleichgewicht der Kräfte nur allzu bewußt war, mußte einer Verlegung seiner erfahrensten SS-Division aus den Eifelbergen südlich von Aachen an die Ostfront zustimmen, auch wenn dies alle Aussichten zunichte machen würde, die Ardennen-Offensive fortzusetzen.

An diesem Abend flogen deutsche Düsenbomber ihren ersten Nachteinsatz: vier Maschinen griffen militärische Ziele im Raum Brüssel an. Auch wenn sie einen beträchtlichen Geschwindigkeitsvorteil hatten, gab es von ihnen doch viel zu wenige, als daß sie etwas an den Machtverhältnissen in der Luft zu ändern vermocht hätten, in der die Alliierten jetzt eindeutig und unangefochten das Sagen hatten.

Im Fernen Osten brachte der Neujahrstag 1945 ein tragisches Ereignis: In Nong Pladuk, einer Station an der Thailand-Burma-Bahnlinie, starben 95 alliierte Kriegsgefangene, als amerikanische Bomber japanische Treibstoff-, Munitions- und Versorgungszüge angriffen, die auf Nebengleisen abgestellt waren. Die Alliierten wußten nicht, daß diese Kriegsgefangenen von den Japanern zur Durchführung von Reparaturarbeiten nach Nong Pladuk gebracht worden waren.

Von den Decks eines schnellen amerikanischen Flugzeugträgerkommandos unter dem Befehl von Vizeadmiral Mitscher, das in den Gewässern um Formosa und die Riukiu-Inseln operierte, starteten am 3. und 4. Januar US-Flugzeuge zu Angriffen auf japanische Schiffe und Flugzeuge. Zwölf gegnerische Schiffe wurden versenkt, 110 Flugzeuge abgeschossen, während die Amerikaner achtzehn Maschinen verloren. Vor Luzon versenkte jedoch ein japanischer Kamikaze-Pilot am 3. Januar den US-Flugzeugträger *Ommaney Bay;* 93 amerikanische Seeleute kamen ums Leben. Im Verlauf der zehntägigen Schlacht wurde der australische schwere Kreuzer *Australia* an zwei verschiedenen Tagen von Kamikaze-Fliegern durchbohrt; 44 Besatzungsmitglieder der *Australia* starben, aber das Schiff sank nicht. Opfer von Kamikaze-Angriffen wurden auch 22 Seeleute an Bord des amerikanischen Flugzeugträgers *Manila Bay*, 45 auf dem Schlachtschiff *California* und dreißig auf dem Schlachtschiff *New Mexico*; unter diesen Toten war auch General Lumsden, Churchills persönlicher Verbindungsoffizier bei General MacArthur.

Innerhalb von zehn Tagen anhaltender Kamikaze-Angriffe wurden von insgesamt 164 auf diesem Kriegsschauplatz eingesetzten amerikanischen Schiffen 53 beschädigt oder versenkt und 625 Seeleute getötet.

In den Ardennen sahen sich unterdessen die Deutschen Schritt für Schritt zurückgedrängt. Zu ihrer zusätzlichen Schwächung trug die Tatsache bei, daß Hitler sich am 4. Januar entschloß, die 6. SS-Panzerdivision an die Ostfront zu verlegen. Gleichwohl war es für die amerikanischen Truppen ein schwerer Kampf. »Die 11. Panzerdivision ist noch sehr grün«, vertraute General Patton am 4. Januar seinem Tagebuch an, »und hat unnötige Verluste erlitten, ohne etwas zu erreichen.« Es seien auch, fügte er hinzu, »einige unglückliche Vorfälle« passiert; er meinte damit die »Erschießung von Gefangenen«. In Klammern fügte Patton hinzu: »Ich hoffe, wir können das geheimhalten.«

In Deutschland ging die Vollstreckung von Todesurteilen an Gegnern des Hitlerregimes weiter. Am 4. Januar wurde im Lager Sachsenhausen Fritz Elsas, ein Freund Carl Goerdelers, hingerichtet; er war 1931 Bürgermeister von Berlin gewesen. Einen Tag später wurde im Gefängnis Plötzensee in Berlin Julius Leber exekutiert, den die Verschwörer vom 20. Juli zum Innenminister hatten machen wollen.

In Polen hatte sich die Front seit dem 16. Dezember nicht mehr bewegt; Warschau lag noch immer auf der deutschen Seite. Da die sowjetische Regierung wohl mit einem baldigen Vorstoß der Roten Armee nach Polen hinein rechnete, gab sie am 5. Januar bekannt, daß sie nunmehr das (prosowjetische) Lubliner Komitee als provisorische Regierung Polens anerkenne. Dahinter stand die Absicht, die Mitglieder der seit Oktober 1939 in London ansässigen polnischen Exilregierung von jeglichem politischen Einfluß im polnischen Nachkriegsstaat auszuschließen. »Meine Kollegen vom Kriegskabinett und ich«, telegrafierte Churchill an diesem Tag an Stalin, »sind natürlich bestürzt darüber, wie die Dinge jetzt laufen.« Churchill konnte jedoch an den Realitäten, die Stalin und seine Truppen geschaffen hatten und weiterhin schaffen würden, wenig bis gar nichts ändern. In Washington erließ Präsident Roosevelt an diesem Tag eine Weisung, die den übergreifenden Aspekten dieser Realität Rechnung trug. »Rußland«, schrieb er, »wird weiterhin ein wichtiger Faktor für die Niederwerfung Deutschlands sein. Wir müssen die UdSSR weiterhin dadurch unterstützen, daß wir sie mit so vielen Nachschubgütern beliefern, wie in ihren Häfen umgeschlagen werden können. Ich sehe darin eine Aufgabe von äußerster Wichtigkeit, die nur noch von den operativen Anforderungen im Pazifik und im Atlantik übertroffen wird.«

Am 6. Januar starteten deutsche SS-Verbände einen Angriff auf die in Bastogne eingeschlossenen Amerikaner, der jedoch zurückgeschlagen wurde. Im Pazifik starben an diesem Tag mehr als 150 Amerikaner an den Folgen von Kamikaze-Angriffen auf vor Luzon operierende Schiffe, von denen jedoch keines versenkt wurde. An Bord des Truppentransporters *Callaway* wurden bei einem solchen Angriff 29 Besatzungsmitglieder getötet, doch die 1188 Soldaten blieben unversehrt. George F. Davis, der Kapitän eines der Geleitschiffe, des Zerstörers *Walke*, wurde bei einem Kamikaze-Angriff mit Benzin überschüttet und verwandelte sich in eine lebende Fackel; dennoch blieb er auf seinem Posten und gab weiterhin seine Befehle. Er dirigierte die Bordfeuerwehr und die Geschütze, die einen zweiten Kamikaze-Flieger abzuschießen vermochten, bevor er sich in das Schiff bohrte. Davis starb wenige Stunden später. Er wurde posthum mit der Medal of Honour ausgezeichnet.

An Bord des Kreuzers *Louisville* wurden am selben Tag 31 Seeleute Opfer eines Kamikaze-Angriffs. Auch der Kapitän dieses Schiffes, Admiral Ted Chandler, leitete trotz schwerster Verbrennungen die Löschmaßnahmen. Er starb einen Tag später.

In den Vereinigten Staaten kam James B. Conant, der Mann, den Roosevelt 1942 mit der Leitung des »Manhattan-Projekts« betraut hatte, in diesen Tagen zu der Überzeugung, daß der Bau einer Atombombe noch 1945 gelingen werde; es frage sich lediglich, ob die Bombe »im Juli, August oder September« einsatzbereit sein würde. Am Morgen des 9. Januar, kurz nach 9 Uhr, begann die amerikanische Landung auf Luzon. Während sich 60 000 US-Marines den Stränden näherten, brachten die Japaner eine Selbstmordwaffe neuen Typs zum Einsatz: ein mit Sprengstoff vollgepacktes Boot, das von einem maritimen Pendant des Kamikaze-Piloten gesteuert wurde. Beim ersten Angriff eines solchen Bootes wurde der leichte Kreuzer *Columbia* beschädigt; 24 seiner Besatzungsmitglieder kamen ums Leben. In der Folge gelang es einem zweiten Kamikaze-Piloten, das Schlachtschiff *Mississippi* zu rammen, auf dem 25 Mann starben. Auf dem Schlachtschiff *Colorado* kamen achtzehn Besatzungsmitglieder ums Leben, als ein anderes amerikanisches Schiff es versehentlich unter Beschuß nahm; Man hatte geglaubt, es handle sich um einen Japaner. Bei Einbruch der Nacht hatten die Amerikaner jedoch einen 27 Kilometer breiten und 6 Kilometer tiefen Küstenstreifen erobert. Am folgenden Morgen wurden die gelandeten Truppen von Kurieren des amerikanischen Hauptmanns Ray Hunt begrüßt; er war einer der Offiziere, die sich während des Todesmarsches nach Bataan vor mehr als zwei Jahren hatten absetzen können und danach eine beachtliche Truppe von philippinischen Untergrundkämpfern aufgebaut hatten, die hinter den japanischen Linien operierte. Hunt und seine Leute lieferten in der Folge regelmäßig Informationen über japanische Truppenbewegungen und Kampfvorbereitungen.

Am 12. Januar, drei Tage nach der amerikanischen Landung auf Luzon, ging die Rote Armee im Mittelabschnitt der Ostfront wieder zur Offensive über, während weiter südlich Sowjetsoldaten bereits in den Straßen Budapests kämpften. In Polen kamen insgesamt 180 sowjetische Divisionen zum Einsatz. Ihnen konnte Hitler nur noch 75 Divisionen entgegenstellen; dreißig weitere deutsche Divisionen waren in den weit nach Osten vorspringenden Frontsäcken von Memel und Kurland eingeschlossen, und in Ungarn sahen sich 28 deutsche Divisionen einem unaufhaltsam vorrückenden Feind gegenüber. Hitler bemühte sich, einen gewissen Ausgleich zu schaffen, indem er die sofortige Verlegung von sechzehn weiteren Divisonen sowie beträchtlicher Mengen an Artilleriewaffen von der West- an die Ostfront anordnete.

Während Hitler auf Meldungen über neue sowjetische Vorstöße wartete, fand in Berlin der Prozeß gegen die siebenundzwanzigjährige Krankenschwester Gertrud Seele statt, die in einem Gespräch bei einer privaten Feier ihren Abscheu gegen den Nationalsozialismus zum Ausdruck gebracht hatte. In der Folge hatte sich herausgestellt, daß sie einzelnen Juden geholfen hatte, der Verfolgung zu entgehen. Gertrud Seele wurde als »Staatsfeindin« zum Tode verurteilt und am 12. Januar im Gefängnis Plötzensee hingerichtet.

Ebenfalls am 12. Januar veröffentlichte das US-amerikanische Kriegsinformationsamt Zahlen über die amerikanischen Verluste an allen Fronten seit dem japanischen Überfall auf Pearl Harbor und der Kriegserklärung Hitlers an Amerika vor drei Jahren. Demnach betrug die verbriefte Gesamtzahl der amerikanischen Gefallenen an allen Fronten, auf See und in der Luft 138393. Weitere 73594 waren vermißt und mit großer Wahrscheinlichkeit ebenfalls tot; somit konnte man bereits von mehr als 200000 Todesopfern ausgehen. Vier Tage später gab Churchill die britischen Verluste für die 63 Kriegsmonate bis Ende November 1944 bekannt: 199497 britische Gefallene bei Heer, Marine und Luftwaffe, dazu 28040 Kanadier, 1815 Australier, 17415 Inder, 8919 Neuseeländer und 5783 Südafrikaner. Insgesamt waren mehr als eine Viertelmillion Soldaten aus den Ländern des britischen Commonwealth gefallen.

An dem Tag, an dem somit bekannt wurde, daß der Krieg auf alliierter Seite nun schon fast eine halbe Million Soldaten das Leben gekostet hatte, kamen vor der philippinischen Küste bei einem Kamikaze-Angriff auf den Truppentransporter *Kyle V. Johnson* weitere 129 amerikanische Seeleute ums Leben.

Doch wieviel Blut es auch immer kosten würde, die Alliierten waren entschlossen, bis zur bedingungslosen Kapitulation sowohl Deutschlands als auch Japans weiterzukämpfen; auch zeigte keine der kriegführenden Mächte irgendwelche Anzeichen für einen sinkenden Kampfeswillen. Wie der Kampf ausgehen würde, darüber konnte es keinen Zweifel mehr geben, zumal am 14. Januar wiederum zwei erfolgreiche alliierte Operationen zu verzeichnen waren: In den Ardennen erreichten die Amerikaner Bastogne, befreiten ihre dort eingeschlossenen Kameraden und machten die letzten deutschen Hoffnungen zunichte, wenigstens einen Bruchteil des Gebiets behaupten zu können, das sie seit Beginn ihrer Gegenoffensive einen Monat zuvor erobert hatten. An der Ostfront begann Marschall Schukow an diesem Tag mit dem Angriff, der den Deutschen die erste Beute, die sie in diesem Krieg gemacht hatten, wieder entreißen sollte: Westpolen. Und die Sowjets kamen rasch voran: Als Hitler die Verlegung eines Panzerkorps aus Ostpreußen nach Łódź anordnete, damit es vom 15. Januar an in den Kampf um Kielce eingreifen könne, befand sich Kielce bereits in russischer Hand.

Während auf den Schlachtfeldern der Kampf tobte, kam es hinter den Linien weiterhin zu brutalen Terrormaßnahmen. Als sich sowjetische Truppen Krakau näherten, erschoß die Gestapo dort am 15. Januar 79 Polen. Und noch in der zweiten Februarwoche, als Budapest bereits von den Sowjets eingeschlossen war, machten ungarische Pfeilkreuzler Jagd auf Juden, die sich versteckt hielten oder in Krankenhäusern oder Altenheimen untergebracht waren. Bei einem dieser Überfälle wurden 92, bei einem anderen über 200 Juden erschossen.

Am Abend des 15. Januar kehrte Hitler von seinem Führerhauptquartier an der Westfront bei Bad Nauheim mit dem Zug in die Reichskanzlei in Berlin zurück. Unterwegs bemerkte ein SS-Standartenführer aus dem Stab des Führers so, daß Hitler es hören konnte: »Berlin wird als Hauptquartier sehr praktisch sein: Wir können bald mit der Straßenbahn von der Ostfront zur Westfront fahren!« Hitler lachte.

Am selben Abend begab sich in einem anderen Bahnhof ein Zug auf eine mindestens ebenso geschichtsträchtige Reise: In der Londoner Victoria Station fuhr ein »Boat Train« ab, der seine Passagiere an die englische Kanalküste bringen sollte, von wo sie per Fähre und Zug nach Paris weiterreisen würden. Der seit Mai 1940 unterbrochene fahrplanmäßige Reiseverkehr zwischen London und Paris war damit wieder aufgenommen.

Die dritte Januarwoche sollte die Befreiung einer weiteren europäischen Hauptstadt bringen; aber Warschau, wo dreieinhalb Monate zuvor der Aufstand grausam niedergeschlagen worden war, bestand nur noch aus Trümmern. In keiner anderen Stadt Europas waren so viele Einwohner und Gebäude vernichtet worden wie hier; und keine andere hatte sich so lange – mehr als fünf Jahre – in der Gewalt der Eroberer befunden. In den Städten nördlich und westlich von Warschau nutzten die Deutschen die ihnen verbleibende Zeit rasch noch für weitere

Massaker. In Mława erschossen sie am 17. Januar 320 Polen – zum großen Teil Partisanen – und zahlreiche sowjetische Kriegsgefangene, die aus einem nahe gelegenen Lager nach Mława verlegt worden waren. In Chelmno traf die SS an diesem Tag Vorkehrungen für die Ermordung der übriggebliebenen Angehörigen jener jüdischen Arbeitskommandos, die in den letzten zweieinhalb Monaten die Krematorien abgerissen und alle Spuren getilgt hatten, die auf die Existenz eines Lagers an dieser Stelle hinweisen konnten. Hundert Juden waren zu dieser Arbeit eingeteilt worden; von ihnen waren Mitte Januar noch 41 am Leben. Wie einer dieser Arbeitssklaven, Mordechai Zurawski, später berichtete, hatte es an diesem Tag nichts zu tun gegeben, »und wir mußten uns in einer Reihe aufstellen; jeder Mann hatte eine Flasche auf dem Kopf, und sie amüsierten sich damit, auf die Flaschen zu schließen. Wenn die Flasche getroffen wurde, blieb der Mann am Leben, doch wenn die Kugel weiter unten einschlug, war es um ihn geschehen«.

In der Nacht zum 18. Januar drangen SS-Leute in die Baracken von Chelmno ein, und einer von ihnen befahl, seine Taschenlampe schwenkend: »Fünf Mann mir nach!« Fünf Mann mußten ihm nach draußen folgen, und dann »hörten wir fünf Schüsse«, wie Zurawski später berichtete. Danach kam ein anderer SS-Mann herein und rief: »Noch einmal fünf hinaus!« Wieder fielen Schüsse; dann wurde eine dritte Fünfergruppe herausgeholt und erschossen. Zurawski wußte, daß zur nächsten Gruppe auch er gehören würde. »Der SS-Mann kam herein«, erzählte er. »Ich versteckte mich hinter der Tür – ich hatte ein Messer in der Hand. Ich stürzte mich auf den SS-Mann und erstach ihn. Ich zerschlug seine Taschenlampe und stach rechts und links zu, und dann floh ich.«

Als Zurawski aus dem Lager rannte, wurde er in den Fuß geschossen. Aber es gelang ihm, den schützenden dichten Wald zu erreichen.

Noch ein zweiter aus der Gruppe der 41 Juden überlebte. Einer der fünf ersten, die aus der Baracke geholt und exekutiert worden waren, war zwar schwer, aber nicht tödlich verwundet worden. Sein Name war Shimon Srebenik. Auch er sollte später Zeugnis über das Grauen von Chelmno ablegen: zuerst im Eichmann-Prozeß 1961 in Jerusalem und dann, 25 Jahre später, in Chelmno selbst, wo er im Rahmen der Dreharbeiten zu dem Film *Shoa* auch den Polen wiedertraf, der ihm nach seiner Flucht Unterkunft gewährt hatte.

Am 18. Januar, nach fünftägigem kontinuierlichem Straßenkampf, waren die in Budapest eingeschlossenen deutschen Truppen am Ende ihrer Kraft. 35 840 Mann waren gefallen, die übrigen 62 000 ergaben sich. Damit waren sechs der Hauptstädte, in die die Armeen Hitlers seit September 1939 siegreich einmarschiert waren, vom Joch der deutschen Herrschaft befreit: Warschau, Paris, Brüssel, Belgrad, Athen und nun auch Budapest. Zu befreien blieben nur noch Den Haag, Kopenhagen und Oslo sowie Prag, das deutsche Truppen im März 1939 besetzt hatten.

In Auschwitz erwarteten die überlebenden Häftlinge jede Stunde die Ankunft der Roten Armee. Doch die SS war entschlossen, nicht zuzulassen, daß Zehntausende ihrer Gefangenen, entkräftet, krank und um ihr Überleben kämpfend, von den Russen befreit würden. In den Baracken von Birkenau befanden sich an diesem 17. Januar noch 15 058 zumeist jüdische Häftlinge, im Stammlager Auschwitz 16 226, in der Mehrzahl Polen, die nach dem Warschauer Aufstand vom August 1944 interniert worden waren. In Monowitz waren noch 10 233 Zwangsarbeiter untergebracht; es waren zumeist Juden und Polen, aber auch ein Dutzend andere Nationalitäten waren vertreten, beispielsweise britische Kriegsgefangene. Hinzu kamen in den Fabriken im Gebiet um Auschwitz weitere 16 000 jüdische und nichtjüdische Arbeitssklaven. Am 18. Januar erging der Befehl zur sofortigen Räumung. Die Häftlinge mußten zu Fuß zu Bahnhöfen oder Bahnknotenpunkten in der Nähe marschieren und wurden von dort aus in Dutzende verschiedener Lager und Außenlager im Westen Deutschlands transportiert; manche von ihnen mußten dabei Hunderte von Kilometern zu Fuß zurücklegen.

Den ganzen 18. und 19. Januar hindurch setzten sich in Auschwitz und Umgebung riesige Marschkolonnen in Bewegung, von denen manche bis zu 2500 Häftlinge umfaßten. Bei Temperaturen unter dem Gefrierpunkt marschierten sie gen Westen, in Richtung Schlesien. Jeder, der hinfiel und nicht wieder hochkam, wurde erschossen. Den geringsten Protest beantworteten die bewaffneten Marschbegleiter mit brutalsten Mißhandlungen. Die Zeit der europäischen »Todesmärsche« war angebrochen. Aus einer 800 Männer umfassenden Kolonne überlebten nur 200 den achtzehntägigen Marsch. In einem anderen Fall wurden von einer Gruppe von 2500 Marschierern gleich am ersten Tag 71 erschossen.

Am 19. Januar griffen alliierte Bomber, während die Häftlinge bereits westwärts marschierten, noch einmal das Werksgelände von Monowitz an. Eine Folge dieses Bombenangriffs war, daß die 850 zurückgelassenen Kranken von da an ohne Wasser und Strom waren. Im Laufe der folgenden zehn Tage starben 200 von ihnen.

Nicht nur Häftlinge aus Auschwitz, sondern auch Insassen aller oberschlesischen Arbeitslager wurden nach Westen in Marsch gesetzt. Gleichzeitig griffen amerikanische Bomberstaffeln weiterhin Ziele in der gesamten Region an. Am 20. Januar bombardierten sie das Hydrierwerk in Blechhammer, wo nahezu 4000 Juden als Arbeitssklaven eingesetzt waren – ausnahmslos ehemalige Auschwitz-Häftlinge. Während dieses Bombenangriffs verließen die SS-Wachposten ihre Türme, und es gelang 42 Juden, durch ein von einer Bombe in eine Mauer gerissenes Loch zu entkommen. Einer der Flüchtenden wurde erschossen, aber den anderen gelang es, einen nahegelegenen Wald zu erreichen, der ihnen Unterschlupf bot. Von dort aus schlugen sie sich zu einem Vorposten der vorrückenden sowjetischen Truppen durch.

Unter den Häftlingen, die aus ihren Lagern »evakuiert« und in Marsch gesetzt worden waren, befanden sich auch Kriegsgefangene. Bei Tagesstrecken von bis zu 32 Kilometern brachen viele entkräftet am Wegesrand zusammen. Ein neues Phänomen war, daß deutsche Zivilisten, die sich auf der Flucht vor der näherrückenden Roten Armee befanden, auf denselben Straßen westwärts zogen und mit den marschierenden Häftlingen um so kostbare Annehmlichkeiten wie ein schützendes Dach konkurrierten. »Die ganze Nacht durchmarschiert, um vor Sprengung der Brücken über die Oder zu kommen«, notierte sich Feldwebel Webster am 20. Januar. »Beißende Kälte, sechs Flüchtlingskinder unterwegs gestorben – viele fallen erschöpft aus der Reihe – Erfrierungen nehmen zu.«

In Birkenau sprengte die SS am 20. Januar zwei der drei verbliebenen Krematorien. Am selben Tag wurden von den 4200 wegen Krankheit im Lager zurückgelassenen Frauen 200 erschossen. Erschossen wurden auch auf den Todesmärschen zu den Städten Oberschlesiens täglich Hunderte von Menschen, darunter alle diejenigen, die zu schwach waren, um noch einmal aufstehen zu können. In einer der größeren Städte angekommen, wurden die Häftlinge in Züge verladen und zu den Konzentrationslagern Groß-Rosen, Ravensbrück, Sachsenhausen, Nordhausen, Buchenwald und Bergen-Belsen transportiert. Oft mußten sie die Reise in offenen Güterwaggons machen. Nachts fiel die Temperatur stets weit unter den Gefrierpunkt. Von 4000 Männern, die am 22. Januar mit dem Zug von Gleiwitz aus nach Nordhausen abtransportiert wurden, starben unterwegs 600. Ebenfalls am 22. Januar brachen etwa sechzig Männer und Frauen, die wegen Krankheit in Birkenau zurückgelassen worden waren, zu Fuß aus dem Lager auf, da sie hofften, daß sie anderswo bessere Überlebenschancen haben würden. Eine Stunde später nahm eine Gestapoeinheit die Verfolgung auf und eröffnete das Feuer. Zehn schafften es, wieder nach Birkenau zurückzukommen. Die übrigen wurden getötet.

Während diese Todesmärsche unter waffenstarrender SS-Bewachung ihren Fortgang nahmen, rückte die Rote Armee stetig näher an Auschwitz und Chelmno heran. In der Nacht zum 20. Januar besetzten sowjetische Truppen Krakau. Łódź fiel an diesem Tag an die Truppen von Marschall Tschuikow. An der Westfront sahen sich die deutschen Truppen am 20. Januar an den Ausgangspunkt ihrer Ardennen-Offensive zurückgeworfen. 15600 amerikanische Soldaten waren bei der Zurückschlagung dieser Offensive gefallen; die Deutschen hatten 25000 Mann verloren. Darüber hinaus waren 75000 Deutsche in Gefangenschaft geraten.

Am 20. Januar drängte die Rote Armee massiv nach Ostpreußen hinein. Im ungarisch-slowakischen Grenzgebiet durchbrachen sowjetische Truppen den Karpatenriegel und besetzten, von Ungarn aus nordwärts vorrückend, Bardejov, Prešov und Košice. In Ostpreußen räumten deutsche Truppen am 21. Januar Tannenberg, den Schauplatz des spektakulärsten deutschen Sieges über Rußland im Ersten Weltkrieg. Bevor sie abzogen, gruben sie die sterblichen Überreste des Feldmarschalls Hindenburg und seiner Frau aus, die hier bestattet waren, und überführten sie nach Berlin.

Als deutlich wurde, daß die Rote Armee Ostpreußen überrennen würde, packten mehr als zwei Millionen zivile deutsche Bewohner der Region ihre Sachen und flohen westwärts. Im östlichen Frontgebiet sollte die Flüchtlingsflut von jetzt an zu einer ständigen Begleiterscheinung des deutschen Rückzugs werden.

Am 22. Januar ordnete Hitler die Räumung Memels auf dem Seeweg an. Nordwestlich von Oppeln überschritt die Rote Armee an diesem Tag die Oder und errichtete am Westufer des Flusses einen Brückenkopf. Die sowjetischen Truppen in Schlesien hatten sich der Reichshauptstadt Berlin nun bis auf 400 Kilometer genähert. Weiter im Norden überschritten Einheiten der Roten Armee in dieser Nacht bei Rawicz die polnische Westgrenze von 1939 und erreichten das deutsche Dorf Göben am Ostufer der Oder; von hier waren es nur noch 250 Kilometer bis Berlin.

In Berlin gingen die Prozesse und Todesurteile im Zusammenhang mit dem Attentat vom 20. Juli weiter. Am 23. Januar wurde im Gefängnis Plötzensee Graf Helmuth von Moltke gehängt, der bis Januar 1944 als Sachverständiger für Völkerrecht dem Oberkommando der Wehrmacht zugearbeitet hatte. Moltke, Begründer und führender Kopf des Kreisauer Kreises, der sich zuerst auf seinem Familiengut im schlesischen Kreisau getroffen hatte, war zum Zeitpunkt seiner Hinrichtung 37 Jahre alt. In seinen letzten Lebensminuten wirkte er nach dem Eindruck eines Augenzeugen »gefaßt und ruhig«.

Zwei weitere Männer wurden am 23. Januar in Plötzensee hingerichtet: Nikolaus Gross, der sich in der Gewerkschafts- und in der katholischen Arbeiterbewegung als aktiver NS-Gegner betätigt hatte, und der einundfünfzigjährige Erwin Planck, ein Sohn des Physik-Nobelpreisträgers Max Planck, der bis zu Hitlers Machtergreifung als Staatssekretär in der Reichskanzlei gearbeitet hatte.

An der Ostfront räumte die deutsche 4. Armee, der die Verteidigung Ostpreußens oblag, am 23. Januar die Festung Lötzen. Hitler war darüber so erbost, daß er den Befehlshaber der Armee, General Hoßbach, und seinen gesamten Stab sowie den Kommandeur der Heeresgruppe, General Georg-Hans Reinhardt, absetzte. Aber durch Personalentscheidungen ließ sich der Vormarsch der Roten Armee nicht aufhalten. Nach dem Fall Lötzens überrannten die Sowjets das unweit davon gelegene Rastenburg und Hitlers ehemaliges Führerhauptquartier »Wolfsschanze«, den Schauplatz seiner Siegesfeiern nach den spektakulären Anfangserfolgen des Juli 1941, aber auch des Bombenattentats vom Juli 1944. Jetzt war die »Wolfsschanze« ein weiteres Ruinenfeld inmitten einer verlorenen und verwaisten Landschaft, die jahrhundertelang deutsch gewesen war. Als die Rote Armee am 26. Januar bei Elbing zur Ostseeküste durchstieß, war mehr als einer halben Million deutscher Soldaten der Rückweg abgeschnitten und Ostpreußen vom Rest des Deutschen Reiches abgetrennt.

Im Pazifik ging unterdessen die Schlacht um Luzon weiter. Am 24. Januar startete die britische Luftwaffe die Operation »Meridian«, eine Serie von Angriffen auf die japanischen Erdölraffinerien bei Palembang auf Sumatra. Aus diesen Raffinerien stammten drei Viertel des von der japanischen Luftwaffe verbrauchten Flugbenzins. Der zweite Angriff erfolgte fünf Tage nach dem ersten und setzte die von diesem begonnene Zerstörungsarbeit fort; die Raffinerie konnte danach nur noch ein Viertel der früheren Treibstoffmenge erzeugen. Im Norden Burmas überrannte eine vereinte chinesisch-amerikanische Streitmacht die letzten japanischen Stellungen entlang der Burma-Straße.

Je weiter die deutschen Truppen an der Ostfront zurückwichen, desto mehr Konzentrations- und Zwangsarbeiterlager mußten geräumt werden. Auch weiterhin wurden in vielen Fällen diejenigen, die zum Marschieren zu krank waren oder auf dem Marsch hinfielen und nicht mehr weiterkonnten, erschossen. Am 25. Januar ordnete die SS die Räumung des Lagers Stutthof an, in dem seit September 1939 70000 Menschen ermordet worden waren. Am Tag der Räumung befanden sich in dem Lager noch 25000 Häftlinge; mindestens 12000 von ihnen wurden im Zuge der Räumung ermordet. Mit denen, die den Marsch nicht durchstanden, wurde unterwegs kurzer Prozeß gemacht; so wurden bei Nawcz 538 mit Typhus infizierte Häftlinge erschossen.

Bei Marienburg fand der britische Kriegsgefangene Stan Wells in einer Scheune ein Mädchen namens Sara Matuson, das den Todesmarsch der Stutthof-Häftlinge mit angetreten und sich unterwegs unbemerkt von der Kolonne abgesetzt hatte. Wells und seine neun britischen Mitgefangenen kamen überein, das Mädchen, das dem Verhungern und Erfrieren nahe war, abwechselnd mit Nahrung zu versorgen. Sara Matusons Mutter und Schwester waren unter den Tausenden, die den Todesmarsch nicht überleben sollten. Ihr Vater war gleich nach dem deutschen Einmarsch in Rußland im Getto von Schaulen ermordet worden.

»Gott strafe Deutschland«, schrieb Wells am 26. Januar in sein Tagebuch und fuhr fort: »Niemals wieder werde ich einem Deutschen helfen, niemals werde ich etwas Gutes über sie sagen oder ein Wort für sie einlegen! Ich habe heute den dreckigsten, ekelhaftesten und grausamsten Anblick meines Lebens gesehen. Gott verdamme Deutschland mit ewiger Strafe. Heute morgen um 9 Uhr schleppte sich eine Marschkolonne auf der Straße Richtung Danzig entlang – eine Kolonne, die mit Worten zu beschreiben weit jenseits meiner Fähigkeiten liegt. Mir fuhr ein heilloser Zorn in die Glieder ... was fast zu meiner Erschießung geführt hätte. Noch nie in meinem Leben war ich so völlig ohne Angst, den Mund aufzutun. Sie kamen in der bitteren Kälte angewankt, etwa 300, hinkend, sich dahinschleppend, ausrutschend und fallend, sich wieder aufraffend und unter den Schlägen ihrer Bewacher – SS-Schweine – taumelnd. Laut um Brot bettelnd, ihren Hunger hinausschreiend, 300 schmutzige Gestalten mit verfilztem Haar, die einmal – Jüdinnen gewesen waren! Als eine für ein Stück Brot in ein Haus am Straßenrand huschte, wurde sie dafür mit einem Gewehrkolben niedergeschlagen, aber noch im Fallen schob sie das ergatterte Brot in einer verzweifelten Bewegung unter ihre Bluse.«

Am 25. Januar erschossen SS-Leute in der Krankenbaracke von Auschwitz 350 Juden – 150 Männer und 200 Frauen. Einen Tag danach wurde der letzte der fünf Gaskammer-Krematoriums-Komplexe des Lagers gesprengt. Dann zog die SS ab, einen bejammernswerten Rest von Kranken und Sterbenden zurücklassend. Einer dieser Zurückgebliebenen, der italienische

Jude und spätere Nobelpreisträger Primo Levi, berichtete später: »Wir lagen in einer Welt von Toten und Phantomen. Um uns herum und in uns hatten sich die letzten Spuren der Zivilisation verflüchtigt. Das Werk bestialischer Erniedrigung, das die siegreichen Deutschen begonnen hatten, war von den geschlagenen Deutschen zum Abschluß gebracht worden.«

Im Lager Ravensbrück erschoß die SS am 26. Januar Violette Szabo, die britische Agentin, die nach ihrem Absprung über Frankreich in die Hände der Deutschen gefallen war. Am selben Tag wurde unweit der elsässischen Stadt Colmar die letzte deutsche Gegenwehr auf französischem Boden überwunden; unter den amerikanischen Soldaten, die bei den Kämpfen an diesem Tag verwundet wurden, war ein zwanzigjähriger Leutnant namens Audie Murphy. Er erhielt für seine Leistungen im Kampf um Colmar vom US-Kongreß die Medal of Honour. Später spielte er in dem Film *To Hell and Back* seine Heldentaten nach. Noch später figurierte er auf dem Titelbild der Zeitschrift *Life* als »höchstdekorierter Soldat des Zweiten Weltkriegs«.

In der Nacht zum 27. Januar starb der ungarische Jude Somogyi in den Baracken von Auschwitz. Er war ein Freund von Primo Levi, und Levi war es auch, der zusammen mit einem anderen gemeinsamen Freund den Toten am nächsten Morgen auf einer Bahre aus der Baracke trug. »Er war sehr leicht«, erinnerte Levi sich später. »Wir kippten die Bahre auf den grauen Schnee.« In diesem Augenblick tauchten die ersten russischen Soldaten auf.

Die sowjetischen Truppen fanden in Auschwitz 648 Leichen und über 7000 zum Skelett abgemagerte Überlebende vor: 5800 Juden in Auschwitz-Birkenau, 1200 Polen im Stammlager Auschwitz und 650 Zwangsarbeiter zahlreicher Nationalitäten in Monowitz. Die Befreier fanden auch die verkohlten Ruinen von 29 großen Lagerschuppen, die die SS vor ihrem Abmarsch in Brand gesteckt hatte. Sechs Schuppen waren jedoch der Vernichtung entgangen; in ihnen fanden sich 836255 Damenkleider, 348000 Herrenanzüge und 38000 Paar Herrenschuhe.

Selbst im Angesicht der unausweichlichen Niederlage leisteten die deutschen Soldaten weiter erbitterte Gegenwehr. Vereinzelt kam es sogar noch zu deutschen Gegenangriffen. Bei Marienburg in Ostpreußen warfen sich am 27. Januar acht deutsche Divisionen den sowjetischen Truppen entgegen und brachten ihren Vormarsch ins Stocken. In Ungarn hatten deutsche Truppen durch einen Gegenstoß Székesfehérvár zurückerobert. Doch die Rote Armee verfügte über genügend Kraftreserven, um Städte einzukesseln, die darin befindlichen deutschen Truppen festzunageln und dann weiter vorzurücken. Am 27. Januar wurden Posen und Thorn auf diese Weise neutralisiert, und nun war für die sowjetischen Truppen der Weg zur polnisch-deutschen Vorkriegsgrenze frei. Zwei Tage später überschritten sie diese Grenze und nahmen die beiden pommerschen Städte Schönlanke und Woldenberg. In Küstrin allerdings, das am Ostufer der Oder und nur noch knapp 80 Kilometer östlich von Berlin lag, schlug die deutsche Garnison mehrere sowjetische Angriffe zurück.

In dem verzweifelten Wunsch, wenigstens die deutsche Ostgrenze zu halten, ernannte Hitler Himmler zum Oberbefehlshaber der gerade gebildeten Heeresgruppe Weichsel. Schon der Name verriet illusionäres Denken, war doch die Weichsel zu diesem Zeitpunkt fast auf ihrer ganzen Länge in sowjetischer Hand. Jetzt bereiteten sich die Deutschen entlang der Oder, namentlich im Raum Breslau, auf eine massive Abwehrschlacht vor.

An der Westfront starteten drei amerikanische Divisionen am 30. Januar einen Angriff auf die Siegfried-Linie. Im Hafen von Kiel versenkte an diesem Tag ein sowjetisches U-Boot das deutsche Passagierschiff *Wilhelm Gustloff*, das 8000 aus Ostpreußen evakuierte Soldaten und Zivilisten an Bord hatte. Mehr als 6000 von ihnen ertranken. Es war, nach Menschenverlusten gemessen, die größte Schiffskatastrophe des Zweiten Weltkriegs.

Nicht von Katastrophen, sondern von Heldentaten und Durchhaltewillen handelte der deutsche Spielfilm *Kolberg,* der an diesem 30. Januar Premiere hatte. Es war ein Farbfilm, der teuerste, der in den zwölf Jahren der NS-Herrschaft in Deutschland gedreht wurde. In einer Sequenz wurden 187000 Soldaten als Statisten aufgeboten, die eigens zu diesem Zweck beurlaubt worden waren. Der Film erzählte die Geschichte von der wundersamen Rettung der belagerten Ostseestadt Kolberg im Jahr 1807. Kopien des Films gingen an alle erdenklichen deutschen Garnisonen. Die belagerten deutschen Verteidiger von La Rochelle versprachen, nachdem sie den Film per Luftfracht erhalten und gesehen hatten, es den Kolbergern nachzutun. Kurze Zeit später fiel La Rochelle an die Alliierten. Ebenso erging es dem real existierenden Kolberg, das Ende Februar von der Roten Armee überrannt wurde – eine Tatsache, die der deutschen Öffentlichkeit vorenthalten wurde, solange der Film noch lief.

Auf Luzon fand am 30. Januar eine dramatische Kommandoaktion statt, deren Ziel die Rettung von mehr als 500 amerikanischen Kriegsgefangenen war, die vor über drei Jahren in japanische Hände gefallen waren und sich in einem Lager bei dem 100 Kilometer hinter den japanischen Linien gelegenen Cabanatuan befanden. Hundert Angehörige des 6. Ranger-Infanteriebataillons führten die Operation durch und wurden im weiteren Verlauf von mehr als 400 philippinischen Partisanen unterstützt. In einem zwanzigminütigen Gefecht wurden alle 225 Mann der japanischen Lagerbesatzung getötet und 531 Gefangene befreit. Auf dem Rückmarsch zu den amerikanischen Stellungen kamen ein Ranger und 26 philippinische Partisanen ums Leben. In den Vereinigten Staaten rief die Nachricht von der geglückten Befreiungsaktion großen Jubel hervor. Caryl Picotte aus dem kalifornischen Oakland, die zwei Tage zuvor die Mitteilung erhalten hatte, daß ihr Bruder auf der Insel Leyte gefallen war, erfuhr jetzt, daß ihr Mann unter den befreiten Häftlingen aus dem Lager Cabanatuan war.

Die alliierten Kriegsgefangenen auf Borneo hatten weniger Glück als ihre Kameraden auf Luzon: Von 2000 australischen und 500 britischen Gefangenen überlebten nur sechs die Todesmärsche und die Massaker, die ihre Bewacher im Angesicht einer drohenden alliierten Landung verübten.

Überall auf den japanisch besetzten Inseln Holländisch-Ostindiens verschlechterten sich im Laufe des Januar 1945 die Verhältnisse in den Kriegsgefangenen- und Internierungslagern. Konfrontiert mit der Aussicht auf weitere militärische Niederlagen zu Lande und auf See, ließen Japaner vollends jede menschliche Rücksicht gegenüber ihren Gefangenen fallen. In einem Fraueninternierungslager bei Muntok auf Sumatra starben Ende Januar 77 holländische, australische und britische Insassinnen an Unterernährung und Krankheiten. Diese Methode der Tötung durch Vernachlässigung wurde in Hunderten von Lagern angewandt.

An der Ostfront überquerten sowjetische Panzertruppen am 31. Januar die Oder und errichteten bei dem weniger als 80 Kilometer vor Berlin gelegenen Kienitz einen Brückenkopf. Ihr Vorstoß kam so unerwartet, daß zum Zeitpunkt ihres Einmarsches noch deutsche Soldaten durch die Straßen des Städtchens schlenderten und auf der Bahnstrecke Kienitz–Berlin noch fahrplanmäßige Züge verkehrten. In manchen Fällen waren die Sowjets allerdings auch selbst über das rasche Tempo ihres Vormarsches überrascht; mehreren der am weitesten nach Westen vorgestoßenen sowjetischen Brigaden drohten die Treibstoff- und sogar die Munitionsvorräte auszugehen.

In London fand an diesem Tag eine Besprechung der britischen Stabschefs statt. Der Stabschef der Luftwaffe, Sir Charles Portal, kündigte seinen Kollegen von Heer und Marine an, die Royal Air Force werde in Kürze eine Denkschrift über die »Möglichkeiten einer Unterstützung des russischen Vormarsches durch die strategische Bomberflotte» vorlegen. Eine solche Unterstützung könne erwogen werden, weil der Vormarsch der Westalliierten östlich der Ardennen zum Stillstand gekommen sei. Portal regte auch an, die angloamerikanischen Einsatzprioritäten für die Bomberflotte so zu ändern, daß es möglich würde, sowohl Berlin als auch die deutschen Panzerfabriken »mit Blick auf die gegenwärtige russische Offensive« zu bombardieren. Falls man sich dazu entschließen könne, die für die Bombardierung der deutschen Nachschubwege an die Westfront erforderlichen Kapazitäten zu reduzieren, würde sich, so fügte Portal hinzu, die Möglichkeit eröffnen, neben der Bombardierung der deutschen Panzerfabriken auch »schwere Angriffe auf die vier Städte Berlin, Dresden, Leipzig und Chemnitz« zu fliegen und damit so viel »Verwirrung« zu stiften, daß »die Bestrebungen des Feindes, Truppen zwischen der West- und der Ostfront zu verlagern«, durchkreuzt werden könnten.

In Ste. Marie-aux-Mines wurde am 31. Januar ein einfacher US-Soldat namens Eddie E. Slovik wegen Fahnenflucht von einem amerikanischen Erschießungskommando exekutiert. Es war das erste Mal seit Ende des amerikanischen Sezessionskrieges, daß einen Amerikaner dieses Los ereilte, und das einzige vollstreckte Todesurteil gegen einen amerikanischen Deserteur im Zweiten Weltkrieg. Slovik hatte sich fünf Monate zuvor bei einem Einsatz von seiner Einheit abgesetzt, war später in Brüssel festgenommen und vor ein Kriegsgericht gestellt worden. Slovik, der kaum lesen und schreiben konnte, hatte in seinem Geständnis mit argloser Offenheit geschrieben: »Ich werde wieder fortlaufen, wenn ich dort hinaus muß.«

Diese Bekundung, daß er wieder desertieren würde, kostete Slovik den Kopf.

In allen am Krieg beteiligten Armeen gab es Zehntausende von Soldaten, die den nervlichen Strapazen des Kampfes nicht gewachsen waren. Hunderte und vielleicht Tausende wurden vor kein Kriegsgericht gestellt, sondern gleich an Ort und Stelle, auf dem Schlachtfeld, erschossen. Auch sie zählen zu den Opfern dieses Krieges.

KAPITEL 45

Berlin, Manila, Dresden, Tokio

Februar – März 1945

Am 1. Februar 1945 wurde die Reichshauptstadt Berlin, der die Rote Armee sich auf weniger als 80 Kilometer genähert hatte, zur Festung erklärt. Jung und alt wurden als Helfer für den Bau von Befestigungsanlagen – Gräben, Erdwällen, Unterständen und Panzerfallen – rekrutiert. Auf Mauern und Wänden wurde die alte Parole »Die Räder müssen rollen für den Sieg« durch eine neue ersetzt: »Sieg oder Sibirien!« Im Gefängnis Plötzensee wurden nach wie vor Nazigegner hingerichtet; unter den am 2. Februar Gehenkten war der Jesuitenpfarrer Alfred Delp, ein Mitglied des Kreisauer Kreises. Auch der preußische Finanzminister Johannes Popitz wurde an diesem Tag an einem Fleischerhaken gehenkt. Er hatte seine Mitverschwörer für die Wiedereinführung der Monarchie nach dem Sturz Hitlers zu gewinnen versucht. Auch Carl Goerdeler, der ehemalige Oberbürgermeister von Leipzig und einflußreichster Zivilist im Kreise der Verschwörer gegen Hitler, wurde am 2. Februar gehängt; ihn hatten die Generäle als Nachfolger Hitlers im Amt des Reichskanzlers vorgesehen gehabt.

Im Lager Sachsenhausen gelang einem von Hitlers Gefangenen am 2. Februar eine heroische Tat. Unterleutnant John Godwin, ein britischer Marineoffizier, der im April 1943 bei der Durchführung eines Geheimauftrags in Norwegen gefangengenommen worden war, kehrte an diesem Abend mit seinen sechs Barackengenossen, ebenfalls britischen Seeleuten, vom täglichen Arbeitseinsatz ins Lager zurück. Die sieben wurden dieses Mal aber nicht zu ihrer Baracke geleitet, sondern zu einem Erschießungsplatz. Godwin entriß dem Kommandeur des Erschießungskommandos die Pistole und erschoß ihn, bevor er selbst tödlich getroffen wurde.

In Berlin trat am 3. Februar wieder der Volksgerichtshof zusammen, um weitere Verschwörer abzuurteilen. Das Klima der täglichen Verhandlungen wurde durch die unbarmherzige Brutalität und den rabiaten persönlichen Stil des Gerichtspräsidenten Roland Freisler bestimmt. An diesem Tag wurde gegen Fabian von Schlabrendorff und gegen die Witwe Wilhelm Solfs sowie gegen deren Tochter, die Gräfin Ballestrem, verhandelt, in deren Haus sich am 10. September viele der Verschwörer versammelt hatten. Während der Verhandlung wurde ein amerikanischer Bombenangriff auf Berlin gemeldet. Das Gericht vertagte sich, und die Angeklagten wurden in Handschellen in ihre Zellen zurückgebracht. Freisler saß, die Akten der verhandelten Fälle in den Händen (ein Todesurteil für alle Angeklagten war vorprogrammiert) im Keller des Gerichtsgebäudes, als dieses einen Volltreffer abbekam. Ein herabstürzender Balken erschlug den Gerichtspräsidenten.

Schlabrendorff, Frau Solf und die Gräfin Ballestrem überlebten. Da Freisler die Akten zum Fall Solf mit in den Tod genommen hatte und sie unauffindbar blieben, konnte dieser Prozeß auch vom neu konstituierten Volksgerichtshof nicht wieder aufgerollt werden, und ein bürokratisches Versehen führte dazu, daß die drei noch vor Kriegsende auf freien Fuß kamen.

Am 4. Februar durchbrachen amerikanische Truppen bei Brandschied den äußeren Befestigungswall der Siegfried-Linie. In dem Badeort Jalta auf der Krim trafen sich an diesem Tag

Stalin, Roosevelt und Churchill, um die politischen Probleme der europäischen Nachkriegsordnung und besonders das Schicksal Polens zu erörtern. Von den beiden Westalliierten gebührend unter Druck gesetzt, gab Stalin eine Reihe von Zusicherungen, unter anderem für freie Wahlen, an denen sich alle politischen Parteien Polens würden beteiligen können. Diese Zusicherungen sollten sich später als wertlos erweisen.

Am 4. Februar ersuchte der stellvertretende Stabschef der sowjetischen Streitkräfte, General Antonow, Churchill und Roosevelt eindringlich um britische und amerikanische Waffenhilfe in Gestalt von Bombern. »Luftangriffe auf Verkehrswege« sollten »den Feind an der Verlagerung seiner Truppen von der Westfront, aus Norwegen und aus Italien an die Ostfront hindern«. Antonow erklärte den Anwesenden, die Deutschen seien gerade dabei, zusätzlich zu den sechs bereits verlegten Divisionen acht Divisionen aus dem Zentrum Deutschlands, acht aus Italien, drei aus Norwegen und weitere zwölf von der Westfront an die Ostfront zu verlegen. Diese etwas übertriebenen Angaben Antonows – aus Italien wurden beispielsweise nur vier Divisionen abgezogen – veranlaßten Stalin, an Churchill und Roosevelt die Frage zu richten, welche Wünsche sie »in bezug auf die Rote Armee« hegten. Churchill erwiderte, sie würden sich über eine Fortführung der russischen Offensive freuen.

Wie dringend nötig die Russen angloamerikanische Luftunterstützung brauchten, um mit ihrer Offensive weiterzukommen, wird aus folgendem Satz deutlich, der an diesem Tag in einem der täglichen Frontberichte für das britische Kriegskabinett auftauchte: »Zwischen dem Oderbogen nordwestlich von Glogau und den Karpaten sind alle russischen Vorstöße an verstärktem deutschen Widerstand gescheitert.« Am Tag darauf erklärten die britischen Stabschefs in einer an die Vereinigten Stabschefs gerichteten Denkschrift ihre Bereitschaft, »zu tun, was wir können, um den Vormarsch der sowjetischen Armee zu unterstützen«. Am selben Tag erklärte General Antonow bei einer gemeinsamen Besprechung der britischen, amerikanischen und sowjetischen Stabschefs, falls die Alliierten nicht in der Lage seien, »ihre Luftüberlegenheit voll und ganz auszuspielen«, könnten die Sowjets keine Gewähr mehr dafür übernehmen, daß ihre Überlegenheit am Boden »ausreichen werde, um den feindlichen Widerstand zu überwinden«.

Die britischen und amerikanischen Stabschefs erklärten sich daraufhin sogleich bereit, einen Teil ihrer Bomberflotte, die bis dahin vorrangig gegen die deutsche Treibstoffproduktion und -versorgung eingesetzt worden war, für Angriffe auf deutsche Nachschubwege im Raum Berlin–Dresden–Leipzig abzuzweigen. Sie willigten ferner in den Vorschlag Antonows ein, die drei genannten Städte als Angriffsziele der Luftwaffe der Westalliierten »zuzuteilen« und den sowjetischen Bombern die weiter im Osten gelegenen Ziele zu überlassen.

Der in Jalta gefaßte Beschluß, den Strom deutscher Truppen und Nachschubgüter durch Dresden und andere Städte an die Ostfront im Interesse des russischen Verbündeten zu stoppen, besiegelte das Schicksal Dresdens. Andererseits war für »Bomber« Harris Dresden als eine der wenigen noch nicht bombardierten deutschen Städte ohnehin ein gefundenes Fressen. Harris, der Chef des britischen Bomberkommandos, hatte sich lange geweigert, alle Kräfte des Bombenkriegs auf die deutsche Treibstoffversorgung zu konzentrieren; er glaubte statt dessen weiterhin stur an die kriegsentscheidende Wirkung von Feuerstürmen und Trümmerschutt, obwohl die alliierten Nachrichtendienste längst gezeigt hatten, daß dies ein illusorischer Glaube war.

Bei der Erörterung der militärischen Kräfteverhältnisse wies Stalin Roosevelt und Churchill im Laufe ihrer Unterredung vom 5. Februar darauf hin, daß die Rote Armee 180 Divisionen im Feld stehen hatte, denen auf deutscher Seite nur achtzig gegenüberstanden: »ein Übergewicht von zwei zu eins«. Er stellte dann die Frage, wie es sich »im Westen mit der Truppenüberlegenheit« verhalte. Churchill erwiderte, es gebe weder in Frankreich noch in Italien »irgendeine größere Überlegenheit« der Alliierten im Bereich der Infanterie, allerdings »ein überwältigendes Übergewicht in der Luft und auch bei den Panzern an den Stellen, wo wir uns zur Konzentration von Kräften entschlossen haben«. Wie General Marshall den Großen Drei vorrechnete, hatten die Deutschen an der Westfront 79 Divisionen im Einsatz, von denen allerdings viele stark dezimiert waren, während auf alliierter Seite 78 Divisionen standen.

In dieser Nacht überschritt die Rote Armee an einer weiteren Stelle die Oder; dieses Mal bei dem 40 Kilometer flußabwärts von Breslau gelegenen Brieg. Zwei Tage später setzten auch bei dem noch weiter flußabwärts gelegenen Fürstenberg sowjetische Truppen über die Oder. Fürstenberg war knapp 100 Kilometer von Berlin entfernt. Die Deutschen waren frustriert. »Die Truppen haben ziemlich die Schnauze voll«, war an diesem Tag Rundstedts privater Kommentar zur Lage. Gleichwohl zeigten die deutschen Soldaten noch immer einen Fanatismus, der ihre Gegner, deren Armeen schon so weit vorgedrungen waren und schon so viele Schlachten gewonnen hatten, verblüffte. In Posen und Glogau weigerten sich die deutschen Garnisonen zu kapitulieren, und im noch nicht belagerten Breslau bereiteten sich mehr als 40 000 Wehrmachtsoldaten darauf vor, den erwarteten russischen Angriff abzuwehren.

An der Westfront traten am 8. Februar kanadische Truppen zur Operation »Veritable« an; ihr Ziel war es, von Nimwegen aus nach Süden vorzustoßen und das Gebiet zwischen Maas und Rhein zu erobern, so daß den Deutschen nichts andres übrigbleiben würde, als das Westufer des Rheins in diesem Bereich zu räumen. Im südlichen Elsaß schlossen französische Truppen unter General de Lattre de Tassigny einen Tag später die Operation »Cheerful« ab, die Beseitigung einer letzten Insel deutschen Widerstandes bei Colmar. Im Verlauf dieses Gefechts, das zwanzig Tage gedauert hatte, waren 1600 Franzosen und 540 Amerikaner gefallen. Als der Kampf entschieden war und die Deutschen sich über den Oberrhein zurückzogen, gerieten 22 000 Wehrmachtsoldaten in Gefangenschaft.

In Berlin besichtigte Hitler an diesem Abend ein Modell, das den geplanten Wiederaufbau von Linz nach Kriegsende veranschaulichte. Gegenüber dem SS-Obergruppenführer Kaltenbrunner, der ihm von der rapide sinkenden Siegeszuversicht der Deutschen berichtet hatte, äußerte Hitler: »Können Sie sich denn vorstellen, daß ich so über meine Zukunftspläne reden könnte, wenn ich nicht tief im Innern überzeugt wäre, daß wir diesen Krieg am Ende doch noch gewinnen werden?«

In Manila griffen sich am 9. Februar japanische Soldaten mehr als zwanzig Mädchen, sperrten sie in ein Haus und vergewaltigten sie während der folgenden drei Tage. Einige der Mädchen wurden mehr als dreißig Mal vergewaltigt. Erst als das Gebäude, in dem die Mädchen eingesperrt waren, von amerikanischen Granaten getroffen wurde, gelang einigen von ihnen die Flucht. Eines der Mädchen, Esther Gracia Moras, berichtete später im Tokioter Kriegsverbrecherprozeß als Zeugin über dieses Verbrechen.

In Jalta einigten sich Roosevelt, Churchill und Stalin am 10. Februar darauf, daß Deutschland für die von ihm zu verantwortenden Besatzungsschäden Reparationszahlungen würde leisten müssen. Stalin setzte den Beschluß durch, daß alle Sowjetbürger, die sich der deutschen Wehrmacht angeschlossen hatten und in alliierte Gefangenschaft geraten waren (oder noch geraten würden), »so schnell wie möglich nach Rußland geschickt« werden sollten, wie er es formulierte. Viele dieser Soldaten hatten in der Normandie gegen die alliierten Landungstruppen gekämpft. Einigung wurde auch darüber erzielt, daß die Sowjetunion zwei oder drei Monate nach der Kapitulation Deutschlands in den Krieg gegen Japan eintreten würde. Dafür sollte sie den Südteil der Insel Sachalin, den Japan 1905 dem russischen Reich abgenommen hatte, und die Kurilen-Inseln erhalten, die Japan 1875 erobert hatte und die zuvor teils in russischem, teils in chinesischem Besitz gewesen waren.

Am selben Tag, an dem diese Entscheidungen fielen, starteten die Sowjets eine erneute Offensive gegen die im östlichen Pommern stehenden deutschen Kräfte; Himmlers Heeresgruppe Weichsel kontrollierte hier, südlich von Danzig, noch ein Stück des Unterlaufs der Weichsel. In Budapest versuchte eine 16000 Mann starke deutsche Truppe, den Belagerungsring um die Stadt zu durchbrechen; doch sie wurde in Perbal eingeschlossen und aufgerieben. Nur ein paar hundert deutschen Soldaten gelang es, sich Richtung Österreich durchzuschlagen. In Buda, dem am westlichen Donauufer gelegenen Teil der ungarischen Hauptstadt, fiel der Widerstand der Wehrmacht jetzt endgültig in sich zusammen: 30000 deutsche Soldaten ergaben sich, nachdem ihnen die Munition, die Kraft und der Siegeswille ausgegangen waren.

Die deutschen Raketenangriffe auf britische Ziele waren auch in den ersten beiden Monaten des Jahres 1945 weitergegangen; im Januar hatten sie 585, im Februar 483 zivile Todesopfer gefordert. Unter den Opfern eines deutschen V-2-Angriffs am 13. Februar war der Schiffsunteroffizier Tomy Brown, dem zwei Jahre zuvor für erwiesene Tapferkeit auf See die George Medal verliehen worden war: Bei dem Versuch, zwei seiner Schwestern aus einem brennenden Mietshaus zu retten, kam er ums Leben.

Der angloamerikanische Luftwaffenstab verlor keine Zeit, die in Jalta beschlossenen militärischen Maßnahmen in die Tat umzusetzen, mit denen die Verstärkung der deutschen Ostfront durch Wehrmachtverbände aus Norwegen, Italien und Holland nach Möglichkeit unterbunden werden sollte. In der Nacht vom 13. auf den 14. Februar flogen 245 britische Bomber einen Angriff auf Dresden; ihnen folgten dreieinhalb Stunden später noch einmal 529 Maschinen. Ihr Auftrag lautete, den Güterbahnhof der Stadt zu zerstören. Die Brandbomben, die während des ersten, eine Stunde dauernden Angriffs abgeworfen wurden, erzeugten einen Feuersturm, der 28 Quadratkilometer der Stadt in Schutt und Asche legte.

Auf die beiden britischen Angriffe folgte am nächsten Morgen noch ein amerikanischer, der ebenfalls dem Güterbahnhof galt und an dem sich 450 Bomber beteiligten. Dresden, dessen historisches Stadtzentrum bis dahin von Kriegseinwirkungen verschont geblieben war, stand jetzt in Flammen; einige der Brände loderten sieben Tage und Nächte hindurch. Von den insgesamt über 1200 Bombern, die ihre Bombenlast über der Stadt abgeladen hatten, waren nur acht abgeschossen worden. Das war die geringste Ausfallquote überhaupt bei einem britischen Bombenangriff auf eine deutsche Stadt. Dresden war auch das am weitesten entfernte Ziel, das britische Bomber in diesem Krieg von englischem Boden aus angriffen. Der größte Teil der um Dresden plazierten Flugabwehrgeschütze war zur Verteidigung des Ruhrgebiets und zum Schutz der deutschen Hydrieranlagen für synthetischen Treibstoff an die Westfront verlegt worden.

Die amerikanischen Bomber, die am Morgen des 14. Februar Dresden angriffen, bedachten am gleichen Vormittag auch noch Chemnitz mit 642 und Magdeburg mit 752 Tonnen Bomben. Churchill, der sich auf der Rückreise von der Krim nach Großbritannien befand, erhielt an diesem Morgen ein Telegramm aus dem Büro des Londoner Kriegskabinetts, das, in elf Punkte untergliedert, die wichtigsten militärischen Ereignisse des Vortags zusammenfaßte. So erfuhr Churchill, daß an der Westfront 6000 deutsche Soldaten gefangengenommen worden waren und daß im Norden Rußlands ein aus 28 Schiffen bestehender britischer Konvoi ohne Verluste angekommen war. Im mittleren Burma war eine Reihe japanischer Angriffe abgeschlagen worden. In Mitteleuropa waren russische Truppen in Budapest einmarschiert, nachdem bei der Schlacht um die Hauptstadt Zehntausende deutscher Soldaten gefallen waren. Der zehnte in der Liste der elf Punkte enthielt die lapidare Meldung, daß das britische Bomberkommando eine Flotte von insgesamt 1252 Maschinen nach Deutschland geschickt hatte – davon 805 nach Dresden, 368 zum Treibstoff-Hydrierwerk Böhlen, 71 nach Magdeburg und acht zur Ölraffinerie Misburg.

Der elfte und letzte Punkt in diesem Telegramm des Kriegskabinetts betraf die anhaltenden V-2-Angriffe auf britische Ziele. Im Verlauf der fünfzehn Stunden bis zum Tagesanbruch am 14. Februar waren in London und Umgebung vierzehn dieser Raketen eingeschlagen und hatten in Wood Green zwölf Zivilisten getötet; in Romford waren ebenfalls zwölf, in Westham 28 und in Bexley drei Menschen ums Leben gekommen. Die Gesamtzahl der durch Raketenbomben Getöteten betrug in der Woche zum 15. Februar 180 und lagen damit höher als in jeder anderen Woche seit Beginn der V-2-Angriffe.

Am selben Tag wurde der erste britische Bericht über den Angriff auf Dresden ausgearbeitet. Er stützte sich auf die Analyse von Luftbildern. Verletzte oder Tote blieben unerwähnt; der Bericht meldete lediglich »schwere materielle Schäden«, die auf den Fotos zu erkennen seien. Die »vielen ausgebrannten Häuserzeilen« zeigten, daß »Teile der Stadt bereits durch Feuer zerstört sind«. Wie der Ausschuß der Stabschefs eine Woche später erfuhr, gestaltete sich die Auswertung weiterer am 15. Februar aufgenommener Fotografien schwierig, da »der Rauch von Feuern, die über 36 Stunden nach dem letzten Angriff noch brannten«, die Sicht getrübt hatte.

Am Morgen des 15. Februar, weniger als 36 Stunden nachdem die ersten britischen Flugzeuge Dresden attackiert hatten, tauchten 200 amerikanische Bomber über der noch brennenden Stadt auf, und noch einmal fielen Bomben. Dahinter stand die Überlegung, man könne noch mehr Chaos und Unheil anrichten, wenn ein Angriff stattfand, solange noch Feuerwehren und Aufräumkommandos auf den Straßen im Einsatz waren, die dann selbst Opfer von Treffern werden konnten.

Wie viele Menschen in Dresden starben, wird sich nie mit Sicherheit ermitteln lassen. In der Stadt gefunden und registriert wurden insgesamt 39773 Leichen; Verbrennungen waren in den meisten Fällen die Todesursache. Zu diesen »amtlich identifizierten Toten« kamen mindestens weitere 20000, die entweder unter den Trümmern begraben blieben oder bis zur Unkenntlichkeit verkohlt waren, so daß sie nicht einmal mehr als menschliche Leichen zu identifizieren waren.

Das brennende Dresden hatte den Nachthimmel rot erglühen lassen, und dieses Leuchten war aus vielen Kilometern Entfernung zu sehen. Ben Helfgott, der im September 1939 miterlebt hatte, wie die polnische Stadt Sulejów abgebrannt war, und der sich im Februar 1945 als Arbeitssklave in einem Arbeitslager bei Schlieben befand, berichtete später darüber: »Wir konnten es nicht nur sehen, auch die Erde vibrierte. Wir starrten gebannt dorthin. Wir waren im Himmel. Es war ein Gefühl, als wären wir neu geboren. Wir brauchten nicht zu arbeiten. Die Deutschen rannten um ihr Leben. Wir wußten, der Tag unserer Befreiung mußte nahe sein. Es war für uns alle die absolute Erlösung. Auf diese Weise erfuhren wir, daß das Ende nahe war.«

Britische und amerikanische Kriegsgefangene wurden nach Dresden gebracht, um die Leichen auszugraben. Einer von ihnen, Kurt Vonnegut, der später ein bekannter Schriftsteller werden sollte, schilderte seine Eindrücke so: »Jeden Tag liefen wir in die Stadt und gruben aus Kellern und Bunkern die Leichen aus, aus sanitären Gründen. Wenn wir einen solchen typischen Schutzraum betraten, war es wie in einem überfüllten Straßenbahnwaggon, in dem alle im selben Moment vom Schlag getroffen worden waren. Die Leute saßen einfach tot auf ihren Stühlen.«

Ähnliche Leichenfunde waren auch schon in anderen ausgebombten deutschen Städten gemacht worden: zum erstenmal in Hamburg, wo der Feuersturm zweieinhalb Jahre zuvor 42000 Todesopfer gefordert hatte.

Auf den Philippinen hatten die Amerikaner inzwischen einen Keil in die japanische Front getrieben und rückten nun auf Manila vor. Am 15. Februar griffen erstmals amerikanische Flugzeuge von Flugzeugträgern aus die japanischen Inseln an: Die mächtigste Kriegsflotte, die jemals die Meere befuhr, war zu diesem Zweck vor der Insel Honschu aufgekreuzt.

Am 16. Februar landete ein amerikanisches Fallschirmjägerregiment auf Corregidor. Am selben Tag lief in Saipan eine amerikanische Expeditionsflotte aus und nahm Kurs auf die Insel Iwo Jima. Zugleich begannen von Flugzeugträgern aus operierende amerikanische Bomber, die japanischen Militäreinrichtungen auf Iwo Jima systematisch anzugreifen.

In der Schlacht um Manila verwandelten die japanischen Soldaten, für die eine Kapitulation wieder einmal nicht in Frage kam, jede Straße und jedes Gebäude in ein erbittert verteidigtes Schlachtfeld. Das schöne Manila versank in Ruinen und Blut. Die Japaner, die sich offenbar in einen Blutrausch hineinsteigerten, ermordeten in der Stadt fast 100000 philippinische Zivilisten; es kam vor, daß sie Krankenhauspatienten in ihren Betten festbanden und dann die Klinikgebäude in Brand steckten. »In verschiedenen Stadtteilen«, vertraute ein japanischer Soldat am 17. Februar seinem Tagebuch an, »haben wir Tausende umgebracht (auch Junge und Alte, Männer und Frauen), und Chinesen.«

Es war ein sinnloses, wahnwitziges Morden.

Am 17. Februar bezogen 2000 japanische Soldaten Stellung innerhalb der von einer Stadtmauer umgebenen Altstadt von Manila. Sie hatten 5000 philippinische Geiseln bei sich. Über einen Lautsprecher forderte der amerikanische Kommandeur, General Oscar Griswold, die Japaner auf, sich zu ergeben. Doch diese waren nicht dazu bereit. Sechs Tage und sechs Nächte später, als die Altstadt weitgehend in Trümmern lag und die Japaner und ihre philippinischen Geiseln fast bis auf den letzten Mann tot waren, hatten die Alliierten einen weiteren Sieg errungen.

Im Morgengrauen des 19. Februar landeten amerikanische Marines auf Iwo Jima, einer 20 Quadratkilometer großen öden Vulkaninsel, die den Amerikanern als Luftstützpunkt für Bombeneinsätze gegen Japan unentbehrlich erschien. Nach dreitägigen erbitterten Kämpfen, bei denen Hunderte von Amerikanern von der japanischen Artillerie im wahrsten Sinne des Wortes in Stücke gerissen wurden, wehte am 22. Februar um 10.20 Uhr die amerikanische Fahne auf dem Suribachi-Hügel, der höchsten Erhebung der kleinen Insel. Von den zwölf Soldaten, die die US-Fahne hißten, wurden zwei – Oberstleutnant Chandler W. Johnson und Feldwebel Ernest T. Thomas – später tödlich verwundet. Thomas fiel an seinem 21. Geburtstag.

Feldwebel Louis R. Lowery, Frontfotograf der US-Marines, fotografierte die Szene, doch da er seine Aufnahmen mit gewöhnlicher Heerespost in die USA schickte, kam das Bild erst einen Monat später im Marines-Hauptquartier an. Ein Fotograf der Presseagentur Associated Press, Jo Rosenthal, hielt unterdessen eine zweite Flaggenhissung im Bild fest, die eine Stunde nach der ersten stattfand. Sein Foto, das per Wasserflugzeug nach Guam und von dort aus als Funkbild in die USA übermittelt wurde, löste so großen Jubel aus, daß Präsident Roosevelt Anweisung gab, die sechs darauf erkennbaren Soldaten nach Hause zu holen, damit sie alle ihre Landsleute an ihrem Triumph teilhaben lassen konnten.

Als dieser Befehl Roosevelts in Iwo Jima eintraf, waren von den sechs Männern bereits drei tot: Hauptmann Harlon Block, Feldwebel Michael Strank und Gefreiter Franklin R. Sousley. Jo Rosenthal erhielt für seinen Schnappschuß den Pulitzer-Preis, und das Postministerium ließ, während der Krieg gegen Japan noch andauerte, eine Drei-Cent-Briefmarke mit dem Motiv »Flaggenhissung auf Iwo Jima« drucken: die erste US-Briefmarke seit Kriegsbeginn, die eine Szene aus dem Zweiten Weltkrieg zeigte. Der Schnappschuß von der zweiten Flaggenhissung sollte zum meistreproduzierten Foto vom pazifischen Kriegsschauplatz werden.

Doch obwohl die US-Fahne gehißt worden war, dauerte die Schlacht um Iwo Jima weiter an, denn jeder Hang und jede Senke mußten in verlustreichen Gefechten erobert werden. Bezeichnenderweise erfanden die Amerikaner für markante Teile des umkämpften Geländes Namen wie »Blutwanne«, »Fleischwolf« oder »Knochenmühle«. Die Eroberung von Iwo Jima war erst Ende März abgeschlossen; und bis dahin fielen 6821 US-Marines und 20 000 Japaner. Von den japanischen Verteidigern der Insel ließen sich nur 1083 gefangennehmen.

Die Schlacht um Iwo Jima kostete außerdem knapp 900 amerikanische Seeleute das Leben; 218 starben, als der Flugzeugträger *Bismarck Sea* von einem japanischen Kamikaze-Flugzeug versenkt wurde.

Nach der Eroberung Iwo Jimas begannen amerikanische Bomber, die auf der Insel stationiert wurden, mit regelmäßigen und gnadenlosen Bombenangriffen auf die japanischen Inseln. Auf Luzon war zwar Manila endlich in amerikanischer Hand, aber im Hinterland gingen die Kämpfe weiter, ebenso wie die Versuche der Amerikaner, ihre Kameraden aus japanischer Kriegsgefangenschaft zu befreien. Bei einem Überfall amerikanischer Soldaten und philippinischer Guerillas auf das Kriegsgefangenenlager Los Banos südlich von Manila wurde die gesamte japanische Lagerbesatzung getötet, während die Amerikaner nur zwei Opfer zu beklagen hatten. 2100 Gefangene wurden befreit.

In Deutschland war der Artilleriedonner jetzt schon in Peenemünde, der Heimat der V-2-Rakete zu hören. Am 17. Februar reisten die Raketentechniker mit der Bahn aus dem Forschungszentrum ab; ihre Ausrüstung wurde ihnen per Frachtkahn nachgeschickt. Sowohl die Menschen als auch das Material fanden sich gegen Ende des Monats im oberbayerischen Oberammergau ein, in dem Gebiet also, in dem Hitler sich angeblich zu verschanzen gedachte. Aus Schlesien kam die Nachricht, daß Breslau nunmehr völlig eingeschlossen war.

In diesem für die deutsche Wehrmacht im Osten äußerst kritischen Augenblick traf Heinrich Himmler am 19. Februar ohne Wissen Hitlers mit Graf Folke Bernadotte, einem Vertreter des schwedischen Roten Kreuzes, zusammen; er erörterte mit ihm die Möglichkeit, Verhandlungen mit den Westalliierten aufzunehmen. Bernadotte, der ein geschickter Verhandlungspartner war, machte den Vorschlag, als einen ersten Schritt die Konzentrationslager unter die Aufsicht des Internationalen Roten Kreuzes zu stellen. Himmler erklärte sich bereit, die Ausgabe von Rotkreuz-Proviantpaketen an die Lagerinsassen zu gestatten – aber nur an die »nordischen« Häftlinge, nicht an Slawen oder Juden. Die beiden Männer kamen überein, sich wieder zu treffen.

Hitler wurde von seinen militärischen Ratgebern am 21. Februar bedrängt, alle deutschen Truppen aus Pommern zurückzuziehen. Er lehnte dies ab und forderte, die Bahnstrecke Stettin–Danzig müsse, koste es was es wolle, gehalten werden. Einen Tag später kapitulierte die deutsche Garnison in Posen, nachdem ihr Kommandant Selbstmord begangen hatte. Damit waren alle Aussichten dahin, in Pommern die Stellung halten zu können.

Noch eine letzte Bomberoffensive zur Unterbrechung der deutschen Verkehrsverbindungen in allen Teilen des Reichs hatten die Alliierten in petto: Operation »Clarion«. Zu frühen, aber versehentlichen Opfern dieser Operation wurden am 22. Februar die beiden schweizerischen Grenzstädte Stein am Rhein und Ruti, in denen alliierte Bomben achtzehn Zivilisten töteten.

Insgesamt 9000 Flugzeuge wurden im Rahmen der Operation »Clarion« eingesetzt. 24 Stunden lang bombardierten sie ohne Pause Verschiebebahnhöfe, Kanalschleusen, Brücken und Fahrzeugkonvois. Bei einem Angriff auf Pforzheim in der Nacht zum 24. Februar hielt Hauptmann E. Swales seinen angeschossenen Bomber lange genug in der Luft, um seinen Besatzungsmitgliedern den Absprung zu ermöglichen; er selbst starb, als die Maschine am Boden aufschlug, und wurde posthum mit dem Victoria Cross ausgezeichnet. Hauptmann Swales war einer von 2227 Angehörigen der südafrikanischen Luftwaffe, die im Verlauf des Zweiten Weltkriegs fielen.

Am 24. Februar, während die Operation »Clarion« noch im Gang war, sprach Hitler in Berlin zu seinen Gauleitern. »Sie mögen heute bisweilen meine Hand zittern sehen«, sagte er, »und hin und wieder vielleicht auch meinen Kopf; aber mein Herz: niemals.« An der Westfront habe noch kein alliierter Soldat den Rhein überschritten, und an der Ostfront bilde die Oder, auch wenn die Sowjets an ihrem diesseitigen Ufer schon mehrere Brückenköpfe errichtet hätten, nach wie vor eine wirksame Sperre gegen jeden russischen Versuch, sich Berlin zu nähern.

Am 26. Februar bereiteten sich die Amerikaner auf der Insel Corregidor auf ihre Siegesfeier vor. In zweiwöchigen Kämpfen hatten sie den Japanern die Inselfestung, von der sie drei Jahre zuvor vertrieben worden waren, weitgehend wieder abgenommen. Im Kampf um die Rückeroberung der winzigen Insel waren mehr als 3000 japanische Soldaten gefallen, nur noch ein kleiner Rest der japanischen Garnison war übrig. Doch dann verabschiedeten sich die 200 Japaner, die sich in dem Tunnelsystem unter Monkey Point verschanzt hatten, auf typisch japanische Kamikaze-Art, indem sie das größte unterirdische Munitionsdepot auf der Insel in die Luft jagten; die Detonation zerriß 52 amerikanische Soldaten. Die 200 Japaner in den Tunnels wurden ebenfalls getötet, 196 Amerikaner wurden verletzt. »Nachdem ich all die schweren Fälle verarztet hatte«, schrieb Hauptmann Bill McLain, ein Bataillonschirurg, »setzte ich mich auf ein Felsstück und brach in Tränen aus. Ich konnte mich nicht beherrschen und wollte es auch gar nicht. Ich hatte mehr gesehen, als ein Mensch ertragen kann, ohne den Verstand zu verlieren.«

Als am späten Abend des 27. Februar der organisierte militärische Widerstand auf Corregidor endete, zählten die Amerikaner rund 6000 japanische Tote. Einige Stunden zuvor hatte General MacArthur in Manila, in dessen Altstadt noch immer gekämpft wurde, den Malacanang-Palast aufgesucht und den dort anwesenden Filipinos erklärt, ihr Land sei jetzt wieder frei und könne »seinen Weg zu einer ehrenhaften Stellung in der Familie der freien Völker« gehen. Was Manila selbst betraf, so fügte MacArthur hinzu: »Ihre Hauptstadt hat, so grausam ihr mitgespielt worden ist, ihren rechtmäßigen Platz zurückgewonnen – als Zitadelle der Demokratie im Osten.« Dann brach er zusammen und weinte. Später schrieb er: »Anderen mag es so erschienen sein, als sei dies für mich der Augenblick des Sieges und der höchsten persönlichen Genugtuung gewesen, aber mir erschien es lediglich als der Höhepunkt eines Panoramas körperlicher und geistiger Verheerungen. In mir war etwas erloschen, als ich meine Männer sterben sah.«

Am 28. Februar landeten amerikanische Truppen bei Puerto Princesa auf der Insel Palawan und begannen sofort mit der Suche nach den alliierten Kriegsgefangenen, die seit drei Jahren hier interniert waren. Sie fanden aber nur ein paar Namensplaketten und persönliche Habseligkeiten. Zwei Wochen später sollten sie 79 Skelette entdecken, darunter 26 in einem Massengrab. Die Schädelknochen wiesen Einschußlöcher und Spuren von Schlägen mit stumpfen Gegenständen auf.

Die Landung bei Puerto Princesa war die erste von insgesamt 38 Angriffsoperationen gegen die 450000 auf den südlichen Philippinen-Inseln stationierten japanischen Soldaten. Auf sechs der größeren Inseln landeten in einem Zeitraum von zwei Wochen amerikanische Truppen; das größte dieser Unternehmen war die Invasion auf Mindanao, die am 10. März begann. Weitere Landungsoperationen fanden bis in den Juli hinein statt; für die Rückeroberung dieser Inseln bezahlten die Amerikaner einen Blutzoll von über 13000 Gefallenen.

Am 28. Februar informierte der britische Nachrichtendienst die sowjetische Militärmission in London über die Schlachtordnung der deutschen Wehrmacht an der Ostfront. »Ultra«-Auswertungen hatten die Informationen geliefert. Am selben Tag erging an die alliierten Bomberkommandos die Anweisung, die Auer-Werke in Oranienburg nördlich von Berlin mit vorrangiger Priorität zu bombardieren – in Straßburg erbeutete deutsche Dokumente hatten Hinweise darauf enthalten, daß dort Uranverbindungen für Kernspaltungszwecke hergestellt wurden.

An der Westfront erreichten amerikanische Truppen am 2. März auf der Höhe von Düsseldorf das linke Rheinufer, mußten aber feststellen, daß alle Rheinbrücken gesprengt waren. Amerikanische Bomber griffen an diesem Tag erneut Dresden an; ihr Ziel war auch dieses Mal der Rangierbahnhof, über den der Nachschub und die Verstärkungen für den schlesischen Kriegsschauplatz liefen. Dort, in Breslau, boten die eingeschlossenen Deutschen ihren russischen Belagerern nach wie vor Paroli. Zu den Opfern des Bombenangriffs auf Dresden gehörte an diesem Tag ein auf der Elbe liegendes Lazarettschiff mit überlebenden Opfern der vorausgegangenen Luftangriffe.

Am 3. März erklärte Finnland Deutschland den Krieg. Die Türkei hatte dies bereits zehn Tage vorher getan. Sowohl Finnland als auch die Türkei sicherten sich damit einen Platz am Tisch der Siegermächte. Churchill, der um diese Zeit die Westfront bereiste, hielt sich an diesem Tag in Jülich auf – es war das erste Mal, daß ein britischer Premierminister wieder deutschen Boden betrat, seit Neville Chamberlain im September 1938 nach München gereist war, um die Abtretung des Sudetenlands an Deutschland zu unterschreiben.

In Berlin, wo diese und andere unblutige Eroberungen Hitlers seinerzeit so enthusiastisch bejubelt worden waren, wurde am 3. März wieder einer derjenigen hingerichtet, die versucht hatten, das NS-Regime zu stürzen. Das Todesurteil wurde an diesem Tag an Ernst von Harnack vollstreckt, einem Sozialdemokraten und ehemaligen preußischen Staatsbeamten, der 1933, als Hitler an die Macht kam, prophezeit hatte, unter dem NS-Regime werde Deutschland ein Staat »ohne Güte oder Gnade« sein.

Am 3. März schossen die Deutschen erstmals seit September 1944 wieder V-1-Bomben auf Ziele in England ab. 21 dieser Geschosse wurden von Flugzeugen aus gestartet, sieben erreichten den Großraum London. Am selben Tag flog die britische Luftwaffe einen Angriff auf die V-2-Abschußrampe bei Den Haag; Befürchtungen über den möglichen Verfall der Kampfmoral in London im Falle einer Intensivierung der V-2-Einsätze bildeten den Hintergrund für diese Entscheidung. Viele der abgeworfenen Bomben fielen jedoch versehentlich auf Wohnviertel der Stadt und töteten 520 holländische Zivilisten.

Einen Tag später, am 4. März, kamen in Zürich fünf Schweizer Bürger ums Leben, als amerikanische Bomber die Stadt versehentlich angriffen. Die in England gestarteten Bomber hatten eigentlich die süddeutsche Industriestadt Pforzheim bombardieren sollen.

Ebenfalls am 4. März flogen amerikanische Bomber einen Angriff auf die Musashino-Flugzeugwerke in Tokio. Es war der letzte amerikanische Versuch eines gezielten Bombardements in Japan; in der Folge ging die US-Luftwaffe völlig dazu über, »Bombenteppiche« zu legen – gemäß dem Muster der verheerenden Angriffe auf Dresden im Februar. In Burma rückten unterdessen britische und indische Truppen sowohl in Richtung Mandalay als auch entlang der Küste von Arakan vor – am 4. März vertrieben sie die Japaner aus Tamandu.

Am 5. März begann die deutsche Wehrmacht, alle jungen Männer des Geburtsjahrgangs 1929 einzuziehen, auch wenn sie das 16. Lebensjahr noch nicht vollendet hatten. Im nördlichen Ungarn lief an diesem Tag die deutsche Operation »Frühlingserwachen« an, ein Versuch, die Rote Armee aus den Aufmarschgebieten für die Belagerung Wiens zu verdrängen. Anders als seine skeptischen Generäle war Hitler der Überzeugung, es sei möglich, Budapest zurückzuerobern und anschließend auch die ungarischen Ölfelder wiederzugewinnen, die noch wenige Monate zuvor – nach dem Verlust der rumänischen Ölquellen von Ploesti – einen Anteil von mehr als drei Vierteln zur deutschen Erdölversorgung beigetragen hatten.

Treibstoffmangel war ironischerweise eine der Ursachen dafür, daß der deutsche Zugriff auf das ungarische Erdöl scheiterte. Die Operation »Frühlingserwachen« fiel außerdem mit dem Frühjahrstauwetter zusammen, das den Boden schlammig machte und den Deutschen das Vorankommen gründlich erschwerte.

In Holland unternahmen am 6. März einige jugendliche Widerstandskämpfer bei Apeldoorn den Versuch, einen deutschen Lastwagen zu erbeuten; dabei ereignete sich ein Unfall, dem ein ranghoher SS-Mann, Obergruppenführer Rauter, zum Opfer fiel. Die Tatsache, daß es sich um einen Unfall gehandelt hatte, hielt die Deutschen nicht von Vergeltungsmaßnahmen ab: Sie erschossen im Verlauf einer Woche 263 Holländer. Darunter waren viele sogenannte »Todeskandidaten«: Widerstandskämpfer und andere Häftlinge in Amsterdamer und Utrechter Gefängnissen. Einer der zum Erschießungskommando abkommandierten deutschen Polizisten, Helmuth Seijffards, verweigerte den Befehl. Er wurde in Haft genommen und später erschossen. Einer der Todeskandidaten, Jan Thijssen, der Führer der landesweiten Organisation des niederländischen Widerstands, unternahm während der Exekution einen Fluchtversuch; er wurde wieder gefangengenommen und mit den anderen zusammen erschossen.

Meldungen über andere Erschießungen trafen an diesem selben 6. März in London ein: In Polen hatten die Russen Gefolgsleute der polnischen Exilregierung in London ermordet. Wie aus diesen Berichten hervorging, war es im Raum Krakau zu »Massenverhaftungen« gekommen, deren Opfer Polen waren, welche der Londoner Exilregierung die Treue hielten oder in der polnischen Heimatarmee aktiv gewesen waren. Zwei Züge, die »mit jeweils 2000 Personen« beladen waren, seien, so hieß es, aus Polen abgefahren; ihr Ziel seien Arbeitslager in der Sowjetunion. 6000 Offiziere der polnischen Heimatarmee befänden sich in einem von den Sowjets beaufsichtigten Lager bei Lublin. »Die Häftlinge werden schlecht behandelt«, stellte der Bericht fest, »und alle paar Tage werden sie in größeren Gruppen mit unbekanntem Ziel abtransportiert.« In Białystok würden Angehörige der Heimatarmee nach ihrer Festnahme »ausgehungert, geschlagen und gefoltert und beschuldigt, für Großbritannien und für die pol-

Die Überschreitung des Rheins, März 1945

nische Regierung in London zu spionieren und mit den Deutschen zusammenzuarbeiten. Es gibt viele Todesfälle.« Aus den befreiten Gebieten und aufgelösten Lagern trafen nun aber auch die ersten Rückkehrer ein. Schon im Februar waren zwanzig Juden in ihr Heimatdorf Sokoly bei Białystok zurückgekehrt, nachdem die Nazis das Gebiet geräumt hatten. Die polnischen Dorfbewohner hatten ihnen jedoch einen unfreundlichen Empfang bereitet: Sieben der jüdischen Rückkehrer waren ermordet worden, darunter ein vierjähriges Waisenmädchen.

Am Morgen des 7. März erreichten amerikanische Truppen bei der Stadt Remagen den Rhein. Die Remagener beeilten sich, weiße Tücher aus den Fenstern zu hängen, um Kämpfe zu vermeiden. Bei Remagen spannte sich eine Eisenbahnbrücke über den Rhein: Es war die Ludendorff-Brücke, eine der großen Eisenbahnbrücken, die Deutschland im Verlauf des Ersten Weltkriegs errichtet hatte. Als die Amerikaner näher kamen, zündeten am gegenüberliegenden rechten Ufer deutsche Pioniere die erste von mehreren vorbereiteten Sprengladungen, die jedoch keinen großen Schaden anrichtete. Da die Hauptsprengladung nicht zündete, blieb die Brücke intakt.

Die Amerikaner entschärften den Sprengsatz und begannen die Brücke zu besetzen. »Wir rannten in der Mitte zwischen den Gleisen auf die Brücke«, erinnerte sich Feldwebel Alexander A. Drabick aus Ohio später, »und stießen dabei laute Schreie aus. Ich hielt nicht inne, weil ich wußte, daß sie mich nicht treffen würden, solange ich mich bewegte. Meine Männer folgten mir in geordneter Linie, und kein einziger von ihnen wurde getroffen. Wir nahmen Deckung in Bombenkratern. Dort blieben wir einfach hocken und warteten darauf, daß die anderen nachkamen.« Bis zum frühen Abend gelangten hundert amerikanische Soldaten über die Brücke ans rechte Rheinufer.

Das linke, westliche Rheinufer war jetzt fest in alliierter Hand. Seit Napoleon im Jahre 1805 war kein Eroberer mehr über den Rhein nach Deutschland eingedrungen.

An diesem Abend enthob Hitler Generalfeldmarschall von Rundstedt seines Postens als Oberbefehlshaber der deutschen Streitkräfte im Westen. »Er ist erledigt«, erklärte Hitler, »ich will nichts mehr von ihm hören.«

In Italien hatte ein hoher deutscher Offizier, SS-Obergruppenführer Karl Wolff, den Entschluß gefaßt, Verhandlungen über die Kapitulation aller dort befindlichen deutschen Truppen zu initiieren. Am 25. Februar hatte er einen Unterhändler mit dem Auftrag in die Schweiz entsandt, den Vertreter des US-Geheimdiensts in Bern, Allan Dulles, für Friedensgespräche zu gewinnen. Um seine ernsthaften Absichten unter Beweis zu stellen, erklärte Wolff sich am 8. März bereit, zwei von den Deutschen in Italien festgenommene Männer freizulassen: den italienischen Partisanenführer Ferruccio Parri und den amerikanischen Agenten Major Antonio Usmiani. Beide wurden am 8 . März aus ihren Zellen geholt und von General Wolff sowie drei anderen deutschen Offizieren an die Schweizer Grenze geleitet. In Zürich, wo vor kurzem versehentlich amerikanische Bomben eingeschlagen waren, begannen die Verhandlungen mit Dulles. »Ich habe die Befehlsgewalt über die SS-Truppen in Italien«, erklärte Wolff, »und bin entschlossen, die Feindseligkeiten einzustellen.« Allerdings müsse er sich erst noch das Einverständnis der deutschen Truppenbefehlshaber an der Italienfront sichern. In der erklärten Absicht, dies bewerkstelligen zu wollen, kehrte Wolff nach Italien zurück.

Beim Einschlag einer deutschen V 2 auf den belebten Marktplatz von Smithfield in London starben am 8. März 110 Menschen. In Deutschland schlossen die Alliierten die letzten Lücken bei der Besetzung des westlichen Rheinufers; am 9. März besetzten amerikanische Truppen Bonn. 800 Kilometer westlich des aktuellen Kampfgeschehens am Rhein wagten die deutschen Garnisonstruppen auf den Kanalinseln an diesem Tag aus ihren belagerten Festungen heraus einen Vorstoß auf die französische Hafenstadt Granville. Über »Ultra« war eine Warnung vor dieser Aktion erfolgt, die aber nicht genügend Beachtung gefunden hatte, da ein Angriff an dieser Stelle in diesem Stadium des Krieges für unwahrscheinlich gehalten wurde. Die Deutschen, die bei dieser Operation nur vier Soldaten verloren, eroberten ein Stück französischen Festlandsbodens, sprengten mehrere Hafeneinrichtungen und befreiten 67 deutsche Kriegsgefangene, welche von den Amerikanern in Granville interniert waren. Im Verlauf der Operation wurde der Kapitän eines britischen Handelsschiffes getötet und ein britischer Zivilist namens John Alexander gefangengenommen. Alexander war der diensthöchste Beamte der

UN-Flüchtlingshilfe-Organisation UNRRA, die von ihrem europäischen Hauptquartier in Granville aus ihre Mitarbeiter zur Koordinierung eines großangelegten Hilfsprogramms in alle befreiten Gebiete Europas entsandte und auch die Voraussetzungen für die Unterbringung von Flüchtlingen in Granville selbst zu schaffen versuchte. Alexander blieb bis Kriegsende als deutscher Häftling auf den Kanalinseln, zusammen mit fünf am gleichen Tag gefangengenommenen amerikanischen Soldaten. Fünfzehn amerikanische und acht britische Armeeangehörige sowie sechs französische Zivilisten waren bei dem Ausfall getötet worden. Eines der Opfer war Leutnant Frederick Lightoller, ein Bruder des Piloten Herbert Brian Lightoller, der im September 1939 bei einem Luftangriff auf Wilhelmshaven abgeschossen worden war: Er war einer der ersten britischen Gefallenen des Zweiten Weltkriegs gewesen.

Für die Amerikaner war der deutsche Überfall auf Granville ein Schock. In dem amtlichen amerikanischen Bericht dazu hieß es, der Feind habe die »uneingeschränkte Herrschaft über Granville und Umgebung errungen, und wenn Eroberung sein Ziel war, dann war er ein siegreicher Eroberer«.

Im Pazifik befanden sich amerikanische Eroberer auf der Straße des Sieges. Eine neue Etappe auf dieser Straße begann am 9. März, als die US-Luftwaffe eine neue Bomberoffensive gegen Japan startete; 334 amerikanische Bomber, die auf der Insel Tinian gestartet waren, warfen innerhalb von weniger als drei Stunden 2000 Tonnen Brandbomben auf Tokio ab. Ein noch schlimmerer Feuersturm als in Dresden äscherte fast 40 Quadratkilometer des Tokioter Stadtgebiets ein. 83793 japanische Zivilisten kamen ums Leben – dies war die offiziell gesicherte Zahl; spätere amtliche japanische Berechnungen erbrachten einen Schätzwert von 130000 Todesopfern. Der Luftangriff vom 9. März auf Tokio war der bis dahin verheerendste seiner Art und ist es bis heute geblieben. Er war aber nur der erste in einer Reihe von Brandbombenangriffen; auch Nagoia, Osaka, Kobe, Jokohama und Kawasaki wurden im Verlauf der folgenden drei Monate von Feuerstürmen heimgesucht. Insgesamt forderten diese Luftangriffe mehr als eine Viertelmillion japanische Menschenleben. Nur 243 amerikanische Flieger fielen – die britische Bomberflotte hatte eineinhalb Jahre zuvor bei einem einzigen Angriff auf Berlin genauso viele Männer verloren.

Am 11. März ließ Hitler sich von Berlin aus ans westliche Oderufer fahren, um sich mit eigenen Augen vom Fortgang der Befestigungsarbeiten zwischen dem Odertal und der Hauptstadt zu überzeugen. Es war das letzte Mal, daß er Berlin verließ. An der Westfront konnten die Amerikaner einen Tag später vermelden, daß nunmehr das linke Rheinufer vollständig in ihrem Besitz war und daß sie bei ihrem Vormarsch bislang 343000 deutsche Soldaten gefangengenommen hatten. Am selben Tag marschierte die Rote Armee in Küstrin ein und beseitigte damit einen der letzten noch vorhandenen deutschen Brückenköpfe am Ostufer der Oder, der nur noch 80 Kilometer von Berlin entfernt lag.

Bevor sie den Versuch einer großangelegten Rheinüberschreitung wagten, wollten die Briten und Amerikaner erst die zum Fluß hinführenden deutschen Verkehrsverbindungen kappen. Am 14. März wurde der Eisenbahnviadukt von Bielefeld, welcher an der Strecke Hamm–Hannover lag, in Trümmer gelegt. Bei diesem Angriff wurde eine neuartige Bombe verwendet, die größer war und mehr Sprengkraft aufwies als alle bis dahin abgeworfenen Bomben. An den drei vorausgegangenen Tagen hatten britische und amerikanische Bomberverbände bereits flächendeckende Angriffe auf Rangierbahnhöfe und Brücken in Essen, Dortmund, Münster, Soest, Osnabrück und Hannover sowie auf die Ruhrgebietsstädte Rheine, Borken, Dorsten und Dülmen geflogen.

Seit die Amerikaner die Rheinbrücke bei Remagen in ihren Besitz gebracht hatten, versuchten deutsche Truppen vergeblich, den kleinen amerikanischen Brückenkopf an der Ostseite der Brücke zu zerschlagen. Sie hatten auch mehrmals den Versuch unternommen, die Brücke selbst zu zerstören, und zu diesem Zweck unter anderem elf V-2-Raketen auf die Reise geschickt. Eine dieser im holländischen Hellendoorn gestarteten Raketen war in nur 300 Metern Entfernung von der Brücke eingeschlagen, eine andere 40 Kilometer weit vom Ziel, in der Nähe von Köln. Als die deutsche Luftwaffe am 15. März einen ihrer täglichen Angriffe auf die Brücke flog, wurden sechzehn der 21 eingesetzten Bomber abgeschossen, darunter auch viele Düsenbomber.

Ebenfalls am 15. März warfen amerikanische Bomber fast 1300 Spreng- und Brandbomben auf einen metallurgischen Betrieb in Oranienburg bei Berlin ab, in dem Thoriumerz verhüttet wurde. Generalmajor Leslie R. Groves, der Leiter des amerikanischen »Manhattan-Projekts«, hatte dringend um die Durchführung dieses Angriffs gebeten. Alle oberirdischen Teile des Betriebsgeländes wurden vollständig zerstört, wodurch die deutsche Atombombenentwicklung zum Stillstand gebracht wurde.

Am 16. März konnten die Amerikaner den Brückenkopf von Remagen weiter ausbauen und die Autobahn Köln–Frankfurt blockieren. Dann aber, am 17. März, stürzte die Brücke von Remagen, lädiert auch durch die beständigen Stoßwellen der in unmittelbarer Nähe abgefeuerten amerikanischen Artilleriegeschütze, in sich zusammen. 25 amerikanische Heeresingenieure kamen ums Leben. Zu diesem Zeitpunkt waren aber bereits zwei Behelfsbrücken über den Fluß geschlagen worden, und mehrere tausend Soldaten befanden sich am Ostufer. Sechs deutsche Froschmänner, die nicht wußten, daß die Brücke eingestürzt war, stiegen in der Nacht zum 18. März flußaufwärts von Remagen in den Rhein und ließen sich, mit Ölfässern voller Sprengstoff im Schlepptau, in Richtung Brücke treiben. Alle sechs wurden entdeckt und gefangengenommen.

Hitler glaubte immer noch daran, die Niederlage abwenden zu können. Am 17. März begab sich ein deutsches U-Boot neuen Typs auf die Reise an die Ostküste der Vereinigten Staaten, das dank seines Luftschnorchels in der Lage war, für fast unbegrenzte Zeit unter Wasser zu bleiben. Und dabei handelte es sich nur um eines von vielen bereits fertiggestellten Exemplaren dieser Bauart. An den Operationen der deutschen Luftwaffe waren inzwischen regelmäßig auch Düsenflugzeuge beteiligt. Noch immer deckten sich die Frontverläufe im Westen und Osten auf weite Strecken mit den Flußläufen des Rheins beziehungsweise der Oder, und obwohl beide Flüsse an einzelnen Stellen schon überschritten waren, bildeten sie nach wie vor wirksame Barrieren. Selbst Churchill zeigte sich in dieser Woche beunruhigt darüber, wie lange Hitler den Krieg womöglich noch hinausziehen könne. »Es wäre mir lieb«, teilte er den Stabschefs am 17. März mit, »wenn der Geheimdienstausschuß die Möglichkeit prüfen könnte, daß Hitler nach dem Verlust Berlins und Norddeutschlands sich in die bergigen und waldreichen Teile Süddeutschlands zurückzieht und den Kampf dort weiter in die Länge zu ziehen versucht.« Der »seltsame Widerstand«, den die Deutschen in Budapest geleistet hätten und den sie jetzt auch am Plattensee leisteten, könne ebenso wie die Tatsache, daß die Kesselring-Armee in Italien so zähen Widerstand leiste, als Indiz gewertet werden, das »mit einer solchen Absicht im Einklang« stehe. Er fügte hinzu: »Aber [Hitler] ist natürlich von einer so törichten Sturheit in allen Dingen, daß möglicherweise gar kein bedeutsamer Sinn in allen diesen Schritten zu suchen ist. Dennoch sollten diese Möglichkeiten geprüft werden.«

Im Pazifik brachten die Japaner am 18. März, während in den Gewässern vor Kure und Kobe amerikanische Flugzeuge von Flugzeugträgern aus japanische Schiffe angriffen, eine neue Selbstmordwaffe zum Einsatz: eine fliegende Bombe mit einem Piloten, der sie ins Ziel steuerte und mit ihr explodierte. Beim ersten Angriff dieser Kamikaze-Bombe wurde der US-Flugzeugträger *Enterprise* versehentlich von einem anderen amerikanischen Kriegsschiff unter Schrapnellbeschuß genommen und beschädigt; auf dem neuen Flugzeugträger *Wasp* wurden am gleichen Tag 101 amerikanische Seeleute getötet. Aber die japanische Verlustquote war hoch: Von 193 in die Schlacht geschickten Flugzeugen wurden 161 abgeschossen. Zwei Tage später erreichten in Burma britische und indische Einheiten die Stadt Mandalay.

In Berlin wurde in der dritten Märzwoche ein weiterer hoher Wehrmachtsoffizier hingerichtet. General Friedrich Fromm wurde am 19. März vor ein Erschießungskommando gestellt. Er hatte nach dem Anschlag vom 20. Juli tätige Loyalität gegenüber Hitler bewiesen, indem er Graf von Stauffenberg verhaftet hatte. Doch zu einem früheren Zeitpunkt hatte er durchblicken lassen, daß er sich der Verschwörung anschließen würde, sobald sich ihr Erfolg abzeichnete.

Ein Zählappell, der an diesem Tag im Lager Bergen-Belsen durchgeführt wurde, ergab, daß sich 60 000 Häftlinge im Lager befanden. Unterernährt, ohne nennenswerte medizinische Versorgung, von Krankheiten, Läusen und chronischer Ruhr heimgesucht, vegetierten die Lagerinsassen dahin; Tote lagen mitten unter den Lebenden, und selbst die Lebenden wurden von Ratten angegriffen. Unter diesen Bedingungen gingen Tag für Tag Hunderte zugrunde; zum großen Teil, wenn auch nicht ausschließlich, waren es Juden. Die Leichen blieben einfach liegen.

Im befreiten Polen gingen Untersuchungsausschüsse daran, eine Bestandsaufnahme der in Hunderten von Städten und Lagern begangenen Greueltaten und Massaker zu erstellen. Am 19. März trat in Lublin ein Überlebender des Vernichtungslagers Belzec, Chaim Hirszman, in den Zeugenstand. Er hatte so viel zu berichten, daß man ihn bat, am nächsten Tag noch einmal zu erscheinen. Doch auf dem Heimweg wurde er von polnischen Antisemiten überfallen und ermordet, weil er Jude war.

Im Konzentrationslager Sachsenhausen wurde einen Tag nach der Ermordung Hirszmans ein Agent der britischen SOE, Francis Suttill, gehängt. Vor seiner Festnahme in Frankreich zwei Jahre zuvor hatte er die Fluchtorganisation »Prosper« geleitet.

Am 21. März führten achtzehn britische und 28 amerikanische Maschinen einen punktgenauen Tiefflugangriff auf das frühere Verwaltungsgebäude des Mineralölkonzerns Shell in Kopenhagen durch, in dem jetzt die Gestapo residierte. In drei Stockwerken waren hier alle Akten aufbewahrt, die die Gestapo über den dänischen Widerstand zusammengetragen hatte. Im obersten Stockwerk hielten die Deutschen 32 Widerstandskämpfer in Haft; im Kellergeschoß wurden dänische Bürger verhört und gefoltert. Die Angreifer durften also nur die drei mittleren Etagen des Gebäudes ausbomben – und das gelang ihnen. Fast hundert Deutsche und dänische Kollaborateure wurden getötet. Allerdings kamen auch sechs der dänischen Häftlinge im obersten Stockwerk ums Leben. Die überlebenden Häftlinge wurden aus Kopenhagen herausgeschleust und mit dem Schiff heimlich nach Schweden gebracht.

Die Alliierten verloren bei dem Angriff neun Maschinen und zehn Besatzungsmitglieder. Eine der Maschinen streifte beim Zielanflug eine Stromleitung, stürzte auf eine Schule und explodierte, wobei das Gebäude in Brand gesetzt wurde. Einige andere Piloten hielten die brennende Schule für das Angriffsziel und warfen ihre Bomben darauf ab. Insgesamt 112 dänische Zivilisten kamen als Folge dieses Irrtums ums Leben, darunter elf Nonnen und 86 Kinder.

Ebenfalls am 21. März flog die alliierte Luftwaffe Angriffe auf sämtliche wichtigen deutschen Düsenjägerbasen; ein großer Teil der Rollbahnen wurde unbrauchbar gemacht. Am selben Tag entließ Hitler seinen General Guderian, nachdem dieser ihn zum Abschluß eines sofortigen Waffenstillstands mit den Westalliierten gedrängt hatte. Obwohl die von Guderian entwickelte Blitzkriegstechnik Hitler 1940 und 1941 seine viel bestaunten militärischen Anfangserfolge beschert hatte, lehnte Hitler es ab, seinen General auch nur anzuhören.

Am 22. März sicherten sich die Amerikaner zwei weitere Brückenköpfe am östlichen Rheinufer, rund 120 Kilometer flußaufwärts von Remagen. Der erste lag bei Nierstein, der zweite bei Oppenheim; nach Frankfurt waren es von hier aus nur noch 35 Kilometer. »Sagen Sie es niemandem weiter«, meldete General Patton seinem Vorgesetzten, General Bradley, am Morgen des 23. März telefonisch, »aber ich bin drüber. Ich habe letzte Nacht eine Division hinübergeschmuggelt. Aber es gibt hier so wenige Krauts, daß sie es noch nicht gemerkt haben.«

Aber sie merkten es rasch und mobilisierten gegen die beiden neuen Brückenköpfe fast alle Düsenflugzeuge, die sie noch besaßen. Fünfzig Maschinen griffen die amerikanischen Stellungen in der Nacht zum 24. März an. Aber Treibstoffmangel und das Fehlen unbeschädigter Landebahnen sorgten dafür, daß nach 24 Stunden nur noch die Hälfte der Maschinen übrig war. In Ungarn erzielte die Rote Armee am 23. März Einbrüche in die deutsche Verteidigungslinie vor Székesfehérvár, womit die Aussichten auf eine Wiedergewinnung der ungarischen Ölfelder für die Deutschen endgültig dahin waren. Am Rhein starteten am Abend dieses Tages kanadische und britische Einheiten die Operation »Plunder«, die Überquerung des Niederrheins bei Rees und Wesel. Dabei wurden eigens entwickelte, auf Panzerfahrzeuge montierte Hochleistungsscheinwerfer eingesetzt, die mit ihren 13 Millionen Lux Lichtleistung zugleich die Übergangsfurt ausleuchteten und den deutschen Gegner am anderen Ufer blendeten. Die Soldaten nannten diese Erfindung in Anspielung auf ihren Kommandeur »Monty's Moonlight«.

Montgomerys doppelte Flußüberquerung verlief erfolgreich. Innerhalb von 48 Stunden wurden sechs weitere Brückenschläge im (britischen) Nordabschnitt sowie sieben im (amerikanischen) Südabschnitt der Rheinfront errichtet. Während die Deutschen sich vom Rhein zurückzogen, entnahmen die britischen Enigma-Entschlüssler den geheimen Wehrmachtfunksprüchen, wo genau die Deutschen ihre nächsten Abwehrstellungen zu errichten gedachten; und auch der Plan Hitlers, die nördlich des Ruhrgebiets errichteten Brückenköpfe durch einen Gegenangriff bei Haltern und Dülmen zu zerschlagen, blieb ihnen nicht lange verborgen. Die Alliierten konnten daher den beabsichtigten deutschen Gegenangriff blockieren, noch ehe er richtig begann.

Während am Ostufer des Rheins die Schlacht um Wesel tobte, bemerkte ein kanadischer Sanitätsgefreiter namens F. G. Topham am 24. März, wie zwei seiner Sanitäterkollegen bei dem Versuch, zu einem in offenem, flachem Gelände liegenden Verwundeten durchzukommen, getötet wurden. Es gelang Topham, zu dem Verwundeten zu kriechen und ihn trotz erheblicher eigener Schmerzen infolge einer Gesichtsverletzung durch schweres feindliches Feuer in Sicherheit zu bringen. Entgegen dem Befehl, sich in ärztliche Behandlung zu begeben, bat Topham um die Erlaubnis zur Rückkehr an die Front, wo er noch einmal das unter gegnerischem Feuer liegende offene Gelände überwand und drei Schwerverletzten in einem Panzertransportwagen erste Hilfe leistete. Für diesen Beweis »allerhöchster Tapferkeit« wurde Topham mit dem Victoria Cross ausgezeichnet.

Die alliierten Truppen stießen jetzt zügig weiter vor; ihr Ziel war es, das Ruhrgebiet einzuschließen. Im Zuge dieses Vorstoßes machten sie am 25. März endgültig alle Chancen für einen wirksamen Einsatz von Hitlers neuer Düsenjägerwaffe zunichte, indem sie die wichtigsten Stützpunkte und Flugplätze für Düsenmaschinen im Raum Darmstadt und Frankfurt überrannten. An diesem Tag wagte Churchill auf dem Weg zu einem Besuch bei der 21. Heeresgruppe einen »Besichtigungsflug« entlang des Rheins: Seine Maschine, ein winziges Kurierflugzeug ohne Geleitschutz, startete von einem britischen Rollfeld bei Straelen und folgte dann auf über 200 Kilometer Länge in nur 500 Fuß Höhe dem Flußlauf des Rheins, wobei sie einen Abstecher über das Gebiet östlich der Maas unternahm. Churchills Pilot, Leutnant Trevor Martin, berichtete später, daß er »westlich von uns die Mündungsblitze unserer eigenen Artillerie« sehen konnte. Aus dem engen, nicht mit Funk ausgerüsteten Flugzeug spähte Churchill hinunter auf die deutschen Abwehrbollwerke östlich der Maas und auf die gegenwärtigen britischen und amerikanischen Operationsgebiete östlich des Rheins. »Ich hatte Befürchtungen«, erinnerte sich Martin, »insbesondere die Amerikaner würden nicht merken, daß es sich um eines unserer Flugzeuge handelte.«

Wohlbehalten nach Straelen zurückgekehrt, ließ Churchill sich nach Büderich am Westufer des Rheins chauffieren; von dort aus überquerte er den Fluß in einem amerikanischen Amphibienfahrzeug und betrat für kurze Zeit rechtsrheinischen Boden. Zurück auf dem Westufer, kletterte er über die verbogenen Eisengitterstäbe und die abgebrochenen Betonbrocken der Straßenbrücke von Büderich, während 100 Meter weiter deutsche Granaten in den Fluß zischten. Am Tag darauf überquerte Churchill den Rhein nochmals und verbrachte mehr als eine Stunde auf dem östlichen Ufer. Es war ein Augenblick höchster Genugtuung nach fünfeinhalb Jahren des Kampfes, der Rückschläge und der Gefahren – einer Zeit, in der die Waffen nicht einen Augenblick lang geschwiegen hatten. »Der Rhein mit allen seinen Festungslinien liegt hinter der 21. Armeegruppe«, schrieb er am 26. März in Montgomerys Autogrammalbum und fügte hinzu: »Eine besiegte Armee, bis vor kurzem Herrin Europas, zieht sich vor ihren Verfolgern zurück. Das Ziel wird denen nicht mehr lange verwehrt bleiben, die so weit gekommen sind und unter stolzer und zuversichtlicher Führung so gut gekämpft haben. Vorwärts alle auf flammenden Flügeln zum endgültigen Sieg.«

Am 27. März erklärte Argentinien dem Deutschen Reich und Japan den Krieg; es war das 35. Land, das in den Zweiten Weltkrieg eintrat. Die Deutschen schickten an diesem Tag von der einzigen ihnen noch verbliebenen Abschußrampe bei Den Haag aus zum letztenmal in diesem Krieg V-2-Raketen auf die Reise. Eine von ihnen schlug um 7 Uhr morgens in London ein und tötete in einem Mietshaus an der Vallance Road in Stepney 134 Menschen. In Antwerpen kamen beim Einschlag einer weiteren V 2 27 Personen ums Leben. Eine dritte tötete am Nachmittag in der Ortschaft Orpington in Kent einen britischen Bürger; er war das letzte zivile Kriegsopfer in Großbritannien. Zwei Tage später begab sich das deutsche V-2-Team mit sechzig nicht abgefeuerten Raketen auf den Rückzug gen Osten. In Großbritannien waren dieser »Geheimwaffe« seit September 1944 insgesamt 2855, in Belgien 4483 Menschen zum Opfer gefallen. Hitler hatte in diese Waffe, wie auch in andere neuartige Waffen und wissenschaftliche Errungenschaften, große Hoffnungen gesetzt. Aber in den Jahren, in denen seine Techniker diese Waffen entwickelten, war ihm seine Herrschaft über Europa abhanden gekommen.

KAPITEL 46

Die Achse in Auflösung; die Alliierten im Streit

März – April 1945

In den Kämpfen, die den März über in Ostpreußen und Ungarn tobten, war die Rote Armee einem Feind gegenübergestanden, der, auch wenn er bereits schwer angeschlagen war, lieber bis zum Umfallen kämpfte, als klein beizugeben oder sich zurückzuziehen. An der Ostseeküste, die schon fast bis zur Odermündung bei Stettin in sowjetischer Hand war, hielten sich am 27. März noch Gdingen, Danzig und Königsberg als belagerte deutsche »Festungen« weit hinter der Front. In Ungarn waren bei dem nördlich von Budapest am östlichen Donauufer gelegenen Esztergom Zehntausende deutscher Soldaten eingeschlossen; und am 28. März besetzte die Rote Armee das am Westufer der Donau gelegene Györ, das nur noch 120 Kilometer von Wien entfernt lag.

Die fanatischeren unter den Hitleranhängern sprachen immer noch von Sieg. Am 28. März, dem Tag, als amerikanische Truppen in Marburg und Lauterbach einmarschierten – von hier waren es noch 320 Kilometer bis Berlin –, verkündete der einunddreißigjährige Hitlerjugendführer Arthur Axmann seinen frisch zur Wehrmacht eingezogenen Schützlingen: »Eure Pflicht ist es, zu wachen, wenn andere müde sind. Eure größte Ehre jedoch ist eure unerschütterliche Treue zu Adolf Hitler.«

Treue war im Frühjahr 1945 ein oft gebrauchtes und mißbrauchtes Wort. In Pruszków bei Warschau begab sich am 28. März eine Gruppe nichtkommunistischer polnischer Politiker, denen freies Geleit zugesagt worden war, zu einer Besprechung mit ranghohen sowjetischen Offizieren. Die Polen wurden unmittelbar nach ihrem Eintreffen verhaftet und als Gefangene nach Moskau transportiert. In sowjetische Haft geriet auch Raoul Wallenberg, der sich in Budapest um die Rettung so vieler Juden vor der Deportation nach Deutschland verdient gemacht hatte. Auch er suchte, nachdem die Rote Armee Budapest besetzt hatte, sowjetische Gesprächspartner auf und wurde prompt festgenommen. Nach sowjetischer Darstellung starb er einige Jahre später in einem Moskauer Gefängnis.

Am 29. März eroberten sowjetische Truppen die ungarische Stadt Kapuvár, stießen über die österreichische Grenze vor und näherten sich Wien bis auf 80 Kilometer. In Deutschland besetzten die Amerikaner Frankfurt. Im Konzentrationslager Flossenbürg wurden an diesem Tag mehrere Dutzend alliierter Agenten, darunter englische und französische Staatsangehörige, hingerichtet. Viele sangen auf dem Weg zum Galgen die Marseillaise und riefen »Vive la France!« oder »Vive l'Angleterre!« Einer der an diesem Tag hingerichteten britischen Agenten war Hauptmann Isadore Newman; er hatte in den Wochen nach der Landung in der Normandie hinter den deutschen Linien eine geheime Funkstation betrieben, über die Hunderte von Mitteilungen zwischen dem Hauptquartier der alliierten Streitkräfte und den in Nordfrankreich operierenden Résistance-Gruppen gesendet worden waren. In Gestapohaft hatte Newman trotz schrecklicher Folter keines seiner hochkarätigen Geheimnisse verraten.

Hingerichtet wurde an diesem Tag auch der Kanadier Gustave Bieler, ein weiterer britischer Agent, der sich beim Absprung über Frankreich schwere Verletzungen zugezogen hatte. Wie ein deutscher Zeuge des Geschehens später berichtete, hatte Bieler auf seine deutschen Häscher einen so nachhaltigen Eindruck gemacht, daß sie, als der Zeitpunkt seiner Hinrichtung gekommen war, eine Ehrengarde zusammenstellten, die ihn begleitete, als er sich zur Richtstätte schleppte.

Im Lager Buchenwald erhielt an diesem 29. März einer der Häftlinge, Hauptmann Maurice Pertschuk, den Befehl, sich bei der Lagerwache zu melden. Pertschuk war drei Jahre zuvor in Frankreich, wo er im Auftrag des britischen Nachrichtendienstes unterwegs war, verhaftet worden. Als ein Freund ihm riet, sich entgegen dem Befehl nicht bei der Wache zu melden, antwortete er: »Du weißt, was passiert, wenn man einen solchen Befehl verweigert; sie nehmen hundert Geiseln und ermorden sie.« Hauptmannn Pertschuk tat also, wie ihm geheißen wurde – und meldete sich zu seiner Hinrichtung.

Von den 82000 Häftlingen des Lagers Buchenwald starben im Laufe des März 5479 an Krankheiten, Unterernährung und Mißhandlung, was für das erste Quartal 1945 eine Gesamtzahl von 17570 ergab. In Ravensbrück kam es am 30. März, als eine Gruppe jüdischer Frauen zum Richtplatz geführt wurde, zu einem Ausbruchsversuch. Die Frauen stürzten sich auf ihre SS-Bewacher, und neun von ihnen konnten entfliehen. Sie wurden jedoch bald wieder eingefangen und wie die anderen in den Tod geschickt.

Die alliierten Bomber hatten jetzt bei ihren Einsätzen über Deutschland kaum mehr etwas zu befürchten. Am 30. März flogen die Amerikaner einen Tageslichtangriff auf den deutschen U-Boot-Stützpunkt Wilhelmshaven und versenkten die U-96, deren Kapitän Heinrich Lehmann-Willenbrock in den Jahren zuvor 25 alliierte Handelsschiffe mit einer Gesamtverdrängung von 183253 Tonnen auf Grund gebohrt hatte. Für ihn kam jede Rettung zu spät. Ein weiteres deutsches As, der Jägerpilot Hans-Ulrich Rudel, wurde in diesem Monat abgeschossen und verlor dabei sein rechtes Bein. Rudel war der höchstdekorierte Soldat des Dritten Reiches und der einzige Träger des Ritterkreuzes mit Goldenem Eichenlaub, Schwertern und Brillanten. Das Goldene Eichenlaub, das ihm im Januar 1945 verliehen wurde, war eigens für ihn kreiert worden. Auf Rudels Abschußkonto standen 532 sowjetische Panzer, die er bei insgesamt 2530 Flugeinsätzen zerstört hatte. Im März 1944 war er von den Russen schon einmal abgeschossen und festgenommen worden, hatte aber fliehen können.

Am 31. März überschritten französische Truppen bei Speyer und Germersheim den Rhein. Im Pazifik schlossen die Amerikaner an diesem Tag die Eroberung der Kerama-Inselgruppe im Riukiu-Archipel ab. Im Kampf um Kerama Retto waren 530 Japaner und 31 Amerikaner gefallen. Die Amerikaner hatten in dieser Schlacht 350 japanische »Kamikaze-Boote« erbeutet. Einen Tag später, am 1. April, traten die Amerikaner zur größten Landschlacht des Pazifikkrieges an: der Landung auf Okinawa, das ebenfalls zu den Riukiu-Inseln gehörte.

50000 Amerikaner erstürmten am frühen Morgen des 1. April – es war Ostersonntag – einen 13 Kilometer breiten Strandabschnitt auf Okinawa. Doppelt so viele Japaner hatten sich auf der Insel verschanzt, doch trafen die Amerikaner bei der Landung selbst auf keinen Widerstand, was bei ihnen verfrühte Siegeshoffnungen weckte. Dann aber attackierten die Japaner mit der wilden Kampfentschlossenheit von Männern, die ihr Vaterland verteidigten, den amerikanischen Brückenkopf. In zwölftägigen unerbittlichen Kämpfen konnten die Amerikaner ganze 3 Kilometer Geländegewinn erzielen. Die Eroberung Okinawas war jedoch die notwendige Voraussetzung für einen erfolgreichen Invasionsversuch auf den japanischen Hauptinseln selbst, deren südlichste nur 600 Kilometer von Okinawa entfernt war.

Die Schlacht um Okinawa sollte 82 Tage dauern; 180000 US-Soldaten griffen direkt in die Kämpfe ein, weitere 368000 leisteten Unterstützung. Gekämpft wurde mit gnadenloser Härte – Mann gegen Mann, Bajonett gegen Bajonett. Wieder einmal suchten die Japaner geradezu den Heldentod; in den letzten Tagen der Schlacht jedoch zogen es immerhin mehr als 7000

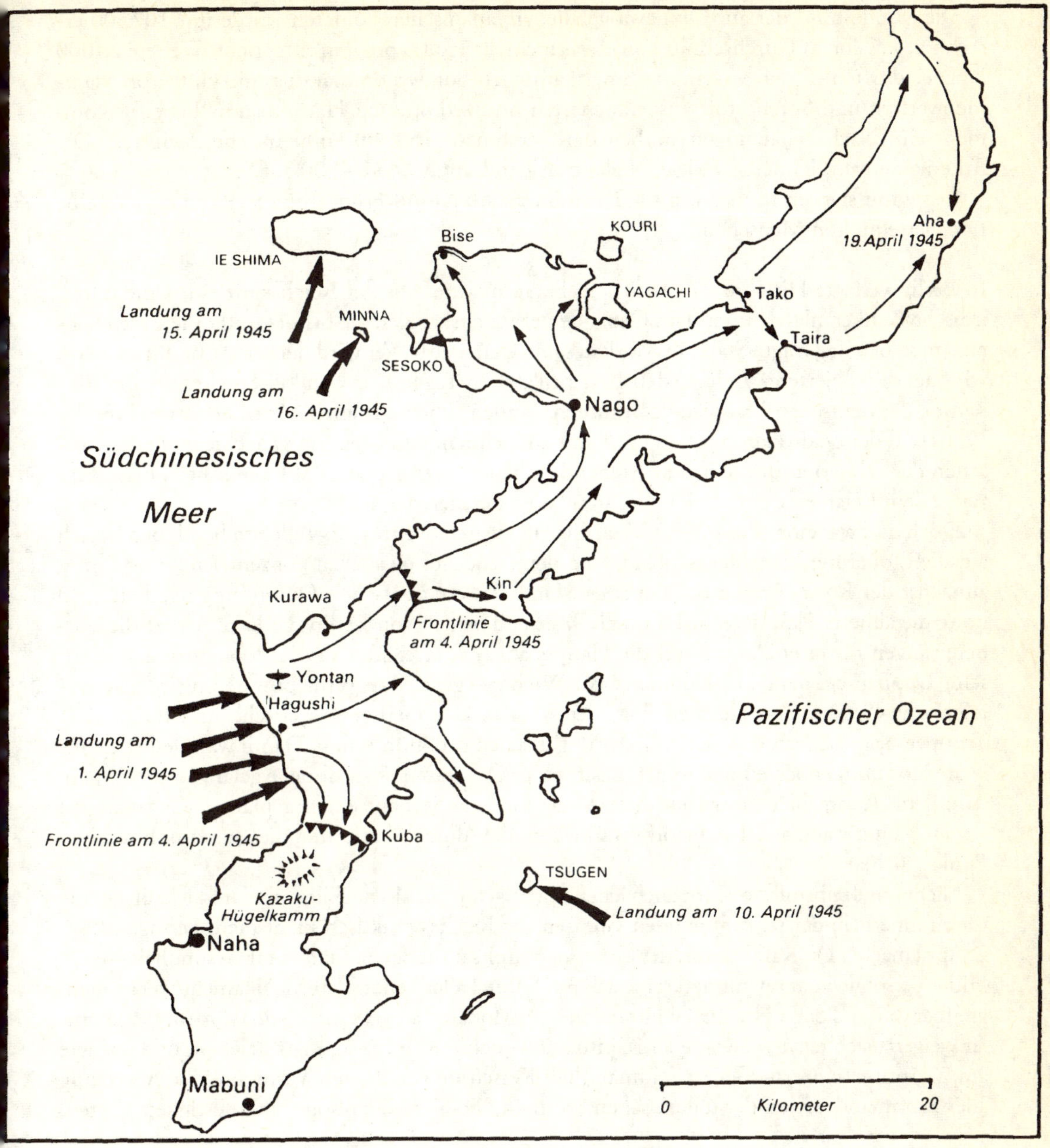

Die Landung auf Okinawa, 1. – 23. April 1945

von ihnen vor, sich gefangennehmen zu lassen. Fast jeder amerikanische Soldat, der den Japanern in die Hände fiel, wurde danach getötet. In den Gewässern vor Okinawa wurden 34 amerikanische Kriegsschiffe versenkt, viele durch Kamikaze-Angriffe. Insgesamt flogen die Japaner 1900 Kamikaze-Attacken. Außerdem wurden im Verlauf der Kämpfe 5900 japanische Flugzeuge abgeschossen, während die Amerikaner 763 Maschinen verloren.

Die Mindestzahl der auf Okinawa gefallenen japanischen Soldaten wurde mit 107500 errechnet, was einem Durchschnitt von etwas mehr als 13000 pro Tag entspricht. Weitere 20000 Japaner dürften in den vielen von amerikanischen Sonderkommandos mit Hilfe von Flammenwerfern und Sprengstoff ausgeräucherten und zerbombten Häusern ums Leben gekommen sein. Nach Schätzungen starben darüber hinaus 150000 einheimische Zivilisten. Die Amerikaner verzeichneten 7613 Gefallene an Land und weitere 4900 auf See.

Insgesamt starben in und um Okinawa im Frühling und Frühsommer 1945 mehr als eine Dreiviertelmillion Menschen.

In Berlin verlegte Hitler am 1. April sein Hauptquartier aus der Reichskanzlei in eine unterirdische Bunkeranlage hinter dem Gebäude der Reichskanzlei, die bis tief unter die Erde reichte. Am selben Tag fragte Stalin in Moskau seine Generäle: »Wer wird denn jetzt Berlin erobern, wir oder die Alliierten?« Er legte den 16. April als den Tag fest, an dem die Sowjets mit der Einnahme der deutschen Hauptstadt beginnen würden. Ebenfalls am 1. April erklärte Himmler Vertretern der Stadt Hamburg, es sei damit zu rechnen, daß Meinungsverschiedenheiten zwischen den Alliierten und der bevorstehende Einsatz einer großen Zahl deutscher Düsenflugzeuge dem Reich eine entscheidende Atempause bescheren würden.

Doch dies war eine Illusion; die Westalliierten waren, wenn auch widerstrebend, bereit, sich auf die Eroberung Mitteldeutschlands und der Tschechoslowakei zu konzentrieren und Berlin zunächst der Roten Armee zu überlassen. Und was die deutschen Düsenflugzeuge betraf, so holte die alliierte Flak sie vom Himmel. Während östlich von Berlin die Rote Armee die Vorbereitungen für ihren Angriff auf die Hauptstadt traf, erreichten an der Donaufront sowjetische Truppen bei dem 110 Kilometer vor Wien gelegenen Hegyeshalom die ungarisch-österreichische Grenze. Am gleichen Tag, dem 2. April, eroberten sowjetische und bulgarische Truppen Nagykanizsa, das Zentrum der ungarischen Erdölförderung. Damit war Deutschlands letzte Hoffnung, noch einmal in den Besitz einer Öl- und Treibstoffquelle gelangen zu können, dahin. Im Ruhrgebiet mußte an diesem Tag General Student einen geplanten Gegenangriff wegen Mangels an Panzertreibstoff verschieben; die Alliierten erfuhren dies aus entschlüsselten Funksprüchen.

Nicht nur Treibstoff, sondern auch lebenswichtige medizinische Hilfsmittel und Medikamente waren innerhalb der schrumpfenden Grenzen des Reiches praktisch nicht mehr verfügbar. Am 2. April machte Dr. Karl Brandt, der Generalkommissar für das Sanitäts- und Gesundheitswesen, Hitler persönlich darauf aufmerksam, daß ein Fünftel aller benötigten Medikamente nicht mehr greifbar war und daß weitere zwei Fünftel in zwei Monaten aufgebraucht sein würden. Doch Hitler weigerte sich nach wie vor, eine Kapitulation auch nur in Erwägung zu ziehen, und ordnete am 2. April in einer an Generalfeldmarschall Kesselring gerichteten Verfügung die Absetzung aller Kommandeure an der italienischen Front an, die nicht die nötige Standfestigkeit zeigten.

In London betrachtete Churchill mit Besorgnis den sowjetischen Vormarsch und insbesondere die Entwicklung in Polen, wo deutlich geworden war, daß die von Stalin vor nicht einmal drei Monaten in Jalta versprochenen freien Wahlen nicht stattfinden würden. Schon am 23. März hatte Roosevelt nach Lektüre der Berichte Averell Harrimans aus Moskau einem engen Freund anvertraut: »Averell hat recht. Man kann mit Stalin keine Geschäfte machen. Er hat jede einzelne der Zusagen, die er in Jalta gemacht hat, gebrochen.« Am 2. April wandte sich Churchill in einem Telegramm direkt an General Eisenhower und schlug vor, die Westalliierten sollten möglichst rasch in Richtung auf Berlin vorrücken. »Ich halte es für äußerst wichtig«, schrieb er, »daß wir den Russen so weit östlich wie möglich die Hände schütteln.«

Am 3. April schlossen die Truppen der Westalliierten ihren Belagerungsring um das Ruhrgebiet. Tag für Tag machten sie 15 000 bis 20 000 Gefangene. Es war abzusehen, daß in spätestens zwei Monaten ganz Deutschland erobert sein würde. Churchill nannte an diesem Tag den 31. Mai als den Termin, »auf den wir jetzt hinarbeiten sollten«, und fügte noch hinzu: »Es könnte gut sein, daß das Ende schon vorher kommt«, möglicherweise schon »am 30. April«. Das politische und ideologische Zerwürfnis über Polen trübte freilich die angloamerikanische Vorfreude auf den Sieg. »Der Wandel in der russischen Haltung und Atmosphäre seit Jalta ist gravierend«, schrieb Churchill am 3. April an die Stabschefs. Den Vertretern der Kronkolonien und Indiens, die an diesem Tag der Sitzung des Kriegskabinetts in London beiwohnten, eröffnete Churchill, daß die »Beziehungen zu Rußland, die auf der Krim-Konferenz noch so vielversprechend ausgesehen hätten, in den Wochen danach abgekühlt seien. Es hätten sich ernste Probleme in bezug auf die polnische Frage aufgetan, und es erscheine jetzt möglich, daß Rußland nicht mehr bereit sei, mit ganzer Kraft an der Konferenz über die vorgeschlagene neue Weltorganisation in San Francisco mitzuwirken. Es sei keineswegs klar, daß wir die Russen als einen positiven Einflußfaktor oder als einen gutwilligen Partner bei der Bewahrung des Weltfriedens einplanen könnten. Dabei werde Rußland nach Kriegsende in ganz Europa eine gewichtige Macht- und Einflußposition einnehmen.«

Die Furcht vor einer sowjetischen Vorherrschaft in Europa änderte freilich nichts daran, daß am 3. April unter dem Decknamen »Mail Post« ein letztes Paket britischer und amerikanischer Hilfeleistungen für die Sowjetunion verabschiedet wurde. Im Rahmen dieser Vereinbarung sollten die Sowjets in der Folge mehr als 1000 Jagdflugzeuge, 240 000 Tonnen Flugbenzin und 24 000 Tonnen Kautschuk aus Großbritannien sowie mehr als 3000 Flugzeuge, 3000 Panzer, 9000 Jeeps, 16 000 Waffentransportfahrzeuge und 41 436 Lastwagen aus den Vereinigten Staaten erhalten, ferner Maschinen und andere Ausrüstung im Wert von knapp zwei Milliarden Dollar.

Am 3. April näherte sich eine amerikanische Panzerdivision der thüringischen Stadt Gotha. Unter den dieser Division zugeteilten Kriegsberichterstattern befand sich der jüdische Romancier Meyer Levin, der später beschrieb, wie er und seine Begleiter auf eine Gruppe »lebender Leichen« am Straßenrand aufmerksam wurden. »Sie glichen niemandem, den wir je gesehen hatten«, schrieb Levin. »Skelette mit fiebrigen eingesunkenen Augen, rasierten Schädeln.« Sie gaben sich als Polen zu erkennen und baten Levin und die anderen, sie zu dem Ort zu begleiten, wo sie als Gefangene gehalten worden waren. Sie sprachen von einem »großen Loch«, in dem Menschen begraben worden seien, und von »Todeskommandos«.

Am Morgen danach betraten amerikanische Soldaten das Lager, von dem die Polen gesprochen hatten. Die Ortschaft, bei der es sich befand, hieß Ohrdruf, und gleich nach Passieren des Tors stießen die Besucher auf Hunderte von Leichen in gestreifter Häftlingskleidung, die alle mit einem Schuß in den Hinterkopf getötet worden waren. In einer Baracke fanden sich weitere nackte Leichen, die aufeinandergestapelt worden waren. Sie waren »flach und gelb wie Brennholz«, wie Levin später berichtete.

Wie bald deutlich wurde, war Ohrdruf weder ein Arbeitslager noch ein Kriegsgefangenenlager; vielmehr war es ein Lager, in dem im Verlauf der vergangenen drei Monate 4000 Menschen gestorben oder ermordet worden waren. Hunderte waren erst kurz vor Ankunft der Amerikaner erschossen worden. Manche der Opfer waren Juden, andere polnische und russische Kriegsgefangene. Sie alle waren als Zwangsarbeiter bei der Errichtung einer großen unterirdischen Funk- und Telefonzentrale eingesetzt gewesen, die für den Fall bestimmt war, daß die Wehrmachtführung sich aus Berlin zurückziehen müßte.

Unter den in Ohrdruf Internierten war ein junger polnischer Jude namens Leo Laufer gewesen. Vier Tage vor der Befreiung des Lagers, als dessen Räumung gerade begonnen hatte, war ihm zusammen mit drei Mithäftlingen die Flucht gelungen. Vier Tage lang hatten die vier sich in den Hügeln um Ohrdruf versteckt gehalten. Als dann die Amerikaner und die Kriegsberichterstatter kamen, hatte Laufer ihnen den Weg zum Lager gewiesen. Bei vielen der Toten, die sie fanden, handelte es sich um Häftlinge, die vier Tage zuvor noch in der Krankenbaracke des Lagers gelegen hatten.

Die Leichenfunde von Ohrdruf lösten in England und Amerika Abscheu und Empörung aus. Eisenhower besuchte das Lager und war so entsetzt, daß er Churchill anrief, ihm schilderte, was er gesehen hatte, und ihm dann auch noch Fotografien der Leichenberge zuschicken ließ. Churchill zeigte die Aufnahmen allen Mitgliedern des britischen Kabinetts.

An demselben 4. April, an dem die Amerikaner das Lager Ohrdruf entdeckten und einen ersten grauenerregenden Blick hinter die Kulissen des SS-Staates taten, sah General Student sich wegen anhaltenden Treibstoffmangels gezwungen, den geplanten und zwei Tage zuvor bereits verschobenen Gegenangriff auf die das Ruhrgebiet belagernden alliierten Truppen ganz abzublasen. Es gab jetzt keinen Frontabschnitt mehr, den die Westalliierten nicht hätten durchstoßen können. Die sorgfältige Auswertung des deutschen Funkverkehrs erlaubte es den Alliierten darüber hinaus, jeden deutschen Sinneswandel und jeden geplanten Gegenangriff frühzeitig zu erkennen. So wurden beispielsweise streng geheime Weisungen, die sich auf einen für den 6. April geplanten massiven deutschen Gegenstoß von Mühlhausen aus in Richtung Eisenach bezogen, in England so rechtzeitig entschlüsselt, daß die Amerikaner Gegenmaßnahmen treffen und den Angriff zurückschlagen konnten.

Die Rote Armee stand jetzt bereits in den östlichen Vororten von Wien und traf weiter nördlich Anstalten für die Eroberung Berlins. Am Himmel führten die letzten Reste der einst so stolzen deutschen Luftwaffe einen aussichtslosen Kampf gegen die tagtäglich in Massen anrückenden alliierten Bomber- und Jagdverbände. Am 4. April wurde über der Ostfront Hermann Graf abgeschossen; er hatte bis dahin an der Ostfront 202 sowjetische Flugzeuge abgeschossen und war dafür mit dem begehrten Ritterkreuz mit Eichenlaub, Schwertern und Brillanten belohnt worden. Jetzt mußte auch er, als Kriegsgefangener in den Osten verschleppt, ohnmächtig dem Untergang der deutschen Herrschaft am Boden und in der Luft zusehen.

Churchill hatte ein Ende des Krieges in Europa am 30. April als möglich bezeichnet. Im Pazifik war mit einer weitaus längeren Kriegsdauer zu rechnen. Am 5. April begannen die Amerikaner dort mit den Planungen für die Operation »Olympic«, die Landung auf Kiuschu, der südlichsten der japanischen Hauptinseln; als Termin hierfür wurde der 1. November 1945 gewählt. Anschließend sollte Operation »Coronet« folgen, die Invasion auf Honschu, der größten japanischen Insel, die am 1. März 1946 stattfinden sollte. Dabei wollte man auch Truppen einsetzen, die nach der Niederwerfung Deutschlands aus Europa abgezogen werden könnten. Die alliierten Stabschefs rechneten damit, daß beide Landungsoperationen mit außerordentlich erbitterten und blutigen Kämpfen einhergehen würden. In dieser Annahme sahen sie sich bestärkt, als die japanische Luftwaffe am 6. April vor Okinawa eine Kamikaze-Operation neuen Typs durchführte, bei der sich 355 Selbstmordpiloten in einem geschlossenen Pulk auf einen amerikanischen Schiffsverband stürzten. Sie erzielten einen durchschlagenden Erfolg: Zwei Zerstörer, zwei Munitionstransporter und ein gepanzertes Landungsboot wurden versenkt – allerdings um den Preis des Verlustes von 355 Flugzeugen und Piloten.

Zu einer Kamikaze-Aktion anderer Art kam es am 7. April: Das mit 72800 Tonnen Wasserverdrängung größte Schlachtschiff der Welt, die *Yamamoto,* die gerade noch genug Treibstoff hatte, um Okinawa anlaufen zu können, näherte sich in selbstmörderischer Absicht einer amerikanischen Transportflotte. Es gelang ihr jedoch nicht, mit ihren 18-Zoll-Geschützen Unheil anzurichten: Von neunzehn amerikanischen Lufttorpedos durchbohrt, versank die *Yamamoto* und riß 2498 ihrer Besatzungsmitglieder in den Tod. Und auch ihre Begleitschiffe, der Kreuzer *Yahagi* und vier Zerstörer, konnten versenkt werden. Auf dem Kreuzer kamen 446 Mann ums Leben, auf dem Zerstörer 721. Von den 376 an der Operation beteiligten amerikanischen Flugzeugen gingen nur zehn verloren.

Auch die Deutschen griffen jetzt zu Kamikaze-ähnlichen Methoden: Am 7. April attackierte ein deutscher Jagdfliegerpulk eine amerikanische Bomberflotte; die Deutschen verloren bei diesem Verzweiflungsangriff 133 Maschinen und konnten lediglich 23 US-Bomber abschießen. In Jugoslawien räumten die deutschen Truppen an diesem Tag Sarajewo und begannen sich von der dalmatinischen Küste zurückzuziehen. In der Tschechoslowakei fiel Preßburg an die Rote Armee, während in Österreich die Schlacht um Wien weiterging. In Schlesien wurden die deutschen Verteidiger der belagerten »Festung« Breslau systematisch aufgerieben.

Trotz des herannahenden Endes ließ Hitlers Entschlossenheit, seine Feinde zu vernichten, nicht nach. Am 8. April wurde in Sachsenhausen Hans von Dohnány ermordet, und einen Tag später endeten in Flossenbürg Admiral Canaris, General Oster und Dietrich Bonhoeffer am Galgen. Im Gefängnis Plötzensee in Berlin wurde, ebenfalls am 9. April, Ewald von Kleist-Schmenzin enthauptet. Er hatte bereits 1932 den Nationalsozialismus als »wahnsinnig« und als »den tödlichen Feind unserer Lebensauffassung« bezeichnet. 1944 hatte er sein Landgut Schmenzin als Treffpunkt für mehrere deutsche Widerstandsgruppen zur Verfügung gestellt. Unter den Zehntausenden von Häftlingen, die im Konzentrationslager Dachau ihrer Befreiung harrten, war Johann Georg Elser, der Kunsttischler, der im November 1939 ein Sprengstoffattentat auf Hitler verübt hatte. Doch am 9. April wurde er auf Befehl Himmlers ermordet.

In Italien brachte der 9. April einen erneuten alliierten Ansturm auf die deutsche »Grüne Linie«, an dem britische, amerikanische, polnische, indische, neuseeländische, südafrikanische und brasilianische Verbände sowie ein Kontingent der Jüdischen Brigade beteiligt waren. An diesem Abend befahl der Kommandant der »Festung« Königsberg, General Otto Lasch, seinen Truppen, sich zu ergeben; bei der Verteidigung der belagerten Stadt waren bis dahin 42000 seiner Männer gefallen und 92000 in Gefangenschaft geraten. Der Schlacht um Königsberg waren außerdem 25000 deutsche Zivilisten, ein Viertel der gesamten Einwohnerschaft, zum Opfer gefallen: die NS-Behörden hatten ihre Evakuierung abgelehnt. In der darauffolgenden Nacht ließ Hitler an die wenigen noch intakten deutschen Funkposten in Ostpreußen den Befehl übermitteln: »General Lasch ist sofort als Verräter zu erschießen.« Aber Lasch war bereits sowjetischer Kriegsgefangener.

Westlich von Berlin sahen sich die alliierten Truppen am 9. April mit einer deutschen Armee konfrontiert, die unter dem Kommando von General Wenck stand und im Harz starke Abwehrstellungen bezogen hatte. Hitler setzte große Hoffnungen auf Wenck, der nicht nur den alliierten Vormarsch stoppen sollte, sondern auch rasch in das 160 Kilometer entfernte Berlin zurückbeordert werden konnte, falls sich die Sowjets der Hauptstadt bedrohlich nähern sollten. Neun Tage später jedoch waren Wenck und seine Truppen umzingelt und konnten damit den angloamerikanischen Truppen nicht mehr gefährlich werden, die nun ostwärts auf Halle und die Elbe vorrückten.

Nördlich von Berlin begann am 10. April das später so genannte »große Düsenjäger-Massaker«: der Abschuß von vierzehn deutschen Düsenflugzeugen durch amerikanische Jäger über Oranienburg. Am selben Tag erfuhrt die britische Öffentlichkeit aus dem Mund ihres Premierministers, wie viele Opfer der Krieg ihr Land zwischen September 1939 und Februar 1945 gekostet hatte: Im Kampf zu Lande, zu Wasser und in der Luft gefallen waren 216287 Soldaten; Luftangriffen auf Großbritannien (einschließlich der V-1- und V-2-Angriffe) waren 59793 Zivilisten zum Opfer gefallen; dazu kamen noch 30179 getötete Seeleute der Handelsflotte. Insgesamt hatten die Briten also mehr als 300000 Tote zu beklagen.

Am 11. April unterzeichneten die Sowjetunion und Jugoslawiens starker Mann Tito einen Vertrag über gegenseitige Freundschaft, Hilfe und Zusammenarbeit nach Kriegsende. Die Rote Armee war jetzt in Besitz von ganz Ungarn sowie der östlichen Tschechoslowakei. In Wien stießen sowjetische Truppen an diesem Tag ins Stadtzentrum vor. Aber auch die Westalliierten erzielten weitere Bodengewinne: Amerikanische Truppen erreichten am 11. April südlich von Wittenberg die Elbe; von hier aus betrug die Entfernung zum Stadtzentrum der Reichshauptstadt Berlin 135 Kilometer. Allein, nach Rücksprache mit dem sowjetischen Oberkommando gab General Eisenhower die Zusage, daß die amerikanischen Truppen nicht weiter auf Berlin vorrücken, sondern sich in Richtung Sachsen orientieren würden. Am 11. April erhielt die Leitung des Konzentrationslagers Buchenwald einen Anruf vom Gestapohauptquartier in Weimar; die Gestapo kündigte die Lieferung von Sprengstoff an, mit dem das Lager samt seinen Insassen in die Luft gesprengt werden sollte. Doch die Lagerleitung hatte bereits das Weite gesucht und die verbliebenen Bewacher waren von den Häftlingen überwältigt worden. Danach hatten sie selbst die »Leitung« des Lagers übernommen und konnten daher den Anrufern von der Weimarer Gestapo erklären: »Vielen Dank, aber das ist nicht notwendig, das Lager ist bereits gesprengt worden.«

Wenige Stunden später trafen amerikanische Truppen in Buchenwald ein, wo sich ihnen der erschütternde Anblick ausgezehrter Leichen und halbverhungerter Überlebender bot. Elie Wiesel, einer der Häftlinge von Buchenwald, schrieb später: »Ihr wart unsere Befreier, doch wir, die Kranken, Ausgemergelten, kaum mehr wie Menschen aussehenden Überlebenden waren eure Lehrer. Wir lehrten euch, das Königreich der Nacht zu verstehen.«

KAPITEL 47
Der Tod Roosevelts, Mussolinis und Hitlers
April 1945

Am 12. April starb Präsident Roosevelt in seinem Haus in Warm Springs in Georgia. Schlachterprobte amerikanische Soldaten weinten, als sie es erfuhren. Die NS-Führung jubelte. »Das«, erklärte Goebbels, »ist der Wendepunkt.« Derselben Ansicht war Alfons Heck, ein Hitlerjugendführer, der im weit hinter der amerikanischen Front gelegenen Wittlich die Nachricht im Radio eines US-Soldaten hörte. »Ich teilte Josef Goebbels' kurzlebige Illusion«, schrieb er später, »daß nach [Roosevelts] Abgang sein Nachfolger Harry Truman einen Waffenstillstand anstreben oder vielleicht sogar mit uns gemeinsame Sache gegen die Sowjets machen würde.«

Die Japaner auf Okinawa münzten den Tod Roosevelts in ein Zeichen dafür um, daß ihre selbstmörderische Kriegführung sich auszahlte. »Plötzlicher Tod des Präsidenten Roosevelt«, verkündete ein japanisches Flugblatt und fuhr in suggestiver Frageform fort: »›Selbstmord‹, weil er sich für die Niederlage in Okinawa verantwortlich fühlte? ›Mord‹, weil man ihm die Schuld an der Niederlage gab?«

Doch trotz der Verbissenheit der Gefechte zu Lande und der fortdauernden Kamikaze-Attacken auf See gab es keine Anzeichen für eine amerikanische Niederlage. Der Zufall wollte es, daß just an diesem 12. April die amerikanische Öffentlichkeit erstmals von der Existenz der japanischen Kamikaze-Piloten erfuhr, aus der die US-Militärs bis dahin ein Geheimnis gemacht hatten.

Als die Japaner in dieser Nacht auf Okinawa am Kakazu-Hügelkamm zu einem Gegenangriff antraten, unternahm ein amerikanischer Stabsfeldwebel namens Beaufort T. Anderson ganz allein einen Ausfall; seine Handgranaten schleudernd, kämpfte er sich vorwärts. Als er keine Handgranaten mehr hatte, nahm er Mörsergranaten, die er in Ermangelung eines Mörsers von Hand zündete, indem er sie gegen ein Felsstück schlug, bis die Zündnadel sich löste. Vierzehn Granaten »feuerte« er auf diese Weise den anrückenden Japanern entgegen. Anderson überlebte. Für die Art und Weise, wie er es geschafft hatte, diesen Angriff abzuwehren, verlieh der US-Kongreß ihm die Medal of Honour.

Ein anderer Teilnehmer der Schlacht um die Kakuzu-Linie, der diese Ehrenmedaille des Kongresses erhielt, war der Sanitäter Desmond T. Doss, welcher als Mitglied der Adventistengemeinde ablehnte, eine Waffe in die Hand zu nehmen. Beim Kampf um einen exponierten Gipfel des Hügelkamms blieb er als einziger unverletzt und schleppte fünfzig verwundete Männer einen nach dem anderen an den Rand eines 10 Meter tiefen Abgrunds, wo er sie an einem Seil in die sichere Deckung hinabließ.

In Deutschland erbeuteten die Amerikaner am Tag von Roosevelts Tod in der Ortschaft Stadtilm bei Erfurt einen der beiden deutschen Vorräte mit schwerem Wasser. Damit war klar, daß die Deutschen im Laufe der nächsten Monate keine Atombombe würden entwickeln können. Einen Tag später, am 13. April, ließ Hitler von seinem unterirdischen Bunker in Berlin aus eine Proklamation an die deutschen Truppen an der Ostfront verbreiten. Die rettende Wende sei in Sicht. Berlin werde deutsch bleiben. Wien, das die Russen gerade an diesem Tag endgültig erobert hatten, werde bald wieder deutsch sein. »Eine gewaltige Artillerie empfängt den Feind«, versprach Hitler und fügte wider besseres Wissen hinzu: »Die Ausfälle unserer Infanterie sind durch zahllose neue Einheiten ergänzt.«

Selbst in dieser Stunde, als es für die deutsche Wehrmacht fünf Minuten vor zwölf war, wurden zahlreiche Einheiten noch für die Beaufsichtigung, den Transport und die Ermordung von Juden eingesetzt. »In einer Nacht machten wir in der Nähe der Stadt Gardelegen halt«, berichtete Menachem Weinryb, ein Überlebender der Todesmärsche aus Auschwitz, über die Ereignisse vom 13. April. »Wir legten uns auf ein Feld, und mehrere Deutsche gingen weg, um sich über das weitere Vorgehen zu beraten. Sie kehrten zurück mit einer großen Schar junger Leute von der Hitlerjugend und mit Polizisten aus der Stadt. Sie jagten uns alle in eine große Scheune. Da wir 5000 bis 6000 Leute waren, brach die Wand der Scheune unter dem Druck der Menschenmasse zusammen, und viele von uns flohen. Die Deutschen gossen Benzin aus und steckten die Scheune in Brand. Mehrere tausend Menschen verbrannten bei lebendigem Leib.« Die Geflohenen versteckten sich in dem nahe gelegenen Wald »und hörten die herzzerreißenden Schreie der Opfer«.

Einige der in der Scheune gefangenen Juden hatten versucht, sich zu retten, indem sie sich unter den Grundmauern hindurchgruben. Aber als ihre Köpfe draußen aus dem Boden auftauchten, trafen sie die Schüsse der Deutschen, die die Scheune umstellt hatten.

»Mehr als ein Ende des Krieges«, hieß es im Text der Rede, die Roosevelt anläßlich des alljährlichen Banketts zum Jefferson-Tag am 13. April in Washington hatte halten wollen, »wünschen wir uns ein Ende der Anfänge aller Kriege – ja, ein Ende dieser brutalen, unmenschlichen und durch und durch unzweckmäßigen Methode, die Meinungsverschiedenheiten zwischen Staaten zu regeln.« Freilich, nicht nur Meinungsverschiedenheiten zwischen Staaten, sondern ein blutiger Rassenhaß hatte sich in den 2000 Kriegstagen zwischen Hitlers Überfall auf Polen und Roosevelts Tod entladen. Dies wurde in der dritten Aprilwoche nur allzu deutlich, als ein Lager nach dem anderen von der Front überrollt wurde – und auch die Scheune von Gardelegen, in der die Amerikaner die verkohlten Leichen der Häftlinge von Auschwitz fanden. In Bergen-Belsen führte der sadistische Lagerkommandant Josef Kramer die britischen Soldaten, die als erste das Lager erreichten, auf einen »Besichtigungsrundgang«, wobei er gegenüber den schrecklichen Szenen, die sich seinen »Gästen« boten, offenbar völlig unempfindlich blieb.

Der 15. April war der Tag, an dem die ersten britischen Panzer in Bergen-Belsen einrollten. Zufällig waren unter den Besatzungen dieser ersten Panzer drei Juden. Die überlebenden Lagerinsassen aber konnten nicht fassen, was nun eingetreten war: »Wir, die Verängstigten und Abgemagerten des Lagers, glaubten nicht an unsere Befreiung«, erinnerte sich später der jüdische Häftling Josef Rosensaft. »Es erschien uns wie ein Traum, der bald wieder der grausamen Wirklichkeit weichen würde.«

Die »grausame Wirklichkeit« kehrte in der Tat rasch wieder zurück, als die britische Panzervorhut wieder abrückte, um deutsche Truppenteile zu verfolgen. In den nachfolgenden 48 Stunden stand das Lager nur nominell unter britischer Kontrolle, während tatsächlich 1500 ungarische Soldaten, die schon zuvor als Wachmannschaften im Lager stationiert gewesen waren, das Kommando hatten. Sie erschossen in dem kurzen Zeitraum 72 jüdische und elf nichtjüdische Lagerinsassen wegen so schwerer »Vergehen« wie des Diebstahls von Kartoffelschalen aus der Küche.

30 000 Häftlinge befanden sich zum Zeitpunkt der endgültigen Befreiung im Lager Bergen-Belsen, darunter 1500 jüdische Überlebende aus Auschwitz, 1000 wegen oppositioneller Handlungen gegen die Nazis Inhaftierte, einige hundert Zigeuner, 160 Zivilisten aus Luxemburg, die sich dort gegen die deutsche Besatzungsmacht betätigt hatten, 120 niederländische

Antifaschisten und Jugoslawen, Franzosen, Belgier, Tschechen, Griechen sowie Russen und Polen, die stärker als alle anderen vertreten waren.

Als 48 Stunden nach der Vorhut die Hauptmasse der britischen Truppen in Bergen-Belsen eintraf, stießen sie sogleich auf die Spuren des Massenmordes. Bei 10000 noch nicht begrabenen Leichen war Verhungern als häufigste Todesursache zu erkennen. Auch nach der Befreiung des Lagers starben eine Woche lang noch Tag für Tag rund 300 Insassen an Typhus und Unterernährung. Und obwohl die Briten alsbald in beträchtlichem Umfang ärztliche Hilfe, Personal und Lebensmittel bereitstellten, lag auch nach mehr als zwei Wochen die Sterberate noch bei sechzig pro Tag.

»Überall um mich her fielen Menschen tot um«, schrieb der britische Offizier Patrick Gordon-Walker über seinen ersten Tag im Lager Bergen-Belsen, »Menschen, die wandelnde Knochengerüste waren.« Und er gab eine Szene wieder, deren Zeuge ein britischer Soldat geworden war. »Eine Frau kam auf einen Soldaten zu, der das Milchlager bewachte und die Milch an die Kinder ausgab, und bat um Milch für ihren Säugling. Der Mann nahm den Säugling und sah, daß er seit Tagen tot sein mußte, so schwarz und verschrumpelt war sein Gesicht. Die Frau aber bat weiter um Milch. So träufelte er etwas auf die toten Lippen. Die Mutter strahlte vor Freude und trug ihren Säugling beglückt fort. Nach ein paar Metern strauchelte sie und fiel tot zu Boden.«

Etwa 35000 Leichen zählten die Briten in Bergen-Belsen; die Zahl lag um 5000 höher als die der lebenden Häftlinge im Lager. Unter letzteren waren viele, die so geschwächt waren, daß sie nicht einmal aufstehen konnten, um ihre Befreier zu begrüßen. Unter ihnen befand sich Harold Le Druillenec, der von einer der britischen Kanalinseln stammte; er war nach Bergen-Belsen gekommen, weil er zwei russischen Kriegsgefangenen Unterschlupf gewährt hatte. Seine Schwester Louisa Gould, die wegen ihrer Mithilfe bei diesem Vergehen ebenfalls deportiert worden war, war von Bergen-Belsen nach Ravensbrück verlegt worden und dort gestorben.

An dem Tag, an dem die britischen Panzer in Bergen-Belsen auftauchten, wurden in Ravensbrück und Sachsenhausen 17000 Frauen und 40000 Männer Richtung Westen in Marsch gesetzt. Ein Mitarbeiter des Roten Kreuzes, der den Abmarsch der Frauen aus Ravensbrück zufällig miterlebte, schrieb in seinem Bericht: »Als ich mich ihnen näherte, konnte ich erkennen, daß sie eingesunkene Wangen, aufgetriebene Bäuche und geschwollene Knöchel hatten. Ihre Hautfarbe war gelblich. Ganz plötzlich erschien eine ganz Marschkolonne dieser armen Teufel, die dem Hungertod nahe waren. In jeder Reihe wurde eine kranke Frau von ihren Mithäftlingen gestützt oder getragen. Eine junge SS-Aufseherin mit einem Polizeihund an der Leine führte die Kolonne an, gefolgt von zwei Mädchen, die die armen Frauen mit Beschimpfungen überhäuften.«

Hunderte von Frauen starben auf dem Marsch aus Ravensbrück vor Entkräftung, weitere Hunderte wurden am Wegesrand erschossen. Einige wurden auch von alliierten Bomben getötet, die für die Zerstörung deutscher Nachschub- und Verkehrsverbindungen gedacht waren. Eines dieser Bombenopfer war Mila Racine, eine einundzwanzigjährige Französin, die im Oktober 1943 der Gestapo in die Hände gefallen war, als sie mit einer Kindergruppe in Richtung Schweizer Grenze unterwegs war. Sie war später nach Auschwitz deportiert worden. Nachdem sie so vieles durchgemacht und überlebt hatte, besiegelte auf einer deutschen Landstraße eine alliierte Bombe ihr Schicksal.

Am 15. April eroberten kanadische Truppen Arnheim, das sieben Monate zuvor Schauplatz eines mißlungenen alliierten Fallschirmjägerangriffs gewesen war. Hitlers Geliebte, Eva Braun, traf an diesem Tag in Berlin ein, um ihrem Führer in seinem Bunker beizustehen; bei der Ab-

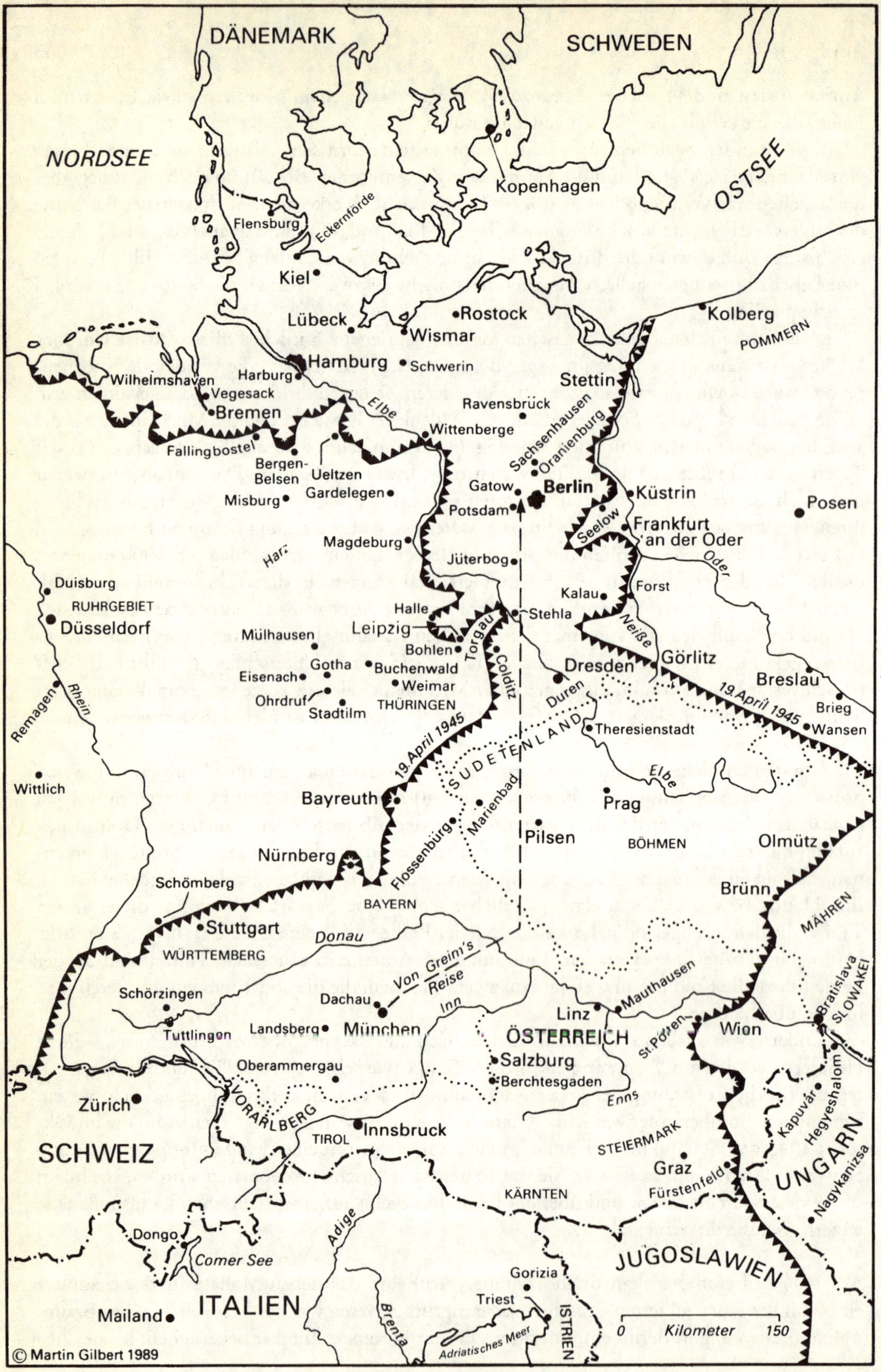

Vom Rhein bis zur Elbe, April 1945

reise aus dem vergleichsweise sicheren München hatte sie zu einer Freundin gesagt: »Ein Deutschland ohne Adolf Hitler wäre es nicht wert, darin zu leben.«

Am 15. April starteten die Deutschen südlich von Uelzen einen Gegenangriff auf die amerikanische Front; sie hofften, der im Harz eingeschlossenen Armee General Wencks – oder was von ihr übrig war – eine Bresche freikämpfen zu können, so daß sie in den Kampf um Berlin eingreifen könnte. Aber die Amerikaner, die nicht nur Artillerie und Panzer, sondern auch mit weißem Phosphor gefüllte Granaten einsetzten, wehrten den Vorstoß der Deutschen ab und trieben sie anschließend zurück. Alle Aussichten auf eine stabile Abwehrfront westlich von Berlin waren somit zunichte gemacht. Da die Amerikaner hofften, daß dies ihr letztes größeres Gefecht auf europäischem Boden sein würde, hatten sie für ihren Gegenschlag den Decknamen Operation »Kaputt« gewählt.

Fast alle deutschen Munitionsfabriken und Munitionsdepots waren jetzt in alliierter Hand. »Es könnten sich schon bald schwerwiegendste Konsequenzen für unsere Kriegführungsfähigkeit einstellen«, gab der Generalquartiermeister des Heeres, Alfred Toppe, Hitler am 15. April zu bedenken.

Am 16. April um 5 Uhr morgens eröffnete die Rote Armee die Schlacht um Berlin mit einem Bombardement, in dessen Verlauf eine halbe Million Granaten, Raketen und Mörserbomben abgefeuert wurden. 3000 Panzer der höchsten Qualität und Feuerkraft setzten sich von ihren Brückenköpfen am Ostufer der Oder aus Richtung Westen in Bewegung. Sechzig deutsche Kamikaze-Flugzeuge zerschellten auf den Oderbrücken oder in größtmöglicher Nähe von ihnen, vermochten aber den massiven Vormarsch der sowjetischen Panzer und Truppen nicht aufzuhalten. Weiter südlich rückten sowjetische Truppen von Wien aus Richtung Westen nach St. Pölten und Fürstenfeld vor. Am Himmel über Berlin schossen amerikanische Jäger 22 deutsche Düsenmaschinen ab, den größten Teil der noch einsatzbereiten Flugzeuge der deutschen Düsenjägerflotte. Aus seinem Berliner Bunker heraus schickte Hitler an seine im Kampf gegen die Rote Armee stehenden Truppenführer den folgenden Tagesbefehl: »Wer euch Befehle zum Rückzug gibt, ohne daß ihr ihn genau kennt, ist sofort festzunehmen und nötigenfalls augenblicklich umzulegen, ganz gleich, welchen Rang er besitzt.«

Im Ruhrgebiet hatten die Amerikaner unterdessen die letzten deutschen Widerstandsnester ausgehoben und bis zum 16. April 20 000 Gefangene gemacht. An diesem Tag erreichten amerikanische Einheiten die Kriegsgefangenenlager Fallingbostel und Colditz; die Gesamtzahl der seit Anfang April befreiten alliierten Kriegsgefangenen stieg damit auf deutlich über eine Viertelmillion. In Berlin entließ Hitler an diesem 16. April den deutschen Generalkommissar für das Sanitäts- und Gesundheitswesen, Dr. Karl Brandt, der zugleich sein persönlicher Leibarzt war: Dem Führer war zugetragen worden, daß Brandt seine Frau und sein Kind nach Thüringen geschickt hatte, wo sie sich den Amerikanern stellten sollten.

Im Pazifik landeten die Amerikaner am 16. April auf dem kleinen, zu den Riukiu-Inseln gehörenden Eiland Ie Shima. Nach wie vor waren die japanischen Kamikaze-Piloten eine ständige Gefahr für alles, was sich auf See bewegte: An diesem 16. April kamen an Bord des Flugzeugträgers *Intrepid,* der bis dahin schon knapp hundert Besatzungsmitglieder durch Kamikaze-Angriffe verloren hatte, bei einer neuerlichen Attacke dieser Selbstmordkommandos acht Männer ums Leben. Auf Leyte, wo einzelne japanische Einheiten seit der Eroberung der Insel durch die Amerikaner vor über drei Monaten auf verlorenem Posten weitergekämpft hatten, fiel an diesem Tag der ranghöchste japanische Offizier, General Suzuki, woraufhin der Widerstand erschlaffte. Aber auch auf den südlichen Philippinen-Inseln – selbst auf Luzon – gab es noch versprengt kämpfende japanische Einheiten. Am 17. April landeten auf Mindanao amerikanische Verstärkungen.

Die Ereignisse des 17. April machten alle Hoffnungen Hitlers, im Westen oder im Osten Berlins noch einmal eine stabile Front aufbauen zu können, endgültig zunichte. Im Westen erreichten amerikanische Truppen den Stadtrand von Nürnberg, wo die Nazis in der Vorkriegszeit ihre großen Parteitage und Triumphmärsche inszeniert hatten. Jetzt duckte sich die Stadt unter einem Hagel amerikanischer Artilleriegeschosse.

Im Osten drängte die Rote Armee nach der Überquerung der Oder *en masse* Richtung Berlin vor und erreichte Seelow. Währenddessen flogen die Amerikaner mit 572 Bombern ihren sechsten Angriff auf den Dresdener Rangierbahnhof. Aus seinem Bunker unter der Reichskanzlei gab Hitler Anweisung, alle Autobahnbrücken im Umkreis von Berlin zu sprengen, und erklärte seinen Kommandeuren in einer Mittagsbesprechung: »Den Russen blüht die blutigste Niederlage, die man sich vorstellen kann, bevor sie bis Berlin kommen.«

Doch nicht die Sowjets standen am Rand einer blutigen Niederlage, sondern die Deutschen. Am 17. April zerstörten amerikanische Bomber 752 deutsche Flugzeuge am Boden; damit war die deutsche Luftwaffe fast restlos ausgelöscht. Am selben Tag bat General von Vietinghoff, seine in Italien stehenden Truppen nach Norden zurückziehen zu dürfen; doch Hitler lehnte ab. Ebenfalls noch am 17. April befahl er seinen im Westen stehenden Armeen, die angloamerikanischen Flanken und Nachschublinien an ihren schwächsten Stellen anzugreifen; am Tag danach forderte Generalfeldmarschall Kesselring die deutschen Truppen im Harz zum Durchhalten auf.

Am 18. April bombardierten knapp tausend britische Flugzeuge die deutschen Festungsanlagen auf der Nordseeinsel Helgoland. Churchill wies General Montgomery an diesem Tag an, sich nicht nach Berlin zu orientieren, sondern zunächst Lübeck ins Visier zu nehmen. »Wenn wir«, hatte er zuvor seinem Außenminister Eden erklärt, »Lübeck erreichen, bevor unsere russischen Freunde aus Stettin dort eintreffen, würden wir uns damit eine Menge späteren Streit ersparen. Es gibt keinen Grund, die Russen Dänemark besetzen zu lassen, ein Land, das befreit werden und seine Souveränität zurückbekommen soll. Unsere Präsenz in Lübeck, falls wir dahin kommen, wäre in diesem Punkt von entscheidender Bedeutung.«

Aus demselben Gedankengang heraus vertrat Churchill gegenüber Eden die Ansicht, daß die Westalliierten gut daran täten, »nach Linz vorzurücken und den Russen dort zu begegnen«. Er regte ferner »eine amerikanische Bogenbewegung zur Besetzung des Gebiets südlich von Stuttgart« an, um einer Besetzung durch die Franzosen zuvorzukommen. In diesem Gebiet befänden sich nämlich die wichtigsten deutschen Einrichtungen im Zusammenhang mit »ihrer TA-Forschung«: Einrichtungen, die die Alliierten »im Interesse der besonderen Geheimhaltung dieser Sache« klugerweise in ihren Besitz bringen sollten. TA stand für »Tube Alloys«, und dies wiederum war der Deckname für die angloamerikanische Atombombenforschung.

In Burma griff am 18. April eine von Major Tolloch und einer Gruppe britischer Offiziere befehligte Kommandoeinheit von beträchtlicher Stärke japanische Stellungen im Hinterland der Front an. Diese Operation »Character« bildete den Auftakt für die geplante Rückeroberung Ranguns. Neben dem unmittelbaren militärischen Zweck verfolgten die Briten mit dieser Aktion noch weitere Ziele: Sie wollten für die zum Angriff auf Rangun bereitstehende Bomberflotte das Terrain sondieren und gemeinsam mit einigen in der Region abgesetzten Fallschirmjäger-Spezialkommandos Angriffe auf Truppentransportzüge, Marschkolonnen und abgelegene Stützpunkte der japanischen Besatzer unternehmen. Bei diesen Aktionen sollen nach Schätzungen 10000 japanische Soldaten umgekommen sein, während die Briten insgesamt nicht einmal sechzig Mann verloren.

Auf der Insel Ie Shima unweit von Okinawa wurde am 18. April Ernie Pyle, einer der populärsten amerikanischen Kriegsberichterstatter, durch japanische MG-Kugeln getötet. Einige der Infanteristen, deren Kriegsalltag er der amerikanischen Öffentlichkeit zu schildern versucht hatte, bargen seinen Leichnam im Kugelhagel. In seiner Tasche fanden sie einen Entwurf für einen Artikel, den er zur Veröffentlichung nach Ende des Krieges in Europa vorgesehen hatte. Pyle verwies in diesem Text darauf, wie leicht es für die Überlebenden im »Hochgefühl der Freude« über den Sieg sei, »die Toten zu vergessen. Diejenigen, die ums Leben gekommen sind, würden sich nicht wünschen, wie Mühlsteine der Trauer an unserem Hals zu hängen. Aber es gibt unter den Lebenden viele, denen der unnatürliche Anblick erkalteter Leichen auf den Bergflanken und in den Schützengräben ... für immer ins Gedächtnis eingebrannt bleiben wird. Tote vom Fließband, in einem Land nach dem anderen, Monat um Monat und Jahr um Jahr. Tote im Winter und Tote im Sommer. Tote in so vertrauter Vielzahl, daß ihr Anblick langweilig wird. Tote in so ungeheuerlich endlosen Massen, daß man fast Haßgefühle gegen sie entwickelt.«

Pyle fügte hinzu: »Das sind Dinge, um deren Verständnis Sie zu Hause sich nicht einmal zu bemühen brauchen. Für Sie zu Hause handelt es sich um Zahlenkolonnen oder um den einen oder anderen, der Ihnen nahestand und der fortging und eben nicht zurückkehrte. Sie haben ihn nicht als grotesk verkrümmte, wächserne Leiche am Rand eines Kieswegs in Frankreich liegen sehen. Wir aber haben ihn so gesehen, ihn und viele Tausende andere. Das ist der Unterschied ...«

Ernie Pyle starb sechs Tage nach Roosevelt. »Die Nation trauert ein weiteres Mal«, erklärte Präsident Truman, »um Ernie Pyle.«

Am 19. April, einen Tag nach Pyles Tod auf Ie Shima, schlossen die Amerikaner mit der Besetzung der Ortschaft Aha die Eroberung des mittleren und nördlichen Teils von Okinawa ab. Im Süden jedoch, im Gebiet um Naha, wappneten sich die Japaner nach dem Vorbild ihrer Landsleute auf Iwo Shima für den Kampf um jeden Fußbreit Boden.

Am 19. April rückten amerikanische Truppen in Leipzig ein. Am selben Tag durchbrach die Rote Armee 120 Kilometer südöstlich von Berlin bei Forst an der Neiße die deutsche Verteidigungslinie. In Bayreuth wurde Fritz Waechtler, Gauleiter von Bayern, an diesem Tag von der SS unter dem Vorwurf des Defätismus hingerichtet. Am selben Tag erschoß die SS in Dachau vier französische und elf tschechische Offiziere, die den Deutschen im Verlauf der Kriegsjahre bei der Durchführung von Geheimaufträgen im besetzten Frankreich beziehungsweise in der besetzten Tschechei in die Hände gefallen waren.

Nürnberg, die Stadt der Reichsparteitage, fiel am 20. April in amerikanische Hand; 17000 deutsche Soldaten gingen in Gefangenschaft. Zugleich tauchten sowjetische Truppen im knapp 100 Kilometer von Berlin entfernten Kalau auf. Hitler feierte an diesem Tag seinen 56. Geburtstag in einem Berlin, das unvermittelt unter den Einschlägen sowjetischer Artilleriegranaten zu erzittern begann, als die Rote Armee um 11 Uhr vormittags das Feuer auf die Hauptstadt eröffnete.

Alliierte Bomber flogen ihren letzten Großangriff auf die Reichshauptstadt, während Hitlers Geburtstagsfeier im Gang war. Während einer Angriffspause am Nachmittag kam Hitler aus seinem Bunker herauf, um eine Formation von zur Wehrmacht eingezogenen Hitlerjungen und eine jüngst aus Männern älterer Jahrgänge rekrutierte SS-Division zu inspizieren, die die Hauptstadt verteidigen sollten. Nachdem er ihnen Glück gewünscht hatte, kehrte er in den

Bunker zurück. Seine zum Geburtstagstee erschienenen Gäste gewannen den Eindruck, er spiele mit dem Gedanken, nach Berchtesgaden auszuweichen und den Kampf von einer »Alpenfestung« aus weiterzuführen. Er sprach auch von seinem Entschluß, Böhmen und Mähren sowie Norwegen zu halten. Von seinen deutschen Statthaltern in Norwegen und Dänemark hatte er gerade ein Geburtstagstelegramm mit der Botschaft »Norwegen bleibt unser!« erhalten.

Jetzt, da Berlin täglich von sowjetischer Artillerie erschüttert wurde und die Rote Armee immer näher kam, hielt Hitler sich mit seinem Stab und seinen Sekretärinnen nur noch in seinem 15 Meter unter der Erde gelegenen Bunker auf. Himmler, der zu den Gästen bei der Geburtstagsfeier gehört hatte, nahm im weiteren Verlauf des Tages Kontakt zum schwedischen Roten Kreuz auf. Um bei den Westalliierten einen guten Eindruck zu machen, erklärte er sich bereit, 7000 Frauen aus Ravensbrück, die Hälfte davon Jüdinnen, nach Schweden zu entlassen.

In Italien begannen alliierte Bomber am 20. April mit der Operation »Corncob«, einer drei Tage andauernden Serie von Angriffen auf die Brücken über die Flüsse Etsch und Brenta. Zweck der Operation war es, den deutschen Truppen in Italien die Rückzugswege abzuschneiden. In Jugoslawien marschierten die letzten noch im Land befindlichen deutschen Truppen durch Kroatien nordwärts in Richtung Zagreb und von dort aus weiter Richtung Österreich. Unter den aus Anlaß des »Führergeburtstags« verliehenen Auszeichnungen war ein Kriegsverdienstkreuz Erster Klasse mit Schwertern für Leutnant Waldheim, mit dem seine Arbeit im Stab von General Löhr gewürdigt wurde.

Die Terrormaßnahmen, mit denen Hitler und die Seinen sich in ganz Europa verhaßt gemacht hatten, gingen auch am »Führergeburtstag« weiter. Am Bullenhuser Damm unweit des Lagers Neuengamme hängte die Gestapo an diesem Tag den Holländer Anton Holzel aus Deventer. Er war wegen der Verteilung kommunistischer Untergrundzeitungen verhaftet worden. Am Strang endeten an Hitlers Geburtstag ferner zwanzig russische Kriegsgefangene und zwanzig jüdische Kinder, die zuvor zwecks medizinischer »Experimente« aus Auschwitz nach Neuengamme verlegt worden waren. Britische Truppen standen an diesem Tag schon in dem nur wenige Kilometer entfernten Harburg. Als sie wenig später den Bullenhuser Damm erreichten, waren die Leichen der hingerichteten Erwachsenen und Kinder bereits nach Neuengamme gebracht und eingeäschert worden.

Sieben der zwanzig Kinder sind nie identifiziert worden. Unter den dreizehn, deren Personalien sich noch feststellen ließen, waren zwei Fünfjährige, Mania Altman und Eleonora Witonska, ferner Eleonoras siebenjähriger Bruder Roman und die siebenjährige Rywka Herszberg. Alle diese Kinder waren Polen. Unter den namentlich bekannten ermordeten Kindern waren ferner der siebenjährige Sergio de Simone aus Italien; der achtjährige Alexander Hornemunn und sein zwölfjähriger Bruder Eduard aus Holland sowie die beiden Zwölfjährigen Jacqueline Morgenstern und Georges André Cohn aus Frankreich, die im August 1944 dem letzten Judentransport aus Paris angehört hatten.

In Deutschland besetzten am 21. April französische Truppen Stuttgart, während in Italien polnische Einheiten Bologna einnahmen. Im jugoslawisch-italienischen Grenzgebiet um Gorizia starteten die Deutschen an diesem Tag eine ihrer Aktionen zur »Bandenbekämpfung«; mehr als 170 italienische Partisanen blieben auf der Strecke. In Berlin, wo sowjetische Truppen inzwischen die äußersten Vororte im Süden und Osten der Stadt erreicht hatten, erteilte Hitler seinem SS-General Steiner Befehl, nördlich bis Eberswalde vorzurücken, die sowjetische Flanke zu durchstoßen und die deutsche Verteidigungslinie nordöstlich der Stadt wiederherzustellen. »Sie werden sehen«, beschied er Steiner, »die Russen werden vor den Toren Berlins die größte

Niederlage ihrer Geschichte erleiden.« Im gleichen Atemzug warnte er seinen General: »Ein Ausweichen nach Westen ist für alle Truppenteile ausdrücklich verboten. Offiziere, die sich nicht bedingungslos an diesen Befehl halten, sind zu verhaften und sofort zu erschießen. Sie, Steiner, haften mir mit Ihrem Kopf für die Durchführung dieses Befehls.«

Die im Ruhrgebiet eingeschlossenen deutschen Truppen hatten mittlerweile kapituliert; 325 000 Soldaten, darunter dreißig Generäle, ergaben sich den Alliierten bis zum 21. April. An diesem Tag erschoß sich ihr Befehlshaber Feldmarschall Model in einem Waldstück zwischen Düsseldorf und Duisburg.

Bei dem zwischen Bremen und Hamburg gelegenen Dorf Wistedt vollbrachte ein vierundzwanzigjähriger britischer Soldat namens Edward Colquhoun Charlton am 21. April eine Tat, die ihm das letzte auf dem europäischen Kriegsschauplatz verliehene Victoria Cross einbrachte: Er rettete mehreren in ihrem Panzer eingeklemmten Kameraden das Leben. Dabei wurde er selbst so schwer verwundet, daß er kurz nach seiner Gefangennahme durch die Deutschen verstarb. Sein Hauptgegenspieler in diesem Gefecht, Leutnant Hans-Jürgen von Bulow, wurde mit dem Eisernen Kreuz Erster Klasse ausgezeichnet. Im Süden von Berlin erreichte und überrannte die Rote Armee an diesem Tag das Hauptquartier des Oberkommandos der deutschen Wehrmacht in Zossen. Die Gegenwehr, mit der die Sowjets es auf ihrem weiteren Weg nach Berlin zu tun bekommen sollten, ging jetzt hauptsächlich von kleinen »Kampfgruppen« der Hitlerjugend aus: minderjährigen, mit Panzerfäusten ausgerüsteten Knaben, die in Parks, exponierten Gebäuden und Vorortstraßen Stellung bezogen hatten. Das Schicksal, das siebzig Angehörige dieses letzten Aufgebots am 21. April in Eggersdorf ereilte, wo sie mit ihrer aus drei Panzerabwehrgeschützen bestehenden Bewaffnung die anrückende Rote Armee erwarteten, verdeutlichte die Sinnlosigkeit des Versuches, den Russen auf diese Weise den Zugang zu Berlin zu verwehren. Mit Salven aus Panzern und Infanteriewaffen wurden die siebzig Jungen niedergemäht.

Heinrich Himmler war jetzt Oberbefehlshaber der Heeresgruppen Oberrhein und Weichsel. Am 22. April traf er sich in Lübeck ein weiteres Mal mit Graf Folke Bernadotte und bot eine Kapitulation gegenüber den Westalliierten, nicht jedoch gegenüber den Sowjets an. Deutschland würde, so erklärte er, gegen die Russen weiterkämpfen, »bis die Front der Westmächte an die Stelle der deutschen Front gerückt ist«. Die Westmächte dachten jedoch nicht daran, sich gegen die Sowjets zu stellen; sie wollten von separaten Verhandlungen nichts wissen und beharrten auf einer bedingungslosen Kapitulation aller deutschen Armeen an allen Fronten. Churchill informierte Stalin über den Vorstoß Himmlers und versicherte ihm zugleich, bis zum Augenblick der deutschen Kapitulation werde »der Kampf der Alliierten auf allen Seiten und an allen Orten, wo noch Widerstand geleistet wird, mit größtmöglicher Kraft weitergehen«.

Im noch nicht besetzten Deutschland führte das Herannahen der Niederlage erstmals zu einer Lockerung des Terrorregimes in den Konzentrationslagern. Als am 22. April zwei Schweizer Vertreter des Internationalen Roten Kreuzes mit Lastwagen voller Lebensmittel in Mauthausen eintrafen, erhielten sie die Erlaubnis, 817 französische, belgische und holländische Häftlinge mitzunehmen.

Hitler mußte in seinem Bunker am 22. April erfahren, daß es General Steiner nicht gelungen war, für den befohlenen Angriff auf die russische Front bei Eberswalde auch nur einen einzigen Mann in Stellung zu bringen. Daraufhin erklärte er seinen im Bunker versammelten Getreuen ohne Zögern, der Krieg sei nunmehr verloren. Jeder Gedanke an eine »Alpenfestung« südlich von München wurde verworfen. Hitler erklärte, er werde in Berlin bleiben und sich erschießen, wenn das Ende nahe. Seine Vertrauten zeigten sich äußerst bestürzt über diese Mit-

Die Schlacht um Berlin, März – April 1945

teilung. In einer optimistischen Anwandlung, die in schroffem Gegensatz zur tatsächlichen Lage stand, sprach General Jodl von der Möglichkeit neuer militärischer Maßnahmen zum Schutz Berlins; die Armee, die an der Elbe den Briten und Amerikanern gegenüberstand, könne ein Stück weit nach Osten zurückgenommen werden und eine vom Elbeknie nördlich von Pretzsch über Jüterborg und Potsdam verlaufende Verteidigungslinie aufbauen.

Noch am selben Tag traf ein sowjetisches Panzerkorps in Treuenbrietzen ein, das 65 Kilometer südwestlich von Berlin und 20 Kilometer westlich der von Jodl vorgeschlagenen Verteidigungslinie lag. Die Sowjets stießen hier auf ein Kriegsgefangenenlager, bei dessen Befreiung ein Offizier der Roten Armee, Leutnant Schartschinski, getötet wurde. Unter den an diesem Tag Befreiten befand sich auch Generalmajor Otto Ruge, der ehemalige Oberbefehlshaber der norwegischen Streitkräfte, den die Deutschen fünf Jahre zuvor gefangengesetzt hatten.

Von Treuenbrietzen aus wandte sich das sowjetische Panzerkorps ostwärts nach Jüterborg und besetzte einen Flugplatz, auf dem die Russen 144 beschädigte Flugzeuge, 362 Flugzeugtriebwerke und 3000 Bomben fanden. Noch bevor an eine Umsetzung von Jodls Plan, die verbliebenen deutschen Kräfte bei Jüterborg neu zu formieren, auch nur zu denken war, befand sich die Stadt in sowjetischer Hand; gleichzeitig hatten die Sowjets im Süden und Südwesten Berlins die ersten Glieder eines Belagerungsrings in Stellung gebracht.

Nordöstlich und östlich von Berlin standen sowjetische Truppen zu diesem Zeitpunkt entlang der Linie Fürstenwalde–Strausberg–Bernau. Im Gestapogefängnis in der Berliner Prinz-Albrecht-Straße exekutierte an diesem Abend ein SS-Kommando Rüdiger Schleicher, dessen Büro im Institut für Luftfahrtrecht an der Berliner Universität ein Treffpunkt deutscher Nazigegner gewesen war. Hier waren Schleichers Schwager Dietrich Bonhoeffer und Hans von Dohnányi, die beide bereits hingerichtet waren, ein und aus gegangen.

In Jugoslawien zogen die Deutschen sich unterdessen nach Zagreb zurück. Am 22. April kontrollierten sie noch das Gebiet um Jasenovac, in dessen Konzentrationslager Zehntausende von Serben und Juden ermordet worden waren. Nur tausend Insassen waren noch am Leben. In einem verzweifelten Versuch, ihrer befürchteten Ermordung am Vorabend des unausweichlichen deutschen Rückzugs zuvorzukommen, erhoben sich die Häftlinge gegen ihre Peiniger. 600 von ihnen stürzten sich auf ihre Bewacher; über 500 wurden niedergeschossen. Aber sechzig Serben und zwanzig Juden entkamen – weitere Zeugen der NS-Barbarei, deren ganzes grausiges Ausmaß erst allmählich ans Licht der Öffentlichkeit drang, als immer mehr Augenzeugenberichte von den unvorstellbaren Greueln im Schattenreich der deutschen Konzentrations- und Vernichtungslager kündeten.

Am 23. April übernahm Hitler persönlich den Oberbefehl für die Verteidigung Berlins. Polizisten, Hitlerjungen, alte Männer, Frauen aller Altersgruppen, sie alle wurden aufgeboten, um die Russen an der Besetzung der Hauptstadt zu hindern. Göring teilte Hitler an diesem Tag telegrafisch mit, er sehe sich als derzeitiger Stellvertreter des Führers verpflichtet, im Falle von dessen Handlungsunfähigkeit die uneingeschränkte Regierungsgewalt in Deutschland zu übernehmen. »Falls bis 22.00 Uhr keine Antwort erfolgt«, fügte Göring hinzu, »nehme ich an, daß Sie Ihrer Handlungsfreiheit beraubt sind.«

Hitler reagierte darauf mit der sofortigen Entlassung Görings aus allen seinen Staatsämtern und befahl seine Verhaftung. Zum Chef der deutschen Luftwaffe berief er an Görings Stelle Robert Ritter von Greim, einen der höchstdekorierten deutschen Piloten, der seit Februar 1943 Befehlshaber des Luftwaffenkommandos Ost war. Greim, der sich in München aufhielt, wurde nach Berlin beordert.

In Berlin wurden an diesem 23. April zwei weitere Personen aus dem Kreis der Verschwörer vom 20. Juli 1944 hingerichtet: Dietrich Bonhoeffers Bruder Klaus und der Geograph und Schriftsteller Albrecht Haushofer, der für die Wiedereinführung der Monarchie nach Hitlers Sturz eingetreten war.

Wie an allen Tagen zuvor starben in Bergen-Belsen an diesem 23. April, acht Tage nach der Befreiung des Lagers, wiederum Hunderte an den Nachwirkungen der Entbehrungen ihrer Haftzeit. Eines der Opfer war die Französin Yvonne Rudellat, die die Briten im Juli 1942 über das Meer nach Frankreich eingeschleust hatten und die nach elfmonatiger Tätigkeit unter dem Agentennamen »Jacqueline« verhaftet worden war. In Italien hatten die alliierten Truppen unterdessen den Po überschritten; am 24. April rief das italienische Komitee für die Nationale Befreiung die Bevölkerung der noch unter deutscher Besatzung stehenden Gebiete zu einer allgemeinen Erhebung auf. Die auf dem Rückmarsch befindlichen deutschen Truppen sahen sich nun überall Überfällen und Anschlägen ausgesetzt. Am 25. April wurde Mailand von italienischen Partisanen befreit. Am Morgen dieses Tages griffen mehr als 300 britische Bomber Hitlers Berghof über Berchtesgaden an; Göring, der in seinem dortigen Domizil zu diesem Zeitpunkt bereits unter Hausarrest stand, blieb unverletzt, doch zahlreiche Gebäude wurden schwer beschädigt und sechs Personen getötet.

Während britische Bomben auf Berchtesgaden fielen, flog Generalfeldmarschall Ritter von Greim aus München nach Berlin. An seiner Seite war Hanna Reitsch, die zu den führenden deutschen Testpiloten gehörte und sich für die Aufstellung eines Sonderkommandos von Selbstmordpiloten ausgesprochen hatte. Die letzte Etappe ihrer Reise, die Strecke zwischen Gatow und der Reichskanzlei, legten die beiden in einem Kleinflugzeug zurück; Greim steuerte es, Hanna Reitsch steckte der Länge nach im engen Heck der Maschine. Während des Fluges wurde Greim durch russisches Flakfeuer am Fuß verwundet, worauf Hanna Reitsch sich von hinten über ihn beugte und den Steuerknüppel ergriff. Sie schaffte es, das Flugzeug nur wenige hundert Meter von der Reichskanzlei entfernt auf den Boden zu bringen.

Im Operationsraum des Führerbunkers, wo Greim seine Wunden behandeln ließ, eröffnete Hitler dem erstaunten Flieger: »Wissen Sie, warum ich Sie gerufen habe? Weil Hermann Göring mich und sein Vaterland verraten hat. Hinter meinem Rücken hat er Verbindung mit dem Gegner aufgenommen. Ich habe Göring sofort als Hochverräter verhaften lassen, ihn aus all seinen Ämtern entlassen ... Daher habe ich Sie gerufen.«

Dann erfuhr Greim, daß er der neue Oberbefehlshaber der deutschen Luftwaffe und außerdem zum Feldmarschall befördert war.

Noch am selben Tag, dem 25. April, ordnete Hitler die Verhaftung des Generals Karl Weidling an, der sich als Kommandeur eines Panzerkorps angeblich der Fahnenflucht schuldig gemacht hatte. Weidling, dessen Truppen in Wirklichkeit noch in den Vororten Berlins kämpften, eilte zum Bunker und beteuerte seine Unschuld. Daraufhin ernannte ihn Hitler zum »Kampfkommandanten« für Berlin. Acht sowjetische Armeen schickten sich mittlerweile an, den Belagerungsring um die Stadt zu schließen. Aber das herausragende Ereignis dieses 25. April trug sich kurz nach der Mittagsstunde zu, als der amerikanische Heeresoffizier Leutnant Albert Kotzebue unweit des Dorfes Leckwitz am Westufer der Elbe einem einzelnen sowjetischen Soldaten begegnete. Leutnant Kotzebue setzte über den Fluß und traf auf der anderen Seite weitere Sowjetsoldaten, die bei dem Dorf Stehla standen. Dies war die erste Begegnung zwischen amerikanischen und sowjetischen Fronttruppen. Norddeutschland war damit vom Süden abgeschnürt. Vier Stunden später traf in dem 16 Kilometer nordwestlich von Stehla gelegenen Torgau eine andere amerikanische Patrouille unter Führung von Leutnant William D. Robinson ebenfalls auf sowjetische Truppen.

Bei den Alliierten herrschte Jubel über das Zusammenwachsen der Fronten. Die Hoffnung Himmlers, die Feinde Deutschlands in letzter Minute noch gegeneinander ausspielen zu können, war zerstoben. In Moskau feuerten zur Feier der Begegnung in Torgau 324 Kanonen je 24 Salutschüsse ab. Auf dem New Yorker Times Square drängte sich eine tanzende und jubelnde Menschenmenge.

Während Amerikaner und Russen einander an der Elbe die Hand reichten, drangen im Süden die Franzosen durch Württemberg vor. Am 25. April erreichten sie Tuttlingen am Oberlauf der Donau, wo sie in einem Massengrab die Leichen von 86 Juden fanden, die sechs Monate zuvor aus Gettos im Osten in den Ort gebracht und dort ermordet worden waren. In vier anderen Dörfern der Umgebung, darunter Schömberg und Schörzingen, wurden weitere 2440 Leichen entdeckt. In der italienischen Stadt Cueno erschoß die Gestapo am gleichen Tag sechs Juden. In Ravensbrück wurde am 25. April Anna Rizzo erschossen, die in Frankreich zusammen mit ihrem Mann bei dem Aufbau der »Troy-Linie«, einer der größten alliierten Fluchthilfeorganisationen, geholfen hatte. Und in Johanngeorgenstadt liquidierte die Gestapo an diesem 25. April den Franzosen Paul d'Ortoli; er war einst Amtsschreiber in dem französischen Dorf Contes gewesen und im Oktober 1943 verhaftet worden.

Im Pazifik war die Schlacht um Okinawa noch immer im Gange. Amerikanische Bomber flogen seit einiger Zeit zunehmend schwerere Angriffe gegen Ziele auf den japanischen Inseln. Auf diese Weise hofften sie die Voraussetzungen für den Erfolg der für November 1945 angesetzten Invasion schaffen zu können – eine möglichst weitgehende Zerschlagung der japanischen Infrastruktur. Doch am 25. April suchte der amerikanische Kriegsminister Henry L. Stimson Präsident Truman auf und überbrachte ihm eine Neuigkeit, die den gesamten Zeitplan des Endkampfes gegen Japan über den Haufen werfen sollte. »In vier Monaten«, erklärte Stimson seinem Präsidenten, »werden wir sehr wahrscheinlich die schrecklichste Waffe einsatzbereit haben, die es jemals in der Menschheitsgeschichte gegeben hat: eine Bombe, die ganz allein eine ganze Stadt auslöschen kann.«

Der Verteidigungsring um Berlin, den um jeden Preis zu behaupten Hitler seinen Generälen befohlen hatte, war jetzt nördlich, östlich und südöstlich der Stadt durchbrochen. Die Stadtviertel Moabit und Neukölln befanden sich am Abend des 26. April in den Händen der Sowjets. An diesem Tag entschlüsselte der britische Nachrichtendienst einen von einer SS-Dienststelle an Himmler gesendeten Funkspruch der höchsten Geheimhaltungsstufe, in dem darauf hingewiesen wurde, daß in den noch unter deutscher Kontrolle stehenden Gebieten die Lebensmittelvorräte für die Zivilbevölkerung nicht länger als bis zum 10. Mai reichen würden. Mit der Besetzung Potsdams schlossen die sowjetischen Truppen an diesem 26. April den Belagerungsring um Berlin. Die deutschen Verteidiger der Stadt sahen sich jetzt in eine Zone zurückgedrängt, die rund 15 Kilometer lang (in west-östlicher Richtung) und 1,5 bis 5 Kilometer breit war. Einheiten der Roten Armee, deren Führung nichts von Hitlers Entschluß, in Berlin zu bleiben, wußte, besetzten an diesem Tag das letzte noch vorhandene Sprungbrett für eine Flucht aus der Reichshauptstadt, den Flugplatz Tempelhof.

Rasch nacheinander wurden jetzt die restlichen Konzentrations- und Internierungslager befreit. Nicht weit von Berlin befreiten sowjetische Truppen den ehemaligen französischen Ministerpräsidenten Edouard Herriot. In Landsberg, wo Hitler 1923/24 etwas mehr als ein Jahr im Gefängnis verbracht hatte, sicherte sich Oberst Yevel vom US-Heer eine der eigenartigsten Trophäen dieses Krieges: die Plakette über der Tür zu Hitlers damaliger Zelle. Sie gehört heute zu den Exponaten des Militärmuseums in Frankfurt, Kentucky.

In der Umgebung von Landsberg machten die Amerikaner sechs Konzentrationslager ausfindig und zwangen deutsche Zivilisten aus den umliegenden Ortschaften, die ausgemergelten Leichen, die zu Hunderten auf dem schlammigen oder staubigen Boden umherlagen, zu begraben. In Landsberg und Umgebung erlangten aber auch Tausende von Zwangsarbeitern, darunter Russen, Polen, Jugoslawen und Franzosen, ihre Freiheit zurück.

Die Tage der Befreiung waren auch Tage blutiger und verlustreicher Kämpfe, denn viele deutsche Truppenteile, insbesondere jene, die der Roten Armee gegenüberstanden, gaben die Schlacht noch lange nicht verloren. So konnten die Sowjets etwa die mährische Stadt Brünn erst nach längeren Gefechten am 26. April einnehmen, um anschließend Richtung Olmütz vorrücken zu können. 38 400 Rotarmisten starben bei der Eroberung der Tschechoslowakei. Am Abend des 27. April befand sich Berlin zu drei Vierteln in sowjetischen Händen. Bei Zossen vereitelten Einheiten der Roten Armee einen Versuch der deutschen 9. Armee, sich den Rückweg nach Berlin freizukämpfen.

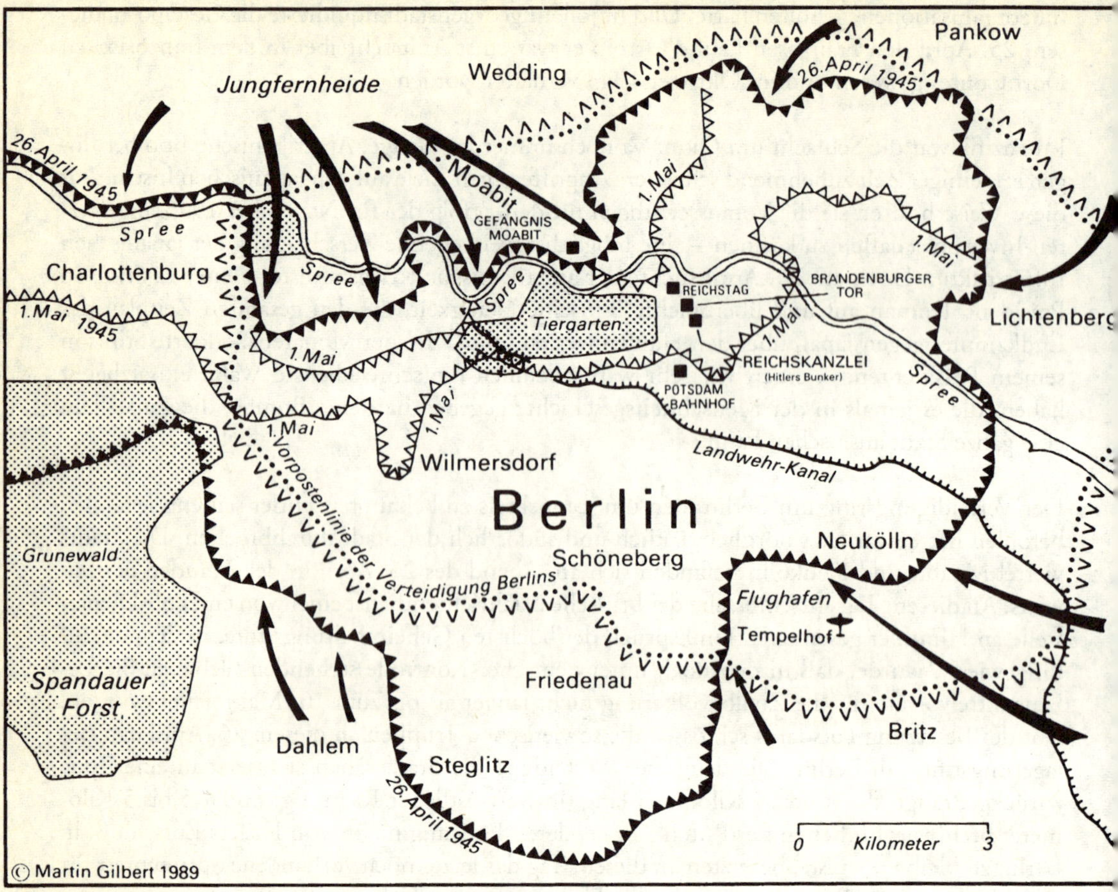

Die Belagerung Berlins, April 1945

In Marienbad im Westen der Tschechoslowakei wurden am 27. April tausend Juden, einstige Buchenwald-Häftlinge, die sich seit fast zwei Wochen auf dem Marsch befanden, von MG-Feuer niedergemäht und von Handgranaten zerrissen – ihre Bewacher waren ihrer auf dem Bahnhof von Marienbad überdrüssig geworden. In Mauthausen erfuhr am selben Tag Himmlers Stellvertreter Kurt Becher vom Lagerkommandanten, Ernst Kaltenbrunner, der Chef des Sicherheitsdienstes, habe »Anweisung gegeben, daß in Mauthausen jeden Tag tausend Mann sterben müssen«.

Wie zwei Tage zuvor in Mailand griffen an diesem 27. April nun auch in Turin italienische Partisanen zu den Waffen. Unter den Widerstandskämpfern, die an diesem Tag in Turin im Gefecht mit Deutschen getötet wurden, war ein junger italienischer Jude namens Giorgio Latis, dessen Mutter, Vater und Schwester im September 1944 nach Auschwitz deportiert worden waren. Seither hatte er kein Lebenszeichen mehr von ihnen erhalten. Vor Rostock griffen alliierte Bomber an diesem Tag ein Schiff an, auf dem sich mehrere tausend jüdische Frauen befanden, die eine Woche zuvor aus dem Konzentrationslager Stutthof evakuiert worden waren; fünf Frauen starben. Die SS-Leute und Ukrainer, die den Transport bewachten, hatten zuvor bereits Hunderte kranker und verletzter Frauen über Bord geworfen. Bei einem zweiten alliierten Bombenangriff am 28. April wurden mehrere hundert Frauen getötet. Es handelte sich in der Mehrzahl um Jüdinnen aus den Gettos von Kaunas und Łódź.

Präsident Truman und seine Ratgeber überlegten nun, auf welche Stadt die erste Atombombe abgeworfen werden solle. Ein eigens gebildeter Ausschuß hielt Ausschau nach einer vom Krieg noch nicht allzusehr gezeichneten Stadt. Tokio wurde als eine »Möglichkeit« in Betracht gezogen, doch gab der Ausschuß am 27. April zu bedenken, daß die Stadt »inzwischen praktisch ganz ausgebombt und ausgebrannt ist und mit Ausnahme des Palastgebäudes weitgehend in Schutt und Asche liegt«. Das Fazit des Ausschusses lautete: »Hiroschima ist das größte unversehrte Ziel, das nicht auf der Liste des 21. Bomberkommandos steht. Diese Stadt sollte in Erwägung gezogen werden.«

In Berlin bemühte sich ein zusammengewürfelter Haufen von Verteidigern nach wie vor, den Sowjets den Zutritt zum Stadtzentrum zu verwehren. Einer dieser Verteidiger war Reginald Leslie Cornford, der als Freiwilliger im britischen Freikorps diente. Aus der schützenden Deckung einer Kirche heraus schoß er am 27. April mit seiner Panzerfaust einen russischen Panzer ab; anschließend verteidigte er sich noch eine halbe Stunde lang, bis der Tod ihn ereilte. Ein französischer SS-Freiwilliger namens Eugène Vaulot setzte am Tag darauf sechs russische Panzer außer Gefecht; er erhielt dafür das Ritterkreuz.

Am 28. April eroberte ein Schützenregiment der Roten Armee unter dem Kommando von Oberst Sintschenko das Moabiter Gefängnis nördlich des Stadtviertels Tiergarten; 7000 Häftlinge, darunter viele alliierte Kriegsgefangene, wurden befreit. Wenige Stunden später drangen sowjetische Truppen kämpfend in den Tiergarten vor. Jetzt war es nicht mehr nur der Schlachtenlärm, der bis in Hitlers Bunker drang, sondern auch schon der beißende Pulverdampf. Noch immer schwirrten aus dem Bunker Befehle durch den Äther, unter anderem auch Weisungen an General Wenck, der mit einigen versprengten Resten seiner Armee, die er aus dem Harz noch hatte herausführen können, nach Berlin durchbrechen sollte. Es gab jedoch immer weniger Truppenführer, die in der Lage oder auch nur bereit waren, die sich überstürzenden Befehle zu befolgen. General Siegfried Henrici, Himmlers Nachfolger als Oberbefehlshaber der Heeresgruppe Weichsel, wurde an diesem Tag seines Kommandos enthoben, weil er die ihm anbefohlene Strategie der »verbrannten Erde« für Hitlers Geschmack nicht konsequent genug angewandt hatte. Als General Weidling den Vorschlag machte, alle noch im Berliner Stadtzentrum und im Führerbunker befindlichen Kräfte sollten einen Ausbruchsversuch Richtung Westen unternehmen, lehnte Hitler dies ab. Nur der frischgebackene Feldmarschall von Greim erhielt die Erlaubnis, ja den Auftrag, sich abzusetzen; doch sollte er nicht etwa die darniederliegende deutsche Luftwaffe reaktivieren, sondern Himmler verhaften, dessen Kontakte zu den Alliierten an diesem Nachmittag im Bunker bekannt geworden waren. »Niemals darf ein Verräter mir als Führer nachfolgen«, erklärte Hitler.

Von da an war jeder, der Himmler nahestand, verdächtig. Hermann Fegelein, Vertreter Himmlers im Bunker und zugleich Eva Brauns Schwager, hatte sich am 26. April unbemerkt aus der Reichskanzlei entfernt und war nach Hause gegangen – er wohnte in Charlottenburg, das zum Teil schon unter russischer Kontrolle stand. Am 28. April bemerkte Hitler die Abwesenheit Fegeleins und schickte eine bewaffnete SS-Patrouille nach ihm aus. Er wurde gefunden, in den Bunker zurückgebracht, aus der SS ausgestoßen und im Hof der Reichskanzlei erschossen.

In Italien brachte der 28. April das unrühmliche Ende der faschistischen Herrschaft, die 23 Jahre zuvor begonnen hatte: An diesem Tag wurde Benito Mussolini von italienischen Partisanen in der Nähe des Dorfes Dongo am Comer See erschossen. Als Vergeltungsmaßnahme für die Ermordung von fünfzehn italienischen Partisanen in Mailand neun Monate zuvor wurden außerdem fünfzehn Personen aus der Begleitung Mussolinis erschossen, darunter Alessandro Pavolini, der Sekretär der Faschistischen Partei, vier von Mussolinis Ministern und mehrere seiner Freunde. Erschossen wurde auch seine Geliebte Clara Petacci. Ihr Leichnam und der Mussolinis wurden nach Mailand gebracht und dort am Morgen des 29. April öffentlich mit dem Kopf nach unten aufgehängt. In Caserta unterzeichneten Abgesandte des Generals von Vietinghoff am frühen Nachmittag dieses Tages die Urkunde, die die bedingungslose Kapitulation aller deutschen Truppen in Italien besiegelte.

Während die Leiche Mussolinis aus Dongo nach Mailand unterwegs war, faßte Hitler in seinem Bunker in Berlin sein politisches Testament ab und traf Vorkehrungen für die Heirat mit Eva Braun. In seinem persönlichen Testament erklärte er, wieviel ihm ihre Loyalität und ihre Entscheidung, ihm in den Bunker zu folgen, bedeuteten. In seinem politischen Testament verfügte Hitler die Ausstoßung Görings und Himmlers aus der NSDAP und die Ernennung einer neuen Regierung mit Großadmiral Dönitz als Reichspräsident und Dr. Goebbels als Reichskanzler.

Hitlers politisches Testament begann mit Thesen zur Frage der Kriegsschuld. Es sei »unwahr«, erklärte er, »daß ich oder irgend jemand anderes in Deutschland den Krieg im Jahre 1939 gewollt habe« – insbesondere nicht einen Krieg »gegen England oder gar gegen Amerika«. Und er fügte hinzu: »Es werden Jahrhunderte vergehen, aber aus den Ruinen unserer Städte und Kunstdenkmäler wird sich der Haß gegen das letzten Endes verantwortliche Volk immer wieder erneuern, dem wir das alles zu verdanken haben: dem internationalen Judentum und seinen Helfern.«

In Wirklichkeit sei der Krieg »ausschließlich von jenen internationalen Staatsmännern« angestiftet worden, »die entweder jüdischer Herkunft waren oder für jüdische Interessen arbeiteten«. Das Judentum sei »der eigentliche Schuldige an diesem mörderischen Ringen« und werde demgemäß auch dafür »zur Verantwortung gezogen werden«. Darauf folgte der Satz: »Ich habe weiter keinen darüber im unklaren gelassen, daß diesmal nicht nur Millionen erwachsener Männer den Tod erleiden und nicht nur Hunderttausende an Frauen und Kindern in den Städten verbrannt und zu Tode bombardiert werden dürfen, ohne daß der eigentlich Schuldige, wenn auch durch humanere Mittel, seine Schuld zu büßen hat.«

Diese »humaneren Mittel« waren die Gaskammern gewesen ...

Da Hitler sich, wie er bekundete, von Berlin nicht »trennen« wollte, der Widerstand gegen die Eroberer der Stadt aber »durch ebenso verblendete wie charakterlose Subjekte allmählich entwertet« werde, habe er sich entschlossen, sein Schicksal »mit jenem [zu] teilen, das Millionen andere auch auf sich genommen haben, indem ich in dieser Stadt bleibe«. Er kündigte des weiteren an, daß er »aus freien Stücken in dem Augenblick den Tod zu wählen« gedachte, »in dem ich glaube, daß der Sitz des Führers und Kanzlers nicht mehr gehalten werden kann. Ich sterbe mit freudigem Herzen angesichts der mir bewußten unermeßlichen Taten und Leistungen unserer Soldaten an der Front, unserer Frauen zu Hause, den Leistungen unserer Bauern und Arbeiter und dem in der Geschichte einmaligen Einsatz unserer Jugend, die meinen Namen trägt.«

Was die Zukunft betraf, so hatte Hitler einen tröstenden Gedanken parat: »Aus dem Opfer unserer Soldaten und aus meiner eigenen Verbundenheit mit ihnen bis in den Tod wird in der deutschen Geschichte so oder so einmal wieder der Same aufgehen zur strahlenden Wiedergeburt der nationalsozialistischen Bewegung und damit zur Verwirklichung einer wahren Volksgemeinschaft.«

Nach der namentlichen Aufzählung der Mitglieder der neuernannten Regierung beendete Hitler sein Testament mit einer weiteren Invektive gegen die Juden: »Vor allem«, schloß er, »verpflichte ich die Führung der Nation und die Gefolgschaft zur peinlichen Einhaltung der Rassegesetze und zum unbarmherzigen Widerstand gegen den Weltvergifter aller Völker, das internationale Judentum.«

Wohin diese Rassegesetze geführt hatten, wurde später an diesem Tag wieder einmal auf brutale Weise deutlich, als amerikanische Truppen kurz nach 15 Uhr das Lager Dachau betraten. Ein Häftling, der belgische Arzt und britische Agent Albert Guérisse, schilderte später, was sich nach dem Einzug der Amerikaner im Lager abspielte. Als der erste amerikanische Offizier, ein Major, von seinem Panzer herabstieg, »kommt der junge teutonische Leutnant Heinrich Skodzensky aus dem Postenhäuschen und pflanzt sich vor dem amerikanischen Offizier auf. Der Deutsche ist blond, gutaussehend, parfümiert, seine Stiefel glänzen, seine Uniform sitzt. Er rapportiert, als befände er sich auf dem Exerzierplatz Unter den Linden bei einer Paradeübung, hebt dann höchst korrekt den Arm und grüßt mit einem sehr respektvollen ›Heil Hitler!‹ und schlägt die Hacken zusammen. ›Ich übergebe Ihnen hiermit das Konzentrationslager Dachau, 30000 Bewohner, 2340 Kranke, 27000 ausgelagert, 560 Mann Garnison.‹«

Der amerikanische Major erwiderte den Gruß des deutschen Offiziers nicht. »Er zögert einen Augenblick lang«, heißt es in dem Bericht Albert Guérisses, »als wolle er sichergehen, daß er auch die richtigen Worte finden würde. Dann spuckt er dem Deutschen ins Gesicht: ›Du Schweinhund!‹ Und dann: ›Sit down here!‹ – und deutet auf den Rücksitz eines der Jeeps, die in der Zwischenzeit hereingefahren sind. Der Major wendet sich an mich und drückt mir ein automatisches Gewehr in die Hand. ›Come with me.‹ Aber ich hatte nicht mehr die Kraft, mich fortzubewegen. ›No, I stay here.‹ Der Major erteilt einen Befehl, und der Jeep mit dem jungen deutschen Offizier darin fährt aus dem Lager hinaus. Ein paar Minuten vergehen, meine Kameraden hatten sich noch nicht getraut, aus ihren Baracken zu kommen, denn aus ihrer Entfernung konnten sie das Ergebnis der Verhandlungen zwischen dem amerikanischen Offizier und den SS-Leuten nicht erraten. Dann höre ich mehrere Schüsse.«

Leutnant Skodzensky war tot. Und im Verlauf der nächsten Stunde wurden auch alle seine 500 Mann Lagerbesatzung getötet, einige von den Häftlingen selbst, mehr als 300 jedoch von amerikanischen Soldaten, die beim Anblick der verwesenden Leichen und der verzweifelten, fast verhungerten Häftlinge regelrecht durchdrehten. Ein amerikanischer Leutnant allein mähte mit seinem Maschinengewehr 346 SS-Wachmänner nieder, nachdem sie die Waffen abgegeben und sich an einer Mauer aufgestellt hatten. Der Leutnant, der erst wenige Augenblicke zuvor im Lager eingetroffen war, hatte die um das Lagerkrematorium und am Lagerbahnhof aufgeschichteten Leichenhaufen gesehen.

Niemand, der das Lager Dachau in den Tagen nach seiner Befreiung besuchte, konnte je das Grauen vergessen, das sich dort seinen Augen darbot. Wie zwei Wochen zuvor in Bergen-Belsen waren die alliierten Berichterstatter, die die vorrückenden Truppen begleiteten, auch hier erschüttert und fassungslos. Sam Goldsmith, ein jüdischer Journalist aus Litauen, der vor dem Krieg nach Großbritannien emigriert war und schon Bergen-Belsen gesehen hatte, schrieb über seine ersten Eindrücke in Dachau: »Auf einem Bahngleis steht ein Zug mit 50 Waggons – alle voll beladen mit schrecklich abgemagerten Leichen, aufgeschichtet wie die ineinander verhakten Äste gefällter Bäume. Beim Krematorium – für die Beseitigung der Toten – ein weiterer riesiger Leichenhaufen, wie ein Scheiterhaufen aus krummgewachsenem Kleinholz, aufgeschichtet für ein Höllenfeuer. Der Gestank ähnelt dem von Belsen; er verfolgt einen bis ins Presselager zurück.«

Unter den 33000 in Dachau vorgefundenen Überlebenden waren 2539 Juden. 2466 der lebend Befreiten sollten in den nachfolgenden sechs Wochen noch sterben.

Die an der Front eingesetzten SS-Truppen kämpften allerorten verbissen weiter, solange die Angst davor, was ihnen nach ihrer Gefangennahme blühen würde, die Furcht vor dem Tod auf dem Schlachtfeld überwog. In Dachau waren dreißig Wachmänner getötet worden, nachdem sie von den Wachtürmen des Lagers aus das Feuer auf die anrückenden Amerikaner eröffnet hatten. Im 8 Kilometer von Dachau entfernten Webling hatte ein SS-Heckenschütze einen amerikanischen Soldaten erschossen, worauf alle siebzehn SS-Leute, die sich anschließend ergaben, vor einen Erdwall gestellt und erschossen wurden.

Segensreiches kam an diesem 29. April nur aus der Luft: Im Rahmen der Operation »Manna« warfen 3000 britische Bomber über Rotterdam und Den Haag mehr als 6000 Tonnen Lebensmittel ab. Sie waren für die holländische Zivilbevölkerung bestimmt, die in diesem noch deutsch besetzten Teil Hollands bereits Hunger leiden mußte.

In Berlin erfuhr Hitler am Abend des 29. April von General Weidling, daß die Russen inzwischen den nahe gelegenen Potsdamer Bahnhof erreicht hatten. Außerdem stünden für die Verteidigung der Reichskanzlei keine Panzerabwehrwaffen mehr zur Verfügung. Weidling wollte wissen, was er tun solle, falls seinen Männern die Munition ausging? »Ich kann nicht zulassen, daß Berlin kapituliert«, erwiderte Hitler. »Ihre Männer werden in kleinen Gruppen durchbrechen müssen.«

An diesem Nachmittag hatte der Kommandant des Führerbunkers, SS-Brigadeführer Mohnke – der 1940 als ranghöchster deutscher Offizier an der Ermordung britischer Kriegsgefangener in Paradis bei Dünkirchen beteiligt gewesen war – die beiden letzten Ritterkreuz-Verleihungen vorgenommen. Einer der Ausgezeichneten war der französische SS-Freiwillige Eugene Vaulot, der am Vortag sechs russische Panzer ausgeschaltet hatte, der zweite war der Kommandeur der mit dem Schutz der Reichskanzlei beauftragten Panzereinheit, Major Herzig. Um 23 Uhr telegrafierte Hitler aus dem Bunker: »Wo sind die Spitzen von ›Wenck‹? Wann greifen sie weiter an? Wo ist die 9. Armee?« Die stets wachsamen britischen Kryptographen in Bletchley entschlüsselten diese verzweifelten Anfragen Hitlers.

Um 9 Uhr am Morgen des 30. April erfuhr Hitler von Generalfeldmarschall Keitel, die Truppen General Wencks seien südlich des Schwiechlower Sees, weitab von Berlin, »steckengeblieben«, und es bestünde keine Aussicht, daß sie sich der Hauptstadt weiter nähern könnten. Und die 9. Armee sei vollständig eingekesselt.

Während Hitler in Berlin über die bevorstehende Zerstörung seiner Hauptstadt und seines Lebenswerks nachgrübelte, registrierte Churchill in London mit großem Unbehagen, daß Stalin sich den im Entstehen begriffenen polnischen Staat vollkommen unterwarf. »Ich bin sehr zerknirscht«, telegrafierte Churchill am 29. April an Stalin, »über die Mißverständnisse, die sich zwischen uns im Hinblick auf die [in Jalta] getroffenen Vereinbarungen über Polen aufgetan haben.« Großbritannien und Amerika hätten sich bereit gefunden, die in Lublin ausgerufene polnische Regierung unter der Voraussetzung zu tolerieren, daß sie »demokratische Führer aus Polen selbst und aus dem polnischen Exil« aufnehmen und sich dadurch zu einer »neuen«, auf einer »breiteren demokratischen Basis« stehenden Regierung entwickeln würde. Aus diesem Grund sei in Moskau eine Kommission berufen worden mit der Aufgabe, die dafür in Frage kommenden Polen auszuwählen. London und Washington hätten aus dem Kreis ihrer Kandidaten diejenigen ausgeschlossen, die ihnen als »extreme, Rußland nicht freundlich gesinnte Leute« erschienen seien. Sie hätten keinen einzigen Angehörigen der »gegenwärtigen [polnischen Exil-]Regierung« ausgewählt, sondern »drei gute Männer«, die schon vor längerer Zeit auf Distanz zur Londoner Exilregierung gegangen seien, »weil ihnen deren Haltung gegenüber Rußland nicht gefiel«, insbesondere nicht ihre Weigerung, die Ostgrenze zu akzeptieren«. Churchill meinte damit die Curzon-Linie, »auf die Sie und ich uns vor, wie es jetzt scheint, so langer Zeit geeinigt haben und die ich als erster Mensch außerhalb der sowjetischen Regierung der Welt gegenüber als gerecht und billig bezeichnet habe«, nachdem eine territoriale Entschädigung für Polen im Westen und Norden beschlossen worden sei.

Churchill beklagte sich sodann bei Stalin darüber, daß nicht ein einziger dieser drei britischen und amerikanischen Kandidaten nach Moskau eingeladen worden war, um sich der Kommission vorzustellen. Während man sich in Jalta darauf geeinigt habe, daß die neue polnische Regierung aus einer »allgemeinen und geheimen Wahl« hervorgehen müsse, an der alle demokratischen und antinazistischen Parteien teilnehmen sollten, sei bislang »nichts von alledem zugelassen worden«. Die sowjetische Regierung habe mit dem ehemaligen Lubliner Komitee, das Stalin jetzt als die »neue Regierung« Polens bezeichne (»obwohl sie nach wie vor weder neu noch erweitert ist«), einen zwanzigjährigen Freundschaftsvertrag abgeschlossen.

»Wir haben den Eindruck«, schrieb Churchill, »daß wir hier etwas diktiert bekommen und an eine steinerne Wand gedrückt werden in einer Sache, von der wir aufrichtig glaubten, sie sei auf der Krim im Geiste freundschaftlicher Solidarität geregelt worden.« Er kam auf das Übergewicht der Kommunisten in der neuen jugoslawischen Regierung zu sprechen, mit der Stalin soeben ein Abkommen geschlossen hatte, und gab dann dem Sowjetführer ahnungsvoll zu bedenken: »Es ist nicht sehr tröstlich, in eine Zukunft zu blicken, in der Sie und die von Ihnen beherrschten Länder sowie die kommunistischen Parteien in vielen anderen Staaten alle in einem Lager versammelt sind und diejenigen, die sich um die englischsprachigen Nationen und ihre Partner- oder Tochterländer scharen, im anderen Lager stehen. Es ist ziemlich offensichtlich, daß ihr Widerstreit die Welt zerreißen würde und daß wir alle, die wir als führende Männer auf beiden Seiten daran irgendeinen Anteil hätten, vor der Geschichte schlecht dastehen würden.«

Weiter mahnte Churchill: »Und auch wenn uns eine lange Zeit des Mißtrauens, der Beschuldigungen und Gegenbeschuldigungen und der politischen Gegensätze bevorstünde, wäre dies eine Katastrophe, würde es doch die großen Entwicklungen hin zu weltweitem Wohlstand für die Massen hemmen, die nur unter der Voraussetzung der Einigkeit von uns dreien erreichbar sind. Ich hoffe, daß mir, während ich Ihnen so mein Herz ausschüttete, kein Wort oder Satz unterlaufen ist, der Sie ungewollt verstimmt. Wenn doch, lassen Sie es mich wissen. Aber ich bitte Sie, mein Freund Stalin, nicht die Differenzen zu unterschätzen, die sich auftun können in bezug auf Dinge, die vielleicht Ihrem Eindruck nach Kleinigkeiten für uns sind, die aber die Lebensanschauung der englischsprachigen Demokratien symbolisieren.«

Am Morgen des 30. April marschierten amerikanische Truppen in München ein; in Italien besetzten ihre Landsleute gleichzeitig Turin. General Eisenhower teilte an diesem Tag dem stellvertretenden sowjetischen Stabschef General Antonow mit, daß die Amerikaner in Österreich nicht weiter vorrücken würden als »ungefähr bis in den Raum Linz« und bis an die Enns. Auf Istrien beeilten sich Briten und Amerikaner, Tito mit der Besetzung von Fiume, Pula und Triest zuvorzukommen. Churchill reagierte auf die Zusage Eisenhowers an Antonow verärgert. Da er eine Ausdehnung des kommunistischen Machtbereichs bis an die Adria fürchtete, telegrafierte er am 30. April an Truman: »Es steht kaum zu bezweifeln, daß die Befreiung Prags und möglichst großer Gebiete der westlichen Tschechoslowakei durch Ihre Truppen der entscheidende Faktor für die Nachkriegsentwicklung in der Tschechoslowakei sein und auch die Lage in benachbarten Ländern beeinflussen könnte. Wenn andererseits die Westalliierten bei der Befreiung der Tschechoslowakei keine bedeutsame Rolle spielen, wird dieses Land den Weg Jugoslawiens gehen.«

Zur Enttäuschung Churchills antwortete Truman, er wolle die taktischen Truppenbewegungen den Militärs überlassen. Als General Marshall das britische Ersuchen, daß amerikanische Truppen Prag befreien sollten, an Eisenhower übermittelte, kommentierte dieser es mit den Worten: »Persönlich und abgesehen von allen logistischen, taktischen oder strategischen Gesichtspunkten würde ich ungern amerikanisches Blut für rein politische Zwecke aufs Spiel setzen.«

Prag würde also durch die Rote Armee, Istrien durch die Partisanen Titos befreit werden. Churchill konnte gegen diese Entwicklungen nichts ausrichten. In Berlin erkletterte an diesem 30. April um 14.30 Uhr Feldwebel Kantarija von der Roten Armee das Reichstagsgebäude und schwenkte auf einem Balkon im zweiten Stock die rote Fahne. Im Stockwerk über ihm hielten sich noch deutsche Soldaten auf. Kaum mehr als einen Kilometer entfernt saß Hitler in seinem Bunker, längst jeder Hoffnung auf einen Gegenangriff beraubt. Nachdem er zu Mittag gegessen hatte, schickte er um halb vier seine Tischgenossen Goebbels und Bormann sowie seine persönlichen Mitarbeiter aus dem Zimmer. Während sie draußen warteten, hörten sie einen einzelnen Schuß. Hitler hatte sich in den Mund geschossen.

Nach einigen Sekunden des Zögerns betraten Goebbels, Bormann und die anderen Hitlers Zimmer. Der Führer war tot, und tot war auch Eva Braun: Sie hatte Gift geschluckt.

Ein einziger Pistolenschuß hatte das Ende des Tausendjährigen Reichs nur zwölf Jahre nach seiner triumphalen Ausrufung sang- und klanglos besiegelt. Es waren zwölf Jahre voller Blutvergießen, Krieg und namenloser Verbrechen gewesen, deren Ausmaß die Vorstellungskraft vieler Menschen übersteigt. Während im Umkreis der Reichskanzlei sowjetische Granaten einschlugen, wurden die Leichen Hitlers und Eva Brauns aus dem Bunker in den darüberliegenden Hof geschleppt, mit Benzin übergossen und angezündet.

An diesem Abend um 22.50 Uhr flatterte die rote Fahne auf dem Dach des Reichstagsgebäudes.

KAPITEL 48

Das Kriegsende in Europa

Mai 1945

Hitler war tot, aber der Krieg in Europa sollte noch acht Tage andauern: acht Tage, an denen geschossen und gestorben wurde, acht Tage der Verwirrung, der Angst, der überschäumenden Freude und der Erschöpfung. Am 1. Mai 1945 ergab sich die deutsche Garnison auf Rhodos. In Berlin begannen am gleichen Tag Verhandlungen zwischen General Krebs und Marschall Schukow. Krebs bat um einen Waffenstillstand, während Schukow auf der bedingungslosen Kapitulation bestand. Bei seiner Rückkehr in den Führerbunker traf Krebs Martin Bormann, den Chef der Parteikanzlei, und Goebbels an, die beide entschlossen waren, den Kampf nicht aufzugeben. General Weidling war jedoch entschieden der Ansicht, daß den Deutschen keine andere Wahl als die Kapitulation blieb, und erteilte daher auf eigene Faust seinen Garnisonstruppen und der Einwohnerschaft Berlins den Befehl, alle Kampfhandlungen einzustellen.

Im Bunker traf Goebbels unterdessen Anstalten, seine sechs Kinder von einem SS-Arzt durch Injektion von Gift töten zu lassen; als dies geschehen war, ließen er und seine Frau Magda sich von einem SS-Ordonnanzoffizier erschießen. General Krebs beging Selbstmord. Bormann versuchte zu entfliehen, kam aber höchstwahrscheinlich kurz nach Verlassen des Reichskanzleigeländes ums Leben.

Zu den Selbstmördern des 1. Mai 1945 gehörte auch Professor Max de Crinis, der sich zu Kriegsbeginn als einer der Hauptbefürworter des Euthanasieprogramms hervorgetan hatte; man nimmt an, daß er es war, der Hitler den endgültigen Wortlaut des Euthanasieerlasses vom September 1939 geliefert hatte.

In Fernost lief am 1. Mai die britische Operation »Dracula« an, deren Ziel die Rückeroberung Ranguns war. Bei einem der Gefechte im Verlauf der Operation leisteten dreißig Japaner einem Gurkha-Fallschirmjägerkommando Widerstand; nur ein Japaner überlebte verwundet. Doch die Japaner hatten sich entschlossen, in Rangun selbst keinen Widerstand zu leisten. Als ein britischer Pilot an diesem Morgen die Stadt überflog, entdeckte er auf einem Dach des Kriegsgefangenenlagers, in dem Angehörige der Royal Air Force inhaftiert waren, die mit Riesenlettern hingepinselte Aufschrift: »Japs fort«. Die Briten nahmen daraufhin tatsächlich den Finger vom Abzug, und 72 Stunden später war Rangun befreit.

Im Zuge der Operation »Dracula« bombardierten britische Flugzeuge, die in Salboni östlich von Kalkutta stationiert waren, militärische Ziele im Raum Rangun, wobei ihnen die Insel Baranga als Zwischenlandeplatz auf ihrer 1500-Kilometer-Reise diente. An Bord eines dieser Bomber, der zu seinem zweiten Flug nach Rangun innerhalb von 24 Stunden startete, befand sich Kapitän James Nicolson, der einzige Jagdpilot, der in der Luftschlacht um England das Victoria Cross errungen hatte. Inzwischen war er zum Ausbildungsleiter am Hauptquartier Südost der Royal Air Force aufgestiegen und hatte gute Chancen, zum Kandidaten für die nächste Unterhauswahl in Großbritannien nominiert zu werden. Doch dann stürzte sein Bomber auf dem Flug nach Bangaduni ins Meer; Nicolson und neun der elf weiteren Besatzungsmitglieder ertranken.

Am 1. Mai landeten australische Truppen auf der zu Borneo gehörenden Insel Tarakan; achtzehn Tage später waren die japanischen Verteidiger der Insel besiegt. Auf den Philippinen-Inseln Luzon und Mindanao hingegen leisteten die Japaner, ebenso wie auf Okinawa, so heftige Gegenwehr, daß jeder Kilometer Geländegewinn in blutigen Kämpfen erstritten werden mußte.

Am Morgen des 2. Mai um 6.45 Uhr nahm Marschall Schukow die Kapitulation Berlins an; der Waffenstillstand trat nachmittags um 15 Uhr in Kraft. Die Rote Armee nahm an diesem Tag 134 000 deutsche Soldaten gefangen. Auch der Bürgermeister von Hamburg nahm an diesem 2. Mai Verhandlungen über die bedingungslose Kapitulation seiner Stadt auf. Churchill verkündete an diesem Abend vor dem Unterhaus, in Norditalien und im südlichen Österreich hätten mehr als eine Million deutsche Soldaten ihre Waffen niedergelegt.

In dem Dorf Biella in Norditalien nahmen deutsche Soldaten erstaunt zur Kenntnis, daß die amerikanischen Panzerbesatzungen, die nach der deutschen Kapitulation in das Dorf einrückten, aus Japanern bestanden; es handelte sich um Angehörige eines aus Amerikanern japanischer Herkunft gebildeten Sonderkommandos, das den gesamten Italienfeldzug mitgemacht hatte. Im bayerischen Oberammergau stellte sich an diesem 2. Mai Dr. Herbert Wagner, Spezialist für die Entwicklung steuerbarer Raketen, den Amerikanern. In seiner Begleitung befanden sich Wernher von Braun und General Walter Dornberger, zwei hochkarätige Mitglieder der Raketenversuchsanstalt des Heeres in Peenemünde. Die drei wurden erst nach Paris und dann in die Vereinigten Staaten gebracht. »Wir waren daran interessiert, unsere Arbeit fortzusetzen«, schrieb Braun später, »und nicht einfach wie eine Zitrone ausgepreßt und dann weggeworfen zu werden.«

Am 2. Mai startete ein deutscher Bomber mit Leutnant Rolf Kunze am Steuerknüppel von einem deutschen Fliegerhorst im norwegischen Trondheim. Sein Auftrag lautete, den noch weiter nördlich gelegenen Luftstützpunkt Bardufoss anzufliegen, doch in Wirklichkeit nahm Kunze Kurs auf Großbritannien, wo er und seine vier Kameraden um Asyl ersuchten. Der Zufall wollte es, daß sie nur wenige Kilometer vom schottischen Fraserburgh entfernt landeten, wo im Oktober 1939 das erste über Großbritannien abgeschossene deutsche Flugzeug abgestürzt war. Es war das erste Mal in diesem Krieg, daß ein mit scharfen Waffen bestückter deutscher Bomber desertierte.

In Dublin rief am 2. Mai der Präsident der Republik Irland, Iamon de Valera, den ranghöchsten deutschen Diplomaten an und sprach ihm sein Beileid zum Tod Hitlers aus. Irland hatte in den über fünfeinhalb Jahren des Krieges eine hartnäckige Neutralität bewahrt.

Im Hafen von Lübeck, der noch in deutscher Hand war, sollten am 2. Mai 850 jüdische Frauen, die zuvor aus dem Lager Stutthof auf dem Seeweg hierher evakuiert worden waren, auf drei im Hafen liegende Schiffe verteilt werden: die *Cap Arcona,* die *Athena* und die *Thielbeck.* Die Kapitäne dieser Schiffe weigerten sich jedoch, die Frauen aufzunehmen, hatten sie doch zusammen bereits mehr als 9000 Personen an Bord: Juden, politische Häftlinge und russische Kriegsgefangene. Die Barkassen mit den jüdischen Frauen erhielten daraufhin Befehl, an Land zurückzukehren. Doch als sie in den frühen Morgenstunden des 3. Mai anlegten und die ausgehungerten Jüdinnen den Landungssteg zu erklimmen versuchten, eröffneten SS-Leute, Hitlerjungen und deutsche Matrosen aus Maschinengewehren das Feuer auf sie. Mehr als 500 Frauen wurden getötet, nur 300 überlebten.

Im Hagel der britischen Bomben, der nach wie vor über das Lübecker Hafengebiet niederging, war es den 2000 Häftlingen an Bord der *Athena* gelungen, sich an Land zu retten. Von den 2800 im Bauch der *Thielbeck* Eingepferchten kamen dagegen nur fünfzig mit dem Leben davon. Und von den 5000 Gefangenen an Bord der *Cap Arcona,* die von britischen Bomben zunächst in Brand gesetzt und dann versenkt wurde, konnten sich nur 350 retten. 700 Schwerkranke und Sterbende, die sich auf dem untersten Deck befanden, verbrannten. In die Laderäume für Bananen hatte man einige hundert russische Kriegsgefangene gesperrt; auch von ihnen gingen die meisten zugrunde.

Ein jüdisches Mädchen aus Łódź, das alle Stadien des Hitlerschen Krieges gegen die Juden durchlaufen und überlebt hatte, gehörte zu den fünfzig Glücklichen, die sich an diesem Tag von Bord der *Thielbeck* retten konnten und von einem anderen deutschen Schiff aufgefischt wurden. Später schilderte sie die letzte Etappe der Irrfahrt der Geretteten, die von Lübeck nach Kiel führte: »Wir hörten auf dem ganzen Weg ohrenbetäubenden Bombenlärm und [sahen] phantastische Explosionen, die den Horizont aufleuchten ließen. Wohin wir auch kamen, sahen wir zahllose brennende Schiffe und riesige, mit Menschen vollgepackte Frachtschiffe. Die Truppenkonvois standen alle in Flammen, und die Deutschen sprangen in das brennende Wasser. Es war ein einziges riesiges Flammenmeer.«

Die Häftlinge trafen nach zweitägiger Seereise in Kiel ein. Drei Stunden nach ihrer Ankunft tauchten im Hafen britische Panzer auf. »Die Engländer behandelten uns wirklich gut«, erinnerte sich das Mädchen aus Łódź. »Sie küßten uns und versuchten uns neue Hoffnung zu geben und sagten zu uns: ›Ein bißchen Geduld noch, Schätzchen. Gleich gibt's für uns alle etwas zu essen!‹«

Am Donnerstag, dem 3. Mai, fuhren um 11.30 Uhr morgens Großadmiral Hans Georg von Friedeburg, Dönitz' Nachfolger als Oberbefehlshaber der Kriegsmarine, und General Hans Kinzel, Stabschef der deutschen Heeresgruppe Nordwest, vor dem Hauptquartier von Feldmarschall Montgomery in der Nähe des Dorfes Wendisch Even vor. »Wer sind diese Männer?« fragte Montgomery. »Was wollen sie?«

Die beiden deutschen Offiziere waren gekommen, um den Briten die Kapitulation dreier den Sowjets gegenüberstehender deutscher Armeen anzubieten. Montgomery verwarf das Angebot. Eine Kapitulation der den Russen gegenüberstehenden Truppen könne, so erklärte er, einzig und allein mit den Russen selbst vereinbart werden. Er könne allenfalls die Kapitulation der deutschen Truppenteile annehmen, die britischen Einheiten gegenüberstanden, etwa die der deutschen Truppen in Holland, in Nordwestdeutschland und in Dänemark. Falls sie dies nicht akzeptierten, werde er, so erklärte er unverhohlen, »den Krieg fortsetzen, wozu ich bereit bin, und zwar mit größtem Vergnügen«. Er entließ die deutschen Besucher mit der Warnung, »Alle Ihre Soldaten werden umkommen.«

Die deutschen Offiziere kehrten, die Front passierend, nach Flensburg zurück und übermittelten Dönitz die Antwort Montgomerys. Am Nachmittag des folgenden Tages um 17.30 Uhr waren sie wieder bei Montgomery; eine Stunde später unterzeichneten sie die Kapitulationsurkunde – zu seinen Bedingungen. In Österreich ergaben sich an diesem Tag Innsbruck und Salzburg den Amerikanern, die zu diesem Zeitpunkt auch Hitlers ehemaligen »Berghof« bei Berchtesgaden besetzten und dabei 2000 Gefangene machten.

Ebenfalls an diesem 4. Mai nahmen amerikanische Truppen das Konzentrationslager Flossenbürg ein. Unter den hier Befreiten war der ehemalige französische Ministerpräsident Léon Blum, dessen Bruder René im September 1942 nach Auschwitz deportiert und dort umgekommen war. Befreit wurden an diesem Tag auch der österreichische Exbundeskanzler Kurt von Schuschnigg, der im März 1938 Hitler zu trotzen versucht hatte, und Pastor Martin Niemöller, der bis zu seiner Verhaftung die treibende Kraft der Bekennenden Kirche in Deutschland gewesen war und als persönlicher Gefangener Hitlers über sieben Jahre lang erst in Sachsenhausen und dann in Dachau festgehalten worden war. Von Dachau aus waren

Europa vom Krieg zum Frieden, Mai 1945

Schuschnigg, Niemöller und andere prominente Häftlinge in den letzten Apriltagen mit unbekanntem Ziel Richtung Süden abtransportiert worden und schließlich im Südtiroler Pustertal gelandet, wo sie auf ihnen freundlich gesonnene Wehrmachtsoffiziere trafen, die ihre SS-Bewacher schließlich davonjagten. Danach stellten sie sich den Amerikanern.

Kämpfe zwischen deutschen und alliierten Truppen gab es zu diesem Zeitpunkt noch nördlich von Berlin und in der Tschechoslowakei; auch alliierte Bombenangriffe fanden noch statt. Am 4. Mai kam bei einem dieser Angriffe Generalfeldmarschall von Bock ums Leben, der im Juni 1941 als Befehlshaber der deutschen Heeresgruppe Mitte den Überfall auf die Sowjetunion mitgeplant und mitgeleitet hatte; er war von Hitler entlassen worden, als der Vormarsch auf Moskau ins Stocken geriet. In Zagreb zeigte sich an diesem 4. Mai der starke Mann Kroatiens und Exbündnispartner Hitlers, Dr. Ante Pavelic, ein letztes Mal auf den Straßen seiner Hauptstadt. »Wenn wir sterben müssen«, erklärte er, »dann laßt uns als wahrhafte Helden fallen, nicht als um Gnade wimmernde Feiglinge.« Anschließend begab er sich freilich, die meisten seiner Anhänger in der umkämpften Stadt zurücklassend, in die vergleichsweise ruhige nördliche Grenzregion zu Österreich.

Am 4. Mai ließ der sowjetische Außenminister Wjatscheslaw Molotow am Rande der kürzlich eröffneten Konferenz der Vereinten Nationen in San Francisco den konsternierten US-Außenminister Edward R. Stettinius wissen, die sechzehn polnischen Unterhändler, die sich am 27. März in Pruszków bei Warschau mit dem sowjetischen Oberst Pimenow getroffen hätten, seien »von der Roten Armee festgenommen worden« und stünden unter der Anklage, »den Tod von 200 Offizieren der Roten Armee« verschuldet zu haben. Eden telegrafierte aus San Francisco an Churchill, dies sei, »wie ich mich zu erinnern glaube, dieselbe Zahl, die Stalin in Jalta genannt hat«. Die Auswirkungen einer solchen Entwicklung auf die öffentliche Meinung in den USA schätzte Eden als »schwerwiegend« ein, »und ich zweifle nicht daran, daß es zu Hause [in Großbritannien] ebenso sein wird«.

Churchill schickte Eden umgehend seine Antwort: »Die Perfidie, mit der diese Polen erst auf eine russische Konferenz gelockt und dann von den Russen festgehalten worden sind, wird aus den bei uns eintreffenden Schilderungen noch sehr deutlich werden, und es kann keinen Zweifel daran geben, daß die ausführliche Bekanntmachung dieses [Anschlags] auf die Autorität der großen westlichen Alliierten zu einem bedeutsamen Wandel in der gesamten weltpolitischen Kräftekonstellation führen würde.«

Im Augenblick des Sieges über Deutschland war es das künftige Schicksal Polens, das die Staatsmänner der Westmächte in ernste Besorgnis versetzte. Churchill legte Truman am 4. Mai in einem Telegramm dar, es sei nun abzusehen, daß die Sowjets nach der endgültigen Kapitulation aller deutschen Truppenteile ein Gebiet kontrollieren würden, das »die baltischen Provinzen, ganz Deutschland bis zur Besatzungsgrenze, die ganze Tschechoslowakei, weite Teile Österreichs, ganz Jugoslawien, Ungarn, Rumänien, Bulgarien umfassen würde, bis Griechenland in seiner jetzigen schwachbrüstigen Verfassung erreicht ist ... Alle bedeutenden Hauptstädte Mitteleuropas, darunter Berlin, Wien, Budapest, Belgrad, Bukarest und Sofia«, würden damit dem sowjetischen Herrschaftsbereich zufallen. Dies sei, so schärfte Churchill dem US-Präsidenten ein, »ein Einschnitt in der Geschichte Europas, zu dem es keine Parallele gibt und mit dem sich die Alliierten im Laufe ihres langen und gefahrvollen Kampfes nicht auseinandergesetzt haben. Die russischen Reparationsforderungen allein an Deutschland werden so umfangreich sein, daß sie unter Berufung darauf ihre Besatzung praktisch unendlich lange, zumindest aber auf viele Jahre ausdehnen können, Jahre, in deren Verlauf Polen mit vielen anderen Staaten in das Riesenreich eines russisch beherrschten Europa einsinken wird, das nicht unbedingt wirtschaftlich sowjetisiert, aber doch politisch gleichgeschaltet sein wird«.

Churchill hatte die ernste Absicht, alles zu versuchen, um das weitere militärische Vordringen der Sowjets soweit wie möglich zu hemmen. Zusätzlich zu dem Auftrag an Montgomery, Lübeck zu besetzen und damit den Sowjets ein Ausgreifen nach Dänemark zu verwehren, veranlaßte er die Entsendung »einer mittelstarken Garantietruppe auf dem Luftweg nach Kopenhagen«, wie er Anthony Eden am 5. Mai erklärte. Das übrige Dänemark werde dann »rasch von dort aus durch unsere schnellen Panzerverbände besetzt« werden. »Ich glaube daher«, setzte er hinzu, »daß wir angesichts der freudigen Gefühle der Dänen und der widerlichen Unterwerfung und Anbiederung der am Boden liegenden Hunnen unseren sowjetischen Freunden auch an dieser Stelle den Weg verlegen werden.«

Die Rote Armee war an diesem 5. Mai an einigen Orten noch in heftige Kämpfe verwickelt: im nördlichen Mitteldeutschland zwischen Wismar und Schwerin, in Ostpreußen auf einem schmalen Küstenstreifen zwischen Danzig und Königsberg, in der Tschechoslowakei bei Olmütz, in Österreich bei St. Pölten und in Schlesien im Raum Breslau. Ein Gedenkstein in der 30 Kilometer südlich von Breslau gelegenen Ortschaft Wansen erinnert an 469 Rotarmisten, die am 5. Mai 1945 hier den Tod fanden, als die deutsche 17. Armee zu einem letzten verzweifelten Gegenstoß antrat.

Etliche weitere Kapitulationsurkunden wurden an diesem 5. Mai unterzeichnet. Im holländischen Wageningen ergaben sich sämtliche in Holland stehenden deutschen Truppen. Die Kapitulation wurde kurz nach 16 Uhr nachmittags in Anwesenheit eines ranghohen kanadischen Offiziers, Generalleutnant Charles Foulkes, unterzeichnet; zugegen war auch der Oberbefehlshaber der niederländischen Truppen des Innern, Prinz Bernhard, dem gegenüber der Oberbefehlshaber der deutschen Truppen in Holland, General Blaskowitz, ein erstaunlich devotes Benehmen an den Tag legte. Der Prinz übersah ihn einfach.

In Baldham bei München unterzeichnete General Hermann Foertsch am Nachmittag des 5. Mai um 14.30 Uhr eine weitere bedingungslose Kapitulation, die sämtliche deutschen Truppen der Westfront zwischen Böhmerwald und oberem Inn betraf. Der amerikanische General Jacob L. Devers wies Foertsch noch einmal darauf hin, daß es sich nicht um einen Waffenstillstand, sondern um eine bedingungslose Kapitulation handele. »Verstehen Sie das?« fragte Devers, und Foertsch antwortete: »Ich kann Ihnen versichern, Sir, daß ich nicht mehr über die Macht verfüge, es zu verhindern.«

Obwohl der Krieg jetzt praktisch vorbei war, wollte die SS ihr Vernichtungswerk gegenüber den Juden fortsetzen. 160 Kilometer östlich von Baldham, in Ebensee bei Mauthausen, befanden sich mehrere tausend Juden in der Gewalt von SS-Schergen; es handelte sich in der Mehrzahl um Auschwitz-Überlebende, die von Mauthausen aus zu Fuß nach Ebensee in Marsch gesetzt worden waren. Sie erhielten jetzt Befehl, sich in einen der Stollen des Ebenseer Bergwerks zu begeben; wo sie vor alliierten Bombenangriffen sicher seien.

Unter den KZ-Häftlingen in Ebensee war der sechsundvierzigjährige russische Jude Lew Manewitsch, der 1936 wegen Spionage für die Sowjetunion in Deutschland verhaftet und abgeurteilt worden war. Im September 1943 hatte er kurzfristig die Freiheit wiedererlangt, als ein kleines amerikanisches Frontkommando ihn und die anderen Insassen des Gefängnisses von San Stefano in Italien befreit hatten; doch Manewitsch war schon damals so entkräftet gewesen, daß die Deutschen ihn 49 Stunden später wieder gefangengenommen hatten. Jetzt, als einer von vielen abgemagerten und namenlosen Häftlingen, reagierte er auf den Befehl der Deutschen, in den Stollen hinabzusteigen, indem er in mehreren Sprachen laut ausrief: »Keiner wird gehen. Sie werden uns umbringen.«

Die Warnung tat ihre Wirkung. Wie auf Kommando weigerten sich die Gefangenen, sich von der Stelle zu rühren. Und auch die SS-Schergen verharrten, wie Evelyn le Chêne, die Chronistin dieser letzten Revolte, geschrieben hat, »in lähmender Unentschlossenheit. Die riesige Menschenmenge schwankte und murmelte. Zum erstenmal seit ihrer Verhaftung sahen zumindest diejenigen von ihnen, die noch nicht mit dem Tode rangen, eine Chance, den Krieg vielleicht doch noch zu überleben. Sie wollten begreiflicherweise weder in dem Stollen von Sprengstoff zerrissen noch von SS-Maschinengewehren niedergemäht werden, weil sie Widerstand leisteten. Aber sie wußten, daß in den letzten Tagen viele ihrer ursprünglichen SS-Bewacher verschwunden und durch Volksdeutsche ersetzt worden waren.«

Dem deutschen Kommandanten wurde nach kurzer Unterredung mit seinen Untergebenen klar, »daß ihnen die Alternative, die Männer entweder mit Gewalt in den Tunnel zu treiben oder sie zu erschießen, großes Unbehagen bereitete. Jetzt, da der Krieg praktisch vorbei war, dachten sie an die Zukunft, und die Strafe, die sie zu gewärtigen hatten, wenn sie so viele Menschenleben auslöschten, wollten sie sich lieber ersparen, auch wenn an ihren Händen schon Blut klebte. Und so neigte sich die Waagschale zugunsten der Häftlinge.«

Einer dieser Häftlinge war Meir Pesker, ein polnischer Jude aus Bielsk Podlaski, der zunächst nach Majdanek deportiert, von dort nach Plaszow und zuletzt nach Mauthausen verlegt worden war. »Wir wußten, daß die Amerikaner auf dem Weg zu uns waren«, schrieb er später, »und auch die Deutschen wußten es.« Wie er weiter erzählte, erschien »plötzlich ein deutscher Kapo, ein aufgeblasenes, primitives Ungeheuer von barbarischer Grausamkeit, das unter anderem Dutzende von Juden mit seinen bloßen Händen ermordet hatte. Er zeigte sich plötzlich schwach und gefühlsduselig und begann uns anzuflehen, wir sollten ihn nicht anzeigen, da er doch ›den Juden, denen dieser verrückte Hitler Böses wollte, viele Gefälligkeiten erwiesen‹ habe. Als er seine Rede beendet hatte, stürzten sich drei Jungen auf ihn und ermordeten ihn, dort in derselben Baracke, deren alleiniger Herrscher er gewesen war.«

Meir Pesker fügte hinzu: »Wir brachten jeden einzelnen unserer deutschen Peiniger um, der uns in die Hände fiel, bevor die Amerikaner auf dem Lagergelände auftauchten. Das war unsere Rache für unsere Lieben, deren Blut diese heidnischen deutschen Bestien vergossen hatten. Ich selbst verdankte es nur meinem Glück – einem sehr getrübten Glück freilich –, daß ich überlebte.«

Unter den Überlebenden von Ebensee war auch Dr. Miklos Nyiszli, der in Auschwitz die barbarischen Experimente des Dr. Mengele miterlebt hatte. Wie alle seine Leidensgenossen in Ebensee hatte auch er die Todesmärsche lebend überstanden, darunter einen Marsch aus Mitteldeutschland nach Mauthausen, bei dem 1000 von ursprünglich 3000 Häftlingen umgekommen waren. Er erzählte später, wie am 5. Mai in Ebensee, während ein Teil des deutschen Bewachungspersonals das Weite suchte, auf dem Wachturm plötzlich »eine weiße Fahne flatterte. Es war vorbei. Sie hatten ihre Waffen niedergelegt. Die Sonne strahlte, als um 9 Uhr ein amerikanischer Panzerwagen mit drei Mann Besatzung eintraf und das Lager in Besitz nahm. Wir waren frei.«

Als die ersten Amerikaner in Mauthausen eintrafen, entdeckten sie ein riesiges Massengrab mit fast 10000 Leichen. Unter den 110000 überlebenden Häftlingen von Mauthausen waren 28000 Juden. Weitere ausgezehrte Leichen und zu Skeletten abgemagerte Überlebende, darunter Lew Manewitsch, erwarteten die Befreier im nahe gelegenen Ebensee. Wie Hunderte der mit ihm zusammen Befreiten war auch Manewitsch zu schwach, um weiterleben zu können; er starb vier Tage nach seinem Aufruf zur Revolte.

In Berlin wurden am 6. Mai zum letztenmal die begehrten Schwerter zum Ritterkreuz des Eisernen Kreuzes verliehen. Der letzte, der mit diesem Orden ausgezeichnet wurde, war Otto

Weidinger, einer der höchstdekorierten und bekanntesten Offiziere der Waffen-SS. Wahrscheinlich war es, zumindest teilweise, Weidingers Rolle bei der Verteidigung Wiens, die ihm diese Ehrung einbrachte. Doch in diesen Tagen des militärischen Zusammenbruchs, da in Berlin Chaos und Verwüstung herrschten, ging die amtliche Urkunde zu dieser Ordensverleihung verloren. Weidinger selbst erfuhr erst, als er sechs Jahre später aus französischer Kriegsgefangenschaft nach Deutschland zurückkehrte, von seiner späten Auszeichnung – sie war ihm drei Wochen nach dem erzwungenen Abzug seiner Verbände aus Wien verliehen worden.

Der Krieg in Europa war in sein letztes Stadium getreten. Am Abend des 6. Mai um 18 Uhr akzeptierte der Kommandeur der in Breslau eingeschlossenen deutschen Truppen, General Niehoff, die sowjetischen Bedingungen für die Kapitulation seiner Truppen und für die Übergabe der Stadt. Eine halbe Stunde später begab sich General Jodl von Flensburg aus auf den Flug nach Reims, um die Kapitulation aller noch gegen Truppen der Westalliierten kämpfenden oder ihnen gegenüberstehenden deutschen Wehrmachtsteile zu besiegeln. Jodl war eigentlich in der festen Absicht gekommen, die Kapitulation auf die westwärts gewandten deutschen Truppen zu beschränken, doch General Eisenhower machte ihm ohne jede Zweideutigkeit oder Debatte klar, daß er eine Kapitulation aller deutschen Truppen an allen Fronten verlange; falls dies nicht geschehe, werde er alle Verhandlungen abbrechen und die Westfront dichtmachen, so daß kein Deutscher mehr von Osten nach Westen durchschlüpfen könne, um sich den Amerikanern oder Engländern zu stellen. General Jodl übermittelte dieses Ultimatum per Funk an Großadmiral Dönitz in Flensburg. Die Antwort kam kurz nach Mitternacht: Dönitz bevollmächtigte Jodl, die endgültige und vollständige Kapitulation aller deutschen Truppen an allen Fronten zu unterschreiben. Um 1.41 Uhr am Morgen des 7. Mai leistete General Jodl unter den wachsamen Augen des sowjetischen Generals Iwan Susloparow und des französischen Generals François Sevez seine Unterschrift. Anschließend unterzeichneten General Bedell Smith für die Westalliierten und General Susloparow für das sowjetische Oberkommando. Zuletzt unterschrieb General Sevez als Zeuge. Die Kapitulation sollte am 8. Mai, 59 Minuten vor Mitternacht, in Kraft treten. Der Krieg in Europa hatte also noch eine Laufzeit von 45 Stunden und 20 Minuten.

In der Tschechoslowakei kämpften noch den ganzen 7. Mai über deutsche Truppen nördlich von Olmütz und in der Stadt selbst gegen Einheiten der Roten Armee. Und auch in dem langgestreckten Küstenstreifen zwischen Danzig und Königsberg, insbesondere im Gebiet um das Dorf Vogelsang, waren noch deutsch-sowjetische Gefechte im Gang. Unweit der schottischen Küste, im Firth of Forth, versenkte das deutsche U-Boot U-2336 unter Kapitän Emil Klusmeier eineinhalb Kilometer südlich der Insel May zwei Handelsschiffe, die norwegische *Sneland I* und die britische *Avondale Park.* Auf der *Sneland I* fanden vier norwegische Handelsmatrosen den Tod; auf der *Avondale Park* starben zwei britische Seeleute. Es waren die letzten Todesopfer des Seekriegs in Europa.

In den fünf Jahren und acht Monaten, die der U-Boot-Krieg gedauert hatte, waren 72491 Offiziere und Besatzungsmitglieder deutscher U-Boote gefallen. Von den 863 insgesamt auf Einsatzfahrt gegangenen deutschen U-Booten waren 754 versenkt oder aber irreparabel beschädigt worden, während sie in einem Hafen lagen. Andererseits hatten sie mit bemerkenswertem Erfolg gekämpft: 2800 alliierte Handels- und 148 Kriegsschiffe waren ihnen zum Opfer gefallen. Ihr Abgang war unrühmlich: Im Rahmen der Operation »Regenbogen«, die in der ersten Maiwoche anlief, versenkten sich 231 U-Boote selbst, um nicht in alliierte Hände zu fallen. Unter den auf diese Weise dem alliierten Zugriff entzogenen Booten waren viele, die noch keinen einzigen Einsatz hinter sich hatten; in Lübeck beispielsweise wurden mehrere mit neuartigen Wasserstoffperoxid-Aggregaten ausgestattete Boote zerstört. Einer der Erfinder dieser Antriebstechnik, Helmuth Walter, wurde am 5. Mai von den Briten interniert und erklärte sich zwei Tage später bereit, den Alliierten alles zu erzählen, was er über die neuen U-Boote und Torpedos wußte, die in jüngster Zeit in den Versuchsanlagen im nahe gelegenen Eckernförde entwickelt und getestet worden waren. Ein Testexemplar einer neuen Baureihe wurde später für Versuchszwecke nach Amerika verfrachtet, ein zweites nach Großbritannien.

In Prag hatten tschechoslowakische Widerstandsgruppen am 7. Mai den Aufstand gegen die deutschen Besatzungstruppen in der Stadt gewagt. Am selben Tag waren auch die ersten drei amerikanischen Armeefahrzeuge in Prag aufgetaucht. Gleichzeitig waren aber auch die Sowjets eingetroffen und hatten verlangt, daß die Amerikaner sich gemäß der Zusage Eisenhowers an das sowjetische Oberkommando nach Pilsen zurückzögen. Die Amerikaner gaben nach. Den ganzen 7. Mai über waren in Prag noch Kämpfe im Gang. Dann, am frühen Morgen des 8. Mai, um 4 Minuten nach 5 Uhr, kapitulierten die deutschen Truppen in der Stadt bedingungslos. Mehr als 8000 Rotarmisten und eine erheblich größere Zahl deutscher Soldaten waren in der Schlacht um Prag gefallen; es war die letzte opferreiche Schlacht auf dem europäischen Kriegsschauplatz.

In Großbritannien und den Vereinigten Staaten wurde der 8. Mai als »VE-Day« – Victory in Europe Day – gefeiert. In beiden Ländern jubelten die Menschen, und Fahnen und Wimpel schmückten die Straßen und Häuser der Städte. In den bis vor kurzem besetzten Hauptstädten Westeuropas – Den Haag, Brüssel und Paris – war noch einmal etwas von der Erregung und Erleichterung zu spüren, die in den Tagen ihrer Befreiung geherrscht hatte. In Kopenhagen und Oslo legten die Deutschen ihre Waffen nieder. Auch die letzten noch auf deutschem Boden kämpfenden Wehrmachtsverbände ergaben sich an diesem Tag den Sowjets; die Kapitulationsurkunde wurde in Karlshorst bei Berlin unterschrieben. Die seit vielen Monaten im nördlichen Lettland eingeschlossenen deutschen Truppen kapitulierten am 8. Mai ebenso wie die im Raum Dresden-Görlitz stehenden Kräfte. Nur in der Umgebung von Olmütz gab es noch bewaffnete deutsche Gegenwehr, aber sie war aussichtslos und nur von kurzer Dauer: Noch im Verlauf des 8. Mai fielen sowohl Olmütz als auch das weiter nördlich gelegene Sternbeck.

Um 14 Uhr am Nachmittag des 8. Mai ergab sich die deutsche Garnison von St. Nazaire an der französischen Atlantikküste den Amerikanern. Eine Stunde später hißte die Herrin der kleinen Kanalinsel Sark auf ihrem Turm den britischen Union Jack und die US-Flagge. Zu diesem Zeitpunkt hatte noch kein einziger alliierter Soldat die Insel betreten, wohl aber hielten sich auf ihr noch 275 Deutsche auf. Die britische Armee, vertreten durch drei Offiziere mit zwanzig Soldaten, traf zwei Tage später ein.

In Berlin wurden am Abend des 8. Mai, eine halbe Stunde vor Mitternacht, weitere Unterschriften unter die Kapitulationsurkunde von Reims gesetzt. Für das Oberkommando der deutschen Wehrmacht unterzeichneten Großadmiral von Friedeburg (es war seine dritte Kapitulationsurkunde in vier Tagen), General Hans-Jürgen Stumpff, Chef der deutschen Luftwaffe, und Generalfeldmarschall Keitel. Auf alliierter Seite setzten vier Zeugen ihren Namen unter das Dokument: Sir Arthur Tedder für die Westalliierten, Marschall Schukow für den Generalstab der Roten Armee, General de Lattre de Tassigny als Oberbefehlshaber der französischen 1. Armee sowie General Carl Spaatz als Befehlshaber der US-Luftwaffe.

Während in Berlin die Kapitulationszeremonie bereits im Gang war, wurde den in der westlichen Tschechoslowakei operierenden deutschen Truppen ein um 20 Uhr ausgefertigter Aufruf des sowjetischen Marschalls Konjew zugestellt, der sie aufforderte, ebenfalls zu kapitulieren. Als Konjew um 23 Uhr noch keine Antwort erhalten hatte, ließ er seine Artillerie ein Sperrfeuer eröffnen und erteilte seinen Truppen den Befehl, die Kampfhandlungen wieder aufzunehmen. Als dies geschah, ergriffen die deutschen Bewacher eines der vielen Judentransporte, die zu diesem Zeitpunkt noch auf Eisenbahnstrecken durch das Sudetenland in Richtung Theresienstadt unterwegs waren, urplötzlich die Flucht. »Wir können nicht glauben, daß es vorbei ist!« – so beschrieb Alfred Kantor, der diesem Transport angehörte, das Gefühl, das ihn und seine Leidensgenossen beseelte, als sie um 23 Uhr am Abend des 8. Mai bemerkten, daß ihre Bewacher fort waren. Von den tausend Häftlingen, die vor nicht ganz zwei Wochen diese besonders grauenvolle Bahnreise angetreten hatten, waren nur noch 175 am Leben. »Rotkreuz-Lastwagen kommen an«, schrieb Kantor, »können aber nicht 175 Mann aufnehmen. Wir verbringen die Nacht auf der Straße – aber wie im Traum. Es ist vorbei.«

KAPITEL 49

Deutschland geschlagen, Japan unbeugsam

Mai – Juli 1945

Im Laufe des 9. Mai kapitulierten allerorten weitere deutsche Truppeneinheiten: 30 000 Mann auf den Kanalinseln, die deutschen Garnisonen auf den ägäischen Inseln Milos, Leros, Kos, Piskopi und Simi, die deutschen Besatzer auf der zu Dänemark gehörenden Ostseeinsel Bornholm, die in Ostpreußen und im Raum Danzig eingeschlossenen Fronttruppen, die deutschen Einheiten in der westlichen und mittleren Tschechoslowakei, die noch bis in den Abend des 9. Mai hinein ihre russischen Gegner bekämpften, und ebenso ihre Landsleute in Schlesien, wo am 9. Mai, wie aus örtlichen Gedenktafeln hervorgeht, noch mehr als 600 sowjetische Soldaten fielen. In Dünkirchen schließlich ergab sich die dort seit über sechs Monaten eingeschlossene deutsche Garnison, die zuletzt von tschechoslowakischen Truppen unter dem Befehl von Generalmajor Alois Liska belagert worden war. Zur Überraschung der tschechischen, britischen und französischen Offiziere, die die Übergabe der von den Deutschen zur »Festung« erklärten Stadt entgegennahmen, erschien der deutsche Kommandant Vizeadmiral Friedrich Frisius, mit einer bereits unterschriebenen Kapitulationsurkunde im Hauptquartier von General Liska.

In Moskau wurde der 9. Mai als Tag des Sieges gefeiert und mit Böllerschüssen aus tausend Kanonen eingeläutet. »Der uralte Kampf der slawischen Völker um Existenz und Unabhängigkeit«, erklärte Stalin an diesem Abend in einer Rundfunkansprache, »ist siegreich beendet. Eure Tapferkeit hat die Nazis besiegt. Der Krieg ist vorbei.«

Überall in Europa wurden jetzt Kriegsgefangene nach Hause entlassen. Schon am 8. Mai wurden über 13 000 britische Kriegsgefangene vom Festland nach England geflogen; als am 9. Mai eines der Flugzeuge über dem Kanal abstürzte, kamen 25 Heimkehrer ums Leben.

Im Pazifik hingegen ging der Krieg mit unverminderter Härte und ohne Atempause weiter. Auf Okinawa wurden am 9. Mai sechzig japanische Soldaten, die die amerikanischen Linien zu durchbrechen versuchten, im Kampf Mann gegen Mann getötet. Hunderte von Amerikanern fielen an diesem Tag in Gefechten um belagerte japanische Bastionen; Hunderte weitere mußten dem Frontstreß psychischen Tribut zollen und wurden als nicht mehr kampftauglich ausgemustert. Auf Luzon verschanzten sich über tausend Japaner in Höhlen. Da sie sich weigerten, zu kapitulieren, traktierten die Amerikaner sie mit Flammenwerfern und Granaten, und einige Tage später waren alle tot. In Indochina waren die Japaner noch in der Übermacht; als sie die französische Stellung bei Lang Son überrannten, fielen sechzig Soldaten und Fremdenlegionäre, die sich seit Beginn der japanischen Besetzung mit Erfolg verteidigt hatten; die wenigen Überlebenden wurden an eine Wand gestellt und, während sie trotzig die Marseillaise anstimmten, mit Maschinengewehren niedergemäht. Danach töteten die Japaner jene, die noch Lebenszeichen von sich gaben, mit dem Bajonett. Dennoch überlebten einige das Massaker; einer von ihnen, ein griechischer Fremdenlegionär namens Tsakiropolous, fiel den Japanern drei Tage später wieder in die Hände und wurde schließlich zusammen mit zwei Franzosen – dem politischen Geschäftsträger in Lang Son und dem Garnisonskommandanten General Lemonnier – enthauptet.

In Europa brachten die ersten Tage nach der deutschen Kapitulation eine Reihe von Selbstmorden führender Nazis, die für den Fall ihrer Festnahme beziehungsweise ihrer Identifizierung mit einer Verurteilung bei den bereits angekündigten Kriegsverbrecherprozessen rechnen mußten: Am 10. Mai nahm sich in einem alliierten Internierungslager Konrad Henlein das Leben, der seit Mai 1939 als Reichsstatthalter von Böhmen und Mähren amtiert hatte. Am gleichen Tag wurde in einem Marinekrankenhaus in Flensburg SS-Obergruppenführer Richard Glücks, der mehr als fünf Jahre Inspekteur der Konzentrationslager gewesen war, tot aufgefunden; es konnte nie geklärt werden, ob er Selbstmord begangen hatte oder einem Racheakt zum Opfer gefallen war.

Britische Soldaten wurden jetzt aus England nach Oslo geflogen, um an der Entwaffnung der deutschen Besatzungstruppen in Norwegen mitzuwirken. Beim Absturz eines Flugzeuges am 10. Mai unweit von Oslo kamen alle 24 an Bord befindlichen Briten ums Leben.

In den Gewässern vor Okinawa waren bereits am 4. Mai sieben US-amerikanische Kriegsschiffe von japanischen Kamikaze-Flugzeugen angegriffen und beschädigt worden; 446 Seeleute hatten dabei den Tod gefunden. Am 11. Mai starben auf dem Flugzeugträger *Bunker Hill* weitere 396 Männer – dreimal so viele, wie die Amerikaner im Jahr 1775 in der Schlacht verloren hatten, nach der der Flugzeugträger benannt war.

In Europa kam es am 11. Mai noch zu vereinzelten Kämpfen: Östlich von Pilsen überrannten sowjetische Truppen mehrere deutsche Widerstandsnester. Weiter südlich, unweit der slowenischen Stadt Marburg, gingen deutsche Truppen mit Waffengewalt gegen Gefolgsleute Titos vor. In Ostpreußen und im nördlichen Lettland verweigerten noch mehrere hunderttausend Deutsche die Kapitulation. Nun drohte indes nicht mehr nur die militärische Niederlage, sondern auch die Aussicht auf Bestrafung und Vergeltung. In Oslo nahm sich am 11. Mai der ehemalige deutsche Reichskommissar in Norwegen, Josef Terboven, das Leben, indem er eine Stange Dynamit zündete.

Sämtliche deutschen Konzentrationslager befanden sich jetzt in alliierter Hand, doch waren viele Tausende der dort Inhaftierten zu schwach oder zu krank, um zu überleben. Trotz der eilig herbeitransportierten Lebensmittel und der medizinischen Betreuung waren sie dem Tod geweiht. Am 12. Mai starb im bayerischen Straubing Adolf von Harnier, ein zweiundvierzigjähriger deutscher Anwalt, an Gelbfieber. Er war 1939 von einem Gestapospitzel als NS-Gegner denunziert worden und seitdem in Haft gesessen. Die Befreiung war für ihn um einige Tage zu spät gekommen.

Im Mittelatlantik ergab sich den Alliierten an diesem Tag das deutsche U-Boot U-234; es war einen knappen Monat zuvor mit dem zum neuen deutschen Luftwaffenattaché in Tokio ernannten General Kessler an Bord aus einem norwegischen Hafen ausgelaufen. Auf der Nordsee waren deutsche Torpedoboote unterwegs von Rotterdam nach Felixstowe, um sich ebenfalls zu ergeben. Peter Scott, der Sohn des Polarforschers Robert F. Scott, gehörte zu der Gruppe der britischen Marineoffiziere, die als Lotsen an Bord der deutschen Schiffe gingen, um sie in den Hafen einzuweisen: »Unter etlichen Schwierigkeiten«, erinnerte er sich später, »brachten wir die Deutschen dazu, bei der Einfahrt in den Hafen, wo an allen Kais und auf allen Landungsstegen große Mengen von Schaulustigen versammelt waren, ihre Besatzung an Deck zu beordern. Ganz plötzlich erschienen die bewaffneten Wachen an Bord und führten die Deutschen an Land. Das war das Ende!«

Auf Okinawa brachte der 12. Mai einen erneuten amerikanischen Ansturm auf die den Südteil der Insel überspannende befestigte Shuri-Linie. Auf beiden Seiten fielen Hunderte. Der »Kegelberg« auf Okinawa wurde am 13. Mai von den Amerikanern genommen, die sich in der

Folge auch nicht mehr von ihm vertreiben ließen. Einen Tag nach der Eroberung des »Kegelbergs« berieten amerikanische Atombombenforscher und Luftwaffenexperten über mögliche Abwurfziele für die Atombombe. In einem Bericht, der als Grundlage für die an diesem Tag unter strengster Geheimhaltung in Los Alamos tagende Zielkommission diente, hieß es, die bergige Umgebung Hiroschimas, das als Zielort in die engere Wahl gezogen worden war, werde »wahrscheinlich eine Bündelung bewirken, was die Schäden durch die Druckwelle beträchtlich steigern würde«. Als einen Faktor, der gegen Hiroschima spreche, nannte der Bericht die Flüsse und Bäche der Stadt, die deren »Brennbarkeit« beeinträchtigten. Ein anderes der am 14. Mai in Betracht gezogenen Abwurfziele war Kaiser Hirohitos Palast in Tokio; doch schließlich gelangten vier Ziele in die engere Wahl: Kioto, die heilige Stadt der Japaner, Hiroschima, Jokohama und das Kokura-Arsenal.

Am 14. Mai, sechs Tage nach der förmlichen Kapitulation des Deutschen Reiches, ergaben sich in Ostpreußen 150000 und im nördlichen Lettland 180000 deutsche Soldaten der Roten Armee. Die letzten deutschen Truppen, die nach diesem Tag noch unter Waffen standen, waren die Reste der einstigen deutschen Besatzungsmacht in Jugoslawien; sie ergaben sich am 15. Mai in Slovenski Gradec den Russen und Jugoslawen, weshalb in Jugoslawien der 15. Mai als Tag des Sieges gefeiert wird. In den letzten beiden Kriegsmonaten waren in Jugoslawien 99907 deutsche Soldaten im Kampf gefallen. Die Jugoslawen hatten im selben Zeitraum 30000 Mann verloren, doch seit 1941 waren 1,7 Millionen Jugoslawen in Konzentrationslagern oder in deutscher Kriegsgefangenschaft umgekommen.

In Burma bot der Nationalistenführer Aung San, der bis dahin mit den Japanern zusammengearbeitet hatte, am 15. Mai den Engländern seine Dienste an. Die Engländer gingen darauf ein. »Die Briten haben unser Blut gesaugt«, erklärte einer der Mitarbeiter Aung Sans dem britischen General Slim, »aber die Japaner haben uns die Knochen gebrochen!« Es war kein Wunder, daß Aung San die Seiten wechselte. Nach der Befreiung Burmas sollte er einem von politischen Rivalen inszenierten Mordkomplott zum Opfer fallen. Zwei Tage nach dem Frontenwechsel Aung Sans wurde Jean-Paul Archambault, ein kanadischer Mitarbeiter der britischen Special Operations Executive, im burmesischen Hinterland der japanischen Front Opfer eines tödlichen Unglücksfalles, als einer der Sprengsätze, mit denen er hantierte, explodierte. Archambault hatte schon früher im besetzten Frankreich brisante Geheimaufträge durchgeführt.

Auf Okinawa erreichten die Kämpfe an diesem Tag einen blutigen Höhepunkt, als die Schlacht um den »Zuckerhut« begann, die zehn Tage dauerte und bei der fast 3000 Amerikaner getötet oder verwundet wurden. Einer der Gefallenen war Major Henry A. Courtney, der einen Sturmangriff auf den höchsten Gipfel des Bergkamms anführte und nach mehrstündigen Kämpfen Mann gegen Mann tödlich verwundet wurde. Courtney erhielt posthum die Medal of Honour. Bei einem selbstmörderischen Angriff auf amerikanische Stellungen am 19. Mai fielen mehr als 500 Japaner.

Während der Schlacht um den »Zuckerhut« wurden die US-Marines in außerordentlich gnadenlose Mörser- und Granatgefechte hineingezogen. Als der populäre Kompanieführer Bob Fowler nach einem Treffer verblutete, ergriff sein Adjutant, »der ihn verehrte, eine Maschinenpistole und massakrierte mitleidslos eine Reihe unbewaffneter japanischer Soldaten, die sich kurz vorher ergeben hatten«. William Manchester, seinerzeit selbst bei den Ledernacken und Chronist dieser Episode, schilderte ein weiteres grausiges Ereignis, »das tragische Schicksal von 85 [japanischen] Schwesternschülerinnen. Sie hatten sich verängstigt in eine Höhle geflüchtet. Als Marines den Höhleneingang erreichten, hörten sie von drinnen japanische Stimmen. Sie erkannten die Stimmen nicht als weiblich, ebensowenig wie ihr Dolmetscher, der die in der Höhle Verschanzten aufforderte, sofort herauszukommen. Als sie dies nicht taten, wurden Flammenwerfer aufgefahren, und alle starben. Bis zum heutigen Tag kommen Japaner, um an der ›Höhle der Jungfrauen‹, wie sie jetzt heißt, zu trauern«.

Auf den Philippinen-Inseln Luzon und Mindanao sowie auf Okinawa tobten in der dritten Maiwoche nach wie vor blutige Schlachten. Die Japaner ließen sich auch nicht durch massiven Flammenwerfereinsatz aus ihren Stellungen vertreiben, so daß die Amerikaner diese Stellungen Meter um Meter und Höhle um Höhle erobern mußten. Vor Okinawa griffen am 24. Mai japanische Kamikaze-Flieger einen US-Schiffskonvoi an, versenkten ein schnelles Truppentransportschiff und beschädigten sechs weitere Kriegsschiffe; zugleich gelang es zehn japanischen Piloten bei einem tollkühnen Angriff auf den Flugplatz von Yontan, sieben amerikanische Flugzeuge zu zerstören und 26 weitere zu beschädigen sowie 250 000 Liter Flugzeugbenzin in Brand zu setzen. Auch dies war ein Selbstmordeinsatz, den keiner der Angreifer überlebte.

In Deutschland wurde am 21. Mai die letzte von mehreren hundert Holzbaracken des ehemaligen Lagers Bergen-Belsen niedergebrannt. »Das Hakenkreuz und ein Hitlerbild waren an der letzten Baracke demonstrativ angebracht«, erinnerte sich die Auschwitz-Überlebende Anita Lasker später, »und es gab eine kleine Zeremonie. Wir alle standen dort und schauten zu, wie dieses letzte Zeugnis des Lagers von den Flammen verzehrt wurde.«

Am 22. Mai stellte sich Hitlers ranghöchster überlebender Nachrichtenoffizier, Reinhard Gehlen, in Oberursel bei Frankfurt den Amerikanern. Kurze Zeit später sollte er seine Spionagetätigkeit gegen die Russen wieder aufnehmen – dieses Mal im Dienst der westdeutschen Nachkriegsrepublik. Ein US-Major namens William Bromley, den seine Regierung vor einiger Zeit mit dem ausdrücklichen Auftrag nach Nordhausen entsandt hatte, die künftige US-amerikanische Raketenentwicklung anzukurbeln, begann am 22. Mai mit dem Transport von 400 Tonnen deutscher Raketenteile nach Antwerpen, von wo aus sie mit dem Schiff über den Atlantik und weiter nach White Sands in New Mexico transportiert wurden. Unter Einsatz von Güterwaggons, die er aus so weit entfernten Orten wie Cherbourg anforderte, schloß Bromley dieses Unternehmen vor dem 1. Juni ab – jenem Tag, an dem gemäß der Vereinbarung über den genauen Grenzverlauf zwischen der britischen, der amerikanischen, der französischen und der russischen Besatzungszone sowjetische Truppen in Nordhausen einrückten.

Am 23. Mai ordneten die Sowjets die Verhaftung sämtlicher Minister der Regierung von Großadmiral Dönitz an. In Mürwik nahm sich an diesem Tag Admiral von Friedeburg das Leben, der vor wenig mehr als zwei Wochen drei der Kapitulationsurkunden der deutschen Wehrmacht unterzeichnet hatte. Heinrich Himmler, der am Tag zuvor den Briten in die Hände gefallen war, beging an diesem 23. Mai in Lüneburg Selbstmord, indem er während einer ärztlichen Untersuchung eine Zyanidkapsel zerbiß. Vier Stunden zuvor hatte er seine Identität eingestanden. »Der Schweinehund hat uns ausgetrickst«, kommentierte ein britischer Feldwebel den geglückten Selbstmord.

Am Tag danach, dem 24. Mai, nahm sich Generalfeldmarschall von Greim, der von Hitler in den letzten Apriltagen zum Chef der deutschen Luftwaffe ernannt worden war, in einem Salzburger Gefängnis das Leben.

Am 24. Mai warfen mehr als 400 amerikanische Bomber 3646 Tonnen Bomben auf das Stadtzentrum von Tokio sowie auf Industriegebiete im Süden der Stadt ab. Über tausend Japaner fanden den Tod. Auch 62 alliierte Kriegsgefangene starben bei diesem Bombenangriff;

später kam der Verdacht auf, sie seien für die Dauer des Angriffs absichtlich in einen aus Holz bestehenden Zellentrakt gesperrt worden, während alle 464 japanischen Gefangenen zusammen mit ihren Wärtern Schutzräume aufgesucht hätten.

Einen Tag nach diesem Luftangriff auf Tokio bekräftigten die Vereinigten Stabschefs der USA ihren früher gefaßten Beschluß, die Operation »Olympic«, die Landung auf der südlichsten japanischen Hauptinsel Kiuschu, am 1. November anlaufen zu lassen.

Am 26. Mai räumten die Japaner die chinesische Stadt Nanning; dies bedeutete den Verlust ihrer letzten direkten Landverbindung nach Indochina. Chinesische Truppen beeilten sich, die Stadt wieder in ihren Besitz zu nehmen. Zwei Tage später flogen die Japaner vor Okinawa ihren letzten größeren Luftangriff auf amerikanische Kriegsschiffe; sie verloren mehrere hundert Flugzeuge, ohne ein einziges Schiff versenken zu können.

Bei Flensburg, unweit der deutsch-dänischen Grenze, nahmen zwei britische Offiziere am 28. Mai William Joyce, den Radioprediger »Lord Haw-Haw«, fest. Sie fanden in seinen Taschen nicht nur zivile deutsche Ausweispapiere auf den Namen Wilhelm Hansen, sondern auch einen auf seinen richtigen Namen ausgestellten deutschen Wehrpaß. Joyce wurde in Haft genommen und nach Großbritannien überstellt. Drei Tage später verhaftete eine britische Patrouille bei Weisensee in Kärnten einen Mann, der alsbald als Odilo Globocnik identifiziert wurde. Der Organisator der »Endlösung der Judenfrage« im »Generalgouvernement« verübte wenige Minuten nach seiner Festnahme Selbstmord, indem er eine Zyanidkapsel zerbiß.

Am 31. Mai trafen die Männer, die darüber zu befinden hatten, wann und wo – und ob – die erste Atombombe abgeworfen werden sollte, im Pentagon zusammen. Robert Oppenheimer als Vertreter der Wissenschaftler erklärte dem amtlichen Protokoll der Besprechung zufolge, »daß eine Atombombe einen gewaltigen optischen Effekt habe. Die Detonation werde von einem gleißenden Lichtblitz begleitet, der eine Höhe von 3000 bis 6000 Metern erreiche. Die Neutronenstrahlung, die bei der Explosion entstehe, sei in einem Umkreis von mindestens 2 Kilometern lebensgefährlich.« An diesem Tag wurde lange darüber debattiert, auf welche Ziele die Atombombe am sinnvollsten abgeworfen werden und welche Wirkungen sie haben solle oder könne. Am Ende faßte Kriegsminister Henry Stimson das Ergebnis der Besprechung laut Protokoll in einem Fazit zusammen, »das allgemeine Zustimmung fand: Wir können den Japanern keinerlei Vorwarnung geben; wir können uns nicht auf ziviles Wohngebiet konzentrieren; wir sollten versuchen, auf möglichst viele Einwohner einen tiefgreifenden psychologischen Eindruck zu machen.« Der Minister stimmte ausdrücklich der Anregung von Dr. Conant zu, »das beste Ziel sei ein kriegswichtiger Industriebetrieb, der eine große Zahl von Arbeitern beschäftige und von Arbeitersiedlungen dicht umgeben sei«.

Es war James Byrnes, der Außenminister der USA, der einen Tag später diesen Beschluß Präsident Truman zur Bestätigung vorlegte. Byrnes schilderte die Unterredung so: »Mr. Truman sagte mir, er habe viele Tage ernsthaft über dieses Thema nachgedacht, nachdem er über die Untersuchungen des Ausschusses und die Erörterung von Alternativplänen unterrichtet worden war; er müsse, wenn auch widerstrebend, zugeben, daß er sich keine Alternative vorstellen könne. Er stimme mit der Empfehlung des Ausschusses überein.«

Der Alternativplan, der im November die Landung auf Kiuschu und im darauffolgenden Frühjahr die Invasion auf der wesentlich größeren Insel Honschu vorsah, wurde als so verlustreiches Unternehmen für den Angreifer eingeschätzt, daß man dem Einsatz der Atombombe den Vorzug gab. Man argumentierte, falls damit die Kapitulation Japans noch vor der geplanten Novemberinvasion erzwungen werden könne, könne dadurch womöglich das Leben von bis zu einer Million US-Soldaten bewahrt und der Krieg um bis zu einem Jahr verkürzt werden.

Sowohl auf Luzon als auch auf Okinawa konnten die Amerikaner im Verlauf der ersten drei Junitage den hartnäckigen japanischen Widerstand brechen. Auf Okinawa führten extreme Kürzungen der Tagesrationen für die japanischen Truppen zu beträchtlicher Unzufriedenheit in den Reihen der Soldaten – ein bis dahin unbekanntes Phänomen. Am 3. Juni besetzten US-Marines die nördlich von Okinawa gelegenen Iheja-Inseln. Einen Tag später landeten sie dann auf Okinawa selbst, und zwar auf der Halbinsel Oruku, wo 5000 Japaner den Flugplatz von Naha bewachten und verteidigten. Zehn Tage lang kämpften die amerikanischen Invasoren mit Flammenwerfern, flammenspeienden Panzern und Sprengstoff gegen die sich mit fanatischer Zähigkeit wehrenden japanischen Verteidiger, Männer, die eher bereit waren, zu Hunderten den Flammentod zu sterben, als eine einzige Höhle aufzugeben. In der zehntägigen Schlacht fielen 4000 Japaner, während die Amerikaner 1608 Mann verloren. Als die Amerikaner endlich in die Höhle eindrangen, die den Japanern als Hauptquartier und zugleich auch als Lazarett gedient hatte, fanden sie über 200 verwundete Soldaten und Offiziere vor, die sich das Leben genommen hatten; unter ihnen war der Kommandant der Garnison, Admiral Minoru Ota.

Am 5. Juni beschädigte ein vor Okinawa tobender Wirbelsturm zahlreiche amerikanische Kriegsschiffe, darunter vier Schlachtschiffe und acht Flugzeugträger. Überdies wurden das Schlachtschiff *Mississippi* und der schwere Kreuzer *Louisville* am gleichen Tag durch japanische Kamikaze-Flugzeuge schwer beschädigt. Allein, mit jeder Fliegerstaffel, die sie bei Kamikaze-Attacken einbüßte, ging der japanischen Luftwaffe ein weiteres Stück ihrer Angriffskraft verloren.

In Tokio faßte die japanische Regierung auf einer Kabinettssitzung in Anwesenheit Hirohitos am 8. Juni den Beschluß, »den Krieg bis zum bitteren Ende weiterzuführen«. Im Südteil Okinawas kamen die Amerikaner an diesem Tag wiederum ein Stück weiter voran: Sie griffen jetzt die befestigten Stellungen der Japaner auf dem Yuza-Berg und an der Kunishi-Hügelkette an, doch wieder einmal sahen sie sich einem mit dem Mut der Verzweiflung kämpfenden Gegner gegenüber, der nach wie vor über beachtliche Kräfte zum Gegenschlag verfügte. Auch ein massives Artilleriebombardement vermochte die Japaner, die sich wieder einmal tief in die Hügelflanke eingegraben hatten, nicht zur Aufgabe zu bewegen. Die Napalmbombe war praktisch das einzige wirksame Mittel, sie zu bezwingen oder, richtiger ausgedrückt, zu vernichten. Auf amerikanischer Seite führte die Entschlossenheit der Japaner, bis zum Tode zu kämpfen, zu enormen Gefallenenzahlen. Die durchschnittliche Lebenserwartung eines amerikanischen Infanteristen lag an dieser Front bei nur noch drei Wochen. In vielen Frontkompanien wurden sämtliche Soldaten verwundet, und den Reservisten, die den Platz der Verwundeten einnahmen, erging es nach kürzester Zeit ebenso. Einige der Neuankömmlinge fielen, bevor sie einen einzigen Schuß abfeuern konnten.

Am 10. Juni griffen die Amerikaner von neuem die japanischen Stellungen auf dem Südzipfel Okinawas an. US-Marine Charles J. Leonard erinnerte sich später an einen typischen Vorfall während des Kampfes um die Anhöhe 69, den letzten größeren japanischen Vorposten diesseits des Kunishi-Bergkamms. »Ich hatte nur noch eine Granate übrig«, schrieb er, »und es war eine Weißphosphor-Granate. Ich warf sie und trat zurück. Eine riesige Wolke aus Rauch und brennendem Phosphor raste aus der flachen Höhle. Ein Stückchen landete auf meinem Arm, brannte sich im Nu durch die Baumwolle und den Ärmel und begann, sich in die Haut zu bohren. Ich zog mein Bajonett vom Gewehr und begann den Phosphor abzuschaben. Der Geruch brennenden Fleisches reizte zum Erbrechen.«

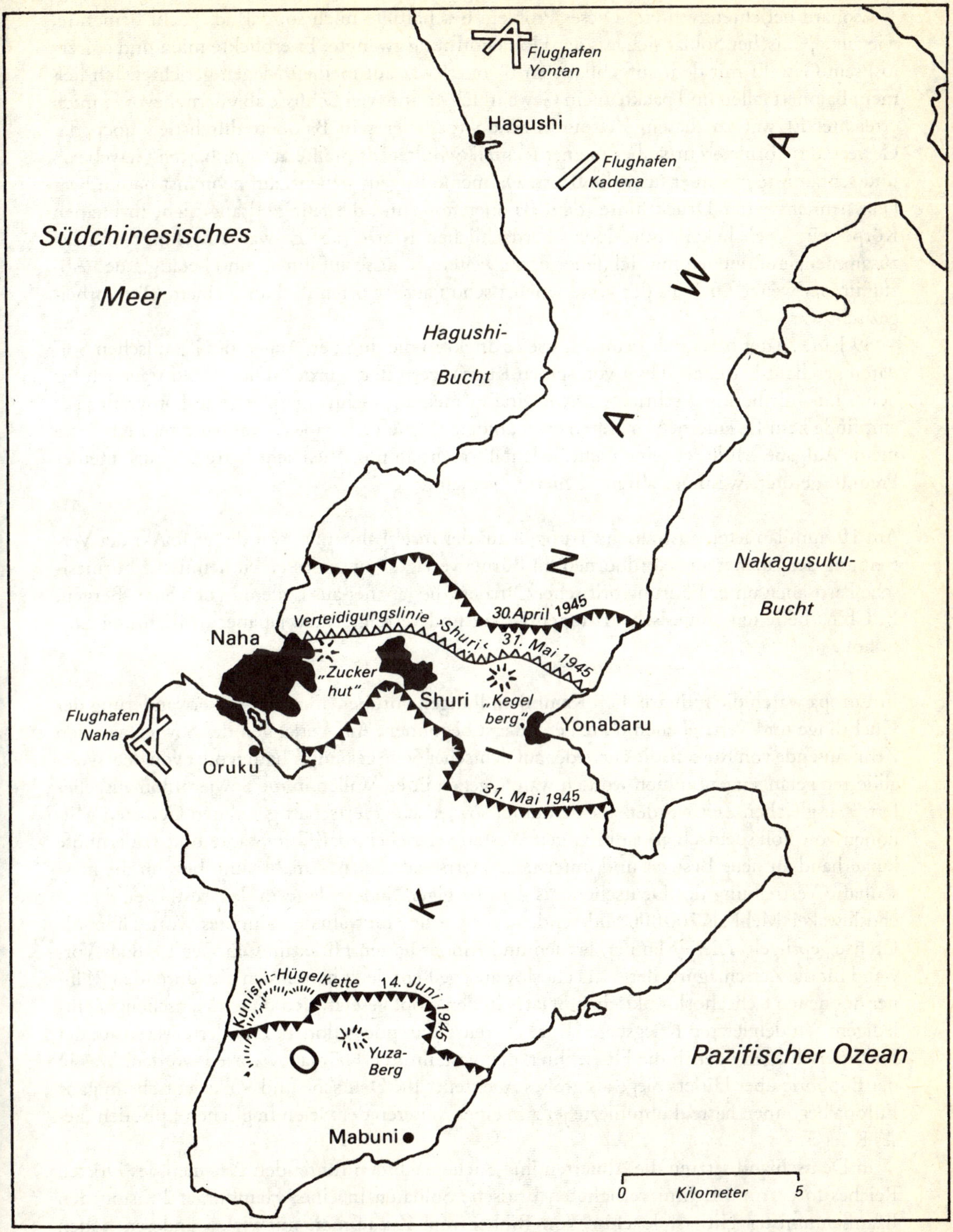

Der Verlust von Okinawa, 30. April bis 21. Juni 1945

Leonard berichtete weiter: »Dieses Problem beschäftigte mich so, daß ich nicht bemerkte, wie ein japanischer Soldat sich aus der Höhlenöffnung zwängte. Er erblickte mich und stürzte los; sein Gewehr mit dem aufgepflanzten Bajonett war auf meinen Magen gerichtet. Ich ließ mein Bajonett fallen und packte mein Gewehr. Ich konnte vier Schüsse abfeuern, bevor er mich erreichte. Er war zu diesem Zeitpunkt schon tot, aber sein Bajonett durchstieß noch das Gewebe des Tornistergurts über meiner rechten Schulter. Es prallte an dem harten Gewebe ab und schrammte mir quer über die Brust. Da meine Kugeln seinen Lauf gebremst hatten, war kein nennenswerter Druck hinter dem Bajonettstoß, und die Klinge drang nicht in meinen Körper ein – ich bekam nur einen oberflächlichen Kratzer ab. Er war umgekippt und lag zusammengerollt neben mir. Ich feuerte vier weitere Schüsse auf ihn ab und betätigte den Abzug immer weiter, auch als der Patronengurt schon ausgeworfen und an meinem Ohr vorbeigezischt war.«

39 Jahre später beschrieb Leonard, wie er direkt in die dunklen Augen des japanischen Soldaten geschaut hatte, als dieser von seinen Kugeln getroffen wurde. »Dieses Bild trage ich bis heute mit mir herum«, schrieb er, »wie eine in meinem Gehirn gespeicherte Fotografie. Ich empfinde kein Bedauern. Wir waren zwei Soldaten, deren Aufgabe es war, zu töten. Ich hatte meine Aufgabe erfüllt, er seine nicht, jedenfalls nicht an mir. Vielleicht hatte er einige meiner Freunde getötet. Wenn ja, waren sie hiermit gerächt.«

Am 10. Juni landeten australische Truppen auf der Insel Labuan; es war der erste Akt der Vertreibung der Japaner aus Nordborneo. In Burma verjagten unterdessen einheimische burmesische Partisanen unter Führung britischer Offiziere die Japaner aus Loilem in den Shan-Bergen. In China befreiten chinesische Truppen I-shan und verfolgten die Japaner in Richtung Liutschou.

In Europa waren die militärischen Kampfhandlungen vorüber, aber die Völkerwanderung der Flüchtlinge und Vertriebenen hatte gerade erst begonnen. Auf Verlangen der Sowjets wurden Zehntausende von Russen, die entweder auf deutscher Seite gekämpft hatten oder von den Westalliierten gefangengenommen worden waren, gegen ihren Willen in die Sowjetunion ausgeliefert. Zur gleichen Zeit wurden aus den unter sowjetische Herrschaft geratenen Gebieten Millionen von Volksdeutschen dadurch gen Westen vertrieben, daß ihre Städte und Bauernhöfe kurzerhand an neue Besitzer und unter neue Herrschaft fielen. Am 11. Juni begann die massenhafte Vertreibung der Deutschen aus dem bergigen Sudetenland in der westlichen Tschechoslowakei: Mehr als 700 000 Sudetendeutsche wurden im wahrsten Sinn des Wortes über die Grenze geprügelt. Diese Männer, Frauen und Kinder hatten Hitler im Oktober 1938 als Vorwand für die Zerschlagung der Tschechoslowakei gedient; jetzt hatten sich die führenden Männer des neuen tschechoslowakischen Staates in den Kopf gesetzt, sich dieser Menschen zu entledigen. Seit den letzten Kriegstagen waren bereits Tausende geflohen. Hunderte waren auf der Flucht erschlagen oder in die Flüsse ihrer altangestammten Heimat geworfen worden. Was in der Euphorie über Hitlers Siege als großes Abenteuer für Deutsche und Volksdeutsche in ganz Europa begonnen hatte, kulminierte jetzt in einer weiteren der vielen tragischen Episoden dieses Krieges.

In Deutschland setzten die Alliierten ihre Suche nach den führenden Personen des Dritten Reiches fort. Am 14. Juni verhafteten britische Soldaten in einer Hamburger Pension den Exaußenminister Hitlers, Joachim von Ribbentrop. Zusammen mit vielen anderen hohen Amtsträgern des Dritten Reiches wurde er in Haft gehalten, während die Vorbereitungen für die Prozesse gegen ihn und seine Mitangeklagten vorangetrieben wurden.

Vorangetrieben wurde auch der Abtransport eines möglichst großen Teils der deutschen Forschungseinrichtungen und der in ihnen tätigen Wissenschaftler aus den der russischen Besatzungszone zugeschlagenen, vorübergehend aber noch unter amerikanischer Kontrolle stehenden Gebieten. Am 20. Juni, nur wenige Stunden vor dem erwarteten Eintreffen der Sowjets in Nordhausen und Bleichrode, wurden die letzten deutschen Forscher mit ihren Familien im Zug in die amerikanische Zone überführt. Drei Wochen später, am 6. Juli, sollten die amerikanischen Vereinigten Stabschefs grünes Licht für Operation »Overcast« geben, deren erklärtes Ziel es war, aus den Reihen der deutschen Wissenschaftler jene »ausgewählten seltenen Geister, deren fortdauernde geistige Produktivität wir zu nutzen wünschen«, auszusondern. 350 deutsche und österreichische Wissenschaftler wurden im Rahmen von Operation »Overcast« binnen weniger Monate in die Vereinigten Staaten »ausgeführt«.

In Fernost hatten australische Truppen im Rahmen der Operation »Oboe III« am 13. Juni die Stadt Brunei befreit. Auf der Philippinen-Insel Mindanao erlosch am 18. Juni der letzte organisierte Widerstand; die dortigen japanischen Verteidiger hatten seit einiger Zeit nur noch von Wurzeln und Baumrinden gelebt. Ebenfalls am 18. Juni lief eine amerikanische Bomberkampagne gegen 23 japanische Städte an.

Auch auf Okinawa begann die japanische Gegenwehr entlang dem Kunishi-Kamm allmählich zu erlöschen. Der Kommandeur der auf der Insel eingesetzten amerikanischen Truppen, Generalleutnant Simon Buckner, begab sich am 18. Juni von seinem Hauptquartier im Norden der Insel nach Süden, um dort die Endphase der Schlacht mitzuerleben. Während er eines der Gefechte beobachtete, wurde er von einer japanischen Panzerabwehrgranate tödlich getroffen. Nach ihm fanden binnen 24 Stunden zwei weitere ranghohe US-Offiziere den Tod: Oberst Harold C. Roberts, Kommandeur der Marines, fiel der Kugel eines Heckenschützen zum Opfer, Brigadegeneral Claudius M. Easley wurde tödlich verwundet. Am Abend des 21. Juni erreichten die Ledernacken den Eingang der japanischen Kommandohöhle bei Mabuni. In der Höhle bekamen die beiden japanischen Generäle Ushijima und Sho an diesem Abend ein besonderes Festmahl vorgesetzt. Vor Tagesanbruch legten sie dann ihre Felduniform mit allen Ehrenzeichen, Schwertern und Orden an, knieten auf einem sauberen Tuch nieder – das Gesicht nach Norden gewandt, wo Tokio mit dem Palast Hirohitos lag –, und schlitzten sich mit einem spitzen Säbel den Bauch auf. In seinem Abschiedsbrief hatte General Sho geschrieben: »Ich scheide ohne Trauer, Scham oder Schulden.«

Mehr als 70000 japanische Soldaten waren auf Okinawa gefallen; dazu kamen weitere 80000 Tote unter der Zivilbevölkerung. Aber die Japaner hatten auch den Amerikanern hohe Verluste zugefügt: 7613 US-Marines waren bei den Kämpfen an Land gefallen, 4907 amerikanische Seeleute bei japanischen Kamikaze-Angriffen getötet, 36 amerikanische Kriegsschiffe versenkt worden. Die Japaner hatten in der Schlacht um Okinawa die außerordentliche Zahl von 7800 Flugzeugen verloren, die Amerikaner 763 Maschinen.

Anderswo im Pazifik verliefen die Schlachten weniger verlustreich. Als australische Truppen am 20. Juli im Rahmen der Rückeroberung Nordborneos bei Miri an der Küste von Sarawak landeten, konnten sie eine kleine und bereits demoralisierte japanische Garnison rasch überwältigen. Bei der Rückeroberung des gesamten Gebiets wurden 1234 Japaner getötet, während auf alliierter Seite 114 Australier und vier Amerikaner fielen.

Ob in blutrünstigen Kämpfen wie auf Okinawa oder unter beträchtlichen Verlusten wie auf Luzon oder Mindanao, oder aber verhältnismäßig widerstandslos wie im Norden Borneos, überall wurden die Japaner allmählich, aber unerbittlich aus den von ihnen eroberten Gebieten vertrieben. Es war der japanischen Regierung klar, daß die Amerikaner sich durch die

Aussicht auf weitere schwere Verluste nicht vom weiteren Vormarsch oder von neuen Landungsoperationen abhalten lassen und daß sie früher oder später auch versuchen würden, die japanischen Inseln zu erobern. Am 20. Juni rief Kaiser Hirohito seinen Ministerpräsidenten, seinen Außenminister und seine militärischen Oberbefehlshaber zu einer Besprechung in seinen Palast. Er hatte sich zu einer bemerkenswerten Initiative entschlossen und drängte die versammelten Verantwortungsträger, alles menschenmögliche zu unternehmen, um dem Krieg mit diplomatischen Mitteln ein Ende zu setzen. Selbst der Kriegsminister und der Stabschef der Streitkräfte mußten die Logik der kaiserlichen Argumente anerkennen.

Um einem Verhandlungsfrieden näher zu kommen, beschloß die japanische Regierung, an die sowjetische Regierung heranzutreten und sie um ihre Vermittlung zu bitten. Die entsprechenden Schritte unternahm Außenminister Tojo über seinen Moskauer Botschafter Sato Naotake. Tojo ahnte nicht, daß seine streng geheimen, nach dem vermeintlich todsicheren japanischen Magic-System verschlüsselten Funksprüche nach Moskau vom amerikanischen Nachrichtendienst abgefangen und entschlüsselt wurden. Zum Unglück der Japaner wurde den Amerikanern aus der Lektüre dieses Funkverkehrs deutlich, daß Japan nicht bereit sein würde, eine bedingungslose Kapitulation zu akzeptieren. Dies bestärkte die Amerikaner nur in ihrer Entschlossenheit, Japan in die Knie zu zwingen.

In Thailand zerstörten britische Bomber am 24. Juni die beiden Eisenbahnbrücken über den berühmten River Kwai, die im Zuge des Baus der Thailand-Burma-Bahnlinie von alliierten Kriegsgefangenen unter menschenunwürdigsten Bedingungen in Fronarbeit errichtet worden waren.

Auf dem Roten Platz in Moskau fand am 24. Juni eine Siegesparade statt. Dabei marschierten unter anderen 200 Sowjetsoldaten mit erbeuteten deutschen Militärfahnen auf den Platz, die sie unter feierlichem Trommelwirbel an der Schwelle des Lenin-Mausoleums auf einen Haufen warfen. In San Francisco ging zwei Tage später die Konferenz der Vereinten Nationen mit der Unterzeichnung der UNO-Charta zu Ende. Für die Bewahrung des Weltfriedens sollte künftig der UN-Sicherheitsrat zuständig sein, in dem die fünf Großmächte Großbritannien, die Sowjetunion, die USA, China und Frankreich ein faktisches Vetorecht ausüben konnten.

In einem Prager Gefängnis starb am 27. Juni Emil Hácha, der 1938 Staatspräsident der Tschechoslowakei gewesen war und sich anschließend von Hitler zum Staatspräsidenten von Böhmen und Mähren hatte ernennen lassen. Zwei Tage später unterzeichnete die neue tschechoslowakische Regierung einen Vertrag mit der Sowjetunion, in dem sie ihren östlichsten Landesteil Ruthenien an Rußland abtrat. Es war die erste förmlich besiegelte Gebietsabtretung im Gefolge des Zweiten Weltkriegs, über die neuen Grenzen Polens sollten in Kürze Stalin, Truman und Churchill auf der »Konferenz der Großen Drei« in Potsdam entscheiden.

Im Fernen Osten fuhren die Japaner fort, alliierte Kriegsgefangene aus all den Gebieten zu evakuieren, in denen sie eine alliierte Landung befüchteten oder für möglich hielten. Von 470 australischen Kriegsgefangenen, die im Februar aus ihrem Lager bei Sandakan in Nordborneo aufgebrochen waren, lebten Ende Juni, als die Marschkolonne im 160 Kilometer landeinwärts gelegenen Ranau ankam, nur noch sechs. Am 1. Juli landeten australische Truppen im Windschatten eines vorausgegangenen massiven Bombardements durch die US-Luftwaffe bei Balikpapan; zwei Tage später war die Stadt mitsamt ihren Ölförderanlagen in ihrer Hand. Weiter im Landesinneren hatten die Japaner allerdings stark befestigte Verteidigungsstellungen errichtet; sie waren entschlossen, Borneo nicht kampflos preiszugeben.

Auf den Philippinen führte die Landung der Amerikaner unweit der Hafenstadt Davao im Süden Mindanaos, die am 4. Juli begann, zu einer weiteren Einengung des japanischen Herrschaftsbereichs auf der Inselgruppe. Einen Tag später verkündete General McArthur, die Befreiung der Philippinen sei abgeschlossen. Überschattet wurden die alliierten Erfolge dieser Woche vom tragischen Untergang eines 23 Mann starken Sonderkommandos der britischen SOE, das vom September 1944 an unter Führung von Oberstleutnant Ivan Lyon auf der Insel Merapas bei Singapur hinter den japanischen Linien operiert hatte. Im Laufe einer Reihe von Scharmützeln mit den Japanern waren zwölf Angehörige der Gruppe, darunter Lyon selbst, getötet und die übrigen elf gefangengenommen worden. Einer dieser elf erlag in der Folge seinen Verwundungen. Nach sechs Monaten in Gefangenschaft wurden die zehn Überlebenden am 7. Juli enthauptet.

Dr. Alan Nunn May, ein britischer Physiker, der in der Kernforschung tätig war, übergab am 9. Juli an Oberst Zabotin von der sowjetischen Botschaft in Ottawa »162 Mikrogramm Uran 233, in Form einer in dickes Schichtmaterial verpackten Säure«, wie Zabotin in einem Telegramm nach Moskau schrieb. Dank Klaus Fuchs wußten die sowjetischen Atomforscher bereits von den amerikanischen Vorbereitungen für den Bau einer Atombombe.

Eine andere neuentwickelte Waffe, die Napalmbombe, war zu dieser Zeit schon gegen die Japaner im Einsatz: Am 11. und 12. Juli wurden mehrere tausend Tonnen Napalmbomben auf die japanischen Truppen abgeworfen, die sich noch auf der Philippinen-Insel Luzon verschanzt hielten – allein im Gebiet um Kiangan waren es 40 000 Mann.

Am 12. Juli landete bei Kaiping auf dem chinesischen Festland ein nationalchinesisches Fallschirmjägerkommando, das die Logistik der Japaner stören sollte. Die von den Japanern in Asien und im Pazifischen Raum errichtete »neue Ordnung« begann sich an allen Fronten aufzulösen, selbst dort, wo sie noch vor kurzem unanfechtbar erschienen war.

In Berlin verlieh Feldmarschall Montgomery am 12. Juli britische Auszeichnungen an vier sowjetische Truppenführer, darunter die Marschälle Schukow und Rokossowski. Am selben Tag ließ das britische Luftfahrtministerium die Operation »Surgeon« anlaufen, die das Ziel verfolgte, der deutschen Luftfahrtindustrie »das Herz herauszuschneiden«. Aus dem Forschungszentrum der deutschen Luftwaffe in Volkenrode, das in der britischen Besatzungszone lag, sollten sowohl Material und Unterlagen als auch mehrere der deutschen Fachleute nach England geschafft werden; Wernher Pinsche und Dietrich Kuchemann waren zwei von über zwanzig deutschen Luftfahrtexperten, die in der Folge in dem Forschungszentrum der Royal Air Force in Farnborough tätig wurden. Adolf Busemann, ein weiterer deutscher Luftfahrttechniker, ging später von Großbritannien aus in die Vereinigten Staaten und setzte seine Tätigkeit dort fort.

Diejenigen unter den führenden Köpfen NS-Deutschlands, die den Alliierten in die Hände gefallen waren, harrten jetzt ihrer Aburteilung. Die *Chicago Daily News* enthüllte am 14. Juli, daß diese Männer nicht in Gefängniszellen saßen, sondern in einem Luxemburger Hotel, dem Palace-Hotel in Mondorf. Die Zeitung kritisierte die ihrer Meinung nach viel zu komfortable Unterbringung dieser Verbrecher. Als Radio Moskau die Meldung aufgriff, war aus dem Hotel »ein Luxemburger Palais« geworden, in dem die NS-Führer angeblich in Saus und Braus lebten. In Wirklichkeit erhielten sie die Standardration der in alliiertem Gewahrsam befindlichen deutschen Kriegsgefangenen, und ihr Quartier war mit einem hohen Zaun und Scheinwerfern gesichert und wurde von Militärpolizisten mit Maschinengewehren streng bewacht.

Der geplante amerikanische Termin für den Beginn der Landung auf dem japanischen Festland war immer noch der 1. November. Noch dreieinhalb Monate waren es bis dahin, als am 14. Juli amerikanische Kriegsschiffe, darunter die *Massachusetts,* eine Reihe von Zielen auf den japanischen Inseln zu beschießen begannen. An diesem 14. Juli war das Ziel die Kaiserliche Eisenhütte bei Kamaischi. Einen Tag später stach im weit entfernten Neapel das erste Transportschiff mit amerikanischen Soldaten in See, die auf dem europäischen Kriegsschauplatz im Einsatz gewesen waren und jetzt in den Pazifik verlegt wurden. Auch dies gehörte zu den Vorbereitungen auf die für November geplante Invasion.

Die Japaner, die nicht mehr wußten, als daß der Tag einer amerikanischen Landung auf Kiuschu und Honschu nicht allzu fern sein konnte, bereiteten sich auf die Abwehr der Invasion vor. Sie setzten dabei auf die todesverachtende Widerstandstaktik, die sie im ganzen pazifischen Raum an den Tag gelegt hatten, und auf einen verstärkten Einsatz der Kamikaze-Waffe. Erneut wurden Tausende junger Männer zu Kamikaze-Piloten sowie für selbstmörderische Torpedoangriffe (»Kaiten«) ausgebildet. Auch eine Selbstmordwaffe neuer Art wurde entwickelt, eine Mine, die ein Taucher am Rumpf eines feindlichen Schiffes befestigen und sogleich eigenhändig zünden sollte.

Die Taucher, die diese Minen zum Einsatz bringen sollten, wurden Fukuryu genannt – »kauernde Drachen«. Sie sollten überall dort zum Einsatz kommen, wo sich alliierte Landungstruppen der japanischen Küste näherten, und ihre Minen an den Rümpfen der Landungsfahrzeuge und Versorgungsschiffe befestigen. Die Schulung der Fukuryu begann im Juli; sie lernten, mit ihren schweren Minen vom Strand aus ins Meer hinauszugehen und sich in bis zu 15 Meter tiefem Wasser zu bewegen. Gleichzeitig experimentierten die Japaner mit versenkbaren Betonkabinen, in denen jeweils bis zu sechs Fukuryu bis zu zehn Stunden lang unter Wasser auf die Ankunft feindlicher Landungsfahrzeuge warten konnten.

KAPITEL 50
Alamogordo, Potsdam, Hiroschima
Juli – August 1945

Am Nachmittag des 16. Juli 1945 wurde bei Alamogordo im Bundesstaat New Mexico die erste Atombombe gezündet. »Die Sonne kann ihr nicht das Wasser reichen!« war die Reaktion eines der Physiker, die miterlebten, wie der Lichtblitz der Explosion die umliegenden Hügel sekundenlang in gleißendes Licht tauchte. In der Nähe des Detonationspunktes wurde eine Temperatur erzeugt, die dreimal so hoch war wie die im Inneren der Sonne und zehntausendmal so hoch wie die an der Sonnenoberfläche. Der stählerne Turm, auf dem die Versuchsbombe montiert gewesen war, hatte sich infolge der großen Hitzeentwicklung zu Gas verflüchtigt und war verschwunden – ein bislang völlig unbekanntes Phänomen. Im Umkreis von eineinhalb Kilometern um den Explosionsort war alles pflanzliche und tierische Leben ausgelöscht worden.

Allen Beteiligten war sogleich klar, daß sich hier etwas ganz Außerordentliches ereignet hatte. In bis zu 300 Kilometern Entfernung waren Fensterscheiben zersprungen. An Orten in bis zu 250 Kilometern Entfernung berichteten verstörte Bewohner, die Sonne sei kurz auf- und gleich wieder untergegangen. Viele der in der Wüste aufgestellten Meßgeräte und Instrumente waren hinweggefegt worden. Die Filme in den von den Wissenschaftlern aufgestellten Kameras waren zum überwiegenden Teil verschleiert oder vollkommen geschwärzt – eine Folge der radioaktiven Strahlung.

In Berlin traten am selben Tag die politischen Führer der Alliierten zu ihrer abschließenden Konferenz über die Zukunft des besiegten Deutschland zusammen; Churchill ließ sich am Vormittag durch die Ruinen von Hitlers Reichskanzlei führen.

Am 17. Juli begann die Konferenz der »Großen Drei« in Potsdam; erörtert wurden die Fortführung des Krieges gegen Japan und die Fragen der europäischen Nachkriegsordnung. Zur gleichen Zeit, als in Potsdam die Delegationen zusammentrafen, starteten im Pazifik alliierte Bomber von amerikanischen und britischen Flugzeugträgern, um militärische Einrichtungen und Flugplätze in der Umgebung Tokios zu bombardieren; andere amerikanische Bomber flogen zugleich Angriffe gegen die Industriestädte Mito und Hitatschi auf der Insel Honschu. Doch die dramatischste Nachricht, die an diesem Tag in Potsdam einging, betraf die erfolgreiche Zündung der Atombombe in New Mexico. »Aktion heute morgen gelaufen«, erfuhr der in Potsdam weilende amerikanische Kriegsminister Henry Stimson aus einem streng geheimen Telegramm, in dem es weiter hieß: »Auswertung noch nicht abgeschlossen, doch erscheinen Ergebnisse zufriedenstellend und die Erwartungen bereits übertreffend.«

Wie Stimson außerdem mitgeteilt wurde, hielten die zuständigen US-Behörden es für angezeigt, der Presse in New Mexico eine Erklärung zukommen zu lassen, da »weithin Interesse geweckt« worden sei. In der für die örtliche Presse bestimmten Verlautbarung wurde behauptet, es sei ein Munitionsdepot explodiert, und dabei sei ein noch in über 300 Kilometern Entfernung sichtbarer Lichtblitz entstanden.

Beim gemeinsamen Mittagessen steckte Stimson Churchill einen Zettel zu, auf dem der Satz stand: »Geburt zufriedenstellend verlaufen.« Churchill konnte sich auf diese Botschaft keinen

Reim machen. »Das bedeutet«, erklärte ihm Stimson, »daß das Experiment in der mexikanischen Wüste gelungen ist. Die Atombombe ist Wirklichkeit.«

Churchill und Stalin trafen später am Tag zu einer privaten Unterredung zusammen, in deren Verlauf der britische Premierminister erfuhr, daß Stalin kurz vor seiner Abreise aus Moskau vom dortigen japanischen Gesandten eine Botschaft des japanischen Kaisers erhalten hatte. Stalin berichtete, Hirohito habe dargelegt, daß Japan zwar eine bedingungslose Kapitulation nicht akzeptieren könne, aber »unter anderen Bedingungen möglicherweise zu einem Einlenken bereit sein könnte«. Der Kaiser habe dieses Angebot, so fügte Stalin hinzu, »im Interesse aller betroffenen Völker« unterbreitet.

Churchill wies Stalin darauf hin, daß Großbritannien die Absicht der Amerikaner unterstütze, »einen vollständigen Sieg über Japan zu erringen«, daß aber andererseits die Menschen in Amerika »an der Notwendigkeit einer ›bedingungslosen Kapitulation‹ zu zweifeln begännen«. Man frage sich in Amerika, ob man sich wirklich »das Vergnügen gönnen müsse, zehn Millionen Japaner um den Preis von einer Million Amerikanern und Briten umzubringen«.

Die Japaner hätten, so kommentierte Stalin, die Überlegenheit der Alliierten eingesehen und infolgedessen »große Angst« bekommen. Was bedingungslose Kapitulation in der Praxis bedeute, könnten sie »hier in Berlin und im übrigen Deutschland« anschaulich studieren.

An den Fronten versuchten die Japaner inzwischen, ihr Engagement zurückzuschrauben. Doch die japanischen Truppen, die sich vom 20. Juli an über Moulmein aus Burma zurückzuziehen versuchten, mußten innerhalb von neun Tagen nicht weniger als 3045 Angriffe britischer Bomberverbände über sich ergehen lassen; mehr als 10 000 ihrer Soldaten fanden dabei den Tod. Seit Beginn der britischen Offensive zur Rückeroberung Burmas vor einem Jahr waren auf diesem Kriegsschauplatz mehr als 100 000 japanische Soldaten gefallen; Tausende weitere waren in den unwirtlichen Urwäldern an Krankheiten und Unterernährung zugrunde gegangen.

Am 21. Juli nutzte Churchill eine kurze Unterbrechung der Potsdamer Konferenz, um eine Parade der britischen Besatzungstruppen in Berlin abzunehmen. In einer Ansprache erklärte er den Soldaten, diese Parade rufe ihm »eine große Zahl bewegender Ereignisse in diesen letzten langen und bitteren Jahren in Erinnerung. Jetzt finde ich euch alle hier in Berlin, dieser großen Metropole, von der aus, wie aus einem Vulkan, Feuer und Rauch und giftige Dämpfe zweimal in einer Generation über Europa hereingebrochen sind. Und auch in vergangenen Zeiten haben die Deutschen ihr Mütchen an ihren Nachbarn gekühlt; und jetzt sind wir es, die unseren Teil zur Besetzung dieses Landes beitragen.«

In Potsdam hatten sich zwischen den Alliierten in verschiedenen Bereichen beträchtliche Meinungsverschiedenheiten aufgetan. Im Verlauf der Gespräche der »Großen Drei« erklärte Churchill Stalin am Nachmittag des 21. Juli, er empfinde die Lage in Wien und Österreich als »unbefriedigend«: Noch immer sei den Briten nicht die Möglichkeit gegeben worden, in ihre Besatzungszone in Österreich beziehungsweise ihren Sektor in Wien einzurücken, obwohl seit Beginn der Gespräche hierüber schon drei oder vier Monate vergangen seien. Stalin teilte in seiner Erwiderung der Konferenz mit, er habe gerade »am Vortag« die Empfehlungen der European Advisory Commission akzeptiert, so daß nunmehr der Termin für das Einrücken der britischen und amerikanischen Truppen in ihre jeweilige Zone festgesetzt werden könne. »Soweit es ihn betreffe, könne damit sofort begonnen werden.«

Die Diskussion wandte sich dann dem Thema Polen zu. In einem der Konferenz vorgelegten Memorandum hatte die sowjetische Delegation dafür plädiert, die polnische Westgrenze im Bereich der Odermündung bis westlich von Swinemünde zu ziehen, so daß Stettin auf der

Europa nach dem Krieg

polnischen Seite bleiben würde; weiter flußaufwärts sollte die Grenze an der Oder entlang bis zu deren Zusammenfluß mit der westlichen Neiße und weiter an dieser entlang bis zur tschechoslowakischen Grenze verlaufen.

Es war Truman, der hiergegen Einwände erhob: Er erklärte, eine Verschiebung der polnischen Grenze so weit nach Westen würde praktisch bedeuten, daß den Polen eine eigene Besatzungszone in Deutschland zugestanden würde. Die Vereinbarung, Deutschland in vier Besatzungszonen aufzuteilen – eine britische, eine amerikanische, eine französische und eine sowjetische –, beziehe sich aber auf die Grenzen von 1937; und die jetzt vorgeschlagene polnische Grenze verlaufe deutlich innerhalb dieses Territoriums.

Truman erklärte, er lege großen Wert auf die Feststellung, »daß Deutschland gemäß den in Jalta festgelegten Zonen besetzt werden sollte«. Stalin erklärte darauf, die deutschen Bewohner seien aus den östlichen Gebieten, die Polen jetzt zu besetzen gedenke, geflohen.

Am 22. Juli berichtete Henry Stimson in Potsdam dem britischen Premierminister ausführlich über die Auswirkungen des Atombombentests in Alamogordo. Im Umkreis von eineinhalb Kilometern sei, so das Fazit Stimsons, die Zerstörungswirkung total gewesen. Churchill suchte sogleich Truman auf. »Bis zu diesem Augenblick«, erinnerte er sich später, »waren unsere Vorstellungen auf eine Offensive gegen das japanische Mutterland mittels verheerender Luftangriffe und durch die Anlandung sehr großer Armeen ausgerichtet gewesen ... Wir hatten uns den verzweifelten Widerstandswillen der Japaner vergegenwärtigt, ihre Bereitschaft, mit der Hingabe eines Samurai bis zum letzten Blutstropfen zu kämpfen – und dies nicht nur auf dem Höhepunkt der Schlacht, sondern auch noch danach in jeder Höhle und jedem Schützengraben. Ich erinnerte mich an das Schauspiel von Okinawa, wo viele Tausende von Japanern, anstatt sich zu ergeben, in Reih und Glied aufmarschiert waren und sich mit Handgranaten selbst vernichtet hatten, nachdem ihre Führer feierlich das Ritual des Harakiri begangen hatten. Die japanische Gegenwehr im Kampf Mann gegen Mann zu ersticken und das Land Meter um Meter zu erobern, hätte ohne weiteres einer Million Amerikanern und halb so vielen Briten das Leben kosten können – oder sogar noch mehr Menschen, falls es uns gelingen würde, so viele dorthin zu verlegen. Denn wir waren entschlossen, uns an dem Todeskampf zu beteiligen.«

Dann aber sei, so Churchill weiter, »diese ganze alptraumhafte Vision verflogen. An ihre Stelle trat – hell und strahlend, wie es uns erschien – die Aussicht, den ganzen Krieg mit ein oder zwei gewaltigen, erschreckenden Schlägen zu beenden. Mir kam sofort der Gedanke, daß das japanische Volk, dessen Tapferkeit ich stets bewundert hatte, im Auftauchen dieser fast übernatürlichen Waffe eine Rechtfertigung finden könnte, die ihm seine Ehre belassen und es von seiner Verpflichtung entbinden würde, sich bis zum letzten Kämpfer umbringen zu lassen.«

Am 24. Juli einigten sich Churchill, Truman und die Vertreter Chinas bei der Potsdamer Konferenz darauf, der japanischen Regierung ein Angebot »zur Beendigung des Krieges« zu unterbreiten. Was in und mit Deutschland geschehen sei, so formulierten sie in ihrer Botschaft an Tokio, müsse »dem japanischen Volk in schrecklicher Klarheit als Beispiel vor Augen« stehen. Falls die Alliierten ihre militärischen Machtmittel vollständig und entschlossen einsetzten, würde dies »die unvermeidliche und völlige Vernichtung der japanischen Streitkräfte und, ebenso unvermeidlich, die totale Verwüstung des japanischen Mutterlands« bedeuten. Es liege jetzt an Japan, sich zu entscheiden, »ob es sich weiterhin von denen beherrschen« lassen wolle, die es »an die Schwelle der Vernichtung« geführt hätten, oder ob es den »Weg der Vernunft« einschlagen wolle.

Die »Großen Drei« nannten sodann ihre »Bedingungen« und betonten dabei, daß es für Japan keine Alternativen gebe und daß »wir keine Verzögerung dulden werden«. Einfluß und Macht derjenigen, die das japanische Volk »getäuscht und in die Irre geführt« hätten, müßten »für alle Zeiten beseitigt«, die japanischen Streitkräfte »vollständig entwaffnet« werden. Der künftige souveräne japanische Staat werde nur noch die vier japanischen Hauptinseln sowie »einige von uns festgelegte kleinere Inseln« umfassen. Die Meinungs-, Rede- und Religionsfreiheit müßten ebenso eingeführt und gesichert werden wie die »Achtung vor den grundlegenden Menschenrechten«. Im Gegenzug dürfe Japan diejenigen Industrien behalten, »die seine Wirtschaftskraft sichern«, und werde früher oder später auch wieder am Welthandel teilnehmen dürfen. Die Botschaft schloß mit dem Appell: »Wir rufen die Regierung Japans auf, jetzt die bedingungslose Kapitulation aller japanischen Streitkräfte zu verkünden und geeignete und ausreichende Garantien für ihren guten Willen zu solchem Handeln zu erbringen. Die Alternative für Japan heißt: völlige und umfassende Zerstörung.«

Der Versuch der Japaner, die Sowjets als Friedensvermittler einzusetzen, war mißlungen. Sie hatten es auch nicht geschafft, die von den Russen fünf Monate zuvor in Jalta gegebene Zusage gegenstandslos zu machen, die Sowjetunion werde zwei oder drei Monate nach Ende des Krieges in Europa Japan den Krieg erklären.

Kurz nachdem die USA, Großbritannien und China gemeinsam diesen Aufruf zur bedingungslosen Kapitulation verabschiedet hatten, suchte Truman Stalin auf und erklärte ihm unter vier Augen, die Vereinigten Staaten hätten soeben eine Bombe von außerordentlicher Sprengkraft getestet. Noch am gleichen Tag erörterte Truman mit Stimson die Frage, wann und auf welches Ziel diese neue Bombe abgeworfen werden solle. »Die Waffe soll zwischen jetzt und dem 10. August gegen Japan eingesetzt werden«, vertraute Truman am 24. Juli seinem Tagebuch an und fügte hinzu, er habe Stimson angewiesen, »sie so einzusetzen, daß militärische Ziele und Soldaten und Matrosen die Leidtragenden sind und nicht Frauen und Kinder. Auch wenn die Japs Wilde sind, rücksichtslos, unbarmherzig und fanatisch, können wir als die Führer der für die allgemeine Wohlfahrt einstehenden Welt diese schreckliche Bombe nicht auf die alte oder die neue [japanische] Hauptstadt abwerfen.«

Wie Truman seinem Tagebuch weiter anvertraute, stimmten er und Stimson darin überein, die Atombombe in jedem Fall nur gegen ein militärisches Ziel einzusetzen und die Japaner zuvor in einer warnenden Erklärung »zur Kapitulation und zur Schonung von Menschenleben aufzufordern. Ich bin sicher, sie werden das nicht tun, aber wir werden ihnen die Chance gegeben haben. Es ist sicherlich ein Glück für die Welt, daß nicht Hitlers oder Stalins Meute diese Atombombe entdeckt hat. Sie scheint das schrecklichste Ding zu sein, das jemals entwickelt wurde, aber sie kann auch dem nützlichsten Zweck zugeführt werden.«

Während in Potsdam diese Entscheidungen getroffen wurden, griffen US-amerikanische Bomber am 24. Juli von Flugzeugträgern aus den Flottenstützpunkt Kure auf Kiuschu sowie japanische Flugplätze bei Nagoja, Osaka und Mito an. Sie flogen dieselben Einsätze am nächsten Tag noch einmal; gleichzeitig starteten an diesem 25. Juli 22 britische Kriegsschiffe, darunter zwei Flugzeugträger, gegen japanische Hafen- und Erdölanlagen auf der Insel Sabang vor der Nordspitze Sumatras die Operation »Cockpit«. Die Angriffe richteten beträchtliche Schäden an. Ebenfalls noch am 25. Juli gaben die Amerikaner das Erlöschen des letzten organisierten japanischen Widerstands auf der Philippinen-Insel Mindanao bekannt.

Am 25. Juli begann in der Stadt Darmstadt, die in der amerikanischen Besatzungszone lag, ein Kriegsverbrecherprozeß. Den elf Angeklagten, darunter zwei Frauen, wurde vorgeworfen, im August 1944 in Rüsselsheim an der Ermordung von sechs amerikanischen Fliegern beteiligt gewesen zu sein, die einige Zeit zuvor abgeschossen worden waren und sich auf dem Transport zu einem Kriegsgefangenenlager befanden. Sieben der Angeklagten, darunter die beiden Frauen, wurden für schuldig befunden. Die fünf Männer wurden vom Scharfrichter der US-Streitkräfte, Hauptfeldwebel John C. Wood, gehängt.

Am zweiten Tag des Darmstädter Prozesses rief die britische Regierung einen Vermißtensuchdienst ins Leben, eine Behörde, die versuchen sollte, die 42000 britischen Flieger ausfindig zu machen, die im Laufe des Krieges bei Missionen über Deutschland und dem deutsch besetzten Europa verschollen waren und deren Schicksal noch ungeklärt war.

Um 19 Uhr am Abend des 16. Juli übergaben Mitarbeiter von Präsident Truman der Presse die an Japan gerichtete Potsdamer Erklärung. Am selben Tag legte der amerikanische Kreuzer *Indianapolis* auf der Pazifik-Insel Tinian an; er hatte die Atombombe an Bord. Auf Tinian warteten bereits die Wissenschaftler, die die Bombe zusammensetzen würden, und die Besatzung des Flugzeugs, das sie ans Ziel befördern sollte. Für diesen Einsatz war bereits eine Maschine ausgewählt und präpariert worden: die *Enola Gay*.

Der japanische Ministerpräsident, Admiral Kantaro Suzuki, wies auf einer eigens einberufenen Pressekonferenz am Nachmittag des 26. Juli die Potsdamer Erklärung zurück. »Was die [japanische] Regierung betrifft«, erklärte er, »so vermag sie darin nichts Erwägenswertes zu finden; es bleibt uns somit nichts anderes übrig, als sie vollständig zu ignorieren und entschlossen für die erfolgreiche Beendigung des Krieges zu kämpfen.«

Am 28. Juli wurde der japanische Flottenstützpunkt bei Kure zum wiederholten Mal von amerikanischen Flugzeugträgern aus angegriffen. Fünf japanische Kriegsschiffe wurden versenkt, darunter der Flugzeugträger *Amagi* und der schwere Kreuzer *Tone*; von den 25 am Überfall auf Pearl Harbor beteiligten japanischen Kriegsschiffen war die *Tone* das 24., das versenkt wurde. Von diesem Geschwader sollte einzig der Zerstörer *Ushio* das Kriegsende erleben.

Luftangriffe und Geschützfeuer von See aus auf die japanischen Mutterinseln gehörten inzwischen schon beinahe zur alltäglichen Normalität. Ein amerikanisches Schiffsgeschwader deckte am 29. Juli ein Flugzeugwerk bei Hamamatsu auf der Insel Honschu mit einem Granathagel ein. Am selben Tag jedoch lief der US-Kreuzer *Indianapolis* in sein Verderben. Er befand sich ohne Geleitschutz auf dem Weg von Tinian nach Guam, von wo aus er nach Okinawa weiterfahren sollte, um an den Übungen für die noch immer geplante Landung in Japan am 1. November teilzunehmen. Zwischen Tinian und Guam wurde die *Indianapolis* kurz vor Mitternacht von mehreren japanischen Torpedos getroffen und brach nach mehreren Explosionen auseinander; mehr als 350 ihrer 1196 Besatzungsmitglieder verbrannten oder versanken mit dem Schiff in den Fluten. Mehr als 800 Männer wurden über Bord gerissen oder konnten sich ins Wasser retten. Fünfzig von ihnen, überwiegend Schwerverletzte, starben im Laufe der Nacht. Am nächsten Morgen griffen Haie die Überlebenden an. Keine anderen Schiffe waren in der Nähe, die den verzweifelten Männern zu Hilfe hätten kommen können; überdies war es nicht mehr möglich gewesen, einen Notruf abzusenden. Die Sonne, die sich in dem auf dem Wasser treibenden Ölfilm spiegelte, blendete die Männer. Diejenigen unter ihnen, die in ihrer Verzweiflung Meerwasser tranken, wurden wahnsinnig. Erst dreieinhalb Tage nach der Katastrophe, am Morgen des 2. August, wurden die Überlebenden vom Flugzeug aus entdeckt. Bis zu diesem Zeitpunkt hatte noch niemand das Schiff vermißt. Jetzt, nachdem die Männer 84 Stunden lang im Wasser getrieben hatten, setzte eine Rettungsaktion ein. Nur noch 318 Seeleute waren zu diesem Zeitpunkt am Leben; 484 waren entweder von Haien tödlich verletzt worden oder ertrunken.

Alles in allem forderte der Untergang des Kreuzers 883 Todesopfer und war damit die größte Katastrophe in der Geschichte der US-Kriegsmarine; zugleich war die *Indianapolis* das letzte größere Kriegsschiff, das die Amerikaner im Zweiten Weltkrieg einbüßten. Für die Japaner war die Versenkung des Kreuzers ein willkommener, wenn auch militärisch nutzloser »Ehrentreffer«. Der Kommandant des U-Bootes, das die tödlichen Torpedos abgefeuert hatte, Kapitänleutnant Mochitsura Hashimoto, ein Veteran des japanischen Überfalls auf Pearl Harbor, schilderte später, wie er und seine Mannschaft am Tag nach der Versenkung der *Indianapolis* »unseren Fang vom Vortag mit unserem Lieblingsgericht« feierten; »Reis mit Bohnen, gekochtem Aal und Corned Beef (alles aus Dosen)«.

Kapitän Hashimoto hatte in einem Funkspruch an Tokio unter Angabe der genauen Position die Versenkung eines »Schlachtschiffs der *Idaho*-Klasse« gemeldet. Während die explodierende *Indianapolis* kein Notsignal mehr hatte abgeben können, wurde die Erfolgsmeldung Hashimotos von der amerikanischen Funkaufklärung routinemäßig aufgefangen und ausgewertet. Am Morgen des 30. Juli hatte dem amerikanischen Marinehauptquartier auf Guam eine Abschrift des entschlüsselten Funkspruchs vorgelegen. Auch die 7. Flotte hatte eine Abschrift erhalten. Aber da man bei japanischen Versenkungsmeldungen an absurde Übertreibungen gewöhnt war, kam niemand auf die Idee, nachzuprüfen, um welches Schiff es sich hätte handeln können, oder das angegebene Gebiet aus der Luft zu inspizieren. Wäre dies geschehen, so hätte die Rettungsaktion schon drei Tage früher beginnen können.

Im Zuge der Planungen für den Abwurf der Atombombe auf eine der vier früher festgelegten Städte meldete General Carl Spaatz am 30. Juli telegrafisch nach Washington, unter den vieren sei »nach Berichten von Kriegsgefangenen« Hiroschima die einzige, »in der es keine alliierten Kriegsgefangenenlager gibt«. Er erhielt postwendend die Antwort, daß es für eine Änderung der Zielvorgaben bereits zu spät sei, daß jedoch, »falls Sie Ihre Information für glaubwürdig halten, Hiroschima die höchste Priorität« unter den vier Städten erhalten solle.

Die Japaner hatten sich unterdessen weiterhin um sowjetische Vermittlerdienste bemüht, da sie hofften, die englisch-amerikanisch-chinesische Forderung nach bedingungsloser Kapitulation durch die Eröffnung von Verhandlungen über einen Kompromißfrieden ausmanövrieren zu können. Eine auf abgehörten Magic-Funksprüchen beruhende Analyse des US-Geheimdienstes kam am 2. August zu dem Ergebnis, die Japaner nähmen nach wie vor »Anstoß an dem Ausdruck bedingungslose Kapitulation« und seien »noch immer entschlossen, den möglichen Vorteil eines Friedensschlusses zunächst mit Rußland voll und ganz auszunutzen«. US-Marineminister James R. Forrestal meinte nach der Lektüre des Magic-Funkverkehrs, der diesen Schlußfolgerungen zugrunde lag, das japanische Kabinett sei offenbar zu der Überzeugung zurückgekehrt, »daß der Krieg mit aller Kraft und Erbitterung, zu welcher die Nation fähig ist, weitergeführt werden muß, so lange, bis keine Wahl mehr bleibt als die bedingungslose Kapitulation«.

In den frühen Morgenstunden des 31. Juli drangen zwei britische Klein-U-Boote, die von den Philippinen aus im Schlepptau eines größeren U-Boots hierher gelangt waren, in den Hafen von Singapur ein. Mick Magennis, ein irischer Seemann aus Belfast, zwängte sich mit viel Mühe aus einem der Klein-U-Boote und führte danach innerhalb einer halben Stunde einen höchst gefährlichen Auftrag durch: Unter Wasser säuberte er ein Stück des Rumpfes des japanischen Kreuzers *Takao* von Tang und Pfahlmuscheln und befestigte dann sechs Haftminen an ihm. Für diesen Akt außerordentlicher Tapferkeit erhielten er und der Kapitän des Klein-U-Bootes, Leutnant Ian Fraser, später das Victoria Cross.

Zwar rissen die Minen ein großes Loch in den Rumpf der *Takao,* doch da das Schiff in flachem Wasser lag, sackte es lediglich einige Meter ab. Hätte es in tieferem Wasser gelegen, wäre es mit Sicherheit gesunken. Zu ihrem gelinden Mißvergnügen mußten die britischen U-Boot-Helden später erfahren, daß ein amerikanisches U-Boot schon vorher auf See das Heck des Kreuzers leckgeschossen hatte.

Am 2. August ging die Potsdamer Konferenz zu Ende. Zu den Friedensbedingungen, über die Einigkeit erzielt wurde, gehörte »die Aussiedlung der Deutschen aus Polen, der Tschechoslowakei und Ungarn«. Viele deutsche Bewohner dieser Länder befanden sich zu diesem Zeitpunkt schon auf dem Treck nach Westen. Die Konferenz erklärte ferner alle ostdeutschen Gebiete zwischen der Grenze von 1937 und der Oder-Neiße-Linie zu polnischem Territorium. Churchill war verstimmt darüber gewesen, daß die Russen auf der westlichen anstelle der östlichen Neiße beharrt hatten; er war jedoch noch vor Ende der Konferenz nach London abgereist, um die Parlamentswahl in Großbritannien mitzuerleben – bei der seine konservative Partei eine Niederlage erlitt. Somit kehrte als neuer, von der Labour-Partei gestellter Premierminister Clement Attlee nach Potsdam zurück, um die Verhandlungen zu Ende zu führen.

Polen erhielt neben den ehemals deutschen Provinzen Pommern und Schlesien die südliche Hälfte Ostpreußens zugesprochen, dessen nördlicher Teil an die Sowjetunion fiel. Hitlers »Wolfsschanze« bei Rastenburg lag jetzt auf polnischem Staatsgebiet. An die Sowjetunion fielen hingegen die Ostgebiete des polnischen Vorkriegsstaates, darunter die einstmals überwiegend polnisch besiedelten Städte Wilna und Lemberg. So wie mehrere Millionen Deutsche aus dem neuen Polen nach Deutschland abwanderten, setzten sich Millionen von Polen aus den jetzt russisch gewordenen Gebieten nach Polen ab; viele dieser Menschen ließen sich in den Deutschland abgenommenen Gebieten nieder, und zahlreiche ehemals ostdeutsche Städte erhielten neue Namen: aus Stettin wurde Szczecin, aus Breslau Wrocław, aus Kolberg Kołobrzeg, aus Allenstein Olsztyn, aus Rastenburg Kętrzyn.

Nach dem Ersten Weltkrieg, der für die Deutschen und ihre Verbündeten nicht mit einer bedingungslosen Kapitulation zu Ende gegangen war, sondern mit einem ihnen von ihren Gegnern zugestandenen Waffenstillstand, waren die Friedensbedingungen zwischen Siegern und Besiegten ausgehandelt worden. Freilich hatten die Sieger im Verlauf dieser Verhandlungen den Besiegten faktisch ihren Willen aufgezwungen. Erzwungene Gebietsabtretungen und Reparationszahlungen und die Entwaffnung der besiegten Länder hatten sich damals im Gewand eines Verhandlungsfriedens vollzogen. Diesen aber hatten alsbald politische Agitatoren, allen voran Hitler, als »Diktatfrieden« gebrandmarkt und zum Aufhänger für eine zutiefst nationalistische Propaganda gemacht. Die Alliierten waren entschlossen, eine Wiederholung dieses Vorgangs zu verhindern – daher ihr Beharren auf bedingungsloser Kapitulation. Die Grenzziehungen und Verhältnisse im Europa der Nachkriegsära sollten nicht Gegenstand von Verhandlungen oder Gesprächen mit den besiegten Nationen sein. Auf diese Weise wollten die Alliierten sicherstellen, daß sich in Potsdam nicht die mittlerweile erkannten Fehler und Versäumnisse von Versailles wiederholten. Das deutsche Volk sollte keinen Anlaß mehr haben, seinen Führern nachträglich Verrat und Versagen am Verhandlungstisch vorzuwerfen; und so wurde in Potsdam ohne jede Mitwirkung deutscher Vertreter verhandelt und entschieden.

Auf dem Rückweg in die Vereinigten Staaten speiste Präsident Truman an Bord des in Plymouth vor Anker liegenden Schlachtschiffs *Renown* mit König Georg VI. von England. Das Gespräch drehte sich die meiste Zeit um die Atombombe. Ein Mitglied der Delegation Trumans, Admiral Leahy, äußerte Zweifel daran, daß die Atombombe halten würde, was die Wissenschaftler versprachen. »Für mich klingt das wie Professorenträume«, lautete sein Kommentar, woraufhin der König versetzte: »Würden Sie darauf eine kleine Wette riskieren, Herr Admiral?«

In Tokio war mittlerweile die Befürchtung aufgekommen, die verhandlungsunwilligen Russen könnten in den Krieg gegen Japan eintreten. Die Einsatzabteilung der 700 000 Mann starken japanischen Besatzungsstreitkräfte in der Mandschurei äußerte jedoch am 4. August die Auffassung, ein sowjetischer Angriff sei frühestens im September möglich; die Wahrscheinlichkeit, daß ein solcher Angriff vor dem Frühjahr 1946 erfolgen werde, wurde als gering eingeschätzt.

Auf dem Gelände eines japanischen Flottenstützpunkts in Singapur wurden an diesem selben 4. August sieben gefangengenommene amerikanische Flieger hingerichtet. Wie einer der auf dem Stützpunkt beschäftigten japanischen Köche, Oka Harumitzu, später aussagte, waren an gleicher Stelle schon früher vierzehn oder fünfzehn alliierte Kriegsgefangene exekutiert worden.

In Erwartung eines amerikanischen Landungsunternehmens auf Kiuschu hatten die Japaner unterdessen eine beachtliche Zahl von Selbstmordpiloten (Kamikaze), Selbstmordtorpedolenkern (Kaiten) und Selbstmordtauchern (Fukuryu) ausgebildet. Anfang August 1945 standen nicht weniger als 1200 Fukuryu-Taucher bereit, und weitere 2800 wurden zu dieser Zeit für ihren Einsatz ausgebildet. Ihre Aufgabe würde es sein, sich in auf den Meeresboden abgesenkten, mit eisernen Öffnungsklappen versehenen Betonbunkern bereitzuhalten, bei der Ankunft der feindlichen Landungsfahrzeuge auszuschwärmen und ihre Minen anzubringen. Die Minen würden nach Anbringung sofort detonieren und die Landungsfahrzeuge mitsamt den darauf befindlichen Soldaten und Panzern ebenso zerreißen wie die japanischen Taucher.

In der Nacht zum 6. August starteten auf Saipan und Tinian sieben amerikanische Bombergeschwader und nahmen Kurs auf die japanischen Hauptinseln. Dreißig der Maschinen sollten Minen in die japanische Inlandssee abwerfen; 65 sollten die Hafenstadt Saga bombardieren; 102 Maschinen waren mit für Maebaschi bestimmten Brandbomben bestückt; 261 Bomber sollten Ziele im Raum Nischinomija-Mikage angreifen; 111 hatten Ube im Visier, 66 Imabari; die siebte Gruppe schließlich, bestehend aus einem Bomber und zwei Geleitflugzeugen, war nach Hiroschima unterwegs.

Der Deckname für diese letztere Mission war Operation »Centerboard«. Um 2.45 Uhr in der Nacht zum 6. August hob die *Enola Gay*, ein Bomber vom Typ B-29, der eigens für den Transport einer Atombombe umgerüstet worden war, vom Flugplatz der Marianen-Insel Tinian ab. Fünfeinhalb Stunden später, um 8.15 Uhr japanischer Zeit, klinkte die *Enola Gay* über der japanischen Stadt Hiroschima ihre Bombe aus. Eine der auf die Bombenhülle gekritzelten Botschaften lautete: »Grüße an den Kaiser von den Männern der *Indianapolis*.«

Kapitän Robert A. Lewis, Copilot an Bord der *Enola Gay*, rief laut dem Bericht seiner Kameraden beim Anblick des blendend hellen Explosionsblitzes: »Mein Gott, seht ihr, wie dieser Hurensohn abgeht?!« In dieser Sekunde starben 80000 Menschen, und mehr als 35000 wurden verletzt.

Von den 90000 Gebäuden, die Hiroschima zum Zeitpunkt des Bombenabwurfs besaß, wurden 62000 zerstört. Von den 200 Ärzten der Stadt wurden 180 getötet oder schwer verwundet. Von den 55 Kliniken und Ambulatorien waren nach der Explosion der Bombe nur noch drei benutzbar. Von den 1780 Krankenschwestern, die es in Hiroschima gegeben hatte, konnten sich nicht einmal 150 um die Verwundeten kümmern. Mehrere kriegsgefangene amerikanische Flieger, die acht Tage zuvor abgeschossen worden waren und seither in der Festung von Hiroschima saßen, kamen ums Leben. Die Stadt brannte. »Ich fange an, die Brände zu zählen«, gab Stabsfeldwebel Caron, der Bordschütze, zu Protokoll, während er auf die brennende Stadt zurückblickte. »Eins, zwei drei, vier, fünf, sechs ... vierzehn, fünfzehn ... es ist unmöglich, es sind zu viele, um sie zu zählen.«

»Es ist ziemlich erregend«, kommentierte Jacob Beser, ein anderes Besatzungsmitglied, und fügte hinzu: »Was für eine Erleichterung, daß es funktioniert hat.«

Die Art und Weise, wie, und das Ausmaß, in dem in Hiroschima menschliches Leben zerstört wurde, sollten alsbald dazu führen, daß die Menschheit ein ganz neuartiges Verhältnis zu Dingen wie Krieg, Macht, Diplomatie und zur Regelung der internationalen Beziehungen entwickelte. In jenen ersten Tagen nach der Explosion, als die Realität der Katastrophe erst allmählich ins Bewußtsein drang, war es das schreckliche individuelle menschliche Leid, das jedem einzelnen Überlebenden zu schaffen machte und sich nicht aus den Alpträumen vertreiben ließ. »Mutter hatte überall am Körper Brandwunden und konnte sich kaum rühren«, erinnerte sich ein damals elfjähriger Junge später der ersten Tage nach der Explosion der Bom-

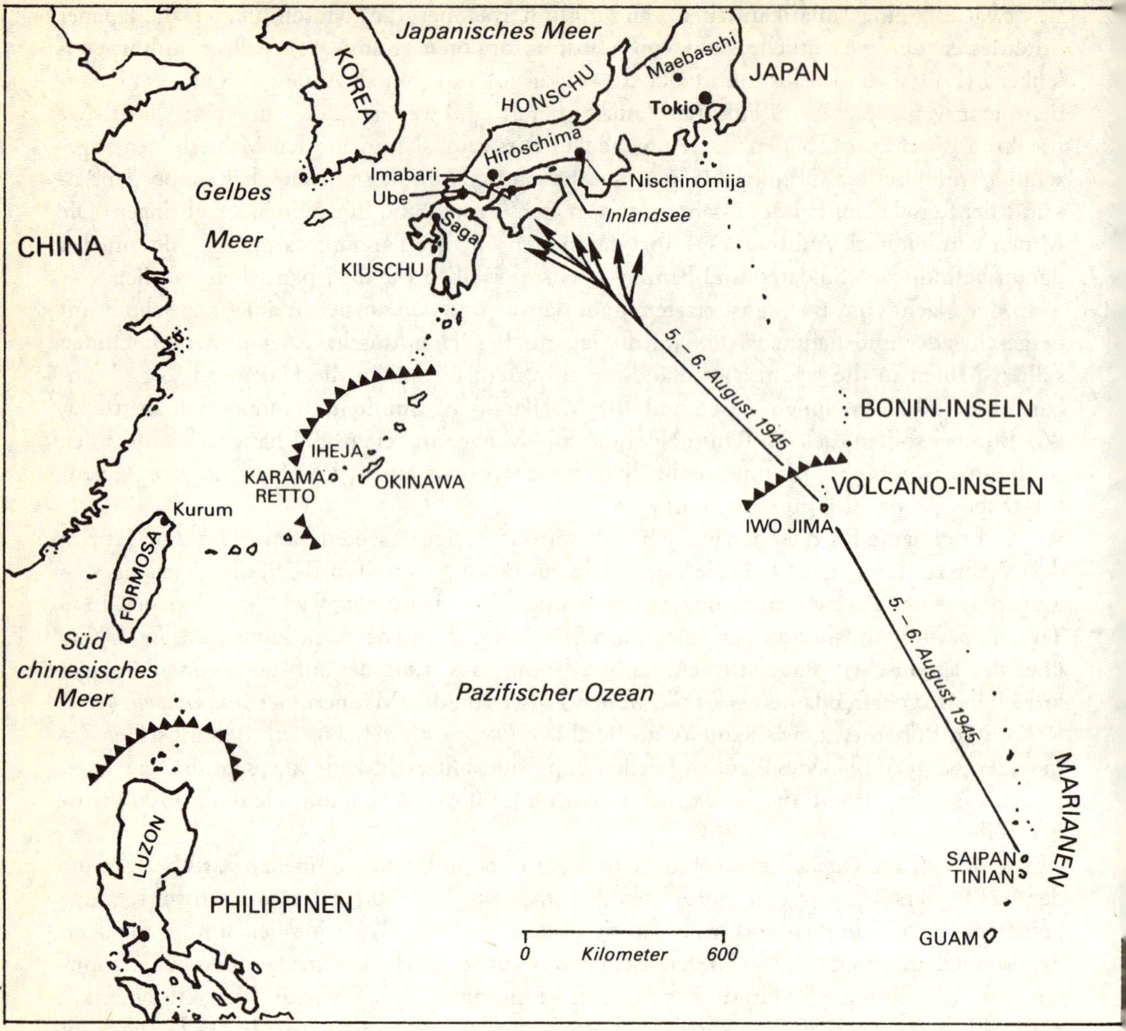

Die sieben Atombomben-Flüge vom 5. – 6. August 1945

be. »Die Haare waren ihr fast völlig ausgefallen, ihre Brust war zerquetscht, und in ihrem Rücken klaffte ein Loch, so groß wie mein Handteller. Dort krochen massenweise Maden ein und aus. Überall waren Fliegen, Mücken und Flöhe. Gestank hing in der Luft. Fast alle Leute, die dort lagen, waren ebenso schwer verletzt wie meine Mutter. Und gerade an dem Abend, an dem wir hinkamen, verschlechterte sich Mutters Zustand; sie wurde merklich schwächer. Die ganze Nacht atmete sie schwer, obwohl Großmutter und ich alles taten, um ihr zu helfen. Am nächsten Morgen kochten wir Reisbrei und brachten ihn ihr, aber da lag sie schon im Sterben. Sie hörte plötzlich zu atmen auf, holte noch einmal tief Luft, um dann aber nie wieder einen Atemzug zu tun.«

Das war dreizehn Tage, nachdem die Atombombe über Hiroschima detoniert war; die Zahl der Todesopfer hatte sich zu diesem Zeitpunkt auf 92233 erhöht. Sie sollte in den Jahren danach noch weiter ansteigen, weil viele Menschen an den Folgen der radioaktiven Strahlung erkrankten und starben. Der in Hiroschima errichtete Gedenkstein gab die Zahl der identifizierten Toten mit 138890 an (Stand 1986). Zu dieser Zeit, fast ein halbes Jahrhundert nach dem Abwurf der Bombe, starben immer noch Menschen an den Nachwirkungen der Strahlung.

KAPITEL 51

Die Kapitulation Japans

August 1945

Am 7. August 1945, bevor das volle Ausmaß der Zerstörungen in Hiroschima offenkundig geworden war, fand auf Luzon ein Treffen amerikanischer Offiziere statt, bei dem die für den 1. November vorgesehene erste Phase der Invasion Japans weiter erörtert und vorbereitet wurde. Einen Tag später wurde in London per Übereinkunft zwischen Großbritannien, den Vereinigten Staaten, der Sowjetunion und Frankreich ein Internationaler Militärgerichtshof ins Leben gerufen, vor dem diejenigen angeklagt und abgeurteilt werden sollten, die »Verbrechen gegen die Menschlichkeit« begangen hatten. Am gleichen Tag, dem 8. August, erklärte die Sowjetunion Japan den Krieg und ließ ihre Truppen in die von Japan besetzte Mandschurei einmarschieren; unversehens sah sich die dortige, 700 000 Mann starke Kwantung-Armee mit mehr als einer Million Sowjetsoldaten konfrontiert.

Die amerikanischen Pläne sahen vor, am 11. August eine zweite Atombombe auf Japan abzuwerfen, falls die Japaner nach der Katastrophe von Hiroschima nicht sogleich bedingungslos kapitulieren sollten. Wegen einer ungünstigen Wettervorhersage wurde der Termin jedoch um zwei Tage vorverlegt. So kam es, daß am frühen Morgen des 9. August, um 4 Minuten vor 2 Uhr, ein zweiter speziell umgerüsteter B-29-Bomber namens *Bock's Car* mit einer Atombombe an Bord von Tinian aus startete (während zugleich mehrere hundert weitere US-Bomber zu massiven konventionellen Bombenangriffen gegen militärische Ziele auf der Insel Honschu aufbrachen). Der Namenspatron von *Bock's Car* war Frederick Bock, der reguläre Pilot der Maschine, die jedoch auf diesem speziellen Flug von Major Charles W. Sweeney gesteuert wurde. Sein vorgegebener Zielort war die Stadt Kokura, doch hatte er Anweisung, bei schlechter Sicht über Kokura statt dessen Nagasaki anzufliegen. Tatsächlich stellte die Besatzung von *Bock's Car* bei der Ankunft über Kokura fest, daß industrieller Smog die Stadt verhüllte. Da Sweeney ausdrücklichen Befehl hatte, die Bombe nur auf ein sichtbares Ziel abzuwerfen, flog er nach Nagasaki weiter. Um 2 Minuten nach 11 Uhr japanischer Orszeit, neun Stunden nach dem Abflug von Tinian, wurde die Bombe ausgeklinkt und detonierte in etwa 500 Metern Höhe über der Stadt.

Wenige Minuten später waren mehr als 40 000 Menschen tot. 5000 weitere sollten bis zum Jahresende zugrunde gehen; dreißig Jahre später ging man in Nagasaki von einer Gesamtopferzahl von 48 857 aus.

Unter denen, die im Moment der Explosion der Bombe auf Nagasaki hinabblickten, war der britische Pilot Leonard Cheshire, der als Beobachter mitflog. Er beschrieb die aufwallende Wolke später als »obszön in der Gier, mit der sie sich an die Erde klammerte, sich aufplusternd, als wolle sie all das Leben wieder auswürgen, das sie verzehrt hatte«.

Zum selben Zeitpunkt, da die Bombe über Nagasaki explodierte, fand in Tokio eine Sitzung des Obersten Japanischen Kriegführungsrates statt. Die aus Nagasaki eintreffenden Meldungen lösten eine erneute Diskussion darüber aus, ob Japan nicht die bedingungslose Kapitulation annehmen solle. Die Meinungen im Rat waren geteilt: Drei Generäle waren für die Kapitulation, drei für die Fortführung des Krieges. Außenminister Shigenori Togo sprach sich, ebenso wie Ministerpräsident Suzuki, für die Kapitulation aus, doch Kriegsminister Anami plädierte leidenschaftlich gegen ein Aufgeben zu diesem Zeitpunkt. »Es ist noch viel zu früh, um zu sagen, der Krieg sei verloren«, erklärte er seinen Kollegen und fügte hinzu: »Daß wir dem Feind, wenn er in Japan landet, schwere Verluste zufügen werden, ist gewiß, und es ist keineswegs undenkbar, daß es uns gelingen könnte, die Lage zu unseren Gunsten zu wenden und aus der drohenden Niederlage einen Sieg zu machen. Außerdem wird unsere Wehrmacht eine Demobilisierung nicht hinnehmen. Und da sie wissen, daß sie sich nicht ergeben dürfen, da sie wissen, daß einem kämpfenden Mann, der sich ergibt, äußerst schwere Bestrafung droht, haben wir wirklich keine andere Wahl, als den Krieg fortzusetzen.«

Die Pattsituation war perfekt; doch Togo und Suzuki waren entschlossen, den Krieg so rasch wie möglich zu beenden, und brachten den Kaiser in einer geheimen Unterredung dazu, den Obersten Kriegführungsrat zu einer weiteren Sitzung einzuberufen, bei der er diesmal selbst den Vorsitz übernahm.

Die Sitzung fand kurz nach Mitternacht im unterirdischen Luftschutzbunker des Kaisers statt. Sie begann mit der Verlesung der Potsdamer Erklärung durch Ministerpräsident Suzuki. Danach ergriff Togo das Wort und plädierte für die Kapitulation unter den in der Potsdamer Erklärung genannten Bedingungen, mit der Einschränkung allerdings, daß die Stellung des Kaisers unangetastet bleiben müsse. Suzuki pflichtete Togo bei, General Anami widersprach ihm. Die Diskussion ging fast zwei Stunden lang hin und her. Dann nahm Hirohito das Wort. »Eine Fortsetzung des Krieges«, sagte er, »kann nur zur Vernichtung des japanischen Volkes und zu einer Verlängerung des Leidens der ganzen Menschheit führen. Es scheint offenkundig, daß die Nation nicht mehr in der Lage ist, Krieg zu führen, und daß an ihrer Fähigkeit, die eigenen Küsten zu verteidigen, Zweifel bestehen.«

Daher sei jetzt, so Hirohito weiter, die Zeit gekommen, »das Unerträgliche zu ertragen«. Er erteilte dem Vorschlag Togos, Japan solle in die bedingungslose Kapitulation einwilligen, seine Zustimmung. Am Morgen des 10. August wurde die Note, in der die japanische Regierung ihre Kapitulation anbot – in Gestalt ihrer förmlichen Zustimmung zur Potsdamer Erklärung –, den japanischen Botschaftern in der Schweiz und in Schweden zur Weiterleitung an die Alliierten übermittelt. »Die japanische Regierung«, hieß es in der Note, »ist bereit, die Bedingungen zu akzeptieren, die in der gemeinsamen Erklärung aufgezählt sind, welche am 26. Juli 1945 von den Regierungschefs der Vereinigten Staaten, Großbritanniens und Chinas in Potsdam vorgelegt und später von der sowjetischen Regierung gebilligt wurde, mit dem Vorbehalt, daß die besagte Erklärung keinerlei Forderung beinhaltet, die die Vorrechte Seiner Majestät als des souveränen Herrschers berührt.«

Am Vormittag des 10. August erörterte Präsident Truman mit seinen Beratern die Frage, ob der Vorbehalt bezüglich des Kaisers einen Widerspruch zur Einwilligung in die »bedingungslose« Kapitulation darstellte. Außenminister Byrnes dachte sich in seinem Entwurf für eine Antwortnote eine Formulierung aus, die die Zukunft der japanischen Monarchie offen ließ: »Mit dem Augenblick der Kapitulation«, lautete die entsprechende Passage, »sind der Kaiser und die japanische Regierung in ihrer Regierungsgewalt dem Oberkommandierenden der alliierten Mächte unterstellt.« Jetzt, da ernsthafte Verhandlungen in Gang zu kommen schienen, erteilte Truman Anweisung, vorläufig keine weiteren Atombomben mehr abzuwerfen. »Er sagte«, vermerkte Handelsminister Henry Wallace in seinem Tagebuch, »der Gedanke daran, weitere hunderttausend Menschenleben auszulöschen, sei zu schrecklich. Ihm gefiel die Vorstellung nicht, wie er sagte, ›alle diese Kinder‹ zu töten.«

In der Mandschurei setzte die Rote Armee ihren Vormarsch fort; in heftigen Kämpfen bei Pingjantschen wurden am 10. August von 850 beteiligten Japanern 650 getötet oder verwundet. Am 11. August begannen sowjetische Kriegsschiffe mit der Beschießung des südlichen Teils der Insel Sachalin.

Der Austausch diplomatischer Noten zwischen Tokio und Washington, der nach wie vor über neutrale Staaten lief, ging den ganzen 11. und 12. August über weiter. Am Abend des 12. August versenkte östlich von Okinawa ein japanisches U-Boot das amerikanische Landungsboot *Oak Hill* und den Zerstörer *Thomas F. Nickel*. In der Mandschurei erstürmten die sowjetischen Truppen an diesem Tag nach langem und erbittertem Kampf die Festung Hutou; in der Endphase der Schlacht schütteten sie Benzin in die Abluftschlitze der unterirdischen Bunker und zündeten es an; sämtliche eingeschlossenen japanischen Verteidiger verbrannten oder erstickten.

Am 12. August setzten die Japaner in dem Bemühen, die sowjetischen Panzer zum Stillstand zu bringen, Kamikaze-Infanteristen ein. Doch als am nächsten Tag bei Hualin japanische Infanterieverstärkungen eintrafen, gelang es sowjetischen Panzern, den Transportzug zu beschießen, bevor die Insassen ihn verlassen konnten; 900 Japaner fanden so den Tod.

Am Vormittag des 14. August bombardierten mehr als 800 amerikanische Maschinen militärische Anlagen an verschiedenen Stellen der Insel Honschu. Am Nachmittag dieses Tages strahlte die amtliche japanische Nachrichtenagentur über ihr internationales Radioprogramm die Mitteilung aus, der japanische Kaiser werde in Kürze öffentlich seine Bereitschaft erklären, die Potsdamer Erklärung anzunehmen. Was die Radiohörer nicht ahnten, war, daß die kaiserliche Proklamation zu diesem Zeitpunkt bereits auf Tonträger aufgenommen war. An diesem Abend versuchten mehr als tausend japanische Soldaten den Kaiserpalast zu stürmen, da sie hofften, sie könnten die Proklamation finden und ihre Ausstrahlung verhindern. Ihr einziger Erfolg war jedoch die Tötung des Kommandeurs der Kaiserlichen Gardedivision, die loyal zum Kaiser stand und die Angreifer in die Flucht schlug. General Anami, der noch immer gegen die Kapitulation war, sich aber geweigert hatte, den Putschversuch mitzumachen, beging im Laufe der Nacht Selbstmord. Er töte sich, so erklärte er, um nicht die kaiserliche Proklamation anhören und um nicht für die Niederlagen der japanischen Streitkräfte »büßen« zu müssen.

Am späten Abend des 14. August standen sowjetische Truppen bereits bis zu 400 Kilometer tief in der Mandschurei und waren im Begriff, Mukden zu besetzen; zugleich waren sowjetische Einheiten auf Sachalin und auf mehreren Kurilen-Inseln gelandet.

Am 15. August um die Mittagszeit forderte ein japanischer Radiosprecher alle Zuhörer auf, sich »ehrfürchtig« vor ihren Empfangsgeräten aufzustellen. Es ertönte die Melodie der japanischen Nationalhymne und anschließend die Stimme des Kaisers – es war das erste Mal überhaupt, daß sie über den Rundfunk zu hören war. Hirohito las die Proklamation vor, die er am Tag zuvor bereits aufgenommen hatte. Der Feind habe, so erklärte er, »begonnen, eine neue und äußerst grausame Waffe einzusetzen, deren Vernichtungskraft tatsächlich unberechenbar ist und viele unschuldige Menschenleben fordert«. Aus diesem Grund habe er »angeordnet, die Bedingungen der gemeinsamen Erklärung der alliierten Mächte zu akzeptieren ...«

In den USA mischte sich, wie der Historiker Samuel Eliot Morison geschrieben hat, ein »bitterer Beigeschmack in die frohe Kunde«, denn an ebendiesem 15. August gab das Marineministerium der Vereinigten Staaten die Versenkung der *Indianapolis* bekannt, der mehr als zwei Wochen zuvor 883 Amerikaner zum Opfer gefallen waren.

Der Zweite Weltkrieg war vorüber, auch wenn nicht alle Kombattanten es an diesem Tag erfuhren. Kapitänleutnant Hashimoto, der die *Indianapolis* versenkt hatte, traf am Nachmittag des 15. August in frohgemuter Stimmung auf seinem Heimatstützpunkt ein; doch anstelle der Jubelfeier, mit der er gerechnet hatte, wurde er mit der Nachricht empfangen, der Kaiser habe die Einstellung aller Kämpfe befohlen. Amerikanische Bomber einer trägergestützten Einheit, die die Nachricht noch nicht erhalten hatte, bombardierten am Abend noch einmal militärische Ziele im Raum Tokio. Im Kriegsgefangenenlager Nakom Paton bei Bangkok notierte der australische Arzt Oberst Dunlop in sein Tagebuch: »Es kursieren jetzt wilde und anhaltende Gerüchte, der Krieg sei vorüber.«

Es dauerte noch einmal 48 Stunden, bis Dunlop erfuhr, daß diese Gerüchte der Wahrheit entsprachen. Am Abend des 17. August, kurz nach 18 Uhr, wurden er und seine Mitgefangenen, etliche hundert Mann, vor das Hauptquartier ihrer japanischen Bewacher im Lager beordert, und ein Dolmetscher verkündete ihnen: »Es herrscht jetzt ein Waffenstillstand zwischen allen Völkern. An allen Fronten ist Frieden eingekehrt, und wir haben Anweisungen erhalten, Sie nicht mehr als Kriegsgefangene zu betrachten. Wir hören daher ab sofort auf, Sie zu bewachen. Die Aufrechterhaltung der Disziplin liegt in Ihrer Verantwortung. Ihre Rückführung wird bald beginnen. Ich rate Ihnen, sich Ihre Gesundheit zu erhalten und die Papaya-Bäume zu pflegen!«

Dunlop meinte dazu: »So viele hatten gelitten und waren gestorben; und auch jetzt gab es einige, die die Heimat nicht wiedersehen sollten; aber der schicksalhafte Augenblick war gekommen.«

Hunderttausende alliierter Kriegsgefangener, die in allen Gebieten des weitläufigen japanischen Machtbereichs interniert waren, erlebten nun den »schicksalhaften Augenblick«. Kenneth Harrison, ein Australier, der bei Singapur in Gefangenschaft geraten war und an der »Todeseisenbahn« in Thailand mitgebaut hatte, befand sich zum Zeitpunkt der japanischen Kapitulation in einem Kriegsgefangenenlager auf einer der japanischen Mutterinseln. Er erinnerte sich später an das »ungeheuer erregende Erlebnis unserer ersten Nacht als freie Männer«, an das sich »eine höchst unbefriedigende und ratlose Woche anschloß, die so etwas war wie der Kater nach dem Rausch. Die Japaner teilten uns nicht offiziell mit, daß sie kapituliert hatten, und sie beaufsichtigten nach wie vor das Lager, ›um wütende Zivilisten fernzuhalten‹. Aus diesem Grund wurden wir angehalten, nicht zu singen und zu tanzen, wobei diese Ermahnung allerdings ziemlich spät kam und vollständig ignoriert wurde. Es war eine seltsame Zeit des Zwielichts, in der wir weder freie Männer noch Gefangene waren und in der das Gleichgewicht der Macht zwischen uns und den Japanern heikel in der Schwebe hing.« Erst am 22. August, »als die Pessimisten gerade wieder in Schwermut und Zweifel zu verfallen begannen, kam das erste offizielle Eingeständnis, daß das gewaltigste Kräftemessen, das die Welt je gesehen hatte, wirklich zu Ende war«, berichtete Harrison. »Ein bärbeißiger, kreideweißer japanischer Lagerkommandant wandte sich an die angetretenen Kriegsgefangenen und erklärte, die Kampfhandlungen seien am 18. August zu Ende gegangen. Er forderte uns auf, ruhig im Lager zu bleiben, bis man uns nach Hause schicken könne. Doch wir machten diese fromme Hoffnung zuschanden – das Lager Nakamura setzte insofern ein einzigartiges Beispiel, als seine Insassen in der Folge mit dem fröhlichen Elan von Touristen halb Japan überschwemmten.«

Zu den Städten, die Harrison und viele seiner Mitgefangenen besuchten, gehörte Hiroschima. »Die Realität«, schrieb er, »das war das Mädchen mit vernarbter Haut, das mit abgewandtem Gesicht vorüberlief. Und die traurigen Gestalten, die so benommen dahinwanderten; die mit Narben und Brandwunden übersäten Menschen, die apathischen Menschen. Und die Menschen, die selbst jetzt nicht das geringste Anzeichen von Feindseligkeit oder Erbitterung erkennen ließen. Unermeßlich traurig und bedrückt angesichts des Ausmaßes dieser Tragödie, kamen wir uns bald wie Leichenfledderer vor und beschlossen, noch am gleichen Tag aus Hiroschima abzureisen. Es gab hier wenig, das uns hätte halten können – nichts zu besichtigen, keine Stelle, um auszuruhen, nichts zu essen, nichts zu trinken.« Harrison fügte hinzu: »Zum Glück für unseren Seelenfrieden wußten wir noch nichts von solchen Raffinessen des Atomzeitalters wie der Strahlenkrankheit, und auch wenn wir hin und wieder eine Statuette auflasen oder ein seltsam hingeschmolzenes Metallstück umdrehten, um einen näheren Blick darauf zu werfen, gerieten wir doch nie in Versuchung, ein Souvenir mitzunehmen. Es gehört sich nicht, ein Grab zu berauben.«

KAPITEL 52
Vergeltung und Gedenken
1945 – 1952

In den Stunden und Tagen nach Kriegsende versuchten viele, die Spuren dessen, was sie getan hatten, zu verwischen. Wie Oka Harumitzu von einem Gewährsmann erfuhr, waren in der Nähe von Singapur, wo elf Tage vor der Kapitulation Japans noch sieben amerikanische Kriegsgefangene hingerichtet worden waren, die dafür verantwortlichen japanischen Offiziere unmittelbar nach dem Eintreffen der Nachricht von der Kapitulation am 15. August 1945 zum Flugplatz Niyusun gefahren, hatten die Leichen der Getöteten ausgegraben, sie ins Lager zurückgebracht, sie auf einem großen Scheiterhaufen in der Mitte des Appellplatzes verbrannt und die Asche ins Meer gestreut. »Die Flammen erregten kein sonderliches Aufsehen«, berichtete Harumitzu später, »da um diese Zeit in all den verschiedenen Geländekomplexen der Marine und des Heeres Feuer brannten, in denen sämtliche militärischen Dokumente und Akten verbrannt wurden, bevor die alliierten Truppen eintrafen.«

In der Mandschurei und insbesondere im Raum Mutanking lieferten japanische Truppen den vorrückenden Sowjets noch bis zum 19. August heftige Kämpfe. Als diese schließlich eingestellt wurden, zählten die Sowjets 8219 Gefallene. Die Japaner hatten mehr als 40 000 Mann verloren. In der Nacht vom 19. zum 20. August sprengten sich bei Hutou, wo die Sowjets weiter vorangekommen waren, mehrere hundert Japaner mit Handgranaten selbst in die Luft, um der Schande der Gefangennahme zu entgehen.

Am 19. August, vier Tage nach der Kapitulation Japans, riß der Anführer der kommunistischen Guerillakämpfer in Vietnam, Ho Chi Minh, im nördlichen Indochina die Macht an sich. Drei Tage später sprangen von britischen Flugzeugen Soldaten des Freien Frankreich am Fallschirm über dem Südteil Indochinas ab. Die Saat für einen neuen Konflikt war ausgebracht.

Am 23. August besetzten die Russen Port Arthur; die Niederlage, die die japanischen Streitkräfte ihnen vierzig Jahre zuvor zugefügt hatten, war damit gerächt. Zwei Tage später schlossen die Russen die Eroberung der Südhälfte Sachalins ab. Die Sowjetunion war jetzt – wie die Vereinigten Staaten – eine Siegermacht im pazifischen Krieg.

Allerorten entzündeten sich neue Konflikte. In China begegnete ein vierköpfiger Trupp der amerikanischen Special Services unter Führung von Hauptmann John Birch einer Patrouille der chinesischen Kommunisten. Als die Chinesen die Amerikaner aufhielten, entspann sich ein Handgemenge, Beschimpfungen wurden ausgetauscht, und schließlich traf Birch ein tödlicher Schuß. In den Vereinigten Staaten sprachen daraufhin einige Leute vom »ersten Gefallenen des Dritten Weltkriegs zwischen den Kommunisten und der schrumpfenden freien Welt«. Die rechtsgerichtete Vereinigung, die zu Ehren von John Birch gegründet wurde und seinen Namen trägt, wurde in der Folge zu einer einflußreichen Gegenspielerin des Kommunismus in allen seinen Erscheinungsformen – nicht nur in Europa und Asien, sondern auch in den Vereinigten Staaten selbst.

Über dem Norden Malayas, über Burma und Siam wurden im Rahmen der Operation »Birdcage« 33 Millionen Flugblätter auf neunzig Kriegsgefangenenlager und 150 weitere Orte und Einrichtungen abgeworfen; sie enthielten die Information, daß der Krieg zu Ende und

Hilfe unterwegs war. Dieser Aktion schloß sich in der letzten Augustwoche die Operation »Mastiff« an, der Abwurf von Medikamenten per Fallschirm; das Schwergewicht lag dabei auf Atabrin, einem Mittel der vorbeugenden Malariatherapie, von dem innerhalb einer Woche mehr als eine Million Tabletten abgeworfen wurden. Die Alliierten hatten inzwischen begonnen, Kriegsgefangene mit Flugzeugen aus Fernost nach Hause zu holen; allein in der letzten Augustwoche wurden 4000 Mann ausgeflogen. Großbritannien behielt 394000 deutsche Kriegsgefangene vorläufig in Gewahrsam; über die Hälfte von ihnen wurde in der Landwirtschaft eingesetzt. Die Farm der Familie Churchill in Kent gehörte zu denen, die unter Einsatz deutscher Kriegsgefangenen wieder flottgemacht wurden.

Am 25. August, zehn Tage nach der Kapitulation Japans, betraten US-Soldaten ein Kriegsgefangenenlager bei Haitou auf der Insel Hainan. Von den ursprünglich 273 australischen Insassen dieses Lagers waren nur noch 130 am Leben. Von den Überlebenden hatten nur acht noch die Kraft, an den letzten Bestattungszeremonien teilzunehmen.

Noch hatte kein einziger alliierter Soldat einen Fuß auf den Boden der japanischen Mutterinseln gesetzt; dies tat am 28. August als erster amerikanischer Soldat Oberst Charles Tench vom Stab General MacArthurs. Er landete mit einem 150 Mann starken Einsatzkommando auf dem Flugplatz Atsugi bei Jokohama und ließ das Hauptquartier MacArthurs in Manila telegrafisch wissen: »Keine feindseligen Handlungen.« Einen Tag später landete eine amerikanische Luftlandedivision beim Flottenstützpunkt Jokosuka. Die Besetzung Japans hatte begonnen. In der Bucht von Tokio, vor Jokohama, sammelten sich alliierte Kriegsschiffe. Am 29. August trafen das amerikanische Schlachtschiff *Missouri* und das britische Schlachtschiff *Duke of York* ein.

Am 30. August erreichte ein britisches Flottengeschwader Hongkong. Am selben Tag setzten die Briten über dem Kriegsgefangenenlager Changi in Singapur an Fallschirmen mehrere Sanitätsoffiziere ab; während diese sich im Lager an die Arbeit machten, versahen die bisherigen japanischen Wachmannschaften weiterhin ihren Dienst, jetzt aber im Auftrag und unter dem Kommando ihrer bisherigen Gefangenen. Britische Truppen waren zu dieser Zeit über See im Anmarsch auf Singapur. Ebenfalls am 30. August traf General MacArthur in Japan ein. Zur Beunruhigung vieler Amerikaner in seiner Begleitung säumten mehr als 30000 japanische Soldaten mit aufgepflanzten Bajonetten die Straße, als der General die 25 Kilometer vom Flugplatz Atsugi nach Jokohama zurücklegte.

Am zweiten Tag von MacArthurs Aufenthalt in Jokohama sah der General den Offizierskameraden wieder, den er 1942, als er auf Anweisung Roosevelts sein Hauptquartier von den Philippinen nach Australien verlegte, als Kommandanten von Bataan und Corregidor zurückgelassen hatte. Generalleutnant Jonathan M. Wainwright hatte das Kriegsende in einem Gefangenenlager in der Mandschurei erlebt, war von den Russen befreit worden, im Zug nach Mukden gefahren, von dort aus in einem Bomber über Chungking nach Manila und von da aus weiter über den Pazifik nach Jokohama zurückgeflogen worden. Nach vierjähriger Gefangenschaft sah er aus wie eine lebende Leiche. Sein Haar war schlohweiß, seine Haut wie Pergament. Der zutiefst erschütterte MacArthur konnte an diesem Abend nichts essen und schlief die ganze Nacht nicht.

Am 31. August ergab sich den Amerikanern die japanische Garnison auf der entlegenen Marcus-Insel. Am 1. September schlossen sowjetische Truppen die Besetzung der Kurilen-Inseln ab, die eine Kette zwischen der nördlichsten der japanischen Inseln und der Südspitze der Halbinsel Kamtschatka an der sowjetischen Pazifikküste bilden. Am 2. September kapitulierten die japanischen Garnisonen auf der Karolinen-Insel Truk, auf den Marianen-Inseln Pagan und Rota sowie auf der Insel Palau. In der Bucht von Tokio, an Bord des US-Schlachtschiffs *Missouri,* unterzeichneten am selben Tag der neue japanische Außenminister Mamoru

Shigemitsu und der Stabschef des japanischen Heeres, General Yoshijiro Umezo, die japanische Kapitulationsurkunde; ihr Gegenüber war General MacArthur, der das Dokument im Namen der Alliierten unterschrieb. Auf Bitten von MacArthur wohnten sowohl General Wainwright als auch General Percival der Zeremonie bei, der britische Offizier, den die Japaner in Singapur gefangengenommen hatten. »Wir sind hier«, sagte MacArthur in seiner Eröffnungsrede, »als Repräsentanten der wichtigsten kriegführende Mächte versammelt, um eine feierliche Vereinbarung zu schließen, durch die der Friede wiederhergestellt werden soll. Über die Streitfragen, in denen gegensätzliche Ideen und Ideologien eine Rolle spielen, ist auf den Schlachtfeldern der Welt entschieden worden, so daß wir hier nicht darüber zu diskutieren oder zu befinden haben ...«

Unter den 250 alliierten Kriegsschiffen, die an diesem 2. September in der Bucht von Tokio lagen, befand sich der britische Zerstörer *Whelp*; einer seiner Offiziere, Prinz Philip von Griechenland, wollte britische Kriegsgefangene an Bord nehmen und nach Großbritannien zurückbringen. In Singapur trafen drei Tage später indische Truppen beim Kriegsgefangenenlager Changi ein und internierten die japanischen Wachmannschaften.

Eine weitere Pazifik-Insel wechselte am 4. September den Besitzer, als die 2200 Soldaten der japanischen Garnison auf Wake die Waffen niederlegten. In den knapp zwei Jahren, in denen die Japaner die Insel nahezu unbehelligt besetzt gehalten hatten, waren 1300 ihrer Soldaten an Unterernährung gestorben und weitere 600 bei gelegentlichen amerikanischen Luftangriffen umgekommen. Drei Tage nach der Übergabe von Wake streckten auch die japanischen Truppen auf den Riukiu-Inseln die Waffen; die Kapitulationszeremonie fand auf Okinawa statt.

Die Rückführung der Kriegsgefangenen war mittlerweile in vollem Gang. Am 7. September liefen alliierte Kriegsschiffe in den Hafen Chilung auf Formosa ein und holten 1200 freigekommene Gefangene ab; unter ihnen befanden sich 89 Überlebende des »Todesmarsches« von Bataan im Jahre 1942. An der Südküste Burmas, bei Moulmein, kam es noch bis zum 8. September zu Kämpfen zwischen japanischen Truppenteilen und Einheiten der britischen SOE, die dort Aufträge im Rahmen der Operation »Character« durchführten; mehrere hundert japanische Soldaten fielen bei diesen Kämpfen in den Wochen nach Ende des Krieges.

Während in Burma die Operation »Character« zu Ende ging, lief in Indochina die Operation »Masterdom« an, ein Versuch der Franzosen, mit britischer und indischer Waffenhilfe die in der Region aktiven kommunistischen Partisanen zu stoppen und die französische Kolonialverwaltung wiederherzustellen. In dieser ersten eindeutig antikommunistischen Kampagne der Nachkriegszeit, die am 8. September begann, setzte der französische Befehlshaber Oberst Cedile 1400 japanische Soldaten ein – ehemalige Kriegsgefangene, die gerade aus alliiertem Gewahrsam entlassen worden waren. Der britische Kommandeur, Generalmajor D. D. Gracey, rekrutierte ebenfalls eine große Zahl von Japanern, die an gleicher Stelle noch drei Wochen zuvor als Besatzungssoldaten tätig gewesen waren. Zwei Wochen nach Beginn der Operation »Masterdom« stürzten französische Truppen die vietnamesische Übergangsregierung in Saigon. Die Antwort der Vietnamesen ließ nicht lange auf sich warten: Sie töteten in der Folge mehr als hundert »Westler«, darunter den Befehlshaber der amerikanischen Geheimarmee, die in den Kriegsjahren in Indochina operiert hatte. Als die letzten britischen Truppen im Mai 1946 aus der Region abzogen, war dort ein Bürgerkrieg in vollem Gang.

Lord Louis Mountbatten war der ranghöchste alliierte Offizier, der an der Unterzeichnung der japanischen Kapitulationsurkunde am 12. September in Singapur teilnahm. »Ich bin heute hergekommen«, erklärte Mountbatten, »um die förmliche Kapitulation aller japanischen

Streitkräfte im südostasiatischen Befehlsbereich entgegenzunehmen. Ich möchte eines klarstellen: Die heutige Kapitulation ist kein Verhandlungsfriede. Die Japaner unterwerfen sich der Übermacht, der sie hier und jetzt gegenüberstehen.«

Während Mountbatten sprach, musterte General Slim, dessen Truppen die langwierige, mühsame und verlustreiche Rückeroberung Burmas bewerkstelligt hatten, die »Gesichter der ihnen gegenübersitzenden japanischen Generäle und Admiräle«. Es waren, wie er sich später erinnerte, »ausdrucks- und leidenschaftslose Masken ... Ihr Schicksal bewegte mich kein bißchen. Ich empfand für sie nichts von der Sympathie des Soldaten für den Soldaten, wie ich sie gegenüber Deutschen, Türken, Italienern oder Franzosen empfunden hatte, die ich als Folge der Unwägbarkeiten des Krieges hatte kapitulieren sehen. Zu gut wußte ich, was diese Männer und ihre Untergebenen ihren Gefangenen angetan hatten. Sie saßen nicht am Tisch der übrigen Menschheit.«

»So wenig ich für sie empfand«, heißt es in General Slims Bericht weiter, »so wenig schienen sie irgend etwas zu empfinden, bis [General Seishiro] Itagaki, der an die Stelle des von einem Schlaganfall getroffenen Feldmarschalls Tarauchi getreten war, sich vorbeugte, um ein Siegel unter die Kapitulationsurkunde zu setzen. Als er es kraftvoll auf das Papier drückte, verzog sich sein Gesicht zu einer Grimasse der Wut und Verzweiflung. Als das vorbei war, wurde seine Miene wieder so ausdruckslos wie die der anderen. Draußen flatterte der Union Jack, der 1942 bei der Niederlage eingeholt worden war, wieder an der Mastspitze. Der Krieg war vorüber.«

Am 18. September verlegte General MacArthur sein Hauptquartier nach Tokio, wo er es unter dem Namen Supreme Command Allied Powers im Gebäude des früheren Hauptquartiers der japanischen Armee für den Wehrbereich Tokio aufschlug. Neun Tage später erhielt er in dem neuen Domizil Besuch von Kaiser Hirohito. »Sie sind hier sehr, sehr willkommen, Sir!« begrüßte MacArthur den Kaiser. »Es war das erste Mal, daß ich ihn je zu irgendeinem Menschen ›Sir‹ hatte sagen hören«, erinnerte sich MacArthurs Adjutant und Dolmetscher Faubion Bowers später.

Hirohito würde weiterhin Kaiser von Japan bleiben, wenn auch nicht mehr von Gottes Gnaden. Sein Land, das nun auf den Weg der Demokratie und der Modernisierung gebracht wurde, sollte in der Folge in bezug auf Wohlstand und industrielle Produktivität alle seine ehemaligen Kriegsgegner überholen. In Westdeutschland wurden neue Führer an die Spitze berufen, um die Demokratie wiederherzustellen und die wirtschaftlichen und diplomatischen Geschicke des jetzt gespaltenen Landes zu leiten. Der östliche Teil Deutschlands wurde zusammen mit Polen, der Tschechoslowakei, Ungarn, Rumänien, Bulgarien und Albanien zu einem festen Bestandteil des sowjetischen Blocks; nur Jugoslawien löste sich 1948 aus diesem Block, um seine eigene Spielart des Kommunismus zu verwirklichen.

Nach einem so verheerenden Krieg wurden natürlich zahlreiche Ansprüche auf Reparations- und Wiedergutmachungszahlungen erhoben. Das dienstälteste Mitglied der Jewish Agency for Palestine, Dr. Chaim Weizmann, dessen Sohn 1943 für Großbritannien im Kampf gefallen war, richtete am 20. September einen Brief an die Siegermächte, in dem er von Deutschland »Wiedergutmachung, Schadenersatz und Schmerzensgeld« für die von den Nazis an den Juden begangenen Verbrechen verlangte. Neun Tage nach diesem Vorstoß von Dr. Weizmann berichtete die *New York Times* über die Ankunft von sechzehn »Technikern aus dem Reich« im Hafen von Boston. Einer der sechzehn war der deutsche Raketenforscher Dr. Wernher von Braun.

Ebenso wie die Amerikaner, hatten auch die Briten begonnen, die deutsche Rüstungstechnik auszuforschen und Nutzen daraus zu ziehen. Schon am 2. Oktober wurde bei Altenwalde in der britischen Besatzungszone Deutschlands unter britischer Oberaufsicht eine V-2-Rakete gestartet. Es waren jedoch nicht die Briten, sondern die Amerikaner, die den deutschen Raketenforschern auf längere Sicht die interessanteren Arbeitsmöglichkeiten boten. Insgesamt gingen in den zweieinhalb Jahren nach Kriegsende 457 deutsche Wissenschaftler in die USA.

Am 6. Oktober wurden im Londoner Bentonville-Gefängnis fünf Deutsche gehängt; sie waren für schuldig befunden worden, nach einem Ausbruchsversuch aus einem Kriegsgefangenenlager im Jahre 1944 einen Mitgefangenen ermordet zu haben. Sie hatten den Mann für einen Verräter gehalten. In einer Nürnberger Gefängniszelle nahm sich am 6. Oktober Dr. Leonardo Conti das Leben, einer der deutschen Ärzte, die medizinische Experimente an KZ-Häftlingen vorgenommen hatten. Der ehemalige französische Außenminister Pierre Laval, den ein Pariser Gericht des Hochverrats für schuldig befunden hatte, unternahm im Oktober einen Selbstmordversuch, der mißlang; Laval wurde am 15. Oktober von einem französischen Exekutionskommando erschossen.

Drei Tage nach der Hinrichtung Lavals trat in Berlin der Internationale Militärgerichtshof zusammen. Die Vertreter der USA, Großbritanniens, Frankreichs und der Sowjetunion kamen überein, die inzwischen inhaftierten NS-Größen in vier Punkten anzuklagen. Diese Anklagepunkte lauteten: »1. Ausführung eines gemeinsamen Planes oder einer Verschwörung mit dem Ziel, die Macht zu ergreifen und ein totalitäres Regime zu errichten, um einen Angriffskrieg vorbereiten und führen zu können. 2. Entfesselung und Durchführung eines Angriffskrieges. 3. Verletzung der Kriegsgesetze oder -gebräuche. 4. Verbrechen gegen die Menschlichkeit, nämlich Verfolgung und Ausrottung.«

Am 20. Oktober wurden 22 Nazis unter diese Anklagen gestellt. Da in Berlin kein Gebäude aufzutreiben war, das groß genug und zugleich unbeschädigt genug gewesen wäre, um als Gerichtssaal dienen zu können, beschloß man, die Prozesse gegen die Hauptkriegsverbrecher in Nürnberg und andere Verfahren auf dem Gelände einzelner Konzentrationslager durchzuführen. In anderen Ländern liefen derweil schon separate Prozesse gegen Nazis und Helfershelfer. In Oslo wurde Vidkun Quisling wegen »verbrecherischer Zusammenarbeit« mit Deutschland angeklagt, schuldig gesprochen und am 24. Oktober von einem Exekutionskommando erschossen. Am gleichen Tag nahm sich Robert Ley, einer der frühesten Gefolgsleute Hitlers, in seiner Nürnberger Gefängniszelle das Leben.

In Indien waren die Briten entschlossen, die führenden Mitglieder der Indischen Nationalarmee vor Gericht zu bringen. Subhas Chandra Bose konnte nicht mehr belangt werden; er war kurz vor Kriegsende bei einem Flugzeugunglück über Formosa ums Leben gekommen. Die Führer der indischen Unabhängigkeitsbewegung betrachteten die bevorstehende Aburteilung dieser Männer, auch wenn sie mit den japanischen Militaristen gemeinsame Sache gemacht hatten, mit beträchtlichem Unbehagen. »Indien bewundert diese Männer«, schrieb Gandhi, und Nehru, der sich 1942 heftig gegen den Übertritt der Indischen Nationalarmee ins japanische Lager ausgesprochen hatte, bezeichnete das, was Bose und seine Anhänger getan hatten, jetzt als »ein tapferes Abenteuer«, genährt von einem »leidenschaftlichen Wunsch, der Sache der indischen Freiheit zu dienen«.

Der erste Prozeß gegen Angehörige der Indischen Nationalarmee begann am 5. November im Roten Fort in Delhi. Drei der Angeklagten, Shah Nawazkhan, Sin Ghara Singh und Fateh Khan, wurden für schuldig befunden, einen Krieg gegen den König geführt und Morde und andere Akte der Brutalität gebilligt zu haben. Sie wurden zum Tode verurteilt. In der Folge wurden die Todesurteile jedoch in »strengste« Gefängnisstrafen umgewandelt. Aus Protest gegen diese Urteile kam es in Kalkutta, Bombay und Delhi zu diversen Tumulten und Ausschreitungen, an denen sich Hindus und Moslems einträchtig beteiligten; unter anderem wurden Lastwagen und Straßenbahnwaggons in Brand gesetzt. Bei den Tumulten in Kalkutta kamen 45 Inder ums Leben, und die Briten verhängten den Belagerungszustand über die Stadt. In den drei Monaten seit Kriegsende waren 11000 Soldaten der Indischen Nationalarmee aus der Gefangenschaft entlassen worden und nach Hause zurückgekehrt, wo sie wie Helden gefeiert wurden. »Die hypnotische Aura der INA hat ihren Bann über uns geworfen«, kommentierte Gandhi.

Den ganzen Oktober hindurch und noch weit in den November hinein ergaben sich japanische Einheiten und Soldaten, die auf abgelegenen Inseln oder Außenposten die Stellung gehalten hatten. Am 6. Oktober kapitulierte die japanische Garnison in Jesselton auf Borneo; am 9. Oktober folgten die Garnisonen auf den Inseln Andaman und Nicobar ihrem Beispiel; am 19. Oktober ergaben sich japanische Marineeinheiten im burmesischen Mergui, am 21. Oktober die japanischen Besatzer von Padang auf Sumatra, am 25. Oktober schließlich die Garnison von Thaton in Burma. Auch danach verblieben in abgelegenen Urwaldregionen noch kleinere japanische Truppenteile; in manchen Fällen dauerte es bis Februar oder März 1946, ehe sie einen alliierten Offizier fanden, dem sie die Kapitulation unterbreiten konnten.

Am 30. Oktober lief in einer amerikanischen Schiffswerft in Portland (Maine) die *Albert H. Boe* vom Stapel. Sie war das letzte von 2742 nach dem Fließbandverfahren gebauten Liberty-Schiffen. Mehr als 200 Liberty-Schiffe waren durch feindliche Bomben oder Torpedos versenkt worden. Jetzt dienten diese Schiffe neben vielen anderen dazu, alliierte Kriegsgefangene aus Fernost nach Hause zu bringen; in den neun Monaten nach Ende des Krieges im Pazifik kehrten insgesamt 96575 Kriegsgefangene und internierte Zivilpersonen in die Vereinigten Staaten zurück.

Der 1. November war der Tag, an dem nach der ursprünglichen amerikanischen Planung die Operation »Olympic« hätte anlaufen sollen; die Landung auf der japanischen Mutterinsel Kiuschu. Nun waren schon 78 Tage seit der Kapitulation Japans vergangen. Noch immer starben in Japan Tag für Tag Zivilisten an den Folgen der Atombombenabwürfe auf Hiroschima und Nagasaki. Zu Todesfällen in weitaus geringerer Zahl kam es auch noch in den Reihen der aus japanischer Kriegsgefangenschaft entlassenen alliierten Soldaten; sie waren die Folge einer in vielen Fällen vorsätzlichen und über lange Zeiträume fortgesetzten sadistischen und brutalen Behandlung durch japanisches Lagerpersonal. Einzelheiten über das, was sich in japanischen Kriegsgefangenenlagern zugetragen hatte, wurden jetzt nach und nach zusammengetragen. Am 5. November wurden sechzehn japanische Offiziere und Soldaten, die im Verdacht standen, auf der Insel Wake amerikanische Kriegsgefangene ermordet zu haben, nach Kwajalein eingeschifft, um vor ein Gericht gestellt zu werden. Zwei von ihnen nahmen sich auf der Überfahrt das Leben. Ein dritter, Kapitänleutnant Torashi Ito, verfaßte während seiner Haft eine Erklärung, in der er die Hinrichtung der Amerikaner ausführlich schilderte. Dann nahm auch er sich das Leben.

Und auch in Europa förderten die vielen jetzt angelaufenen Kriegsverbrecherprozesse genauere Informationen über begangene Untaten zutage. In Deutschland begann am 15. November der Prozeß gegen den Kommandanten, vierzig Wächter und einen zivilen Arzt des Lagers Dachau. Der Prozeß fand in Dachau selbst statt. Der angeklagte Arzt, Klaus Karl Schilling, suspendierter Professor für Parasitologie an der Berliner Universität und vor dem Krieg Mitglied der Malaria-Kommission des Völkerbunds, bat im Laufe der Verhandlung darum, die Ergebnisse seiner medizinischen Experimente, die er an lebenden Menschen durchgeführt hatte, im Interesse der Wissenschaft niederschreiben zu dürfen. Er wurde zum Tode verurteilt.

Aus den befreiten Konzentrationslagern und aus den neu eingerichteten Flüchtlingslagern überall in Mitteleuropa hatten sich überlebende Juden aufgemacht, teils um in Städte zurückzukehren, die in Trümmern lagen oder in denen sie nicht mehr willkommen waren, teils um in den Ländern Westeuropas oder in den Vereinigten Staaten eine neue Heimat zu suchen. Die meisten wollten jedoch nach Palästina gehen. Am 13. November erklärte der britische Außenminister Ernest Bevin, die von Großbritannien vor dem Krieg verhängten Einwanderungsbeschränkungen für Palästina würden weiterhin gelten; höchstens 13 000 Juden dürften in diesem Jahr nach Palästina einreisen. Tatsächlich waren mindestens 100 000 überlebende Juden entschlossen, Europa, das für sie nur noch ein großer Friedhof war, in Richtung Palästina zu verlassen. Gruppenweise überwanden sie Grenzen, Flüsse und Gebirgspässe. Organisiert wurde dieser Exodus auf der einen Seite von Juden, die im deutsch besetzten Europa überlebt hatten, auf der anderen Seite von in Palästina ansässigen Juden, die in den britischen Streitkräften dienten. »Wir steckten unsere Leute in Uniformen mit den Buchstaben ›CAJR‹ am linken Ärmel, erzählte einer der Beteiligten, Abba Geffen, später. »Weder Österreicher noch Amerikaner wußten Genaueres darüber. Wir gaben ihnen Ausweispapiere mit ihren Fotos in Uniform und einem amtlich aussehenden Siegel darauf. Und dann setzten wir die Transporte in Marsch. An den Grenzen wurden sie manchmal zurückgewiesen, weil dieser oder jener Stempel fehlte. Wir protestierten nie. Wir baten die Grenzbeamten, uns die Sache genau zu erklären und uns vielleicht sogar ein echtes Dokument mit dem benötigten Stempel darauf als Vorlage mitzugeben. Damit fuhren wir dann zurück, ließen unsere beiden Stempelmacher antreten, und die sorgten dafür, daß beim nächsten Mal die benötigten Stempel vorhanden waren – und es funktionierte!«

»CAJR« stand übrigens für »Committee for Assistance to Jewish Refugees« (Unterstützungsausschuß für jüdische Flüchtlinge).

Während Zehntausende von Juden sich aus Europa verabschiedeten, mußten sich diejenigen ihrer Verfolger und Peiniger, die nicht fliehen oder untertauchen hatten können, in zunehmender Zahl vor Gericht verantworten. In Lüneburg stand der achtundreißigjährige ehemalige Kommandant des Lagers Bergen-Belsen, Josef Kramer, vor einem britischen Militärgericht; er hatte zuvor in Auschwitz, Mauthausen und Dachau »Dienst« getan. Im Verlauf der Verhandlung schilderte er, wie er in Auschwitz im August 1943 an der Vergasung einer Gruppe von achtzig Frauen mitgewirkt hatte. Auf die Frage, was er dabei empfunden habe, erklärte er dem Gericht: »Ich hatte bei der Durchführung dieser Dinge keine Gefühle, weil ich einen entsprechenden Befehl bekommen hatte. Dazu bin ich eben ausgebildet worden.«

Kramer wurde zum Tode verurteilt und gehängt. Zum Tode verurteilt werden sollten später auch dreizehn der 22 führenden Nazis, deren Prozeß am 20. November in Nürnberg begann und sich fast ein Jahr lang hinzog. Im Verlauf dieses Prozesses wurden den Richtern – und damit der Weltöffentlichkeit – dokumentarische Belege für die Massenmorde und Greueltaten im europäischen NS-Machtbereich vorgelegt. Über 100 000 erbeutete Dokumente waren schon vor Prozeßbeginn durchgearbeitet worden; 4000 von ihnen waren ins Englische, Russische und Französische übersetzt worden und wurden dem Gericht als Beweismaterial vorgelegt.

Am 25. November lief die von der britischen Marineleitung initiierte Operation »Deadlight« an, die systematische Einziehung und Versenkung deutscher U-Boote. 86 deutsche U-Boote wurden in Loch Ryan, einer Bucht an der Westküste Schottlands, und 24 vor Lisahally im Norden Irlands zusammengeholt und dann durch Bombardierung aus der Luft versenkt. Überall in Europa riskierten Experten für Sprengmittelbeseitigung Kopf und Kragen, um Tausende von Bomben und Granaten zu entschärfen, die im Verlauf der Kriegsjahre als Blindgänger liegengeblieben waren. Am 27. November holten britische Experten die letzte Bombe aus dem unterirdischen Bombendepot in Fauld, das ein Jahr zuvor in die Luft geflogen war.

Kein Tag verging in diesem Winter 1945/46, ohne daß die Zeitungen über einen Kriegsverbrecherprozeß berichteten. Im norddeutschen Aurich mußte sich vom 10. Dezember an SS-Obergruppenführer Kurt Meyer vor einem kanadischen Kriegsgericht für die Ermordung von mindestens 41 kanadischen Kriegsgefangenen im Juni 1944 verantworten. In einem amerikanischen Kriegsgefangenenlager in Bad Tölz nahm sich an diesem 10. Dezember Theodor Dannecker das Leben, der an verantwortlicher Stelle an Judendeportationen aus Frankreich und Griechenland mitgewirkt hatte. In London wurde einem jungen Engländer namens John Amery der Prozeß gemacht. Sein Vater Leo hatte in den Kriegsjahren als Beamter in der Regierung Churchill gedient; sein Bruder Julian war mit dem Fallschirm in Albanien abgesprungen und hatte eine aktive Rolle bei der Rekrutierung und Aufstellung von Guerillaverbänden hinter den deutschen Linien und bei der Störung der rückwärtigen Verbindungen der deutschen Wehrmacht gespielt. John Amery wurde vorgeworfen, daß er versucht habe, britische Kriegsgefangene in deutschen Lagern für das britische Freikorps anzuwerben. Er bekannte sich schuldig und wurde am 19. Dezember gehängt.

Über dem Bestrafen vergaßen die Sieger nicht die Vorsorge für die Zukunft: Am 27. Dezember wurde die Internationale Bank für Wiederaufbau und Entwicklung gegründet; sie sollte staatliches wie privates Finanzierungskapital bereitstellen für »die Wiederherstellung der vom Krieg zerstörten oder zerrütteten Volkswirtschaften, für den Umbau von Produktionsanlagen gemäß den Anforderungen der Friedenszeit und für die Förderung des Ausbaus produktiver Anlagen und Ressourcen in weniger entwickelten Ländern«.

Die Rekrutierung deutscher Wissenschaftler sowohl durch die Sowjetunion als auch durch die Westmächte war ein bedeutsamer Aspekt des industriellen Wiederaufbaus. Acht Tage nach der Gründung der Internationalen Bank traf in der britischen Hafenstadt Barrow-in-Furness, wo sich das Forschungszentrum der britischen Marine befand, eine Gruppe von acht deutschen U-Boot-Technikern unter Führung von Helmuth Walter ein. Auf sie wartete ein Exemplar aus einer der jüngsten deutschen U-Boot-Baureihen mit einem Wasserstoffperoxid-Antriebsaggregat, das nach der deutschen Kapitulation von seiner Besatzung versenkt worden war. Doch die Briten hatten es gehoben und nach Barrow geschleppt.

Am 1. Januar 1946 erblickte ein Soldat der amerikanischen Kriegsgräberfürsorgekompanie, der auf Corregidor unterwegs war, zu seiner Überraschung eine Gruppe von rund zwanzig japanischen Soldaten, die, weiße Tuchfetzen schwenkend, auf ihn zugelaufen kamen. Seit dem Kriegsende vor viereinhalb Monaten hatten sie in einem der tiefen unterirdischen Stollen auf der Insel ausgeharrt, nicht ahnend, daß der Krieg vorbei war. Erst als einer von ihnen nachts beim Wasserholen eine Zeitung gefunden hatte, aus der klar wurde, daß Japan kapituliert hatte, hatten sie beschlossen, sich zu stellen.

Der erste im Frieden begangene Neujahrstag seit 1939 brachte keine Zäsur im Fortgang der Abrechnung mit den Schuldigen. In London wurde am 3. Januar 1946 der Radiopropagandist William Joyce, »Lord Haw-Haw«, gehängt. Sein Schicksal teilte der Gefreite Church, ein ehemaliges Mitglied der British Union of Fascists; er war in Nordafrika zu den Italienern übergelaufen und hatte dem italienischen Geheimdienst seine Dienste angeboten. Nachdem das Gericht seine Behauptung, er sei Schweizer Staatsbürger, zurückgewiesen hatte, wurde er am 5. Januar gehängt. Auf der anderen Seite des Ärmelkanals, im französischen Lille, endete in diesem Winter auch Jacques Desoubrie am Galgen, der im Sommer 1943 seine Landsleute an die Gestapo verraten hatte. In Paris suchten am 9. Januar zwei französische Polizisten Harold Cole auf, um den Mann zu verhören, der Jahre zuvor die Fluchthilfeorganisation »Pat« ans Messer geliefert hatte. Cole eröffnete das Feuer auf die Beamten und erschoß einen von ihnen; der andere feuerte zurück und tötete Cole.

Aber auch Ehrungen wurden in diesen Nachkriegsmonaten vorgenommen, nachdem die Berichte von Augenzeugen nachträglich so manche zunächst unbekannt gebliebene Leidensgeschichte oder Heldentat an den Tag gebracht hatten. Am 16. Januar 1946 wurde das Croix de Guerre mit Goldstern posthum an die britische Agentin Noor Inayat Khan verliehen, die 1943 kurz nach ihrer Ankunft in Frankreich durch Verrat in die Hände der Gestapo gefallen war. Sie hatte ihren Peinigern kein Sterbenswörtchen verraten und war ein Jahr später erschossen worden. Drei Jahre nach dem französischen Croix de Guerre wurde Noor auch noch das britische George Cross zugesprochen.

In Tokio berief General MacArthur am 19. Januar den Internationalen Militärgerichtshof für den Fernen Osten ein; elf Staaten erklärten sich willens, die Anklage mitzutragen. In Dachau mußten 500 amerikanische und polnische Soldaten an diesem Tag Tränengas einsetzen, um den Widerstand von 339 Sowjetbürgern zu brechen, die während des Krieges in der deutschen Wehrmacht gedient hatten, seit Kriegsende als Kriegsgefangene in Dachau interniert gewesen waren und jetzt gegen ihren Willen in die Sowjetunion zurückgeschickt wurden.

In der philippinischen Stadt Los Banos wurde am 23. Februar der japanische General Tomoyuki Yamashita gehängt; ein amerikanisches Militärgericht hatte ihn wegen brutaler Übergriffe gegen Amerikaner und Filipinos verurteilt. Eine Woche später wurde an gleicher Stelle General Masaharu Homma von einem Exekutionskommando erschossen. Ihm hatte das Gericht die Verantwortung für den »Todesmarsch« von Bataan zur Last gelegt.

Die amerikanischen Ängste, die vier Jahre lang um Deutschland und Japan gekreist waren, hatten jetzt in Gestalt der Sowjetunion ein neues Objekt und Betätigungsfeld gefunden. Am 28. Februar, einen Tag vor dem Termin der – durch die Atombombe obsolet gewordenen – geplanten Landung auf der japanischen Hauptinsel Honschu, erklärte US-Außenminister James F. Byrnes in einer Rede in New York: »Wenn wir eine Großmacht sein wollen, müssen wir uns wie eine Großmacht verhalten, nicht nur um unsere eigene Sicherheit zu gewährleisten, sondern um den Weltfrieden zu erhalten.« Sechs Tage später sprach Winston Churchill am Westminster College in Fulton, Missouri, über die Gefahren, die der zunehmende sowjetische Druck auf die Türkei und den Iran heraufbeschwor. Dann erklärte er: »Von Stettin an der Ostsee bis Triest an der Adria hat sich ein eiserner Vorhang über den Kontinent gesenkt. Hinter dieser Linie liegen die Hauptstädte der uralten Staaten Mittel- und Osteuropas. Warschau, Berlin, Prag, Wien, Budapest, Belgrad, Bukarest und Sofia, alle diese berühmten Städte und die dazugehörigen Völker gehören jetzt der, man muß es so ausdrücken, sowjetischen Sphäre an, und alle sind in der einen oder anderen Form nicht nur dem sowjetischen Einfluß, sondern zu einem sehr hohen und in manchen Fällen noch steigenden Grad der Steuerung aus Moskau ausgesetzt. Einzig Athen – Griechenland mit seiner unsterblichen Vergangenheit – hat die Freiheit, in einer Wahl unter britischer, amerikanischer und französischer Aufsicht über seine Zukunft zu entscheiden.«

Im weiteren Fortgang seiner Rede beschwor Churchill die Notwendigkeit einer »neuen Einheit in Europa«, aus der keine Nation »auf Dauer ausgeschlossen« bleiben dürfe; er sprach von einer »großen Befriedung Europas ... innerhalb des Gefüges der Vereinten Nationen und in Übereinstimmung mit deren Charta«. Dies zu verwirklichen, hielt er für eine höchst dringliche Aufgabe. Er wies in diesem Zusammenhang darauf hin, daß auch »vor dem eisernen Vorhang« – in Italien, Frankreich und anderen weit von den russischen Grenzen entfernten Ländern »in aller Welt« und nicht zuletzt auch im Fernen Osten – kommunistische Parteien oder Fünfte Kolonnen operierten, die »eine zunehmende Herausforderung und Gefährdung für die christliche Kultur darstellen«. Churchill spekulierte dann über die Motive und Ziele der Sowjets. »Ich glaube nicht«, sagte er, »daß Sowjetrußland den Krieg will. Seine Begierde gilt den Früchten des Krieges und der grenzenlosen Ausweitung seiner Macht und seiner Lehren. Was wir uns aber hier und heute, solange uns die Zeit bleibt, vornehmen müssen, das ist die dauerhafte Verhinderung von Kriegen und die Schaffung freiheitlicher und demokratischer Verhältnisse in allen Ländern, und dies so schnell wie möglich.«

Allein, schon zeichnete sich die Bildung neuer Bündnissysteme unter Führung zweier sich feindselig belauernder Großmächte ab: des »östlichen« und des »westlichen« Blocks. Die Staaten des westlichen Blocks taten sich 1949 zu einem Verteidigungsbündnis, der North Atlantic Treaty Organization (NATO) zusammen, innerhalb derer die USA die weitaus stärkste und bestimmende Kraft war; im Osten entstand sechs Jahre später der Warschauer Pakt mit der Sowjetunion als Vormacht.

Die Bestrafung der Kriegsverbrecher, die zu einem integralen Element des Sieges geworden war, war immer noch in vollem Gange. In Singapur hatte ein Gericht den japanischen Generalmajor Shempei Fukuei der Ermordung alliierter Kriegsgefangener überführt; am 27. April wurde der Verurteilte zum Schauplatz eines der von ihm befohlenen Massaker geführt und erschossen. Wie Hunderttausende anderer japanischer Soldaten zuvor, starb er mit dem Ausruf »Bansai!« Der Ausdruck bedeutete wörtlich »zehntausend Jahre« und war ein Hochruf auf die vermeintliche Unsterblichkeit des göttlichen Kaisers. Der Kaiser hatte seine Göttlichkeit inzwischen verloren, und die »neue Ordnung«, die er in Asien errichtet hatte, war wie das Tausendjährige Reich Adolf Hitlers eine kurzlebige, aber verheerende Episode gewesen.

Den Siegermächten und den befreiten Völkern brachte die fortdauernde Verurteilung und Bestrafung führender Verbrecher aus dem Lager ihrer Gegner eine gewisse Genugtuung, doch Prozesse und Hinrichtungen konnten diejenigen nicht wieder lebendig machen, die entgegen allen vereinbarten Regeln und Gebräuchen des Krieges ermordet worden waren. Am 7. Mai 1946 wurde in Den Haag Anton Mussert erhängt; er war der Begründer der Partei der holländischen Nationalsozialisten und eine der tragenden Säulen der NS-Herrschaft in Holland gewesen. Zwei Wochen später, am 22. Mai, wurde in Prag Karl Hermann Frank, der seit 1943 verantwortlicher Reichsminister im »Protektorat Böhmen und Mähren« gewesen war, der Ermordung mehrerer hundert Menschen für schuldig befunden und vor den Augen von 5000 Schaulustigen hingerichtet. Im polnischen Posen erging am 20. Juni das Todesurteil gegen Artur Greiser, den einstigen Reichsstatthalter im »Warthegau«. Greiser wurde in einem Käfig durch die Straßen von Posen gefahren und dann auf dem Platz vor seinem einstigen Amtssitz gehängt.

Nicht nur Prozesse, sondern auch Feiern markierten den Übergang aus der Kriegs- in die Friedenszeit: In London fand am 8. Juni eine Siegesparade statt. Die Regierungen der Sowjetunion, Polens und Jugoslawiens hatten allerdings eine Teilnahme ihrer Repräsentanten abgelehnt.

Die Waffe, mit der Japan in die Knie gezwungen worden war, ließ sich nicht unter dem Schutt der von ihr zerstörten Städte begraben: Am 1. Juli 1946 explodierte auf dem zu den Marshall-Inseln gehörenden Bikini-Atoll erstmals in Friedenszeiten eine amerikanische Atombombe. Unter den »Versuchskaninchen«, an denen die Sprengkraft der neuen Bombe erprobt werden sollte, war das einst gefürchtete deutsche Kriegsschiff *Prinz Eugen.* Im Gegensatz zu fünf anderen Testschiffen überstand es die Explosion. Fünf Monate später wurde die *Prinz Eugen* versenkt.

Am 4. Juli 1946, dem amerikanischen Unabhängigkeitstag, erklärten sich die Philippinen nach über fünfzig Jahren unter amerikanischer Hoheit zur selbständigen Republik. Als erstes der Länder, die 1941 Opfer des japanischen Expansionskrieges geworden waren, erhielten die Philippinen aus der Hand derer, die vor dem Krieg ihre Herren gewesen waren und deren Streitkräfte die japanischen Besatzer vertrieben hatten, ihre Freiheit zurück. In den folgenden Jahren und Jahrzehnten sollten etliche weitere Länder Ostasiens ihre Unabhängigkeit von ihren bisherigen Kolonialmächten erlangen: Burma, Malaya und Singapur von Großbritannien, Indonesien und Borneo von Holland, Neuguinea von Australien, Vietnam und Kambodscha von Frankreich.

In vielen dieser Fälle konnte die staatliche Selbständigkeit erst nach langwierigen und erbitterten Kämpfen oder Bürgerkriegen errungen werden. Aber neben Konflikten dieser Art brachten die Nachkriegsjahre auch viele jener »häßlichen Aufwallungen des Kielwassers« hervor, die Churchill schon nach Ende des Ersten Weltkriegs beklagt hatte. So wurde der 4. Juli 1946 42 jüdischen Bewohnern der polnischen Stadt Kielce zum Verhängnis, die den Alptraum der NS-Zeit überlebt hatten; sie wurden von einem antisemitischen Mob massakriert. Einer der ermordeten Juden hatte kein persönliches Identifizierungskennzeichen bei sich, doch auf seinem Arm befand sich die eintätowierte Zahl B 2969. Die Nummern B 2903 bis B 3449 waren an einen Judentransport »vergeben« worden, der am 2. August 1944 aus dem 80 Kilometer von Kielce entfernten Radom in Auschwitz eingetroffen war. Mindestens 500 jüdische Passagiere dieses Zuges, in der Mehrheit Frauen, Kinder und alte Leute, waren an jenem Tag vergast worden. Vierzehn Monate nach Beendigung des Krieges in Europa und fast zwei Jahre nach der Vertreibung der deutschen Truppen aus Kielce war nun auch der unbekannte Überlebende getötet worden.

In dem Bemühen, die riesigen Mengen jetzt überschüssig gewordener amerikanischer Rüstungsgüter einem sinnvollen Zweck zuzuführen, verabschiedete der US-Kongreß in Washington am 1. August 1946 eine Novelle zum Surplus Property Act von 1944; damit wurde die Möglichkeit geschaffen, amerikanische Rüstungsgüter aus den Kriegsjahren zu verkaufen und die erwirtschafteten Mittel in ein internationales Stipendienprogramm zu investieren. Erfinder dieser besonderen Spielart der »Rüstungskonversion« war Senator J. William Fulbright, dessen Namen die damit finanzierten Stipendien dann auch trugen. Vereinbarungen über den Austausch von Stipendiaten wurden in der Folge mit mehr als sechzig Staaten abgeschlossen. Am Anfang standen China, die Philippinen und Griechenland.

Das ganze Jahr 1946 hindurch ging die Aburteilung und Hinrichtung von Kriegsverbrechern im ehemaligen deutschen Machtbereich in Europa weiter. Am 14. August wurde Robert Wagner, der in den Kriegsjahren Chef der deutschen Zivilverwaltung im Elsaß gewesen war, von einem französischen Militärgericht in Straßburg zum Tode verurteilt und gehängt; er hatte die Deportierung deutscher Juden in südfranzösische Internierungslager geleitet.

Im September begannen die Alliierten mit der Rückführung deutscher Kriegsgefangener; allein aus Großbritannien kehrten 394000 Männer in ihre deutsche Heimat zurück. Auf Zypern bestand die letzte Aufgabe der mehr als 5000 dort internierten Deutschen darin, eine Bahnlinie von Nikosia zum Lager Caraolos zu bauen, wo Tausende von jüdischen Überlebenden aus Europa, die beim Versuch der illegalen Einreise nach Palästina von den britischen Behörden abgefangen worden waren, hinter Stacheldraht interniert waren.

Während für die deutschen Kriegsgefangenen die Heimreise begann, verurteilte der Internationale Militärgerichtshof in Nürnberg zwölf ehemalige Nazigrößen zum Tode. Am 8. Oktober wurden vier in einem anderen Verfahren angeklagte Männer, die Mörder der jüdischen Kinder vom Bullenhuser Damm, im Gefängnis von Hameln von dem britischen Scharfrichter Albert Pierrepoint hingerichtet. In Nürnberg entzog sich Hermann Göring seinem Henker, indem er am 15. Oktober Selbstmord beging. Die übrigen in diesem Prozeß zum Tode Verurteilten wurden einen Tag später gehängt; unter ihnen waren Ernst Kaltenbrunner, der in den Jahren 1943 und 1944 Generalinspekteur der Konzentrationslager gewesen war, Generalfeldmarschall Keitel, der 1941 und 1942 die systematische Liquidierung sowjetischer Kommissare und die massenhafte Abschlachtung von Frauen und Kindern im deutsch besetzten Rußland verfügt hatte, Hans Frank, der »Schlächter der Polen« und Mörder der Juden, Julius Streicher, dessen antisemitisches Hetzblatt *Der Stürmer* so viel zur Anstachelung des Rassenhasses beigetragen hatte, General Jodl, der von 1939 bis 1945 Chef des Wehrmachtführungsstabes beim Oberkommando der deutschen Wehrmacht gewesen war, und Joachim von Ribbentrop, von 1938 bis 1945 Außenminister des Deutschen Reiches. Ihr Henker war der amerikanische Oberfeldwebel John C. Wood. Am Morgen nach der Hinrichtung wurden die Leichen nach Dachau überführt und im Krematorium des ehemaligen Konzentrationslagers verbrannt; die Asche der Hingerichteten wurde am selben Abend am Stadtrand von München in die Isar gestreut.

In einem Internierungslager in Neumünster nahm sich am 26. Oktober Otto Thierack durch Erhängen das Leben, um sich seinem bevorstehenden Prozeß zu entziehen; er war von 1942 bis 1945 Reichsjustizminister gewesen. Sechs Wochen später, am 9. Dezember, begann in Nürnberg der Prozeß gegen 23 SS-Ärzte und Wissenschaftler, die beschuldigt wurden, an den Insassen von Konzentrationslagern, vor allem an Juden, Zigeunern und russischen Kriegsgefangenen, medizinische Experimente durchgeführt zu haben. Sieben der 23 Angeklagten wurden zum Tode verurteilt und gehängt, darunter Victor Brack, Amtschef in der Kanzlei des Führers und SS-Oberführer, Dr. Karl Brandt, Leibarzt Hitlers und Generalkommissar für das Sanitäts- und Gesundheitswesen des Reiches sowie SS-Gruppenführer und Generalleutnant der Waffen-SS, und Dr. Karl Gebhardt, Leibarzt Himmlers, Führer der SS-Ärzteschaft und Präsident des deutschen Roten Kreuzes.

»Das ist nichts anderes als politische Vergeltung«, erklärte Dr. Brandt auf dem Schafott. »Ich habe meinem Vaterland gedient, wie andere vor mir ...« Während er diese Worte ausrief, wurde ihm die schwarze Haube über den Kopf gezogen, und er wurde gehängt.

An den Nürnberger Prozessen entzündeten sich damals und später viele kontroverse Debatten. Insbesondere der Anklagepunkt »Führung eines Angriffskrieges« zog Kritik auf sich, da nach seinem Wortlaut beispielsweise auch die Sowjetunion wegen ihres Überfalls auf Finnland hatte angeklagt werden müssen. Manchen im Westen war es auch ein Dorn im Auge, daß das Massaker an polnischen Kriegsgefangenen im Wald von Katyn auf Drängen der Sowjets aus den Ermittlungen herausgehalten wurde. Es gab auch Kritiker, die einwendeten, Großbritannien und Frankreich hätten durch ihre (wenn auch widerstrebende) Hinnahme der Annexionen Hitlers von 1938 (Österreich und das Sudetenland) und 1939 (Böhmen und Mähren) der kriegerischen Expansion Deutschlands zunächst in gewisser Weise Vorschub geleistet. Unbestritten blieb aber bei aller Kritik, daß in Nürnberg überwältigendes Beweismaterial für konkrete und vorsätzlich begangene Kriegsverbrechen zutage kam. Männer wie Dr. Brandt, der auf höchster Ebene in das deutsche Euthanasieprogramm verwickelt gewesen war, mochten von »politischer Vergeltung« sprechen, aber für die Millionen, die gelitten und überlebt hatten, und für die Befreier, die einen Blick auf die Folgen der nazistischen Rassenpolitik hatten werfen können, klangen solche Proteste heuchlerisch und absurd.

Am 11. Dezember 1946 wurde das Kinderhilfswerk der Vereinten Nationen (UNICEF) ins Leben gerufen; dahinter stand der Gedanke, Mittel und Wege zur Wiedergutmachung der zwischen 1939 und 1945 den Menschen in vielen Weltteilen zugefügten Leiden und Entbehrungen zu finden und Mütter und Kinder zu unterstützen, die im Gefolge des Krieges (beziehungsweise künftiger Kriege) in Not geraten waren (oder würden).

Unter den im Verlauf des Jahres 1947 zum Tode Verurteilten befanden sich Karel Čurda, der durch seinen Verrat den Tod seiner tschechischen Landsleute verursacht hatte, die 1942 das Attentat auf Heydrich verübt hatten, und Max Knipping, der als Milice-Chef in Nordfrankreich unter anderem für die Ermordung des früheren französischen Kolonialministers Georges Mandel verantwortlich war. General Helmuth von Pannwitz, der sich an der Ermordung von Zehntausenden russischer Zivilisten im Hinterland der deutschen Ostfront beteiligt hatte, wurde am 16. Januar 1947 in Moskau gehängt.

Am 7. April wurde Rudolf Höß, der ehemalige Lagerkommandant von Auschwitz, unmittelbar neben dem Haus, in dem er mit seiner Frau und seinen fünf Kindern gelebt hatte, gehängt. In Belgien wurden am 12. April sechzehn belgische Staatsbürger, die sich im Lager Breendonk bei Antwerpen an sadistischen Folterungen beteiligt hatten, hingerichtet; wegen der besonderen Niedertracht der von ihnen begangenen Verbrechen wurden sie durch Schüsse in den Rücken getötet. In Prag wurde am 4. Mai Paul Rafaelson, Jude und ehemaliger Arbeitslagerinsasse, für die Untaten, die er an seinen Mitgefangenen begangen hatte, zum Tod verurteilt und gehängt. »Er ist der erste jüdische Verbrecher«, hieß es in einer Agenturmeldung aus Prag, »der wegen Greueltaten gehängt wird.«

Am 4. Mai 1947 wurden die ersten von 82000 deutschen Kriegsgefangenen aus Lagern in Ägypten nach Deutschland zurückgeschickt. »Diejenigen, die noch immer überzeugte Nazis und Faschisten sind«, berichtete die *Palestine Post* am 4. Mai, »5000 an der Zahl, werden als letzte entlassen.«

Nicht alle gegen Kriegsverbrecher verhängten Todesurteile wurden auch tatsächlich vollstreckt. Das Todesurteil, das ein britisches Kriegsgericht am 6. Mai gegen Generalfeldmarschall Kesselring verhängte, weil er die Erschießung von 335 italienischen Zivilisten als Vergeltung für eine Aktion italienischer Partisanen zugelassen hatte, wurde später in eine lebenslängliche Freiheitsstrafe umgewandelt; und nach Verbüßung von fünf Jahren Haft wurde Kesselring begnadigt und freigelassen. Weniger Glück hatte General Friedrich-Wilhelm Müller, Träger des Ritterkreuzes mit Eichenlaub und Schwertern: Ein griechisches Gericht verurteilte ihn wegen Greueltaten gegen griechische Zivilisten zum Tode, und am 20. Mai wurde er in Athen hingerichtet. Mit ihm starb am selben Tag Bruno Bräuer, der ehemalige Kommandant von Kreta, der einen erbarmungslosen Krieg gegen die kretischen Partisanen geführt hatte.

In dem Bemühen, Europa zu mehr Wohlstand und größerer Sicherheit zu verhelfen, gingen Verteidigungspolitik und Wirtschaftsförderung Hand in Hand. Am 4. März 1947 unterzeichneten Frankreich und Großbritannien in Dünkirchen einen Vertrag, der beide Staaten verpflichtete, einander im Falle eines deutschen Angriffs beizustehen. Zugleich legte der ehemalige Chef des amerikanischen Verteidigungsstabs und jetzige US-Außenminister, General George C. Marshall, einen umfassenden Plan für die wirtschaftliche Gesundung Europas mit amerikanischer Hilfe vor. Am 5. Juni boten die USA diese Hilfe allen vom Krieg betroffenen Ländern an. Die Sowjetunion lehnte nicht nur für sich selbst die Annahme amerikanischer Hilfe ab, sondern setzte auch durch, daß die Länder des kommunistischen Blocks, einschließlich der Tschechoslowakei, die bis dahin einen gewissen Grad an Selbständigkeit bewahrt hatte, ihrem Beispiel folgten. Das tschechoslowakische Kabinett hatte zunächst, am 7. Juli, einstimmig dafür votiert, Marshallplan-Hilfe anzunehmen; doch die führenden Männer der Regierung waren sogleich nach Moskau beordert worden und revidierten die Entscheidung. Dieses praktische Beispiel dafür, wie die Sowjetunion ihre Vormachtrolle innerhalb des Ostblocks handhabte, verfehlte nicht seine Wirkung auf die westlichen Beobachter. Die Spaltung der einstigen Alliierten in zwei verfeindete Blöcke war vollzogen.

Auch im Fernen Osten kam es zu neuen Frontstellungen, die zunehmend blutigere Konsequenzen nach sich zogen. Am 29. Juli führte die selbsternannte »Indonesisch-Republikanische Luftwaffe« ihre ersten Kampfhandlungen gegen die Holländer durch: Ihre Flugzeuge flogen Bombenangriffe auf die beiden javanischen Städte Semarang an der Nordküste und Salatiga im östlichen Teil der Insel. Bei dem Angriff auf Semarang kamen sieben Indonesier ums Leben.

Von einer kurzen Unterbrechung zur Zeit der Napoleonischen Kriege abgesehen, waren die Holländer seit Beginn des 17. Jahrhunderts die unangefochtenen Herren ihrer ostindischen Kolonien gewesen. Die Nationalbewegung, die sich jetzt in Indonesien zu regen begann, bekämpften sie zunächst, um dann in Verhandlungen mit ihr einzutreten. Drei Jahre nach den besagten ersten Bombenangriffen wurden die Vereinigten Staaten von Indonesien ausgerufen; damit hatte wieder eine der ehemaligen europäischen Kolonien, die Japan 1942 erobert hatte, ihre Unabhängigkeit erlangt. Burma konnte seine Unabhängigkeit am 4. Januar 1948 feiern; Malaya wurde am 31. Mai 1957 aus der Kolonialherrschaft entlassen.

Am 25. Oktober 1947 legte in New York das erste Schiff an, das die Leichen gefallener US-Soldaten aus Europa nach Amerika zurückbrachte; es hatte 6300 Särge an Bord. Fünf Tage später verließ ein zweites, ebenfalls mit Tausenden von Särgen beladenes Schiff Antwerpen. In sehr vielen Fällen freilich wurden die Leichen gefallener beziehungsweise vermißter alliierter Soldaten niemals gefunden. Von 42000 britischen Fliegern, die zwischen 1939 und 1945 im Luftraum über Europa als verschollen gemeldet wurden, war vier Jahre nach Kriegsende das Los von fast 20000 noch immer ungeklärt, obwohl 118 Ermittler des eigens für diesen Zweck ins Leben gerufenen britischen Vermißtensuchdienstes fieberhafte Nachforschungen anstellten.

Das Jahr 1948 brachte in Europa weitere Prozesse, aber auch weitere Fälle, in denen sich Schuldige der Gerechtigkeit durch Selbstmord entzogen. Am 5. Februar setzte General Blaskowitz, der zum Zeitpunkt der Kapitulation Oberbefehlshaber der deutschen Truppen in Holland gewesen war (es war derselbe, der Ende 1939 bei Hitler gegen barbarische Nazíausschreitungen in Polen protestiert hatte), in seiner Gefängniszelle in Nürnberg seinem Leben ein Ende, kurz bevor das Verfahren gegen ihn hätte beginnen sollen. Einen Tag später beging in einem Pariser Gefängnis der erste Militärbefehlshaber von Frankreich, Otto von Stülpnagel, Selbstmord.

Im Gebäude des ehemaligen Kriegsministeriums in Tokio, wo der Internationale Militärgerichtshof für den Fernen Osten tagte, wurden am 12. November 1948 sieben ranghohe japanische Führer der Kriegsjahre, darunter General Tojo, zum Tode und sechzehn weitere zu lebenslänglicher Haft verurteilt. General MacArthur überprüfte die Urteile zwei Wochen später und hielt sie allesamt aufrecht. Die Todesurteile wurden am 23. November 1948 durch den Strang vollstreckt.

Am 28. Januar 1949 wurde im Hamburger Garnisonsgefängnis Fritz Knöchlein gehängt, nachdem ein britisches Militärgericht ihn für schuldig befunden hatte, 1940 die kaltblütige Erschießung britischer Kriegsgefangenen im französischen Paradis angeordnet zu haben. Der Appell seines Verteidigers (»Schonen Sie das Leben des Angeklagten. Er hat eine Frau und vier Kinder, die auf ihn als Ernährer angewiesen sind. Berücksichtigen Sie die Tatsache, daß er Soldat ist und daß der Gerichtshof aus Angehörigen der britischen Armee besteht«) hatte nichts gefruchtet.

Hingerichtet wurde an diesem 28. Januar auch Joseph Kieffer, der in den Jahren 1943 und 1944 Knöchleins Stellvertreter im Pariser Gestapohauptquartier gewesen war. Das Gericht hatte ihm die Verantwortung für die Erschießung britischer Fallschirmjäger 1944 in der Normandie nachgewiesen. Kieffer war es auch gewesen, der die 1943 in Frankreich aufgegriffene britische Agentin Noor Inayat Khan verhört hatte; nach diesem Verhör war sie nach Dachau überstellt und dort später erschossen worden.

Ein Prozeß anderer Art fand Anfang 1950 statt: das Verfahren gegen Klaus Fuchs, den deutschen Exilwissenschaftler und Sowjetspion, der in den Kriegsjahren am angloamerikanischen Atombombenprogramm mitgearbeitet hatte. Er wurde am 1. März 1950 zu einer vierzehnjährigen Gefängnisstrafe verurteilt; nach deren Verbüßung ließ er sich als geachtetes Mitglied der kommunistischen Parteihierarchie in der DDR nieder. In der Diskussion über Wiedergutmachungsleistungen lehnte die Regierung der Bundesrepublik Deutschland jeden Anspruch der Zigeuner auf eine Entschädigung für erlittenes Unrecht ab. »Man sollte berücksichtigen«, schrieb der württembergische Innenminister am 9. Mai 1950, »daß die Zigeuner unter den Nazis nicht aus irgendwelchen rassischen Gründen verfolgt worden sind, sondern wegen ihres sozialen und kriminellen Hintergrunds.«

Noch Jahre und Jahrzehnte nach Ende des Zweiten Weltkriegs wurden dokumentarische Zeugnisse des Geschehens entdeckt und Augenzeugenberichte niedergeschrieben. Polnische Bauarbeiter fanden am 1. Dezember 1950 Teile eines Augenzeugenberichts über die Massenmorde in Treblinka; der polnisch-jüdische Historiker Dr. Emanuel Ringelblum hatte das Schriftstück 1943 in einem Versteck deponiert.

Während auf der einen Seite immer mehr Kriegsverbrecher vor Gericht gestellt wurden, konnten sich auf der anderen viele der Verfolgung entziehen. Helmut Rauca, der deutsche Hauptverantwortliche für die Judenmassaker in Kaunas, schiffte sich am 19. Dezember 1950 in Bremerhaven nach St. John in New Brunswick ein und wurde kanadischer Staatsbürger. Auch andere Mörder, die sich wie Rauca aus Deutschland absetzten und in irgendeinem Land der westlichen Hemisphäre untertauchten, wurden nie ihrer gerechten Strafe zugeführt. Rauca allerdings wurde 33 Jahre später aufgespürt und nach Deutschland ausgeliefert. Er starb in einem Frankfurter Gefängniskrankenhaus, noch bevor sein Prozeß begann.

Am 15. Januar 1951 wurde Ilse Koch von einem westdeutschen Gericht zu einer zweiten Gefängnisstrafe verurteilt. Wegen ihrer sadistischen Untaten im Lager Buchenwald hatte die Ehefrau des 1944 von der SS wegen Korruption hingerichteten Lagerkommandanten Karl Koch bereits 1947 eine vierjährige Freiheitsstrafe erhalten. Jetzt, in ihrem zweiten Prozeß, wurde sie zu lebenslanger Haft verurteilt; sechzehn Jahre später nahm Ilse Koch sich in ihrer Gefängniszelle das Leben.

Drei Wochen nach Ilse Kochs zweiter Verurteilung verkündete John J. McCloy, der amerikanische Hochkommissar in Deutschland, eine Generalamnestie für alle verurteilten deutschen Industriellen, die KZ-Häftlinge als Arbeitssklaven eingesetzt hatten, sowie für alle verurteilten Generäle. Einer von denen, die dank dieser Amnestie auf freien Fuß kamen, war Alfred Krupp von Bohlen, in dessen Fabriken Arbeitssklaven in großem Umfang eingesetzt und unmenschlich behandelt worden waren. Krupp, der im Juli 1948 in Nürnberg zu zwölf Jahren Gefängnis verurteilt worden war, war nun nach zweieinhalb Jahren Haft schon wieder ein freier Mann.

In Brüssel wurde am 7. März 1951 General Alexander von Falkenhausen, der einstige deutsche Militärbefehlshaber Belgiens, von einem Gericht für schuldig befunden, die Erschießung von Hunderten belgischer Geiseln und die Deportierung von 25 000 belgischen Juden nach Auschwitz angeordnet zu haben. Er wurde zu zwölf Jahren Gefängnishaft verurteilt, aber schon drei Wochen später wieder auf freien Fuß gesetzt – ein Gnadenakt in Anerkennung der Tatsache, daß er auch etliche Belgier vor der SS beschützt hatte. Hitler hatte ihn im Juli 1944 wegen seiner angeblich zu nachsichtigen Amtsführung als Militärbefehlshaber absetzen und unter Arrest stellen lassen. Tatsächlich stand Falkenhausen, als er im Mai 1945 in Dachau von den Amerikanern befreit wurde, bereits auf der Abschußliste der SS, weil er mit den Verschwörern vom 20. Juli 1944 sympathisiert hatte. Zwischen seiner Absetzung im Juli 1944 und seiner Freilassung durch die Belgier im April 1951 war er durch 43 verschiedene Gefängnisse und Lager gegangen.

Oswald Pohl, der Mann, der für die Verwertung der »Effekten« der in den Konzentrations- und Vernichtungslagern Ermordeten zuständig gewesen war und die Einschmelzung des Zahngoldes überwacht hatte, das man den Leichen der Vergasten in Auschwitz entnommen hatte, wurde von einem US-Militärgericht zum Tode verurteilt und am 8. Juni 1951 im Gefängnis von Landsberg gehängt. Am gleichen Tag endete auch Otto Ohlendorf am Strang; er hatte mehrere der Einsatz- und Sonderkommandos befehligt, die im deutsch besetzten Rußland 90000 Menschen, zumeist Juden, ermordet hatten. In seinem Verteidigungsplädoyer hatte er als historische Parallele die Ermordung von Zigeunern im Dreißigjährigen Krieg aufgeführt. Unter den Hingerichteten des 8. Juni befand sich auch Wernher Braune, ein weiterer Führer eines Einsatz- und Sonderkommandos. Nach seinem Tod wurde ihm von den bayerischen Sozialbehörden der Status eines »Kriegsopfers« zuerkannt, was seiner Witwe eine ansehnliche Rente sicherte.

Versöhnung und Vergeltung gingen weiterhin Hand in Hand. In Warschau wurde am 8. September Jürgen Stroop, der Befehlshaber der SS-Verbände, die den Aufstand im Warschauer Getto niedergeschlagen hatten, auf dem Gelände des ehemaligen Gettos hingerichtet. Vor seiner Auslieferung an Polen hatte ihn bereits ein amerikanisches Militärgericht wegen der Erschießung von Geiseln und amerikanischen Piloten in Griechenland zum Tode verurteilt.

Am 28. Janaur 1951 kam Japan in den Genuß eines zweiseitigen Abkommens mit den Vereinigten Staaten, durch das es Partner des Austauschprogramms für Fulbright-Stipendiaten wurde. Elf Tage später wurden in San Francisco Friedensverträge zwischen Japan und den meisten seiner ehemaligen Kriegsgegner unterzeichnet; nur die Sowjetunion war nicht mit von der Partie. Der Text des Abkommens enthielt folgende Zusicherung der japanischen Regierung: »Das japanische Volk verzichtet für immer auf den Krieg als ein souveränes Recht der Nation sowie auf die Androhung und Anwendung von Gewalt als Mittel zur Regelung internationaler Streitfragen.« Am gleichen Tag trat ein Sicherheitsabkommen zwischen Japan und den Vereinigten Staaten in Kraft, das den USA das Recht einräumte, »in und um Japan« Streitkräfte zu belassen.

Das Bemühen der Juden um Wiedergutmachung führte in diesem Jahr zu einem Erfolg: Bei einer geheimen Besprechung in einem Londoner Hotel sicherte der deutsche Bundeskanzler Dr. Konrad Adenauer dem Vorsitzenden des Jüdischen Weltkongresses, Dr. Nahum Goldmann, die Zahlung einer beträchtlichen Schadenersatzsumme zu. Die Regierung der DDR dagegen lehnte eine solche Verpflichtung sowohl damals als auch später ab.

Im Frühjahr 1952 wurde die Aufspaltung des ehemaligen Deutschen Reiches in zwei separate Staaten unwiderruflich vollzogen. Der sogenannte Deutschlandvertrag vom 26. Mai 1952, in dem dies fixiert wurde, enthielt einen Passus, in dem die Bundesrepublik sich zu ihrer Wiedergutmachungsverpflichtung bekannte. Wenige Monate später, am 1. August 1952, wurde mit der Unterzeichnung des Londoner Schuldenabkommens zwischen Großbritannien und Deutschland ein weiterer Schritt zur Integration der Bundesrepublik Deutschland in die westeuropäische Staatengemeinschaft getan. Dieses Abkommen zog einen Schlußstrich unter die noch aus dem Ersten Weltkrieg herrührenden Reparationsverpflichtungen des Deutschen Reiches, die die Weimarer Regierung 1930, kurz vor Hitlers Aufstieg zur Macht, noch einmal ausdrücklich anerkannt hatte. Hitler hatte dann 1935 einseitig einen deutschen Zahlungsstopp verfügt. Jetzt verpflichtete sich die bundesdeutsche Regierung zu symbolischen Restzahlungen und ebnete damit den Weg für künftige Kredite zur Wiederbelebung der westdeutschen Wirtschaft.

Im Rahmen einer lautlosen Zeremonie, die nur 13 Minuten dauerte, unterzeichneten am 10. September 1952 im Rathaus von Luxemburg Israel und die Bundesrepublik Deutschland ein Abkommen. Darin verpflichtete sich die deutsche Regierung, als Wiedergutmachung für die »materiellen Schäden«, die den Juden durch die Nazis zugefügt worden waren, drei Milliarden DM an den jungen israelischen Staat und 450 Millionen DM an jüdische Organisationen zu zahlen.

An Verwendungsmöglichkeiten für die Wiedergutmachungsgelder herrschte kein Mangel: So hausten in diesem Sommer noch immer 1845 heimatlose Flüchtlinge, darunter 500 Kinder, in den Baracken des ehemaligen Konzentrationslagers Dachau.

KAPITEL 53
»Unerledigte Reste«
1953 –

Als das Jahr 1953 anbrach, waren seit Ausbruch des Zweiten Weltkriegs mehr als dreizehn, seit seinem Ende mehr als sieben Jahre vergangen. Geblieben waren jedoch, was Hugo Gryn, einer der Überlebenden von Auschwitz, die »unerledigten Reste« des Krieges genannt hat. Es gab sie in vielen Spielarten und Verkleidungen, und sie rissen alte Wunden auf oder ließen die, die nie richtig vernarbt waren, wieder stärker schmerzen. In manchen Fällen brachte ein simpler bürokratischer Vorgang die Gemüter in Wallung. So wurde am 5. Januar 1953 ein Patent an die Wiesbadener Firma J. A. Topf & Söhne ausgestellt, das sich auf einen Krematoriumsofen für die Einäscherung von Leichen bezog – dasselbe »Modell«, in dem in Auschwitz die Leichen der Vergasten verbrannt worden waren. Andere schockierte die Welle nachträglicher Freisprechungen und Amnestien für einstige Kriegsverbrecher – so die von einer deutschen Spruchkammer am 28. Februar 1953 posthum gewährte Rehabilitation für General Jodl, der nicht einmal sechs Jahre zuvor in Nürnberg gehängt worden war.

Bei wieder anderen tauchten »unerledigte Reste« in Gestalt von Vorwürfen militärischer Inkompetenz oder soldatischen Versagens auf. Am 20. Juli 1953 äußerte sich Admiral Halsey, der 1941 ein Flugzeugträgergeschwader kommandiert hatte, in einem Brief an den seinerzeitigen Oberkommandierenden der amerikanischen Pazifikflotte, Admiral Kimmel, zur Frage der Schuld am Gelingen des japanischen Überraschungsangriffs auf Pearl Harbor. »Wir ließen die Möglichkeit eines Angriffs auf Pearl sicherlich nicht außer acht, aber nach den Hinweisen, die wir hatten, war die logischste Schlußfolgerung die, daß mit einem Angriff auf die Philippinen und weiter südwärts gerechnet werden mußte. Angesichts meines damaligen Wissensstands mußte ich mich für das, was geschehen war, genauso verantwortlich fühlen wie Sie oder jeder andere im Kreis der obersten Führung.«

Zur Verteidigung seines damaligen Vorgesetzten führte Admiral Halsey weiter an: »Wären wir damals im Besitz der Magic-Funkbotschaften gewesen – aus denen wir dank der japanischen Manie, immer über die Lage aller Schiffe informiert zu sein, eindeutig hätten entnehmen können, daß ein Angriff auf Pearl beabsichtigt war, und des weiteren, daß der Angriffstermin der 7. Dezember war – dann wären die *Enterprise* und die *Lexington* nie zu ihren Fahrten nach Wake und Midway aufgebrochen. Und außerdem wäre die Flotte an diesem Tag dann nicht im Hafen gelegen.«

Admiral Kimmel hatte trotz der Fürsprache durch Admiral Halsey weiterhin das bittere Gefühl, daß ihm keine adäquate Gelegenheit zur Rechtfertigung gegeben worden war und daß er weiterhin als der Hauptschuldige an der Katastrophe betrachtet wurde. In seinen Erinnerungen faßte er seine Enttäuschung in die grimmigen Worte: »Ich kann denen, die in Washington Verantwortung trugen, nicht verzeihen, was sie getan haben. Und ich glaube nicht, daß Tausende von Müttern und Vätern, deren Söhne an diesem tragischen 7. Dezember 1941 daran glauben mußten, ihnen verzeihen werden. Über sie wird vor den Schranken der Geschichte gerichtet werden. Wenn es nach mir geht, müssen sie sich am Jüngsten Tag zur Verantwortung ziehen lassen wie jeder andere Verbrecher auch.«

In Europa kehrten immer mehr von denen, die in den Nachkriegsprozessen als Verbrecher verurteilt worden waren, nach Hause zurück. Anfang 1954 setzte die kanadische Regierung die lebenslängliche Freiheitsstrafe für den früheren SS-Obergruppenführer Kurt Meyer auf vierzehn Jahre herab und erließ ihm davon noch einen Teil wegen guter Führung. Am 7. September traf Meyer als freier Mann in seinem Heimatort Niederkrüchten ein. Einen Monat später, am 9. Oktober, wurde Helmut Knochen, einst Funktionär der gefürchteten und verhaßten Pariser Gestapozentrale, zum Tode verurteilt; dreieinhalb Jahre später wurde das Todesurteil in eine lebenslängliche Zuchthausstrafe umgewandelt. Eineinhalb Jahre danach wurde die Strafe nochmals gemildert, dieses Mal auf zwanzig Jahre Zuchthaus; und 1963, keine neun Jahre nach seiner Verurteilung zum Tode, wurde Knochen auf freien Fuß gesetzt und konnte nach Baden-Baden heimkehren.

Am 5. Mai 1955 wurde die Bundesrepublik Deutschland ein unabhängiger, souveräner Staat. Vier Monate später, am 9. September 1955, reiste ihr Kanzler, Dr. Konrad Adenauer, als Gast der sowjetischen Regierung nach Moskau. Während eines Festbanketts am Abend des 12. September erhielt Adenauer vom sowjetischen Ministerpräsidenten, Marschall Bulganin, die Zusage, alle noch in der Sowjetunion internierten deutschen Kriegsgefangenen würden nach Hause entlassen. Ende des Monats lag die entsprechende Verfügung des Obersten Sowjet vor, und im Oktober begann die Rückführung der 8872 Deutschen. Einer der Rückkehrer war General Friedrich Gollwitzer; er war im Juli 1944 an der Spitze der neunzehn gefangenen deutschen Generäle marschiert, die durch die Straßen Moskaus geführt worden waren.

Noch immer kam es zu neuen Anklageerhebungen und Prozessen, die in vielen Fällen von den Behörden der Bundesrepublik in Gang gesetzt wurden. Am 22. November verhaftete die Kieler Polizei Dr. Karl Clauberg, einen der Ärzte, die in Auschwitz jüdische Frauen und Zigeunerinnen zwangssterilisiert hatten. In der Nachkriegszeit hatte er unbehelligt in der Bundesrepublik praktiziert und sich seiner wissenschaftlichen Glanztaten in den Kriegsjahren offen gerühmt. Zwei Jahre später, kurz vor Beginn seines Prozesses, starb Clauberg in einer Kieler Klinik.

Die fünfziger Jahre waren auch eine Zeit des Gedenkens. Am 11. September 1956 wurde im Beisein kirchlicher Vertreter aus 21 Ländern in Dachau eine Gedenkstätte eingeweiht. Am 30. Mai 1958 enthüllten die Amerikaner auf dem Friedhof von Arlington bei Washington ein Denkmal für den Unbekannten Soldaten des Zweiten Weltkriegs. So lange hatten Planung und Errichtung dieses Mahnmals gedauert, daß in der Zwischenzeit an gleicher Stelle ein zweiter Sarg zu Ehren des Unbekannten Soldaten des Koreakrieges bestattet worden war. In diesem Krieg, der im Sommer 1950 ausgebrochen war, waren 33629 Amerikaner im Kampf gegen Nordkoreaner und Rotchinesen gefallen.

Seit Ende des Zweiten Weltkriegs waren jetzt schon mehr als zehn Jahre vergangen, und die Erinnerungen an den Krieg wurden zunehmend von optimistischen Verheißungen eines neuen Zeitalters übertönt und überholt. Am 1. Juli 1957 wurde eine 150 Kilometer lange Teilstrecke jener einst berüchtigten Thailand-Burma-Eisenbahnlinie, für deren Bau so viele alliierte Kriegsgefangene ihr Leben hatten lassen müssen, für den zivilen Bahnverkehr wiedereröffnet. Die Bahn und der an ihr gelegene Soldatenfriedhof von Kanchanaburi wurden zu einem regelrechten Wallfahrtsziel für Witwen und Kinder der dort umgekommenen alliierten Kriegsgefangenen. Dreißig Jahre später setzten die thailändischen Staatsbahnen einen Touristensonderzug ein, der von Bangkok aus täglich den 150-Kilometer-Abschnitt befuhr. Den Rest der Strecke, der über das Gebirge nach Burma hinüberführte, hatte der Urwald längst wieder überwuchert.

Blindgänger – nicht losgegangene Bomben oder Granaten – fanden sich an allen Orten, wo Schlachten stattgefunden hatten, und in allen Städten, die bombardiert worden waren. Während ich diese Sätze niederschreibe – am 4. Februar 1989 –, berichten die britischen Zeitungen über die Entdeckung einer noch scharfen deutschen Bombe im Londoner Stadtteil Whitechapel, aus dem mehrere tausend Menschen evakuiert wurden, während der Blindgänger entschärft wurde.

Auch Überreste menschlichen Lebens wurden noch lange nach Kriegsende an zahlreichen Orten gefunden: in Gebieten, über die seinerzeit die Front weggewandert war, an Küsten und in Landungszonen, in den Massengräbern Osteuropas, in Urwäldern und im Wüstensand. Am 9. November 1958 entdeckte ein Pilot südlich von Tobruk ein Flugzeugwrack im Sand der Sahara. Es war der amerikanische Bomber *Lady Be Good,* der 1943 auf dem Rückflug von einem Einsatz in Süditalien zu seinem Stützpunkt in Libyen verschollen war. Funkgerät, Bordwaffen und Munition der Maschine waren noch in gebrauchsfähigem Zustand. Wenig später wurden die Gebeine von fünf Besatzungsmitgliedern der *Lady Be Good* im Wüstensand gefunden, darunter das Skelett von Leutnant Robert Toner. Gefunden wurde auch Toners Tagebuch mit der Schilderung der letzten Tage und Stunden der verdurstenden Männer.

In den sechziger Jahren begann die Bundesrepublik Deutschland, Zahlungen an die Länder zu leisten, die im Zweiten Weltkrieg unter der deutschen Besatzung gelitten hatten. Diese Zahlungen erfolgten gemäß den mit elf europäischen Ländern ausgehandelten Abkommen zur Wiedergutmachung. Griechenland beispielsweise erhielt am 18. März 1960 gemäß einem solchen Vertrag 115 Millionen DM, Frankreich im Juli desselben Jahres 400 Millionen. An Polen wurden 100 Millionen, an die Sowjetunion 7,5 und an Jugoslawien 8 Millionen DM gezahlt.

Die Spaltung Europas mit allen ihren Ängsten und Unsicherheiten lieferte der Bundesrepublik Deutschland die Chance, sich in eine Familie neuer, gegen den Osten gerichteter Bündnissysteme zu integrieren. Vom 11. September 1960 an beteiligten sich die Offiziere, Mannschaften und Fahrzeuge eines westdeutschen Panzerbataillons an einer dreiwöchigen Übung im südwalisischen Castlemartin. Neun Tage nach Übungsbeginn durften geladene Journalisten zuschauen, wie die deutschen Panzer ihre Granaten auf die verbeulten und durchlöcherten Wracks von fünf britischen »Churchill«-Tanks aus den Kriegsjahren abfeuerten.

In der Sowjetunion brachten die Jahrzehnte nach dem Zweiten Weltkrieg nicht nur Vergeltung und Versöhnung, sondern auch die Rehabilitierung einzelner Personen. 1962, fast zehn Jahre nach Stalins Tod, wurde vor einem Gericht des Leningrader Militärbezirks Kapitän Wjatscheslaw Kalitejew rehabilitiert, der während der Evakuierung Revals im August 1941 den Truppentransporter *Kasachstan* kommandiert hatte. Nach dem Urteilsspruch teilte das Gericht der Witwe Kalitejews, der Schauspielerin Vera Tutschewa, mit, der seinerzeit gegen ihren Mann erhobene Vorwurf, er habe sein Schiff im Augenblick der Not im Stich gelassen, habe sich als völlig unbegründet erwiesen. Kalitejew war damals als Deserteur erschossen worden.

Am 31. Mai 1962 wurde im Gefängnis von Ramla in Israel Adolf Eichmann, der Hauptverantwortliche für die Organisation der Judendeportationen in die Vernichtungslager, gehängt. Zwei Jahre zuvor hatten ihn israelische Agenten in Buenos Aires aufgespürt und nach Israel entführt, wo ihm der Prozeß gemacht wurde. Aus den Aussagen der Zeugen, die im Verlauf des mehr als vier Monate dauernden Verfahrens auftraten, wurde nicht nur deutlich, welche Rolle Eichmann bei der Durchführung der Deportationen gespielt hatte; es wurden auch alle Stadien der »Endlösung« – von den ersten Razzien bis zur Ermordung der Opfer in den Gaskammern – beleuchtet. Fünf Monate nach der Hinrichtung Eichmanns wurden in unmittelbarer Nähe der Gaskammern von Auschwitz weitere Zeugnisse der letzten Lebensminuten jüdischer Opfer vor den Türen der Gaskammern aufgefunden: Am 17. Oktober 1962 entdeckte ein polnischer Arbeiter wenige Meter neben den Überresten einer Gaskammer Aufzeichnungen, die ein jüdischer Häftling namens Salmen Lewental angefertigt hatte. Lewental hatte zu einem Kommando gehört, das die Leichen der Vergasten zur Verbrennung ins benachbarte Krematorium hatte schaffen müssen. In seinen Aufzeichnungen, die er in einem Einmachglas vergraben hatte, wurden die letzten Worte mehrerer Jüdinnen beim Betreten der Gaskammer festgehalten. Ein Mädchen, das im Januar 1943 vergast worden war, hatte unmittelbar vor ihrem Tod zu Lewental gesagt: »Ich bin noch so jung, habe in meinem Leben eigentlich noch nichts erlebt. Warum muß eine wie ich auf diese Weise sterben? Warum?«

Niemand konnte 1942 diese Frage beantworten – und zwanzig Jahre später war es nicht anders. Dabei wurde diese Frage in jedem Kriegsverbrecherprozeß gestellt. In Frankfurt am Main begann am 30. Dezember 1963 das Verfahren gegen 22 ehemalige Wachleute des Lagers Auschwitz. »Ich kannte nur ein Gesetz des Handelns«, erklärte Wilhelm Boger dem Gericht, »die Befehle der Vorgesetzten ohne Wenn und Aber auszuführen.« Boger wurde des Mordes in 144 Fällen und der Mittäterschaft bei der Ermordung von Tausenden überführt und zu lebenslänglicher Freiheitsstrafe verurteilt. »Ich glaubte an den Führer«, erklärte Hans Stark, ein anderer Angeklagter. »Ich wollte meinem Volk dienen.« Wegen gemeinschaftlich begangenen Mordes in 41 Fällen (darunter, in einem Fall, der Tötung von 200 Personen) wurde Stark zu zehn Jahren Gefängnis verurteilt.

Am 30. September 1964 sprach ein Münchner Gericht das Urteil über den ehemaligen SS-Obergruppenführer und General Karl Wolff, der im August 1942 in einem Brief seiner »besondere[n] Freude« darüber Ausdruck verliehen hatte, »daß nun schon seit 14 Tagen täglich ein Zug mit je 5000 Angehörigen des auserwählten Volkes nach Treblinka fährt«. In Anbetracht des »ansonsten untadeligen Lebenswandels«, den das Gericht dem Exgeneral attestierte, und seiner Mitwirkung an der frühzeitigen Kapitulation der deutschen Truppen in Italien wurde er sieben Jahre nach seiner Verurteilung auf freien Fuß gesetzt.

Am 19. Dezember 1964 wurden im Rahmen der Feiern zum 20. Jahrestag der Befreiung Frankreichs die sterblichen Überreste des französischen Résistance-Helden Jean Moulin (oder was man dafür hielt) ins Pariser Panthéon überführt. Sein Grab war nur eines von Zehntausenden von Denkmälern, die in allen Teilen Europas und Asiens errichtet wurden. In der britischen Stadt Leamington Spa wurde am 26. Oktober 1968 ein Gedenkstein für alle im Krieg gefallenen Tschechen und Slowaken enthüllt, namentlich für die sieben Patrioten, die nach ihrem gelungenen Attentat auf SS-Obergruppenführer Reinhard Heydrich, stellvertretender Reichsprotektor in Böhmen und Mähren, hingerichtet worden waren.

Geschichten, die auf Ereignisse des Zweiten Weltkriegs zurückgingen, dienten noch viele Jahre nach Kriegsende als Aufhänger oder Vorlage für Zeitungs- und Zeitschriftenartikel, Film- und Fernsehproduktionen. Manche dieser Geschichten waren reichlich bizarr: So wurde am 7. Februar 1972 in einem Bericht des amerikanischen Nachrichtenmagazins *Newsweek* gemeldet, im Urwald von Guam sei ein Feldwebel des japanischen Heeres namens Shoichi Yokoi aufgegriffen worden, der sich 28 Jahre vorher, um sich der Schmach der Kapitulation zu entziehen, in die Büsche geschlagen hatte. Zusammen mit zwei Kameraden hatte er sich tagsüber in einer Höhle verborgen gehalten; nachts hatten sie Streifzüge unternommen, um Mangos, Nüsse, Schnecken, Tauben und Ratten zu erbeuten. Yokois zwei Höhlengenossen waren 1964 an den Folgen ihrer wenig abwechslungsreichen Diät gestorben – kurz nachdem sie einem alten Flugblatt entnommen hatten, daß der Krieg vorbei war. Yokoi hatte sich trotzdem entschieden, nicht klein beizugeben, und hatte sich zur Stärkung seines Durchhaltewillens immer wieder eingeschärft: »Ich lebe für den Kaiser und für den Geist Japans.«

Neben Denkmälern spielten bei der nachträglichen Aufarbeitung des Krieges auch Reliquien eine wichtige Rolle. 1975 hoben britische und niederländische Sammler die Wracks von acht über dem Ijsselmeer abgeschossenen Flugzeugen. Zu ähnlichen Aktionen, bei denen Flugzeuge, Panzer und sogar Kriegsschiffe geborgen wurden, kam es in allen ehemaligen Kriegszonen, sogar in den entferntesten Winkeln Borneos und Neuguineas.

Das Aufkommen von Filmen, Theaterstücken oder sogar Turnieren, in denen Ereignisse aus den Kriegsjahren verarbeitet oder nachgestellt wurden, vermochte das Interesse an den weiterhin stattfindenden Kriegsverbrecherprozessen nicht ganz zu überdecken: Sie gehörten, nachdem die zerstörten Städte wiederaufgebaut waren, zu den nach wie vor sichtbarsten Erbschaften, die der Krieg hinterlassen hatte, obwohl sie in breiten Teilen der Öffentlichkeit Unbehagen auslösten. Die Urteile, die verhängt wurden, bezogen sich oft nur auf den kleinen Ausschnitt eines schweren Verbrechens, der den Angeklagten nach so langer Zeit noch nachgewiesen werden konnte. Am 26. November 1975 begann in Düsseldorf der Prozeß gegen vierzehn SS-Leute, die des Massenmordes im Konzentrationslager Majdanek bei Lublin angeklagt waren. Der Prozeß sollte sich über mehr als fünf Jahre hinziehen. Einer der Angeklagten, SS-Sturmführer Arnold Strippel, wurde der Mittäterschaft bei der Ermordung von 41 russischen Kriegsgefangenen überführt und dafür zu dreieinhalb Jahren Gefängnis verurteilt. Da er über siebzig war, brauchte er die Strafe nicht abzusitzen. Strippel hatte schon früher wegen Beteiligung an Morden in Buchenwald und Neuengamme sechs Jahre im Gefängnis gesessen – nach Ansicht der bundesdeutschen Behörden offenbar zu Unrecht, denn sie bewilligten ihm für diese Haftzeit eine Entschädigung von DM 121 000 in bar, siebenmal soviel, wie seine KZ-»Schützlinge« für die gleiche Haftzeit erhalten hätten, wenn sie mit dem Leben davongekommen wären. Aber am 12. Dezember 1983 wurde Strippel wegen der Ermordung von zwanzig jüdischen Kindern am Bullenhuser Damm und von 22 Erwachsenen im KZ Neuengamme erneut unter Anklage gestellt.

In Frankreich wurde ein bereits 1964 verabschiedetes Gesetz, das die strafrechtliche Verfolgung von »Verbrechen gegen die Menschlichkeit« ermöglichte, im März 1979 erstmals angewandt: im Verfahren gegen Jean Leguay, der sich aktiv an der Verfolgung, Verhaftung und Deportierung von Juden aus Paris nach Auschwitz beteiligt hatte. Sieben Monate später, im Oktober 1979, mußten sich vor einem Kölner Gericht drei Deutsche verantworten, denen die organisatorische Leitung ebenjener Deportationen aus Paris zur Last gelegt wurde. Die Urteile lauteten auf zwölf, zehn und sechs Jahre Gefängnis. David Pryce-Jones, der Chronist der Pariser Kriegsjahre, der den Prozeß beobachtete, kommentierte das Verfahren mit den Worten: »Die Öffentliche Meinung zeigte sich kaum berührt.«

Auch wenn der zeitliche Abstand zum Zweiten Weltkrieg immer größer wurde: Es bleiben nach wie vor genügend »unerledigte Reste«, um Kontroversen anzufachen. 1971 bereiste der mittlerweile siebenundsiebzigjährige japanische Kaiser Hirohito Europa. Sein Besuch beschwor den empörten Protest derjenigen herauf, die als Kriegsgefangene in den berüchtigten Lagern des japanischen Herrschaftsbereichs in Südostasien geschmachtet hatten. Am 5. Oktober besuchte Hirohito London, wo die Queen und der Herzog von Edinburgh – der 1945 in der Bucht von Tokio die Kapitulation Japans miterlebt hatte – ihn an der Victoria Station empfingen. Während seines Besuchs wurde dem Kaiser der Hosenbandorden verliehen. Voller Zorn gab daraufhin der Generaldirektor des britischen Management-Instituts, John Marsh, der einst Kriegsgefangener in einem Lager der »Todeseisenbahn« gewesen war, seine Kriegsauszeichnungen zurück. »Wir können nicht so tun«, erklärte die Queen ihrem kaiserlichen Gast bei einem Bankett im Buckingham-Palast, »als seien die Beziehungen zwischen unseren beiden Völkern immer friedlich und freundlich gewesen. Aber gerade diese Erfahrung ist es, die uns um so mehr in der Entschlossenheit bestärken sollte, so etwas nie wieder geschehen zu lassen.«

»Unerledigte Reste« des Zweiten Weltkriegs sind auch noch in den achtziger Jahren aufgetaucht. Am 15. Juni 1981 kamen Überlebende des »Holocaust«, wie die Ermordung von sechs Millionen Juden durch die Deutschen mittlerweile genannt wurde, auf einem Hügel bei Jerusalem zu ihrem ersten internationalen Treffen zusammen. Hunderte von Menschen, die einander seit 1945 nicht mehr gesehen hatten, trafen sich wieder und konnten Erinnerungen austauschen – nicht nur an erlittene Qualen, sondern auch an ermordete Freunde und Angehörige.

Von so manchem Ereignis der siebziger und achtziger Jahre spannten sich unsichtbare Fäden in die Zeit des Zweiten Weltkriegs. Als am 2. Mai 1982 im Falklandkrieg ein britisches U-Boot den argentinischen leichten Kreuzer *General Belgrano* versenkte, wußten nur wenige, daß dieses Schiff früher einmal die amerikanische *Phoenix* gewesen war, die den japanischen Überfall auf Pearl Harbor mit nur einem einzigen Einschußloch im Gehäuse eines Peilgeräts überstanden hatte. Die Veteranin des Krieges im Pazifik fand nun mit 368 Besatzungsmitgliedern ihr nasses Grab im Atlantik.

Drei Monate nach dem Untergang der *General Belgrano* fand ein anderer Veteran des Zweiten Weltkriegs, der US-Flugzeugträger *Intrepid,* eine letzte Ruhestätte ganz anderer Art: Das Schiff wurde an Pier 86 im Hafen von New York fest vertäut und als Museum für Luft-, See- und Raumfahrt der Öffentlichkeit zugänglich gemacht.

Weitere Echos eines Krieges, seit dessen Ende nun schon vier Jahrzehnte vergangen waren, hallten um die Mitte der achtziger Jahre wider. Im Februar 1985 wurde bekannt, daß die Witwe jenes Roland Freisler, der die Widerstandskämpfer vom 20. Juli 1944 reihenweise zum Tod verurteilt hatte, von der bayerischen Staatsregierung eine Witwenrente in beträchtlicher Höhe erhielt, deren Bemessung auf der Annahme fußte, ihr verstorbener Mann hätte, wäre er nicht bei einem alliierten Bombenangriff auf sein Gerichtsgebäude zu Tode gekommen, nach dem Krieg in der bundesrepublikanischen Justiz in eine hohe Stellung aufsteigen können. In Gegenwart von Doreen Young wurde am 5. November 1985 in der Nähe von Caen ihr Verlobter Reginald Thursby bestattet, der im August 1944 über der Normandie abgeschossen worden war und dessen sterbliche Überreste erst jetzt bei der Ortschaft Ste. Marguerite-de-Viette gefunden worden waren.

Vierzig Jahre nach Ende des Zweiten Weltkriegs erwachte plötzlich ein starkes öffentliches Interesse an der Frage, wie viele NS-Kriegsverbrecher unentdeckt eine sichere Zuflucht im Westen gefunden hatten. Die Vereinigten Staaten gingen bei der Auslieferung von Personen, denen eine NS-Vergangenheit nachgewiesen werden konnte, mit gutem Beispiel voran. In Großbritannien, Australien und Kanada widmeten sich Ausschüsse der Frage, wie solche Personen hatten einreisen können und ob noch einmal Verfahren gegen die Betreffenden eingeleitet werden sollten. Am 30. Dezember 1986 kam die in Kanada mit der Erfassung eingebürgerter Exkriegsverbrecher beauftragte Deschenes-Kommission zu dem unmißverständlich formulierten Fazit: »Kanada hat in die Suche nach Kriegsverbrechern und in ihre Verfolgung nicht die geringste Energie investiert.«

Auch nachdem das fünfte Jahrzehnt nach Kriegsende angebrochen war, riß hin und wieder noch eine alte Wunde auf: Am 24. April 1988 enthüllte die britische *Sunday Times,* daß Wilhelm Mohnke, der für das in Wormhoudt bei Dünkirchen verübte Massaker an britischen Kriegsgefangenen verantwortliche deutsche Offizier, als Geschäftsmann im Ruhestand in der Nähe von Hamburg lebte. Ein amtlicher britischer Bericht über den Vorfall, in dem ausdrücklich Mohnke als derjenige bezeichnet wurde, der »den Befehl zur Erschießung der Gefangenen gab«, sollte, wie es offiziell hieß, erst im Jahr 2011, 71 Jahre nach dem Ereignis, der Öffentlichkeit zugänglich gemacht werden.

Kriegsreliquien waren seit mehr als vier Jahrzehnten ein Objekt der Schaubegierde, ja der räuberischen Habgier gewesen. Am 3. September 1988 wurden drei britische Tiefseetaucher unter dem Verdacht, sie wollten das Wrack der in deutschen Ostseegewässern gesunkenen *Wilhelm Gustloff* plündern, festgenommen. Über 6000 Soldaten und Flüchtlinge waren ertrunken, als das Schiff in den letzten Kriegsmonaten versenkt wurde – die größte Zahl von Toten, die es je bei einer Schiffskatastrophe gegeben hat.

Das Bemühen um eine Versöhnung zwischen den einstigen Kriegsgegnern blieb für die Staatsmänner eine Triebkraft ihres Handelns. »Sie und ich sind ungefähr im gleichen Alter«, sagte der deutsche Bundeskanzler Helmut Kohl am 26. Oktober 1988 bei einem Bankett im Kreml zu seinem Gastgeber Michail Gorbatschow, und er fügte hinzu: »In unserer Jugend erlebten wir die Schrecken des Krieges. Ihr Vater wurde schwer verwundet, mein Bruder fiel im Kampf. Wir sahen, wie viele Frauen auf ihre Männer, wie viele Mütter auf ihre Söhne warteten – oft vergeblich.« Jetzt, da die Trümmer des Krieges weggeräumt und die Dörfer und Städte wieder aufgebaut seien, sei es an der Zeit, »die Menschen einander im Herzen und Denken näher zu bringen«. Darin sehe er, erklärte Kohl, »eine gemeinsame, eine zutiefst menschliche Verpflichtung, ungeachtet der Tatsache, daß wir in unterschiedlichen politischen und gesellschaftlichen Systemen leben«.

Auch jetzt noch, mehr als vier Jahrzehnte nach Ende des Zweiten Weltkriegs, fanden diese einfühlsamen und besonnenen Worte nicht ungeteilte Billigung. Als Anfang November 1988, nicht lange nach Kohls Moskauer Tischrede, eine Reisegruppe von sechzehn Juden aus Holland, Großbritannien und den Vereinigten Staaten zu einem Wiedersehensbesuch in ihrer Geburtsstadt Xanten am Niederrhein eintraf, waren einige Einwohner dieser Stadt darüber so erbost, daß sie die Wände von zwei Schulen und einem Museum mit antijüdischen Parolen beschmierten. Zwei Kostproben: »Hier geht's zur Gaskammer« und »Auschwitz ist zu klein«.

In der gleichen Woche erinnerte in Bonn der Präsident des Deutschen Bundestags, Philipp Jenninger, im Rahmen einer Feierstunde zum 50. Jahrestag der »Reichskristallnacht« an das antijüdische Klima in den Vorkriegsjahren und an den Beginn der letzten Phase der Judenverfolgung. »Und was die Juden betraf: Hatten sie sich nicht in der Vergangenheit eine Rolle angemaßt, die ihnen nicht gebührte?« fragte Jenninger, sich in das damalige Empfinden breiter Kreise hineinversetzend. »Mußten sie nicht endlich einmal Einschränkungen hinnehmen? Hatten sie es nicht vielleicht sogar verdient, in die Schranken gewiesen zu werden? Und vor allem: Entsprachen nicht, abgesehen von wilden Übertreibungen, die nicht weiter ernst zu nehmen waren, grundlegende Propagandaargumente den eigenen Vermutungen und Überzeugungen?«

»War Hitler nicht«, fragte der Redner weiter, »von der Vorsehung geschickt, ein Führer, wie er einem Volk nur einmal in tausend Jahren geschenkt wird?«

48 Stunden später erklärte Philipp Jenninger seinen Rücktritt. Die Fragen, die er in dem Bemühen gestellt hatte, die Stimmung im Deutschland der Vorkriegsjahre in Erinnerung zu rufen, hatten viele Deutsche und Juden verstört. Noch war offenbar die Vergangenheit für diejenigen, die sie selbst durchlebt hatten, in starkem Maß emotional besetzt. Körperliche Wunden mochten verheilt sein – andere waren geblieben und schmerzten noch, schmerzen bis heute. Der Zweite Weltkrieg ist ein abgeschlossenes, uns schon reichlich fern erscheinendes Kapitel der Geschichte, aber er wirft noch lange Schatten in die Gegenwart. Wie könnte es auch

anders sein bei einem so monumentalen geschichtlichen Vorgang von fast sechsjähriger Dauer, bei dem Tapferkeit und Brutalität, Hoffnung und Schrecken, Gewalt und Edelmut, Massaker und Rettung so unentwirrbar ineinandergriffen?

Einer der Schatten des Zweiten Weltkriegs machte sich im Mai 1988 bemerkbar, als die Vereinigten Staaten beschlossen, mit mehr Ländern als bis dahin einen visafreien Reiseverkehr zu vereinbaren. Am 26. Mai trat eine Regelung in Kraft, derzufolge USA-Besucher aus den betreffenden Ländern anstelle eines Visums nur mehr einen ausgefüllten Fragebogen vorzuweisen brauchten. Eine der zu beantwortenden Fragen (und damit ein möglicher Grund für die Verweigerung der Einreiseerlaubnis) lautete, ob der Einreisende »in irgendeiner Weise an der Verfolgung anderer Menschen im Zusammenwirken mit der Naziregierung beteiligt« gewesen sei.

Dies ist ein Beispiel dafür, welche Rolle »unerledigte Reste« des Krieges noch 45 Jahre später in der Rechtspraxis der Siegerstaaten spielen.

Was die politischen Führer der Bundesrepublik Deutschland betraf, so versuchten einige von ihnen unablässig und mit gehörigem Mut, sich der Vergangenheit zu stellen. Am 12. Oktober 1988 war es Bundespräsident Richard von Weizsäcker – Sohn eines ranghohen Diplomaten der NS-Jahre –, der anläßlich der Eröffnung des deutschen Historikertages in Bamberg erklärte, das deutsche Volk dürfe nicht andere für das verantwortlich machen, was es und seine Nachbarn unter dem Nationalsozialismus erduldet hätten. Es sei von Verbrechern geführt worden und habe sich von ihnen führen lassen.

Mit »unerledigten Resten« des Krieges hatten und haben alle Völker zu tun, die an ihm beteiligt oder von ihm betroffen gewesen sind. Am 25. Januar 1989 erteilte der Generalgouverneur von Australien seine Zustimmung zu einem vom australischen Parlament verabschiedeten Gesetz, dem War Crimes Amendment Act. In der Präambel dieses Gesetzes heißt es, es bestehe Grund zu der Besorgnis, »daß eine beträchtliche Zahl von Personen, die während des Zweiten Weltkriegs in Europa schwere Verbrechen begangen haben, in der Folge nach Australien eingereist und australische Staatsbürger geworden sind oder sich dauerhaft niedergelassen haben«. Es sei nur recht und billig, wenn »Personen, die solcher Kriegsverbrechen beschuldigt werden, vor den ordentlichen Strafgerichten Australiens angeklagt werden«. Das Gesetz legte ein Verfahren fest, das es ermöglichen sollte, die betreffenden Personen so rasch wie möglich ausfindig zu machen und Verfahren gegen sie in Gang zu bringen. Zwei Tage später, am 27. Januar 1989, fand im niederländischen Parlament eine Debatte über die vorgesehene Entlassung der beiden verurteilten deutschen Kriegsverbrecher Ferdinand aus der Fünten und Franz Fischer aus dem Gefängnis von Breda statt. Die beiden waren 1945 wegen ihrer Beteiligung an Judendeportationen aus Holland nach Auschwitz zum Tode verurteilt und später zu lebenslänglicher Haft begnadigt worden. Fischer war inzwischen 87, Fünten 76 Jahre alt. Begleitet von lautstarkem Protest und weltweiter Publizität, votierte das Parlament mit 85 zu 55 Stimmen dafür, die beiden nach Deutschland zu entlassen.

Die Kontroverse über die Freilassung der beiden Greise fiel in eine Zeit, in der die niederländische und noch mehr die britische Öffentlichkeit mit großer Erregung die Frage diskutierte, wer ihr Land beim Begräbnis von Kaiser Hirohito repräsentieren solle, der einige Tage zuvor verstorben war. Die britische Regierung mußte viel Kritik für ihre Entscheidung einstecken, Prinz Philip zu entsenden, der als junger Marineoffizier der förmlichen Kapitulation Japans in der Bucht von Tokio beigewohnt hatte. Die Niederlande ließen sich mit ihrer Entscheidung mehr Zeit. Währenddessen protestierten in England bereits Überlebende der japanischen Kriegsgefangenenlager gegen die Reise von Prinz Philip, und in Argentinien lief ein Auslieferungsverfahren gegen den gebürtigen Holländer Jan Olij an, der im Krieg mit den Japanern kollaboriert hatte. Die argentinischen Behörden entschieden sich später, Olij nicht an Holland auszuliefern, sondern ihn auf freien Fuß zu setzen.

Um »unerledigte Reste« des Zweiten Weltkriegs ging es auch, als am 29. Januar 1989, wenige Monate vor dem 50. Jahrestag des Kriegsausbruchs, bei den Senatswahlen in Westberlin die neue rechtsextreme Partei der »Republikaner« elf der 138 Mandate errang. Der Führer der »Republikaner«, der zu dieser Zeit fünfundsechzigjährige Franz Schönhuber, war 1942 mit neunzehn Jahren in die Waffen-SS eingetreten und hatte zunächst an der Ostfront und dann, 1944, in der Normandie gedient. Als Reaktion auf den Wahlerfolg der »Republikaner« marschierten 10000 Berliner mit Transparenten, auf denen Parolen wie »Nie wieder Faschismus« oder »Nazis raus« standen, durch die Straßen ihrer Stadt.

Doch das meiste Aufsehen in diesem Jahr, in dem sich der Ausbruch des Zweiten Weltkriegs zum 50. Mal jähren sollte, erregte die Kontroverse um das Begräbnis Kaiser Hirohitos. »Vor mir«, schrieb John Hart, einst Kriegsgefangener der Japaner, »liegt eine Liste mit den Namen von 300 Kriegsgefangenen, die auf der winzigen Insel Haroekoe am westlichen Ende Indonesiens zugrunde gingen. Zerlumpt und mehr tot als lebendig, schleppten sie sich Tag für Tag zur Baustelle einer Rollbahn, bis Erschöpfung oder Krankheit sie von der Sorge um die Zukunft befreiten. Sie starben unter unbeschreiblichen, unwürdigsten Umständen.« Weiter erklärte John Hart: »Bitten um Hilfe durch das Rote Kreuz, zu dessen Förderern die kaiserliche Familie zu gehören behauptete, wurden ignoriert; der bloße Hinweis auf die Genfer Konvention löste hysterische Reaktionen aus. Wir hatten uns ergeben und uns damit nach dem militärischen Ehrenkodex der Japaner aller Rechte beraubt. Wir begruben unsere Toten ohne Zeremonie, abgesehen von einem hastigen Gebet vor den Bajonetten ungeduldiger Wächter. Jetzt werden sich Könige und Fürsten versammeln, Fanfaren werden ertönen und Truppen vorbeimarschieren – zum ehrenden Gedenken an einen Mann, der letztlich die Verantwortung für alle diese Unmenschlichkeiten zu tragen hat.«

Die Erbitterung, die in Kommentaren wie diesem mitschwang, rückte das Ausmaß der fast schon vergessenen Metzeleien des Zweiten Weltkriegs noch einmal ins Blickfeld der Öffentlichkeit. Nicht weniger als eine Viertelmillion Zwangsarbeiter – Javanesen, Burmesen, Malayen, Chinesen, Inder – hatten beim Bau der Thailand-Burma-Bahnlinie den Tod gefunden, nachdem sie bei schwerster körperlicher Arbeit von ihren japanischen Aufsehern mit winzigen Rationen abgespeist und ständig brutal mißhandelt worden waren. Dazu kamen weitere 50000 Tote aus den Reihen der ebenfalls als Arbeitssklaven eingesetzten alliierten Kriegsgefangenen – Australier, Holländer, Engländer, Amerikaner. Und schließlich waren in japanischen Lagern auch noch 10500 internierte holländische Zivilisten und 8500 holländische Kriegsgefangene zugrunde gegangen.

Die genaue Zahl der Toten des Zweiten Weltkriegs wird sich nie mehr ermitteln lassen. Millionen von Männern, Frauen und Kindern starben, ohne daß irgend jemand ihren Tod beurkundete oder die Todesumstände für die Nachwelt festhielt. Millionen von Soldaten fielen im Kampf, ohne daß irgend jemand ihren Namen überlieferte oder den Ort, an dem sie starben, markierte.

Viele Leute haben Berechnungen über die Zahl der Kriegstoten angestellt. Im chinesisch-japanischen Krieg, der zwei Jahre vor dem Zweiten Weltkrieg begann, kamen nach Schätzungen sechs Millionen chinesische Zivilisten ums Leben. Die Sowjetunion setzt die Zahl ihrer Gefallenen im Krieg zur See, in der Luft und zu Lande mit zehn Millionen an. Weitere 3,3 Millionen Sowjetsoldaten kamen in Kriegsgefangenschaft um. Dazu kamen sieben Millionen getötete sowjetische Zivilpersonen. Insgesamt ergibt sich daraus eine Zahl von über zwanzig

Millionen Toten auf sowjetischer Seite. Die Deutschen gehen von 3,6 Millionen Ziviltoten und 3,25 Millionen Gefallenen aus, die Japaner von zwei Millionen getöteten Zivilisten und einer Million Gefallenen, wobei die 138 890 Todesopfer des Atombombenabwurfs auf Hiroschima die größte einzelne Gruppe von Opfern darstellen. Sechs Millionen Polen, darunter drei Millionen polnische Juden, kamen während und infolge der deutschen Besatzungsherrschaft in Polen ums Leben. Dazu kamen weitere drei Millionen ermordete Juden aus anderen Teilen Europas, so daß die »Endlösung der Judenfrage« mit insgesamt sechs Millionen Opfern zu Buche schlägt. In Jugoslawien starben unter der deutschen Besatzungsherrschaft eineinhalb Millionen Menschen. Summiert man lediglich die Opferzahlen der Völker, die jeweils mehr als eine Million Tote zu beklagen hatten, ergibt sich bereits eine Gesamtzahl von über 46 Millionen.

Auf allen Schlachtfeldern und im Hinterland aller Fronten entrichteten die beteiligten Armeen und die betroffenen Völker einen enormen Blutzoll. Die Briten, die im September 1939 in den Krieg eintraten, verloren 264 433 Soldaten (Heer, Marine und Luftwaffe zusammengenommen), 60 595 Zivilisten (als Opfer von Luftangriffen) und 30 248 Seeleute der Handelsflotte. Die Truppen aus den Ländern des britischen Commonwealth hatten zusammen 129 196 Gefallene zu beklagen, so daß man eine Gesamtzahl von 484 482 Opfern für das Commonwealth einschließlich Großbritanniens ansetzen muß.

In Griechenland, das im Oktober 1940 von Italien angegriffen und im April 1941 von Deutschland besetzt wurde, starben zwischen 1940 und 1945 260 000 Zivilisten an Hunger und Entbehrungen; 70 600 wurden von den Besatzungstruppen im Zuge von Vergeltungsaktionen oder Repressalien getötet, 50 000 fielen im Widerstand. Wenn man die 60 000 deportierten und zum größten Teil ermordeten griechischen Juden nicht rechnet, ergibt dies eine Opferzahl von insgesamt 280 600. Dazu kommen 79 743 griechische Soldaten, die 1940 und 1941 im Kampf fielen. Alles in allem kostete der Zweite Weltkrieg also 420 343 Griechen das Leben.

Die Vereinigten Staaten, die im Dezember 1941 in den Krieg eintraten, zählten in allen Waffengattungen und Truppenteilen zusammen 362 561 Gefallene.

In den Niederlanden kamen im Gefolge von Krieg und Besatzung 240 000 Zivilisten ums Leben. Mehr als 15 000 von ihnen waren an Unterernährung und Krankheiten gestorben, als im nördlichen Teil des von den Deutschen besetzten Landes, das Ende 1944 durch den Kriegsverlauf isoliert und abgeschnitten wurde, eine Hungersnot ausbrach.

Indien hatte 36 092 Gefallene an den Fronten in Fernost, Nordafrika und Italien zu beklagen. Die Zahl der australischen Kriegstoten auf denselben Schlachtfeldern sowie auf Neuguinea beträgt 27 073.

Alle in den Krieg verwickelten Staaten mußten Verluste hinnehmen. Auch so manchem kleinen Land, das am Rande der Kriegszone oder gar weit entfernt davon lag, blieben Verluste nicht erspart, die für seine Verhältnisse schwer wogen – man denke etwa an die 27 000 finnischen Gefallenen im Winterkrieg von 1940/41. Die Spanische Legion verlor bei der Belagerung Leningrads an der Seite der Deutschen 4500 Mann, die südafrikanische Luftwaffe im Luftkampf über Europa 2227 Flieger.

Tote und Verwundete hatten schließlich auch die aus Schwarzafrika herbeigezogenen Truppenkontingente zu beklagen. So verloren etwa die Basutos, die als Freiwillige an der Seite der Briten in Syrien, auf Sizilien und in Italien kämpften, 1105 Mann, und die Askaris, die im Mittelmeerraum, auf dem europäischen Festland und in Burma eingesetzt wurden, zählten 498 Gefallene.

Als die Soldaten, die Seeleute und Flieger schließlich aus den Kriegsgebieten und Gefangenenlagern heimkehrten, wurde bald klar, daß der Krieg eine Erbschaft hinterlassen würde, die sich nicht in Heldenlegenden, Verluststatistiken und in der Erinnerung an gewonnene Schlachten erschöpfte. Über die australischen Soldaten, die 1945 nach Hause zurückkehrten, hat Germaine Greer – deren Vater einer von ihnen war – geschrieben: »Tausende von ihnen kamen heim, um als wandelnde Kriegsversehrte weiterzuleben; sie besorgten ihre männlichen Pflichten wie in einer Art Traum und versuchten, nicht hinzuhören, wenn ihre Kinder fragten: ›Mama, warum muß dieser Mann in deinem Bett schlafen?‹«

Niemand hat je versucht, die (sicherlich in die Millionen gehende) Zahl derer zu berechnen, die mit unheilbaren inneren oder äußeren Verwundungen aus diesem Krieg hervorgingen: mit schwersten Behinderungen oder harmlosen, aber entstellenden Narben, mit seelischen Beschädigungen, die ein Leben lang anhielten oder fortwirkten. Viele starben infolge solcher Verwundungen eines unnatürlich frühen Todes. Andere mußten lernen, mit dauernden Schmerzen, mit Beschwerden, mit Angst oder mit Selbstvorwürfen zu leben. Und natürlich trugen auch diejenigen zivilen Opfer, die das Glück hatten, trotz Entbehrungen, Deportation und Massenmord zu überleben, ähnliche Narben körperlicher und seelischer Art davon, die bleibenden Schmerz verursachten und noch verursachen. Der bedeutsamste »unerledigte Rest« des Zweiten Weltkriegs ist das durch ihn hervorgerufene menschliche Leid.

ANHANG

Bibliographie

Abyschow, Wladimir: *The Final Aussault. Memoirs of a Veteran Who Fought in the Battle of Berlin.* Moskau, 1980.

Abrahamsen, Professor Samuel: »The Role of the Norwegian Lutheran Church During World War II« in: *Remembering for the Future. Jews and Christians During and After the Holocaust.* Oxford, 1988.

Ainsztein, Reuben: *Jewish Resistance in Nazi-Occupied Eastern Europe.* London, 1974.

Air Ministry: *The Rise and Fall of the German Air Force (1933 to 1945).* London, 1948.

Allen, Louis: »The Indian National Army, Renegades or Liberators?« in: *World War II Investigator,* Bd. 1, Nr. 4. London, Juli 1988.

Amery, Julian: *Sons of the Eagle. A Study in Guerilla War.* London, 1948.

Amipaz-Silber, Gitta: *La Résistance Juive en Algérie, 1940–1942.* Jerusalem, 1986.

Antosyak, Alexei: *Operations in the Balkans, 1944.* Moskau, 1980.

A Polish Doctor: *I saw Poland suffer.* London, 1941.

Apenszlak, Jacob (Hrsg.): *The Black Book of Polish Jewry.* New York, 1943.

Appleman, Roy E., Burns, James M., Gugeler, Russell A., und Stevens, John: *United States Army in World War II. The War in the Pacific. Okinawa, The Last Battle.* Washington, D.C., 1948.

Arad, Yitzhak: *Ghetto in Flames, the Struggle and Destruction of the Jews in Vilna in the Holocaust.* Jerusalem, 1980.

Arad, Yitzhak: *Belzec, Sobibor, Treblinka – the Operation Reinhard Death Camps.* Bloomington und Indianapolis, 1987.

Archer, Clark (Hrsg.): *Paratroopers' Odyssey. A History of the 517th Parachute Combat Team.* Hudson (Florida), 1985.

Armstrong, John A. (Hrsg.): *Soviet Partisans in World War II.* Madison (Wisconsin), 1964.

Aron, Robert: *The Vichy Regime, 1940–44.* London, 1958.

Arseyenko, Oleg: *An Attempt on Culture.* Kiew, 1987.

Ash, Bernard: *Norway 1940.* London, 1964.

Auty, Phyllis, und Clogg, Richard (Hrsg.): *British Policy Towards Wartime Resistance in Yugoslavia and Greece.* London, 1975.

Bader, Douglas: *Fight for the Sky. The Story of the Spitfire and the Hurricane.* London, 1973.

Balabkins, Nicholas: *West German Reparations to Israel.* New Brunswick (New Jersey), 1971.

Baldwin, Hanson: *Große Schlachten des Zweiten Weltkriegs.* Düsseldorf und Wien, 1968.

Bankier, David: »Hitler and the Policy making process on the Jewish Question« in: *Holocaust and Genocide Studies,* Bd. 3, Nr. 1. Oxford, 1988.

Bar-Adon, Dorothy und Pesach: *Seven Who Fell.* Tel Aviv, 1947.

Barker, A. J.: *Waffen S.S. at War.* London, 1982.

Barker, Ralph: *Children of the ›Benares‹. A War Crime and Its Victims.* London, 1987.

Barkley, Alben W.: *Atrocities and Other Conditions in Concentration Camps in Germany.* Washington, D.C., 1945.

Bartoszewski, Wladyslaw, und Lewin Zofia: *Righteous among Nations. How Poles Helped the Jews, 1939–45.* London, 1969.

Bartov, Omer: *The Eastern Front, 1941–45. German troops and the barbarisation of warfare.* London, 1985.

Bartz, Karl: *Die Tragödie der deutschen Abwehr.* Salzburg, 1955.

Baudouin, Paul: *The Private Diaries, March 1940 to January 1941.* Hrsg. von Paul Baudouin. London, 1948.

Bauer, Yehuda: *Flight and Rescue. ›Brichah‹, The organized escape of the Jewish survivors of Eastern Europe, 1944–1948.* New York, 1970.

Baukh, Efrem (Hrsg.): *Babi Yar, Kiew, 1941–61.* Jerusalem, 1981.

Baumbach, Werner: *Zu spät? Aufstieg und Untergang der deutschen Luftwaffe.* München, 1949.

Bauminger, Arieh L.: *Roll of Honour.* Tel Aviv, 1971.

Beaumont, Joan: *Comrades in Arms, British Aid to Russia, 1941–1945.* London, 1960.

Belgian Ministry of Foreign Affairs: *Belgium, The Official Account of what happened, 1939–1940.* London, 1941.

Ben Gershom, Ezra: *David. The Testimony of a Holocaust Survivor.* London, 1988.

Bennett, Ralph: *Ultra in the West. The Normandy Campaign 1944–45.* London, 1979.

Ben-Tov, Arieh: *Facing the Holocaust in Budapest. The International Committee of the Red Cross and the Jews in Hungary, 1943–45.* Genf, 1988.

Best, Captain S. Payne: *The Venlo Incident.* London, 1950.

Bezwinska, Tadwidge, und Czech, Danuta (Hrsg.): *Amidst a Nightmare of Crime. Manuscripts of Members of Sonderkommandos.* Oswiecim, 1973.

Bhargava, Dr. M.L.: *Indian National Army, Tokyo Cadets.* Neu-Delhi, 1986.

Bieganski, Stanislaw (Hrsg.): *Documents on Polish-Soviet Relations, 1939–1945, Bd. 2, 1943–1945.* London, 1967.

Birn, Ruth Bettina: »Guilty Conscience, Antisemitism and the Personal Development of some SS Leaders« in: *Remembering for the Future. Jews and Christians During and After the Holocaust.* Oxford, 1988.

Blumenson, Martin: *Rommel's Last Victory. The Battle of Kasserine Pass.* London, 1968.

Boelcke, Willi A.: *»Wollt Ihr den totalen Krieg?«, Die geheimen Goebbels-Konferenzen 1939–1943.* München, 1969.

Bois, Elie J.: *Truth on the Tragedy of France.* London, 1940.

Bond, Brian: *France and Belgium, 1939–1940.* London, 1975.

Boothroyd, Basil: *Philip* (autorisierte Biographie des Herzogs von Edinburgh). London, 1971.

Boozer, Jack S.: »The Political, Moral, and Professional Implications of the ›Justifications‹ by German Doctors for Lethal Medical Actions 1938–1945« in: *Remembering for the Future. Jews and Christians During and After the Holocaust.* Oxford, 1988.

Borkin, Joseph: *Die Unheilige Allianz der I.G. Farben.* Frankfurt und New York, 1979.

Bower, Tom: *Klaus Barbie.* Berlin, 1984.

Bower, Tom: *Verschwörung Paperclip. NS-Wissenschaftler im Dienst der Siegermächte.* München, 1987.

Bowman, Steven: »Greek Jews and Christians During World War II« in: *Remembering for the Future. Jews and Christians During and After the Holocaust.* Oxford, 1988.

Brackman, Arnold C.: *The Other Nuremberg. The Untold Story of the Tokyo War Crimes Trials.* New York, 1987.

Braddon, Russell: *Cheshire V.C., A Story of War and Peace.* London, 1954.

Braham, Randolph L.: *The Politics of Genocide. The Holocaust in Hungary,* 2 Bde. New York, 1981.

Breuer, William B.: *Hitler's Fortress Cherbourg. The Conquest of a Bastion.* New York, 1981.

Breuer, William B.: *Retaking the Philippines. America's Return to Corregidor and Bataan, October 1944 – March 1945.* New York, 1984.

Browning, Christopher R.: »Genocide and Public Health, German doctors and Polish Jews, 1939–41« in: *Holocaust and Genocide Studies,* Bd. 3, Nr. 1. Oxford, 1988.

Bruce, George: *The Warsaw Uprising, August 1st – October 2nd, 1944.* London, 1972.

Bruce Lockhart, Sir Robert: *The Marines Were There. The Story of the Royal Marines in the Second World War.* London, 1950.

Buechner, Colonel Howard A.: *Dachau. The Hour of the Avenger, An Eyewitness Account.* Matairie (Louisiana), 1987.

Bullock, Alan: *Hitler. Eine Studie über Tyrannei.* Düsseldorf, 1969.

Butcher, Captain Harry C.: *Drei Jahre mit Eisenhower. Das persönliche Tagebuch 1942–1945.* Bern, 1946.

Butler, J.R.M.: *Grand Strategy, Bd. II, September 1939 – Juni 1941.* London, 1957.

Calder, Angus: *The People's War, Britain 1939–45.* London, 1969.

Calvocoressi, Peter, und Wint, Guy: *Total War. The Causes and Courses of the Second World War.* London, 1972.

Cammaerts, Emile: *The Prisoner at Laeken. King Leopold, Legend and Fact.* London, 1941.

Campbell, Vice-Admiral Sir Ian, und Macintyre, Captain Donald: *The Kola Run. A Record of Arctic Convoys, 1941–45.* London, 1958.

Campion, Joan: *In the Lion's Mouth, Gisi Fleischmann and the Jewish Fight for Survival.* London, 1987.

Carsten, Professor F.L. (Hrsg.): *The German Resistance to Hitler.* London, 1970.

Cartland, Barbara: *Ronald Cartland.* London, 1945.

Casey, Lord: *Personal Experience 1939–1946.* London, 1962.

Chant, Christopher: *Kursk.* London, 1975.

Chant, Christopher: *The Encyclopedia of Codenames of World War II.* London, 1986.

Chary, Frederick B.: *The Bulgarian Jews and the Final Solution, 1940–44.* Pittsburgh, 1972.

Churchill, Winston S.: *Der Zweite Weltkrieg* (Auszüge). München und Zürich, 1962.

Ciechanowski, Jan M.: *The Warsaw Rising of 1944.* London, 1974.

Clark, Alan: *Barbarossa. The Russian-German Conflict, 1941–1945.* London, 1965.

Clissold, Stephen: *Whirlwind. An Account of Marshal Tito's Rise to Power.* London, 1949.

Clive, Nigel: *A Greek Experience 1943–1948.* Salisbury (Wiltshire), 1985.

Coates, W.P., und Coates, Zelda K.: *A History of Anglo-Soviet Relations.* London, 1943.

Cole, Hugh M.: *United States Army in World War II. The European Theater of Operations. The Ardennes, Battle of the Bulge.* Washington, D.C., 1965.

Collier, Basil: *The Defence of the United Kingdom.* London, 1957.

Collier, Richard: *1940. The World in Flames.* London, 1979.

Collier, Richard: *1941. Armageddon.* London, 1981.

Collins, Larry, und Lapierre, Dominique: *Brennt Paris?* Gütersloh, 1965.

Commission de Crimes de Guerre: *Bande.* Lüttich, 1945.

Connell, John: *Wavell, Scholar and Soldier, To June 1941.* London, 1964.

Cooper, Alan W.: *Bombers over Berlin. The RAF Offensive November 1943 – March 1944.* London, 1985.

Cooper, Robert W.: *Der Nürnberger Prozeß.* Krefeld, 1947.

Costello, John: *The Pacific War.* London, 1985.

Council for the Preservation of Monuments to Resistance and Martyrdom: *Scenes of Fighting and Martyrdom Guide, War Years in Poland 1939–1945.* Warschau, 1968.

Cox, Geoffrey: *The Red Army Moves.* London, 1941.

Craven, Wesley Frank, und Cate, James Lea (Hrsg.): *The Army Air Forces in World War II.* 7 Bde. Chicago, 1953–65.

Cruickshank, Charles: *The German Occupation of the Channel Islands.* London 1975.

Cruickshank, Charles: *Deception in World War II.* Oxford, 1979.

Cruickshank, Charles: *SOE in the Far East.* Oxford, 1979.

Czarnomski, F.B. (Hrsg.): *They Fight for Poland. The War in the First Person.* London, 1941.

Czeck, Danuta (Hrsg.): »Kalendarium der Ereignisse im Konzentrationslager Auschwitz-Birkenau« in: *Hefte von Auschwitz.* Oswiecim, 1960–64.

Dallek, Robert: *Franklin D. Roosevelt and American Foreign Policy, 1932–1945.* New York, 1979.

Dallin, Alexander: *Deutsche Herrschaft in Rußland, 1941–45.* Düsseldorf, 1958.

Dalton, Hugh: *The Fateful Years. Memoirs 1931–1945.* London, 1957.

Dawidowicz, Lucy S. (Hrsg.): *A Holocaust Reader.* New York, 1976.

Deacon, Richard: *The Silent War. A History of Western Naval Intelligence.* London, 1988.

Deakin, F.W.: *Die brutale Freundschaft. Hitler, Mussolini und der Untergang des italienischen Faschismus.* Köln und Berlin, 1964.

Deakin, F.W. und Storry, G.R.: *Richard Sorge. Die Geschichte eines großen Doppelspiels.* London, 1966.

Dedijer, Vladimir: *Tito speaks. His self portrait and struggle with Stalin.* London, 1953.

De Gaulle, Charles: *Memoiren.* Berlin und Frankfurt a.M., 1955.

De Jong, L.: *Holland Fights the Nazis.* London, 1941.

Delmer, Sefton: *Die Geisterarmee oder die Invasion, die nicht stattfand.* München, 1972.

Denfield, D. Colt: »The Air Raid on Dutch Harbour« *in: After the Battle, Nr. 62.* London, 1988.

Derry, T.K.: *The Campaign in Norway.* London, 1952.

Deschner, Günther: *Reinhard Heydrich, Statthalter der totalen Macht.* Eßlingen a.N., 1977.

D'Este, Carlo: *Bitter Victory. The Battle for Sicily, July – August 1943.* London, 1988.

Distel, Barbara: »29 April 1945, The Liberation of the Concentration Camp at Dachau«: in: *Dachau Review,* Bd. 1. Dachau, 1988.

Distel, Barbara: *Konzentrationslager Dachau 1933–1945.* München, 1988.

Divine, A.D.: *Dunkirk.* London, 1945.

Djilas, Milovan: *Wartime.* London, 1977.

Djurovic, Gradimir: *The Central Tracing Agency of the International Committee of the Red Cross.* Genf, 1986.

Dodds-Parker, Douglas: *Setting Europe Ablaze. Some Account of Ungentlemanly Warfare.* London, 1984.

Donnison, F.S.V.: *British Military Administration in the Far East 1943–46.* London, 1956.

Douglas-Hamilton, Lord James: *Geheimflug nach England. Der »Friedensbote« Rudolf Heß und seine Hintermänner.* Düsseldorf, 1971.

Douglas-Hamilton, Lord James: *The Air Battle for Malta. The Diaries of a Fighter Pilot.* Edinburgh, 1981.

Droschdow, Georgi, und Ryabko, Jewgeni: *Russia at War, 1941–45.* London, 1987.

Dulles, Allen: *Unternehmen »Sunrise«. Die geheime Geschichte des Kriegsendes in Italien.* New York, 1966.

Dunand, Georges: *Ne perdez pas leur trace!* Neuenburg, 1951.

Dunin-Wasowicz, Krzysztof: *Resistance in the Nazi Concentration Camps 1933–1945.* Warschau, 1982.

Dunlop, E.E.: *The War Diaries of Weary Dunlop, Java and the Burma-Thailand Railway 1942–1945.* Wheathampstead (Hertfordshire), 1987.

Eckman, Lester, und Lazar, Chaim: *The Jewish Resistance. The history of the Jewish partisans in Lithuania and White Russia during the Nazi occupation, 1940–1945.* New York, 1977.

Ehrman, John: *Grand Strategy,* Bd. V: *August 1943 to September 1944.* London, 1956.

Ehrman, John: *Grand Strategy,* Bd. VI: *October 1944 – August 1945.* London, 1956.

Eiler, Keith E. (Hrsg.): *Wedemeyer on War and Peace.* Stanford (California), 1987.

Eisenhower, Dwight D.: *Kreuzzug in Europa.* Amsterdam, 1948.

Ellis, Major L.F.: *The War in France and Flanders, 1939–1940.* London, 1953.

Erez, Tsvi: »Hungary. Six Days in July 1944« in: *Holocaust and Genocide Studies,* Bd. 3, Nr. 1. Oxford, 1988.

Erickson, John: *The Road to Stalingrad. Stalin's War with Germany,* Bd. 2. London, 1983.

Erickson, John (Hrsg.): *Main Front. Soviet Leaders Look Back on World War II.* London, 1987.

Farago, Ladislas: *Das Spiel der Füchse.* Berlin, 1972.

Farran, Roy: *Winged Dagger. Adventures on Special Service.* London, 1948.

Favez, Jean-Claude: *Une Million Impossible. Le Comité international de la Croix-Rouge, les déportations et les camps de concentration nazis.* Lausanne, 1988.

Federation of Jewish Communities in Yugoslavia: *Studies, Archival and Memorial Materials about the Jews in Yugoslavia.* Belgrad, 1979.

Ferrell, Robert H. (Hrsg.): *The Eisenhower Diaries.* New York, 1981.

Fest, Joachim C.: *Hitler. Eine Biographie.* Frankfurt a.M., 1973.

Fleischner, Eva: »Can the Few become the Many, Some Catholics in France who saved Jews during the Holocaust« in: *Remembering for the Future. Jews and Christians During and after the Holocaust.* Oxford, 1988.

Fleming, Gerald: *Hitler und die Endlösung.* Wiesbaden und München, 1982.

Foot, M.R.D.: *S.O.E. in France. An Account of the Work of the British Special Operations Executive in France, 1940–1944.* London, 1966.

Footitt, Hilary, und Simmonds, John: *France 1943–1945.* Leicester, 1988.

Foster, Tony: *Meetings of Generals.* Toronto, 1986.

Franco, Hizkia M.: *Les Martyrs Juifs de Rhodes et de Cos.* Elizabethville, 1952.

Frank, Anne: *Die Tagebücher der Anne Frank.* Frankfurt a.M., 1988.

Frank, Hans: *Das Diensttagebuch des deutschen Generalgouverneurs in Polen, 1939–45.* Stuttgart, 1975.

Freeman, Julie D.: »German Views of the Holocaust as Reflected in Memoirs« in: *Remembering for the Future. Jews and Christians During and After the Holocaust.* Oxford, 1988.

Freeman, Michael: *Atlas of Nazi Germany.* Beckenham (Kent), 1987.

Friedhoff, Herman: *Requiem for the Resistance. The Civilian Struggle Against Nazism in Holland and Germany.* London, 1988.

Friedländer, Saul: *Pius XII. und das Dritte Reich.* Reinbek, 1965.

Friedmann, Philip: *Roads to Extinction, Essays on the Holocaust.* New York und Philadelphia, 1980.

Fröhlich, Elke (Hrsg.): *Die Tagebücher von Joseph Goebbels 1927–41. Sämtliche Fragmente,* Bd. 1–5. München, 1987.

Fuller, Jean Overton: *Noor-un-nisa Inayat Khan (Madelaine), George Cross, MBE, Croix de Guerre with Gold Star.* London, 1988.

Fursdon, Major-General Edward: »The Japanese Surrender«: *in: After the Battle,* Nr. 50. London, 1985.

Gadja, Stan: »Air-raid on Broome« in: *After the Battle,* Nr. 28. London, 1980.

Gander T.J.: »The Fukuryu, Japanese Suicide Divers and the Defence of Japan, 1945« in: *World War II Investigator,* Bd. 1, Nr. 4. London, Juli 1988.

Gaon, Solomon, und Serels, M. Mitchell: *Sephardim and the Holocaust.* New York, 1987.

Georg, Enno: *Die wirtschaftlichen Unternehmungen der SS.* Stuttgart, 1963.

Geraghty, Tony: *March or Die. France and the Foreign Legion.* London, 1986.

Gosh, K. K.: *Indian National Army.* Meerut, 1969.

Gilbert, Martin: *Auschwitz und die Alliierten.* München, 1982.

Gilbert, Martin: *The Holocaust. The Jewish Tragedy.* London, 1986.

Gilbert, Martin (Hrsg.): *Surviving the Holocaust. The Kovno Ghetto Diary.* Cambridge (Massachusetts), 1989.

Gill, Anton: *The Journey Back From Hell. Conversations with Concentration Camp Survivors.* London, 1988.

Ginns, Michael: »The Granville Raid« in: *After the Battle,* Nr. 47. London, 1985.

Gjelsvik, Torge: *Norwegian Resistance 1940–1945.* London, 1979.

Gladkow, Teodor: *Operations Bagration, 1944.* Moskau, 1980.

Glantz, David M.: August Storm. *Soviet Tactical and Operational Combat in Manchuria, 1945* in: Combat Studies Institute, Leavenworth Papers Nr. 8. Forth Leavenworth (Kansas), Juni 1983.

Glantz, Lieutenant Colonel David M.: *The Soviet Airborne Experience* in: Combat Studies Institute, Research Survey Nr. 4. Fort Leavenworth (Kansas), November 1984.

Goldberg, Anatol: *Ilya Ehrenburg. Writing, Politics and the Art of Survival.* London, 1984.

Goldberger, Leo (Hrsg.): *The Rescue of the Danish Jews. Moral Courage under Stress.* New York, 1987.

Görlitz, Walter (Hrsg.): *Generalfeldmarschall Keitel, Verbrecher oder Offizier: Erinnerungen, Briefe, Dokumente des Chefs des OKW.* Göttingen, 1961.

Graham, Dominick: »For you the war is over« in: *World War II Investigator,* Bd. 1, Nr. 9. London, Dezember 1988.

Gray, Brian: *Basuto Soldiers in Hitler's War.* Maseru (Basutoland), 1953.

Green, Colonel John H.: »Anzio« in: *After the Battle,* Nr. 52. London, 1986.

Greenville, J.A.S.: *The Major International Treaties 1914–1973. A history and guide with texts.* London, 1974.

Gretton, Vice-Admiral Sir Peter: *Convoy Escort Commander.* London, 1964.

Griess, Thomas E. (Hrsg.): *The Second World War. Asia and the Pacific.* Wayne (New Jersey), 1984.

Griess, Thomas E. (Hrsg.): *The Second World War. Europe and the Mediterranean.* Wayne (New Jersey), 1984.

Griffith, Hubert: *R.A.F. in Russia.* London, 1942.

Gross, Jan Tomasz: *Polish Society under German Occupation. The General gouvernement 1939–1944.* Princeton (New Jersey), 1979.

Groves, Leslie R.: *Jetzt darf ich sprechen. Die Geschichte der ersten Atombombe.* Köln und Berlin, 1965.

Guedalla, Philip: *Middle East 1940–1942. A Study in Air Power.* London, 1944.

Guillain, Robert: *I Saw Tokyo Burning. An Eyewitness Narrative from Pearl Harbor to Hiroshima.* London, 1981.

Gurdus, Luba Krugman: *The Death Train. A Personal Account of a Holocaust Survivor.* New York, 1978.

Gutman, Yisrael, und Krakowski, Shmuel: *Unequal Victims. Poles and Jews During World War Two.* New York, 1986.

Gwyer, J.M.A., und Butler, J.R.M.: *Grand Strategy, Bd. III, Juli 1941 – August 1942.* London, 1964.

Hachiya, Michihiko: *Hiroshima Diary. The Journal of a Japanese Physician, 6. August – 30. September 1945.* London, 1955.

Hall, J.W. (Hrsg.): *Trial of William Joyce.* London, 1946.

Hamilton, Charles: *Leaders and Personalities of the Third Reich. Their Biographies, Portraits and Autographs.* San José (California), 1984.

Handel, Michael I. (Hrsg.): *Strategic and Operational Deception in the Second World War.* London, 1987.

Hansell, Major-General Haywood S.: *Strategic Air War Against Japan.* Washington, D.C., 1980.

Hanson, Joanna K.M.: *The civilian Population and the Warsaw Uprising of 1944.* Cambridge, 1982.

Harriman, W. Averell, und Abel, Elie: *Special Envoy to Churchill and Stalin 1941–46.* London, 1976.

Harris, Roger: *Islanders Deported.* Channel Islands, 1980.

Harrison, D.I.: *These Men are Dangerous. The Special Air Service at War.* London, 1957.

Harrison, Kenneth: *The Brave Japanese.* Adelaide, 1966.

Harrison-Ford, Carl (Hrsg.): *Fighting Words. Australian War Writing.* Melbourne, 1986.

Hashimoto, Mochitsura: *Sunk. The Story of the Japanese Submarine Fleet 1942–1945.* London, 1954.

Hastings, Max: *Das Reich. Resistance and the march of the 2nd SS Panzer Division through France, June 1944.* London, 1981.

Haswell, Jock: *The Intelligence and Deception of the D-Day Landings.* London, 1979.

Hawkins, Desmond, und Boyd, Donald (Hrsg.): *War Report, A Record of Dispatches Broadcast by the BBC's War Correspondents with the Allied Expeditionary Force, 6. Juni 1944 – 5. Mai 1945.* London, 1946.

Herzstein, Robert Edwin: *Waldheim. The Missing Years.* London, 1988.

Hilberg, Raul: *Die Vernichtung der europäischen Juden.* Berlin, 1982.

Hilberg, Paul (Hrsg.): *Documents of Destruction. Germany and Jewry 1933–1945.* London, 1972.

Hillesum, Etty: *Letters from Westerbork.* London, 1987.

Hinsley, F.H., mit Thomas, E.E., Simkins, C.A.G., und Ransom, C.F.G.: *British Intelligence in the Second World War. Its Influence on Strategy and Operations,* 3 Bde. London, 1979–1988.

His Majesty's Stationary Office: *Indictment presented to the International Military Tribunal sitting at Berlin on 18th October 1945.* London, 1945.

His Majesty's Stationary Office: *British Merchant Vessels or Damaged by Enemy Action During Second World War, 3rd September, 1939 to 2nd September, 1945.* London, 1947.

His Majesty's Stationary Office: *Ships of the Royal Navy. Statement of Losses During the Second World War, 3rd September, 1939 to 2nd September, 1945.* London, 1947.

Hoffenberg, Sam: *Le camp de Poniatowa, la liquidation des derniers Juifs de Varsovie.* Paris, 1988.

Höhne, Heinz: *Der Orden unter dem Totenkopf. Die Geschichte der SS.* Gütersloh, 1967.

Hosking, Geoffrey: *A History of the Soviet Union.* London, 1985.

Howard, Michael: *Grand Strategy, Bd. IV, August 1942 – September 1943.* London, 1972.

Hubatsch, Walter (Hrsg.): *Hitlers Weisungen für die Kriegsführung 1939–1945. Dokumente des*

Oberkommandos der Wehrmacht. Frankfurt a.M., 1962.

Hughes, John Craven: *Getting Hitler into Heaven. Based on the previously untranslated memoirs of Heinz Linge, Hitlers Diener und Vertrauter.* London, 1987.

Hunt, Ray C., und Norling, Bernard: *Behind Japanese Lines. An American Guerilla in the Philippines.* Lexington (Kentucky), 1986.

Hyde, A.P.: »Pearl Harbor, Then and Now: in: *After the Battle,* Nr. 38. London, 1982.

Hyde, H. Montgomery: *Zimmer 3603. Die Geschichte des Secret Service in Amerika.* Wels, 1962.

Hyde, H. Montgomery: *The Atom Bomb Spies.* London, 1980.

Hymoff, Edward: *The OSS in World War II.* New York, 1986.

Inber, Vera: *Fast drei Jahre. Aus einem Leningrader Tagebuch.* Berlin, 1946.

International Committee of the Red Cross: *Documents relating to the work of the International Committee of the Red Cross for the benefit of civilian detainees in German Concentration Camps between 1939 and 1945.* Genf, 1975.

Internationaler Militärgerichtshof Nürnberg: *Der Nürnberger Prozeß gegen die Hauptkriegsverbrecher vom 14. November 1945 – 1. Oktober 1946.* München und Zürich, 1984 (fotomech. Nachdruck).

Iranek-Osmecki, Kazimierz: *He Who Saves One Life.* New York, 1971.

Irving, David: *Hitler's War.* London, 1977.

Isely, Jeter A., und Crowl, Philip A.: *The U.S. Marines and Amphibious War, Its Theory, and Its Practice in the Pacific.* Princeton (New Jersey), 1951.

Jacobsen, Hans-Adolf, und Rohwer, Jürgen (Hrsg.): *Entscheidungsschlachten des Zweiten Weltkriegs.* Frankfurt a.M., 1960.

Jaksch, Wenzel: *Europas Weg nach Potsdam.* Stuttgart, 1958.

Jankowski, T., und Weese, E. (Hrsg.): *Documents on Polish-Soviet Relations, 1939–1945,* Bd. 1. London, 1961.

Jeremjew, Leonid: *USSR in World War Two. Through the Eyes of Friends and Foes.* Moskau, 1985.

Jochmann, Werner (Hrsg.): *Adolf Hitler: Monologe im Führerhauptquartier 1941–1944. Die Aufzeichnungen Heinrich Heims.* Hamburg, 1980.

Johnson, Brigadier G.D.: »The Battle of Hong Kong« in: *After the Battle,* Nr. 46. London, 1984.

Jones, Robert Huhn: *The Roads to Russia. United States Lend-Lease to the Soviet Union.* Norman (Oklahoma), 1969.

Jones, R.V.: *Most Secret War. British Scientific Intelligence 1939–1945.* London, 1978.

Jones, Vincent C.: *Manhattan. The Army and the Atomic Bomb.* Washington, D.C., 1985.

Joseph, Francis: »Flying the World's First Jet Bomber« in: *World War II Investigator,* Bd. 1, Nr. 8. London, November 1988.

Jurado, Carlos Caballero: *Resistance Warfare 1940–45.* London, 1985.

Kagan, Lord: *Knight of the Ghetto.* London, 1975.

Kahn, David: *Hitler's Spies. German Military Intelligence in World War II.* London, 1978.

Katz, Robert: *Mord in Rom.* München, 1968.

Kedward, H.R.: *Resistance in Vichy France. A. Study of Ideas and Motivation in the Southern Zone 1940–1942.* Oxford, 1978.

Keegan, John (Hrsg.): *Who was Who in World War II.* London, 1978.

Keegan, John: *Six Armies in Normandy. From D-Day to the Liberation of Paris.* London, 1982.

Kennedy, Ludovic: *Menace. The Life and Death of the Tirpitz.* London, 1979.

Kennett, Lee: *G.I. The American Soldier in World War II.* New York, 1987.

Kenrick, Donald, und Puxon, Grattan: *Sinti und Roma. Die Vernichtung eines Volkes im NS-Staat.* Göttingen und Wien, 1981.

Kermish, Joseph: *The Destruction of the Jewish Community of Piotrkow by the Nazis During World War II.* Tel Aviv, 1965.

Kermish, Joseph (Hrsg.): *To Live with Honor and Die with Honor! Selected Documents from the Warsaw Ghetto Underground Archives.* Jerusalem, 1986.

Kersaudy, François: *Churchill and de Gaulle.* London, 1981.

Kimmel, Rear-Admiral Husband. E.: *Admiral Kimmel's Story.* Chicago, 1955.

King George's Jubilee Trust: *The Royal Family in Wartime.* London, 1945.

Kitroeff, Alexandros: »Greek Wartime Attitudes Towards the Jews in Athens« in: *Forum,* Ausgabe Nr. 60. Jerusalem, Sommer 1987.

Klarsfeld, Serge: *Memorial to the Jews Deported from France, 1942–1944.* New York, 1983.

Klarsfeld, Serge: *The Children of Izieu. A Human Tragedy.* New York, 1985.

Klarsfeld, Serge (Hrsg.): *The Stuthof Album. Study of the Gassing at Natzweiler-Stuthof of 86 Jews whose bodies were to constitute a collection of skeletons. A photographic document.* New York, 1985.

Klarsfeld, Serge: »The Upper Echelons of the Clergy and Public Opinion Force Vichy France to put an end, in September 1942, to its Broad Participation in the Hunt for Jews« in: *Remembering for the Future. Jews and Christians During and After the Holocaust.* Oxford, 1988.

Klarsfeld, Serge, und Steinberg, Maxime: *Mémorial de la Déportation des Juifs de Belgique.* Mechelen (Belgien), 1982.

Klenfeld, Gerald R., und Tambs, Lewis A.: *Hitler's Spanish Legion, The Blue Division in Russia.* Carbondale and Edwardsville (Illinois), 1979.

Kless, Shlomo: »The Rescue of Jewish Children in Belgium during the Holocaust« in: *Holocaust and Genocide Studies,* Bd. 3, Nr. 3. Oxford, 1988.

Knightley, Philip: *Die Geschichte der Spionage im 20. Jahrhundert. Aufbau und Organisation, Erfolge und Niederlagen der großen Geheimdienste.* Bern und München, 1989.

Knott, Richard C.: *Black Cat Raiders of World War II.* New York, 1981.

Knox, MacGregor: *Mussolini Unleashed, 1939–1941. Politics and Strategy in Fascist Italy's Last War.* Cambridge, 1982.

Koch, H.W.: *The Hitler Youth. Origins and Development 1922–45.* New York, 1976.

Kochan, Miriam: *Britain's Internees in the Second World War.* London, 1983.

Koliopoulos, John S.: *Greece and the British Connection 1935–1941.* Oxford, 1977.

Komitee der Antifaschistischen Widerstandskämpfer in der Deutschen Demokratischen Republik (Hrsg.): *Ravensbrück.* Berlin, 1960.

Konev, I.: *Year of Victory.* Moskau, 1969.

Krakowski, Shmuel: *The War of the Doomed. Jewish Armed Resistance in Poland, 1942–1944.* New York, 1984.

Kulka, Erich: *Escape from Auschwitz.* South Hadley (Massachusetts), 1986.

Laffin, John: *Brassey's Battles. 3500 Years of Conflict, Campaigns and Wars from A–Z.* London, 1986.

Lanzmann, Claude: *Shoah.* Düsseldorf, 1986.

Laqueur, Walter, und Breitmann, Richard: *Breaking the Silence.* New York, 1986.

Leach, Barry A.: *German Strategy Against Russia 1939–1941.* Oxford, 1973.

Le Chene, Evelyn: *Mauthausen. The History of a Death Camp.* London, 1971.

Leiser, Erwin: *Nazi Cinema.* London, 1974.

Leonard, Charles J.: »Okinawa« in: *After the Battle,* Nr. 43. London, 1984.

Le Tissier, Tony: *The Battle of Berlin.* London, 1988.

Levi, Primo: *Ist das ein Mensch?* Frankfurt a.M. und Hamburg, 1961.

Levin, Nora: *The Holocaust. The Destruction of European Jewry 1933–1945.* New York, 1968.

Lewis, Laurence: *Echoes of Resistance. British Involvement with the Italian Partisans.* Tunbridge Wells (Kent), 1985.

Liddell Hart, B.H. (Hrsg.): *The Rommel Papers.* London, 1953.

Lifton, Robert Jay: *Ärzte im Dritten Reich.* Stuttgart, 1988.

Lindsay, Captain Martin, und Johnston, Captain M.E.: *History of 7th Armoured Division, June 1943 – July 1945.* Deutschland, September 1945.

Littlejohn, David: *Foreign Legions of the Third Reich, Bd. 2: Belgium, Great Britain, Holland, Italy and Spain.* San José (California), 1981.

Littman, Sol: *War Criminal on Trial. The Rauca Case.* Toronto, 1983.

Lochner, Louis P. (Hrsg.): *Goebbels' Tagebücher. Aus den Jahren 1942–43.* Zürich, 1948.

Lockwood, Douglas: *Australia's Pearl Harbor. Darwin 1942.* Melbourne, 1966.

Longhurst, Henry: *Adventure in Oil. The Story of British Petroleum.* London, 1959.

Longmate, Norman: *The Doodlebugs. The Story of the Flying Bombs.* London, 1981.

Longmate, Norman: *The Bombers. The RAF Offensive Against Germany 1939–1945.* London, 1983.

Longmate, Norman: *Hitler's Rockets. The Story of the V-2.* London, 1985.

Lucas Philips, C.E.: *Victoria Cross Battles of the Second World War.* London, 1973.

Lund, Paul, und Ludlum, Harry: *PQ 17, Convoy to Hell. The Survivor's Story.* London, 1968.

Macdonald, John: *Great Battles of World War II.* London, 1986.

Macdonald, J.F.: *The War History of Southern Rhodesia,* 2 Bde. Salisbury (Southern Rhodesia), 1947 und 1950.

Macintyre, Donald: *The Battle of the Atlantic.* London, 1961.

Macintyre, Donald: *The Battle of the Pacific.* London, 1966.

McKee, Alexander: *Caen, Anvil of Victory.* London, 1984.

Mackenzie, Compton: *Mr. Roosevelt.* London, 1943.

MacLaren, Roy: *Canadians Behind Enemy Lines 1939–1945.* Vancouver, 1981.

Maclean, Fitzroy: *Josip Broz Tito. Ein Kampfgefährte berichtet.* Zürich, 1980.

Mack, Joanna, und Humphries, Steve: *The Making of Modern London 1939–1945. London at War.* London, 1985.

Madeja, W. Victor: *The Russo-German War, Summer – Autumn 1943.* Allentown (Pennsylvania), 1987.

Manchester, William: *Krupp. Chronik einer Familie.* München, 1978.

Manchester, William: *American Caesar. Douglas MacArthur, 1880–1964.* London, 1979.

Manchester, William: *Goodbye, Darkness. A Memoir of the Pacific War.* New York, 1979.

Manning, Paul: *Hirohito. The War Years.* New York, 1986.

Manstein, Erich von: *Verlorene Siege.* Bonn, 1955.

Manus, Ukachukwu Chris: »Roman Catholicism and the Nazis, A Review of the Attitude of the Church during the Persecutions of the Jews in Hitler's Europe« in: *Remembering for the Future. Jews and Christians During and After the Holocaust.* Oxford, 1988.

Manvell, Roger, und Fraenkel, Heinrich: *Canaris, Spion im Widerstreit.* Bern und München, 1970.

Maresch, Boguslaw (Hrsg.): *Stutthof Historic Guide.* Gdansk, 1980.

Margry, Karel: »The Ambushing of SS-General Hanns Rauter« in: *After the Battle,* Nr. 56. London, 1987.

Marrus, Michael R., und Paxton, Robert O.: *Vichy France and the Jews,* New York, 1981.

Martin, Lieutenant-General H.J., und Orpen, Colonel Neil D.: *Eagles Victorious, The Operations of the South African Forces over the Mediterranean and Europe, in Italy, the Balkans and the Aegean, and from Gibraltar and West Africa.* Kapstadt, 1977.

Martin, Ralph: *World War II. A Photographic Record of the War in the Pacific, from Pearl Harbor to V-J Day.* Greenwich (Connecticut), 1955.

Martin, Ralph G.: *The G.I. War, 1941–1945.* Boston, 1967

Maser, Werner (Hrsg.): *Hitlers Briefe und Notizen.* Düsseldorf und Wien, 1973.

Mason, John T. (Hrsg.): *The Pacific War Remembered. An Oral History Collection.* Annapolis (Maryland), 1986.

Masterman J.C.: *Unternehmen Doppelspiel.* Wien und München, 1973.

Matsas, Joseph: *The Participation of the Greek Jews in the National Resistance (1940–1944).* Janina, 1982.

Mayer, S.L. (Hrsg.): *The Japanese War Machine.* London, 1982.

Mead, Peter: *Orde Wingate and the Historians.* Braunton (Devon), 1987.

Messenger, Charles: *The Commandos, 1940–1946,* London 1985.

Messenger, Charles: *Hitler's Gladiator. The Life and Times of Oberstgruppenführer and Panzergeneral-Oberst der Waffen-SS Sepp Dietrich.* London, 1988.

Michelis, Meir: *Mussolini and the Jews. German-Italian Relations and the Jewish Question in Italy.* Oxford, 1978.

Middlebrook, Martin: *The Nuremberg Raid, 30–31 March 1944.* London, 1973.

Middlebrook, Martin: *The Peenemünde Raid, the Night of 17–18 August 1943.* London, 1982.

Middlebrook, Martin: *The Schweinfurt-Regensburg Mission. American Raids on 17 August 1943.* London, 1983.

Middlebrook, Martin: *The Berlin Raids. RAF Bomber Command, Winter 1943–44.* London, 1988.

Middlebrook, Martin: *Die Nacht, in der die Bomber starben.* Frankfurt a.M., 1975.

Milazzo, Matteo J.: *The Chetnik Movement and the Yugoslav Resistance.* Baltimore, 1975.

Military Intelligence Division, US War Department: *German Military Intelligence, 1939–1945.* Frederick (Maryland), 1984.

Millar, George: *The Bruneval Raid, Flashpoint of the Radar War.* London, 1974.

Miller, John, jr.: *United States Army in World War II. The War in the Pacific, Guadalcanal, The First Offensive.* Washington, D.C., 1949.

Mills, Walter: *This is Pearl! The United States and Japan, 1941.* New York, 1947.

Ministry of Information: *Front Line, 1940–41. The Official Story of the Civil Defence of Britain.* London, 1942.

Ministry of Information: *The Campaign in Greece and Crete.* London, 1942.

Ministry of National Defence: *The Canadians in Britain, 1939–1944.* Ottawa, 1945.

Mitcham, Samuel W., jr.: *Hitler's Field Marshals and their Battles.* London, 1988.

Mocq, Dr. Jean-Marie: *Ascq 1944. La Nuit La Plus Longue.* Lille, 1984.

Modelski, Tadeusz: *The Polish Contribution to the Ultimate Allied Victory in the Second World War.* Worthing (Sussex), 1986.

Molho, Michael: *In Memoriam. Hommage aux Victimes Juives des Nazis en Grèce.* Saloniki, 1973.

Mollo, Andrew: »Dachau« in: *After the Battle,* Nr. 27. London, 1980.

Molony, Brigadier C.J.C.: *The Mediterranean and Middle East,* Bd. V, *The Campaign in Sicily 1943 and the Campaign in Italy, 3 September 1943 to 31 March 1944.* London, 1973.

Molony, Brigadier C.J.C.: *The Mediterranean and Middle East,* Bd. VI, *Victory in the Mediterranean.* London, 1984.

Morgan-Witts, Max, und Thomas, Gordon: *Tod über Hiroshima.* 1981.

Morison, Samuel Eliot: *History of United States Naval Operations in World War II,* Bde. 1–15. London, 1948–1962.

Morton, Louis: *United States Army in World War II. The War in the Pacific, The Fall of the Philippines.* Washington, D.C., 1968.

Moss, Norman: *Klaus Fuchs. The Man who Stole the Atom Bomb.* London, 1972.

Mrazek, James E.: Lastensegler auf Eben Emael. Stuttgart, 1980.

Mueller, Ralph, und Turk, Jerry: *Report After Action. The Story of the 103rd Infantry Division.* Innsbruck, 1945.

Muggeridge, Malcolm (Hrsg.): *Ciano's Diary 1939–1945.* London, 1947.

Müller-Hill, Benno: *Tödliche Wissenschaft. Die Aussonderung von Juden, Zigeunern und Geisteskranken 1933–1945.* Reinbek, 1984.

Neavy, Airey: *Saturday at M.I.9. A history of underground escape lines in North-West Europe in 1940–5 by a leading organiser at M.I.9.* London, 1969.

Nichols, David (Hrsg.): *Ernie's War. The Best of Ernie Pyle's World War II Dispatches.* New York, 1986.

North, John: *N-W Europe 1944–5. The Achievement of 21st Army Group.* London, 1953.

Novitch, Miriam: *Sobibor: Martyrdom and Revolt. Documents and Testimonies.* New York, 1980.

Nussbaum, Chaim: *Chaplain on the River Kwai. Story of a Prisoner of War.* New York, 1988.

Pabst, Helmut: *Der Ruf der äußeren Grenze.* Heidenheim, 1987.

Padfield, Peter: *Dönitz. Des Teufels Admiral.* Berlin, 1984.

Pallud, Jean Paul: »SDE Operation Pimento« in: *After the Battle,* Nr. 26. London, 1979.

Pallud, Jean Paul: »Budapest« in: *After the Battle,* Nr. 40. London, 1983.

Pallud, Jean Paul: »Operation Merkur, The German Invasion of Crete« in: *After the Battle,* Nr. 47. London, 1985.

Papagos, General Alexander: *The Battle of Greece 1940–1941.* Athen, 1949.

Parton, James: »Air Force Spoken Here« in: *General Ira Eaker and the Command of the Air.* Bethesda (Maryland), 1986.

Pawlow, Dmitri, V.: *Die Blockade von Leningrad.* Stuttgart, 1967.

Pederson, Bent: »The Aarhus Attack« in: *After the Battle,* Nr. 54. London, 1986.

Perrault, Gilles: *Auf den Spuren der Roten Kapelle.* Reinbek, 1969.

Phayer, Michael: »Margarete Sommer, Berlin Catholics, and Germany's Jews 1939–1945« in: *Remembering for the Future. Jews and Christians During and After the Holocaust.* Oxford, 1988.

Plant, Richard: *The Pink Triangle. The Nazi War Against Homosexuals.* New York, 1986.

Playfair, Major-General I.S.O.: *The Mediterranean and Middle East,* Bd. II, *The Germans come to the Help of their Ally (1941).* London, 1956.

Pogue, Forrest C.: *George C. Marshall. Ordeal and Hope, 1939–1942.* London, 1968.

Polish Air Force Association: *Destiny Can Wait. The Polish Air Force in the Second World War.* London, 1949.

Polish Ministry of Information: *The German New Order in Poland.* London, 1941.

Porter, Cathy, und Jones, Mark: *Moscow in World War II.* London, 1987.

Posner, Gerald L., und Ware, John: *Mengele. The Complete Story.* London, 1986.

Presser, Jacob: *The Destruction of the Dutch Jews.* New York, 1969.

Price, Billy F.: *Adolf Hitler als Maler und Zeichner.* München, 1983.

Prittie, The Hon. T.C.F., und Edwards, Captain W. Earle: *South to Freedom. A Record of Escape.* London, 1946.

Pryce-Jones, David: *Paris in the Third Reich. A History of the German Occupation 1940–1944.* New York, 1981.

Putney, Diane T. (Hrsg.): *ULTRA and the Army Air Forces in World War II.* Washington, D.C., 1987.

Puvogel, Ulrike: *Gedenkstätten für die Opfer des Nationalsozialismus. Eine Dokumentation.* Bonn, 1987.

Quigley, Harold S.: *Far Eastern War 1937–1941.* Boston, 1942.

Raiber, Dr. R.: »The Führerhauptquartiere« in: *After the Battle,* Nr. 19. London, 1977.

Ramsey, Winston G.: »Normandy 1944–1973« in: *After the Battle,* Nr. 1. London, 1973.

Ramsey, Winston G.: »Arnheim« in: *After the Battle,* Nr. 2. London, 1973.

Ramsey, Winston G.: »The Battle of the Bulge« in: *After the Battle,* Nr. 4. London, 1973.

Ramsey, Winston G.: »Eben-Emael« in: *After the Battle,* Nr. 5. London, 1974.

Ramsey, Winston G.: »German spies in Britain« in: *After the Battle,* Nr. 11. London, 1976.

Ramsey, Winston G.: »Crossing the Rhine« in: *After the Battle,* Nr. 16. London, 1977.

Ramsey, Winston G.: »The Assassination of Reinhard Heydrich« in: *After the Battle,* Nr. 24. London, 1979.

Ramsey, Winston G.: »The Lady Be Good« in: *After the Battle,* Nr. 25. London, 1979.

Ramsey, Winston G.: »Christmas Eve 1944, Massacre at Bande« in: *After the Battle,* Nr. 50. London, 1980.

Ramsey, Winston G.: »The Execution of Eddi Slovik« in: *After the Battle,* Nr. 32. London, 1981.

Ramsey, Winston G.: »St. Malo 1944« in: *After the Battle,* Nr. 33. London, 1981.

Ramsey, Winston G.: »Germany Surrenders« in: *After the Battle,* Nr. 48. London, 1985.

Ramsey, Winston G.: »Europe's Last VC« in: *After the Battle,* Nr. 49. London, 1985.

Ramsey, Winston G.: »The Rüsselsheim Death March« in: *After the Battle,* Nr. 57. London, 1987.

Rashke, Richard: *Escape from Sobibor.* Boston, 1982.

Rautkallio, Hannu: *Finland and the Holocaust. The Rescue of Finland's Jews.* New York, 1987.

Ready, J. Lee: *The Forgotten Axis. Germany's Partners and Foreign Volunteers in World War II.* Jefferson (North Carolina), 1987.

Reed, John: »Operation Jericho. The Amiens Raid« in: *After the Battle,* Nr. 28. London, 1980.

Reed, John: »The Cross-Chanell Guns« in: *After the Battle,* Nr. 29. London, 1980.

Reed, John: »Assault on Walcheren. Operation Infatuate« in: *After the Battle,* Nr. 36. London, 1982.

Reitlinger, Gerald: *Die Endlösung. Hitlers Versuch der Ausrottung der Juden Europas 1939–45.* London, 1953.

Rely, Achiel: »Disaster at Antwerp, April 5, 1943« in: *After the Battle,* Nr. 51. London, 1986.

Rely, Achiel: »The Notorious Fort Breendonk« in: *After the Battle,* Nr. 51. London, 1986.

Reynaud, Paul: *In the Thick of the Fight 1930–1945.* London, 1955.

Rhodes, Richard: *Die Atombombe oder die Geschichte des 8. Schöpfungstages.* Nördlingen, 1988.

Richards, Denis: *Royal Air Force 1939–1945. The Fight at Odds 1939–1941.* London, 1953.

Richards, Denis, und Saunders, Hilary St. George: *Royal Air Force 1939–1945. The Fight Avails 1941–1943.* London, 1954.

Rings, Werner: *Leben mit dem Feind. Anpassung und Widerstand in Hitlers Europa 1939–1945.* München, 1979.

Robertson, John: *Australia at War 1939–1945.* Melbourne, 1981.

Robinson, Nehemiah: *Indemnification and Reparations, Jewish Aspects.* New York, 1944.

Rohwer, Jürgen: *Die U-Boot-Erfolge der Achsenmächte 1939–1945.* München, 1968.

Rolf, David: *Prisoners of the Reich. Germany's Captives 1939–1945.* London, 1988.

Romanus, Charles F., und Sunderland, Riley: *United States Army in World War II, China-Burma-India Theater. Stillwell's Mission to China.* Washington, D.C., 1966.

Rommel, Erwin: *Krieg ohne Haß.* Hrsg. von Lucie Maria Rommel und Fritz Bayerlein. Heidenheim, 1950.

Roskill, Captain S.W.: *The War at Sea 1939–1945,* 3 Bde. 1959–61.

Rowe, Vivian: *The Great Wall of France. The Triumph of the Maginot Line.* London, 1959.

Royal Institute of International Affairs: *Chronology of the Second World War.* London, 1947.

Rubenstein, Philip (Hrsg.): *Report on the entry of Nazi war criminals and collaborators into the UK 1945–1950.* London, 1988.

Ruby, Marcel: *F Section SOE, The Buckmaster Networks.* London, 1988.

Russell of Liverpool, Lord: *The Scourge of the Swastika. A Short History of Nazi War Crimes.* London, 1954.

Russell of Liverpool, Lord: *The Knights of Bushido. A Short History of Japanese War Crimes.* London, 1958.

Salisbury, Harrison E.: *The 900 Days. The Siege of Leningrad.* London, 1986.

Salmaggi, Cesare, und Pallavisini, Alfredo: *2194 Days of War. An illustrated chronology of the Second World War.* London, 1979.

Saunders, Andy: »The Last Flight of the only Battle of Britain VC« in: *After the Battle,* Nr. 30. London, 1980.

Saunders, Hilary St. George: *Royal Air Force 1939–1945. The Fight is Won.* London, 1954.

Sawyer, L.A., und Mitchell, W.H.: *The Liberty Ships. The History of the »Emergency« type Cargo ships constructed in the United States during the Second World War.* London, 1980.

Schapirow, Akram: *War Heroes. Stories about the heroism of Soviet soldiers 1941–1945.* Moskau, 1984.

Schmidt, Maria: »Margit Slachta's Activities in Support of Slovakian Jewry 1942–43« in: *Remembering for the Future. Jews and Christians During and After the Holocaust.* Oxford, 1988.

Schneider, Gertrude: *Journey into Terror. Story of the Riga Ghetto.* New York, 1979.

Schneider, Gertrude (Hrsg.): *Muted Voices. Jewish Survivors of Latvia Remember.* New York, 1987.

Schofield, B.B.: *The Russian Convoys.* London, 1964.

Schukow, G.: *Reminiscences and Reflections,* 2 Bde. Moskau 1985.

Schwarberg, Günther: *Der SS-Arzt und die Kinder. Bericht über den Mord vom Bullenhuser Damm.* München, 1987.

Scutts, Jerry: *Lion in the Sky. US 8th Air Force Fighter Operations 1942–45.* Wellingborough (Northhamptonshire), 1987.

Selwyn, Francis: *Hitler's Englishman. The Crime of »Lord Haw-Haw«.* London, 1987.

Seth, Ronald: *Jackals of the Reich. The Story of the British Free Corps.* London, 1982.

Sevillias, Errikos: *Athens – Auschwitz.* Athen, 1983.

Sharp, Tony: *The Wartime Alliance and the Zonal Division of Germany.* Oxford, 1975.

Shelah, M.: »The Catholic Church in Croatia, the Vatican and the Murder of the Croatian Jews« in: *Remembering for the Future. Jews and Christians During and After the Holocaust.* Oxford, 1988.

Sherwood, John M.: *Georges Mandel and the Third Republic.* Stanford (California), 1970.

Sherwood, Robert E.: *The White House Papers of Harry L. Hopkins,* 2 Bde. London, 1948–1949.

Shirer, William L.: *Berlin Diary. The Journal of a Foreign Correspondent 1934–1941.* London, 1941.

Shirer, William L.: Aufstieg und Fall des Dritten Reiches. Köln und Berlin, 1961.

Shores, Christopher, und Cull, Brian, mit Malizia, Nicola: *Air War for Yugoslavia, Greece and Crete 1940–1941.* London, 1987.

Shortal, John F.: *Forged by Fire. General Robert I. Eichelberger and the Pacific War.* Columbia (South Carolina), 1987.

Simpson, Christopher: *Der amerikanische Bumerang. NS-Kriegsverbrecher im Sold der USA.* Wien, 1988.

Slim, Field Marshall Sir William: *Defeat into Victory.* London, 1956.

Sloan, Jacob (Hrsg.): *Notes from the Warsaw Ghetto. The Journal of Emanuel Ringelblum.* New York, 1958.

Slowe, Peter, und Woods, Richard: *Battlefield Berlin. Siege, Surrender and Occupation 1945.* London, 1988.

Smolen, Kazimierz (Hrsg.): *From the History of KL Auschwitz.* Oswiecim, 1967.

Smolen, Kazimierz (Hrsg.): *KL Auschwitz seen by the SS.* Oswiecim, 1978.

Snyder, Louis L.: *Encyclopedia of the Third Reich.* London, 1976.

Snydor, Charles W., jr.: *Soldiers of Destruction. The SS Death's Head Division 1933–1945.* Princeton (New Jersey), 1977.

Solowjow, Boris: *The Battle on the Kursk Salient (The Crushing of Operation Citadel).* Moskau, 1979.

Spaight, J.M.: *The Battle of Britain 1940.* London, 1941.

Spector, Ronald H.: *Eagle Against the Sun. The American War with Japan.* New York, 1984.

Speer, Albert: *Erinnerungen.* Berlin, 1969.

Stacey, Colonel C.P.: *The Canadian Army 1939–1945. An Official Historical Summary.* Ottawa, 1948.

Stein, George H.: *Geschichte der Waffen-SS.* Düsseldorf, 1967.

Steinberg, Lucien: *Not as a Lamb. The Jews against Hitler.* Glasgow, 1974.

Stewart, Adrian: *Guadalcanal. World War II's Fiercest Naval Campaign.* London, 1985.

Stewart, I. McD.G.: *The Struggle for Crete, 20 May to 1 June 1941. A Story of Lost Opportunity.* London, 1966.

Strong, Major-General Sir Kenneth: *Geheimdienstchef in Krieg und Frieden.* Wien und Hamburg, 1969.

Szaijkowski, Zosa (Hrsg.): *Analytical Franco-Jewish Gazeteer 1939–1945.* New York, 1966.

Taylor, Fred (Hrsg.): *The Goebbels Diaries 1939–1941.* London, 1982.

Taylor, James und Shaw, Warren (Hrsg.): *A Dictionary of the Third Reich.* London, 1987.

Taylor, Telford: *The Breaking Wave, The German Defeat in the Summer of 1940.* London, 1967.

Tec, Nechama: *When Light Pierced the Darkness. Christian Rescue of Jews in Nazi-Occupied Poland.* New York, 1986.

Tennyson, Jesse F., und Harwood, H.M.: *London Front. Letters written to America, August 1939 to July 1940.* London, 1940.

Terraine, John: *The Right of the Line. The Royal Air Force in the European War 1939–1945.* London, 1985.

Thomas, David A.: *Battle of the Java Sea.* London, 1968.

Thomas, David A.: *Nazi Victory in Crete 1941.* New York, 1973.

Thomas, Nigel, und Abbott, Peter: *Partisan Warfare 1940–45.* London, 1985.

Thorne, Christopher: *The Far Eastern War. States and Societies, 1941–1945.* London, 1986.

Tillion, Germaine: *Ravensbrück.* Garden City (New York), 1975.

Toland, John: *Adolf Hitler.* Bergisch-Gladbach, 1977.

Toynbee, Arnold, und Toynbee, Veronica M. (Hrsg.): *The Initial Triumph of the Axis.* London, 1958.

Tregenza, Michael: »Belzec Death Camp« in: *The Wiener Library Bulletin,* Bd. 30. London, 1977.

Tremlett, P.E. (Hrsg.): *Thomas Cook Overseas Timetable,* London, November – Dezember 1988.

Trepper, Leopold: *Die Wahrheit.* München, 1975.

Trevor-Roper, Hugh R.: *Hitlers letzte Tage.* Zürich, 1948.

Trevor-Roper, Hugh R. (Hrsg.): *Hitler's War Directives 1939–1945.* London, 1964.

Trunk, Isaiah: *Jewish Responses to Nazi Persecution. Collective and Individual Behavior in Extremis.* New York, 1979.

Tusa, Ann, und Tusa, John: *The Nuremberg Trial.* London, 1983.

Tyrnauer, Gabrielle: *Gypsies and the Holocaust. A Bibliography and Introductory Essay.* Montreal, 1989.

United Nations Relief and Rehabilitation Administration: *Death Marches (Marches de la Mort), Routes and Distances, Central Tracing Bureau.* 28. Mai 1946.

United States Strategy Bombing Survey: *The Effects of the Atomic Bomb on Hiroshima, Japan.* Washington, D.C., 1947.

Verity, Hugh: *We Landed by Moonlight. Secret RAF Landings in France 1940–1944.* Shepperton (Surrey), 1978.

Vrba, Rudolf, und Bestic, Alan: *Ich kann nicht vergeben.* München, 1964.

Warhaftig, Zorach: *Uprooted. Jewish Refugees and Displaced Persons After Liberation.* New York, 1946.

Warlimont, Walter: *Im Hauptquartier der deutschen Wehrmacht 1939–1945.* Frankfurt a.M., 1962.

Warmbrunn, Werner: *The Dutch under German Occupation 1940–1945.* Stanford (California), 1963.

Warner, Geoffrey: *Iraq and Syria 1941.* 1974.

Warner, Philip: *The Secret Forces of World War II.* London, 1985.

Warner, Lavinia, und Sandilands, John: *Women Beyond the Wire. A Story of Prisoners of the Japanese 1942–45.* London, 1982.

Watson, Betty: *Miracle in Hellas. The Greeks Fight On.* London, 1943.

Watts, Franklin (Hrsg.): *Voices of 1942–43. Speeches and Papers of Roosevelt, Churchill, Stalin, Chiang, Hitler and other Leaders, delivered during 1942.* New York, 1943.

Webster, Sir Charles, und Frankland, Noble: *The Strategic Air Offensive Against Germany, 1939–1945,* Bde. 1–4. London, 1961.

Werth, Alexander: *The Last Days of Paris. A journalist's Diary.* London, 1940.

Werth, Alexander: *Moscow '41.* London, 1942.

Werth, Alexander: *Leningrad.* London, 1944.

Werth, Alexander: *The Year of Stalingrad. An Historical Record and a Study of Russian Mentality, Methods and Policies.* London, 1946.

Werth, Alexander: *Rußland im Krieg 1941–1945.* München und Zürich, 1965.

West, Nigel: *MI5. British Security Service Operations 1909–1945.* London, 1981.

West, Nigel: *M16. British Secret Intelligence Service Operations 1909–45.* London, 1983.

West, Nigel: *GCHQ. The Secret Wireless War 1900–86.* London, 1987.

Wheeer, Harold: *The People's History of the Second World War September 1939 – December 1940.* London,1941.

Wheeler, Richard: *Iwo.* New York, 1980.

Wheeler-Bennett, John W.: *King George VI. His Life and Reign.* London, 1958.

Whiting, Charles: *Massacre at Malmedy. The Story of Jochen Peiper's Battle Group Ardennes, December 1944.* London, 1971.

Willis, John: *Churchill's Few. The Battle of Britain Remembered.* New York, 1987.

Willoughby, Major General Charles A.: *Sorge, Soviet Master Spy.* London, 1952.

Willoughby, Major General Charles A., und Chamberlain, John: *MacArthur 1941–1951. Victory in the Pacific.* London, 1956.

Wills, Henry: »British Invasion Defences« in: *After the Battle,* Nr. 14. London, 1976.

Wilmot, Chester: *Der Kampf um Europa.* Frankfurt a.M., 1954.

Winant, John G.: *A Letter from Grosvenor Square. An Account of a Stewardship.* London, 1947.

Winn, Godfrey: *»P.Q.17«.* London, 1947.

Winton, John: *Ultra at Sea.* London, 1988.

Wiskemann, Elisabeth: *Europe of the Dictators 1919–1945.* London, 1966.

Wistrich, Robert: *Wer war Wer im Dritten Reich.* München, 1983.

Woodward, Sir Llewellyn: *British Foreign Policy in the Second World War.* London, 1962.

Worm-Muller, Jacob: *Norway's Revolt Against Nazism.* London, 1941.

Woronkow, Nikolai: *900 Days – the Siege of Leningrad.* Moskau, 1982.

Yerger, Mark C.: *Otto Weidinger. Knights Cross With Oak Leaves and Swords.* Winnipeg (Manitoba), 1987.

Zawodny, J.K.: *Nothing but Honour. The Story of the Warsaw Uprising 1944.* London, 1978.

Zee, Henri A. van der: *The Hunger Winter, Occupied Holland 1944–45.* London, 1982.

Zevin, B.D. (Hrsg.): *Nothing to Fear. The Selected Addresses of Franklin Delano Roosevelt 1932–1945.* London, 1947.

Ziegler, Philip: *Mountbatten.* London, 1985.

Zuccotti, Susan: *The Italians and the Holocaust. Persecution, Rescue and Survival.* London, 1987.

Danksagung

An der Entstehung dieses Buches haben viele mitgewirkt, die einen dadurch, daß sie mir historisches Material zugänglich machten und meine diversen Anfragen beantworteten; die anderen, indem sie mir den Weg zu dokumentarischen und gedruckten Quellen wiesen. Mein Dank für die Hilfe bei der Klärung mehrerer Detailfragen geht an Oliver Everett, Bibliothekar der Royal Archives, und seine Mitarbeiterin Pamela Clark. Besonders wertvolle Stützen waren mir über die Jahre hinweg Dr. Christopher Dowling, Leiter der Abteilung für Museumsdienstleistungen im Imperial War Museum in London, und – in allen Fragen zur Funkaufklärung sowie vielen speziellen Fragen des Land-, See- und Luftkrieges – Edward Thomas, dem ich für seine Bereitschaft danke, mir Orientierungshilfen zu geben.

Wesentliche Anregungen zu einer ganzen Reihe unterschiedlichster Themen verdanke ich Winston G. Ramsey, dem Begründer und Herausgeber der Zeitschrift *After the Battle* und Pionier der Erforschung und Neubewertung »großer« wie »kleiner« Episoden in allen Stadien und an allen Schauplätzen des Krieges.

Für die Antworten auf ein breit gefächertes Bündel von Fragen im Zusammenhang mit den Vereinigten Staaten danke ich Larry Arnn, dem Präsidenten des Claremont Institute for the Study of Statesmanship and Political Philosophy, sowie seinen Mitarbeitern Steven Lanzer und Daniel C. Palm.

Zu Dank verpflichtet bin ich ferner allen, die auf meine Bitten um Material und Informationen geantwortet haben: Rupert Allason (Nigel West); Ralph Amelan, Archiv der *Jerusalem Post,* Jerusalem; F. Bartlett Watt; Michail Beizer; Jeremy Carver; Alan Clark; Reuven Dafni, Zweiter Vorsitzender von Yad Vashem, Jerusalem; Kingston Derry; Barbara Distel, KZ-Gedenkstätte Dachau (Museum, Archiv, Bibliothek); John Doble; John Erickson, Professor für Defense Studies, Universität Edinburgh; Professor M.R.D. Foot; Birthe N. Fraser, Königlich-Dänische Botschaft in London; Nechama Gal, Yad Vashem, Jerusalem; Professor Yoav Gelber, Universität Haifa; Katherine Hafner; Peter Halban; Lizzie Haugbyrd, Königlich Dänische Botschaft in London; Dr. Cameron Hazlehurst; Dr. Hugo Hungerbühler, Stadtarchivar in Zürich; Barbara Jones, Lloyd's Register of Shipping; Alexander Kitroeff, Centre for Byzantine and Modern Greek Studies, Queen College, City University of New York; Serge Klarsfeld; George Klein, Holocaust Memorial Commission, New York; Igor Kotler; Dr. Shmuel Krakowski, Yad Vashem, Jerusalem; Anita Lasker-Wallfisch; Wim von Leer; Norman Longmate; Lorraine Macknight, Kuratorin des Australian War Memorial in Canberra; H.V.S. Manral, The High Commission of India, London; Frau M. Milosavljevic, Botschaft der Sozialistischen Bundesrepublik Jugoslawien in London; Kenneth Murphy, Archivar des *Guardian;* G.W. Peters, Französische Botschaft in London; Heidi Potter, Japanisches Informationszentrum, Japanische Botschaft in London; David Pryce-Jones; Giorgio Guglielmino, Consolato Generale d'Italia, London; F. de Rochemont, Niederländisches Staatsinstitut für Kriegsdokumentation, Amsterdam; Michail Salman; Eileen Schlesinger; Monsignor C. Sepe, Staatssekretariat des Vatikan; Michael Sherbourne; Professor Shoji, Kriegsarchiv Tokio; Major H. Stovern, Königlich-Norwegische Botschaft in London; Frau C. Laken, Königlich-Niederländische Botschaft in London; Jean Ring; Oberstleutnant George Sunderland, Royal Army Medical College, London; W. Tobies, Botschaft der Bundesrepublik

Deutschland in London; A. Vanhaecke, Sous-Archiviste, Service des Archives, Le Havre; Kurt Vonnegut.

Im Endstadium meiner Arbeit an diesem Buch wurde mir weiteres historisches Material zur Verfügung gestellt von: P. Berninger, Magistrat der Stadt Darmstadt, Stadtarchiv; Jack Bresler; Sir William Deakin; Georgette Elgey, Le Conseiller Technique, Président de la République, Paris; Ray Farran; John E. Franklin, Geschäftsführender Direktor der Fulbright Commission; Herman Friedhoff; Terje H. Holm, Norwegisches Verteidigungsmuseum, Oslo; Igor Kotler; Trevor Martin; Frances Penfold, Commonwealth War Graves Commission; Michel D. Piccola; Gordon Ramsay, stellvertretender Chefredakteur von *After The Battle;* Dr. C.M. Schulten, Leiter der Historischen Abteilung des Heeres, Heeresstab der Königlich-Niederländischen Streitkräfte, Den Haag; Thomas L. Sherlock, Historiker am Department of the Army; Arlington National Cemetery, Arlington, Virginia; Dr. Shmuel Spector; Professor Thanos Veremis, Abteilung für Politische Wissenschaften und Öffentliche Verwaltung an der Universität von Athen; und Paul Woodman, Royal Geographical Society.

Für ihre Hilfe beim Sortieren der vielen tausend Blätter Material danke ich Jessica Wyman. Tim Aspden hat aus meinen Kartenskizzen Landkarten höchster Qualität gemacht. Sue Rampton hat das Manuskript für dieses Buch (wie seit über einem Jahrzehnt alle meine Manuskripte) getippt. Für meine gesamte Korrespondenz sowie für zusätzliche Schreibarbeit zeichnete Kay Thomson verantwortlich. Die Lektoratsarbeit ging unter der fachmännischen Aufsicht von Peter James vor sich. Bei der Zusammenstellung des Registers waren mir Carmi Wurtman, Oren Harman, Ephraim Maisel und mein Sohn David behilflich.

In jedem Stadium der Arbeit an diesem Buch konnte ich auf den Zuspruch meines Verlegers David Roberts und meines Freundes Ben Helfgott bauen, der mich als Überlebender des Holocaust an seinen beträchtlichen Kenntnissen und seiner Weisheit teilhaben ließ.

Wie bei jedem meiner bisherigen Bücher, ist es auch bei diesem meine Frau Susie gewesen, der ich nicht nur die sorgfältige Durchsicht des Textes verdanke, sondern auch die Kraft und Entschlossenheit, das anvisierte Ziel einer einbändigen Geschichte des Zweiten Weltkriegs zu verwirklichen, die den Versuch unternimmt, die vielen verschiedenen Konfliktschauplätze zu berücksichtigen und die Leiden, den Heldenmut und die Leistungen von Soldaten wie Zivilisten angemessen zu würdigen.

Merton College
Oxford
8. Mai 1989

Regionalkarten

1 Deutschland

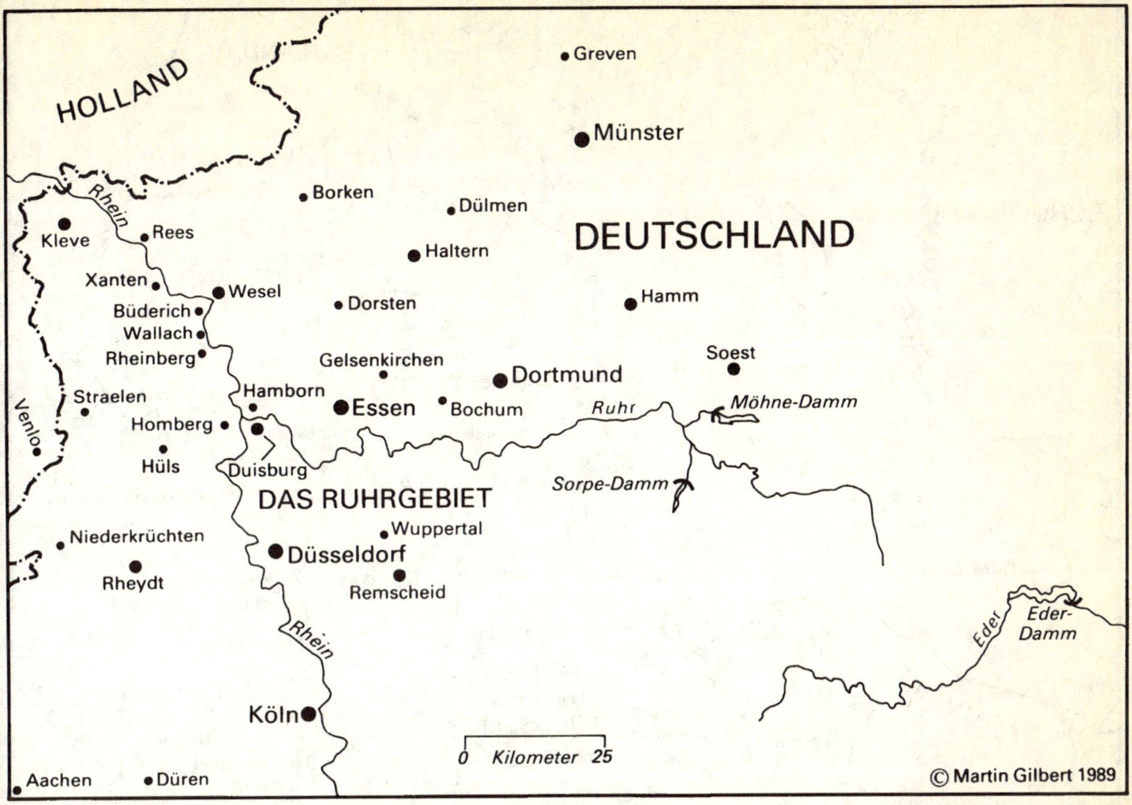

2 Das Ruhrgebiet

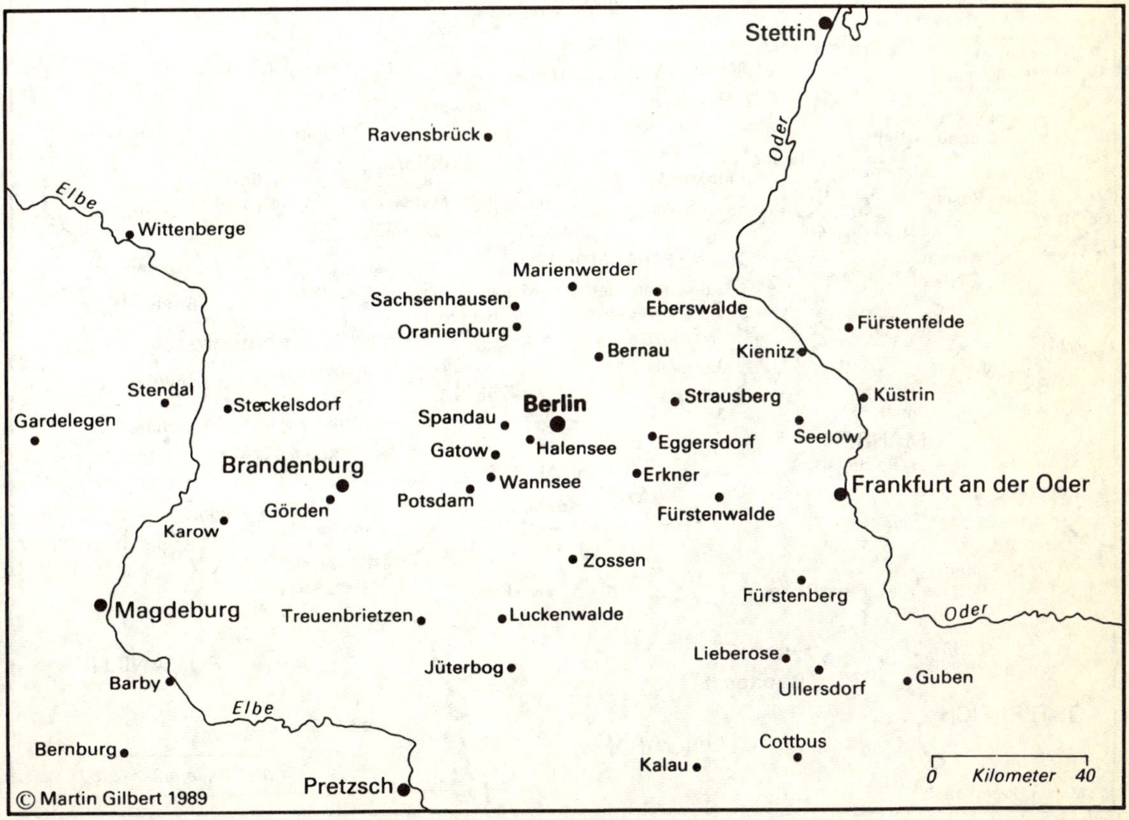

3 Deutschland von der Elbe bis zur Oder

4 Östliches Deutschland, Ostpreußen, Polen und die Baltischen Staaten

5 Westliches Rußland

6 Frankreich

Leeuwarden
TEXEL
Assen
Westerbork
Nordsee
Ijsselmeer
Ijmuiden
Overveen
Amsterdam
Schiphol
Hellendoorn
Deventer
Apeldoorn
Enschede
HOLLAND
Leiden
Den Haag
Utrecht
Doorn
Wageningen
Arnheim
Rheden
Delft
Rhein
Rotterdam
Waal
Nimwegen
Maas
DEUTSCHLAND
Steenbergen
Breda
Eindhoven
Venlo
Rhein
Antwerpen
Fort Breendonk
Scheldе
Eik
BELGIEN
Mecheln
Mechelen-sur-Meuse
Meuse – Maas
0 Kilometer 30
Maastricht
© Martin Gilbert 1989

7 Holland

8 Großbritannien

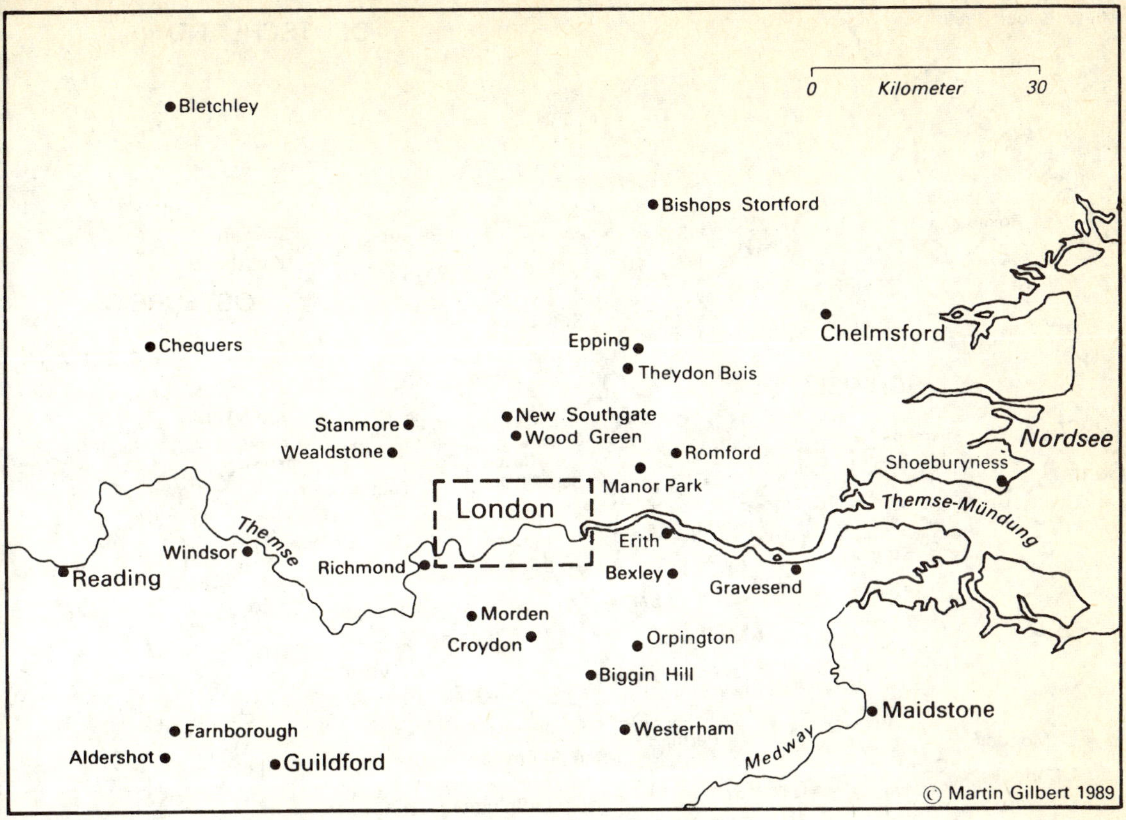

9 Das Tal der Themse

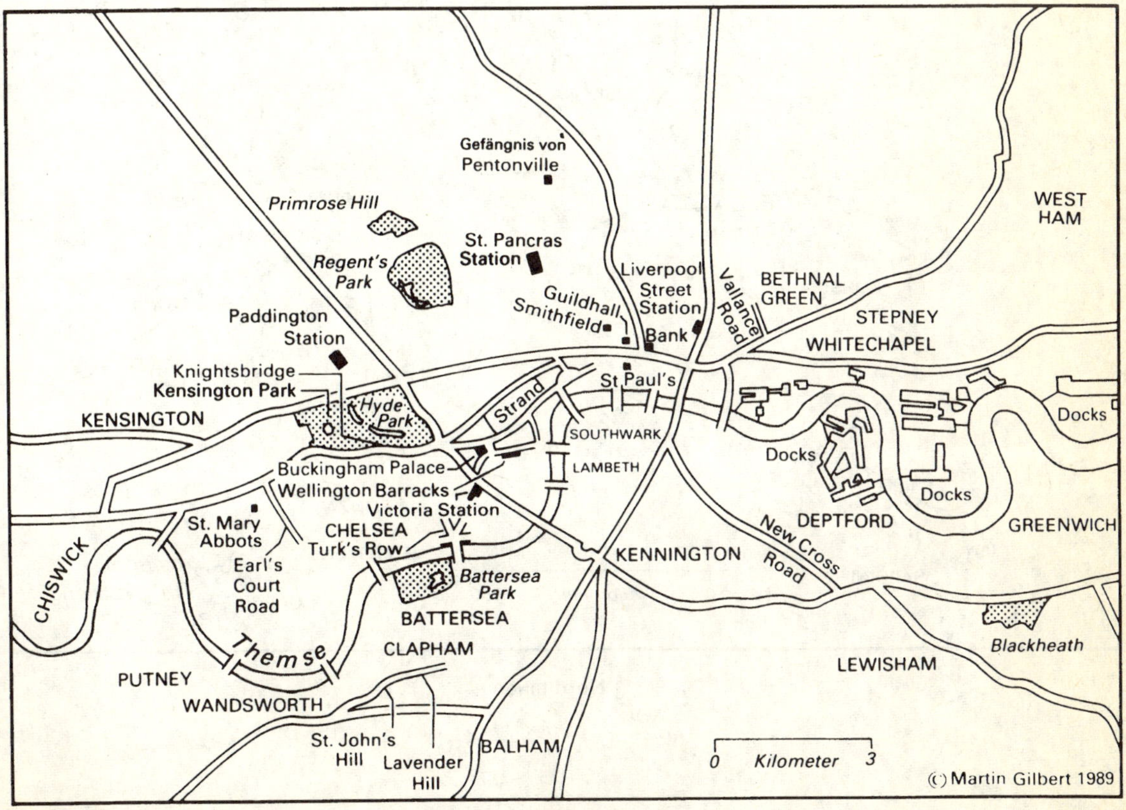

10 London

11 Norditalien

12 Österreich, Slowakei, Ungarn und Jugoslawien

13 Die Mittelmeerländer

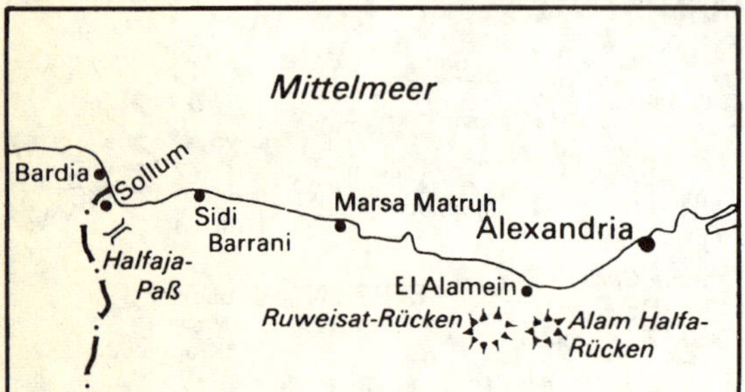

14 Die Ägyptisch-Libysche Grenze

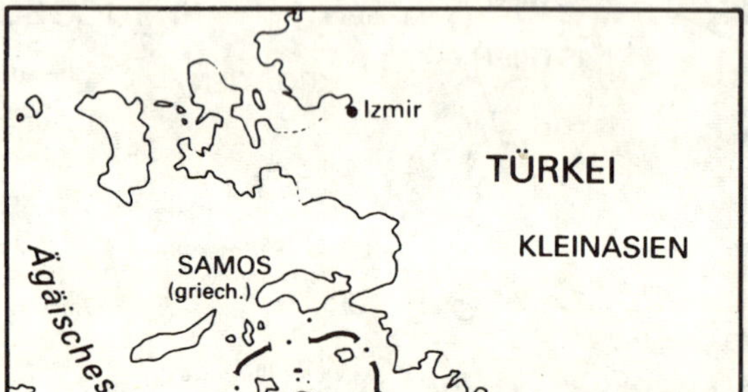

15 Die Inseln des Dodekanes

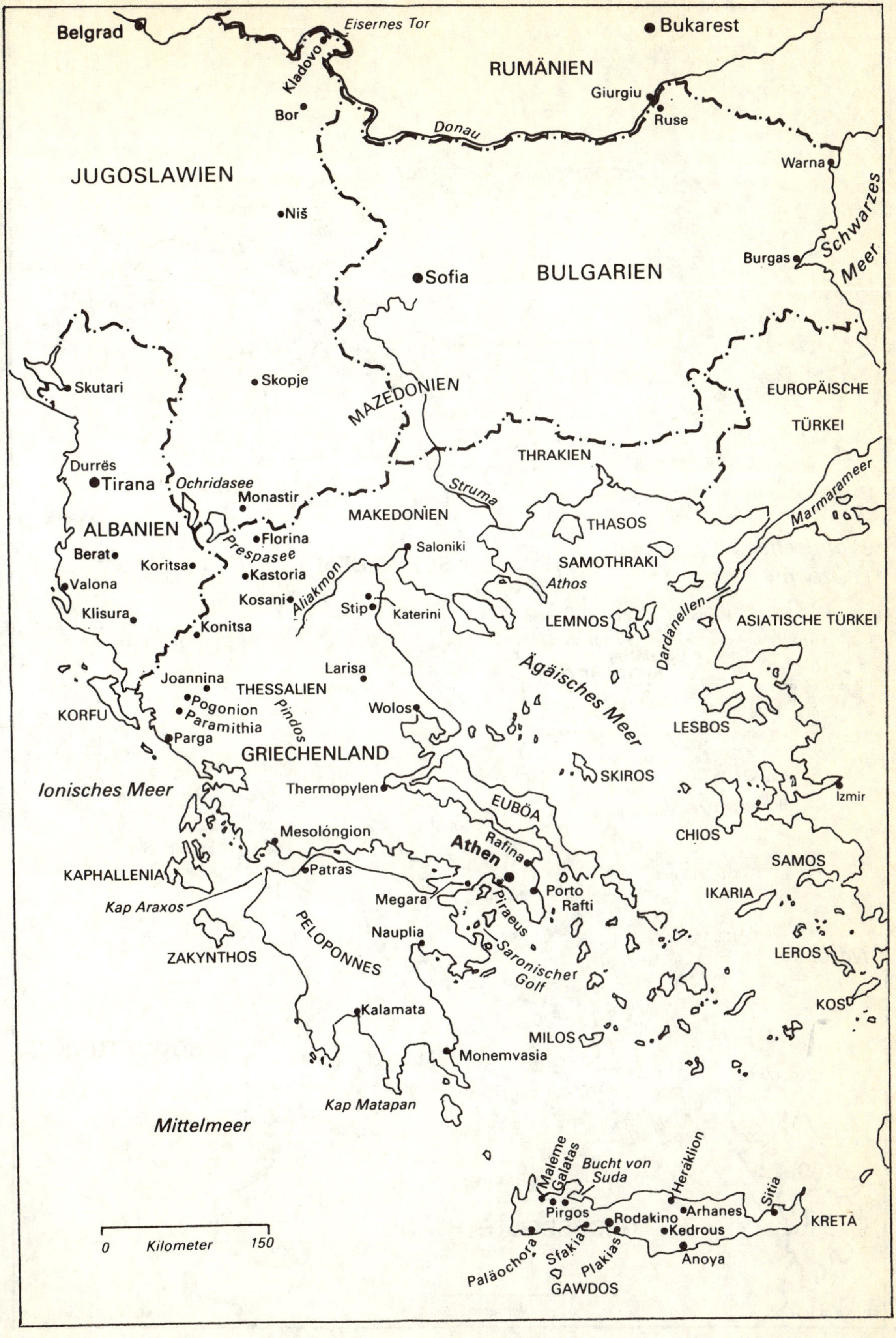

16 Südjugoslawien, Bulgarien, Griechenland und Kreta

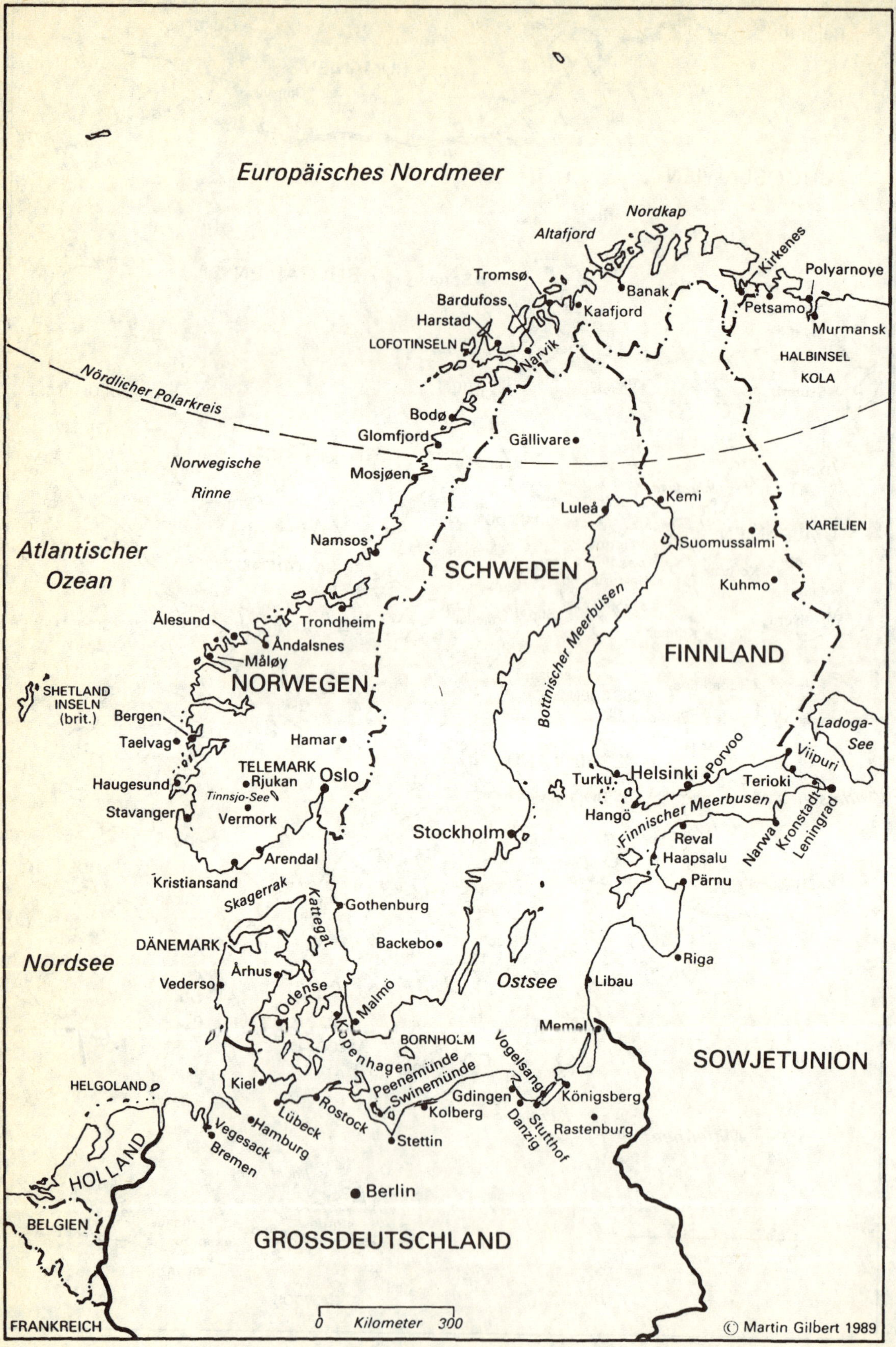

17 Skandinavien und das Baltikum

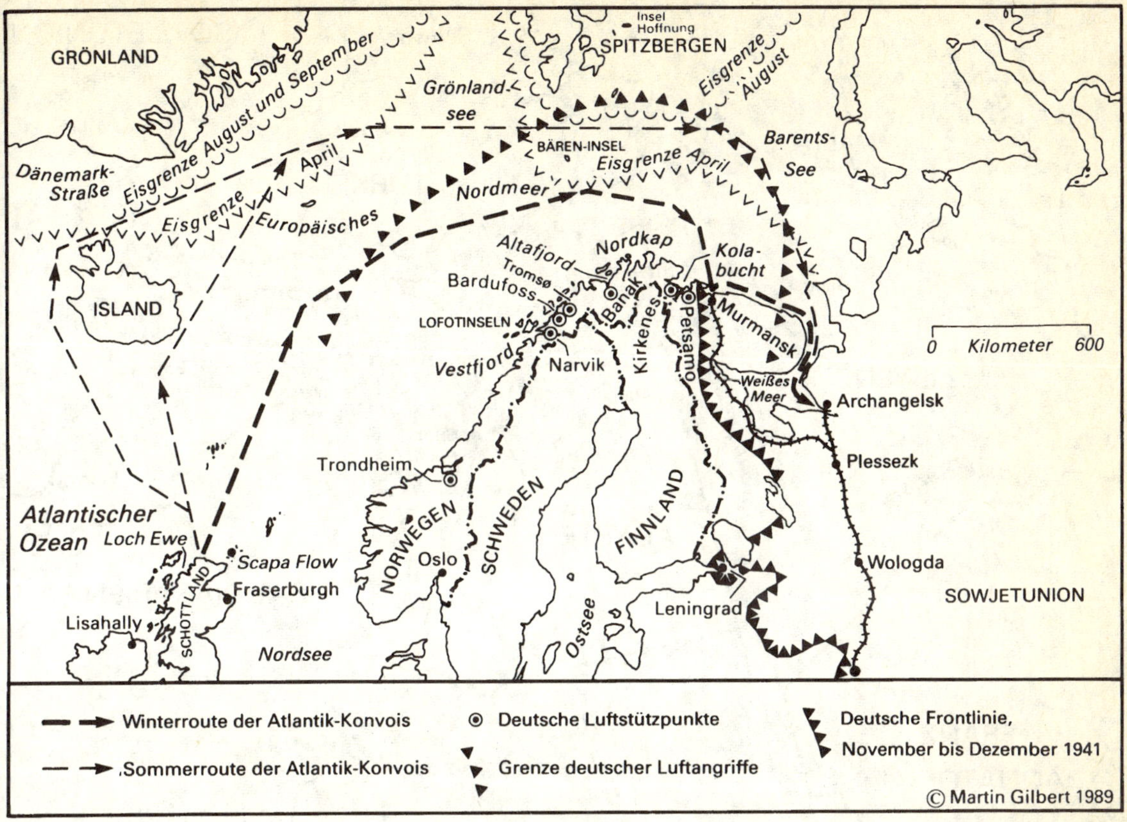

18 Die Arktis-Konvois

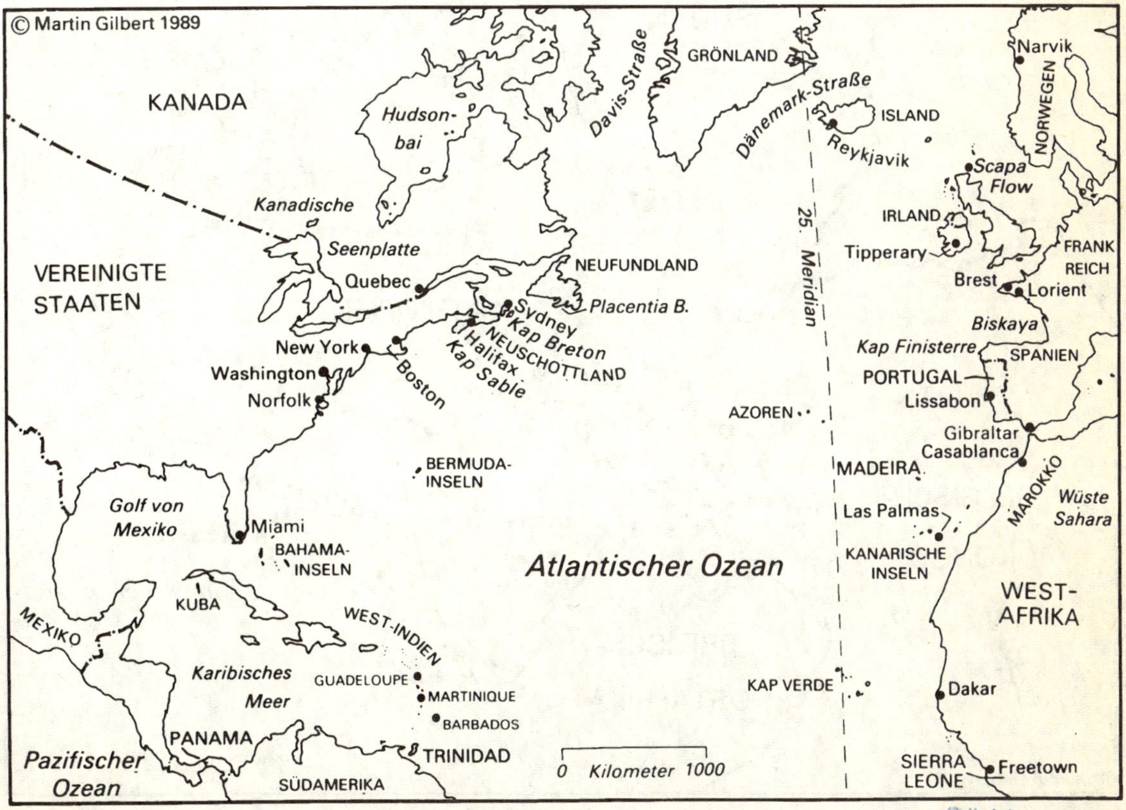

19 Der Atlantische Ozean

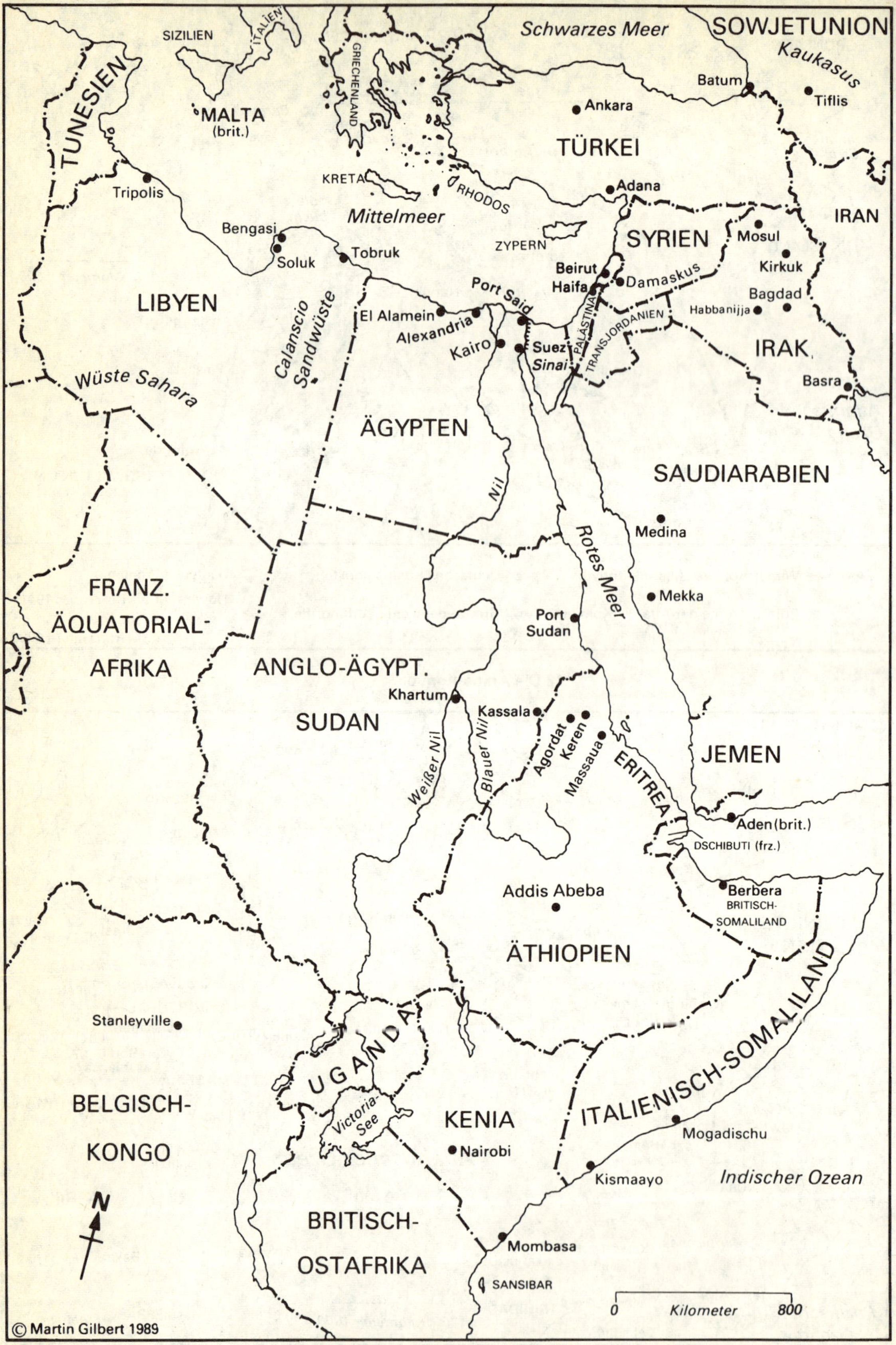

20 Ostafrika und der Mittlere Osten

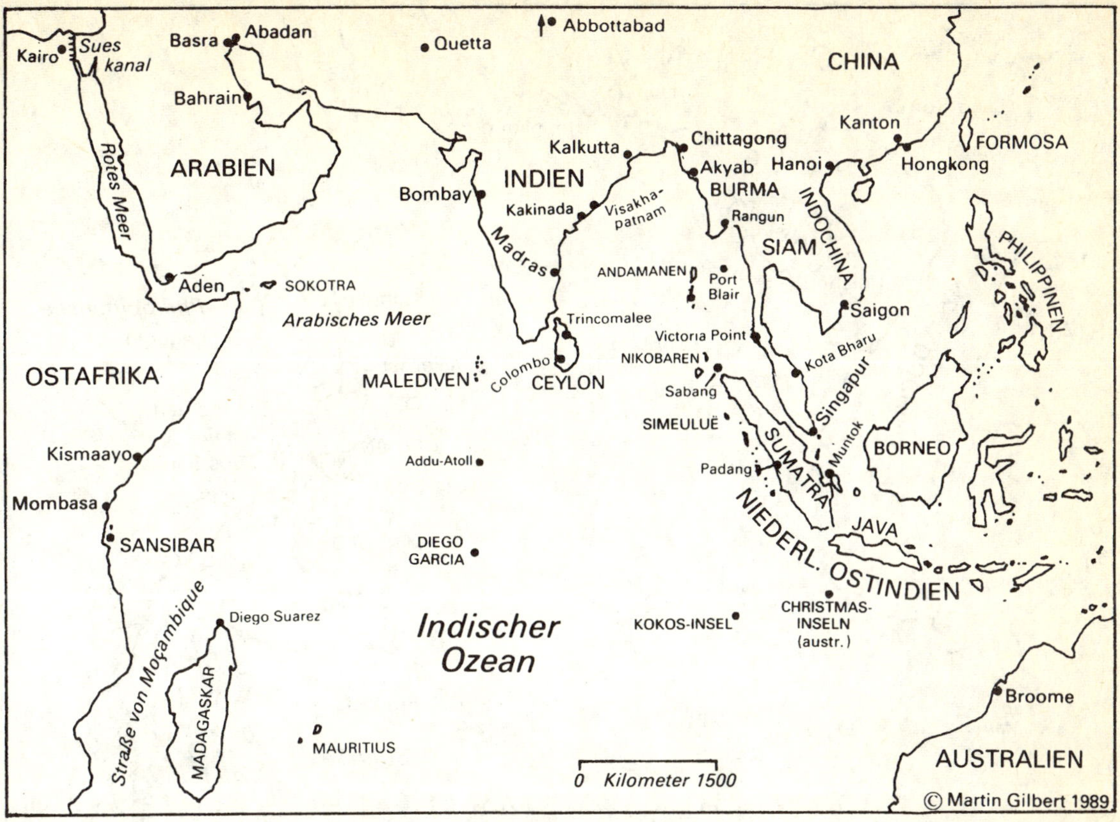

21 Der Indische Ozean

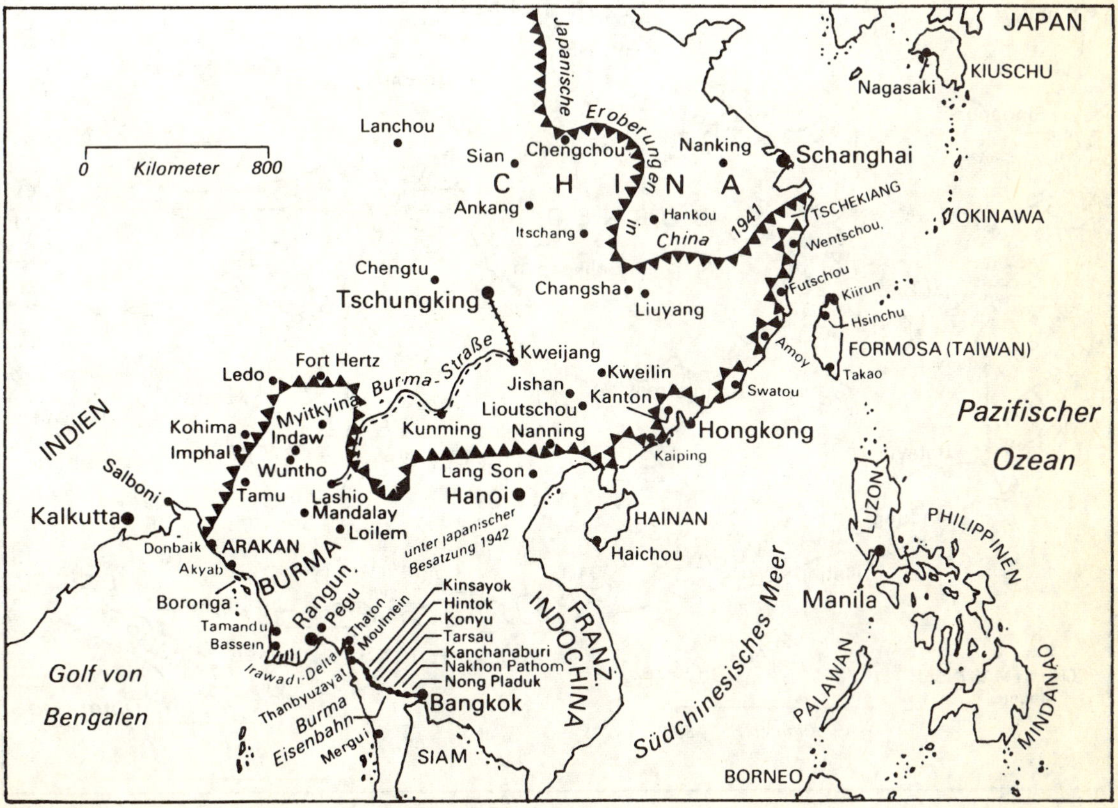

22 Burma, Indochina und China

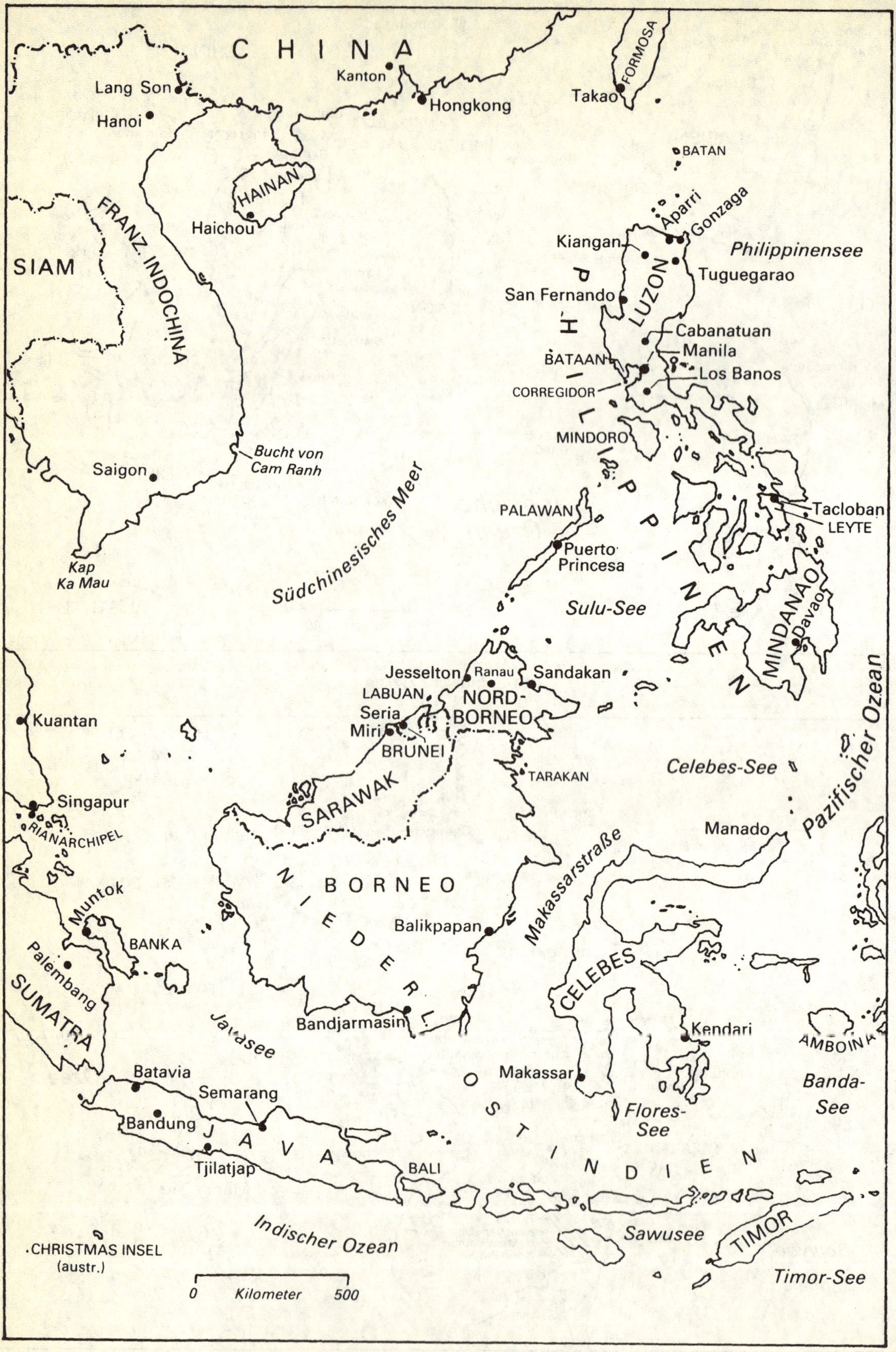

23 Die Philippinen und Niederl. Ostindien

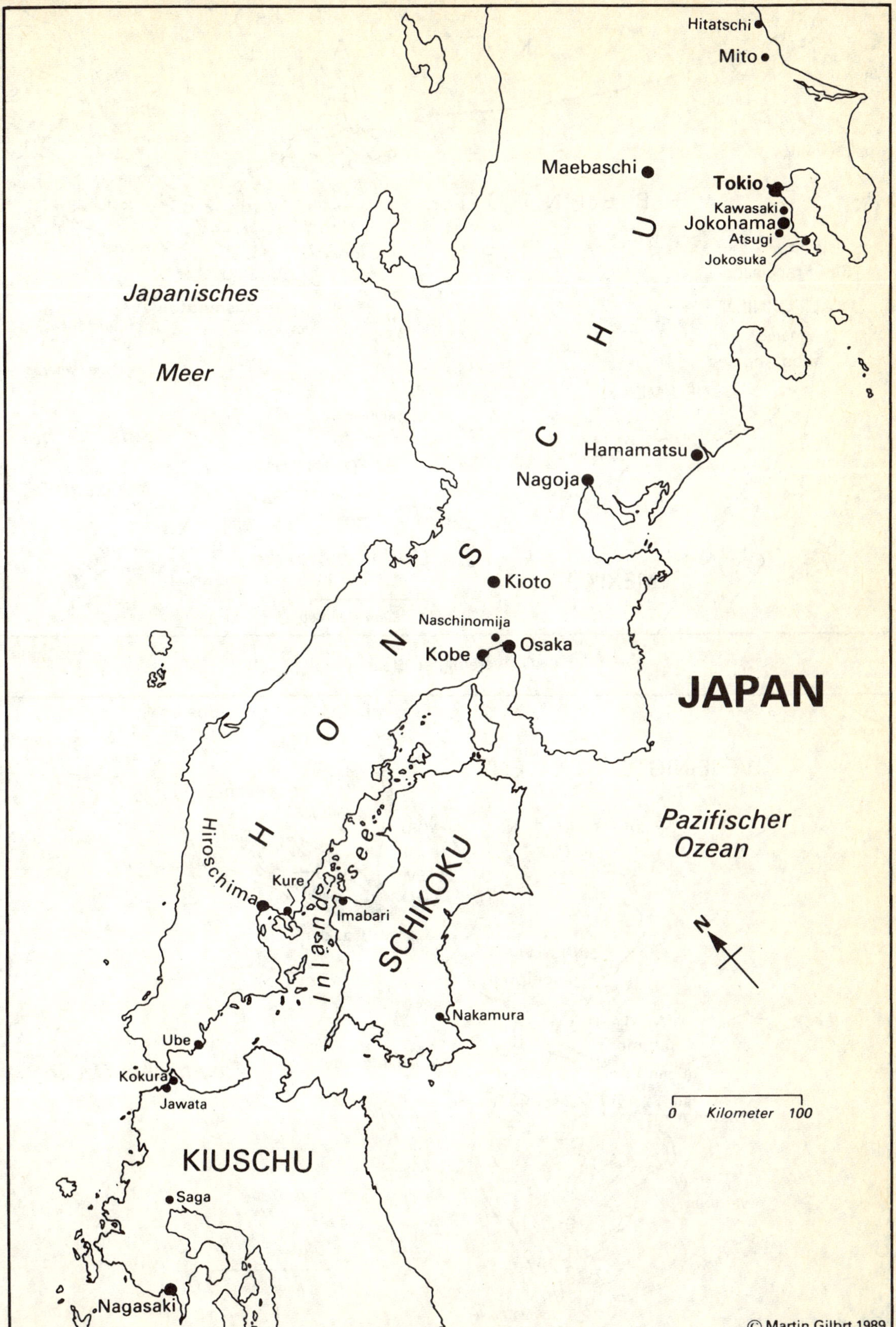
Hitatschi
Mito
Maebaschi
Tokio
Kawasaki
Jokohama
Atsugi
Jokosuka
Japanisches
Meer
H
O
N
S
C
H
U
Hamamatsu
Nagoja
Kioto
Naschinomija
Kobe
Osaka
JAPAN
Pazifischer
Ozean
Hiroschima
Kure
Imabari
Inlandsee
SCHIKOKU
N
Nakamura
Ube
Kokura
Jawata
0 Kilometer 100
KIUSCHU
Saga
Nagasaki
© Martin Gilbrt 1989

24 Japan

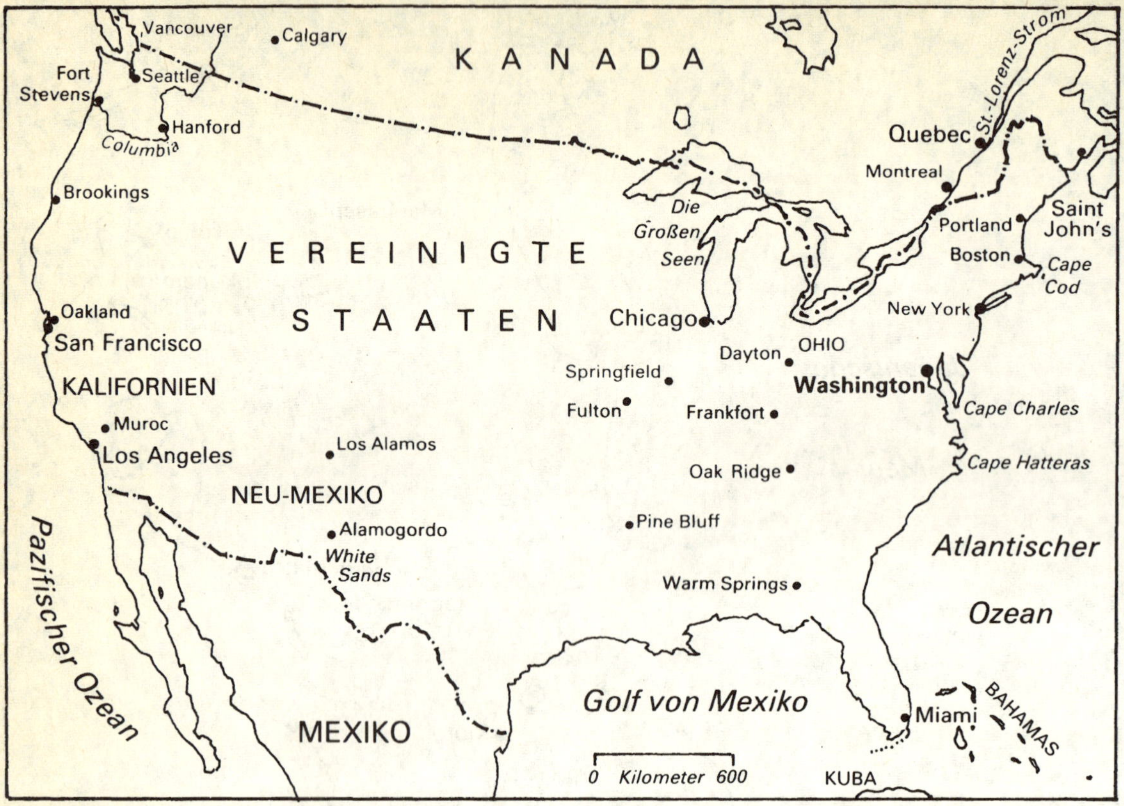

25 Die Vereinigten Staaten

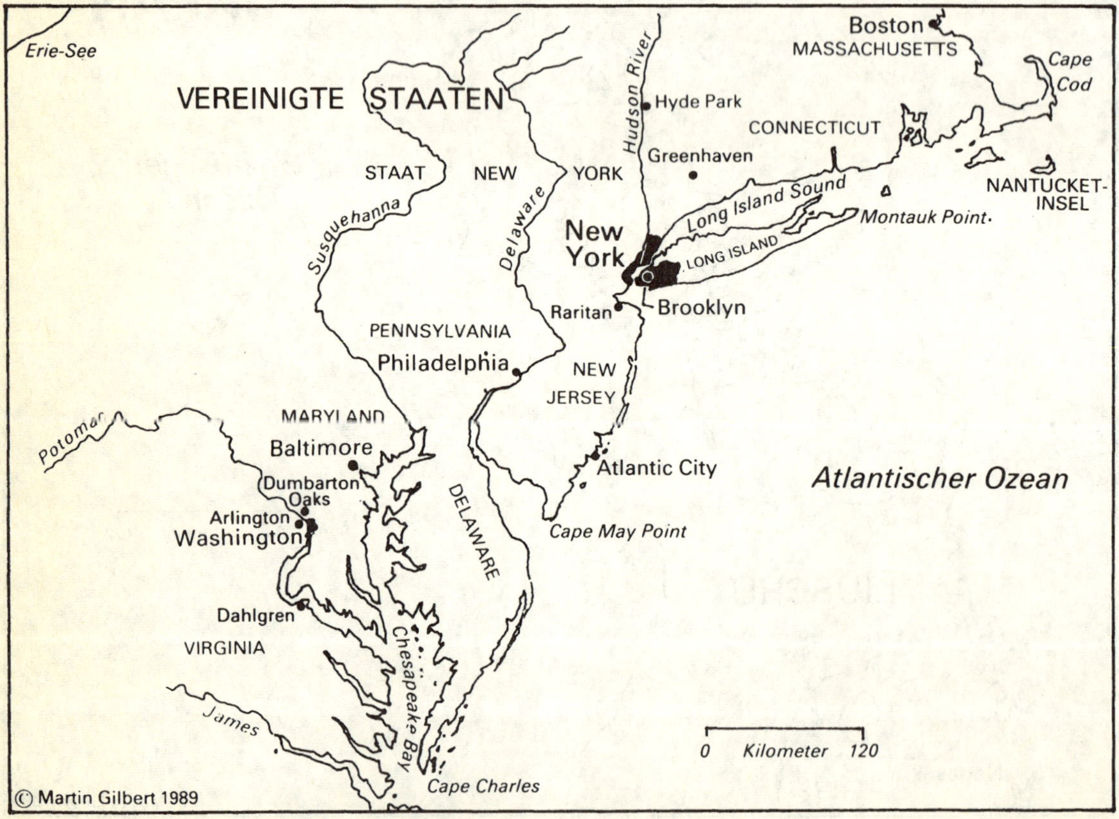

26 Die Ostküste der Vereinigten Staaten

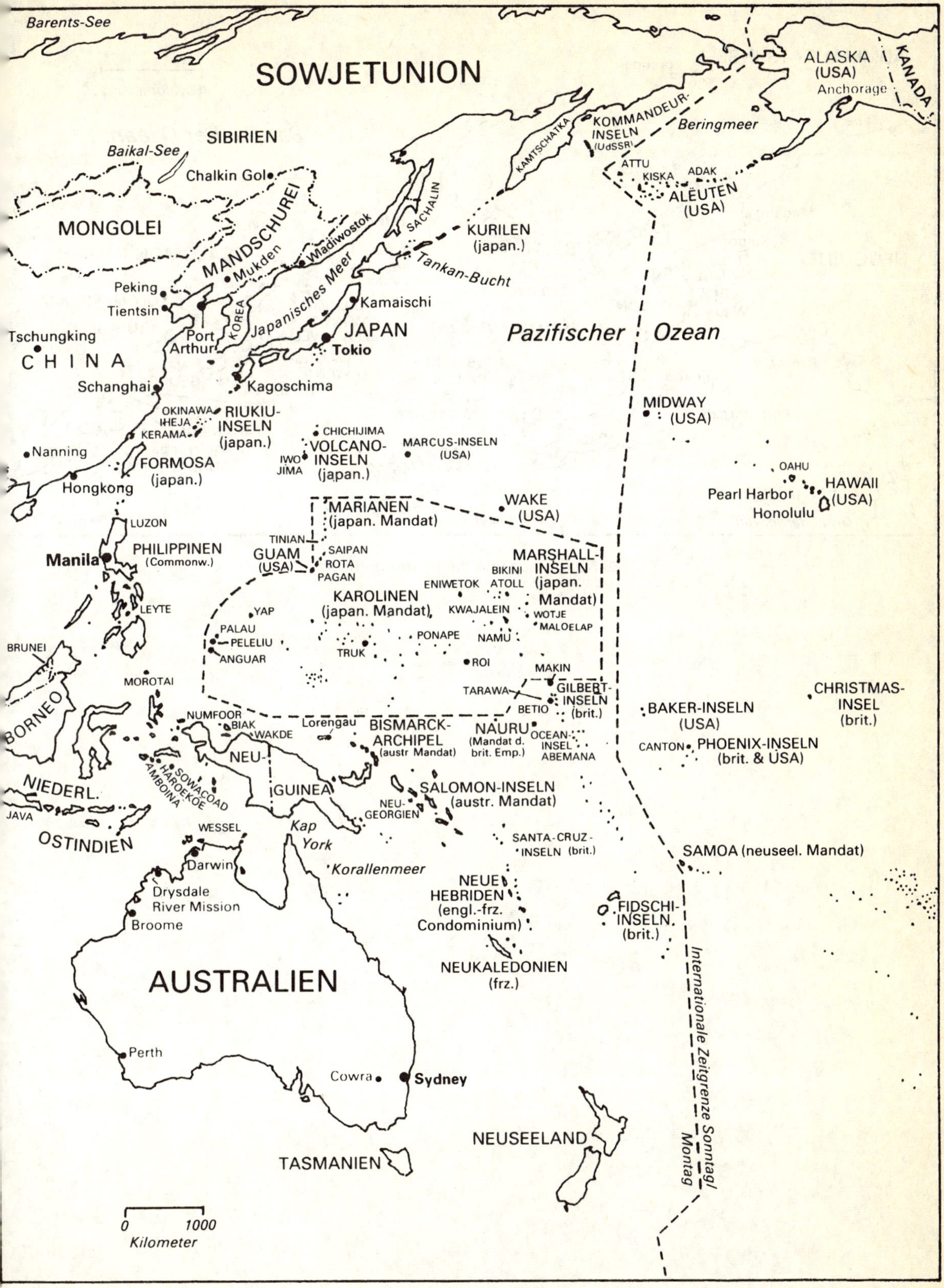

27 Der Pazifische Ozean

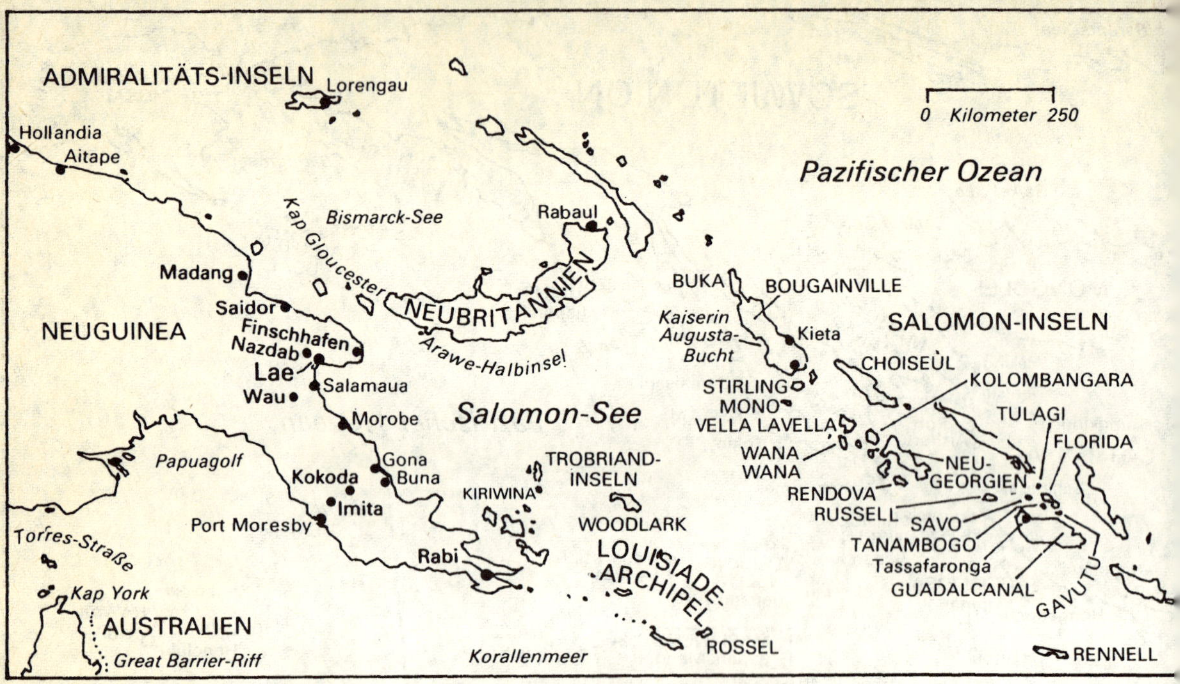

28 Neuguinea und die Salomon-Inseln

Verzeichnis der Karten

Karten im Text

Die deutsche Invasion in Polen, September 1939 . . . . *3*
Polen geteilt, Oktober 1939 . . . . *17*
Großdeutschland, November 1939 . . . . *21*
Der Russisch-Finnische Krieg, November 1939 . . . . *33*
Skandinavien, 1940 . . . . *41*
Die deutsche Invasion in Westeuropa, Mai 1940 . . . . *63*
Dünkirchen, Mai 1940 . . . . *71*
Die Schlacht um Frankreich, Juni 1940 . . . . *87*
Die Niederlage Frankreichs, Juni 1940 . . . . *95*
Europa von Norwegen bis Ägypten, Sommer 1940 . . . . *113*
Die Schlacht um England und der »Blitz«, August – September 1940 . . . . *119*
Die italienische Invasion in Griechenland, Oktober 1940 . . . . *135*
Jugoslawien und Griechenland, April 1941 . . . . *170*
Die Evakuierung von Attika, April 1941 . . . . *174*
Kreta, Mai 1941 . . . . *182*
Deutschland und der Mittlere Osten, der Deutsche Plan vom 11. Juni 1941 . . . . . . *188*
Deutschland und Sowjetunion unmittelbar vor Kriegsbeginn *192*
Die »Wolga-Archangelsk-Linie« und die »Berlin-Tiflis-Achse« *194*
Die Ausweitung des Krieges, Juni 1941 . . . . *199*
Die deutsche Invasion in Rußland, 22. Juni 1941 . . . . *201*
Die Ostfront, August 1941 . . . . *213*
Die Belagerung Leningrads, Oktober 1941 – Januar 1944 . . . . *227*
Die Ostfront, September und Oktober 1941 . . . . *229*
Die Schlacht um Moskau, Winter 1941 . . . . *249*
Pearl Harbor, Dezember 1941 . . . . *260*
Die Ostfront, Dezember 1941 . . . . *265*
Das Japanische Reich und der Ausbruch des Krieges, Dezember 1941 . . . . *268*
Das erste Todeslager, Mordschauplätze und die Ostfront, Dezember 1941 . . . . . . *269*
Das Südchinesische Meer, Dezember 1941 . . . . *272*
Die Ostfront, März 1942 . . . . *285*
Die Batgan-Halbinsel, Januar – Mai 1942 . . . . *290*
Sowjetische Partisanen, 1942 . . . . *306*
Todeslager, Deportationen, Luftangriffe und Vergeltungsmaßnahmen, 1942 . . . . . . *308*
Die Ostfront, Mai 1942 . . . . *310*
Die deutsche Offensive, Juli – November 1942 . . . . *341*
Terror im Osten, Juli 1942 . . . . *343*
Die Belagerung Stalingrads, September – November 1942 . . . . *355*
Im Rücken der Ostfront, Winter 1942–1943 . . . . *361*
Die sowjetische Rückeroberung von Kaukasus und Don, Winter 1942–1943 . . . . . . *381*

Der Kampf um Tunesien, Januar – Mai 1943 402
Deutsche Rückzugsbewegungen, Februar – August 1943 410
Von Tunis nach Sizilien, Mai – Juli 1943 436
Die Schlacht um den »Kursker Bogen«, Juli 1943 441
Die Ostfront und der Vormarsch der Roten Armee, Juli – August 1943 453
Einige Schauplätze von Exekutionen sowjetischer Kriegsgefangener, Polen und Juden, 1943 482
Die Ostfront, Winter 1943–1944 486
Die italienische Front, 1943–1944 490
Täuschungsmanöver in der Normandie und in Südfrankreich 492
»Big Week« Luftangriffe vom 10.–26. Februar 1944 500
Burma, 1944 506
Frankreich, 1. Februar – 5. Juni 1944 517
Sklavenarbeitslager in Ostschlesien, 1944 523
Die Landungen in der Normandie, 6. Juni 1944 534
Die Offensive der Roten Armee, Juni – August 1944 545
Der Aufstand in Warschau, Juli – Oktober 1944 562
Die Schlacht in Frankreich, Juni – September 1944 568
Europa im Krieg, September 1944 574
Die Anti-Treibstoff-Offensive, August 1944 576
Die Ostfront, September – Dezember 1944 578
Der slowakische Aufstand, August – Oktober 1944 582
Die Schlacht um Nordwest-Europa, September 1944 585
Der Östliche Pazifik, Oktober 1944 – März 1945 604
Die Westfront und die italienische Front, Oktober 1944 606
Die Ostfront, Oktober 1944 608
Die deutsche Gegenoffensive in den Ardennen, Dezember 1944 618
Die Überschreitung des Rheins, März 1945 646
Die Landung auf Okinawa, 1.–23. April 1945 655
Vom Rhein bis zur Elbe, April 1945 664
Die Schlacht um Berlin, März – April 1945 670
Die Belagerung Berlins, April 1945 674
Europa vom Krieg zum Frieden, Mai 1945 684
Der Verlust von Okinawa, 30. April – 21. Juni 1945 697
Europa nach dem Krieg 705
Die sieben Atombomben-Flüge vom 5.–6. August 1945 712

Regionalkarten

1 Deutschland
2 Das Ruhrgebiet
3 Deutschland von der Elbe bis zur Oder
4 Östliches Deutschland, Ostpreußen, Polen und die Baltischen Staaten
5 Westliches Rußland
6 Frankreich
7 Holland
8 Großbritannien
9 Das Tal der Themse
10 London
11 Norditalien
12 Österreich, Slowakei, Ungarn und Jugoslawien
13 Die Mittelmeerländer
14 Die Ägyptisch-Libysche Grenze
15 Die Inseln des Dodekanes
16 Südjugoslawien, Bulgarien, Griechenland und Kreta
17 Skandinavien und das Baltikum
18 Die Arktis-Konvois
19 Der Atlantische Ozean
20 Ostafrika und der Mittlere Osten
21 Der Indische Ozean
22 Burma, Indochina und China
23 Die Philippinen und Niederl. Ostindien
24 Japan
25 Die Vereinigten Staaten
26 Die Ostküste der Vereinigten Staaten
27 Der Pazifische Ozean
28 Neuguinea und die Salomon-Inseln

Register

Ortsregister

Aachen: 600f, 603
Abbeville: 69, 87
Abemana: 475
Addis Abeba: 153, 168
Aden: 90
Admiralitäts-Inseln: 525
Adony: 616
Ägypten: 121f, 124, 139, 145, 176f, 179, 182, 186, 190, 335f, 370f, 377
Ärmelkanal: 109, 538
Afrika: 90, 153,155ff, 167ff, 173, 255, 258, 289, 331ff, 335ff, 346, 356, 374ff, 388f, 395f, 401, 414f, 418
Agordat: 155
Aišiškes: 236
Akyab: 319
Alamogordo: 703, 706
Albanien: 202
Albert-Kanal: 61
Alderney: 551
Alëuten: 328, 358, 425, 433, 446, 450
Alexandria: 122, 143
Alexejewka: 406
Altafjord: 462
Amboina: 293, 299
Amiens: 69, 498f
Amsterdam: 404, 424
Åndalsnes: 55, 58
Andamanen: 393
Anderman-Inseln: 309
Angers: 514
Anguar: 604
Annecy: 510
Antwerpen: 68, 417, 584, 600, 607f, 611ff, 619ff, 625, 652
Anzio: 489ff, 494f, 497f, 525f
Apeldoorn: 62
Archangelsk: 280
Ardennen: 65f, 615ff, 625f
Arezzo: 544, 553
Argentinien: 562
Århus: 607f
Armawir: 396
Arnheim: 592f, 596, 663
Arno: 583
Arras: 70
Ascq: 511
Asow: 399
Athen: 177, 459, 464
Atlantischer Ozean: 9f, 34, 103, 106, 129, 132, 138, 143, 158f, 171f, 177, 184, 207, 228, 276f, 286, 301, 316, 328, 337, 357f, 368, 412f, 421, 424, 431, 443
Augsburg: 315
Augustów: 556
Auschwitz: 43, 57, 96, 127, 147, 166, 217f, 228, 307f, 320, 333, 335, 337, 339, 342f, 347, 349f, 354f, 360, 364, 367, 369, 371, 375, 385, 390f, 394, 397, 399, 406f, 412, 420, 424, 431, 435, 437, 443, 458ff, 463ff, 470, 472f, 487, 493ff, 502f, 506f, 509, 512f, 519, 522ff, 526, 528, 540, 545, 548f, 553, 559, 561, 563f, 577f, 581, 584, 589, 594, 597, 599f, 605f, 613f, 620, 622f, 629ff, 739
Australien: 299, 302
Auvergne: 520
Avignon: 579

Bacena: 574
Backebo: 538
Bad Nauheim: 616
Bagdad: 167, 186
Bajda Fumm: 155f
Baker Island: 456
Baku: 51
Balikpapan: 290f
Balta: 286
Bande: 621
Bandung: 316
Bangkok: 271
Banská Bystrica: 603
Bardejov: 631
Bardia: 148
Barents-See: 502
Bastogne: 620f, 626, 628
Bataan: 284, 287, 291f, 312f
Bataisk: 345
Batavia: 303
Bath: 317
Beaugency: 591
Bedzin: 7
Beirut: 187
Bela Crkva: 206
Belgien: 29, 38, 51, 60ff, 75ff, 529
Belgorod: 399, 412, 449
Belgrad: 165, 168ff, 215, 602f
Belzec: 129, 288, 304f, 307, 309, 312f, 320, 333, 337, 361, 369, 375
Ben Gardane: 401
Bengasi: 143, 155, 168, 292, 381
Berbera: 120
Berditschew: 233
Berdjansk: 240
Bereza Kartuska: 344
Bergen-Belsen: 515, 614, 650, 662f, 671, 694
Bergen: 54
Berlin: 14, 18ff, 102, 104, 108, 121, 124, 128, 136,

170, 220, 251, 288f, 323, 397, 406ff, 414f, 454f, 457, 474ff, 480f, 484f, 489, 494f, 499, 509, 610, 636f, 656, 658f, 665ff, 675, 680ff, 689
Bessarabien: 103f
Biak: 542
Biała Podlaska: 278
Bialawola: 388
Białystok: 353, 442, 645f
Biggin Hill: 121f
Bikini-Atoll: 728f
Bir Hacheim: 186, 325
Birkenau: 307, 342, 347, 512, 526, 528, 577f, 581, 589, 620, 629f, 633
Birmingham: 142
Biserta: 425
Bjerkvik: 64
Blechhammer: 589, 630
Bletchley: 44, 56, 70ff, 82, 154, 160, 202, 216, 283, 351, 373, 394f, 413, 429, 493, 539
Bobruisk: 276, 305f, 547
Bochum: 426
Bodø: 65
Bologna: 668
Bonn: 647
Bordeaux: 93, 95f
Borneo: 275, 286, 296, 468, 634, 698ff
Bornholm: 50, 452
Bosnien: 424
Bougainville: 419, 473, 507
Boulogne: 73, 595
Bourges: 513
Boves: 465
Breendonk: 127, 157f
Bremen: 100, 336, 359, 412
Brenta: 668
Breslau: 638, 642, 644, 659, 686, 688
Brest-Litowsk: 212
Brest: 97f, 100, 593
Bretagne: 90f
Briare: 91ff, 100
Brieg: 638
Bristol: 124f, 143
Brize Norton: 118
Brjansk: 241, 329, 360, 427, 455, 461
Bromberg: 5, 12
Brügge: 75
Brünn: 673
Brüssel: 68, 458, 584, 588, 625
Brunei: 283, 699
Brûly-de-Pesche: 86
Buchenwald: 27, 158, 561, 571, 577, 581, 586, 597, 654, 660
Budapest: 549, 602, 623, 627ff, 639f
Bug: 16, 22, 129, 554, 558
Bukarest: 151, 583
Bukowina: 103
Bulgarien: 159, 169, 405, 414
Buraki: 193
Burma: 131, 303, 324, 390, 401f, 484, 505, 612, 632, 645, 666, 693, 698, 704, 721, 732
Butrimonys: 239
Bzura: 7

Cabanatuan: 634
Caen: 532, 537, 552, 556
Calais: 73, 75
Cambrai: 67ff, 80
Cannes: 567
Capri: 460
Cardiff: 125
Carnia: 599
Casablanca: 100f, 103, 375, 391f, 395f
Cassino: 481, 488ff, 494f, 497f, 507f, 521, 524f
Castelforte: 491
Catania: 449
Cegléd: 609
Changsha: 542
Charkow: 236, 246, 398, 409f, 453, 479
Chełm: 32, 474, 558
Chelmno: 269f, 274, 288f, 295, 301, 320, 329, 541, 629, 631
Chemnitz: 589, 639
Chenogne: 620
Cherbourg: 93, 97f, 100, 527, 544f, 547f
Cherson: 237
Chicago: 383
China: 108, 128f, 131, 698, 719
Chinesisches Meer: 365
Choiseul: 470
Cholm: 502
Châlons-sur-Marne: 582
Château Terlinden: 528
Ciechocinek: 27
Clermont-Ferrand: 95
Colditz: 665
Colleville-sur-Mer: 535
Colmar: 100, 633, 638
Compiègne: 69f, 100f
Corregidor: 279, 313, 321, 643
Cotentin: 530, 564f
Cottbus: 478
Coventry: 142
Cyrenaika: 169, 296

Dachau: 7, 140, 183, 495, 502, 584, 667, 677f, 724, 727, 735, 737
Dänemark: 45f, 54, 455, 463, 487
Dakar: 126
Damaskus: 187, 193
Danzig: 10f, 19, 23, 632, 639, 653, 688
Darmstadt: 589, 707
Debrecen: 603
Den Haag: 514, 644
Dendre: 68
Denée: 66
Derna: 155

Deutschland: 4, 16, 20, 26, 34f, 40, 50ff, 79, 91, 93, 96ff, 100f, 105, 110ff, 117, 120f, 126 ff, 133, 145ff, 158f, 163f, 177ff, 189f, 207f, 222, 226f, 258, 273, 282, 292, 393, 396f, 406f, 409f, 420, 426f, 438f, 449, 459, 466f, 473f, 499ff, 502f, 527, 549, 573ff, 589, 597, 610, 623f, 657, 705, 722f, 734f, 737f
Dieppe: 352f
Dijon: 97
Dnjepr: 463
Dnjeprodserschinsk: 470
Dnjepropetrowsk: 224, 295, 470
Dno: 502
Dobromil: 208
Dodekanes: 464
Don: 384, 458
Dongo: 676
Dora: 561
Dorogobusch: 306, 339, 439
Dortmund: 432
Dover: 75, 78, 80, 593
Dresden: 637, 639f, 644
Drissa: 553
Drogobytsch: 209, 216
Dschankoi: 292
Dubno: 320
Dubrovnik: 603
Düna: 200
Dünaburg: 200, 208, 233
Dünkirchen: 73ff, 85f, 591
Düsseldorf: 146, 358, 388
Durowo: 413
Dyle: 60f

Eben-Emael: 61f, 589
Ebensee: 686f
Eckernförde: 53
Eger: 614
El Agheila: 164, 381
El Alamein: 336f, 356, 370f, 373
El-Hamma: 414f
Elista: 370
Enfidaville: 418
Eniwetok: 498
Éperclecques: 454
Erfurt: 661
Eritrea: 90
Essen: 139, 305, 407f, 416
Estland: 16, 94, 593f
Esztergom: 653
Etsch: 668
Europa: 727, 731
Exeter: 317
Eydtkuhnen: 603

Falaise: 566ff, 571ff
Fallingbostel: 665
Falmouth: 95
Fastow: 230, 472
Feodossija: 278ff, 292, 303
Finnischer Meerbusen: 40
Finnland: 31ff, 38, 40ff, 44, 46ff, 200, 407, 573, 644
Finschhafen: 464
Flossenbürg: 561, 653, 683
Foggia: 463
Folkestone: 593
Formosa: 476, 600, 625
Frankfurt am Main: 494, 653
Frankreich: 4, 6, 19f, 25, 29, 34, 47, 50, 59ff, 66ff, 75ff, 85ff, 129f, 162, 282, 284, 354ff, 376, 396f, 403, 407, 433ff, 451, 460f, 467, 474, 481, 488f, 503, 527ff, 529ff
Friedrichshafen: 438
Fürstenberg: 638

Gabun: 140
Gabès: 415
Gällivare: 42, 46, 48, 50, 55
Gardelegen: 662
Garwolin: 553
Gawdos: 164
Gdingen: 2, 21, 653
Gelsenkirchen: 535
Genua: 90, 377
Gex: 513
Gibraltar: 120
Gilbert-Inseln: 475
Gleiwitz: 1, 522, 607
Görden: 11, 105
Gomel: 399, 476
Gorizia: 668
Gospić: 223
Granville: 647f
Griechenland: 134, 136, 142f, 147ff, 157, 159, 161f, 164f, 169ff, 176ff, 422f, 444, 449, 458ff, 509, 598ff, 622
Grini: 405
Grodno: 198
Grönland: 171
Großbritannien: 4ff, 15, 19f, 25f, 29f, 34ff, 44, 47ff, 61f, 64f, 68ff, 77, 82f, 86ff, 103ff, 117ff, 126, 131ff, 138f, 142, 144, 149f, 153ff, 166, 180, 282f, 445, 451f, 503, 547f, 623
Gshazk: 408
Guadalcanal: 349, 360, 367, 371, 373, 376f, 382ff, 386, 390, 392, 398, 400
Guam: 273, 540, 558
Guernsey: 104, 110
Gumbinnen: 605
Gurs: 133
Györ: 653

Habbanijja: 177
Hamar: 54
Hamburg: 100, 142f, 397, 407, 433, 445ff, 551, 682
Hangö: 49
Harstad: 62, 65
Harz: 659, 665
Hegyeshalom: 656
Heilbronn: 615f
Hel: 18
Helgoland: 666
Helsinki: 31, 34, 47
Hintok: 434

Hiroschima: 675, 693, 709, 711f, 717f, 724
Hitatschi: 703
Hola: 278
Holland: 26, 29, 60ff, 103, 161, 422, 584, 645
Hongkong: 257, 267f, 275, 277f
Honschu: 641, 658, 703, 708, 714, 716
Humberside: 180

Ie Shima: 665, 667
Igren: 295
Iheja-Inseln: 696
Ijmuiden: 66
Ijssel: 62
Ilomantsi: 32
Imphal: 511, 516, 540
Indien: 723f
Indischer Ozean: 140, 312, 499, 508
Indochina: 111, 214, 691, 719, 721
Indonesien: 732
Irak: 181, 186
Iran: 224, 292
Irawadi: 403
Irland: 725
Isjum: 323, 399
Island: 62, 206f, 228
Ismail: 104
Israel: 735
Istra: 258
Istrien: 680
Italien: 90f, 109, 129, 134, 198, 439ff, 449ff, 458ff, 481, 595f, 647
Iwo Jima: 499, 641f
Izieu: 513

Jachroma: 264
Jajce: 454, 488
Jalta: 251, 515
Japan: 45, 107f, 111, 128f, 140, 214, 246, 259, 266, 271, 315, 593, 624, 648f, 700, 704, 706ff, 715ff, 719ff, 724, 734
Jasenovac: 671
Jassy: 203, 573
Java: 300ff
Javasee: 300f
Jaworow: 420
Jeisk: 399
Jelnja: 218, 228, 293, 306, 455
Jersey: 104
Jerusalem: 741
Joannina: 526
Jugoslawien: 164f, 168ff, 233f, 244f, 284, 295, 321, 389, 391, 430, 439, 503, 508, 520, 583f, 595, 660, 693

Kairo: 145
Kalatsch: 380
Kalinin: 241, 264, 275
Kalinkowitschi: 488
Kalisz: 22, 247
Kaluga: 241, 278, 292
Kamenez Podolsk: 225, 508, 510
Kamensk: 340
Kanada: 103, 106
Kap Matapan: 164f
Kaphallenía: 458
Kapuvár: 653
Karaljewo: 241
Karpiowka: 481
Kaspisches Meer: 345
Kassala: 153
Kassel: 445, 468
Katerini: 412
Kattowitz: 12, 46
Katyn: 53
Kaukasus: 340f, 346f, 349, 352f, 362, 365f, 374, 382, 384, 386f, 390
Kaunas: 193, 197, 203, 205, 221f, 236, 239, 247, 258f, 286, 305f, 338, 398f, 510, 554, 561
Kazimierz Dolny: 378
Kédainiai: 212, 225
Kertsch: 256, 278f, 282, 321, 323
Kiel: 132, 416, 445, 624, 633, 683
Kielce: 628, 729
Kienitz: 634
Kiew: 230f, 233, 235, 237, 286, 294, 459, 472
Kingissepp: 215, 495
Kiriwina: 438
Kirkenes: 612
Kischinew: 217
Kiuschu: 539, 658
Klausenburg: 602
Kletnja: 391
Klezk: 248, 344
Klin: 257, 274
Klinzy: 303
Klisura: 148f
Klooga: 594
Kobe: 649
Kobryn: 198
Köln: 327
Königsberg: 582, 653, 659, 688
Kohima: 512, 540
Kolberg: 634
Koło: 2
Kolombangara: 448f, 465
Kolomyja: 510
Kommandeur-Inseln: 414
Konotop: 458
Konyu: 434
Kopenhagen: 54, 455, 650
Korfu: 539
Koritsa: 143
Korosten: 208, 230, 477
Korsika: 460
Korsun: 498
Korzec: 324
Kos: 464
Košice: 631
Kotelwa: 454
Kozara: 338

Krakau: 6, 19, 26, 57, 338, 628, 631, 645
Kramatorsk: 399
Krasnaja Gora: 235
Krasnodar: 443, 479
Kremnica: 607
Kreta: 175, 178f, 183ff, 518, 533
Krim: 236f, 262, 292, 298, 461, 505, 514, 516
Kristiansand: 54
Krjukowo: 258
Kroatien: 344, 423f
Ksiazki: 6
Kuala Lumpur: 284
Kublitschi: 287
Küstrin: 648
Kuhmo: 32, 36
Kure: 649, 707f
Kurilen: 257, 515, 716
Kursk: 399, 412f, 419, 423, 434, 440ff
Kwajalein: 495

La Pallice: 98
La Rochelle: 634
La Spezia: 438
Labuan: 283
Ladoga-See: 228, 250, 256f, 262, 278, 293, 391
Lae: 407, 416, 457f
Lagedi: 594
Lampedusa: 436
Lampione: 436
Landsberg: 673
Lashio: 319
Le Cateau: 68
Le Crotoy: 70
Le Havre: 89, 92f, 538f, 586, 589
Le Mans: 100
Leipzig: 98, 478, 499f, 667
Lemberg: 9, 203, 208, 214, 437, 553f
Leningrad: 200, 220, 223, 226ff, 235, 240f, 243f, 248, 250f, 256f, 262, 269f, 274f, 278, 280f, 292f, 301, 314, 323, 345, 391, 445, 488f, 494
Lepel: 515
Leros: 473
Les Petites Dalles: 90
Lesno: 497
Lettland: 16, 94, 693
Leyte: 602ff, 613, 616f, 665
Lezaky: 338
Libanon: 187
Libyen: 121, 147ff, 376f, 386, 417
Lidice: 330
Linosa: 436
Lissitschansk: 340
Litauen: 16, 94, 295
Liverpool: 124f, 180
Ljubljana: 171
Łódź: 7, 24, 27, 57, 178, 242, 540f, 564, 631
Lötzen: 631
Lofoten: 160
Loire: 90f, 93
Loknja: 294
London: 90, 120ff, 127, 130f, 133, 136, 142, 148, 162, 173, 180, 393, 407, 491, 494, 499f, 540f, 543f, 547f, 550, 556, 561, 570, 575, 581, 586, 588, 593, 613, 640, 644, 647, 652
Lorengau: 312
Los Alamos: 593f
Losowaja: 401
Lublin: 22f, 27f, 49, 428, 472, 542, 558
Lübeck: 311, 666, 682f
Lüttich: 621
Luxemburg: 61
Luzk: 208, 338, 496
Luzon: 277, 304, 337, 625ff, 632, 634, 665, 691, 694, 696, 699, 701
Lyon: 487, 527, 560, 570, 579

Maas: 61, 63f, 583
Mackwiller: 614
Madagaskar: 321, 328
Madang: 485
Magdalenka: 326
Magdeburg: 491, 639
Mailand: 467
Majdanek: 375, 471, 558f
Makin: 271, 475
Malaya: 270f, 273f, 279, 282, 298, 723
Malmédy: 619
Malojaroslawez: 243
Malta: 90, 114, 150, 179, 182, 309, 316f, 321f, 340, 350f, 367, 380f
Maly Trostenez: 208, 322, 327, 330, 350, 362f, 547
Manado: 286
Manchester: 125
Mandalay: 312, 650
Mandschurei: 714ff, 719
Manila: 214, 277, 283, 287, 638, 641ff
Mannheim: 146
Marcinkance: 375
Marcus-Insel: 299, 456
Mariampolé: 211
Marianen: 540
Marienbad: 674
Mariupol: 240, 263
Marseille: 582
Marshall-Inseln: 293
Massaua: 169
Mauthausen: 112, 127, 158, 588, 669, 674, 687
Melitopol: 450, 467
Memel: 600, 631
Menton: 101
Mers-el-Kebir: 106f
Messina: 451
Metz: 613
Michniow: 442
Midway: 328
Miedzyrzec Podlaski: 443
Mielec: 577
Millerowo: 340
Mindanao: 276, 587, 644, 694, 699, 707

Mindoro: 617
Mineralnyje Wody: 358
Mińsk Mazowiecki: 434
Minsk: 202, 218f, 248, 251, 294, 300f, 306, 397, 413, 419, 543, 550
Mittelmeer: 143, 146ff, 165, 251f, 276, 332, 359, 380, 471
Mława: 629
Mogaung: 545
Mogilew: 252f, 484, 547
Mohács: 614
Monowitz: 324, 502, 512, 524, 528, 576ff, 589ff, 620, 622f, 629f, 633
Monte Rotondo: 491
Morotai: 591
Mortain: 565f
Moskau: 16, 196, 212, 215, 228ff, 239ff, 248, 255, 258ff, 269, 279f, 288, 368, 556
Mosyr: 488
Mrocza: 5
München: 26, 139, 403f, 409, 679, 686
Murmansk: 204, 221, 323
Myitkyina: 546
Mysłowice: 523

Nagasaki: 714, 724
Nagykanizsa: 656
Namsos: 55, 58
Namu: 495
Namur: 67
Nancy: 61
Nanning: 613, 695
Nantes: 98, 100, 245
Naro-Forminsk: 262
Narvik: 37, 48, 50ff, 58, 78, 89
Narwa: 450
Natzweiler: 437, 554
Nautsi: 32
Nawcz: 632
Neapel: 383, 416, 463
Neuengamme: 570, 610, 668
Neuguinea: 291, 304, 320, 337, 340, 344, 354, 360, 377, 383f, 386, 390, 392, 395, 398, 457, 461, 464, 476, 485, 518f, 561
Nevers: 100
New Britain: 480
New Georgia: 446
Nierstein: 651
Nieswiez: 344
Nikolajew: 222, 237, 243
Njeschin: 461
Nong Pladuk: 625
Nordpolarmeer: 325, 338f
Nordsee: 37, 52f, 278, 296, 481
Normandie: 493, 505f, 514, 519f, 522, 525, 529ff, 533, 535ff, 541ff, 548, 550ff, 554ff, 560, 565ff
Norwegen: 42, 45ff, 52ff, 62, 151, 316f, 378, 403, 422, 462
Norwich: 317
Novi Sad: 289
Nowgorod: 284
Noworossisk: 360, 398f, 461
Nucourt: 543, 550f
Nürnberg: 406, 409, 510f, 666f, 723, 725, 730
Numfoor: 583

Ocean Island: 354
Oder: 649
Odessa: 241, 245, 505
Ohrdruf: 657f
Okinawa: 508, 597, 600, 654ff, 658, 661, 667, 673, 691ff, 696, 699, 716, 721
Olewsk: 485
Olmütz: 673, 688
Opotschka: 553
Oppenheim: 651
Oradour-sur-Glane: 537
Oran: 106, 375
Oranienburg: 649
Orel: 239, 434, 442, 449
Orscha: 351
Oslo: 54, 230, 364, 623
Ossipowitschi: 393
Ostende: 74
Ostgalizien: 438
Ostpreußen: 19, 70, 602, 631ff, 693
Ostrowiec: 372, 577
Ostsee: 188
Overveen: 607
Owrutsch: 231
Oyonnax: 513

Pabianice: 7
Pag: 223
Palästina: 336, 464, 725
Palawan: 617, 644
Palermo: 444
Pančevo: 598
Pantelleria: 425, 436
Paradis: 75
Parczew: 383, 387f
Paris: 18, 68, 83, 85f, 88, 91ff, 96ff, 102, 223, 232, 239, 303, 326, 416, 516, 567, 570 ff, 577f
Paritschi: 276
Parma: 549
Patras: 598
Pawlograd: 404
Pazifischer Ozean: 91, 144, 179, 257, 267, 271ff, 349, 352, 425f, 438, 456, 461
Pearl Harbor: 140, 235f, 246, 250, 259, 263ff, 267ff
Peenemünde: 331, 365f, 387, 433, 452, 478
Peira Cava: 583
Peleliu: 591
Petrosawodsk: 238, 547
Petsamo: 32, 602
Philippinen: 214, 270f, 274, 282ff, 289, 450, 484, 595, 603ff, 617f, 665ff, 701, 729
Piacenza: 549
Piasnica: 20

Pikule: 537
Pilsen: 143, 426
Pinsk: 554
Piotrków: 5, 8, 12
Piraeus: 459
Plaszow: 37, 484
Pleskau: 207, 211, 558
Ploesti: 124, 331, 447f, 514, 582
Plymouth: 177
Polen: 1ff, 26ff, 32ff, 39f, 43f, 46, 57, 105, 112, 127, 151, 161, 286, 375, 385ff, 414, 481, 493, 496f, 560, 580, 626ff, 637, 656f, 678f, 685, 700, 704f, 709f
Polozk: 307, 329
Poltawa: 249, 462, 529, 592
Pommern: 642f
Ponar: 211, 214f, 217, 226, 246, 330, 515
Poniatowa: 388
Port Sudan: 90
Port Swettenham: 284
Posen: 7, 19, 23, 34, 633, 643
Potsdam: 703f, 706f, 709f
Prag: 48, 325, 332, 364, 680, 689
Prešov: 631
Preßburg: 659
Proskurow: 510
Pruschany: 198
Pruth: 510
Przemyśl: 8f
Pécs: 614
Périers: 560

Rabaul: 284, 289, 294, 299
Radom: 112, 397
Radowel: 485
Radziwillow: 326
Rangun: 277, 303, 681
Rastenburg: 411, 565, 605, 631
Ravensbrück: 561, 571, 654, 663, 668
Regensburg: 452
Reggio di Calabria: 456
Reims: 91, 582
Remagen: 647, 649
Rendova: 438, 448f
Rennes: 100
Reval: 224f, 595
Rhein: 51, 64, 97, 612, 647ff, 654
Rhodos: 681
Riga: 205, 261f, 601
Riukiu-Inseln: 625, 654, 721
Rjabtschitschi: 362
Rjasan: 260
Rogatschow: 206
Roi: 495
Rokiškis: 221
Rokitno: 487
Rom: 136, 458f, 466f, 509, 530
Rossosch: 340
Rostock: 52, 317, 319
Rostow: 256, 260f, 337, 344f, 398f, 401
Rotterdam: 64, 66
Rouen: 89, 518
Rowno: 240, 496
Rschew: 283, 290, 298f, 364, 405, 407
Rudnja: 276
Ruhrgebiet: 48, 67f, 77, 99, 115, 426f, 439, 648, 657, 665, 669
Rumänien: 103f, 107, 124, 127, 130, 142f, 146f, 198, 510, 573f, 579, 589
Ruthenien: 700
Ruti: 643
Rypin: 24

Saarburg: 612
Šabac: 223
Sachalin: 716, 719
Sachsenhausen: 26, 168, 241, 327, 437, 581, 663
Saigon: 214
Saipan: 540, 542, 551f
Salamaua: 407, 416
Salerno: 458ff
Salomon-Inseln: 320, 354, 438, 442, 448, 465, 470
Saloniki: 169, 412, 414, 600
Salsk: 394
San Francisco: 700
Sandomierz: 561
Saporoschje: 404f
Sarajewo: 659
Scapa Flow: 21, 49
Schanghai: 270
Scharkowschtschina: 344
Schelde: 61
Schirwindt: 570
Schitomir: 217, 473
Schklow: 241
Schlesien: 523, 630
Schlobin: 206
Schömberg: 672
Schönlanke: 633
Schörzingen: 672
Schottland: 725
Schumjatschi: 276
Schwarzes Meer: 344
Schweinfurt: 452, 466
Sebesch: 553
Sedan: 65f
Seine: 89
Serokomla: 57
Sewastopol: 256, 280, 321, 333, 338, 521
Sewsk: 454
Sheffield: 146
Sidi Barrani: 136, 375
Siemiatytsche: 195
Sieradz: 8
Sierpc: 28, 295
Singapur: 263, 267, 289, 293, 296ff, 709f, 720f
Sizilien: 149f, 396, 425, 439ff, 449ff
Skała: 511
Skalat: 420
Skopje: 612
Skutari: 614
Slonim: 353, 394

Slotschi: 198
Slowakei: 143, 582
Sluzk: 247, 397
Smolensk: 210, 215, 235, 300, 365, 419, 440, 463
Sobibor: 288, 314f, 324f, 333, 369, 375, 394, 423, 438, 466
Sofia: 169
Sokolowo: 409
Soldau: 70
Soletschnogorsk: 257
Sollum: 124, 177
Solotschew: 208
Somme: 69, 80, 86
Sosnowiec: 523
Sospel: 567
Sousse: 418
Southampton: 118, 125, 143
Sowjetunion: 9, 16, 23, 34, 44, 49, 94, 103, 111ff, 120, 141f, 144ff, 155, 158ff, 166f, 178, 187ff, 197ff, 210ff, 220ff, 237ff, 249ff, 269f, 278ff, 282ff, 645, 657, 660, 714, 727f
Split: 462
St. Dié: 613
St. Genis Laval: 572
St. Leu: 550
St. Malo: 98, 569
St. Martin-de-Varreville: 528
St. Nazaire: 98, 100, 309, 377f
St. Quentin: 68, 570
St. Valéry-en-Caux: 89f, 92
Stalingrad: 340, 345f, 351, 354, 357ff, 362, 366, 368f, 373, 376, 380, 384, 386ff, 389ff, 396ff, 409f
Stalino: 458
Staraja Russa: 300, 498
Stary Oskol: 399
Stavelot: 619
Stawiski: 221
Stein am Rhein: 643
Stettin: 52
Straßburg: 97, 613
Stuttgart: 668
Stutthof: 31, 57, 632
Suchinitschi: 292
Suchozebry: 372
Südchinesisches Meer: 271
Sulejów: 4
Sumatra: 296, 304, 374, 632, 634
Sumi: 405, 456
Suomussalmi: 34, 36
Suwałki: 511
Swansea: 124
Świecie: 19
Swinemünde: 52
Sydney: 328
Sylt: 49
Syrakus: 441f
Syrien: 137, 187
Székesfehérvár: 633, 651

Taganrog: 261, 455, 479
Tarakan: 682
Tarawa: 271, 475
Tarent: 139f, 459
Tarnopol: 205, 208, 515
Tarsao: 476
Tartu: 206, 579
Tarussa: 243
Terioki: 226
Thailand: 416, 421, 700
Theresienstadt: 262, 594
Thorn: 633
Tichwin: 250f, 270
Tientsin: 270
Timor: 293
Tinian: 540, 558, 562, 707f
Tobruk: 108, 153, 261, 275, 314, 333f, 377
Tokio: 111, 319, 645, 648, 694f, 703, 717, 721f, 727
Torgau: 672
Toulon: 382, 567, 582
Tours: 93
Treblinka: 288, 342f, 346, 350, 353, 361, 368f, 375, 390, 392, 405, 420, 428, 449, 733
Tri Duby: 592
Trincomalee: 312
Trondheim: 54f
Truk: 498, 519
Tschechoslowakei: 660, 673f, 679f, 698
Tschekiang: 315
Tschenstochau: 8, 439, 443, 479
Tschernigow: 462
Tschernowitz: 505
Tscherwen: 300
Türkei: 103, 516
Tulagi: 418
Tulle: 535
Tunesien: 375ff, 381, 383ff, 401, 405, 418, 421, 424f
Tunis: 418, 424f
Turciansky Sv. Martin: 579
Turek: 24
Turin: 90, 586, 679
Tuttlingen: 672
Tyrus: 187

Ugljan: 171
Ukraine: 216ff
Ungarn: 202, 507f, 526, 600, 602, 627, 660
Uschatschi: 287
Uzice: 234

Vannes: 100
Vella Lavella: 450, 465
Venlo: 26
Vercors: 556
Verdun: 96f
Vereinigte Staaten: 65ff, 81, 90, 93f, 96, 103, 107, 120, 128f, 132, 134, 136, 138ff, 154, 166, 271, 273, 282f, 286, 411, 451, 478, 483, 704, 728, 734
Vermork: 474
Vichy: 106ff, 126, 133f
Viipuri: 47
Villefranche: 100
Vire: 561

Wageningen: 686
Wake: 273, 277, 299, 465, 525, 721
Walcheren: 597, 609f
Warschau: 2, 8ff, 27f, 32, 36f, 39, 49, 127, 130, 151f, 178, 254, 257, 295, 327, 345, 369, 420, 427f, 434, 478, 494, 497, 504, 506, 560f, 563ff, 571f, 579f, 583ff, 589ff, 628f
Washington: 25, 266, 362, 426, 429, 467f, 573, 622
Watten: 543
Wawer: 35f
Weichsel: 16
Wejherowo: 27
Wenew: 255
Werchnebakanski: 382
Wesel: 651
White Sands: 694
Wien: 658ff, 661
Wiener Neustadt: 450
Wieruszów: 4
Wilhelmshaven: 5, 396, 428, 654
Wilna: 205, 214f, 276, 282, 554
Winniza: 509
Witebsk: 219, 241, 276, 351, 467, 471, 479, 543, 545
Wittenberg: 660
Wjasma: 215f, 241, 287f, 409
Włocławek: 12
Woldenberg: 633
Wolga: 228
Wolokolamsk: 276
Woodlark: 438
Wormhoudt: 78f
Woronesch: 339f, 396
Woroschilowgrad: 401
Württemberg: 672
Wuppertal: 433, 438

York: 317
Zadar: 609
Žagare: 239
Zagreb: 171, 671
Zamość: 406
Zasavica: 240
Zborow: 205
Zemun: 291f
Zgierz: 307
Zolkiew: 414

Namenregister

Abetz, Otto: 144
Adenauer, Dr. Konrad: 734, 737
Alexander, Sir Harold (General): 83
Anami (General): 714ff
Antonescu, Ion (Marschall): 124, 179, 573
Antonow (General): 637, 679

Bach-Zelewski, von dem (General): 563f
Barbie, Klaus: 435
Beaverbrook, Lord: 237
Beck, Ludwig (General): 50, 59, 557
Blaskowitz, Johannes von (General): 24, 43, 732
Blobel, Paul: 437
Blum, Léon: 683
Bohr, Niels: 463
Bonhoeffer, Dietrich: 7, 326, 417, 659
Boris von Bulgarien (König): 149, 159, 164
Bouhler, Philipp: 20
Brack, Dr. Viktor: 105, 246, 730
Brandt, Dr. Karl: 105, 656, 665, 730
Brauchitsch, Walther von (General): 13, 25, 114
Braun, Eva: 663f, 676, 680
Braun, Wernher von: 366, 521, 682, 722
Braune, Wernher: 734
Brooke, Sir Alan (General): 92
Budjonny, Semjon (Marschall): 230f
Bulganin, Nikolai: 737
Bush, George: 583
Bussche, Baron Axel von dem: 478

Canaris, Wilhelm (Admiral): 8, 59, 211, 250, 498, 596, 659
Chamberlain, Neville: 41f, 48, 51f, 61
Chennault, Claire L. (Oberst): 275
Christian X. (König von Dänemark): 54
Chruschtschow, Nikita: 190, 231
Churchill, Clementine: 238
Churchill, Winston: 6, 29, 35, 40, 46, 61f, 64, 66ff, 77, 79ff, 86ff, 96, 98f, 101, 103, 106ff, 110ff, 118ff, 125, 133ff, 147, 156, 170, 189ff, 202, 220f, 224, 240, 252, 271, 277, 282f, 297, 317, 351, 366, 372, 391f, 395ff, 397, 425f, 429f, 432f, 447, 450f, 454, 477, 496, 547f, 552ff, 563, 566, 571, 575, 580, 585, 590f, 593, 599, 610, 622, 626, 637f, 651f, 656f, 678ff, 685f, 700, 703f, 706, 709, 727f
Ciano, Graf Galeazzo: 143, 487
Clauberg, Dr. Karl: 339, 431, 435, 737
Conant, James B.: 627
Conti, Dr. Leonardo: 11, 723
Cvetkovic, Dragisa: 157, 164f

Daladier, Edouard: 54
Darlan, Jean (Admiral): 99, 106, 388
Dayan, Mosche: 187
Dönitz, Karl (Admiral): 424, 515, 676
Dohnányi, Hans von: 417f, 596, 659
Donovan, William J. (Oberst): 191
Dunlop, Edward (Oberst): 344, 717

Eberl, Dr. Irmfried: 105, 343
Eden, Anthony: 134, 159, 685
Ehrenburg, Ilja: 176, 570
Eichmann, Adolf: 129, 246, 248, 288, 327, 335, 507, 559, 602, 629, 738
Eicke, Theodor: 2f, 6, 12, 190, 241, 253, 337
Einstein, Albert: 20
Eisenhower, Dwight D. (General): 451, 490, 530, 679f
Elser, Johann Georg: 26

Falkenhausen, Alexander von (General): 733f
Falkenhorst, Nikolaus von (General): 45
Fermi, Enrico: 383
Forster, Albert: 22, 27
Franco, Francisco (General): 133f, 145, 157
Frank, Anne: 514, 564
Frank, August: 363
Frank, Dr. Hans: 19, 22f, 28, 32, 35, 40, 43, 274, 423, 730
Freisler, Roland: 288, 636, 741
Fromm, Friedrich (General): 558

Fuchs, Klaus: 106, 238f, 348, 478, 701, 733
Fulbright, J.William: 729

Gabćik, Josef: 279, 332
Gandhi, Mahatma: 723f
Garcia, Juan Pujol: 210, 333, 536, 541, 620
Gaulle, Charles de: 68, 86, 90f, 99, 103, 110f, 134, 140, 287, 579f
Gehlen, Reinhard: 694
Georg VI. (König von England): 64, 101, 124, 710
Gibson, Guy (Oberstleutnant): 427
Giraud, Henri (General): 315, 388
Globocnik, Odilo: 27f, 309, 367, 695
Glücks, Richard (Generalmajor): 43, 437, 692
Goebbels, Joseph: 24, 32, 88, 197f, 222, 404, 408f, 558, 661, 676, 681
Goerdeler, Carl: 50f, 596, 636
Göring, Hermann: 123, 141, 161, 549, 671f, 676, 730
Goldmann, Dr. Nahum: 734
Gorbatschow, Michail: 742
Greim, Robert Ritter von: 671f, 675, 694
Greiser, Artur: 22, 133, 135, 376, 506, 728
Guderian, Heinz (General): 63f, 65, 67f, 231, 516f, 650
Günther, Hans: 157

Haakon (König von Norwegen): 88
Halder, Franz (General): 51f, 73, 111, 114, 144, 155, 187, 362
Halifax, Lord: 37, 49, 93, 111
Harriman, Averell: 237
Harris, Arthur: 142, 615
Hashimoto, Mochitsura (Kapitänleutnant): 708, 716
Hassell, Ulrich von: 50ff
Helldorf, Graf Wolf Heinrich von: 57
Hewel, Walter: 208
Heyde, Werner: 11
Heydrich, Reinhard: 6, 12, 14, 40, 288, 325ff, 330, 332
Heß, Rudolf: 180
Himmler, Heinrich: 24, 79, 105, 128, 147, 186f, 218, 222, 295, 313, 331, 339ff, 360, 389, 399, 423, 437, 464f, 473, 493f, 549, 558, 596, 613f, 633, 639, 642, 668f, 675f, 694
Hirohito (Kaiser von Japan): 700, 704, 715f, 722, 740, 743f
Hirt, August: 295
Hitler, Adolf: 2f, 6, 8, 10f, 16ff, 22f, 25f, 29f, 32ff, 44ff, 50, 52, 58ff, 65, 69f, 73, 75, 80, 83ff, 88, 97ff, 103ff, 108ff, 119f, 122ff, 130f, 133f, 138ff, 149, 153, 155f, 158ff, 164ff, 176, 178, 180f, 188ff, 195, 197f, 208, 210ff, 217ff, 222f, 228ff, 239, 243, 250ff, 261, 273, 279, 282f, 289ff, 292, 313, 317f, 323, 326, 340f, 344f, 351, 366, 373ff, 380, 382, 399, 404f, 408ff, 413, 418ff, 425ff, 439f, 443f, 447, 456, 458, 461, 472, 478, 485, 491, 502f, 508, 510, 516, 526, 541, 544f, 549f, 557ff, 564ff, 569f, 581, 584ff, 596, 601, 605, 612f, 615f, 620, 624, 627f, 633, 638, 642f, 647ff, 653, 656, 659, 661ff, 671f, 675ff, 680f
Ho Chi Minh: 719
Höß, Rudolf: 57, 342, 731
Hopkins, Harry: 150, 154, 216f
Horthy, Miklos (Admiral): 169, 420, 508, 549, 602
Huber, Kurt: 404
Hull, Cordell: 93

Ismay, Sir Hastings (General): 118

Jacob, Max: 504
Jäger, Karl: 262
Jenninger, Philipp: 742
Jodl, Alfred (General): 112, 145, 159f, 688, 730, 736
Joyce, William: 115, 583, 695, 725

Kaltenbrunner, Ernst: 397, 498, 730
Kaplan, Chaim: 28, 47, 145
Keitel, Wilhelm (General): 8, 19, 22, 101, 678, 730
Kennedy, John Fitzgerald (Leutnant): 448f, 470
Kennedy, Joseph: 150
Kesselring, Albrecht (Generalfeldmarschall): 549, 649, 666, 731
Kieffer, Joseph: 733
Kimmel (Admiral): 259
Kirponos (General): 191, 233
Kita, Nagai: 163, 266
Kleist, Ewald von (General): 72, 231
Kluge, Günther von (General): 94, 443, 445, 457, 569, 571, 575f
Knochen, Helmut: 26, 94, 239, 737
Knöchlein, Fritz: 77, 732
Knox, Frank: 140, 153
Koch, Erich: 358, 407
Kohl, Helmut: 742
Kolbe, Maximilian: 217

Konoye, Prinz Fumimaro: 111, 242
Kramer, Josef: 614, 662, 725
Krebs (General): 173, 681
Kremer, Dr. Johann: 354, 356, 367, 369, 431
Krupp von Bohlen, Alfred: 733
Kube, Wilhelm: 247, 362
Kubiš, Jan: 279, 332
Kusnezow (Admiral): 189, 193

Lammers, Dr. Hans: 20, 109
Langeron, Roger: 94
Laval, Pierre: 133, 723
Leeb, Wilhelm Ritter von (Feldmarschall): 230, 284
Lemelsen (General): 198
Levi, Primo: 633
Lichtenburg, Bernard: 225
Löhr, Alexander von (General): 391
Lohse, Hinrich: 221, 246, 253, 277
Luther, Martin: 288

MacArthur, Douglas (General): 214, 250, 277, 289, 291, 304, 390, 438, 450, 603f, 616, 643, 720ff, 727
Mandel, Georges: 68, 85, 93, 101, 551
Manewitsch, Lew: 686f
Manstein, Fritz Erich von (General): 256, 404, 409, 457, 510
Marcks, Erich (General): 111, 115
Marshall, George C. (General): 283, 395f, 638, 731
Mengele, Dr. Josef: 431, 506
Mennecke, Dr. Fritz: 256, 258, 262
Mihailovic, Draza (Oberst): 181
Mitterrand, François: 474
Model, Walter (Generalfeldmarschall): 569
Mölders, Werner: 87
Mohnke, Wilhelm: 79, 678, 741f
Molotow, Wjatscheslaw: 9, 141, 325, 685
Moltke, Graf Helmuth von: 449, 631
Montgomery, Bernard (General): 68, 356, 370f, 408, 651, 683, 701
Morgenthau, Henry: 66, 590f
Moulin, Jean: 282
Mountbatten, Lord Louis: 58f, 184, 721f
Müller, Heinrich: 397
Mussert, Anton: 728
Mussolini, Benito: 37f, 50, 90, 99, 143, 149, 155, 157, 418, 444ff, 460, 487, 676

Nakagawa (Leutnant): 299
Nehru, Jawaharlal: 313, 723
Niemöller, Martin: 683

Olbricht, Friedrich (General): 557
Oppenheimer, Robert: 695
Oshima, Hiroshi (General): 164, 311
Oster, Hans (General): 25, 38f, 50, 52f, 57, 59, 596, 659
Owens, Arthur: 15f

Paul von Jugoslawien (Prinzregent): 164
Paulus, Friedrich von (General): 380, 382, 387, 390, 396f
Pavelic, Ante: 172, 408
Pawlow, G.D. (General): 158,
Pétain, Philippe (Marschall): 81, 91, 97f, 106, 133f
Phillip von Griechenland (Prinz): 148
Pohl, Oswald: 735
Portal, Sir Charles: 534f, 634f
Prien, Günther: 106
Purvis, Arthur: 25, 65, 81, 139, 220

Quisling, Vidkun: 53f, 56, 405, 723

Raeder, Erich (Admiral): 114, 195
Rascher, Dr. Sigmund: 183, 302
Raschid Ali al Gailani: 173, 177, 181, 186
Rauca, Helmut: 733
Reichenau, Walther von (General): 68
Reichwein, Adolf: 603
Reitsch, Hanna: 502f, 672
Reynaud, Paul: 50f, 54, 80, 83, 86f, 89ff, 96f
Ribbentrop, Joachim von: 16, 141, 161, 311, 698, 730
Ride, Lindsay (Oberstleutnant): 324
Ringelblum, Emanuel: 130, 145, 151, 254, 274, 327, 329, 336, 506, 733
Rokossowski, Konstantin (General): 390, 701
Rommel, Erwin: 29f, 66ff, 88, 90, 92, 100, 103, 155ff, 164, 167ff, 173, 176, 182, 185f, 190, 255, 258, 261, 275, 289, 323, 325, 331ff, 333, 336f, 340, 356, 370, 373ff, 381f, 387, 393, 396, 401, 405, 408f, 444, 522, 525, 527, 530, 537, 541, 552, 554f, 601
Roosevelt, Franklin D.: 4, 20, 25, 66f, 75f, 90, 92ff, 96, 110, 131f, 134, 138f, 147f, 185, 189, 220f, 277, 282f, 299, 391f, 395f, 425f, 430, 433, 446f, 450f, 454, 477,

489, 580, 585, 590f, 593, 610, 637f, 661f
Rosenberg, Alfred: 129, 144, 157, 192
Ruge, Otto (General): 57
Rundstedt, Gerd von (Generalfeldmarschall): 12, 73, 529f, 544, 548, 584, 620, 647

Sas, Jacobus (Oberst): 25, 38, 52f, 59
Schlabrendorff, Fabian von (Leutnant): 411
Schönhuber, Franz: 744
Scholl, Hans: 403f
Scholl, Sophie: 403f
Schukow, Georgij (General): 158, 190, 193f, 197, 200, 231, 240, 357, 681f, 701
Schuschnigg, Kurt von: 683
Scott, Peter (Kapitän): 90
Serber, Robert: 419
Shirer, William: 121f, 128
Sikorski, Władysław: 18, 287, 330
Simovic, Dusan (General): 165
Skorzeny, Otto: 617, 620f
Slim, William (General): 722
Sorge, Richard: 45, 142, 147, 161, 167, 178, 183, 221, 244, 610
Spaatz, Carl (General): 534, 709
Speer, Albert: 102, 195, 223, 256, 278, 296, 426, 433
Stalin, Jossif: 16, 36, 44f, 115, 149, 158, 162f, 167ff, 172f, 176ff, 189ff, 193f, 197, 200f, 205, 216f, 230f, 235f, 240, 242, 346, 351, 366, 477, 487, 496, 547f, 563, 569, 571, 579f, 585, 589, 594, 599, 626, 637f, 656, 678f, 685, 691, 700, 704f, 707
Stark, Harold R. (Admiral): 259
Stauffenberg, Claus von (Leutnant): 418, 544, 549f, 553ff, 557
Stein, Edith: 349f
Stepinac (Erzbischof): 303, 408
Stimson, Henry S.: 703f, 706f
Strippel, Arnold: 740
Stroop, Jürgen: 427f, 734
Student, Kurt (General): 61, 66, 658
Stülpnagel, Otto von: 732
Suzuki, Kantaro (Admiral): 708, 714f

Terboven, Josef: 56, 128, 160, 230, 692
Thälmann, Ernst: 581
Thierack, Otto: 360, 730
Thyssen, Fritz: 36
Timoschenko, Semjon (General): 40, 192ff, 340
Tito (Josip Broz): 181, 206, 233f, 284, 391, 394, 430, 435, 438, 454, 461, 471, 488, 520, 526, 583, 586, 595, 603, 609, 660, 679
Todt, Dr. Fritz: 46, 50, 261, 278f, 295f
Tojo, Hideki (General): 242
Trepper, Leopold: 149
Treschkow, Henning von (Generalmajor): 411, 557
Tribuz, Wladimir (Admiral): 192
Trotobas, Michael: 378, 476
Truman, Harry S.: 675, 679f, 685, 695, 700, 705ff, 710, 715
Tschiang Kai-schek (General): 128

Udet, Ernst: 114, 254

Wainwright, Jonathan M. (General): 313, 720f
Waldheim, Kurt (Leutnant): 489, 600, 668
Wallenberg, Raoul: 549, 609, 623, 653
Warlimont, Walter (Generaloberst): 112, 115, 145
Weizmann, Dr. Chaim: 6, 722
Weizsäcker, Richard von: 743
Welles, Sumner: 48
Wenck (General): 659, 665
Werra, Franz von: 154
Weygand, Maxime (General): 70, 73f, 86, 90, 92f
Wilhelm II. (Exkaiser von Deutschland): 62, 187
Wingate, Orde (Generalmajor): 403, 505
Wolff, Karl: 32, 350, 647, 739

Yamamoto, Isoroku (Admiral): 140, 419

Zeitzler (General): 362, 388